Andrea **GIARDINA** | Giovanni **SABBATUCCI** | Vittorio **VIDOTTO**

LO spazio DEL tempo

Storia Documenti Storiografia dal XVII al XIX secolo

2

EDITORI LATERZA

Prima edizione 2015
Prima ristampa 2016

I «Fare storia» sono a cura di **Ilenia Rossini**.
Le schede «Eventi», «Personaggi», «Storia, società, cittadinanza» sono a cura di **Emma Ansovini**, **Tommaso Baris**, **Francesco Buscemi**, **Costanza Calabretta**, **Francesco Calzolaio**, **Alessio Gagliardi**, **Ilenia Rossini**, **Matteo Stefanori** e **Monica Turi**.
Le rubriche «Guida allo studio» e «Sviluppare le competenze» sono a cura di **Ilaria Tremolada**.

Copertina e progetto grafico
a cura di **Silvia Placidi** / Grafica Punto Print srl.

Questo libro è stampato
su carta amica delle foreste.

Finito di stampare nell'ottobre 2016
da SEDIT - Bari (Italy)
per conto della Gius. Laterza & Figli Spa

ISBN 978-88-421-1406-2

Editori Laterza
Piazza Umberto I, 54 70121 Bari
e-mail: redazione.scol@laterza.it
http://www.laterza.it

Questo prodotto è stato realizzato nel rispetto delle regole stabilite dal Sistema di gestione qualità conforme ai requisiti
ISO 9001:2008
valutato da Certi W
e coperto dal certificato numero IT.12.0160.QMS

MODULO 1

L'EUROPA DEL '700

ANTEPRIMA

Il libro
N. Elias, *La società di corte*
Il laboratorio dello storico
La storia moderna e le sue fonti
ONLINE

1 GLI STATI E LE GUERRE DEL '700

Parola chiave
Monarchia costituzionale • Geopolitica
Geografia e Storia
Il Baltico
Cinema e Storia
Barry Lindon di Kubrick
SINTESI AUDIO
ONLINE

2 LA SOCIETÀ E L'ECONOMIA

Parola chiave
Ceto/Classe
SINTESI AUDIO
ONLINE

3
UNA RIVOLUZIONE CULTURALE

Parola chiave
Tolleranza • Opinione pubblica • Massoneria
Focus
Cannocchiale e microscopio
SINTESI AUDIO
ONLINE

FARE STORIA 1

Due modelli di governo: Francia e Gran Bretagna

Le gerarchie sociali

Famiglie e figli

Vecchia e nuova economia

La nuova scienza

Cultura e politica dell'Illuminismo

MODULO 2

LE ALTRE CIVILTÀ

ANTEPRIMA

Il libro
A.W. Crosby, *Imperialismo ecologico*
Il laboratorio dello storico
Come fare storia dell'Africa

ONLINE

4 CIVILTÀ E IMPERI OLTRE L'EUROPA

Parola chiave
Confucianesimo
SINTESI AUDIO

ONLINE

5 I DOMÌNI COLONIALI E LE VIE DEL COMMERCIO

Parola chiave
Ecosistema
Geografia e Storia
Il viaggio degli schiavi
Cinema e Storia
Mission di Joffé
Focus
Caffè e tè
SINTESI AUDIO

ONLINE

Altri mondi, altri imperi

Il commercio degli schiavi africani

MODULO 3

LE GRANDI RIVOLUZIONI

ANTEPRIMA

6 LA NASCITA DEGLI STATI UNITI

Il libro
G. Lefebvre, *La grande paura del 1789*

Il laboratorio dello storico
Le immagini come fonti e l'iconografia rivoluzionaria

Geografia e Storia
Le "rivoluzioni atlantiche"

ONLINE

Parola chiave
Costituzione

Focus
I Padri Pellegrini e il New England

SINTESI AUDIO

ONLINE

Parola chiave
Socialismo / Comunismo
Focus
Trade Unions
SINTESI AUDIO
ONLINE

Parola chiave
Legittimismo
Geografia e Storia
Confini politici e confini etnico-linguistici
Focus
La Carboneria • Intellettuali e rivoluzione • Le Corn Laws • Le barricate
SINTESI AUDIO
ONLINE

Parola chiave
Federalismo
Letteratura e Storia
Le Confessioni d'un Italiano di Nievo
Focus
Il melodramma
SINTESI AUDIO
ONLINE

FARE STORIA 3

MODULO 4

L'UNIFICAZIONE ITALIANA

ANTEPRIMA

Il libro
F. Chabod, *Storia della politica estera italiana dal 1870 al 1896*
Il laboratorio dello storico
Epistolari, memorie, diari

ONLINE

4 FARE STORIA

13
IL PROCESSO DI UNIFICAZIONE

Parola chiave
Plebiscito
Letteratura e Storia
Il Gattopardo di Tomasi di Lampedusa
Focus
I Mille
SINTESI AUDIO
ONLINE

14
I PRIMI ANNI DELL'ITALIA UNITA

Parola chiave
Accentramento / Decentramento
Focus
I quotidiani • L'industria della seta • Mercato nazionale • La tassa sul macinato
SINTESI AUDIO
ONLINE

L'unità

I problemi dell'Italia unita

MODULO **5**

LE TRASFORMAZIONI DELLA SOCIETÀ E DELL'ECONOMIA

ANTEPRIMA

15 BORGHESIA E CLASSE OPERAIA

16 INDUSTRIALIZZAZIONE E SOCIETÀ DI MASSA

Il libro
E.J. Hobsbawm, *Il trionfo della borghesia*
Il laboratorio dello storico
L'archeologia industriale
ONLINE

Parola chiave
Progresso
Focus
Le trasformazioni urbane • Marx e *Il Capitale*
SINTESI AUDIO
ONLINE

Parola chiave
Liberalismo / Protezionismo • Secolarizzazione
Letteratura e Storia
L'uomo senza qualità di Musil
SINTESI AUDIO
ONLINE

FARE STORIA 5

Il mondo borghese

La città

Scienza, industria e tecnologia

La società di massa

La politica e i partiti

La questione femminile

MODULO 6

NAZIONI, IMPERI, COLONIE

ANTEPRIMA

Il libro
G. Volpe, *L'Italia in cammino* e B. Croce, *Storia d'Italia dal 1871 al 1915*

Il laboratorio dello storico
La fotografia

ONLINE

17
LE GRANDI POTENZE EUROPEE

Parola chiave
Potenza

SINTESI AUDIO

ONLINE

18
STATI UNITI E GIAPPONE

Parola chiave
Modernizzazione

SINTESI AUDIO

ONLINE

19
L'IMPERIALISMO EUROPEO

Parola chiave
Imperialismo

Geografia e Storia
Il Canale di Suez

Focus
L'oppio • Lo sfruttamento dell'Africa

SINTESI AUDIO

ONLINE

20
L'EUROPA E IL MONDO AGLI INIZI DEL '900

Parola chiave
Radicalismo
Geografia e Storia
I Balcani
Focus
Piccole patrie • Il mito asburgico • Le corazzate

SINTESI AUDIO

ONLINE

21
L'ITALIA DAL 1870 AL 1914

Parola chiave
Trasformismo

SINTESI AUDIO

ONLINE

FARE STORIA 6

La politica di potenza

I nuovi mondi

Il colonialismo

La nuova Italia

DAL XVII AL XIX SECOLO

MODULO

1 L'EUROPA DEL '700

XVII secolo Si diffondono le *enclosures* nelle campagne inglesi

1643-1715 Regno di Luigi XIV in Francia

1651 Hobbes pubblica il *Leviatano*

1682-1725 Regno di Pietro il Grande in Russia

1687 Newton enuncia la legge di gravitazione universale

1688-89 La seconda rivoluzione in Inghilterra

1740-80 Maria Teresa imperatrice d'Austria

1740-86 Federico II re di Prussia

Peter Tillemans
La Camera dei Comuni del Parlamento britannico
1710
[House of Parliament, Londra]

ANTEPRIMA

Il '700

Quello che chiamiamo qui '700 non è un periodo di cento anni precisi, definiti dall'inizio e dalla fine del secolo XVIII. È invece un arco temporale più lungo che **inizia nel 1660 e si conclude tra il 1775 e il 1789** alla vigilia dell'età delle grandi rivoluzioni, quella americana, quella francese e quella industriale. Il '700 coincide prima con l'apogeo e poi con la crisi dell'assolutismo, il sistema di governo prevalente nell'Europa continentale, nel quale la sovranità dello Stato coincide con quella del monarca. Ma è anche il periodo in cui si viene formando in Gran Bretagna il sistema parlamentare, una forma di governo che pone limiti precisi ai poteri del sovrano e li trasferisce al Parlamento. Questa scelta di definire col nome di '700 un periodo cronologico più lungo e diverso risponde all'esigenza di dare un senso compiuto e facilmente individuabile a una serie di elementi e di caratteri che connotano per quell'arco di anni l'intera Europa sul terreno della politica, dell'economia, delle strutture sociali e della cultura.

La periodizzazione

Delimitare un periodo e dargli un nome rientra in quella pratica fondamentale del lavoro degli storici che chiamiamo **periodizzare**, di cui sono noti innumerevoli esempi. È il risultato di un'operazione conoscitiva che fa parte dei fondamenti della storia e della concezione di un tempo lineare che non ammette ritorni ciclici. Questa concezione affonda le sue radici nelle grandi religioni monoteiste, come il cristianesimo che adotta la cronologia prima e dopo Cristo, base del calendario dominante nel mondo, o come l'Islam con prima e dopo l'egira. È così possibile tracciare una linea del tempo scandita in giorni, mesi, anni, decenni, secoli ecc., ma ripartita in **periodizzazioni storiche** che rompono la rigida misura cronologica, si dilatano o si restringono, in relazione al significato unitario che le diverse culture e le diverse convenzioni storiografiche attribuiscono a queste scansioni. Accanto ai grandi contenitori temporali, come "Medioevo", "età moderna", "età contemporanea" si collocano segmenti più brevi come l'"età della riforma e della controriforma" o la già citata "età

1743-70 Regno di Luigi XV di Francia

1748 Montesquieu pubblica *Lo spirito delle leggi*

1751-72 Pubblicazione dell'*Enciclopedia* di d'Alembert e Diderot

1762-96 Caterina II imperatrice russa

1762 Rousseau pubblica il *Contratto sociale*

1764 Cesare Beccaria pubblica *Dei delitti e delle pene*

1776 Adam Smith teorizza i princìpi economici del liberismo

1780-90 Giuseppe II imperatore d'Austria

1781 Kant pubblica la *Critica della ragion pura*

XVIII secolo Incremento demografico in Europa

delle rivoluzioni". Queste denominazioni sono fondate su convenzioni diffuse, costruiscono un linguaggio comune e condiviso, consentono agli storici una comunicazione consensuale, ma possono essere, proprio per la loro dimensione convenzionale, criticate e contraddette dando luogo a diverse periodizzazioni e a diverse interpretazioni. Il '700 europeo di cui parliamo rappresenta in questo caso **l'ultima fase dell'età moderna** prima dei grandi sconvolgimenti rivoluzionari che, secondo la tradizione italiana ma anche francese e tedesca, danno origine all'età contemporanea. A questo lungo '700 seguirà, nel manuale, un lungo '800 – dalla Rivoluzione francese alla vigilia della prima guerra mondiale – e un breve '900, dal 1914 alla caduta dei comunismi nel 1989-91, uno «short 20th Century» secondo la denominazione proposta dal grande storico inglese Eric J. Hobsbawm. Non si tratta solo di denominazioni, ma di "contenitori temporali" caratterizzati da alcuni elementi ben identificati.

La modernità politica europea: assolutismo e parlamentarismo

Uno degli elementi che caratterizzano l'età moderna è la nascita dello Stato centralizzato, diverso e contrapposto alla frammentazione dei poteri feudali tipici del Medioevo. Lo **Stato moderno** è una formazione politica che sorge e si sviluppa nelle signorie e principati italiani a partire dal '400 per poi svilupparsi in altre parti d'Europa, sia nei grandi paesi che in territori meno estesi: agli Stati nazionali – come la Francia o la Spagna – si affiancano gli Stati territoriali, diffusi in Italia e in Germania.
Fondamenti dello Stato moderno sono la burocrazia, la diplomazia, un esercito professionale dipendente dal sovrano e un sistema di tassazione nazionale, indispensabile per pagare esercito e burocrazia. L'acquisizione e l'efficiente funzionamento di questa macchina statale sono processi graduali che giungono a compimento solo nel periodo successivo alla Rivoluzione francese. Ma il lungo '700 di cui parliamo rappresenta un lasso di tempo decisivo di questo processo: da un lato vede il massimo sviluppo dello Stato moderno nella forma dell'assolutismo e gli inizi della sua crisi, dall'altro registra il fallimento di questo sistema di governo nonostante i tentativi compiuti dai re della dinastia Stuart di introdurlo in un grande paese come l'Inghilterra.
Se dunque la Francia di Luigi XIV (1661-1715) rappresentava il paradigma della monarchia assoluta e del governo personale del sovrano, tanto da giustificare l'espressione attribuitagli **«l'état c'est moi»**, **'lo Stato sono io'**, in Inghilterra iniziarono a consolidarsi, dopo la seconda rivoluzione del 1688-89 e i successivi atti legislativi, i poteri del Parlamento.
La modernità politica dell'Europa si presentava dunque con due volti diversi e in larga misura opposti, destinati entrambi a sviluppi significativi nel secolo successivo. Da un lato il completamento dell'architettura dello Stato moderno nelle forme in cui lo conosciamo anche oggi, dall'altro la progressiva sconfitta della monarchia assoluta, il passaggio alla **monarchia costituzionale**, in cui l'esercizio del potere è regolato e limitato dalle norme raccolte nella Costituzione, e infine il successivo affermarsi, in gran parte dell'Europa, di un **sistema parlamentare** al fianco delle antiche monarchie. Così dall'iniziale radicale divaricazione si giungerà a un sostanziale intreccio dei modelli politici originariamente contrapposti.

La geografia politica dell'Europa nel '700

Se Francia e Inghilterra rappresentavano i punti più alti dello sviluppo politico europeo del '700, uno sguardo panoramico all'intero continente ci restituisce un affresco composito in cui, accanto a Stati sempre attivi nelle dinamiche delle guerre dinastiche e di espansione, sono presenti altre realtà solo marginalmente coinvolte nelle trasformazioni del secolo. La **Spagna**, dopo una fase di nuovo protagonismo politico e militare legato al cambio della dinastia regnante dagli Asburgo ai Borbone (1700) e ai conflitti che ne derivarono, uscì gradatamente dalla grande politica europea. La **Francia** invece continuò a esercitare, pur con qualche difficoltà, il ruolo di potenza egemone sul continente ottenuto con la pace di Vestfalia (1648) e la conseguente frammentazione dei piccoli Stati tedeschi posti oltre il suo confine orientale [ATLANTE_1]. Ma il bassopiano germanico, che si estende dal Reno verso est, vide nella sua parte centro-orientale il rafforzarsi, in questo periodo, della **Prussia**, destinata progressivamente a divenire l'antagonista della Francia grazie alla sua capacità espansiva a ovest e a est del suo nucleo originario. Il grande Regno di **Polonia**, indebolito dai contrasti interni tra le varie fazioni nobiliari di una monarchia elettiva, divenne preda delle ambizioni dei potenti vicini – Russia, Austria e Prussia – che si spartirono i suoi territori fino a cancellare la Polonia autonoma dalla carta geografica (1772-95). A est la **Russia**, dopo la vittoria sulla Svezia per il controllo del Baltico, oltre ai guadagni territoriali a spese della Polonia, consolidò la sua colonizzazione della Siberia, iniziata nel '600 e portata fino ai confini con la Cina e alle coste del Pacifico. L'**Austria**, coinvolta a più riprese nei conflitti dinastici da cui uscì solo parzialmente sconfitta,

ATLANTE 1_L'EUROPA NEL '700

rimase tuttavia la potenza egemone nei Balcani settentrionali in costante confronto con l'impero ottomano. L'**Italia**, soggetto passivo dei giochi dinastici del secolo, conservava come elementi di stabilità lo **Stato pontificio** lungo la diagonale dal Lazio alle Romagne, la Repubblica di **Venezia**, in costante arretramento nei suoi domìni greci e del Mar Ionio sotto la pressione dei turchi, e quella di **Genova** ormai lontana dagli antichi splendori. Ma a cavallo delle Alpi occidentali l'opportunismo politico e militare consentì ai **Savoia** di ampliare e stabilizzare, dopo alterne vicende, i loro possedimenti elevati al rango di Regno di Sardegna. Convivevano in questa Europa delle monarchie numerose piccole repubbliche (come Lucca o San Marino in Italia) e città commerciali come quelle sul Mare del Nord o sul Baltico (Brema, Amburgo, Lubecca), tutte rette da patriziati cittadini. Diverso il caso della **Svizzera** dove, dopo anni di conflitti tra cattolici e protestanti, si era realizzato un equilibrio che conservava l'autonomia dei singoli cantoni e l'indipendenza dai forti Stati confinanti.

Da questo quadro panoramico dell'Europa continentale è rimasta fuori la struttura sociale e politica più nuova, quella delle **Province Unite** o Olanda: una repubblica mercantile, ricca, colta e tollerante, votata all'espansione oltreoceano fino alla lontana Indonesia, conquistata a partire dal 1602, ma con un retroterra agricolo moderno, di contadini e proprietari, tenuta insieme, nella sua varietà, dalla guida politica della nobile famiglia degli Orange. Non era più l'Olanda del "secolo d'oro" dopo l'arretramento seguito ai successi dell'**Inghilterra** che avevano proiettato quest'ultima verso il dominio dei traffici e degli insediamenti transoceanici. Anche le ambizioni di espansione coloniale della Francia uscirono ridimensionate dal conflitto con la Gran Bretagna, una sconfitta (sancita nel 1763) che testimoniava come il grande commercio e il controllo degli oceani fosse divenuto il presupposto dello sviluppo economico e il fondamento di una nuova epoca, quella della industrializzazione.

La società e l'economia di *ancien régime*

Con *ancien régime*, o 'antico regime', i rivoluzionari francesi chiamarono il sistema politico travolto dalla Rivoluzione francese del 1789. Studieremo questa rivoluzione nel terzo modulo, ma è importante sapere fin d'ora che gli storici adottarono la denominazione *ancien régime*, usata dai rivoluzionari, per indicare, al di là della Francia, tutta l'**Europa prerivoluzionaria**. Tra i caratteri distintivi dell'*ancien régime* due appaiono fondamentali e tali da giustificare, nonostante le differenze, uno scenario uniforme: la sopravvivenza del feudalesimo e dei privilegi del clero e una rigida separazione tra i diversi ceti che rendeva ardua ogni forma di mobilità sociale verso l'alto. Ne discendeva l'immagine di una **società irrigidita** nella difesa dei poteri e dei quadri sociali tradizionali, un'immagine solo in parte corrispondente alla realtà e incapace di dar conto di alcuni fattori di graduale trasformazione che segnano in modo evidente questo periodo.
Il primo è il tendenziale **aumento della popolazione** che investe gran parte dell'Europa. Questa crescita demografica è il segnale inequivocabile del miglioramento del livello di vita della popolazione nel suo insieme, determinato da una maggiore disponibilità di risorse alimentari e dalla riduzione delle epidemie devastanti. Inoltre, la crescita della popolazione comporta inevitabilmente l'aumento dei consumi e il fatto che non si torni alle gravi crisi alimentari dei decenni precedenti è segno di una produzione agricola ormai cresciuta e di un sistema di scambi e di approvvigionamenti più dinamico.
Nei paesi più coinvolti negli scambi commerciali (le Fiandre, l'Inghilterra) si assiste inoltre a uno sviluppo particolare dell'**industria domestica** che comporta un aumento dell'offerta di prodotti per il mercato e un corrispondente aumento della domanda di beni durevoli e di consumi.
La somma di tanti episodi economici di piccola scala e un tessuto diffuso di unità produttive favorisce quella **"rivoluzione industriosa"** che precede e accompagna la successiva rivoluzione industriale (avviata tra fine '700 e inizi '800 in Gran Bretagna).

La svolta culturale e il riformismo illuminato

A contraddire l'immobilità dell'*ancien régime* intervenne anche la **rivoluzione culturale dell'Illuminismo** radicata sulle ormai lontane premesse di quella rivoluzione scientifica che, nei due secoli precedenti, aveva via via sgretolato la concezione aristotelica della natura e contraddetto la visione della storia e dell'uomo fondata sulla Bibbia. La ricerca scientifica metteva in luce, con chiarezza sempre maggiore, quanto erronea fosse l'interpretazione trascendente della realtà terrena e confermava così il processo avviato nel Rinascimento.

Accanto ai temi innovativi delle scienze della natura e del pensiero politico – da Locke a Montesquieu, da Rousseau a Beccaria –, quello che colpisce è la capillarità della **circolazione** delle nuove idee che coinvolge tutti i centri culturali dell'Europa e che annovera tra i suoi centri propulsori le città e le regioni del nuovo sviluppo economico. Questa rivoluzione culturale si traduce in una pluralità di esiti: sollecita al **riformismo** molti sovrani, promotori di una serie di provvedimenti amministrativi che non intaccano la gerarchia dei poteri, ma limitano fortemente il ruolo della Chiesa cattolica fino alla cacciata dei gesuiti, uno dei suoi bracci operativi più potenti; contribuisce al sorgere di una **nuova opinione pubblica borghese** consapevole del suo ruolo e critica del sistema assolutista; svela infine la crisi inarrestabile di un grande paese come la Francia, tra i maggiori produttori e consumatori della nuova cultura.

Proprio l'impossibilità di risolvere una crisi che nasceva dall'interno stesso del sistema di potere francese diede l'avvio a una serie di eventi che sarebbero sfociati nella Rivoluzione e nella caduta dell'*ancien régime*.

Il libro
N. Elias
La società di corte

Il laboratorio dello storico
La storia moderna e le sue fonti

ONLINE

CAPITOLO

1 GLI STATI E LE GUERRE DEL '700

1 L'assolutismo in Francia

1 DOC
Luigi XIV
Dal disordine all'assolutismo

2
N. Elias
Il risveglio del re

«Io me ne vado, ma lo Stato rimarrà per sempre.» Queste parole furono pronunciate da **Luigi XIV** sul letto di morte: parole ascoltate da uno stuolo di cortigiani raccolti intorno a lui. Era il 1715 e Luigi aveva regnato più di settant'anni da quando, bambino di neanche cinque anni, era succeduto al padre nel 1643. Nei primi tempi il paese era rimasto affidato alla reggenza della regina-madre Anna (degli Asburgo di Spagna) e al cardinale Mazzarino che aveva traghettato la Francia attraverso le due guerre civili della Fronda e salvato la monarchia dei Borbone: ma nel 1661, alla morte di Mazzarino, il giovane re aveva iniziato a governare in prima persona. Era finita l'epoca dei grandi ministri, Richelieu e Mazzarino, e iniziava l'età di Luigi XIV.

L'accentramento dei poteri

Il rafforzamento dello Stato fu in effetti la realizzazione più significativa di quel periodo e ancora oggi la Francia, dopo il completamento dell'opera della monarchia assoluta compiuto da Napoleone agli inizi dell'800, si distingue per una forte centralizzazione delle istituzioni politiche e amministrative.

Luigi XIV si avvalse di numerosi ministri e collaboratori, ma accentrò nelle sue mani il governo dello Stato e non rinunciò mai a intervenire sulle questioni principali. L'accentramento nelle mani del sovrano di tutti i poteri comportava la contemporanea riduzione di tutti i potenziali antagonismi. L'antica **nobiltà di spada**, resasi pericolosa ai tempi della Fronda, fu svuotata dei suoi residui poteri, ammansita da donativi e pensioni, e obbligata a risiedere a corte almeno sei mesi l'anno sotto l'occhio vigile del re.

Nobiltà di spada / nobiltà di toga
È così indicata la distinzione tra l'"antica" nobiltà, fondata sul sangue, e la "nuova" nobiltà, derivata dall'esercizio di uffici pubblici. Per ottenere denaro, infatti, la monarchia metteva in vendita cariche che, una volta acquistate, garantivano il titolo nobiliare. Mentre la nobiltà di spada apparteneva alle famiglie degli antichi feudatari, la cui originaria funzione era appunto quella di combattere a fianco del re, la nobiltà di toga era costituita da ex borghesi, arricchiti grazie a diverse attività economiche, che risultavano impegnati nell'esercizio di cariche amministrative e giudiziarie al servizio dello Stato.

Egemonia
È la supremazia di uno Stato su altri Stati o, più in generale, la preminenza esercitata in qualche settore politico, economico, culturale, sociale.

Versailles, lo spettacolo del potere assoluto

La nuova reggia di Versailles, il grandioso palazzo costruito a una ventina di chilometri da Parigi, allontanò la **corte** dalla popolazione irrequieta della capitale divenendo il centro effettivo del governo e la rappresentazione scenografica del potere del grande sovrano. Imitata, seppure in scala minore, in tutta l'Europa continentale, Versailles rappresentava l'esempio tangibile di un'**egemonia culturale** confermata anche nell'adozione del francese come lingua parlata da tutta la nobiltà europea.

Alla corte di Versailles tutto ruotava intorno alla persona del re e alla sua stessa vita privata, a cominciare dalle cerimonie del risveglio e della vestizione alle quali erano ammessi singoli esponenti della grande nobiltà. La partecipazione a questi rituali, regolata dalle norme di **etichetta** che fissavano la posizione di ognuno nei diversi gradi di vicinanza fisica al sovrano, era un privilegio ambito e ricercato. Ma questi privilegi dispensati dall'alto contribuivano a trasformare i nobili, un tempo "pari" del re di Francia, in **sudditi cortigiani** al suo servizio.

L'amministrazione e il colbertismo

Al declino della nobiltà di spada corrispondeva l'ascesa della più recente **nobiltà di toga**, dalla quale erano tratti gli **intendenti**, esponenti di origine borghese e di nomina regia, ai quali era affidata l'amministrazione delle province, mentre dal centro un ruolo decisivo di coordinamento era svolto dal controllore generale delle finanze, che fino al 1683 fu Jean-Baptiste Colbert.

Il controllo delle finanze e della fiscalità, elemento decisivo di tutti gli Stati moderni, assumeva in Francia un'importanza tanto più decisiva quanto maggiori erano le ambizioni politiche e militari di Luigi XIV. **Colbert** avviò una politica economica volta ad aumentare la ricchezza interna della Francia attraverso l'incremento delle esportazioni e l'introduzione di alti dazi doganali sulle importazioni. Questa politica, nota come colbertismo, era una variante del **mercantilismo**, una prassi comune ai maggiori Stati europei che, se da un lato incrementava i commerci, dall'altro attivava aspre rivalità tra i maggiori protagonisti dei mercati internazionali. Colbert favorì lo sviluppo delle **compagnie commerciali**, l'espansione coloniale in India, nelle Antille, in Africa e il consolidamento dei possessi già francesi in Canada; finanziò le **manifatture** di beni di lusso e ne protesse l'esportazione.

◀ Pierre Mignard
La Vittoria corona d'alloro Luigi XIV
seconda metà del XVII secolo
[Galleria Sabauda, Torino]

▶ **La facciata verso i giardini della Reggia di Versailles**
1661-82

I lavori di costruzione della reggia e del parco di Versailles iniziarono nel 1661 e terminarono nel 1682, anno in cui il re vi si stabilì con tutta la corte e il governo. La piccola città-residenza, che divenne di fatto la capitale della Francia, può essere considerata il "capolavoro" dell'assolutismo di Luigi XIV: sul piano politico, il re riuscì nell'intento di concentrare in questo luogo tutto il potere; di quel potere, l'immensa architettura fu un efficace strumento di rappresentazione. Luigi XIV perseguì sempre la ricerca di tutto ciò che poteva accrescere il proprio prestigio personale oltre che quello della nazione: in molti ritratti, ad esempio, egli si fece raffigurare nelle vesti del condottiero romano al fine di paragonare la grandezza del proprio regno a quella dell'Impero di Roma. Nel dipinto, eseguito da Pierre Mignard, l'artista aggiunge il dettaglio di un'allegoria della Vittoria che con una mano incorona il sovrano, con l'altra mostra uno stendardo su cui si intravede il Sole, simbolo di Luigi XIV (chiamato appunto "il re Sole"), circondato dal motto *Nec pluribus impar* ('Non inferiore a nessuno').

Mercantilismo

Nato dalla consapevolezza dell'importanza ormai raggiunta dal commercio internazionale nel determinare la ricchezza delle nazioni, il mercantilismo fu al tempo stesso una teoria e una politica economica, largamente praticata in molti Stati d'Europa. Come teoria era fondato sulla convinzione che la ricchezza dello Stato derivasse dalla quantità di metalli preziosi presenti all'interno del paese; come politica economica mirava, grazie all'intervento diretto dello Stato, ad accrescere il saldo attivo della bilancia commerciale. Ciò vuol dire, in linguaggio meno tecnico, perseguire una politica commerciale che faccia "entrare" in un paese più moneta di quanta ne esca, in modo che il saldo (il risultato finale) sia attivo.

Era inevitabile che questo dinamismo francese entrasse in collisione con gli interessi delle potenze marittime e commerciali come l'Inghilterra e l'Olanda. In particolare la rivalità con le Province Unite, con la repubblica dei mercanti calvinisti, aveva anche delle giustificazioni confessionali con evidenti riflessi sulla politica religiosa di Luigi XIV.

L'uniformità religiosa

L'imposizione dell'uniformità religiosa divenne presto uno degli obiettivi dell'assolutismo monarchico: un'applicazione del principio del *cuius regio eius religio*, **'la religione del principe sarà anche quella dei sudditi'**, paradossalmente più rigida di quella in vigore negli Stati tedeschi dopo la pace di Vestfalia del 1648. Il cattolico Luigi XIV ritenne che la libertà di culto degli ugonotti, i calvinisti francesi, garantita dall'editto di Nantes, concesso nel 1598 dal nonno Enrico IV per la pacificazione religiosa della Francia, andasse cancellata col pretesto che non esistevano più seguaci della «pretesa religione riformata». In effetti gli ugonotti avevano visto ridotte le loro salvaguardie politiche e militari già dai tempi di Richelieu e ora erano colpiti dalle continue angherie dei reparti militari: ma erano tutt'altro che estinti, se ne contavano tra 800 mila e 1 milione. La **revoca dell'editto di Nantes** (1685) determinò – nonostante i divieti di emigrazione, le conversioni forzate e le requisizioni di beni – la fuga e l'esilio di oltre 200 mila ugonotti verso i paesi protestanti in Europa e oltreoceano: la Svizzera, l'Olanda, l'Inghilterra, il Nord America, la colonia olandese del Sudafrica. L'emigrazione si tradusse in un grave danno economico per la Francia che perse molti dei suoi migliori artigiani (ad esempio nel campo della tessitura e dell'orologeria), marinai, ufficiali dell'esercito, mercanti e uomini di cultura. Queste competenze arricchirono i paesi di destinazione e alcuni se ne avvantaggiarono dal punto di vista demografico, come il Brandeburgo e Berlino dove si trovano ancora molti cognomi francesi.

Tra i motivi che contribuirono alla **cacciata degli ugonotti** vi era anche una questione di prestigio: rafforzare l'immagine di re cattolico e di difensore della fede offuscata dalla recente vittoria dell'imperatore contro i turchi che si erano spinti ad assediare Vienna [1683; 👁 4.1 EVENTI].

Nell'imposizione dell'uniformità religiosa Luigi XIV, pur rimanendo fedele alle tradizioni di controllo regio sulla Chiesa di Francia, contribuì alla **persecuzione dei giansenisti**, più volte condannati dai pontefici romani. I giansenisti (seguaci del teologo olandese Cornelio Giansenio, 1565-1638) aderivano a una concezione della grazia come dono divino che li apparentava al protestantesimo. Il loro maggior centro spirituale e culturale, il convento di Port-Royal a una trentina di chilometri da Parigi, fu alla fine soppresso e raso al suolo nel 1709.

GUIDA ALLO STUDIO

❶ In che modo Luigi XIV realizzò il rafforzamento dello Stato? ❷ Che cosa rappresentava, ai tempi di Luigi XIV, la reggia di Versailles? ❸ Chi fu Jean-Baptiste Colbert e in cosa consisteva la politica definita colbertismo? ❹ Quali furono le conseguenze della revoca dell'editto di Nantes?

2 I limiti dell'egemonia francese

Le guerre di Luigi XIV

Non bastavano certo l'imposizione dell'uniformità religiosa, né la repressione delle sparse rivolte contadine, né l'espansione coloniale e neppure la protezione delle arti o lo splendore di una reggia a costruire un grande regno. Per la scala di valori di quell'epoca la fama si otteneva sui campi di battaglia con la **gloria militare**, con la conquista di nuove città e territori. Per questo si armava e potenziava un esercito permanente, si costruivano opere di difesa e piazzeforti lungo i confini.

Luigi XIV fu quasi sempre in guerra, alternativamente con quasi tutti gli Stati europei. Dal 1667 al 1697 la Francia perseguì con successo l'obiettivo di **allargare i propri confini** a est, con l'annessione della Francia Contea e della città libera di Strasburgo, e a nord con la conquista di Lille e di parte delle Fiandre a spese dei Paesi Bassi spagnoli.

La guerra di successione spagnola

Quando, nel 1700, Carlo II morì senza figli e con lui si estinse la dinastia degli Asburgo di Spagna, si scoprì che aveva designato come erede universale dei suoi regni Filippo di Borbone, duca d'Angiò, nipote di Luigi XIV e della sua sposa Maria Teresa (sorellastra del re defunto), purché i due rami della dinastia dei Borbone (della monarchia di Francia e di Spagna) rimanessero separati.
Filippo salì sul trono di Spagna, con il nome di Filippo V, ma nessuna delle grandi potenze europee era disposta a credere che la clausola della separazione sarebbe stata rispettata. Luigi XIV per primo, avviando l'occupazione dei Paesi Bassi spagnoli, non sembrava volerla onorare. Le altre grandi potenze europee – Austria, Inghilterra e Province Unite, seguite tra le altre dalla Prussia – non potevano accettare il rischio dell'unificazione delle corone di Francia e Spagna, che avrebbe dato vita a un enorme impero in Europa e nelle Americhe, ed entrarono in guerra. Il conflitto che ne seguì durò oltre dieci anni (dal 1702 al 1714) e le due paci che lo conclusero – quella di **Utrecht** nel 1713 e quella di **Rastatt** nel 1714 [ATLANTE_2] – ridimensionarono le ambizioni di Luigi XIV. Fu mantenuta la separazione dei due rami dei Borbone, men-

ATLANTE 2_L'EUROPA NEL 1714

Nel 1714, alla conclusione della guerra di successione spagnola, le modifiche territoriali più significative riguardarono l'Italia, dove il dominio della Spagna fu sostituito da quello degli Asburgo d'Austria in Lombardia, in Sardegna e nel Regno di Napoli. Lo Stato sabaudo ottenne la Sicilia ed estese i suoi possessi verso la Lombardia. L'Inghilterra conquistò Minorca e Gibilterra, la posizione chiave per il controllo del Mediterraneo.

3
P.R. Campbell
Luigi XIV «monarca assoluto»

4
P. Burke
L'immagine del re

tre all'Austria di Carlo VI (1711-40) vennero concessi larghi vantaggi territoriali, a spese della Spagna, in Italia e nelle Fiandre quale compenso alla rinuncia dei diritti degli Asburgo d'Austria alla riunificazione dei domìni asburgici quali erano stati al tempo dell'imperatore Carlo V.

Bilancio di un regno

Nel 1715 Luigi XIV morì: il suo lungo regno è considerato come il momento più alto della monarchia assoluta in Europa. Questo giudizio corrisponde solo in parte a quanto realmente avvenuto dal momento che il progetto assolutista rimase largamente incompiuto e limitato dai molti compromessi con le **élite locali** e con gli organismi giudiziari, i **parlamenti**, spesso in conflitto con il sovrano. Riflette invece in larga misura l'autorappresentazione della monarchia, della sua pompa e del suo splendore propagandata dalle gazzette del tempo e da innumerevoli immagini, tra cui quella di Luigi XIV come il re Sole. Una rappresentazione accettata dai contemporanei e confermata dai posteri.

Il regno di Luigi XV

L'ascesa al trono di Luigi XV (1715-74), pronipote di Luigi XIV, iniziava di nuovo con un periodo di reggenza, affidata a Filippo d'Orléans, dal momento che il nuovo re era anche lui un bambino di appena cinque anni. Ma, a differenza del predecessore, quando raggiunse la maggiore età Luigi XV affidò il governo del paese ai suoi ministri.

François-Hubert Drouais
Ritratto di Madame du Barry nelle vesti di Flora
1769
[Collezioni del Castello, Versailles]

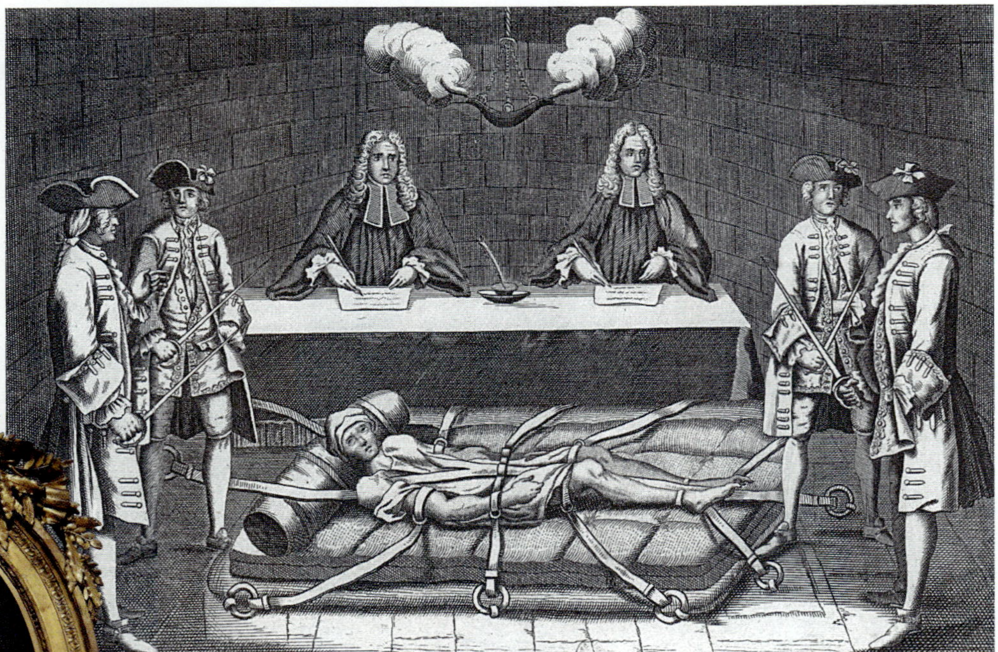

Robert-François Damiens davanti ai giudici nella fortezza del Grand Châtelet il 2 marzo 1757
[Bibliothèque Nationale de France, Parigi]

La corte di Luigi XV fu segnata da uno stile di vita frivolo e leggero; il re in persona si interessò poco agli affari di Stato per dedicare le proprie attenzioni alle opinioni e agli intrighi delle sue amanti (fra cui le celebri Pompadour e du Barry), che sfruttarono le sue "debolezze private" per i propri tornaconti personali. Se nei primi anni della sua monarchia Luigi XV aveva ottenuto grande popolarità, tanto da essere soprannominato *le bien aimé* ('il beneamato'), con il passare del tempo il consenso attorno alla sua persona andò scemando e il malcontento crescendo. Nel gennaio del 1757 un uomo del popolo, Robert-François Damiens, tentò di accoltellare il re, colpevole, a suo dire, di essersi circondato di cattivi consiglieri e ministri e di aver trascurato il benessere del suo popolo. Il mancato regicida fu condannato a morte con una procedura ritenuta "esemplare": sulla pubblica piazza, Damiens fu sottoposto a svariate forme di tortura, prima di essere squartato da quattro cavalli che ne tiravano le membra in direzioni opposte e poi bruciato sul rogo.

In un primo periodo il prestigio francese rimase intatto e non mancarono i successi militari e diplomatici, in particolare nel corso di due diverse guerre di successione, quella polacca e quella austriaca, che consentirono l'annessione dell'importante provincia orientale della Lorena. Durante la cosiddetta **guerra dei Sette anni** (1756-63), invece, si consumò il conflitto tra Francia e Gran Bretagna, schierate su fronti opposti, per il controllo dei domìni coloniali: il conflitto si risolse in una sconfitta epocale dei francesi con la perdita di ampi territori in America del Nord (il Canada) e dei recenti insediamenti in India [sui conflitti che segnarono il '700, 👁 1.5].
Nonostante questi gravi insuccessi la Francia rimaneva pur sempre la maggiore potenza continentale europea, ma gli **scandali**, gli intrighi e la **corruzione** della corte e il ruolo stesso della monarchia interpretato da un re irresoluto in politica e dissoluto nella vita privata sollevavano la critica velenosa dei polemisti, degli intellettuali e dell'opinione pubblica borghese. Inoltre gli altissimi costi delle guerre avevano ormai innescato una **crisi finanziaria** alla quale il governo non riuscì a porre rimedio né allora né in seguito, data l'impossibilità di tassare il clero e i ceti nobiliari, fino a sfociare in una più ampia crisi del sistema assolutista e nel suo tracollo con la Rivoluzione del 1789 [👁 7.1].

GUIDA ALLO STUDIO

❶ Quale conflitto terminò con le paci firmate a Utrecht e Rastatt? ❷ Perché il regno di Luigi XIV non può essere considerato come il punto più alto raggiunto dalla monarchia assoluta in Europa? ❸ Quando e perché si combatté la guerra dei Sette anni? ❹ Da cosa fu aggravata la crisi finanziaria che colpì il regno di Luigi XV?

3 La rivoluzione del 1688-89 in Inghilterra

Gli anni che vanno dal 1660 al 1730 videro in Inghilterra prima la sconfitta di una monarchia a vocazione assolutista, poi il prevalere della sovranità del Parlamento in tutte le grandi questioni politiche – dalla definizione dei diritti dei sudditi alle norme per la successione al trono –, infine la nascita di un governo controllato dal Parlamento.

Da Giacomo II Stuart a Guglielmo II d'Orange

Dopo la breve esperienza della Repubblica di Cromwell (1650-60), la restaurazione monarchica della dinastia Stuart, sancita nel 1660 dall'incoronazione di Carlo II, aveva lasciato irrisolto e anzi accentuato il dualismo di poteri tra la Corona e il Parlamento. Quando nel 1685, dopo la morte di Carlo II, il fratello Giacomo II salì al trono e iniziò a governare, il conflitto si riaccese fino a sfociare tre anni dopo in una soluzione rivoluzionaria. **Giacomo II** infatti non solo si era **convertito al cattolicesimo**, ma dal suo secondo matrimonio, con una nobile italiana della casa d'Este, era nato un erede maschio che minacciava la continuità della monarchia protestante. Inoltre la **politica assolutista** del re, ispirata a quella di Luigi XIV, puntava a modernizzare lo Stato costruendo un organismo accentrato e burocratico, a ridurre i privilegi della Chiesa anglicana, a distribuire le cariche tra l'esigua minoranza cattolica. Tutte queste iniziative suscitarono una diffusa opposizione nel paese tanto da indurre sette esponenti della nobiltà inglese a inviare, nel giugno 1688, una lettera a Guglielmo d'Orange, governatore delle Province Unite e marito di Maria, figlia di primo letto di Giacomo II, per invitarlo a intervenire militarmente in difesa delle «libertà inglesi e della religione protestante».
Approntata una flotta, il 4 novembre 1688, Guglielmo sbarcò sulla costa meridionale dell'Inghilterra con 11 mila fanti e 4 mila cavalieri. Giacomo II, indebolito dalla defezione di molti dei suoi ufficiali, si sottrasse allo scontro, ma venne catturato e brevemente imprigionato salvo consentirgli, poco dopo, di fuggire in Francia.

▶ 5DOC
La monarchia costituzionale inglese

Nel febbraio 1689 il Parlamento, dopo una complessa trattativa tra Camera dei Lords e Camera dei Comuni, proclamò Guglielmo e Maria unitamente re e regina d'Inghilterra con il titolo di **Guglielmo III e Maria II**.

Il *Bill of Rights* e l'*Act of Settlement*

Nel mese successivo i due sovrani accettarono una dichiarazione dei diritti che elencava gli abusi di Giacomo II, le prerogative del Parlamento e i compiti dei nuovi sovrani, condizione politica per la loro ascesa al trono. Questo testo, trasformato in legge dal Parlamento il 18 dicembre 1689, è noto come ***Bill of Rights*** («la legge sui diritti dei sudditi e sulle norme della successione»). In una serie di punti si stabiliva, tra l'altro, il divieto per il sovrano di sospendere l'applicazione delle leggi e di tenere un esercito permanente in tempo di pace senza il consenso del Parlamento, si riaffermava la libertà delle elezioni politiche, la libertà di stampa e di parola, nonché il diritto dei sudditi protestanti di tenere armi per propria difesa; infine escludeva la possibilità che un discendente cattolico della famiglia Stuart salisse sul trono di Inghilterra. Il *Bill of Rights* divenne la legge fondamentale del regno. Ma nel 1701, di fronte alla mancanza di eredi protestanti del ramo principale degli Stuart, il Parlamento decretò il passaggio del trono alla **casata tedesca degli Hannover**, lontani parenti protestanti degli Stuart: ci riuscì approvando l'***Act of Settlement*** (la legge della successione che impediva a un cattolico di salire al trono) e riaffermando così la supremazia degli organismi rappresentativi in Inghilterra.

La seconda Rivoluzione inglese: "gloriosa" ma tutt'altro che pacifica

Gli avvenimenti del 1688-89 sono passati alla storia col nome di "gloriosa rivoluzione", una definizione destinata a celebrare la soluzione pacifica di un conflitto in cui vincitori e perdenti avevano tenuto un atteggiamento moderato. Questa volta il re era fuggito, non era stato decapitato come Carlo I nel 1649 al culmine della prima Rivoluzione inglese, e il radicalismo politico era stato bandito dalla contesa. Questa volta aveva prevalso la tolleranza nei confronti dei protestanti che non si riconoscevano nella Chiesa anglicana (puritani e quaccheri), liberi ora di professare i loro culti (grazie al *Toleration Act* del 1689): una tolleranza che non si estendeva tuttavia ai cattolici ("i papisti") che rimanevano nemici irriducibili. Questa volta la rivoluzione non era sfociata in una dittatura, com'era stata quella di

Lo sbarco del Principe di Orange a Torbay il 4 novembre 1688
[incisione di William Miller da un originale di J.M. William Turner; pubblicato in «The Art Journal», Londra 1852]

Nel novembre del 1688, Guglielmo d'Orange sbarcò a Torbay, sulla costa sud-occidentale dell'Inghilterra. Nonostante l'accoglienza entusiastica da parte della popolazione, che vide in lui il protettore delle libertà parlamentari e della nazione – tanto che la sua marcia su Londra per l'ascesa al trono non fu in nessun modo ostacolata –, durante il suo regno Guglielmo dovette sempre combattere contro le diffuse diffidenze nei suoi confronti per essere un re straniero.

Cromwell, ma era nata una **monarchia di tipo costituzionale** fondata sulla separazione dei poteri tra re e Parlamento. Un sistema politico che aveva i suoi fondamenti nel *Bill of Rights* e nella precedente legge sull'***Habeas corpus*** (1679), la norma che impediva gli arresti arbitrari imponendo che entro tre giorni un giudice convalidasse il fermo dell'accusato: questa tutela, che garantiva gli avversari politici, sarebbe diventata uno dei capisaldi di ogni ordinamento liberale e/o **democratico**.

Parola chiave
Monarchia costituzionale

ONLINE

In realtà la rivoluzione del 1688-89, se fu "gloriosa" per i risultati politici conseguiti, fu tutt'altro cha pacifica. Non fu il risultato di un tranquillo accordo tra élite politiche e religiose sigillato dal *Bill of Rights*. Fu invece un aspro conflitto tra schieramenti contrapposti, contrassegnato, come tutte le altre rivoluzioni, da una vasta mobilitazione popolare, da **insurrezioni**, **sommosse e rivolte**, soprattutto in Scozia e in Irlanda, e da una dura repressione. L'episodio più significativo si ebbe nell'estate del 1690, quando lo sbarco in Irlanda del cattolico Giacomo II, alla testa di un contingente francese, aveva costretto Guglielmo III a intervenire. L'11 luglio, lungo il fiume Boyne l'esercito di Giacomo, affiancato da milizie raccogliticce di contadini cattolici irlandesi, fu sconfitto dalle più numerose e addestrate truppe di Guglielmo d'Orange, composte da reggimenti scelti olandesi e danesi a cui si erano aggiunti reparti di ugonotti francesi: fu quella l'ultima battaglia confessionale del '600.

La vittoria confermò l'esito della rivoluzione e consolidò la posizione internazionale di Guglielmo III, ma solo nel 1697 Luigi XIV riconobbe la legittimità della nuova monarchia inglese e allentò il sostegno, fino allora concesso, a Giacomo II e ai suoi seguaci.

GUIDA ALLO STUDIO

❶ Quali furono i motivi che spinsero sette esponenti della nobiltà inglese a chiedere aiuto a Guglielmo d'Orange, governatore delle Province Unite? ❷ Quale fu l'esito dell'attacco sferrato da Guglielmo d'Orange il 4 novembre 1688? ❸ Che cosa sono il *Bill of Rights* e l'*Act of Settlement*? ❹ Quale fu la conseguenza più importante della "gloriosa rivoluzione"? ❺ Cosa successe l'11 luglio 1690 sul fiume Boyne?

4 Verso il governo parlamentare in Gran Bretagna

Whigs e Tories La visione della rivoluzione del 1688-89 come una rivoluzione pacifica è il frutto di una costruzione propagandistica a posteriori compiuta dai **Whigs**, la fazione politica che dominò la vita politica inglese in quel periodo e per gran parte del '700, in costante antagonismo con i **Tories**. In realtà, l'ascesa al trono di Guglielmo e Maria fu il risultato di un accordo tra una maggioranza whig della Camera dei Comuni e una minoranza tory presente soprattutto nella Camera ereditaria dei Lords.

Monarchia costituzionale
La monarchia costituzionale è quel sistema di governo in cui l'estensione e l'esercizio del potere regio sono limitati e regolamentati dal testo unitario della Costituzione promulgato dallo stesso sovrano, che così riconosce l'esistenza di un altro centro di potere, il Parlamento. L'eccezione a questo tipo di sistema di governo si riscontra proprio in Inghilterra, dove la Costituzione non è un testo unico, ma si compone di una serie di atti legislativi e di statuti, anche diversi e lontani nel tempo, a partire dalla *Magna Charta Libertatum* del 1251.

Democrazia
La parola di origine greca, formata da *démos* ('popolo') e *krátos* ('potere'), è uno dei termini più antichi nell'ambito del linguaggio giuridico-politico, risale infatti al V secolo a.C. Presupposto della democrazia contemporanea è il principio della sovranità popolare, secondo il quale il potere appartiene al popolo di uno Stato e non al re. Questo principio, a sua volta, trova espressione nel suffragio universale (il diritto di voto). Tipica conseguenza della democrazia contemporanea è che le decisioni debbano essere prese dalla maggioranza e che la minoranza si debba conformare alle decisioni che prevalgono, garantendo l'affermazione del cosiddetto "principio maggioritario".

Whigs / Tories
Alla fine degli anni '70 del '600 partigiani della monarchia e avversari della successione cattolica diedero origine a due opposti schieramenti politici, rispettivamente dei Tories e dei Whigs. Essi si denominarono reciprocamente con termini in origine denigratori: «tory» era il nomignolo dei banditi cattolici irlandesi; «whig» quello di alcuni insorti presbiteriani scozzesi.

La contrapposizione tra i due schieramenti, che diverrà poi quella tra **liberali** (i Whigs) e **conservatori** (i Tories), era basata allora più sugli orientamenti politici che sulle diverse origini sociali. Entrambi i gruppi provenivano dalla nobiltà terriera, grande o piccola, e solo alcuni membri (tra i Whigs) discendevano da una borghesia terriera o cresciuta al servizio dello Stato e poi nobilitata. Monarchici i Tories e legati alla Chiesa anglicana; sostenitori della sovranità del Parlamento i Whigs, ispirati dalle nuove riflessioni politiche maturate in questo periodo, in particolare dal contrattualismo e dall'idea di tolleranza teorizzati dal filosofo John Locke [👁 3.3]: entrambi erano favorevoli alla politica espansionistica oltreoceano, con una preferenza dei Tories per le conquiste territoriali, mentre i Whigs erano sostenitori dello sviluppo commerciale.

Il governo parlamentare

Nel 1707 la Corona d'Inghilterra (con il Galles) e quella di Scozia si unirono costituendo la **Gran Bretagna**. Dopo questo evento e durante il regno dei primi due sovrani della casata degli Hannover, Giorgio I (1714-27) e Giorgio II (1727-60), il predominio whig fu esercitato da **Robert Walpole**, un uomo politico di grande abilità, dal 1721 al 1742. Fu con lui che nacque quella prassi politica chiamata **governo di gabinetto**, un governo formato da un gruppo ristretto di ministri scelto e guidato dal leader della maggioranza parlamentare che, su delega del sovrano, esercitava il potere esecutivo sotto il controllo del Parlamento. Si trattava della prima attuazione di un sistema di governo parlamentare e del passaggio da una monarchia costituzionale a una monarchia parlamentare che in Gran Bretagna si sarebbe realizzata compiutamente nel secolo successivo.

William Hogarth
La campagna elettorale: l'opera di convinzione
1754-55
[Soane's Museum, Londra]

La tavola è la seconda di una serie di quattro dipinti realizzati da William Hogarth e ispirati alla tornata elettorale del 1754 nell'Oxfordshire, regione nota come roccaforte tory sin dal 1710. Il quadro, ambientato in una località di campagna nei pressi di Oxford, è sovraccarico di simboli che necessitano un'illustrazione. L'emblema dei Tories, la quercia simbolo della restaurazione di Carlo II, è coperto da uno stendardo in cui un esponente del governo whig in vesti di Pulcinella compra voti attingendo da una carriola carica di monete. Sulla strada accanto all'osteria si svolge una scena di corruzione. I rappresentanti dei due partiti, Whigs e Tories, tentano di corrompere un passante che incassa da entrambi il denaro offertogli. A sinistra un altro procacciatore di voti è intento ad acquistare da un venditore ambulante ebreo doni da regalare alle mogli degli elettori affacciate al balcone. Vicino al leone, simbolo della Gran Bretagna, intento a divorare i gigli di Francia, una donna conta le monete della corruzione. Sul fondo, in secondo piano, sono in corso scontri tra le due fazioni. Il dipinto riflette il giudizio critico dell'opinione pubblica britannica sulla corruzione imperante nella vita politica del paese. La figura del soldato che si affaccia dalla porta a sinistra e i due marinai seduti a destra con la ricostruzione di uno schieramento navale sul tavolo sono le sole figure positive della rappresentazione.

Questo sistema politico rimaneva in graduale definizione, legato com'era non solo alle qualità dei leader del Parlamento, ma anche alla personalità dei sovrani e alla loro propensione a intervenire nella politica della nazione: debole quella di Giorgio I e Giorgio II, decisamente più incisiva quella di Giorgio III, il primo re della dinastia degli Hannover nato in Inghilterra, che regnò dal 1760 al 1820.

I caratteri della vita politica

Nella lunga fase di trasformazione dei rapporti istituzionali tra re, governo e Parlamento, la lotta politica era dominata dal conflitto per mantenere il controllo del ***patronage***, il meccanismo, fondato su relazioni personali e clientelari, che garantiva la distribuzione e il controllo delle più importanti cariche governative. La corruzione era diffusissima come lo era la pratica di comprare i voti per essere eletti soprattutto nelle piccole circoscrizioni rurali, dominate dai maggiorenti locali, spesso nobili e grandi proprietari terrieri. Un sistema di abusi e irregolarità destinati a essere modificati solo con la riforma elettorale del 1832 [👁 11.7].

La vita politica era oggetto di vivaci discussioni e critiche da parte di un'opinione pubblica che si veniva formando nei luoghi di ritrovo come le ***coffeehouses*** (i caffè) o nella lettura delle **gazzette** sempre più diffuse anche lontano dalle grandi città. Tutti questi aspetti erano espressione di un **vitale dinamismo della società inglese**. Pur rimanendo divisa, essa era concorde nella difesa degli interessi nazionali che ormai vedevano intrecciati lo sviluppo del commercio internazionale e il controllo di vasti territori oltreoceano.

La politica estera

Divenuta ormai la maggiore potenza marittima, la Gran Bretagna era tuttavia pronta a intervenire in Europa, direttamente o sov-

Gran Bretagna

Durante il regno di Anna Stuart, l'ultima regnante della dinastia Stuart, al potere dal 1702 al 1714, il Parlamento inglese approva gli *Acts of Union* che stabiliscono l'unione in un unico regno di Inghilterra, Galles e Scozia. Nasce così, nel 1707, la Gran Bretagna che insieme alle terre irlandesi costituirà in seguito il Regno Unito di Gran Bretagna e Irlanda (1800; dal 1947 Irlanda del Nord). Ne consegue la fusione dei diversi parlamenti del regno in un Parlamento unico con sede a Londra.
Per questo nella lingua inglese, ancora oggi, l'aggettivo 'britannico', *british*, ha una valenza politica oltre che geografica: si riferisce al Regno Unito di Gran Bretagna e Irlanda del Nord e anche all'isola di Gran Bretagna. L'aggettivo 'inglese', *english*, si riferisce all'Inghilterra (una delle nazioni del Regno Unito) e ai suoi abitanti o, sul piano linguistico, alla lingua inglese. È improprio, ma frequente l'uso del termine "inglese" nelle due accezioni.

Richard Wright
La Battaglia di Quiberon Bay, 21 novembre 1759: il giorno dopo
1760
[National Maritime Museum, Londra]
Il dipinto ritrae la rovinosa situazione in cui si trovò parte della marina francese il giorno dopo la battaglia della Baia di Quiberon (sulle coste atlantiche della Francia), una delle più importanti e decisive della guerra dei Sette anni. Dopo le prime vittorie francesi in Nord America, con l'avvento di William Pitt al governo britannico, le cose cambiarono. La Francia fu sottoposta a un duro blocco navale messo in atto dagli inglesi sull'Atlantico. Con una manovra disperata i francesi tentarono di eludere il blocco risalendo la costa con l'intento di raggiungere il canale della Manica e invadere la Gran Bretagna. Furono bloccati nella Baia di Quiberon, dove la flotta inglese dette prova della sua superiorità tattica in mare.

venzionando gli alleati, per evitare che l'equilibrio tra le potenze venisse alterato dalle guerre di quegli anni, avvantaggiando stabilmente uno dei contendenti. Durante la guerra dei Sette anni (1756-63), sotto la guida di William Pitt il Vecchio, gli inglesi sconfissero le ambizioni coloniali della Francia in Canada, nelle Antille e in India [👁 1.2, 1.5]. I successi in serie per terra e per mare dell'«anno mirabile 1759» furono poi consolidati dalla **pace di Parigi del 1763** che consegnava alla Gran Bretagna un dominio degli oceani destinato a durare per oltre un secolo e mezzo.

GUIDA ALLO STUDIO

❶ Quali erano i due principali schieramenti politici in Inghilterra? Che cosa li differenziava? ❷ Descrivi la prassi politica definita "governo di gabinetto". Chi la ideò e realizzò per primo? ❸ Come si chiamava il meccanismo fondato su relazioni personali e clientelari che garantiva la distribuzione e il controllo delle più importanti cariche governative? ❹ Che cosa rappresentò, per la Gran Bretagna, l'«anno mirabile 1759»?

5 Le ragioni delle guerre

Le molte guerre di un secolo

Dalla pace dei Pirenei (1659), che aveva chiuso il conflitto tra Francia e Spagna, e fino alle paci di Parigi e Hubertusburg (1763), che conclusero la guerra dei Sette anni, si contano in Europa **almeno quindici guerre** in cui si confrontarono più di due contendenti. Guerre per il controllo degli oceani e del commercio internazionale, che videro coinvolte le une contro le altre Gran Bretagna, Olanda, Spagna e Francia; guerre per il dominio del Baltico e dei suoi territori costieri, tra Svezia, Danimarca, Russia, Prussia e Polonia; guerre per la successione dinastica sui troni di Spagna, Polonia, Austria. Vanno ricordate anche le guerre contro i turchi ottomani, combattute dall'Austria nei Balcani e dalla Russia per la conquista delle sponde del Mar Nero. Gli attori principali degli scenari bellici, in Europa e sul fronte extraeuropeo, furono Francia, Gran Bretagna, Austria e Russia, cui presto si affiancò una giovane potenza, la Prussia, che andava consolidandosi lungo le rive del Mar Baltico [sulla Prussia, 👁 1.6]. Le origini di tante guerre si possono spiegare individuando quattro motivi principali spesso intrecciati e coincidenti tra loro: gli interessi commerciali, le questioni dinastiche che sottendono una **concezione patrimoniale dello Stato** (secondo l'idea che il potere regio si riceve in eredità dal predecessore come se fosse un bene patrimoniale di famiglia), le ambizioni di conquista, il contesto geopolitico.

Gli interessi commerciali

Per i paesi che avevano possedimenti, più o meno ampi, nelle Americhe, nelle Antille, sulle coste africane, in Asia, l'obiettivo delle guerre era per alcuni difendere tali territori per altri quello di accrescerli. Era in palio il **controllo dei commerci più redditizi**, come quello degli schiavi africani, o quello delle importazioni e riesportazioni di beni di lusso (tessuti, porcellane) o dei generi coloniali (caffè, tè, zucchero, tabacco). In questo quadro la Spagna tenne un ruolo difensivo di fronte alla politica aggressiva dell'Olanda, della Francia e soprattutto della Gran Bretagna.

Le questioni dinastiche

In questo periodo ogni variazione delle regole di successione dinastica divenne motivo di conflitto tra le potenze: dal momento che quasi tutte le case regnanti erano in qualche misura imparentate tra loro, era sempre possibile rivendicare diritti nel caso di estinzione della linea diretta maschile di successione. Scendevano allora in campo gli eserciti e si dava avvio a una guerra: ma dopo qualche anno e molte battaglie interveniva la diplomazia che, attraverso una serie di **compensazioni territoriali**, riportava in equilibrio il sistema dei rapporti di forza tra le potenze. Così era accaduto al tempo della guerra di successione spagnola [👁 1.2], e così accadde per la successione polacca e, poco dopo,

Legge salica
La cosiddetta Legge salica era in origine un complesso di norme elaborate, alla fine del V secolo, dal popolo dei Franchi Salii, abitanti del territorio corrispondente agli attuali Paesi Bassi. Tra le disposizioni contenute in questo sistema di leggi, ve n'era una che vietava alle donne di ereditare le terre saliche. In realtà questa norma rimase relegata presso il popolo salico e non fu applicata altrove per diversi secoli. Fece la sua ricomparsa quando fu ripresa in Francia da Filippo V (1293-1322), che se ne servì per usurpare il trono legittimamente assegnato a Giovanna II di Navarra, sua nipote. Da quel momento il riferimento a questa legge diventò una consuetudine, fino a consolidarsi non solo in Francia, ma anche in altri paesi europei.

nel 1740, per quella austriaca [👁 TABELLA_1]. Alla morte dell'imperatore Carlo VI, privo di eredi maschi, la figlia Maria Teresa salì al trono dei domìni di casa d'Austria, come era stato stabilito da una norma, la **Prammatica sanzione**, emessa dallo stesso imperatore molti anni prima (nel 1713), per consentire la discendenza femminile fin allora proibita dall'antica **Legge salica**. Le potenze, che appena due anni prima avevano trovato un accordo con l'Austria al termine della guerra di successione polacca grazie a molte compensazioni territoriali a danno degli Asburgo in Italia, rientrarono in guerra: erano principalmente Francia, Spagna e Prussia (quest'ultima però non aveva preso parte al precedente conflitto dinastico). Il primo a muoversi fu il re della Prussia, Federico II, che occupò la ricca provincia della Slesia fino allora in mano austriaca. Dopo otto anni di scontri, la **pace di Aquisgrana** del 1748 provvide ad alcuni scambi e restituzioni territoriali, ma la Prussia riuscì a conservare la Slesia [👁 ATLANTE_5]; inoltre, le potenze che avevano combattuto contro l'Austria (e i suoi alleati) riconobbero la validità della Prammatica sanzione e accettarono l'ascesa al trono imperiale di Francesco di Lorena, consorte di Maria Teresa d'Austria.

TABELLA 1_PRINCIPALI GUERRE E MUTAMENTI TERRITORIALI DEL '700 IN EUROPA

ANNI	GUERRE	PACI	MUTAMENTI TERRITORIALI E NUOVI CONFINI
1702-14	**Guerra di successione spagnola** Francia e Spagna ⬆ contro ⬇ Austria • Gran Bretagna • Province Unite • Prussia • vari principati tedeschi • Portogallo • Ducato di Savoia	**Trattati di Utrecht e Rastatt 1713-14**	Spagna e colonie spagnole a Filippo V di Borbone. Paesi Bassi spagnoli, Ducato di Milano e Regno di Napoli all'Austria. Gibilterra, Minorca e alcuni territori del Nord America alla Gran Bretagna. Sicilia ai Savoia.
1717-20	**Conflitti scatenati dai tentativi della Spagna di modificare l'assetto europeo** Spagna ⬆ contro ⬇ Gran Bretagna • Francia • Austria		Sicilia all'Austria. Sardegna ai Savoia (Regno di Sardegna).
1733-38	**Guerra di successione polacca** Francia • Spagna • Savoia ⬆ contro ⬇ Austria	**Trattato di Vienna 1738**	Ducato di Lorena a Stanislao Leszczyński. Granducato di Toscana a Francesco Stefano di Lorena sposo di Maria Teresa d'Austria. Regno di Napoli e Sicilia a Carlo di Borbone. Novara e Tortona a Carlo Emanuele III di Savoia. Insediamento in Italia di due nuove dinastie: i Borbone a Napoli e i Lorena in Toscana (questa presenza durerà fino all'Unità d'Italia).
1740-48	**Guerra di successione austriaca** Francia • Spagna • Prussia ⬆ contro ⬇ Austria • Gran Bretagna • Olanda • Savoia	**Trattato di Aquisgrana 1748**	Slesia dall'Austria alla Prussia. Ducato di Parma a Filippo di Borbone.
1756-63	**Guerra dei Sette anni** Austria • Francia • Russia ⬆ contro ⬇ Prussia • Gran Bretagna	**Trattato di Hubertusburg 1763** **Trattato di Parigi 1763**	Nessun mutamento territoriale in Europa e conferma delle conquiste prussiane. La Francia perde il Canada e alcuni possedimenti in India a vantaggio della Gran Bretagna. Supremazia coloniale britannica.
1772-95	**Tre spartizioni della Polonia (1772, 1793, 1795)**		Il Regno di Polonia, spartito tra Prussia, Russia e Austria, viene cancellato dalle carte geografiche.

Parola chiave
Geopolitica

ONLINE

Le ambizioni di conquista Se alla metà del '700 apparivano risolti i problemi legati alle successioni dinastiche, non per questo si erano placate le ambizioni di conquista degli Stati più aggressivi e dinamici. Tra Francia e Gran Bretagna era ormai in atto un conflitto planetario, con i francesi impegnati a ostacolare il predominio coloniale britannico. Al centro dell'Europa, invece, la giovane potenza prussiana non si sentiva ancora garantita nelle sue conquiste, accerchiata com'era da Austria, Francia e Russia. Le tensioni scoppiarono nella **guerra dei Sette anni** (1756-63), che si combatté su due fronti: europeo ed extraeuropeo. Fu Federico II di Prussia a dare inizio alla guerra, ma le sue straordinarie vittorie militari contro francesi e austriaci non gli avrebbero assicurato il successo finale: solo l'improvvisa morte della zarina Elisabetta, sua acerrima nemica, e l'ascesa al trono di Russia del filoprussiano Pietro III consentirono alla Prussia di uscire indenne dalla guerra. Sul fronte extraeuropeo la vittoria della Gran Bretagna sulla Francia, sancita nel 1763, pose un freno all'espansione coloniale francese, mentre sul continente europeo si stabilì una nuova intesa tra Prussia, Austria e Russia che avrebbe portato, a partire dal 1772, alla progressiva spartizione del grande Regno di Polonia.

Il contesto geopolitico Il vario alternarsi di dinastie in Italia e la spartizione della Polonia sono tra le conseguenze più significative delle guerre del '700. Proprio questi risultati trovano una spiegazione se utilizziamo un criterio di analisi geopolitica. Un criterio che tiene conto della posizione geografica delle singole aree e della forza delle organizzazioni statali che gravitano su di esse. Da questo punto di vista è possibile distinguere in Europa tra **aree forti e aree deboli**. Le prime si collocano lungo il margine atlantico (Spagna, Portogallo, Francia, Gran Bre-

Le corrette procedure per armeggiare un moschetto
[da J. Keegan, *A History of Warfare*, Londra 1993]
L'immagine, tratta da un manuale militare del XVII secolo, mostra quanto potesse essere complesso l'uso di un moschetto. In particolare, la fase di carica risultava molto rischiosa in quanto portava via tempo e richiedeva una certa precisione proprio in un momento di grande concitazione (come può essere il confronto in battaglia); per questo motivo furono introdotte le esercitazioni dei soldati. I moschettieri più addestrati potevano sparare anche 3 o 4 colpi al minuto, ma in media si riusciva a spararne 2 per poi avanzare all'attacco con la baionetta montata in cima alla canna del moschetto.

L'arruolamento
Numerose vignette popolari, oltre che le cronache del tempo, testimoniano come nel '600 e '700 l'arruolamento forzato e le diserzioni fossero frequenti negli eserciti. Gli ufficiali addetti al reclutamento raccoglievano nelle file degli eserciti anche criminali, ubriaconi e vagabondi.

tagna e Province Unite) o appartengono alla Scandinavia, alla Prussia e alla Russia: tutte corrispondono a realtà storiche, linguistiche e religiose sostanzialmente definite e a strutture politico-amministrative già consolidate o in via di costruzione. Un arco di aree forti circonda dunque a ovest, a nord e a est due grandi aree deboli, il bassopiano tedesco-polacco dall'Elba al Dnjepr e la Penisola italiana: deboli per la labilità dei confini e per un regime politico soggetto all'ingerenza continua delle potenze confinanti nel caso della Polonia; o per l'assenza di uno Stato unitario nel caso dell'Italia.

Cinema e Storia
Barry Lindon
di Kubrick
ONLINE

Gli eserciti Guerre numerose dunque per tutto il '700, ma non drammaticamente letali come erano stati i massacri delle popolazioni al tempo dei conflitti religiosi. Per condurre queste continue guerre era necessario potenziare gli eserciti ormai divenuti permanenti. Un potenziamento che si ottenne non solo con il numero dei soldati arruolati, ma con l'addestramento continuo e il rafforzamento della disciplina. I due aspetti erano strettamente collegati: si trattava di trasformare in **soldati professionali a lunga ferma** contadini arruolati spesso con l'inganno, sbandati, piccoli malviventi. Soldati resi uniformi dalla divisa, soggetti a una disciplina spesso durissima, che dovevano imparare a marciare rapidamente tenendo le linee compatte e a non scompigliarle sotto il fuoco nemico. Soldati addestrati a sparare, a caricare e ricaricare rapidamente il moschetto, pronti a usare la baionetta negli scontri ravvicinati.
Sempre più frequente era l'arruolamento nei territori dello Stato (con l'obbligo per

Nuova carta delle uniformi dell'esercito prussiano
1799
L'esercito prussiano fu il primo ad essere costituito e organizzato secondo principi moderni. L'abbigliamento dei soldati fu studiato con maggiore attenzione, sia per questioni pratiche, sia per infondere, anche attraverso l'uso dell'uniforme, un senso di coesione e di appartenenza al gruppo.

le singole province di fornire un certo numero di reclute, come avveniva in Prussia), ma erano diffuse truppe professionali provenienti da paesi e regioni che da secoli fornivano contingenti mercenari, come la Svizzera, la Scozia, l'Irlanda nonché l'Assia e il Brunswick in Germania.
Si trattava anche di assicurarsi **la fedeltà e la competenza di un corpo di ufficiali**, nei primi tempi tratti dalla nobiltà cadetta di tutta Europa, ma in seguito sempre più originari degli Stati in cui prestavano servizio.

La burocrazia e l'amministrazione

L'alto costo delle guerre, degli armamenti e degli approvvigionamenti richiedevano un'organizzazione e una burocrazia in grado di raccogliere e amministrare le risorse materiali e umane. Come scrisse Federico II nel 1747, «Il maggior segreto nella condotta della guerra e il capolavoro per un buon generale è di riuscire ad affamare l'avversario. La fame esaurisce il nemico più sicuramente del coraggio altrui e voi otterrete il successo con meno rischi che attraverso il combattimento».

GUIDA ALLO STUDIO

❶ Per quali principali motivi l'Europa fu funestata, tra metà '600 e metà '700, da un numero molto alto di guerre? ❷ Quali erano i commerci più redditizi capaci di spingere gli uomini a battersi per averne il controllo? ❸ Che cosa stabiliva la Prammatica sanzione? ❹ Quali Stati firmarono la pace di Aquisgrana? ❺ Come furono potenziati gli eserciti durante il '700?

EVENTI

La battaglia di Rossbach

Federico II di Prussia detiene, in campo militare, un record quasi insuperato fra i regnanti: combatté sedici grandi battaglie, ne vinse tredici e ne perse solo tre. Era ancora in vita, e in giovane età, quando i suoi contemporanei cominciarono a chiamarlo Federico il Grande, proprio riferendosi ai suoi successi in battaglia.
Oltre che dal talento militare, Federico era contraddistinto da una certa scaltrezza, come dimostra il modo con cui condusse la guerra dei Sette anni (1756-63). Nella fase iniziale del conflitto, di fronte alla coalizione di Francia, Austria e Russia, fra le più grandi potenze dell'epoca, la Prussia sembrava avere ben poche speranze di resistere. Federico giocò d'azzardo, convinto della necessità di battere i suoi nemici sul tempo, e invase la Sassonia e poi la Boemia, senza dichiarare guerra, in sprezzo al diritto internazionale. Vinse le prime battaglie di fronte ad eserciti molto più numerosi del suo, finché a Kolin, in Boemia, non fu sconfitto. Era la prima volta: il clamore fu enorme. Le sorti della guerra si ribaltarono: mentre i russi marciavano sulla Prussia orientale, gli austriaci avevano riconquistato la Boemia, e i francesi avanzavano verso la Sassonia. Fu prima contro di loro che Federico decise di marciare.
Era la prima volta che affrontava i francesi, un popolo che ammirava. Il loro esercito, guidato dal maresciallo di Soubise, era circa il doppio di quello prussiano, contava anche alcune truppe imperiali, ed avanzava con sicurezza. Usando vie di comunicazione interne Federico lo raggiunse, ma i due eserciti rimandavano lo scontro, fermi in una posizione di stallo. Acquartierato a Rossbach, nelle vicinanze di Lipsia, al terzo giorno l'esercito del maresciallo di Soubise si decise a dare battaglia, iniziando a marciare. In pochi minuti, osservate le loro posizioni, Federico decise di mettere in movimento l'esercito prussiano, il **migliore per efficienza operativa, capacità di manovra, rapidità di marcia**. Il generale francese non capì che Federico voleva attaccarli prima che le sue colonne prendessero posizione. Più veloce, l'esercito prussiano, nascosto dalle colline, fece una deviazione e piombò sul nemico da est, intrappolandolo. Con diciotto cannoni pesanti, l'artiglieria prussiana inflisse gravi perdite fra le schiere della cavalleria avversaria. Guidati dal generale von Seydlitz, gli squadroni della cavalleria si lanciarono poi con estrema velocità contro la testa e contro il fianco destro delle colonne franco-imperiali, mentre sopraggiungeva anche la fanteria. Di fronte alle rapide e metodiche truppe prussiane, e alle scariche della loro artiglieria, l'esercito franco-imperiale non riuscì a ricostruire la linea di combattimento. Sotto un nuovo attacco della fanteria ruppe i ranghi, e in meno di due ore la battaglia si concluse con la sua rotta totale. Lo squilibrio delle perdite fu impressionante: i prussiani persero solo cinquecento uomini su un esercito di 21 mila, i loro avversari 10 mila su un esercito di 41 mila.
Come un colpo di fulmine la battaglia di Rossbach cambiò l'esito di una guerra che era sembrata quasi conclusa. Era il 5 novembre 1757. Il mito di Federico, geniale comandante, si rafforzò, mentre in Francia la sconfitta suscitò una forte impressione, e si diffuse persino la voce che l'esercito prussiano fosse pronto ad invadere il paese. All'indomani della battaglia, il ministro degli Esteri francese, sbalordito, scrisse di Federico che era allo stesso tempo comandante in battaglia, primo ministro, organizzatore logistico e, se necessario, capo della polizia militare. Si dovette aspettare cinquanta anni perché, con Napoleone, le truppe francesi si inoltrassero di nuovo così profondamente nel territorio tedesco.
Il genio pratico e la chiarezza della visione tattica fecero di Federico il sovrano che portò l'arte militare al più alto livello dell'epoca. Semplificando le regole di battaglia a pochi, efficaci, principi, Federico attuò una nuova strategia, facendo della fanteria l'elemento decisivo dell'esercito prussiano. Mise in pratica, in realtà, una soluzione antica, già adottata da Epaminonda tebano, quando sconfisse gli Spartani a Leuttra nel 371 a.C. Era **la strategia dell'«ordine obliquo»**: mentre un'ala dell'esercito avanzava contro l'esercito nemico, tenendolo occupato, l'altra marciava rapidamente verso il fianco, prendendolo di sorpresa da una direzione trasversale, e facendogli perdere la possibilità di cambiare allineamento. Con un esercito in grado di marciare e di manovrare più velocemente di tutti gli altri, di cui perfezionò anche le qualità, Federico aveva uno strumento straordinario **per cogliere di sorpresa il nemico**, infliggendogli attacchi rapidi e decisi. Una tattica con cui riuscì a sconfiggere eserciti di molto superiori per numero di soldati, ma non un mezzo infallibile di vittoria, che poteva sfumare se il nemico riusciva ad accorgersi della direzione d'attacco e a riorganizzarsi. Federico era animato da un instancabile spirito offensi-

6 L'ascesa della Prussia

Una nuova potenza in Europa

«Giù il cappello, signori. Se ci fosse stato lui, noi oggi non saremmo qui.» Questo fu l'omaggio che Napoleone, vincitore a Jena contro i prussiani nel 1806, rese di fronte alla tomba di Federico II. L'imperatore francese celebrava il grande generale, ma **Federico II** va ricordato soprattutto per il suo contributo decisivo all'ascesa della Prussia al rango di grande potenza. Un risultato ottenuto non solo con le vittorie militari, ma con il sistematico rafforzamento dello Stato e della sua amministrazione volta soprattutto a garantire il finanziamento e il funzionamento di una efficiente e potente macchina bellica. Alla fine del regno di Federico II, la Prussia poteva mettere in campo un esercito di 195 mila uomini mentre la Francia, con una popolazione almeno tripla, ne schierava poco più di 180 mila. Come dicevano i contemporanei, la Prussia **non** era **«uno Stato con un esercito, ma un esercito con uno Stato»**. In tutti gli aspetti relativi all'organizzazione militare la Prussia divenne, nella seconda metà del '700, la potenza militare più temibile anche grazie alla superiore capacità tattica e ai successi

ATLANTE 3_LA BATTAGLIA DI ROSSBACH (5 NOVEMBRE 1757)

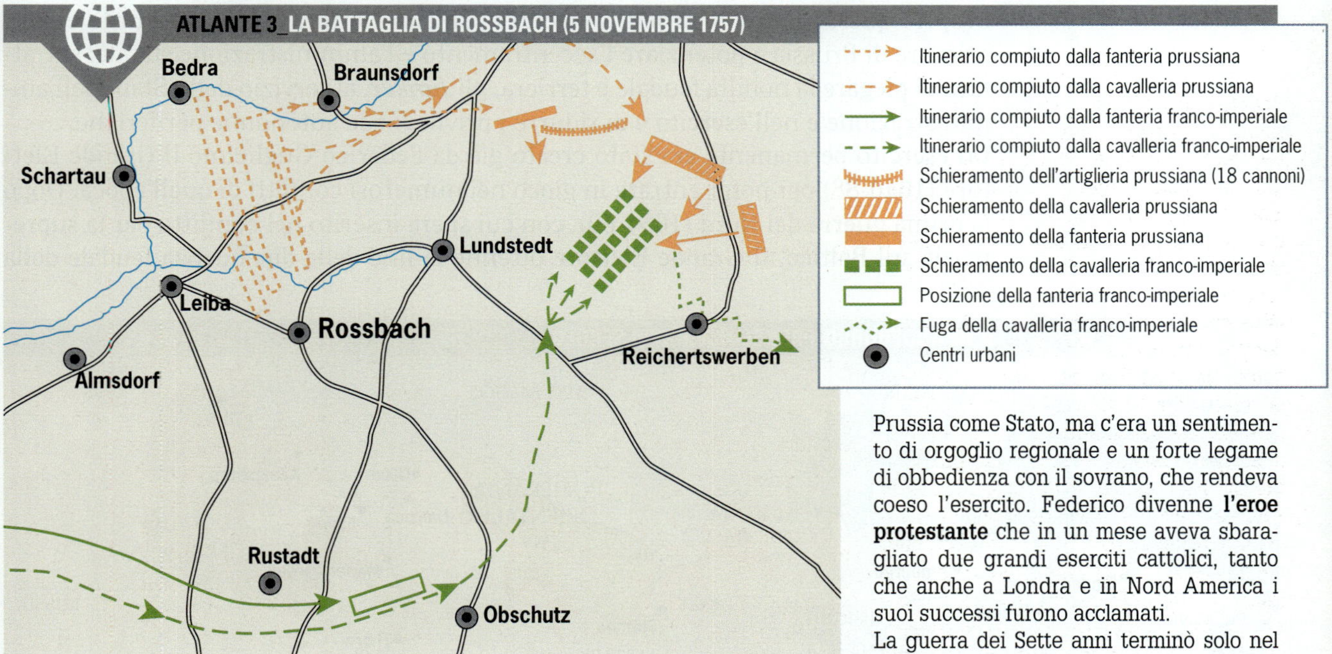

vo: di fronte a generali noti per la prudenza, come il suo avversario austriaco Daun, si assicurava sempre l'iniziativa attaccando per primo, convinto che la strategia offensiva fosse spesso sinonimo di vittoria. Complessivamente, la strategia di Federico non si basava su un grande scontro decisivo, ma su **continui scontri parziali**, volti a limitare la combattività del nemico. «Come un leone che gli inseguitori hanno stretto da vicino e che assale ora l'uno ora l'altro con salti improvvisi, distribuendo terribili zampate, nella speranza che il loro coraggio si fiacchi e la loro aggressività si esaurisca, allo stesso modo Federico ha condotto la guerra dei Sette anni», ha scritto lo storico tedesco Gerhard Ritter[1].

Un mese dopo Rossbach, il 5 dicembre 1757, Federico realizzò un altro capolavoro militare, questa volta contro gli austriaci che stavano invadendo la Slesia. A Leuthen sbaragliò un esercito che contava il doppio delle forze di quello prussiano, grazie all'esecuzione perfetta della manovra dell'«ordine obliquo». La sera della battaglia, nella pianura coperta di neve, insanguinata, i superstiti dell'esercito prussiano si inginocchiarono, e insieme cantarono una corale luterana in ringraziamento a Dio. Mancava la coscienza della Prussia come Stato, ma c'era un sentimento di orgoglio regionale e un forte legame di obbedienza con il sovrano, che rendeva coeso l'esercito. Federico divenne **l'eroe protestante** che in un mese aveva sbaragliato due grandi eserciti cattolici, tanto che anche a Londra e in Nord America i suoi successi furono acclamati.

La guerra dei Sette anni terminò solo nel 1763, non risparmiando scorrerie avversarie nella capitale della Prussia, Berlino, né risparmiando a Federico altre sconfitte (particolarmente rovinosa quella di Kunersdorf del 1759), ma regalandogli anche altre vittorie sensazionali (come quella di Liegnitz del 1760, in cui, con ventimila uomini, mise in rotta un esercito austriaco di centomila). Quando si concluse la guerra, la Prussia era uno Stato impoverito, aveva perso quasi mezzo milione di sudditi, ma **aveva conservato intatti i suoi confini** e accresciuto la sua fama di potenza militare.

1. G. Ritter, *Federico il Grande*, il Mulino, Bologna 1970, p. 175.

sui campi di battaglia di Federico II contro avversari spesso più numerosi dei prussiani. Protagonista delle guerre contro la Francia di Napoleone e alla fine vincitrice dopo molte umilianti sconfitte, la Prussia sarebbe diventata, nell'800, l'elemento propulsore dell'unificazione tedesca, ottenuta dopo la sconfitta della Francia nel 1870 [👁 17.2]. Per questo la sua ascesa riveste un significato decisivo nella storia europea.

La composizione territoriale del Regno di Prussia

Il regno di Federico II (1740-86) si collocava al termine di un processo che era iniziato nei primi decenni del '600. È infatti nel 1618 che la Prussia, una regione posta sul Baltico al confine orientale della Polonia (cui era legata da vincoli feudali) oltre che possesso originario dell'Ordine teutonico, si aggiunse ai territori del principe del Brandeburgo, una regione storica della Germania centro-settentrionale. Prussia e Brandeburgo erano e rimasero distanti tra loro per oltre un secolo e mezzo. Quando l'elettore del Brandeburgo (della famiglia degli Hohenzollern) divenne re di Prussia, nel 1701, le due regioni erano ancora separate: il Brandeburgo a ovest con capitale Berlino e la Prussia a est con capitale Königsberg, la patria del filosofo Immanuel Kant [👁 ATLANTE_4]. Solo con la prima spartizione della Polonia, nel 1772, si stabilì una **continuità territoriale tra est e ovest**. Peraltro al nuovo regno appartenevano anche altri più piccoli Stati territoriali posti nella Germania occidentale.
Proprio questa frammentarietà sollecitò i principi elettori del Brandeburgo e poi i primi re di Prussia a potenziare l'accentramento e l'amministrazione statale: si trattava di piegare la nobiltà feudale e terriera, gli *Junker*, al servizio dello Stato nell'amministrazione e nell'esercito e di ridurre i privilegi e le autonomie periferiche.
Un esercito permanente era stato creato già da Federico Guglielmo il Grande Elettore (1640-88) per poter entrare in gioco nei numerosi conflitti di quell'epoca. Dopo la prima guerra del Nord (1654-60), con cui si era inserito nel conflitto per la supremazia sul Baltico, il Grande Elettore ottenne la fine della dipendenza feudale della

ATLANTE 4_IL BRANDEBURGO-PRUSSIA (XVII-XVIII SECOLO)

Prussia dal Regno di Polonia, mentre la Svezia conquistava il dominio sul Baltico assicurandosi anche il controllo delle coste settentrionali della Germania. Ma nella successiva seconda guerra del Nord, terminata nel 1720-21, la Svezia fu sconfitta: il controllo del Baltico passò alla Russia, mentre il Regno di Prussia ottenne la Pomerania e la città di Stettino che divenne il suo porto principale.

Geografia e Storia
Il Baltico

ONLINE

L'impulso ai commerci e alle manifatture Questo risultato consentiva alla Prussia di partecipare ai lucrosi commerci del **Baltico** che fornivano legnami per la costruzione delle navi delle potenze marittime e cereali per i paesi a forte urbanizzazione e demograficamente più sviluppati.

Dal momento che il numero degli abitanti era considerato uno degli elementi della ricchezza di un paese, venne visto positivamente l'arrivo degli **emigrati ugonotti dalla Francia** nelle città del Brandeburgo e soprattutto a Berlino, dove contribuirono a sviluppare le attività manifatturiere di una città prevalentemente burocratica. Ma la vocazione principale della Prussia rimase, in questo periodo, quella militare per contrastare le altre grandi potenze territoriali dell'Europa centrale.

GUIDA ALLO STUDIO

❶ Che cosa fece della Prussia della seconda metà del '700 la potenza militarmente più temibile? ❷ Quali conseguenze ebbe la frammentarietà territoriale che caratterizzò la Prussia nella seconda metà del '700? ❸ Che cosa ottenne la Prussia dalla seconda guerra del Nord?

7 La Russia da Pietro il Grande a Caterina II

Alla metà del '700 la Russia prese parte alla guerra dei Sette anni: per la prima volta il grande impero dell'Europa orientale si spingeva con il suo esercito nei territori tedeschi confrontandosi con i grandi Stati continentali [👁 1.5]. Nei primi anni del secolo la Russia aveva infatti interrotto il suo isolamento ed era ormai assurta al rango di grande potenza europea, dopo la conquista dell'egemonia sul Baltico, seguita alla sconfitta di Carlo XII di Svezia sul campo a **Poltava**, in Ucraina nel 1709, e alla **pace di Nystadt** del 1721.

Fortezza dei SS. Pietro e Paolo a San Pietroburgo

Nel 1703 Pietro I fondò una nuova città nel Golfo di Finlandia, San Pietroburgo, e la scelse come capitale del suo regno al posto di Mosca. Richiamò da tutta Europa architetti e artigiani, e fece costruire numerosi palazzi con l'intento di dare alla città, attraversata dal fiume Neva, un'impronta nuova e funzionale, sul modello delle capitali europee. Sull'isola di Pietrogrado, nucleo originario della città, sorse la fortezza dei SS. Pietro e Paolo; l'originaria struttura in legno venne sostituita da un complesso in pietra, progettato dall'architetto Domenico Trezzini e dominato dalla guglia dell'omonima cattedrale alta oltre 120 metri.

Le politiche di Pietro I il Grande

Artefice di questa trasformazione fu lo zar, e poi imperatore, Pietro I il Grande (1682-1725). Rientrato a Mosca dopo un lungo viaggio in Europa occidentale, dove ebbe modo di conoscere direttamente i sistemi di governo e dare sfogo alla sua curiosità per la tecnica militare e le costruzioni navali (in Olanda lavorò in un cantiere), nel 1698 Pietro assunse direttamente il potere fin allora tenuto da una reggente. Dotato di grande determinazione ed energia (anche fisica: era alto più di due metri), diede inizio alla **modernizzazione della Russia**.
Al di là di alcune iniziative fortemente simboliche, come l'imposizione del divieto di portare le tradizionali lunghe barbe a conferma del passaggio a costumi più occidentali, l'opera di Pietro fu interamente politica e militare. Il giovane zar – aveva allora 26 anni – seguì le tre abituali direttrici riformatrici volte a costruire un sistema di governo secondo il **modello delle monarchie assolute**: creazione di un esercito permanente, con un parziale reclutamento obbligatorio; depotenziamento della grande nobiltà posta ora al servizio dello Stato; costruzione di un sistema amministrativo e di un sistema fiscale in grado di fornire le risorse alla nascente potenza militare.
Inoltre, per vincere la sfida della supremazia nel Baltico era indispensabile sconfiggere

PERSONAGGI

Caterina II

Tra le grandi personalità che dominano la scena europea del XVIII secolo, Caterina II (1729-1796) occupa un posto di assoluto rilievo per la statura politica e gli obiettivi ambiziosi della sua opera di governo, per l'ampiezza di vedute, per le indubbie doti personali: intelligente e sensibile, colta, nemica di ogni forma di adulazione e di oscurantismo, si presentò come **uno dei sovrani più illuminati del suo tempo**, grazie anche a un intenso rapporto di scambio coltivato per gran parte della vita con gli intellettuali illuministi Voltaire e Diderot: quest'ultimo si sobbarcò perfino un lungo viaggio in Russia per incontrarla [👁 3.8]. Le sue notevoli capacità, le qualità umane, la forte impronta personale conferita al suo regno la collocano a pieno titolo tra le grandi figure di donne regnanti che punteggiano la storia dei paesi europei come rare eccezioni alla regola di un potere quasi esclusivamente maschile. Lei stessa dovette fare i conti con limiti e pregiudizi derivanti dal suo sesso, pagandone il prezzo oppure ignorandoli ostentatamente, e contrappose ai modelli dominanti **scelte di vita coraggiose e poco ortodosse**, soprattutto nelle relazioni affettive.
Caterina II salì al potere nel 1762, all'età di 33 anni, soltanto diciotto dei quali trascorsi in Russia, patria d'adozione. Era nata infatti come Sofia Federica di Arnhalt-Zerbst in una famiglia della nobiltà tedesca minore, e aveva quindici anni quando nel 1744 fu chiamata da Elisabetta di Russia ad unirsi al granduca Pietro, erede al trono e nipote della zarina, anche lui nato e cresciuto in Prussia. Dopo un interminabile viaggio fino a Mosca, Sofia abbraccia la religione ortodossa e riceve un nuovo nome: d'ora in poi sarà Caterina, granduchessa di Russia. La madre, che l'aveva accompagnata, viene rispedita a casa dopo il matrimonio e lei affronta da sola una nuova vita in un paese da sempre considerato un regno di barbari e la cui corte aveva una pessima fama. Qui, costantemente sorvegliata e spiata, imparerà a destreggiarsi tra le crescenti follie del marito e le rampogne di Elisabetta, figlia di Pietro il Grande: donna intelligente e capace, ma ossessionata dalle congiure di palazzo, l'imperatrice esercita un potere dispotico su tutto ciò che la circonda, mentre il suo carattere diffidente, capriccioso e spesso violento mantiene la corte in un clima di paura e sospetto che non risparmia neanche la coppia granducale. Chiamati giovanissimi a sostenere un ruolo di grande rilievo in un ambiente ostile, Pietro e Caterina reagiscono in modo del tutto opposto: mentre il primo non cercherà mai di nascondere il suo profondo disprezzo per la società e le tradizioni russe, ostentando un attaccamento fanatico alle proprie radici prussiane, Caterina abbraccia da subito e senza esitazione il nuovo paese, a cominciare dalla lingua e dai cerimoniali religiosi, cercando di ingraziarsi il favore dell'imperatrice quanto quello dell'ultimo servo. Questi loro atteggiamenti contrapposti, sempre più evidenti con gli anni, si sarebbero rivelati decisivi per l'ascesa di Caterina al trono. Nel granduca per giunta si manifestano presto tendenze dispotiche e segni di instabilità mentale: maniaco di disciplina militare, costringe la moglie a obbedire ai suoi ordini e a marciare col moschetto in spalla, ma anche a sopportare i suoi sberleffi, gli insulti in pubblico, l'esibizione delle sue amanti, le ubriacature sempre più frequenti. Quanto al matrimonio, verosimilmente non fu mai consumato, almeno così lascia intendere Caterina nelle sue memorie, e ciò alla lunga renderà insostenibile la sua posizione a corte: Elisabetta infatti, che non ha figli, è preoccupata per la continuità dinastica e lascia chiaramente intendere a Caterina che il suo unico compito è quello di fornire un erede. Tant'è che quando nel 1754 la granduchessa darà finalmente alla luce un maschio (avuto con ogni probabilità da un'altra relazione), Elisabetta si prenderà il bambino per allevarlo personalmente senza la minima ingerenza della madre. Caterina stessa ha lasciato un resoconto di quel parto durato dodici ore, al termine del quale l'imperatrice esce dalla stanza col suo seguito portando via il neonato e abbandonando lei, sola e senza assistenza, su un giaciglio a terra.
Comunque la nuova posizione di forza derivante dall'essere madre dell'erede al trono segna una svolta nella vita di Caterina, che d'ora in poi sarà parte attiva nelle alleanze di palazzo e negli equilibri di potere. Anche gli ambasciatori stranieri non tardano ad apprezzarne (o temerne) le notevoli capacità e presto mostreranno di considerarla una pedina decisiva nella successione al trono, magari come reggente. A questa nuova dimensione politica si accompagna un mutamento radicale nella vita privata di Caterina: il grande vuoto affettivo di questi primi anni e un altrettanto potente bisogno di colmarlo sembrano regolare da qui in avanti la sua condotta,

per terra e per mare la Svezia, che era il principale avversario dell'impero russo. Fu così sviluppata anche una **marina da guerra** mentre gli effettivi dell'esercito giunsero a quasi 300 mila uomini di cui 100 mila cosacchi che, in cambio del riconoscimento dell'autonomia delle loro comunità, prestavano una lunghissima ferma militare.
L'obiettivo del Baltico era confermato anche dalla fondazione nel 1703 di **una nuova capitale**, **San Pietroburgo**, progettata da architetti italiani sull'estuario del fiume Neva, all'estremità orientale del golfo di Finlandia: una città presto divenuta scenografia monumentale del nuovo potere russo e insieme principale porto militare e commerciale.

L'impatto sociale delle riforme

Un passaggio decisivo verso un'amministrazione moderna fu l'apertura a tutti (nobili e borghesi) dell'accesso alle cariche statali, mentre ogni avanzamento fu basato sulla preparazione e sul merito. Nel 1722 la **Tabella dei ranghi** suddivise tutte le carriere (militari, civili, di palazzo) in quattordici gradi; stabilì inoltre che tutti, compresi i nobili, sarebbero partiti dal livello più basso, e che il raggiungimento dell'ottavo grado avrebbe comportato il conferimento della nobiltà a chi ne era privo. Veniva così favorita una **mobilità sociale** ascendente nel quadro dell'amministrazione dello Stato.

ed è in questa fase che conosce il conte **Stanislao Poniatowski**, il primo dei suoi grandi amori e futuro re di Polonia. Da lui avrà nel 1758 la seconda figlia, Anna, ufficialmente attribuita a Pietro, che morirà dopo poco; anche lei sarà prelevata da Elisabetta, che continuerà a negare alla madre il permesso di vedere i figli, mentre Poniatowski verrà rispedito in Polonia. Questa brutale esclusione di Caterina da qualsiasi scambio affettivo con i bambini contribuirà a confinare la sua esperienza della maternità in un ambito prevalentemente strumentale, vincolandola strettamente alle dinamiche del potere.
La situazione precipita rapidamente nel dicembre 1761, alla morte di Elisabetta: Pietro diventa imperatore col nome di Pietro III, ma le sue follie e la politica filoprussiana gli alienano ogni sostegno nel giro di pochi mesi, spianando la strada al colpo di Stato; anche i suoi rapporti con la moglie, che agli occhi di tutti incarna invece l'anima della Russia, sono ormai di scontro frontale e Pietro non nasconde l'intenzione di ripudiarla per sposare la sua amante. Di fronte a tale minaccia e incalzata dai suoi sostenitori, Caterina rompe gli indugi e con l'appoggio decisivo dell'esercito e della chiesa ortodossa **depone Pietro III e si fa incoronare zarina**.
La determinazione con cui si porrà alla testa dell'impero e l'impulso dato alla trasformazione della Russia le varranno un ampio riconoscimento sul piano strettamente politico, ma la sua vita sentimentale darà ai maligni materia di che sparlare: la sua libertà in fatto di amori non soltanto la renderà oggetto di biasimo e di velenose maldicenze per tutta la durata del suo regno, ma contribuirà ad affiancare alla sua immagine di sovrana illuminata quella, del tutto immeritata, di donna dedita a sfrenate passioni [👁 3.8]. L'utilizzo in chiave denigratoria delle relazioni amorose, vere o presunte, nel caso delle donne regnanti non è nuovo (toccò anche a Elisabetta I), ma per quanto riguarda Caterina sembra essere stato molto persistente: alcuni dei favoriti che le furono accanto però ebbero un ruolo importante sia sul piano sentimentale che nella sua opera di governo, a cominciare da **Grigorij Orlov**, ufficiale della Guardia che l'aveva sostenuta nel colpo di Stato e dal quale, all'epoca, aveva già avuto un figlio; oppure nel caso di **Grigorij Potëmkin**, amato di una passione travolgente e forse segretamente sposato, e che sarà una figura fondamentale per l'attuazione della sua politica espansionistica. Da loro l'imperatrice cercherà appagamento affettivo ma anche consiglio e aiuto, sempre attenta a conciliare le sue relazioni con gli interessi dello Stato e a non lasciarsi sovrastare nella gestione del potere, ma basta una scorsa alle sue lettere per cogliere **una dimensione affettiva e umana** che nulla ha a che vedere con lo stereotipo della "Messalina del Nord" che le verrà addossato e che l'avrebbe seguita per secoli: «Non sono mai stata così felice come adesso. Spesso cerco di nascondere i miei sentimenti, ma il cuore tradisce la mia passione».

Vigilius Erichsen ***Ritratto di Caterina II*** dopo il 1762 [Musée des Beaux-Arts, Chartres]

Il potere dello zar, che si estendeva anche sulla Chiesa ortodossa e sulle proprietà ecclesiastiche, era privo di ogni controllo, anche di quelli che nelle monarchie assolute occidentali potevano provenire dagli organismi giudiziari o dalle autonomie periferiche. La Russia era ormai divenuta un'autocrazia, che corrispondeva al titolo che Pietro si diede nel 1721 di **«imperatore e autocrate di tutte le Russie»**.

La modernizzazione autocratica non intaccò le basi sociali del mondo rurale russo basate sulla nobiltà terriera e sulla **servitù della gleba**: anche se le antiche sopravvivenze schiavistiche vennero abolite, la servitù e la connessa proprietà sulle persone e il controllo sui movimenti dei contadini servi si mantennero fino al 1861, quando fu soppressa dall'imperatore Alessandro II [👁 17.7].

Elisabetta I e Caterina II

La rapidità con cui furono realizzate tante riforme era destinata a creare malcontento soprattutto tra la nobiltà, e i successori di Pietro dovettero rallentarne la rigida applicazione. Il nuovo sistema di potere poteva funzionare correttamente solo se esercitato da personalità forti, in grado di muoversi abilmente e con determinazione tra le insidie della grande nobiltà e gli intrighi di corte. Dopo la morte dello zar riformatore, nel 1725, solo Elisabetta I (1741-62), che impegnò la Russia nella guerra dei Sette anni contro la Prussia, e soprattutto Caterina II (1762-96), che riprese i progetti riformatori ed estese i territori russi in Polonia e verso il Mar Nero, possono reggere il confronto con il grande Pietro [per le azioni riformatrici di Caterina II, 👁 3.8].

GUIDA ALLO STUDIO

❶ Il divieto di portare le tradizionali lunghe barbe fu imposto in Russia. Quando, perché e da chi? ❷ Quali furono le tre principali direttrici riformatrici seguite dalla politica di Pietro il Grande? ❸ Che cosa era e come funzionava la Tabella dei ranghi? ❹ Che destino ebbe la modernizzazione voluta da Pietro il Grande dopo la sua morte?

ATLANTE 5_L'EUROPA NEL 1748

La carta riporta le variazioni territoriali intervenute alla conclusione della guerra di successione austriaca (1748), nonché le principali battaglie della guerra dei Sette anni. Nel 1738 e nel 1748 l'Austria dovette accettare un notevole ridimensionamento dei suoi possessi, dapprima con la cessione del Regno di Napoli e della Sicilia a Carlo di Borbone-Spagna, in seguito con il riconoscimento della conquista prussiana della Slesia.

8 I risultati di cento anni di guerre

La gerarchia delle potenze

Gibilterra, la rocca che controlla gli accessi al Mediterraneo, è dal 1713 un possesso britannico. Il Québec, la maggiore colonia della Francia nell'America settentrionale, grande cinque volte l'Italia e dove ancora si parla francese, fu conquistata dalla Gran Bretagna nel 1759 e da allora fa parte del Canada, che fu colonia britannica prima di diventare Stato indipendente. Sono due esempi degli esiti delle guerre del '700 che modificarono i confini degli Stati e le appartenenze delle colonie, instaurando una nuova gerarchia tra le potenze europee. La Spagna scese di rango e così le Province Unite e la Svezia, mentre emersero le **nuove grandi potenze di Prussia e Russia e la Gran Bretagna** ottenne l'egemonia sugli oceani.
Dalla Penisola iberica a occidente alla Russia e ai Balcani a oriente, per chiudere con l'Italia a sud, possiamo seguire sulla carta d'Europa la diversa entità dei cambiamenti intervenuti in un secolo.

■ **Portogallo** Nel 1703, durante la guerra di successione spagnola, il Portogallo aveva siglato **accordi con l'Inghilterra** in base ai quali erano stati stabiliti reciproci vantaggi per gli scambi commerciali tra i vini portoghesi e i tessuti di lana inglesi. Tali accordi, noti anche come *Port Wine Treaty* (in riferimento al porto, vino liquoroso molto diffuso in Gran Bretagna), contribuirono a mantenere l'impero coloniale portoghese, che comprendeva il Brasile, fuori dai conflitti tra le potenze.

■ **Spagna** Al termine della guerra di successione spagnola, la Spagna aveva perso tutti i suoi possedimenti in Italia e nei Paesi Bassi; aveva dovuto riconoscere anche le conquiste inglesi di Gibilterra e dell'isola Minorca (tornata definitivamente spagnola nel 1802) e cedere il monopolio dell'***asiento*** (il commercio degli schiavi verso le colonie spagnole) a una compagnia commerciale inglese. Tuttavia, al termine della guerra di successione polacca, nel 1738, la nuova dinastia dei Borbone di Spagna ottenne il Regno di Napoli e di Sicilia che un ramo cadetto (i Borbone di Napoli) governerà dal 1759 al 1860.

■ **Francia** Ai successi iniziali delle "guerre di rapina" di Luigi XIV, che videro l'ampliamento dei confini territoriali francesi a est e a nord, con città come Strasburgo e Lille, si sarebbe aggiunta per via ereditaria la Lorena nel 1766. Nel complesso, pur mantenendo una posizione preminente in Europa, la Francia subì grandi **perdite nei suoi possessi coloniali** ceduti alla Gran Bretagna nel 1763: oltre al Canada francese (Québec), parte della Louisiana (un'altra parte andò alla Spagna), alcune isole delle Antille (Dominica, Grenada, Saint Vincent e le Grenadines, Tobago) e molti dei suoi possessi in India.

■ **Paesi Bassi spagnoli** I Paesi Bassi spagnoli (o del Sud), corrispondenti agli attuali Belgio e Lussemburgo, passarono all'Austria dopo la guerra di successione spagnola. I sovrani austriaci non riuscirono durante il loro dominio, durato fino al 1794, a ottenere dalle Province Unite la riapertura dell'estuario del fiume Schelda (privilegio ottenuto dagli olandesi nel 1648), la cui chiusura aveva strangolato le fiorenti attività commerciali della città di Anversa.

■ **Province Unite** Uscite sostanzialmente indenni dalle guerre di fine '600 e anzi col prestigio accresciuto dalla difesa contro Luigi XIV, le Province Unite non sarebbero state più tra i protagonisti del '700. Conservarono tuttavia intatti i grandi possessi coloniali in Indonesia e lungo le coste dell'America Latina e nei Caraibi mantenendo il ruolo di grande potenza commerciale grazie alle due compagnie delle Indie orientali e delle Indie occidentali.

■ **Gran Bretagna** Superate le tensioni rivoluzionarie e pacificati i conflitti interni, l'Inghilterra o, più correttamente a partire dal 1707, la Gran Bretagna giocò un ruolo decisivo durante la guerra di successione spagnola per poi dedicarsi prevalentemente ad accrescere i suoi **possedimenti coloniali** a spese della Spagna e soprattutto della Francia.

■ **Prussia** Se messa a confronto con la permanente frammentazione dei piccoli Stati tedeschi, esclusa la Baviera, l'ascesa della Prussia a **grande potenza** militare e territoriale rappresenta l'avvenimento più significativo del '700 nell'Europa continentale. Conquistata e difesa la Slesia, gli ulteriori ingrandimenti avvennero soprattutto a spese della Polonia.

■ **Svezia e Polonia** Potenza militare egemone nell'area del Baltico alla metà del '600, sconfitta dalla Russia, la Svezia non riuscì più a svolgere un ruolo di rilievo dopo il 1720.

Vittima delle sue debolezze istituzionali, invece, il Regno di Polonia – più esattamente la Confederazione polacco-lituana – rimase preda dei più potenti vicini, Prussia, Austria e Russia, che l'accerchiavano da tutti i lati. Nelle tre **spartizioni** del 1772, 1793 e 1795 perse tutti i suoi territori e Varsavia divenne una città prussiana.

■ **Russia** Dopo la sconfitta della Svezia e la raggiunta egemonia sul **Baltico** ottenuta da Pietro il Grande, la Russia volse le sue armi contro l'impero ottomano raggiungendo il mar Nero tra il 1774 e il 1783 ed ergendosi contemporaneamente a protettrice delle minoranze ortodosse **contro i turchi**.

■ **Austria** Ottenuti i possedimenti spagnoli in Italia dopo la guerra di successione spagnola, già nel 1738 l'Austria dovette cedere il Regno di Napoli e di Sicilia ai Borbone di Spagna. La **pace di Aquisgrana** (1748), che pose termine alla guerra di successione austriaca, confermò la perdita della Slesia conquistata dalla Prussia e decise la cessione del Ducato di Parma a un ramo cadetto dei Borbone di Spagna. L'Austria conservava in Italia la Lombardia con Milano e Mantova, mentre il Granducato di Toscana, dopo l'estinzione dei Medici, era andato a Francesco di Lorena, marito di Maria Teresa d'Austria. Il bilancio non era positivo per l'Austria anche per i risultati delle lunghe guerre nei Balcani contro l'impero ottomano. Dopo la **liberazione di Vienna dall'assedio turco** (1683) gli eserciti austriaci si erano spinti verso sud sotto la guida di Eugenio di Savoia conquistando Belgrado nel 1717. Ma nel 1739 gli ottomani avevano ripreso gran parte dei territori perduti.

La galleria verso il giardino di Blenheim Palace
1705-24
[Oxfordshire, Inghilterra]
Blenheim Palace è una sfarzosa residenza fatta costruire dalla regina Anna d'Inghilterra per celebrare la vittoria sulla Francia durante la guerra di successione spagnola e premiare John Churchill, primo duca di Marlborough. Il 13 agosto dell'anno precedente, infatti, il duca, insieme al principe Eugenio di Savoia, aveva guidato vittoriosamente le forze alleate (inglesi, austriaci, prussiani, più altri delle Province Unite e della Danimarca) contro i francesi e i loro alleati bavaresi nella battaglia di Blenheim (oggi Blindheim, in Baviera). Si era trattato di una battaglia decisiva nel conflitto per la successione spagnola in quanto prima seria sconfitta subita dai francesi che metteva fine alle mire espansionistiche di Luigi XIV.

■ **Italia** Nella Penisola italiana il '700 si presenta con due volti diversi. Da un lato mantenevano la continuità politica e territoriale le Repubbliche di Genova e di Venezia e lo Stato pontificio, dall'altro si alternavano le case regnanti o se ne installavano di nuove tra il 1713 e il 1748, come abbiamo visto accadere in Lombardia, a Parma, in Toscana, nei Regni di Napoli e di Sicilia. Solo a partire dal 1748 la situazione italiana si può dire stabilizzata.

In questo contesto l'unico significativo elemento di autonomo protagonismo è quello rappresentato dal Piemonte dei **Savoia** che vide premiata la politica opportunistica con l'acquisto della Sicilia nel 1713 e il connesso titolo regio. L'abilità di Vittorio Amedeo II (1675-1732) consentì allo Stato sabaudo di uscire dalla sudditanza francese, che durava da oltre un secolo e mezzo, e di affermarsi, grazie alla riorganizzazione amministrativa e alla costruzione di un forte esercito, come una "piccola" potenza, decisiva per le sorti future dell'Italia. Nel 1718 i Savoia dovettero cedere la Sicilia all'Austria, ottenendo in cambio la Sardegna e assunsero da allora quel titolo di **re di Sardegna** che porteranno fino al 1861 quando, con l'unificazione, Vittorio Emanuele II diverrà re d'Italia.

GUIDA ALLO STUDIO

❶ Quando e perché furono firmati gli accordi chiamati *Port Wine Treaty*? ❷ Quali furono, per la Spagna, le conseguenze della guerra di successione? ❸ Quale politica estera seguì la Gran Bretagna dopo la guerra di successione spagnola? ❹ Cosa stabilì la pace di Aquisgrana, che pose termine alla guerra di successione austriaca? ❺ Quando e perché il re del Piemonte ricevette il titolo di re di Sardegna?

Fra il 1714 e il 1748 l'assetto territoriale italiano cambiò radicalmente. Con il trattato di Rastatt [👁 1.2] la Spagna perse i suoi possessi in Italia a beneficio dell'Austria (Lombardia, Regno di Napoli, Sardegna e Stato dei presìdi) e dei Savoia (Sicilia).

Nel 1718 lo Stato sabaudo ottenne la Sardegna in cambio della Sicilia. Ma fu tra il 1738 e il 1748 che l'Italia trovò una sistemazione destinata a durare fino all'invasione napoleonica (e sostanzialmente fino al 1859-60): nel 1738 l'Austria cedette a Carlo di Borbone il Regno di Napoli e la Sicilia, mentre i Savoia raggiunsero il Ticino. Nel 1748, al termine della guerra di successione austriaca, l'Austria cedette il Ducato di Parma, che aveva ottenuto nel 1738, a Filippo di Borbone, fratello cadetto di Carlo.

STORIA • SOCIETÀ • CITTADINANZA

Il diritto internazionale

Nel marzo del 1765 Federico II impartiva agli insegnanti dell'Accademia prussiana dei nobili le istruzioni seguenti: «Il maestro avvertirà la gioventù che il diritto delle genti [il diritto internazionale], mancando della forza coercitiva necessaria a farlo osservare, non è che un vano fantasma, che i sovrani ostentano nei patti e nei manifesti, quand'anche li violino».

Le parole disincantate del re di Prussia sono una buona introduzione allo scetticismo di cui il diritto internazionale ha sempre sofferto nei secoli. Il tentativo di **razionalizzare i rapporti tra gli Stati** sulla base del diritto incontra da sempre un ostacolo nella volontà di predominio dei vari governi, oltre che nella ovvia concorrenza di interessi. La storia dell'evoluzione del diritto internazionale è anche la storia dei suoi occasionali fallimenti, di alleanze spezzate, di patti non rispettati, di guerre.

In generale, per «diritto internazionale» si intende il sistema giuridico che esprime l'assetto della comunità internazionale e regola i rapporti tra i suoi enti costitutivi, gli Stati. L'origine di questa visione dell'ordine mondiale è ancora materia di discussione nella dottrina giuridica.

Al di là delle differenti posizioni degli studiosi, se guardiamo non tanto alla storia delle relazioni giuridiche tra i popoli dell'umanità, quanto alla formazione dell'attuale ordinamento internazionale, il punto di svolta sembra situarsi nella formazione degli Stati nazionali dell'età moderna. Già a partire dal **XVI secolo**, alcuni scrittori e filosofi si erano impegnati nella sistemazione teorica del cosiddetto **diritto delle genti**, contribuendo alla sua sedimentazione nel diritto comune. Autori come lo studioso domenicano Francisco de Vitoria (1483-1546) o il filosofo Ugo Grozio [👁 3.3] contribuirono alla fondazione del diritto internazionale trattando nelle loro opere argomenti quali le regole da tenere durante una guerra, i caratteri fondamentali dello Stato, le modalità di acquisto della sovranità territoriale, soprattutto dopo la scoperta del Nuovo Mondo.

Nella dottrina classica del diritto internazionale, il concetto di comunità internazionale presuppone quello di **sovranità dello Stato**, che trova la sua compiuta espressione nelle monarchie assolute del **XVII** e **XVIII** secolo e si mantiene almeno per tutto il **XIX secolo**. In base a tale dottrina, uno Stato è indipendente all'interno del suo territorio da qualsiasi interferenza esterna, e per questo è in grado di trattare con gli altri Stati alla pari.

Per riferirsi a questo modello di ordinamento internazionale si usa spesso l'espressione **sistema vestfaliano**. Con la pace di Vestfalia del 1648, infatti, concedendo la libertà in materia religiosa agli Stati tedeschi, le varie potenze sancivano anche il principio del non intervento negli affari interni di uno Stato. Nel sistema vestfaliano, le mediazioni diplomatiche tra i vari Stati dovevano costituire lo strumento per la risoluzione delle dispute internazionali. Le alleanze e le coalizioni che si formavano di volta in volta per contrastare il tentativo di qualche potenza di prendere il sopravvento contribuirono a rendere stabile quest'ordine internazionale. Dopo il congresso di Vienna (1815), il **concerto delle potenze** tese a istituzionalizzarlo.

Com'è ovvio, ciò non significava bandire del tutto la guerra dalle opzioni possibili. Molto pragmaticamente, però, queste dovevano essere considerate lo strumento controllabile di un ordine che si pretendeva definito razionalmente: è il concetto di «guerra giusta», una categoria ora attribuita ai conflitti sulla base del diritto internazionale.

Vista la frammentazione dell'ordine internazionale, però, è lecito domandarsi: come nasce un diritto internazionale comune? Da dove trae la sua legittimità? La dottrina giuridica individua generalmente tre fonti di autorità: 1) la tradizione e la sedimentazione delle consuetudini; 2) la creazione di norme per via convenzionale (accordi, trattati, ecc.); 3) le norme sancite da enti internazionali, nati in seguito agli accordi tra più Stati.

Qualunque sia la fonte specifica di una norma di diritto internazionale, la regola aurea che disciplina il sistema è antica, per quanto spesso disattesa: *pacta sunt servanda* ('i patti vanno rispettati').

In seguito alla **seconda guerra mondiale**, la formazione delle grandi organizzazioni internazionali (in primo luogo l'Onu con le sue agenzie) e la fondazione di confederazioni di Stati sovrani (l'Unione europea fra tutte) hanno profondamente spostato i limiti della sovranità statale. Almeno formalmente, oggi questi organismi hanno la facoltà di interferire nella politica interna degli Stati. Su alcune importantissime questioni come la tutela dei diritti umani, la comunità internazionale ha ormai sempre più strumenti per intervenire, a partire da tribunali come la **Corte Penale Internazionale** e la **Corte Internazionale di Giustizia**. Inoltre, in seguito alla crisi economica mondiale scoppiata nel 2008 in tutto l'Occidente, sono in molti a proporre la creazione di organismi internazionali in grado di controllare e regolare l'economia mondiale con poteri prescrittivi per gli Stati.

Quale che sia l'esito di questo dibattito, sembra ormai inevitabile che il ruolo del diritto nella definizione delle contese nella comunità internazionale sia destinato a crescere, raccogliendo funzioni prima lasciate alla variabilità dei rapporti politici. E tuttavia, dagli scontri militari negli anni della guerra fredda fino alle invasioni americane di Afghanistan e Iraq, la storia degli ultimi sessant'anni è disseminata di conflitti non autorizzati dalle Nazioni Unite.

Se nell'età moderna il controllo dell'ordine internazionale in linea teorica è passato dalla guerra alla diplomazia, nel XXI secolo è la toga dei giudici internazionali a candidarsi per garantire la risoluzione pacifica dei conflitti tra Stati, alternando successi a clamorosi fallimenti.

La sede della Corte Internazionale di Giustizia
[© Atlantide Phototravel/Corbis]

Il Palazzo della Pace dell'Aia, nei Paesi Bassi, è la sede della Corte Internazionale di Giustizia, fondata nel 1945. Essa costituisce il principale organo giudiziario delle Nazioni Unite ed esercita la sua funzione giurisdizionale riguardo all'applicazione e l'interpretazione del diritto internazionale, occupandosi di dirimere le dispute fra gli Stati membri delle Nazioni Unite che hanno accettato la sua giurisdizione.

1 L'assolutismo in Francia

Nel 1661, morto Mazzarino, Luigi XIV assunse direttamente il potere. Il suo lunghissimo regno (durato fino al 1715) fu caratterizzato dal rafforzamento della monarchia – attraverso l'accentramento dei poteri – e dal consolidamento dell'egemonia continentale della Francia. L'obbligo imposto alla grande nobiltà di risiedere presso la corte, nella nuova sede di Versailles, sancì l'indebolimento dell'aristocrazia e il rafforzamento del potere assoluto del sovrano. Nella politica religiosa il re impose che la religione dei sudditi si uniformasse a quella del sovrano (principio della uniformità religiosa) e perseguitò giansenisti e ugonotti. A questi ultimi furono cancellati i diritti riconosciuti dall'editto di Nantes. L'intervento dello Stato nell'economia, di cui fu artefice soprattutto Colbert, ebbe la più completa realizzazione nel mercantilismo.

2 I limiti dell'egemonia francese

Luigi XIV rafforzò l'esercito come strumento di espansione lungo i confini nord-orientali. Il conflitto per la successione spagnola, connesso all'accettazione della Corona di Spagna da parte di Filippo d'Angiò, nipote di Luigi XIV, oppose principalmente Francia e Spagna a Impero asburgico, Inghilterra, Province Unite e altri Stati, tra cui la Prussia. L'esito del conflitto ridimensionò le ambizioni di Luigi XIV: fu mantenuta la separazione dei due rami dei Borbone, mentre l'Austria ottenne i Paesi Bassi spagnoli e larghi vantaggi territoriali nelle Fiandre e in Italia a scapito degli spagnoli (paci di Utrecht e Rastatt, 1713-14). Con Luigi XV la Francia vide sconfitti gli obiettivi di dominio oltremare (guerra dei Sette anni).

3 La rivoluzione del 1688-89 in Inghilterra

In Inghilterra la restaurazione degli Stuart fu sancita con l'incoronazione di Carlo II (1660). Nel 1685 salì al trono Giacomo II, ma la sua politica filocattolica gli alienò presto ogni simpatia, provocando la reazione del Parlamento che, nel 1688, offrì la Corona a Guglielmo d'Orange e alla moglie Maria Stuart. Terminò così la seconda Rivoluzione inglese o "gloriosa rivoluzione", che sul piano istituzionale portò a una monarchia costituzionale fondata sulle prerogative del Parlamento e sui limiti del potere monarchico. La regolamentazione del potere regio fu stabilita nel *Bill of Rights*.

4 Verso il governo parlamentare in Gran Bretagna

La vita parlamentare inglese fu dominata per gran parte del '700 dai Whigs, interpreti dei princìpi della "gloriosa rivoluzione", in antagonismo con i Tories. In questo periodo la lotta politica era gravemente inquinata da clientele e vincoli di parentela che rendevano frequente la corruzione. Negli anni in cui il paese fu guidato dal whig Walpole (1721-42), prese forma il governo di gabinetto: un ristretto numero di ministri condotto dal leader della maggioranza parlamentare, con delega del re, che esercitava il potere esecutivo controllato dal Parlamento. In seguito, con William Pitt il Vecchio, l'Inghilterra attuò una politica internazionale che rafforzò l'impero commerciale inglese (guerra dei Sette anni).

5 Le ragioni delle guerre

Tra la metà del '600 e la metà del '700 si combatterono in Europa numerose guerre per interessi commerciali, questioni dinastiche e per le ambizioni di conquista delle potenze continentali. Per sostenere i conflitti le maggiori potenze potenziarono i loro eserciti e la burocrazia. Tra gli Stati che nutrivano interessi commerciali, la Spagna tenne una linea difensiva rispetto all'aggressività di altre potenze, soprattutto dell'Inghilterra. Per motivi dinastici si combatterono la guerra di successione spagnola e le due guerre di successione polacca e austriaca. Quest'ultima si risolse con il passaggio della Slesia dall'Austria alla Prussia e il riconoscimento della Prammatica sanzione (e dunque dell'ascesa al trono asburgico di una erede: pace di Aquisgrana, 1748). A scatenare la guerra dei Sette anni (1756-63) furono invece le ambizioni di conquista. Essa sancì per un verso l'intesa fra Prussia, Austria e Russia e per l'altro la supremazia coloniale inglese a danno della Francia. Le guerre verificatesi in Europa in questo periodo trovano una spiegazione nel contesto geopolitico: un arco di aree forti (Spagna, Portogallo, Province Unite, Francia, Inghilterra, Stati scandinavi, Russia) chiudeva due grandi aree deboli (il bassopiano tedesco-polacco e la Penisola italiana).

6 L'ascesa della Prussia

Tra il 1740 e il 1786 Federico II guidò la Prussia nella sua ascesa al rango di grande potenza. Ma il suo regno fu l'esito di un processo iniziato almeno un secolo prima. A metà del '600, infatti, nei frammentati domìni degli Hohenzollern iniziò l'opera di organizzazione dello Stato assoluto. Rafforzato l'esercito e organizzati un efficiente sistema fiscale e una capace burocrazia, Federico Guglielmo si inserì nella prima guerra del Nord ottenendo la fine della dipendenza feudale della Prussia dalla Polonia. In seguito, alla fine della seconda guerra del Nord (1720-21) furono sanciti il controllo russo del Baltico e l'acquisizione prussiana della Pomerania e del porto di Stettino. La Prussia si inserì così nei commerci del Baltico.

7 La Russia da Pietro il Grande a Caterina II

Alla fine del '600 lo zar Pietro I il Grande, influenzato dal contatto con l'Occidente, si volse alla creazione di un governo assoluto e autocratico potenziando l'esercito, costituendo una marina da guerra e di conseguenza riorganizzando fisco e amministrazione. L'azione riformatrice di Pietro favorì la mobilità sociale (con l'accesso di nobili e borghesi alle cariche statali), e disciplinò le carriere (Tabella dei ranghi). L'opera di modernizzazione tuttavia non intaccò le basi sociali del mondo rurale, dove sopravvissero servitù e proprietà sulle persone. Morto Pietro (1725), particolarmente incisive furono le personalità di Elisabetta I e Caterina II.

8 I risultati di cento anni di guerre

Al termine delle guerre combattute tra la fine del '600 e il '700, Francia e Prussia videro ampliati i loro territori. La Francia tuttavia subì grandi perdite nei possessi coloniali a vantaggio della Gran Bretagna. Quest'ultima accrebbe i suoi possedimenti extraeuropei anche a spese della Spagna. La Spagna perse di importanza nello scacchiere internazionale insieme alle Province Unite e alla Svezia, che uscì sconfitta dal conflitto per la supremazia nel Baltico, vinto invece dalla Russia. L'Austria perse il Regno di Napoli e di Sicilia, il Ducato di Parma (ceduti alla Spagna) e la Slesia (passata alla Prussia); sul fronte orientale subì il grave assalto turco. In Italia mantennero continuità politica e territoriale Genova, Venezia e lo Stato pontificio. Il Piemonte dei Savoia vide premiata la sua intraprendenza nello scenario bellico europeo (ottenne la Sicilia e il titolo regio, 1713). Smarcatosi dalla sudditanza francese, lo Stato sabaudo perse la Sicilia guadagnando la Sardegna (1718) e i Savoia assunsero il titolo di re di Sardegna.

SVILUPPARE LE COMPETENZE

❶ Rispondi ai quesiti impiegando il numero di righe indicato tra parentesi:

a. In che modo Luigi XIV realizzò l'accentramento dei poteri sulla sua persona? (8 righe)

b. Chi ricoprì il ruolo di controllore generale delle finanze per una parte del regno di Luigi XIV? Quale politica economica attuò? (12 righe)

c. Quale obiettivo spinse Luigi XIV a revocare l'editto di Nantes e quali conseguenze ebbe questa azione? (10 righe)

d. Quale importante conflitto si concluse con le paci di Utrecht e di Rastatt? Racconta motivi e vicende della guerra. (6 righe)

e. Chi fu il successore di Luigi XIV? Quali furono le caratteristiche del suo regno e quale fu il conflitto più importante avvenuto durante il suo mandato? (8 righe)

❷ Usa tutti gli argomenti di seguito elencati come spunti per costruire un breve testo di 20 righe. Argomento e titolo del componimento non ti sono dati perché li dovrai desumere dagli indizi. Fai attenzione: dovrai utilizzare tutti gli argomenti senza cambiarne l'ordine:

a. Repubblica di Cromwell
b. incoronazione di Carlo II
c. dualismo di poteri tra Corona e Parlamento
d. Giacomo II
e. cattolicesimo
f. politica assolutista
g. sette esponenti della nobiltà inviano a Guglielmo d'Orange una lettera
h. 4 novembre 1688
i. Giacomo II fugge in Francia
j. Guglielmo III e Maria II
k. *Bill of Rights*
l. battaglia sul fiume Boyne
m. *Act of Settlement.*

❸ La contrapposizione tra Whigs e Tories caratterizzò l'affermazione, in Gran Bretagna, del governo parlamentare. Descrivine i tratti fondamentali stabilendo la relazione esistente tra i termini seguenti (15 righe):

Whigs - Tories - Robert Walpole - Patronage.

❹ Da metà del '600 fino a metà del '700 l'Europa visse un periodo di lunghe e sanguinose guerre. Quali furono le origini e i motivi di tanti conflitti? Gli elementi principali della risposta alla domanda sono elencati di seguito. Sviluppa ognuno dei punti in brevi testi di 5 righe ciascuno:

a. Interessi commerciali
b. Questioni dinastiche
c. Ambizioni di conquista
d. Contesto geopolitico.

❺ Rispondi ai quesiti impiegando il numero di righe indicato tra parentesi:

a. Grazie a quale strategia politica Federico II di Prussia trasformò il suo paese in una grande potenza? (6 righe)

b. Come si trasformò il territorio della Prussia nel corso del '700? (6 righe)

❻ Pietro il Grande fu artefice di una profonda modernizzazione della Russia. Ricostruisci l'ordine cronologico degli eventi elencati in ordine sparso qui sotto e usa la scaletta che otterrai per scrivere un testo di 15 righe:

a. La Russia affronta la Prussia nella guerra dei Sette anni.
b. Pietro assume direttamente il potere.
c. Emanazione della Tabella dei ranghi.
d. Viene fondata la nuova capitale: San Pietroburgo.

CAPITOLO

2 LA SOCIETÀ E L'ECONOMIA

1 La demografia del '700

La crescita demografica L'aumento della popolazione delle città, e in particolare delle città capitali, è il segnale più vistoso della crescita **demografica** del '700. Londra passa da 700 mila a 950 mila abitanti, Parigi raggiunge i 650 mila alla fine del secolo. In Italia è Napoli la città più popolosa: cresce da poco più di 200 mila a oltre 300 mila abitanti nel corso del '700. **Crescono le città** che sono grandi centri commerciali e produttivi, ma crescono anche le capitali prevalentemente burocratiche come Vienna e Berlino.

Ma perché aumentano gli abitanti delle città? Non tanto per una crescita naturale della popolazione quanto per una costante migrazione verso i grandi centri.

In questo periodo si determinò infatti, nelle aree rurali, un surplus demografico e gli individui giovani si trasferirono nei centri urbani impegnandosi nei lavori più richiesti: servi e serve per le famiglie nobili o agiate, manovali, apprendisti; inoltre, quanti avevano titoli di studio o competenze specifiche trovarono impiego nel campo delle libere professioni o presso le amministrazioni pubbliche.

Le ragioni della crescita Tra le ragioni che spiegano l'incremento demografico del secolo in quasi tutta l'Europa, se ne possono indicare con ragionevole certezza almeno tre: l'aumento fisiologico della popolazione, l'aumento della produzione agricola, l'aumento del numero dei matrimoni.

- **Una ripresa fisiologica** Al lungo periodo di diminuzione della popolazione, imputabile alle guerre, alla peste e alle carestie del '600, fece seguito una fase di ripresa fisiologica: così era avvenuto dalla metà del '400 e così avvenne dalla fine del '600. Così è avvenuto anche in tempi più recenti, dopo le grandi guerre mondiali.
- **L'aumento della produzione agricola** La diminuzione delle grandi epidemie determinò una diminuzione della mortalità catastrofica (quella dovuta a guerre e carestie, oltre che alle epidemie), mentre l'aumento della produzione agricola sostenne la crescita della popolazione. Si interruppe così il tradizionale andamento del ciclo demografico nel quale la scarsità di risorse disponibili arrestava l'aumento della popolazione.
- **L'aumento dei matrimoni** Contemporaneamente si assistette all'aumento del numero dei matrimoni e alla **diminuzione dell'età degli sposi**: sposarsi più giovani comportava la possibilità di avere più figli, e ciò contribuì a far crescere il **tasso di natalità**. Diminuì per contro la pratica del matrimonio tardivo, diffusa soprattutto nell'Europa centrale e settentrionale dove, fino ad allora, le donne si sposavano a 24-26 anni: questa pratica aveva ridotto di 6-8 anni il periodo di fecondità naturale entro il matrimonio attivando un controllo implicito delle nascite; né erano al tempo molto numerosi i figli illegittimi sia per il rispetto delle norme religiose, sia per la frequente soppressione dei nati fuori dal matrimonio.

Demografia
La demografia è la scienza che studia la popolazione umana utilizzando la statistica per indicarne i ritmi di crescita, i tassi di natalità e mortalità, la composizione professionale, la diffusione di alcuni fenomeni sociali. Un settore particolare è costituito dalla demografia storica, che esamina i caratteri e gli andamenti delle popolazioni nel passato.

Tasso di natalità / tasso di mortalità
Il tasso o indice di natalità indica il rapporto fra il numero dei nati e la popolazione totale. Il tasso o indice di mortalità indica invece il rapporto fra il numero dei morti e la popolazione totale.

Il nesso tra natalità e mortalità L'aumento della natalità e la riduzione della **mortalità** (in particolare di quella infantile) sono condizioni determinanti per la crescita della popolazione.

Nel corso del '700 e poi dell'800 si verificò infatti, in Europa, un incremento demografico dovuto in particolare all'aumento dei tassi di natalità e alla diminuzione costante della mortalità. Di questa crescita della popolazione, che segna la cosiddetta prima transizione demografica (cioè il passaggio da un sistema demografico tradizionale a uno moderno), furono protagonisti i paesi economicamente più sviluppati [GRAFICO_1]. In seguito, invece, a partire dalla fine dell'800, cominciò, seppure in tempi diversi a seconda dei luoghi, la seconda transizione demografica, caratterizzata dalla contemporanea diminuzione della mortalità e della natalità, tipica delle società contemporanee.

Le malattie infettive Sul tasso di mortalità influirono nel '700 anche le epidemie. Le grandi epidemie di peste si ridussero ad episodi marginali, ma in generale le malattie infettive e contagiose mantennero elevato il loro carattere letale soprattutto entro le grandi agglomerazioni urbane. Il tifo e la dissenteria proliferarono

GRAFICO 1_LA POPOLAZIONE IN EUROPA TRA IL 1650 E IL 1800 (VALORI IN MILIONI DI ABITANTI)

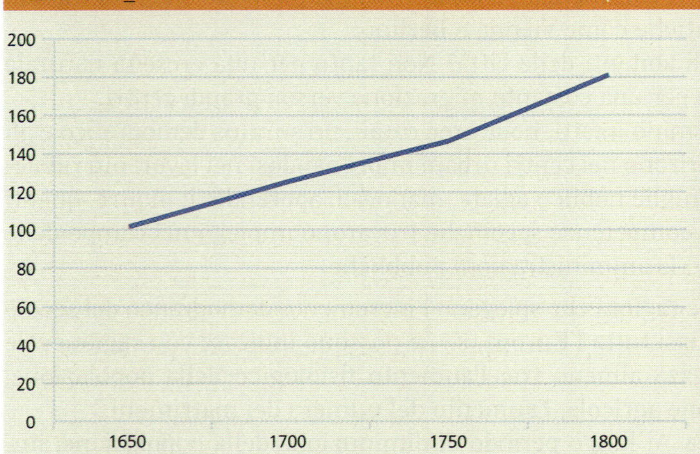

[da M. Barbagli e D.I. Ketzer (a cura di), *Storia della famiglia in Europa. Dal Cinquecento alla Rivoluzione francese*, Laterza, Roma-Bari 2002, p. xx]

Louis Boilly
***Il vaccino* (o *Il pregiudizio vinto*)**
1807
[Wellcome Institute for the History of Medicine, Londra]

facilitati dalle cattive condizioni igieniche, mentre il **vaiolo** continuava a mietere vittime in tutti gli strati sociali lasciando sfigurati nel corpo e nel volto quanti contraevano la malattia. La maggiore organizzazione ospedaliera non ridusse la mortalità, anzi probabilmente la aumentò, poiché i luoghi di cura accentuavano le occasioni di contagio. L'inoculazione antivaiolosa, a cui si ricorreva nel '700, era spesso letale e, fino alla scoperta di Edward Jenner sull'efficacia della **vaccinazione** effettuata con i germi del vaiolo (1796), l'unico rimedio rimaneva quello di circoscrivere il contagio.

Parola chiave
Ceto / Classe

ONLINE

Crescita demografica e sviluppo economico Nonostante gli ostacoli frapposti dalle malattie infettive, l'aumento della popolazione nel '700 è certificato da tutti i dati disponibili, per quanto frammentari e approssimativi, ed è ragionevolmente collegabile allo sviluppo economico. Confortano questa tesi alcuni fenomeni demografici, sebbene anteriori a questo periodo: il grande centro mercantile di Amsterdam, per fare un esempio, vide crescere la sua popolazione da 54 mila a oltre 200 mila abitanti proprio nel corso del '600, nell'epoca del suo massimo splendore, per rimanere poi stabile nel '700, in un periodo di parziale declino.

GUIDA ALLO STUDIO
❶ Perché la popolazione delle città aumentò molto nel '700? ❷ Quali sono i motivi della crescita demografica del XVIII secolo? ❸ Che cos'è la prima transizione demografica? ❹ Quale effetto ebbe, sul tasso di mortalità, la continua proliferazione di malattie infettive?

2 Mobilità e gerarchie sociali

La mobilità sociale L'aumento della popolazione determinò anche una significativa mobilità sociale ascendente, ossia un diffuso cambiamento in meglio dello status sociale? Non è possibile dare una risposta univoca a questo interrogativo. Un certo peso ebbe lo **sviluppo economico**, di cui si dirà nei paragrafi finali del capitolo [👁 2.5-6]. È evidente, infatti, che nei settori investiti dallo sviluppo – nuova agricoltura, industria domestica, manifatture, traffici commerciali – si registrarono forme di ascesa sociale accompagnate da una nuova ricchezza personale o familiare. Lo stesso avvenne all'interno delle **amministrazioni pubbliche** con l'aumento delle funzioni e delle cariche, mentre fu costante l'ascesa di chi era impegnato nelle **libere professioni**: avvocati, notai, medici. Ma le spinte innovative si scontrarono, in particolare nell'Europa continentale, con la permanenza di una struttura e di un ordinamento normativo della società organizzati rigidamente in base alla tradizione e al rango.

▶ 8
W.H. Sewell
La società urbana

▶ 9
G. Huppert
Lo status nobiliare

La società per ceti Contadini, popolani di città, borghesi, proprietari terrieri, nobiltà, clero: questi erano i **ceti** o i gruppi sociali prevalenti nella società di *ancien régime*, distribuiti in una piramide a base molto larga su cui poggiavano i vertici della nobiltà e del clero. Ad ogni ceto si apparteneva per nascita ed era estremamente difficile uscire dal proprio **status di provenienza**. Chi nasceva nobile rimaneva nobile tutta la vita. E chi nasceva contadino aveva altissime probabilità di restare tale. Cambiare ceto era un evento eccezionale, possibile solo in virtù del **conferimento di privilegi particolari**, come quelli delle "patenti di nobiltà" concesse a un borghese. Solo nel clero non si accedeva per nascita, ma i gradi alti della carriera ecclesiastica erano prevalentemente prerogativa della nobiltà.

I privilegi e la diseguaglianza dei diritti La società per ceti era caratterizzata dai privilegi, ossia dalle norme e dalle giurisdizioni particolari riservate a ogni gruppo. L'appartenenza a un ceto comportava il godimento di certi diritti e l'esclusione da altri: questo era il fondamento giuridico della diseguaglianza so-

Vaccinazione
Nel 1796 Edward Jenner inoculò nell'uomo del materiale prelevato dai bovini affetti dal vaiolo per praticare l'immunizzazione attiva contro il vaiolo umano. Da questo esperimento deriva il legame etimologico tra *vaccinazione/vaccino* e il latino *vaccinus* ('di vacca'). Nel secolo successivo il francese Louis Pasteur (1822-1895) dimostrò l'origine delle malattie infettive e la possibilità di proteggere uomini e animali dal contagio mediante l'introduzione nell'organismo di germi attenuati.

10 DOC
Jane Austen
Sentimento e orgoglio di classe

ciale. La società per ceti trovava anche un riconoscimento ufficiale nell'ordinamento politico di molti Stati che mantenevano **rappresentanze** e **assemblee per ceti**, tali da determinare, in molti casi, tensioni e conflitti nei rapporti col potere centrale. Il sistema più noto era quello dei tre ordini, o stati, francesi: clero, nobiltà e Terzo stato. Quest'ultimo raccoglieva tutti i sudditi che non appartenessero ai primi due ordini, dal grande mercante al più povero dei contadini.

Molti contemporanei consideravano questo ordinamento per ranghi un carattere immutabile della società e le differenze, anche minime, di status erano aspramente difese, soprattutto quando comportavano un'esenzione fiscale totale o parziale. Ma nel corso dell'ultima parte del '700 molte voci critiche si levarono contro questo sistema.

La critica al sistema dei privilegi

Intellettuali e **pensatori** politici attaccarono i privilegi fiscali del clero e della nobiltà non solo sul piano dei princìpi, ma anche perché aggravavano la crisi finanziaria degli Stati. Inoltre, molti **scrittori** posero al centro dei loro romanzi le differenze di rango e gli ostacoli frapposti agli spontanei sentimenti dei giovani innamorati: sentimenti ostacolati dal forzato rispetto delle tradizioni e dalla prospettiva di matrimoni combinati a tutela degli interessi patrimoniali delle famiglie. Seppure di qualche anno più tardo, il romanzo *Orgoglio e pregiudizio* (1813) della scrittrice inglese Jane Austen ci restituisce un'analisi illuminante delle convenzioni sociali dominanti all'epoca: la ribellione della giovane protagonista femminile (Elisabeth) a queste norme, e la sua combattività, sostenuta da sensibilità e intelligenza, conferiscono all'opera la forza comunicativa di un pamphlet politico radicale.

GUIDA ALLO STUDIO

❶ In quali classi si registrò un'ascesa sociale? ❷ Chi componeva il Terzo stato? ❸ Perché intellettuali, pensatori e scrittori attaccarono i privilegi di clero e nobiltà?

Jean-Baptiste Greuze
La fidanzata di paese
1761
[Museé du Louvre, Parigi]

La diffusione nelle campagne di un limitato benessere e l'ampliarsi di un nuovo ceto di contadini agiati stimolarono una produzione letteraria e artistica tesa a sottolineare i valori positivi e "naturali", e i "buoni sentimenti" del mondo rurale: una costruzione, in larga misura ideologica, che si voleva contrapporre alla corruzione dei costumi cittadini. In questo dipinto è rappresentata con finezza realistica tutta una varietà di sentimenti: la modestia pudica della fidanzata, la deferenza riconoscente del promesso sposo che tiene il sacchetto con le monete della dote, la generosità del genitore che accorda la figlia in matrimonio, l'emozione della madre e degli altri figli di fronte all'avvenimento che allontanerà la sorella dalla casa.

3 Famiglia, matrimoni e figli

La composizione delle famiglie

Nel '700 la struttura familiare dominante è ancora quella della **famiglia estesa o allargata**, in cui convivono tre generazioni (nonni, genitori e figli) insieme con altri parenti (zii e zie, spesso celibi e nubili, ma talora coniugati e con figli) e con una presenza variabile di domestici e garzoni: è il modello familiare prevalente nelle campagne, sia tra i ceti popolari sia tra quelli più elevati. Molto spesso l'economia familiare, per quanto garantita dalla disponibilità di numerose "braccia" per le attività lavorative, poteva entrare in crisi per le troppe "bocche" da sfamare: per questo alcuni giovani membri erano affidati o ceduti ad altre famiglie oppure migravano verso i centri urbani in grado di offrire loro un lavoro. Ma proprio nelle città, in questo periodo, si veniva affermando gradualmente, soprattutto nelle prime generazioni degli immigrati urbani, un nuovo modello familiare: la **famiglia nucleare o coniugale**, formata dai soli genitori e figli.

Gli inizi della contraccezione

L'aumento demografico e la relativa mobilità sociale, di cui si è detto, favorivano inoltre la diffusione di nuovi modelli culturali e comportamentali come risposta ai problemi delle famiglie troppo numerose. In alcuni paesi, come la Francia rurale e l'Ungheria, e in alcuni gruppi sociali come la borghesia ginevrina e la nobiltà italiana, ma anche in gruppi etnico-religiosi come gli ebrei italiani, si comincia a registrare infatti la tendenza a intervenire sui ritmi naturali della fecondazione limitando le nascite. Per quanto circoscritto, anche per la limitatezza delle ricerche in proposito, tale fenomeno è l'indicatore di un nuovo atteggiamento di controllo razionale della vita sessuale e affettiva. Dal momento che la cronologia di questi comportamenti sembra non coincidere con i grandi mutamenti politici e culturali di fine secolo, i motivi principali che gli storici e i demografi hanno individuato per spiegare il fenomeno sono tre: l'esigenza di tutelare la proprietà, una maggiore attenzione alla salute della donna, l'affermarsi di una nuova sensibilità per l'infanzia.

■ **La tutela della proprietà** La proprietà immobiliare rurale o urbana, soprattutto se di recente acquisizione e se non garantita dalle norme feudali del **maggiorascato**, non doveva rischiare, dove vigeva la divisione ereditaria, di essere eccessivamente frammentata tra un numero troppo elevato di figli.

■ **L'attenzione alla salute delle madri** Una maggiore attenzione alla salute della donna cominciò a

▶ 12 E. Hinrichs *Matrimonio tardivo e crisi demografiche*

▶ 13 J.-L. Flandrin *Gli inizi della contraccezione*

▶ 14 O. Hufton *Donne e lavoro*

▶ 15 N. Castan *Vita privata al femminile*

Maggiorascato
Istituto di diritto ereditario volto a preservare l'integrità di un patrimonio. Affermatosi nel '500, esso assicurava la trasmissione del patrimonio nella sua integrità al primogenito maschio o, indipendentemente dalla linea di discendenza, al parente più prossimo.

Jacques-Louis David (attribuito a)
Michel Gérard, membro della Convenzione, e la sua famiglia
1792-95
[Musée de Tessé, Le Mans]

Le trasformazioni sociali e culturali che si verificarono in Europa a partire dal XVII secolo mutarono profondamente le abitudini e molti aspetti della vita privata degli individui. In particolare, nel secolo XVIII venne affermandosi quel "sentimento dell'infanzia" che è tipico della società contemporanea. L'evoluzione della famiglia si manifesta comunque in modo differente a seconda delle aree geografiche e dei ceti sociali: se l'organizzazione delle famiglie reali sottostava a canoni di comportamento assai rigidi, l'interno della casa borghese qui riprodotto mostra una immagine più serena e consapevole del valore della famiglia.

16
D. Julia
Infanzie popolari

diffondersi verso la fine del '700: soprattutto nelle famiglie altoborghesi e in qualche settore della nobiltà, queste attenzioni erano volte al fine di preservare le madri dall'eccessivo numero di gravidanze, causa di innumerevoli morti precoci per parto e di nascite a rischio.

■ **La nuova centralità dell'infanzia** Infine, i bambini, considerati fino allora come adulti in miniatura, iniziarono ad essere oggetto di sollecitudini particolari, di tenerezza, di attenzioni mirate alla loro età e alla loro educazione: atteggiamenti che contribuirono a distanziare le nascite.

La discendenza delle case regnanti

La necessità di garantire una discendenza escludeva ogni forma di limitazione delle nascite nelle famiglie regnanti. La regina Anna di Inghilterra quando salì al trono nel 1702, a trentasette anni, non aveva eredi, nonostante ben diciassette gravidanze: il solo figlio, che era sopravvissuto agli aborti o alla morte in tenerissima età di tutti gli altri, era morto nel 1700 a 11 anni. Questo spiega perché il Parlamento inglese emise, già nel 1701, l'*Act of Settlement* che trasferiva la Corona d'Inghilterra ai lontani eredi protestanti della famiglia degli Hannover [👁 1.3]. La dinastia degli Asburgo fu invece più fortunata. Maria Teresa d'Austria rappresentò infatti un'eccezione: dei sedici tra figli e figlie avuti tra i 20 e i 39 anni, quattro morirono di vaiolo e due in tenerissima età. Ma tutti gli altri, oltre ai due eredi al trono imperiale, Giuseppe II e Leopoldo II, entrarono in altre case regnanti o principesche, secondo una sapiente politica di matrimoni.

GUIDA ALLO STUDIO

❶ Perché entra in crisi il modello di famiglia estesa o allargata? ❷ Perché si inizia a intervenire sui ritmi naturali della fecondazione limitando le nascite? ❸ Perché era esclusa ogni forma di limitazione delle nascite nelle famiglie regnanti?

4 Il feudalesimo e i contadini

Nella notte del 4 agosto 1789, durante la Rivoluzione francese, l'Assemblea nazionale abolì il feudalesimo. Fu questo uno dei risultati più clamorosi della rivoluzione appena iniziata in Francia, un evento epocale, dal significato pratico e simbolico fortissimo, vissuto in particolare dalle masse rurali come una liberazione dall'oppressione.

La sopravvivenza del feudalesimo

Dunque, nel '700, a distanza di quasi un millennio dalla sua diffusione, il feudalesimo era ancora il sistema economico e giuridico dominante nelle campagne europee? La domanda impone una risposta articolata. Il feudalesimo si era in realtà ridotto, anche nelle regioni del suo originario insediamento (Francia e Germania occidentale), a una forma di proprietà nobiliare sulla terra accompagnata da una serie di **obblighi di lavoro gratuito** e di tributi che gravavano sui contadini. Praticamente inesistente era la tutela che il feudatario accordava ai suoi sudditi, mentre permanevano alcune forme di controllo (sui matrimoni ad esempio e sulla facoltà di allontanarsi dalle terre) e l'**amministrazione della bassa giustizia**, esercitata dal signore per i reati minori.

La **servitù personale** non era più una realtà diffusa nel feudalesimo occidentale, di cui quello francese rappresentava il modello più conosciuto, mentre era la regola nell'**Europa orientale**, a est dell'Elba, dove si era avuta, a partire dal '500, una vera e propria **rifeudalizzazione**. Non vi era servaggio in Inghilterra, dove il regime feudale era praticamente scomparso già nel '600. In declino era il feudalesimo in Spagna, mentre in Italia meridionale e in Sicilia, anche se la servitù personale era da tempo superata, i prelievi in denaro e in natura e le prestazioni personali erano così ampi da far ritenere che il regime feudale fosse vivo e particolarmente vessatorio. In pieno vigore nel Lazio, la feudalità era generalmente scomparsa nel resto dell'Italia centrale e in quella settentrionale, con alcune presenze, significative in Lombardia e in Friuli, modeste in Piemonte.

Il conflitto tra contadini e signori

I **vincoli feudali** che gravavano sulle terre ne limitavano l'uso e i redditi. Anche nei casi in cui il contadino poteva trasmettere in eredità o vendere la terra coltivata, questa non era detenuta in piena proprietà: dovevano infatti essere corrisposti al signore dei **tributi** ordinari – in denaro o in natura – per l'uso o straordinari nei casi di vendita e di successione. L'ammontare di questi tributi era in genere stato fissato secoli prima e si era mantenuto stabile per consuetudine: le corresponsioni in denaro presentavano quindi il vantaggio, rispetto a quelle in natura, di essersi ridotte di valore in seguito alla progressiva svalutazione della moneta. Ma questo sistema era alla base dei numerosi conflitti tra i contadini che volevano alleggerire il loro carico e i signori che miravano a incrementarlo. Un conflitto tanto più aspro nei periodi di carestia, ma anche nei casi di aumentata produttività i cui risultati rischiavano di venire sottratti ai contadini da una normativa considerata intollerabile.
Un altro ambito di conflitto era quello relativo agli **usi civici**, ossia ai diritti collettivi della comunità contadina, come quelli di pascolo, di raccolta della legna nelle zone boschive o delle spighe sparse nei campi dopo la mietitura (la spigolatura). Da un lato infatti i signori puntavano alla privatizzazione integrale della terra, all'inasprimento dei gravami feudali e all'abolizione degli usi civici, dall'altro le comunità contadine difendevano i tradizionali usi collettivi delle terre.

La particolare condizione dei contadini agiati

Questa contrapposizione era particolarmente aspra in molte regioni dell'Europa occidentale dove si stava affermando il ceto dei contadini agiati, **proprietari e affittuari** che adottavano strategie diverse secondo le circostanze: se erano proprietari miravano alla riduzione dei diritti delle comunità, se invece erano affittuari di terre signorili – cui era legata la riscossione di diritti – tendevano a mantenere e a rafforzare le forme del prelievo feudale.

17 DOC ***Diritti del signore feudale***

Thomas Rowlandson
The tithe pig
1790
[Royal Collection Trust © Her Majesty Queen Elizabeth II 2014]

Il *tithe pig* ('maialino della decima') era un maiale offerto al clero locale quale pagamento della decima, la tassa dovuta alla Chiesa per il suo sostentamento. Questa stampa inglese del XVIII secolo mostra una scena abbastanza usuale nella casa di un curato. Una cameriera presenta un maialino su un piatto che viene ispezionato da un impiegato. Accanto a lui, il suo datore di lavoro, il parroco con il piede gottoso su un cuscino e una bottiglia di vino sul pavimento vicino la poltrona, guarda il maiale attraverso una lente di vetro, mentre un gatto e un cane si allungano verso l'animale. Il malconcio proprietario del maiale attende il responso fuori dalla porta grattandosi nervosamente la testa. L'accento grottesco e provocatorio con cui l'autore ha voluto sottolineare alcuni particolari denuncia quanto questa tassa fosse ritenuta ingiusta e mal sopportata dalla popolazione.

La decima

Tutti avvertivano ormai come insopportabile non solo il peso delle tasse a favore dello Stato, come la **taglia** sugli individui o la **gabella** sul sale, prodotto indispensabile alla conservazione delle carni, ma anche il prelievo a favore della Chiesa nella misura di un decimo del raccolto. La **decima**, in realtà inferiore a 1/10 e pari in genere a 1/12-1/13, era una tassa antichissima, destinata in origine al mantenimento del parroco, ma spesso passata nelle mani dell'alto clero. Come gli altri diritti e prelievi feudali, la decima sarebbe stata abolita in Francia nella notte del 4 agosto 1789.

GUIDA ALLO STUDIO

❶ Quale forma ebbe il feudalesimo nel '700? ❷ Dove sopravviveva, ancora, la servitù personale? ❸ Che cosa sono i tributi ordinari che i contadini dovevano versare ai signori? ❹ Che cosa era la decima?

5 La rivoluzione agricola e le nuove colture

Il regime feudale delle terre rappresentava per larga parte la componente arretrata dell'agricoltura. Nel corso del '700, tuttavia, si accentuarono alcuni processi relativi alla proprietà delle terre e alle tecniche colturali che consentono di parlare di una rivoluzione agricola. Qui, come altrove, l'impiego del termine di "rivoluzione" in campo economico e sociale si riferisce a trasformazioni radicali che si compiono in tempi molto più lunghi di quelli caratteristici delle rivoluzioni politiche.

Anonimo
La raccolta del fieno nelle terre di Dixton Manor
1715 ca.
[Art Gallery and Museum, Cheltenham]

Il quadro rappresenta la raccolta del fieno da parte di tutti gli abitanti della proprietà di Dixton (Gloucester). Una gran parte del fieno è già stata tagliata; sulla sinistra una fila di uomini, muniti di falce, è ancora intenta a risalire il campo, lasciando dietro di sé il fieno già tagliato e ordinato in fasci. Sulla destra uomini e donne rigirano il fieno con i rastrelli per farlo seccare. Quindi lo ammucchiano in covoni provvisori per caricarlo poi su carri. In basso a destra altri contadini, terminato il loro lavoro, danzano. Al centro dell'immagine, tre persone a cavallo rappresentano probabilmente il signore con i suoi sovrintendenti.

Taglia

Nel Medioevo e nell'età moderna la taglia era un'imposta diretta (correlata cioè alla ricchezza di cui si è in possesso). In origine il termine designava soprattutto forme di prelievo straordinarie imposte ad arbitrio del signore. Più tardi anche un potere di ordine superiore – regio, principesco o comunale –, quando doveva esigere dai sudditi o dai cittadini una contribuzione diretta, le dava il nome di taglia e ne suddivideva il carico in base al numero dei contribuenti.

Gabella

Il termine, di origine arabo, designa una forma di imposta indiretta istituita nel Medioevo. La gabella fu una tassa sugli scambi e i consumi, e venne applicata sui generi alimentari di prima necessità. La gabella sul sale, in particolare, fu abolita solo alla fine del '700.

La privatizzazione delle terre comuni in Inghilterra

Le maggiori innovazioni in campo agricolo si registrano in Inghilterra dove le strutture agrarie cambiarono più profondamente fra '600 e '700. Le trasformazioni avvennero in seguito alle recinzioni – in inglese *enclosures* – dei campi aperti e delle terre comuni e all'introduzione di nuove tecniche e colture. Il sistema a **campi aperti** – *open fields* – caratterizzava nel '600 oltre la metà delle campagne inglesi: era costituito da appezzamenti non recintati, contigui, ma di proprietà individuale. Le consuetudini prevedevano che su questi campi, dopo il raccolto, tutti gli abitanti del villaggio potessero spigolare o inviare gli animali al pascolo. Di proprietà collettiva erano invece le **terre comuni** – *common lands* – destinate, tra le altre attività, al pascolo e alla raccolta di legna. I diritti d'uso di queste terre appartenevano a quanti avevano proprietà nel villaggio. Su di esse risiedevano, nei *cottages* (modestissime capanne), i contadini poveri e privi di proprietà.

19 B. Moore jr. *Le recinzioni*

Fattori di trasformazione e mercato

Le *enclosures* comportarono la recinzione – con muretti, siepi, steccati – e la ricomposizione degli appezzamenti situati nelle zone dei campi aperti, la recinzione e la privatizzazione delle terre comuni. Questa operazione (che avveniva col consenso del Parlamento) mirava a una più chiara definizione della proprietà e a una **utilizzazione più razionale delle terre** in grado di rispondere alla domanda del mercato **[ATLANTE_8]**. Le *enclosures* richiedevano investimenti per le opere di chiusura e per la riconversione colturale: contemporaneamente determinarono la graduale trasformazione dei *cottagers* in braccianti agricoli e la **diminuzione dei piccoli proprietari**.

Altro fattore di trasformazione dell'agricoltura inglese fu il passaggio da una rotazione triennale a una **rotazione pluriennale** con l'introduzione nel ciclo produttivo delle piante da foraggio, come il trifoglio e le rape, alternate ai cereali. Le colture foraggere avevano la proprietà di arricchire di azoto il terreno, consentendo una produttività più elevata. Aumentavano così le disponibilità alimentari per gli uomini e per il bestiame. L'**allevamento** diveniva una componente fondamentale dell'azienda agricola: forniva infatti concime naturale per la terra, carne e latte per il mercato.

ATLANTE 8_LE AREE RECINTATE DALLE *ENCLOSURES* STABILITE DAL PARLAMENTO BRITANNICO (1700-1845)

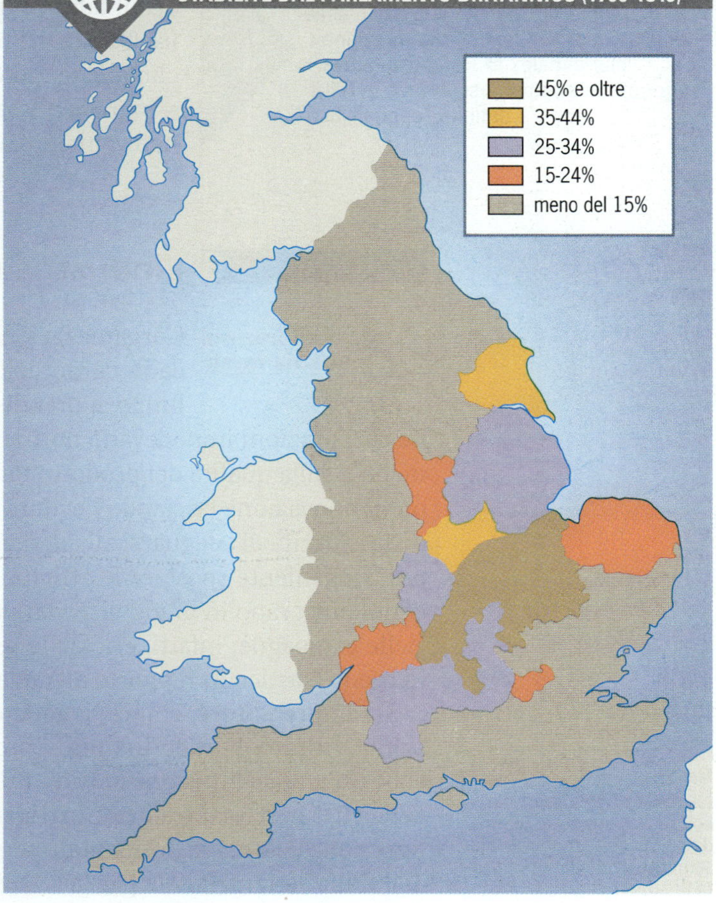

L'agricoltura capitalistica

Rotazioni complesse, integrazione di agricoltura e allevamento, produzione per il mercato non furono una prerogativa inglese: i nuovi sistemi erano già diffusi in alcune regioni della Francia settentrionale, nelle Fiandre, in Olanda e nella Germania nord-occidentale. In Italia la cascina lombarda con i suoi prati costantemente irrigati, che consentivano ripetuti tagli d'erba, rappresentava un modello di progresso e produttività. Ma questa agricoltura – definita "capitalistica" per la presenza di un **imprenditore**, proprietario o affittuario, che investe capitali sulla terra, si avvale di manodopera salariata e produce per il mercato – rimaneva, almeno in Italia, un settore marginale in lenta espansione.

I nuovi sistemi produttivi, infatti, **incontrarono molti ostacoli alla loro diffusione**. La frammentazione fondiaria con le difficoltà organizzative che ne derivavano, l'assenteismo dei proprietari, le consuetudini dei contadini erano tutti elementi di resistenza al cambiamento.

La lenta diffusione delle nuove colture

Si spiega così il ritardo con cui si affermarono le coltivazioni di origine americana – la patata e il mais –, nonostante garantissero una **resa** superiore a quella del frumento e degli altri cereali. Esse erano comunque destinate a modificare profondamente le abitudini alimentari, soprattutto degli strati popolari.

Solo le carestie della seconda metà del secolo imposero la **patata** come coltura alimentare dominante dall'Inghilterra alla Francia e dalla Germania alla Polonia; in Irlanda divenne presto l'elemento base della dieta contadina.

Il **mais** (o granturco) ebbe diffusione più precoce, ma egualmente lenta, nonostante i vantaggi di un ciclo vegetativo più breve di quello del frumento: fu ostacolato dalle sue stesse proprietà colturali che volevano climi temperati e un'intensa lavorazione del terreno durante la crescita. Fu coltivato nei paesi mediterranei: Spagna, Francia meridionale, Sicilia, Italia settentrionale. In alcune regioni italiane, come il Veneto, la polenta di mais sarebbe divenuta il cibo quotidiano dei contadini, mentre i prodotti del frumento erano destinati alla tavola dei ceti più agiati o al mercato.

Nel '700 si diffusero anche altre colture, seppure di minore importanza. Il **riso** nelle zone irrigue del Piemonte e della Lombardia; il **tabacco** un po' ovunque, in Olanda, Belgio, Germania, Italia. Questa fu l'unica delle nuove colture coloniali che, per ragioni climatiche, poteva affermarsi in Europa mentre tè, caffè, cacao – ingredienti base di bevande "eccitanti" il cui consumo crebbe notevolmente nel '700 – rimasero prodotti di importazione.

GUIDA ALLO STUDIO

❶ Che cosa sono gli *open fields* e le *common lands*? ❷ Qual era l'obiettivo delle *enclosures*? ❸ Che cos'è la rotazione pluriennale? ❹ Perché la nuova agricoltura sviluppatasi durante il '700 è definita "capitalistica"?

6 L'industria rurale e l'economia industriosa

Dalle corporazioni all'industria rurale

L'organizzazione del lavoro artigianale era regolata nelle città dalle corporazioni di mestiere, alle quali si accedeva dopo un lungo apprendistato.

Le corporazioni imponevano norme estremamente rigide sulle procedure, sulle tecniche e sulla qualità del prodotto tanto che, col passare del tempo, si erano chiuse a ogni innovazione lasciando lievitare di conseguenza i costi di produzione e smarrendo la capacità di adeguarsi alla domanda del mercato. Già tra '500 e '600 era divenuto più conveniente spostare le attività produttive nelle campagne dove molte famiglie contadine erano in grado di avviare un'industria rurale domestica.

Nelle campagne, infatti, era facile reperire manodopera a basso costo, da impiegare in modo elastico in rapporto all'andamento della domanda. La nuova figura del **mercante imprenditore**, chiave di volta di questo metodo produttivo, forniva la materia prima, ritirava il prodotto finito e provvedeva a venderlo sul mercato. Questo sistema ebbe un'ampia diffusione in tutta Europa, ma soprattutto nelle regioni e nei dintorni delle città con forti tradizioni artigianali: nelle Fiandre per la filatura e tessitura del lino, nella Germania occidentale per le armi da taglio e i coltelli, nelle zone prealpine dell'Italia settentrionale per la seta, in Inghilterra per i tessuti di lana.

Resa
La resa agricola è, in particolare, la quantità di prodotto raccolto rispetto alla semente impiegata per unità di superficie.

La "rivoluzione industriosa"

L'industria domestica rurale consentì di rispondere con una certa efficienza allo sviluppo della domanda interna e internazionale – anche coloniale – e offrì a molte famiglie contadine un'alternativa di reddito e la possibilità di raggiungere più alti livelli di vita. Rispetto alla fase successiva della rivoluzione industriale, che ebbe inizio tra la fine del '700 e l'800, queste attività sono espressione di una **protoindustrializzazione**. Il lavoro a domicilio continuò tuttavia a caratterizzare settori importanti della produzione – soprattutto quello della tessitura – anche in fase di industrializzazione ormai avviata. Le attività e le pratiche della **protoindustria** coincidono con quella che una nuova tendenza della storia economica ha cominciato a chiamare la **"rivoluzione industriosa"**, diffusa nelle regioni che si aprono sulle due sponde dell'Atlantico: Olanda, Paesi Bassi, parte della Francia, Inghilterra e le colonie britanniche del Nord America. Questa categoria individua nell'aumento dei consumi il risultato di una domanda sostenuta dalle unità familiari produttive. Grazie a un'intensificazione del lavoro nell'ambito dell'industria domestica queste unità familiari disponevano di una quota di reddito da impiegare nell'acquisto di generi voluttuari – zucchero, caffè, tè, tabacco, liquori – o di beni durevoli, come gli orologi da tasca che registrano un vistoso incremento produttivo alla fine del '700. Il fenomeno alimentò una domanda che rimase sostenuta nel tempo e trovò una risposta nell'interazione tra la produzione industriale locale e l'aumento delle importazioni dei **generi coloniali**. Il modello della "rivoluzione industriosa" non era solo una prerogativa di quella parte del mondo occidentale, ma trovava un corrispettivo anche in paesi dell'Oriente, come il Giappone, nello stesso arco temporale.

20
J. de Vries
La rivoluzione industriosa: una nuova gestione delle risorse familiari

Generi coloniali
I generi coloniali sono i prodotti che giungono in Europa dalle colonie, molti dei quali in precedenza sconosciuti agli abitanti del Vecchio Continente, come lo zucchero, il tè, il tabacco, il cacao, il caffè o i tessuti decorati a stampa (i calicò). Tra questi generi vanno ricordate anche le spezie – il pepe, la noce moscata, la cannella, il chiodo di garofano – che, all'epoca della scoperta delle nuove rotte per l'India (tra la fine del '400 e il '500), sono già impiegate in Europa nella farmacopea e nella conservazione degli alimenti, ma importate via terra dall'Oriente.

William Hogarth
Gli apprendisti al telaio
1747

L'incisione, la prima di una serie di 12 create da Hogarth intitolata *Il lavoro e la pigrizia*, mostra l'interno di un piccolo laboratorio tessile a Spitafields (come si evince da una scritta sul boccale a sinistra), un quartiere di Londra. In una stanza ben illuminata e arieggiata, due operai lavorano al telaio, mentre il padrone si affaccia dalla porta con un bastone in mano per controllarli. Fin dalla fine del '600, Spitafields era diventato un importante centro per la produzione di tessuti pregiati di seta, con numerose botteghe di piccole e medie dimensioni controllate da famiglie benestanti che impiegavano due o più dipendenti.

Arazzo di manifattura dei Gobelins con *Un cacciatore indiano*
XVIII secolo
[Palazzo del Quirinale, Roma]
Delle manifatture promosse dallo Stato nel '600 in Francia, quella dei Gobelins fu senz'altro fra le più famose e produttive. Dedicata in un primo periodo alla creazione di differenti oggetti di artigianato artistico, dall'ebanisteria all'oreficeria all'incisione ai tessuti da arredamento, si limitò in un secondo tempo al solo settore degli arazzi e delle tappezzerie, settore la cui attività, con alterne vicende, continua ancora oggi.

Le manifatture statali Anche gli Stati avevano un ruolo nelle attività produttive di tipo industriale attraverso il sistema della manifattura. La manifattura è l'organizzazione del lavoro in cui gli operai, concentrati in un unico laboratorio o officina, svolgono, **per lo più manualmente**, tutte le fasi del processo produttivo. Tipiche manifatture furono quelle promosse in Francia da Colbert al tempo di Luigi XIV, per la fabbricazione di prodotti di lusso destinati al mercato delle esportazioni, come arazzi e porcellane, nel quadro di una politica mercantilista [👁 1.1]. Anche in altri paesi le manifatture furono spesso costituite su iniziativa statale per la fornitura di armi e uniformi agli eserciti. La manifattura, comunque, non fu mai l'organizzazione dominante e non lo fu so-

▶ 28
M. Foucault
«Sorvegliare e punire»

III

Controllo, punizione, rieducazione

L'espressione "controllo sociale" indica tutte quelle azioni che le società mettono in atto per indurre i propri membri al rispetto delle norme e dei valori fondamentali che le caratterizzano. Indipendentemente dal tipo di società e dalle sue dimensioni, dalla sua collocazione geografica e dalle istituzioni che ne organizzano la vita, tutti i sistemi sociali hanno bisogno di stabilire delle regole e prevedono dei meccanismi che consentono (e impongono) agli individui di adeguarsi alle norme. Solitamente, all'infrazione della norma segue una punizione, ovvero una ulteriore azione che mira a rinforzare la norma violata e ricorda ai membri della società che conformarsi alle norme è giusto e necessario. In questo senso, la punizione ha sempre un **valore educativo**: mostrando ai cittadini le conseguenze della violazione, essa li orienta verso la conformità alle norme, ossia al rispetto del normale ordine della vita sociale; nei moderni sistemi penali occidentali, inoltre, la pena ha esplicitamente una funzione rieducativa nei confronti del detenuto.

Per quanto controllo, punizione e (ri)educazione siano strettamente correlati, nel concreto le forme con cui questa relazione si manifesta sono tra le più varie: cambiano in base ai luoghi e nel corso del tempo. Durante il **Medioevo** e fino all'**età moderna**, in assenza di un sistema di polizia addetto al controllo della società, in larga parte tale funzione era affidata alle comunità stesse. Fino al XVIII secolo la pena per chi commetteva un reato era una sorta di "spettacolo" al quale l'intera cittadinanza era chiamata ad assistere. Non aveva alcuna funzione rieducativa nei confronti del colpevole e si esauriva, fondamentalmente, nella sua umiliazione (per esempio con la gogna) e sofferenza. Esecuzioni capitali e torture rappresentavano circa il 10% delle pene e venivano eseguite in luoghi pubblici con una intenzionale **spettacolarizzazione**. La punizione aveva quindi una evidente connotazione cerimoniale, era un rituale al quale prendeva parte l'intera società.

Durante il **XVIII secolo** si ebbero degli importanti cambiamenti. Dietro impulso dell'Illuminismo – in particolare del giurista e filosofo **Cesare Beccaria** [👁 3.7] e della sua opera *Dei delitti e delle pene* (1764) – e in seguito alla trasformazione del lavoro operata dalla rivoluzione industriale, l'uomo e il suo comportamento furono considerati in modo più razionale, come qualcosa che si poteva costruire e modificare tramite l'**addestramento** e la **disciplina**.

Il controllo continuo e il disciplinamento degli individui divennero una sorta di mito e anche l'obiettivo principale delle istituzioni più importanti, come le scuole, le caserme, gli ospedali, le carceri e le fabbriche. Come mostra con chiarezza un regolamento ottocentesco per le scuole elementari francesi, nelle istituzioni le persone erano tenute al massimo rispetto dei ruoli, dei tempi e degli spazi, all'assoluta obbedienza e all'autocontrollo.

Il **mito del controllo** si concretizzò in molti campi della società, principalmente nella scuola e in tutte le istituzioni educative. L'architettura tradusse in diversi modi questa aspirazione, come nel carcere ideale progettato dal filosofo inglese **Jeremy Bentham** nel 1791. Il *Panopticon* (letteralmente potrebbe tradursi con 'visione totale') consisteva in una struttura semicircolare lungo la quale erano disposte delle celle, mentre da una torre interna un guardiano avrebbe potuto osservare continuamente ciò che accadeva nelle celle: l'individuo – detenuto, malato o operaio che fosse – era totalmente isolato nel proprio ambiente, ogni suo movimento poteva essere osservato dalla torre, non poteva avere contatti con l'esterno né sottrarsi in alcun modo al controllo. Questi aspetti sono stati ricostruiti e analizzati con grande profondità dal filosofo e storico francese **Michel Foucault** (1926-1984), in particolare nell'opera *Sorvegliare e punire: nascita della prigione* del 1975.

In campo penale, col tempo si avviò un processo di **trasformazione dell'intero sistema**: la pena, dalla fine del '700, non era più una semplice inflizione di sofferenze ma lo strumento atto a cambiare internamente il criminale, a reindirizzare le sue azioni e a **neutralizzare ogni volontà di infrangere le norme**. L'espiazione della pena doveva indurre nel delinquente il desiderio di rispettare le regole.

Le varie tipologie di delitti vennero studiate e catalogate, ricercandone le cause profonde nella psicologia degli individui; allo stesso modo, le punizioni dovevano essere specificamente studiate per i diversi delitti. In tal modo, la pena divenne qualcosa di "scientifico", anche se le scienze dell'epoca non permettevano ancora una comprensione approfondita delle cause del crimine e si riducevano spesso a teorie grossolane (si pensava, per esempio, che la causa del vagabondaggio fosse la pigrizia e che la "cura" migliore sarebbero stati i lavori forzati).

L'umiliazione e la sofferenza furono sostituite con la detenzione in carcere, dove gli individui erano sottoposti ad una rigida organizzazione del tempo, ad un sistema di divieti e di obblighi, al duro lavoro e alla sorveglianza continua. Appositi ispettori osservavano i detenuti e annotavano tutti i loro cambiamenti, così da rendere più prattutto nel settore tessile, quello che assorbiva allora e avrebbe coinvolto anche in seguito la quantità più rilevante di manodopera.

Caratteristiche dell'epoca furono anche le manifatture installate nelle prigioni o negli ospizi dei poveri e dei trovatelli, questi ultimi istituiti in larga parte nel corso del '600 come strumenti di "controllo sociale". Le istituzioni per indigenti rispondevano infatti con la reclusione e l'obbligo del lavoro alla mutata sensibilità nei confronti della mendicità, avvertita come fenomeno sociale destabilizzante e pericoloso.

GUIDA ALLO STUDIO

❶ Qual era il funzionamento delle corporazioni? ❷ Che cosa significa il termine "protoindustrializzazione"? ❸ Che cosa erano le manifatture? ❹ In che modo le manifatture divennero uno strumento per il "controllo sociale"?

mirata, adeguata ed efficace la pena. Nei penitenziari doveva aver luogo la trasformazione degli individui, della loro anima e del loro comportamento.

Nell'ultimo secolo sono intervenuti ulteriori cambiamenti, ma la situazione ancora oggi non appare molto lineare. A fronte delle maggiori possibilità di controllo della società da parte delle istituzioni offerte dalle nuove tecnologie (videocamere che "osservano" e registrano quanto accade nei principali luoghi pubblici, rilevamenti satellitari, intercettazioni telefoniche), il dibattito sulla correttezza del controllo (in quanto potenzialmente lesivo della *privacy*) è molto acceso.

In campo prettamente penale, il mito del controllo continuo dell'individuo ha in parte ceduto il passo alla riconsiderazione della **funzione rieducativa** della pena, la quale deve mirare al reinserimento positivo del condannato nella società. Infatti, in base all'articolo 27 della Costituzione italiana, «Le pene non possono consistere in trattamenti contrari al senso di umanità e devono tendere alla rieducazione del condannato».

Nel concreto, la realizzazione di questo principio si rivela ancora molto difficile: le pene alternative al carcere (affidamento in prova ai servizi sociali, semilibertà, detenzione domiciliare, lavoro esterno), pensate e istituite proprio per incrementare la capacità rieducativa della pena, si sono mostrate nel tempo poco efficaci e la detenzione rimane ancora la pena più diffusa. Il sovraffollamento delle carceri, l'inadeguatezza del sistema penitenziario e la scarsità di risorse economiche rendono d'altra parte molto problematico qualsiasi sforzo rieducativo all'interno delle istituzioni carcerarie. Attualmente si può dire che in Italia, come in molti altri paesi, la funzione rieducativa della pena sia più che altro un principio astratto.

Il Presidio Modelo, visione complessiva e particolare di un interno
2008
[Isla de la Juventud, Cuba]
L'edificio mai costruito più vicino al modello del *Panopticon* ideato da Jeremy Bentham è il Presidio Modelo, una prigione costruita a Cuba fra il 1926 e il 1928. Composto da cinque blocchi circolari, con le celle costruite tutte intorno a una "torretta di controllo", poteva contenere fino a 2500 detenuti. Dismesso nel 1967, il Presidio Modelo è stato dichiarato monumento nazionale e, dopo un recente restauro, destinato a ospitare un museo, una scuola e un centro di ricerche.

STORIA • SOCIETÀ • CITTADINANZA

SINTESI

1 La demografia del '700

Nel corso del '700 la società di *ancien régime* subì alcune profonde trasformazioni. Il fenomeno più rilevante fu la crescita demografica, cui si legò una intensa urbanizzazione. Si interruppe allora il rapporto di reciproca dipendenza tra popolazione e risorse alimentari e cominciò a sparire il matrimonio tardivo come sistema di autoregolamentazione legato alle possibilità di lavoro. Molti paesi europei, quelli maggiormente segnati dallo sviluppo economico, attraversarono la cosiddetta prima transizione demografica, passando da un sistema demografico tradizionale a uno moderno grazie all'aumento del numero dei nati e alla diminuzione della mortalità.

2 Mobilità e gerarchie sociali

Il concetto essenziale per definire la gerarchia sociale di *ancien régime* è quello di ceto. Caratteristiche di tale gerarchia erano la fissità delle stratificazioni sociali, l'appartenenza per nascita, la diseguaglianza giuridica. La società per ceti trovava sanzione ufficiale nelle assemblee per ordini, che esercitavano un'azione di resistenza nei confronti della centralizzazione del potere realizzata dalla monarchia assoluta. In questo contesto, nel corso del '700, avvennero alcuni cambiamenti, sebbene l'assetto sociale fosse aspramente difeso: i settori investiti dallo sviluppo economico registrarono una certa mobilità sociale, inoltre voci critiche si levarono, soprattutto fra gli intellettuali, gli scrittori e i pensatori politici, contro le conseguenze sociali ed economiche dell'ordinamento sociale per ranghi.

3 Famiglia, matrimoni e figli

Mentre nell'età preindustriale era generalmente diffusa la famiglia estesa o allargata, in cui convivono tre generazioni (nonni, genitori e figli), nel '700 si affermò, almeno tendenzialmente, la famiglia nucleare o coniugale formata dai soli genitori e figli. La riduzione delle nascite, registrata in alcuni paesi come la Francia, ma anche in alcuni gruppi sociali, è legata alla diffusione delle pratiche contraccettive, comprensibile alla luce della volontà di tutelare la proprietà dalla frammentazione fra troppi eredi, nonché dell'affermarsi di una nuova sensibilità verso la salute della madre e verso l'infanzia.

4 Il feudalesimo e i contadini

La società di *ancien régime* era fondamentalmente agricola. Nell'Europa del '700 la proprietà terriera era ancora prevalentemente di tipo feudale, pur se si erano attenuati nell'area del feudalesimo «classico» (Francia settentrionale e Germania occidentale) molti dei suoi caratteri originari. Le differenze nei diversi paesi europei erano notevoli, ma nell'Europa orientale le condizioni di servaggio erano particolarmente dure. Tra signori e contadini i conflitti riguardavano il persistere dei vincoli feudali che gravavano sulla terra e la questione degli usi civici: i contadini mal tolleravano i tributi da corrispondere al signore per l'uso della terra o il reddito che da essa derivava; i signori tendevano a privatizzare le terre su cui fino ad allora valevano i diritti collettivi della comunità contadina. Tutti infine consideravano insostenibile il peso delle tasse a favore dello Stato e della Chiesa.

5 La rivoluzione agricola e le nuove colture

Nel corso del '700 si manifestarono importanti mutamenti nelle strutture agrarie, anzitutto in Inghilterra. Qui il fenomeno delle *enclosures* – iniziato da alcuni secoli – portò a una più chiara definizione della proprietà e a una coltivazione più razionale della terra, attenta alle esigenze del mercato agricolo. Altro fattore importante fu il superamento della rotazione triennale, che condusse a un aumento delle disponibilità alimentari e dell'allevamento. Le innovazioni e le trasformazioni permisero l'avvio di una agricoltura di tipo capitalistico con un imprenditore che risponde alle esigenze del mercato investendo capitali propri e avvalendosi di manodopera salariata, nonostante le forti resistenze all'affermazione di questo modello. Le resistenze provocarono anche ritardi nella diffusione, in Europa, delle nuove colture di origine coloniale.

6 L'industria rurale e l'economia industriosa

Le campagne del '700 erano anche sede di un'industria rurale domestica, dedita principalmente ad attività tessili, che si sviluppò grazie alla nuova figura del mercante-imprenditore. Il lavoro a domicilio, che caratterizza questa fase, detta di protoindustrializzazione, continuerà a svolgere un ruolo importante anche dopo la rivoluzione industriale, permettendo a molte unità familiari di disporre di denaro da impiegare nell'acquisto di beni e determinando così un aumento dei consumi ("rivoluzione industriosa"). Un posto importante nell'economia del tempo ebbe anche il sistema delle manifatture, specie quelle statali, caratterizzato dalla concentrazione in un'unica sede di più operai che svolgono, per lo più manualmente, tutte le fasi del processo produttivo.

SVILUPPARE LE COMPETENZE

1 Nel corso del '700 l'Europa fu caratterizzata da un notevole aumento demografico. Spiega il fenomeno commentando la mappa concettuale riprodotta qui di seguito (15 righe):

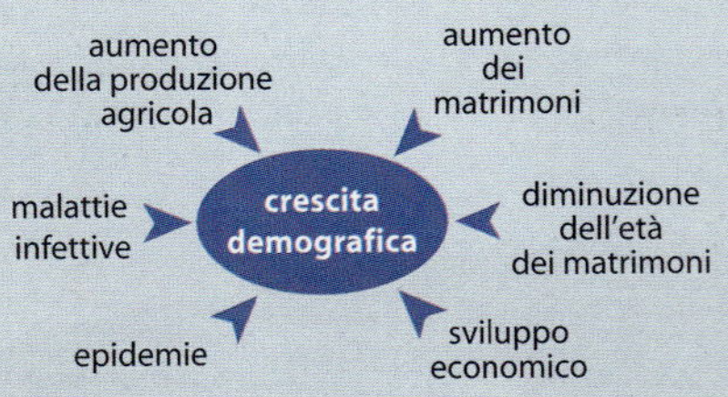

2 Stabilisci se le seguenti affermazioni sono vere o false, motivando la tua risposta in un testo scritto lungo da 3 a 5 righe:

a. La società dei ceti era caratterizzata da un'estrema mobilità sociale. **V F**

b. La società per ceti era caratterizzata da privilegi. **V F**

c. Le case regnanti adottarono una politica di limitazione delle nascite. **V F**

d. La tutela della proprietà privata, la centralità dell'infanzia e l'attenzione alla salute della madre contribuirono a un controllo della vita sessuale e affettiva. **V F**

3 Il feudalesimo viene abolito definitivamente il 4 agosto 1789, durante la Rivoluzione francese, dall'Assemblea nazionale. Prima di tale evento il feudalesimo rappresentò, nelle campagne di alcuni paesi europei, un vero e proprio sistema economico e giuridico. Descrivi il sistema feudale usando i seguenti argomenti in scaletta come spunti per costruire un breve testo di 10 righe:

a. Obblighi di lavoro gratuito
b. Amministrazione della bassa giustizia
c. Tributi
d. Decima
e. Usi civici della proprietà.

4 Rispondi ai quesiti impiegando il numero di righe tra parentesi:

a. Quali conseguenze comportò il passaggio, in Gran Bretagna, dai campi aperti (*open fields*) alle recinzioni (*enclosures*)? (10 righe)
b. Quale rapporto esiste tra la produzione industriale locale e l'aumento delle importazioni dei generi coloniali? (5 righe)
c. Quali sono i motivi del ritardo della diffusione delle nuove colture? (5 righe)

3 UNA RIVOLUZIONE CULTURALE

CAPITOLO

1 La nuova scienza

Focus
Cannocchiale e microscopio

ONLINE

Da Copernico a Galileo e da Galileo a Newton. Così tre grandi scienziati, astronomi e fisici scandiscono le tappe di quel lungo processo culturale, la cosiddetta **rivoluzione scientifica**, che, dalla metà del '500 agli inizi del '700, trasformò profondamente la conoscenza dell'Universo. Applicando il calcolo matematico alla fisica e promuovendo l'indagine sperimentale, la nuova scienza rovesciò le concezioni tradizionali della natura, dell'uomo e del cosmo che derivavano dalla sistemazione datane da Aristotele nel IV secolo a.C.

Copernico Nel 1543 un astronomo polacco, Niccolò Copernico (1473-1543), nel suo libro *De revolutionibus orbium coelestium* (*Le rivoluzioni dei corpi celesti*), fondò la **teoria eliocentrica**, secondo la quale il Sole occupa il centro dell'Universo mentre i pianeti, compresa la Terra, sono in moto intorno ad esso. Si trattava di un radicale rovesciamento dell'ordine del cosmo, per come era stato concepito fino ad allora, e implicava la messa in discussione della teoria aristotelica secondo la quale l'Universo è **geocentrico**, la Terra è cioè immobile al centro e sono gli astri a ruotare attorno ad essa.

Galilei e il metodo sperimentale Il contributo decisivo alla costruzione della nuova scienza fisica e della nuova cosmologia venne dal pisano Galileo Galilei (1564-1642), il primo scienziato nell'accezione moderna del termine. Egli costruì il primo telescopio, il **cannocchiale**, e lo puntò verso il cielo compiendo un gesto rivoluzionario che fu la sua prima vera "scoperta". L'uso del cannocchiale consentì a Galilei, tra il 1609 e il 1610, quella verifica sperimentale della tesi copernicana che segnò la definitiva distruzione del cosmo aristotelico. Le osservazioni condotte portarono Galilei a concludere che tutti i pianeti, privi di luce propria, dovevano derivarla dal Sole, girando intorno a esso. La conferma del sistema copernicano costò a Galilei la persecuzione da parte della Chiesa cattolica e la prigionia (1633): dalle vicende legate allo **scontro con il tribunale dell'Inquisizione** emerse in tutta la sua drammaticità il problema dei rapporti tra scienza e fede.

Galilei inoltre mise a punto le procedure fondamentali del metodo sperimentale: l'uso sistematico dell'ipotesi matematica, dell'osservazione e dell'esperimento permetteva infatti di cogliere le leggi universali secondo cui è organizzata e strutturata la realtà. La portata rivoluzionaria della nuova scienza stava proprio nell'importanza assunta dall'**esperimento** come metodo di prova e dall'**osservazione** come momento decisivo di conoscenza dei fenomeni naturali.

Bacone e Cartesio La consapevolezza di questo grande rinnovamento si stava imponendo in tutti i campi avanzati del sapere: comune divenne infatti l'esigenza di trovare un nuovo metodo in grado di unificare le scienze verifi-

21 DOC
Galileo Galilei
I due piani distinti della scienza e della religione

23 DOC
Bernard le Bovier de Fontenelle
La pluralità dei mondi spiegata alle dame

24
P. Rossi
Tecnica e scienza

25
Th. Kuhn
Che cos'è una rivoluzione scientifica

▶ 22 DOC
Cartesio
Una critica all'educazione tradizionale

candone i presupposti teorici. L'inglese **Bacone** (Francis Bacon, 1561-1626), nel suo *Novum Organum* (1620), introdusse un nuovo metodo di indagine della natura in contrapposizione alla vecchia logica aristotelica. Elementi fondamentali del pensiero di Bacone sono il richiamo all'esperienza, la polemica contro i «pregiudizi» suggeriti dalla tradizione, la necessità di costruire una nuova «enciclopedia del sapere». Scoperte scientifiche e interpretazione della natura dovevano infine essere, per Bacone, il risultato di una collaborazione tra scienziati, tecnici e artigiani.

A questa ricerca di una disciplina universale in grado di cogliere le radici comuni delle varie scienze, il filosofo e scienziato francese **Cartesio** (René Descartes, 1596-1650) offrì il contributo più significativo individuando nella **matematica** il criterio metodologico dell'indagine della natura. Sostenitore del **meccanicismo**, che metteva in discussione la lettura della realtà propria del **finalismo** aristotelico, Cartesio applicò con coerenza la concezione meccanicista non solo agli studi di ottica e di fisica, ma anche alla fisiologia, cogliendo negli esseri viventi quegli stessi schemi meccanici che rinveniva nell'intero Universo.

Newton Nuovi orizzonti di ricerca e più ampie possibilità di applicazione nel campo delle scienze matematiche furono aperti dalla scoperta del calcolo infinitesimale o integrale a cui giunsero separatamente, alla fine del '600, il filosofo tedesco Gottfried Wilhelm Leibniz (1646-1716) e lo scienziato inglese Isaac Newton (1642-1727).

◀
Enoch Seeman
Sir Isaac Newton
1726 ca.
[National Portrait Gallery, Londra]

▶
Disegno del telescopio a riflessione costruito da Newton e inviato alla Royal Society nel 1672

Isaac Newton fu uno scienziato a tutto campo: si interessò di diverse discipline ed elaborò una serie di importanti teorie che ebbero una influenza decisiva sugli studi successivi. Dopo la pubblicazione di due dei suoi scritti più importanti, *Princìpi matematici della filosofia naturale* (1687) e *Ottica* (1704), fu fatto cavaliere nel 1705. Nel 1703 era stato eletto presidente della Royal Society, ruolo che ricoprì fino alla morte. In questo dipinto è raffigurato alla sua scrivania sulla quale giace, accanto a un mappamondo, un volume aperto, probabilmente la terza edizione dei suoi *Princìpi*.

Fra le scoperte realizzate da Newton vi è quella relativa alla luce bianca: un raggio di luce bianca che attraversa un prisma di vetro si scompone in diversi colori; facendo riconvergere i raggi in un secondo prisma si riottiene la luce bianca; questo dimostra che la luce bianca è formata da tutti gli altri colori messi insieme. Impiegando i telescopi in uso ai suoi tempi, Newton individuò degli aloni colorati dovuti proprio al fenomeno della rifrazione della luce bianca. Per ovviare al problema lo scienziato inglese costruì un nuovo telescopio, detto a riflessione, con una capacità di ingrandimento molto superiore a quelli precedenti.

Newton elaborò l'ipotesi sulla natura corpuscolare della luce e formulò la **legge di gravitazione universale** per cui i corpi tendono verso il Sole e i rispettivi pianeti. Nei *Princìpi matematici della filosofia naturale* (1687) egli ridusse i fenomeni a puri dati quantitativi e misurabili, e affrontò lo studio del movimento e delle sue forze in termini matematici.

Parola chiave
Tolleranza

ONLINE

Un nuovo modello di cultura Con la nuova scienza si faceva strada anche la nuova concezione (presente ancora oggi) del **progresso**, inteso come accumulo delle conoscenze nel tempo, come prodotto di una continua elaborazione mai definitivamente conclusa. Questo diverso modo di operare presupponeva la pubblicità e lo scambio dei risultati raggiunti e si fondava sulla **cooperazione fra umanisti e scienziati**: una collaborazione intellettuale realizzata nei frequenti rapporti tra i dotti, nei loro ricchi epistolari, nelle grandi accademie scientifiche sorte a partire dal '600.

Contro la nuova scienza La Chiesa cattolica con tutto il suo potente apparato educativo e anche le Chiese riformate si impegnarono a difendere la superiorità della teologia rispetto a ogni altra forma di conoscenza e l'**autorità della Bibbia** contro le nuove scienze che rifiutavano di riconoscere le Sacre Scritture come unica fonte di verità nell'indagine sulla natura. Si trattava di un conflitto insanabile destinato a durare a lungo e, anzi, ad accentuarsi quando altre scienze, come la geologia e la paleontologia, misero in discussione i tempi della "creazione divina" e la cronologia del mondo difesi dalle Chiese. Ma in questo periodo della **rivoluzione scientifica**, l'astronomia rimaneva la regina delle nuove scienze perché in modo più evidente rovesciava la visione tradizionale del creato.

Una impossibile tolleranza Non c'era spazio per la tolleranza nei confronti delle visioni razionali del mondo, come non c'era per la tolleranza religiosa e il riconoscimento delle minoranze confessionali o delle religioni non cristiane (a cominciare dagli ebrei). Dalla Francia erano stati cacciati gli ugonotti e nell'Inghilterra della seconda rivoluzione non era riconosciuto uno spazio politico ai cattolici. L'unica eccezione era rappresentata dalle **Province Unite**, dove erano ancora vivi l'eredità del grande umanista Erasmo da Rotterdam (1469 ca.-1536) e il suo appello agli ideali di pace e tolleranza: qui furono accolti gli esiliati di ogni paese, lingua e religione, e offerta ospitalità alle minoranze politiche e religiose. Qui nacque e visse il filosofo di origine ebraica **Benedetto Spinoza** (1632-1677), autore tra l'altro del *Trattato teologico-politico* (1670) in cui rivendicò la libertà di pensiero e le libertà civili, teorizzando il concetto di democrazia. Qui fu attivo il giurista **Ugo Grozio**, che gettò le basi per il diritto dei popoli [👁 3.3].

GUIDA ALLO STUDIO

❶ Quali sono le differenze fra teoria geocentrica e teoria eliocentrica? ❷ Quale ruolo rivestì Galilei nella rivoluzione scientifica? ❸ Quali sono gli elementi fondamentali del pensiero di Bacone? ❹ Come reagì la Chiesa cattolica alla nascita della nuova scienza?

Meccanicismo
Nel '600 gli uomini di scienza maturano una concezione della natura fondata sul meccanicismo: la natura è considerata cioè come una enorme macchina, i cui movimenti non sono dettati dagli scopi che devono essere raggiunti (non sono cioè finalistici), ma da norme di funzionamento, così come avviene in un orologio. Con il meccanicismo muta, dunque, in questo periodo il modo di porsi il problema dei fenomeni naturali: non ci si chiede più a qual fine si determini un dato evento, ma per qual causa, in qual modo. Grazie al ruolo assunto dall'osservazione e dalla esperienza, l'uomo è considerato ora non più il fine ultimo della natura creata, ma il suo interprete e ministro, colui che può conoscerla e dominarla.

Finalismo
Il finalismo è un impianto teorico di tradizione aristotelica nel quale la natura viene considerata, fin dall'Antichità, come un insieme di eventi ordinati finalisticamente: i fenomeni naturali si verificano cioè rispondendo a uno scopo. Aristotele sosteneva, per esempio, che un grave cade con lo scopo di raggiungere il suo luogo naturale, che sarebbe il centro della Terra, mentre il fuoco va verso l'alto con lo scopo di raggiungere il suo luogo naturale, al di sopra dell'aria. Secondo la tradizione finalistica, anche l'uomo ha un ruolo nell'Universo: è il fine ultimo della natura creata (finalismo antropocentrico).

2 Le applicazioni scientifiche e la diffusione della cultura

Gli strumenti tecnici e le moderne invenzioni

In stretta relazione con la formulazione delle nuove teorie scientifiche, della sperimentazione e del metodo matematico, dalla prima metà del '600 si registrò un rapidissimo sviluppo degli strumenti tecnici. Il contatto tra scienza e tecnica si rivelò in questo periodo tra i più fecondi, e si può anzi dire che questa rivoluzione scientifica contribuì a determinare la superiorità dell'Europa, largamente manifesta nelle invenzioni e nel ruolo svolto proprio dagli strumenti. Questi ultimi rispondevano alla richiesta di apparecchi di misurazione dello spazio e del tempo dotati di precisione, attendibilità e controllabilità: proprio grazie all'impiego degli strumenti, la precisione

EVENTI

Il processo a Galileo Galilei

«Io Galileo [...] havendo davanti gl'occhi miei li sacrosanti Vangeli, quali tocco con le proprie mani, giuro di aver sempre creduto, credo adesso, e con l'aiuto di Dio crederò per l'avvenire, tutto [...]. Con cuore sincero e fede non finta abiuro, maledico e detesto li suddetti errori et heresie, e generalmente ogni et qualunque altro errore, heresia e setta contraria alla Santa Chiesa.»

Con queste parole Galileo Galilei sconfessava la teoria copernicana e le sue convinzioni: era il 22 giugno 1633 nella grande sala del convento domenicano di Santa Maria sopra Minerva a Roma, aveva quasi 70 anni, era inginocchiato e vestito con un camice da penitente, di fronte ai componenti della Congregazione del Santo Uffizio, che lo avevano condannato perché «sospetto di essere vehementemente eretico, cioè di avere mantenuta e creduta vera una dottrina falsa e contraria alle Sacre e divine Scritture, vale a dire che il Sole è centro per la Terra e non si muove da oriente a occidente, mentre al contrario la Terra si muove e non è centro del mondo, e di aver ritenuto possibile mantenere e difendere come probabile una teoria dopo che questa è stata dichiarata e definita contraria alla Sacra Scrittura».

Il processo a Galilei e al suo *Dialogo dei massimi sistemi del mondo, tolemaico e copernicano*, pubblicato nel 1632, si iscrive in **una fase storica in cui la Chiesa, con i più svariati mezzi, tentava di riprendersi il controllo sulla società e sulla cultura**. Un tentativo di contrastare non solo la Riforma protestante, ma anche, e soprattutto, le spinte alla libertà di pensiero e all'indipendenza della ricerca scientifica che si erano andate ormai affermando in tutta Europa. Nel 1600 aveva messo **al rogo Giordano Bruno** per le sue teorie eterodosse sull'Universo e sulla divinità, nel 1616 aveva bollato come eretica la teoria eliocentrica, perché in contrasto con le Scritture – nel *Libro di Giosuè* e nell'*Ecclesiaste* si narra che Giosuè fermò il Sole – e aveva messo all'Indice *Le rivoluzioni dei corpi celesti*, il testo in cui Copernico l'aveva illustrata nel 1543. Di questa fase storica il processo a Galilei rappresenta un momento culminante e altamente simbolico che parla al mondo con la voce di un'autorità assoluta.

La condanna di Galileo ebbe una immediata risonanza, scosse e intimorì tutta la comunità scientifica: Cartesio, alla fine del 1633, confessò in una lettera all'amico Marin Marsenne che era stato tentato di «bruciare» tutte le sue carte e comunque aveva deciso di «non lasciarle vedere a nessuno». In Italia l'impatto fu ancora più forte e duraturo e furono anche definitivamente messe a tacere le correnti progressiste che, per quanto minoritarie, erano presenti nella stessa Chiesa. Nel 1644 John Milton descrive, nell'*Areopagitica*, con rammarico e sconcerto **la condizione di «servitù» in cui era costretta la scienza italiana**, una volta tanto viva e feconda. Alla fine la libertà di ricerca vinse la sua battaglia, e, a dispetto delle proibizioni, dei processi e del sequestro dei libri, riuscì a garantirsi una sempre meno vigilata autonomia. Il processo illustra, però, ancora oggi il nodo problematico e, per certi versi, emblematico del rapporto tra lo scienziato e il potere, tra scienza e società. Il drammaturgo tedesco Bertolt Brecht nel suo *Vita di Galileo*, scritto tra il 1938 e il 1956, ha posto, infatti, proprio questo tema al centro del dramma, dando alla vicenda una dimensione atemporale: l'**abiura di Galileo** diviene in questo contesto la sconfitta etica di chi non ha saputo resistere al potere, come ammette lo stesso personaggio Galileo nella penultima scena del dramma.

La decisione di procedere contro Galileo rappresentò l'esito di una lunga storia che, con alterne vicende, aveva provocato polemiche e divisioni anche all'interno della Chiesa. La storia era cominciata poco dopo la pubblicazione nel 1610 del *Sidereus Nuncius*, l'opera in cui Galileo, grazie all'aiuto del cannocchiale, aveva documentato alcune scoperte astronomiche di straordinaria importanza che smentivano la teoria geocentrica e davano un sostanziale sostegno all'eliocentrismo copernicano. Le nuove scoperte non si limitavano però a portare scompiglio in un mondo di consolidate credenze filosofiche, ma aprivano un più ampio e drammatico contenzioso con la Chiesa che aveva accolto la teoria geocentrica, sostenendone la piena conformità alle Sacre Scritture. A partire dal 1615 Galileo divenne oggetto di una serie di attacchi: senza farne espressamente il nome, il frate domenicano Tommaso Caccini lanciava la domenica dal pulpito di Santa Maria Novella a Firenze **violente prediche contro i matematici, colpevoli di esercitare un'arte diabolica quanto eretica**, mentre un altro domenicano, Niccolò Lorini, denunciava con una lettera Galileo alla Congregazione del Santo Uffizio (che aveva giurisdizione piena in materia di fede e coordinava i tribunali inquisitoriali locali). L'insinuazione sulla inconciliabilità delle teorie galileiane con la fede fu portata presto all'attenzione delle più alte autorità di Firenze, quelle stesse che avevano nomi-

iniziò a sostituire l'approssimazione, andò affermandosi una **mentalità tecnologica** e si diede impulso all'invenzione delle prime macchine. Il progressivo incremento dei traffici con i "nuovi mondi" e la continua ricerca di nuove rotte e basi commerciali dettero un notevole impulso alle moderne invenzioni: si pensi a quanto era importante, oltreoceano o in mare aperto, la localizzazione delle coordinate geografiche, delle latitudini e delle longitudini. Comparvero così il cronometro e il sestante, utilissimo nei viaggi per mare per misurare l'altezza degli astri sull'orizzonte, e nacque la **cartografia** su basi scientifiche. Un discorso a parte merita il perfezionamento dell'orologio che, pur avendo diversi secoli di vita, solo grazie all'olandese **Christiaan Huygens** (1629-1695), che inventò il pendolo e la spirale a molla, raggiunse un livello di precisione tale da costituire un vero evento nella storia della tecnica. La successiva invenzione del bilanciere, attribuita sempre a

nato Galileo filosofo e matematico di corte, e in particolare alla piissima Cristina di Lorena, consorte del granduca di Toscana. Galileo si difese con le cosiddette ***Lettere copernicane*** (1613-15) in cui affermava la compatibilità tra la nuova scienza e la fede. Le polemiche sembrarono placarsi, anche perché Galileo divenne più prudente, riparandosi dietro l'affermazione che le sue teorie fossero delle pure ipotesi matematiche. Nello stesso proemio del *Dialogo* egli sostenne, infatti, di aver preso «nel discorso la parte copernicana in pura ipotesi matematica». Ma la sua posizione risultò ambigua e il suo comportamento piuttosto maldestro. Ormai la strada era segnata. Nell'ottobre del 1632 gli venne intimato di recarsi a Roma per mettersi a disposizione del Commissario generale del Santo Uffizio in concomitanza con il divieto di diffusione del *Dialogo*, l'opera incriminata. Galileo arrivò a Roma solo nel febbraio 1633: era riuscito a rinviare il viaggio sia perché era malato, sia perché nutriva la vana speranza che le cose si sarebbero spontaneamente messe per il meglio. Giunto in città, fu ospitato a Villa Medici dall'ambasciatore fiorentino, e attese fino al 12 aprile quando, per la prima volta, fu interrogato, per essere poi imprigionato fino al secondo interrogatorio, avvenuto il 30 aprile. Si contestò allo scienziato di avere ottenuto il nulla osta alla pubblicazione del suo libro in modo fraudolento, senza far presente a chi di dovere che nel 1616 aveva ricevuto un ammonimento dal cardinale Roberto Bellarmino di non insegnare o difendere la teoria copernicana, considerata «contrariante alle Sacre Scritture». Galileo, nel primo interrogatorio, ribatté dicendo di non ricordare alcun divieto e poi, nel secondo, di avere nella sua opera tentato di dimostrare la non veridicità delle teorie di Copernico, ammettendo però che il suo amore per la sottigliezza nell'argomentazione poteva aver dato adito a delle incomprensioni. Aggiunse che, se avesse potuto riscrivere il *Dialogo*, avrebbe di sicuro chiarito la sua posizione di avversità alla dottrina copernicana. Queste affermazioni, dettate forse dalla paura e dalla durezza della detenzione, lo consegnarono di fatto nelle mani dei suoi giudici che non ebbero alcuna difficoltà a dimostrare con precisione, riprendendo i punti essenziali dell'opera e citandoli nei verbali, che si stava prendendo gioco di loro. Galileo nel maggio presentò una memoria scritta, vi fu un ultimo interrogatorio e, subito dopo, la sentenza di condanna al carcere a vita, firmata da sette cardinali su dieci. La pena fu presto commutata negli arresti domiciliari: nel luglio, accolta la sua supplica al papa del 30 giugno, fu trasferito a Siena e quindi nella sua villa di Arcetri (dicembre), presso Firenze, a patto che vivesse ritirato e non frequentasse nessuno. **Il *Dialogo* fu messo all'Indice** e vi rimase molto a lungo; Galileo morì nel 1642. Solo nel 1734 il Santo Uffizio autorizzò la costruzione di una tomba in Santa Croce e solo agli inizi dell'800 la Chiesa riconobbe la compatibilità del sistema copernicano con il dettato cristiano, mentre, a metà del secolo, furono escluse dall'Indice le opere che sostenevano il sistema eliocentrico. **Soltanto nel 1992 la Chiesa cancellò definitivamente la condanna a Galileo.**

La Tomba di Galileo Galilei
[Chiesa di Santa Croce, Firenze]

Huygens, consentì la nascita e la diffusione degli **orologi da tasca**: divenuti ricercati oggetti di consumo, essi consentirono, per la prima volta, una misurazione privata del tempo.

Il sapere enciclopedico e la diffusione della cultura

Tante nuove invenzioni e applicazioni, unite allo sviluppo delle curiosità, resero necessaria un'opera di ordinamento delle conoscenze. Comparvero le prime **enciclopedie** e l'**apprendimento delle lingue** fu considerato la chiave di accesso a tutte le scienze e a tutte le arti. Particolarmente significativa fu l'opera del francese **Pierre Bayle** (1647-1707), rifugiatosi in Olanda in seguito alle persecuzioni contro i protestanti. Oltre ad avere organizzato quello che può essere considerato il primo esempio di giornalismo moderno (la rivista «Nouvelles de la République des Lettres»), egli pubblicò in francese il *Dictionnaire historique et critique* (*Dizionario storico-critico*, 1695-97), capolavoro enciclopedico e insieme veicolo di diffusione del pensiero mo-

Enciclopedia

Il termine deriva dal greco antico *enkỳklios paidèia* (letteralmente 'istruzione circolare') ed esprime una concezione del sapere come educazione completa. L'enciclopedia è intesa come raccolta sistematica ed esaustiva delle nozioni relative a una disciplina o a tutte le discipline. L'esigenza di sistematizzare il sapere era già di Aristotele, nel IV secolo a.C., e molto sentita in epoca tardoantica e medievale. Riemerge in epoca moderna con il filosofo inglese Francis Bacon (1561-1626) e si afferma nel '700 esprimendo la vocazione ordinatrice e divulgativa di alcune delle punte più avanzate della cultura illuministica. Il *Dictionnaire historique et critique* (1647-1707) di Pierre Bayle e la *Cyclopedia* (1728) di Ephraim Chambers sono i più significativi precedenti de l'*Encyclopèdie ou dictionnaire raisonné des sciences, des artes et des mètiers* (1751-72) di cui furono artefici Denis Diderot e Jean-Baptiste d'Alembert: questa opera costituì il modello per antonomasia dell'enciclopedia.

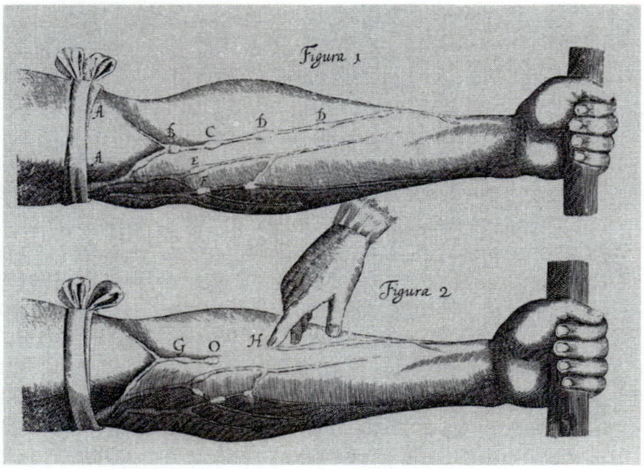

Tavola con "l'esperimento della legatura al braccio"
[da William Harvey, *Exercitatio anatomica de motu cordis et sanguinis in animalibus*, Francoforte 1628]

Al medico inglese William Harvey (1578-1657) si attribuisce la scoperta della circolazione del sangue in termini meccanicistici: il cuore funziona come una pompa e il sangue raggiunge con moto circolatorio gli organi periferici. Nella tavola, tratta dall'opera in cui Harvey esplicita le sue teorie, è rappresentato "l'esperimento della legatura al braccio", con il quale si dimostra che il sangue arterioso giunge fino alla mano per poi tornare indietro verso il cuore attraverso il sistema venoso.

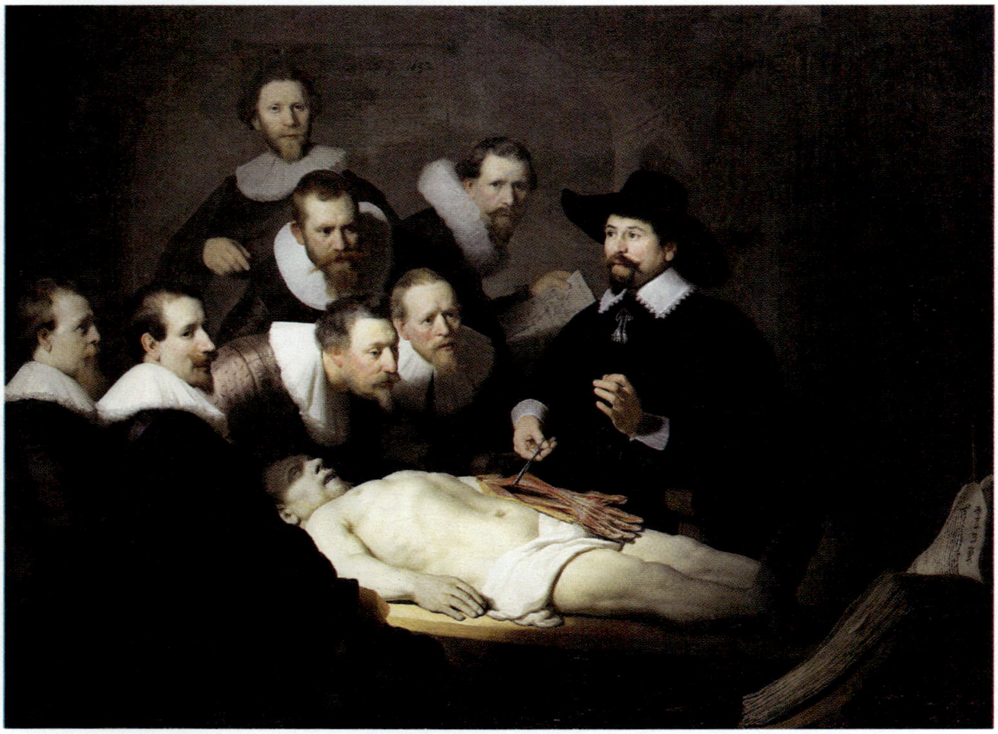

Rembrandt
La lezione di anatomia del dottor Tulp
1632
[Museo Mauritshuis, L'Aia]

Uno degli aspetti caratteristici della mentalità scientifica dell'epoca moderna è l'attento studio dell'anatomia umana. Nel corso del XVII secolo, con lo sviluppo notevole della medicina e della fisiologia e con il progressivo abbandono delle dottrine mediche antiche, greche e latine, la ricerca anatomica da dominio esclusivo dell'arte divenne sempre più dominio della scienza. Un notevole impulso alla medicina venne dalla pratica della dissezione dei cadaveri, un tema molto frequente nella pittura olandese del '600.

derno. L'ideale di una comunità di uomini liberi e uguali che operavano pacificamente, traendo frutto dalle diverse conoscenze al di là delle barriere religiose e politiche, veniva tradotto nell'immagine di una **Repubblica delle Lettere** che, incentrata sugli ideali di pace e di tolleranza, doveva permettere di ricucire le fratture create dalle guerre di religione.

▶ 31
R. Chartier
Una rivoluzione della lettura

Le **accademie** costituirono in questo contesto un circuito indispensabile per lo scambio intellettuale internazionale e una sede privilegiata per la realizzazione di quella tanto auspicata fratellanza universale che solo le nuove scienze ormai sembravano poter assicurare. Erano infatti istituzioni preposte all'avanzamento delle conoscenze scientifiche, **un'assemblea di intellettuali** che si riuniva con una certa regolarità [👁 ATLANTE_9]. La prima accademia fu quella dei Lincei: nata a Roma nel 1603, difese i risultati delle ricerche di Galilei e della sua scuola. In seguito furono fondate l'Accademia del Cimento a Firenze (1657), l'Académie Royale des Sciences a Parigi (1666), la Royal Society a Londra (1662).

Lo sviluppo dell'editoria

Un forte incremento si registrò nel campo dell'editoria e del mercato librario: nell'età dei grandi dizionari storici e delle prime enciclopedie, si moltiplicarono i periodici, in latino o nelle lingue nazionali, i libri di scienza, di economia politica, di **divulgazione** scientifica. Gran parte della vitalità editoriale fu dovuta ai **protestanti** rifugiatisi in Olanda, Inghilterra, Svizzera, Germania, che costituirono in tutta Europa una fitta rete di diffusione e di corrispondenti, ma anche in Francia l'editoria ebbe un notevole sviluppo. Le tirature della stampa periodica andarono considerevolmente aumentando: nelle **Province Unite**, per esempio, nel corso del '600 si passò da una media di 400 a un migliaio di copie stampate per ciascun fascicolo e, fra il 1630 e il 1680, nacquero venti nuovi periodici all'anno e ben quaranta dal 1680 al 1689.

GUIDA ALLO STUDIO

❶ Quali nuove invenzioni sostennero il progressivo incremento dei traffici con i "nuovi mondi"? ❷ Quali furono le opere più significative del francese Pierre Bayle? ❸ Quale obiettivo si ponevano le accademie? ❹ Chi fu protagonista dell'espansione dell'editoria?

3 Un nuovo pensiero politico

Il giusnaturalismo

L'età moderna è stata caratterizzata dal consolidarsi dello Stato come forma suprema della vita associata. Da ciò è scaturita una riflessione filosofico-politica decisiva, anche per le epoche successive. Se inizialmente il potere dello Stato moderno venne imponendosi come assoluto, come assoluta "sovranità" che non ammetteva altra supremazia, nel corso del '600 si manifestò anche il tentativo di porre dei limiti all'assolutismo in nome di un **diritto di natura**, che si reputava costitutivo della natura stessa dell'uomo (come il diritto alla vita, per esempio) oltre che preesistente alla costituzione della società e quindi inalienabile.

Fu il giusnaturalismo (dal latino *ius*, 'diritto') a scardinare le tradizionali teorie del potere per diritto divino derivate da una concezione gerarchica e immutabile del mondo, facendo risalire l'istituzione della società civile a un patto stipulato tra uomini liberi per diritto di natura. Il patto o **contratto sociale** segna il passaggio dallo stato di natura (una condizione originaria e prepolitica di piena libertà in cui non vigono regole per la condotta umana) allo **stato sociale e politico** (concepito originariamente dall'umanità al fine di eliminare i conflitti e di mantenere l'ordine). L'uscita dallo stato di natura, giustificata dalla salvaguardia del diritto naturale alla vita, prevede l'istituzione di un apparato normativo e di pene per i trasgressori. Il giusnaturalismo ricerca il fondamento della convivenza civile in ciò che è naturale all'uomo (diritto di natura) e che è identificato con la **ragione**, le cui norme sono universalmente valide e superiori a qualsiasi ordinamento e anche al più alto "legislatore" (re o addirittura Dio).

Grozio, il padre del giusnaturalismo

Il giusnaturalismo nacque con Ugo Grozio (Huig van Groot, 1583-1645). Nel *De iure belli ac pacis* (*Sul diritto di guerra e di pace*, 1625) egli individuò infatti nel diritto naturale un diritto valido universalmente e un limite al potere costituito; considerò inoltre questo diritto dettato dalla ragione e non dipendente in alcun modo dalla volontà di Dio, anzi valido a prescindere dalla esistenza stessa di Dio. Alla base di questa concezione "laica" dello Stato vi è l'idea dello "stato di natura", che è anteriore, come si è detto, a qualsiasi forma di organizzazione civile e contempla i diritti incoercibili alla vita e alla libertà.

Hobbes e l'assolutismo laico

Sulla condizione dell'uomo nello stato di natura, sulla natura stessa del patto e sulle caratteristiche del potere politico, il pensiero dei giusnaturalisti diverge da quello del filosofo inglese Thomas Hobbes (1588-1679). Nelle opere di carattere politico, il *De cive* (1642) e

Il frontespizio del *Leviathan* di Thomas Hobbes, Londra 1651

L'immagine, posta in apertura del *Leviathan* di Thomas Hobbes, saggio su *La materia, la forma e il potere di uno stato ecclesiastico e civile*, ben rappresenta il pensiero del filosofo inglese. La figura del mostro-monarca, composto, e quindi sorretto, dai suoi sudditi s'innalza imponente su una città e sul suo territorio. Nelle mani del sovrano, una spada e un pastorale, a simboleggiare il potere civile e quello ecclesiastico. Nei riquadri inferiori, seguono le rappresentazioni dei simboli dei due poteri così riuniti in una sola persona: il castello e la chiesa; la corona e la mitra; e poi ancora, gli strumenti della forza e quelli della verità e dell'argomentazione logica.

Religione naturale

Il concetto viene elaborato da intellettuali attivi in Gran Bretagna nel '600: a differenza delle religioni storiche, fondate sulla rivelazione divina, la religione naturale si basa sull'ipotesi di un accordo generale fra tutti gli uomini in merito a pochi precetti etico-religiosi, definiti sulla base di princìpi razionali. Fra i più convinti propugnatori della religione naturale sono stati John Locke (1632-1704), John Toland (1670-1722) e David Hume (1711-1776), uno dei maggiori filosofi del '700.

il *Leviatano* (1651), Hobbes concepì lo **Stato assoluto** come unica garanzia di pace e antidoto alla paura della morte e alla miseria. Lo stato di natura non è una condizione di pace e di serenità, ma una realtà violenta di odio e di aggressione di tutti contro tutti (*homo homini lupus*, 'l'uomo è lupo per gli altri uomini'). Solo con la stipulazione del patto gli uomini escono da questo stato di guerra permanente delegando ogni loro potere al sovrano. Hobbes ritiene che solo la **legge positiva** (quella prodotta dall'uomo) stabilisca che cosa sia giusto e ingiusto: niente di assoluto vi è invece prima della stipulazione del patto, né bene, né male, né peccato. In questa **visione** assolutamente **laica dello Stato e della vita associata** va individuato uno degli elementi di maggiore modernità del pensiero politico di Hobbes. Infatti, pur teorizzando un duro, spietato assolutismo, Hobbes rifiuta il carattere e l'origine divina dello Stato.

Locke e il «diritto alla resistenza»

La teoria dello Stato esposta dal filosofo inglese John Locke (1632-1704) nei *Due trattati sul governo civile* (1690) è invece fondata sulla critica dell'assolutismo e sull'inviolabilità dei diritti innati dell'uomo. Per Locke – ispiratore della seconda Rivoluzione inglese [👁 1.3] –, come per i giusnaturalisti, il potere politico ha la funzione di garantire e assicurare il godimento dei diritti personali, fra cui Locke inserisce quello alla proprietà privata. Inoltre, anche per il filosofo inglese, come per i giusnaturalisti, gli uomini si associano tra loro stipulando un contratto sociale a tutela delle loro libertà e possono ricorrere alla forza per perseguire i responsabili delle violazioni. Nella *Lettera sulla tolleranza* (1689) così si esprime a proposito dello Stato: «Lo Stato è [...] un'associazione di uomini costituita solo in vista del mantenimento e progresso dei loro interessi civili. Per interesse civile intendo la vita, la libertà, l'integrità e immunità del corpo, e il possesso degli oggetti materiali, come terra, denaro, suppellettili ed altro».

Lo Stato quindi si fonda solo sul **comune consenso** e Locke per questo considerò «contro ragione» ogni forma di potere assoluto e sancì il **«diritto alla resistenza»** in caso di arbitrio del sovrano nei confronti del cittadino.

Con la teoria della limitazione e della distinzione dei poteri, col diritto di resistenza e di ribellione, nonché con l'attenzione al tema della tolleranza, Locke pose le basi del futuro liberalismo [👁 10.4].

L'affermarsi delle nuove concezioni scientifiche e filosofiche si espresse anche nel rifiuto delle manifestazioni esteriori della religione e nell'uso del metodo razionale in materia di fede. Nel suo *La ragionevolezza del cristianesimo* (1695), Locke affidò infatti alla ragione il compito di verificare, attraverso lo studio dei testi sacri, l'assenso dell'uomo alle conoscenze che derivano da Dio, dunque alla legge divina, ed espose riflessioni sulla tolleranza e sulla legge di natura, temi ripresi anche dai cosiddetti deisti.

Il deismo

Il deismo contrapponeva la **religione naturale** o razionale alle religioni positive o storiche: ammetteva l'esistenza di Dio ma, privo di sovrastrutture liturgiche, era una sorta di religione "privata".

L'impiego della **ragione come arbitra anche delle questioni religiose** costituì una premessa decisiva per l'affermarsi delle tendenze razionalistiche e delle teorie liberali che si manifesteranno più chiaramente nell'Illuminismo.

GUIDA ALLO STUDIO

❶ Dove risiede, secondo il giusnaturalismo, il fondamento della convivenza civile? ❷ Qual era la concezione dello Stato in Grozio? ❸ Spiega gli elementi più importanti del pensiero di Hobbes. ❹ Qual è, secondo Locke, la funzione del potere politico?

4 L'Illuminismo: capisaldi e diffusione del movimento

L'Illuminismo ha tanti nomi: *Lumières* in francese, *Enlightenment* in inglese, *Aufklärung* in tedesco. Tutti fanno riferimento alla luce, ai **"lumi della Ragione"** che rischiarano le tenebre dell'ignoranza e del pregiudizio, e indicano le vie del progresso. Partendo dalle basi gettate dalla nuova scienza del '600 e dal pensiero politico di Locke, l'Illuminismo fu un grande movimento intellettuale, politico e culturale, e coinvolse, a partire dalla Francia degli anni '30 del '700, via via tutta l'Europa.

I capisaldi dell'Illuminismo

I tratti comuni di questo movimento, che presenta in realtà molti e talora contrastanti interessi e orientamenti, possono essere ridotti a tre principali:

- **l'uso libero e spregiudicato della ragione**, con l'obiettivo concreto di assicurare la felicità e il benessere degli uomini;
- **la critica delle istituzioni politiche e religiose**, del principio di autorità e delle tradizioni;

ATLANTE 9_LA DIFFUSIONE DELLA CULTURA IN EPOCA ILLUMINISTA

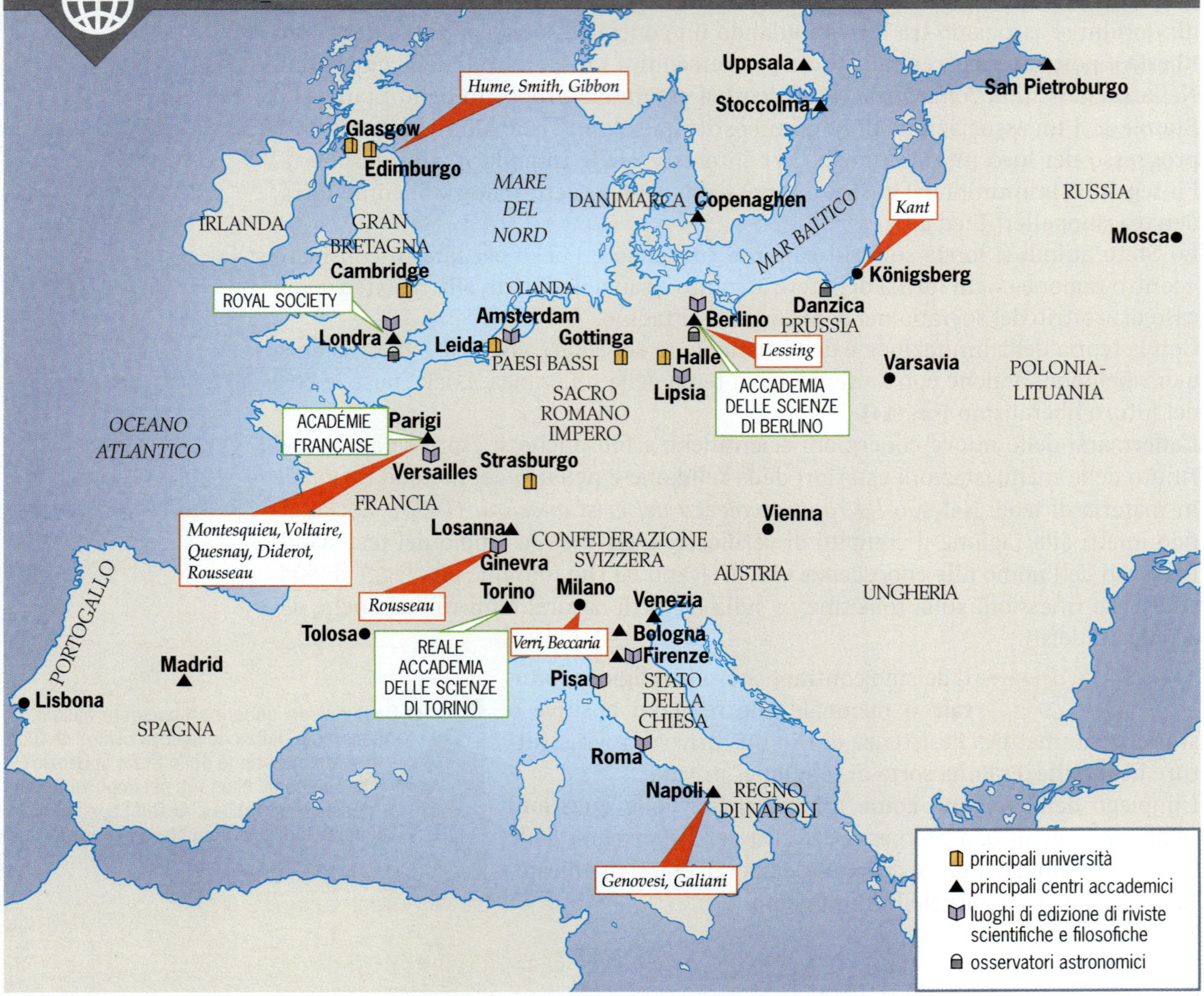

- **la fiducia nel progresso**, fondata su una concezione della storia dell'uomo come graduale processo di incivilimento e come liberazione dalla tutela del sacro e dell'irrazionale.

Bersaglio della critica illuminista furono la Chiesa e le confessioni religiose in genere, considerate fonti di ignoranza, di superstizione e pregiudizi: in questo senso l'Illuminismo fu un **movimento profondamente laico**. Non sempre questo atteggiamento comportava la negazione della fede: prevalse invece l'adesione al deismo e a una religione naturale e razionale, anche se fra gli illuministi non mancarono prese di posizione atee e materialiste (fondate sull'idea che la realtà derivi unicamente dalla materia e che dunque non possa spiegarsi con il ricorso all'intervento divino).

L'intellettuale illuminista

Protagonista dell'Illuminismo fu una nuova figura di intellettuale, più saggista che filosofo, spesso giornalista e pubblicista, e quindi specializzato nella **divulgazione** delle nuove idee presso il pubblico colto. L'intellettuale illuminista rivendicava un proprio ruolo chiave nella società e con questo obiettivo si moltiplicarono i luoghi e gli strumenti della comunicazione: salotti, caffè, club, accademie, società letterarie e scientifiche e tutte le pubblicazioni a stampa o i *pamphlets*. Intellettuali illuministi furono, inoltre, tra i consiglieri e i collaboratori di quei sovrani assolutistici che colsero le esigenze di rinnovamento politico e avviarono in questa epoca una stagione di riforme **[👁 3.8]**.

La connotazione razionalista rivendicata dall'Illuminismo non deve tuttavia far dimenticare che, proprio nell'ambito della nuova cultura, nacque l'interesse per le componenti affettive ed emotive. L'**analisi dei sentimenti** divenne una chiave di lettura dell'agire umano e la loro rappresentazione si pose al centro di molte opere letterarie (come *Giulia o la nuova Eloisa* di Rousseau del 1761).

Un movimento cosmopolita

Tutti i paesi europei parteciparono, in maggiore o minor misura, al movimento illuminista. Dal Portogallo alla Polonia, dall'Italia alla Svezia fu tutto un fiorire di opere, di periodici, di gazzette e di accademie ispirate agli ideali e ai programmi dei Lumi. Nessun grande dibattito o tema di discussione rimase chiuso nel suo ambito d'origine. Intellettuali, riformatori e pubblico colto: tutti erano convinti di partecipare a una grande opera di rinnovamento che non conosceva confini nazionali.

Questo cosmopolitismo fu l'elemento portante di una cultura tendenzialmente di élite, in grado tuttavia di alimentare una vivace **circolazione di idee** che coinvolgeva un pubblico ben più vasto e spesso lontano dai centri propulsivi della cultura dei Lumi.

Perché in Francia?

Sebbene l'Illuminismo sia diventato presto un fenomeno europeo, il suo **centro propulsore** fu la Francia, e Parigi in particolare. La Francia esercitava dal '600 un'egemonia culturale su gran parte dell'Europa continentale. Il francese era la principale lingua di comunicazione come oggi è l'inglese. Le arti della parola – il teatro, la letteratura, l'oratoria – avevano avuto nel '600 uno straordinario sviluppo. Un largo ceto intellettuale, in parte di origine nobiliare, ma soprattutto di origine borghese, protetto e finanziato dai grandi signori, si era affermato al centro della scena culturale.

L'assolutismo aveva, per altro verso, suscitato una estesa **cultura di opposizione** alimentata sul fronte interno e soprattutto estero, in particolare dall'Olanda che ospitava esiliati e fuorusciti, come gli ugonotti. Sostenuta anche da una larga letteratura clandestina, spesso di contenuto irriverente nei confronti del sovrano e del clero,

Parola chiave
Opinione pubblica
Massoneria

ONLINE

si stava diffondendo un'**opinione pubblica** colta ostile al sistema di governo, anche se non ancora apertamente schierata. In questo ambiente e da queste sollecitazioni nacquero le prime opere dell'Illuminismo: scritti che ponevano al centro della loro riflessione la critica alla società del tempo, al sistema politico e ai fondamenti della monarchia di diritto divino.

La Massoneria Uno dei più potenti strumenti di diffusione delle nuove idee e dei programmi riformatori in Europa fu la Massoneria. Setta segreta nata in Inghilterra, adottò i riti e le tradizioni delle antiche corporazioni di liberi muratori (*free-masons*). Composta in realtà da nobili, borghesi e intellettuali la Massoneria si batteva per la tolleranza, contro il fanatismo e l'oscurantismo religioso, in nome della filantropia, della **fratellanza universale** e della certezza sull'efficacia dei Lumi. Si diffuse tra gli anni '20 e '30 del '700 in tutta Europa (dove si distinsero diversi riti o obbedienze: inglese, scozzese, francese) e fu talora legata alla curiosità e alle mode, che contribuirono tuttavia ad accrescerne le adesioni. Le élite riformatrici poterono così disporre di un formidabile strumento di pressione rafforzato dal fascino della segretezza.

GUIDA ALLO STUDIO

❶ Elenca le principali caratteristiche dell'Illuminismo. ❷ Descrivi l'intellettuale illuminista. ❸ Perché l'Illuminismo si sviluppò in Francia? ❹ Che cos'era la Massoneria?

Acquerello da un album da disegno di un massone
XVIII secolo
[Museo del castello di Rosenau (Germania)]
Una delle caratteristiche principali della Massoneria fu la segretezza. Per essere ammessi in una loggia massonica (l'assemblea dei fratelli massoni) era necessario conoscerne i simboli, superare un rito di iniziazione e accettare la rigida organizzazione della loggia stessa che prevedeva diversi gradi di conoscenza, ognuno ben definito nel suo ruolo, dall'Apprendista al Maestro Muratore (o Massone). Idealmente la Massoneria si ispirava alle corporazioni medievali dei liberi muratori e da queste ricavò alcuni dei suoi simboli più frequenti, come la livella, il filo a piombo, il compasso e la cazzuola. In questo disegno ritroviamo anche il sole e la luna, che insieme simboleggiano la dialettica degli opposti, e le colonne, che rimandano al passaggio verso luoghi santi e regni misteriosi.

Opinione pubblica
L'opinione pubblica o del "pubblico" deve intendersi come l'opinione della collettività dei cittadini, capace di tenersi informata, esprimere in senso politico le proprie idee e difenderle. Essa nacque tra '600 e '700, prima in Inghilterra, poi in Francia, grazie alla diffusione della stampa periodica e alle prime forme di associazionismo politico o culturale.

Ignaz Unterberger
Una cerimonia di iniziazione in una loggia massonica viennese
1786
[Museum der Stadt Karlsplatz, Vienna]

5 Gli illuministi francesi

Tra le numerose figure di illuministi di rilievo in Francia, tre emersero sopra le altre tanto da influenzare la cultura e il dibattito politico non solo allora, ma anche nei decenni successivi: Montesquieu, Voltaire e Rousseau. Mentre l'opera collettiva più rappresentativa dell'Illuminismo francese fu l'*Enciclopedia* di Diderot e d'Alembert.

30 DOC
Voltaire
Un gigante visita la Terra

32 DOC
Denis Diderot
Elogio di Richardson

Montesquieu e la separazione dei poteri

La fama di Montesquieu (Charles de Secondat, barone di Montesquieu, 1689-1755) è legata soprattutto all'opera *L'Esprit des lois* (*Lo spirito delle leggi*) un classico del pensiero politico pubblicato anonimo per timore della censura nel 1748. Dopo aver descritto i caratteri dei tre sistemi politici fondamentali – repubblica, monarchia, dispotismo – e dei princìpi che li reggono – rispettivamente virtù, onore e paura –, Montesquieu individuò nei corpi intermedi – innanzitutto i parlamenti, organismi giudiziari a uno dei quali apparteneva – l'antidoto per evitare la degenerazione delle monarchie in dispotismo. Dal modello politico inglese trasse la convinzione dell'importanza della separazione dei poteri – **legislativo, esecutivo e giudiziario**. «Non vi è libertà – scrisse – se il potere giudiziario non è separato dal potere legislativo e da quello esecutivo. Se esso fosse unito al potere legislativo, il potere sulla vita e la libertà dei cittadini sarebbe arbitrario, poiché il giudice sarebbe al tempo stesso legislatore. Se fosse unito con il potere esecutivo, il giudice potrebbe avere la forza di un oppressore. Tutto sarebbe perduto se la stessa persona, o lo stesso corpo di grandi, o di nobili, o di popolo, esercitasse questi tre poteri: quello di fare le leggi, quello di eseguire le pubbliche risoluzioni, e quello di giudicare i delitti e le liti dei privati». Il principio della separazione dei poteri, definito da Montesquieu, sarebbe poi divenuto perno di tutte le costituzioni liberali e democratiche.

Voltaire

Di estrazione borghese, Voltaire fu forse il più tipico e al tempo stesso il più singolare *philosophe* francese del '700 (*philosophes*, 'filosofi', è il modo in cui gli illuministi francesi definirono sé stessi). Praticò tutti i generi letterari: fu drammaturgo, poeta, storico, saggista e soprattutto pubblicista. La vivacità di una brillante intelligenza, accompagnata da ironia e spregiudicatezza, attraversa tutta la sua sterminata produzione. Divulgatore della filosofia inglese e del deismo, difensore della tolleranza, nemico dell'oscurantismo e dei privilegi, Voltaire teorizzò una monarchia assoluta, illuminata dall'opera dei filosofi. Esemplare fu la sua amicizia con Federico II di Prussia che lo volle alla corte di Berlino dal 1750 al 1752 [👁 1.6, 3.8].

Un'opera collettiva: l'*Enciclopedia*

Fra il 1751 e il 1765 uscirono i 17 volumi di testo (completati, nel 1772, da 11 volumi di tavole) dell'*Enciclopedia* o *Dizionario ragionato delle scienze, delle arti e dei mestieri*: per i numerosi collaboratori e per le dure battaglie combattute contro la censura e contro l'ostilità degli ambienti culturali più conservatori, l'*Enciclopedia* fu considerata espressione di un vero e proprio "partito filosofico". All'opera parteciparono tutti i maggiori intellettuali francesi del tempo, ma moltissime voci furono redatte dallo scrittore e filosofo **Denis Diderot** (1713-1784), che fu anche il principale organizzatore dell'impresa editoriale. Inizialmente, in questo lavoro di ideazione e coordinamento, Diderot fu affiancato dal matematico **Jean-Baptiste d'Alembert** (1717-1783), che scrisse il *Discorso preliminare* (1751), più tardi invece da **Paul Henry Dietrich**, barone **d'Holbach** (1723-1789), un convinto materialista. L'*Enciclopedia* ebbe un largo successo, dapprima presso i ceti colti più abbienti, dato l'elevato prezzo dell'edizione in grande formato; solo in seguito le ristampe in volumi più maneggevoli e meno costosi ne assicurarono una più ampia diffusione. Difficile dire cosa determinò l'influenza dell'*Enciclopedia*: se la presenza della nuova cultura o la struttura dell'opera o la battaglia culturale per la sua pubblicazione. In ogni caso essa diventò l'**emblema dell'Illuminismo francese**.

Rousseau: riflessioni sull'uguaglianza e la sovranità popolare

Alla redazione dell'*Enciclopedia* partecipò anche Jean-Jacques Rousseau (1712-1778), scrivendo tra l'altro la voce «economia politica». Figlio di un orologiaio, filosofo e romanziere, nacque a Ginevra ma poi si trasferì a Parigi: qui cominciò a rendersi noto col *Discorso sull'origine e i fondamenti dell'ineguaglianza fra gli uomini* (del 1755), nel quale criticava radicalmente la società e le istituzioni,

PERSONAGGI

Voltaire

Sono pochi gli uomini di lettere ad aver goduto in vita della propria immortalità come François-Marie Arouet, noto al mondo come Voltaire (1694-1778). Gli attestati di riconoscimento da lui ricevuti non hanno avuto uguali e **attorno alla sua figura si è sviluppato un vero e proprio culto**, fatto di ovazioni pubbliche e celebrazioni quasi ufficiali, ma anche di omaggi personali e intimi. La sua popolarità è ancora più impressionante se si pensa alle censure imposte a moltissime delle sue opere e alle persecuzioni personali di cui fu vittima negli anni. Per tutta la sua lunghissima vita Voltaire si è occupato seriamente della sua immagine come un vero professionista delle lettere, riuscendo così a diventare il campione dell'Illuminismo e il centro della vita intellettuale francese nel XVIII secolo.
Figlio di un notaio parigino, ben presto si allontana dalle orme paterne che avrebbero voluto per lui una tradizionale carriera nel diritto o nell'amministrazione. La pubblicazione di qualche scritto critico verso le autorità gli procura una condanna a undici mesi di prigione alla Bastiglia già nel 1717. Appena libero, Voltaire ottiene il suo primo successo sulla scena teatrale grazie a una tragedia, l'*Edipo*, che avrà moltissime repliche e che inaugura la linea di critica alla tradizione che sarà la cifra del suo teatro. In effetti, è alla sua attività letteraria che Voltaire deve gran parte della fama di sovversivo. La sua penna ironica mette alla berlina la politica e le credenze religiose del tempo in maniera più efficace di dotti trattati anche più anticonformisti.
Le polemiche provocate dalla popolarità delle sue opere lo inducono a partire per un lungo soggiorno in Inghilterra nel 1726. È un momento decisivo per la sua vita: il contatto con la scienza di Newton e l'empirismo di Locke (che fonda la teoria della conoscenza sull'esperienza) finisce per dare al suo atteggiamento di **critica pungente della tradizione e dell'oscurantismo** un'impostazione più filosofica. Non bisogna esagerare, però, nella sistematizzazione delle sue idee. Voltaire non è un fondatore di sistemi metafisici, anzi prova diffidenza per qualsiasi teoria troppo coerente e organizzata, amante com'è dell'esercizio del dubbio. Per questo motivo, spesso evita di analizzare in profondità le questioni trattate, risolvendo con una battuta un discorso particolarmente intricato. Per di più, spesso piega le sue opinioni in funzione della sua attività pubblica del momento, delle sue ossessioni e perfino dei suoi sbalzi d'umore. Insomma, **Voltaire è un filosofo soltanto nel senso assunto da questo termine nel '700**: colui che si impegna a esercitare liberamente la propria ragione critica in ogni dominio per affermare la libertà dell'individuo. Ecco perché Voltaire ha rappresentato non soltanto l'esempio più compiuto, ma anche il modello per tutta la generazione di *philosophes* del '700.
Il **soggiorno inglese** è alla base delle *Lettere filosofiche* o ***Lettere inglesi*** (1734). In questo testo Voltaire elogia la tradizione politica e culturale inglese rispetto alla situazione in Francia, trattando del deismo, della tolleranza religiosa e del regime di maggiore libertà delle istituzioni d'Inghilterra. La reazione delle autorità francesi è violenta: le *Lettere* vengono bruciate e Voltaire viene minacciato di arresto. Per fuggire a questa nuova persecuzione, si ritira a Cirey, in Lorena, nel castello della sua compagna di studi e di vita Madame du Châtelet (1706-1749). Gli ospiti sono numerosi e Voltaire è un grande intrattenitore: tiene banco a tavola impressionando i suoi ammiratori; si improvvisa attore delle sue stesse opere teatrali, una passione che porterà avanti per tutta la vita.
In questo suo **esilio decennale** Voltaire si dedica soprattutto alla scrittura di opere storiche, tra cui *Il secolo di Luigi XIV* (pubblicato nel 1751) e il ***Saggio sui costumi e lo spirito delle nazioni*** (pubblicato nel 1756), che molto influenzerà la cultura occidentale successiva. In primo luogo, Voltaire abbandona l'attenzione che tradizionalmente tutte le opere storiche dedicavano al popolo ebraico e al mondo cristiano per partorire una visione più universalistica della storia umana, che prende in considerazione i progressi della ragione presso popolazioni lontane come i persiani, i caldei o i cinesi. In questo modo, **la storia** cessa di essere descritta come la realizzazione della Provvidenza cristiana nel mondo e diventa invece l'**affermazione della ragione umana e dei suoi successi sotto gli occhi di un Dio-architetto**, conformemente ai princìpi del deismo professato da Voltaire. Soprattutto, però, i suoi lavori storici si caratterizzano per una concezione della storia più attenta ai **fenomeni culturali** e ai **costumi** di una nazione più che alle sue guerre e ai suoi intrighi politici. Per questo motivo Voltaire magnifica gli anni di Luigi XIV, intesi come gli anni di intellettuali del peso di Racine, Corneille, Molière e Colbert, più che come il trionfo della sovranità assoluta del re.
Negli anni successivi, dopo vari **soggiorni in Germania** alla corte di Federico il Grande, Voltaire si riavvicina provvisoriamente alla corte dei Borbone, fino a diventare storiografo del re (1745) e ad essere ammesso all'Académie Française, il tempio della cultura francese.
Nel frattempo, si stabilisce nei pressi di Ginevra, a Ferney, che diventa ben presto meta di pellegrinaggi. Il suo volto sempre più rugoso e magro viene ritratto e scolpito in opere che devono passare per la critica severa di Voltaire stesso, come il busto dal sorriso beffardo di Rosset, molto apprezzato. Lungi dall'adagiarsi sulla

guardando alla **storia come progressiva decadenza** e degenerazione rispetto a uno stato originario in cui gli uomini erano innocenti e uguali. Fondamento dell'ineguaglianza, secondo Rousseau, era stata l'introduzione della **proprietà privata**: «Il primo che recinse un terreno e dichiarò questo è mio e trovò persone tanto semplici da prestargli fede fu il vero fondatore della società civile. Quanti delitti, guerre, assassinii, miserie e orrori avrebbe risparmiato al genere umano colui che, strappando i pioli e colmando la fossa, avesse gridato ai suoi simili: non ascoltate questo impostore; se dimenticate che i frutti sono di tutti, e la terra di nessuno, siete perduti!». Queste posizioni, che rovesciavano la visione tipicamente illuminista della società come progresso e incivilimento, determinarono la rottura di Rousseau con il mondo

sua popolarità, però, in questi anni **si impegna in molti campi, non ultimo quello imprenditoriale**, visto che installa sulle sue proprietà a Ferney delle vere e proprie fabbriche manifatturiere.
Il soggiorno vicino Ginevra e le molte difficoltà con il puritanesimo svizzero acutizzano la sua insofferenza per il fanatismo religioso e l'oscurantismo. È in questi anni che lancia per la prima volta il suo grido di battaglia più famoso: **«écrasez l'infâme»** ('schiacciate l'infame'). Con questo appello, Voltaire cerca in quegli anni di chiamare a raccolta tutte le menti più illuminate contro l'*infamia* dell'intolleranza religiosa, impegnandosi in vere e proprie **campagne di opinione**. A partire dal caso di un protestante ingiustamente accusato dell'omicidio del figlio, e per questo messo a morte (il caso Calas), Voltaire imbastisce una polemica sull'ingiustizia del sistema penale francese e pubblica il celebre *Trattato sulla tolleranza* (1763), che muove le coscienze e le autorità fino al punto di ottenere la revisione del processo e la riabilitazione postuma del giustiziato. Impegnandosi in altre cause dello stesso tipo, il filosofo di Ferney dimostra di non essere soltanto uno scrittore di successo e un maestro dell'ironia, ma un uomo d'azione, che **presta la sua penna a cause civili e politiche**. Con Voltaire, insomma, i princìpi di tolleranza escono dalle pagine dei libri per farsi norme di comportamento.
È la lettura stessa delle sue opere in quegli anni a rappresentare un esercizio di libertà. Il ***Candido*** – forse la sua opera più apprezzata oggi – conosce almeno 17 edizioni nel 1759 e solo in quell'anno si stima ne siano stati venduti 25 mila esemplari. È una cifra enorme per l'epoca, tanto più se si pensa che queste copie circolavano clandestinamente: le avventure di Candido che mettono in ridicolo la concezione provvidenzialistica della storia sono proibite dal Parlamento di Parigi e inserite nell'Indice dei libri proibiti di Roma. Superando questi impedimenti per procurarsi il libro, i divertiti lettori di Voltaire partecipavano magari involontariamente alla lezione più importante dell'Illuminismo: la libertà di espressione contro tutte le censure.
La morte trovò Voltaire nel 1778, pochi mesi dopo il suo trionfale ritorno a Parigi. Le sue spoglie lasciavano però la capitale qualche giorno dopo, clandestinamente, visto che le autorità religiose si erano rifiutate di celebrare le esequie. Solo nel luglio 1791, in uno dei periodi più caldi della Rivoluzione francese, i suoi resti sarebbero ritornati a Parigi per essere collocati nel Panthéon, legando anche simbolicamente la lezione del patriarca di Ferney alle conquiste rivoluzionarie.

Jean Huber
***L'ultima cena del Patriarca*, part.**
1772 ca.
[Fondazione Voltaire, Besterman Centre for the Enlightenment, Oxford]

Il quadro mostra Voltaire (al centro con la mano destra alzata) a cena con altri filosofi nel suo castello di Ferney. Attorno al tavolo, a partire dalla destra dello stesso Voltaire, sono riconoscibili: d'Alembert e lo scrittore e poeta La Harpe, il barone von Grimm che rivolge la parola a Padre Adam (un gesuita con il quale Voltaire usava giocare a scacchi), al centro, di spalle, forse il filosofo matematico Nicolas de Condorcet, e ancora alla sua destra Jean-François Marmontel (romanziere e poeta), seguito da Diderot. Chiudono il cerchio fra Diderot e Voltaire il poeta Jean François de Saint-Lambert, Sophie d'Houdetot (a mala pena visibile) e lo stesso autore del quadro Huber. È improbabile che questa cena così come raffigurata abbia avuto realmente luogo, in quanto Diderot non visitò mai la dimora di Voltaire a Ferney, nonostante i numerosi inviti. Sembra invece più plausibile l'ipotesi che il soggetto sia stato suggerito al pittore dallo stesso Voltaire come buon auspicio per una ideale unione dei filosofi sotto la sua guida.

▶ 29 DOC
Jean-Jacques Rousseau
Patto sociale, sovranità e governo

dei *philosophes* e degli enciclopedisti. Tuttavia egli non si fece sostenitore di un ritorno a un mitico stato di natura, ma elaborò una proposta di rifondazione della società nel ***Contratto sociale*** (*Du contrat social*, 1762), la sua opera politica più significativa.

Per ricreare le condizioni dell'eguaglianza Rousseau ipotizzò un patto sociale in cui i singoli si uniscono in un corpo organico rinunciando ai loro interessi particolari in funzione del bene comune. La **volontà generale** è il criterio che presiede a questa nuova comunità sociale: «quel che rende generale la volontà non è tanto il numero dei voti, quanto l'interesse comune che li unisce». Questa comunità ha la possibilità di realizzarsi solo in un regime di **democrazia diretta** in cui la sovranità appartiene al popolo – **sovranità popolare** – e nessuno può essere delegato a esercitarla nel nome del popolo. Anche se solo le piccole comunità, come la Repubblica di Ginevra, sembravano a Rousseau disporre delle condizioni per l'instaurazione di un simile sistema politico, il *Contratto sociale* fu, a partire dalla Rivoluzione francese, uno dei maggiori testi ispiratori del pensiero politico democratico e rivoluzionario **[👁 7.5]**.

GUIDA ALLO STUDIO

❶ Perché Montesquieu sosteneva la separazione dei poteri politici? ❷ Chi fu Denis Diderot? ❸ Su cosa si era sviluppata, secondo Rousseau, l'ineguaglianza sociale? ❹ Quali sono i princìpi fondamentali espressi nel *Contratto sociale*?

Sovranità popolare

La sovranità popolare è il principio in base al quale la fonte della sovranità sta nel popolo e non nella persona del re. Insieme con quello della separazione dei poteri, è un principio fondamentale della nostra vita politica. Con sovranità popolare non si intende solo la democrazia diretta, ma più comunemente la possibilità del popolo di scegliere i suoi rappresentanti – democrazia rappresentativa. Del resto la democrazia diretta è realizzabile solo in piccole comunità in cui effettivamente tutti possono riunirsi e partecipare. Quando uno Stato è composto da milioni di cittadini non si può che ricorrere alla democrazia rappresentativa.

Jean-Michel Moreau
Il primo bacio d'amore
[da J.-J. Rousseau, *La nouvelle Hélöise*, in *Oeuvres*, Parigi 1793-1800]

Nel 1761 Jean-Jacques Rousseau pubblicò il suo romanzo *Giulia o la nuova Eloisa* riscuotendo grande successo. Attraverso i rapporti epistolari dei diversi protagonisti, Rousseau racconta la vicenda di Giulia, figlia di un barone, legata sentimentalmente al suo precettore, ma costretta dal padre a sposare un uomo del suo stesso rango. *La nuova Eloisa* sottolinea gli aspetti negativi di alcune convenzioni sociali, come il matrimonio combinato e imposto dai genitori piuttosto che basato sull'amore, e propone un nuovo modello sociale basato sui sentimenti, su una precisa divisione dei ruoli di genere, su atteggiamenti retti e onesti, lontani dalle licenziosità tipiche dell'aristocrazia.

6 Le nuove scienze e l'Illuminismo in Europa

Se la Francia è la culla dell'Illuminismo, altri paesi e regioni d'Europa partecipano a questa rivoluzione culturale [TABELLA_2]. Una rivoluzione dalla quale germinano ulteriori ambiti di studio e di riflessione: dalle scienze dell'uomo, alla storia, ai nuovi campi delle sperimentazioni scientifiche.

Le nuove scienze Nascono discipline come l'antropologia culturale e l'etnologia, ispirate dai libri di viaggi e dalle descrizioni dei costumi delle popolazioni cosiddette selvagge. È l'epoca dello svedese **Linneo** (Carl Linnaeus, 1707-1778) e della sua fondamentale classificazione delle piante e degli animali; ma è anche l'epoca del naturalista, matematico e biologo francese Georges-Louis Leclerc, conte di Buffon, autore della monumentale *Storia naturale* (1749-89), un'opera destinata ad alimentare la curiosità di migliaia di lettori. Sono gli anni delle sperimentazioni sull'elettricità, campo nel quale si distinguono gli italiani Luigi Galvani (1737-1798) e **Alessandro Volta** (1745-1827), e soprattutto quelli degli studi di chimica del francese **Antoine-Laurent Lavoisier** (1743-1794), il vero fondatore, con le sue ricerche sui gas e sugli elementi, della chimica moderna.

La riflessione sulla storia Questa è anche l'epoca di un rinnovamento radicale degli studi storici con l'abbandono della concezione provvidenzialistica a favore di una **visione laica della storia**, a cui si affianca un nuovo interesse per la società e i modi di vita: esemplari di questo orientamento furono

◀ Maurice Quentin de La Tour
Ritratto di M.lle Ferrand
1753

▶ **Cinque emozioni desumibili dall'esame della mimica facciale**
[tavola tratta da G.L. Leclerc de Buffon, *Storia naturale dell'uomo*, 1749]

Le questioni scientifiche che andavano dibattendosi con tanto fervore nel '700 fra gli "addetti ai lavori" ebbero larghissima eco anche al di fuori del mondo accademico. Come testimonia il quadro di de La Tour, nel quale sul leggio è raffigurato un libro sulle scoperte di Isaac Newton, la curiosità nei confronti delle opere scientifiche fu diffusa oltre che fra i lettori maschi anche nel mondo femminile. Fra le opere di maggiore successo va senz'altro annoverata l'*Histoire naturelle, générale et particulière* di Georges-Louis Leclerc, conte di Buffon: 36 volumi in cui l'autore cercò di organizzare tutto il sapere dell'epoca nel campo delle scienze naturali. Nel secondo volume, da cui è tratta la tavola qui illustrata, Buffon affrontò la storia naturale dell'uomo; fu in questo volume che Buffon rilevò le somiglianze tra l'uomo e la scimmia e la possibilità di una genealogia comune.

due grandi opere di Voltaire, *Il secolo di Luigi XIV* (1751) e il *Saggio sui costumi e lo spirito delle nazioni* (1756).
Ma forse il maggior contributo alla ricerca storica venne dall'**Illuminismo inglese**. Edward **Gibbon** (1737-1794), autore di una monumentale *Storia della decadenza e caduta dell'Impero romano* (1766-88), sostenne che il declino dell'Impero romano e il suo crollo finale fossero stati causati della crisi delle sue istituzioni politiche e della sua struttura sociale; ma il quadro amplissimo della sua ricostruzione si spingeva a tutto il Medioevo, Asia e Cina comprese, fino alla caduta di Costantinopoli (1453).

La nascita dell'economia politica

Anche lo studio dei fenomeni economici trovò in questi periodo la sua prima sistemazione disciplinare con la scuola dei fisiocratici francesi.
François Quesnay (1694-1774) fu il maggior rappresentante della **fisiocrazia** (dal greco *phýsis*, 'natura', e *kratèin*, 'dominare'), la dottrina che considerava la **terra** come la fonte unica della ricchezza. È l'agricoltura infatti, secondo i fisiocratici, che grazie alla fertilità del suolo produce quel sovrappiù di ricchezza che consente di alimentare i contadini, i proprietari terrieri e la «classe sterile», quella dei mercanti e degli artigiani. Da questa premessa discendeva la proposta di un programma di riforme teso a eliminare ogni ostacolo alla coltivazione e alla libera circolazione delle derrate agricole: i fisiocratici proponevano la **libertà dei commerci** – soprattutto dei grani –, l'abolizione dei dazi doganali, l'introduzione di un'imposta unica sulla rendita fondiaria. Nasceva con la fisiocrazia la convinzione che l'**analisi dei meccanismi produttivi** consentisse di comprendere l'intera organizzazione sociale.

Smith e la «ricchezza delle nazioni»

È, tuttavia, allo scozzese Adam Smith (1723-1790) e alla sua opera *Ricerche sopra la natura e la causa della ricchezza delle nazioni* (*An Inquiry into the Nature and Causes of the Wealth of Nations*, 1776) che dobbiamo la prima enunciazione di una teoria generale dell'economia. Studioso di filosofia morale, Smith rintracciava, come altri filosofi scozzesi, nel sentimento – simpatia, interesse, ecc. – il movente dell'agire e dell'associarsi e nell'**utile individuale e sociale** il fondamentale criterio di comportamento. Se ciascuno è lasciato agire liberamente secondo il proprio interesse particolare – affermava Smith –, inevitabilmente contribuisce al benessere collettivo e alla felicità generale, secondo una provvidenziale volontà che domina le azioni dei singoli: un agire che va al di là delle originarie intenzioni individuali e che appare guidato da quella che Smith chiama la **«mano invisibile»**.
Punto centrale dell'analisi di Smith è il concetto di **lavoro produttivo**, misura del valore di scambio delle merci e unica fonte della ricchezza sociale: nell'analisi dello studioso il "valore della merce" è infatti direttamente proporzionale al lavoro impiegato per produrla. L'espansione dell'economia è legata secondo Smith all'incremento della produttività: a garantirla sono la crescente **divisione del lavoro** tra la manodopera impiegata, il reinvestimento continuo dei profitti derivati dall'attività economica e l'innovazione tecnologica introdotta nei processi produttivi. Anche Smith, come i fisiocratici, era convinto che il libero mercato e il libero scambio fossero le condizioni più favorevoli per lo sviluppo dell'attività economica: si doveva dunque annullare ogni forma di protezionismo e ridurre l'intervento statale al controllo delle imposte e alla garanzia dei servizi pubblici. L'ampiezza e l'importanza delle sue analisi fecero di Smith il fondatore di quella che sarà definita l'economia «classica» e il **primo teorico del liberismo**.

L'Illuminismo in Germania

Le origini dell'Illuminismo nel mondo tedesco furono legate alla lotta contro il dogmatismo e l'autoritarismo della Chiesa

Lavoro produttivo
Il lavoro produttivo è quello che produce ricchezza. Il suo valore può essere scambiato tramite la moneta, contribuendo così direttamente alla produzione di reddito individuale (il salario) e alla ricchezza nazionale.

Liberismo
La dottrina liberista affida al mercato – e solo al mercato – il compito di regolare l'attività economica, si oppone all'intervento dello Stato nel mondo della produzione e del commercio, sostiene il principio del libero scambio nei traffici fra paese e paese. In quest'ultimo senso il liberismo si oppone al protezionismo: ossia a quella pratica che tende a proteggere la produzione nazionale imponendo sui prodotti di importazione dazi doganali così elevati da scoraggiarne l'acquisto.

luterana di cui fu protagonista il filosofo e drammaturgo Gotthold Ephraim **Lessing** (1729-1781), fautore della tolleranza e nemico dell'assolutismo. Ma il punto più alto fu raggiunto dall'opera filosofica di **Immanuel Kant** (1724-1804) che, dalla lontana Königsberg nella Prussia orientale, con la *Critica della ragion pura* (1781), attuò una vera e propria "rivoluzione copernicana" nel campo della conoscenza, premessa di tutta la filosofia e la scienza successive. Al quesito «Che cos'è l'Illuminismo?» Kant diede una definizione memorabile per chiarezza e intensità: «L'Illuminismo è l'uscita dell'uomo dallo stato di minorità che egli deve imputare a sé stesso. Minorità è l'incapacità di valersi del proprio intelletto senza la guida di un altro. Imputabile a sé stesso è questa minorità, se la causa di essa non dipende da difetto di intelligenza, ma dalla mancanza di decisione e del coraggio di far uso del proprio intelletto senza essere guidati da un altro. ***Sapere aude!*** Abbi il coraggio di servirti della tua propria intelligenza! È questo il motto dell'Illuminismo».

GUIDA ALLO STUDIO

❶ Quali novità furono applicate allo studio della storia nel '700? ❷ Quale teoria è alla base della fisiocrazia? ❸ Chi ha scritto *Ricerche sopra la natura e la causa della ricchezza delle nazioni*? ❹ Che cos'era per Smith il lavoro produttivo?

7 Gli illuministi italiani

Il pre-Illuminismo italiano

Particolarmente ricco fu il contributo dell'Italia al movimento illuminista, soprattutto per l'attenzione rivolta ai problemi dell'economia e degli ordinamenti giuridici. Già agli inizi del '700, del resto, le opere di alcuni intellettuali italiani testimoniano l'avvio di un rinnovamento culturale nella penisola. **Ludovico Antonio Muratori** (1672-1750), storico e grande erudito, esponente di un cattolicesimo illuminato, polemizzò contro le

Antifrontespizio e frontespizio del volume *Dei delitti e delle pene* di Cesare Beccaria

L'immagine riporta, secondo le consuetudini del periodo, una allegoria abbastanza eloquente: la Giustizia respinge sdegnata le teste tagliate che le vengono offerte.

superstizioni e gli eccessi esteriori del culto e divenne sostenitore di caute riforme dello Stato e della società. **Giambattista Vico** (1668-1744) affrontò in modo originale e innovativo alcuni aspetti centrali dello scrivere di storia: nella *Scienza nuova* (1725-44) riconobbe le regole costanti di un divenire storico scandito da fasi identiche che similmente e ciclicamente ricorrono per tutti i popoli. Innovativa fu anche l'opera di **Pietro Giannone** (1676-1748): nell'*Istoria civile del regno di Napoli* (1723) rivendicò la supremazia dello Stato sulla Chiesa e gettò le basi del giurisdizionalismo (che sarà approfondito nel paragrafo seguente).

L'Illuminismo napoletano Nel **Regno di Napoli** i problemi dei rapporti con la Chiesa e l'analisi delle condizioni economiche accompagnarono tutta l'opera di rinnovamento culturale intrapresa dagli illuministi. La figura più rappresentativa fu quella di **Antonio Genovesi** (1713-1769), seguace di Locke, studioso di filosofia e di economia. Dal 1754 tenne la cattedra di Commercio e meccanica all'U-

TABELLA 2_PROTAGONISTI E OPERE DELL'ILLUMINISMO

	PROTAGONISTI	OPERE
Francia	Montesquieu (1689-1755)	*Lettere persiane*, 1721; *Lo spirito delle leggi*, 1748
	Voltaire (1694-1778)	*Lettere filosofiche*, 1734; *Il secolo di Luigi XIV*, 1751; *Trattato sulla tolleranza*, 1763
	François Quesnay (1694-1774)	*Tableau économique*, 1758
	Denis Diderot (1713-1784) Jean-Baptiste d'Alembert (1717-1783) Paul Henry d'Holbach (1723-1789)	Coordinamento dell'*Enciclopedia*, 1751-65
	Jean-Jacques Rousseau (1712-1778)	*Discorso sull'origine e i fondamenti dell'ineguaglianza fra gli uomini*, 1755; *Contratto sociale*, 1762; *Emilio*, 1762
Gran Bretagna	David Hume (1711-1776)	*Trattato sulla natura umana*, 1739-40; *Storia d'Inghilterra*, 1754-61
	Adam Smith (1723-1790)	*Ricerche sopra la natura e la causa della ricchezza delle nazioni*, 1776
	Edward Gibbon (1737-1794)	*Storia della decadenza e caduta dell'Impero romano*, 1776-88
	Jeremy Bentham (1748-1832)	*Introduzione ai princìpi della morale e della legislazione*, 1789
	David Ricardo (1772-1823)	*Princìpi dell'economia politica e delle imposte*, 1817
Germania	Alexander Baumgarten (1714-1762)	*Estetica*, 1750-58
	Immanuel Kant (1724-1804)	*Critica della ragion pura*, 1781; *La religione entro i limiti della mera ragione*, 1793
	Gotthold Ephraim Lessing (1729-1781)	*Laocoonte*, 1766
Italia	Antonio Genovesi (1713-1769)	*Lezioni di commercio*, 1765-67
	Ferdinando Galiani (1728-1787)	*Della moneta*, 1751
	Pietro Verri (1728-1797)	«Il Caffè», 1764-66 (insieme, tra gli altri, con il fratello Alessandro); *Meditazioni sull'economia politica*, 1771; *Storia di Milano*, 1783-99
	Cesare Beccaria (1738-1794)	*Dei delitti e delle pene*, 1764
	Gaetano Filangeri (1752-1788)	*Scienza della legislazione*, 1780-85

niversità di Napoli e sul suo insegnamento si formò la generazione successiva di riformatori napoletani. Nelle *Lezioni di commercio* (1765-67) propugnò uno sviluppo delle manifatture e dell'agricoltura volto a sollevare il Regno di Napoli dall'arretratezza economica. **Ferdinando Galiani** (1728-1787), che visse a lungo a Parigi, raggiunse notorietà europea con l'opera *Della moneta* (1751), che è ricca di importanti osservazioni sulla circolazione monetaria e contiene un'originale teoria del valore dei beni: a determinare il valore di un bene – sosteneva Galiani – sono la sua utilità, la rarità e il lavoro necessario per produrlo. Larga diffusione in Italia e in Europa ottenne anche la *Scienza della legislazione* (1780-85) di **Gaetano Filangeri** (1752-1788) che, oltre a rivendicare la necessità di una codificazione delle leggi e una riforma della procedura penale, attaccava gli abusi del sistema feudale meridionale.

27 DOC
Cesare Beccaria
L'utilità delle pene

L'Illuminismo lombardo

L'altro grande centro dell'Illuminismo fu Milano dove, intorno alla rivista **«Il Caffè»** (1764-66), impegnata nella lotta per le riforme, si raccolsero i fratelli Pietro e Alessandro Verri e Cesare Beccaria. Tanto **Pietro Verri** (1728-1797) quanto **Cesare Beccaria** (1738-1794) coltivavano interessi per la politica economica: entrambi diverranno in seguito funzionari del governo austriaco.

Beccaria contro la pena di morte

Legato ai vivaci dibattiti del «Caffè» fu *Dei delitti e delle pene*, l'opera di straordinario successo che Beccaria pubblicò nel 1764. Decine di edizioni e di traduzioni diffusero non solo in Europa, ma anche in America, gli argomenti contro la pena di morte e la **tortura**, e a favore della **pubblicità del processo** e della **prevenzione del delitto**. La visione della giustizia e della pena poggiava su una concezione contrattualistica dello Stato, dalla quale discendeva che la pena di morte non era «né utile né necessaria»: l'unico criterio di giudizio postulato da Beccaria per distinguere i delitti e le pene è infatti la rottura o la conservazione del patto o contratto sociale; entro i limiti stabiliti dal contratto ciascuno può essere sanzionato per la parte di libertà cui rinuncia entrando in società, ma la rinuncia non può mai essere al bene più prezioso, la vita [👁 3.3]. Il messaggio umanitario di Beccaria ispirò molti tentativi di riforme giudiziarie dell'assolutismo illuminato, ma il principio dell'abolizione della pena di morte stentò a lungo, e stenta ancora ai nostri giorni, a farsi strada nelle pratiche di governo di molti Stati e nella coscienza dei popoli.

GUIDA ALLO STUDIO

❶ Chi furono Ludovico Antonio Muratori, Giambattista Vico e Pietro Giannone? ❷ Quali intellettuali furono protagonisti dell'Illuminismo napoletano? ❸ Quali importanti princìpi vengono affermati da Cesare Beccaria nella sua opera *Dei delitti e delle pene*?

8 L'assolutismo illuminato

All'interno del movimento illuminista è possibile individuare gli elementi di un disegno riformatore che mirava alla modernizzazione dello Stato e al raggiungimento della «felicità pubblica». Questi elementi si tradussero in azioni di politica interna in molti paesi europei nella seconda metà del '700 inserendosi nel solco del lungo processo di formazione dello Stato moderno. Se la Francia, la patria dell'Illuminismo, non raccolse le richieste di rinnovamento politico, altre monarchie assolute avvertirono invece l'esigenza di allargare i poteri dello Stato a spese dei privilegi del clero e della nobiltà. Si trattava di un obiettivo che poteva mettere in discussione i fondamenti del consenso alla monarchia da parte dei ceti dirigenti tradizionali, ma era anche un passaggio decisivo per il rafforzamento dello Stato, lo sviluppo della società civile e dell'economia.

33
D. Outram
Illuminismo e monarchia

L'assolutismo illuminato

La storia politico-istituzionale del secondo '700, tra gli anni '50 e gli anni '80, fu segnata da una pratica di governo che prende il nome di assolutismo illuminato. In questa breve stagione alcuni sovrani come **Federico II** (1740-86) di Prussia, **Maria Teresa** (1740-80) e **Giuseppe II** (1765-90) d'Austria, **Caterina II** (1762-96) di Russia, e in Italia **Carlo III** (1734-59) nel Regno di Napoli e **Pietro Leopoldo** (1765-90) in Toscana, avviarono una politica di riforme che aveva molti tratti in comune:

- la presenza, tra i consiglieri e collaboratori dei sovrani, di **intellettuali illuministi** o di funzionari illuminati;
- l'avvio, nei paesi cattolici, di una politica ecclesiastica – il **giurisdizionalismo** – volta a estendere la giurisdizione e il controllo dello Stato sull'organizzazione delle Chiese nazionali;
- la realizzazione delle **riforme** dell'amministrazione statale e del sistema fiscale.

Il giurisdizionalismo

La politica ecclesiastica mirava ad eliminare quella struttura giuridica parallela rappresentata dai **diritti e privilegi ecclesiastici**: diritti come quello d'asilo, che riconosceva l'immunità a quanti, accusati di un delitto, si rifugiavano nei luoghi di culto, o il privilegio che riservava ai soli tribunali ecclesiastici di giudicare anche reati comuni (come il furto e l'omicidio) quando fossero compiuti da religiosi. Vennero messi in discussione la legittimità del **tribunale dell'Inquisizione** e il **monopolio religioso dell'istruzione**. In questa politica l'Illuminismo realizzò i suoi maggiori successi.

Contro gli ordini religiosi

Agli occhi dei riformatori i conventi e la vita monastica apparivano forme di parassitismo, mentre le estese proprietà della Chiesa, difese dai vincoli di **manomorta** – che ne impedivano la vendita –, erano di ostacolo alla circolazione dei beni, ritenuta un potente stimolo all'economia. Questo orientamento, condiviso dalle élite, era visto con timore dai ceti popolari, beneficiari del sistema assistenziale della Chiesa e in genere ostili al cambiamento.

Manomorta
La manomorta era il vincolo di invendibilità cui erano sottoposti i beni di origine feudale e molte proprietà ecclesiastiche.

Il successo più rilevante della lotta agli ordini religiosi fu l'**espulsione della Compagnia di Gesù** da molti paesi europei: dal Portogallo nel 1759, dalla Francia nel 1764, dalla Spagna nel 1767, dal Regno di Napoli nel 1768. All'espulsione seguiva l'inca-

La cacciata dei gesuiti dalla Spagna nel 1767
[Civica raccolta delle Stampe Bertarelli, Milano]

meramento dei beni da parte dello Stato. Fino ad allora i gesuiti avevano esercitato una larga influenza sui ceti dirigenti: erano spesso confessori dei principi e nei loro collegi si educavano i figli della nobiltà. Ma i gesuiti erano considerati nemici di ogni innovazione: così, nel 1773, la pressione dei sovrani costrinse il papa Clemente XIV a sopprimere la Compagnia di Gesù (che sarà tuttavia restaurata nel 1814).

La riorganizzazione amministrativa e fiscale

La razionalizzazione della macchina statale fu ottenuta concentrando le decisioni, riorganizzando le normative per ridurre la varietà delle leggi, costruendo quella struttura basata su dipartimenti e ministeri che ancora oggi caratterizza l'amministrazione pubblica.
Come sappiamo, una parte consistente delle entrate era destinata alle **spese militari**: così i quasi trent'anni di pace dopo la fine della guerra dei Sette anni (1763) resero la riorganizzazione del **sistema fiscale** più agevole [👁 1.5]. In molti Stati, ma soprattutto nei domìni asburgici, fu avviata l'imponente impresa della redazione di un **catasto** dei beni terrieri e immobiliari, destinata a dare fondamento certo all'imposizione fiscale riducendo al tempo stesso le esenzioni.
Gli elementi comuni del dispotismo illuminato variano tuttavia molto se analizzati nei singoli territori di applicazione.

Le riforme in Prussia

Federico II, re di Prussia (1740-86), rappresentò la più compiuta incarnazione del sovrano illuminato [👁 1.6]. La frequentazione dei *philosophes*, l'amicizia con Voltaire, l'impegno personale come autore di opere storiche e politiche (scritte in francese, perché non era in grado di scrivere in tedesco) fecero di **Federico II il tipico re-filosofo**. Ma nell'azione concreta, come lui stesso dichiarò, lo guidarono soprattutto «l'ambizione, l'interesse e il desiderio di acquistare fama». Dopo essersi pronunciato, nel 1740, in difesa del diritto naturale e della pace, solo pochi mesi dopo, senza dichiarare guerra, invase e conquistò la Slesia. Questa compresenza di princìpi illuminati e politica di potenza

Catasto
Il catasto nacque come un sistema di misurazione e descrizione delle proprietà allo scopo di ripartire il carico fiscale. Esempi se ne trovano già nell'antico Egitto, nella Grecia di Solone e nella Roma imperiale. In età medievale furono i comuni a perfezionare i catasti, anche se i loro documenti rimasero spesso caratterizzati da descrizioni generiche e stime arbitrarie, senza alcun criterio di uniformità. Soltanto nel '600 cominciò un approfondito lavoro di revisione di questo strumento, che culminò con il catasto realizzato in Lombardia sotto il governo austriaco (1760), divenuto un vero e proprio modello per le elaborazioni successive.

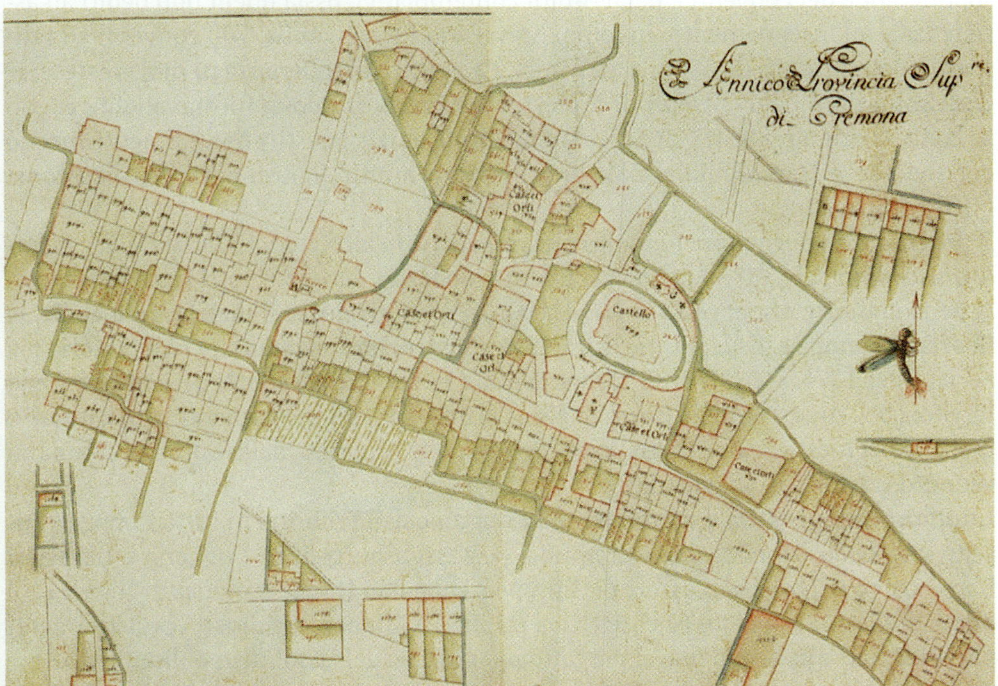

Sviluppo del centro urbano di Annico (Cremona)
1723
[Mappa del catasto teresiano; Fondo catasto teresiano, Archivio di Stato, Cremona]
A partire dal 1718, all'interno dei possedimenti asburgici nel territorio di Milano, le proprietà fondiarie furono censite e registrate: dopo attenta e lunga rilevazione dei dati sul territorio, fu prodotto un complesso lavoro di restituzione grafica, cui fece seguito la creazione di un registro immobiliare atto a stabilire e ripartire il carico fiscale. L'immensa opera fu portata avanti da funzionari stranieri per contrastare l'abitudine dei ricchi proprietari terrieri di corrompere il personale addetto alla rilevazione e fornire così dati falsi rispetto al proprio patrimonio immobiliare. Il catasto entrò in vigore solo nel 1760, durante il regno di Maria Teresa, e perciò è noto come "teresiano".

caratterizzò non solo la personalità di Federico II, ma tutta la vicenda storica della Prussia, al tempo stesso potenza militare e Stato della filosofia e della scienza.
Fra i più importanti interventi riformatori di Federico vi fu la razionalizzazione del sistema giudiziario e l'emanazione di un codice civile nonché l'istituzione nel 1763, per la prima volta in Europa, dell'**istruzione elementare obbligatoria**. I risultati di questa riforma furono modesti: tuttavia, il fatto che i maestri fossero dipendenti pubblici contribuì a rafforzare nella popolazione la dedizione al sovrano e allo Stato. Inoltre, una **politica di larga tolleranza** (motivata dalla sostanziale indifferenza religiosa del sovrano) fu praticata tanto nei confronti dei cattolici che degli ebrei.
L'opera di rafforzamento dell'esercito, che assorbiva l'80% delle finanze, fu accompagnata dal successo ottenuto nel trasformare la nobiltà feudale degli ***Junker*** in **un'aristocrazia militare disciplinata** e profondamente legata alla persona del suo principe. A questa aristocrazia venne confermato il predominio sul mondo rurale e sui contadini servi che non videro migliorate le dure condizioni di vita e dipendenza personale.
Nonostante le numerose riforme, la struttura dello Stato prussiano non riuscì a trasformarsi in un potere **burocratico** autonomo, legato com'era al ruolo centralizzatore del sovrano, alle sue capacità e al suo prestigio. Vent'anni dopo la morte di Federico II, avvenuta nel 1786, quella che sembrava un'indistruttibile macchina statale fu travolta dalla sconfitta subìta a Jena (1806) ad opera di Napoleone.

Le riforme in Austria

Con **Maria Teresa**, che regnò fino al 1780, si venne formando quell'apparato statale, caratterizzato da proverbiali spirito di servizio e correttezza formale, che costituì per 150 anni la struttura portante del composito Impero asburgico. Il figlio **Giuseppe II**, associato al trono dal 1765, rafforzò la **politica giurisdizionalista** unificando nelle mani dello Stato i poteri sul clero nazionale, sottraendoli al pontefice e ai suoi rappresentanti (i nunzi apostolici). Questa linea di intervento, nota come "giuseppinismo", portò alla soppressione dei conventi e degli ordini contemplativi, ossia quelli non dediti all'assistenza e all'insegnamento: in tempi brevissimi furono chiusi 700 conventi e i religiosi regolari ridotti da 65 mila a 27 mila. La politica di **tolleranza** fu molto estesa: le discriminazioni nei confronti di protestanti e greco-ortodossi furono abolite e, con la concessione dei diritti civili, emancipati gli ebrei; questi provvedimenti furono decisivi per la tranquillità sociale di un impero multireligioso e multietnico come quello asburgico.
Il programma riformatore fu molto incisivo anche in altri campi. Con il *Codice penale giuseppino* del 1788, il primo veramente moderno, furono ridotti i casi puniti con la pena di morte e soppressa la tortura. Giuseppe introdusse il **matrimonio civile**, la **libertà di stampa** e diede ulteriore impulso all'**istruzione elementare obbligatoria** già avviata nel 1774. Nel 1781-82 furono **abolite le servitù personali** dei contadini nei territori dell'Austria e della Boemia: per la prima volta gli spostamenti, i matrimoni e la scelta dei mestieri divennero liberi mentre nelle proprietà della Corona i contadini vennero trasformati in affittuari.
L'**uniformità legislativa e amministrativa**, cardine delle riforme in tutto l'impero, suscitò vive opposizioni ai due estremi dei possessi asburgici, in Ungheria e nei Paesi Bassi austriaci: così il successore di Giuseppe, **Leopoldo II** (già granduca di Toscana col nome di Pietro Leopoldo) fu costretto a pacificare l'Impero ritirando i provvedimenti più osteggiati e ponendo fine al progetto più radicale dell'assolutismo illuminato.

Le riforme in Russia

Le iniziative riformatrici di **Caterina II** (1762-96) furono più enunciate che realizzate o restarono a uno stadio embrionale

Burocrazia
Deriva dal francese *bureau*, che significa 'scrivania, scrittoio', ma anche 'ufficio'. Per burocrazia si intende, dunque, l'insieme degli uffici pubblici e di coloro che vi lavorano. Per fare un esempio dei giorni nostri, in Italia, sono uffici pubblici i ministeri, le amministrazioni delle aziende sanitarie locali, ovvero tutti quegli uffici alle dirette dipendenze dello Stato, delle Regioni o dei Comuni. Storicamente la burocrazia nasce con lo Stato moderno: i sovrani, infatti, hanno bisogno di dare un'organizzazione unitaria ai propri possedimenti e per fare questo si servono di funzionari che giurano fedeltà alla Corona. Solo tra '800 e '900, però, sono cresciuti enormemente il numero dei burocrati e la loro importanza politica.

[👁 1.7 PERSONAGGI]. La sua fama di riformatrice rimase legata soprattutto ai rapporti culturali e di amicizia che intrattenne con i *philosophes*. Tuttavia, la requisizione dei beni della Chiesa greco-ortodossa, già iniziata dai predecessori di Caterina, l'abolizione dei vincoli alle attività commerciali e manifatturiere, ora consentite anche ai contadini, furono significativi provvedimenti a favore dello sviluppo economico. Più importante la **riforma amministrativa** e provinciale del 1775 in cui largo peso era concesso, almeno formalmente, alle assemblee nobiliari, mentre l'obiettivo di fondo rimaneva quello di un rafforzamento dell'autorità centrale.

Limiti al riformismo Da un'analisi complessiva delle varie iniziative riformatrici in Europa è agevole concludere che un limite invalicabile al riformismo settecentesco era quello posto dalla forza e dal prestigio dei **ceti privilegiati**. Contro i privilegi della nobiltà le monarchie illuminate non potevano spingersi troppo oltre senza mettere in discussione i fondamenti stessi della loro legittimazione politica e il sostegno dei loro pari.

GUIDA ALLO STUDIO

❶ Quali sovrani possono essere definiti "illuminati"? ❷ Quale obiettivo aveva il giurisdizionalismo? ❸ Quale fu il successo più rilevante della lotta agli ordini religiosi? ❹ Descrivi le principali riforme avviate in Prussia, Austria e Russia.

9 Il riformismo in Italia

Nel corso del '700 molti paesi affrontarono una riorganizzazione delle strutture statali. E se solo in alcuni questa si sviluppò nel solco del riformismo di stampo illuminista, negli altri l'imitazione di quanto avveniva altrove e la logica stessa dell'amministrazione imposero forme di razionalizzazione e di riduzione dei particolarismi e dei privilegi. Nei paesi cattolici la politica giurisdizionalista di limitazione dei poteri della Chiesa e degli ordini religiosi rimase l'elemento comune – come del resto l'allontanamento dei gesuiti – seppure applicato con diversi gradi di intensità.

Il catasto In Italia sia i governi illuminati sia quelli tradizionali ritennero che la preparazione di un catasto rappresentasse un passaggio obbligato. Nel Regno di Napoli, nello Stato pontificio e prima ancora nel Regno di Sardegna, il catasto ebbe un **carattere prevalentemente descrittivo** (in qualche caso affidato alle dichiarazioni dei proprietari). Invece, solo nei diretti domìni austriaci, come in Lombardia, l'operazione si tradusse in un efficace strumento fiscale, fornendo ai proprietari la certezza dei loro diritti e la possibilità di valutare l'entità della tassazione.
Anche negli Stati italiani dunque, oltre al catasto, molti progetti di rinnovamento dell'amministrazione statale e finanziaria si collocarono fuori (e talora prima) dell'affermarsi di un assolutismo illuminato.

Il Regno di Sardegna L'esempio più significativo in questo senso fu quello del Regno di Sardegna, dove un rafforzamento della struttura e delle prerogative statali si realizzò nella prima metà del secolo. Quarant'anni dopo, nel 1771, un sovrano certamente non influenzato dall'Illuminismo come Carlo Emanuele III (1730-73) si spingerà fino ad **abolire i diritti feudali**, seppure nelle sole terre della Casa di Savoia.

Il Regno di Napoli Nel Regno di Napoli una politica giurisdizionalista e anticuriale caratterizzò il regno di **Carlo di Borbone** (1734-59) e anche la lunga reggenza del ministro Bernardo Tanucci (1759-76), quando il re, con il nome di Carlo III, salì al trono di Spagna. Oltre al catasto onciario (dal nome della misura impiegata nelle descrizioni: l'oncia) non molto altro fu realizzato, salvo una serie di interventi a favore degli scambi commerciali. Tale esiguità di risultati è tanto più sorprendente se misurata all'ampiezza del dibattito e alla ricchezza di proposte del ceto illuminista napoletano [👁 3.7].

La Milano austriaca Nel Ducato di Milano, dominio degli **Asburgo**, vennero realizzate, in conformità ai princìpi di centralizzazione, le stesse riforme nel campo dell'istruzione, della codificazione, della politica ecclesiastica e fiscale, che erano state avviate negli Stati ereditari della Casa d'Austria. Furono ridotti i po-

◀ Anton Raphael Mengs
Pietro Leopoldo d'Asburgo di Lorena, granduca di Toscana
1770
[Museo del Prado, Madrid]

▼ ***Profilo dell'argine da realizzarsi presso il padule di Bientina***, **Lucca**
1760
[Civica Raccolta delle Stampe A. Bertarelli, Milano]

Fra le iniziative riformatrici avviate in Toscana da Pietro Leopoldo nella seconda metà del XVIII secolo, vanno annoverati i lavori di bonifica e di regimazione della complessa idrografia della regione. Alcune zone della Toscana, infatti, erano paludose, come nel caso del territorio di Bientina, costituito da una depressione acquitrinosa. Grazie ai progetti intrapresi da Pietro Leopoldo, aree come questa, che prima legavano la propria economia essenzialmente alla pesca e al piccolo artigianato, videro una serie di opere di canalizzazione trasformare il paesaggio in una campagna agricola particolarmente florida.

teri degli antichi organismi rappresentativi del patriziato, come il Senato di Milano, fu sottratta agli appaltatori la riscossione delle imposte (1770), promosso il libero commercio dei grani (1776 e 1786).

Il Granducato di Toscana

Tutti gli interventi caratteristici dell'assolutismo illuminato, salvo il catasto, furono sperimentati nel Granducato di Toscana durante i 25 anni del governo del **granduca Pietro Leopoldo** (1765-90), figlio di Maria Teresa e futuro imperatore d'Austria. Nella politica ecclesiastica, oltre all'applicazione dei princìpi giurisdizionalisti, furono soppressi numerosi conventi, combattute le manimorte e ostacolate in genere le attività non socialmente rilevanti del clero. Si registrò infine una convergenza con le posizioni gianseniste [👁 1.1] del vescovo di Pistoia Scipione de' Ricci (1780-91), culminata nell'appoggio concesso a un progetto di **riforma della Chiesa toscana** che si fondava sull'autonomia dei vescovi e dei parroci dal predominio di Roma e su forme più rigorose e severe di culto. Il sinodo di Pistoia (convocato dal vescovo de' Ricci) mise a punto questo programma, ma l'opposizione della maggioranza del clero e l'insorgere di tumulti popolari in difesa delle tradizioni costrinsero Pietro Leopoldo ad abbandonare questo aspetto della sua politica ecclesiastica.

La Toscana fu il primo paese ad accogliere, nel *Codice penale* del 1786, i princìpi di Beccaria. Non solo **la tortura, ma anche la pena di morte venne abolita**, mentre fu riconosciuto all'imputato il diritto alla difesa e furono rese obbligatorie le motivazioni delle sentenze.

In campo economico fu avviata una **politica liberista** che portò all'introduzione della libertà del commercio dei grani e all'abolizione delle corporazioni. Molte energie furono dedicate al miglioramento dell'agricoltura, in particolare con la bonifica della Maremma e della Val di Chiana. L'Accademia dei Georgofili, fondata nel 1753, contribuì con dibattiti e ricerche allo sviluppo delle tecniche e delle coltivazioni.

L'attenzione per la proprietà e i piccoli proprietari

Socialmente significativo fu il tentativo di favorire la nascita di un ceto di piccoli proprietari contadini attraverso la concessione in affitto (o livello) perpetuo delle terre demaniali e di quelle requisite ai conventi. Ma le **allivellazioni** furono sostanzialmente un fallimento, perché nelle aste dei terreni prevalsero i proprietari con maggiori disponibilità di capitali: e così la **mezzadria** rimase in Toscana, come era nel resto dell'Italia centrale e settentrionale, il contratto base del sistema agrario.

L'attenzione per la proprietà e per i proprietari piccoli e grandi fu il cardine della **riforma municipale** intrapresa negli anni '80: il **decentramento dei poteri locali** affidato al ceto dei proprietari (definito indipendentemente dalla nascita), minava i privilegi nobiliari tradizionali e rappresentò, per i suoi aspetti di autogoverno, un risultato in controtendenza rispetto al centralismo dell'assolutismo illuminato europeo.

Il progetto costituzionale di Pietro Leopoldo

Ancora più audace fu il progetto costituzionale (1779-82) di Pietro Leopoldo, convinto della necessità di **fondare su un rapporto contrattuale i poteri del sovrano**. «Un sovrano anche ereditario è soltanto un delegato e un impiegato del popolo, per il quale egli è fatto e al quale deve tutte le sue cure, pene, veglie; [...] ad ogni paese occorre una legge fondamentale, un contratto tra il popolo ed il sovrano che limiti l'autorità e il potere di quest'ultimo.» Così scriveva il granduca nel 1790 a Rivoluzione francese già iniziata. Ma le opposizioni interne, unite a quelle di Vienna, e la sua ascesa, nello stesso anno, al trono imperiale gli fecero abbandonare la più radicale delle sue riforme.

Mezzadria
È un tipo di contratto agricolo stipulato tra un proprietario terriero e un colono: quest'ultimo si impegna a coltivare il fondo in cambio di una quota dei prodotti, tendenzialmente la metà. In genere, anche le spese sono divise in parti eque tra i due. Questa forma di conduzione garantisce generalmente un lavoro assiduo e diligente nel podere: l'atteggiamento del mezzadro, infatti, assomiglia a quello del piccolo proprietario coltivatore.

▶ 18
G. Giorgetti
La mezzadria

GUIDA ALLO STUDIO

❶ Quale funzione svolse, nei domìni austriaci e in Lombardia, il catasto? ❷ Descrivi le principali riforme realizzate dal granduca Pietro Leopoldo di Toscana. ❸ Su quale convinzione si basava il progetto costituzionale di Pietro Leopoldo?

I diritti naturali

Creonte, il re di Tebe, aveva emanato l'ordine di non eseguire i riti funebri per la morte di Polinice, caduto combattendo contro la propria città. Quando egli seppe che Antigone, sorella del defunto, aveva provveduto alla sepoltura, la chiamò al suo cospetto per chiedere le ragioni del suo atto. La giovane donna, allora, rispose: «Ma per me non fu Zeus a proclamare quell'editto [il divieto di eseguire i rituali funebri], né la Giustizia [...]. Io seguo *le leggi sacre e incrollabili degli dèi, leggi non scritte* [...]. E non credevo che i tuoi bandi fossero così potenti da sovrastare e sovvertire le leggi morali degli dei».

È questo uno dei passi più importanti della tragedia *Antigone*, scritta nel V secolo a.C. dal tragediografo greco Sofocle, un'opera che il giurista Gustavo Zagrebelsky definisce «il testo fondativo della nostra civiltà giuridica». Infatti, nel dialogo tra Creonte e Antigone rivive il contrasto tra le leggi scritte dall'uomo e quelle non umane (in questo caso divine), tra le decisioni dei governanti (che cambiano nel tempo e nello spazio) e «le leggi sacre e incrollabili degli dèi» (che sono invece immutabili).

Nei secoli, la questione è stata a lungo dibattuta. Da una parte c'erano i sostenitori del cosiddetto "diritto naturale", immutabile ed eterno come le leggi alle quali si appellava Antigone, dall'altra chi credeva nell'esistenza del solo **diritto positivo** (così definito perché "imposto", "posto in essere" dal legislatore). La discussione si fece particolarmente importante in età moderna, tanto che per il periodo che va dal '600 al '700 è possibile parlare di una vera e propria "scuola del diritto naturale". Il fondamento del diritto naturale per i **giusnaturalisti** moderni non era Dio (come per Antigone) ma la natura umana: i diritti naturali sono diritti innati dei quali ogni essere umano è titolare, sono universali (riguardano cioè tutti gli uomini) e immutabili nel tempo, sono qualcosa che da sempre "accompagna" il genere umano e che appartiene solo ad esso. Proprio per la loro universalità, il filosofo olandese Huig van Groot (conosciuto in Italia come **Ugo Grozio**, 1583-1645) propose di assumere i diritti naturali (per definizione sovranazionali) come base per regolare i rapporti tra i diversi Stati, in tempo di guerra come in tempo di pace.

Queste idee avevano qualcosa di "rivoluzionario": se i diritti naturali fanno parte della natura umana, nessun uomo, neanche il sovrano, può revocarli né permettersi di non rispettarli. Essi non sono una concessione ma qualcosa che spetta ad ogni essere umano in quanto tale. È allora possibile e giusto criticare il potere che non rispetti i diritti innati. Non a caso il filosofo britannico **John Locke** (1632-1704), influenzato dalle idee giusnaturaliste, teorizzò il diritto dei cittadini di opporre resistenza agli abusi dei sovrani [👁 3.3].

La tutela dei diritti naturali ispirò due documenti fondamentali della società occidentale moderna: la *Dichiarazione di indipendenza degli Stati Uniti d'America* (1776) e la *Dichiarazione dei diritti dell'uomo e del cittadino* (1789). Nella prima si proclama: «Noi riteniamo che sono per se stesse evidenti queste verità: che tutti gli uomini sono creati eguali; che essi sono dal Creatore dotati di certi *inalienabili diritti*, che tra questi diritti sono la Vita, la Libertà, e il perseguimento della Felicità; [...] che ogni qualvolta una qualsiasi forma di governo tende a negare questi fini, il popolo ha diritto di mutarla o abolirla e di istituire un nuovo governo fondato su tali princìpi». Nella seconda, ratificata dall'Assemblea nazionale francese il 26 agosto 1789, il riferimento ai diritti naturali è ancora più chiaro: «Il fine di ogni associazione politica è la conservazione dei diritti naturali ed imprescrittibili dell'uomo. Questi diritti sono la libertà, la proprietà, la sicurezza e la resistenza all'oppressione» (articolo 2).

Il dibattito sui diritti naturali subì un deciso arresto nel **XIX secolo**, quando il diritto positivo trionfò nei primi grandi codici civili nazionali (in Francia nel 1804 fu promulgato il Codice napoleonico, il primo codice moderno di diritto civile). La teoria dei diritti naturali passò così in secondo piano, perse gran parte del vigore che l'aveva caratterizzata nei secoli precedenti e fu oggetto di molte critiche. Tra i più agguerriti detrattori, il filosofo britannico **Jeremy Bentham** (1748-1832), criticando la Rivoluzione francese e la relativa *Dichiarazione* del 1789, descrisse i diritti naturali come degli «assurdi e miserabili *nonsense*», qualcosa che non esiste realmente e che serve solo a incoraggiare la violenza e a legittimare la critica dei governanti.

Una ripresa del pensiero giusnaturalista si ebbe soltanto **dopo il secondo conflitto mondiale** quando, esaurita la drammatica esperienza della guerra, i diritti naturali furono nuovamente proposti a difesa delle libertà fondamentali e come un limite agli arbìtri del potere politico. La rivalutazione del giusnaturalismo riguardò soprattutto gli Stati che più avevano sperimentato le conseguenze dei totalitarismi, come l'Italia e la Germania. Dopo la barbarie del nazifascismo (la discriminazione etnica; lo sterminio di ebrei, zingari e dissidenti) da più parti si sentì la necessità di ritornare a scoprire ciò che unisce gli uomini di tutto il mondo senza distinzione alcuna. I diritti naturali potevano inoltre proteggere, almeno teoricamente, i cittadini da un legislatore ingiusto. Fu così che nel 1945 il rispetto dei diritti umani divenne uno tra i princìpi ispiratori della *Carta delle Nazioni Unite*. Nel preambolo si affermava l'impegno dei membri delle Nazioni Unite a «[...] riaffermare la fede nei diritti fondamentali dell'uomo, nella dignità e nel valore della persona umana, nella eguaglianza dei diritti degli uomini e delle donne e delle nazioni grandi e piccole», concetto ripreso dall'articolo 55: «[...] le Nazioni Unite promuoveranno [...] il rispetto e l'osservanza universale dei diritti dell'uomo e delle libertà fondamentali per tutti, senza distinzione di razza, sesso, lingua o religione».

I diritti naturali vennero così riconosciuti come il fondamento delle carte costituzionali nate nel secondo dopoguerra. Secondo l'articolo 2 della Costituzione della Repubblica italiana «La Repubblica riconosce e garantisce i diritti inviolabili dell'uomo, sia come singolo sia nelle formazioni sociali ove si svolge la sua personalità, e richiede l'adempimento dei doveri inderogabili di solidarietà politica, economica e sociale».

Frontespizio della Carta delle Nazioni Unite
1945
[© Bettmann/Corbis]
La Carta o Statuto delle Nazioni Unite fu firmata da 51 membri a San Francisco il 26 giugno 1945, a conclusione della Conferenza delle Nazioni Unite sull'Organizzazione Internazionale, ed entrò in vigore il 24 ottobre dello stesso anno.

1 La nuova scienza

La rivoluzione scientifica del '600 portò a una profonda ridefinizione concettuale. La spiegazione eliocentrica dell'Universo data da Copernico distrusse l'idea di un cosmo chiuso e geocentrico; emerse inoltre una nuova concezione del progresso come processo mai concluso. Galilei pervenne alla conferma sperimentale – che gli costò la persecuzione da parte della Chiesa – del sistema copernicano e mise a punto il metodo sperimentale, fondamento della nuova scienza. Bacone delineò il nuovo metodo in contrapposizione alla logica aristotelica, mentre Cartesio individuò nella matematica il fondamento dell'indagine della natura. Nuovi orizzonti di ricerca furono aperti dal calcolo infinitesimale e dalla legge di gravitazione universale (Newton).

2 Le applicazioni scientifiche e la diffusione della cultura

In seno alla rivoluzione scientifica si radicò e diffuse una nuova mentalità tecnologica. Le invenzioni facilitarono i lunghi viaggi per mare (sestante, cartografia) o la misurazione privata del tempo (l'orologio da tasca). Si diffusero anche le prime enciclopedie e sorsero le accademie, sedi intellettuali di quella circolazione delle idee che si collegava alle nuove scoperte scientifiche. Grazie all'iniziativa dei protestanti rifugiatisi in Olanda, Inghilterra, Svizzera e Germania si intensificarono la pubblicazione di periodici e la tiratura dei libri.

3 Un nuovo pensiero politico

Sul piano del pensiero politico, nel '600 si manifestò anche il tentativo di porre un limite al potere assoluto dello Stato: il giusnaturalismo fece risalire l'istituzione della società civile a un patto fra uomini liberi, che non annullava però il diritto di natura (come il diritto alla vita e alla libertà). Ne derivò una nuova concezione della sovranità e dei limiti del potere. Per Hobbes, invece, il patto mediante il quale gli uomini si costituiscono in società civile si configurava come accettazione del potere assoluto del sovrano. Diversa la teoria di Locke: fondata sulla critica dell'assolutismo e sui diritti naturali dell'uomo, fu all'origine del liberalismo moderno. L'atteggiamento razionale interessò anche le questioni religiose: la ragione umana poteva ora verificare le conoscenze che derivavano da Dio e, secondo i deisti, l'uomo poteva vivere la fede come una religione privata.

4 L'Illuminismo: capisaldi e diffusione del movimento

Il movimento illuminista è caratterizzato da aspetti peculiari: l'esaltazione di un impiego spregiudicato della ragione, la critica al principio d'autorità e alle istituzioni politiche e religiose, la fiducia nel progresso. Il centro propulsore dell'Illuminismo fu, a partire dagli anni '30 del '700, la Francia, dove era attiva un'ampia cultura di opposizione, ma il movimento interessò tutti i paesi europei. La circolazione internazionale delle idee fu favorita anche dalla Massoneria, setta segreta nata in Inghilterra all'inizio del '700 e subito diffusasi in Europa.

5 Gli illuministi francesi

Nel contesto francese tre intellettuali emersero sopra gli altri. Montesquieu, sostenitore del principio della divisione dei poteri (legislativo, esecutivo e giudiziario) perno di tutte le future costituzioni liberali e democratiche. Voltaire, critico dell'oscurantismo e dei privilegi e fautore di un dispotismo illuminato. Rousseau, fondamentale per la sua critica della società e del progresso e per la sua analisi dei fondamenti della democrazia diretta. La più significativa realizzazione culturale dell'Illuminismo fu l'*Enciclopedia*, che contribuì potentemente alla divulgazione delle nuove idee e del sapere.

6 Le nuove scienze e l'Illuminismo in Europa

L'Illuminismo favorì l'affermazione di una concezione laica della storia e grandi progressi si ebbero nelle scienze naturali. Nacque l'economia politica, grazie all'opera dei fisiocratici francesi – che individuarono nell'agricoltura l'attività economica fondamentale – e di Adam Smith. Al centro dell'analisi di Smith stanno i concetti di lavoro produttivo e di divisione del lavoro, oltre alla convinzione che il libero agire dell'individuo contribuisca al benessere collettivo. Smith è anche considerato il padre del liberismo che affida al mercato il compito di regolare l'attività economica. Nel mondo tedesco l'Illuminismo fu legato alla lotta contro il dogmatismo e l'autoritarismo della Chiesa luterana. Kant, il suo esponente di maggior rilievo, interpretò l'Illuminismo come il coraggio di far uso del proprio intelletto senza sottostare alla guida di altri.

7 Gli illuministi italiani

In Italia si era già avuto un rinnovamento culturale precedente all'Illuminismo con Muratori, Vico e Giannone. I due principali centri del pensiero illuminista nella penisola furono Napoli – con Genovesi e Galiani – e Milano: qui, attorno alla rivista «Il Caffè», si raccolsero i fratelli Verri e Cesare Beccaria, propugnatore di una nuova concezione della giustizia: contrario alla pena di morte e alla tortura, Beccaria era favorevole alla pubblicità del processo e alla prevenzione del delitto.

8 L'assolutismo illuminato

Il movimento illuminista fu promotore di un progetto riformatore dello Stato e del raggiungimento della «felicità pubblica». Il tentativo di modernizzare le istituzioni rappresentò il tratto più significativo della politica interna di molti paesi europei e aprì la breve stagione dell'assolutismo illuminato, tra gli anni '50 e '80 del '700. Protagonisti furono alcuni sovrani, circondati da intellettuali illuministi, di volta in volta consiglieri, collaboratori e critici delle politiche statali: in Prussia agì Federico II, in Austria Maria Teresa d'Asburgo e i suoi due figli, Giuseppe II e Leopoldo II; in Russia la fama di riformatrice spettò a Caterina II. Nei paesi cattolici il controllo dello Stato fu esteso all'organizzazione ecclesiastica, riducendo drasticamente i privilegi del clero (giurisdizionalismo); la polemica contro il parassitismo degli ordini religiosi provocò l'espulsione della Compagnia di Gesù. Le riforme amministrative mirarono a rendere più razionale la macchina statale e le imponenti redazioni dei catasti a rendere più efficiente l'imposizione delle tasse. Il più grosso limite alle riforme fu imposto dalla nobiltà in difesa dei propri privilegi.

9 Il riformismo in Italia

In Italia, l'attività riformatrice fu sostanzialmente limitata al Regno di Napoli, alla Lombardia e alla Toscana. Nel Regno di Napoli, l'azione riformatrice si limitò alla redazione di un catasto, a interventi a favore degli scambi commerciali e a misure giurisdizionaliste. Nel Ducato di Milano, dominio austriaco, e nel Granducato di Toscana, guidato da Pietro Leopoldo (figlio di Maria Teresa d'Austria), si sperimentarono gli interventi più tipici dell'assolutismo illuminato; in Toscana non si attuò il catasto, ma furono accolti i princìpi progressisti di Beccaria. In campo economico fu avviata una politica liberista e si cercò, senza successo, di favorire un ceto di piccoli proprietari contadini.

SVILUPPARE LE COMPETENZE

❶ Utilizza tutte le parole di seguito elencate in ordine sparso per costruire un breve testo di 20 righe. Dai, quindi, al testo un titolo che inquadri l'argomento trattato:

Copernico - teoria eliocentrica - Galileo Galilei - metodo sperimentale - cannocchiale - geocentrico - Bacone - meccanicismo/finalismo - Chiesa cattolica - abiura di Galilei.

❷ Leggi le affermazioni riportate di seguito e poni una crocetta su quelle corrette. Ad ogni affermazione giusta corrispondono delle lettere fra parentesi, la cui combinazione ti fornirà il personaggio su cui dovrai comporre un testo di 20 righe:

a. ☐ La rivoluzione scientifica della prima metà del '700 contribuì a determinare la superiorità dell'Europa, soprattutto nel campo delle invenzioni. (A)

b. ☐ L'approssimazione si sostituì alla precisione, che non costituì più una caratteristica determinante. (S)

c. ☐ La ricerca di nuove rotte e basi commerciali diede impulso alle moderne invenzioni. (I)

d. ☐ In questo periodo nacque l'orologio da tasca. (E)

e. ☐ Le prime enciclopedie consentirono una necessaria opera di ordinamento delle conoscenze. (L)

f. ☐ Le accademie non costituirono un luogo privilegiato per lo scambio intellettuale. (M)

g. ☐ La prima accademia fu quella dei Lincei, fondata nel 1603. (G)

h. ☐ Ci fu un notevole incremento dei periodici in lingua francese, considerata la lingua franca. (F)

i. ☐ I protestanti contribuirono notevolmente allo sviluppo dell'editoria. (L)

j. ☐ Pierre Bayle pubblicò in francese il *Dizionario storico-critico.* (O)

❸ Dopo aver collegato gli argomenti della colonna a destra con i tre intellettuali nella colonna di sinistra, componi un breve testo (massimo 20 righe) che spieghi le differenze di pensiero fra i tre:

a. Hobbes	**1.** diritto di natura
b. Grozio	**2.** *homo homini lupus*
c. Locke	**3.** diritto di resistenza

❹ Dai la definizione dei seguenti argomenti elaborando un testo di 15 righe che li tratti tutti. Stabilisci quindi il titolo del tuo elaborato:

a. Cosmopolitismo illuminista

b. Opinione pubblica

c. Massoneria

d. Fiducia nel progresso.

❺ Montesquieu e Rousseau sono due figure di rilievo della Francia illuminista. Leggi le affermazioni di seguito riportate e commentale brevemente, componendo per ciascuna di esse un testo di 10 righe:

a. «Non vi è libertà se il potere giudiziario non è separato dal potere legislativo e da quello esecutivo. Se esso fosse unito al potere legislativo, il potere sulla vita e sulla libertà dei cittadini sarebbe arbitrario, poiché il giudice sarebbe al tempo stesso legislatore. Se fosse unito con il potere esecutivo, il giudice potrebbe avere la forza di un oppressore» (Montesquieu, *Lo spirito delle leggi*).

b. «Il primo che recinse un terreno e dichiarò questo è mio e trovò persone tanto semplici da prestargli fede, fu il vero fondatore della società civile. Quanti delitti, guerre, assassinii, miserie e orrori avrebbe risparmiato al genere umano colui che, strappando i pioli e colmando la fossa, avesse gridato ai suoi simili: non ascoltate questo impostore; se dimenticate che i frutti sono di tutti, e la terra di nessuno, siete perduti!» (Jean-Jacques Rousseau, *Discorso sull'origine e i fondamenti dell'ineguaglianza fra gli uomini*).

❻ Rispondi ai quesiti impiegando il numero di righe indicato tra parentesi:

a. Che cosa intende Adam Smith con l'espressione "lavoro produttivo"? (5 righe)

b. Che cosa si intende per "dottrina fisiocratica"? Quali conseguenze comporta tale dottrina dal punto di vista commerciale? (7 righe)

c. Quali sono le conseguenze della politica dei governi illuminati per la Chiesa? (7 righe)

d. Quali sono le più importanti riforme attuate in Prussia da Federico II? E quali in Austria sotto Giuseppe II? (10 righe)

FARE STORIA 1

Due modelli di governo: Francia e Gran Bretagna

Tra la seconda metà del '600 e la prima metà del '700 l'Europa divenne teatro di una serie di guerre determinate dalle ambizioni di alcuni grandi Stati di estendere i propri domìni e di rafforzare il proprio ruolo internazionale. Protagoniste di questi conflitti furono soprattutto la Gran Bretagna e la Francia, non solo in lotta tra loro per la conquista dell'egemonia sul continente e nel mondo, ma anche capaci di trasformare e consolidare le proprie istituzioni, tanto da prospettare due modelli opposti di organizzazione dello Stato.
Nell'Europa d'antico regime le monarchie francese e inglese, infatti, rappresentarono due modelli politici alternativi. La Francia, durante il regno di Luigi XIV, costituì l'esempio più riuscito di monarchia assoluta. La Gran Bretagna, dopo la seconda rivoluzione del 1688-89, divenne una sorta di prototipo della monarchia costituzionale. Questa sezione raccoglie alcuni documenti e interpretazioni su questi due regimi politici.
La prima parte della sezione è dedicata alla Francia assolutista di Luigi XIV. Il primo brano è un passo tratto dai *Mémoires* di **Luigi XIV** [1DOC] dove emerge la consapevolezza del re sul proprio ruolo nello Stato e nel paese, che durante il suo regno visse un grande processo di riorganizzazione nazionale e di disciplinamento sociale. Secondo la ricostruzione del sociologo **Norbert Elias** [2], infatti, una rigida etichetta regolava la vita del sovrano e della corte. Segue una lettura critica di **Peter Robert Campbell** [3] sulla funzione modernizzatrice del regno di Luigi XIV e sullo sviluppo di un corpo burocratico professionale. Il quarto brano, l'ultimo dedicato alla Francia, è un'analisi di **Peter Burke** [4] su quello che è considerato uno degli aspetti più affascinanti del re Sole, ovvero la costruzione della sua immagine.
La seconda parte della sezione è dedicata alla Gran Bretagna, modello alternativo all'assolutismo francese. Il primo brano è una selezione di alcuni articoli del *Bill of Rights* e dell'*Act of Settlement*, che mostra le caratteristiche della **monarchia costituzionale inglese** [5DOC]. **Edward Palmer Thompson** [6], guardando "dal basso" la società inglese di allora, con gli occhi dello storico-antropologo, riporta alla luce un mondo sommerso: quello dei lavoratori e della loro cultura politica. Tra le forme più tipiche di quest'ultima, Thompson individua la contestazione anonima, nella repressione della quale, per esempio attraverso il *Black Act* sulla **caccia e i diritti di proprietà** [7DOC], il patriziato dei Whigs e dei Tories si ritrovava compatto.

1DOC

Luigi XIV
Dal disordine all'assolutismo

Memorie di Luigi XIV, Boringhieri, Torino 1961, pp. 21-25; 30-31; 46

I *Mémoires* per l'istruzione del Delfino furono redatti, fra il 1666 e il 1671, per incarico di Luigi XIV da due segretari, che utilizzarono alcune note e un diario del re. Luigi XIV ne seguì attentamente la composizione, ma pare che intendesse distruggerli alla fine del regno. Rimasti a lungo inediti, furono utilizzati in parte dalla metà del '700. Voltaire [30DOC] ne inserì alcuni passi nel *Secolo di Luigi XIV* del 1751. Furono editi integralmente nel 1806. I passi riportati si riferiscono al 1661 e costituiscono una efficace esemplificazione della visione che Luigi XIV aveva di sé, dell'altezza dei propri compiti, della sua identificazione con lo Stato.

Il disordine regnava ovunque. La mia corte in generale era ancora assai lontana dai sentimenti in cui spero la troverete. I nobili o i militari, abituati ai continui maneggi con un ministro a cui questi non ripugnavano, ed erano anzi stati necessari, si facevano sempre un immaginario diritto su tutto ciò che era di loro convenienza; non un comandante di piazza che non fosse difficile comandare [...]. Le grazie pretese e strappate piuttosto che sperate, e sempre come conseguenza necessaria l'una dell'altra, non erano più un debito di gratitudine per nessuno, buone ormai soltanto ad offendere coloro ai quali si fossero volute rifiutare.

Le finanze, che danno il movimento e l'attività a tutto il grande corpo della monarchia, erano completamente esaurite, e a un punto tale che era difficile vedervi un rimedio. [...]

Il difetto minore dell'ordine della nobiltà era di essere pieno di innumerevoli usurpatori, senza alcun titolo o forniti di titoli ottenuti per denaro e non per merito. La tirannia che essa esercitava in alcune delle mie province sui vassalli e i vicini non poteva più essere tollerata, né repressa, se non con qualche esempio di severità e di rigore. [...]

La giustizia, a cui toccava riformare tutto il resto, mi sembrava proprio la più difficile da riformare. Vi contribuiva un'infinità di cose: le cariche assegnate per caso e per denaro, invece che per selezione e per merito; scarsa esperienza in alcuni dei giudici, e ancor meno sapere; le ordinanze sull'età e sul servizio, eluse quasi ovunque; i legulei[1] forti di un'autorità di parecchi secoli, fertili in invenzioni contro le migliori leggi; e infine quello che principalmente li produce, voglio dire questo popolo smoderato che ama i processi e li coltiva come sua eredità, senz'altra occupazione che aumentarne la durata e il numero. [...]

Tutto questo insieme di mali, o le loro conseguenze ed effetti, ricadevano principalmente sul basso popolo, oberato peraltro di imposte, tormentato dalla miseria in molti casi, afflitto in altri dal proprio ozio dopo la pace, e bisognoso soprattutto di essere sgravato e occupato.

In mezzo a tante difficoltà, alcune delle quali apparivano insormontabili, tre considerazioni mi davano coraggio. La prima, che [...] questa impossibilità non è una buona ragione per non fare quel che si può [...]. La seconda, che in tutte le imprese giuste e legittime, il tempo, l'azione stessa, l'aiuto del Cielo aprono di solito mille vie e rivelano mille vantaggi insospettati. L'ultima, infine, che il Cielo stesso sembrava promettermi visibilmente il suo aiuto, disponendo ogni cosa all'intento che esso m'ispirava.

In effetti, tutto era calmo ovunque: nel regno, né sommosse né timore o probabilità di sommosse che potessero interrompermi od opporsi ai miei progetti; con i miei vicini, la pace era assicurata, verosimilmente per tutto il tempo che avrei voluto, dalle condizioni in cui si trovavano. [...]

Quanto alle persone che dovevano secondare il mio lavoro, decisi soprattutto che non avrei avuto un primo ministro [...].

A tale scopo, era necessario che io ripartissi la mia fiducia e l'esecuzione dei miei ordini, senza darle per intero a nessuno, assegnando alle diverse persone compiti diversi secondo le loro diverse capacità, che forse è la prima e più grande qualità dei principi.

Decisi anzi di più: per poter meglio riunire in me solo tutta l'autorità sovrana, quantunque vi siano, in ogni sorta di questioni, [...] presi la risoluzione, dopo che avessi scelto i miei ministri, di entrarvi talvolta con ciascuno di essi, e quando meno se lo aspettasse, perché capisse che avrei potuto fare altrettanto su altre questioni e in ogni momento. [...]

L'eccessiva preminenza dei parlamenti era stata dannosa a tutto il regno durante la mia minorità. Occorreva moderarli, meno per il male che avevano fatto che per quello che potevano fare in avvenire. La loro autorità, finché veniva considerata opposta alla mia, per buone che fossero le loro intenzioni, produceva pessimi effetti nello Stato, e intralciava qualsiasi cosa potessi intraprendere di più grande e utile. Era giusto anteporre questa utilità a tutto il resto, e rimettere tutto nel suo ordine legittimo e naturale, quand'anche, cosa che nondimeno ho evitato, fosse necessario togliere a quegli organismi ciò che un tempo era stato concesso loro.

[1] Uomini di legge cavillosi e sofistici.

GUIDA ALLA LETTURA

❶ Quali sono i problemi interni alla corte messi in luce dal re? ❷ Quali comportamenti della nobiltà erano biasimati dal sovrano? ❸ Perché la giustizia, secondo Luigi XIV, non funzionava bene? ❹ Quali furono le strategie di governo messe in atto dalla monarchia?

2

N. Elias
Il risveglio del re

N. Elias, *La società di corte*, il Mulino, Bologna 1980, pp. 94-98; 123

■ Norbert Elias (1897-1990) ha ricostruito con grande acume, in un'opera pubblicata nel 1969, i meccanismi operanti all'interno della società di corte. L'etichetta non solo definisce nei minimi particolari il rapporto col sovrano persino nei momenti più privati della vita quotidiana (com'è qui il risveglio del re), ma sollecita anche una attenta osservazione degli altri. Un'abitudine che alimentò largamente, allora e in seguito, la letteratura francese.

Per esemplificare l'organizzazione, la tecnica e la realizzazione della vita di corte, illustriamo qui innanzitutto dettagliatamente una delle cerimonie il cui scenario era appunto la camera da letto del re [...]: alludiamo al «lever» del re, al suo risveglio.

[...] Di solito verso le 8 del mattino, il re

viene svegliato dal primo cameriere particolare (il «valet de chambre»), che dorme ai piedi del letto regale. Le porte vengono spalancate dai paggi[1]. Uno di essi, intanto, ha avvertito il «gran chambellan»[2], un altro ha avvertito la cucina di corte per la colazione, un terzo si pone sulla porta e lascia entrare soltanto i signori che hanno diritto d'ingresso.

Tale diritto era regolato con molto rigore: esistevano sei diversi gruppi di persone che potevano entrare successivamente. Si parlava dunque di varie «entrées»; per prima vi era l'«entrée familière», cui prendevano parte soprattutto i figli legittimi e i nipoti del sovrano (Enfants de France), le principesse e i principi di sangue reale, il primo medico, il primo chirurgo, il primo cameriere personale e il primo paggio.

Vi era poi la seconda, la «grande entrée», riservata ai «grands officier de la chambre et de la garderobe»[3] ed ai signori della nobiltà ai quali il sovrano aveva concesso tale onore. Seguiva quindi la «première entrée»[4] per i lettori del re, l'intendente delle feste e dei divertimenti e altri. Quarta veniva l'«entrée de la chambre»[5], che comprendeva tutti gli altri «officiers de la chambre» e inoltre il «grand-aumônier» (il grande elemosiniere), i ministri e segretari di Stato, i «conseillers d'Etat»[6], gli ufficiali della guardia del corpo, i marescialli di Francia e altri. L'accesso alla «cinquième entrée»[7] dipendeva entro certi limiti dalla buona disposizione del primo cameriere (ciambellano), e naturalmente dal favore del re. [...] Vi era, infine, una sesta «entrée», ed era la più ricercata di tutte: avveniva [...] attraverso una porta secondaria: era a disposizione dei figli del re, anche di quelli illegittimi, insieme alle loro famiglie [...]. Appartenere a questo gruppo voleva dire godere di un favore particolare; infatti i suoi membri potevano entrare in ogni tempo nei gabinetti reali [...].

Come si vede, ogni atto era rigorosamente regolato. I primi due gruppi potevano accedere quando il re era ancora a letto. [...] Quando poi si era alzato e il gran ciambellano insieme con il primo cameriere gli aveva porto il vestiario, veniva annunziato il gruppo successivo, la «première entrée». Dopo che il re aveva calzato le scarpe chiamava gli «officiers de la chambre» [...]. Il primo cameriere gli faceva infilare la manica destra, il primo cameriere «de la garderobe» quella sinistra. Così il re indossava la camicia. [...]

L'aspetto che maggiormente colpisce in questa cerimonia è la rigorosa precisione organizzativa. Non si tratta però, è evidente, di un'organizzazione razionale in senso moderno, [...] ma di un tipo di organizzazione nel quale ogni gesto conservava quel carattere di prestigio che era ad esso legato in quanto simbolo della divisione del potere. [...] Il re utilizzava i suoi momenti più privati per stabilire differenze di rango ed elargire distinzioni e manifestazioni di favore o di sfavore. Appare dunque evidente che nella struttura di questa società e di questa forma di governo l'etichetta aveva una funzione simbolica di grande importanza. [...] Ciascun gesto nel corso della cerimonia aveva un suo valore di prestigio accuratamente graduato, [...] esso diventava un *feticcio del prestigio*: serviva cioè a indicare la posizione del singolo individuo nell'equilibrio di potere tra i vari cortigiani, equilibrio che era regolato dal re ed era estremamente labile. [...]

La precisione con cui erano organizzati ogni cerimoniale e ogni mossa dell'etichetta, la cura con cui era avvertito e calcolato il valore di prestigio di ogni passo corrispondono al peso vitale spettante all'etichetta, come pure al comportamento reciproco, nella considerazione degli uomini di corte. [...] Ma bisogna [...] chiarire le motivazioni e gli obblighi per i quali la nobiltà si sentiva legata all'etichetta e quindi anche alla corte. [...] L'obbligo *primario* scaturiva [...] dalla necessità, sempre presente, di affermarsi in quanto aristocratici di corte, sia isolandosi rispetto alla spregiata nobiltà di campagna, sia rispetto alla nobiltà di toga («noblesse de robe») e al popolo, e di mantenere intatto o addirittura aumentare il prestigio conquistato.

[1] La descrizione che ne fa il duca di Saint-Simon (1675-1755), autore dei celebri *Mémoires*, è un po' diversa: dice infatti che si faceva entrare prima il medico e poi, finché visse, la nutrice del re, i quali lo frizionavano.

[2] L'incarico di gran ciambellano era uno dei più elevati a corte.

[3] Questo esempio dimostra l'intraducibilità di molti di questi titoli; traducendoli con 'alti o grandi ufficiali di camere' o 'gran camerieri' si creerebbero associazioni errate. Tutti questi incarichi di corte erano venali; tuttavia necessitavano dell'approvazione del re e inoltre, all'epoca di Luigi XIV, erano riservati esclusivamente alla nobiltà.

[4] Prima entrata.

[5] Entrata della camera.

[6] Consiglieri di Stato.

[7] Quinta entrata.

GUIDA ALLA LETTURA

❶ Quali erano il grado di intimità e di prestigio di ognuna delle sei *entrées*? ❷ Perché Elias definisce ogni singolo gesto compiuto dal re durante il *lever* un feticcio del prestigio? ❸ In cosa risiedeva l'importanza dell'etichetta? Quali obblighi legavano la nobiltà all'etichetta?

3

P.R. Campbell
Luigi XIV «monarca assoluto»

P.R. Campbell, *Luigi XIV e la Francia del suo tempo* (1993), il Mulino, Bologna 1997, pp. 35-38; 163-64

■ A lungo gli storici hanno evidenziato il ruolo modernizzatore di Luigi XIV, considerandolo l'artefice del passaggio dallo Stato rinascimentale a quello moderno. In questo brano lo storico britannico Peter Robert Campbell (nato nel 1955), studioso della Francia d'*ancien régime*, ridimensiona in parte questa idea, evidenziando il conservatorismo del re e i limiti della sua azione politica. Sebbene fosse riuscito a esercitare un potere maggiore rispetto ai suoi predecessori, Luigi XIV continuò a coltivare un'idea tradizionale del potere monarchico e non esitò a cercare compromessi con i nobili di sospetta lealtà. Quella che è stata a volte descritta come una «monarchia amministrativa», fondata su un ruolo crescente della burocrazia, appare per molti aspetti ancora connotata da sistemi e prassi discrezionali.

Forse gli storici hanno avuto torto nel vedere Luigi XIV come l'uomo che mirava a trasformare la monarchia rinascimentale in uno stato moderno. Gli elementi di questa trasformazione possono essere stati il risultato delle strategie di azione dei suoi ministri, ma è difficile sostenere che una tale visione sia esistita e che questa sia stata l'intenzione del re. Dai suoi *Mémoires*[1] e dagli studi sulla sua prassi amministrativa, sembra evidente che Luigi XIV comprese perfettamente i limiti imposti al potere monarchico. Egli era stato educato a credere nel diritto divino della monarchia, e ciò significava che egli doveva la sua sovranità a Dio, non al popolo. Di conseguenza la sovranità non doveva essere condivisa con nessun altro corpo governativo, cosa che la rendeva «assoluta», cioè del tutto indivisibile e libera da ogni restrizione. Esistevano però limitazioni morali e pratiche – quali i doveri cristiani del re, nonché le leggi, i privilegi e le istituzioni già esistenti nel regno – e Luigi non le mise mai in discussione. Egli aveva una venerazione per la tradizione, e un considerevole rispetto per l'ordine sociale prestabilito e per le sue istituzioni [...]. Per natura egli era tutto meno che un rivoluzionario, e non cercò mai di trasformare radicalmente il sistema politico. [...]
Luigi aveva come scopo principale il conseguimento della gloria per se stesso e per la sua dinastia e, per ottenerlo, aveva bisogno di mezzi adeguati. Di conseguenza il controllo dello stato era un mezzo per raggiungere uno scopo, non uno scopo in sé. [...] Era assolutamente convinto delle origini divine del potere regale; credeva che i re fossero stati creati da Dio per regnare e per proteggere l'ordine creato sulla Terra dal potere divino. [...]
Ebbe forse il migliore maestro del suo tempo, Mazzarino. [...] Mazzarino doveva avere istruito Luigi a mantenere il silenzio, a temporeggiare, a lodare una persona e a lusingarne un'altra, a dissimulare per disarmare i suoi nemici, a circuirli con dei favori, ad offrire un compromesso pratico e onorevole alle famiglie di sospetta lealtà, e a colpire duramente quelli che fossero stati tanto stolti da mancare di rispetto al re. La sua opinione generale poggiava sul concetto di «ragion di stato», secondo cui il re aveva, nei confronti dello stato, dei doveri pubblici e privati ben più grandi di quelli che egli aveva verso il singolo individuo; inoltre, gli interessi dello stato dovevano essere valutati alla luce della fredda e dura ragione e non, per esempio, in considerazione di un qualche sentimento religioso o personale. [...]
Non ebbe mai il minimo dubbio riguardo al suo ruolo di grande re. [...] Luigi era appassionatamente deciso a regnare. [...]
Luigi era un «monarca assoluto»? E, se sì, questo che cosa significa? In primo luogo bisogna sottolineare che il concetto di monarchia «assoluta» coesisteva con il convincimento che ci fossero delle aree sulle quali la monarchia non aveva il diritto di esercitare il potere. Così, la portata dell'esercizio legittimo del potere della corona era molto più ristretta se la si paragona a quella dell'attività di uno stato dei giorni nostri. La società corporativa si governava ampiamente da sola, e la chiesa era responsabile dell'educazione. Il re doveva esercitare il suo potere nella politica estera, nella difesa della religione, e nel mantenimento dell'ordine del paese attraverso l'amministrazione della giustizia. Era considerato un arbitro che si curava del perfetto equilibrio della società. [...]
La discussione intorno alla natura del governo di Luigi XIV ha dato origine alla teoria di una ipotetica transizione verso una «monarchia amministrativa». È certamente vero che la burocrazia della monarchia era per certi versi cambiata dall'inizio del XVII secolo, e che le strutture amministrative erano state ampliate e normalizzate. [...] È importante ricordare, comunque, che sia le strutture amministrative sia i loro metodi erano ancora agli inizi, e che c'è una differenza fra le origini e le caratteristiche fondamentali. [...] Di fatto funzionavano in modi che sono stati descritti come più moderni di quanto in realtà non fossero. [...]
Ci sono numerose prove sul fatto che il favoritismo, la clientela, il sofisticato sistema di favori e gratificazioni, rappresentazione e simbologia del potere, tutti giocarono un ruolo importante nel «governo» della Francia di Luigi XIV. Credere nel trionfo di una «monarchia amministrativa» non coincide con quanto sappiamo della situazione del XVIII secolo.

[1] **1** DOC.

GUIDA ALLA LETTURA

❶ Su quali basi il re francese considerava la sua sovranità «assoluta»? ❷ Perché, secondo Campbell, Luigi XIV non è stato un sovrano «moderno»? ❸ Quale fu la prassi politica adottata dal re nell'esercizio del suo potere? ❹ Perché gli storici hanno sostenuto l'efficienza della «monarchia amministrativa» francese?

4

P. Burke
L'immagine del re

P. Burke, *La fabbrica del Re Sole*, il Saggiatore, Milano 1993, pp. 207-16

■ Uno degli aspetti più interessanti del regno di Luigi XIV **[1 DOC]** è la costruzione di una nuova immagine del re. Nonostante l'assenza di strumenti pervasivi come gli attuali *mass media*, la monarchia riuscì a elaborare un'efficace strategia di comunicazione politica capace di accreditare una rappresentazione idealizzata del sovrano in larghi strati della popolazione. Ad analizzare le origini e gli sviluppi di questi processi è stato uno dei più autorevoli storici culturali, Peter Burke (nato nel 1937), che nel 1992 ha pubblicato un saggio, poi tradotto in italiano con il titolo *La fabbrica del Re Sole*. Nel brano scelto, Burke si sofferma a descrivere ed esaminare quelli che lui definisce i «destinatari interni» della propaganda monarchica: la posterità e le classi superiori francesi, sia parigine sia provinciali.

A vantaggio e per convincere chi si dispiegò tale immagine per più di settant'anni? È improbabile che essa si rivolgesse alla massa dei sudditi di Luigi [...]. I *media* di Luigi non erano *mass media*. [...] Tutti i parigini potevano vedere gli archi di trionfo e le statue erette nella città, ma pochi avrebbero potuto comprendere le iscrizioni latine o anche decodificare l'iconografia. Versailles era aperta a ogni individuo maschio adulto che portasse una spada [...] ma solo una minoranza poteva effettivamente permettersi di farlo. [...]
Parimenti, [...] le feste di allora [...] erano organizzate per un pubblico di cortigiani. Il *ballet de cour*[1] fu un teatro per pochi intimi. I panegirici in prosa e in versi si rivolgevano, in primo luogo, a un pubblico fatto di una sola persona, il re stesso, cui si potevano leggere o far leggere quando erano ancora manoscritti, benché, in seguito, i testi venissero spesso pubblicati. [...]
Chi era allora, o da chi era composto, il pubblico? Rispondere a tale domanda è molto più difficile di quanto possa sembrare. E ciò per il semplice fatto che il concetto di «pubblico», all'epoca, stava appena prendendo forma. I francesi usavano espressioni quali «il bene pubblico», «predicare in pubblico» e così via, ma non «il pubblico» *tout court*. Il concetto di «pubblica opinione» non era ancora conosciuto: il primo riferimento a l'*opinion du peuple* risale infatti all'ultimo anno del regno, il 1715. [...]
Sarebbe, ovviamente, un errore trattare il pubblico e gli spettatori del XVII secolo come un tutto monolitico. Di fatto, vorrei distinguere i destinatari che gli emittenti del tempo cercarono di raggiungere in tre tipi di pubblico, in particolare. I tre bersagli cui mirarono furono la posterità, le classi superiori francesi, sia parigine che provinciali, e gli stranieri, specialmente quelli delle corti. [...]
Per quanto strano possa sembrare oggi, i propagandisti del re intesero raggiungere *noi*, o, più esattamente, la posterità, quale essi la immaginavano. [...] La migliore testimonianza della preoccupazione del governo per la posterità è sicuramente offerta dallo sforzo impiegato nella ricerca di autori adeguati per una storia ufficiale del regno. [...]
L'immagine del re fu anche proiettata a beneficio dei sudditi, «i popoli su cui noi regniamo». In primo luogo per i cortigiani, e specie per la grande nobiltà, per la quale la presenza a corte era in pratica obbligatoria. [...] I cortigiani, uomini e donne, costituivano la maggior parte del pubblico di ogni giorno per opere drammatiche e musicali, balletti e altri spettacoli di corte (senza dimenticare il *lever* reale). [...]
In un famoso passo della sua *Art poétique*, Boileau[2] definì il pubblico letterario francese come *la court et la ville*, «la corte e la città» (in altre parole, Parigi). La corte tendeva a guardare con disprezzo alla città, ai «borghesi», termine che stava entrando in uso negli anni sessanta, con riferimento ad avvocati e altri non nobili. [...] Ciò nonostante, gli encomi di Luigi raggiunsero il pubblico urbano. La «Gazette», che veniva stampata al Louvre, poteva essere letta dai parigini quando le notizie erano ancora fresche. Gli spettacoli rappresentati a corte venivano spesso ripetuti a Parigi. [...]
I teatri principali e quello dell'opera si trovavano a Parigi. La ricostruzione del Louvre, l'edificazione degli Invalides, l'erezione di archi di trionfo e delle statue regali di place des Victoires e place Louis-le-Grand impressero l'immagine del re sulla città. [...]
Luigi fece anche un certo numero di visite ufficiali alle città francesi, dando agli abitanti l'opportunità di vederlo di persona. [...]
Questo non vuol dire che la gente comune non avesse una propria immagine del re. Le visite ufficiali alle città permettevano a chiunque di vedere Luigi di persona, almeno di sfuggita. [...] La tradizione del tocco regale offriva ulteriori opportunità ai francesi medi, uomini e donne, di poter vedere il sovrano in carne e ossa. La stima di circa trecentocinquantamila persone toccate da Luigi nel corso del suo regno è da ritenere prudenziale. [...]
Le immagini visive del sovrano potevano superare la barriera imposta alla comunicazione dall'analfabetismo, e alcune di esse, specialmente le statue, avevano un alto grado di visibilità. [...] Ciò nonostante, i creatori di immagini si rivolsero di rado al popolo minuto. [...] In una nazione di contadini, gli sforzi ufficiali per diffondere un'immagine pubblica positiva del re si concentrarono sulle città. È raro, in effetti, incontrare una statua del re in un villaggio.

[1] Balletto di corte.

[2] Nicolas Boileau (1636-1711), scrittore e storico della letteratura.

GUIDA ALLA LETTURA

❶ Perché per gli storici è difficile identificare un «pubblico» al tempo di Luigi XIV? ❷ Quali erano i *media* dell'epoca? A quali categorie di persone si rivolgevano? ❸ Quale era la relazione mediatica tra il re, i suoi cortigiani e i cittadini di Parigi? ❹ Quale immagine del re poteva avere il «popolo minuto» delle campagne e delle città?

5DOC

La monarchia costituzionale inglese

da G. Garavaglia, *Società e rivoluzione in Inghilterra*, Loescher, Torino 1978, pp. 213-17

■ Il *Bill of Rights* del 1689 e l'*Act of Settlement* del 1701 [👁 1.3] rappresentano due momenti fondamentali nella formazione del sistema costituzionale inglese. Il primo è soprattutto una riaffermazione di leggi e statuti precedenti, mentre il secondo, oltre a ribadire l'esclusione dell'eventualità di un sovrano cattolico, attua una precisa distinzione dei poteri del re da quelli del Parlamento.

Il Bill of Rights, *1689*

Poiché il suddetto re Giacomo II avendo abdicato il governo e il trono essendo quindi vacante, sua altezza il principe di Orange [...] fece scrivere lettere ai Lords spirituali e temporali protestanti, e altre lettere alle diverse contee, città, università, borghi [...] per la scelta di persone che li rappresentassero in Parlamento e le quali si incontrassero e sedessero a Westminster il 22° giorno di gennaio dell'anno 1689 perché provvedessero a che la loro religione, le leggi e le libertà non fossero più in pericolo di essere sovvertite: in base a queste lettere sono state di conseguenza tenute elezioni.

E quindi i suddetti Lords spirituali e temporali, e i Comuni [...] ora riuniti in un organo pienamente e liberamente rappresentativo di questa nazione, prendendo in considerazione i modi migliori per raggiungere i fini suddetti [...], in primo luogo per l'asserzione dei loro antichi diritti e libertà, dichiarano:

1. Che il preteso potere di sospendere dalle leggi, o dall'applicazione delle leggi, per autorità regia, senza consenso del Parlamento, è illegale.
2. Che il preteso potere di dispensare dall'osservanza delle leggi, e dall'esecuzione delle leggi, per autorità regia, come è stato fatto di recente, è illegale.
3. Che la commissione per costituire una corte di commissari per cause ecclesiastiche e ogni altra commissione o corte di simile natura sono illegali e dannose.
4. Che la raccolta di denaro ad uso della corona, sotto pretesto di prerogativa, senza concessione del Parlamento, per un periodo più lungo, o in modi diversi da quelli da esso fissati, è illegale.
5. Che è diritto dei sudditi di rivolgere petizioni al re, e ogni arresto e processo per questo sono illegali.
6. Che radunare o mantenere un esercito permanente nel regno in tempo di pace, senza il consenso del Parlamento, è illegale.
7. Che i sudditi protestanti possono tenere armi per la propria difesa secondo le proprie condizioni e come è consentito dalla legge.
8. Che le elezioni dei membri del Parlamento devono essere libere.
9. Che la libertà di parola, e i dibattiti o i procedimenti in Parlamento, non debbono essere posti sotto accusa o contestati in nessun tribunale o luogo al di fuori del Parlamento.
10. Che cauzioni eccessive non devono essere chieste né imposte ammende eccessive, né inflitte punizioni crudeli e insolite.
11. Che i giurati devono essere nominati regolarmente e che i giurati che processano uomini per alto tradimento devono essere *freeholders*[1].
12. Che ogni concessione e promessa di ammende e confische di persone singole prima della sentenza di colpevolezza sono illegali e nulle.
13. E che per rimediare a tutte le lagnanze, e per correggere, rafforzare e difendere le leggi, si devono tenere frequenti parlamenti.

*L'*Act of Settlement, *1701*

[La prima clausola prevede l'esclusione dei discendenti di Giacomo II in linea diretta, a favore della casa di Hannover.]

2. [...] Ogni persona o persone che assumeranno o erediteranno la detta corona, in forza delle limitazioni fissate nel presente atto, e che si riconcilieranno o faranno parte della sede o Chiesa di Roma, o professeranno la religione papista, o sposeranno un papista, rientreranno nelle suddette categorie escluse [...].

3. E [...] che chiunque entrerà in possesso in futuro di questa corona dovrà essere in comunione con la Chiesa d'Inghilterra, come è stabilita per legge [...].

Che nessuna persona che ricopra una carica o un posto pagato sotto il re o che riceva una pensione dalla corona, potrà servire come membro della Camera dei Comuni.

Che [...] le commissioni ai giudici siano emesse *quamdiu se bene gesserint*[2] e che i loro salari siano dichiarati e fissi; ma che sia lecito rimuoverli per intervento di entrambe le Camere del Parlamento.

Che nessun perdono sia concesso sotto il gran sigillo d'Inghilterra[3] a persone accusate dai Comuni in Parlamento.

4. E che essendo le leggi d'Inghilterra diritto naturale del suo popolo e dato che i re e le regine che saliranno sul trono di questo reame dovranno governarlo secondo le dette leggi e tutti i loro funzionari e ministri dovranno servire secondo le medesime: i detti Lords spirituali e temporali, e i Comuni, pregano umilmente che tutte le leggi e gli statuti di questo reame intesi a garantire la religione costituita e i diritti e le libertà del popolo e tutte le altre leggi e statuti ora in vigore, possano essere ratificati e confermati... da sua Maestà, per consiglio e consenso dei detti Lords spirituali e temporali e dei Comuni.

[1] Liberi proprietari.

[2] Purché abbiano operato bene.

[3] Cioè dal re.

GUIDA ALLA LETTURA

❶ Quali poteri e prerogative regie sono dichiarate illegali o soggette al consenso del Parlamento? ❷ Quale confessione religiosa riceve maggiori tutele da questi documenti? ❸ Chi detiene, secondo i documenti, il «diritto naturale» di fare le leggi in Inghilterra?

6

E.P. Thompson
La plebe inglese, riottosa e ribelle

E.P. Thompson, *Società patrizia, cultura plebea*, Einaudi, Torino 1981, pp. 293-303

■ Indagando la cultura popolare e il rituale con strumenti propri dell'antropologia sociale, Edward Palmer Thompson (1924-1993), nel saggio *Società patrizia, cultura plebea*, propone una lettura dei rapporti tra *gentry* e lavoratori più articolata e complessa di quella offerta dal classico binomio paternalismo/deferenza. In primo luogo egli riduce l'effettivo esercizio delle responsabilità paternalistiche da parte dell'aristocrazia a mera esibizione di uno stile egemonico fatto di gesti studiati nei dettagli; la deferenza, sull'altro fronte, si rivela piuttosto, ai suoi occhi, come strategica dissimulazione del dissenso che il popolo esprimeva in forme di contestazione nascoste, simboliche e rapide. La plebe si afferma in questo modo come un polo sociale dotato di esistenza politica, di ideologie e obiettivi di rivendicazione comuni, di valori culturali, di retorica libertaria, di pregiudizi patriottici condivisi: essa può, quindi, essere definita una «classe».

La ricca esibizione di lusso e «liberalità» faceva parte del teatro dei grandi. In certe aree (la teoria dei salari, le Poor Law[1], il codice criminale), il materialismo dei ricchi si associava senza difficoltà ad un controllo disciplinare sui poveri. Ma in altre aree – l'attitudine permissiva nei confronti della robusta e laica cultura popolare, una certa cautela e perfino una certa delicatezza nella gestione delle rivolte popolari, addirittura una qualche forma di adulazione nei confronti dei poveri in tema dei loro diritti e libertà – siamo in presenza di un problema che richiede un'analisi più sottile. Esso suggerisce una certa qual reciprocità nei confronti fra ricchi e poveri; un'inibizione nei confronti dell'uso della forza contro l'indisciplina e le sommosse; una cautela (da parte dei ricchi) nel prendere misure che avrebbero troppo allontanato i poveri, e (da parte di quel settore dei poveri che talvolta si radunava al grido di «Chiesa e Re») la sensazione che si potessero ottenere tangibili vantaggi sollecitando il favore dei ricchi. Siamo in presenza di una sorta di mutualismo di rapporti che è difficile analizzare a livello di rapporto di classe. E poi, non ci hanno spesso detto che è prematuro, nel secolo XVIII, parlare di una «classe di lavoratori»? [...]

Naturalmente, nessuno si sarebbe sognato di descrivere la propria come una «società di una sola classe». C'erano i governanti e i governati, gli appartenenti alla classe alta e a quella bassa [...]. Solo chi fosse «indipendente» dalla necessità di sottomettersi a protettori si poteva pensare che possedesse una piena identità politica: tanto che questo è un punto a favore dell'opinione che vi fosse una sola classe. Ma la classe non si definisce completamente soltanto nell'identità politica. [...] La plebe non è, forse, una classe di lavoratori. La plebe può mancare di consistenza nell'autodefinizione, di consapevolezza; di chiarezza negli obiettivi; di capacità di strutturare un'organizzazione di classe. Ma la presenza politica della plebe, o *mob*, o «folla», è manifesta [...]. Anche quando la bestia sembrava addormentata, la nervosa sensibilità di una folla libertaria delimitava, nel senso più ampio, ciò che era politicamente possibile. Questo è il senso in cui governanti e folla erano necessari gli uni agli altri, si osservavano a vicenda, organizzavano teatri e controteatri per l'ascolto l'uno dell'altro, modificavano ognuno il proprio comportamento politico. Si tratta di un rapporto più attivo e reciproco di quello che normalmente viene alla mente con la formula «paternalismo e deferenza». [...]

La plebe non spicca per un'impeccabile coscienza di classe; ma i dirigenti d'Inghilterra non avevano dubbi sul fatto che si trattasse di una sorta di bestiaccia orizzontale. [...] Questa cultura plebea non era, si può esser certi, né una cultura rivoluzionaria né proto-rivoluzionaria (nel senso di favorire ulteriori obiettivi che chiamassero in causa l'ordine sociale); ma non la si potrebbe neppure descrivere come una cultura deferente. Produceva sommosse ma non ribellioni: azioni dirette ma non organizzazioni democratiche. [...]

Tratteggerò qui brevemente tre caratteristiche dell'azione popolare [...].

Primo, la tradizione dell'anonimato. La minaccia anonima, o anche l'atto terroristico individuale, avvengono spesso in una società in cui i rapporti sono basati interamente sulla clientela e la dipendenza, e, come rovescio della medaglia, sulla deferenza simulata. È proprio in una società rurale, nella quale qualsiasi resistenza manifesta, identificabile al potere può trasformarsi in immediata rappresaglia – perdita della casa, del lavoro, dell'affitto, se non addirittura persecuzione legale – che troviamo un maggior numero di azioni nell'ombra [...].

Il famoso Waltham Black Act del 1723[2] venne fuori esattamente da una simile situazione di azioni insolitamente organizzate nelle foreste dello Hampshire e del Berkshire. [...]

Questo ci porta ad una seconda caratteristica dell'azione popolare, che ho descritto come controteatro. Non appena i governanti riaffermavano la propria egemonia con uno stile teatrale ben studiato, ecco che la plebe riaffermava la propria presenza con un teatro di minacce e sedizioni. [...]

Una terza caratteristica dell'azione popolare era l'abilità della folla nell'azione rapida e diretta. Essere uno nella folla, o nella *mob*, era un altro modo di essere anonimi, mentre al contrario l'essere membro di una organizzazio-

---

[1] Leggi sui poveri, varate nel 1601 e rinnovate nel 1662.

[2] Con il *Black Act* (approvato dal Parlamento inglese nel maggio 1723) la pena di morte veniva comminata ai responsabili di reati come la caccia di frodo e il danneggiamento delle proprietà rurali [7 DOC].

ne permanente significava essere destinati ad esporsi alla detenzione e alla persecuzione. [...]
In un certo senso governanti e folla avevano bisogno gli uni dell'altra, si sorvegliavano a vicenda, recitavano reciprocamente teatri e controteatri di cui erano spettatori a vicenda, moderavano reciprocamente il proprio comportamento politico. Pur mal sopportando l'insubordinazione del lavoro libero, i governanti inglesi mostravano in pratica un sorprendente grado di permissività nei confronti della turbolenza della folla.

GUIDA ALLA LETTURA

❶ Perché, secondo Thompson, per l'Inghilterra pre-industriale non si può più parlare di una società con una sola «classe sociale»? ❷ Quali sono le tre caratteristiche dell'azione popolare? ❸ Perché, secondo Thompson, i rapporti tra ricchi e poveri erano regolati dalla reciprocità? ❹ In che maniera Thompson dimostra l'esistenza di una reciprocità «strutturale» tra governanti e folla?

7DOC

Caccia e diritti di proprietà

da A. Torre, *Stato e società nell'ancien régime*, Loescher, Torino 1983, pp. 333-34

■ Con il *Black Act* (approvato dal Parlamento inglese nel maggio 1723) la pena di morte veniva comminata ai responsabili di reati come la caccia di frodo e il danneggiamento delle proprietà rurali. L'enormità della pena rispetto alla relativa banalità del reato mette in luce due aspetti di un profondo contrasto sociale. Rivela l'esistenza di un'opposizione di gruppi rurali – piccoli proprietari e piccola *gentry* (quali erano i *Blacks*) – in difesa delle tradizionali consuetudini di caccia, usurpate dal nuovo ceto dei commissari delle foreste regie strettamente legati ai Whigs. Dimostra inoltre la significativa tendenza a una definizione giuridica dei crimini contro la proprietà, categoria nella quale, in base ai nuovi rapporti sociali e politici, viene ora inserito l'esercizio di antichi diritti consuetudinari.

Poiché numerose persone malintenzionate e faziose si sono negli ultimi tempi raccolte sotto il nome di *Blacks*, e hanno stretto confederazioni per sostenersi e portarsi mutua assistenza nel cacciare e distruggere cervi, nel depredare conigliere e peschiere, nell'abbattere piantamenti di alberi, e altre pratiche illegali; e, in gran numero, armati di spade, archibugi, e altri strumenti d'offesa, molti di loro con il viso annerito o gli abiti camuffati, hanno cacciato illegalmente nelle foreste del re e nei parchi di diversi sudditi di sua maestà, distruggendo, uccidendo e asportando cervi, depredando conigliere, pescaie e peschiere, e abbattendo piantamenti di alberi; e similmente con promesse di denaro o altre ricompense hanno sollecitato numerosi sudditi di sua maestà a unirsi loro e hanno inviato lettere firmate con nomi falsi a numerose persone richiedendo loro cacciagione e denaro, e minacciandole di grandi violenze nel caso che non intendessero cedere a tali illegali richieste, o che le ostacolassero o denunciassero tali pratiche perverse, e hanno effettivamente provocato gravi danni a numerose persone che si sono rifiutate di accondiscendere alle loro richieste, o si sono adoperate per consegnarli alla giustizia, con gran terrore dei pacifici sudditi di sua maestà. Per prevenire tali perverse e illegali pratiche si stabilisce [...] che chiunque illegalmente e maliziosamente caccerà, ferirà, ucciderà, distruggerà o ruberà qualunque cervo rosso o daino, o illegalmente depredérà conigliere o luoghi in cui si tengono conigli o lepri, o illegalmente ruberà o asporterà pesci dai fiumi o dalle peschiere; o chiunque [...] caccerà, ferirà, ucciderà [...] cervi rossi e daini nutriti e tenuti in qualsiasi parte delle foreste o dei parchi di sua maestà, chiusa e recintata con palizzate, staccionate o steccati, o in qualsiasi parco, radura o terreno recintato in cui si tengono cervi rossi o daini; o chiunque illegalmente e maliziosamente distruggerà o aprirà le chiuse o le testate di ogni peschiera causando la perdita e la distruzione del pesce; o chiunque illegalmente e maliziosamente ucciderà, mutilerà o ferirà qualsiasi tipo di bestiame, o taglierà o altrimenti distruggerà alberi piantati in qualsiasi viale, o fatti crescere in qualsiasi frutteto, orto o piantamento per ornamento, protezione o profitto; o darà fuoco a case, fienili o tettoie, o a casupole, pollai, covoni, o biche di grano, paglia, fieno o legna; o volontariamente sparerà a qualsiasi persona in case di abitazione, o altro luogo [...] ogni persona colpevole di questi reati [...] sarà giudicata colpevole di fellonia, e patirà la morte come nei casi di fellonia [...].
E [...] sarà consentito a ogni giudice di pace inviare a ogni agente di polizia [...] l'autorizzazione a entrare in qualsiasi casa per cercarvi cacciagione rubata o presa illegalmente in violazione degli statuti contro la caccia al cervo.

GUIDA ALLA LETTURA

❶ Quale pena era prevista per i responsabili di reati come la caccia e il danneggiamento delle proprietà rurali? ❷ Che tipi di contrasti sociali si celano dietro il *Black Act*?

SVILUPPARE LE COMPETENZE

Comprendere e Analizzare

❶ **Dopo aver letto il passo di Luigi XIV [1DOC] e i brani di Campbell [3] e Burke [4], rispondi alle seguenti domande, citando opportunamente i testi:**

a. Secondo Luigi XIV, quali erano le doti di un buon sovrano? Quale doveva essere il fine dell'azione politica?

b. In che modo il re francese intendeva controllare il potere della nobiltà e quello della Chiesa?

c. Quali raccomandazioni suggerisce Luigi XIV a proposito dei funzionari statali?

d. Secondo Campbell, quali sono i limiti dell'azione di governo di Luigi XIV? Gli stessi problemi sono evidenziati nelle memorie del re?

e. In che senso, sulla base delle osservazioni di Burke, possiamo distinguere la rappresentazione pubblica della monarchia francese da quella individuata dagli storici?

❷ **Rileggi attentamente il testo di Thompson [6] e il passo dal *Black Act* [7DOC], poi esponi in un breve testo (max 20 righe) in che cosa consisteva la «tradizione dell'anonimato» nelle azioni della folla e quali conseguenze ebbe nella società inglese del tempo.**

Rielaborare e Argomentare

❸ **Tema di argomento storico. *Due modelli di Stato***

Tra il XVII e il XVIII secolo si affermano, in Gran Bretagna e in Francia, due modelli contrapposti di Stato: una monarchia costituzionale nella prima, una monarchia assoluta nella seconda. Ricostruisci l'ambito storico in cui sono emersi questi due modelli organizzativi, concentrandoti sull'attribuzione della sovranità, sul ruolo del parlamento e della corte, sulle forme di rapporto (obbedienza e ribellione) che i sudditi adottarono verso le rispettive monarchie.

❹ **I privilegi rappresentano uno dei tratti distintivi della nobiltà dell'*ancien régime*.**

Alla luce delle informazioni contenute nei brani e nei documenti proposti, spiega in che cosa consistevano.

Le gerarchie sociali

La società d'antico regime era divisa in ceti, giuridicamente riconosciuti. Non tutti i ceti avevano gli stessi diritti, alcuni (nobiltà e clero) godevano, infatti, di molti privilegi. A differenza delle società occidentali attuali, dunque, esistevano disparità sociali istituzionalizzate. Ma anche all'interno dei singoli ceti, gerarchicamente ordinati tra loro, emergevano significative distinzioni di *status*, determinate soprattutto da ragioni culturali.
Questa sezione intende offrire un profilo della complessità e varietà delle stratificazioni sociali nell'Europa d'antico regime. **William H. Sewell** [8] analizza il mondo del lavoro nelle città, mentre **George Huppert** [9] descrive le evoluzioni più significative della nobiltà, evidenziandone l'allontanamento dai modelli dell'aristocrazia medievale.
Nonostante i cambiamenti nella società, nell'economia, nella politica e nella cultura, avvenuti tra il XVIII e il XIX secolo, i valori dell'antico regime continuarono a persistere anche nella società ottocentesca. Nell'Inghilterra pre-industriale, per esempio, il termine *gentleman* costituiva il discrimine tra la *gentry* e il resto della popolazione. Nel corso del XVIII secolo, in seguito alla formazione di una nuova nobiltà del denaro, il termine perse il riferimento esclusivo alla proprietà terriera e all'antico lignaggio e, alla fine di quel secolo, i titoli e gli stemmi di *gentleman* e di *esquire* – i due titoli nobiliari inferiori a quello antico di *knight*, 'cavaliere' – venivano assegnati solo in base alle cariche ricoperte e ai redditi. Il termine dunque individuava un ceto profondamente diversificato al suo interno per origini e fortune, e tuttavia reso omogeneo proprio dal fatto di condividere i valori e il modello culturale che il termine *gentleman* suggerisce: munificenza, istruzione e buone maniere, disinteresse per le occupazioni materiali, aspirazione al potere. Fu piuttosto l'orgoglio di rango a ricreare progressivamente all'interno di questa società di gentiluomini un'ampia stratificazione sociale, garantita dalle barriere sottili ma estremamente resistenti dello snobismo. Il brano di **Jane Austen** [10DOC] descrive proprio i pregiudizi sociali della nobiltà inglese. Nell'ultimo brano, **Arno J. Mayer** [11] sottolinea la sostanziale continuità delle strutture politiche, economiche e sociali dell'Europa tra il XVIII e il XIX secolo e suggerisce di individuare la definitiva fine dell'antico regime negli sconvolgimenti provocati dalla prima guerra mondiale.

8

W.H. Sewell
La società urbana

W.H. Sewell, *Lavoro e rivoluzione in Francia. Il linguaggio operaio dall'ancien régime al 1848*, il Mulino, Bologna 1987, pp. 41-47

■ La vita urbana nell'antico regime era fondata su una complessa gerarchia sociale, strettamente connessa ai diversi ruoli svolti nel sistema produttivo. Chi esercitava un lavoro manuale non qualificato occupava la posizione più bassa, chi viveva di rendita la più alta. In questo brano lo storico statunitense William H. Sewell (nato nel 1940), autore di uno studio sul mondo del lavoro in Francia dall'antico regime al 1848 (pubblicato nel 1980), descrive mestieri e professioni urbane e analizza alcune peculiarità della società d'*ancien régime*, poi svanite nelle successive trasformazioni ottocentesche e novecentesche: la funzione centrale delle corporazioni nella vita economica e sociale e la commistione delle attività industriali e commerciali, rigidamente separate dai lavori non specializzati.

Una caratteristica distintiva della società urbana durante l'*ancien régime* fu il suo spiccato grado di diversità interna. [...] Ogni città aveva la sua parte di funzionari giudiziari e amministrativi, ricchi cittadini che vivevano sulle rendite dei loro investimenti (*bourgeois*, come vennero denominati nel diciottesimo secolo), avvocati, notai, medici, mercanti, farmacisti, tavernieri, droghieri e negozianti di ogni tipo. Tutte le città possedevano una sorprendente varietà di artigiani [...]. Vi erano sempre nugoli di servitori che prestavano la loro opera ai ricchi [...]. C'erano anche folle di sollevatori e trasportatori; facchini, carrettieri, caricatori, [...] o semplici lavoratori occasionali [...]. Molti di questi erano celibi senza fissa dimora che trovavano lavoro dove potevano e quindi passavano ad un altro lavoro o ad un'altra città o forse finivano per lavorare a giornata in campagna [...]. Infine, le città francesi durante l'*ancien régime* ospitavano sempre molte persone che non lavoravano o che conducevano un'esistenza precaria ai margini dell'economia urbana: mendicanti, vagabondi, suonatori ambulanti, prostitute, borsaioli e una grande varietà di venditori ambulanti.

Tra queste diverse occupazioni urbane, solo una parte era organizzata in corporazioni. Di queste, il gruppo maggiore erano i mestieri artigianali. Con rare eccezioni, tali mestieri venivano praticati in piccoli laboratori da artigiani altamente specializzati che si erano sottoposti ad un lungo periodo di apprendistato. [...] I lavoratori erano diretti da un maestro, che [...] era anche un imprenditore e un negoziante. [...] Nella maggior parte delle città quasi tutte queste occupazioni industriali o manifatturiere erano organizzate in corporazioni.

Ma il mondo dei mestieri corporativi non si limitava a ciò che noi chiameremmo industria o manifattura; esso comprendeva anche la maggioranza delle attività commerciali. Tra le attività commerciali, soltanto i finanzieri, i banchieri, i mediatori e gli opulenti commercianti all'ingrosso delle grandi città – che venivano chiamati *négociants* invece di *marchands* – erano al di fuori del settore corporativo. [...] I membri di queste corporazioni commerciali di solito erano impegnati solo nel commercio al minuto, sebbene alcuni [...] si impegnavano in attività mercantili estremamente lucrative, di vasta portata e al di fuori del mercato locale. Tutte queste attività commerciali erano raggruppate insieme con le attività industriali in un settore corporativo comune, o strato della società urbana, designato collettivamente come *arts et métiers*, i cui componenti erano denominati *gens de métier*.

Queste attività commerciali e industriali organizzate in corporazioni occupavano una posizione intermedia nella gerarchia sociale urbana. Al di sopra del mondo della *gens de métie*r – oltre i *négociants*, gli ecclesiastici, i nobili, i funzionari reali o municipali e i grandi finanzieri – vi erano le professioni dotte o liberali – medici, avvocati, uomini di lettere, notai, professori – le cui attività erano considerate intellettuali piuttosto che meccaniche. Al di sotto delle *gens de métier* si trovavano gli strati inferiori della popolazione urbana: servi, lavoratori non specializzati, e i disdicevoli poveri. I servi erano giuridicamente impossibilitati a formare corporazioni. Essi erano considerati membri della famiglia presso la quale erano a servizio, sotto l'autorità paterna del capo-famiglia e pertanto non possedevano alcuna posizione giuridica o sociale indipendente. [...]

Il fenomeno più sorprendente è rappresentato dal fatto che, sotto l'*ancien régime*, le attività industriali – calzolai, maniscalchi, carpentieri, eccetera – formavano un gruppo comune con le attività commerciali ed erano nettamente distinti dai lavoratori non specializzati. Alla metà del diciannovesimo secolo – come pure oggi – gli artigiani industriali sarebbero stati raggruppati insieme ai lavoratori manuali non specializzati e sarebbero nettamente distinti dal mondo del commercio. Tale sorprendente mutamento nella classificazione sociale testimonia in parte gli enormi cambiamenti – l'industrializzazione, la burocratizzazione, l'avanzare del capitalismo – che l'attività industriale e quella commerciale hanno subìto nei due secoli trascorsi dalla fine dell'*ancien régime*. Ma contemporaneamente rappresenta anche un cambiamento fondamentale delle categorie concettuali attraverso le quali gli individui percepiscono, comprendono e agiscono nel mondo sociale.

GUIDA ALLA LETTURA

❶ Descrivi in modo sommario la stratificazione sociale di *ancien régime*. ❷ Quali mestieri erano organizzati in corporazioni? ❸ Perché i lavoratori a giornata non costituirono quasi mai corporazioni? ❹ Quale elemento distingue maggiormente la gerarchia sociale urbana del XVIII secolo da quella del XX?

9

G. Huppert
Lo* status *nobiliare

G. Huppert, *Storia sociale dell'Europa moderna*, il Mulino, Bologna 2001, pp. 94-99

■ La nobiltà d'*ancien régime* aveva poco in comune con l'aristocrazia guerriera del Medioevo. La funzione militare non ne costituiva più una prerogativa, il possesso di antichi feudi era ormai una rarità, molti avevano acquisito il proprio *status* nobiliare in tempi recenti. Ma tutti i nuovi nobili si sforzavano di salvare le apparenze, ostentando ricchezze e antiche discendenze (spesso inventate). In questo brano lo storico George Huppert (nato nel 1934), autore di un fortunato saggio sulla storia sociale europea in età moderna (1982), descrive alcune significative trasformazioni della nobiltà d'*ancien régime*. Nonostante l'indubbia mobilità al suo interno e l'inevitabile cambiamento della sua fisionomia, l'aristocrazia e il suo ordine gerarchico continuavano a connotare la società europea.

Nel secolo XVII la realtà del privilegio non aveva in sostanza più nulla in comune con l'ideale medievale di un'aristocrazia di guerrieri le cui qualità si presumevano trasmesse di padre in figlio. Ben pochi di quei cavalieri medievali avevano ancora discendenti in possesso degli aviti feudi nel secolo XVI, ma se il gruppo che aveva costituito la casta guerriera medievale era scomparso per sempre – perché le famiglie si erano estinte o avevano perduto i diritti signorili – restavano gli orpelli della cavalleria, continuamente reinterpretata e salvaguardata da un flusso costante di editti provenienti dai palazzi dei sovrani. Con breve preavviso gli specialisti di araldica fabbricavano per una certa somma uno scudo araldico, sicché i palazzi e le ville di campagna di tutt'Europa erano pieni di duchi e marchesi falsi che proclamavano di godere di antichi privilegi [...].
Gli aristocratici e gli aspiranti tali del XVII e XVIII secolo prendevano parte al balletto della deferenza, sempre pronti a levarsi e rimettersi il cappello a larghe tese, a inchinarsi al rango superiore di un duca o di un presidente o a ricevere l'omaggio dei presunti inferiori. [...] Orde di uomini e donne si battevano per occupare le loro posizioni diverse e contrastanti nel mondo del privilegio, fino a venire alle mani in chiesa per il diritto di sedersi nelle prime file. [...]
Dal momento che il privilegio dipendeva in larga misura dalla ricchezza e dalle apparenze, non sorprende che queste ultime avessero tanta importanza. I sovrani lanciarono la moda, stabilendo a corte una gerarchia complicata. Nel palazzo reale di Versailles migliaia di cortigiani vivevano nella paura di violare l'etichetta e osservavano le sconcertanti distinzioni di rango [...].
La «qualità» di una persona era oggetto di incessanti discussioni, dal momento che poche famiglie erano in grado di dimostrare la loro discendenza dai cavalieri medievali. Ufficialmente la «qualità» di un nobile aveva dimora nel sangue, ma in realtà era stata creata sulla carta: genealogie contraffatte, lettere patenti reali, portafoglio di *rentes*[1], documentazione dei possedimenti signorili, vecchi testamenti, contratti matrimoniali: su questo arsenale di carte di famiglia, custodito in pesanti scrigni e forzieri, si fondavano i diritti della famiglia al privilegio.
La differenza principale tra coloro di cui non si contestava la nobiltà e coloro la cui nobiltà era tenuta in minor conto era costituita dalla ricchezza e dal potere che circondavano i grandi signori, anche quelli che avevano conquistato da poco il favore del re. [...]
Le famiglie ricche non avevano semplicemente altro modo per affermare il proprio prestigio, e non essendo in grado di dimostrare i loro vincoli genealogici con un'aristocrazia più antica, si rivolsero ai sovrani, fonte del privilegio, per avere conferma del loro status.
Cercare il riconoscimento sui campi di battaglia, secondo la consuetudine di un'età passata, non era un'opzione pratica. L'età della cavalleria era finita, ed essa sopravviveva esclusivamente come convenzione sociale. [...] Nei primi anni del secolo XVI la nobiltà armata costituiva ancora una parte rilevante delle armate del re, ma il rapido sviluppo delle armi da fuoco e l'enorme crescita numerica degli eserciti misero fine alla posizione privilegiata dell'aristocrazia in tempo di guerra. [...] Le guerre si trasformarono in campagne di lunga durata per cui era necessario un gran numero di soldati di professione al servizio del re. Gli eserciti del XVI e del XVII secolo, affiancati dall'artiglieria da campagna, armati e pagati dal regio Tesoro, non offrivano grandi opportunità alla nobiltà nel suo insieme. [...]
La trasformazione delle aristocrazie europee allentò il legame speciale che ancora veniva proclamato tra la nobiltà e l'arte della guerra. [...]
Sotto questo come sotto tanti altri aspetti la condizione della nobiltà andava rapidamente cambiando, e ciò nonostante la società europea restava imbevuta di valori aristocratici: gli atti e la propaganda ufficiali esaltavano l'ordine aristocratico, gerarchico e immutabile della società.

[1] Rendite.

GUIDA ALLA LETTURA

❶ Come cambiarono composizione e atteggiamenti della classe nobiliare nel XVII secolo? ❷ Su quali basi economico-giuridiche era fondato il privilegio nobiliare? ❸ Perché la vendita dei titoli nobiliari era conveniente sia per i sovrani sia per gli acquirenti? ❹ Perché i nobili si disinteressarono progressivamente all'attività militare?

10DOC

Jane Austen
Sentimento e orgoglio di classe

J. Austen, *Orgoglio e pregiudizio*, Garzanti, Milano 1982, pp. 275-79

■ Il brano che segue è tratto dal romanzo *Orgoglio e pregiudizio* (1813) della scrittrice inglese Jane Austen (1775-1817), nel quale è descritta la vita della buona società delle campagne inglesi non ancora raggiunte dagli echi degli sconvolgimenti rivoluzionari. In questo romanzo, la relazione sentimentale di Elizabeth Bennet (appartenente alla piccola *gentry* di contea di modeste risorse) con Fitzwilliam Darcy (*country gentleman*, colto, facoltoso e imparentato con la nobiltà di corte) è ostacolata proprio dall'orgoglio di rango di lui e dal pregiudizio di lei verso tanta superbia. Nel passo qui riportato le norme del codice sociale che tutelavano le distinzioni di rango sono invocate dalla nobile zia di Darcy – Lady Catherine de Bourgh – per dissuadere la giovane Elizabeth dal matrimonio con suo nipote.

Non appena raggiunsero il boschetto Lady Catherine attaccò su questo tono:

«Non potete avere dubbi, Miss Bennet, sulle ragioni della mia venuta. [...] Due giorni or sono mi è giunta all'orecchio una notizia assai allarmante. Mi è stato riferito che non soltanto vostra sorella era sul punto di fare un vantaggiosissimo matrimonio[1], ma che anche *voi*, Miss Elizabeth Bennet, con ogni probabilità vi sareste subito dopo unita in matrimonio con mio nipote, sì, mio nipote, Mr Darcy[2]. Benché io *sappia* che si tratta di una scandalosa menzogna; benché non gli farei il torto di ritenere possibile una cosa simile, ho deciso immediatamente di venire qui, in modo da rendervi noti i miei sentimenti. [...] Insisto immediatamente perché questa notizia venga pubblicamente smentita. [...] Vi ha forse egli, mio nipote, fatto una proposta di matrimonio?».

«Vossignoria lo ha dichiarato impossibile.»

«E così dovrebbe essere: così dev'essere, finché egli conserva l'uso di ragione. Ma le vostre arti allettatrici possono avergli fatto dimenticare, in un momento di infatuazione, ciò che egli deve a se stesso e a tutta la sua famiglia. Può darsi che voi lo abbiate adescato. [...] Cercate di capirmi. Questo matrimonio, a cui voi avete la presunzione di aspirare, non potrà mai aver luogo. Mai. Mr Darcy è fidanzato a *mia figlia*. [...] Il loro fidanzamento è di un tipo particolare. Sono destinati l'uno all'altra fin dall'infanzia. È stato il più caro desiderio di sua madre e mio. [...] Ed ora che il loro matrimonio potrebbe realizzare i voti di entrambe, verrà ad impedircelo una giovane donna di nascita inferiore, senza prestigio in società, e del tutto estranea alla famiglia?»

«[...] Se Mr Darcy non è legato a sua cugina né da impegni d'onore né da una particolare attrazione, perché non dovrebbe fare un'altra scelta? E se quella scelta fossi proprio io, perché non dovrei accettarlo?»

«Perché l'onore, il decoro, la prudenza, e, perché no, l'interesse, ve lo proibiscono. Sì, Miss Bennet, anche l'interesse; non aspettatevi infatti di trovare benevolenza presso i suoi familiari ed amici, se agirete deliberatamente contro i desideri di tutti. Sarete criticata, umiliata, disprezzata da tutti coloro che lo circondano. La parentela con voi sarà motivo di vergogna: il vostro nome non sarà mai pronunziato da nessuno di noi.»

«Sono grosse disgrazie», rispose Elizabeth. «Ma la moglie di Mr Darcy deve trarre dal proprio stato tali e tanti motivi di felicità da non avere, tutto sommato, motivo di lamentarsi.» [...]

«Dovete capire, Miss Bennet, che sono venuta qui col fermo proposito di spuntarla, e non mi lascerò dissuadere. [...] Mia figlia e mio nipote sono fatti l'uno per l'altra. Discendono dallo stesso ramo materno, dalla stessa nobile schiatta; e, da parte di padre, da due famiglie rispettabili, antiche ed onorate, anche se non titolate. Le fortune di entrambi sono ingenti. Sono destinati l'uno all'altra dai pareri unanimi delle loro rispettive famiglie; e che cosa li dividerà? Le improvvise pretese di una giovane donna senza nobiltà, senza prestigio, senza mezzi. Si dovrà tollerare una cosa simile? Non sia mai. Se foste consapevole del vostro stesso bene, non desidereste abbandonare l'ambiente in cui siete cresciuta.»

«Sposando vostro nipote non penserei di lasciare il mio ambiente. Egli è un gentiluomo; io sono figlia di un gentiluomo; fin qui, siamo pari.»

«Vero. Siete figlia di un gentiluomo. Ma chi era vostra madre?[3] Chi sono i vostri zii e le vostre zie? Non crediate che sia all'oscuro della loro condizione. [...] Non avete considerazione, dunque, per l'onore ed il decoro di mio nipote! [...] Non pensate che il matrimonio con voi lo screditerebbe agli occhi di tutti? Siete dunque decisa a sposarlo?»

«[...] Sono soltanto decisa a fare ciò che, a mio parere, potrà rendermi felice, senza riguardo a voi o ad altre persone che, come voi, non hanno nulla a che fare con me.»

«Va bene. Vi rifiutate di compiacermi, dunque. Vi rifiutate di ascoltare il richiamo del dovere, dell'onore, della gratitudine. Siete decisa a rovinarlo nella stima di tutti i suoi cari, e ad esporlo alla pubblica derisione.»

«Né dovere, né onore, né gratitudine hanno alcun richiamo su di me, in questo momento», rispose Elizabeth. «Nessuno di questi principî sarebbe violato dal mio matrimonio con Mr Darcy. Quanto al risentimento dei suoi

---

[1] La sorella maggiore di Elizabeth, Jane, stava per sposare Mr Bingley, discendente da una facoltosa famiglia del Nord Inghilterra arricchitasi con il commercio.

[2] Fitzwilliam Darcy, discendente da una famiglia di antica nobiltà per parte di madre e dalla *gentry* di antica acquisizione per parte di padre.

[3] Mrs Bennet, madre di Elizabeth, era figlia di un avvocato di Meryton, vicino a Longbourn, che le aveva lasciato quattromila sterline.

familiari e all'indignazione pubblica, se fossero *davvero* provocati dal nostro matrimonio, non mi farebbero né caldo né freddo... E la gente avrebbe troppo buon senso per associarsi al disprezzo di pochi.»

GUIDA ALLA LETTURA

❶ Con quali argomenti Lady Catherine cerca di convincere Elizabeth a non sposare suo nipote? ❷ Su quali basi Lady Catherine afferma la propria distanza sociale da Elizabeth? ❸ Quali diverse concezioni del matrimonio sono alla base delle opinioni delle due donne? ❹ Quali conseguenze sono minacciate da Lady Catherine in caso di sovvertimento delle regole familiari?

11

A.J. Mayer
Il perdurare del vecchio ordine

A.J. Mayer, *Il potere dall'Ancien Régime fino alla prima guerra mondiale*, Laterza, Roma-Bari 1982, pp. 2-11

■ Arno J. Mayer (nato nel 1926) offre qui un'interpretazione sulla fine dell'*ancien régime* che rovescia la tradizionale visione storiografica, basata sulla funzione innovatrice svolta dalla borghesia europea tra '700 e '800. L'autore concentra la propria attenzione sulla persistenza delle strutture del vecchio ordine, mettendo in evidenza che fino alla prima guerra mondiale gli elementi «premoderni» non hanno costituito i residui di un passato in dissoluzione, ma le basi stesse delle società europee. Le forze nuove che minavano il vecchio ordine si sono mosse, nel corso del XIX secolo, entro un quadro sostanzialmente agricolo in cui il potere dei ceti dominanti traeva ancora origine dal possesso della terra. Mayer rivede criticamente i tempi e i modi in cui la borghesia si è affermata nella vita economica, sociale e politica dei vari paesi e sostiene che solo con il primo conflitto mondiale si sono create in Europa le condizioni per il superamento dell'*ancien régime*.

Il vecchio ordine europeo era da un capo all'altro preindustriale e preborghese. Per troppo tempo, e in troppo grande misura, gli storici si sono concentrati sull'avanzata della scienza e della tecnica, del capitalismo industriale e mondiale, della borghesia e della classe media professionale, della società civile liberale, della società politica democratica e del modernismo culturale. Si sono occupati assai più di queste forze innovatrici, e della formazione della nuova società, che non delle forze dell'inerzia e della resistenza, che hanno rallentato il deperimento del vecchio ordine. [...]
Tuttora, la saggezza convenzionale vuole che l'Europa si sia sbarazzata del suo *ancien régime*, ed abbia accostato, o addirittura oltrepassato, la soglia della modernità assai prima del 1914. Studiosi di ogni tendenza ideologica hanno minimizzato l'importanza degli interessi economici preindustriali, delle élites preborghesi, dei sistemi di autorità predemocratici, dei linguaggi artistici premoderni e delle mentalità «arcaiche». [...]
È forse necessario ripensare, se non addirittura rovesciare, quest'immagine di un mondo moderno che domina un vecchio ordine in ritirata e in sfacelo. [...] Gli elementi «premoderni» non erano i residui fragili e in dissoluzione di un passato quasi completamente svanito, ma l'essenza medesima delle società civili e politiche d'Europa. Con ciò non si vuol negare la crescente importanza delle forze moderne che minavano e contestavano il vecchio ordine. Ma si vuole sostenere che fino al 1914 le forze dell'inerzia e della resistenza hanno mantenuto e raffrenato questa dinamica e rigogliosa nuova società entro la cornice degli *anciens régimes* che dominavano il paesaggio storico dell'Europa. [...]
I vecchi regimi europei erano società civili e politiche fornite di ben precisi poteri, tradizioni, costumi e convenzioni. E proprio perché costituivano sistemi sociali, economici e culturali così integrati e compatti, essi erano eccezionalmente elastici. [...]
La società civile del vecchio ordine era innanzitutto e soprattutto un'economia contadina ed una società rurale dominate da nobiltà ereditarie e privilegiate. Eccettuati pochi banchieri, mercanti e armatori, le grosse fortune e i grossi redditi avevano la loro base nella terra. [...] La terra restò fino al 1914 la forma principale di ricchezza e di reddito delle classi dominanti e di governo. [...] In tutta Europa, i settori manifatturiero e commerciale delle economie nazionali erano dominati da imprese di piccole e medie dimensioni a proprietà, finanziamento e gestione familiari. Questo capitalismo imprenditoriale generò una borghesia ch'era, nel caso migliore, protonazionale[1]. In quanto classe, tale borghesia aveva interessi economici comuni, ma la sua coesione sociale e politica era limitata. Questa borghesia manifatturiera e mercantile non poteva gareggiare con la nobiltà terriera quanto a identità di classe, status o potere. [...]
Se gli elementi feudali presenti nella società sia politica che civile perpetuarono con tanta efficacia il loro dominio, ciò si dové in buona parte al fatto che seppero adattarsi e rinnovarsi. Le nobiltà di servizio, sia civili che militari, assorbirono ambiziosi rampolli, accuratamente selezionati, dei ceti imprenditoriali e delle professioni liberali, badando al tempo stesso a regolare attentamente questo afflusso di sangue nuovo e di nuove capacità. [...]
Le vecchie élites eccelsero nell'assorbire selettivamente, nell'adattare e nell'assimilare le nuove idee e pratiche senza compromettere seriamente il

[1] Il primo nucleo di una borghesia nazionale.

loro status, il loro temperamento e la loro mentalità tradizionali. La nobiltà subì sicuramente un processo di diluizione e di rimpicciolimento, ma in maniera graduale e benigna.
Questa politica di prudenti, circoscritti aggiustamenti fu facilitata dalla frenesia di cooptazione e di nobilitazione della borghesia. Se la nobiltà si mostrò abile nell'adattarsi, la borghesia eccelse nell'emulazione. Per tutto l'Ottocento, e ancora nel primo Novecento, i grandi borghesi insisterono nel rinnegarsi, imitando e appropriandosi il modo di vivere della nobiltà nella speranza di inserirvisi. [...] Rinnegandosi al fine di ottenere l'ammissione nel vecchio establishment[2], i borghesi aristocratizzanti pregiudicavano la formazione della loro propria classe e della relativa coscienza di classe, ed accettavano e prolungavano la loro collocazione subordinata nell'«attiva simbiosi dei due strati sociali».

[2] Classe dirigente.

GUIDA ALLA LETTURA

❶ In quale modo la fiducia nell'idea di progresso ha negativamente influito sulla storiografia portandola a sopravvalutare la capacità della borghesia ad affermarsi come forza innovatrice nel corso del XIX secolo? ❷ Quali fattori permisero ai ceti dominanti tradizionali di conservare la propria posizione di predominio tanto a lungo? ❸ Attraverso quali modalità la nobiltà si adattava alle trasformazioni socio-economiche? ❹ Quali comportamenti della borghesia avallano la tesi dello storico?

SVILUPPARE LE COMPETENZE

Comprendere e Analizzare

❶ Dopo aver letto tutti i documenti e i brani degli storici, scrivi un breve testo (max 30 righe), dal titolo *Nobili e borghesi europei nel XVII secolo*, diviso nei seguenti paragrafi:

a. Privilegi e cultura dei nobili (Austen)
b. La vita dei borghesi e le «arti meccaniche» (Sewell)
c. Come si diventa nobili (Huppert, Mayer)

❷ Dopo aver letto il passo della Austen [10DOC] e il brano di Mayer [11], evidenzia gli elementi che sembrano confermare e quelli che sembrano smentire l'interpretazione dello storico.

Rielaborare e Argomentare

❸ Redazione di un saggio breve. *La borghesia europea nella società di* ancien régime

Sviluppa l'argomento scelto in forma di "saggio breve", utilizzando i documenti e i dati che lo corredano. Interpreta e confronta i documenti e i dati forniti e su questa base svolgi, argomentandola, la tua trattazione, anche con opportuni riferimenti alle tue conoscenze ed esperienze di studio. Da' al saggio un titolo coerente con la tua trattazione e ipotizzane una destinazione editoriale (rivista specialistica, fascicolo scolastico di ricerca e documentazione, rassegna di argomento culturale, altro). Se lo ritieni opportuno, organizza la trattazione suddividendola nei paragrafi sottoelencati, cui potrai eventualmente cambiare titolo.

a. Le attività economiche
b. La stratificazione sociale e i segni della ricchezza
c. La ricerca di una cultura per la borghesia

Documenti: Austen **[10DOC]**
Immagini: p. 45
Brani storiografici: Sewell **[8]**, Mayer **[11]**
Capitoli: **2.2**-3, **2.6**

❹ Dopo aver letto i brani di Huppert [9] e di Mayer [11], scegli tra le seguenti posizioni storiografiche sulla condizione della nobiltà negli ultimi secoli dell'*ancien régime* quella che ritieni più convincente e argomenta la tua risposta in un breve testo (max 20 righe).

a. I nobili presagiscono la fine irreversibile del proprio mondo di privilegi e lo sfaldamento della base economica della propria ricchezza; per questo motivo, irrigidiscono i tratti tipici della propria cultura.
b. L'aristocrazia oppone un'attiva e vivace resistenza alla modernizzazione dell'economia; infatti obbliga i nuovi ricchi a desiderare di appartenere alla cultura nobiliare e a investire nella proprietà terriera.

Famiglie e figli

Negli ultimi anni gli storici dell'età moderna hanno mostrato un crescente interesse per le condizioni di vita di donne e bambini. Un notevole sviluppo, in particolare, hanno registrato i cosiddetti «studi di genere», ovvero quelle ricerche che hanno l'obiettivo di indagare i rapporti tra i sessi e i sistemi di potere che ne derivano. In questa sezione sono stati raccolti alcuni brani che ricostruiscono ed esaminano alcuni aspetti della vita di donne e bambini durante l'*ancien régime*.
Soprattutto in ambiente urbano, la famiglia fu al centro di importanti trasformazioni. Si accentuò, infatti, la diffusione della famiglia nucleare (formata da genitori e figli) e si affermarono le prime forme di contraccezione e di pianificazione demografica, legate sia al calcolo economico sia a una nuova

tutela della salute delle madri, la cui altissima mortalità dipendeva spesso dal numero elevato delle gravidanze. Anche l'infanzia fu protagonista di questa nuova attenzione, accompagnata da un rapporto meno distante con i figli.
Nel primo brano, tratto da un volume di **Ernst Hinrichs** [12], si descrive la funzione centrale del «matrimonio tardivo» (ovvero caratterizzato da un'età non giovanissima degli sposi) come strumento di controllo dello sviluppo demografico: esso, infatti, costituiva una forma di adattamento della società alle difficoltà ambientali e alimentari. Sempre sul controllo demografico, seguono poi le pagine di **Jean-Louis Flandrin** [13] sugli inizi della contraccezione nella Francia del XVIII secolo. Segue una descrizione di **Olwen Hufton** [14] delle opportunità di lavoro per le giovani appartenenti a famiglie popolari. Il brano successivo, di **Nicole Castan** [15], guida il lettore all'interno delle mura domestiche per evidenziare gli spazi di autonomia e libertà riservati alle padrone di casa. Conclude la sezione un brano di **Dominique Julia** [16] sulle difficili condizioni di vita dei bambini cresciuti nelle famiglie popolari.

12

E. Hinrichs
Matrimonio tardivo e crisi demografiche

E. Hinrichs, *Alle origini dell'età moderna*, Laterza, Roma-Bari 1984, pp. 7-16

■ Nel brano presentato, tratto dal volume *Alle origini dell'età moderna* (1980), Ernst Hinrichs (1937-2009) descrive il sistema demografico dell'Europa pre-industriale nel quadro del rapporto tra mezzi di sussistenza, età matrimoniale e controllo delle nascite. Hinrichs sottolinea l'esistenza di un modello europeo di matrimonio caratterizzato da un'età relativamente alta degli sposi (contrariamente alla diffusa convinzione che le donne in particolare si sposassero giovanissime): la condizione necessaria a una nuova unione matrimoniale era, infatti, la possibilità di un lavoro. Riducendo in questo modo il periodo di naturale fecondità femminile, il matrimonio tardivo si configura, dunque, come il più efficace espediente delle società europee di *ancien régime* per contenere lo sviluppo demografico.

Nel corso di tutta l'età moderna – probabilmente già a partire dal XIV secolo e fino al XVIII – l'andamento demografico ha obbedito per così dire alle regole di un sistema correlato alle condizioni ambientali e, in particolar modo, ai mezzi di sussistenza e al grado di sviluppo della civiltà materiale. [...]
Tra le popolazioni contadine in età moderna, ma anche nei ceti artigiani e cittadini, esisteva una condizione «ineludibile» per la fondazione di un *ménage*[1] e di una famiglia e quindi per la procreazione legittima: l'esistenza di un posto di lavoro che fornisse garanzie sufficienti di sussistenza per la futura famiglia, ossia un podere o una bottega artigiana. [...] Chi non poteva occupare, per successione o tramite pagamento, un posto di lavoro pienamente retribuito, era sprovvisto del presupposto materiale necessario alla procreazione legittima (cioè coniugale). [...]
Dobbiamo dunque mettere in conto il fatto che i giovani e le ragazze dell'Europa preindustriale rimanevano per lunghi anni nubili dopo l'inizio dell'età feconda [...]. Il «matrimonio tardivo» era l'unico metodo efficace del sistema demografico preindustriale, per mantenere l'equilibrio tra le parti nubili della popolazione e i posti di lavoro disponibili. [...] L'elemento regolatore determinante [...] [erano] le unità produttive concretamente esistenti in ciascuna regione, il cui numero e la cui entità venivano determinati e limitati da condizioni giuridiche (diritto di successione), tecniche (possibilità di coltivare terre rimaste incolte), e politico-signorili (espansione dei domini nobiliari nelle campagne, limitazione «corporativa» delle aziende artigiane nelle città). [...]
Le popolazioni europee rurali ed urbane praticavano una pianificazione familiare su larga scala con l'ausilio del matrimonio «ritardato». Se è vero infatti che, una volta sposata, la donna partoriva in media un figlio ogni due anni, questa fecondità particolarmente intensa era però limitata dal fatto che essa iniziava solo dopo che erano passati almeno sette e talvolta dieci anni dall'età puberale. Nella formula ormai classica di Pierre Chaunu, «la pratica del matrimonio tardivo predominante nelle famiglie non eccezionalmente agiate era il mezzo specifico di controllo delle nascite nell'Europa dell'*ancien régime*». [...]
Inoltre, la storia demografica europea dell'età moderna è caratterizzata da grandi mortalità cicliche. La morte vi assumeva tre aspetti: fame, epidemia e guerra. Le grandi mortalità, e in particolare le crisi agricole e le carestie che seguivano un raccolto catastrofico, ebbero riflessi decisivi sulle popolazioni europee tra il 1600 e il 1750, e insieme al matrimonio tardivo dettero luogo a un processo che rivela il carattere sistemico della storia demografica nell'età moderna. [...]
A intervalli regolari di 10, 15 o 20 anni,

[1] Vita di coppia.

in molte zone urbane e rurali d'Europa, [...] il raccolto era catastrofico e i prezzi degli alimenti base, che erano poi le granaglie, salivano alle stelle. [...]
Negli anni di crisi la morte per fame aggrediva le popolazioni in modo massiccio; intanto, col favore della penuria e della cattiva alimentazione, gli agenti patogeni prosperavano. [...]
Gli effetti demografici delle annate di carestia non tardavano a manifestarsi. Insieme ai prezzi, saliva l'indice di mortalità, il numero dei matrimoni non di rado rasentava lo zero, quello dei battesimi e soprattutto dei concepimenti regrediva. [...]
Nella società preindustriale erano soprattutto due i gruppi di età che venivano colpiti dalla crisi demografica «di vecchio tipo»: da un lato i neonati, i bambini e gli adolescenti, dall'altro le persone anziane, ormai al di fuori del processo di riproduzione demografica. Alti tassi di mortalità tra la popolazione anziana, per quanto ciò possa suonare «cinico», avevano effetti «benefici» per l'insieme del villaggio. Aziende agricole e artigiane diventavano accessibili prima del previsto, si creava spazio e, nelle crisi gravi, anche spazio considerevole, per la fondazione di nuove famiglie. Gli storici [...] hanno effettivamente riscontrato una serie di mutamenti di ritmo nelle popolazioni dei villaggi dopo un'intensa crisi demografica: anzitutto un aumento della fecondità matrimoniale [...]; in secondo luogo una riduzione del celibato «definitivo» [...]; infine il fenomeno più importante: un forte aumento dei matrimoni immediatamente dopo la cessazione della crisi e, nove mesi dopo, un vero e proprio «*boom* delle nascite».

GUIDA ALLA LETTURA

❶ In quale modo, secondo Hinrichs, la popolazione europea dell'*ancien régime* riusciva a mantenere l'equilibrio tra la popolazione e i posti di lavoro disponibili?
❷ Quali erano le condizioni ineludibili alla formazione di una famiglia, nell'età moderna?
❸ Che cosa caratterizzava una crisi demografica di vecchio tipo? Cosa accadeva al termine di essa?

13

J.-L. Flandrin
Gli inizi della contraccezione

J.-L. Flandrin, *La famiglia. Parentela, casa, sessualità nella società preindustriale*, Edizioni di Comunità, Milano 1979, pp. 264-77; 290-93

■ Il brano presentato è tratto dal volume *La famiglia. Parentela, casa, sessualità nella società preindustriale* (1976) di Jean-Louis Flandrin (1931-2001). Si tratta di un'opera di sintesi preziosa, che fa il punto sugli studi relativi alla storia della famiglia nei suoi aspetti economici, sociali, demografici ma anche ideologici, morali e religiosi. Le pagine proposte affrontano il problema della diffusione del controllo delle nascite nella Francia del XVIII secolo, causato dal mutamento del rapporto tra i coniugi, dalla maggiore considerazione per la salute della donna, e soprattutto dalla maggiore sensibilità nei confronti della crescita e dell'educazione dei figli.

Verso il 1740 in piccole città come Meulan, e verso il 1760 nelle campagne vicine, la fecondità coniugale cominciò a calare in misura significativa, e tale diminuzione è proseguita ininterrottamente fino al secolo XX. [...]
Tra il secolo XVI e la fine del XVIII la famiglia ha cambiato natura e si è delineata una nuova morale familiare. Il nucleo padre-madre-figli si è andato a poco a poco distaccando dagli altri parenti e dai domestici che una volta, negli ambienti agiati, facevano sempre parte della «famiglia» e [...] esso ha acquistato maggiore solidità, non esistendo più nella famiglia odierna né il baliatico[1] né l'allontanamento degli adolescenti, avvenimenti una volta normali. Abbiamo sottolineato come la morale domestica fosse diventata verso la fine del secolo XVIII più sentimentale di quanto lo fosse alla fine del secolo XVI; come essa fosse giunta un po' alla volta ad esigere dal marito un atteggiamento meno brutale e più cortese verso la moglie [...]; come questa morale abbia insistito sempre di più sui doveri dei genitori verso i figli, così da sviluppare nei genitori il senso delle responsabilità che si assumevano procreando e il desiderio di evitarle non procreando. [...] È attraverso queste trasformazioni della società e della morale che bisogna cercare di spiegare il passaggio al sistema demografico di oggi. [...]
Chi traeva vantaggio dalla limitazione delle nascite? Prima di tutto la moglie. [...] È un fatto indiscutibile che le gravidanze continue sono estenuanti. [...] I parti erano sempre dolorosi, [...] e soprattutto erano spesso mortali. [...]
Se sono state proprio le donne a limitare la fecondità, è molto [...] probabile che ciò sia avvenuto mediante il rifiuto del dovere coniugale [...]. D'altronde, tra il secolo XVI e il XVIII, i teologi sono andati moltiplicando i casi nei quali era permesso alle donne di sottrarsi agli amplessi coniugali. [...] Man mano che aumentavano le possibilità morali di rifiuto, la donna diventava sempre più padrona della propria condotta, perché il marito aveva perso il diritto di picchiarla per costringerla al proprio dovere. [...] D'altra parte, questa trasformazione dei rapporti di forza nel matrimonio ha ugualmente favorito la diffusione del coito interrotto[2].
[...] Bisogna quindi spiegare questo paradosso: nel matrimonio, come

[1] Affidamento alla balia.
[2] Pratica contraccettiva (di incerta efficacia) che consiste nell'interrompere la penetrazione prima dell'emissione del seme.

fuori del matrimonio, erano le donne che volevano limitare la fecondità e [...] pare che vi fosse un solo metodo contraccettivo efficace, il coito interrotto, che può essere praticato soltanto dall'uomo. Questo evidente paradosso presenta un'unica soluzione: il coito interrotto è stato adottato quando le donne sono state capaci di convincere gli uomini a praticarlo [...].
La donna doveva, per tradizione, porre il proprio corpo a disposizione del marito e [...] non poteva rifiutare i suoi amplessi né obbligarlo a renderli sterili, anche se temeva di poterne morire. [...] Dal punto di vista giuridico nulla è cambiato fino al secolo XX, ma la riduzione dei mezzi di coercizione del marito e il moltiplicarsi dei casi in cui la morale riconosceva alla donna il diritto di rifiutare «il debito», hanno trasformato in modo notevole i rapporti tra i coniugi. Sembra soprattutto che il rapporto cortese sia stato introdotto nel matrimonio a partire dal secolo XVII. [...]
Tranne che per le famiglie più povere [...] non è quindi possibile spiegare le trasformazioni del comportamento coniugale unicamente in base ad elementi economici, e bisogna per forza cercarne la spiegazione in un cambiamento di mentalità. [...]
I genitori che mettevano i figli a balia, e in particolare le madri, erano considerati i principali responsabili della loro morte o delle loro malattie. [...] Si può supporre che dalla fine del secolo XVI alla metà del XVIII i progressi dell'influenza del clero sull'animo dei fedeli abbiano suscitato nelle madri un crescente senso di colpa a questo riguardo. D'altra parte, l'insegnamento dei moralisti è andato pian piano trasformandosi, sacralizzando sempre di più la vita del bambino. [...]
La trasformazione della mentalità [...] consiste [...] nella presa di coscienza dei doveri implicati dalla procreazione. Tutto dimostra che questa coscienza è molto maggiore nel secolo XVIII che nel XVI: ci si impietosisce più sistematicamente sulla infanzia; se ne consacra l'innocenza e si tollera perciò molto meno l'iniquità della sua morte; le semplici gioie della vita familiare sono diventate di moda nelle classi sociali più elevate.

GUIDA ALLA LETTURA

❶ Come si trasforma, secondo Flandrin, il rapporto tra coniugi nella Francia del XVIII secolo? ❷ Qual era l'atteggiamento delle donne nei confronti della contraccezione? ❸ Come cambia la mentalità dei genitori nei confronti dei figli? Come questo si lega all'adozione di pratiche contraccettive?

14

O. Hufton
Donne e lavoro

O. Hufton, *Donne, lavoro e famiglia*, in *Storia delle donne in Occidente. Dal Rinascimento all'età moderna*, a c. di A. Farge e N. Zemon Davis, Laterza, Roma-Bari 1991, pp. 15-21

■ Nell'Europa d'antico regime le donne delle classi lavoratrici erano costrette a lavorare, sia prima sia dopo il matrimonio. Sebbene fossero strettamente dipendenti dagli uomini (padri, fratelli o mariti), infatti, non potevano aspettarsi di essere mantenute. In questo brano, la storica britannica Olwen Hufton (nata nel 1938), studiosa delle condizioni di vita delle donne in età moderna, esamina le diverse opportunità che le figlie delle famiglie contadine avevano di trovare un'occupazione in una fattoria in campagna o in città.

Dal momento in cui una bambina veniva alla luce in un matrimonio legittimo, e indipendentemente dalle sue origini sociali, veniva definita in base alle sue relazioni con un uomo. Il padre, e in seguito il marito, erano responsabili legalmente per lei e [...] a entrambi essa doveva onore e obbedienza. [...] Era già prevista anche la sua dipendenza economica dall'uomo che ne dirigeva la vita. [...]
Questo modello veniva applicato rigorosamente dalle classi medie e alte nel corso di tutto il periodo di cui ci occupiamo. [...] Eppure quel modello non poteva trovare applicazione completa presso la maggior parte della popolazione. Nelle società dell'epoca, ci si aspettava che le donne delle classi lavoratrici si mantenessero da sole sia prima che dopo il matrimonio. [...] In breve, l'idea della donna totalmente dipendente come figlia e moglie veniva messa in discussione dalle limitate risorse economiche sia del padre che del marito al quale poteva aspirare.
Nonostante l'obbligo di lavorare per mantenersi, la società non riteneva che le donne potessero o dovessero vivere in uno stato di completa indipendenza. Anzi, la donna indipendente era vista come qualcosa di innaturale e detestabile. Si riteneva che padre e marito avrebbero dovuto darle una casa contribuendo così in qualche misura al suo mantenimento. Questo assunto si rifletteva sui salari femminili medi: una donna poteva essere pagata meno per il suo lavoro perché c'era un uomo che provvedeva a metterle un tetto sulla testa. Se nel periodo precedente al matrimonio la donna non riusciva a trovare un lavoro che le permettesse di restare a casa, si doveva cercare come sostituzione un ambiente protettivo. La ragazza sarebbe entrata a far parte della famiglia del suo datore di lavoro. [...] Il fatto di essere nutrita e alloggiata si ripercuoteva sul salario che le veniva corrisposto. In teoria la donna avrebbe dovuto spendere il minimo possibile del suo salario e il datore di lavoro lo

avrebbe messo da parte per restituirglielo nel momento in cui avesse lasciato la sua casa.
Ecco dunque che l'obiettivo della vita lavorativa della donna nubile era evidente. Mentre risparmiava alla famiglia il costo del suo mantenimento, si impegnava ad accumulare la dote e a sviluppare capacità lavorative specifiche per attrarre un marito. Poco più che bambina, la famiglia e la società in cui viveva le facevano capire con chiarezza che la vita era una lotta contro una povertà opprimente e che col passare del tempo avrebbe avuto bisogno di un marito che le desse un rifugio e l'aiutasse nel processo di sopravvivenza. Il rendersi conto di queste cose spingeva quasi l'ottanta per cento delle ragazze di campagna a lasciare la famiglia più o meno all'età di dodici anni – due anni prima dei propri fratelli – per iniziare a prepararsi al momento in cui avrebbero potuto sperare di sposarsi. [...]
Se ve ne erano di disponibili la maggior parte delle ragazze aspirava ad un posto di servitrice residente in una fattoria, ma la domanda per questo tipo di lavoro era infinitamente superiore all'offerta. [...] La concorrenza per i lavori nelle fattorie era forte perché offrivano alla ragazza la possibilità di restare vicino alla sua famiglia senza dover cambiare radicalmente il proprio modo di vivere. [...] È comunque chiaro che alla fine del XVIII secolo un numero crescente di ragazze non riusciva a trovare questo genere di lavoro. [...]
La ragazza che non riusciva a trovare una fattoria nelle vicinanze di casa guardava alla città anche se questo non significava necessariamente allontanarsi molto. La più vicina cittadina di 5 o 6 mila abitanti poteva essere il luogo in cui cercare lavoro come inserviente, partendo dal livello più basso come donna di fatica [...]. La richiesta urbana di servizio domestico sembra essere aumentata notevolmente durante il periodo del quale ci occupiamo e riflette la crescente agiatezza di alcuni settori della società urbana e il basso costo della manodopera. [...]
Nel corso del XVII e XVIII secolo la servitù femminile costituiva il più grande gruppo occupazionale nella società urbana rappresentando circa il dodici per cento della popolazione complessiva di ogni città europea. [...] È facile supporre che esistessero delle differenze notevoli fra i vari tipi di servizio e le relative condizioni. Molto dipendeva dalla situazione del datore di lavoro. [...] Esisteva una gerarchia nei servizi ma [...] molti dei lavori riservati alle donne si trovavano al livello più basso.

GUIDA ALLA LETTURA

❶ Quale funzione sociale veniva attribuita alla donna nel XVIII secolo? ❷ In che cosa consisteva la relazione di dipendenza che legava le donne a padri, mariti e datori di lavoro? ❸ Perché il lavoro in fattoria era il più richiesto? ❹ Quali occupazioni la città offriva alle donne di origine contadina?

15

N. Castan
Vita privata al femminile

N. Castan, *Pubblico e privato*, in *La vita privata dal Rinascimento all'Illuminismo*, a c. di Ph. Ariès e R. Chartier, Laterza, Roma-Bari 1987, pp. 331-33

■ L'immagine della donna custode del focolare, serva dei maschi della famiglia, non è sufficiente per descrivere la condizione femminile in età moderna, soprattutto tra i ceti più benestanti. A evidenziarlo è la storica francese Nicole Castan, che individua e valorizza gli spazi di autonomia delle donne all'interno delle mura domestiche. A giudizio della studiosa, infatti, più che una subordinazione rigorosa delle donne ai capifamiglia emergerebbe una «divisione di poteri e di compiti»: spettava infatti alle prime la direzione dell'economia domestica, l'educazione delle figlie, la selezione e la gestione delle domestiche. Inoltre, le donne riuscivano a condizionare le scelte matrimoniali delle figlie e spesso godevano di un'ampia libertà nel fare testamento.

L'espressione «vita privata al femminile» può suonare paradossale, tanto la donna di queste società sembra confinata al focolare. Senza dubbio essa è generalmente esclusa dalle funzioni pubbliche e dalle responsabilità esterne (politiche, amministrative, municipali, corporative). [...]
Il suo, infatti, è prioritariamente un mestiere domestico; il suo ambiente è la casa, con il compito di incarnare l'immagine, radicata dalla Chiesa e dalla società civile, insieme di sposa e di madre. Fondamentale l'esigenza di una onorabilità fatta di riserbo, di fedeltà ai suoi e al proprio buon nome: quindi la dedizione costante a tutti coloro che vivono sotto il suo tetto la destina a servire, ossia a curare: nutrire, allevare, accudire nella malattia, assistere nella morte; questo il mestiere delle donne, che vi si consacrano gratuitamente. Non si usa, d'altronde, riconoscere la loro partecipazione così frequente alla produzione per elogiarle meglio, e ricordarle, a premio della loro devozione, nel testamento. La devozione, per esempio, di [...] M.me d'Ayne, suocera del barone d'Holbach, che l'estate accoglie nel castello del Grandval, oltre ai figli, invitati numerosi. Diderot, ospite abituale degli anni 1760, le riconosce tutti i pregi di una padrona di casa, sempre sollecita del benessere e degli svaghi altrui. «Se mostri di gradire un piatto, l'indomani eccotelo; e così il resto».
Serva, dunque, ma anche padrona; infatti la sua posizione, se esige le debite virtù di modestia, devozione e econo-

mia, le dà l'autorità necessaria per le sue mansioni. Ciò induce a rivedere l'idea di una subordinazione rigorosa al capofamiglia; c'è piuttosto una divisione di poteri e di compiti. M.me Phlipon, madre di M.me Roland, era moglie di un noto incisore parigino. A lei è affidata la direzione della casa, mentre il marito regna in bottega, dove si mescolano lavoranti e clienti. Ed è lei a dirigere, oltre all'economia domestica e alla donna di servizio, l'educazione della figlia: che vuole accurata, e condotta presso di lei, secondo la tradizione. Sceglie e sorveglia i vari insegnanti privati; provvede a istruire la figlia nel disegno, nella musica e nella danza; e la veste con un'eleganza civettuola al di sopra della sua condizione. [...]
Tutto il problema, riguardo alla vita domestica, è infatti di individuare le libertà e le nicchie possibili. Da segnalare subito che, sopra la soglia della miseria, la donna non è priva di mezzi: quelli datile dalla libertà di testare e dal contratto matrimoniale; questo patto fondatore della famiglia (non meno del sacramento) è di rigore nelle classi ricche, e largamente praticato a tutti i livelli nelle classi meridionali. Esso dà alla sposa, insieme alla garanzia della propria dote e alla libertà di disporre dei propri beni, la possibilità di una strategia personale, sia pure conforme generalmente alla politica familiare. [...] La libertà di disporre sussiste, anche a rischio di scandalo. M.me de Pollastron, moglie di un gentiluomo guascone, sembra essere ricca al di là del suo stato, ha ereditato certi beni di famiglia. Sia per predilezione, sia per la vanità di un imparentamento lusinghiero, aggiunge 3000 scudi alla dote di una giovane cugina, mentre sarebbero bastati 200 scudi di vestiario. Doppio tradimento: verso il marito, messo da parte, e verso i figli, privati della somma in questione. Ma sul piano giuridico la sua decisione è inattaccabile.
A leggere le corrispondenze del tempo e le testimonianze giudiziarie, si ha l'impressione che le donne disponessero di margini di manovra abbastanza elastici; il che consente loro, all'occasione, di deporre la maschera e le costrizioni della parte loro assegnata. La scelta delle domestiche, per esempio, è solitamente rimessa alla donna. [...] Alla donna, naturalmente, spetta il diritto di correzione privata: rinchiudere la serva infedele per costringerla a confessare e a restituire la cuffia rubata sembra cosa normale alla moglie di un procuratore del Velay. La donna, d'altronde, dirige il lavoro dei domestici e vive con loro nei termini di una familiarità che può giungere alla complicità. Sophie Volland (prossima alla quarantina) riesce a comunicare con Diderot, all'insaputa della madre, tramite la sua devota fantesca.

GUIDA ALLA LETTURA

❶ In che cosa consiste il «mestiere domestico» della donna? ❷ Quale tesi viene contrapposta all'idea della totale subordinazione della donna al capofamiglia? ❸ Quali erano gli spazi di libertà concessi e praticati dalle donne? In che cosa consisteva la loro «autorità»?

16

D. Julia
Infanzie popolari

D. Julia, *1650-1800: l'infanzia tra assolutismo ed epoca dei Lumi*, in *Storia dell'infanzia*, vol. II, *Dal Settecento a oggi*, a c. di E. Becchi e D. Julia, Laterza, Roma-Bari 1996, pp. 32-43

■ Nascere in una famiglia popolare significava avere un'infanzia molto difficile. Innanzitutto per la precarietà delle condizioni abitative, poiché spesso i bambini crescevano in spazi ristretti e malsani. Poi per il rischio costante di morte, alimentato dalle pessime condizioni igieniche e dalla frequente diffusione di epidemie. Infine per il rapporto contraddittorio con i genitori, che spesso non esitavano ad affidare i neonati a balie. Ma tutti questi condizionamenti non escludevano la possibilità di instaurare rapporti affettivi all'interno delle famiglie. In questo brano, lo storico francese Dominique Julia (nato nel 1940) ricostruisce alcuni aspetti della vita dei bambini nell'età moderna, ridimensionando l'idea che la famiglia popolare fosse soltanto un'associazione economica.

Quando ripercorre l'evoluzione che dalla famiglia medievale conduce alla famiglia moderna, Philippe Ariès descrive in primo luogo le trasformazioni che emergono nei mestieri dei notabili: «Ancora nell'Ottocento – scrive –, una gran parte della popolazione, la più povera e la più numerosa, viveva come le famiglie medievali, i bambini non restavano accanto ai genitori». [...] In realtà, un tale atteggiamento riduce arbitrariamente la famiglia popolare a una semplice associazione economica da cui sarebbe assente qualsiasi affettività [...]. Ma in tal modo siamo sicuri di non aderire inconsciamente a uno schema che contrappone una cultura delle *élites* (di cui fanno parte gli storici) e una natura «primitiva» insita nel popolo?
È chiaro, tuttavia, che la precarietà delle condizioni economiche grava sulle infanzie popolari. Gli alloggi degli operai e degli artigiani sono minuscoli e sovrappopolati [...]. Si comprende dunque in che promiscuità costante si svolgesse l'infanzia della maggior parte di queste persone.
Al di là di questo ambiente naturale dagli spazi estremamente ridotti, propizio alla propagazione delle epidemie, le infanzie popolari si svolgono, non va dimenticato, nel rischio costante della morte. In primo luogo, morte dei genitori [...]. Dobbiamo dunque immaginare, nelle famiglie popolari, relazioni affettive complesse, intrecciate su una trama di coabitazioni successive e mobili.

Il rischio di morte è ancora maggiore per i bambini. Da qualche decennio, gli storici demografi hanno cercato con insistenza, utilizzando tecniche sempre più sofisticate, di definire il tasso di mortalità infantile e giovanile. Le cifre colossali che hanno portato alla luce esprimono la pregnanza quotidiana della morte riguardo ai neonati e ai bambini nei primi anni di vita, anche se si può osservare un leggero calo nella seconda metà del XVIII secolo [...]. L'uso corrente, tra i genitori, di mandare a balia i propri figli rende ancor più grave questo triste bilancio. [...]
In questo universo in cui le possibilità di sopravvivenza di un bambino fino all'età di quattro anni sono così scarse per la mancanza di cure e di igiene e per le epidemie, il rischio di morte è stato interiorizzato dai genitori, ma ciò non vuol dire disinteresse. [...]
Le madri, anche se analfabete, si arrangiano per scrivere ai genitori «di latte» al fine di avere notizie del bimbo che non hanno quasi mai visto [...]. I verbali di polizia attestano le complesse peripezie collegate al trasporto dei neonati, portati dalla città nelle campagne e riportati indietro: essi esprimono la negligenza delle balie che hanno lasciato che la sporcizia dominasse e che hanno accettato il bambino anche quando non avevano quasi più latte; essi esprimono anche la negligenza dei «portatori» analfabeti che, non sapendo ritrovare l'indirizzo dei genitori che era stato loro indicato, affidano l'esserino in mani sconosciute, pronte peraltro a riceverlo. Attraverso gli squarci di vita che gli archivi di polizia lasciano intravedere, si constata con sorpresa che il bambino può così passare di mano in mano; se è già grandicello, può smarrirsi in una grande città in cui, nuovo arrivato, non ha punti di riferimento [...].
Ciò che ci resta meno chiaro in questo universo è la carica emozionale collegata ai rapporti familiari. È verosimile che violenza e tenerezza si mescolino quotidianamente senza che si possano cogliere i punti nodali di questi intrecci. La violenza è familiare perché è come integrata nelle forme di vita popolare. [...] Anche gli archivi di polizia palesano le violenze dei mariti sulle mogli, violenze che non risparmiano i bambini.
Da tali sevizie, da tali violenze che colpiscono la nostra sensibilità odierna dovremmo forse giungere all'idea, fatta propria con disinvoltura dagli psicostorici americani, di genitori «snaturati»? Gli archivi di polizia conservano solo gli episodi di violenza della vita quotidiana, e sarebbe azzardato giudicare con la nostra sensibilità contemporanea una cultura in cui la violenza è costitutiva dei rapporti sociali e rivela anche la durezza delle condizioni di vita [...]. Del resto, [...] quando nel maggio del 1750 si sparge [...] la voce che la polizia rapisce i bambini per mandarli nelle isole e nelle colonie, [...] il panico che allora colpì le famiglie ben rivela quanto profondamente fosse radicata la preoccupazione per la sorte dei bambini.

GUIDA ALLA LETTURA

❶ Quale tesi sulla famiglia dello storico Ariès viene contestata dal lavoro di Julia? ❷ Quale comportamento sociale contribuiva a esporre i bambini al rischio della morte? ❸ In che misura violenza e affettività coesistevano nell'universo familiare delle classi popolari?

SVILUPPARE LE COMPETENZE

Comprendere e Analizzare

❶ Dopo aver letto i brani di Hinrichs [12] e di Flandrin [13], evidenzia i fattori che, in diverse fasi, resero possibile un controllo demografico che prevenisse aumenti eccessivi della popolazione. Che cosa differisce nell'interpretazione dei due storici? Da quali basi diverse partono?

❷ Per molte famiglie dell'età moderna era necessario affidare i neonati alla cura di una balia: la maggior parte delle donne, infatti, doveva lavorare per mantenere la propria famiglia e non poteva accudire i propri figli. L'istituto del baliatico, tuttavia, aumentava la possibilità di morte dei bambini. Dopo aver letto i brani di Flandrin [13] e di Julia [16], metti in luce come il declino di questo istituto si sia affiancato all'emergere dell'affettività all'interno delle famiglie.

Rielaborare e Argomentare

❸ Tema di argomento storico. *La «scoperta» della donna nella storia dell'*ancien régime

La storiografia ha, per lungo tempo, fatto proprio il punto di vista maschile, che relegava le donne al margine del mondo e della storia «ufficiale», le escludeva da ogni visibilità sociale e le confinava nello spazio domestico della riproduzione. I recenti «studi di genere» hanno invece messo in luce gli spazi di autonomia e le forme di protagonismo delle donne, in età moderna, mostrandone aspetti e caratteri inediti. Dietro un'immagine ufficiale e un modello ideologico dominante esisteva dunque una realtà più complessa e dinamica: ricostruiscila in un testo scritto citando opportunamente i testi e i documenti elencati.

Immagini: pp. 38, 64
Brani storiografici: Flandrin [13], Hufton [14], Castan [15]
Capitoli: **2.3**

❹ Scrivi un breve testo (max 40 righe) dal titolo *La famiglia popolare nell'età moderna*, seguendo la scaletta di argomentazione:

a. Le fonti e i documenti di una storia «minore» (Hinrichs, Castan, Julia);
b. Il matrimonio come strumento di regolazione sociale (Hinrichs, Hufton);
c. Il potere degli uomini: funzioni e doveri del capofamiglia (Hinrichs, Flandrin, Hufton, Castan);
d. L'età moderna al femminile: il ruolo delle donne nell'economia familiare (Hufton, Flandrin, Castan);
e. L'infanzia nell'*ancien régime* (Julia);
f. Affettività, violenza e abbandoni nella famiglia di *ancien régime* (Julia).

Vecchia e nuova economia

Strutture tradizionali e fattori di trasformazione si accompagnano e si scontrano nell'evoluzione della società d'*ancien régime*, dando luogo a cambiamenti importanti nei sistemi produttivi, nelle tecniche, nei rapporti sociali. Il carattere ancora feudale del possesso di terra emerge dal documento sui diritti del signore feudale di Essigey [17DOC], che permette di ricostruire le condizioni di vita dei contadini. Giorgio Giorgetti [18] analizza un contratto di mezzadria stipulato nel 1573, che documenta l'evoluzione dei rapporti sociali ed economici tra proprietari e contadini. Le consuetudini delle comunità di villaggio, i modelli che influivano sull'atteggiamento dei contadini nei confronti delle novità che rompevano con tradizioni consolidate sono al centro del brano di Barrington Moore jr. [19], che ne analizza la crisi e la dissoluzione. È il caso del processo di privatizzazione della terra, attraverso le recinzioni (*enclosures*), che nell'arco di due secoli trasformò il paesaggio agrario inglese e creò le basi per una nuova agricoltura, strettamente dipendente dal mercato.

Dalla metà del XVII secolo, inoltre, si affermò un radicale cambiamento nei comportamenti di consumo, che lo storico economico Jan de Vries [20] ha definito «rivoluzione industriosa»: nel secolo che precedette la rivoluzione industriale, infatti, tutti i membri della famiglia furono coinvolti negli scambi di mercato, come produttori di beni commerciabili o come soggetti che incrementavano l'offerta di lavoro. L'aumento del reddito disponibile provocò, così, una crescente domanda di nuovi beni di consumo.

17DOC

Diritti del signore feudale

da P. Goubert, *L'ancien régime. La società*, Jaca Book, Milano 1976, pp. 116-17

■ L'elenco dei diritti signorili di Essigey (una località della Borgogna, in Francia) è un chiaro esempio delle prestazioni feudali dovute da una comunità contadina [👁 2.4]. Il testo è del 1780 e si situa dunque in quella fase di ridefinizione dei diritti signorili conosciuta come «reazione feudale»: a cavallo della metà del XVIII secolo, infatti, la "nobiltà di spada" (l'antica nobiltà "di sangue") francese ridefinì i suoi privilegi e i contadini, di conseguenza, videro progressivamente inasprirsi lo sfruttamento feudale insieme al tentativo di ridare vigore a norme e tributi caduti in disuso.

Art. 1 Sono dovuti al signore, all'atto di ogni vendita, lodi[1] del prezzo di ogni bene acquistato, su tutti i beni senza eccezione, in ragione della dodicesima parte del prezzo di ogni bene acquistato, fatti salvi il diritto di confisca e quello di sequela[2] nel caso non si paghino i lodi entro quaranta giorni; ci si può anche limitare a pretendere un'ammenda pari a tre lire e cinque soldi.
Art. 2 Gli abitanti di Essigey che ivi hanno domicilio devono ognuno una gallina al primo giorno di quaresima, e una *corvée* di braccia al tempo della fienagione per chiunque vi è soggetto; la suddetta *corvée* è sempre stata prestata, ma la gallina non è mai stata riscossa.
Art. 3 Ognuno, sia coltivatore, sia che eserciti altre attività, se in possesso di cavalli o di buoi e di finimenti, deve anch'egli una volta l'anno una *corvée* di aratura o di vendemmia, o in tempo di semina.
Art. 4 È compito del suddetto signore far riscuotere la decima[3] in tutte le terre della signoria in ragione di un covone ogni quattordici; atteso che il priore di Tart ne riscuote uno sui quindici di cui ogni *cuchot*[4] è composto, il totale per le due decime è rappresentato da un tasso di due quindicesimi.
Art. 5 Appartiene al suddetto signore l'esercizio dell'alta, media e bassa giustizia in tutta l'estensione del dominio diretto.
Art. 6 Tutti gli abitanti devono fare la guardia notturna e diurna al castello del suddetto luogo.
Art. 7 Gli abitanti devono curare la manutenzione del canale che porta l'acqua del fiume nei fossati del suddetto castello. Sono del pari obbligati a recintare di una siepe di spini morti il prato chiamato *closeau*, della superficie di nove *soitures* e due terzi (tre ettari).
Art. 8 Tutti coloro che vendono vino al detto paese di Essigey debbono al signore una pinta di vino [...] che i venditori sono obbligati a portare nel suo castello, un'ora dopo l'apertura della botte, sotto pena di un'ammenda di tre lire e cinque soldi [...].

[1] Diritti (*lods et ventes*) percepiti dal signore in caso di vendita o di passaggio di proprietà.
[2] Diritto di rivalersi sui beni reali.
[3] Decima integrata nelle rendite feudali ("infeudata").
[4] Cumulo di covoni.

Art. 9 Nessun abitante possiede il diritto di pesca e di caccia nel territorio del suddetto Essigey, sotto pena della confisca delle trappole e degli arnesi, e dell'ammenda di tre lire e cinque soldi; lo stesso dicasi degli stagni [...].

Art. 10 In ogni tempo il signore può tenere i propri boschi in bandita, senza quindi che sia permesso a nessuno raccoglierví legna o mandarvi il bestiame, sotto pena di tre lire e cinque soldi di ammenda.

GUIDA ALLA LETTURA ❶ Quali erano i diritti di natura economica detenuti dal signore? ❷ Quali lavori o prestazioni sono soggetti o dovuti all'autorità di tipo feudale? ❸ Chi amministra la giustizia ai diversi gradi? ❹ In che modo il signore tutela le risorse naturali del suo territorio?

18

G. Giorgetti
La mezzadria

G. Giorgetti, *Contadini e proprietari nell'Italia moderna. Rapporti di produzione e contratti agrari dal secolo XVI a oggi*, Einaudi, Torino 1974, pp. 33-41

■ Nel volume *Contadini e proprietari nell'Italia moderna* lo storico Giorgio Giorgetti (1927-1976) analizza la tipologia dei patti agrari e l'evoluzione delle condizioni economiche contadine in Italia, considerando entrambi questi elementi nelle loro implicazioni reciproche e in relazione ai diversi contesti regionali. Il brano che segue analizza in dettaglio i termini di un contratto di mezzadria stipulato in Toscana nel 1573.

«1573. Al nome dj Djo adj pro dj maggjo l'anno d. Per vjrtu della presente scrjtta sj djchjare come oggj jl dj l'anno detto ll Remo et Illmo Monsr arco dj sjena e per S.S. gjovannj tornesj al presente agente nella abbatja dj torrj del sopra d. Mons. e dj decto nome aluoga amezarja auso dj buono e reale mezajolo secondo lj statutj del magco Comune dj sjena uno podere a bartaljno dj gratjano e antonjo suo fratello nel comune dj torrj luogo d. el podere del forno cjasche duno dj loro sj obbljga allj sottoscrjttj capjtolj e conventjoni e pattj.» Sono le prime parole di una delle tante scritte che regolano le relazioni fra proprietari e contadini nelle campagne toscane. [...]

Anzitutto Bartalino e Antonio non si insediano su terre occasionalmente riunite, bensì su un «podere», cioè su una unità produttiva abbastanza organica e stabile. Esso è composto in primo luogo di «terre lavoratjve», articolate in campi permanenti e circondate da «fosse» che i mezzadri sono «tenutj rjmondare e mantenere». [...]

La dosatura delle varie componenti della produzione tende così ad assicurare una relativa autosufficienza dell'economia poderale, in primo luogo fornendo gran parte della sussistenza in natura al mezzadro e al bestiame. [...]

Certamente, la grandezza e la composizione della famiglia devono essere tali da garantire l'adempimento dei compiti colturali a cui non è lecito derogare. [...] Ma il giusto equilibrio fra i due fattori è sempre precario e instabile. Solo in parte esso può essere garantito, come nel caso di Bartalino e Antonio, dall'obbligo di «tenere uno garzone buono e recjpjente per lavorare» il podere, troppo grande per «due homjnj solj» [...].

Benché, formalmente, il contratto venga stipulato soltanto da un capo famiglia («capoccia» o «reggitore») oppure, come qui, *in solidum*[1] da due fratelli, in realtà, attraverso il membro o i membri più autorevoli di un nucleo colonico che obbligano tutti i loro «eredj presentj e futurj», vengono integralmente impegnate tutte le persone di una famiglia o di più famiglie naturali. Sorge così un rapporto venato da residui patriarcali, assai differente dal rapporto che si istituirebbe mediante un contratto di lavoro moderno [...].

Sul piano economico, il contratto presuppone un proprietario che «aluoga»[2] il podere a una famiglia colonica la quale, in cambio, promette di coltivarlo uniformandosi ai patti convenuti. I due contraenti concordano che «partjre sj debbjno tuttj lj fruttj amezo»[3] [...]. Vi sono poi le onoranze a favore del proprietario, [...] costituite da «cento hova e tre para dj pollj cjò e tre galjne e tre capponj», ma a cui si aggiunge anche l'obbligo di fornire «due some dj paglja», quando questa è superiore al bisogno, «agresto sapa[4] e mostarda e uva fresca e secha sjcondo la posjbjljta della vjgnja». Evidente residuo di omaggi feudali, le onoranze sono sempre presenti nei contratti, giustificate talvolta come corrispettivo per l'uso della casa colonica e per il permesso di allevare una certa quantità di pollame o di suini sul fondo per uso domestico. [...]

Al lavoratore, economicamente e socialmente debole, privo o quasi di terra e della possibilità di procurarsela altrimenti, la mezzadria garantisce dunque una sfera di applicazione della forza-lavoro familiare in funzione della propria diretta sussistenza, alla quale la metà colonica è in gran parte destinata. [...]

Al proprietario della terra, invece, la mezzadria garantisce in primo luogo una rendita in prodotti. Con questi, egli rifornisce direttamente le proprie dispense (fatto particolarmente importante per i conventi e le opere pie) e si procura del denaro vendendo le ecce-

[1] In obbligo solidale.
[2] Concede in affitto (qui, in mezzadria).
[3] Si devono dividere tutti i frutti a metà.
[4] È un mosto concentrato tramite cottura che serve come condimento e per preparare mostarde.

denze sull'autoconsumo. Ma, in molti casi, il rapporto mezzadrile consente pure al proprietario di ricavare una rendita in lavoro. Esso gli consente, infatti, di accrescere ulteriormente la produttività del fondo, gratuitamente o semigratuitamente, in quanto il contadino, come nel nostro contratto, viene costretto a eseguire migliorie con le proprie braccia, sopportandone la metà dei costi (per lo scavo di nuove fosse) o tutti i costi (per la piantagione di un numero fisso di alberi e viti o l'esecuzione di dissodamenti). [...]

Avveniva di solito che la parte colonica, nella media di un ciclo pluriennale di raccolte, equivalesse a stento al minimo della sussistenza; che i contadini fossero alla mercé del padrone, dal quale ricevevano soccorsi in natura e in denaro che permettevano loro di giungere fino alla trebbiatura.

GUIDA ALLA LETTURA

❶ Quali erano i diritti di natura economica detenuti dal signore? ❷ Quali lavori o prestazioni sono soggetti o dovuti all'autorità di tipo feudale? ❸ Chi amministra la giustizia ai diversi gradi? ❹ In che modo il signore tutela le risorse naturali del suo territorio?

19

B. Moore jr.
Le recinzioni

B. Moore jr., *Le origini sociali della dittatura e della democrazia. Proprietari e contadini nella formazione del mondo moderno*, Edizioni di Comunità, Milano 1969

■ Nell'opera *Le origini sociali della dittatura e della democrazia* (1966), Barrington Moore jr. (1913-2005) indaga con sguardo comparativo i diversi percorsi di trasformazione attraverso i quali le grandi società agrarie, non soltanto europee, sono diventate moderne società industriali. Il ruolo sostenuto dalle classi rurali in questo processo di modernizzazione, e più specificamente nella genesi dei sistemi politici che di tale processo si sono fatti promotori, secondo l'autore è stato decisivo. Il brano che abbiamo scelto riguarda le conseguenze del fenomeno delle recinzioni sulla società contadina in Inghilterra.

Le recinzioni rappresentarono il colpo di grazia che distrusse l'intera struttura della società rurale inglese quale aveva trovato tipica espressione nel villaggio tradizionale. [...]

V'è largo accordo tra gli storici nel riconoscere che il periodo che va dal 1688 circa alla fine delle guerre napoleoniche fu l'età d'oro della grande aristocrazia terriera. In molte parti del paese le tenute si estendevano a coprire gran parte della terra, a volte a spese della gentry più minuta, e quel che più conta a spese dei contadini. Nessuno ancora s'è fatto avanti a negare l'importanza delle recinzioni o a negare che un gran numero di contadini persero i loro diritti sulle terre comuni del villaggio via via che i grandi proprietari terrieri assorbivano queste terre. Questa fu anche un'età di miglioramenti nella tecnica agricola, quali l'accresciuto uso dei fertilizzanti, l'introduzione di nuove colture e della rotazione delle colture. Nuovi metodi non potevano però in nessun modo essere introdotti nei terreni soggetti alle regole della coltivazione in comune, e il loro costo li rendeva proibitivi per l'affittuario con un piccolo o anche medio capitale. Indubbiamente l'ampliamento delle dimensioni delle aziende agricole fu in larga misura provocato dal fatto che le unità più vaste consentivano profitti più alti e costi più bassi. [...]

Io ho parlato finora come se il capitalista rurale fosse una sola persona. In realtà era costituito da due persone: il grande proprietario e il grande affittuario. Il grande proprietario era un aristocratico che non lavorava con le sue mani e spesso rimetteva i dettagli dell'amministrazione a un fattore, sebbene in genere lo controllasse strettamente. [...] Il contributo del grande proprietario allo sviluppo del capitalismo nell'agricoltura in questo stadio fu principalmente di carattere legale e politico: era lui che abitualmente provvedeva alle recinzioni. Mancando di servi per condurre in proprio la terra, in genere l'affittava a grandi affittuari. Molti di questi ricorrevano poi a lavoro salariato. [...] Furono però i grandi affittuari capitalisti, insieme con i ricchi coltivatori diretti, e non quel pugno di «proprietari intraprendenti» tanto celebrato, che a giudizio di uno storico recente promossero lo sviluppo dell'agricoltura. [...]

Così, su gran parte dell'Inghilterra, la grande proprietà via via che si allargava ed era sempre più gestita su basi mercantili pervenne a distruggere la comunità contadina medievale. È abbastanza probabile, sebbene non del tutto certo, che l'ondata di recinzioni parlamentari che si ebbe nel diciottesimo secolo e agli inizi del diciannovesimo sia servita unicamente a dare una sanzione legale a un processo di erosione della proprietà contadina in corso di svolgimento già da qualche tempo. [...] L'intrusione del commercio all'interno di una comunità contadina mette generalmente in moto un processo di concentrazione della terra in poche mani. Questa tendenza è rintracciabile in Inghilterra fin dal sedicesimo secolo, come minimo. [...]

Come quasi sempre succede in questi sconvolgimenti sociali, il destino di coloro che furono travolti dal mutamento è molto difficile da ricostruire. [...] Gli umili che si trovavano alla base della piramide della società rurale furono [...] messi da parte, ed andarono a ingrossare il nuovo esercito dei braccianti agricoli, [...] oppure si unirono alla massa miserabile dei lavoratori che affollava le città insalubri. [...] Quando le terre comuni scomparvero e un nuovo sistema economico cominciò ad affermarsi nella campagna, la vecchia comunità contadina cedette definitivamente e si disintegrò.

Considerando retrospettivamente il processo delle recinzioni nel suo insieme e tenendo conto dei risultati delle ricerche più recenti, appare abbastanza chiaramente che le recinzioni, insieme col sorgere dell'industria, rafforzarono moltissimo i proprietari terrieri più grossi e spezzarono la schiena alla classe contadina inglese, eliminandone completamente l'influenza sulla vita politica del paese. [...] I contadini «in soprannumero» [...] si trovarono alla fine irretiti in un'alternativa che significava comunque degradazione e sofferenza, in confronto alla vita tradizionale della comunità del villaggio.

GUIDA ALLA LETTURA

❶ In quale modo il fenomeno delle recinzioni si inserisce nel processo di rafforzamento delle posizioni dell'aristocrazia terriera inglese tra XVI e XVIII secolo? ❷ Quali erano i limiti che impedivano al sistema agricolo basato sulla comunità di villaggio di dare luogo a processi di modernizzazione? ❸ Quali furono le conseguenze delle recinzioni per i contadini senza terra? ❹ Quali effetti ebbero le recinzioni sul sistema basato sulla comunità di villaggio?

20

J. de Vries
La rivoluzione industriosa: una nuova gestione delle risorse familiari

J. de Vries, *The Industrial Revolution and the Industrious Revolution*, «The Journal of Economic History», vol. 54, n. 2, 1994, pp. 249-70

■ Lo storico economico olandese Jan de Vries (nato nel 1943) ha introdotto, a partire dagli anni '90 del '900, il concetto di «rivoluzione industriosa» per indicare un processo di riallocazione delle risorse produttive all'interno della famiglia, verificatosi a partire dalla metà del XVII secolo in Inghilterra, in Olanda, nella Germania settentrionale e nelle colonie britanniche dell'America del Nord, che aumentò tanto la quantità di beni e di lavoro disponibili quanto la domanda di beni di consumo voluttuari. Accanto a un calo del potere d'acquisto dei salari individuali, infatti, si assistette a un aumento della domanda: le famiglie, infatti, lavoravano di più e in modo più efficiente (facendo lavorare donne e bambini, ad esempio), producendo più beni alimentari e più tessuti destinati al mercato, e chiedevano più beni e servizi provenienti dal mercato esterno all'ambiente domestico. Si trattava, tuttavia, non di rivoluzioni dell'offerta, ma di rivoluzioni della domanda e di un nuovo comportamento del consumatore.

Gli sforzi per calcolare i salari reali, tanto in Inghilterra quanto negli altri paesi occidentali, raramente hanno dato molte prove di un aumento del potere d'acquisto, e nel periodo cruciale della rivoluzione industriale, almeno fino al 1820, di solito essi ne hanno mostrato un deterioramento. Eppure, le prove che si sono accumulate dal mondo materiale, sulla base di studi degli inventari dei testamenti e delle misurazioni dirette dei consumi, hanno rivelato un mondo di beni in continua moltiplicazione, una cultura materiale molto varia e in espansione, che ha origini risalenti al XVII secolo e interessa una larga parte della società fino anche ai suoi strati più bassi. [...]

La spiegazione dell'apparente contraddizione che da un lato vede la diminuzione del potere d'acquisto e dall'altro il contemporaneo aumento della diffusione dei beni materiali si deve cercare, ne sono convinto, anche nel comportamento dei nuclei familiari. [...] La domanda dei consumatori crebbe, nonostante le dinamiche contrarie dei salari reali, e furono ottenuti notevoli risultati produttivi in industria e in agricoltura nel secolo precedente alla rivoluzione industriale grazie alle riallocazioni[1] delle risorse produttive delle famiglie. In Inghilterra, ma di fatto nella maggior parte dell'Europa nord-occidentale e dell'America coloniale, le famiglie di una larga parte di popolazione presero decisioni che aumentarono sia la disponibilità di beni diretti al mercato e di forza lavoro sia la domanda di prodotti disponibili sul mercato. Questa combinazione di cambiamenti nel comportamento delle famiglie diede vita a una «rivoluzione industriosa». [...]

Se accettiamo questi presupposti, allora i cambiamenti nei gusti (che influenzano principalmente la composizione delle merci desiderate) e i cambiamenti dal lato dell'offerta che incidono sui prezzi relativi [...] determineranno congiuntamente la domanda di beni di mercato. E, all'interno dell'economia familiare, questa domanda definirà l'allocazione delle risorse produttive potenziali del nucleo familiare (soprattutto il tempo) tra, da un lato, la produzione domestica di Z[2] e, dall'altro, la produzione che genera beni destinati al mercato e l'offerta di lavoro. [...]

In questo contesto la rivoluzione industriosa [...] consisteva in due trasformazioni: la riduzione del tempo libero dovuta all'aumento dell'utilità marginale

[1] Distribuzioni delle risorse produttive limitate (forza-lavoro, tempo, denaro da investire) nella produzione dei beni diversi.

[2] Rifacendosi alle teorie dell'economista Gary Becker sulla ripartizione del tempo, de Vries definisce "z" i beni fondamentali che hanno un valore d'uso immediato per le famiglie. In molti casi erano beni prodotti dalla famiglia direttamente per l'autoconsumo (beni alimentari, capi d'abbigliamento, ecc.).

del reddito, e la riallocazione del lavoro dai beni e i servizi per l'autoconsumo ai beni diretti al mercato, cioè una nuova strategia per la massimizzazione degli utili familiari. Lo vediamo nelle famiglie contadine che concentravano la propria attività nella produzione alimentare diretta al mercato, nelle famiglie dei piccoli affittuari che indirizzavano la forza lavoro sottoccupata nella produzione protoindustriale, nel lavoro delle donne e dei bambini più estensivamente diretto al mercato, e, infine, nel ritmo o intensità del lavoro. [...]
Ma la rivoluzione industriosa non è una cosa del tutto ammirevole. L'intensificazione del lavoro e la rimozione del tempo libero è stata associata all'(auto)-sfruttamento dei membri della famiglia – mogli e figli –, con l'abbandono di ciò che oggi chiamiamo la formazione del capitale umano (il tasso di alfabetizzazione rimase fermo nel XVIII secolo), e con un maggiore abuso di alcool nel tempo libero [...]. Infine, è possibile supporre che le nuove pressioni e possibilità alle quali l'economia familiare industriosa fu esposta resero il corteggiamento e il matrimonio pratiche meno regolate, dando luogo a una grande ondata di figli illegittimi e di abbandono dei bambini nel periodo 1750-1820. I mali sociali della rivoluzione industriosa non erano gli stessi del periodo precedente, ma furono comunque inquietanti. [...]
La rivoluzione industriosa non fu un evento improvviso. [...] Forse dovremmo parlare di «attitudine operosa». Il concetto [...] è un mezzo attraverso il quale l'attenzione può essere spostata dalle nuove tecnologie alla nuova disponibilità di lavoro, alle nuove aspirazioni, e alle nuove forme di comportamento in cui s'inserì il contributo speciale della rivoluzione industriale.

GUIDA ALLA LETTURA

❶ Quali fonti utilizza l'autore nel suo studio? ❷ Che cosa significa l'espressione «rivoluzione industriosa»? ❸ Quali trasformazioni e cambiamenti sociali produsse la «rivoluzione industriosa»?

SVILUPPARE LE COMPETENZE

Comprendere e Analizzare

❶ Nell'elenco dei diritti signorili di Essigey [17DOC] e nel contratto di mezzadria analizzato da Giorgetti [18] si configurano due diversi tipi di relazione tra proprietari e contadini. Metti in evidenza le differenze, soffermandoti sul tipo di censo richiesto al contadino, sulla presenza di obblighi di miglioria della proprietà, sulla presenza di prestazioni obbligatorie e di elementi non strettamente economici nei rapporti tra proprietario e contadino.

❷ Moore [19] e de Vries [20] danno un'interpretazione diversa dei processi in atto nelle campagne inglesi a partire dalla metà del XVII secolo. Scrivi un breve testo in cui dar conto delle due interpretazioni, sottolineando affinità e divergenze.

Rielaborare e Argomentare

❸ Tema di argomento storico. *Il mondo rurale tra feudalità e innovazioni*

Nell'Europa del XVIII secolo la proprietà terriera era ancora di tipo "feudale" ma, nell'arco del secolo, si manifestarono importanti mutamenti nelle strutture agrarie: per esempio, in Inghilterra si diffusero ovunque le *enclosures* ('recinzioni'). Alla luce delle informazioni contenute nei brani proposti, delinea un quadro organico del fenomeno, che renda conto della sua complessità e degli aspetti contraddittori.

Documenti: *Diritti del signore feudale* [17DOC]
Immagini: pp. 42, 43
Brani storiografici: Giorgetti [18], Moore [19], de Vries [20]
Capitoli: **2**.4-6

La nuova scienza

L'espressione «rivoluzione scientifica», intesa come descrizione del complesso dei mutamenti che coinvolsero l'astronomia e le indagini sulla natura a partire dalla metà del '500, fu introdotta nella seconda metà del '900 dagli storici della scienza per sottolineare una radicale rottura con il passato che, senza negare la complessità e gli elementi di continuità del passaggio, andava al di là delle singole scoperte per definire un modello alternativo di razionalità e un'immagine nuova di scienziato. Le teorie scientifiche proposte da Copernico, Galilei, Keplero, Bacone, Newton proposero infatti una visione e una pratica delle scienze naturali nuove, che scardinarono credenze e saperi consolidati.
È necessario, allora, chiedersi perché le novità intervenute nel sapere scientifico si siano connotate quale evento rivoluzionario; quali furono le peculiarità della rivoluzione scientifica; e, da ultimo, in che modo il rinnovato sapere scientifico si sia diffuso e abbia trovato applicazione.
I brani che seguono affrontano alcuni momenti nodali dell'affermarsi di questo complesso cambiamento

culturale. L'emergere di un nuovo modo di interpretare e descrivere la natura provocò inevitabilmente un contrasto tra scienza e religione e, in generale, con la cultura tradizionale. **Galileo Galilei** [21DOC] nella sua lettera a Benedetto Castelli espone le ragioni di una netta separazione fra scienza e religione: tale conflitto, tuttavia, si fece sempre più evidente con il passare del tempo e il primo a farne le spese fu proprio Galileo. Il successivo brano di **Cartesio** [22DOC] mostra la crisi in cui era entrato il sistema culturale tradizionale, sottoposto dal filosofo a critica serrata. Il posto tutto nuovo riservato all'uomo nel mondo, non più unico, viene, invece, descritto da **Bernard le Bovier de Fontenelle** [23DOC].

Tra le grandi e durevoli conquiste della rivoluzione scientifica stanno l'invenzione e lo sviluppo degli strumenti scientifici per l'osservazione e la misurazione, dal cannocchiale per scoprire l'infinitamente lontano al microscopio per descrivere l'infinitamente piccolo. Qui si incontrarono sapienza teorica e intelligenza pratica in un felice connubio destinato a durare fino a oggi, anche se lo sviluppo tecnologico dovette combattere spesso dure battaglie per affermarsi. Il testo dello storico della filosofia **Paolo Rossi** [24] illustra, appunto, la lenta scomparsa di antiche pregiudiziali nei confronti delle arti meccaniche (la tecnologia), ritenute inferiori, e la loro sempre più stretta connessione con il nuovo sapere scientifico.

Chiude la sezione una riflessione di carattere generale sulle rivoluzioni scientifiche a opera dello storico della scienza **Thomas Kuhn** [25].

21DOC

Galileo Galilei
I due piani distinti della scienza e della religione

G. Galilei, *Opere*, a c. di F. Brunetti, Utet, Torino 1964, I, pp. 527-29

■ Enorme era stata in tutta Europa la risonanza del *Sidereus Nuncius* (1610) in cui Galilei [👁 3.1] presentava i risultati delle sue ricerche e le scoperte rese possibili dall'utilizzazione del cannocchiale. Ma la teoria copernicana si scontrava con alcuni passi delle Sacre Scritture (*Giosuè*, X, 12-13; *Salmi*, XVIII; *Ecclesiaste*, I, 4) ed era considerata eretica [👁 3.2 EVENTI]. Nella lettera del 1613 a Benedetto Castelli (un benedettino suo fedele discepolo), di cui qui si presenta un passo saliente, Galilei affronta questi temi distinguendo tra una rivelazione positiva espressa nella Bibbia, cui deve attenersi la teologia, e una naturale offerta dal «gran libro della Natura» a cui si rifà la scienza.

Stante, dunque, che la Scrittura in molti luoghi è non solamente capace, ma necessariamente bisognosa d'esposizioni[1] diverse dall'apparente significato delle parole, mi par che nelle dispute naturali ella doverebbe esser riserbata nell'ultimo luogo[2]: perché, procedendo di pari dal Verbo divino la Scrittura Sacra e la natura, quella come dettatura dello Spirito Santo, e questa come osservantissima esecutrice de gli ordini di Dio; ed essendo, di più, convenuto nelle Scritture, per accomodarsi all'intendimento dell'universale, dir molte cose diverse, in aspetto e quanto al significato delle parole, dal vero assoluto; ma, all'incontro, essendo la natura inesorabile e immutabile e nulla curante che le sue recondite ragioni e modi d'operare sieno o non sieno esposti alla capacità de gli uomini, per lo che ella non trasgredisce mai i termini delle leggi imposteli; pare che quello de gli effetti naturali che o la sensata esperienza ci pone innanzi a gli occhi o le necessarie dimostrazioni ci concludono, non debba in conto alcuno esser revocato in dubbio per luoghi della Scrittura ch'avesser nelle parole diverso sembiante, poi che non ogni detto della Scrittura è legato a obblighi così severi com'ogni effetto di natura. Anzi, se per questo solo rispetto, d'accomodarsi alla capacità de' popoli rozzi e indisciplinati, non s'è astenuta la Scrittura d'adombrare de' suoi principalissimi dogmi, attribuendo sino all'istesso Dio condizioni lontanissime e contrarie alla sua essenza, chi vorrà asseverantemente sostenere che ella, posto da banda cotal rispetto, nel parlare anco incidentemente di Terra o di Sole o d'altra creatura, abbia eletto di contenersi con tutto rigore dentro a i limitati e ristretti significati delle parole? e massime pronunziando di esse creature cose lontanissime dal primario instituto di esse Sacre Lettere, anzi cose tali, che, dette e portate con verità nuda e scoperta, avrebbon più presto danneggiata l'intenzion primaria, rendendo il vulgo più contumace alle persuasioni de gli articoli concernenti alla salute[3].

Stante questo, ed essendo di più manifesto che due verità non posson mai contrariarsi, è ofizio de' saggi espositori affaticarsi per trovare i veri sensi de' luoghi sacri, concordanti con quelle conclusioni naturali delle quali prima il senso manifesto o le dimostrazioni necessarie ci avesser resi certi e sicuri. Anzi, essendo, come ho detto, che le Scritture, ben che dettate dallo Spirito

[1] Interpretazioni.

[2] Dovrebbe essere richiamata come prova solo in ultima istanza, in presenza di dubbi e lacune della conoscenza scientifica.

[3] Salvezza.

Felix Parra, ***Galileo Galilei spiega le sue teorie astronomiche a un monaco*, 1873**
[Museo Nazionale di Arte, Città del Messico]

Santo, per l'addotte cagioni ammetton in molti luoghi esposizioni lontane dal suono litterale, e, di più, non potendo noi con certezza asserire che tutti gl'interpreti parlino inspirati divinamente, crederei che fusse prudentemente fatto se non si permettesse ad alcuno l'impegnar i luoghi della Scrittura e obbligarli in certo modo a dover sostenere per vere alcune conclusioni naturali, delle quali una volta il senso e le ragioni dimostrative e necessarie ci potessero manifestare il contrario. E chi vuol por termine a gli umani ingegni? chi vorrà asserire, già essersi saputo tutto quello che è al mondo di scibile? E per questo, oltre a gli articoli concernenti alla salute ed allo stabilimento della Fede, contro la fermezza de' quali non è pericolo alcuno che possa insurger mai dottrina valida ed efficace, sarebbe forse ottimo consiglio il non ne aggiugner altri senza necessità: e se così è, quanto maggior disordine sarebbe l'aggiugnerli a richiesta di persone, le quali, oltre che noi ignoriamo se parlino inspirate da celeste virtù, chiaramente vediamo ch'elleno[4] son del tutto ignude di quella intelligenza, che sarebbe necessaria non dirò a redarguire, ma a capire, le dimostrazioni con le quali le acutissime scienze procedono nel confermare alcune lor conclusioni?

Io crederei che l'autorità delle Sacre Lettere avesse avuto solamente la mira a persuader a gli uomini quegli articoli e proposizioni, che, sendo necessarie per la salute loro e superando ogni umano discorso, non potevano per altra scienza né per altro mezzo farcisi credibili, che per la bocca dell'istesso Spirito Santo. Ma che quel medesimo Dio che ci ha dotati di sensi, di discorso e d'intelletto, abbia voluto, posponendo l'uso di questi, darci con altro mezzo le notizie che per quelli possiamo conseguire, non penso che sia necessario il crederlo, e massime in quelle scienze delle quali una minima particella e in conclusioni divise se ne legge nella Scrittura; qual appunto è l'astronomia, di cui ve n'è così piccola parte, che non vi si trovano né pur nominati i pianeti.

[4] Esse.

GUIDA ALLA LETTURA

❶ Quale ruolo, secondo Galilei, dovrebbe spettare alla religione nelle dispute scientifiche? Perché? ❷ Da quali regole e forze sarebbe governata la natura? ❸ Quali devono essere i compiti degli interpreti della Sacra Scrittura? ❹ Qual è l'atteggiamento di Galilei nei confronti della verità della fede?

22DOC

Cartesio
Una critica all'educazione tradizionale

Cartesio, *Discorso sul metodo*, Laterza, Bari 1956, pp. 37-45

■ Le pagine qui riportate sono quelle iniziali del *Discorso sul metodo*, pubblicato da Cartesio [👁 3.1], in francese, a Leida nel 1637. In esse l'autore, dopo aver brevemente descritto i suoi propositi, conduce una serrata critica ai metodi e ai contenuti dell'educazione ricevuta nel collegio gesuitico di La Flèche. L'opera, scritta come introduzione a tre trattati di matematica e fisica (*Diottrica*, *Meteore* e *Geometria*), è stata considerata una sorta di manifesto della nuova filosofia razionalista e del nuovo metodo. Cartesio vi espone il suo pensiero a partire dalla propria esperienza personale e dal proprio travaglio interiore. L'intreccio tra problematica esistenziale e intellettuale, insieme alla brevità e scioltezza della narrazione, sono sicuramente tra le ragioni del grande successo di questa opera.

L'istruzione ricevuta in collegio a La Flèche

Io sono stato istruito nelle lettere[1] sin dalla fanciullezza; e poiché mi si era fatto credere che con lo studio avrei acquistato una conoscenza chiara e sicura di tutto ciò ch'è utile alla vita, avevo un desiderio grandissimo d'imparare. Ma, appena terminato quel corso di studi, dopo il quale si è di solito annoverati fra i dotti, mutai interamente opinione: poiché mi trovai intricato in tanti dubbi ed errori, che mi sembrava di non aver cavato altro profitto, cercando di istruirmi, se non questo: di aver scoperto sempre più la mia ignoranza. [...]

Non per questo tenevo in poco conto gli esercizi che si fanno nelle scuole. Sapevo bene che le lingue, che vi s'imparano, sono necessarie per intendere i libri antichi; [...] che l'eloquenza ha forze e bellezze incomparabili, e la poesia finezze e dolcezze che rapiscono; che le matematiche hanno invenzioni sottilissime [...]; che la filosofia ci mette in grado di parlare con verosimiglianza di ogni cosa e di farci ammirare dai meno dotti; che la giurisprudenza, la medicina e altre scienze apportano onori e ricchezze a quei che le coltivano; e, infine, che è utile saggiare tutte le scienze, anche le più superstiziose e false, per conoscere il loro giusto valore e guardarci dall'esser tratti in inganno.

Critica della cultura del suo tempo

Ma io pensavo di avere già speso abbastanza tempo intorno alle lingue e alla lettura di libri antichi, intorno alle loro storie e alle loro favole. [...] Chi è troppo curioso delle cose del passato diventa, per lo più, molto ignorante di quelle presenti. [...]

Più di tutto mi piacevano le matematiche per la certezza ed evidenza dei loro ragionamenti, ma non ne vedevo ancora l'uso migliore[2]; anzi, considerando che esse non venivano adoperate se non per le arti meccaniche, mi stupivo che su fondamenti così fermi e solidi non si fosse ancora costruito nulla di più alto e importante. [...]

Per la teologia, provavo riverenza, ed aspiravo non meno di ogni altro a guadagnare il cielo; ma, avendo saputo come cosa certissima che la via ne è aperta ai più ignoranti non meno che ai più dotti, e che le verità rivelate per arrivarvi sono superiori alla nostra intelligenza, non avrei mai osato di sottoporre queste ai miei deboli ragionamenti, e pensavo che per accingersi a farne l'esame, e riuscire, era necessario avere qualche assistenza straordinaria del cielo, ed essere più uomini.

Della filosofia dirò soltanto che, vedendo come essa sia stata coltivata dagli intelletti più eccellenti di ogni tempo, e che ciò non ostante non c'è, in essa, nulla di cui non si sèguiti a disputare come di cosa ancora dubbia, non avevo tanta presunzione da sperare di riuscirvi io meglio degli altri. D'altra parte, considerando quante diverse opinioni possono essere sostenute da persone anche dotte circa uno stesso argomento, mentre non ve ne può essere più di una conforme a verità, reputavo presso che falso tutto ciò che fosse soltanto verosimile[3]. [...]

L'esperienza della vita e il ritorno su se stesso

Ecco perché [...] abbandonai interamente lo studio, e risolsi di non cercare altra scienza fuori di quella che potevo trovare in me stesso o nel gran libro del mondo. Impiegai, dunque, il resto della mia giovinezza a viaggiare, a veder corti e uomini d'armi, a frequentare genti di altra indole e condizione, a far tesoro di una diversa esperienza per mettere me stesso alla prova nei casi che la fortuna mi offrisse e trarne, così, con la riflessione, qualche profitto. Mi pareva, infatti, che avrei trovato molto più di verità nei ragionamenti che ognuno fa riguardo agli affari suoi, per i quali egli è punito subito se sbaglia, che non in quelli di chi, chiuso nel suo studio, sta attorno a speculazioni di nessun effetto pratico salvo quello, forse, di renderlo tanto più vanitoso quanto più esse sono lontane dal senso comune, e quanto più ingegno e artificio egli ha dovuto impiegare per farle apparire verosimili. [...]

Ma, dopo di aver così impiegato alcuni anni a studiare nel libro del mondo e a farne esperienza, presi un giorno la risoluzione di studiare anche in me stesso, e d'impiegare tutte le forze del mio ingegno a scegliere il cammino da seguire. Questo, a mio avviso, mi riuscì assai meglio che se non mi fossi allontanato mai né dal mio paese né dai miei libri.

[1] Ossia, negli studi «umanistici», comprendenti, nei primi anni, grammatica, storia, poesia, retorica; negli ultimi, la filosofia e le scienze.

[2] Più tardi, infatti, non solo porterà la matematica a servire di fondamento alla fisica (d'accordo, in questo, almeno sino a un certo punto, con Galilei), ma riguarderà la certezza ed evidenza dei suoi procedimenti come il criterio supremo della verità anche in filosofia.

[3] Il verosimile, o «probabile», pareva ineliminabile dalla fisica (considerata allora come parte della filosofia), in quanto fondata sull'esperienza sensibile, e questo sembrava costituire un'inferiorità di essa al paragone della matematica. Di qui il tentativo di Cartesio di fondare la fisica interamente sulla matematica.

GUIDA ALLA LETTURA

❶ Quali sono le ragioni dell'insoddisfazione di Cartesio per gli studi scolastici effettuati? ❷ Quale ricerca intraprende dopo la loro fine? ❸ Qual è il desiderio che guida la sua ricerca? ❹ Qual è l'opinione di Cartesio sulla cultura del suo tempo?

23 DOC

Bernard le Bovier de Fontenelle
La pluralità dei mondi spiegata alle dame

da P. Rossi, *La rivoluzione scientifica: da Copernico a Newton*, Loescher, Torino 1976, pp. 229-34

■ La polemica in difesa delle nuove teorie astronomiche, contro la visione antropocentrica e tradizionalmente cristiana dell'universo, percorre tutta la cultura europea fra '600 e '700 e trova espressione anche in opere non scientifiche, come testimoniano queste pagine dello scrittore Bernard le Bovier de Fontenelle (1657-1757), tratte dalle *Conversazioni sulla pluralità dei mondi* (1686). Nelle *Conversazioni* lo scrittore e saggista francese immagina di spiegare a una dama le nuove scoperte astronomiche. L'opera ebbe un notevole successo grazie anche alla vivacità e all'arguzia dello stile.

«Signora, continuiamo il viaggio che abbiamo cominciato a fare di pianeta in pianeta. Abbiamo visitato la Luna con una certa cura e adesso procedendo verso il Sole ci imbattiamo in Venere [...]. Venere gira su se stessa e intorno al Sole come la Luna e si scopre mediante il cannocchiale che (così come accade per la Luna), è ora crescente ora decrescente, ora piena, secondo le diverse posizioni in cui si trova rispetto alla Terra. La Luna, secondo tutte le apparenze, è abitata: perché Venere non potrà esserlo a sua volta?» «Ma – interruppe la Marchesa – dicendo sempre *perché non...?* vi accingete a mettermi degli abitanti in tutti i pianeti». «Non dubitatene – replicai io – questo *perché non* ha una virtù particolare che popolerà ogni luogo. Sappiamo che tutti i pianeti sono della stessa natura: sono tutti corpi opachi che non ricevono luce che dal Sole, luce che si rinviano a vicenda, e tutti hanno i medesimi movimenti. Fin qui la situazione è assolutamente eguale. E tuttavia bisognerebbe ammettere che questi grandi corpi sono stati fatti per non essere abitati, che questa appunto sarebbe la loro condizione naturale, e che la sola eccezione sarebbe stata fatta in favore della Terra. Chi vorrà credere questo, lo creda pure. Per quel che mi riguarda io non so decidermi a farlo [...]. Col microscopio si sono viste piccole gocce d'acqua piovana o d'aceto o di altri liquidi, piene di piccoli pesci o di piccoli serpenti che non si sarebbe mai sospettato vi abitassero. [...] Una foglia d'albero è un piccolo mondo abitato da vermicelli invisibili. [...] A più forte ragione, mi sembra, un grosso pianeta sarà un mondo abitato. Si sono trovati in alcune specie di pietre molto dure, piccoli vermi senza numero che erano alloggiati ovunque in vuoti impercettibili e che si nutrivano soltanto con la sostanza di queste pietre che rodevano. Immaginatevi quanti possono essere questi vermi e quanti anni possono nutrirsi con un granello di sabbia. Anche se la Luna non fosse che un ammasso di rocce, la farei rodere dai suoi abitanti anziché non mettercene alcuno.
Tutto è vita, tutto è animato. [...] Credete forse che la natura, che qui da noi ha spinto la sua fecondità all'eccesso, sia stata per tutti gli altri pianeti di una sterilità tale da non produrvi niente di vivo?». [...]
«Le stelle fisse non possono essere lontane dalla Terra meno di ventisettemila seicentosessanta volte la distanza tra noi e il Sole, che è di trenta milioni di leghe. [...] La loro luce, come sapete, è assai viva e splendente. Se la ricevessero dal Sole bisognerebbe che la ricevessero ben debole dopo un tragitto così spaventosamente lungo! e bisognerebbe che, mediante una riflessione che la indebolirebbe ancora molto, esse ce la rinviassero attraverso la stessa distanza. Una luce che avesse subìto tali riflessioni e compiuto due volte un simile cammino, non potrebbe avere la forza e la vivacità che possiede la luce delle stelle fisse. Eccole dunque, luminose di per sé, e tutte, in una parola, altrettanti soli.»
«Mi sbaglio – gridò la Marchesa – o vedo già dove volete condurmi? State per dirmi: le stelle fisse sono altrettanti soli, il nostro sole è il centro di un vortice che gira intorno ad esso; perché ciascuna stella fissa non potrebbe essere a sua volta il centro di un vortice ruotante attorno ad essa? Il nostro sole ha dei pianeti che illumina, perché non dovrebbe averne ciascuna stella fissa? [...] Ma – riprese la Marchesa – ecco allora l'universo così grande che io mi ci perdo. Non so più dove sono, non sono più nulla. Che mai, tutto sarà suddiviso in vortici gettati confusamente gli uni in mezzo agli altri! Ogni stella sarà il centro di un vortice forse così grande come quello in cui siamo! Tutto questo spazio immenso che comprende il nostro sole e i nostri pianeti, non sarà che una piccola particella dell'universo! Tanti spazi quante stelle fisse! Tutto ciò mi confonde, mi turba e mi spaventa».
«Questo invece – risposi – mi mette a mio agio. Se il cielo fosse solo questa volta azzurra sulla quale fossero inchiodate le stelle, l'universo mi sembrerebbe piccolo e stretto e mi sentirei come oppresso. Adesso che questa volta celeste ha assunto un'estensione e una profondità infinitamente più grandi e che è stata suddivisa in mille e mille vortici, mi sembra di respirare con più libertà e di essere in uno spazio più grande e certamente l'universo ha un'altra magnificenza».

GUIDA ALLA LETTURA

❶ Per quale ragione si deve supporre che gli altri pianeti siano abitati? ❷ Con quali argomenti viene sostenuta l'esistenza di animali invisibili? ❸ Quali sono, secondo Fontenelle, le caratteristiche delle stelle fisse? ❹ Quali sono le diverse reazioni dell'autore e della marchesa di fronte alla constatazione che l'universo è infinitamente più grande di quanto avessero immaginato le vecchie teorie astronomiche?

24

P. Rossi
Tecnica e scienza

P. Rossi, *La nascita della scienza moderna in Europa*, Laterza, Roma-Bari 1997, pp. 13-16

■ Lo storico della filosofia Paolo Rossi (1923-2012), nella sua opera *La nascita della scienza moderna in Europa*, descrive con efficace sintesi l'uscita della tecnica dal limbo dell'inferiorità a cui da secoli era condannata, l'importanza che, progressivamente, va assumendo nella cultura dell'età moderna e infine il modo in cui le sue vicende si intrecciano indissolubilmente con quelle della nascente scienza sperimentale.

Alle radici della grande rivoluzione scientifica del Seicento sta quella compenetrazione fra tecnica e scienza che ha segnato (nel bene e nel male) l'intera civiltà dell'Occidente e che, nelle forme che ha assunto nei secoli XVII e XVIII (e che si sono poi estese a tutto il mondo), era assente nella civiltà antica e in quella medievale. Il termine greco *banausìa* significa arte meccanica o lavoro manuale. Callicle, nel *Gorgia* di Platone, afferma che il costruttore di macchine va disprezzato [...]. Aristotele aveva escluso gli «operai meccanici» dal novero dei cittadini e li aveva differenziati dagli schiavi solo per il fatto che attendono ai bisogni e alle necessità di più persone mentre gli schiavi hanno cura di una persona sola. L'opposizione fra schiavi e liberi tendeva a risolversi nell'opposizione fra tecnica e scienza, tra forme di conoscenza volte alla pratica e all'uso e una conoscenza volta alla contemplazione della verità. [...] Le sette arti *liberali* del trivio (grammatica, retorica, dialettica) e del quadrivio (aritmetica, geometria, musica, astronomia) si chiamano liberali perché sono le arti proprie degli uomini *liberi* in quanto contrapposti ai non liberi o schiavi che esercitano le arti meccaniche o manuali. [...]

L'elogio della vita attiva, che è presente in tanti autori del Quattrocento, l'elogio delle mani, che è presente nei testi di Giordano Bruno[1], la difesa delle arti meccaniche, che compare in tanti testi di ingegneri e di costruttori di macchine del Cinquecento e che viene ripresa da Bacone e da Cartesio acquista, alla luce di queste considerazioni, un significato molto rilevante. [...]

Alla discussione sulle arti meccaniche, che raggiunse una straordinaria intensità fra la metà del Cinquecento e la metà del Settecento, sono legati alcuni grandi temi della cultura europea. Nelle opere degli artisti e degli sperimentatori, nei trattati degli ingegneri e dei tecnici si fa strada una nuova considerazione del lavoro, della funzione del sapere tecnico, del significato che hanno i processi artificiali di alterazione e trasformazione della natura. Anche sul piano della filosofia emerge lentamente una valutazione delle *arti* assai diversa da quella tradizionale: alcuni dei procedimenti dei quali fanno uso tecnici e artigiani per modificare la natura giovano alla conoscenza della realtà naturale, valgono anzi a mostrare (come verrà detto in esplicita polemica con le filosofie tradizionali) la «natura in movimento».

Solo se si tiene presente questo contesto acquista un significato preciso l'atteggiamento assunto da Galilei e che è alla radice delle sue grandi scoperte astronomiche. Nel 1609 Galilei puntava verso il cielo il suo cannocchiale. Ciò che segna una rivoluzione è la *fiducia* galileiana in uno strumento nato nell'ambiente dei meccanici, progredito solo per pratica, parzialmente accolto negli ambienti militari, ma ignorato, quanto non disprezzato, dalla scienza ufficiale. Il cannocchiale era nato negli ambienti dell'artigianato olandese. Galilei l'aveva *ricostruito* e l'aveva presentato a Venezia nell'agosto del 1609 per farne poi dono al governo della Signoria. Il cannocchiale non è per Galilei uno dei tanti strumenti curiosi costruiti per il diletto degli uomini di corte o per l'immediata utilità degli uomini d'arme. Egli lo impiega e lo volge verso il cielo con spirito metodico e con mentalità scientifica, lo trasforma in uno strumento scientifico. Per prestare fede a ciò che si vede con il cannocchiale bisogna credere che quello strumento serva non a *deformare*, ma a *potenziare* la vista. Bisogna considerare gli strumenti come una fonte di conoscenza, abbandonare quell'antico, radicato punto di vista antropocentrico che considera il guardare naturale degli occhi umani come un criterio assoluto di conoscenza. Far *entrare gli strumenti nella scienza*, concepirli come fonti di verità non fu una facile impresa. *Vedere*, nella scienza del nostro tempo, vuol dire, quasi esclusivamente, *interpretare segni generati da strumenti*. Alle origini di ciò che oggi *vediamo* nei cieli c'è un iniziale, solitario gesto di coraggio intellettuale.

La difesa delle arti meccaniche dalla accusa di indegnità, il rifiuto di far coincidere l'orizzonte della cultura con quello delle arti liberali e le operazioni pratiche con il lavoro servile implicavano in realtà l'abbandono di una millenaria immagine della scienza, implicavano la fine di una distinzione di essenza tra il conoscere e il fare.

---

[1] Filosofo (1548-1600), abbandonò l'ordine domenicano e viaggiò per l'Europa; fu condannato per eresia al rogo in Campo de' Fiori, a Roma.

GUIDA ALLA LETTURA

❶ Quale considerazione il pensiero greco attribuiva alle arti meccaniche? ❷ Su quali princìpi era basata l'opposizione classica tra scienza e tecnica? ❸ Che cosa comincia a essere affermato, in merito alla tecnica, dagli scienziati e dai filosofi del XVI-XVII secolo? ❹ Perché Rossi considera rivoluzionaria la fiducia di Galilei nel suo cannocchiale?

25

Th. Kuhn
Che cos'è una rivoluzione scientifica

T. Kuhn, *La struttura delle rivoluzioni scientifiche*, Einaudi, Torino 1995, pp. 24-25

■ Secondo lo storico statunitense della scienza Thomas Kuhn (1922-1996), si è in presenza di una rivoluzione scientifica quando avviene un mutamento di paradigma. Secondo Kuhn, si può parlare di paradigma quando i risultati di una «scienza normale» (cioè fondata su consolidate basi teoriche e pratiche) soddisfano due condizioni: 1. essere «sufficientemente nuovi per attrarre un nutrito gruppo di studiosi»; 2. essere «sufficientemente aperti da lasciare al gruppo di scienziati così costituitosi la possibilità di risolvere problemi di ogni genere, o quasi». La risoluzione dei problemi avviene secondo il paradigma vigente. La presenza di anomalie nella risoluzione di un problema può portare a un mutamento delle basi concettuali e della prassi fino ad allora seguita nella risoluzione dei problemi. È questo ciò che Kuhn chiama mutamento di paradigma e che spiega nel brano qui riportato.

Talvolta un problema normale, cioè un problema che dovrebbe essere risolvibile per mezzo di regole e procedimenti noti, resiste al reiterato assalto dei più abili membri del gruppo entro la cui competenza viene a cadere. In altre circostanze, uno strumento dell'apparato di ricerca, progettato e costruito per gli scopi della ricerca normale, non riesce a funzionare nella maniera aspettata, rivelando una anomalia che, nonostante i ripetuti sforzi, non può venire ridotta a conformarsi all'aspettativa professionale. In questi ed in altri modi ancora, la scienza normale va a finire ripetutamente fuori strada. E quando ciò accade – quando cioè la professione non può più trascurare anomalie che sovvertono l'esistente tradizione della pratica scientifica – allora cominciano quelle indagini straordinarie che finiscono col condurre la professione ad abbracciare un nuovo insieme di impegni, i quali verranno a costituire la nuova base della pratica scientifica. Gli episodi straordinari nel corso dei quali avviene questa sostituzione degli impegni vincolanti i membri della professione, sono indicati in questo saggio col nome di rivoluzioni scientifiche. In rapporto all'attività legata alla tradizione della scienza normale, essi sono gli elementi complementari che scuotono la tradizione.

Gli esempi più evidenti di rivoluzioni scientifiche sono quei famosi episodi dello sviluppo scientifico che già in passato sono stati spesso indicati come rivoluzioni. [...] Ogni rivoluzione scientifica ha reso necessario l'abbandono da parte della comunità di una teoria scientifica un tempo onorata, in favore di un'altra incompatibile con essa; ha prodotto, di conseguenza, un cambiamento dei problemi da proporre all'indagine scientifica e dei criteri secondo i quali la professione stabiliva che cosa si sarebbe dovuto considerare come un problema ammissibile o come una soluzione legittima di esso. Ogni rivoluzione scientifica ha trasformato la immaginazione scientifica in un modo che dovremo descrivere in ultima istanza come una trasformazione del mondo entro il quale veniva fatto il lavoro scientifico. Simili cambiamenti, assieme alle controversie che quasi sempre li accompagnano, sono le caratteristiche che definiscono le rivoluzioni scientifiche.

GUIDA ALLA LETTURA

❶ Che cosa intende Kuhn con l'espressione «scienza normale»? ❷ Quali anomalie possono condurre gli scienziati a intraprendere nuovi tipi di indagine? ❸ Quando avviene una «rivoluzione scientifica»? ❹ Quali conseguenze teoriche e metodologiche scaturiscono da una rivoluzione scientifica?

SVILUPPARE LE COMPETENZE

Comprendere e Analizzare

❶ **Dopo aver letto il documento di Cartesio [22DOC] e il brano di Rossi [24], rispondi alle seguenti domande citando opportunamente i testi:**

a. Quale immagine della cultura tradizionale emerge dal documento?
b. Che valore viene attribuito al sapere matematico dal filosofo francese?
c. In che modo i nuovi strumenti scientifici contribuirono a rafforzare l'interpretazione scientifica della natura?
d. Come cambiò la percezione e la valutazione delle "macchine" in seguito alla rivoluzione scientifica?

❷ **Nella lotta per affermare le nuove concezioni scientifiche i primi pensatori moderni hanno dovuto combattere duramente contro dottrine teologiche, pregiudizi e concezioni tradizionali. Dalla lettura dei primi tre brani si può avere una panoramica sufficientemente ampia di tali dispute. Sintetizza le critiche e le osservazioni di Galilei [21DOC], Cartesio [22DOC] e Fontenelle [23DOC] nei confronti delle concezioni, dei pregiudizi e dei limiti dei saperi tradizionali.**

Rielaborare e Argomentare

❸ **Redazione di un articolo di giornale. *Scienza contro fede: le radici seicentesche di un conflitto ancora in corso***

Sviluppa questo argomento in forma di "articolo di giornale", utilizzando i documenti e i dati che lo corredano. Individua in questi testi uno o più elementi che ti sembrano rilevanti e costruisci su di essi il tuo "pezzo". Da' all'articolo un titolo appropriato e indica il tipo di giornale sul quale ne ipotizzi la pubblicazione (quotidiano, rivista divulgativa, giornale scolastico, altro). Se lo ritieni opportuno, organizza la trattazione dividendola in paragrafi, cui potrai eventualmente dare uno specifico titolo.

Documenti: Galilei [21DOC]
Immagini: p. 105
Brani storiografici: Rossi [24]
Capitoli: **3.1**, **3.1** EVENTI

❹ **Scrivi un testo (max 40 righe) dal titolo *I caratteri della nuova scienza*, seguendo la scaletta di argomenti proposta:**

a. L'interpretazione della natura: modelli e metodi di indagine (Rossi);
b. Il rapporto con la fede e con la tradizione culturale (Galilei, Cartesio, Fontenelle);
c. La rivalutazione delle «arti meccaniche»: strumenti e tecniche della nuova scienza (Rossi);
d. La diffusione del sapere scientifico: luoghi e canali di diffusione (Galilei, Cartesio, Fontenelle, Rossi).

Cultura e politica dell'Illuminismo

L'Illuminismo, il movimento intellettuale nato in Francia nel '700, segnò una svolta profonda nella storia occidentale: la mentalità dei ceti colti e la stessa idea di cultura ne uscirono trasformate. Cominciarono, infatti, a circolare nuove idee e nuovi valori che mutarono la vita politica, sociale e culturale di molti Stati europei. Il processo di fondazione della mentalità moderna trovò il suo momento culminante in questo movimento, che ampliò gli orizzonti dell'indagine razionale investendo con la sua critica ogni ambito della realtà, dalla religione al diritto. L'antico regime divenne oggetto di serrate critiche, il culto della ragione mise in crisi il principio di autorità, la secolarizzazione di comportamenti e costumi cominciò a indebolire vecchie tradizioni e antiche consuetudini.
L'Illuminismo fu un fenomeno cosmopolita e policentrico e a esso aderirono personaggi e tendenze eterogenei, che condividevano l'obiettivo della circolazione delle idee. Questa sezione ricostruisce, attraverso documenti e testi storiografici, alcuni dei principali caratteri di questo radicale processo di rinnovamento culturale.
Nel primo brano, **David Hume** [26DOC] mette a confronto monoteismo e politeismo, non esitando a esprimere la propria preferenza per quest'ultimo. Nel secondo, **Cesare Beccaria** [27DOC] sottolinea la necessità di prevenire i delitti attraverso leggi eque. La radicale revisione, in chiave razionale, dei fondamenti del diritto, che si affermò con l'Illuminismo, conteneva anche, come evidenzia **Michel Foucault** [28], i fondamenti del controllo sociale, una forte spinta all'uniformità e al conformismo. **Jean-Jacques Rousseau** [29DOC] teorizza un nuovo patto sociale come fondamento di una democrazia integrale.
Gli scrittori illuministi innovarono fortemente le forme tradizionali dell'espressione filosofica e ne inventarono di originali, come il racconto filosofico che, con il suo frequente uso della provocazione e del paradosso, si rivelò particolarmente adatto a un approccio asistematico e antidogmatico. **Voltaire** [30DOC] fece un uso brillante di questo agile strumento narrativo per mettere in rilievo le assurdità della società europea e il bisogno di guardare il mondo con un'ottica nuova.
La diffusione di nuove idee fu veicolata da alcune importanti novità nell'ambito della circolazione della cultura: **Roger Chartier** [31], per esempio, esamina le trasformazioni del mercato dei libri e delle abitudini alla lettura. La diffusione di opere edificanti e di racconti filosofici, inoltre, provocava una forte immedesimazione con i personaggi dei romanzi che, come sottolineato da **Denis Diderot** [32DOC], stimolava un effetto di imitazione nei lettori.
Sostenitori della centralità politica del ceto intellettuale, gli illuministi si fecero portatori di un progetto riformatore che mirava alla modernizzazione dello Stato e al miglioramento della società. Dall'incontro tra le proposte riformatrici degli illuministi e le esigenze dei sovrani di riorganizzare le istituzioni prenderanno forma in molti paesi europei, nella seconda metà del '700, quelle molteplici esperienze note come «assolutismo illuminato». Nell'ultimo brano, **Dorinda Outram** [33] riflette proprio sul rapporto tra l'Illuminismo e le politiche riformiste adottate dai monarchi.

26DOC

David Hume
La superiorità del politeismo

D. Hume, *La religione naturale*, Editori Riuniti, Roma 1985, pp. 134-37

■ Il filosofo scozzese David Hume (1711-1776) nella *Storia naturale della religione* (1757) analizza, con spirito critico e atteggiamento non dogmatico, le religioni storiche e ne rintraccia l'origine nelle passioni, nei timori, nelle speranze, nei comportamenti istintuali dell'uomo. Nelle pagine qui riportate egli traccia un confronto tra monoteismo e politeismo, individuando pregi e difetti di ambedue e arrivando alla conclusione, piuttosto sconcertante per i lettori del tempo, che il politeismo è più tollerante del monoteismo. L'invito di Hume è, anche per ciò che riguarda la fede, quello di attenersi all'esperienza, rifiutando le pretese della ragione di fornire in questo come in altri campi verità indiscutibili e immutabili.

Il politeismo o culto degli idoli, essendo interamente basato su tradizioni popolari, è anche soggetto a un grosso inconveniente: che qualsiasi altra pratica e opinione, per quanto barbara e corrotta, può essere autorizzata, ed all'impostura viene lasciata totale libertà d'imporsi sulla credulità, finché senso della morale e dell'umanità scompaiono da tali sistemi religiosi. Ma contemporaneamente questo rappresenta un evidente vantaggio, perché,

limitando i poteri e le funzioni delle divinità, l'idolatria ammette naturalmente che anche gli dèi di altre sette e altri popoli partecipino del divino e rende compatibili tra loro così gli dèi come i riti, le cerimonie e le tradizioni. Tutto all'opposto invece, per vantaggi e svantaggi, il caso del teismo[1]. Poiché come sistema presuppone un solo Dio, perfetta ragione e bontà, se rettamente osservato, dovrebbe eliminare ogni elemento futile, irragionevole e disumano dal culto e presentare all'uomo il modello più illustre, i motivi più convincenti di giustizia e probità. Questi enormi vantaggi sono in qualche modo limitati, anche se invero mai superati (ché questo sarebbe impossibile), dagli inconvenienti che nascono dai vizi e dai pregiudizi umani. Quando si ammette un solo oggetto di devozione, il culto di altre divinità è inevitabilmente giudicato assurdo ed empio. Anzi questa unità di oggetto sembra di per sé implicare unità di fede e di rito e produrre uomini intriganti che vorrebbero far apparire i loro avversari come pagani e meritevoli della vendetta umana e divina. Dato che ogni setta è sicura che la propria fede e il proprio culto siano interamente accetti alla divinità e nessuna pensa che lo stesso essere potrebbe gradire riti e princìpi diversi e contrastanti, le varie sette inevitabilmente maturano sentimenti ostili e riversano l'una sull'altra quel sacro zelo e quell'acrimonia, che sono le più furiose ed implacabili di tutte le passioni umane.
Lo spirito di tolleranza che caratterizza gli idolatri del passato e del presente è molto evidente a chi abbia la minima consuetudine con gli scritti di storici e viaggiatori. Quando all'oracolo di Delfi venne chiesto quali riti fossero più accetti agli dèi, «quelli legalmente riconosciuti in ogni città» fu la risposta. [...]
I romani adottavano comunemente gli dèi dei popoli conquistati e mai contestarono gli attributi delle divinità locali e nazionali, ovunque si insediassero. [...]
L'intolleranza di quasi tutte le religioni che hanno affermato l'unicità di Dio è straordinaria almeno quanto il principio contrario insito nel politeismo. Lo spirito angusto e implacabile degli ebrei è ben noto. L'islamismo parte da princìpi anche più sanguinari ed ancor oggi promette dannazione eterna, anche se non roghi, a tutte le altre sette. E se, fra i cristiani, inglesi e olandesi hanno abbracciato i princìpi della tolleranza, questa particolarità è dovuta interamente alla ferma risoluzione dell'autorità civile contro i continui sforzi opposti da preti e bigotti. [...]
Il politeista è così tollerante che, per quanta fierezza e avversione possa incontrare da parte di una religione opposta, non riesce a provare ripugnanza e a tenersene debitamente distante. [...]
Oserei affermare che raramente l'idolatria e il politeismo vanno incontro a deviazioni così pericolose per la società quanto questa corruzione del teismo, qualora portata ai limiti estremi. I sacrifici umani di cartaginesi, messicani e di molti popoli primitivi superano di poco l'inquisizione e le persecuzioni di Roma e Madrid: perché, a parte che lo spargimento di sangue nel primo caso non è forse stato così grande quanto nel secondo, a parte questo, dunque, il fatto che le vittime dei sacrifici umani siano scelte a caso o in base a qualche segno esteriore non colpisce il resto della società in misura rilevante. Mentre invece virtù, sapienza, amore della libertà sono le qualità che richiamano immediatamente la vendetta fatale degli inquisitori, e che, una volta estirpate dalla società, la lasciano nel più vergognoso stato d'ignoranza, corruzione e schiavitù. L'assassinio illegale di un solo uomo per ordine di un tiranno è più pericoloso della morte di migliaia a causa di pestilenze, carestie e calamità che non operano distinzioni.

[1] La credenza in un unico Dio, personale, trascendente e creatore del mondo.

GUIDA ALLA LETTURA

❶ Quali sono, secondo Hume, i vantaggi e i rischi insiti nei culti politeisti? ❷ A che cosa conduce, nelle religioni monoteiste, la fede in un unico essere divino? Quale trattamento viene riservato agli altri culti? ❸ Che cosa intende Hume con il termine «tolleranza»? ❹ Qual è, a tuo avviso, il bersaglio principale dello scritto di Hume?

27 DOC

Cesare Beccaria
L'utilità delle pene

C. Beccaria, *Dei delitti e delle pene*, Einaudi, Torino 1965, pp. 59-70; 96-97

■ I brani qui riportati sono tratti dal celebre libro del giurista e filosofo Cesare Beccaria (1738-1794) [👁 3.7] *Dei delitti e delle pene*, del 1764. Nella prima parte, partendo dalla necessità di pene miti ma certe, l'autore espone le sue argomentazioni; nella seconda sottolinea l'utilità di prevenire i delitti attraverso una buona legislazione. Da queste pagine emerge con chiarezza in primo luogo la visione contrattualistica di Beccaria, per cui l'individuo concede allo Stato solo la minima parte della sua libertà e non certo il diritto a ucciderlo; in secondo luogo l'idea che la certezza delle pene sia assai più efficace della loro crudeltà; in terzo luogo che il fine delle leggi sia la felicità pubblica.

Della pena di morte
Questa inutile prodigalità di supplicii, che non ha mai resi migliori gli uomini, mi ha spinto ad esaminare se la morte sia veramente utile e giusta in un governo bene organizzato. Qual può essere il diritto che si attribuiscono gli uomini di trucidare i loro simili? Non certamente quello da cui risulta la sovranità e le leggi. Esse non sono che una somma di minime proporzioni della privata libertà di ciascuno; esse rap-

presentano la volontà generale, che è l'aggregato delle particolari. Chi è mai colui che abbia voluto lasciare ad altri uomini l'arbitrio di ucciderlo? Come mai nel minimo sacrificio della libertà di ciascuno vi può essere quello del massimo fra tutti i beni, la vita? [...]
Non è dunque la pena di morte un *diritto*, [...] ma è una guerra della nazione con un cittadino, perché giudica necessaria o utile la distruzione del suo essere. Ma se dimostrerò non essere la morte né utile né necessaria, avrò vinto la causa dell'umanità.
La morte di un cittadino non può credersi necessaria che per due motivi. Il primo, quando anche privo di libertà egli abbia ancora tali relazioni e tal potenza che interessi la sicurezza della nazione; quando la sua esistenza possa produrre una rivoluzione pericolosa nella forma di governo stabilita. La morte di qualche cittadino divien dunque necessaria quando la nazione ricupera o perde la sua libertà, o nel tempo dell'anarchia, quando i disordini stessi tengon luogo di leggi; ma durante il tranquillo regno delle leggi, in una forma di governo per la quale i voti della nazione siano riuniti, ben munita al di fuori e al di dentro dalla forza e dalla opinione, forse più efficace della forza medesima, dove il comando non è che presso il vero sovrano, dove le ricchezze comprano piaceri e non autorità, io non veggo necessità alcuna di distruggere un cittadino, se non quando la di lui morte fosse il vero ed unico freno per distogliere gli altri dal commettere delitti, secondo motivo per cui può credersi giusta e necessaria la pena di morte. [...]
Non è l'intensione della pena che fa il maggior effetto sull'animo umano, ma l'estensione di essa; perché la nostra sensibilità è più facilmente e stabilmente mossa da minime ma replicate impressioni che da un forte ma passeggiero movimento. [...] Non è il terribile ma passeggiero spettacolo della morte di uno scellerato, ma il lungo e stentato esempio di un uomo privo di libertà, che, divenuto bestia di servigio, ricompensa colle sue fatiche quella società che ha offesa, che è il freno più forte contro i delitti. [...]
Perché una pena sia giusta non deve avere che quei soli gradi d'intensione che bastano a rimuovere gli uomini dai delitti; ora non vi è alcuno che, riflettendovi, scieglier possa la totale e perpetua perdita della propria libertà per quanto avvantaggioso possa essere un delitto: dunque l'intensione della pena di schiavitù perpetua sostituita alla pena di morte ha ciò che basta per rimuovere qualsiasi animo determinato [...].
Non è utile la pena di morte per l'esempio di atrocità che dà agli uomini. Se le passioni o la necessità della guerra hanno insegnato a spargere il sangue umano, le leggi moderatrici della condotta degli uomini non dovrebbono aumentare il fiero esempio, tanto più funesto quanto la morte legale è data con istudio e con formalità. Parmi un assurdo che le leggi che sono l'espressione della pubblica volontà, che detestano e puniscono l'omicidio, ne commettono uno esse medesime, e, per allontanare i cittadini dall'assassinio, ordinino un pubblico assassinio. [...]

Come si prevengano i delitti
È meglio prevenire i delitti che punirgli. Questo è il fine principale d'ogni buona legislazione, che è l'arte di condurre gli uomini al massimo di felicità o al minimo d'infelicità [...].
Volete prevenire i delitti? Fate che le leggi sian chiare, semplici, e che tutta la forza della nazione sia condensata a difenderle, e nessuna parte di essa sia impiegata a distruggerle. Fate che le leggi favoriscano meno le classi degli uomini che gli uomini stessi. Fate che gli uomini le temano, e temano esse sole. Il timor delle leggi è salutare, ma fatale e fecondo di delitti è quello di uomo a uomo. Gli uomini schiavi sono più voluttuosi, più libertini, più crudeli degli uomini liberi. Questi meditano sulle scienze, meditano sugli interessi della nazione, veggono grandi oggetti, e gl'imitano; ma quegli contenti del giorno presente cercano fra lo strepito del libertinaggio una distrazione dall'annientamento in cui si veggono.

GUIDA ALLA LETTURA
❶ Quali pratiche punitive vengono criticate nello scritto di Beccaria? ❷ Perché, secondo l'autore, la pena di morte non poteva essere considerata un «diritto»? ❸ Quali sono i due motivi che eventualmente possono giustificare la pena di morte? ❹ In che modo, secondo Beccaria, occorreva prevenire i crimini?

28

M. Foucault «Sorvegliare e punire»

M. Foucault, *Sorvegliare e punire*, Einaudi, Torino 1976, pp. 97-102

■ Nel libro *Sorvegliare e punire* (1975), da cui sono tratte le pagine che seguono, il filosofo francese Michel Foucault (1926-1984) analizza il passaggio dalla punizione del corpo a quella dell'anima come un momento essenziale della fondazione-strutturazione del potere nella società contemporanea, una società che egli definisce «di sorveglianza». In essa il potere è il risultato non di una semplice istanza centralistica, ma di una serie di relazioni, un complesso di microsistemi (meccanismi di censura, gratificazione, punizione) che permeano tutto il tessuto sociale. Le istanze illuministe di riconsiderazione delle pene vengono dunque rivisitate e inquadrate in un più generale discorso sulla genealogia del potere.

Costituire una nuova economia ed una nuova tecnologia del potere di punire: sono queste senza dubbio le ragioni d'essere essenziali della riforma penale del secolo XVIII.
A livello di principî, questa nuova strategia si può facilmente formulare nella teoria generale del contratto. Si presume che il cittadino abbia accettato una volta per tutte, insieme alle leggi della società, anche quella stessa che rischia di punirlo. Il criminale appare allora

come un essere giuridicamente paradossale: egli ha rotto il patto, dunque è nemico dell'intera società, e tuttavia partecipa alla punizione che subisce. Il minimo delitto attacca tutta la società; e tutta la società – ivi compreso il criminale – è presente anche nella minima punizione. [...]
Si costituisce allora un formidabile diritto di punire, poiché colui che commette un'infrazione diviene il nemico comune. Peggio di un nemico, perfino, poiché è dall'interno della società che egli porta i suoi colpi – un traditore: un «mostro». [...] Il diritto di punire è stato spostato dalla vendetta del sovrano alla difesa della società. [...] Si è strappato il malfattore ad una minaccia, per natura, eccessiva, ma lo si espone ad una pena di cui non si vede alcun possibile limite. Ritorno di un superpotere terribile. Necessità, allora, di porre alla potenza del castigo un principio di moderazione. [...]
Il principio della moderazione delle pene, anche quando si tratta di castigare il nemico del corpo sociale, si articola prima di tutto come un discorso di cuore. [...] La formulazione del principio che la pena deve restare «umana» vien fatto dai riformatori in prima persona, come se si esprimesse immediatamente la sensibilità di colui che parla [...]. Tra il principio contrattuale che respinge il criminale fuori della società e l'immagine del mostro «vomitato» dalla natura, dove trovare un limite se non in una natura umana che si manifesta – non nel rigore della legge, non nella ferocia del delinquente – ma nella sensibilità dell'uomo ragionevole che fa la legge e non commette crimini?
Questo ricorso alla «sensibilità» non traduce tuttavia una impossibilità teorica. In realtà esso comporta un principio di calcolo. Il corpo, l'immaginazione, la sofferenza, il cuore da rispettare, non sono in effetti quelli del criminale da punire, ma quelli degli uomini che, avendo sottoscritto il patto, hanno il diritto di esercitare contro di lui il potere di unirsi. Le sofferenze che l'addolcimento delle pene deve escludere, sono quelle dei giudici e degli spettatori, con tutto ciò che possono portare con sé di indurimento, di ferocia indotta dalla abitudine, o, al contrario, di pietà non dovuta, di indulgenza poco fondata [...].
Ora se mettiamo da parte il danno propriamente materiale – che, anche irreparabile come in un assassinio, è di poco peso a scala di un'intera società – il torto che il crimine fa al corpo sociale è il disordine che vi introduce: lo scandalo che suscita, l'esempio che dà, l'incitamento a ricominciare se non viene punito, la possibilità di generalizzazione che porta in sé. Per essere utile il castigo deve avere come obiettivo le conseguenze del delitto, intese come la serie di disordini che è capace di aprire. [...] Calcolare una pena in funzione non del crimine, ma della sua possibile ripetizione. Non mirare all'offesa passata, ma al disordine futuro. Fare sì che il malfattore non possa avere né la voglia di ricominciare, né la possibilità di avere imitatori [...].
Vecchia concezione: non era necessario attendere la riforma del secolo XVIII per evidenziare questa funzione esemplare del castigo. Che la punizione riguardi l'avvenire e che una almeno delle sue funzioni principali sia prevenire, era, da secoli, una giustificazione corrente del diritto di punire. Ma la differenza è che la prevenzione che ci si attendeva come effetto del castigo e della sua risonanza – dunque della sua dismisura –, tende a divenire ora il principio della sua economia e la misura delle sue giuste proporzioni. Bisogna punire esattamente abbastanza per impedire. Spostamento dunque nella meccanica dell'esempio: in una penalità di supplizio, l'esempio era la replica del crimine; doveva, per una sorta di manifestazione gemellata, mostrarlo e mostrare nel medesimo tempo il potere sovrano che lo dominava; in una penalità calcolata a misura dei suoi effetti, l'esempio deve rinviare al delitto, ma nel modo più discreto possibile, indicare l'intervento del potere [...] e, nel caso ideale, impedire ogni ulteriore riapparizione dell'una e dell'altro.

GUIDA ALLA LETTURA

❶ Quali sono, secondo Foucault, gli obiettivi della riforma penale del XVIII secolo? ❷ In che modo la nuova concezione contrattualistica della società influisce sulla concezione della pena? ❸ Qual è il criterio della nuova «economia» della pena? A che cosa deve essere commisurata la pena in alternativa alla misura del delitto?

29 DOC

Jean-Jacques Rousseau
Patto sociale, sovranità e governo

J.-J. Rousseau, *Il contratto sociale*, Einaudi, Torino 1975, pp. 23-25; 37-38; 80-81

■ *Il contratto sociale*, principale opera politica del filosofo Jean-Jacques Rousseau (1712-1778) [👁 3.5], fu pubblicato nel 1762, contemporaneamente all'*Emilio*. Le due opere suscitarono l'immediata condanna delle autorità politiche e religiose, che vi ravvisarono un potenziale veicolo di sovversione e di immoralità, ed emisero mandati di cattura nei confronti del loro autore. *Il contratto sociale* ebbe una fortuna contrastata: criticato e osteggiato dai teorici del liberalismo, esercitò invece un notevole fascino e una duratura influenza sulle correnti più radicali del pensiero politico – dai giacobini fino a settori del marxismo – che vi ritrovarono la rigorosa formulazione delle istanze democratiche ed egualitarie. Nei brani riportati, Rousseau delinea i caratteri e la natura di un nuovo patto capace di fondare una comunità etico-politica basata su una forma integrale di democrazia. Ogni individuo in quanto membro di un corpo sociale organico, che si esprime attraverso la volontà generale, esercita una sovranità inalienabile e indivisibile.

Del patto sociale
Immagino ora che gli uomini siano arrivati al punto in cui gli ostacoli che nuocciono alla loro conservazione nello stato di natura prevalgono con la loro resistenza sulle forze di cui ciascun individuo può disporre per mantenersi in quello stato. Tale stato primitivo non può più sussistere in questa fase e il genere umano perirebbe se non cambiasse le condizioni della sua esistenza.
[...] Gli uomini [...] non hanno altro mezzo per conservarsi che quello di formare per aggregazione una somma di forze che possa prevalere sulla resistenza, mettendole in moto per mezzo di un unico impulso e facendole così agire di concerto. [...]
«Trovare una forma di associazione che difenda e protegga con tutta la forza comune la persona e i beni di ciascun associato, e per la quale ciascuno, unendosi a tutti, non obbedisca tuttavia che a se stesso, e resti libero come prima.» Questo è il problema fondamentale di cui il contratto sociale dà la soluzione.
Le clausole di questo contratto sono determinate in tal modo dalla natura dell'atto che la minima modifica le renderebbe vane e di nessun effetto [...].
Queste clausole, bene intese, si riducono tutte a una sola: cioè l'alienazione totale di ciascun associato con tutti i suoi diritti a tutta la comunità. Infatti, innanzi tutto, poiché ciascuno si dà tutto intero, la condizione è uguale per tutti, ed, essendo la condizione uguale per tutti, nessuno ha interesse a renderla onerosa per gli altri. [...]
Infine, chi si dà a tutti non si dà a nessuno; e siccome non vi è associato sul quale ciascuno non acquisti un diritto pari a quello che gli cede su di sé, tutti guadagnano l'equivalente di quello che perdono, e una maggiore forza per conservare quello che hanno.
Se dunque si esclude dal patto sociale ciò che non gli è essenziale, si troverà che esso si riduce ai termini seguenti: *Ciascuno di noi mette in comune la sua persona e ogni suo potere sotto la suprema direzione della volontà generale; e riceviamo in quanto corpo ciascun membro come parte indivisibile del tutto.*
[...] Quest'atto di associazione produce subito un corpo morale e collettivo composto di tanti membri quanti sono i voti dell'assemblea; da questo stesso atto tale corpo morale riceve la sua unità, il suo *io* comune, la sua vita e la sua volontà. Questa persona pubblica, che si forma così dall'unione di tutte le altre, prendeva una volta il nome di *città*, e adesso quello di *repubblica* o di *corpo politico*, il quale a sua volta è chiamato dai suoi membri *Stato* quando è passivo, *corpo sovrano* quando è attivo, *potenza* in relazione agli altri corpi politici. Gli associati poi prendono collettivamente il nome di *popolo*, e singolarmente si chiamano *cittadini* in quanto partecipi dell'autorità sovrana, e *sudditi* in quanto sottoposti alle leggi dello Stato. [...]

La sovranità è inalienabile
La prima e più importante conseguenza dei principî sopra stabiliti è che soltanto la volontà generale può dirigere le forze dello Stato in modo conforme al fine della sua istituzione, che è il bene comune [...]. Ora, è unicamente sulla base di questo comune interesse che la società deve essere governata.
Affermo dunque che la sovranità, non essendo che l'esercizio della volontà generale, non può mai essere alienata, e che il corpo sovrano, il quale è soltanto un ente collettivo, non può essere rappresentato che da se stesso: si può trasmettere il potere, ma non la volontà. [...]

Del governo in generale
Ogni azione libera ha due cause che concorrono a produrla: l'una morale, cioè la volontà che determina l'atto, l'altra fisica, cioè la forza che l'esegue. [...] Il corpo politico ha gli stessi motori: vi si distinguono del pari la forza e la volontà; quest'ultima sotto il nome di potere legislativo, l'altra sotto il nome di potere esecutivo. [...]
Abbiamo visto che il potere legislativo appartiene al popolo, e non può appartenere che ad esso. È invece evidente che il potere esecutivo, in base ai principî sopra stabiliti, non può appartenere alla generalità come legislatrice o sovrana [...].
Che cosa è dunque il governo? Un corpo intermediario istituito tra i sudditi e il corpo sovrano per la loro reciproca corrispondenza, incaricato dell'esecuzione delle leggi e del mantenimento della libertà sia civile che politica.
I membri di questo corpo si chiamano magistrati o *re*, cioè *governatori*: e il corpo intero prende il nome di *principe*.
[...] Io chiamo dunque *governo* o amministrazione suprema l'esercizio legittimo del potere esecutivo, e principe o magistrato l'uomo o il corpo incaricato di questa amministrazione.

GUIDA ALLA LETTURA
❶ Quale necessità ha prodotto, secondo Rousseau, la costituzione delle società umane? ❷ In che modo viene definito il contratto sociale? Quali sono le sue «clausole»? ❸ Che cos'è la «volontà generale»? Da chi è composta? Quali diverse definizioni ha assunto storicamente? ❹ Quale deve essere, secondo il filosofo francese, il fine dello Stato?

30 DOC

Voltaire
Un gigante visita la Terra

Voltaire, *Micromegas*, Mondadori, Milano 1990, pp. 72-79

Le pagine che seguono sono tratte da *Micromegas* (1752), uno dei racconti filosofici di Voltaire (1694-1778) [👁 3.5 PERSONAGGI]. L'autore immagina che due giganteschi extraterrestri, Micromegas, proveniente da Sirio, e un abitante di Saturno, giungano sulla Terra. Attraversando il Mar Baltico, i due si imbattono in una nave che trasporta un gruppo di scienziati, ai loro occhi minuscoli «atomi intelligenti», con cui iniziano una conversazione. L'introduzione di un punto di vista assolutamente esterno consente di guardare la realtà umana e sociale con un'ottica nuova che ne mette in evidenza tutte le assurdità e ne smaschera l'apparente normalità. Solo accettando la parzialità del nostro sguardo e la relatività dei nostri giudizi potremo dunque comprendere la realtà che ci circonda. L'ottimismo metafisico, l'antropomorfismo e l'intolleranza sono gli obiettivi polemici di questo racconto filosofico che propone, al contrario, il valore positivo della diversità e il rifiuto del dogmatismo.

«O atomi intelligenti, in cui l'Essere eterno s'è compiaciuto di mostrare la sua potenza e la sua destrezza, senza dubbio voi gustate le pure gioie sul globo vostro, quando, con così poca materia e, a quanto pare, tutti spirito, certo passate la vita ad amare e a pensare; che è la vera vita degli spiriti. In nessun luogo ho visto la vera felicità, ma certo è qui.» A questo discorso, tutti i filosofi scossero la testa; e il più schietto di loro confessò in buona fede che, eccezion fatta di uno scarso numero di abitanti tenuti in pochissima considerazione, tutto il rimanente è un'accolta di pazzi, di malvagi e d'infelici. «Abbiamo più materia di quanta non ci occorra per fare molto male, se dalla materia viene il male, e troppo intelletto, se il male viene dall'intelletto. Per esempio, sapete che mentre vi parlo, centomila pazzi della specie nostra, che portano cappello, stanno uccidendo centomila altri animali, che portano turbante, o sono trucidati da costoro?[1] [...]» Il siriano fremette, e chiese qual potesse essere il motivo di quell'orribile litigio fra animali tanto sparuti. «Si tratta», disse il filosofo, «di qualche mucchio di fango grande come il vostro calcagno. [...] Si tratta solo di sapere se esso apparterrà a un cotale che chiamano *Sultano*, ovvero a un altro che chiamano *Cesare*, non so perché. Né l'uno né l'altro vide né vedrà mai l'angoletto di terra di cui si tratta, e non uno, o quasi, fra gli animali che si scannano a vicenda, vide mai l'animale per il quale si stanno scannando. [...] Sappiate che in capo a dieci anni non rimane mai il centesimo di tali miserabili, sappiate che, quand'anche non avessero sguainata la spada, fame, o stanchezza, o intemperanza, li tolgon di mezzo quasi tutti. Del resto non vanno puniti loro, ma i barbari sedentari, che dal fondo del loro gabinetto ordinano, nell'ora della digestione, la strage di un milione d'uomini, e poi fan ringraziare solennemente Iddio». Il viaggiatore si sentiva mosso a pietà della piccola stirpe umana, nella quale scopriva contrasti così stupendi. «Poiché», disse a quei signori, «voi siete del piccol numero dei saggi, e tutto dice che non uccidete alcuno per denaro, ditemi, vi prego di che v'occupate». «Noi notomizziamo[2] delle mosche», disse il filosofo, «misuriamo delle linee, raccogliamo dei numeri, siamo d'accordo in due o tre punti che capiamo, e disputiamo su tre o tremila che non capiamo». Subito il siriano e il saturnino ebber fantasia d'interrogare quegli atomi pensanti per sapere le cose su cui s'accordavano. [...]
Alla fine Micromegas disse loro: «Poiché sapete tanto bene quel ch'è fuori di voi, certo sapete anche meglio quel ch'è dentro. Ditemi che cosa è l'anima, e come formate le vostre idee».
I filosofi parlavano tutti in una volta, come prima; ma tutti furono di diverso pensiero. Il più vecchio citava Aristotile, l'altro pronunciava il nome di Cartesio, questi di Malebranche[3], quello di Leibniz, quell'altro di Locke[4]. [...]
Il cartesiano prese la parola e disse: «L'anima è un puro spirito, che nel ventre di sua madre ha ricevuto tutte le idee metafisiche, e che uscendo deve andare a scuola a imparare daccapo di sana pianta quel che ha saputo così bene, e che più non saprà». «Non valeva dunque la pena», riprese l'animale d'otto leghe, «che l'anima tua fosse così sapiente nel ventre di tua madre, per esser tanto ignorante quando tu avessi barba al mento. Ma che cosa intendi per spirito?».
«Che mi chiedete?» disse il ragionatore. «Non ne ho la minima idea: si dice che non sia materia.» [...]
Allora il signor Micromegas, volgendo la parola a un altro saggio, che reggeva sul pollice, gli chiese che cos'era l'anima sua e che cosa faceva. «Null'affatto» rispose il filosofo malebranchista[5]. «Dio fa tutto per me. Tutto vedo in lui, e tutto faccio in lui: egli fa tutto, senza che mi ci mescoli io.» «Tanto varrebbe non esistere» riprese il saggio di Sirio. [...]
Un partigianello di Locke stava lì vicino, e quando gli fu finalmente rivolta la parola: «Non so», disse, «in qual maniera io pensi, ma so che non ho mai pensato se non ricevendo occasione dai sensi. Non dubito che vi siano sostanze immateriali e intelligenti; ma che a Dio sia impossibile comunicare il pensiero alla materia, di questo dubito forte. Riverisco l'eterna potenza; non mi spetta di limitarla; non affermo nulla; mi contento di credere che vi siano più cose possibili di quanto si pensano». L'animale di Sirio sorrise: costui non gli parve il meno saggio.

---

[1] Allusione alla guerra del 1735-39 fra turchi e austro-russi.

[2] Anatomizziamo.

[3] Il filosofo francese Nicolas Malebranche (1638-1715).

[4] Il filosofo britannico John Locke (1632-1704).

[5] Seguace di Malebranche.

GUIDA ALLA LETTURA

❶ Chi sono i protagonisti del racconto filosofico di Voltaire? ❷ Quali sono gli argomenti oggetto di discussione? ❸ Verso quale teoria Voltaire dimostra maggiore rispetto? ❹ Quale immagine del mondo degli uomini emerge dal racconto?

31

R. Chartier
Una rivoluzione della lettura

R. Chartier, *Libri e lettori*, in *L'Illuminismo. Dizionario storico*, a c. di V. Ferrone e D. Roche, Laterza, Roma-Bari 1997, pp. 292-99

■ Nell'età dell'Illuminismo cambiò la produzione editoriale, e anche il modo stesso di leggere i libri. Secondo molti studiosi, avvenne una vera e propria «rivoluzione della lettura». A spiegare i caratteri e il significato di questa trasformazione è, in questo brano, lo storico francese Roger Chartier (nato nel 1945), autore di importanti studi sulla cultura d'*ancien régime*. A suo giudizio, per analizzare le nuove pratiche di lettura che si diffusero nel '700 in alcuni paesi dell'Europa occidentale, occorre considerare diversi fenomeni: dalla proliferazione di nuovi generi letterari allo sviluppo e alle trasformazioni della produzione di libri e giornali, ai cambiamenti nei formati dei volumi, all'evoluzione del commercio librario, alla diffusione di inedite istituzioni culturali che consentivano di poter leggere libri senza doverli acquistare.

Possiamo definire l'età dei Lumi come l'epoca di una «rivoluzione della lettura»? A tale quesito i contemporanei avrebbero senza dubbio risposto in modo affermativo [...]. A sentir loro una vera e propria «mania della lettura», degenerata in «febbre di lettura» o in «furore di leggere» [...], si è impadronita delle popolazioni. [...]

Dobbiamo tradurre queste percezioni con la coppia di nozioni proposta da Rolf Engelsing, che oppone una lettura tradizionale, detta «intensiva», a una lettura moderna qualificata come «estensiva», la stessa che i contemporanei indicano e condannano? Secondo tale dicotomia il lettore «intensivo» era posto a confronto con un corpus limitato e circoscritto di libri, letti e riletti, memorizzati e recitati, ascoltati e conosciuti a memoria, trasmessi di generazione in generazione. Questa maniera di leggere era fortemente intrisa di sacralità poiché assoggettava il lettore all'autorità del testo. Il lettore «estensivo» è completamente diverso: consuma numerosi testi stampati, nuovi ed effimeri; li legge avidamente e con rapidità, li avvicina con occhio distaccato e critico. Un rapporto con lo scritto fatto di comunione e rispetto cederà così il passo ad una lettura libera, disinvolta, irriverente.

Contro questa tipologia, organizzata secondo una cronologia che distingue un «prima» e un «dopo» della lettura, separati da una vera e propria «rivoluzione», sono state mosse molte critiche. Numerosi sono, in effetti, i lettori «estensivi» all'epoca della supposta lettura «intensiva». Pensiamo ai lettori umanisti. [...] D'altra parte, è al momento stesso della rivoluzione «estensiva» della lettura che con Rousseau, Bernardin de Saint-Pierre[1], Goethe o Richardson si sviluppa la più «intensiva» delle letture, attraverso la quale il romanzo si impadronisce del lettore, lo vincola al suo dettato, governa i suoi pensieri e i suoi comportamenti. [...]

Queste considerazioni portano a mettere in dubbio la validità di un'opposizione troppo netta fra due stili di lettura, considerati irriducibili e successivi. Si deve per questo abbandonare l'idea di una rivoluzione della lettura nel XVIII secolo? Forse no, se consideriamo i mutamenti oggettivi che trasformano il rapporto con lo scritto nell'Europa occidentale. Il primo riguarda la diversificazione e l'aumento delle edizioni. L'offerta di libri è ovunque in crescita [...]. Oltre ad essere considerevolmente aumentata, la produzione libraria subisce una profonda trasformazione. Il testo religioso, che dominava nel XVII e agli inizi del XVIII secolo, retrocede dinanzi all'incremento delle lettere [...] o delle scienze ed arti [...].

Il libro, da parte sua, diventa più accessibile. Il trionfo dei piccoli formati (in-dodicesimo, in-sedicesimo, in-diciottesimo) ne fa un compagno inseparabile. [...] Grazie ai piccoli formati la lettura è diventata più libera. [...] Si può instaurare un nuovo rapporto con lo scritto, più consueto ed immediato. Divenuto più maneggevole, il libro è anche più facilmente reperibile e consultabile. [...]

D'altra parte si moltiplicano in tutta Europa le istituzioni in cui la lettura non implica necessariamente l'acquisto del libro. Una prima possibilità viene offerta dai librai. Con denominazioni diverse [...], la realtà è la stessa: acquistando un abbonamento annuale o mensile i lettori possono leggere sul posto o prendere in prestito tutte le opere che il catalogo della libreria propone. [...].

La seconda formula consiste in un'associazione volontaria, dotata di statuti approvati collegialmente. Pagando una quota annuale, i membri possono prendere in prestito le opere acquistate in comune, che vengono vendute all'asta alla fine di ogni anno come succede nei *book clubs* o sono invece conservate nella biblioteca della società come nel caso delle *subscription libraries*. [...]

È sufficiente questo per parlare di «rivoluzione»? Probabilmente, ma a due condizioni. La prima considera il fatto che questa rivoluzione non è che una fra le rivoluzioni della lettura, e non *la* rivoluzione della lettura. [...] Una seconda condizione consiste nel prendere in considerazione e reperire i molteplici scarti, spostamenti e limiti che contraddistinguono la rivoluzione della lettura nell'epoca dei Lumi. Essa è più marcata in alcuni luoghi (i paesi dell'Europa che da più tempo avevano familiarizzato con la cultura scritta) e in certi ambienti sociali (le «borghesie» delle professioni intellettuali e liberali).

[1] Jacques Bernardin de Saint-Pierre (1737-1814), scrittore amico di Rousseau.

GUIDA ALLA LETTURA

❶ Che cosa significano le espressioni «lettura intensiva» ed «estensiva»? ❷ L'autore definisce la lettura dei romanzi «intensiva» o «estensiva»? Perché? ❸ Quali nuove pratiche fecero aumentare la lettura dei libri?

32 DOC

Denis Diderot
Elogio di Richardson

D. Diderot, *Elogio di Richardson*, trad. di A. Perego, in «Itinera. Rivista di filosofia e teoria delle arti», 2005; © 2005, ITINERA www.filosofia.unimi.it/itinera

■ Denis Diderot (1713-1784) **[👁 3.5]** pubblicò per la prima volta questo elogio dello scrittore inglese Samuel Richardson nel 1761 sul «Journal étranger», un'importante rivista letteraria. Nel testo Diderot sottolinea la sua forte empatia per i personaggi dei romanzi, un effetto dell'arte di Richardson che ispira alla virtù il lettore.

Con "romanzo" si è finora intesa una trama intessuta di eventi chimerici e frivoli, la cui lettura aveva un influsso pericoloso sul gusto e sui costumi. Sarei ben felice che si trovasse un altro nome per le opere di Richardson, che innalzino lo spirito, tocchino l'anima, traspirino ovunque di amore per il bene, e, nonostante ciò, siano dette "romanzi". Tutto ciò che Montaigne, Charron, La Rochefoucauld e Nicole hanno tradotto in massime[1], Richardson l'ha tradotto in azione. Ma un uomo d'ingegno, che legge ponderatamente le opere di Richardson, rifà la maggior parte delle sentenze dei moralisti; d'altra parte, con tutte queste sentenze, non sarebbe in grado di rifare neppure una pagina di Richardson. Una massima è una regola di condotta astratta e generale, la cui applicazione è lasciata a noi. Essa non genera di per se stessa un'impressione sensibile nel nostro spirito: al contrario, chi agisce lo si vede, ci si mette al suo posto o dalla sua parte, ci si infervora pro o contro di lui; si partecipa al suo ruolo, se è virtuoso; ci si allontana con indignazione, se è ingiusto e immorale. Chi non è rabbrividito al comportamento di un Lovelace, di un Tomlinson?[2] Chi non è inorridito per il tono patetico e schietto, per l'aria di candore e di dignità, per l'abilità con cui costui si prende gioco di tutte le virtù? [...]

Oh, Richardson! Malgrado ne abbiamo già uno, assumiamo un ruolo nelle tue opere: ci si mischia alle conversazioni, si approva, si biasima, si ammira, ci si irrita, ci si indigna. Quante volte mi è capitato di esclamare, come accade ai bambini che vengono portati per la prima volta a teatro: *Non credetegli, egli v'inganna... Se andrete là sarete perduto*. La mia anima era mantenuta in continua agitazione. Quanto ero buono! quanto ero giusto! come ero fiero di me stesso! Terminata la lettura ero come un uomo alla fine di una giornata spesa per far del bene. Avevo percorso, nell'intervallo di alcune ore, un tal numero di situazioni quali la vita più lunga offre a malapena nell'arco di tutta la sua durata. Avevo inteso i veri discorsi delle passioni; avevo visto agire le pulsioni dell'interesse e dell'amor proprio in cento modi diversi; ero diventato spettatore di una moltitudine di eventi, sentivo di aver acquisito una certa esperienza.

Questo autore non fa scorrere il sangue nei palazzi; non vi conduce in paesi lontani; non vi espone al pericolo di essere divorati dai selvaggi; non si rinchiude in luoghi clandestini di perversione; non si perde mai nelle regioni della fantasmagoria. Il luogo della scena è il mondo in cui viviamo; il nucleo del suo dramma è vero; i suoi personaggi sono estremamente reali; i suoi tipi sono colti nel seno della società; le vicende che descrive sono conformi agli usi e ai costumi di tutte le nazioni civili; le passioni che egli dipinge sono le stesse che sperimento in me; sono le stesse motivazioni che le agitano, hanno l'energia che io riconosco in loro; le traversie e le afflizioni dei personaggi hanno la stessa natura di quelle che mi minacciano continuamente; egli mi mostra il corso generale delle cose che mi circondano. Senza quest'arte, la mia anima si piegherebbe con fatica a visioni chimeriche, l'illusione non sarebbe che momentanea, l'impressione che otterrei debole e passeggera.

[1] Diderot cita qui alcuni dei più influenti filosofi e moralisti del XVI e XVII secolo.

[2] Due dei personaggi principali del romanzo *Clarissa*.

GUIDA ALLA LETTURA

❶ Perché, secondo Diderot, è impreciso definire quelli di Richardson «romanzi»? ❷ Che effetto ha su Diderot la lettura delle opere di Richardson? ❸ Perché hanno così tanta influenza sull'anima dei lettori?

33

D. Outram
Illuminismo e monarchia

D. Outram, *L'Illuminismo*, il Mulino, Bologna 1997, pp. 141-46

■ La cultura illuminista ridimensionò radicalmente l'idea della monarchia, ma la realizzazione delle politiche illuminate dipese strettamente dalla volontà dei monarchi. Su questo apparente paradosso riflette, in questo brano, la storica Dorinda Outram, autrice di un saggio sull'Illuminismo pubblicato nel 1995. La studiosa sottolinea il passaggio da una monarchia fondata sul diritto divino a una basata su un contratto tra governanti e sudditi, il dissolvimento del carattere «proprietario» dell'autorità regia e la separazione tra gli interessi privati del monarca e quelli del paese. Ma non manca anche di evidenziare come la sorte dei programmi di riforma fosse strettamente legata alle decisioni del monarca, detentore del potere esecutivo in modo ancor più saldo rispetto al passato.

In un quadro più ampio, possiamo anche affermare che l'illuminismo pose interrogativi di fondo sulla monarchia, la forma di governo più comune nell'Europa del XVIII secolo. Alla fine del secolo è certamente possibile scorgere anche un'evoluzione della concezione che i monarchi avevano di se stessi. [...] Alla fine del secolo erano in via di erosione sia la legittimità religiosa del potere monarchico – la convinzione che la monarchia in generale e ogni singolo monarca fossero agenti di Dio in terra – che gli elaborati cerimoniali sviluppati nel XVIII secolo per accentuare la distanza tra il sovrano e i comuni mortali. Luigi XVI di Francia, Giuseppe II d'Austria e Federico II di Prussia fecero tutti a meno di buona parte di questo cerimoniale. [...]
Secolarizzandosi, l'autorità regia perdeva anche il suo carattere «proprietario». [...] Non si può evitare di pensare che a queste novità avesse contribuito almeno in parte il modo in cui l'illuminismo aveva impostato la riflessione sulla legittimazione dell'autorità politica, giungendo spesso a risposte che non assomigliavano granché alle forme assolutistiche tradizionali. Locke, ad esempio, aveva inaugurato il secolo con i suoi *Two Treatises on Government* in cui sosteneva che non era il diritto divino a legittimare il governo civile bensì un contratto tra governanti e sudditi. Col passare degli anni cominciò anche a farsi strada l'idea che gli esseri umani detenessero sin dalla nascita dei «diritti» inalienabili che i governi non potevano ignorare [...]. La monarchia cominciò a essere vista perciò in modo alquanto nuovo: l'illuminismo e la giustificazione del «dispotismo», il governo cioè di uno solo senza alcun freno legale e senza riguardo per il bene dei sudditi, erano realmente incompatibili. Fu per questa ragione che alcuni principi illuminati come, ad esempio, Pietro Leopoldo di Toscana e Federico II di Prussia cominciarono ad elaborare costituzioni che avrebbero reso esplicita la natura del contratto tra governante e governati e lo avrebbe stabilizzato al di là della persona del singolo monarca. [...]
Poiché il potere esecutivo supremo era ancora per lo più nelle mani dei sovrani, la sorte dei programmi di riforma continuava a dipendere dalle loro decisioni, ed essi potevano far mancare il sostegno a tali politiche da un momento all'altro. [...]
Alla fine del secolo, la maggior parte degli stati europei più importanti, nonché molti di quelli più piccoli, erano impegnati in programmi di riforma che spesso comportavano sostanziali novità per i gruppi d'interesse, quali le corporazioni, gli organi legali sovrani, le istituzioni rappresentative degli aristocratici, le giurisdizioni legali che gli aristocratici detenevano sui loro fittavoli, e spesso gli interessi economici e giurisdizionali della chiesa cattolica. Questi programmi comportavano anche un maggiore intervento delle monarchie nella vita sociale dei loro sudditi, attraverso strumenti quali la promozione dell'igiene pubblica, l'istituzione di sistemi d'istruzione primaria e la regolamentazione dell'economia. Tali programmi avevano l'obiettivo di produrre una popolazione sana e colta in grado di assicurare un consenso razionale alle misure della corona. [...] Nessuno mirava a incentivare sostanzialmente la mobilità sociale o a trasferire fette consistenti del potere. Questi «limiti della riforma» sono stati ampiamente dibattuti: il fatto che i sovrani illuminati fossero riluttanti a prendere in considerazione innovazioni sostanziali e quindi a rischiare turbative sociali non sminuisce il loro debito nei confronti dell'illuminismo; pochi pensatori illuministi si spinsero più oltre. Alla fin fine, l'illuminismo pose grossi problemi alle monarchie e fu di grande importanza per le riforme. I suoi programmi di riforma puntavano logicamente a una dissociazione dei fini personali del monarca dalle necessità dello stato [...]. L'illuminismo contribuì anche alla nascita di importanti nuovi fattori quali l'«opinione pubblica», che interveniva nel processo di manipolazione sociale e politica controllato dalla monarchia. Esso diede ai sudditi nuove ispirazioni e nuove aspettative di cambiamento e di riforma che si dimostrarono utili se adeguatamente mobilitate dai sovrani, ma difficili da controllare in regimi in cui la rappresentanza istituzionale dei ceti non privilegiati era insufficiente. Una volta messa in moto, la «critica» era difficile da arrestare. In ultima analisi, l'illuminismo e il dispotismo, il potere assoluto del re, erano difficili da conciliare. Il fatto che i conflitti tra l'illuminismo e la monarchia si intensificassero solo verso la fine del secolo è indicativo, paradossalmente, del successo del tentativo di molti sovrani di sfruttare l'illuminismo per diminuire le frizioni nell'apparato statale.

GUIDA ALLA LETTURA

❶ Quali caratteri della monarchia entrarono in crisi durante l'Illuminismo? ❷ In che cosa è consistita la rivoluzione politica teorizzata da Locke? Come cambiò la percezione stessa della monarchia? ❸ Quali erano, secondo la storica, i pregi e i limiti dei programmi di riforma? ❹ Qual era il peso della nascente opinione pubblica nelle politiche monarchiche?

SVILUPPARE LE COMPETENZE

Comprendere e Analizzare

❶ Dopo aver letto il documento di Rousseau [29DOC] e il brano della Outram [33], rispondi alle seguenti domande, citando opportunamente i testi:

a. Secondo la teoria di Rousseau, quale relazione legava il sovrano al popolo?

b. Quale giudizio sulla monarchia emerge dal documento del filosofo francese?

c. Secondo la Outram, quale atteggiamento verso le teorie illuministe ebbe la monarchia francese? Lo definiresti coerente o contraddittorio?

d. In che cosa consisteva la politica di riforme dei monarchi «illuminati» del '700?

e. I programmi di riforma intrapresi nel XVIII secolo realizzarono fino in fondo le tesi di Rousseau?

❷ Il brano di Beccaria [27DOC] ci offre alcune delle più significative argomentazioni della nuova concezione illuministica sui delitti e sulle pene, mentre quello di Foucault [28] ne offre una lettura "demistificante" piuttosto forte. Sintetizza rapidamente le tesi di Beccaria e confrontale con una sintesi della lettura foucaultiana.

Rielaborare e Argomentare

❸ Tema di argomento storico. *La cultura illuminista*

L'Illuminismo fu un fenomeno culturale di grande portata, variegato e complesso, che investì col suo spirito critico i più diversi ambiti della vita sociale, dalle convinzioni religiose alla legislazione penale, alle istituzioni politiche. Alla luce delle informazioni contenute nei brani proposti, delinea un quadro organico del fenomeno, che renda conto della sua complessità e degli aspetti contraddittori.

Documenti: Hume **[26DOC]**, Beccaria **[27DOC]**, Rousseau **[29DOC]**, Voltaire **[30DOC]**, Diderot **[32DOC]**
Immagini: pp. 56, 63, 67, 70, 71, 74
Brani storiografici: Foucault **[28]**, Chartier **[31]**, Outram **[33]**
Capitoli: **3**

❹ Dopo aver letto tutti i documenti di Voltaire e Diderot e il brano di Chartier, scrivi un breve testo (max 15 righe) sulla circolazione delle idee illuministe e l'importanza del romanzo e del «racconto filosofico», citando opportunamente i testi.

MODULO

2 LE ALTRE CIVILTÀ

1364-1644 Dinastia Ming in Cina

1526 In India Babur fonda l'Impero moghul

1600-1868 Dinastia Tokugawa in Giappone

1644-1912 Dinastia Qing in Cina

1665 In India la East India Company acquisisce anche il controllo di Bombay

1683 Fallisce l'assedio ottomano a Vienna

◂ ***Soldati turchi***
1590 ca.
[dal *Codex Vindobonensis* 8626; Biblioteca Nazionale, Vienna]

ANTEPRIMA

Caratteri e geografia delle civiltà

La diffusione del termine "civiltà", che si afferma nel '700, nasce dal confronto e dalle riflessioni che viaggiatori, filosofi, uomini di religione europei avevano compiuto ragionando sui gruppi sociali organizzati e sulle forme di vita collettiva diversi da quelli dell'Europa cristiana. Elementi caratteristici di ogni civiltà sono gli spazi geografici su cui si estende, l'organizzazione sociale ed economica, la religione, le mentalità collettive, le forme di governo e/o di esercizio del potere. Ma la definizione più semplice e più neutra è quella che individua con "civiltà" l'insieme dei tratti caratteristici della vita collettiva di un gruppo sociale o di un periodo storico: parleremo così di civiltà ateniese e di civiltà del Rinascimento, di civiltà cinese e di civiltà precolombiane, ecc.

Le civiltà di cui trattiamo in questo modulo corrispondono per gran parte ai grandi imperi posti a oriente dell'Europa, salvo occuparci in seguito anche di quelle parti del mondo, le Americhe prima, l'Australia in seguito, che, come colonie, si avviavano a diventare varianti della civiltà europea. A oriente troviamo l'**Impero ottomano** e quello persiano dei **safavidi** che dominano grandi spazi definiti da guerre e conflitti secolari; poi, più a est, l'**Impero moghul**, dove la religione islamica dei dominatori si intreccia e si scontra con le tradizioni culturali e religiose dell'India. Nell'Estremo Oriente, **Cina** e **Giappone** coincidono con strutture territoriali e sistemi di potere consolidati da secoli, pur nel variare degli ordinamenti dinastici che si registrano nel corso del '600.

L'universo islamico

Nell'analisi della distribuzione geografica delle civiltà è inoltre possibile individuare, tra '600 e '700, un universo islamico: il vasto spazio caratterizzato dalla diffusione della religione musulmana si spingeva dalle coste occidentali e atlantiche dell'Africa fino al Bengala indiano e ad alcune zone interne della Cina, dai Balcani al Mediterraneo orientale e ai territori sub-sahariani, dall'Arabia lungo le coste orientali dell'Africa, dalle steppe dell'Uzbekistan all'India centrale con propaggini

1713-50
La Gran Bretagna gestisce la tratta degli schiavi neri verso le colonie spagnole (*asiento de negros*)

1763
Il Canada passa sotto il controllo inglese

1770
Cook esplora le coste orientali del continente australiano

1778
La Gran Bretagna dà inizio al popolamento dell'Australia

fino alla Penisola malese e alle isole dell'Indonesia. Su questa enorme estensione insistevano per gran parte gli imperi ottomano, safavide e moghul. Ma l'universo islamico si estendeva anche oltre i confini di queste consolidate organizzazioni statali distribuendosi in territori di assai minore aggregazione politica. È la conferma della pervasività e del dinamismo dell'islam che, seppur privo di una guida centralizzata, era tuttavia capace di diffondersi lungo le linee dei commerci e di sovrapporsi e convivere, in ampie regioni del globo, con pratiche religiose politeiste e animiste.

L'Occidente atlantico

Se in un certo senso sembra agevole per gli europei definire le civiltà "altre", meno semplice è individuare un'identità unitaria per la civiltà europea nel suo insieme o per le singole parti d'Europa che entrano in relazione con il resto del mondo, in particolare con le Americhe e l'Asia. Ai caratteri unitari fanno puntualmente riscontro i fattori di divisione: la comune cristianità rimaneva frammentata nei tre ceppi, cattolico, protestante e ortodosso; la cultura umanistica e razionalista, pur diffusa, veniva costantemente osteggiata dal persistere delle tradizioni oscurantiste, mentre i sistemi di governo presentavano significative differenze.
Escludendo i rapporti particolari e prevalentemente conflittuali di Venezia, dell'Austria e della Russia con l'Impero ottomano, sembra possibile parlare di un Occidente atlantico che corrisponde alle **potenze marittime** di Spagna, Portogallo, Francia, Gran Bretagna, Olanda (e in minor misura Danimarca).

ATLANTE 10_IL SISTEMA COLONIALE EUROPEO E I GRANDI IMPERI ORIENTALI A INIZI XVIII SECOLO

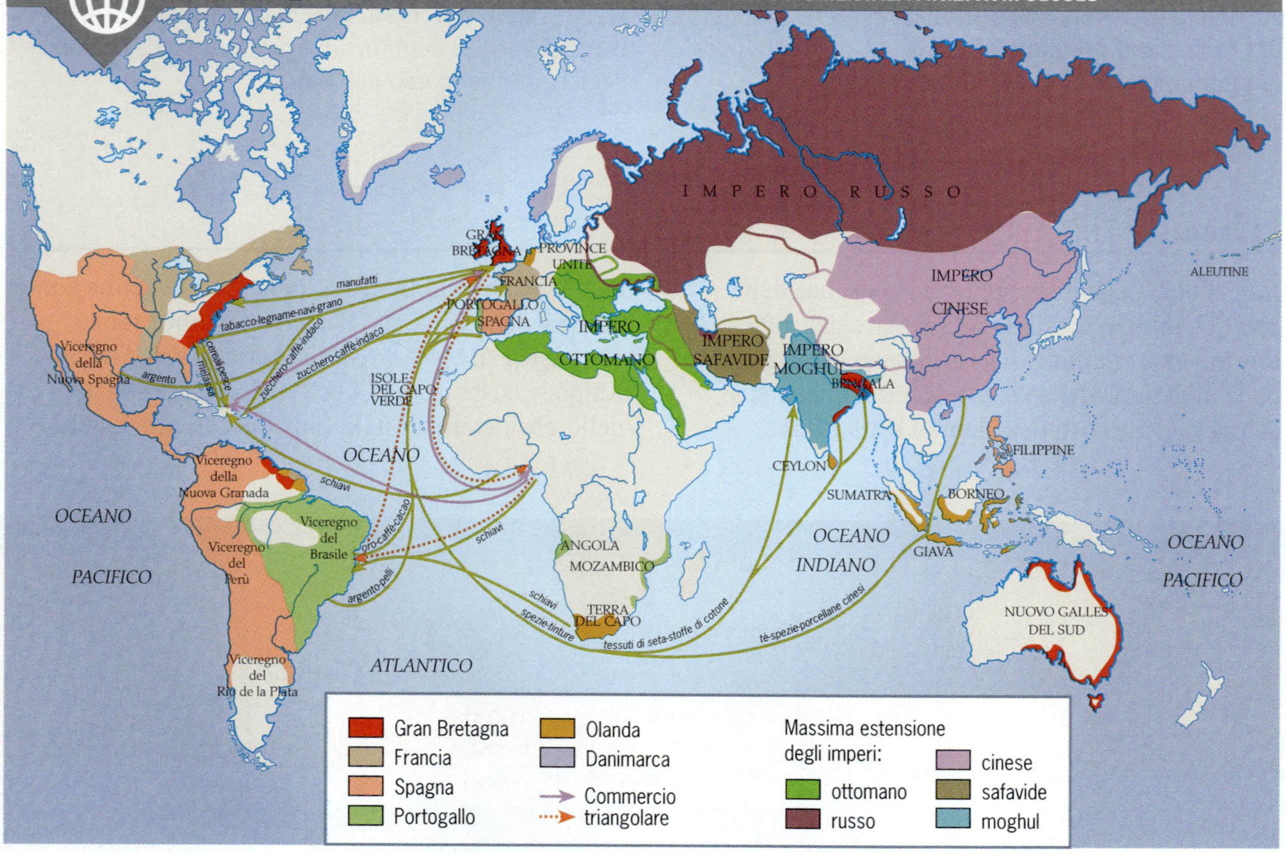

Motore dell'espansione coloniale verso est, e soprattutto verso ovest, le potenze dell'Occidente atlantico sono protagoniste di una serie quasi continua di conflitti, ma anche di accordi commerciali, nel cui ambito si venne costruendo l'**egemonia europea sugli oceani**.

L'economia della schiavitù

Un elemento strutturale della espansione europea e della trasformazione produttiva e sociale delle Americhe fu l'impiego degli **schiavi neri africani** trasferiti con la forza oltreoceano. Iniziata su larga scala nel '500 e incrementata in seguito, la tratta degli schiavi durò fino oltre la metà dell'800, anche se ufficialmente vietata, consentendo grazie all'afflusso costante di manodopera la diffusione del nuovo sistema produttivo delle piantagioni (vaste proprietà terriere adibite a monocolture). I prodotti delle piantagioni – tabacco, caffè, cotone, e in primo luogo (anche in ordine di tempo) lo zucchero di canna e i suoi derivati alcolici (come il rhum) – divennero oggetto della **domanda europea**, trasformando profondamente i consumi del Vecchio Continente e delle sue colonie.

La tratta degli schiavi fu all'origine di grandi ricchezze e potere per i proprietari delle piantagioni, divenuti presto il ceto dominante in Brasile, nelle Antille e nelle colonie britanniche, ma diede vita anche a tradizioni, stili di vita e incroci etnici con effetti duraturi fino ad oggi. Difficile valutare in dettaglio i **costi umani** complessivi di questo sistema di sfruttamento al di là dei conteggi, certamente approssimativi, sul numero di schiavi portati in America (tra i 10 e i 12 milioni). Certo è che l'**Africa sub-sahariana** rimane in questi secoli, e sarà anche in seguito, protagonista passiva nella storia mondiale fornendo una "merce umana" pregiata e insostituibile al grande circuito del commercio atlantico.

Conquiste, spartizioni e rapporti commerciali

Così osservando una mappa del pianeta, durante lo studio del modulo, sarà agevole individuare i grandi imperi, le aree di conflitto e le zone di espansione delle potenze mercantili. E seguendo le date misurare i tempi del convergere di tanti paesi europei verso la conquista e il possesso delle basi per la tratta dei neri o delle isole dello zucchero: una rappresentazione efficace di quanto un'Europa rissosa e aggressiva trasferisse oltreoceano la trama delle sue ostilità.

Negli ampi territori dell'America settentrionale, dove il controllo degli spazi era più difficile e meno consolidato, Francia e Spagna dovettero cedere di fronte al dinamismo britannico. Ai margini orientali dell'Europa l'**Impero ottomano** arretrava lentamente, incapace ormai di gareggiare con la superiorità militare e tecnologica europea: ma conservava tutte le sue posizioni nel Mediterraneo orientale. L'**Impero moghul**, che aveva già ceduto agli inglesi e ai francesi postazioni commerciali sulle coste, nel corso del '700 accentuò la disgregazione interna, fino a consentire il controllo di ampie parti dell'India settentrionale alla East India Company, una compagnia commerciale privata in grado di amministrarle direttamente come emanazione del potere centrale della madrepatria britannica.

Nei rapporti con la **Cina**, le potenze europee furono costrette a limitare le loro ambizioni agli scambi commerciali, a tutto vantaggio dei cinesi, poco interessati ad importare dall'Europa ma pronti a rispondere alla forte **domanda europea di oggetti di lusso** (come porcellane e tessuti di seta): una condizione che fece dell'Impero cinese il maggior paese esportatore agli inizi del '700.

Per quanto l'Europa dimostrasse un maggior dinamismo commerciale, a questo stadio dello sviluppo economico non è possibile parlare di una decisiva supremazia europea nelle tecnologie e nei redditi pro capite (per abitante) rispetto a un'economia avanzata come quella cinese. Certo gli europei possedevano gli orologi meccanici e usavano gli occhiali che consentivano agli artigiani di lavorare più a lungo, ma le potenzialità di sviluppo economico rimanevano equivalenti. Solo verso la fine del '700 si manifestò quella "grande divergenza" tra l'Europa industrializzata (in una prima fase essenzialmente la Gran Bretagna) e l'Asia che si attestava ormai su posizioni più arretrate.

L'egemonia britannica

Nel 1763, con la vittoria sulla Francia al termine della guerra dei Sette anni, la Gran Bretagna si assicurava il dominio dei mari e un ampliamento consistente dei suoi possessi coloniali con la conquista del Canada sottratto ai francesi [👁 1.5]. Di lì a qualche anno l'inizio della colonizzazione dell'Australia aggiungeva un intero nuovo continente alla Corona britannica. In seguito, la guerra di indipendenza americana (1775-83), combattuta con successo dalle colonie dell'America settentrionale contro la madrepatria, avrebbe ridotto significativamente i possedimenti britannici. Ma, come sarà chiaro studiando il modulo successivo, la vittoria definitiva su Napoleone della Gran Bretagna e dei suoi alleati (Prussia, Russia e Austria; 1815, Waterloo) fu seguita, nel corso dell'800, dalla conquista di nuovi vastissimi territori in Asia e in Africa, riconfermando l'egemonia della Gran Bretagna non solo come **potenza navale**, ma come potenza **coloniale e commerciale**.

I tempi lunghi dell'ecosistema

Fra l'Europa e le Americhe intercorse, in questi secoli, uno scambio biologico che favorì gli europei penalizzando le popolazioni e i territori colonizzati. La colonizzazione dei nuovi mondi ebbe effetti devastanti sulle popolazioni indigene, vittime non solo di uno sfruttamento durissimo ma anche dell'invasione di virus e batteri, portatori di malattie sconosciute e contro le quali non avevano nessuna difesa.
Meno immediata e meno visibile, data la sua gradualità, fu la trasformazione dell'ambiente soprattutto nelle zone a clima temperato. Qui una serie di erbe infestanti, note per la rapidità della loro crescita e la resistenza agli agenti atmosferici, avrebbe trasformato zone aride in pascoli sterminati atti all'allevamento degli animali europei, come i bovini e i cavalli.
Così, nel '600 e nel '700, mentre i commerci andavano assumendo un carattere globale integrando negli scambi tutti i continenti, pur con i tempi più lunghi propri delle trasformazioni ambientali, prese avvio anche una sorta di **interazione ecologica globale**: microbi, piante, animali e uomini furono trasferiti o si trasferirono da un continente all'altro modificando gli ambienti naturali che li avrebbero ospitati. All'affermazione dell'imperialismo politico occidentale, ovvero quel sistema mondiale governato dagli interessi commerciali e dalla potenza militare e coloniale degli Stati europei, si legò indissolubilmente anche un imperialismo ecologico.

ONLINE

Il libro
A.W. Crosby
Imperialismo ecologico

Il laboratorio dello storico
Come fare storia dell'Africa

4 CIVILTÀ E IMPERI OLTRE L'EUROPA

CAPITOLO

1 Il declino dell'Impero ottomano e la parabola safavide

Il 12 settembre 1683 il re polacco Jan Sobieski lanciò la sua cavalleria giù dalle pendici del Kahlenberg, una collina che sovrasta Vienna, rompendo l'assedio dei turchi che durava dall'estate di quell'anno [👁 1.8]. È la battaglia che più di ogni altra simboleggia l'inizio del declino dell'Impero ottomano e la fine dell'espansione turca verso occidente. Tra la fine del '600 e la fine del '700 l'offensiva del grande Impero turco contro l'Europa balcanica subì infatti una definitiva battuta di arresto. Iniziò allora una lenta e profonda crisi non arginata dai pochi tentativi di riforma dell'organizzazione politica e amministrativa. Una crisi destinata a durare e poi ad accentuarsi fino alla rivoluzione dei Giovani turchi del 1908.

ATLANTE 11_L'IMPERO OTTOMANO (1683-1800)

35 DOC
Ogier Ghiselin de Busbecq
Lettere dalla Turchia

Il collante dell'impero, oltre alla comune confessione musulmana, era rappresentato dall'esercito e dal sistema fiscale che tuttavia non garantivano più il controllo uniforme dei vastissimi territori dell'impero.

Spazi e confini L'Impero ottomano rappresentava la parte più estesa, ma anche la più frammentata, dell'ampio universo islamico che si era costituito a partire dal VII secolo nel Vicino Oriente e nell'Africa settentrionale. I suoi confini si estendevano nel '600 dall'Algeria all'Egitto, alla Palestina, alla Siria, all'Anatolia e poi nei Balcani dalla Grecia all'Ungheria, lungo le coste settentrionali del Mar Nero, nel Caucaso per scendere a sud-est fino alla Persia e a sud all'Iraq, e all'Arabia dei luoghi santi dell'islam, Medina e La Mecca [ATLANTE_11]. Questo complesso sistema territoriale aveva il suo centro politico, culturale e amministrativo nella grande città di Istanbul (Costantinopoli) dove risiedeva il sultano.

Il sistema di governo Dato il progressivo abbandono dell'esercizio diretto del potere da parte del sultano, il governo era guidato di fatto dal **gran visir**, una sorta di primo ministro o gran cancelliere. I gran visir provenivano dai *devşirme*, un ceto formato da sudditi strappati da piccoli alle famiglie cristiane e convertiti con la forza all'islamismo: educati nelle scuole di palazzo, i *devşirme* entravano in genere come soldati nel corpo militare dei **giannizzeri**, mentre i più capaci diventavano alti funzionari dello Stato. I gran visir non possedevano il prestigio che i diversi gruppi dell'impero, in particolare l'aristocrazia turca, riconoscevano invece al sultano e quindi il loro potere si fondava sulla capacità di destreggiarsi tra gli intrighi di palazzo e di ottenere successi militari. Fu inoltre sempre più difficile per il governo di Istanbul affermare la propria volontà, soprattutto sulle province più lontane.
L'indebolimento del governo di Istanbul favoriva il rafforzamento delle periferie dell'impero dove i governatori locali tendevano a costituirsi in dinastie autonome, sempre meno disposte a versare al centro il frutto dell'imposizione fiscale e di rispondere agli obblighi militari. Il **contrasto tra centro e periferia** – soprattutto con l'Algeria, la Tunisia e l'Egitto – e il mancato superamento delle autonomie feudali furono tra le cause del declino dell'impero.

Jacob Marrel
Quattro tulipani con insetti e un anemone
1640 ca.
[Rijksmuseum, Amsterdam]
Fra le maggiori produzioni dell'Impero ottomano va ricordato il tulipano, fiore molto amato da Solimano il Magnifico. Esportati in Olanda verso la metà del '500, i tulipani ebbero un notevole successo diventando in poco tempo richiestissimi e costosissimi.

Le convivenze religiose Uno degli elementi di forza del regime ottomano era invece la permanenza, sul suo territorio, di religioni diverse dall'islam: cristiani ortodossi, cattolici, ebrei. Organizzate in comunità, **millet**, con un'amministrazione autonoma, nonostante saltuari aspri conflitti, le diverse appartenenze religiose davano luogo a un sistema di convivenza, se non proprio di tolleranza ufficiale. Gli ebrei cacciati dalla Spagna nel 1492 trovarono ospitalità nell'Impero ottomano: l'importante città portuale di Salonicco era nel '700 il maggior centro urbano abitato da ebrei, che a metà '800 erano ancora più del 50% della popolazione.

Gli scambi commerciali Le comunità greche ed ebraiche a Istanbul e nell'Asia Minore erano al centro del complesso sistema di scambi – **cotone**, **seta**, **oro** e **caffè** provenienti dall'Africa e dall'Oriente – che continuava ad alimentare l'economia di un impero ricco di grandi città, dal Cairo a Baghdad, a Smirne. Per quanto insidiato dalla presenza veneziana e dalle navi delle nuove potenze commerciali atlantiche, il **Mediterraneo centro-orientale** rimaneva un mare controllato dai turchi.

Le guerre contro Venezia In pochi anni, dopo la disastrosa sconfitta di Lepanto (1571), la flotta turca era stata ricostituita e per oltre un secolo Venezia rimase, con esiti alterni, in guerra con gli ottomani. Nel 1571 aveva perso Cipro, nel 1699 Creta fu conquistata dai turchi, mentre il Peloponneso fu occupato dai veneziani dal 1687 al 1715. Ma **Venezia** era **in costante arretramento**, pur mantenendo il possesso delle isole Ionie (Corfù, Lefkada, Cefalonia, Itaca, Zacinto), fino alla caduta della repubblica nel 1797 [👁 7.9].

Le sconfitte nei Balcani Una nuova offensiva turca nei Balcani si infranse nel 1683, come sappiamo, sotto le mura di **Vienna**, dove l'esercito ottomano si era spinto con l'ambizioso disegno di colpire al cuore l'Impero d'Austria. La sconfitta costrinse i turchi a una umiliante ritirata e a subire ulteriori perdite territoriali compensate tuttavia nel 1739 con la riconquista di Belgrado. Ma il graduale ritiro dai Balcani settentrionali era ormai iniziato e alla fine del '700 l'impero vedeva i suoi domìni ridotti ai **territori a sud del Danubio**, cioè all'estensione che avevano nella prima metà del '500, al tempo di Solimano il Magnifico.

Il confronto con l'Europa e i conflitti con la Russia Le reiterate sconfitte imponevano riforme istituzionali per reggere il confronto con l'Europa. Convertiti occidentali vennero chiamati per riformare l'esercito e la marina, mentre la vita intellettuale venne stimolata grazie all'apertura di biblioteche e all'introduzione, nel 1727, della **stampa** (fra i primi libri ad essere stampati, vi furono trattati sulla tecnologia bellica europea). Ma questi tentativi di rinnovamento si scontravano contro le resistenze dei giannizzeri, che vedevano i loro privilegi messi in pericolo dall'introduzione di riforme di sapore occidentalizzante, e contro la dura opposizione degli *ulema* (teologi e giuristi), depositari della tradizione islamica ottomana.

Ai nemici tradizionali, Austria e Venezia, si era aggiunta dalla fine del '600 anche la **Russia** con la sua politica espansiva verso sud. Alla fine del '700 l'Impero ottomano aveva perso la **Crimea** e gran parte delle coste settentrionali del **Mar Nero**, mentre era iniziata la conquista russa nelle regioni del Caucaso settentrionale. Rimanevano stabili invece i confini con l'Iran definiti nel 1638 con la cessione ai safavidi del Caucaso e dell'Azerbaigian.

L'Iran dei safavidi L'Impero ottomano è l'espressione più conosciuta della civiltà islamica per la sua vicinanza e contrapposizione con l'Europa cristiana nell'età moderna. Ma altri grandi imperi islamici si incontrano se muoviamo lo sguardo verso oriente.

Millet
I millet erano le comunità religiose riconosciute dall'amministrazione ottomana entro i confini dell'impero e dotate di un certo grado di autonomia. Furono istituiti affinché gli interessi dei capi religiosi delle comunità convergessero con quelli del governo centrale, e nacquero in primo luogo per organizzare chi non era di fede musulmana – greco-ortodossi, armeni, ebrei –, sebbene in seguito il diritto di organizzarsi in millet sia stato esteso anche ai musulmani. Ai capi religiosi veniva concesso un potere molto ampio e maggiore di quello che avrebbero avuto negli Stati cristiani. Ogni capo millet era responsabile del pagamento delle imposte da parte dei membri della comunità, ma i capi dei millet musulmani avevano un potere superiore a quello degli altri, perché condividevano la stessa religione del sultano e avevano un peso nelle scelte politiche centrali. Questo sistema, istituito nel '400, funzionò fino a metà dell'800.

EVENTI

L'assedio di Vienna

Culmine dell'offensiva turca in Europa, l'assedio di Vienna del 1683 costituì un evento decisivo nella storia europea e nei rapporti di forza tra Occidente cristiano e Impero ottomano, inaugurando per quest'ultimo, nel momento stesso in cui raggiungeva il limite massimo della propria espansione, un declino irreversibile che lo avrebbe relegato progressivamente ai margini della scena europea. L'arrivo dei turchi sotto le mura della città capitale del Sacro romano impero fu un avvenimento clamoroso e drammatico, che suscitò enorme impressione anche per la sua valenza religiosa e simbolica: era l'apice della grande paura incarnata per secoli dai turchi, che dopo la sconfitta di Vienna si ritireranno a poco a poco dai territori conquistati.

L'esito dell'assedio ebbe ripercussioni durature sull'intero assetto europeo, con l'avvio di una controffensiva cristiana nei territori ungheresi che si sarebbe conclusa solo con la pace di Carlowitz del 1699, quando l'Impero ottomano fu costretto per la prima volta a cedere terreno, per essere poi incalzato negli anni a venire dagli austriaci sul fronte balcanico e dai russi su quello orientale. Quanto agli interessi della politica asburgica, se fino a quel momento erano stati monopolizzati dagli equilibri europei a occidente, dopo Vienna si sarebbero volti stabilmente all'area balcanica e ungherese.

L'**offensiva turca del 1683** in realtà partiva sotto i migliori auspici, con gli Asburgo impegnati a fronteggiare a occidente l'espansionismo della monarchia francese e a oriente una difficile situazione nell'area carpatica, dove la rivolta dei magiari (o ungheresi) guidati dal **conte Imre Thököly** aveva ottenuto l'appoggio degli ottomani. La portata destabilizzante di Thököly e il suo potenziale utilizzo in chiave antiasburgica vennero subito colti dal **gran visir Kara Mustafa**, l'uomo più importante dell'Impero turco dopo il sultano Mehmet IV; condottiero audace e politico ambizioso, fu lui il principale fautore della guerra contro l'Austria, nonché l'ideatore dell'assedio alla capitale. La sua politica aggressiva venne sottovalutata dagli austriaci, convinti di poter rinnovare il precedente trattato di pace con la Sublime Porta (l'Impero ottomano) e decisamente più preoccupati dai movimenti di Luigi XIV. Ma mentre gli emissari austriaci a Istanbul lavoravano per la pace, quelli francesi si adoperavano presso il sultano per accendere la guerra in Ungheria e mettere in difficoltà gli Asburgo. Rassicurati dalla benevolenza della Francia, i turchi alla fine ruppero la ventennale tregua con l'Austria. Era l'agosto del 1682.

La concentrazione delle forze ottomane iniziò da Edirne (Adrianopoli) per risalire i Balcani fino a Belgrado, da dove il 13 maggio 1683 partì la grande offensiva che nel giro di un mese avrebbe portato i turchi a varcare il confine con l'Ungheria **[👁 ATLANTE_12]**. Di fronte alla comune minaccia, l'Austria e la Polonia (che nel 1676 aveva già dovuto cedere agli ottomani la regione della Podolia e la fortezza di Kamenets) strinsero un'alleanza che si sarebbe rivelata decisiva.

L'esercito che risaliva ora il Danubio era uno dei più imponenti mai dispiegati dai turchi e raccoglieva **truppe provenienti dagli angoli più remoti dell'impero**: le stime oscillano, ma il numero era comunque impressionante per l'epoca, di molto superiore ai centomila uomini. Proprio queste dimensioni straordinarie, unitamente all'incertezza sui suoi movimenti, all'inizio riuscirono a confondere e sbaragliare la resistenza austriaca, ancora incredula e incerta. L'armata asburgica, notevolmente inferiore sul piano numerico, era guidata da Carlo V di Lorena, cognato dell'imperatore Leopoldo e uno dei suoi uomini d'arme più capaci, poco amato però nell'ambiente di corte: rivalità e contrasti compromisero l'efficacia delle operazioni militari nella fase iniziale dello scontro, quando si sarebbe dovuto fermare il nemico lontano da Vienna, e i turchi poterono puntare sulla capitale praticamente indisturbati.

Vienna allora era cinta da mura possenti che però offrivano alcuni punti vulnerabili, tutti noti a Kara Mustafa. Inoltre la recente espansione urbana a ridosso della cinta muraria esterna ne vanificava in parte la funzione, tanto che in vista dell'attacco si iniziarono a demolire gli edifici troppo vicini alle fortificazioni. Ma era già tardi. E mentre la popolazione delle campagne, terrorizzata dalle **scorrerie dei tartari** (che combattevano per gli ottomani), si riversava nelle città e nei borghi fortificati, a Vienna la nobiltà lasciava in fretta i suoi palazzi. Sull'onda del panico generato da voci che davano l'esercito austriaco sbaragliato e quello turco dilagante, lo stesso imperatore Leopoldo I si lasciò convincere ad abbandonare precipitosamente la capitale per rifugiarsi a Passau (a 300 chilometri circa da Vienna). Era il 7 luglio; una settimana dopo i turchi erano accampati davanti a Vienna.

ATLANTE 12_LA CONVERGENZA DELLE TRUPPE OTTOMANE SU VIENNA (PRIMAVERA-ESTATE 1683)

Nevers Frans Geffels
Assedio di Vienna da parte dei turchi nel 1683
[Kunsthistorisches Museum, Vienna]

Il dipinto raffigura l'arrivo dell'esercito polacco (in primissimo piano a destra) presso il campo turco e lo scontro con la fanteria giannizzera, contraddistinta dalle insegne militari recanti la mezzaluna, simbolo dell'Impero ottomano. In secondo piano, il pittore ha rappresentato Vienna con le sue vie, le chiese e i palazzi e, ben visibile appena sotto le sue mura, il dedalo di cunicoli e trincee realizzato dai turchi per poter arrivare il più vicino possibile ad attaccare la città.

Il campo ottomano era un'immensa distesa, «tanto grande quanto l'intera città di Varsavia o di Leopoli dentro le mura» scriverà il re polacco Sobieski; ma la cosa più stupefacente sarebbe stata la **colossale opera di scavo e di ingegneria militare intrapresa dai turchi** all'indomani del loro arrivo, e che doveva consentire l'avvicinamento alle fortificazioni attraverso un **immenso dedalo di trincee, cunicoli e gallerie coperte**. Gli assedianti, infatti, non disponendo di un'artiglieria in grado di abbattere le mura, erano costretti a ricorrere alla **tecnica delle mine sotterranee**, che una volta piazzate alla base delle fortificazioni avrebbero dovuto provocarne il crollo.

Vienna, rimasta isolata, era difesa da una guarnigione che poteva contare su circa 20 mila uomini tra fanteria regolare, milizie cittadine e volontari; per due mesi avrebbero resistito ai colpi dell'artiglieria, agli assalti improvvisi e alle epidemie (la più grave, di dissenteria, si trasmise anche al campo ottomano), cercando di intercettare i movimenti sotterranei dei turchi con le loro mine.

Fuori dalla città intanto la diplomazia asburgica lavorava per formare una coalizione contro i turchi, da tempo caldeggiata dal pontefice Innocenzo XI: vi aderirono alcuni principi tedeschi e soprattutto la Polonia, vincolata dall'alleanza con l'Austria. **Il ruolo della Polonia nella liberazione di Vienna fu decisivo**: forte di una cavalleria che aveva fama di essere la più formidabile d'Europa, l'esercito polacco costituiva la parte più consistente delle forze cristiane ed era condotto dal **re Jan Sobieski**. A lui, assente l'imperatore, spettava il comando supremo degli eserciti in campo; ansioso di procurare al suo regno un posto di rilievo nel contesto europeo e di consolidare nello stesso tempo la propria posizione nei confronti dell'inquieta nobiltà polacca, Sobieski si sarebbe imposto come il principale artefice della vittoria [sulle sorti del Regno di Polonia nel '700, 👁 1.5_TABELLA1].

All'inizio di settembre Vienna era allo stremo. I turchi erano riusciti a far esplodere due mine e ad aprire una breccia, e ormai sembravano sul punto di sfondare, mentre l'esercito soccorritore si era avvicinato alla città a tappe forzate. Le truppe tedesche e quelle austro-polacche avevano seguito itinerari diversi per poi riunirsi alla vigilia della battaglia sul **Kahlenberg, l'altura a nord di Vienna**. Ai loro piedi si stendevano la città assediata e l'immenso campo ottomano, completamente sguarnito da quel lato: Kara Mustafa non aveva pensato a trincerarsi alle spalle, e questo errore gli fu fatale.

All'alba del 12 settembre i tedeschi presero ad avanzare con l'artiglieria pesante, mettendo subito in difficoltà la debole difesa turca, ma le sorti della battaglia furono decise solo a metà giornata con la travolgente carica della cavalleria polacca guidata da Sobieski, che annientò i residui focolai di resistenza. Sopraffatti, i turchi si diedero alla fuga abbandonando il campo al saccheggio, e con loro Kara Mustafa.

Sobieski entrò a Vienna da liberatore prima dello stesso Leopoldo, suscitando imbarazzo e malumore. Con una lettera che si apriva con le parole *Venimus, vidimus et Deus vicit* annunciò la vittoria al papa, e in segno di trionfo gli inviò quello che riteneva essere il vessillo del Profeta: si trattava in realtà di un comune stendardo ottomano, poiché la sacra insegna era stata portata con sé nella fuga da Kara Mustafa.

Il visir pagò con la vita l'esito della sua campagna di guerra: fu strangolato dagli emissari del sultano a Belgrado, dove si era rifugiato, il 25 dicembre di quell'anno, e la sua testa recapitata a Mehmet IV.

Tra il 1501 e il 1722 l'Iran (Persia) fu governato dalla dinastia safavide che al momento della sua massima potenza, agli inizi del '600 sotto lo *shah* (il sovrano) *Abbās I il Grande*, controllava a nord l'Azerbaigian, parte del Caucaso e dell'Armenia, a sud l'Iraq e a est gran parte dell'Afghanistan. Ma già nel 1638 gli ottomani avevano riconquistato l'Iraq e siglato una pace che definiva i confini con l'Iran.

L'affermazione dell'impero safavide in Iran, al di là dello splendore dei suoi monumenti e della capitale Isfahan, coincide con il consolidamento dello **sciismo** (la componente minoritaria dell'islamismo) come religione ufficiale dello Stato. Il ruolo politico conquistato allora i capi religiosi **sciiti** lo mantennero in seguito, con alterne vicende, e lo riaffermarono con la rivoluzione khomeinista del 1979 e la successiva nascita della Repubblica islamica.

GUIDA ALLO STUDIO

❶ Descrivi i caratteri dell'economia nello Stato ottomano. ❷ Quali furono i nemici "storici" dello Stato ottomano tra '600 e '700? ❸ Quali conseguenze ebbe in Iran l'affermazione della dinastia safavide? ❹ Quali furono i fattori principali che contribuirono a mantenere unito il vasto Impero ottomano? ❺ Che cosa erano i *millet* e che funzione svolgevano all'interno dell'impero?

2 L'India tra islam e induismo

Anche l'India tra '600 e '700 fu dominata politicamente da una dinastia musulmana. La presenza islamica datava dal X secolo quando eserciti islamici erano penetrati da nord-ovest, insediandosi poi nel Nord dell'India dove nel XIII secolo si era costituito il sultanato di Delhi.

L'Impero moghul

Nel 1526 un esercito composto da tribù turco-mongole musulmane guidate da **Babur**, il Conquistatore, invase il subcontinente indiano, sconfisse il sultanato di Delhi, da lungo tempo indebolito, e diede vita all'Impero moghul destinato a durare fino al 1707. Dal Nord l'impero si estese via via fino a comprendere, intorno al 1700, un territorio che andava a nord da Kabul a Dacca nel Bengala e verso sud raggiungeva le ultime regioni dell'India meridionale.

La struttura politico-sociale e l'economia

La struttura politico-sociale dello Stato moghul era di tipo **feudale**, con estesi territori affidati a vassalli moghul o a principi locali sottomessi, una aristocrazia di origine militare, che derivava i suoi poteri dal sultano ma non poteva trasmetterli ereditariamente, e una base contadina molto povera. I moghul mantennero il precedente sistema di riscossione delle imposte ma erano soprattutto in grado, grazie alla presenza capillare dei loro soldati, di esercitare in ogni villaggio, unità base della tradizionale società induista, un efficiente **controllo amministrativo e di polizia**.
Mercanti e artigiani avevano un ruolo decisivo nell'economia del paese. I mercanti imprenditori finanziavano una **manifattura artigianale** molto sviluppata, nonostante tecniche di lavorazione arretrate e una grande dispersione produttiva. In particolare l'industria tessile era in grado di rispondere rapidamente alla crescita della domanda, grazie alla diffusione in tutto il territorio di centri artigianali e al lavoro di migliaia di

Sciiti / sunniti
Sciiti e sunniti sono i fedeli delle due principali componenti dottrinali dell'islam. I primi, minoritari tra i musulmani, sono la maggioranza soprattutto nell'attuale Iran. I secondi sono la componente islamica maggioritaria. Fin dalla nascita delle due correnti (VII secolo), secondo gli sciiti il compito di guidare la comunità islamica deve essere dei discendenti di Maometto; presso i sunniti invece prevale il principio elettivo per individuare la guida politica e spirituale. Il nome "sciiti" deriva dal termine *shia*, 'seguaci di Alì' (Alì era il cugino di Maometto e il suo primo successore); "sunniti" invece da *sunna*, la raccolta delle tradizioni sui comportamenti tenuti da Maometto. La massima autorità sciita è l'*imam* che è venuto incarnando il principio stesso della divinità, proprio a causa della posizione minoritaria dello sciismo e del conseguente ripiegamento su sé stessa della comunità sciita. Le guide religiose dei sunniti sono gli *ulema*, fra i quali non sussistono differenze gerarchiche, e gli *imam*, preposti ai rituali e alla preghiera.

tessitori che si spostavano da una città all'altra. Era un sistema di produzione disperso e disseminato in mille villaggi, molto diverso rispetto ai modelli europei, ma di grande efficienza. Del resto, fino alla rivoluzione tecnologica inglese che impresse una svolta alla produzione tessile in Europa, le **stoffe indiane** di seta, cotone, lino e seta mista a lino furono per qualità e quantità superiori a quelle prodotte in tutto il resto del mondo.

Islamismo e induismo

L'instaurazione di una **nuova dinastia musulmana** era destinata ad acuire i difficili problemi della convivenza tra la cultura islamica e quella indù. L'islamismo e l'induismo, infatti, oltre a essere rispettivamente l'una la religione dei nuovi signori e l'altra quella delle popolazioni dominate, erano espressione di **due visioni del mondo radicalmente** diverse e fra loro impermeabili. Incolmabile era la distanza che separava il monoteismo profetico islamico dalla antichissima frammentazione religiosa **induista**. Inoltre, il concetto islamico della conversione risultava incomprensibile agli indù, per i quali si era affiliati a una religione per nascita e non per scelta. D'altra parte i musulmani – tutti eguali al cospetto di Allah – non potevano accettare il **sistema delle caste** indù che stabiliva, una volta per sempre, l'intero destino personale e sociale degli individui che ne facevano parte. Diversissimi gli stili di vita, le tradizioni alimentari, le usanze matrimoniali e anche il modo di onorare i morti: i musulmani usavano seppellire i

Il Taj Mahal ad Agra (India)
Il Taj Mahal è uno degli esempi più celebri dell'architettura moghul, che coniuga simmetria e splendore decorativo e nella quale si rispecchia l'amore dei moghul per i giardini e le fontane. Il famoso edificio è un mausoleo fatto costruire da Shah Jahan (terzo nipote di Akbar, destinato a succedergli alla guida dell'impero) in omaggio alla moglie, morta di parto nel 1631.

Induismo
L'induismo non è una religione in senso stretto, ma piuttosto un sistema filosofico e un insieme di dottrine, pratiche rituali e religiose, e pratiche sociali. I fondamenti dell'induismo derivano da costumi e credi precedenti, probabilmente risalenti al II millennio a.C. Testi sacri che rivelano le radici della dottrina sono gli antichi *Veda*. La triade fondamentale del pantheon induista è composta da Brahma, principio regolatore dell'universo, Visnu, colui che preserva, Shiva, colui che distrugge o trasforma. Convinzione degli induisti è che gli esseri viventi attraversino un ciclo di vite, morti e rinascite per raggiungere, infine, il Braham, il sé universale. L'organizzazione sociale induista si fonda sul sistema delle caste, un ordinamento gerarchico centrato sulla opposizione religiosa puro/impuro. Rispettare il sistema delle caste significa per gli induisti rispettare l'ordinamento cosmico e adempiere ai doveri della casta cui si appartiene assicura una rinascita migliore.

Sistema delle caste
La società tradizionale indiana è suddivisa in innumerevoli caste raggruppate in quattro categorie gerarchicamente ordinate: al vertice i sacerdoti (*brahmani*), seguiti da guerrieri e nobili (*ksatriya*), commercianti e contadini (*vais'ya*), plebei, artigiani e servi (*s'u_dra*). Al di fuori di queste categorie restano gli strati più poveri della popolazione, i paria (o "intoccabili"), adibiti ai lavori più umili. Questa separazione è legata all'idea che venga contaminato chi entri in contatto, anche indiretto, con gli appartenenti alle caste inferiori, ritenuti appunto «impuri» a causa delle usanze alimentari e dei mestieri esercitati.

▶ 42
G. Borsa
I nabobs all'assalto dell'Inghilterra puritana

propri defunti, gli indù li cremavano. Queste differenze vennero a loro volta aggravate dagli stessi imperatori moghul, che contribuirono con la loro **politica intollerante** a fomentare le discordie e l'odio religioso.

Da Akbar a Aurangzeb

I difficili rapporti tra le due culture furono parzialmente sanati durante il regno di **Akbar** (1556-1605), uno dei più grandi imperatori moghul. Akbar riuscì a coinvolgere l'aristocrazia indù nell'amministrazione e nella vita politica, limitandone così le tendenze autonomistiche e consolidando il potere centrale. Una serie di riforme – tra cui l'eliminazione della tassa imposta ai sudditi non musulmani – attenuò notevolmente la discriminazione nei confronti degli indù. Questa politica non fu rispettata dal più importante successore di Akbar: con **Aurangzeb** (1658-1707) infatti, nonostante l'impero avesse raggiunto la sua massima estensione [ATLANTE_13], fu avviata una politica di fanatismo religioso islamico volto a guastare gli equilibri tra le due comunità e a suscitare la mobilitazione dei sultanati indù (i maratti) che, uno dopo l'altro, approfittando del graduale indebolimento del potere centrale, si dichiararono autonomi contribuendo alla disgregazione dell'impero. Dopo qualche decennio (nel 1765) l'ultimo esponente del quasi dissolto Impero moghul cedette il diritto dell'esazione fiscale alla **East India Company**, la compagnia commerciale inglese da tempo presente nel Bengala dove stava costruendo un proprio impero commerciale e territoriale. Si era ormai aperta una nuova pagina della storia dell'India, quella della **colonizzazione britannica** destinata a durare fino al 1947.

GUIDA ALLO STUDIO

❶ Chi era Babur e quale parte dell'India conquistò? ❷ Descrivi la struttura socio-economica dello Stato moghul. ❸ Quali furono i contrasti tra la cultura islamica e quella induista? ❹ Quale fu la causa della disgregazione dell'Impero moghul?

ATLANTE 13_L'ASIA ALLA FINE DEL XVIII SECOLO

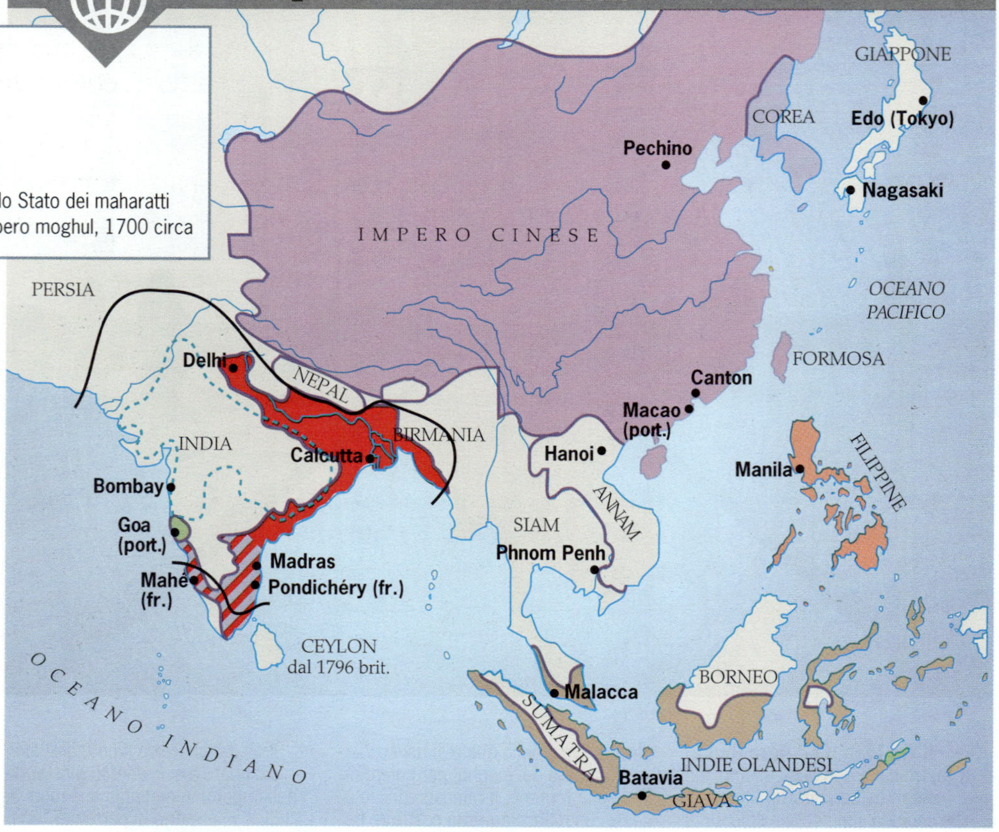

3 La Cina dai Ming ai Qing

Dai Ming ai Qing Quando, nel 1583, il missionario gesuita Matteo Ricci, protagonista del tentativo di incontro tra Oriente e Occidente e dell'evangelizzazione cinese, giunse in Cina, sul trono imperiale sedeva un imperatore della dinastia Ming. I **Ming** erano al potere dal 1368, ma nei primi decenni del '600 la dinastia era ormai in declino per la corruzione dei vertici e per l'incapacità di reprimere le rivolte contadine.

Questa situazione favorì l'invasione di nomadi provenienti dalla Manciuria, e l'ascesa della dinastia mancese dei Qing che tennero il potere in Cina fino al crollo dell'impero nel 1912. Per quanto invasori di origine straniera, i Qing si integrarono rapidamente nella cultura cinese accettando le sue forme di governo.

La burocrazia cinese Il gigantesco **apparato burocratico**, che da secoli era la base dell'amministrazione cinese, venne conservato intatto e così pure il sistema di reclutamento degli alti funzionari – i **mandarini** (burocrati-letterati) –, fondato sugli esami di Stato: gli aspiranti funzionari dovevano superare due prove a livello provinciale, guadagnando un diploma, per sostenere un esame finale nella capitale. Si trattava di un sistema antichissimo fondato sul **confucianesimo** (Confucio, V secolo a.C.), un complesso di norme etiche e filosofiche il cui obiettivo politico e sociale era il mantenimento dell'ordine gerarchico, regolato da un insieme di relazioni paternalistiche: chiunque fosse educato sui princìpi del confucianesimo e avesse denaro a sufficienza poteva aspirare a entrare nell'apparato burocratico e ricambiare con favori, non sempre legali, il gruppo familiare che l'aveva sostenuto. La burocrazia era quindi **espressione degli interessi dei proprietari terrieri** e dei ceti più ricchi: ma i mandarini erano anche difensori delle tradizioni culturali e ostili alle attività mercantili.

L'imperatore Kangxi La dinastia Qing visse il suo apogeo durante il lungo regno di Kangxi (1662-1722). L'imperatore riuscì a **unificare sotto il suo potere tutte le province** della Cina, che allora raggiunse un'estensione di 12 milioni di chilometri quadrati, e definì con un trattato i confini con l'Impero russo lungo il fiume Amur. Kangxi accolse l'ideologia confuciana e stabilì un rapporto equilibrato con la burocrazia mandarina. Anche nei confronti del cattolicesimo ebbe un atteggiamento conciliante e di apertura. Del resto, fin dal '500 i gesuiti erano presenti a corte, dove veniva molto apprezzata la loro cultura scientifica.

I gesuiti in Cina Nella loro evangelizzazione i gesuiti procedevano con prudenza nei confronti delle credenze originarie dei nuovi fedeli: tolleravano che molti nuovi cristiani continuassero a venerare Confucio, l'imperatore e gli antenati in genere, accettavano la **"sinizzazione"** (da *Sina*, 'Cina' in latino) di alcuni aspetti del cattolicesimo (calendario, festività), rinunciando anche agli abiti di foggia occidentale per uniformarsi a quelli della corte. Queste aperture non piacquero a Roma dove prevalse il punto di vista dei francescani e dei domenicani che ritenevano necessario il rifiuto da parte dei neoconvertiti di ogni precedente credenza e rituale. Così, agli inizi del '700, le buone relazioni tra l'imperatore e i missionari si incrinarono e la decisione della Chiesa romana, contraria ai "riti cinesi", venne interpretata da Kangxi come un'indebita ingerenza negli affari interni della Cina: fu revocata ogni concessione ai religiosi cattolici, compromettendo così l'avvenire della Chiesa cinese, che contava già 200 mila fedeli.

Lo sviluppo dell'economia e l'importanza delle esportazioni La Cina del '700 conobbe un periodo di sviluppo economico sia nel settore agricolo sia in quello commerciale e manifatturiero. Segno inequivocabile di questo sviluppo e di un relativo nuovo

Parola chiave
Confucianesimo

ONLINE

36 DOC
Matteo Ricci
I gesuiti in Cina

38 DOC
Gottfried Wilhelm Leibniz
Le più grandi civiltà del genere umano

Mandarino
Il termine deriva dal sanscrito *mantrin*, 'consigliere', e in Europa si diffonde nella variante portoghese *mandarim*. Gli europei chiamavano così i funzionari civili e militari dell'Impero cinese. La lingua mandarina era il principale dialetto della Cina usato durante l'impero come lingua burocratica e letteraria dai mandarini e dalla corte.

Confucianesimo
Più che religione in senso stretto, con una propria concezione dell'aldilà e del rapporto con l'ultraterreno, il confucianesimo si presenta come una filosofia di vita, un modello di regole di comportamento da seguire nel corso dell'esistenza terrena. Il pensiero di Confucio ribadiva l'importanza della gerarchia sociale e del suo rispetto come fondamento irrinunciabile di una società ordinata. Ognuno doveva quindi mantenere la posizione che gli competeva e attenersi ai doveri che gli imponevano la propria qualifica e il rango. Il confucianesimo ha influenzato per secoli l'apparato burocratico dell'Impero cinese. I mandarini s'ispirarono costantemente agli insegnamenti di Confucio, che era stato un modesto funzionario governativo vissuto molto prima in Cina, nel V secolo a.C.

▶ 39
A.J. Toynbee
La Cina e il commercio con l'estero

▶ 40
K. Pomeranz
Europa e Cina: sviluppo tecnologico alla vigilia della rivoluzione industriale

benessere fu il notevole **sviluppo demografico**: la popolazione passò da 143 milioni nel 1741 a 313 nel 1794, un aumento dovuto per gran parte al miglioramento delle tecniche agricole e di allevamento. L'ulteriore perfezionamento delle **tecniche di irrigazione** (da tempo largamente diffuse in Cina) e della **selezione delle qualità di riso** consentì di ottenere dallo stesso terreno due o tre raccolti in un anno. Anche la lavorazione della **seta** (filatura e tessitura) ebbe un forte incremento sia nella forma dell'industria rurale domestica sia in quella delle manifatture statali che alimentavano la forte domanda proveniente dalla corte.

PERSONAGGI

Matteo Ricci

Il Millennium Center di Pechino ospita la galleria di ritratti delle personalità più rilevanti della millenaria storia cinese. Solo due stranieri sono rappresentati, entrambi italiani: Marco Polo e Matteo Ricci. Se le gesta del mercante veneziano sono ben note, le vicende che portarono un missionario gesuita marchigiano a conquistare la fama in Cina sfuggono ai più. Eppure, le avventure di Matteo Ricci in Oriente hanno segnato la storia dei rapporti con l'Occidente.
Quando Matteo nacque a Macerata, nell'ottobre del 1552, era destinato a tutt'altra vita. Il padre, Giovanni Battista, era uno speziale discendente da una famiglia patrizia rispettata in città. Aveva ambizioni per i suoi nove figli: sperava che in una o due generazioni facendosi strada in politica la famiglia potesse essere elevata al rango nobiliare. Inviò Matteo a studiare nel collegio dei gesuiti appena fondato a Macerata e lo immaginava avvocato in carriera verso le cariche più ambite del governo dello Stato pontificio. Ecco perché nel 1568 Matteo si trasferì a Roma e cominciò a studiare giurisprudenza alla Sapienza. Dati i legami con gli ambienti dei gesuiti in cui si era formato da giovanissimo, entrò nella Compagnia di Gesù come novizio. Il padre andò su tutte le furie e decise di dissuadere il figlio recandosi personalmente a Roma. A metà strada tra Macerata e la capitale, però, interpretò un violento attacco di febbre come il segno che era la volontà di Dio a volere suo figlio sacerdote e si rassegnò.
Quando Ricci entra nella **Compagnia di Gesù**, il responsabile dei novizi è Alessandro Valignano, figura carismatica, ben presto nominato responsabile delle missioni nelle Indie orientali – e in questa posizione divenne uno dei suoi principali sostenitori. In questi anni di formazione, Ricci si fece notare dai suoi superiori e nel 1577 fu scelto dal Generale dell'ordine per entrare a far parte della missione gesuita in India. Ricci aveva 24 anni quando prese la via del mare per cominciare il suo percorso da missionario: non vedeva la sua famiglia da nove anni e non l'avrebbe più rivista, così come non avrebbe più rivisto l'Europa. Dopo un periodo di preparazione a Coimbra, in Portogallo, la notte del 23 marzo 1578 insieme a quattordici giovani gesuiti si imbarcò dal porto di Lisbona. Sarebbe arrivato a Goa soltanto il 13 settembre, dopo un viaggio faticosissimo. In India venne ordinato sacerdote e cominciò a insegnare nel collegio gesuita locale aspettando un incarico di maggior rilievo. Che andasse maturando posizioni sempre più audaci per l'epoca si evince dalla sua opposizione alla decisione dei superiori portoghesi di escludere gli studenti indigeni dallo studio della filosofia e della teologia. In molte lettere Ricci lamenta la discriminazione subita dai nativi, ma soprattutto il pericolo che questa severa misura potesse minare il buon rapporto instaurato tra i missionari e le popolazioni locali. Del resto, **Ricci era addirittura favorevole all'ammissione degli indiani nella Compagnia di Gesù**, una posizione minoritaria nell'ordine, ma che la dice lunga sugli ampi orizzonti immaginati da questo giovane gesuita di Macerata.
Nel 1582 venne finalmente inviato sul campo, invitato a raggiungere altri confratelli a Macao, colonia portoghese da cui organizzare l'ingresso in Cina. Dopo aver faticosamente cominciato a imparare il cinese, e dopo vari tentativi a vuoto di ottenere l'autorizzazione per stabilire la propria **residenza in Cina**, nel settembre 1583 Ricci, Michele Ruggieri (1542-1607), un gesuita già da qualche anno sul campo, un interprete cinese e i loro servitori arrivano finalmente a Zhaoqing. I cinque anni passati qui non furono facili, ma Ricci e Ruggieri potevano contare sull'appoggio di un funzionario buddista a loro favorevole. Rasati e con addosso gli abiti tipici dei monaci, infatti, si presentavano come religiosi provenienti dall'India, servitori del «Signore del Cielo» – perché dall'India erano arrivate in Cina le dottrine religiose derivate dall'insegnamento del Buddha. Il funzionario, Wang Pan, ricorse ai gesuiti inizialmente sperando di ottenere da loro la grazia di un erede maschio, inutilmente cercato per trent'anni con sua moglie e due concubine. Quando entro un anno dall'arrivo dei gesuiti l'erede arrivò, la fama del **dio degli stranieri** si diffuse e molti iniziarono a venerare l'icona della Madonna col Bambino della cappella gesuita, probabilmente sovrapponendola alla divinità femminile della fertilità *Guanyin*. È un piccolo episodio, ma dice molto del modo in cui Ricci riuscì a farsi strada in Cina. Questi anni gli servirono intanto per porre le fondamenta della sua fortuna di erudito: l'edizione cinese di un mappamondo europeo molto avanzato suscitò interesse, ammirazione e incredulità tra molti cinesi e venne distribuito **il primo catechismo cattolico in cinese** scritto da Ruggieri, elemento fondamentale per l'evangelizzazione. Molti mandarini di passaggio venivano a curiosare nel centro fondato da Ricci, che ampliò così la sua rete di conoscenze tra le élite. Nonostante gli sforzi di Ricci e dei suoi per affermare l'unicità del proprio dio, gli osservatori cinesi continuarono a considerarli parte di una nuova scuola del buddismo. E non a caso i primi a convertirsi furono dei ferventi buddisti.
Nelle lettere di questo periodo Ricci appariva infelice, però. Le condizioni di vita erano molto dure e la lontananza da Roma si faceva sentire con frequenti attacchi di malinconia. Restava comunque obbediente ai superiori che l'avevano voluto lì e convinto della grandezza dell'impresa assegnata.
Nel 1589 Ricci si spostò a Chaouzhou. Superate le prime ostilità, la comunità qui fondata crebbe, anche grazie al cambio di strategia adottato ora da Ricci, che smise di presentarsi come un monaco. I cinesi cominciarono a riferirsi a lui come a un ***yiren***, un **'uomo straordinario'**, sorta di

Nel 1685 fu istituita a Canton una **dogana marittima** e nel 1760 alcune corporazioni di mercanti furono autorizzate a trattare con gli europei. Gli scambi tra la Cina e i paesi europei o le loro colonie erano intensi ma quasi a esclusivo vantaggio del grande impero, che esportava in Occidente **tè**, **sete**, **porcellane**, **carta** e **medicinali**. Si calcola che almeno un terzo di tutto l'argento prodotto in America finisse in mani cinesi potenziando lo sviluppo economico e il vivace mercato interno. La Cina, infatti, era **un paese sostanzialmente autosufficiente** sia per le materie prime sia per i prodotti finiti e le importazioni dall'Europa erano scoraggiate anche con numerosi regolamenti re-

▶ 37
D.S. Landes
I cinesi e l'orologio

▶ 41
J. Osterhammel
L'industria della seta

maestro di arti esoteriche più vicino ai letterati confuciani o ai sacerdoti taoisti che ai bonzi buddisti. Aveva una lunga barba e si muoveva su una portantina portata dai suoi servitori. **Smettere i panni del monaco** voleva dire anche ammettere che nella società cinese i religiosi non avevano la stessa influenza sociale dei preti in Occidente. **Per ottenere credito presso le élite qui bisognava presentarsi come letterati, sapienti, moralisti**. Anche per questo, partendo dallo studio dei classici confuciani, elaborò un nuovo testo di propaganda molto diverso da un classico catechismo, *Il vero significato del Signore del Cielo* (1603). Non tutti i cinesi capirono di avere a che fare con una nuova religione. Del resto, Ricci consigliava ai suoi di non procedere a conversioni di massa: «piuttosto boni cristiani che molta turba», diceva. Bisognava catturare l'interesse dei mandarini e dei letterati e arrivare sempre più vicino al centro del potere, a Pechino. Quando nel 1595 si trasferì a Nanchang, Ricci sentiva già il profumo del successo. In una lettera mette in fila le ragioni della curiosità che suscitava negli ambienti imperiali:

1) l'ottima conoscenza del cinese;
2) la sua memoria straordinaria che gli permetteva di fare lunghe citazioni dai classici del confucianesimo;
3) le sue virtù di matematico;
4) gli oggetti curiosi che aveva con sé (orologi, prismi in vetro veneziano, pitture religiose, libri occidentali);
5) la fama di alchimista;
6) la dottrina cristiana che insegnava.

Ma per sua stessa ammissione quelli che venivano a cercarlo per quest'ultima erano i meno numerosi. A queste date, comunque, Ricci era ormai ben inserito negli ambienti della buona società ming e poté finalmente raggiungere le due capitali, Nanchino e Pechino (1598-99). Stabile alla corte dell'imperatore dal 1601, Ricci ottenne il permesso di fondare una comunità che contava i primi convertiti e che si è mantenuta in attività fino a oggi.

Matteo Ricci, il primo sinologo dell'Occidente, morì a Pechino nel 1610, a 58 anni. Perfino il funerale fu un segno del suo successo: l'imperatore concesse ai gesuiti di seppellirlo fuori dalle mura di Pechino, in un terreno confiscato a un'alta personalità buddista. Fu il primo straniero a guadagnarsi quest'onore.

Emmanuele Yu Wen-Hui (detto Pereira)
Ritratto di Matteo Ricci
1610
[Chiesa del Gesù, Roma]

PERSONAGGI

❶ Come avveniva in Cina il reclutamento dei funzionari statali? ❷ Quali furono le cause della crescita demografica nel '700? ❸ Quali religioni si professavano in Cina agli inizi del '700? ❹ Cosa scambiavano mercanti cinesi ed europei?

GUIDA ALLO STUDIO

strittivi. In presenza di un debole interscambio globale, la Cina rimase fino agli inizi del '700 **il maggior paese esportatore** in un sistema di commercio internazionale avviato verso una prima globalizzazione, ovvero verso una prima integrazione economica mondiale. Anche se le merci cinesi viaggiavano ormai quasi esclusivamente su navi europee.

4 Il Giappone dei Tokugawa: centralizzazione e isolazionismo

Un paese feudale

Il Giappone era un paese feudale. La struttura del potere era organizzata su tre livelli. Il vertice era occupato dall'imperatore, *mikado*, una figura semisacrale dal forte peso simbolico e religioso ma dagli scarsi poteri. Il governo effettivo era tenuto, al secondo livello, dallo *shogun*, una sorta di primo ministro e comandante militare, carica divenuta da tempo ereditaria. Il terzo livello era tenuto dai signori feudali, *daimyo*, che controllavano le singole province in cui esercitavano un potere tendenzialmente assoluto. Al servizio dei *daimyo* e dello *shogun* un ruolo decisivo aveva la casta militare dei **samurai**, guerrieri legati da vincoli d'onore ai loro signori.

L'ascesa dei Tokugawa

Il modello che abbiamo descritto si applica soprattutto al periodo che va dall'inizio del '600 alla metà dell'800. Prima di allora e per oltre un secolo il Giappone fu attraversato da guerre con-

François Boucher
La toilette
1742
[Museo Thyssen-Bornemisza, Madrid]
Nel '700 l'Europa subì il fascino dell'antica civiltà cinese. Gli scambi con l'Oriente favorirono la diffusione di una vera e propria tendenza, che assunse manifestazioni diverse e influenzò il gusto dei ceti superiori nell'abbigliamento, nell'acconciatura, nell'arredamento. Ben presto le corti del Vecchio Continente si riempirono di oggetti provenienti dalla Cina, o più spesso di imitazioni, le cosiddette "cineserie". Divenne di gran moda bere il tè in tazze di vera porcellana cinese, ordinare in Cina dipinti con soggetti occidentali, vestire con abiti di foggia cinese e non vi fu giardino veramente raffinato che non avesse il proprio "padiglione cinese". Il dipinto del francese Boucher testimonia questo gusto: dietro il tavolo da toilette, nell'angolo di una camera da letto, si scorge un paravento a più ante rivestito di carta cinese dipinta.

tinue tra i diversi clan familiari e tra i *daimyo* più potenti; la conflittualità si accentuò nella seconda metà del '500 quando, con l'introduzione delle **armi da fuoco** – importate dai portoghesi e subito imitate dagli artigiani locali **[👁 5.1]** –, cambiò la tecnica delle battaglie, non più combattute da soldati armati di lunghe picche.

Negli ultimi decenni del '500 emerse la figura di Toyotomi Hideyoshi (1537-1598), un potente signore feudale (in origine un samurai di provenienza contadina) che riuscì a porre fine alle guerre e a riunificare il Giappone cercando poi, senza successo, di invadere la Cina passando dalla Corea. Il clan Toyotomi venne però sconfitto nel 1600 da **Tokugawa Ieyasu** (1542-1616) che, nominato *shogun* nel 1603, impose il proprio clan, destinato a tenere lo shogunato fino alla restaurazione del potere diretto dell'imperatore nel 1868.

Con i Tokugawa fu garantita una **pace duratura** e vennero rafforzati i poteri centrali grazie a un'amministrazione efficiente e a un sistema fiscale fondato, tra l'altro, su un catasto generale delle proprietà.

L'isolazionismo durante lo shogunato tokugawa

La pace era assicurata non solo dal controllo diretto dello *shogun* sui *daimyo* più potenti (obbligati a risiedere nella capitale per lunghi periodi ogni anno), ma anche dalla decisione di chiudere il Giappone in un isolamento totale per **evitare ogni minaccia**, anche culturale o religiosa, proveniente dal mondo esterno.

Questo isolamento durò **dal 1639 al 1853**. La chiusura valeva anche per il cattolicesimo giunto in Giappone alla metà del '500 con missionari prima gesuiti e poi francescani: inizialmente accolto con favore, venne in seguito perseguitato e bandito perché sospettato di promuovere la penetrazione commerciale europea. Fecero eccezione a questo atteggiamento isolazionista solo i rapporti con la **Cina**, che continuò a essere ritenuta l'origine di ogni civiltà. Un'altra parziale eccezione riguardava gli **olandesi**, i soli europei a cui fu concesso di proseguire l'attività commerciale, limitata a poche navi l'anno, e confinata nell'isoletta artificiale di Dejima, posta nella baia di Nagasaki.

La gerarchia sociale e l'economia

Il centralismo feudale dei Tokugawa comportò un ridimensionamento della casta dei samurai, sempre più posti alla dipendenza dei signori e trasformati in burocrati o alti funzionari. Ma molti finirono per impoverirsi e regredire nella scala sociale diventando contadini, artigiani, mercanti o anche banditi.

L'accentramento conviveva con una relativa autonomia amministrativa delle province: il diretto controllo del potere centrale, che con il tempo divenne sempre più blando, era comunque accettato dai *daimyo* in base al **principio di lealtà** (*chu*) proprio del confucianesimo. La dottrina di Confucio era penetrata nell'isola secoli prima influenzando molto il pensiero e la società giapponese: il principio confuciano di lealtà regolava tutti i rapporti nella società gerarchica giapponese, e infatti la lealtà dovuta al proprio signore veniva prima di ogni considerazione individuale ed era ritenuta la più alta virtù dell'individuo.

Samurai
Nell'antico Giappone, fino intorno all'anno Mille, il termine "samurai" (dal giapponese *samuran* o *saluran*, 'essere al servizio di') indicava le guardie del palazzo dell'imperatore. Successivamente, in epoca feudale, cominciò a designare genericamente chi esercitava il mestiere delle armi: allora i samurai non costituivano milizie mercenarie, ma erano vassalli dei *daimyo*. Poiché le lunghe guerre medievali contribuirono ad accrescere l'importanza e il prestigio dei soldati, i samurai divennero presto una vera e propria casta privilegiata che, sotto l'influsso della filosofia cinese e del buddismo, elaborò un proprio sistema di ideali, norme e princìpi morali. Durante il periodo feudale i samurai vivevano nei castelli dei propri signori, dai quali ricevevano viveri per sé e per le famiglie. Aboliti i feudi nel 1869, i samurai vennero incorporati nella nobiltà del nuovo Giappone.

Il Giappone espresse in questo periodo una **notevole vitalità economica**. Tipico del periodo Tokugawa, per esempio, fu lo **sviluppo delle città**, dovuto sia all'affermazione di grandi centri commerciali, soprattutto sulla costa come Osaka e Nagasaki, sia alla crescita della nuova capitale **Edo** (la futura Tokyo), favorita anche dalla costruzione di circa 600 residenze destinate ai *daimyo* che dovevano trasferirsi presso lo *shogun*. Il continuo movimento di persone e di merci determinò un notevole miglioramento della **rete stradale** tra la capitale, le province e la città commerciale di Osaka, dove le eccedenze di riso venivano commercializzate.

La "rivoluzione industriosa" in Giappone

Come in Cina e come anche nelle regioni più sviluppate dell'Europa occidentale [👁 2.6], il Giappone conobbe nel '700 un **incremento demografico** legato all'**aumento della produzione agricola** e alla diffusione dell'industria rurale domestica, sostenuta da una forte etica del lavoro. Grazie alla introduzione dei criteri di selezione del seme e delle tecniche di irrigazione cinesi, crebbe la produttività del riso. Inoltre la **diffusione della tessitura a domicilio** della seta e del cotone, destinati ad essere commercializzati, determinava un surplus nelle entrate dei nuclei familiari e un corrispondente aumento dei consumi di beni durevoli e/o di oggetti di lusso. Questo circuito virtuoso e le competenze che generava avrebbero contribuito al successivo, seppure tardivo, sviluppo industriale del paese.

GUIDA ALLO STUDIO

❶ Chi era il samurai? ❷ Quali furono i rapporti del Giappone con gli altri paesi fra '600 e '800? ❸ Quali fattori contribuirono, nel corso del '700, all'incremento demografico? ❹ Quali conseguenze ebbe in Giappone la penetrazione della dottrina di Confucio?

Kunisada
I principali attori dell'opera kabuki "Kanadehon Chūshingura" di Toyokuni Utagawa III
[nella produzione del marzo 1849 al teatro Nakamura-za di Edo]

L'elevata urbanizzazione giapponese diede luogo alla formazione di una specifica cultura urbana, della quale furono protagonisti in particolare i mercanti. Estremamente attivi dal punto di vista imprenditoriale, erano condannati dall'ideologia confuciana che li considerava, a differenza dei cittadini e degli aristocratici, una classe non direttamente produttiva. Nonostante i considerevoli capitali che molti di loro riuscirono ad accumulare, i mercanti non ebbero durante il periodo tokugawa alcun peso politico. Le frustrazioni connesse a tale situazione, cui si aggiungevano numerose leggi restrittive che vietavano loro le vesti di seta e altri simboli di ricchezza, spinsero i mercanti a dare vita a una cultura loro propria, una sorta di seconda società, nella quale poter esprimere l'amore per il lusso e per i piaceri, e che tra la fine del '600 e per tutto il '700 ebbe le sue più compiute espressioni nel teatro *kabuki* – teatro popolare, con canoni e regole molto diversi dal teatro aristocratico *nô* – e nell'arte delle xilografie – copie a stampa di un'incisione sul legno.

5 Regni e imperi dell'Africa

A sud dell'Africa mediterranea dominata dall'Impero ottomano e oltre il Marocco e la Mauritania, dove si era installata dall'XI secolo la dinastia islamica degli Almoravidi, il continente africano, tra i due oceani, Atlantico e Indiano, e a sud del Sahara appariva, tra '600 e '700, tagliato fuori dalle correnti di sviluppo delle grandi civiltà. E per gran parte lo era.

La moschea di Djenné nel Mali
Djenné è la più antica città carovaniera del Mali. Abitata fin dalla metà del III secolo a.C., conserva ancora oggi numerosissime abitazioni risalenti ai secoli precedenti l'anno Mille. L'edificio più interessante della città è sicuramente la moschea, uno dei migliori esempi di architettura sahariana, che, con il tipico verticalismo, domina la piazza del mercato. Costruita come gli altri edifici su un rilievo che la protegge dalle inondazioni stagionali del vicino fiume Niger, la moschea di Djenné mostra in evidenza le impalcature, lasciate sempre in opera per poter riparare in tempi brevissimi gli eventuali danni causati dalle piogge torrenziali.

L'islam in Africa Ma va ricordato anche che l'Africa era inserita da millenni nelle correnti di scambio con l'Europa e con l'Asia inizialmente fornendo l'oro agli altri continenti, alimentando poi una costante tratta di schiavi. Mediatori di questi flussi commerciali erano stati dall'Alto Medioevo gli arabi musulmani. In alcuni dei regni africani che si erano formati tra il 400 d.C. e il 1300, prevalentemente nella zona sub-sahariana lungo il corso del Niger e fino al golfo di Guinea, intorno all'XI secolo, ma con tempi molto variabili, si era diffuso l'islam che, oltre alla religione, aveva portato la **scrittura**. Per quasi tutti i regni e per i periodi anteriori all'islamizzazione, l'assenza di fonti scritte costituisce la maggiore difficoltà per datare con certezza lo sviluppo cronologico di queste organizzazioni "statali". Numerose sono invece le testimonianze artistiche (significative soprattutto per il Regno del Benin), architettoniche, come nella grande città carovaniera di **Timbuctù** nell'Impero del Mali, e quelle archeologiche.

Saliera in avorio proveniente dal Benin (Nigeria)
[Museum of Mankind, Londra]
Questa saliera fabbricata nel Benin, una delle terre dell'Africa occidentale più accessibili agli europei, raffigura un soldato portoghese munito di spada, croce ed elmo, ed è sormontata da una riproduzione del particolare tipo di imbarcazione con cui essi costeggiavano l'Africa. La raffinatezza della lavorazione dimostra l'alto livello artistico raggiunto da alcune popolazioni nell'Africa atlantica.

I regni africani e l'organizzazione del potere Ad esse si aggiungono le descrizioni dei portoghesi, i primi a entrare in contatto con la parte costiera di questi regni a partire dalla fine del XV secolo, in una fase in cui queste realtà erano **in forte declino o in via di dissolvimento**, frammentate e divise da continui scontri tribali. Al tempo dell'arrivo e dello stanziamento degli europei lungo le coste dell'Africa centrale e meridionale vanno ricordati l'Impero Ashanti (nei territori dell'odierno Ghana), il Regno del Benin (o Dahomey) nel golfo di Guinea e poco più a sud il Regno del Congo, mentre a est si trovava il Monomotapa (o Zimbabwe), tra i fiumi Zambesi e Limpopo, poi entrato per la sua parte orientale nei possessi portoghesi del Mozambico.
Questi Stati non corrispondevano evidentemente al modello europeo dello Stato. Accanto a **organizzazioni politiche complesse**, estese su vasti territori e dotate di una propria burocrazia e di un proprio esercito, convivevano varie **città-Stato** e sistemi politici limitati a piccole comunità: qui erano fondamentali le relazioni tra i **clan** e il potere era detenuto dalla famiglia che godeva di maggior prestigio rispetto alle altre. In molti casi si trattava di vere e proprie organizzazioni "anarchiche", ossia strutture politiche non gerarchizzate, dove non erano presenti capi e "forze di sicurezza" e l'unico vincolo sociale era rappresentato da norme di tipo consuetudinario e religioso. Del resto accanto all'islam erano presenti e talora convivevano credenze e culti politeisti tradizionali.
Unico Stato cristiano in Africa, **l'Etiopia** si era formata come evoluzione e ampliamento dell'antico Regno di Axum, nato nel IV secolo d.C., spostandosi sempre più all'interno per resistere ai tentativi di conquista da parte dei musulmani: riuscì a rimanere indipendente fino al '900 sconfiggendo l'Italia ad Adua nel 1896, ma soccombendo poi all'attacco fascista nel 1936.

L'economia africana Prima della conquista europea, l'Africa era un continente scarsamente abitato, con immensi spazi vuoti e un suolo generalmente poco produttivo a causa delle difficoltà del clima e dell'arretratezza delle tecniche agricole. Molti territori erano abitati da **nomadi** e **allevatori** o da tribù di **cacciatori-raccoglitori** che non coltivavano la terra. Soltanto nella regione mediterranea e in alcune zone dell'Africa orientale e occidentale, quelle dominate dai musulmani, era praticata un'**agricoltura** intensiva con l'aratro. Altrove, in particolare nell'Africa centrale, i contadini ignoravano il sistema dell'alternanza delle colture e raramente praticavano la concimazione: quando un terreno diventava sterile si spostavano con le famiglie in un altro luogo: una scelta favorita anche dall'immensa disponibilità di spazi e dallo scarso valore assegnato alla proprietà della terra. A differenza dell'Europa, della Cina e delle altre civiltà più sviluppate, in Africa agricoltura e allevamento non erano generalmente attività complementari.

46
K. Polanyi
Il Dahomey e la tratta degli schiavi

L'oro e gli schiavi Ma l'Africa aveva l'oro e le innumerevoli guerre intestine producevano un surplus di schiavi tra le popolazioni dei vinti. L'oro e gli schiavi, ma anche l'avorio, alimentavano lunghe **vie commerciali** che attraversavano il continente verso il Mediterraneo, il Mar Rosso e le coste dell'Oceano Indiano: di lì si diffondevano verso l'Arabia, il Medio Oriente e l'Asia centrale. Se dunque la costa orientale dell'Africa era già da secoli inserita in un antichissimo sistema di scambi, solo con i primi insediamenti europei, portoghesi in primo luogo, anche le coste occidentali diventarono protagoniste del commercio internazionale [👁 5.2].

GUIDA ALLO STUDIO
❶ Quali modelli politici sono esistiti in Africa fra '500 e '800? ❷ Come funzionavano agricoltura e allevamento in Africa in età moderna? ❸ Per quale motivo è difficile datare lo sviluppo cronologico delle organizzazioni statali africane prima dell'avvento dell'islam? ❹ In che cosa si differenziava l'Etiopia rispetto agli altri Stati africani? Fino a che anno rimase indipendente?

ATLANTE 14_L'AFRICA NEL XVI-XVII SECOLO

La carta illustra le principali formazioni politiche, regni e imperi dell'Africa tra XVI e XVII secolo. La costituzione di questi Stati avviene in un arco di tempo molto lungo, plurisecolare, ma non è sempre possibile darne una datazione certa. A partire dalla fine del XV secolo le descrizioni dei portoghesi hanno contribuito a rendere più chiaro il quadro.

Incontri e scontri fra civiltà

Il termine civiltà, in italiano come in altre lingue, rimanda a due significati diversi. Il primo fa riferimento ai caratteri della vita collettiva di un particolare gruppo umano (la sua vita materiale, intellettuale, morale, politica e sociale). In questo senso etnografico, prossimo a quello di "cultura", adoperiamo espressioni come "civiltà latina, slava, anglosassone": in tale accezione il termine può dunque essere declinato al plurale. Usato solo al singolare, invece, il termine è associato all'idea di progresso di una società determinata, costituendo inevitabilmente un giudizio di valore. Parlare della civiltà di un popolo rispetto a un altro significa rimandare a un unico modello di organizzazione umana, più o meno sviluppato nelle due comunità confrontate. Anche attorno all'**ambiguità del termine civiltà**, al riconoscimento o meno di una legittima differenza tra i popoli, ruota gran parte della storia degli **incontri** o degli **scontri tra gruppi umani diversi**.

I testi dell'antichità raccontano con grande efficacia la percezione della diversità tra i popoli, spesso tuttavia schiacciandola nella prospettiva civiltà/barbarie, come nel filosofo greco Aristotele (IV secolo a.C.). Perfino nello storico greco Erodoto (V secolo a.C.), che considerava con rispetto i costumi di popoli diversi da quello greco, lo **sguardo sull'altro** e sulla sua cultura è spesso deformato dal gusto per l'esotico e per il fantastico, anche se le sue *Storie*, che raccontano le guerre persiane come un grande scontro tra Oriente e Occidente, non arrivano a sostenere la totale inconciliabilità con le usanze della Grecia, rivelando invece un sincero interesse per l'alterità. Alcune delle descrizioni più curiose di Erodoto sono entrate nel repertorio classico. Plinio il Vecchio, studioso del I secolo d.C., nella *Naturalis Historia*, ne riprende i racconti sull'Etiopia e i suoi abitanti, ma parla anche dei gimneti nudi e dei popoli senza bocca, dei blemmi che avrebbero avuto bocca e occhi nella parte superiore del torace, degli antropofagi. Immagini evidentemente irreali, ma che si diffusero anche presso gli autori più autorevoli, come Agostino d'Ippona, nell'Africa del V secolo, e rintracciabili ancora nelle invenzioni medievali di razze mostruose, talvolta identificate con le orde mongoliche che irrompevano nell'Europa orientale.

Le stesse immagini erano ben presenti nella mente di Cristoforo Colombo, che ne parlò nel diario di bordo e nelle lettere scritte durante il primo viaggio verso il Nuovo Mondo. Quando i primi esploratori europei arrivarono al di là dell'Atlantico, dunque, le loro aspettative e i loro atteggiamenti furono condizionati da queste descrizioni. Il confronto con i nuovi popoli e le nuove civiltà costituisce una svolta decisiva nella rappresentazione della diversità. È proprio agli **incontri atlantici tra XV e XVI secolo**, infatti, che dobbiamo quella che alcuni storici hanno definito la **scoperta dell'umanità**, cioè della consapevolezza della varietà delle espressioni del genere umano, fino a quel momento sconosciute.

Riconoscere l'umanità dei popoli appena scoperti non significava però considerarli uguali agli europei. Il racconto dell'immediata sensazione di familiarità con quegli uomini costituisce spesso solo la premessa

Fedeli musulmani in preghiera nel giardino di villa De Santis, a Roma
[© Vincenzo Tersigni/EIDON]

L'islam è oggi in Italia la seconda confessione religiosa dopo il cattolicesimo; ciò è dovuto soprattutto alle immigrazioni da paesi islamici, ma va considerata anche una certa percentuale di conversioni di italiani. Sempre attuale è, del resto, il dibattito sulla presenza dei musulmani in Italia, visti da una parte dell'opinione pubblica come una minaccia per l'identità nazionale oppure, al contrario, come una risorsa di dialogo, scambio culturale e feconda integrazione.

SINTESI

1 Il declino dell'Impero ottomano e la parabola safavide

L'Impero ottomano era la compagine territoriale più estesa del vasto universo islamico costituitosi nei secoli tra il Vicino Oriente e l'Africa. L'impero ospitava anche comunità di fede non islamica. Era governato dal sultano, ma in realtà un ruolo decisivo rivestiva il gran visir, una sorta di primo ministro. La decadenza dell'impero diede i suoi primi segnali con l'indebolimento del potere centrale, mentre il sistema economico continuò a mostrare una notevole vitalità. Nella seconda metà del '600 ci fu una ripresa della politica espansionistica, in modo particolare nell'area balcanica, minacciosa per l'Impero asburgico. L'espansionismo ottomano era destinato a protrarsi fino alla fine del '700, ma le sconfitte, subìte in Europa, determinarono una crisi del sistema militare. Un ridimensionamento della compagine imperiale si determinò inoltre per intervento della Russia. La riorganizzazione istituzionale tentata al principio del '700 per reggere il confronto con l'Europa trovò l'opposizione delle componenti ottomane più conservatrici. Al tempo, a sud-est dell'Impero ottomano, in Iran (Persia), sorgeva un altro importante impero islamico dominato dalla dinastia safavide.

2 L'India tra islam e induismo

Nel 1526 i turco-mongoli invasero l'India dando vita all'Impero moghul, con una struttura sociale di tipo feudale – le attività artigianali vi erano tuttavia molto sviluppate – e una capillare struttura amministrativa e militare. La convivenza fra la cultura islamica e quella indù fu piuttosto difficile. Il processo di pacificazione iniziato a metà del '500 fu interrotto un secolo dopo con l'introduzione di una politica religiosa intransigente, che portò alla disgregazione dell'impero e alla formazione di Stati regionali indù in continua ostilità tra loro. Nel 1765 la East India Company inglese acquisì il diritto di riscuotere le tasse in India aprendo la via alla colonizzazione britannica.

3 La Cina dai Ming ai Qing

A metà del '600 l'ultima invasione di nomadi, provenienti dalla Manciuria, dette inizio, in Cina, al lungo periodo della dinastia per la segnalazione delle differenze. Quelli che ormai erano dei veri e propri conquistatori finirono per tracciare nettamente la distinzione tra popoli "buoni", in grado di riscattarsi grazie alla dimostrazione dei risultati della civiltà e la conversione al cristianesimo, e popoli "cattivi", irrecuperabilmente malvagi. La riduzione delle genti americane a una condizione inferiore a quella degli europei fu uno dei mezzi della loro sottomissione: era legittimo rivendicare la sovranità delle terre abitate dagli indigeni, utilizzare questi ultimi come manodopera e come fonte di gratificazione sessuale. La scoperta dell'umanità cambiò la visione dell'uomo europeo, ma portò anche alla sostanziale scomparsa dei popoli indigeni nelle Americhe e alla tratta degli schiavi provenienti dall'Africa.

Non bisogna dimenticare, però, che gli incontri/scontri tra civiltà nati dalle esplorazioni geografiche furono **rapporti bidirezionali**: anche i popoli raggiunti dagli esploratori o dai missionari "scoprirono" l'Europa e gli europei. Questo gioco di specchi si verificò, per esempio, in **Cina**, dove l'incontro con gli europei, nella **seconda metà del XVI secolo**, non seguì a una conquista militare, ma fu caratterizzato dalla tendenza reciproca di cinesi ed europei a sottolineare le somiglianze più che le diversità. Certamente, da parte dei missionari il metodo del dialogo era anche un'abile strategia di evangelizzazione, poi fallita; e tuttavia, gli europei suscitarono talvolta sincere simpatie e curiosità tra i cinesi. Cercando di convertirli al cattolicesimo, i missionari gesuiti promossero un dialogo con il confucianesimo molto fitto, fecondo di conseguenze in Cina e in Europa.

La storia della colonizzazione europea del mondo, del tentativo di imporre il modello europeo di civiltà a tutte le popolazioni terrestri rappresenta un percorso lungo e complesso. Nel corso del **XIX secolo**, il fardello dell'uomo bianco (titolo di una celebre poesia dello scrittore britannico Rudyard Kipling, 1865-1936) era ormai ben definito: **civilizzare** il mondo. Alla logica colonialista si può far risalire anche l'**orientalismo**, cioè l'insieme delle rappresentazioni europee e nordamericane dell'Oriente, profondamente marcate da uno sguardo **etnocentrico**. Schiacciando realtà molto diverse come l'Islam, l'India e tutta l'Asia su caratteri generali come il dispotismo o il misticismo, la tradizione letteraria europea contribuì a sviluppare una nozione di Oriente irreale e mistificatoria. Da tale rappresentazione di ciò che è orientale, esotico, scaturì per opposizione anche la nozione identitaria di Occidente.

Negli anni che precedettero la seconda guerra mondiale in molti paesi presero il sopravvento partiti politici nazionalisti e autoritari che si presentavano come espressione più autentica dei caratteri nazionali. Nella propaganda fascista, essere italiani corrispondeva all'adesione all'ideologia del regime e ogni opposizione era considerata un tradimento della patria.

Anche per reazione ai totalitarismi fascisti, le costituzioni democratiche del dopoguerra hanno insistito molto sul **pluralismo** e sulla tutela delle minoranze all'interno dello Stato (art. 6 della Costituzione italiana). Allo stesso tempo, il diritto di asilo allo straniero perseguitato nella sua patria è tra i princìpi fondamentali della Repubblica (art. 10): secondo il dettato costituzionale, i rapporti con l'altro devono essere regolati sulla base delle norme del diritto internazionale e non della differenza etnica. Il **multilateralismo** promosso dopo la guerra dalle organizzazioni internazionali è stato forse il risultato più importante del XX secolo, benché continuamente messo in crisi dai conflitti generati durante la guerra fredda e dalla contrapposizione tra le due visioni del mondo, euroamericana e sovietica.

Il XXI secolo, epoca della globalizzazione, ha visto paradossalmente rafforzarsi le discussioni sulle specificità e inconciliabilità delle varie civiltà. In un articolo del 1993 (*Lo scontro di civiltà?*), poi ripreso in un saggio successivo, il politologo statunitense Samuel P. Huntington (1927-2008) sosteneva una tesi all'epoca molto discussa e per certi versi sconcertante: nel mondo post-guerra fredda l'ordine internazionale sarebbe fondato sul concetto di civiltà, di **identità culturale**, non sulla diversità politico-ideologica. Huntington riteneva che con l'Occidente in progressivo declino, l'esplosione demografica dell'islam e la crescita economica della Cina, una guerra globale tra civiltà opposte non sarebbe stata molto remota. Le tesi di Huntington presentavano già allora notevoli forzature e sono state criticate da chi vedeva una progressiva occidentalizzazione del mondo attraverso la modernizzazione economica. L'attentato terroristico di matrice islamica contro il World Trade Center, a New York, dell'11 settembre 2001 e le successive reazioni occidentali, militari e intellettuali, hanno rilanciato la forza di quelle tesi: l'alba del XXI secolo sembra segnata in modo inquietante dall'ombra dello scontro di civiltà.

Qing, che subentrò ai Ming (al potere dal 1368). Dopo una prima fase caratterizzata da una politica repressiva, anche i mancesi vennero assorbiti dalla cultura e dalla civiltà cinese, soprattutto per quanto riguardava le forme di governo – fondato sul ceto dei burocrati-letterati, i mandarini. Di tradizione confuciana, i mandarini esprimevano gli interessi dei proprietari terrieri ed erano ostili alle attività commerciali. Nel periodo Qing si verificò un grande sviluppo demografico e una notevole prosperità nelle campagne. I rapporti con l'estero, inoltre, servirono soprattutto alle esportazioni poiché la Cina era un paese sostanzialmente autosufficiente, e fino al '700 si confermò il maggior paese esportatore.

4 Il Giappone dei Tokugawa: centralizzazione e isolazionismo

Nel 1603, in Giappone, fu nominato *shogun* (primo ministro) Tokugawa Ieyasu. Questi diede vita a una dinastia che avrebbe governato l'isola per 250 anni. Nel periodo tokugawa fu colpita la vecchia struttura feudale e rafforzato il potere centrale fondato sul principio di lealtà al signore di ispirazione confuciana; vennero garantiti la pace e l'ordine interni, ma soprattutto furono eliminati quasi interamente i contatti con il mondo esterno. Nonostante la politica isolazionista, il Giappone visse un notevole sviluppo economico che interessò anche le campagne, dove prese piede l'industria rurale domestica.

5 Regni e imperi dell'Africa

L'Africa era un continente poco abitato, con un suolo poco produttivo a causa del clima e dell'arretratezza delle tecniche agricole. Molti territori erano abitati da nomadi e allevatori o da tribù di cacciatori-raccoglitori che non coltivavano la terra. Importanti prodotti commerciali erano però l'oro, l'avorio e gli schiavi. L'organizzazione del potere era differenziata: grandi organizzazioni politiche, ma anche città-Stato e comunità fondate sulle relazioni tra i clan. Accanto all'islam erano diffusi i culti politeisti più antichi. L'unico regno cristiano, indipendente fino al '900, era quello d'Etiopia (evoluzione e ampliamento del più antico Regno di Axum). I primi contatti con gli europei favorirono la progressiva integrazione del continente nei circuiti commerciali mondiali.

SVILUPPARE LE COMPETENZE

❶ Utilizza tutti gli argomenti qui di seguito riportati per costruire un testo di 15 righe. Scegli, inoltre, un titolo appropriato. Attenzione, l'ordine degli elementi è casuale e non vincolante:

assedio di Vienna, 1683 - Francia - Polonia - i turchi non disponevano di un'artiglieria in grado di abbattere le mura - errore di valutazione dell'esercito ottomano - 12 settembre 1683 - visir Kara Mustafa - 7 luglio 1683 - rivolta dei magiari.

❷ Rispondi ai quesiti impiegando il numero di righe indicato tra parentesi:

a. Quale conseguenza ebbe in Iran l'affermazione della dinastia safavide? (3 righe)

b. Che differenza c'è tra sciiti e sunniti? (5 righe)

c. Chi sono i *devširme* e che ruolo hanno nell'Impero ottomano? (7 righe)

❸ Colloca le parole di seguito elencate in ciascuna ellisse. Scrivi quindi un breve testo (15 righe) evidenziando i motivi che furono alla base dei difficili rapporti tra induisti e musulmani in India, il tentativo di pacificazione di Akbar e l'intervento della Gran Bretagna. Attenzione, dovrai usare tutte le parole che hai collocato nelle ellissi:

Impero moghul - Akbar - cremazione - conversione - monoteismo - religione dei signori - religione delle popolazioni dominate - tutti uguali per Allah - frammentazione religiosa - religione per nascita - caste - sepoltura - Babur.

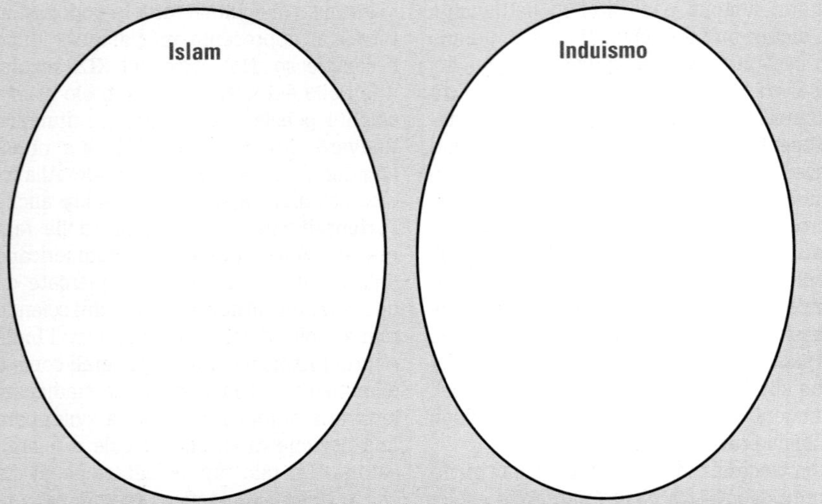

❹ Scegli una delle consegne proposte e svolgila:

a. In un testo di 10 righe sintetizza la situazione agricola, manifatturiera e commerciale della Cina del '700. Fornisci poi un titolo, che ne evidenzi il contenuto.

b. Il missionario italiano Matteo Ricci, come si evince dalla breve descrizione riportata nel capitolo, fu una figura molto importante nella seconda metà del '500 in Cina. Scegli almeno tre episodi della sua vita e scrivi per ciascuno di esso un breve testo (5 righe) che metta in evidenza il motivo per il quale tale evento ti ha colpito particolarmente.

❺ Il Giappone all'inizio del '600 presentava una struttura sociale fortemente gerarchica. Quali sono i quattro livelli della struttura statale giapponese? Spiega, in un breve testo (7 righe), il motivo per cui l'accentramento del potere poteva coesistere con una relativa autonomia amministrativa.

❻ Dopo avere svolto l'esercizio precedente relativo all'organizzazione statale del Giappone, fai un confronto con il modello di organizzazione del potere africano. (10 righe)

5 I DOMÌNI COLONIALI E LE VIE DEL COMMERCIO

1 Le due direttrici dell'espansione coloniale europea

Alla metà del '600 si era già consolidata l'espansione coloniale europea: a ovest nelle Americhe, a sud verso l'Africa, a est verso l'Asia.

Spagna e Portogallo

Protagonisti iniziali di questa politica, a partire dal periodo delle scoperte geografiche alla fine del '400, erano stati gli spagnoli e i portoghesi. A Occidente le due potenze iberiche avevano ormai costituito i loro imperi dotati di un'efficiente amministrazione controllata dalla madrepatria. La Spagna dominava, a partire dal Messico, tutto il versante occidentale e meridionale dell'America del Sud a cui si aggiungevano le maggiori isole delle Antille, il Portogallo aveva invece conquistato il Brasile. Il trattato di Tordesillas del 1494 aveva, come sappiamo, suddiviso verticalmente le due sfere di conquista: le terre ad ovest della *raya* (l'immaginaria linea di divisione che attraversava l'oceano Atlantico) spettavano alla Spagna, quelle poste ad est al Portogallo.
A sud e a est furono i portoghesi a fondare le prime basi commerciali lungo le coste africane occidentali e orientali, per poi conquistare **Goa** in India nel 1510 e **Macao** in Cina nel 1557, due colonie destinate a rimanere al Portogallo, rispettivamente, fino al 1961 e al 1999. Nel 1543 erano arrivati in Giappone portando le armi da fuoco e introducendo il cristianesimo. Gli spagnoli, dal canto loro, giunsero in Asia da est, dal Messico, uno dei più antichi domìni della Spagna in America, per conquistare le **Filippine** a partire dal 1565.

La chiesa di São Miguel das Missões
[São Miguel das Missões, Brasile]
Una esperienza unica nella colonizzazione americana fu quella realizzata dai missionari, in particolare dai gesuiti. Fin dall'inizio della penetrazione spagnola, infatti, questi si posero come obiettivo primario la difesa dei diritti dei nativi, considerati come destinatari privilegiati del messaggio evangelico. A tal fine, i gesuiti costituirono numerose comunità missionarie, chiamate "riduzioni", dove il lavoro degli indios era organizzato secondo princìpi umanitari e comunitari. Qui le popolazioni indigene venivano convertite al cristianesimo ed educate al lavoro agricolo e artigianale senza l'uso della forza. La struttura urbana delle riduzioni si ripeteva quasi ovunque identica, con una grande piazza centrale attorno a cui si disponevano le abitazioni degli indios e il fulcro centrale della chiesa. La chiesa barocca di São Miguel das Missões, in Brasile, è ciò che rimane dell'omonima riduzione attiva fra il 1632 e il 1768. Dal 1984, queste rovine sono entrate a far parte della lista dei patrimoni dell'umanità dell'Unesco.

Le altre potenze navali

Questo duplice scenario geografico subì profondi mutamenti tra gli inizi del '600 e la fine della guerra dei Sette anni nel 1763 [👁 1.5_TABELLA1]. Altre potenze europee cominciarono infatti a contrastare l'egemonia spagnola nelle Americhe e quella portoghese in Africa e in Asia. Erano tutte potenze navali dell'Atlantico: **Francia**, **Olanda**, **Gran Bretagna** e **Danimarca** e tutte si spinsero nei due quadranti occidentali e orientali. Inizialmente a prevalere fu il modello portoghese della fondazione di scali commerciali, poi presero avvio le conquiste territoriali. Col sostegno degli Stati furono le compagnie commerciali dei singoli paesi a impiantare sia i primi insediamenti sia a procedere nell'occupazione dei territori. Non si trattava di una pacifica competizione, ma di veri e propri conflitti per ottenere privilegi di esportazione dalle coste occupate e di guerre di rapina, sostenute dalle marine militari, per sottrarre possessi coloniali alle potenze rivali.
Se in un primo momento i portoghesi si erano appropriati del **commercio orientale delle spezie**, che per secoli era stato organizzato e controllato dagli arabi, tradizionali mediatori tra l'Occidente e l'Estremo Oriente, gli olandesi prima e gli inglesi poi, affacciatisi sui mari orientali all'inizio del '600, soppiantarono progressivamente l'egemonia portoghese [👁 ATLANTE_15].

Gli olandesi e gli inglesi in Asia

Così verso la metà del '600 la **Compagnia olandese delle Indie orientali**, un'associazione di mercanti che su concessione del governo godeva del monopolio dei traffici con l'Oriente, divenne la più significativa presenza europea in Asia. I mercanti olandesi riuscirono a impadronirsi delle Molucche, le favolose **isole** delle spezie, della Malacca, di Sumatra

ATLANTE 15_ IL SISTEMA COLONIALE EUROPEO A METÀ DEL XVIII SECOLO

e di Giava dove, a Batavia (Jakarta), fissarono la capitale del loro impero commerciale. Da lì, per quasi mezzo secolo, gli olandesi furono padroni del traffico delle spezie, in particolare della noce moscata e dei chiodi di garofano, dei quali riuscirono ad avere il monopolio assoluto.

Molto meno ricca della concorrente olandese, l'inglese **East India Company** concentrò i propri interessi sulla costa orientale dell'**India**, una zona che gli olandesi avevano trascurato e dove si stavano istallando anche i francesi. Successivamente l'attività fu estesa più a nord, al Bengala, ma il risultato più importante fu l'acquisizione (1665) di Bombay, fondamentale nodo commerciale sulla costa occidentale indiana. L'Inghilterra importava dall'Oriente tè, caffè, salnitro, ma soprattutto tessuti – sete, cotoni, broccati. Anche l'Olanda e la Francia importavano grandi quantitativi di tessuti indiani, mettendo in allarme i produttori europei di tessuti in seta, lana e lino: ma, nonostante il tentativo di arginare le importazioni con vincoli protezionistici, le compagnie commerciali furono sempre più impegnate nell'esportazione di prodotti orientali in Occidente.

Lo scontro tra Gran Bretagna e Francia in India

Nel 1673, con la cessione alla **Compagnia francese delle Indie orientali** del villaggio di Pondichéry, non lontano dal possedimento inglese di Madras, la Francia diede inizio al tentativo di costituire un proprio impero coloniale in India, entrando in contrasto con la Gran Bretagna nel Bengala. Lo scontro tra le due potenze si accentuò durante la guerra dei Sette anni (1756-63) e la potenza navale britannica riuscì a sovrastare le forze francesi: gli inglesi posero l'assedio a Pondichéry e la conquistarono (1761). La Francia, sconfitta, dovette abbandonare il Bengala mentre la Compagnia britannica, rimasta sola a dominare il commercio con l'India, avrebbe poi assunto l'amministrazione del Bengala e del Bihar, trasformando così un dominio commerciale in un vero e proprio possedimento coloniale. Solo dopo la metà dell'800 la Corona britannica avrebbe assunto il diretto controllo dell'India.

I conflitti nelle Americhe e la conquista delle Antille

Ben più accesi e prolungati furono i contrasti tra le potenze nelle Americhe: prima nelle Antille poi nell'America settentrionale.

La Spagna aveva imposto alle sue colonie di commerciare solo con la madrepatria, ma questo monopolio fu continuamente attaccato dalla **pirateria** e dal **contrabbando**, praticati soprattutto da inglesi, olandesi e francesi. I pirati – **bucanieri** o **filibustieri** – assaltavano e depredavano le navi cariche di metalli preziosi, mentre i contrabbandieri, con la complicità delle autorità locali, smerciavano beni fortemente richiesti nelle colonie e che la Spagna non era in grado di fornire.

Le numerose isole delle **Grandi e Piccole Antille** costituivano punti di appoggio

Compagnia commerciale
Le compagnie commerciali erano associazioni di mercanti formate per promuovere e gestire il traffico dell'Europa con paesi lontani, soprattutto con l'Oriente. Le compagnie correvano ovviamente enormi rischi nello svolgere le loro attività: per esempio, capitava spesso che per il maltempo perdessero le navi e il loro ricco carico. In cambio, però, avevano enormi privilegi: i governi concedevano loro il monopolio del commercio e il potere di occupare i territori e di amministrarli. Le principali compagnie commerciali nacquero nel '600 in Inghilterra, Olanda e Francia. A mano a mano che i traffici divennero più sicuri, ai governi non conveniva più concedere privilegi alle compagnie e queste decaddero. L'ultima a essere soppressa fu, nel 1858, la Compagnia inglese delle Indie orientali. Le altre erano scomparse già negli ultimi decenni del '700.

Bucaniere / filibustiere
I due termini erano usati per indicare i corsari che facevano le loro scorrerie nel Mar dei Caraibi nel '600. "Bucaniere" viene dal francese *boucanier*, a sua volta derivato probabilmente dalla parola caraibica *boucan*, che indicava lo strumento usato per affumicare la carne degli animali. I bucanieri, prima di darsi alla pirateria, erano stati infatti cacciatori e piantatori nelle isole caraibiche. Cacciati dagli spagnoli, avevano allestito una flotta con cui combattevano e depredavano le navi dei loro nemici. La parola "filibustiere" viene invece dallo spagnolo *filibustero* che deriva dall'olandese *vrjbziter*, 'colui che fa libero (*vrji*) bottino (*buit*)'. Il termine filibustiere nel linguaggio comune viene usato oggi per indicare un avventuriero senza scrupoli. Nel linguaggio politico inglese, ma anche nel nostro vocabolario, si definisce *filibustering* l'ostruzionismo parlamentare.

Cinema e Storia
Mission
di Joffé

ONLINE

ideali per le azioni dei pirati e dei contrabbandieri e, dal momento che gli spagnoli controllavano solo le più grandi fra esse (Cuba e Santo Domingo), olandesi, inglesi e francesi si insediarono in questa area durante il '600. L'iniziativa fu presa come sempre dalle compagnie commerciali. Gli **olandesi** si stabilirono a Curaçao dal 1634 e in altre isole a ridosso dell'attuale Venezuela. La Compagnia olandese delle Indie occidentali, inoltre, amministrava sul continente la Guiana, dove alla fine del '500 era stata introdotta la coltivazione della canna da zucchero. La Guiana fu a lungo molto contesa e, accanto agli olandesi, vi si insediarono gli inglesi e i francesi.

Gli **inglesi** avevano possedimenti disseminati lungo tutto l'arco delle Piccole Antille, conquistati prevalentemente nella prima metà del '600. Tra il 1625 e il 1629 si impadronirono di molte isole dell'arcipelago Bahama e nel 1655 della Giamaica, la terza per dimensioni delle Grandi Antille e grande centro di smistamento degli schiavi africani. Nello stesso periodo, i **francesi** occuparono alcune isole nelle Piccole Antille (fra cui Guadalupa e Martinica nel 1635) e la parte occidentale di Santo Domingo, che denominarono Haiti.

Britannici e francesi nel Nord America

Lungo le coste dell'America settentrionale gli **inglesi** avevano dato avvio, dai primi anni del '600, a una serie di colonie di popolamento (deputate all'insediamento dei migranti dalla madrepatria) subentrando, in qualche caso, a svedesi e olandesi: Nieuw Amsterdam, per esempio, nel 1664 divenne **New York**. Riuscirono poi a unificare i loro territori dove si rafforzò il controllo diretto della madrepatria con la nomina di un **governatore** e di pubblici funzionari, che cercarono di limitare le autonomie amministrative e le forme di autogoverno locale.

Molto più a nord i **francesi** si erano insediati in **Canada** lungo il corso del fiume San Lorenzo: la penetrazione era stata avviata dai mercanti di pellicce che commerciavano con i pellerossa, tribù indiane per lo più nomadi che vivevano nell'area praticando caccia e allevamento. In realtà, la presenza francese fu sempre numericamente limitata, anche perché il divieto di immigrazione per gli ugonotti impedì che nella colonia giungesse la sola comunità che, come i dissidenti religiosi inglesi, cercava di espatriare per non subire le persecuzioni di cui era vittima. Nella prima metà del '600 vennero fondate le prime importanti basi in Canada, Québec e Montréal. In seguito i francesi scesero dalla regione dei **Grandi Laghi** lungo il corso del fiume Ohio e nel bacino del **Mississippi** costruendo delle piazzeforti lungo i fiumi.

La presenza francese a nord e a ovest delle colonie britanniche rese inevitabile lo scontro tra le due potenze schierate su fronti avversi nelle guerre del '700 europeo: così la Francia, in seguito alla pace di Utrecht (1713) che poneva fine alla guerra di successione spagnola **[👁 1.2]**, dovette rinunciare a Terranova e alla Nuova Scozia, riuscendo però a conservare il Canada e il controllo del bacino del Mississippi, che in onore di Luigi XIV era stato chiamato Louisiana. In seguito però, al termine della guerra dei Sette anni (1763), che in America è ricordata come la *French and Indian War* (per l'alleanza franco-indiana in funzione antibritannica), la Gran Bretagna ottenne dalla Francia il Canada e i territori della Louisiana a est del Mississippi e dalla Spagna la Florida **[👁 6.1]**. Da parte sua la Spagna ricevette in cambio la Louisiana a ovest del Mississippi con Nuova Orléans. I domìni francesi in America erano ormai ridotti alle isole delle Antille, mentre la Gran Bretagna conquistava una indiscussa egemonia territoriale nel Nord America **[👁 ATLANTE_16]**.

GUIDA ALLO STUDIO

❶ Quali erano le principali compagnie commerciali attive in Asia fin dal '600? ❷ Che differenze ci sono tra un dominio commerciale e un possedimento coloniale? ❸ Quali erano i prodotti orientali maggiormente esportati in Occidente? ❹ Quali Stati si disputarono nel '700 il controllo dell'Asia? ❺ Perché le Antille furono oggetto di contesa nel '600?

2 La tratta degli schiavi e il commercio triangolare atlantico

43 DOC
John Cary
Il commercio degli schiavi neri

I metalli preziosi L'economia delle Americhe era stata caratterizzata in un primo, lungo periodo, essenzialmente dall'esportazione dei metalli preziosi, **oro e argento**, dalle colonie spagnole. Si è calcolato che dal 1500 al 1660 furono introdotte in Europa 181 tonnellate d'oro e 16 mila tonnellate d'argento, pari al 25% dell'intera disponibilità europea. L'argento americano contribuì ad aumentare in misura rilevante le risorse finanziarie della Corona spagnola, ad accrescere la circolazione monetaria in Europa e a consentire gli acquisti sui mercati dell'Estremo Oriente.

Il sistema agricolo delle piantagioni e la canna da zucchero Nella seconda metà del '500 si affermò anche il sistema agricolo delle piantagioni. La piantagione era una **grande proprietà terriera** dedita in genere a **una sola coltura**: canna da zucchero, cacao, caffè, cotone, tabacco, tutti prodotti destinati all'esportazione. Questo tipo di sfruttamento della terra si diffuse nelle terre poste lungo le coste dell'Oceano Atlantico, come il Brasile e la Guiana, e nelle Antille.

ATLANTE 16_LE AMERICHE E IL COMMERCIO TRIANGOLARE ATLANTICO (1763)

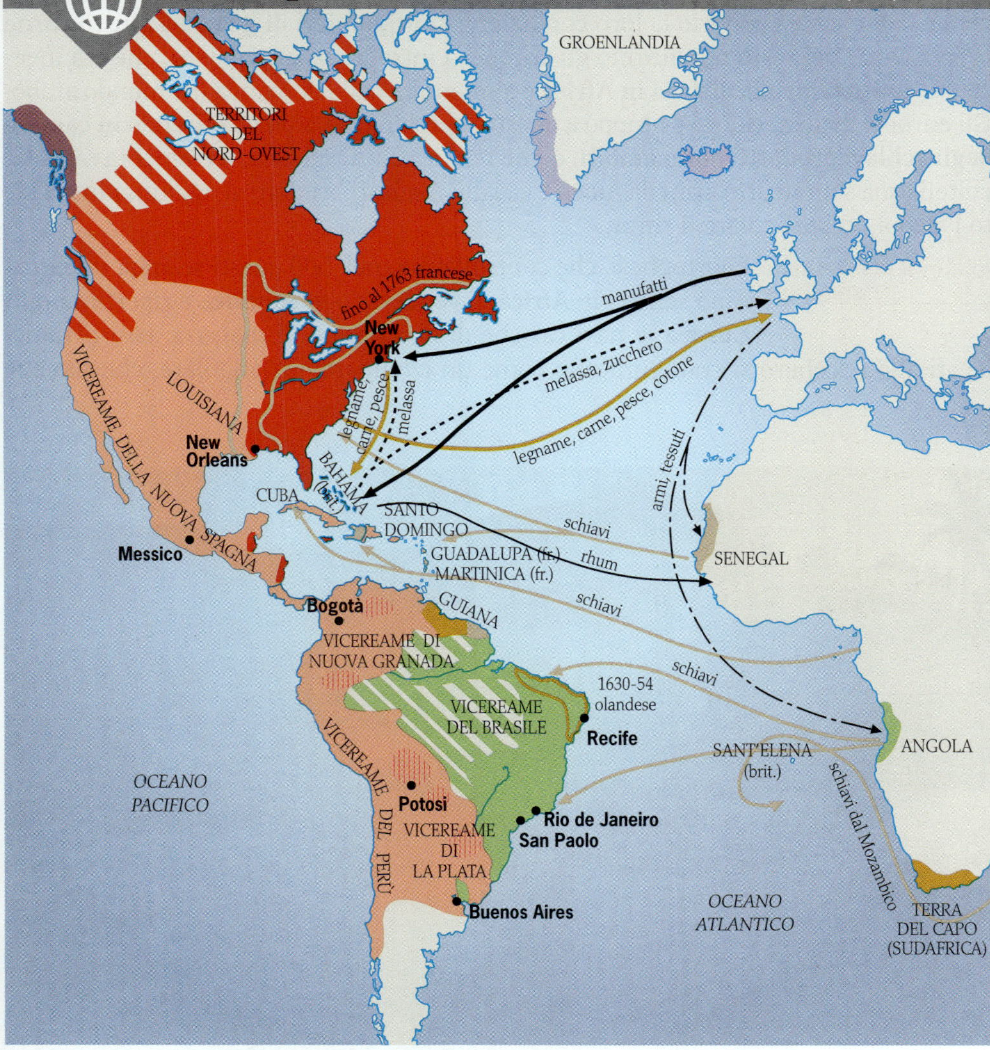

Nel corso del '700, con la progressiva erosione dei domìni coloniali della Francia, si consolidò l'egemonia mondiale della Gran Bretagna. Un'egemonia fondata sulla supremazia della marina militare, ma soprattutto sul dominio britannico nel commercio triangolare atlantico.

Melassa
Sciroppo ottenuto dalla lavorazione della canna da zucchero o della barbabietola, che non si cristallizza nonostante l'alto contenuto di saccarosio. La melassa di canna viene impiegata nei processi di fermentazione per la produzione del rhum, quella di barbabietola per la produzione della birra e del lievito di birra.

Il sistema delle piantagioni era approdato in America Latina con l'inizio della coltivazione della **canna da zucchero** in Brasile. Originaria del Golfo del Bengala in India, la canna da zucchero aveva percorso un lungo viaggio verso ovest, attraverso il Medio Oriente, Cipro e la Sicilia. Dalla seconda metà del '400 era coltivata nelle isole atlantiche portoghesi a ridosso dell'Africa (Madera, Azzorre, Canarie) dove si impiegava il lavoro degli schiavi africani [👁 ATLANTE_16]. Di lì la canna da zucchero varcò l'oceano e si affermò in Brasile nella seconda metà del '500.
Per la coltivazione della canna sono necessari un clima caldo-umido, energia idrica o animale, legname, capitali per i mulini di spremitura e una **larga disponibilità di manodopera** da impiegare soprattutto nella raccolta. I portoghesi disponevano dei capitali occorrenti per le macchine, il Brasile forniva tutto il resto ma non la manodopera. Gli indios, infatti, dove non erano stati decimati, erano considerati troppo ostili o fisicamente inadatti al lavoro pesante, organizzato e disciplinato delle piantagioni.

La tratta degli schiavi e l'istituzione della schiavitù

Così cominciarono a essere importati schiavi neri dall'Africa. Gli insediamenti portoghesi sulle coste africane operavano come centri di raccolta verso i quali venivano convogliati i neri fatti prigionieri in azioni di guerra o in razzie nell'interno. Gli schiavi erano in primo luogo vittime delle guerre fra gli Stati africani o fra i diversi clan e tribù, ed era proprio la loro condizione di **prigionieri di guerra** a giustificarne la schiavitù. Del resto non furono gli europei a introdurre la schiavitù, che era invece una **istituzione già diffusa in Africa** e alimentata dalla domanda del mondo arabo. Gli europei diedero nuovo sviluppo a questo mercato tradizionale offrendo **in cambio degli schiavi prodotti molto ambiti**, come tessuti, chincaglieria, ferramenta minuta, coltelli, ma soprattutto armi da fuoco e cavalli. A questi prodotti si aggiunse in seguito l'alcool, in particolare il rhum.

Il commercio triangolare

I portoghesi, che controllavano nel '500 questi scambi, imbarcavano schiavi in **Africa**, li vendevano in **America** e riportavano in **Europa** le navi cariche di zucchero o di **melassa**: così i traffici legati allo zucchero si configuravano come un commercio triangolare, che sarebbe

Una raffineria di zucchero in Brasile
1667
[da Joan Blaeu, *Geographia*; Österreichische Nationalbibliothek, Vienna]
Fonte di inesauribile ricchezza per i coloni europei, la produzione di zucchero richiedeva un duro lavoro sia nelle piantagioni che nelle raffinerie. La manodopera era assicurata quasi esclusivamente da schiavi neri importati dall'Africa. Le *engenhos do assucar* ('aziende dello zucchero') – di cui l'immagine riproduce in primo piano il mulino di spremitura della canna da zucchero – erano in realtà complessi più ampi che comprendevano anche la casa del colono o "casa grande", e le baracche degli schiavi o *senzales*.

divenuto caratteristico dell'intero **sistema commerciale atlantico**. L'economia delle piantagioni – non solo di canna da zucchero, ma anche di caffè, tabacco, cotone –, fondata sul lavoro degli schiavi, presto si diffuse dal **Brasile** ad altre zone dell'America: prima le **Antille** e poi l'**America del Nord**. Data l'elevata mortalità degli schiavi nelle piantagioni – nelle quali la speranza di vita non superava i dieci anni –, la manodopera nera andava continuamente rinnovata. La forzata immigrazione degli africani – si calcola che ne furono "importati" da 10 a 12 milioni tra il 1525 e il 1867 – non solo produsse durature trasformazioni nelle strutture sociali ed economiche, ma diede luogo a una vera e propria **rivoluzione etnica e demografica**. Quando, agli inizi dell'800, fu possibile tracciare un quadro statistico della popolazione americana, risultò che i neri di origine africana erano la componente etnica più numerosa in Brasile (dove la schiavitù fu abolita solo nel 1888) e di gran lunga maggioritaria nelle Antille.

ONLINE
Geografia e Storia
Il viaggio degli schiavi

44 DOC
Gustavus Vassa
Uno schiavo racconta

45
O. Pétré-Grenouilleau
A bordo delle navi negriere

Il predominio britannico

Naturalmente molti altri paesi europei e singole città portuali partecipavano al sistema di commercio triangolare atlantico iniziato dai portoghesi. La città libera di Amburgo si era specializzata come mercato delle spezie e dello zucchero mentre Nantes e Bordeaux, in Francia, si svilupparono grazie alla tratta degli schiavi trasportati sulle loro navi. Ma era la potenza navale britannica a crescere a spese delle altre nazioni marittime. Questo predominio si accrebbe lungo tutto il '700. In uno dei settori più importanti, quello del commercio degli schiavi, la Gran Bretagna aveva ottenuto con la pace di Utrecht del 1713 il monopolio della tratta verso le colonie spagnole, l'***asiento de negros***, che mantenne fino al 1750 [👁 1.8]. L'*asiento* ('accordo'), che prevedeva una "fornitura" di 4800 schiavi l'anno, fu stipulato con una compagnia commerciale britannica. Prima dell'accordo con la compagnia britannica gli spagnoli, che non praticarono mai direttamente il commercio degli schiavi, avevano concesso l'*asiento* a mercanti genovesi e tedeschi, poi a compagnie portoghesi e, dal 1701, francesi. Questo commercio "ufficiale" rappresentava comunque solo una piccola parte della tratta complessiva, alla quale partecipavano molti armatori inglesi soprattutto delle città portuali di Bristol e Liverpool.

Anche le **colonie britanniche del Nord America** entrarono stabilmente in questo circuito: esse, infatti, erano favorite rispetto all'Europa da una minore distanza dalle Antille e da una capacità produttiva che era in grado di soddisfare non solo la domanda europea – tabacco e cotone –, ma anche quella dei Caraibi e dell'America spagnola e portoghese – grano, pesce e legname da costruzione. Erano inoltre importatrici di schiavi neri dall'Africa e di melassa dalle Antille.

GUIDA ALLO STUDIO

❶ In che misura i metalli preziosi contribuivano alla ricchezza europea? ❷ Che tipo di manodopera era impiegata nelle piantagioni? ❸ Quali paesi partecipavano al commercio triangolare? E quali merci venivano scambiate? ❹ In che cosa consisteva l'*asiento de negros*? ❺ A quanto ammontava la speranza di vita di un lavoratore delle piantagioni?

3 L'egemonia britannica e la conquista dell'Australia

L'imperialismo commerciale e lo sviluppo industriale

«Il commercio è la ricchezza del mondo; il commercio stabilisce le differenze tra ricchi e poveri, tra una nazione e l'altra; il commercio alimenta l'industria, l'industria genera il commercio; il commercio dispensa la naturale ricchezza del mondo, e il commercio fa sorgere nuove forme di ricchezza.» Non sorprende che l'autore di questo elogio del commercio (*A Plan of the English Commerce*, 1728) fosse uno

James Cook

Nessuno, a guardarne le origini, avrebbe potuto immaginare il destino che attendeva James Cook (1728-1779). Il più grande esploratore del XVIII secolo nacque, infatti, da un'umile famiglia contadina, nella contea inglese dello Yorkshire. A segnare la sua vita fu la passione per il mare, che lo spinse ad imbarcarsi come mozzo su una nave carboniera, in servizio fra l'Inghilterra e il Mare del Nord.

Arrivato ad ottenere il comando di una nave, Cook, con un colpo di testa, abbandonò la marina mercantile per arruolarsi come soldato semplice nella marina militare, poco prima dello scoppio della guerra dei Sette anni (1756-63). La scelta avrebbe cambiato il corso della sua vita. Inviato in Canada, uno dei teatri dello scontro fra Francia e Inghilterra, diede un contributo prezioso alle operazioni militari: grazie all'esplorazione del fiume San Lorenzo le navi inglesi ne risalirono il corso, riuscendo a cogliere di sorpresa le truppe francesi e a prendere la città di Quebec. Del Canada, ormai dominio inglese, Cook curò per cinque anni la cartografia delle coste, mentre si impegnava con determinazione a studiare da autodidatta matematica e astronomia. Negli inverni, in cui tornava in patria, riuscì a costruirsi una famiglia con la giovane Elisabeth Batts, dalla quale ebbe sei figli, segnati da uno sfortunato destino (morirono tutti molti giovani). Nonostante ciò l'unione coniugale fu felice, benché Cook le dedicasse poco tempo: **visse per lo più in mare, affrontando le navigazioni più lunghe e ardue che mai fossero state compiute**.

I suoi diari di bordo, scritti in uno stile scarno e asciutto, privo di retorica, ne ricostruiscono le spedizioni, e mettono in luce le sue capacità organizzative, il suo spirito pratico, la sua abilità come marinaio, che gli consentì di navigare in stagioni ostili, a latitudini inesplorate, con navi a vela vulnerabili alle tempeste, ai forti venti, alle correnti. I diari ne testimoniano, inoltre, la metodica curiosità, unita a un'acuta capacità di osservazione, che spaziava in diversi ambiti (dai fenomeni astronomici, al comportamento degli animali, al linguaggio delle popolazioni incontrate).

Fu la proficua esperienza in Canada a permettere a Cook di essere scelto dall'Ammiragliato inglese e dalla Royal Society come comandante di una spedizione nel Pacifico, l'oceano a cui più resterà legato il suo nome. Due gli obiettivi, scientifici e commerciali: osservare dall'isola di Tahiti il passaggio di Venere fra il Sole e la Terra e rinnovare la ricerca della *Terra Australis* – il vasto e compatto continente che le teorie geografiche, da Tolomeo in avanti, indicavano come la terra ancora ignota che occupava gran parte dell'emisfero meridionale [👁 ATLANTE_17].

Salpato nel **1768**, Cook tornò in patria dopo tre anni, con un ricco bottino: dopo la sua esplorazione della **Nuova Zelanda** (di cui dimostrò l'insularità) e delle coste orientali dell'**Australia** (già scoperte nel '600 da navigatori olandesi) si ruppe definitivamente l'isolamento di queste regioni, che entrarono a far parte dei domìni coloniali inglesi. Della Nuova Zelanda Cook compilò una precisa cartografia delle coste. In Australia, nonostante le difficoltà della barriera corallina, riuscì a sbarcare, il 29 aprile 1770, a Botany Bay (divenuta poi parte di Sidney) per prenderne possesso in nome del re inglese Giorgio III.

All'esito positivo del primo viaggio seguì il comando di una **seconda spedizione**, che segnò un ulteriore progresso nelle conoscenze geografiche e scientifiche: fu la prima circumnavigazione del globo a spingersi così a sud, **varcando il Circolo Polare Antartico**. Se i pericoli della navigazione, fra iceberg e venti violenti, resero impossibile avvicinarsi al Polo Sud, Cook riuscì ad intuire l'estensione dell'Antartide, ben più vasta di quella del Polo Nord. Dopo un'esplorazione così ampia poté mettere fine alla ricerca della *Terra Australis*, risolvendo uno dei maggiori problemi geografici e culturali dell'epoca, dichiarando con piglio illuminista che **il continente, così come**

Il primo cronometro marino dell'inglese John Harrison
1735

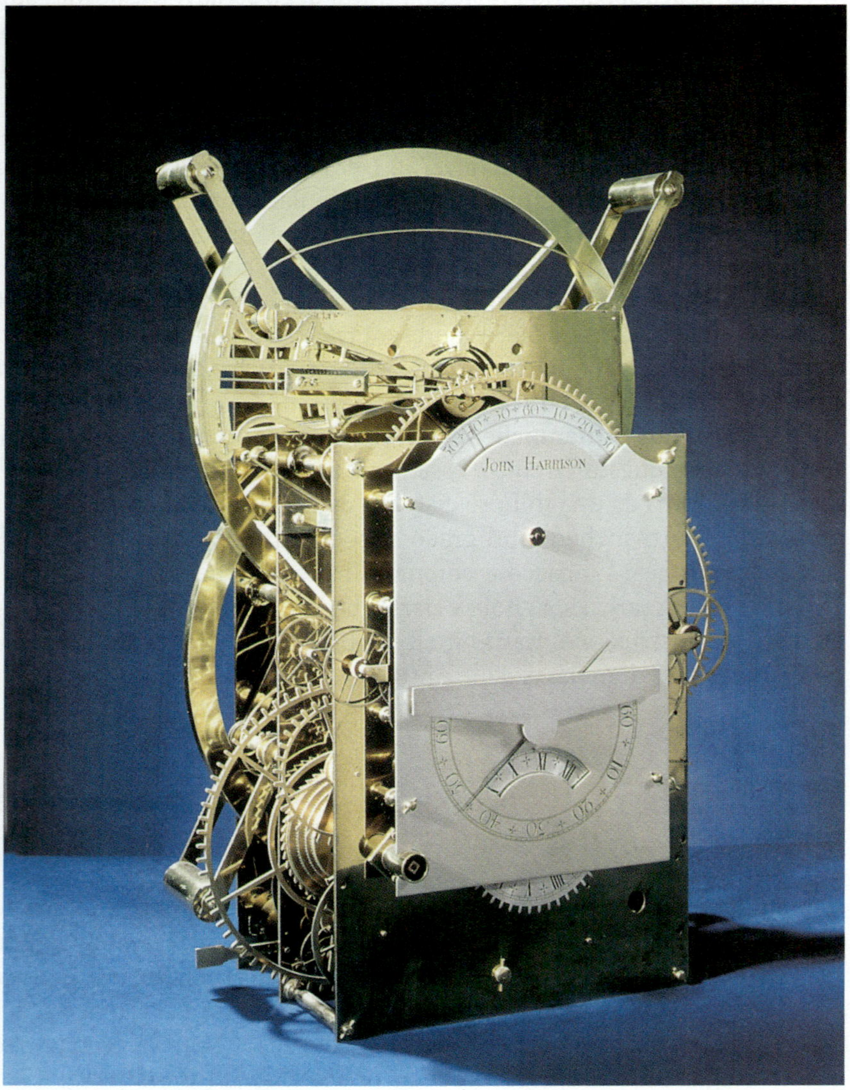

era descritto dai geografi antichi, era un'invenzione priva di fondamento**. Non solo questo fu il risultato del viaggio, che proseguì approdando in isole e arcipelaghi da tempo non più visitati o ancora da scoprire: le isole Tonga, le Marchesi, le Figi, le Nuove Ebridi, l'isola di Pasqua, la Nuova Caledonia. Con la quantità di osservazioni raccolte, Cook realizzò una **mappatura dell'emisfero australe**, che permise una navigazione più sicura e aprì nuove rotte commerciali a beneficio dell'Inghilterra.
Figlio del secolo dei Lumi, Cook applicò nel campo della navigazione un **approccio razionalista**, come dimostra la metodicità con cui preparava le spedizioni, documentandosi sui viaggi precedenti, seguendo i lavori di allestimento delle navi, cercando per quanto possibile di prevenire i pericoli della navigazione e di mantenere in salute l'equipaggio. Riconoscendone le competenze scientifiche, dopo le relazioni sulla cura dello scorbuto e sull'uso del cronometro di Harrison (lo strumento usato per calcolare la longitudine in mare), la prestigiosa Royal Society lo accolse come socio, sancendo definitivamente l'ascesa sociale dell'esploratore, figlio di un bracciante, che aveva compiuto studi da autodidatta.
Provato da quasi trent'anni ininterrotti di navigazione, quasi cinquantenne, Cook avrebbe potuto ritirarsi a dirigere l'ospedale militare di Greenwich, ma accettò la nuova sfida propostagli dall'Ammiragliato: cercare il passaggio di Nord-ovest, la rotta fra Oceano Atlantico e Pacifico, a nord del Canada, che doveva mettere in comunicazione più velocemente Europa e Asia. Salpato nel **1776**, Cook risalì le coste occidentali del Nord America e, esplorate le coste dell'**Alaska**, cominciò a percorrere lo **stretto di Bering**. Le difficoltà della navigazione a queste alte latitudini, l'assenza di scali in cui sostare, lo costrinsero a tornare indietro (solo nel 1906, più di un secolo dopo, la spedizione del norvegese Amundsen riuscì a percorrere tutta la tratta).
Sulla via del ritorno Cook si fermò nuovamente alle **Hawaii**, scoperte nel viaggio di andata. Casualmente l'arrivo coincise con le celebrazioni per l'anno nuovo, dedicate al **dio Lono**, che secondo il mito tornava ciclicamente sulle isole causando la rinascita della natura. Le soste di Cook si inserirono, inconsapevolmente, nella narrazione cosmologica della cultura hawaiana: il capitano fu associato a Lono, e come tale venerato. Da sempre interessato a stabilire un clima pacifico con i nativi, evitando il ricorso alla forza, Cook assecondò le pratiche dei sacerdoti, pur non comprendendole a pieno. Lasciate le isole fra gli onori, con le navi cariche di doni, Cook fu costretto a un repentino ritorno, a seguito di una tempesta. Non sapeva che gli sarebbe stato fatale. Il ritorno questa volta non era in sintonia con il ciclo rituale, dunque era inspiegabile agli occhi della popolazione, soprattutto dei capi guerrieri, che lo percepirono come un minaccioso tentativo di conquista. Fu un banale furto ai danni delle navi la causa dell'incidente in cui Cook, ormai oggetto di ostilità, fu pugnalato a morte, e poi aggredito dalla folla. Persino la sua uccisione, però, si accordava al mito di Lono, che, spogliato dei suoi poteri, veniva sostituito dalla figura umana del re guerriero. **Cook morì come un dio hawaiano**, e come tale continuò ad essere celebrato per oltre un secolo, mentre oltreoceano cominciava a circolare la leggenda nera del Pacifico, non più visto come un Eden abitato da popolazioni innocenti e incorrotte. La morte di Cook, compianta dalla società inglese, anche dal re, rappresentò così un punto di congiunzione fra la cultura europea e quella hawaiana, poiché entrambe «l'avrebbero idolatrato come un martire della rispettiva prosperità» (M. Sahlins). Anche a Cook dobbiamo l'immagine del mondo nella forma in cui la conosciamo, che oggi ci appare scontata, ma è frutto di una secolare storia di scoperte, esplorazioni, incidenti e false credenze.

ATLANTE 17_LE ROTTE DEI VIAGGI DI COOK

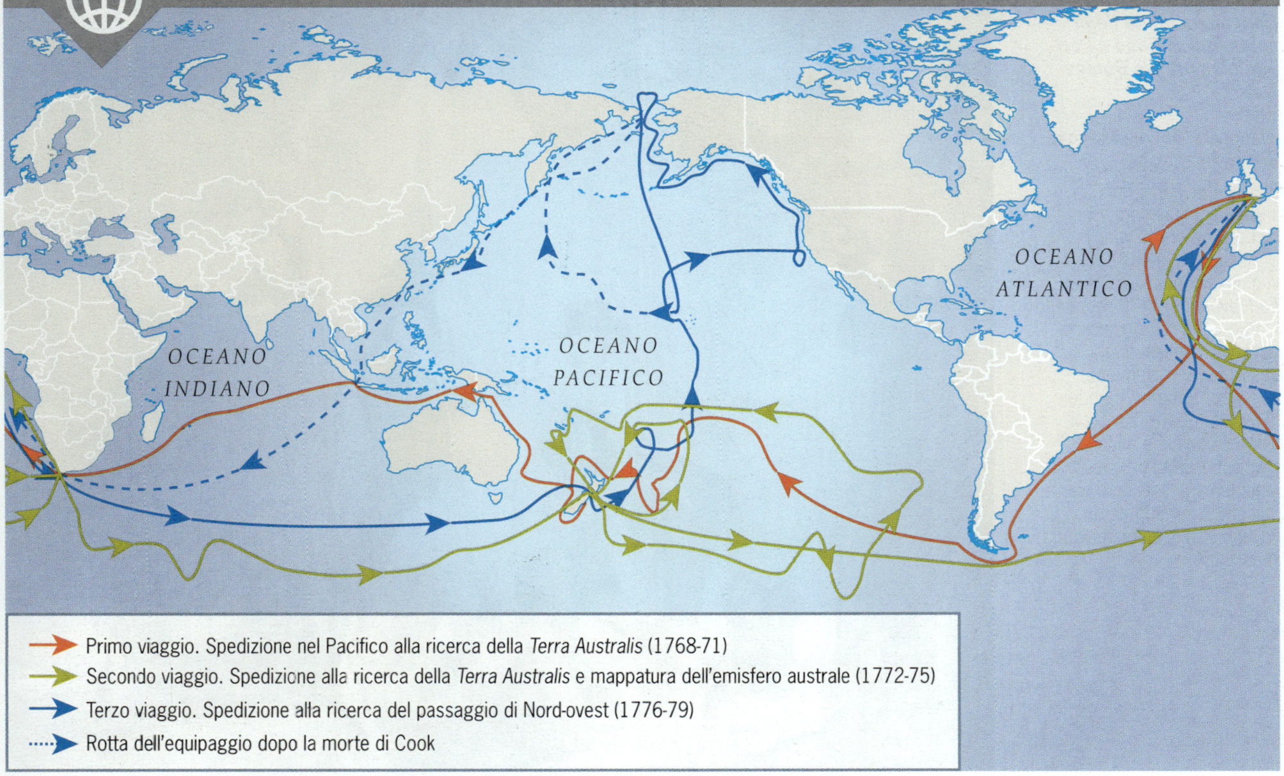

scrittore e saggista inglese come Daniel Defoe, autore delle celebri avventure di *Robinson Crusoe* (1719).

La Gran Bretagna si avviava a diventare infatti la **principale potenza commerciale mondiale**: agli inizi del '700 aveva già conquistato il quasi monopolio negli scambi con il Portogallo e il Brasile, mantenendo una posizione privilegiata nel commercio con i domìni spagnoli. Primeggiava anche nell'attività di riesportazione di molti prodotti coloniali. Inoltre quando, a partire dalla seconda metà del '700, si inserì nel commercio triangolare il cotone grezzo delle piantagioni americane (Antille e Nord America), un mercato di vendita su scala mondiale era già pronto per i tessuti di cotone dell'industria inglese.

Quale fu il contributo delle attività commerciali al successivo sviluppo industriale in Gran Bretagna prima e poi nel resto dell'Europa? Più che l'entità dei profitti e l'accumulazione dei capitali, di cui sono incerti la misura e l'apporto diretto, contarono **la conquista dei mercati mondiali e il controllo delle materie prime** realizzati nel '600 e '700. Fu lo sviluppo economico basato sulla rivoluzione tecnologica occidentale ad accentuare le differenze – fino allora poco sensibili a livello di reddito pro capite (per abitante) – fra l'Europa e i grandi imperi asiatici. In confronto a un'Asia stazionaria nei redditi, l'Europa diventerà sempre più ricca: una distanza, la **"grande divergenza"**, che prefigurerà quella contemporanea fra paesi industrializzati e paesi arretrati o in via di sviluppo fino agli ultimi anni del '900.

La conquista e il popolamento britannici dell'Australia

Dominatrice degli oceani, la Gran Bretagna si avviò anche a conquistare terre inesplorate agli antipodi dell'Europa come l'Australia.

Fino all'insediamento degli europei nel '700 l'Australia era restata completamente esclusa dai processi di civilizzazione che avevano trasformato

Thomas Gosse
L'accampamento degli scienziati di Cook a Port Jackson presso Botany Bay
1770
[National Maritime Museum, Greenwich, Londra]

Botany Bay è una baia situata pochi chilometri a sud dell'odierna Sydney in Australia. James Cook vi giunse con la sua nave *Endeavour* nel 1770 segnando l'inizio della colonizzazione britannica delle coste australiane. Inizialmente chiamata Stingray Harbour, la baia fu ribattezzata con il nome con cui è ancora oggi conosciuta per via delle innumerevoli specie di piante raccolte e catalogate da Joseph Banks, botanico della spedizione.

il pianeta. In questo continente, di gran lunga il più arido, il più piccolo, il meno fertile, il meno popolato e il più povero di risorse biologiche, gli indigeni vivevano in età moderna ancora senza agricoltura e allevamento, non usavano archi e frecce, non avevano villaggi permanenti, né conoscevano la scrittura o qualche forma di organizzazione politica. Gli **aborigeni australiani** erano cacciatori-raccoglitori nomadi, riuniti in bande, che utilizzavano ancora strumenti di pietra. Scoperta nel 1642 dall'olandese Abel Tasman, l'Australia era conosciuta come Nuova Olanda. Ma dopo che il capitano **James Cook** ne ebbe esplorato le coste orientali nel 1770, gli inglesi si stabilirono in alcune zone costiere, soprattutto nel Sud-est, che furono dapprima adibite a **colonie di deportazione** (per i detenuti della madrepatria) e solo successivamente divennero colonie di popolamento.

Parola chiave
Ecosistema

ONLINE

Il primo gruppo di deportati, imbarcati in Inghilterra, arrivò in Australia nel 1788: il 26 gennaio una flotta di undici vascelli con a bordo 1030 persone, di cui 548 prigionieri uomini e 188 donne, entrò nella baia di Sydney. Erano per lo più giovani, in gran parte colpevoli di piccoli furti, che la durissima giustizia penale britannica aveva condannato a morte e poi graziati. Divennero i protagonisti di un esperimento mai tentato prima da uno Stato: organizzare un insediamento, lontano dalla patria, dove confinare i **"criminali" recidivi e considerati più pericolosi**. Tra 1788 e 1853, quando vennero interrotte le deportazioni, oltre 160 mila prigionieri, tra cui circa 24 mila donne, erano stati trasferiti a forza dalla Gran Bretagna in Australia.

La nuova società australiana

Solo una minima parte di questa massa di deportati (circa il 10%) fu reclusa nei famigerati **stabilimenti penali** (Norfolk Island, Port Arthur, Macquarie Harbour, Moreton Bay), dove soprusi, violenze e torture costituivano terribili esperienze quotidiane.
La maggior parte dei prigionieri venne in realtà utilizzata per svolgere **lavori obbligatori** per i coloni liberi o fu fatta lavorare alle dirette dipendenze del governo: essi non conobbero dunque la reclusione, ottennero dopo un periodo la semilibertà e spesso, scontata la pena, riuscirono a integrarsi nella società coloniale. Così, progressivamente, cominciò a consolidarsi una nuova società, caratterizzata dalla formazione di un singolare **ceto medio costituito dai discendenti dei detenuti**, con propri valori e un dinamico spirito imprenditoriale. E fu anche per la mobilitazione di queste nuove generazioni nate in Australia, che non gradivano il marchio di deportato e non tolleravano la concorrenza della manodopera coatta, che la Gran Bretagna decise nel 1853 di interrompere definitivamente la deportazione dei "criminali" nell'isola.

GUIDA ALLO STUDIO

❶ Perché l'Australia fu chiamata originariamente Nuova Olanda? ❷ Per quanto tempo l'Australia fu adibita a colonia di deportazione? ❸ Che destino ebbe la maggior parte dei detenuti deportati dal governo inglese in Australia? ❹ In che anno il governo inglese decise di interrompere la deportazione dei criminali in Australia?

4 Lo scambio biologico

L'imperialismo ecologico

L'espansione e colonizzazione europea negli altri continenti, soprattutto nelle Americhe e in Australia (e in seguito in Nuova Zelanda), comportò non solo la distruzione delle originarie organizzazioni sociali e nuove forme di dominazione, ma anche uno scambio biologico che trasformò radicalmente l'ecosistema dei nuovi mondi. Fu **uno scambio reciproco anche se ineguale** che arricchì l'Europa ma penalizzò duramente i nuovi mondi nei quali si diffusero, oltre all'impressionante numero di europei, specie animali e vegetali del Vecchio Continente in forma davvero invasiva.

Mentre sono largamente conosciuti gli apporti dalle Americhe – come la **patata** e il **mais** (inoltre il caffè, il cotone, la canna da zucchero, il tabacco) e, fra le malattie, la **sifilide** –, meno noti sono i cambiamenti che nella flora, nella fauna e in genere sul piano biologico il Vecchio Mondo ha determinato nel Nuovo. L'analisi di questa diversa espansione europea consente di parlare di un vero e proprio imperialismo ecologico.
Gli agenti di questo imperialismo furono in primo luogo i **virus** e i **batteri** delle malattie europee che si diffusero non solo dove il contatto con le popolazioni indigene era costante, come in Messico e nelle Antille, ma anche dove fu più occasionale e limitato, come con i pellerossa del Nord America, prima ancora degli insediamenti stabili europei. L'affezione più letale fu il **vaiolo**, ma si rivelarono micidiali gran parte delle malattie infettive, anche quelle non più mortali per gli europei, come il **morbillo**.

Guamán Poma de Ayala
La raccolta delle patate
metà XVII secolo
[da *Nueva Corónica y Buen Gobierno*; Biblioteca Reale, Copenaghen]
Portata in Europa nel XVI secolo, la patata si diffuse inizialmente in Spagna e in Italia, e in seguito in Irlanda dove divenne ben presto un elemento base della dieta locale.

Erbe e bestiame e uomini

Una straordinaria capacità di riprodursi ebbero anche le **erbe infestanti** di origine europea, arrivate con le navi e mescolate alle sementi. Nelle zone a clima temperato i semi portati dal vento crearono distese sterminate di trifoglio, piantaggine, gramigna, e altro. Nonostante il nome, la loro funzione è tutt'altro che negativa: esse, anzi, proteggono il suolo dall'inaridimento e rinnovano il manto erboso dove il **pascolo** è stato particolarmente distruttivo. Furono queste erbe che accompagnarono e alimentarono il moltiplicarsi senza limiti del bestiame europeo. L'America, l'Australia e la Nuova Zelanda, infatti, non conoscevano i **cavalli**, i **bovini**, le **pecore**, le **capre** e i **maiali**: tutte queste specie si diffusero a velocità crescente, soprattutto allo stato brado. Il clima era favorevole e i pascoli abbondanti. Inoltre, in questi nuovi mondi mancavano animali predatori di taglia sufficientemente grande da insidiare il bestiame europeo.

Clima e ambiente simili a quelli europei, uniti alla scarsità delle popolazioni indigene (i pellerossa del Nord America, gli aborigeni dell'Australia, i maori della Nuova Zelanda), favorirono il dilagare della **emigrazione europea** nelle zone temperate a nord e a sud dei Tropici a partire dai primi decenni dell'800. Tra 1820 e 1930 **oltre 50 milioni di europei** si trasferirono in **America** e **Oceania**: una cifra che equivale a circa un quinto di tutta la popolazione del Vecchio Continente agli inizi di quel periodo. Questo immenso flusso migratorio stimolò lo sviluppo demografico dei nuovi continenti ma anche dell'Europa, proprio grazie alla maggiore disponibilità di risorse: tra 1750 e 1930 la popolazione totale di America e Oceania aumentò di almeno 14 volte contro una media, nel resto del mondo, non superiore a due volte e mezza, mentre tra 1840 e 1930 la popolazione europea si accrebbe a un tasso doppio rispetto ad Asia e Africa.

Il risultato compiuto di questo imperialismo ecologico, che unì microbi, piante, animali e uomini europei, è rappresentato dal fatto che oggi tra i maggiori esportatori di derrate alimentari di origine europea si annoverano proprio quei paesi – come gli Stati Uniti, il Canada, l'Argentina, l'Uruguay, l'Australia e la Nuova Zelanda – che cinque secoli fa non conoscevano gli animali tipici delle forme di allevamento europeo, né i cereali del Vecchio Mondo (frumento, orzo, segale).

Nuovi consumi e nuove mode

Il Vecchio Continente invece, mentre assimilava le novità colturali e alimentari delle Americhe, continuò come in passato a essere esposto soprattutto alle epidemie provenienti dall'Asia: se nel '700 sparì la peste, nell'800 si diffuse il **colera**. Ma i contatti con le altre culture erano anche destinati a modificare profondamente i consumi voluttuari e gli stili di vita in Europa.

Seguendo l'esempio degli arabi e dei turchi, intorno al 1600 gli europei cominciarono a bere il **caffè**, quando già da un secolo questa abitudine si era diffusa nei paesi islamici. Nel 1652 venne aperto il primo caffè a Londra, dieci anni dopo ne fu inaugurato uno anche ad Amsterdam. Poco più tardi, nel '700, iniziò l'epoca dei caffè eleganti a Parigi e nelle altre grandi città europee. Così questi **nuovi locali pubblici** divennero importanti luoghi di incontro e di socializzazione per i ceti urbani e le élite politicizzate. In Inghilterra, intanto, il **tè** aveva soppiantato il caffè: nel '700 veniva importato dalla Cina, successivamente soprattutto dall'India. Anche il **tabacco**, originario dell'America caraibica, diventò in breve tempo un consumo irrinunciabile per molti europei che lo fiutavano e lo masticavano oltre a fumarlo nelle pipe e come sigaro (le sigarette si sarebbero diffuse solo dalla metà dell'800): e in Europa la coltivazione del tabacco si diffuse più rapidamente di quella del mais e del pomodoro.

Focus
Caffè e tè

ONLINE

Il caffè del Palais-Royal a Parigi
XVIII secolo

GUIDA ALLO STUDIO

❶ Che cosa si intende per imperialismo ecologico? ❷ Quali effetti produsse la circolazione di virus e batteri di origine europea? ❸ Che effetto ebbe la diffusione, nei paesi colonizzati, di piante quali trifoglio, piantaggine, gramigna? ❹ Cavalli, bovini, pecore, capre e maiali si adattarono bene nei paesi colonizzati dagli europei? ❺ La conquista di nuovi continenti inaugurò una stagione caratterizzata da un intenso flusso migratorio. Quali dimensioni ebbe questo fenomeno e quali conseguenze? ❻ Quando gli europei cominciarono a bere tè e caffè e da dove venivano importate queste bevande?

La tutela della biodiversità

Quando i coloni europei cominciarono a insediarsi nelle Americhe (XV secolo) e in Oceania (seconda metà del XVIII secolo), modificarono profondamente i territori delle terre appena scoperte. Per far fronte alle esigenze economiche che li avevano portati a spingersi così lontano dalla propria patria, infatti, essi rasero al suolo intere foreste, bruciarono vaste praterie per piantare le proprie coltivazioni e soffocarono con la violenza l'opposizione degli indigeni.

Tutto ciò ebbe conseguenze devastanti sugli ecosistemi locali, che furono spesso radicalmente modificati. Le **epidemie** falcidiarono le popolazioni e talvolta le **specie animali importate** dal vecchio continente entrarono in competizione con quelle locali minacciandone l'esistenza; in ogni caso si assistette a un tentativo – più o meno consapevole – di "europeizzare" i nuovi mondi trasformandoli secondo le proprie esigenze.

In realtà il trattamento non fu riservato alle sole terre d'oltreoceano: si trattò piuttosto di estendere oltremare un modello di sviluppo economico e sociale già in atto in Europa, basato sul dominio e lo sfruttamento della natura per trarre da essa il massimo profitto. L'esperienza e la scienza moderna hanno però dimostrato che interferire in modo eccessivo e continuativo sulla natura può stravolgerne gli equilibri in modo più o meno definitivo.

La natura, l'insieme delle forme animali e vegetali che vivono su di un territorio, è un sistema molto complesso in cui interagiscono una moltitudine di fattori: la morfologia di un dato territorio, il suo clima, le specie animali e vegetali che lo popolano e che nel tempo vi si sono adattate in modo sempre più completo. Quando tutti questi elementi trovano tra di loro un equilibrio, il sistema (un **ecosistema**) funziona. In un ecosistema ben funzionante, le specie che lo popolano devono essere tante e diverse tra di loro: è questa la cosiddetta **"biodiversità"**.

Questo principio, la cui importanza oggi è diffusamente riconosciuta, si spiega con due motivazioni: innanzitutto, un sistema basato sulla diversità delle forme di vita animali e vegetali può rispondere meglio ai cambiamenti ambientali (una variazione delle temperature, per esempio, può penalizzare e portare all'estinzione alcune specie ma non altre, capaci di adattarsi alle nuove condizioni climatiche); inoltre, la diversità delle forme di vita fa sì che, tendenzialmente, nessuna di esse prevalga sulle altre.

Attualmente gli scienziati sono riusciti a catalogare circa 1,75 milioni di specie animali e vegetali e nuove specie vengono continuamente scoperte, studiate e aggiunte alle precedenti. Sul numero complessivo delle specie viventi non vi sono certezze, ma secondo alcuni se ne possono ipotizzare anche decine di milioni. Le aree dove la biodiversità è maggiore sono le foreste, prima tra tutte la foresta amazzonica, che si estende su un territorio pari al 42% dell'Europa.

Nel corso del tempo, le specie si evolvono, si estinguono per cause naturali e vengono sostituite da altre più forti e adatte all'ambiente. A partire dalla **metà del XX secolo** gli studiosi hanno rilevato un fenomeno nuovo: la **massiccia estinzione di specie animali per cause umane**, anziché per cause naturali. Si tratta, in realtà, di un processo iniziato già in età moderna, con i disboscamenti, ma che nei secoli è diventato sempre più incisivo fino a raggiungere, recentemente, livelli di guardia tali da mettere a rischio l'esistenza di interi ecosistemi.

Gli studiosi stimano che negli ultimi 500 anni si siano estinte circa 1000 specie animali con una velocità 36 volte più elevata rispetto al tasso di estinzione naturale. Le cause di questo fenomeno sono note: disboscamenti, pesticidi, agricoltura intensiva, monocolture (coltivazioni di un solo prodotto su grandissimi territori), diffusione in agricoltura degli Ogm (organismi geneticamente modificati), inquinamento, urbanizzazione sfrenata e senza regole. Ognuno di questi fattori rappresenta una minaccia per la biodiversità. Negli ultimi anni, per esempio, si è verificata una preoccupante moria di api in più parti del pianeta, la cui causa è stata individuata nell'uso di un particolare pesticida introdotto sul mercato. Se non si corresse ai ripari, potrebbe verificarsi l'estinzione di questi insetti, che sono i principali responsabili dell'impollinazione delle piante. Le conseguenze sulla vita del pianeta sarebbero dunque inimmaginabili.

Per porre un freno a questa tendenza sono stati attuati numerosi provvedimenti, come la creazione di riserve e parchi protetti dove le specie possono proliferare tranquillamente. Nel 1948 è stata fondata la Iucn (*International union for conservation of nature and natural resources*), una organizzazione internazionale con sedi e progetti di ricerca in tutto il mondo che studia gli ecosistemi e annualmente redige una lista delle specie a rischio di estinzione.

In ambito politico la strada da percorrere è ancora molto lunga. Nel **1992,** in occasione della Conferenza Internazionale delle Nazioni Unite sull'Ambiente e lo Sviluppo, tenutasi a Rio de Janeiro, venne stipulata la **Convenzione sulla diversità biologica**, ratificata in seguito da 192 paesi tra cui anche l'Italia (14 febbraio 1994, legge n. 124).

SINTESI

1 Le due direttrici dell'espansione coloniale europea

Fino all'800 la presenza dell'Europa in Oriente fu soprattutto commerciale. Nell'Oceano Indiano i portoghesi diedero vita, tra la fine del '500 e la prima metà del '600, a un vasto impero commerciale. Successivamente la Compagnia olandese delle Indie orientali – che agiva anche come rappresentante dello Stato olandese – soppiantò l'egemonia commerciale portoghese, controllando per mezzo secolo il traffico delle spezie. Tra '600 e '700 la Compagnia inglese delle Indie orientali concentrò i propri interessi commerciali in India scalzando la Compagnia francese delle Indie orientali. Con la guerra dei Sette anni gli inglesi acquisirono il Canada e parte della Louisiana dalla Francia e la Florida dalla Spagna. Così i possedimenti francesi in America si ridussero alle sole Antille e si affermò la supremazia inglese nell'America del Nord.

2 La tratta degli schiavi e il commercio triangolare atlantico

Fin dall'inizio, nell'economia dell'America Latina ebbe un ruolo decisivo l'ingente produzione di oro e argento inviata in Europa. Nel '500, con la coltivazione della canna da zucchero in Brasile, iniziò il sistema delle piantagioni, dove furono impiegati schiavi neri importati dall'Africa per coltivazioni monocolturali, in primo luogo la canna da zucchero. Attorno al traffico di schiavi prese forma quel "commercio triangolare" (Africa-America-Europa) che divenne il tratto caratteristico

Attivisti di Greenpeace coprono un campo di mais nelle vicinanze di Friburgo (Germania)
Nato in Canada nel 1976, il gruppo di Greenpeace si distingue dagli altri movimenti ambientalisti per le azioni particolarmente spettacolari volte ad attirare l'attenzione dei mass media sui gravi problemi ambientali del pianeta. Nell'immagine riprodotta il telone che copre 400 metri quadrati di coltivazione di mais transgenico riporta la scritta: «Attenzione! Geneticamente manipolato».

Il Preambolo e il primo articolo del documento ne dichiarano gli obiettivi: «Le Parti contraenti, [...] preoccupate per il fatto che la diversità biologica è in fase di depauperazione a causa di talune attività umane, hanno convenuto [...] che gli obiettivi della presente Convenzione [...] sono la conservazione della diversità biologica, l'uso durevole dei suoi componenti e la ripartizione giusta ed equa dei benefici derivanti dall'utilizzo delle sue risorse genetiche».

Tra le altre cose, il testo della Convenzione mette in evidenza il risvolto per così dire "sociale" della tutela della biodiversità, il fatto cioè che una crisi degli ecosistemi comporterebbe per la civiltà conseguenze drammatiche come carestie, povertà, sottosviluppo a cui farebbero seguito guerre, disordini e violenza. La Convenzione del 1992 rappresenta allo stato attuale l'unico sforzo politico e legislativo che abbia carattere globale. A livello locale sono stati messi in atto altri provvedimenti, come la Convenzione per la conservazione della biodiversità e la protezione delle aree selvagge dell'America centrale (1992), la Convenzione per la protezione del Mar Nero dall'inquinamento (2002), l'istituzione, da parte degli Stati membri dell'Asean (*Association of Southeast Asian Nations*), di un Centro per la biodiversità (2005).

Potenti ragioni economiche spingono tuttavia i governi, in special modo quelli dei paesi più poveri, a sottovalutare l'impatto delle attività umane sull'ambiente e sulla sua ricchezza. Ciò è evidente se si considera la diffusione a livello globale dei cosiddetti **"semi Ogm"** che hanno conquistato diversi sistemi agricoli in tutto il mondo. Questi semi, forniti da grandi aziende **multinazionali** (tra le quali l'americana Monsanto, la Bayer, la Dow, ecc.), producono piante molto resistenti alle intemperie e ai parassiti, ma sterili, per cui l'agricoltore non può ricavare dei semi dal raccolto precedente ed è costretto a riacquistare di anno in anno le semenze dipendendo, di fatto, dalle aziende che le producono. Per alcune colture i semi modificati rischiano di soppiantare quelli naturali, determinando una enorme perdita per la biodiversità. Per esempio, delle cento varietà di soia esistenti in natura, solo una – per giunta geneticamente modificata – è attualmente usata in agricoltura.

La questione delle colture geneticamente modificate vede due schieramenti aspramente contrapposti. Da un lato, coloro che difendono il patrimonio antichissimo delle coltivazioni convenzionali e temono i rischi di contaminazione e danni permanenti all'ambiente naturale; dall'altro, quanti sono a favore dello sviluppo della ricerca anche in questo campo e sottolineano come in molti paesi europei le colture Ogm siano largamente presenti e i prodotti agricoli – come i mangimi – largamente importati anche in Italia che però, paradossalmente, ne vieta la produzione.

del sistema mercantile atlantico. Il predominio britannico fu rafforzato con la pace di Utrecht, nel 1713: gli accordi stabilivano che la tratta degli schiavi verso le colonie spagnole (l'*asiento de negros*) divenisse monopolio britannico (e tale rimase fino al 1750).

3 L'egemonia britannica e la conquista dell'Australia

Tra '600 e '700 la Gran Bretagna conquistò i mercati e assunse il controllo delle materie prime e ciò contribuì al successivo sviluppo industriale inglese. Alla fine del '700 i domìni britannici si estesero anche all'Australia: furono costituite colonie di deportazione, poi trasformate in colonie di popolamento. Tra 1788 e 1853 oltre 160 mila prigionieri vennero trasferiti dalla Gran Bretagna in Australia. Solo una minima parte di essi fu reclusa negli stabilimenti penali, mentre gli altri vennero assegnati come servi ai coloni liberi o furono utilizzati come lavoratori alle dirette dipendenze del governo. Scontata la pena, moltissimi ex deportati riuscirono a integrarsi nella società coloniale.

4 Lo scambio biologico

Il contributo delle economie periferiche allo sviluppo europeo va individuato soprattutto nel fatto che esse fornirono un mercato mondiale alla produzione industriale europea. L'aspetto meno noto dell'espansione europea è quello ecologico: l'Europa, infatti, trasformò sensibilmente l'habitat delle popolazioni soggette al suo dominio esportando non solo merci, ma anche malattie, piante, animali e uomini.

SVILUPPARE LE COMPETENZE

❶ Nelle due colonne sottostanti hai, scomposte in due parti, le domande di questo esercizio. Abbina correttamente le frasi della prima colonna con quelle della seconda e quindi rispondi ai quesiti scrivendo testi di 10 righe ciascuno:

a. Quali potenze navali contrastarono, dall'inizio del '600, l'egemonia...

b. Come si chiamavano le due maggiori compagnie di mercanti che dalla...

c. Quale catena di avvenimenti fu innescata dall'acquisizione, da parte...

d. Come e quando avvenne l'insediamento di olandesi, ...

e. Quali furono i principali insediamenti conquistati da Francia e...

1. ...metà del '600 dominarono l'importazione di spezie e tessuti (ma non solo), dall'Asia?

2. ...inglesi e francesi nelle Grandi e Piccole Antille?

3. ...coloniale spagnola nelle Americhe e quella portoghese in Africa e Asia?

4. ...Gran Bretagna nel Nord America durante il '600?

5. ...della Compagnia francese delle Indie orientali, del villaggio di Pondichéry?

❷ Rispondi ai quesiti impiegando il numero di righe indicato tra parentesi:

a. Quando fu istituito, in America Latina, il sistema delle piantagioni? Quale prodotto fu protagonista, inizialmente, delle coltivazioni? (12 righe)

b. La schiavitù era un'istituzione già diffusa in Africa, ma furono gli europei a sviluppare questo mercato. Perché? (15 righe)

c. Che cos'è il commercio triangolare e quali conseguenze sociali ed economiche ebbe sulle strutture dei paesi destinatari? (15 righe)

d. Che cos'è l'*asiento de negros*? (12 righe)

❸ Rispondi ai quesiti proposti di seguito:

a. Conquista dei mercati mondiali, controllo delle materie prime, sviluppo industriale: in quale relazione di causa ed effetto si trovano questi fondamentali fattori, che sono parte del processo di imperialismo commerciale e crescita industriale compiuto dalla Gran Bretagna tra '600 e '700? Motiva la risposta in un testo di 12 righe.

b. Conquista dell'Australia, colonie di deportazione, ceto medio formato dai discendenti dei detenuti: spiega, in un testo di 12 righe, la relazione esistente tra questi elementi.

❹ L'imperialismo europeo ebbe numerosi effetti sulle popolazioni colonizzate, soprattutto su quelle del continente americano e australiano. Quali furono gli effetti più evidenti del continuo scambio tra nuovo e vecchio mondo? Gli elementi principali della risposta alla domanda sono elencati di seguito. Sviluppa ognuno dei punti in brevi testi di 5 righe ciascuno:

a. Imperialismo ecologico

b. Virus e batteri delle malattie europee

c. Trifoglio, piantaggine, gramigna: piante utili al pascolo

d. Le migrazioni tra vecchio e nuovo mondo facilitarono la crescita della popolazione

e. Caffè, tè e tabacco.

FARE STORIA 2

Altri mondi, altri imperi

In questa sezione sono analizzate le relazioni tra Europa e resto del mondo. Per meglio comprendere questi rapporti, a livello storiografico si è affermato, negli ultimi anni, il modello di indagine della *world history* che, come ha messo in luce **Charles H. Parker** [34], si impegna ad analizzare il divenire storico in un'ottica globale: i popoli sono studiati confrontando i momenti di contatto, di scontro e di relazione e gli scambi scientifici, tecnologici e intellettuali.
Nel corso della storia, gli europei si sono misurati con molte grandi civiltà d'Oriente, ma le tensioni sono rimaste più a lungo costanti con gli ottomani, lasciando strascichi che continuano ancora oggi. Un'interessante descrizione dell'impero ottomano è quella offerta da **Ogier Ghiselin de Busbecq** [35DOC], ambasciatore del Sacro romano impero a Costantinopoli alla metà del XVI secolo.
Alla fine del XVI secolo, quando si fecero sempre più frequenti le spedizioni degli europei nell'Estremo Oriente, era opinione diffusa presso gli occidentali che la civiltà cinese non fosse molto più arretrata della loro. Nonostante l'invalicabile diversità nelle strutture sociali e nella mentalità – testimoniata dalla prudenza dimostrata da **Matteo Ricci** [36DOC] nel suo apostolato in Cina così come dal rifiuto cinese di accogliere la «misurazione del tempo» descritto da **David S. Landes** [37] – molti pensatori europei consideravano la civiltà cinese persino superiore a quella europea. È il caso, ad esempio, del filosofo tedesco **Gottfried Wilhelm Leibniz** [38DOC], che si esprimeva in questo senso ancora alla fine del XVII secolo. Era, questa, del resto un'opinione condivisa anche dagli imperatori cinesi, che infatti decisero di chiudersi verso l'esterno. Ancora nel 1793, come raccontato da **Arnold J. Toynbee** [39], fu rifiutata un'importante ambasceria britannica che chiedeva un'apertura del commercio cinese verso l'esterno: la corte imperiale comunicò agli inglesi che la Cina non aveva bisogno delle merci occidentali e gettò via i doni che le erano stati portati.
In effetti, in molti settori, come quello dell'irrigazione, la Cina rimase all'avanguardia fino alla fine del XVIII secolo: come sottolineato da **Kenneth Pomeranz** [40], infatti, né in Cina né nelle altre società non europee si ebbe, nel '700, alcuna stagnazione tecnologica e scientifica ma, anzi, alcune innovazioni furono prodotte e diffuse in quelle civiltà pur «in assenza di società scientifiche e tecnici newtoniani».
Uno dei principali settori dell'economia cinese era l'industria della seta, la cui organizzazione è descritta da **Jürgen Osterhammel** [41].
La Gran Bretagna nel secolo XVIII deteneva il predominio del commercio marittimo internazionale: oltre al monopolio del traffico degli schiavi verso le Americhe, infatti, per mezzo della Compagnia delle Indie orientali, esercitava nel subcontinente indiano un controllo che, nel tardo '700, divenne non solo commerciale ma anche politico. I funzionari della Compagnia divennero anche strumenti di una penetrazione inversa: tornando in patria, infatti, essi importarono oggetti e abitudini che si diffusero rapidamente in tutta l'Europa, come racconta **Giorgio Borsa** [42]. Lo scambio culturale tra società europee ed extraeuropee si fece così concreto.

34

Ch.H. Parker
Una prospettiva globale: come studiare le società in relazione tra loro

Ch.H. Parker, *Relazioni globali nell'età moderna, 1400-1800*, il Mulino, Bologna 2012, pp. 14-17

■ Lo storico statunitense Charles H. Parker ha proposto una nuova lettura delle relazioni tra popoli e civiltà in età moderna, basata sull'integrazione e sugli scambi reciproci più che sull'espansionismo aggressivo degli europei. Nel corso dell'età moderna, infatti, tanto gli imperi centro-asiatici quanto quello cinese e quello russo contribuirono a dar vita, insieme alle monarchie europee, a una fitta rete di scambi reciproci in campo commerciale, economico, culturale, religioso, scientifico.

L'analisi delle società in un quadro realmente globale presenta una serie di difficoltà. Lo studio professionale della storia si è sviluppato dapprima in Europa e negli Stati Uniti tra la metà dell'Ottocento e l'inizio del Novecento, un'epoca in cui l'Europa dominava gli affari mondiali e in cui le nazioni occidentali si lasciavano affascinare da un nazionalismo aggressivo. Non c'è da sorprendersi, quindi, se libri e articoli di storia scritti da europei e americani dipingevano esplicitamente la cultura occidentale come la più alta espressione umana o, quanto meno, presumevano tacitamente la superiorità assoluta dei valori occidentali. Inoltre, la storia aveva sempre dipinto europei e americani come popoli dinamici in continua evoluzione e pronti al cambiamento, mentre le società non occidentali apparivano passive e immobili, perennemente soggette alle incursioni e alle iniziative occidentali. [...]
Di conseguenza, le istituzioni e i sistemi di valori occidentali diventarono i modelli in base ai quali valutare il resto del mondo. Gli storici vennero assorbiti da questioni associate all'affermazione dell'Occidente e alla concomitante incapacità delle società asiatiche e africane di industrializzarsi e sviluppare forme di governo democratiche. [...] La maggior parte delle spiegazioni sottolineava la significativa eccezionalità della cultura europea (e, per estensione, della cultura nordamericana). Che si trattasse di disciplina, industriosità, inventiva, lungimiranza negli affari o semplice rapacità, gli europei avevano qualcosa che gli altri popoli non possedevano.
A partire dagli anni Sessanta del Novecento alcuni studiosi iniziarono a contestare la nozione dell'eccezionalità europea. [...] Marshall G.S. Hodgson, per esempio, storico dell'Islam dell'Università di Chicago, mise in discussione l'idea che gli europei possedessero una disposizione culturale superiore sostenendo che molte delle conquiste attribuite loro in realtà avessero avuto origine molto tempo prima nell'emisfero orientale. Hodgson fece notare che molti resoconti storici dell'epoca (scriveva negli anni Cinquanta e Sessanta) sorvolavano sui progressi culturali delle società asiatiche e sulla misura della loro influenza sulla storia europea. Anzi, la tradizione storica dipingeva la storia del mondo come il racconto dell'inevitabile ascesa della civiltà occidentale e della sua prevalenza su Asia, Africa e America, che la posizione di isolamento aveva costretto in schemi di pensiero obsoleti. Inoltre Hodgson sosteneva che concentrarsi su una singola civiltà, sia occidentale sia orientale (cioè asiatica), senza metterla in relazione con le altre, facesse inevitabilmente emergere tratti unici ed essenziali di quella società a scapito di tutte le altre, categoricamente diverse e geograficamente lontane.
Oggi, alla base dei nuovi metodi, vi è la convinzione che sia necessario studiare i popoli e le società del mondo in relazione tra loro. La prospettiva globale ci ha aiutato a superare interpretazioni miopi che trattavano le civiltà come categorie autonome e indipendenti. [...] Gli studi comparati a lungo raggio sono stati integrati da un'intensa attività di ricerca nelle aree non occidentali, dalla quale è emerso che la vitalità economica in Asia eguagliava i livelli di quella europea. [...] Un'altra strategia fruttuosa per un approccio globale più equilibrato arriva dagli studi che si concentrano sui punti di contatto fra società diverse. [...] In un periodo di intenso scambio, l'analisi delle interazioni tra popoli rappresenta uno strumento per collegare lo sviluppo locale ai movimenti globali.

GUIDA ALLA LETTURA

❶ Perché, per decenni, la storiografia ha dipinto la cultura occidentale come la più alta espressione umana? ❷ Quando ha cominciato a essere contestata la nozione dell'eccezionalità europea? Da chi? ❸ Qual è l'idea che oggi fa da base alla *world history*?

35 DOC

Ogier Ghiselin de Busbecq
Lettere dalla Turchia

da C.T. Forster - F.H.B. Daniel (a c. di), *The Life and Letters of Ogier Ghiselin de Busbecq*, Kegan Paul, London 1881, vol. I, pp. 86-88; 153-55; 219-22; 287-90; 293

■ Il fiammingo Ogier Ghiselin de Busbecq (1522-1592) fu ambasciatore del Sacro romano impero presso la corte del sultano Solimano il Magnifico, a Costantinopoli, dal 1555 al 1562 [👁 4.1]. Le sue lettere, scritte in latino e dirette all'imperatore austriaco Ferdinando I, ci offrono un significativo racconto dello Stato ottomano, visto attraverso gli occhi di uno straniero: particolarmente ammirate per lo stile, esse diventarono il modello a cui si ispirarono gli ambasciatori successivi per la loro corrispondenza.

A Buda[1] feci la mia prima conoscenza con i giannizzeri; questo è il nome con cui i turchi chiamano i fanti della guardia reale. Lo stato turco ha 12.000 di questi soldati di terra quando il corpo è nella sua piena forza. Essi sono sparsi in ogni parte dell'impero, sia per presidiare i forti contro il nemico, sia per proteggere i cristiani e gli ebrei dalla violenza della folla. [...]
Il sultano turco andava in guerra portando con sé oltre 400 cammelli e [...] quasi altrettanti muli, la maggior parte dei quali erano caricati con riso e altri tipi di grano. Questi muli e questi cammelli servivano anche per portare tende e armature. [...] All'inizio, l'esercito invasore si astiene attentamente dall'intaccare le proprie scorte [...]. Poi i magazzini del sultano vengono aperti, e una razione appena sufficiente a sopravvivere è quotidianamente distribuita ai giannizzeri e alle altre truppe della famiglia reale. Il resto dell'esercito ne rimane escluso, a meno che non si sia fornito di scorte a proprie spese. [...] In tali occasioni i soldati prendono qualche cucchiaio di farina e lo mettono in acqua, aggiungendo un po' di burro e condendo l'impasto con sale e spezie; questi ingredienti sono bolliti, ottenendo una grande ciotola di farinata. Di essa si nutrono una o due volte al giorno, a seconda della quantità disponibile, senza pane, a meno che non abbiano portato alcuni biscotti con loro. [...] A volte fanno ricorso alla carne di cavallo; i cavalli morti sono naturalmente abbondanti nelle loro grandi armate, e queste bestie sono in buone condizioni quando muoiono per fornire un pasto non disprezzato dai soldati affamati.
Da questo si vede come la pazienza, lo spirito di abnegazione e la parsimonia del soldato turco gli consentano di affrontare le circostanze più difficili in modo sicuro e di uscire dai pericoli che lo circondano. Che contrasto con i nostri uomini! I soldati cristiani impiegati nelle campagne rifiutano di sopportare il loro cibo ordinario, e chiedono tordi, beccafichi [un piccolo uccello considerato delicato, in quanto si nutre di fichi e uva], e altri piatti prelibati del genere! [...] Mi fa rabbrividire pensare a quello che deve essere il risultato di una lotta tra sistemi così diversi; uno deve prevalere e l'altro essere distrutto [...]. Dalla loro parte c'è la grande ricchezza del loro impero, le risorse non esaurite, l'esperienza e la pratica nell'uso delle armi, un esercito di veterani, una serie ininterrotta di vittorie, la disponibilità a sopportare le difficoltà, l'unione, l'ordine, la disciplina, la parsimonia e la vigilanza. Dalla nostra si trovano un erario vuoto, vestiti di lusso, risorse esaurite, uno spirito corrotto, un esercito rozzo e insubordinato, e un'avida litigiosità; non vi è alcun riguardo per la disciplina, la licenza diventa sommossa, gli uomini indulgono nell'ubriachezza e nella depravazione, e ancora peggio, i nemici sono abituati alla vittoria, noi alla sconfitta. Possiamo dubitare di quale sarà il risultato? [...]
Nessuna distinzione è attribuita alla nascita tra i Turchi; la deferenza da attribuire a un uomo si misura dalla posizione che occupa nel servizio pubblico. [...] Nel fare le nomine il Sultano non presta riguardo a eventuali pretese sulla base della ricchezza o del rango, né tiene in considerazione le raccomandazioni o la popolarità, egli considera in ogni caso solo i meriti, ed esamina attentamente il carattere, l'abilità, e l'attitudine dell'uomo la cui promozione è in questione. È per merito che gli uomini vengono presi in servizio, un sistema che assicura che tutti i posti siano assegnati solo a persone competenti. [...] Quelli a cui vengono assegnati dal Sultano gli incarichi più importanti sono per lo più figli di pastori o di mandriani, e lungi dal vergognarsi delle loro origini, essi se ne gloriano, e considerano un motivo di vanto che non devono niente alla casualità della nascita [...]. Tra i turchi, quindi, onori, incarichi elevati e incarichi come magistrati sono le ricompense di una grande abilità e di un buon servizio. Se un uomo è disonesto, pigro o superficiale, rimane in fondo alla scala sociale, come un oggetto da disprezzare; per queste qualità non ci sono onori in Turchia!

[1] Antica città posta sulla riva destra del Danubio, fu capitale del Regno d'Ungheria dal 1361 al 1541, anno della conquista da parte degli ottomani di Solimano il Magnifico. Conquistata dall'Austria nel 1686, nel 1873 fu unita alle vicine città di Obuda e Pest per costituire un'unica città, l'odierna Budapest.

GUIDA ALLA LETTURA

❶ Quali sono le caratteristiche dell'Impero ottomano che, secondo Busbecq, lo rendono superiore al Sacro romano impero? ❷ Secondo quali criteri vengono distribuiti gli incarichi pubblici tra gli ottomani? ❸ Quali origini familiari ha la maggior parte di quelli a cui vengono assegnati dal sovrano incarichi importanti? ❹ Qual è il giudizio di Busbecq sulla società ottomana e sulla sua organizzazione?

36DOC

Matteo Ricci
I gesuiti in Cina

Fonti ricciane, edite e commentate da P.M. d'Elia S.I., I, *Storia dell'introduzione del cristianesimo in Cina*, Libreria dello Stato, Roma 1942, pp. 192-96

■ La necessità di essere accettati in un contesto culturale e sociale più complesso, quale quello cinese, impose ai gesuiti una più cauta forma di evangelizzazione rispetto a quella caratteristica dell'apostolato cattolico nel Nuovo Mondo. Allo stesso tempo la rigida gerarchia politica dell'Impero cinese obbligò i missionari a una particolare attenzione verso i nobili, che si manifestò nella partecipazione alla vita di corte e nello scambio culturale con i sapienti cinesi. In questa direzione si mosse Matteo Ricci (1552-1610) [👁 4.3 PERSONAGGI], missionario in Cina dal 1582, autore di un'interessante opera che, nel ricostruire le tappe della penetrazione religiosa in Cina, offre un dettagliato ritratto dei costumi, dell'economia, della geografia e delle istituzioni politiche di questo paese. Il brano che segue evidenzia l'opportunità di un graduale avvicinamento dei missionari alla cultura locale.

In questi principii, per non mettere qualche suspitione[1] a questa gente con questa novità, non trattavano i Padri[2] molto chiaramente di predicare la nostra santa legge, ma più tosto se impiegavano, nel tempo che di ricevere le visite gli restava, in imparare bene la loro lingua, le loro lettere[3] e cortesie, e guadagnare gli animi de' Cinesi, e moverli con la buona vita et essemplare a

Il padre gesuita Matteo Ricci con un convertito cinese
[da Athanasius Kircher, *China Illustrata*, 1667; Biblioteca della Compagnia di Gesù, Roma]

quello che né con la lingua potevano, né il tempo gli dava agio di fare.
Quello con che mostrorno[4] i Cinesi tutti molto contento, fu il vestirsi i Padri, con tutta la gente di sua casa[5], a guisa delle persone più honeste di questa natione, per esser la veste loro modesta e lunga con le maniche anche lunghe, non molto diversa dalla nostra[6].
[...] E perché nella lingua della Cina non vi è nessuno nome che risponda al nome di Dio, né anco Dio si può bene pronunciare in essa per non avere questa lettera *d*[7], cominciorno a chiamare a Dio Tienciù, che vuol dire Signore del cielo, come sin hora si chiama per tutta la Cina, e nella Dottrina christiana et altri libri che si fecero.
E cadde molto bene per il nostro proposito, percioché, adorando i Cinesi per suppremo nume il Cielo, che alcuni anco pensano esser questo cielo materiale; con l'istesso nome che habbiamo dato a Dio, manifestamente si dichiara quanto maggiore è il nostro Dio di quello che loro tengono per suppremo nume, poiché Iddio è il Signore di quello.
[...] E perché molti venivano anco a chiedere dottrina dei Padri, andando con tanta raggione dubij della loro setta, voltorno[8] i Padri i Dieci Comandamenti del Decalogo in lettera sinica[9] e gli fecero stampare, distribuindoli a molti che gli chiedevano, e dicevano volergli osservare per vederli tanto conformi alla ragione e legge naturale.
[...] Con questo modo di parlare, più con opere che con parole, venne il buono odore della nostra legge a spargersi per tutta la Cina. E sebene molti venivano solo per curiosità di vedere cose nove, con tutto sempre riportavano qualche agiuto[10] per sua conversione a casa, o di quello che udivano dire da' Padri che, hora per mezzo dell'interprete, hora con quello che loro stessi ivano imparando di lingua sinica, gli dicevano delle buone usanze che sono nei regni de' christiani, della falsità delle sette degli idoli, della conformità della legge di Dio con il lume naturale, e quello che ne' suoi libri insegnorno i loro primi savij[11].

[1] Suscitare sospetto, diffidenza.
[2] I gesuiti.
[3] I caratteri della lingua scritta.
[4] Mostrarono.
[5] Con tutti i membri della missione.
[6] L'abito dei bonzi.
[7] Nel mandarino, lingua comunemente usata in passato nell'Impero cinese, il suono *d* non esisteva.
[8] Tradussero.
[9] In cinese.
[10] Aiuto.
[11] Saggi.

GUIDA ALLA LETTURA
❶ Quali strategie furono adottate dai missionari gesuiti per avvicinarsi alla civiltà cinese? ❷ Come affrontarono i gesuiti il problema linguistico connesso al nome di Dio? ❸ Queste tattiche di penetrazione nella società cinese ebbero successo?

37

D.S. Landes
I cinesi e l'orologio

D.S. Landes, *Storia del tempo. L'orologio e la nascita del mondo moderno*, Mondadori, Milano 1984, pp. 42-52; 54-55

■ Nell'acuta ricostruzione – compiuta dallo storico statunitense David S. Landes (1924-2013) – del complesso rapporto fra la civiltà cinese e la misurazione del tempo emergono nitidamente i meccanismi culturali che portarono in Cina al rifiuto della sfida tecnologica occidentale. In questo brano Landes riflette sull'esperienza maturata durante i viaggi in Cina del gesuita Matteo Ricci [36DOC].

Ricci aveva portato con sé anche mappamondi e carte che erano viste come finestre magiche aperte su terre lontane e sconosciute. Soprattutto, suggestionò e deliziò i suoi ospiti con le sue «suonerie», orologi di un tipo «che non si era mai visto prima in Cina». [...]
I doni accattivanti da lui recati a corte assicurarono intanto a Ricci il permesso

di aprire una missione a Chao-ch'ing (subito a ovest di Canton) e di là, passo dopo passo, egli poté muoversi in direzione nord fino a Pechino, la capitale. [...] Ma Ricci era preceduto dalla fama dei suoi meravigliosi meccanismi, fama che gli spianava ogni volta la via [...]. Gli strumenti di Ricci potevano anche non essere più precisi di quelli cinesi del tempo; erano comunque [...] segnatempo molto approssimativi. Ma erano portatili e dunque recavano con sé le premesse di una misurazione privata del tempo [...]. Essi disponevano inoltre di funzioni accessorie divertenti: suonerie, melodie, piccole figure che si muovevano come automi in parata. I cinesi, lo sappiamo, li «adoravano» e il possesso di tali strumenti divenne ben presto un simbolo del rango sociale e una fonte di piacere.

Ma allora, perché i cinesi non si misero a fabbricarli? Non mancava un mercato, visto che la popolazione del regno era pressappoco equivalente a quella europea e il reddito per abitante, a quanto ci dicono intraprendenti studiosi di econometria comparata, era quasi al livello di quello del vecchio continente. Né mancavano in Cina abili artigiani, capaci di svolgere mansioni le più delicate e minuziose. A quanto pare, non mancava nulla per imitare con successo l'orologeria europea. [...]

Perché mai i cinesi, con tutta la loro passione e abilità, non avrebbero potuto [...] imparare le tecniche occidentali e magari superarle?

La risposta, a mio avviso, sta in quell'atteggiamento di fondo che aveva contrassegnato il primo sviluppo dell'orologeria: in Cina, semplicemente, non era affatto importante conoscere l'ora esatta. Importavano, quelle sì, le date del calendario, ma vita quotidiana e lavoro non erano mai stati organizzati in base alla scadenza delle ore e dei minuti. [...]

Ricci non andava soltanto a caccia di complimenti: era in realtà un pescatore d'anime. Nel suo mostrare ai cinesi la scienza e la tecnica occidentali era implicato l'argomento secondo il quale, se una civiltà è in grado di produrre un sapere tecnologico superiore, essa sarà superiore anche per altri aspetti, particolarmente in campo spirituale. L'orologio funzionava per opera di Dio (e viceversa l'opera di Dio funzionava come un orologio). [...]

La difficoltà permanente stava in ciò, che per quanto Ricci e i suoi successori abbiano cercato di non urtare la suscettibilità dei cinesi, non era possibile limitare alla sfera teologica la sfida posta dalla scienza e dalla tecnologia occidentali. La Cina era il Regno di Mezzo, il centro del mondo. [...] Ricci, con tutta la sua abilità diplomatica e cortigiana, era comunque giunto in Cina in quanto barbaro (secondo la loro definizione), sicché le sue conoscenze scientifiche e le sue macchine sconvolsero l'ordine del loro mondo. L'interesse iniziale per le sue mappe si trasformò in fastidio e in risentimento allorché i suoi ospiti si accorsero quanto fosse piccolo lo spazio occupato dalla Cina, limitato com'era al margine destro della carta. [...]

C'è però un limite a questo genere di astuzia. La percezione che avevano i cinesi del mondo e del loro posto in esso era basata su un principio di integrazione di cultura e di civiltà, ed essi erano dunque spinti, per coerenza spirituale, ad accettare la dura logica della posizione dei gesuiti. [...]

Gli orologi, in altre parole, rappresentavano assai di più che non un argomento in favore del cristianesimo: erano un attacco all'autostima della Cina.

La maniera classica di rispondere a una sfida del genere è quella di negarla o di svilirne il significato. I cinesi fecero entrambe le cose. La negazione assunse la forma di una rivendicazione del primato cinese dell'invenzione di questi congegni. [...]

L'atteggiamento più comune era quello di ridimensionare l'orologio al rango di una curiosità piacevole ma del tutto superflua, ovvero considerarlo un giocattolo. [...]

Lo svilimento dell'orologio e di altri meccanismi occidentali da parte dei cinesi, per la verità, è stata anche una reazione difensiva, uno sforzo di colmare la distanza fra la percezione di sé e la realtà di fatto.

GUIDA ALLA LETTURA

❶ Che cosa assicurarono a Matteo Ricci gli strumenti recati in dono alla corte dell'imperatore cinese? ❷ Qual era lo scopo della missione di Matteo Ricci? Attraverso quali mezzi cercò di perseguirlo? ❸ Perché, secondo Landes, i cinesi dimostrarono un certo disinteresse verso lo sviluppo dell'orologeria? ❹ Quali erano, secondo lo storico statunitense, i limiti delle astuzie messe a punto da Ricci?

38DOC

Gottfried Wilhelm Leibniz
Le più grandi civiltà del genere umano

G.W. Leibniz, *La Cina*, Spirali, Milano 1987, pp. 17-18

■ Il filosofo tedesco Gottfried Wilhelm Leibniz (1646-1716) si interessò approfonditamente alla civiltà e alla cultura cinesi. Giunto a Roma nel 1689, infatti, egli entrò in contatto con padre Grimaldi, un gesuita che era stato a lungo missionario in Cina e che lo introdusse alla conoscenza dell'Estremo Oriente. Nel 1697 curò la pubblicazione e redasse l'*Introduzione* a *Novissima sinica, historiam nostri temporis illustratura*, una raccolta di saggi e scritti dei missionari gesuiti in Cina. Il filosofo tedesco si oppose con fermezza a quanti affermavano che la Cina fosse un paese abitato da barbari soggiogati dalle superstizioni: egli mise in luce come, anzi, la filosofia e le concezioni teologiche dei cinesi fossero più antiche di quelle greche e, comunque, non troppo lontane dalla concezione platonico-cristiana dell'universo. Di seguito Leibniz ragiona sui campi nei quali eccellono sia l'Europa sia la Cina, evidenziando qualche situazione di parità.

Ritengo che per una volontà quasi singolare del destino oggi la più grande civiltà del genere umano sia raccolta alle due estremità del nostro continente, l'Europa e la Tschina (così, infatti, la chiamano), la quale come un'Europa orientale abbellisce l'opposto lembo della terra. [...] Inoltre l'Impero cinese, come gareggia con l'Europa nell'estensione delle parti coltivate e la supera persino nel numero degli abitanti, così ha molti altri pregi in cui possa contenderci il primato, quasi ad armi pari, poiché ora ci vince, ora è vinta da noi. Ma per farne una succinta relazione [...], nelle arti che hanno un'amplificazione pratica per la vita e nelle esperienze dei fenomeni naturali, forse siamo pari con un giusto equilibrio e ciascuna delle due parti ha conoscenze da poter comunicare all'altra con vantaggio: ma noi siamo superiori nella profondità delle meditazioni e nelle discipline speculative.
Infatti oltre alla Logica, alla Metafisica e alla conoscenza delle cose incorporee, che a ragione noi rivendichiamo come nostre, certamente di gran lunga eccelliamo per la contemplazione delle forme che con un procedimento mentale sono astratte dalla materia, cioè delle scienze matematiche; così come in realtà si è accertato quando i cinesi sono venuti a competere con noi nell'Astronomia. Infatti pare che abbiano ignorato quel gran lume della mente, cioè l'arte della dimostrazione (deduzione logica) e siano appagati della Geometria, per così dire Empirica, la quale presso di noi è alquanto diffusa tra gli operai.
Anche nell'arte militare sono inferiori ai nostri, non tanto per ignoranza ma quanto per un loro deliberato proposito, poiché dispregiano quanto causa o alimenta negli uomini una certa ferocia e sono avversi alle guerre quasi a voler imitare la più alta dottrina cristiana che parecchi, per averla mal compresa, paragonano a una superstizione. [...]
Ma un tempo chi avrebbe mai creduto che potesse esserci al mondo un popolo che fosse a noi superiore negli ordinamenti di una vita più civile, benché ci riteniamo abituati fino in fondo a ogni genere di eleganza? E tuttavia noi ora lo sperimentiamo con i cinesi, da quanto quel popolo ci è divenuto più noto.
Pertanto, se risultiamo pari nelle attività pratiche, se li abbiamo superati nelle arti contemplative, certamente risultiamo vinti (c'è un po' di vergogna ad ammetterlo) nella filosofia pratica, cioè nei principi dell'Etica e della Politica, che sono vantaggiosi proprio per la vita pratica degli uomini.
Infatti non si potrebbe dire quanto acconciamente i cinesi, più degli ordinamenti legislativi degli altri popoli, abbiano predisposto ogni cosa per la tranquillità pubblica, e l'ordine reciproco tra gli uomini per arrecare a loro stessi il minor danno possibile.
[...] A questa sventurata sorte, certamente i cinesi prima degli altri si accostarono a miglior norma e nel vasto consorzio umano arrecarono quasi più vantaggi di quanto non fecero tra i loro seguaci i fondatori degli Ordini religiosi nei nostri paesi. È così grande l'obbedienza ai superiori e così grande il rispetto verso i più vecchi, così quasi religiosa le venerazione dei figli verso i genitori che fare contro di loro una qualche violenza, persino con la parola, ai cinesi sembra una cosa per così dire straordinaria e quasi un delitto da punire come il parricidio presso di noi.
Inoltre tra gli uomini di pari grado oppure tra quelli meno legati tra loro c'è uno stupendo rispetto e un cerimoniale prescritto che mentre a noi, poco abituati ad agire secondo un cerimoniale e una regola, sembra avere un che di servile, invece, divenuto per loro un fatto naturale per la continua pratica, viene osservato con gioia.
I contadini e i servi – cosa che ha suscitato stupore allo sguardo dei nostri –, quando devono salutare gli amici oppure quando dopo una lunga assenza possono godere della reciproca compagnia, hanno un comportamento così amabile e così rispettoso da sfidare ogni galanteria dei nobili europei. A questo punto cosa potresti aspettarti dai Mandarini o dai Colai? Hanno contratto l'abitudine a che in una conversazione comune a stento si offende un altro, anche con una parolina, e raramente affiorano segni di odio, ira, commozione. [...]
E benché non siano alieni da avidità, libidine, ambizione, [...] e benché i cinesi non abbiano raggiunta abbastanza la vera virtù che non ci si può attendere se non dalla Grazia celeste e dalla dottrina cristiana, tuttavia hanno mitigato gli acerbi frutti dei vizi. E pur non potendo estirpare dalla natura umana le radici dei peccati, tuttavia hanno dato prova che si possono tagliare alla base, per buona parte, i germoglianti polloni[1] dei mali.

[1] Germogli.

GUIDA ALLA LETTURA
❶ Dove si può trovare, secondo Leibniz, la più grande civiltà del genere umano? ❷ Perché i cinesi sono inferiori agli europei nell'arte militare?
❸ In quale ambito gli europei sono inferiori ai cinesi? Perché?
❹ Come i cinesi hanno mitigato l'inclinazione ai vizi?

39

A.J. Toynbee
La Cina e il commercio con l'estero

A.J. Toynbee, *Panorami della storia. Genesi delle civiltà*, vol. I, *Introduzione*, Mondadori, Milano 1954, pp. 232-34

■ Nell'Introduzione alla sua imponente opera *A Study of History* (1934-54), lo storico inglese Arnold J. Toynbee (1889-1975) riflette sul senso di superiorità provato dagli occidentali rispetto al resto del mondo e, in particolare, su come esso apparisse ridicolo agli occhi degli altri popoli. Toynbee analizza quindi la lettera di risposta dell'imperatore cinese Qianlong (chiamato nel testo C'ien Lung) alla richiesta del re inglese Giorgio III di accettare presso la corte Lord George Macartney, inviato con lo scopo di stringere delle relazioni commerciali sicure e durature. Egli portava in dono un planetario di fabbricazione tedesca, lenti dalla fattura perfetta, telescopi, pompe pneumatiche. Qianlong rifiutò fermamente la proposta inglese: egli non aveva bisogno dei servizi e degli oggetti moderni offertigli dagli occidentali e una maggiore apertura commerciale era del tutto contraria alla tradizione del suo impero.

Nel cosiddetto medioevo ritraevamo uno dei Tre Magi nelle sembianze di un negro e attendevamo l'intervento di un campione orientale del cristianesimo detto prete Giovanni. Nel XVIII secolo, quando già avevamo degradato il negro al ruolo di schiavo, eravamo ancora capaci di ammirare la cultura dell'Estremo Oriente. Oggi, spediti gli artisti e i filosofi della Cina al limbo – o corral – da noi costruito per gl'"indigeni", stiamo perdendo evidentemente anche l'ammirazione che nutrivamo per l'ellenismo, la civiltà alla quale la nostra è "affiliata". Quando avremo chiuso quest'ultima porta in faccia a quelli che sono i valori umanistici, avremo toccato il nadir della nostra caduta dalla grazia.

La cura migliore per una tale pazzia è il ridicolo, e noi la potremo applicare osservando quanto squisitamente ridicolo appaia il nostro atteggiamento "anglosassone" quando cade sotto i colpi della critica altrui. Guardate un po', per esempio, la seguente missiva che fu presentata nell'anno 1793 dal filosofico imperatore C'ien Lung a un inviato britannico perché la consegnasse al suo signore, il pazzo re Giorgio III d'Inghilterra[1]:

> «Tu, o Re, vivi oltre i confini di molti mari; cionondimeno, spinto dal tuo umile desiderio di partecipare dei benefici della nostra civiltà, hai inviato una missione quale rispettosa apportatrice del tuo memoriale... Io ho compulsato il tuo memoriale: il tono serio in cui è redatto rivela una rispettosa umiltà da parte tua, altamente lodevole.
> In considerazione del fatto che il tuo ambasciatore e il suo vice hanno fatto tanta strada col tuo memoriale e tributo, io li ho degnati di un alto favore e li ho ammessi alla mia presenza. Per manifestare la mia indulgenza, li ho intrattenuti a un banchetto e ho dato loro numerosi doni... In quanto alla tua supplica di inviare un tuo connazionale per essere accreditato alla mia Corte Celestiale e controllare il commercio del tuo paese con la Cina, tale richiesta è contraria a ogni usanza della mia Dinastia e non può assolutamente venir presa in considerazione... Se tu asserisci che la tua riverenza nei confronti della Nostra Celestiale Dinastia ti riempie del desiderio di acquistare la nostra civiltà, le nostre cerimonie e i codici differiscono così completamente dai vostri che, anche se il vostro inviato fosse in grado di acquistare i rudimenti della nostra civiltà, non potreste affatto trapiantare le nostre costumanze nel vostro suolo ad esse estraneo. Perciò, per quanti progressi possa fare l'inviato non ne verrebbe nulla.
> Dominando il vasto mondo, io miro a uno scopo solo, cioè a mantenere un sistema di Governo perfetto e adempiere i doveri dello Stato. Gli oggetti strani e costosi non mi interessano. Se ho disposto che le offerte da te inviate in tributo, o Re, debbono essere accettate, è stato soltanto in considerazione dello spirito che ti ha mosso a spedirle da sì lontano. La maestosa virtù della nostra Dinastia è penetrata in ogni terra che il Cielo guardi, e re di tutte le nazioni hanno offerto i loro costosi tributi per terra e per mare. Io non do alcun valore agli oggetti strani o ingegnosi, e non so che farmene dei manufatti del tuo paese».

L'atteggiamento dell'Imperatore suscita un sorriso oggi che leggiamo le sue parole alla luce di tutto quanto è avvenuto nel periodo di più d'un secolo scorso dacché esse furono vergate. Ci sembra a stento credibile, oggi come oggi, che un re-filosofo manciù, ricevendo un chiaro annunzio dell'imminente urto dell'Occidente da poco armato delle tremende armi dell'industrialismo, si mostrasse così cieco ai segni del tempo. Eppure non v'ha dubbio che C'ien Lung fosse un abile ed esperto statista dalla mente eletta; e il seguito dell'episodio non gli fa fare certo la figura dello stupido. Piuttosto, fa pensare che uno statista occidentale contemporaneo di pari abilità, se si fosse trovato nei panni di C'ien Lung, avrebbe reagito allo stesso modo; e ciò fa pensare a sua volta che il nostro atteggiamento verso gli "indigeni" possa apparire altrettanto ottuso di qui a un secolo.

[1] Giorgio III (1738-1820), re di Gran Bretagna e re di Irlanda dal 1760 al 1801 e, in seguito, re del Regno Unito di Gran Bretagna e Irlanda [👁 1.4], cominciò a dare segni di squilibrio mentale fin dal 1765. Dal 1811, fattasi la malattia mentale sempre più invalidante, governò al suo posto il figlio Giorgio Augusto Federico, che però rimase principe reggente fino alla morte del padre.

GUIDA ALLA LETTURA

❶ Perché, secondo Toynbee, la civiltà occidentale stava precipitando verso la disgrazia? ❷ Perché l'ambasciatore cinese accetta di ricevere gli ambasciatori britannici? ❸ Perché rifiuta fermamente la loro richiesta? ❹ Qual è il giudizio di Toynbee su Qianlong?

Piatti con cineserie della produzione Antonio Ferretti
1750
[Museo Civico, Lodi]

Nel corso del '700, in ragione della sua inaccessibilità e della sua grande e antica civiltà, la Cina fu tra i luoghi esotici sicuramente quello più di moda. L'artigianato proveniente da quel paese fu molto apprezzato in Europa, in particolare la porcellana di altissima qualità, ma non solo. L'importazione di oggetti di consumo diede vita alla moda delle "cineserie", ispirando anche la produzione occidentale e diventando uno dei temi più frequenti nelle decorazioni di tazze, teiere, piatti, elementi decorativi, arazzi, pitture e mobili.

40

K. Pomeranz
Europa e Cina: sviluppo tecnologico alla vigilia della rivoluzione industriale

K. Pomeranz, *La grande divergenza. La Cina, l'Europa e la nascita dell'economia mondiale moderna*, il Mulino, Bologna 2004, pp. 79-81

■ Lo storico statunitense Kenneth Pomeranz (nato nel 1958) ha proposto in *La grande divergenza* (2000) una ricostruzione dello sviluppo dell'economia mondiale moderna, considerandolo il risultato delle influenze reciproche delle regioni del mondo più che l'imposizione delle caratteristiche dell'Occidente avanzato sul resto del pianeta. Secondo Pomeranz, nel XVIII secolo, la zona più sviluppata dell'Europa non aveva alcun vantaggio demografico e tecnologico rispetto a quella più avanzata della Cina, né una maggiore disponibilità di capitali: nessuna parte del mondo era necessariamente destinata alla rivoluzione industriale. Tanto in Europa quanto in Cina esistevano dei limiti ecologici che non permettevano di superare i livelli di crescita fino ad allora raggiunti, in quanto si era toccata la massima densità demografica consentita dalle tecnologie agricole conosciute. L'Europa riuscì a superare l'Oriente solo quando si verificarono delle «discontinuità» fortuite, tra la fine del XVIII e il XIX secolo: essa, avvantaggiandosi della disponibilità inglese di carbone e del flusso di materie prime e generi alimentari provenienti dalle sue colonie nel Nuovo Mondo, poté superare i tradizionali vincoli in campo di disponibilità di energia e di materie prime che, fino ad allora, avevano limitato tanto la sua economia quanto quella cinese.

Quello che mi preme sottolineare ora è che le società non europee vantavano alcuni significativi margini di vantaggio tecnologico in molti settori ancora alla fine del XVIII secolo, e non era così scontato che sul lungo periodo questi vantaggi si sarebbero rivelati relativamente ininfluenti. Non era neppure inevitabile, anche quando la tecnologia europea cominciò a svilupparsi più rapidamente e su un fronte più largo, che questi sviluppi sarebbero riusciti a controbilanciare le persistenti debolezze nella gestione e conservazione del suolo e nell'estensione dei mercati, o a farlo abbastanza in fretta perché questi sviluppi non finissero per dirigersi, con conseguenze durature, lungo strade che richiedevano proprio quelle soluzioni *labour-intensive*[1] adottate in Asia orientale e in alcune regioni atipiche dell'Europa occidentale, come la Danimarca.

Non dovremmo neppure credere che le aree in cui i non europei erano più progrediti fossero le conseguenze tardive di tradizioni illustri ormai stagnanti. Se è vero che l'Asia del XVIII secolo non ha prodotto nessuna di quelle che Joel Mokyr[2] chiama «macroinvenzioni» – ovvero nuove idee in grado di modificare improvvisamente le possibilità di produzione – l'Europa ne ha prodotte poche nel periodo tra il 1500 e il 1750 e anche durante gli anni solitamente definiti della «rivoluzione industriale» (1750-1830). Nel frattempo progressi tecnici di minore portata si ebbero in molte diverse aree del mondo. I coloranti europei, che godettero per un breve periodo di un grande successo in Cina, vennero ben presto imitati, così come successe in Europa per

[1] Basate sullo sfruttamento della forza-lavoro.

[2] Storico economico statunitense, di origine olandese, nato nel 1974.

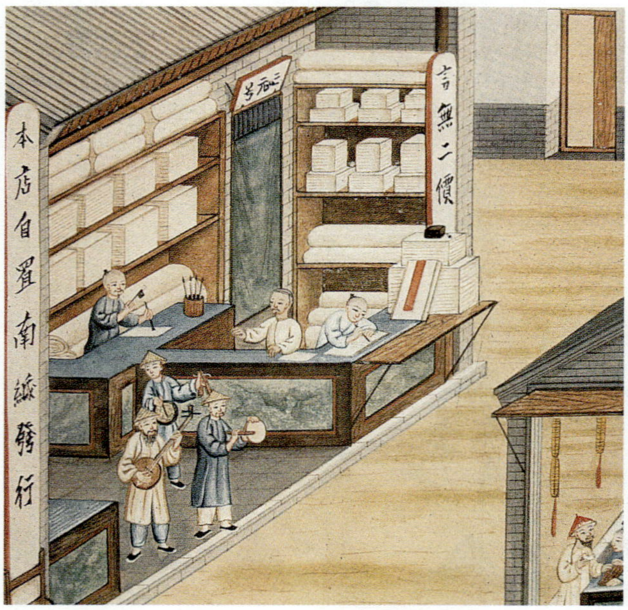

Cina: un momento della fabbricazione della carta e la bottega del cartaio
XVII secolo
[Bibliothèque Nationale, Parigi]

molti prodotti di successo asiatici. Nel XVII secolo qualcuno scoprì che certi ambienti sotterranei riuscivano a conservare un livello di umidità sufficiente da consentire la filatura del cotone anche durante la lunga stagione asciutta della Cina settentrionale, produttrice di cotone. Questa innovazione si diffuse a macchia d'olio durante il secolo successivo, permettendo a una regione con una popolazione superiore a quella di ogni stato europeo di soddisfare il proprio fabbisogno di tessuti e riducendo considerevolmente la disoccupazione stagionale. [...]

L'esempio dei laboratori sotterranei per la filatura del cotone è rivelatore [...]. Il fatto che una simile diffusione sia comunque potuta avvenire abbastanza rapidamente in un'area piuttosto vasta, dovrebbe renderci prudenti nell'affermare che in assenza di società scientifiche[3] e di tecnici newtoniani, la Cina (e altre società) mancavano di strumenti adeguati per diffondere utili nuove conoscenze. [...] Così, invece di cercare le ragioni della stagnazione tecnologica e scientifica in Cina – stagnazione che non ci fu – dovremmo considerare il perché dal progresso tecnico in Cina non sfociò in trasformazioni economiche rivoluzionarie.

[3] 👁 3.2.

GUIDA ALLA LETTURA

❶ Qual è l'idea di Pomeranz sulla supposta «inevitabilità» della rivoluzione industriale in Europa? ❷ Quale fu il più importante progresso tecnico cinese, nel XVII secolo, per la produzione del cotone? ❸ Perché ciò dimostra che, anche senza le società scientifiche e i tecnici newtoniani, in Cina le nuove conoscenze si potevano diffondere velocemente?

41

J. Osterhammel
L'industria della seta

J. Osterhammel, *Storia della Cina moderna (secoli XVIII-XX)*, Einaudi, Torino 1992, pp. 87-92

■ Tra la fine del '600 e l'inizio del '700 la lavorazione della seta, uno dei settori tradizionali dell'economia cinese, registrò una significativa espansione, determinata sia da un aumento della domanda interna sia da un incremento delle esportazioni. Allora, grazie anche al sostegno statale, i produttori di seta riuscirono a ottenere buoni guadagni con investimenti generalmente molto ridotti. In queste pagine lo storico tedesco Jürgen Osterhammel (nato nel 1952), autore di un saggio sulla Cina moderna e contemporanea pubblicato nel 1989, ricostruisce i caratteri principali dell'industria della seta, caratterizzata dalla coesistenza di manifatture imperiali, laboratori privati e lavoratori a domicilio. Un'organizzazione complessa, dunque, che alimentò un intenso commercio internazionale fino agli inizi del '700.

Nel Settecento la Cina era ciò che è anche oggi: la maggiore società rurale del mondo. Tuttavia essa non appariva un paese rurale al suo mondo circostante. Fino a secolo XIX inoltrato la Cina esportava principalmente [...] manufatti artigianali. [...] Nel secolo XVIII venivano da un lato fabbricati articoli di lusso, risultato di un artigianato artistico di alto livello (porcellane, oggetti laccati, carta, ecc.), dall'altro manufatti prodotti in serie, i quali, principalmente destinati al consumo interno, erano sempre più ricercati anche all'estero (tè, seterie, cotonate).

[...] La lavorazione della seta si espanse considerevolmente durante l'epoca Ming e la prima epoca Qing. Venne incentivata dall'incremento della domanda interna in un primo tempo, poi anche da quello della domanda sui mercati esteri e godette di appoggi statali. Una fiorente produzione serica[1] era per la corte di Beijing[2] prova della prosperità di un distretto e della buona gestione dei funzionari responsabili; per questa ragione [...] i funzionari regionali competenti la sostenevano con esortazioni e tramite la messa a disposizione di un sapere, quello contenuto per esempio nei manuali di agronomia. La fabbricazione e lavorazione della seta costituivano per i produttori una fonte di guadagni relativamente sicura, tenuto conto di una domanda crescente e di un aumento costante dei prezzi. Il processo di produzione era dispendioso dal punto di vista dell'impiego di manodopera, ma necessitava di pochi capitali e solo di un breve periodo di apprendimento. Per questa ragione poteva essere compiuto facilmente nell'ambito di un'economia domestica contadina. Nella maggior parte dei casi l'organizzazione famigliare si faceva carico di parecchi stadi produttivi: la coltivazione del gelso, l'allevamento dei bachi da seta, l'estrazione dei bozzoli e il loro dipanamento. [...]

Mentre l'estrazione e il dipanamento dei bozzoli poteva avvenire nell'ambito dell'economia domestica contadina, per la lavorazione ulteriore, necessaria alla fabbricazione di tessuti, esistevano diverse forme di organizzazione imprenditoriale. La più antica era la manifattura statale. [...] Se nell'epoca Ming la seta grezza era stata elevata a imposta in natura, in epoca Qing le manifatture statali acquistavano la propria materia prima grezza a prezzo del giorno sul libero mercato, lo stesso sul quale smerciavano di tanto in tanto la produzione eccedente. Le tre «sedi imperiali della seta» (*zhizao ju*) di Nanjing, Suzhou e Hangzhou [...] raggiunsero il culmine del loro sviluppato negli anni '40 del Settecento, allorché facevano funzionare complessivamente più di 1800 telai e impiegavano 1500 specialisti in campo artistico oltre agli abituali 5500 operai. [...] Esse non producevano per l'esportazione ed erano orientate esclusivamente al soddisfacimento dei bisogni della corte. Secondariamente

[1] Della seta.
[2] Pechino.

servivano a mantenere in salute i settori produttivi e a controllare una classe operaia potenzialmente irrequieta. [...]
Le sedi imperiali della seta non riuscivano sempre a fare fronte alle ordinazioni [...]. Quando sorgevano contrattempi, esse acquistavano le stoffe da privati produttori di seta. Questi ultimi erano proprietari di laboratori tessili, la cui dimensione variava dall'impresa famigliare fino al grande opificio con lavoratori salariati e parecchie centinaia di telai. Questi privati [...] costituivano il nucleo dell'industria serica nel secolo XVIII. Producevano per qualsiasi acquirente: incettatori statali, clienti privati residenti nel paese e amatori stranieri di seterie cinesi. Strettamente collegata a questa esisteva una terza forma imprenditoriale, il sistema di lavoro a domicilio, cui un'agenzia commerciale metteva a disposizione telai domestici e nella maggioranza dei casi anche seta grezza e acquistava il manufatto finito pagandolo a pezzo. I laboratori tessili continuarono a costituire la principale forma imprenditoriale, ma accanto a questa divenne più importante nel corso del secolo XVIII l'organizzazione del lavoro a domicilio.
Nel secolo XVIII l'industria serica cinese era dunque caratterizzata dal legame tra allevamento di bachi da seta e produzione di seta grezza come attività complementari dell'economia rurale, sul piano della lavorazione successiva, dalla coesistenza di una produzione per lo Stato, volta a soddisfare i bisogni di quest'ultimo, e di una produzione privata per il consumo privato, ma anche da liberi mercati – non ostacolati da monopoli statali o da una politica di aumenti fiscali – di materie prime (foglie di gelso, uova di baco da seta, bozzoli), prodotti semilavorati (seta grezza), manufatti e manodopera.

GUIDA ALLA LETTURA

❶ Elenca le merci prodotte e commerciate in Cina nel XVIII secolo. ❷ Quali erano le tre forme di produzione dei tessuti in seta? ❸ In che modo e per quali ragioni lo Stato controllava la produzione della seta? ❹ Esisteva anche un mercato privato di questo prodotto?

42

G. Borsa
I nabobs all'assalto dell'Inghilterra puritana

G. Borsa, *La nascita del mondo moderno in Asia Orientale*, Rizzoli, Milano 1977, pp. 76-81

■ Il brano dello studioso dell'Asia Giorgio Borsa (1912-2002) rivela un aspetto particolare della penetrazione inglese in India. Queste pagine, infatti, mettono in rilievo l'influenza che l'India esercitò sull'Inghilterra puritana del '700 per mezzo dei funzionari della Compagnia delle Indie di ritorno in patria, i *nabobs*. Tale influenza, considerata la poca raffinatezza intellettuale dei *nabobs*, non si esercitò inizialmente in ambito culturale, ma nell'alimentazione e nel costume. Il tè e l'ombrello, per esempio, apparvero in Gran Bretagna e di qui in Europa seguendo quella strada. Un impatto più violento fu invece quello che gli *Anglo-Indians* ebbero con la società della madrepatria, che guardava con diffidenza alle loro ricchezze, troppo cospicue e spesso illecite, e alla proverbiale mancanza di scrupoli che contraddistinse anche il loro comportamento in politica.

Non meno rilevante fu l'influenza indiana sulla vita sociale e sul costume inglese del '700. Veicolo di tale influenza furono i *returned Anglo-Indians*, i famigerati *nabobs*. Con questo termine, che è una corruzione del termine indiano nawāb[1], venivano indicati i funzionari della Compagnia che, dopo avere trascorso in India un certo numero di anni con l'unico obiettivo di ammassare ricchezze, ritornavano in Inghilterra fermamente intenzionati a godersele. [...]
Le principali fonti di arricchimento erano costituite dai donativi che i funzionari, specialmente di grado elevato, accettavano o addirittura sollecitavano dai sovrani, dai principi e dai ricchi mercanti secondo il costume indiano di onorare (più o meno spontaneamente) i potenti con regali. Vi erano poi le spoliazioni conseguenti a operazioni militari e, specialmente per i funzionari minori, i proventi del cosiddetto *country trade* o commercio interno, che essi esercitavano in proprio con il tacito consenso della Compagnia. [...] Altra fonte di reddito era l'usura esercitata dai funzionari specialmente a Madras, ai tassi fantastici vigenti in India. [...]
Non era però soltanto la ricchezza accumulata a fare di un anglo-indiano un *nabob*; era anche una particolare mentalità che si sviluppava nei funzionari della Compagnia investiti di vasti poteri politici, usi a trattare da pari a pari con sovrani e principi e a frequentarne le corti. Ritornato in patria, il *nabob* vi portava il gusto del potere e del fasto oltre alla spregiudicatezza e alla intraprendenza che gli derivavano dalla vita avventurosa condotta in India. Respinto dalla migliore società – dal *country gentleman*[2], irritato dalla ostentazione di ricchezza di questo parvenu[3], come dal puritano uomo d'affari borghese ai cui occhi il *nabob* era un parassita arricchitosi senza lavorare, un *Asiatic plunderer*[4] – questi cercava di ascendere socialmente con mezzi che andavano dall'offerta di favolosi trattenimenti all'acquisto delle cariche pubbliche. [...]
In modo meno offensivo ma più penetrante e duraturo i *nabobs* facevano intanto sentire la loro influenza sul costume. Non poche abitudini che oggi sono ritenute tipicamente inglesi sono state importate in Inghilterra dagli Anglo-Indians. Il tè, soprattutto. [...] L'importazione in Inghilterra incominciò a crescere a partire dal 1697. La

[1] I *nawāb* (nababbi) erano gli alti dignitari dell'Impero mongolo d'India e, in seguito, principi dell'India musulmana.

[2] Gentiluomo di campagna.

[3] Arrivato. Si dice di persona di non elevato grado sociale, arricchitasi rapidamente, che mostra atteggiamenti propri dello stato raggiunto, ma con evidenti segni della condizione precedente.

[4] Predone asiatico.

bevanda divenne un consumo popolare nel decennio 1732-42 ed un rito sociale dopo che una dama di corte della regina Maria, la duchessa Anna di Bedford, che soffriva di «languore di stomaco» (*sinking feeling*) lanciò la moda di servirla con pasticcini alle cinque del pomeriggio.
Fra i contributi alla dieta europea introdotti in Inghilterra dagli Anglo-Indians vanno ricordati il riso, che incominciò ad essere importato su vasta scala sotto il regno di Giorgio III e il curry[5] [...], tra i vizi il fumo, prima con l'uso del complicato e dispendioso hookah[6] poi [...] dei più moderni sigaro e pipa; tra i giochi (sebbene in epoca più recente) il polo [...]; tra i mezzi di locomozione, la portantina chiusa, introdotta in Inghilterra nella prima metà del '600 e in gran voga in tutta Europa nel '700, per poi sparire o meglio trasformarsi nella berlina, prima a cavalli poi a motore. Nell'abbigliamento, oltre alle cotonate indiane, il cui uso si diffuse non solo fra le donne ma anche fra i gentiluomini, per i quali la «biancheria» divenne presto un segno di distinzione, l'India diede all'Europa l'ombrello ed il bastone. [...] Anche il bastone – la canna d'India o di Malacca con il pomo d'oro, d'avorio, d'ambra o d'argento – fu portato dapprima dagli Anglo-Indians; poi l'uso si generalizzò tra il 1700 ed il 1730. La moda riuscì a far quello a cui si erano dimostrate impotenti tutte le grida emanate dai governi: ad indurre cioè i gentiluomini ad andare in giro disarmati. Intorno a quell'epoca infatti la canna d'India sostituì la spada. [...]
Il pigiama, quale indumento notturno in luogo della antiestetica camicia da notte, fu pure introdotto dagli Anglo-Indians [...]. Altra consuetudine appresa in India: quella del bagno e della doccia fredda e in generale la cura della pulizia personale [...]. Cosmetici, profumi e gioielli erano sempre venuti in Europa dall'Oriente e continuarono ad esserlo anche in questo periodo. Una novità invece era rappresentata dalla «polvere da denti dell'Asia» e dagli spazzolini di setola indiana di cui si leggono i primi annunci pubblicitari sui giornali inglesi del 1784.
Trascurabile invece l'influenza indiana sulla letteratura, il pensiero e l'arte inglesi fino a tutto il '700, il che si spiega facilmente considerando che gli Anglo-Indians erano in questo periodo culturalmente rozzi.

[5] Polvere semi-piccante composta di varie spezie, usata per condimento.

[6] Narghilè.

GUIDA ALLA LETTURA

❶ Quali erano le principali fonti di arricchimento dei *nabobs*? ❷ Che cosa, oltre la ricchezza, faceva di un anglo-indiano un *nabob*? ❸ Come erano considerati in patria i *nabobs*? ❹ In quali ambiti si ebbero le maggiori novità introdotte dai *nabobs* in Inghilterra?

SVILUPPARE LE COMPETENZE

Comprendere e Analizzare

❶ Dopo aver letto i documenti di Ricci [36DOC] e di Leibniz [38DOC] e i brani di Toynbee [39] e Landes [37], rispondi alle seguenti domande, citando opportunamente i testi:

a. Secondo la testimonianza di Matteo Ricci, i cinesi erano sensibili al messaggio religioso cristiano?
b. Quali pratiche e discorsi furono messi in atto nell'opera di evangelizzazione dei gesuiti? Ebbero successo?
c. Secondo te, Matteo Ricci esprime nel documento una stima particolarmente elevata della cultura cinese? Come la giudica?
d. Qual era l'opinione dei contemporanei europei sulla cultura e la civiltà cinesi? Il loro giudizio coincide con quello di Matteo Ricci?
e. Che cosa pensavano gli imperatori cinesi e i loro sudditi del confronto culturale Oriente-Occidente?

❷ I documenti di Busbecq [35DOC] e di Leibniz [38DOC] riportano le opinioni di due contemporanei rispettivamente sull'Impero ottomano e su quello cinese. Si tratta di giudizi sostanzialmente positivi, che tendono a mettere in evidenza gli ambiti in cui queste società erano superiori a quella europea.

Riassumi in un breve testo (max 30 righe) le caratteristiche salienti di questi brani, sottolineando l'approccio e l'attitudine dei due autori rispetto alle civiltà «altre».

Rielaborare e Argomentare

❸ Redazione di un saggio breve. *La politica imperiale cinese tra il XVII e il XVIII secolo*

Sviluppa l'argomento scelto in forma di "saggio breve", utilizzando i documenti e i dati che lo corredano. Interpreta e confronta i documenti e i dati forniti e su questa base svolgi, argomentandola, la tua trattazione, anche con opportuni riferimenti alle tue conoscenze ed esperienze di studio. Da' al saggio un titolo coerente con la tua trattazione e ipotizzane una destinazione editoriale (rivista specialistica, fascicolo scolastico di ricerca e documentazione, rassegna di argomento culturale, altro). Se lo ritieni opportuno, organizza la trattazione suddividendola nei paragrafi sottoelencati, cui potrai eventualmente cambiare titolo.

a. L'amministrazione dello Stato
b. L'economia e i commerci
c. La cultura e la religione

Documenti: Ricci [36DOC], Leibniz [38DOC]
Immagini: pp. 135, 136
Brani storiografici: Toynbee [39], Landes [37], Pomeranz [40], Osterhammel [41]
Capitoli: **4.3**, **4.3** PERSONAGGI

❹ Dopo aver letto i brani di Landes [37], Pomeranz [40], Osterhammel [41] e Leibniz [38DOC], scegli tra le seguenti posizioni storiografiche relative alla storia della Cina nell'età moderna quale ti pare più convincente e argomenta la tua risposta in un breve testo (max 20 righe):

a. L'impero cinese, già agli occhi degli osservatori contemporanei, appare sostanzialmente più progredito, rispetto allo spazio politico dell'Occidente, sul piano dell'organizzazione statuale, economica e commerciale.
b. La cultura filosofico-religiosa della Cina e la sua dimensione imperiale hanno determinato le tappe fondamentali del suo sviluppo tecnologico ed economico, che ha seguito traiettorie diverse da quelle occidentali.
c. Nella competizione mondiale in campo tecnologico, la Cina ha perso proprio in età moderna il suo primato a favore dell'Occidente, che si spinse nel tentativo poi fallito di colonizzare l'Oriente anche sul terreno religioso.

Il commercio degli schiavi africani

Nel '700 il commercio degli schiavi costituì una fonte di ricchezza per molti, non solo europei. Se è vero, infatti, che la Gran Bretagna deteneva il monopolio dei traffici verso l'America, è altrettanto vero che su questo commercio disumano si arricchirono anche monarchi e mercanti africani, proprietari terrieri spagnoli, armatori di varie nazionalità. Un sistema economico complesso, dunque, che ebbe conseguenze devastanti sulle società africane ed effetti profondi sulla composizione demografica del continente americano.
Questa sezione, che ha lo scopo di esaminare alcuni aspetti di questo fenomeno, contiene due documenti e due brani storiografici. **John Cary** [43DOC], un mercante di Bristol attivo alla fine del '600, descrive il meccanismo del commercio inglese in Africa, mentre nel testo **Gustavus Vassa** [44DOC], un ex schiavo vissuto nella seconda metà del '700, racconta la sua terribile esperienza personale.
Segue un'analisi dello storico francese **Olivier Pétré-Grenouilleau** [45], che ricostruisce le operazioni necessarie al trasporto degli schiavi attraverso l'oceano. L'ultimo brano è tratto da uno studio del celebre economista **Karl Polanyi** [46] sulle conseguenze della tratta sull'organizzazione sociale ed economica di uno Stato africano, il Dahomey.

43DOC

John Cary
Il commercio degli schiavi neri

J. Cary, *Storia del commercio della Gran Bretagna...*, B. Gessari, Napoli 1757, III, pp. 324-35

■ Le pagine che seguono sono tratte da un saggio sul commercio inglese pubblicato nel 1695 da John Cary, mercante di Bristol, presidente nel 1683-84 della compagnia commerciale dei Merchant Ventures della sua città, morto nel 1720 circa. L'opera, pubblicata in francese nel 1755 fu, da questa lingua, tradotta in italiano nel 1757 a Napoli con l'aggiunta di un *Ragionamento sul commercio in universale* dell'illuminista Antonio Genovesi [👁 3.7]. Le considerazioni che Cary svolge sulle dinamiche del commercio inglese in Africa e sugli effetti positivi per gli scambi e per la ricchezza della Gran Bretagna, ma anche dell'altra sponda dell'oceano, hanno accenti di grande modernità e nella sostanza tornano ancora oggi nelle opere degli storici dell'economia che descrivono i meccanismi e gli esiti del commercio triangolare atlantico.

Il Commercio delle coste Occidentali dell'Affrica presenta agli Europei de' gran vantaggi. Tutto ivi è, per così dire, guadagno. Gl'Inglesi soprattutto vi ritrovano le sorgenti delle loro principali ricchezze. Essi vi cambiano l'oro, l'avorio, la cera, i Negri, molto spesso con mercanzie di pochissimo valore fabbricate in Inghilterra, o prese in cambio di altre manifatture uscite da quest'Isola. [...]
Ma per grande che sia il guadagno, che queste tre specie di derrate [avorio, cera e oro] apportano agl'Inglesi, il vantaggio che eglino ne ricavano, non si accosta neppure a quello che loro recano i Negri, i quali prendono su il fiume Gambia, nella costa dell'Oro, ed in altre Scale, ove trafficano. Il numero di questi Schiavi che trasportano nell'America, sì per le colonie Inglesi e Francesi, come per servizio degli Spagnuoli, si suppone che ordinariamente monti, quando il Commercio non è interrotto, a trenta o quaranta, ed anche cinquanta mila per anno. [...]
Non farà maraviglia questa quantità, se si considerano i scoli[1] che hanno per disfarsene. Si contano nell'Antille Inglesi circa 240.000 Negri. L'opinione comune si è che muoja ogni anno la settima parte, che farebbe per consequenza ogni anno una mancanza di più di 34.000. Ma la regola non riguarda, se non i Negri portati dall'Affrica: quei che nascono nell'Isole hanno una vita più durevole; e per consequenza riguardo ad esso loro, deve esserci eccezione. Di più quelli che nascono ogni anno suppliscono un certo numero di morti. Non facciam giungere le reclute necessarie che a 20.000, bisogna aggiunger qui la quantità de' Neri, che gl'Inglesi introducono nell'Antille Francesi, i quali non ascendono a meno di sei mila [...]. Ci bisognano ancora 5000 pezzi d'India[2], vale a dire, presso a poco 6000 persone per servizio de' Spagnuoli. Eccovi dunque, senza che possano accusarmi di esagerazione, uno scolo di più di trenta mila Negri. Ma ci resta ancora a provvedere la Nuova York, la Pensilvania, il Mariland, la Virginia, la Carolina. [...]

[1] Sbocchi commerciali, possibilità di esportare e di vendere.

[2] «Si chiama pezzo d'India ogni Negro, il quale non abbia difetto notabile, da quindici fino a trentacinque o trentasei anni: i Negri vecchi o difettosi sono valutati secondo la loro qualità 3/4, 2/3 e 1/2 d'un pezzo d'India: comunemente 610 Negri non fanno che 470 pezzi d'India» [nota presente nella traduzione italiana].

Un Negro detto pezzo d'India si vende ordinariamente nell'Isole Inglesi venti, venticinque e trenta lire sterline [...]. Non sono costati ad essi per lungo tempo nell'Affrica più di trenta fino a cinquanta scelini [...]. Questo però deve intendersi della valutazione mercanzie date in cambio per un Negro, sul piede della prima compra fatta in Europa. A nostri dì i Negri si vendono a più caro prezzo. [...] Malgrado quest'augumentazione, paragonandosi la somma della vendita e della compra, si vedrà che vi resta molto guadagno: anche con tener conto delle mortalità, le quali avvengana fra i Negri nel trasporto.

Questo prezzo de' Negri nell'Isole Inglesi differisce molto in apparenza da quello, che essi valgano nelle Colonie Francesi [...].

L'utile che i Negri apportano, non si restringe solamente a quello che si ricava dalla vendita di questi Schiavi. Loro si deve attribuire tutto il denaro che le produzioni naturali delle Colonie Inglesi nel nuovo Mondo, fanno entrare in Inghilterra, o che impediscono di uscire; e 'l giro che cagiona in questo Regno il Commercio, che esercita colle sue Colonie. [...]

Questi sono i Negri, i quali fanno fruttare le Colonie nell'America. Si deve ai loro sudori la gran quantità degli zuccheri, del tabacco, del cotone, del zizevero[3] &c. di cui ci forniscono. Il trasporto di queste mercanzie materiali e voluminose occupa molto spazio nelle navi. La fabbrica, l'armamento, e 'l mantenimento di queste navi impiegano un gran numero di operai di diversa specie in Inghilterra. Lo stipendio che ricevono questi operaj li mette in istato di consumare le produzioni naturali dell'Isola, e di contribuire allo spaccio de' lavori di mille fabbriche.

Di più il trasporto delle mercanzie condotte dall'America, come il Commercio che se ne fa con riportarle fuori, multiplica il numero de' marinari Inglesi. Independentemente dall'utile, il quale coloro che abbracciano questo mestiere cagionano allo Stato, come impiegati nella Marina, la Nazione incontra un altro vantaggio in questo genere di occupazione ch'essi prendono. Perché i marinari vivendo coi loro stipendj, lasciano i luoghi voti ne' mestieri, ai quali starebbero addetti, se la Marina non dasse loro modo di sostenere le loro famiglie. Questi luoghi sono poi occupati da altri cittadini. [...]

Se ne deduce da queste considerazioni che il Commercio dell'Affrica è infinitamente utile all'Inghilterra, sotto qualunque aspetto che si riguardi, sì per le sue importazioni, come per le estrazioni.

[3] Zenzero.

GUIDA ALLA LETTURA

❶ In che periodo scrive l'autore del documento? ❷ Da dove venivano prelevati e dove venivano condotti gli schiavi africani? ❸ Quanto valeva sul mercato un «pezzo d'India»? A quanto ammontava il traffico inglese di schiavi? ❹ Perché, secondo l'autore, il commercio e l'impiego degli schiavi avevano effetti positivi sull'economia inglese?

44 DOC

Gustavus Vassa
Uno schiavo racconta

da B. Armellin, *La condizione dello schiavo. Autobiografie degli schiavi neri negli Stati Uniti*, Einaudi, Torino 1975, pp. 8-9; 14-22

■ Le testimonianze dirette degli ex schiavi neri del Nord America hanno un'importanza documentaria fondamentale nella ricostruzione della storia della schiavitù, che fa emergere in tutta la sua ricchezza e complessità la condizione umana dello schiavo, la cui negazione è stata il presupposto su cui per secoli si è fondata la schiavitù. Nelle pagine che seguono, tratte da *La condizione dello schiavo*, a cura di Bruno Armellin, Gustavus Vassa (1745-1801), fatto prigioniero durante l'adolescenza nel regno del Benin, racconta alcuni momenti salienti della sua esperienza: la cattura nel villaggio natale, la terribile traversata, la vendita all'incanto dei sopravvissuti. Dopo molteplici peripezie egli riuscì a riscattare la propria libertà e in Inghilterra, dove si era rifugiato, scrisse nel 1789 la sua autobiografia.

Un giorno, mentre tutti i nostri lavoravano nei campi come il solito e solo noi due, io e mia sorella, eravamo lasciati a badare alla casa, due uomini e una donna scavalcarono il muro e in un attimo si impadronirono di noi due [...]. Qui ci legarono le mani e attraverso il bosco ci portarono il più lontano possibile [...]. Eravamo a lungo rimasti nei boschi, ma infine arrivammo ad una strada che mi parve di riconoscere. [...] Purtroppo fummo presto privati anche del povero conforto di piangere insieme; il giorno seguente [...] fui separato da mia sorella [...]: mi fu strappata a viva forza e portata via subito, e io ne fui così sconvolto da non poterlo descrivere. [...]

Le prime cose che vidi appena giunsi alla costa, furono il mare e una nave all'ancora in attesa del suo carico di schiavi. Questa vista mi riempì di stupore, che si trasformò subito in terrore, quando fui portato a bordo. [...] Già quand'eravamo sulla costa il fetore della stiva era così nauseante e intollerabile che era pericoloso restarci anche per breve tempo [...].

La ristrettezza dello spazio e il clima caldissimo, aggiunti al numero di gente chiusa dentro la nave, la quale era affollata al punto che ciascuno aveva appena lo spazio di girarsi, quasi ci soffocavano: [...] molti degli schiavi si ammalarono e di questi parecchi morirono [...]. Questa spaventosa situazione era ancor più aggravata dall'irritazione prodotta sulla pelle dalle catene, che ormai era divenuta insopportabile, e dalla lordura dei mastelli che servivano da latrina, dentro ai quali spesso cadevano i bambini per finirne quasi soffocati. [...] Cominciai a sperare che la morte avrebbe in breve posto fine alle mie miserie. [...] Tutto quello che mi succedeva e di cui ero spettatore serviva solo a rendere ancora più penoso il mio stato, ad accrescere la mia ansia e a confermare la mia opinione sulla crudeltà dei bianchi. [...]

Spinti dalla fame, alcuni dei miei conterranei in un momento in cui pensavano di non esser visti cercarono di pescare per conto loro, ma furono scoperti e il tentativo procurò loro una buona dose di frustate. Un giorno che il mare era calmo e c'era poco vento, due dei miei conterranei ormai esausti, che si trovavano incatenati insieme [...], preferendo la morte a una vita così disgraziata, in qualche modo riuscirono a superare le reti e a gettarsi in mare; immediatamente seguì il loro esempio un altro disperato compagno [...] e sono convinto che molti altri li avrebbero seguiti se non glielo avesse impedito la ciurma immediatamente messa in allarme. [...] Per mancanza d'aria molte volte fummo vicini a soffocare, e senza poter respirare aria pura restavamo per giorni interi; questo, e il fetore emanato dagli escrementi nelle tinozze, uccisero molti dei nostri. [...]

Arrivammo infine in vista dell'isola di Barbados, [...] e presto [...] calammo l'ancora a Bridgetown. Molti mercanti e piantatori salirono a bordo, benché fosse sera. [...]

Fummo immediatamente condotti nel cortile del mercante, dove ci rinchiusero tutti insieme, senza riguardo né dell'età né del sesso, come un gregge di pecore nell'ovile. Ogni cosa era per me nuova e tutto quello che vedevo mi riempiva di sorpresa. Quello che in primo luogo mi colpì fu che le case erano costruire in mattoni, avevano più di un piano ed erano sotto ogni aspetto diverse da quelle che avevo visto in Africa; ma ero stupito ancora di più al vedere la gente andare a cavallo. [...]

Restammo pochi giorni sotto la custodia del mercante prima di essere venduti. La vendita avviene così: viene dato un segnale (come un rullar di tamburi), i compratori si precipitano tutti insieme nel cortile dove sono chiusi gli schiavi e scelgono la merce che più gli aggrada. [...] In tal modo, senza scrupolo alcuno, vengono separati parenti e amici, che il più delle volte non si incontreranno più in tutta la vita. [...] O voi, che vi chiamate cristiani! Un africano può chiedervi: il vostro Dio non vi ha insegnato di fare agli altri quello che vorreste fosse fatto a voi? Non vi è bastato strapparci al nostro paese e alla nostra gente per farci lavorare per il vostro lusso e la vostra avidità di denaro? Dev'essere ugualmente sacrificato alla vostra avidità ogni più tenero sentimento? [...] Questo è certo un raffinamento della crudeltà, che da un lato non porta ad alcun vantaggio e dall'altro accresce l'angoscia e aggiunge nuovi dolori all'abiezione della schiavitù.

GUIDA ALLA LETTURA

❶ In che modo avveniva la cattura degli individui destinati a diventare schiavi? ❷ In quali condizioni venivano trasportati gli schiavi sulle navi inglesi? ❸ Quali situazioni e comportamenti accrescono nell'autore l'idea della «crudeltà dei bianchi»? ❹ Come avveniva la vendita degli schiavi?

45

O. Pétré-Grenouilleau
A bordo delle navi negriere

O. Pétré-Grenouilleau, *La tratta degli schiavi. Saggio di storia globale*, il Mulino, Bologna 2006, pp. 126-42

■ Una delle operazioni più disumane del commercio degli schiavi era la traversata dall'Africa all'America. Centinaia di uomini, donne e bambini venivano stipati nella stiva di una nave negriera, in un ambiente malsano, con poco cibo a disposizione e molta paura di morire. Il viaggio era lungo, avveniva in condizioni difficilissime. In questo brano, tratto da un saggio pubblicato nel 2004, lo storico francese Olivier Pétré-Grenouilleau (nato nel 1962), uno dei maggiori studiosi della tratta degli schiavi (contrastato da alcuni in Francia per non aver ricondotto questo fenomeno sotto la categoria del genocidio), descrive i preparativi e le modalità del viaggio tra i due continenti: un'operazione molto complessa, piena di rischi e difficoltà, che rappresentava anche una sfida imprenditoriale per gli armatori europei.

Viene spesso usata un'espressione [...] per caratterizzare le rotte della tratta occidentale: quella di «commercio triangolare». In realtà è un luogo comune, in base al quale [...] si potrebbe immaginare che le tratte occidentali (o addirittura ogni tipo di tratta) siano riassumibili in un periplo sull'oceano. [...] Così facendo, [...] si glissa sul ruolo dell'Europa che, a monte, si attivava al fine di riunire capitali, mercanzie, equipaggi e naviglio necessari alla tratta, oltre agli alibi che consentivano di legittimarla; mentre a valle, si impegnava nella trasformazione e lavorazione delle derrate coloniali. [...] Si sottovaluta pesantemente l'importanza del continente nero, in cui i prigionieri, che certo non apparivano per incanto sui siti della tratta, erano «prodotti», trasportati, ammucchiati e valutati da negrieri di colore. Per parte loro, le Americhe non rappresentavano soltanto i luoghi di transito degli schiavi: al contrario, erano parte integrante della logica del sistema schiavistico. [...]

Preparare una spedizione significava raccogliere una nave, delle merci, degli uomini e dei capitali. Malgrado il numero di nazioni implicate in questo traffico, è sorprendente constatare che vi furono grandi somiglianze. [...] Tutti gli europei trasportavano approssimativamente lo stesso numero di schiavi per viaggio, a bordo dello stesso tipo di naviglio, e impiegavano più o meno lo stesso tempo ad attraversare l'Atlantico. Inoltre alloggiavano e nutrivano i loro prigionieri approssimativamente nello stesso modo. [...]

L'equipaggio, in ogni caso, comprendeva in buona parte giovani, novizi o allievi ufficiali, addirittura i rampolli degli armatori stessi, che alla scuola della tratta facevano le loro prime esperienze in mare. Il resto era costituito da sradicati, avventurieri di ogni genere attratti da una paga che, forzatamente tesaurizzata durante i lunghi mesi della spedizione, poteva rappresentare alla fine un certo peculio. Nell'attesa, bisognava sopravvivere, resistere al caldo e alle febbri tropicali, alle rivolte degli schiavi, allo scorbuto e al freddo, poiché si saliva parecchio in alto come latitudine nel viaggio di ritorno, che a volte si faceva addirittura in inverno. [...] A bordo della nave dovevano comunque esserci degli esperti. Uno di questi era il capitano [...].

Abile manipolatore di uomini ed efficace capo della ciurma, mercante accorto e a conoscenza delle usanze e del valore dei parametri di scambio in Africa, individuo capace di riscuotere i crediti presso i coloni in America e, infine, buon marinaio: questo era, per l'armatore, il profilo del capitano negriero ideale. [...] Al suo fianco troviamo il bottaio, fondamentale per garantire la buona conservazione dell'acqua e degli alimenti, il carpentiere, che doveva soprattutto preparare tramezzi e piattaforme, e infine il chirurgo, modesto praticone dalle conoscenze piuttosto limitate [...]. Anche se spesso esagerato dagli abolizionisti, l'assembramento del carico era comunque notevole. [...] Gli schiavi [...] erano incatenati due a due e, poiché dormivano nudi, i frequenti movimenti bruschi della nave provocano loro delle escoriazioni. [...] La media da 350 a 450 schiavi circa per nave, che era la norma per buona parte del Settecento, fu anche quella del secolo successivo. [...]

La maggior parte delle spedizioni, quali che siano l'epoca o la nazione negriera, conobbe un tasso di mortalità in genere compreso fra il 10 e il 20%. Alcune, più rare, raggiunsero il 40 o addirittura il 100%. [...]

Una volta [...] in America, [...] i prigionieri erano «rinfrescati», cioè nutriti più abbondantemente, lavati e lasciati riposare. La vendita, che poteva durare una settimana e oltre, si svolgeva sia a bordo della nave sia a terra. Annunciata attraverso vari espedienti pubblicitari, si realizzava per lotti, in asta pubblica o per vie informali. Gli schiavi appena arrivati (*bozales*) erano in genere venduti a un prezzo più basso di quelli che, «acclimatati», vivevano già nelle Americhe. [...] Il pagamento si poteva eseguire in contanti, per mezzo di una lettera di cambio o anche in merci. Dal momento che i piantatori mancavano spesso di contante, [...] gli armatori erano costretti ad accordare loro crediti a medio e anche a lungo termine [...]. Era soltanto al rientro in Europa, dopo la trasformazione e/o rivendita, e dunque dopo ulteriori operazioni altrettanto complicate e aleatorie, che i prodotti tropicali venivano convertiti in copiosa moneta sonante.

GUIDA ALLA LETTURA

❶ Da chi era composto l'equipaggio della nave? A quali rischi e pericoli era esposto? ❷ Quali erano le caratteristiche del capitano ideale? ❸ Quale era il tasso di mortalità degli schiavi durante la traversata? ❹ Come avveniva il pagamento di uno schiavo?

46

K. Polanyi *Il Dahomey e la tratta degli schiavi*

K. Polanyi - A. Rotstein, *Il Dahomey e la tratta degli schiavi. Analisi di un'economia arcaica*, Einaudi, Torino 1987, pp. 17-22

■ Il commercio degli schiavi ebbe conseguenze profonde anche sulle società e sulle economie dei paesi africani. Uno dei più originali economisti e antropologi del '900, l'ungherese Karl Polanyi (1886-1964), ha studiato gli effetti di questi traffici in uno dei grandi regni dell'Africa occidentale, il Dahomey, una monarchia fondata su un'organizzazione sociale piuttosto arcaica: esso corrisponde all'odierno Benin. Nel brano, tratto da questa ricerca compiuta in collaborazione con Abraham Rotstein e pubblicata postuma nel 1966, Polanyi ricostruisce le origini del commercio degli schiavi sulla costa occidentale dell'Africa e ne evidenzia i condizionamenti sulla politica dei re del Dahomey, costretti ad abbandonare l'idea di organizzarsi come Stato dell'entroterra e spinti invece a instaurare un rapporto clientelare con i mercanti bianchi.

L'evento storico che sottopose la società del Dahomey ad una grande tensione sopraggiunse dall'esterno e si verificò nella sfera dell'economia. L'esplosione della tratta degli schiavi determinata dalle piantagioni di canna da zucchero d'oltremare investì la costa della Guinea nelle immediate vicinanze del Dahomey ed ebbe conseguenze eccezionali. [...]
La convinzione molto diffusa che il nuovo schema del commercio afroamericano ebbe inizio con l'era delle scoperte è erronea; in realtà per un altro secolo e mezzo, fino agli inizi delle piantagioni da zucchero, non si intravide alcunché del genere, e soltanto a partire dal 1683 è dato trovare negri africani [...] a Bahia, allora capitale dell'impero d'oltremare dei portoghesi. [...] In Inghilterra la data corrispondente fu il 1660, l'anno in cui fu fondata la compagnia degli «avventurieri di Londra che commerciavano con l'Africa». «Il suo obiettivo principale era la ricerca dell'oro». La Royal African Company venne lanciata soltanto dodici anni dopo; il suo storico commenta che «la nuova compagnia doveva trattare soprattutto negri, la cui domanda nelle colonie inglesi appariva in espansione». Si possono datare al 1672 gli inizi della moderna tratta degli schiavi. [...]
Gli strati dominanti dei potenti imperi bianchi erano stati abbagliati dalle prospettive di grandi ricchezze per impadronirsi delle quali sarebbe bastato procurarsi forza-lavoro proveniente dai paesi tropicali per le piantagioni da zucchero in rapida espansione. Il risultato fu la moderna tratta degli schiavi.
Si potrebbe mettere in dubbio che la nuova versione fosse davvero differente da quella precedente; essendo la schiavitù un'istituzione antica, si potrebbe pensare, deve esserlo anche la tratta degli schiavi. [...] [Ma] in fin dei conti la tratta degli schiavi afroamericana fu un evento unico nella storia sociale. [...]
I mercanti visitavano la costa della Guinea settentrionale fin dalla metà del XV secolo, eppure non si era sviluppata una regolare tratta degli schiavi. [...] Nessuna comunità africana vendeva schiavi i propri membri se non per punire pochissimi delitti fra i più gravi. Perciò la storia degli inizi della tratta degli schiavi nel XVIII secolo parla di incursioni a sorpresa compiute dai mercanti bianchi che si introducevano furtivamente nei villaggi della costa. Gli africani, sorpresi nel sonno, venivano trascinati via e ridotti in schiavitù [...]. Ciò nondimeno, poiché i paesi d'oltremare non richiedevano un flusso di approvvigionamento costante, i saccheggi dei mercanti di schiavi si erano mantenuti entro limiti ristretti. [...]
Con l'avvento della canna da zucchero nelle Indie occidentali ebbe inizio la corsa agli schiavi negri. Ardra fu il primo e il più importante Stato della costa della Guinea settentrionale che praticò la tratta degli schiavi. Sin dalla fine del decennio 1660-70 Ardra e i suoi tributari [...] divennero altrettanti centri in cui si praticava regolarmente la tratta degli schiavi provenienti dall'interno [...].
Nel primo decennio del XVIII secolo l'affermarsi dell'Ouidah come il centro preminente di questa nuova branca del commercio mondiale segnò una svolta decisiva per la storia del Dahomey. Tale evento, verificatosi nelle sue immediate vicinanze, fu una sfida che fece esplodere le contraddizioni latenti della sua posizione. Ora il Dahomey si trovava costretto a tener conto della sua dipendenza geografica e strategica dalla costa.
L'inattesa localizzazione della tratta degli schiavi e la pressione economica esercitata dalle flotte dei negrieri sulla costa indebolivano la situazione del Dahomey in quanto Stato dell'interno. [...] La tratta degli schiavi rendeva necessario applicare tecniche e procedimenti che consentissero di trasportare, custodire, racchiudere in recinti, mantenere in vita e marchiare masse di esseri umani adulti. Si doveva trovare un *modus vivendi* con le autorità dei grandi Stati africani, e sporadiche ingerenze nella complicata politica della regione si rendevano inevitabili.

GUIDA ALLA LETTURA

❶ Quando ha avuto inizio, secondo Polanyi, il commercio degli schiavi africani? ❷ A quale evento economico viene messo in relazione? ❸ Quali conseguenze ebbe la tratta degli schiavi sulla popolazione africana?

SVILUPPARE LE COMPETENZE

Comprendere e Analizzare

❶ Scrivi un testo (max 50 righe) dal titolo *Il commercio mondiale degli schiavi nel XVIII secolo*, seguendo la scaletta di argomenti proposta:

a. Le cause (Cary, Polanyi)
b. Gli Stati e le regioni coinvolte (Cary, Vassa, Polanyi)
c. I dati quantitativi (Cary, Pétré-Grenouilleau, Polanyi)
d. Gli effetti sull'economia occidentale (Cary, Pétré-Grenouilleau, Polanyi)
e. La percezione del fenomeno (Cary, Vassa, Pétré-Grenouilleau)

❷ Dopo aver letto i documenti di Cary [43DOC] e di Vassa [44DOC] e il brano di Pétré-Grenouilleau [45], rispondi alle seguenti domande citando opportunamente i testi:

a. Con quali termini o espressioni Cary si riferisce agli schiavi africani?
b. In che modo gli schiavi africani percepivano la loro condizione? Quale visione dell'uomo bianco maturavano durante la tratta?
c. Quali regole definivano la selezione, il trasporto o la vendita degli schiavi? A che cosa erano finalizzate?
d. Che rapporto si instaurava tra l'equipaggio e gli schiavi?
e. Vi erano episodi di resistenza o insubordinazione durante il trasporto oceanico? Come venivano contrastati?

Rielaborare e Argomentare

❸ Redazione di un articolo di giornale. *Dall'Africa all'America: il lungo viaggio degli schiavi neri*

Sviluppa questo argomento in forma di "articolo di giornale", utilizzando i documenti e i dati che lo corredano. Individua in questi testi uno o più elementi che ti sembrano rilevanti e costruisci su di essi il tuo "pezzo". Da' all'articolo un titolo appropriato e indica il tipo di giornale sul quale ne ipotizzi la pubblicazione (quotidiano, rivista divulgativa, giornale scolastico, altro). Se lo ritieni opportuno, organizza la trattazione dividendola in paragrafi, cui potrai eventualmente dare uno specifico titolo.

Documenti: Vassa [44DOC]
Immagini: pp. 149, 150
Brani storiografici: Pétré-Grenouilleau [45], Polanyi [46]
Capitoli: **5.2**

❹ Dopo aver letto i brani di Pétré-Grenouilleau [45] e Polanyi [46], scegli tra le seguenti posizioni storiografiche, relative ai caratteri della tratta degli schiavi, quella che ritieni maggiormente condivisibile e argomenta la tua risposta in un breve testo (max 20 righe):

a. Il commercio degli schiavi vedeva coinvolti attivamente non solo gli Stati europei che pianificavano e realizzavano la tratta oceanica, ma anche le colonie americane e i regni africani che fornivano la manodopera e il supporto logistico ai commercianti bianchi, in cambio di benefici economici.

b. Benché la schiavitù fosse un'istituzione diffusa in Africa già prima della tratta afroamericana, gli europei cambiarono radicalmente le dimensioni e le pratiche del mercato, condizionando fortemente le scelte politiche ed economiche degli Stati africani coinvolti.

MODULO

3 LE GRANDI RIVOLUZIONI

1775-83
Guerra d'indipendenza americana

1776
Dichiarazione di indipendenza e nascita degli Stati Uniti d'America

1787
Costituzione degli Stati Uniti d'America

1789
Presa della Bastiglia: inizia la Rivoluzione francese

1792
Proclamazione della Repubblica francese. Costituzione democratica e dittatura giacobina

1797
Repubbliche «giacobine» in Italia

Jean-Baptiste Regnault
La libertà o la morte
1795 ca.
[Hamburger Kunsthalle, Amburgo]

ANTEPRIMA

Le rivoluzioni politiche alle origini dell'età contemporanea

L'ampio arco temporale, dal 1776 al 1848-49, segnato dalle grandi rivoluzioni corrisponde al periodo in cui collochiamo gli inizi dell'età contemporanea. Non una data precisa, ma un insieme di vicende, tutte caratterizzate da trasformazioni rivoluzionarie (o da tentativi rivoluzionari votati all'insuccesso) che si susseguono in quei decenni determinando radicali e alla fine irreversibili mutamenti nei rapporti politici e nelle strutture economiche. Ma anche avviando processi che portarono nei decenni immediatamente successivi a grandi risultati come l'indipendenza e l'unità d'Italia e l'unificazione tedesca.

Le rivoluzioni politiche – americana, francese, del Sud e del Centro-America – sono state inserite, da alcuni storici, in un quadro unitario, quello delle "rivoluzioni atlantiche", per il loro affacciarsi sulle due sponde dell'oceano e per i reciproci influssi che, nelle due direzioni, legavano Europa e America nella realizzazione di modelli politici liberali e democratici. Altri hanno contestato questa visione d'insieme ritenendo le differenze più significative delle affinità: essa segnala tuttavia l'ampiezza delle aree coinvolte nella grande trasformazione che poniamo alle origini dell'età contemporanea.

Le rivoluzioni politiche spazzano via le strutture del privilegio, cancellano i residui feudali, riducono drasticamente il dominio delle aristocrazie lasciando emergere i nuovi ceti borghesi. **«Da sudditi a cittadini»** è la formula che condensa l'insieme di questi mutamenti caratterizzati dall'eguaglianza di fronte alla legge e dall'acquisizione dei diritti politici: innanzitutto il diritto di voto attribuito (ai soli uomini) dapprima in base alla ricchezza posseduta o a determinati titoli culturali. L'allargamento del suffragio rimase in tutto il periodo una delle richieste dei gruppi democratici e uno dei principali punti di contrasto tra liberalismo e democrazia.

- **804** Napoleone assume il titolo di imperatore dei francesi
- **1811-30** Lotte per l'indipendenza in Sud America
- **1814-15** Congresso di Vienna
- **1815** Definitiva sconfitta di Napoleone a Waterloo
- **1820-21** Insurrezioni in Spagna, in Grecia e in Italia
- **1830-31** Insurrezioni nei Ducati di Parma e Modena
- **1831** Fondazione della Giovine Italia
- **1845-48** Annessioni del Texas e della California agli Stati Uniti
- **1848** Insurrezioni in Francia (Seconda Repubblica), in Italia e nell'Impero d'Austria; in Francia Luigi Bonaparte diventa presidente della Repubblica

La grande Rivoluzione

In Europa la Rivoluzione francese (scoppiata nel 1789) è la matrice principale del cambiamento, non solo per l'abbattimento dell'*ancien régime*, ma perché è dalla vicenda rivoluzionaria che emergono **i nuovi protagonisti della lotta politica**. In primo luogo le masse popolari urbane – artigiani, lavoratori manuali, piccoli borghesi –, protagoniste non solo sulla scena francese (e parigina in particolare), ma anche delle fasi rivoluzionarie degli altri paesi europei in tutta la prima metà dell'800. La loro violenza, che ricalcava in parte codici di comportamento delle rivolte popolari di antico regime, solo gradatamente verrà incanalata verso obiettivi politici e programmatici ben definiti. Un ruolo decisivo in questo ambito ebbero i nuovi **politici di professione**, un altro portato della Rivoluzione francese, come i giacobini, i primi a dar vita a un'organizzazione centralizzata simile ai successivi partiti politici.
Dagli ideali rivoluzionari interpretati in chiave espansiva e nazionalista emerse la figura di **Napoleone** Bonaparte, iniziatore di una trasformazione politica e amministrativa non solo della Francia ma di gran parte dell'Europa conquistata dagli eserciti francesi. Il modello di governo napoleonico, fondato all'interno su un consenso raccolto rivolgendosi direttamente ai cittadini con lo strumento del plebiscito, inaugurò una forma di potere autoritario destinato a riproporsi più volte in varie parti dell'Europa e del mondo nel corso dell'età contemporanea.

La rivoluzione industriale e la questione sociale

Negli stessi decenni delle rivoluzioni politiche americane ed europee, in Gran Bretagna (e in particolare in Inghilterra, dove un secolo prima era stato introdotto un sistema costituzionale-parlamentare) prese avvio la rivoluzione industriale. Le nuove tecnologie destinate ad aumentare e migliorare la produzione, innanzitutto nel settore tessile cotoniero, e contemporaneamente ad abbassare i costi del lavoro, diedero vita non solo a un nuovo sistema produttivo e al luogo fisico delle attività lavorative, la **fabbrica**, ma anche alla **classe operaia**, composta dai lavoratori salariati e dalle loro famiglie. Queste trasformazioni, nel loro graduale diffondersi, investirono nei primi decenni dell'800 altri paesi europei – il Belgio, la Francia, le regioni occidentali della Germania – e gli Stati Uniti.
Tra gli anni '30 e '40 la rivoluzione industriale fu affiancata progressivamente dalla rivoluzione dei trasporti legata alla costruzione delle ferrovie che stesero la loro rete di comunicazioni nei paesi più sviluppati.

Contemporaneamente, in Gran Bretagna prima, nell'Europa continentale in seguito, iniziava a emergere dalle dure condizioni di lavoro e dalle forme di sfruttamento proprie del sistema di fabbrica la **questione operaia** e il correlato conflitto tra imprenditori industriali e lavoratori. Più in generale l'addensarsi nelle grandi città e nelle nuove città industriali di un numeroso proletariato in condizioni di dura povertà poneva all'attenzione dei governi e dei movimenti politici il manifestarsi della **questione sociale** accompagnata da nuovi antagonismi tra ceti e classi: agli occhi della classe dirigente e di molti osservatori le classi laboriose si presentavano come «classi pericolose». Questione operaia e questione sociale trovarono due diverse forme di tutela e/o di rappresentanza. In Gran Bretagna nelle prime organizzazioni sindacali delle Trade Unions, altrove nei movimenti politici espressione delle prime forme di socialismo (che postulavano una società nuova fondata sui valori della solidarietà e della uguaglianza).

Le ideologie politiche

Il socialismo nelle sue diverse varianti utopistiche e rivoluzionarie è in ordine di tempo l'ultima delle grandi ideologie che si formano e si affermano in questo periodo. Ma la novità più radicale, quella del socialismo scientifico di Marx ed Engels, pur manifestandosi proprio sul finire dell'età delle rivoluzioni, comincerà solo in seguito ad esercitare la sua presa sulla classe operaia.
Bisogna quindi tornare all'indietro per ricordare che dal grande bacino di idee dell'Illuminismo si erano generate le due correnti principali del pensiero politico di quest'epoca, il **liberalismo** e la **democrazia**. Le differenze, che si esprimevano in radicali contrapposizioni – diversamente dal loro successivo avvicinarsi e quasi confondersi a partire dal secondo '900 nella forma della liberal-democrazia –, si misuravano allora nitidamente sul piano degli obiettivi e dei programmi: tutela dei diritti individuali e difesa dagli abusi di un potere dispotico, ascesa del merito contro i privilegi di ceto per i liberali, allargamento della partecipazione politica e della rappresentanza per i democratici. Ma erano evidenti anche per la diversa base sociale di riferimento che nel caso della democrazia si estendeva alla piccola borghesia e agli elementi più politicizzati dei ceti popolari urbani.

Il Romanticismo e l'idea di nazione

Il vario formarsi e modellarsi della cultura politica e delle ideologie tra '700 e '800 si intreccia con il grande movimento culturale del Romanticismo. Impossibile da racchiudere in una formula, il Romanticismo è tante cose insieme, talora contraddittorie, spesso declinate assai diversamente nei vari paesi in cui si manifesta. Gli elementi comuni sono il rifiuto del razionalismo illuminista (e, sul piano dei costumi, del libertinaggio settecentesco), l'esaltazione del sentimento puro e sofferto, talora in forme morbose o estreme, e dell'entusiasmo giovanile con forti tratti di contrapposizione generazionale. Movimento letterario, artistico e musicale contrapposto al classicismo degli stili e delle forme, ma anche somma di comportamenti e di stili di vita, sul piano storico guardava alle origini profonde dei popoli e al recupero delle tradizioni. Da queste numerose e articolate suggestioni emerse e si affermò l'idea di nazione, che già Rousseau, in pieno Illuminismo, vedeva come espressione di un popolo e di una comunità. Interpretata dalla **Francia** in maniera aggressiva ed espansionistica nelle guerre rivoluzionarie e napoleoniche, essa alimentò per contrapposizione in **Germania** una concezione romantica della nazione fondata sull'unità delle origini, della lingua, della terra e del sangue. La rinascita nazionale tedesca nelle guerre antinapoleoniche (per liberarsi dal dominio francese) e le successive aspirazioni e lotte per l'indipendenza di paesi come la Grecia, la Polonia, l'Ungheria e l'**Italia** sono tutte manifestazioni di questa nuova idea nazionale, di un nazionalismo che esalta la tradizione e la storia e rivendica un primato particolare se non una missione da affidare ai popoli finalmente consapevoli di un proprio destino.

La Restaurazione e la nuova ondata rivoluzionaria

Negli Stati Uniti rivoluzione, indipendenza e nascita della democrazia avevano avuto un percorso coevo e sostanzialmente unitario. E così in larga misura era avvenuto nelle colonie in America Latina. In Europa invece, dove gli antichi ordinamenti sociali e politici erano assai più forti, il rovesciamento del dominio napoleonico portò alla restaurazione dei vecchi sovrani e dei sistemi di governo tradizionali, anche se molti degli ordinamenti giuridici imposti dai francesi non poterono essere smantellati.

Ma la mobilitazione politica liberale e democratica innestata negli anni della Rivoluzione francese e dalla diffusione dei programmi rivoluzionari in Europa non poté essere arrestata. Nel 1820-21, nel 1830-31 e di nuovo nel 1848-49 tre cicli rivoluzionari coinvolsero diversi paesi europei dalla Spagna alla Polonia, dall'Ungheria all'Italia.
Nei primi due cicli la richiesta principale fu l'ampliamento delle libertà politiche e la concessione di una costituzione. Dovunque prevalse la repressione, il braccio armato della Santa Alleanza che tutelava la Restaurazione. In Italia a riportare l'ordine fu l'Austria, in Spagna intervennero i francesi nel 1823. Solo qualche anno dopo in Grecia e in Belgio, rispettivamente nel 1829 e nel 1830, con la conquista dell'indipendenza dei due paesi, fu raggiunto un risultato duraturo che ebbe il consenso delle maggiori potenze.
Nel frattempo la rivoluzione si era riaffacciata in Francia e il regime costituzionale dei Borbone (successivo alla caduta di Napoleone) fu abbattuto dalla sollevazione parigina del luglio 1830. Il nuovo sistema di governo borghese-liberale della monarchia orleanista (che seguì i fatti di luglio) si rivelò via via sempre più chiuso alle istanze di un ampliamento democratico, vittima a sua volta della nuova rivoluzione del febbraio 1848.
L'ondata rivoluzionaria che attraversò l'Europa nel 1848-49 fu assai più estesa e combattuta. Per la prima volta fu l'Austria, il centro propulsore della Restaurazione, ad essere coinvolta direttamente a Vienna e in molte parti del suo impero: a Budapest, a Milano, a Venezia. Nella rivoluzione del 1848 entrarono in campo anche gli Stati tedeschi con l'obiettivo di instaurare regimi costituzionali e insieme avviare l'unificazione del paese. Ma l'ostilità della Prussia, il più forte Stato tedesco, a ogni innovazione spense rapidamente gli entusiasmi nazionali germanici.
Ancora una volta la diversità, spesso radicale, di obiettivi e di programmi tra liberali e democratici, peraltro non sostenuti da alcuna forza armata organizzata, dovette piegarsi alla dura repressione militare messa in atto soprattutto nell'Impero asburgico.
Questa sconfitta generale delle forze democratiche investì anche la Francia dove, dopo la proclamazione della Repubblica, il suffragio universale portò al potere Luigi Napoleone Bonaparte, nipote del primo Napoleone, con l'appoggio delle forze conservatrici e cattoliche, e del mondo rurale. Giocò a suo favore la potente leva rappresentata dalle memorie dei successi dello zio, che aveva fondato il grande Impero francese. Rinasceva nuovamente su base plebiscitaria un Impero napoleonico con l'obiettivo di tornare ad avere un ruolo decisivo nella storia d'Europa.

L'Italia e il Risorgimento

L'Italia tornò protagonista della storia europea e artefice diretta dei propri destini col movimento di rinascita politica del Risorgimento: protagonista per la partecipazione ai moti costituzionali del 1820-21 e del '31, per il diffondersi della consapevolezza di una nuova identità nazionale votata all'unificazione del paese, per la particolarità della sua mobilitazione politica. L'obiettivo ostacolo delle antiche divisioni territoriali e del perdurare dei particolarismi, la dominazione austriaca diretta o indiretta su tanta parte della penisola e la presenza della Chiesa con un proprio ampio Stato territoriale, rendevano il processo risorgimentale e unitario particolarmente difficile.
Ma altri fattori agivano per un radicale cambiamento dei tradizionali assetti italiani: le ambizioni di espansione territoriale del Piemonte dei Savoia, la diffusione e il consenso a nuove teorizzazioni e movimenti politici, come sul fronte moderato il neoguelfismo di Gioberti, che poneva al centro della storia d'Italia degli anni a venire il nuovo compito unificatore della Chiesa di Roma, o il federalismo democratico di Cattaneo.
Ma, per ampiezza di adesioni e di gruppi sociali coinvolti, decisivo fu il ruolo di Mazzini e delle sue idee democratiche e repubblicane animate da uno spirito di sacrificio e dal fascino di una "nuova religione politica" in cui la fede nella libertà e nel progresso umano era vissuta come una fede religiosa.

Il paradosso di un papa riformatore come Pio IX diede l'avvio a un incendio rivoluzionario che, tra il '48 e il '49, sconvolse l'Italia con un significativo anticipo rispetto a quanto avveniva nel resto d'Europa. La concessione delle costituzioni, le rivolte di Milano e Venezia, l'inizio della guerra del Piemonte all'Austria, la **prima guerra d'indipendenza**, con l'iniziale partecipazione degli altri Stati italiani, si susseguirono in tempi rapidissimi. La prima sconfitta del Piemonte nel '48, la ripresa della guerra e la definitiva sconfitta del Regno sabaudo nel '49 si compirono mentre continuava la resistenza democratica della Repubblica romana contro l'intervento francese, volto a restaurare il papato, e di Venezia contro gli austriaci. Nonostante la duplice sconfitta dell'opzione bellica piemontese e delle rivoluzioni democratiche di Roma e Venezia, quello del '48-49 fu un biennio epocale.
Un biennio che testimoniava la nuova dimensione europea del problema italiano, e certificava la nascita di un movimento nazionale e di una mobilitazione patriottica alimentata dalla partecipazione di decine di migliaia di italiani.

Geografia e Storia
Le "rivoluzioni atlantiche"

Il libro
G. Lefebvre
La grande paura del 1789

Il laboratorio dello storico
Le immagini come fonti e l'iconografia rivoluzionaria

ONLINE

CAPITOLO

6 LA NASCITA DEGLI STATI UNITI

1 Le colonie britanniche nell'America del Nord

La formazione degli Stati Uniti d'America è il primo episodio di quella stagione rivoluzionaria – politica ma anche economica e sociale – che inizia negli ultimi decenni del '700 e si chiude alla metà dell'800: l'età che abbiamo chiamato delle "grandi rivoluzioni".
Con la nascita degli Stati Uniti fa il suo ingresso sulla scena mondiale un nuovo protagonista: anche se dovranno passare molti decenni, e una drammatica guerra civile, perché il nuovo Stato si consolidi. Ma dalla fine dell'800, prima con la guerra contro la Spagna per l'indipendenza di Cuba (che divenne protettorato americano nel 1898), poi con la partecipazione al primo conflitto mondiale (nel 1917), gli Stati Uniti si affermarono come grande potenza fino a dominare la seconda metà del '900 e gli anni iniziali del nuovo secolo.
Nessuno poteva immaginare che un conflitto locale tra sudditi della Gran Bretagna,

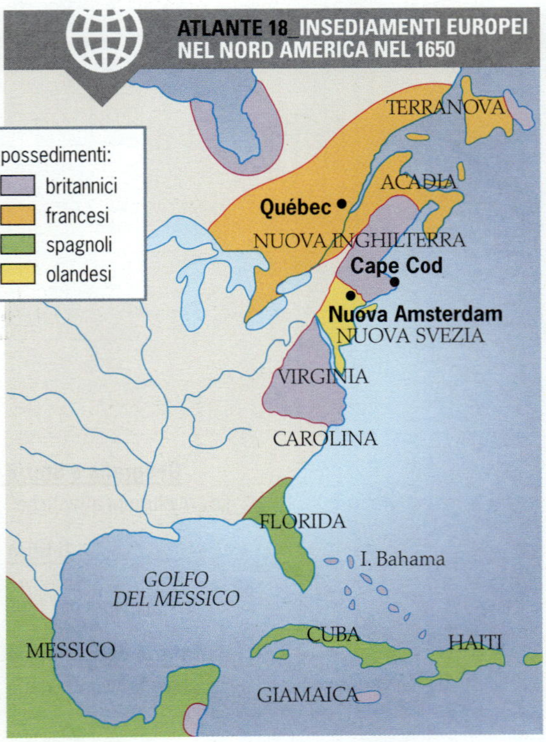

in colonie lontane dalla madrepatria, divenisse motore di una così grande trasformazione.

Focus
I Padri Pellegrini
e il New England
ONLINE

I primi insediamenti Agli inizi del '600 in due diversi punti delle coste atlantiche dell'America settentrionale aveva preso avvio la colonizzazione inglese: nel 1607 nei territori della Virginia e nel 1620 con lo sbarco, molto più a nord – a Cape Cod, nel Massachusetts –, dei "Padri Pellegrini", una congregazione di **puritani** inglesi già esuli in Olanda [ATLANTE_18]. I nuovi insediamenti furono favoriti dall'**assistenza fornita dagli indiani nativi**, i pellerossa, nel contribuire alla esplorazione del territorio e nel fornire risorse alimentari prima che le nuove coltivazioni potessero cominciare a dare i loro frutti. Presto però dissodamenti e disboscamenti sarebbero stati all'origine di duri conflitti con le tribù dei pellerossa sul possesso delle terre.

Nell'espansione inglese dei decenni successivi si sommarono l'iniziativa delle **compagnie commerciali** e una consistente immigrazione di **minoranze politiche e religiose** dalla Gran Bretagna ma anche da altri paesi europei, come quella degli ugo-

Puritani
Il termine "puritano" (dal latino *purus*, 'puro') fu inventato a metà del '500 dagli anglicani per definire in modo sarcastico i calvinisti, che finirono poi per adottare con orgoglio questo appellativo. Il termine, infatti, sembrava adatto a sottolineare la purezza della loro fede e a qualificare positivamente il modo di vita cui i gruppi più intransigenti del calvinismo si ispiravano, ossia l'assoluto rispetto dei princìpi religiosi e morali del protestantesimo. Fu per sfuggire alle persecuzioni che, nel 1620, un gruppo di un centinaio di puritani, detti in seguito Padri Pellegrini, abbandonò l'Inghilterra a bordo della nave Mayflower e raggiunse l'America settentrionale, dove fondò New Plymouth, primo nucleo del futuro Stato del Massachusetts.

Edward Hicks
***Il trattato di Penn con gli indiani*, part.**
1840-44
[National Gallery of Art, Washington]
William Penn, ricco mercante a capo di una colonia di quaccheri, giunse nell'America del Nord in una regione che da lui prese il nome, Pennsylvania. Nel 1681 trattò con gli indiani l'acquisto del territorio sul quale avrebbe fondato la città di Philadelphia, capitale della colonia che accolse non solo i gruppi britannici di religione quacchera, ma anche pietisti tedeschi e gruppi di tedeschi e scandinavi. Successivamente Penn acquistò le regioni meridionali dello Stato di New York e vi fondò la colonia del Delaware. I quaccheri furono gli unici ad avere con gli indiani rapporti paritetici, mentre gli altri europei giungevano nel Nuovo Mondo come conquistatori. Questo quadro, basato su un dipinto del 1771, ricorda Penn, figura simbolica dell'identità americana, e l'accordo che stipulò con i nativi americani.

ATLANTE 19_LE COLONIE AMERICANE ALLA VIGILIA DELLA GUERRA CON LA GRAN BRETAGNA

possedimenti britannici dopo la pace di Parigi del 1763
le tredici colonie che si sollevano contro la Gran Bretagna nel 1774
alla Gran Bretagna dal 1763 al 1783
zone popolate da pellerossa

▶ 47
G. Abbattista
La società nordamericana alla vigilia della rivoluzione

notti dalla Francia o degli **amish** dalle regioni di lingua tedesca. Via via gli inglesi risalirono verso nord e discesero verso sud conquistando e mettendo a coltivazione territori sempre più estesi, assorbendo e talora acquistando i precedenti insediamenti olandesi e svedesi.

Le tredici colonie

Nel 1763, alla fine della guerra dei Sette anni contro la Francia, le colonie britanniche si estendevano dal Canada a nord (la Nuova Scozia) alla Florida a sud, mentre a ovest erano delimitate dalla catena montuosa degli Appalachi [ATLANTE_19]. Distese su un territorio così lungo, le colonie erano caratterizzate da grandi diversità climatiche, ma differivano anche per composizione sociale e assetti economico-produttivi.

■ **Le quattro colonie settentrionali. La Nuova Inghilterra** In Massachusetts, New Hampshire, Rhode Island, Connecticut il clima, simile a quello dell'Europa nord-occidentale, aveva consentito la coltivazione dei **cereali** e la costituzione di villaggi rurali. Nei centri urbani della costa, però, primo fra tutti Boston, fiorì, grazie alla larga disponibilità di legname, un'importante **industria cantieristica**.

■ **Le quattro colonie del Centro** Nei territori di New York, del New Jersey, della Pennsylvania e del Delaware, che non costituivano un blocco omogeneo, la situazione economica era simile a quella della Nuova Inghilterra, ma con più forti squilibri sociali e una diversa struttura della proprietà terriera – soprattutto nello Stato di New York dominavano infatti i grandi **latifondisti**.

■ **Le cinque colonie del Sud** In Virginia, Maryland, Carolina del Nord e del Sud, Georgia tutta l'economia era incentrata sulle **piantagioni** (tabacco, riso e, più tardi, cotone), si fondava principalmente sulla grande proprietà e si reggeva sul lavoro degli schiavi di origine africana. Ma era anche diffusa la piccola e media proprietà terriera che si avvaleva anch'essa della manodopera degli **schiavi neri**.

Le appartenenze religiose e la mentalità del nuovo "popolo eletto"

Le colonie si differenziavano profondamente anche dal punto di vista religioso, pur essendo tutte protestanti. Nella Nuova Inghilterra prevalevano largamente i dissidenti della Chiesa anglicana (presbiteriani, congregazionalisti, metodisti): qui, negli anni 1730-40, aveva trovato larga diffusione il movimento del ***Grande risveglio*** protestante, animato da impetuosi predicatori che volevano rivitalizzare la fede, ritornare alla Bibbia, rafforzare la pratica religiosa. La Pennsylvania ospitava larghe comunità di quaccheri e di amish. Nelle colonie del Sud era dominante invece la fedeltà alla Chiesa anglicana.

Le numerose denominazioni religiose del protestantesimo intransigente erano impegnate nella difesa delle forme di **autogoverno**, delle libertà dei coloni e alimentavano il dissenso nei confronti delle istituzioni e dei controlli esercitati dall'amministrazione e dalle istituzioni della Corona britannica. Queste posizioni erano fondate sul **nesso sempre più stringente tra libertà religiosa e libertà politica** nonché sulla convinzione di una nuova missione e di un destino speciale affidato da Dio ai nuovi americani che si consideravano un popolo eletto, chiamato a realizzare il vero cristianesimo.

La popolazione e le tradizioni insediative

Secondo le stime, nel 1770 la popolazione aveva superato i 2 milioni e nel 1780, con un elevato tasso di incremento, avrebbe raggiunto i 2.780.000 individui. Tra la popolazione si contavano oltre 500 mila **schiavi neri**, concentrati nelle colonie meridionali dove rappresentavano il 40% circa degli abitanti.

Un ruolo rilevante avevano gli indiani pellerossa, dislocati all'interno dei territori e sospinti dalla colonizzazione sempre più verso ovest, non facilmente conteggiabili

Amish
La comunità religiosa amish raccoglie i seguaci di un predicatore vissuto in Svizzera nel '600, Jacob Amman, che abbandonò la Chiesa anabattista dei mennoniti. Nel corso del '700 gli amish (come i mennoniti) migrarono negli Stati Uniti, in prima battuta in Pennsylvania. Ancora oggi questo sottogruppo della Chiesa anabattista mennonita è presente negli Stati Uniti. L'Ohio e la Pennsylvania sono gli Stati che ospitano le comunità più numerose. Gli amish vivono separati dal resto del mondo, parlano tradizionalmente un dialetto tedesco, osservano uno stile di vita semplice, rurale, evitando il contatto costante con la civiltà e le nuove tecnologie.

Guerre franco-indiane
Le guerre franco-indiane sono una serie di conflitti combattuti nel corso del '600 e del '700, che coinvolsero anche le colonie e i territori dell'America settentrionale oltre alle tribù indiane che popolavano quelle terre. Si trattò per lo più di riflessi delle guerre dinastiche combattute in Europa in quei secoli. Ad alcuni di questi conflitti presero parte olandesi e spagnoli, ma i due fronti contrapposti videro impegnati sempre francesi e inglesi, alleati con le diverse tribù indiane. L'ultima e la più importante delle guerre franco-indiane coincise con la guerra dei Sette anni (1756-63), con la quale la Gran Bretagna si impose definitivamente sulla Francia.

ma in continua diminuzione. Tra le numerose **"nazioni" indiane** (questo era il termine con cui venivano chiamate le tribù) spiccavano la confederazione degli Irochesi del Nord-est, già alleati dei britannici nelle **guerre franco-indiane**, gli Algonchini, schierati invece con i francesi, e i Cherokee a Sud.

Le colonie non erano caratterizzate da una significativa **urbanizzazione**, soprattutto nei territori del Sud. Diversa era la situazione nelle colonie del Centro e del Nord. Philadelphia era la città più popolosa con 40 mila abitanti, mentre gli altri due principali centri urbani, Boston e New York, che pure avevano conosciuto un vistoso incremento demografico del 50% tra il 1760 e il 1775, si fermavano a 18 mila e 21 mila abitanti rispettivamente. Centri dunque relativamente piccoli ma vivacissimi per le attività economiche e la vita politica e culturale.

GUIDA ALLO STUDIO

❶ Quali forze economiche e sociali inglesi colonizzarono l'America settentrionale? ❷ Quali erano le economie degli Stati del Nord, del Centro e del Sud? ❸ Come reagirono i pellerossa alla colonizzazione inglese? ❹ Le colonie inglesi del Nord America erano tutte di fede protestante, ma con grandi differenze da una all'altra. Quali tendenze si affermarono nelle tredici colonie?

2 Una rivoluzione per l'indipendenza

Le dure premesse Le colonie americane, largamente inserite nel sistema di scambi atlantici, dovevano sottostare alle **leggi commerciali imposte da Londra**. Solo le navi britanniche potevano accedere ai porti del Nord America e tutte le merci dirette alle colonie dovevano passare per la Gran Bretagna. La quasi totalità della produzione coloniale – il tabacco e il riso del Sud, il legname della Nuova Inghilterra, il pesce e l'olio di balena, il rhum e le pellicce – era destinata ai mercati britannici, mentre l'industria locale, salvo quella cantieristica, era ostacolata per evitare che entrasse in concorrenza con quella della madrepatria.

Sul piano politico-amministrativo, invece, le colonie, pur sottoposte al controllo di un governatore di nomina regia, si erano date assemblee legislative elette dai cittadini che nel corso del tempo avevano assunto poteri sempre maggiori. Questo **dualismo di poteri** di fatto lasciava spazio a continui conflitti, intensificati soprattutto dopo la fine dell'ultima guerra franco-indiana: a partire dal 1763 le tredici colonie cominciarono a sentirsi come un'**unità autonoma**, diversa dalla madrepatria, con una propria identità e non più come parte integrante di un impero britannico unitario.

Dal boicottaggio alla guerra Questi sentimenti si accentuarono fino a trasformarsi in diffusa opposizione politica quando la Gran Bretagna intensificò il prelievo fiscale. Si trattava di rimettere in sesto le finanze statali dissanguate dalle guerre e di pagare i funzionari e le truppe stanziate nei territori americani. Ma se ai vincoli commerciali le colonie avevano risposto con il contrabbando o eludendo le norme, ora all'inasprimento fiscale risposero con il **boicottaggio delle merci** provenienti dalla madrepatria.

L'imposizione di una serie di dazi doganali – come quello sullo zucchero del 1764 – e dello *Stamp Act* (1765), l'obbligo di una marca da bollo non solo sui documenti ma anche su giornali e riviste, provocò la dura reazione dei coloni. Della protesta si fecero interpreti le **assemblee legislative** e i numerosi **periodici politici delle colonie**, che potevano contare su un larghissimo consenso in tutti i ceti sociali, dai grandi proprietari del Sud, agli artigiani del Nord, agli intellettuali. Venne richiamata con forza la stessa tradizione del parlamentarismo britannico: in particolare il principio secondo cui nessuna tassa poteva essere imposta senza l'approvazione di un'assemblea in cui i diritti dei tassati trovassero adeguata rappresentanza. In base a questo

Boicottaggio
In origine il boicottaggio era una forma di lotta economica che consisteva nel rifiuto di entrare in rapporti con qualcuno, per esempio un paese, un proprietario terriero o una compagnia commerciale, per danneggiarne la posizione. Questo è quanto avvenne nel caso del contrasto tra le colonie in Nord America e la madrepatria: i coloni ribelli, infatti, decisero di sospendere gli acquisti di merci britanniche con l'intento di causare un grave danno economico alla Corona. Ma boicottare può anche voler dire isolare un paese in campo internazionale per le sue scelte politiche o per gli atti criminali compiuti durante una guerra.

principio – «*no taxation without representation*» – il Parlamento di Londra, dove i coloni non erano rappresentati, non aveva diritto a imporre tasse ai territori d'Oltreoceano.

La tensione, già alta, si accentuò quando un provvedimento del 1773 assegnò **alla Compagnia delle Indie il monopolio della vendita del tè** nel continente americano, danneggiando gravemente i commercianti locali. Nel dicembre 1773, nel porto di Boston – centro principale dell'agitazione antibritannica – furono assalite alcune navi della Compagnia e fu gettato in mare il carico di tè. All'atto, passato alla storia come ***Boston Tea Party***, il governo centrale rispose con dure misure di ritorsione: nel 1774 il porto di Boston fu chiuso, il Massachusetts fu privato delle sue autonomie, in tutte le colonie i giudici americani furono sostituiti da funzionari britannici. Da questo momento in poi, la rivolta divenne aperta e generalizzata.

Nel settembre '74, in un primo **Congresso continentale**, i rappresentanti delle tredici colonie si accordarono per portare avanti le azioni di boicottaggio e per difendere con ogni mezzo le loro autonomie. Nell'aprile 1775 si ebbero i primi scontri armati tra le milizie dei coloni e le truppe britanniche nei pressi di Boston. In maggio, un secondo Congresso continentale decideva la formazione di un eser-

Joseph Trumbull
La Dichiarazione di indipendenza degli Stati Uniti
1817-19
[Campidoglio, Washington]

Il dipinto ricorda la giornata del 28 giugno 1776, quando a Philadelphia la cosiddetta "Commissione dei cinque" presentò ai partecipanti al Congresso la *Dichiarazione di indipendenza*, poi ratificata il 4 luglio successivo. In piedi, i cinque membri della commissione: (da sinistra) John Adams, Roger Sherman, Robert Livingston, Thomas Jefferson, Benjamin Franklin; di fronte a loro, seduto, il presidente del Congresso, John Hancock. Per la successiva elaborazione della Costituzione americana (1787) furono determinanti le «verità» sancite nell'enunciato di apertura della *Dichiarazione*: «Noi riteniamo che le seguenti verità siano di per sé stesse evidenti; che tutti gli uomini sono stati creati uguali, che essi sono stati dotati dal loro Creatore di alcuni Diritti inalienabili, che fra questi sono la Vita, la Libertà e la ricerca della Felicità; che allo scopo di garantire questi diritti, sono creati fra gli uomini i Governi, i quali derivano i loro giusti poteri dal consenso dei governati; che ogni qual volta una qualsiasi forma di Governo tende a negare tali fini, è Diritto del Popolo modificarlo o distruggerlo, e creare un nuovo Governo, che si fondi su quei princìpi e che abbia i propri poteri ordinati in quella guisa che gli sembri più idonea al raggiungimento della sua sicurezza e felicità».

cito comune, il *Continental Army*, e ne affidava il comando a **George Washington** (1732-1799), un proprietario terriero della Virginia che, nel volgere di un decennio, sarebbe divenuto il primo presidente degli Stati Uniti d'America [👁 6.4]. La protesta delle colonie, trasformatasi ormai in **rivoluzione**, sfociava così in una vera e propria **guerra**.

La Dichiarazione di indipendenza. Un atto fondativo

Il 4 luglio 1776, dopo un lungo e acceso dibattito, il Congresso continentale approvò una *Dichiarazione di indipendenza* stesa da **Thomas Jefferson** (1743-1826), che può essere considerata il vero atto di nascita degli Stati Uniti d'America [👁 6.4 PERSONAGGI]. Questo documento fondamentale, oltre a enumerare minuziosamente i motivi del contrasto con la Corona britannica sul modello del *Bill of Rights* inglese del 1689, si richiamava ai princìpi del giusnaturalismo, ai diritti inalienabili dell'uomo e al diritto di un popolo a ribellarsi gettando le basi di un nuovo e concreto progetto politico [👁 1.3]. La *Dichiarazione* era un progetto rivoluzionario che rompeva ogni legame con la monarchia britannica e dava vita a una **repubblica** [👁 6.4 STORIA•SOCIETÀ•CITTADINANZA].

La guerra, la vittoria e la pace

L'indipendenza venne dichiarata poco più di un anno dopo l'inizio di una guerra che si sarebbe trascinata per otto anni: durò infatti **dal 1775 al 1783**. Inoltre, dopo l'ingresso della Francia e della Spagna a fianco degli Stati Uniti con l'evidente obiettivo di trarre vantaggi territoriali da un'eventuale sconfitta della Gran Bretagna, il conflitto si sarebbe combattuto anche nei Caraibi, a Gibilterra (inutilmente assediata dagli spagnoli per tre anni), sulle coste africane e in India.

Negli Stati Uniti le prime fasi del conflitto non furono favorevoli agli americani, anche perché le truppe britanniche, forti di 35 mila uomini (tra cui un nutrito contingente di mercenari tedeschi), contro gli 8000 poco addestrati dell'esercito di Washington, assunsero l'iniziativa occupando New York (agosto 1776). Washington adottò allora

48 DOC
La **Dichiarazione di indipendenza** *degli Stati Uniti*

Emanuel Gottlieb Leutze
Washington attraversa il Delaware
1851
[Metropolitan Museum, New York]

Una delle azioni più celebrate di Washington, e della storia dell'indipendenza americana in generale, è senz'altro quella compiuta il 25 dicembre del 1776, quando il generale guidò le truppe in un assalto a sorpresa contro i britannici. Questi ultimi, guidati dal generale Howe, si erano trasferiti a New York per trascorrervi l'inverno, convinti che Washington non li avrebbe attaccati fino alla primavera successiva. Ma le forze americane, non tenendo conto delle usanze militari, attraversarono nottetempo il fiume Delaware semighiacciato e riuscirono ad avere la meglio sul nemico.

una tattica prudente evitando gli scontri campali e logorando gli avversari con ostinate azioni di **guerriglia** – sabotaggi, assalti, attentati a sorpresa –, finché i britannici non subirono a **Saratoga** (1777) la loro prima seria sconfitta **[**ATLANTE_**20****]**.
La posizione degli insorti restava comunque difficile e piuttosto grave era la situazione finanziaria, che costrinse le colonie a sostenere i **costi del conflitto** ricorrendo a una serie di imposte straordinarie. A favore degli indipendentisti si schierò l'opinione pubblica europea – nella stessa Gran Bretagna non mancarono le voci favorevoli ai ribelli – tanto che, a partire dal 1777, cominciarono ad arrivare, provenienti da diversi paesi europei, numerosi **volontari** pronti a battersi a fianco degli Stati Uniti. Ma l'aiuto decisivo venne dall'intervento delle potenze europee che impegnarono la Gran Bretagna su molti altri teatri bellici. Importante in questa fase fu in particolare il ruolo della **Francia**, che, alla fine del '77, riconobbe l'indipendenza delle colonie

ATLANTE 20_GLI STATI UNITI (1783-1803)

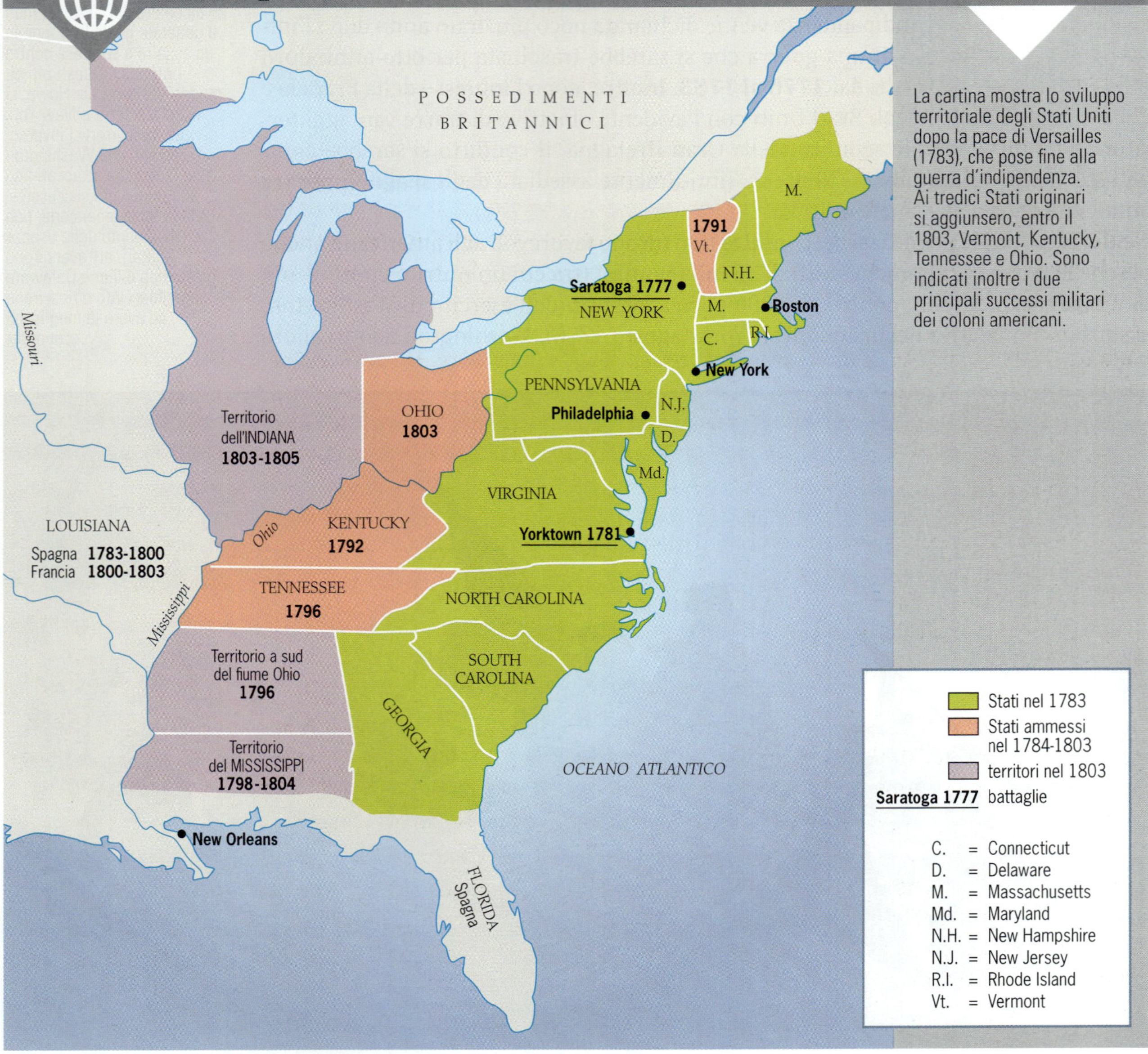

La cartina mostra lo sviluppo territoriale degli Stati Uniti dopo la pace di Versailles (1783), che pose fine alla guerra d'indipendenza. Ai tredici Stati originari si aggiunsero, entro il 1803, Vermont, Kentucky, Tennessee e Ohio. Sono indicati inoltre i due principali successi militari dei coloni americani.

e, nel gennaio '78, firmò con esse un patto di alleanza militare. Nell'estate dell'81, in coincidenza con l'arrivo di una flotta francese, gli americani passarono al contrattacco e posero l'assedio a **Yorktown**, in Virginia, dove si era concentrato il grosso delle forze britanniche costringendole alla resa nell'ottobre 1781.
Con la **pace di Versailles** del settembre **1783** la Gran Bretagna riconosceva l'indipendenza delle tredici colonie, ma conservava sostanzialmente intatto il resto del suo impero, pur dovendo restituire alla Spagna la Florida (che aveva occupato nel 1763).

GUIDA ALLO STUDIO

❶ In che modo l'economia coloniale americana era integrata con quella della madrepatria? ❷ Spiega il principio «*no taxation without representation*». ❸ Che cosa accadde a Boston tra il 1774 e il 1775? ❹ A quali princìpi si ispirava la *Dichiarazione di indipendenza*? ❺ Chi sosteneva in Europa i ribelli americani? Come si concluse la guerra delle tredici colonie contro gli inglesi?

3 La guerra civile e gli ideali repubblicani

Patrioti *versus* lealisti

La guerra contro la Gran Bretagna fu anche una guerra civile che vide schierati i "patrioti" indipendentisti contro i "lealisti", fedeli alla Corona britannica o, come anche si disse, i Whigs contro i Tories. Si ritiene che i rivoluzionari fossero il 40% della popolazione e altrettanti i pacifisti (come i quaccheri) e gli indifferenti. I lealisti erano quindi una minoranza, ma molto combattiva.
Tra i patrioti erano schierati l'élite dei proprietari di piantagioni del Sud, come i virginiani Washington e Jefferson, grandi e piccoli mercanti, ceti artigiani e agricoltori indipendenti soprattutto nel Nord, e appartenenti alle congregazioni protestanti non anglicane. **La contrapposizione con i lealisti tuttavia non era sociale, ma politica e ideologica**. Salvo che nella Nuova Inghilterra, dove la maggioranza indipendentista non trovò molti avversari, gli scontri tra le due fazioni furono durissimi e spietati, fino al massacro degli avversari.
Alla fine della guerra tra i 60 e i 100 mila coloni **lealisti** furono **costretti all'esilio** e le loro proprietà vennero confiscate. Gli esiliati, a cui si aggiunse qualche migliaio di schiavi liberati, si trasferirono in Canada nella regione dell'Ontario, nei Caraibi o tornarono in Gran Bretagna.
La radicalità dello scontro rifletteva la diversità delle posizioni ideologiche. La cultura rivoluzionaria era figlia delle tradizioni radicali inglesi, tanto politiche che religiose, dei princìpi del **contrattualismo** di Locke, ma anche del richiamo alle antiche libertà che risalivano alla *Magna Charta*. Inoltre, il mito delle virtù repubblicane era contrapposto alla corruzione del **dispotismo monarchico**. Erano diffusi anche gli ideali della **Massoneria** **[👁 3.4]** (peraltro condivisi nello schieramento monarchico) più per la loro capacità aggregante che per gli aspetti dottrinari. Massoni furono alcuni dei leader rivoluzionari, come George Washington, Benjamin Franklin (1706-1790), uomo di scienza e cultura oltre che politico di peso, e Alexander Hamilton (1755-1804), che era stato uno dei più stretti collaboratori di Washington e in seguito fu esponente delle tesi federaliste.

Gli esclusi dalla Rivoluzione

Anche gli schiavi neri (o i neri liberati) e gli indiani nativi furono coinvolti nella guerra. A molti **schiavi** fu promessa la liberazione da entrambi gli schieramenti in cambio dell'arruolamento. Al Sud, soprattutto in Carolina, molti neri fuggirono approfittando dei disordini della guerra mettendo in grave crisi l'economia delle piantagioni. Le maggiori **nazioni indiane** si schierarono prevalentemente dalla parte dei britannici, che sembravano poter tutelare meglio le tribù pellerossa dai rischi dell'espansione dei coloni americani nei territori ad ovest degli Appalachi.

Purtroppo, i **princìpi egualitari**, per quanto enunciati nel preambolo della *Dichiarazione di indipendenza*, si ritenevano implicitamente limitati ai **bianchi americani** e non si potevano estendere alle popolazioni native né agli schiavi di colore. Ma questo non deve sorprenderci. Gli indiani pellerossa erano il principale ostacolo all'allargamento verso ovest della colonizzazione e gli schiavi neri erano indispensabili per mantenere efficiente il sistema produttivo degli Stati del Sud. In questo senso gli uni e gli altri possono essere considerati gli sconfitti del grande esperimento politico della Rivoluzione americana.

GUIDA ALLO STUDIO

❶ Da chi era composta la fazione dei "patrioti"? ❷ Quale fu, al termine della guerra, la sorte dei "lealisti"? ❸ Da quali idee, legate alla tradizione radicale inglese, discendeva la cultura rivoluzionaria? ❹ Chi non beneficiò dei princìpi egualitari enunciati dalla *Dichiarazione di indipendenza*?

4 La Costituzione e la democrazia americana

La Costituzione del 1787

Il nuovo organismo politico uscito vittorioso dalla Rivoluzione e dalla guerra era privo di un ordinamento istituzionale che superasse i potenziali antagonismi tra i diversi Stati e si presentasse unito sulla scena internazionale. Per risolvere questo problema nel maggio 1787 si aprì a Philadelphia, sotto la presidenza di Washington, una **Convenzione costituzionale**, ossia un'assemblea dei rappresentanti di tutti i tredici Stati, che in meno di due mesi approvò una Costituzione, destinata a reggere nelle sue linee fondamentali ancora ai nostri giorni e a fungere da modello per molte successive esperienze di regime rappresentativo. Ispirandosi al principio della **divisione** e dell'**equilibrio dei poteri**, la Costituzione dava vita a nuovi organi federali, in grado di esercitare la propria autorità su tutti i cittadini della **Confederazione**, che si trasformava così in **Unione** o **Federazione**, acquistando la fisionomia di un vero e proprio Stato unitario.

Gli organi federali

Il potere legislativo era esercitato da due Camere [GRAFICO_2]. La **Camera dei rappresentanti**, che aveva competenza per le questioni finanziarie, era eletta in proporzione al numero degli abitanti (un deputa-

Confederazione / federazione
La confederazione è un'associazione di Stati autonomi sancita formalmente, nella quale i soggetti statuali aderenti mantengono sostanzialmente le loro prerogative, mentre gli organi di governo della confederazione hanno poteri molto ridotti. La federazione è invece l'unione di più Stati (o regioni) che godono di larga autonomia e possono emanare leggi valide nei loro territori, ma restando fortemente vincolati agli organi di governo centrale della federazione e alle leggi che questi ultimi promulgano.

Suffragio universale / suffragio censitario
Il termine "suffragio" è generalmente inteso come sinonimo di voto. Il suffragio universale è tale quando il diritto di voto è esteso a tutti i membri adulti di una comunità politica. In un primo tempo il suffragio universale fu riservato ai membri maschi adulti, perciò si è parlato a lungo di suffragio "universale maschile". Il suffragio censitario prevede invece che il diritto di voto sia definito in base al censo – ossia al patrimonio e alla ricchezza posseduti – e al livello di tasse pagate.

GRAFICO 2_GLI ORGANI FEDERALI E I POTERI NELLA COSTITUZIONE AMERICANA

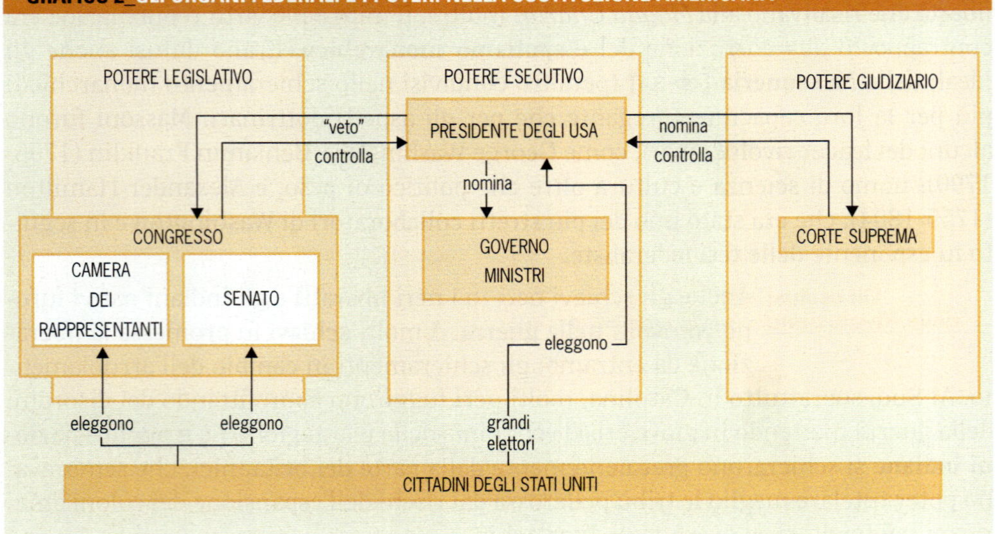

to ogni 30 mila). Il **Senato**, cui spettava il controllo sulla politica estera, era invece composto da due rappresentanti per ogni Stato. Questa soluzione costituiva un compromesso tra le esigenze degli Stati più popolosi e le preoccupazioni degli Stati minori, destinati a essere sacrificati in un sistema di rappresentanza basato esclusivamente sulla consistenza numerica della popolazione. Potevano votare, con criteri variabili nei singoli Stati, solo i maschi bianchi dotati di un certo reddito, in base al criterio del **suffragio censitario**.

Il potere giudiziario – ferma restando l'autonomia in materia dei singoli Stati – veniva posto sotto il controllo di una **Corte suprema federale**, composta da giudici a vita nominati dal presidente della Repubblica con l'assenso del Senato.

Ma la maggiore novità della Costituzione stava nella creazione di un forte potere esecutivo, accentrato nella figura del **presidente della Repubblica**, eletto ogni quattro anni con voto indiretto, cioè non direttamente da tutti gli aventi diritto, ma da un'assemblea di **"grandi elettori"** designati dagli Stati. Indipendente dal potere legislativo, il presidente era dotato di poteri amplissimi: tra l'altro deteneva il comando delle forze armate, nominava, oltre ai giudici della Corte suprema, i titolari di molti importanti uffici federali, poteva bloccare col suo veto le leggi approvate dal Congresso – termine con cui si designavano entrambi i rami del legislativo, ovvero la Camera dei rappresentanti e il Senato. Il Congresso poteva però a sua volta mettere in stato d'accusa il presidente e destituirlo se questi si fosse reso colpevole di violazioni della legge.

Parola chiave
Costituzione

ONLINE

50
G.S. Wood
L'idea americana di uguaglianza

Federalisti e antifederalisti La Costituzione, per entrare in vigore, doveva essere approvata dalle assemblee dei singoli Stati. Fu appunto in questa fase che il **dibattito costituzionale** si sviluppò in termini più aperti e più vivaci. Favorevoli alla soluzione federalista – ossia al **rafforzamento del potere centrale** – e quindi all'approvazione della Costituzione erano soprattutto i gruppi legati al commercio e alla industria, ma anche i grandi proprietari, e in genere i ceti più

Henry Hudson Kitson
Il Lexington Minuteman
1900
[Lexington, Massachusetts, Usa]

Il mito del *minuteman*, cui è dedicata la statua nella fotografia, è molto celebrato negli Stati Uniti. I *minutemen* erano coloni americani che, durante la guerra contro gli inglesi, prestavano servizio nella milizia e dovevano essere pronti rapidamente per le emergenze (con un preavviso di un minuto, da cui il nome). I *minutemen*, come gran parte delle unità della milizia coloniale, erano tenuti ad equipaggiarsi da sé e quindi a combattere con le proprie armi. Ad essi si richiama idealmente oggi il movimento del diritto a portare le armi, diritto sancito, al pari di quello al voto e alla libertà di espressione, dal Secondo emendamento alla Costituzione americana che recita: «Una ben ordinata milizia essendo necessaria alla sicurezza di uno Stato libero, il diritto del popolo a tenere e portare armi non potrà essere violato». Tale norma, adottata nel 1791, nasceva in un'epoca in cui erano forti da un lato l'esigenza di autodifesa, dall'altro il senso del dovere civico di difendere la nazione dall'oppressione straniera. L'ambiguità dell'emendamento, che non specifica se il diritto di portare armi sia del singolo privato cittadino o dell'individuo inquadrato in una milizia, ha aperto negli Usa, specie in questi ultimi anni, ampi dibattiti.

▶ **49DOC**

I primi dieci emendamenti alla Costituzione degli Stati Uniti

conservatori, che speravano di trovare in un esecutivo forte la migliore garanzia contro i rischi di disordine sociale e le tendenze radicali. Le idee antifederaliste avevano invece maggior seguito tra i ceti medio-bassi, in particolare tra i piccoli coltivatori, che temevano di non poter essere sufficientemente rappresentati da un governo centrale, considerato come un possibile strumento in mano alle oligarchie finanziarie e agli affaristi delle città.

Le tesi federaliste finirono col prevalere quasi dappertutto: la Costituzione fu approvata da undici Stati su tredici, per essere poi solennemente ratificata dal Congresso continentale nel settembre 1788. Nel febbraio seguente furono tenute le prime elezioni legislative. Un mese dopo, George **Washington** veniva eletto alla carica di **presidente**. Le richieste degli antifederalisti ottennero una parziale soddisfazione con l'approvazione da parte del Congresso, tra l'89 e il '91, di dieci articoli aggiuntivi – o **emendamenti** – alla Costituzione, noti come il *Bill of Rights* americano, che avevano lo scopo di ribadire e di tutelare i diritti naturali di libertà e

Emendamento
Nel diritto l'emendamento è una modifica apportata a un testo di legge o alla costituzione. Gli emendamenti alla Costituzione americana sono norme che modificano o precisano singoli punti della carta costituzionale.

PERSONAGGI

Thomas Jefferson

In una lettera del 1813, Jefferson scriveva a un amico: «Colui che riceve un'idea da me, riceve conoscenza senza diminuire la mia; come colui che accende la sua candela con la mia riceve luce senza oscurare me». Questa frase può aiutare a riassumere la personalità poliedrica di Thomas Jefferson, un uomo dei Lumi e della Rivoluzione, sedotto dalle passioni più diverse e sempre in cerca di nuovi stimoli: la politica, l'arte, la storia, l'architettura, l'economia, persino il bricolage. La storia del **terzo presidente degli Stati Uniti d'America** è la storia di un uomo con molte curiosità da appagare, di un intellettuale prestato all'azione, di un rivoluzionario radicale con molto senso pratico. Del suo pensiero così come dell'elaborazione delle sue idee sappiamo tantissimo. In primo luogo perché, come uno dei padri fondatori americani più amati, a Jefferson sono dedicati moltissimi studi (ma anche opere di finzione); ma soprattutto perché Jefferson ha lasciato una corrispondenza ricchissima, testimonianza della vivacità delle sue relazioni politiche e intellettuali oltre che della sua personale curiosità. Lettore affamato di ogni sorta di libri, ma soprattutto dei classici, si serviva di un *Book of reference*, un libro di citazioni e commenti dalle sue letture che è un passepartout eccezionale per entrare nel mondo dei suoi punti di riferimento politici e intellettuali.

Nacque il 13 aprile 1743 a Shadwell, la piantagione di suo padre lungo il corso del Rivanna, un affluente del fiume James, vicino a quella che oggi si chiama Charlottesville, in Virginia. Il padre, Peter, morì quando Thomas era ancora quattordicenne, lasciandolo erede della proprietà e quindi di numerosissimi schiavi. Studiò nelle scuole locali della Virginia, al *College of William and Mary*. Praticò quindi da **avvocato** ed entrò poi nel corpo legislativo della Virginia, dove si allineò coi membri più radicali che chiedevano già da tempo un ridimensionamento dell'autorità di Londra sulle colonie. Nel frattempo, nel 1772 aveva sposato Martha, una vedova di 23 anni che morirà molto giovane lasciandolo emotivamente devastato a lungo.

Nel 1774 propose istruzioni per i delegati della Virginia al primo Congresso Continentale, convocato per rispondere alle restrizioni britanniche sulle colonie. Le indicazioni del **giovane deputato** sarebbero poi state ripubblicate sotto il titolo *A Summary View of the Rights of British America* ("Uno sguardo sintetico sui diritti dell'America britannica"), il pamphlet che avrebbe imposto Jefferson come uno dei leader della causa coloniale. Nel testo, ad esempio, si diceva espressamente che «i re sono i servitori, non i proprietari del popolo» – parole fortissime, anche se pronunciate ad un oceano di distanza dalla corte inglese.

Quando si unì al Congresso, fu incaricato di redigere il testo della ***Dichiarazione di indipendenza*** insieme a John Adams (1735-1826) e ad altri delegati. Fu lui però a preparare la bozza poi in gran parte approvata da tutto il Congresso. Le parti eliminate riguardavano significativamente un passo sulla tratta degli schiavi, definita «una guerra crudele contro la natura umana». Ad ogni modo, il testo della *Dichiarazione* sarebbe stato molto più del manifesto delle colonie americane impegnate a richiedere l'indipendenza alla Gran Bretagna. Le sue espressioni più note – il lungo elenco di colpe attribuite ai sovrani inglesi e l'affermazione di princìpi generali di libertà e di uguaglianza – sarebbero diventate un luogo comune nella retorica politica americana. Ma soprattutto la *Dichiarazione* fu un vero e proprio modello, ricalcato nella sua struttura ora dalle prime femministe americane, ora dai movimenti neri, ora da altri popoli in lotta per la libertà.

Tornato in **Virginia**, partecipò alla **modernizzazione** del sistema legislativo dello Stato (libertà di culto e riforma della proprietà terriera furono alcuni dei provvedimenti da lui promossi) e fu eletto per due anni **governatore**. Erano gli anni della guerra con l'ex madrepatria, e la Virginia venne occupata dagli ingl esi a più riprese. Anche per questo si ritirò per la prima volta a vita privata dedicandosi alla sua proprietà e alla scrittura. In una sua opera pubblicata in quegli anni, *Notes on the State of Virginia*, Jefferson prese una **dura posizione contro la schiavitù**, pur partendo da posizioni apertamente razziste e temendo moltissimo che dall'emancipazione potessero scaturire delle guerre di razza che avrebbero minato la vita della democrazia americana. La posizione di Jefferson rispecchiava quella di altri proprietari di schiavi americani, incapaci di affrontare di petto il problema pur vivendo con imbarazzo il controllo assoluto su altri esseri umani. Nel corso della sua vita sarebbe arrivato a controllare più di seicento schiavi, per lo più impiegati nelle sue piantagioni. Con alcuni di questi, i rapporti erano più che cordiali, di vera amicizia e affetto. È nota ad esempio la sua lunghissima relazione con Sally Hemings, proprietà dei cittadini e le prerogative dei singoli Stati contro qualsiasi invadenza del potere federale.

I due partiti Il governo federale fu organizzato in dipartimenti, ossia in ministeri. Il dipartimento del Tesoro fu affidato ad **Alexander Hamilton**, esponente dell'orientamento federalista, che ebbe un ruolo importantissimo nel risanare le dissestate finanze dell'Unione e nel promuovere la riorganizzazione del sistema creditizio attorno a una banca nazionale, la Banca degli Stati Uniti. La politica di Hamilton, che favoriva i ceti commerciali e finanziari del Centro-nord, suscitò l'opposizione dei proprietari del Sud e dei coloni dell'Ovest, che trovarono un punto di riferimento in **Thomas Jefferson**, estensore nel '76 della *Dichiarazione di indipendenza* [👁 6.2]. Si formarono così due veri e propri partiti: il **repubblicano-democratico**, che faceva capo a Jefferson, e il **federalista**, che aveva il suo principale leader in Hamilton.

Rembrandt Peale
Ritratto di Thomas Jefferson
1800

una schiava della sua piantagione che portò con sé durante numerosi viaggi e da cui ebbe pure dei figli – una circostanza per cui Jefferson fu pubblicamente criticato dai suoi avversari politici. Nonostante avesse a cuore la questione, comunque, resta il fatto che durante la sua parabola politica non fu in grado di portare al successo provvedimenti a favore della popolazione nera, sia in Virginia, sia a livello federale.
Jefferson venne richiamato alla vita politica nel 1784, quando fu inviato a Parigi come **ministro** plenipotenziario prima e **ambasciatore** poi. Oltre a viaggiare per la Francia e il Nord d'Italia, qui Jefferson poté assistere alle prime fasi della Rivoluzione, entrando in stretto contatto con alcune delle personalità più rilevanti.
Rientrato in America, nel 1790 assunse l'incarico di **Segretario di Stato**, cioè ministro degli Esteri, durante la presidenza Washington. Nella compagine ministeriale c'erano anche Alexander Hamilton e John Adams, fautori di un rafforzamento dei poteri centrali da lui osteggiato. Ben presto attorno alla loro rivalità prese corpo la dialettica dei due primi partiti politici americani, quello federalista e quello democratico-repubblicano capeggiato da Jefferson. Tra l'altro, lo scontro politico mise temporaneamente fine all'amicizia con Adams, nata durante la Rivoluzione e consolidata in Europa, dove si erano trovati negli stessi anni. Jefferson venne candidato alla presidenza nel 1796 e nel 1800, quando venne poi eletto alla carica, riconfermato nel 1804. Lo aveva preceduto proprio Adams, presidente **dal 1797 al 1801**. Il più grande risultato della **presidenza di Jefferson**, l'acquisto della Louisiana dai francesi, avvenne più per fortuna che per strategia. Partì da lui invece la campagna per l'esplorazione dei nuovi, ampissimi territori, che culminò nella **spedizione di Lewis e Clark** (1804-1806). Jefferson era spinto a questa iniziativa soprattutto dalle sue letture e dai suoi interessi scientifici, ma l'impresa costituì il passo più significativo per la colonizzazione americana della frontiera occidentale.
Dopo la fine del suo secondo mandato presidenziale, Jefferson si ritirò nella sua tenuta di Monticello in Virginia, dove poteva rivolgere le sue attenzioni ai suoi passatempi preferiti: la lettura e il bricolage. Non sparì del tutto dalla vita pubblica. Si dedicò a un piano sull'educazione per il suo Stato di nascita, che però non venne mai approvato. Provò allora a fondare direttamente un'università pubblica e soprattutto laica, a differenza della *William and Mary* dove lui stesso aveva studiato. L'**Università della Virginia** sarebbe diventata in seguito un modello per le università pubbliche americane, per l'organizzazione degli studi ma anche per la sua gestione. La fondazione dell'università fu una delle molte occasioni per dar prova delle sue qualità nel campo dell'architettura: il suo progetto per il campus, realizzato, viene ancora oggi considerato tra le opere più significative dell'architettura americana, insieme con gli altri suoi lavori – la residenza personale di Monticello e il Campidoglio della Virginia, ispirato a un tempio greco-romano visitato durante il suo soggiorno francese.
Morì il 4 luglio 1826, lo stesso giorno di John Adams e il giorno della festa dell'indipendenza americana.

PERSONAGGI

L'espansione degli Stati dell'Unione L'assestamento delle istituzioni e il definirsi delle divisioni politiche coincisero con l'accelerazione di quella espansione territoriale che si era manifestata già durante il periodo coloniale. Con l'**Ordinanza del Nord-ovest** emanata nel luglio 1787, le regioni da colonizzare ottenevano la condizione di **"territori"**, cioè di aree poste sotto la tutela del Congresso statunitense che vi avrebbe inviato giudici e governatori. Contemporaneamente erano incoraggiate a darsi propri organi di autogoverno fino a che, una volta raggiunti i 60 mila abitanti, potessero trasformarsi in Stati dell'Unione.

STORIA • SOCIETÀ • CITTADINANZA

Le Dichiarazioni dei diritti

La proclamazione in forma solenne dei princìpi basilari della vita collettiva ha un'importanza storica, che va al di là della sua efficacia giuridica, cioè della sua capacità di trasformare queste verità in leggi. A partire dalle rivoluzioni settecentesche, le dichiarazioni dei diritti dell'uomo costituiscono infatti gli strumenti attraverso cui una comunità politica democratica assume come fondamento di ogni azione pubblica tali princìpi, che dunque sono proclamati e riconosciuti, non «inventati». In linea coi princìpi del giusnaturalismo **[👁 3.3]**, infatti, i diritti dell'uomo si affermano prima della fondazione dello Stato democratico, nato con lo scopo di realizzarne il pieno godimento.
Le costituzioni settecentesche erano brevi e alquanto povere di passionalità, se si escludono i richiami alla sovranità del popolo o della nazione. In generale, contenevano esclusivamente le norme relative all'organizzazione dei poteri costitutivi dello Stato, al loro bilanciamento e alla loro separazione. Scaldare i cuori dei cittadini era un altro dei compiti assegnati alle Dichiarazioni dei diritti, e anche per questo spesso erano discusse e approvate prima della costituzione. Il 12 giugno 1776 una Convenzione proclamò la ***Dichiarazione dei diritti dello Stato della Virginia***, prima di darsi una costituzione (29 giugno), e prima che fosse ratificata la ***Dichiarazione di indipendenza*** delle colonie (4 luglio 1776). Fu questo testo a essere imitato dagli altri Stati, a eccezione della Pennsylvania. In Francia, l'Assemblea nazionale nata dagli Stati generali votò la celebre *Dichiarazione dei diritti dell'uomo e del cittadino* il 26 agosto 1789, molto prima di riuscire a darsi una costituzione **[👁 7.2]**.
La storia di questo testo francese è peraltro indicativa del valore programmatico di tali dichiarazioni. Le convulsioni del decennio rivoluzionario francese, mutando il modello politico secondo i vari gruppi al potere, si ripercuotevano sulla fortuna del documento: nel 1793 al testo del 1789 si sostituì una dichiarazione ispirata dai girondini (29 maggio), subito seguita da un testo voluto dai montagnardi (23 giugno). Nate per essere guida e fondamento immobile della vita politica, le Dichiarazioni dei diritti restano dei documenti storici, soggetti quindi a tutte le variabili del tempo e dei suoi attori.
Il confronto tra il testo della Virginia e quello francese rivela notevoli somiglianze: il fondamento filosofico è lo stesso, ossia il giusnaturalismo e l'affermazione dei diritti individuali. Mentre il *Bill of Rights* del 1689 rivendicava i diritti tradizionali del cittadino inglese, questi testi hanno un'apertura più universale, rivolgendosi potenzialmente a tutti gli uomini.
Vi sono, però, anche una serie di differenze tra il contesto americano e quello francese. Quella che qui ci interessa riguarda il rapporto tra la *Dichiarazione dei diritti* e la Costituzione. A parte la Virginia, tutti gli altri Stati incorporano la *Dichiarazione* nel testo costituzionale, e addirittura la Costituzione degli Stati Uniti manca di una vera e propria *Dichiarazione dei diritti*, inserita soltanto successivamente, con i primi dieci emendamenti. I diritti naturali dell'individuo sono garantiti dalla Costituzione ed è a essa che gli ex coloni guardano in primo luogo, in quanto ciò che più li interessa è la limitazione dei poteri del governo rappresentativo. In Francia, invece, il testo della *Dichiarazione* ha una vita autonoma dalle varie costituzioni che si succedono nel decennio rivoluzionario e, anzi, è spesso loro contrapposto con intenti critici. In più, si presta ad essere rielaborato per veicolare nuovi contenuti (come nella ***Dichiarazione dei diritti della donna e della cittadina*** pubblicata dalla scrittrice Olympe de Gouges nel **1791** per proclamare il diritto alla parità legale, politica e sociale delle donne).
Quella tra diritti individuali e costituzione è una frattura destinata a ricomporsi nel corso del **XIX e XX secolo**: il testo della *Dichiarazione dei diritti dell'uomo e del cittadino* verrà usato come preambolo per le costituzioni francesi del 1848, del 1946 e del 1958. Così «costituzionalizzate», quelle parole perdono astrattezza per diventare **diritti positivi**, leggi dello Stato. La stessa scelta viene fatta dai costituenti italiani e tedeschi per uscire del tutto dall'esperienza totalitaria, nel secondo dopoguerra. I primi dodici articoli della Costituzione italiana sono denominati «princìpi fondamentali» e non possono in alcun modo essere oggetto di modifica da parte del legislatore.
Nel corso degli ultimi due secoli sono cambiati anche i contenuti delle Dichiarazioni. In particolare, agli ormai tradizionali diritti dell'individuo previsti dai filosofi del giusnaturalismo si sono affiancati i cosiddetti **diritti sociali**, relativi alle condizioni materiali dei cittadini, che rappresentano un ostacolo al pieno godimento dei diritti individuali. Inoltre, i crimini commessi dai totalitarismi e durante la seconda guerra mondiale hanno reso evidente che la garanzia della dignità umana non poteva essere più demandata esclusivamente ai singoli Stati, ma doveva essere un compito affidato alla vigilanza di tutta la comunità internazionale. La ***Dichiarazione universale dei diritti dell'uomo*** del **1948** va in questa direzio-

Questo meccanismo fu sperimentato già nell'ultimo decennio del secolo, che vide la nascita di tre nuovi Stati: il Vermont, il Kentucky e il Tennessee [ATLANTE_20]. Il sistema si sarebbe dimostrato valido anche nell'800, e avrebbe contribuito non poco alla formazione di un modello di sviluppo territoriale (ed economico) destinato a caratterizzare la storia degli Stati Uniti per tutto il secolo XIX: un **modello "aperto"**, capace di conciliare le spinte espansionistiche con la tutela delle autonomie e con la crescita della democrazia.

GUIDA ALLO STUDIO

❶ Quali istituzioni furono create dalla Costituzione del 1787? ❷ Quali gruppi sociali si dimostrarono federalisti? ❸ Che cosa rappresentano i *dieci emendamenti* alla Costituzione? ❹ Quello repubblicano e quello democratico furono i primi partiti americani?

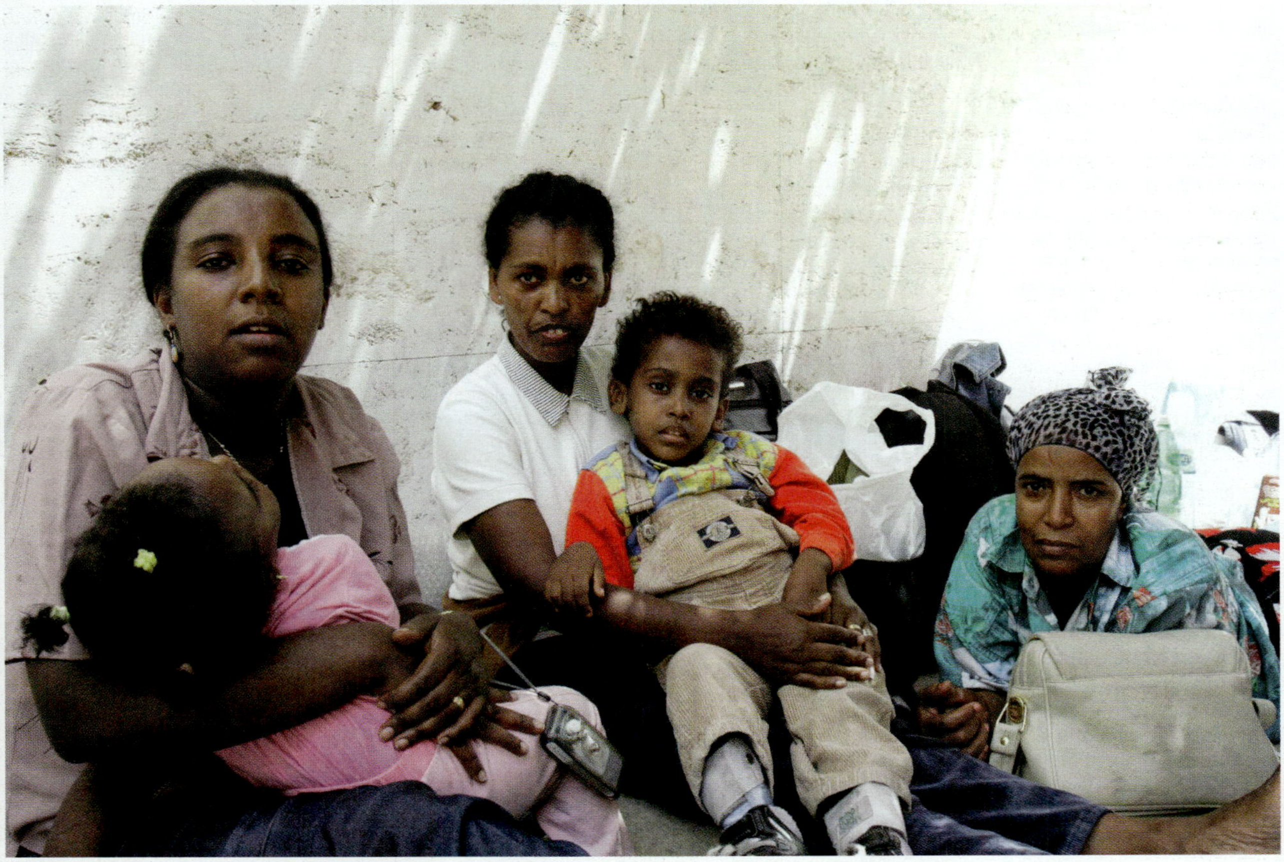

Rifugiati politici davanti alla sede dell'Alto Commissariato delle Nazioni Unite, Roma 2005

Malgrado la *Dichiarazione universale dei diritti dell'uomo* sancisca i diritti sociali relativi alle condizioni materiali di ogni essere umano, vi sono ancora nel mondo milioni di individui che vivono in condizioni di povertà e senza le necessarie garanzie di libertà. In questa immagine alcuni rifugiati politici sono in sciopero della fame davanti alla sede di Roma dell'Alto Commissariato delle Nazioni Unite per i Diritti Umani.

ne e fino a oggi rappresenta il documento più valido per rivendicare il rispetto di tutti gli esseri umani e non solo dei cittadini di un determinato paese.
Certamente, le continue violazioni dei diritti umani così come i limiti alla libertà posti da dittature vecchie e nuove possono rendere scettici sull'efficacia di questi documenti. Meglio di qualsiasi altro testo giuridico le Dichiarazioni dei diritti rendono evidente la distanza tra la parola e l'azione, tra le questioni di principio e le politiche concrete, tra gli ordinamenti utopistici e quelli reali. Tuttavia, è in loro nome che si conducono le battaglie, talvolta vittoriose, per rendere la realtà concreta più vicina agli ideali.

SINTESI

1 Le colonie britanniche nell'America del Nord

La colonizzazione inglese del Nord America iniziò al principio del '600 e, nonostante l'iniziale assistenza dei nativi, fu caratterizzata da un'aspra lotta contro i pellerossa per il territorio. Essa fu il risultato dell'iniziativa di compagnie commerciali e dell'emigrazione di minoranze politiche e religiose – anzitutto i puritani. Alla metà del '700 i possedimenti britannici comprendevano tredici colonie, tutte sulla fascia costiera atlantica. Nel Nord l'economia delle colonie si fondava sulla coltivazione dei cereali e, nei centri urbani, su una vivace attività commerciale e cantieristica. Nel Sud prevalevano le piantagioni di tabacco e di cotone, con grandi proprietà basate sul lavoro degli schiavi. Il Centro presentava un quadro economico simile a quello del Nord, ma con una diversa struttura della proprietà terriera e più marcati squilibri sociali. In tutte le colonie, alla forte dipendenza economica dalla Gran Bretagna faceva riscontro una notevole autonomia sul piano politico. Importante fu inoltre la diversità delle appartenenze religiose e le istanze di libertà religiosa finirono per coincidere con quelle di libertà politica.

2 Una rivoluzione per l'indipendenza

Il contrasto da cui ebbe origine la lotta per l'indipendenza nacque, negli anni '60 del '700, in seguito alla decisione della Gran Bretagna di far pagare in misura crescente alle colonie i costi del proprio impero americano con l'imposizione di dure leggi commerciali. In America, inoltre, sul piano amministrativo maturò un vero e proprio dualismo di poteri fra i governatori nominati dalla Corona e le assemblee legislative dei coloni. Così la popolazione delle colonie andò sempre più orientandosi verso la rivendicazione dell'indipendenza. Nel 1774, dopo dure misure di ritorsione britanniche, la ribellione divenne aperta. Nel 1775 si formò un esercito di coloni, sotto il comando di George Washington. Nel 1776 il Congresso continentale dei coloni (nato due anni prima) approvò la *Dichiarazione di indipendenza* che rompeva con la monarchia e dava vita alla repubblica. Nonostante l'inferiorità militare e i gravi problemi finanziari, le colonie riuscirono ad avere il sopravvento sulla Gran Bretagna grazie alla solidarietà dell'opinione pubblica europea e, soprattutto, all'intervento in loro favore di Francia e Spagna. Nel 1783 la Gran Bretagna riconobbe l'indipendenza delle tredici colonie (pace di Versailles).

3 La guerra civile e gli ideali repubblicani

Lo scontro fra colonie e Corona britannica si tradusse in una guerra civile fra lealisti, fedeli alla madrepatria, e patrioti, di aspirazioni indipendentiste. Questi ultimi rappresentarono la maggioranza, e i lealisti, sconfitti alla fine del conflitto, furono costretti all'esilio. Ad animare i patrioti fu in particolare la fede nei princìpi contrattualisti e nel mito delle virtù repubblicane. Ma dei princìpi egualitari affermatisi con la loro vittoria e la *Dichiarazione di indipendenza* godettero solo i bianchi americani: esclusi dalla rivoluzione furono infatti gli schiavi neri e i nativi americani, seppure coinvolti nel conflitto.

4 La Costituzione e la democrazia americana

Nel 1787 una Convenzione costituzionale dette vita a uno Stato federale e a un sistema politico di tipo presidenziale, basato sulla divisione e l'equilibrio dei poteri. Il presidente della Repubblica era a capo dell'esecutivo e indipendente dal legislativo – esercitato dalla Camera dei rappresentanti e dal Senato –, mentre il potere giudiziario era posto sotto il controllo di una Corte suprema. La Costituzione doveva però essere approvata dai singoli Stati dell'Unione: in questa fase si sviluppò un acceso dibattito tra federalisti – favorevoli a un forte potere centrale e portatori degli interessi di commercianti, industriali e grandi proprietari terrieri – e antifederalisti – che esprimevano le esigenze dei ceti medio-bassi e le istanze democratiche e "ruraliste". Prevalsero le tesi federaliste, pur se mitigate dall'approvazione di dieci emendamenti alla Costituzione. Nel 1789 George Washington fu eletto presidente. Il criterio di voto affermatosi fu il suffragio censitario. Negli anni successivi, la politica economica di Hamilton, leader dei federalisti, suscitò l'opposizione dei proprietari del Sud e dei coloni dell'Ovest, che trovarono un punto di riferimento nel partito repubblicano-democratico, il cui esponente più autorevole fu Thomas Jefferson. Nell'ultimo decennio del '700 infine furono istituiti altri tre Stati.

SVILUPPARE LE COMPETENZE

1 Alla base della formazione degli Stati Uniti c'è la storia delle colonie inglesi nel Nord America. Ricostruisci l'ordine cronologico degli eventi elencati in ordine sparso qui sotto e usa la sequenza che otterrai come scaletta per scrivere un testo di 15 righe:

a. Si afferma, nella Nuova Inghilterra, il movimento religioso definito *Grande risveglio*.
b. La popolazione delle colonie inglesi del Nord America supera, in quell'anno, i 2.780.000 abitanti.
c. I Padri Pellegrini colonizzano i territori della Virginia e più a nord quelli del Massachusetts.
d. In quegli anni, Boston e New York accrescono la loro popolazione del 50%.

2 Di seguito trovi riassunta, per punti, la Rivoluzione americana. Completa la sequenza cronologica individuando e aggiungendo i passaggi mancanti e scrivi un testo di 20 righe che racconti i fatti:

a. Le tredici colonie si sentono come un'entità distinta dalla madrepatria. Hanno infatti una propria identità che non può più essere parte integrante dell'Impero britannico.
b. ....
c. assegna alla Compagnia delle Indie il monopolio della vendita del tè nel continente americano.
d. ....
e. Il governo inglese chiude il porto di Boston, priva il Massachusetts delle sue autonomie e sostituisce, in tutte le colonie, i giudici americani con funzionari britannici.
f. ....
g. Hanno luogo i primi scontri tra le milizie dei coloni e l'esercito britannico vicino a Boston.
h. Il secondo Congresso continentale decide la formazione di un esercito comune, il *Continental Army*, affidandone la guida a George Washington.
i. ....
j. ....
k. La Gran Bretagna riconosce l'indipendenza delle tredici colonie.

3 Rispondi ai quesiti impiegando il numero di righe indicato tra parentesi:

a. Chi erano i "patrioti" e i "lealisti"? (10 righe)
b. Con quale delle due parti in guerra si schierarono gli schiavi e gli indiani nativi? (6 righe)
c. Che cos'è la Convenzione costituzionale? Quale importante lavoro svolse? (6 righe)
d. A chi furono attribuiti, secondo la Costituzione del 1787, il potere legislativo e quello esecutivo? (10 righe)
e. Quale composizione avevano lo schieramento dei federalisti e quello degli antifederalisti? (8 righe)
f. Che cosa diceva il testo dell'Ordinanza del Nord-ovest e quali conseguenze ebbe sullo sviluppo territoriale degli Stati dell'Unione? (8 righe)

CAPITOLO

7 LA RIVOLUZIONE FRANCESE E NAPOLEONE

Dal 1789 al 1815 la Francia, e tutta l'Europa, attraversarono un periodo di conflitti e profonde trasformazioni. Per prima la Rivoluzione francese rovesciò l'*ancien régime*, diede vita a un nuovo sistema politico repubblicano, portò il paese in guerra contro le altre potenze e creò nuove "repubbliche sorelle" della Francia in Europa. L'opera rivoluzionaria fu continuata da Napoleone che costruì con le vittorie militari un grande Impero francese, dalla Spagna alla Polonia, fino alla sua rovinosa sconfitta nel 1815. Diversamente dalla tradizione storiografica che tende a separare la Rivoluzione da Napoleone, le ragioni di continuità tra le due fasi sono più convincenti di quelle che sottolineano la cesura: per questo motivo sono presentate qui in una narrazione unitaria.

1 La crisi finanziaria e gli Stati generali

Luigi XVI ricorre agli Stati generali

Dalla morte di Luigi XIV (1715), l'assolutismo francese si era indebolito senza riuscire a riformarsi [👁 1.1]. Nonostante la vivacità del dibattito culturale e politico [👁 3.5], il governo era chiuso nel suo immobilismo, incapace di affrontare la crisi finanziaria, il principale problema che lo affliggeva. L'**indebitamento statale**, dovuto soprattutto alle spese per le continue guerre, aveva raggiunto dimensioni tali che solo la **tassazione dei ceti privilegiati** – clero e nobiltà – poteva risolvere.

Luigi XVI, al governo dal 1774, ritenne allora di affidare la soluzione della questione fiscale agli Stati generali, l'assemblea dei tre ordini – clero, nobiltà e Terzo stato –, mai più riunitasi dal 1614.

Società, disagio e mobilitazione politica

Su una popolazione totale di 24-25 milioni, in Francia, il 98% era formato dal **Terzo stato**, al quale appartenevano tutti coloro che non erano nobili o ecclesiastici. Meno di 400 mila erano i **nobili** (1,5%), mentre il **clero** contava 130 mila individui (0,5%), divisi fra basso e alto clero (parroci e prelati) e tra secolari e regolari (sacerdoti e appartenenti agli ordini religiosi). Almeno 20 milioni di persone vivevano nelle campagne, Parigi contava 650 mila abitanti, Marsiglia e Lione 100 mila. Se finanzieri e mercanti erano le figure di maggiore prestigio della **borghesia**, più importanti si riveleranno nelle successive vicende politiche gli uomini di legge, gli avvocati soprattutto, uomini colti, partecipi delle nuove idee dell'Illuminismo.

La decisione di convocare gli Stati generali per il maggio 1789 determinò una grande mobilitazione politica nel paese. Il tema più controverso era quello del **numero dei rappresentanti** e del **sistema di voto**. Non pareva infatti possibile applicare le vecchie regole che attribuivano lo stesso numero di rappresentanti ai tre ordini e stabilivano che ogni ordine esprimesse un unico voto collegiale. In questo modo il Terzo stato non avrebbe visto riconosciuto il peso reale che aveva nella società.

Si formò allora un raggruppamento eterogeneo di intellettuali e pubblicisti borghesi, il **partito nazionale**, nel quale confluirono anche esponenti del clero e della no-

Isidore Stanislas Helman
L'apertura degli Stati generali il 5 maggio 1789
[acquaforte da un disegno di C. Monnet; Bibliothèque Nationale, Parigi]
L'immagine mostra l'assemblea riunita in una sala dell'*Hôtel des Menus-Plaisirs du Roi* a Versailles (una struttura dedicata all'organizzazione di cerimonie, eventi e feste della corte). In fondo al salone si nota il sontuoso baldacchino dove siede il sovrano con accanto la regina, i principi e le principesse di sangue, i pari e i duchi del regno; più in basso i ministri e il governo. Al centro della sala, ammassati su dei banchetti siedono i deputati: il clero alla destra del re, la nobiltà a sinistra e, in primo piano, il Terzo stato.

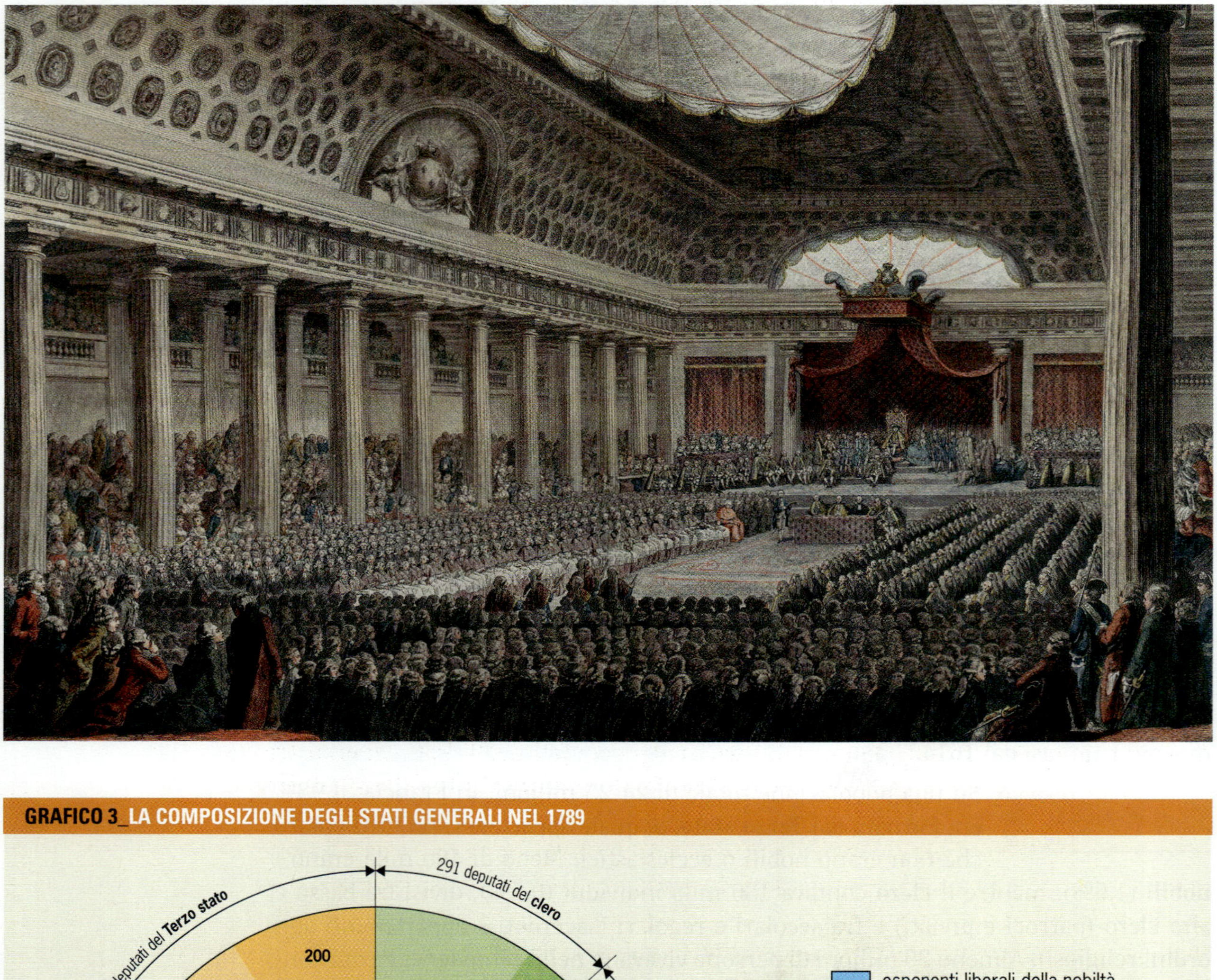

GRAFICO 3_LA COMPOSIZIONE DEGLI STATI GENERALI NEL 1789

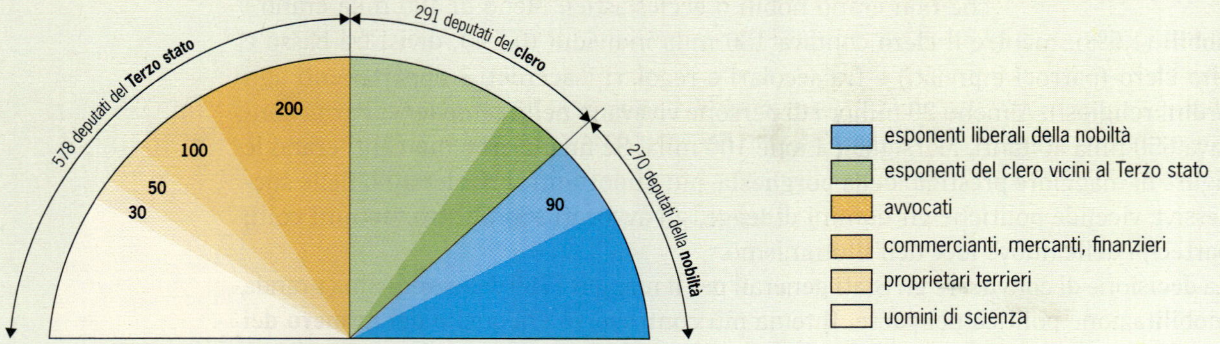

biltà, espressione dell'opinione pubblica illuminista e liberale, dei suoi strumenti di comunicazione – giornali, *pamphlets*, circoli, logge (luoghi di riunione) massoniche – e di un programma mirante all'eguaglianza politica e a un governo rappresentativo. Il partito nazionale chiedeva anche il raddoppio dei rappresentanti del Terzo stato, l'abolizione del voto per ordine e l'introduzione di quello individuale.

Un'ampia testimonianza delle aspettative e delle ragioni del malessere diffuse nel paese si veniva nel frattempo raccogliendo nei ***cahiers de doléances*** ('quaderni di lagnanze'), testi che documentavano le rimostranze e le proposte da presentare agli Stati generali. In essi era già evidente una **radicale divaricazione di obiettivi**: mentre tutti e tre gli ordini puntavano alla nascita di istituzioni rappresentative cui affidare le decisioni in materia fiscale, il Terzo stato sosteneva anche l'eguaglianza giuridica, l'abolizione dei privilegi, difesi ancora dalla nobiltà e dal clero, e l'adozione del criterio del merito come forma di promozione sociale.

52 DOC
Cahiers de doléances *del Terzo stato*

La composizione interna dell'assemblea

Quando si riunirono gli Stati generali il 5 maggio 1789, a Versailles, l'assemblea di 1139 membri, eletti a suffragio maschile censitario, contava **578 deputati del Terzo stato**, cui il re Luigi XVI aveva concesso il raddoppio **[**GRAFICO_**3]**: per la metà erano uomini di legge, di cui almeno 200 avvocati; 80-100 erano i commercianti, mercanti e finanzieri, e circa 50 i proprietari terrieri; una trentina erano gli uomini di scienza, fra cui molti medici. Furono eletti nel Terzo stato anche due transfughi dagli altri ordini, l'abate Sieyès e il conte Mirabeau, esponenti di spicco del partito nazionale. Su **291** rappresentanti del **clero** i parroci erano la stragrande maggioranza e molti aderivano ai programmi del Terzo stato. Ma anche nell'alto clero non mancavano i fautori del mutamento, come il vescovo di Autun, Talleyrand. I più intransigenti difensori della società d'ordini erano invece i **nobili**: tuttavia, su **270** un terzo circa erano gli esponenti liberali, fra cui il marchese di La Fayette, reduce della guerra d'indipendenza americana.

GUIDA ALLO STUDIO

❶ Qual era la composizione percentuale dei tre stati in Francia alla fine del '700? ❷ Da chi era formato e che cosa si proponeva il partito nazionale? ❸ Quali interessi e rivendicazioni furono raccolti nei *cahiers de doléances*?

2 L'avvio della Rivoluzione e la fine dell'*ancien régime*

L'Assemblea nazionale costituente

La maggioranza numerica dei deputati degli Stati generali era dunque favorevole a un profondo rinnovamento delle strutture politiche e amministrative: il Terzo stato allora prese l'iniziativa e, con l'appoggio di alcuni membri del basso clero, si autoproclamò Assemblea nazionale giurando di non sciogliersi prima di aver dato alla Francia una **costituzione**. A essi si aggiunse la maggioranza del clero e, dopo qualche giorno, il re ordinò alla nobiltà e alla minoranza del clero di unirsi al Terzo stato. Dalla antica rappresentanza per ceti il **9 luglio** 1789 nasceva l'Assemblea nazionale costituente: era **il primo atto formale della Rivoluzione.**

14 luglio. La presa della Bastiglia

Mentre i primi passi della Rivoluzione negli ordinamenti politici si compivano a Versailles, Parigi era in subbuglio. Voci incontrollate parlavano di un intervento armato contro l'Assemblea costituente. Come risposta a questo allarme, cominciò a formarsi una milizia borghese, che avrebbe preso il nome di **Guardia nazionale**, con lo scopo di contrapporsi alla repressione regia e di tenere sotto controllo le eventuali iniziative popolari. Contemporaneamente strati consistenti di popolo minuto si venivano armando. Il 14 luglio, un corteo popolare, alla ricerca di armi, giunse sotto le mura del castello della **Bastiglia, la prigione-fortezza simbolo dell'assolutismo**, e dopo alcune ore di scontri la conquistò [👁 ATLANTE_21].

Il 14 luglio sarà considerata in seguito la data iniziale della Rivoluzione francese. E in effetti la presa della Bastiglia impresse una svolta agli avvenimenti: **il popolo parigino irrompeva prepotentemente sulla scena** e da allora l'avrebbe dominata per anni costringendo tutte le forze politiche a misurarsi con questa decisiva presenza, con il suo protagonismo e con la sua spesso imprevedibile e incontrollabile violenza [👁 7.2 EVENTI]. Un "popolo" composto soprattutto da piccoli commercianti e artigiani, per oltre due terzi alfabetizzati, da lavoranti e manovali, da impiegati e da qualche professionista.

In pochi giorni, una **serie di atti rivoluzionari** – la formazione dell'Assemblea costituente, l'organizzazione della milizia borghese, l'instaurazione di nuove rappresentanze municipali (che, iniziata a Parigi con il riconoscimento del re, si estese a tutte le province) – testimoniava la nascita di nuovi poteri e il progressivo sgretolamento dell'*ancien régime*.

L'abolizione del feudalesimo

Nella seconda metà di luglio una **sollevazione delle campagne** determinò un'ulteriore accelerazione del processo. La difficile situazione economica e l'improvviso diffondersi di un panico collettivo – la **«grande paura»** –, legato a voci di supposte scorrerie di briganti e di congiure aristocratiche, fecero esplodere una violenta rivolta antifeudale. Furono

Jacques-Louis David
Il giuramento della Pallacorda
1791
[Musée Carnavalet, Parigi]

Il 17 giugno 1789 il Terzo stato si autoproclamò Assemblea nazionale. Tre giorni più tardi, i deputati dell'Assemblea, trovata chiusa per ordine del re la loro sede, si riunirono nella Sala della Pallacorda (un locale adibito a un gioco simile al tennis) e giurarono di non sciogliersi prima di aver dato alla Francia una carta costituzionale. L'evento, ricordato come il "giuramento della Pallacorda", è raffigurato in questo celebre dipinto di Jacques-Louis David. Con grande talento, l'artista rappresenta realisticamente i volti dei rappresentanti del popolo sovrapponendoli a corpi statuari, fermati in pose solenni, trasformando in questo modo dei semplici borghesi in eroi della storia.

assaliti e devastati i castelli, incendiati gli archivi dei signori, dove era conservata la documentazione dello sfruttamento feudale. Sospinta da questi avvenimenti, in un'atmosfera di entusiastica volontà distruttiva del passato, l'Assemblea, nella notte del 4 agosto, approvò l'abolizione del regime feudale sopprimendo anche tutti i privilegi giuridici e fiscali, la venalità delle cariche e la decima ecclesiastica [👁 2.4].

La Dichiarazione dei diritti dell'uomo e del cittadino

Il 26 agosto fu discussa e approvata dall'Assemblea la *Dichiarazione dei diritti dell'uomo e del cittadino*, il documento più celebre della Rivoluzione, destinato a divenire un punto di riferimento per tutti i regimi liberali e democratici del mondo contemporaneo. Espressione delle idee giusnaturaliste e illuministe, la *Dichiarazione* rivendicava i **princìpi fondamentali della libertà e dell'uguaglianza** – «Gli uomini nascono e rimangono liberi e uguali nei diritti» (art. 1) – e indicava come obiettivo «la conservazione dei diritti naturali e imprescrittibili dell'uomo. Questi diritti sono la libertà, la proprietà, la sicurezza e la resistenza all'oppressione» (art. 2). Dichiarava inoltre che la legge è «l'espressione della volontà generale» e che «tutti i cittadini hanno diritto di concorrere [...] alla sua formazione». Affermando i princìpi dell'uguaglianza di fronte alla legge e della partecipazione dei cittadini alla vita politica senza distinzione di ceto, la *Dichiarazione* poneva il sigillo al rovesciamento dell'*ancien régime*.

Luigi XVI e la Rivoluzione

Il re non appariva tuttavia disposto ad accettare queste decisioni. A rompere una preoccupante situazione di stallo fu l'iniziativa di gruppi di popolane parigine, donne dei mercati e pescivendole, che, dopo essersi armate, marciarono verso Versailles seguite dalla Guardia nazionale al comando di **La Fayette**. Sventato un attacco della folla contro la reggia, il sovrano si piegò a firmare i decreti antifeudali e acconsentì a trasferirsi a Parigi nel palazzo delle Tuileries. Un corteo formato dal re e dalla sua famiglia, dai deputati dell'Assemblea, dal popolo parigino, dalla Guardia nazionale marciò verso Parigi in un'apparente concordia. In realtà, **la monarchia era ormai incapace di affrontare gli eventi** e di puntare a una soluzione all'inglese (istituendo una monarchia di tipo costituzionale): Luigi XVI non aveva le capacità politiche, né la mentalità, né il temperamento per accettare il nuovo regime e quindi venire a patti con la Rivoluzione.

La requisizione e la vendita dei beni ecclesiastici

Le ultime spallate alla struttura dell'*ancien régime*, attuate tra la fine dell'89 e l'inizio del '90, furono la requisizione dei beni ecclesiastici e la soppressione degli ordini religiosi, salvo quelli dediti all'insegnamento e all'assistenza ospedaliera. Proprietà terriere, edifici urbani e rurali divennero **beni nazionali** e servirono come garanzia per l'emissione di nuovi **titoli di Stato**, gli **assegnati**. La vendita all'asta dei beni nazionali, pagabili con gli assegnati, avrebbe sanato il **deficit pubblico**. Il gigantesco passaggio di proprietà, realizzato a partire dal 1790, interessò dal 6 al 10% del territorio nazionale. In molte regioni nel Nord e nel Mezzogiorno, percentuali consistenti di beni furono acquistate dai contadini più agiati; in altre, soprattutto in prossimità delle città, prevalse la borghesia urbana. La vendita dei beni nazionali creò **nuovi ceti proprietari**, contadini e borghesi, o rafforzò quelli già esistenti, legando tutti saldamente ai destini della Rivoluzione.

Cessarono infine le discriminazioni nei confronti dei **protestanti** ai quali, nel dicembre 1789, furono riconosciuti i diritti civili. Tale riconoscimento fu esteso agli **ebrei** tra il '90 e il '91. L'**abolizione della schiavitù** nelle colonie sarà invece decretata solo nel febbraio 1794.

Le quattro fasi della Rivoluzione

Nonostante la straordinaria densità di eventi che segnarono il periodo tra il 1789 e il 1790 appena descritto, le vicende della

Titolo di Stato
Il titolo di Stato viene emesso per far fronte al debito nazionale. Acquistando un titolo di Stato si presta denaro al governo. In cambio del prestito, lo Stato s'impegna a pagare uno specifico tasso d'interesse.

Deficit pubblico
Il deficit o disavanzo pubblico si crea quando, nel bilancio dello Stato, l'ammontare della spesa pubblica non è coperto dalle entrate.

EVENTI

La presa della Bastiglia

Il 14 luglio 1789, la data della presa della Bastiglia, è convenzionalmente considerato l'**inizio della Rivoluzione francese**. Il suo anniversario fu celebrato già nel 1790: nel corso dell'800, con il ritorno dei regimi monarchici, la ricorrenza fu prima abolita e poi, nel 1880, dichiarata dalla III Repubblica festa nazionale francese, come è ancora oggi.

La **fortezza** della Bastiglia era stata costruita tra il 1370 e il 1382 nella zona nord-orientale di Parigi, con lo scopo di rafforzare le mura della città e di proteggere la porta di Saint-Antoine. Fin dal XV secolo, essa era stata utilizzata anche come prigione e luogo di tortura per i condannati a morte. Divenuta, con Luigi XIV, prigione di Stato, fu sempre più identificata con il dispotismo dei sovrani: ai tempi di Luigi XV, infatti, **vi furono rinchiusi numerosi illuministi e giornalisti**, tra cui Voltaire e il marchese De Sade. I prigionieri vi venivano tradotti in seguito all'emanazione di una *lettre de cachet*, cioè di un ordine diretto e inappellabile firmato dal sovrano (e confermato dal suo sigillo, *cachet*) che escludeva sia il processo sia la possibilità di difendersi e che prevedeva una detenzione dalla durata indefinita.

Nonostante il progressivo allentamento del rigore con cui erano trattati i reclusi, la prigione continuò a essere molto impopolare tra i parigini, anche perché i cannoni presenti sulle feritoie delle sue torri erano continuamente diretti contro la città, pronti a reprimere eventuali insurrezioni: **la sua demolizione** figurò quindi **tra le richieste dei *cahiers de doléances***. A causa degli alti costi di mantenimento, nel 1789 la Bastiglia era tuttavia caduta in disuso e solo sette prigionieri vi erano ancora reclusi. Governatore della prigione era, dal 1776, Jordan de Launay, che aveva ai suoi ordini una guarnigione formata da 30 guardie svizzere e 80 invalidi di guerra.

Nei primi giorni di luglio 1789, a Parigi, erano sempre più evidenti i segnali di nervosismo, determinati da un lato dallo spettro della carestia e, dall'altro, dal timore di un'imminente svolta reazionaria da parte monarchica. Luigi XVI, infatti, aveva fatto concentrare nella regione di Parigi circa 30 mila soldati stranieri.

Il 12 luglio si diffuse la notizia che il re aveva **costretto alle dimissioni il ministro delle Finanze Necker**, che non era ostile alle richieste del Terzo stato: ciò accrebbe la paura di una congiura aristocratica contro l'Assemblea costituente. Immediatamente, presso il *Palais-Royal*, cominciarono a essere tenuti discorsi infuocati. Il giornalista Camille Desmoulins, con una pistola in pugno, accusò la monarchia di aver tradito la volontà della nazione e di avere in preparazione un massacro di patrioti e invitò i parigini all'insurrezione.

Poco dopo, la città cominciò ad essere attraversata da numerosi cortei: in **piazza Luigi XV** (oggi *Place de la Concorde* **[** ATLANTE_21**]**) si verificarono diversi scontri tra la folla e i soldati. Il 13 luglio, alle manifestazioni si aggiunsero saccheggi e incendi delle barriere daziarie della città e alcuni parigini cominciarono a costruire barricate e a cercare armi, temendo una reazione delle truppe regie.

Mentre la situazione si faceva sempre più caotica, alcuni elettori che avevano partecipato alla designazione degli Stati generali, riuniti presso l'***Hôtel de Ville*** (il municipio cittadino), formarono un comitato permanente che amministrasse la città, presieduto dal *prévôt des marchands* (il 'prevosto dei mercanti', cioè il sindaco di Parigi) Jacques Flesselles, e organizzarono una milizia cittadina.

Il popolo parigino cominciò a chiedere armi, ma quelle messe a disposizione – con molte titubanze – da Flesselles si rivelarono insufficienti: la mattina del 14 luglio, quindi, una folla di 20-30 mila persone si diresse verso l'*Hôtel des Invalides*, un complesso di edifici che ospitava i soldati invalidi, e lo saccheggiò, appropriandosi di 12 cannoni e oltre 30 mila fucili.

Un altro gruppo di parigini si diresse verso

ATLANTE 21_PARIGI DURANTE LA RIVOLUZIONE

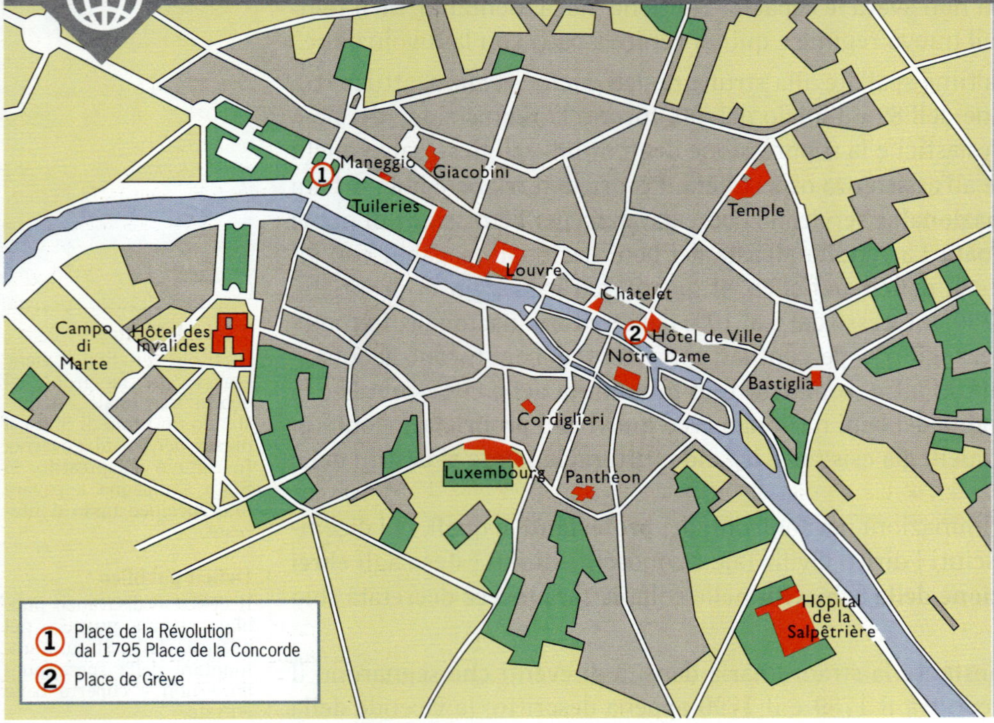

Nella pianta di Parigi sono messi in evidenza i luoghi e gli edifici più rappresentativi della lotta politica rivoluzionaria, dalla Bastiglia (che verrà presto distrutta) al club dei giacobini, dall'Hôtel de Ville (la sede del comune) alle Tuileries e alla Place de la Révolution (già intitolata a Luigi XV e ribattezzata Place de la Concorde dal Direttorio).

Jean-Pierre Houël
La presa della Bastiglia
1789
[Bibliothèque Nationale, Parigi]
Nel quadro, al centro in basso, è raffigurato l'arresto del marchese Bernard-René Jordan de Launay, governatore della Bastiglia, che con una piccola guarnigione tentò invano di difendere la prigione-fortezza dagli insorti. Poco dopo essere stato preso, il marchese fu linciato e colpito a morte dalla folla mentre veniva condotto al Municipio parigino.

la **Bastiglia**: essi non volevano attaccare la fortezza, che sembrava impenetrabile, e liberare i pochi prigionieri, ma chiedere al governatore di distribuire armi, munizioni e polvere da sparo e di ritirare i cannoni dalle cannoniere. I manifestanti – alcuni dei quali, nel 1790, ricevettero il **titolo di «conquistatore della Bastiglia»** – erano essenzialmente artigiani, spesso disoccupati, soprattutto abitanti nel sobborgo *Saint-Antoine*, ma anche borghesi e soldati: le masse popolari urbane irruppero così sulla scena politica. Alla loro testa c'era Pierre-Augustin Hulin che, pur avendo avuto un'educazione militare, era direttore di una lavanderia: diventò poi un generale di Napoleone.

Il governatore della Bastiglia Launay fece puntare i cannoni sugli assedianti, assicurando però che avrebbe ordinato di fare fuoco solo in caso di attacco e consentendo ai manifestanti di entrare nel primo cortile della fortezza. Quando la folla, aumentata di numero, cominciò a premere sulle entrate per accedere al secondo cortile della fortezza, Launay ordinò alla guarnigione di sparare. Alcuni manifestanti si ritirarono disordinatamente, altri risposero al fuoco: negli scontri successivi, che durarono quattro ore, rimasero uccisi un centinaio di civili e un invalido. Quando la **milizia cittadina** si unì ai manifestanti, portando alcuni cannoni presi agli *Invalides*, Launay si arrese. La folla penetrò all'interno della fortezza e liberò i sette prigionieri: nessuno di essi era detenuto per motivi politici. Tre ufficiali e tre invalidi furono uccisi, mentre la maggior parte della guarnigione riuscì a mettersi in salvo.

Nonostante i tentativi di Hulin di salvargli la vita, **Launay**, accusato di tradimento, fu riconosciuto dalla folla e massacrato. Il sindaco **Flesselles**, incolpato di essersi opposto all'armamento del popolo, fu invece ucciso con un colpo di pistola. Decapitati, le loro teste furono infilate su due picche e portate in giro per la città.

Il re, messo alle strette, ritirò le truppe dalla regione di Parigi e richiamò Necker al governo. Il comitato permanente dell'*Hôtel de Ville* si trasformò in una nuova municipalità, la **Comune di Parigi**, con sindaco il deputato Bailly, mentre la milizia cittadina fu ribattezzata **Guardia nazionale** e al suo capo fu messo il marchese La Fayette. Negli stessi giorni fu creata anche la coccarda con i colori di Parigi (il blu e il rosso) e quello del re (il bianco): nacque così il tricolore rivoluzionario, che anche Luigi XVI, il 17 luglio, si pose sul cappello, ricevendolo dalle mani di Bailly. Un episodio di importanza secondaria quale fu la presa della Bastiglia costituì, quindi, un punto di non ritorno nello sviluppo della dinamica rivoluzionaria: insieme alla fortezza, cadde anche l'antico regime e si affermò, almeno a livello simbolico e retorico, l'emancipazione del popolo dalla monarchia.

Il 15 luglio, per volere della stessa Assemblea nazionale costituente, iniziò la **demolizione della Bastiglia**, che fu completata nel maggio 1791: dell'antica fortezza non rimase alcuna traccia, anche se alcuni resti, riaffiorati alla fine dell'800, sono tuttora conservati in teche trasparenti nella fermata *Bastille* della metropolitana. Al posto della fortezza sorse ***Place de la Bastille***: nel 1840 fu inaugurata al suo centro la Colonna di Luglio, un monumento di bronzo alto 50 metri che commemora la caduta di Carlo X e l'inizio della monarchia di Luigi Filippo in seguito alla rivoluzione del luglio 1830 [👁 11.6]. La colonna, progettata da J.-A. Alavoine e J.-L. Duc, è sormontata da un globo dorato su cui poggia una raffigurazione del *Genio della libertà*. Ancora oggi, la piazza è il luogo di partenza di molte manifestazioni di massa parigine e in essa vengono festeggiate le vittorie elettorali del partito socialista.

Parola chiave
Rivoluzione

ONLINE

Rivoluzione francese furono, negli anni seguenti, non solo numerose ma anche complesse e intricate. Per essere meglio comprese, possono suddividersi in quattro fasi.

■ **La prima fase** La **rivoluzione liberale**, che coincide con gli avvenimenti accaduti tra la convocazione degli Stati generali, nel 1789, e la Costituzione del 1791, sancendo il rovesciamento dell'*ancien régime* e la nascita di un sistema costituzionale e rappresentativo [👁 7.3]. In questa fase si raccolgono i risultati più duraturi della rivoluzione.

■ **La seconda fase** La **rivoluzione popolare e democratica**, dal settembre 1791 alla fine del 1793. Il periodo è segnato dal protagonismo del popolo parigino, dall'inizio della guerra contro le potenze avverse alla Francia rivoluzionaria, dalla condanna a morte del re, infine dal trasferimento di tutti i poteri al Comitato di salute pubblica giacobino [👁 7.4].

■ **La terza fase** La **dittatura giacobina** e la nascita di una "democrazia totalitaria" guidata da Robespierre, tra il 1793 e il 1794, che instaura il sistema del **Terrore** volto a eliminare tutti gli avversari politici. Solo un colpo di Stato della residua parte moderata, che vedeva la rivoluzione divorare sé stessa, riesce a porre termine alla dittatura giacobina [👁 7.5].

■ **La quarta fase** La fase della **continuità rivoluzionaria e** della **stabilizzazione difensiva** sia dai rischi della controrivoluzione sia dalla ripresa del radicalismo di sinistra. In questo periodo, tra il 1794 e il 1797, assumono sempre maggior peso i generali comandanti delle vittoriose campagne militari in Europa [👁 7.6].

Rivoluzione e instabilità

Per il suo stesso carattere di trasformazione rapida e improvvisa, la Rivoluzione è sinonimo di instabilità: data la difficoltà di trasformare i suoi risultati in un sistema di poteri legittimi e accettati, essa appare agli attori principali sempre incompiuta o tradita. Questo spiega l'asprezza della lotta tra i diversi schieramenti politici rivoluzionari, di cui si leggerà nel capitolo, le continue varianti del sistema di governo e lo sbocco finale nel dispotismo di Napoleone, che trova la sua forza e la sua legittimazione non sul terreno della politica, ma nel controllo delle forze armate e nei successi militari.

GUIDA ALLO STUDIO

❶ Chi, quando e perché assaltò e conquistò la Bastiglia? ❷ I contadini francesi appoggiarono la Rivoluzione? ❸ Che cos'è la *Dichiarazione dei diritti dell'uomo e del cittadino*? ❹ Quali princìpi furono sanciti dalla *Dichiarazione dei diritti dell'uomo e del cittadino*? ❺ Che cos'erano gli assegnati?

3 La rivoluzione liberale

La rappresentazione del consenso

Il rovesciamento dell'*ancien régime* suscitò entusiasmi e aspettative in tutta la Francia. Le nuove municipalità e la **Guardia nazionale** furono i più importanti organismi di aggregazione e di partecipazione. In diverse zone del paese guardie nazionali cominciarono a federarsi per la difesa degli obiettivi rivoluzionari. Sotto la spinta di iniziative periferiche fu organizzata e celebrata a Parigi, il 14 luglio 1790, anniversario della presa della Bastiglia, la grandiosa **Festa della federazione**. Con un rituale dai forti contorni religiosi, di fronte a 300 mila partecipanti La Fayette, a nome dei federati, prestò il giuramento che univa «i francesi tra loro e i francesi con il re per difendere la libertà, la costituzione e la legge». Poi il re giurò fedeltà alla nazione tra l'entusiasmo generale. **Ma si trattava di un consenso provvisorio**: in realtà, profonde differenze e orientamenti diversi erano già chiaramente visibili nei nuovi strumenti di cui si stava dotando la lotta politica.

Giornali e club politici

La **libertà di stampa** (articolo 11 della *Dichiarazione dei diritti*) aveva favorito il proliferare di numerosissimi giornali di ogni tendenza (democratica, moderata, controrivoluzionaria) e la costituzione di diversi club aveva contribuito all'organizzazione dei vari gruppi politici: la **Società dell'89**, per esempio, era di tendenze moderate, mentre posizioni radicali aveva il club dei **cordiglieri** (dal nome dell'ex convento dei frati minori, *cordelliers*, dove si riuniva). A quest'ultimo aderivano alcuni dei futuri protagonisti delle fasi più accese della Rivoluzione: Georges-Jacques Danton (1759-1794) e Camille Desmoulins (1760-1794), entrambi avvocati, il medico Jean-Paul Marat (1743-1793), il giornalista Jacques-René Hébert (1757-1794). Il club più importante, però, si rivelerà quello dei **giacobini** (dal nome dell'ex convento domenicano di San Giacomo). Organizzati secondo una rigida disciplina, i giacobini, con 450 società affiliate, erano dotati di una presenza capillare nel paese che per certi aspetti prefigurava quella dei moderni partiti politici. Fra i membri di maggiore spicco dei giacobini erano Maximilien Robespierre (1758-1794), avvocato originario di Arras e presidente del club

51
R. Chartier
Origini culturali della Rivoluzione francese

La Festa della federazione si svolse a Parigi il 14 luglio 1790, nel cosiddetto Champ de Mars, uno spazio all'epoca fuori dai confini cittadini usato per le manovre militari, oggi il giardino pubblico dove sorge la Torre Eiffel. Alla presenza di una folla immensa, della Guardia nazionale parigina e delle milizie arrivate da tutta la Francia, Charles Maurice de Talleyrand-Périgord, vescovo di Autun e deputato per il clero negli Stati generali, celebrò una messa sull'altare della nazione. Prima il generale La Fayette, poi Luigi XVI, giurarono fedeltà alla nazione. A questa giornata di celebrazioni ufficiali fecero seguito altre quattro di festa popolare. Ancora oggi il 14 luglio la Francia celebra la propria giornata nazionale.

Isidore Stanislas Helman
La Festa della federazione al Champ de Mars a Parigi il 14 luglio 1790
1790
[acquaforte da un disegno di C. Monnet; Bibliothèque Nationale, Parigi]

dal marzo 1790 [👁 7.5 PERSONAGGI], e Jacques-Pierre Brissot (1754-1793), anch'egli avvocato, futuro leader della frazione dei girondini. Intorno ai giornali e ai club nasceva un **nuovo ceto politico** per gran parte giovane (poco più che trentenne) e di formazione giuridica, grandi oratori, giornalisti dalla penna graffiante. Ma nessuno dei personaggi ricordati qui sarebbe sopravvissuto alle fasi più drammatiche della Rivoluzione.

Il sistema elettorale censitario

Uno dei temi più controversi fu il criterio per definire il corpo elettorale. I cittadini furono distinti in attivi e passivi in base al censo (cioè al reddito, alla ricchezza). Soltanto quanti pagassero un'imposta annua pari a tre giornate di lavoro erano considerati **cittadini attivi ed elettori**: erano oltre 4 milioni di cittadini maschi di età superiore ai 25 anni [👁 16.12 STORIA•SOCIETÀ•CITTADINANZA]. Ma non tutti gli elettori erano anche eleggibili: infatti, per essere eletti era necessario possedere una qualsiasi proprietà fondiaria e pagare almeno un marco d'argento (pari a 52 lire francesi) di tasse. Questo sistema elettorale censitario – analogo a quelli esistenti in Gran Bretagna e negli Stati Uniti – riservava ai **notabili** la rappresentanza della nazione, ma era in contrasto con la mobilitazione di larghi strati popolari, soprattutto urbani, in parte relegati nella categoria dei **cittadini passivi**, **privati dei diritti politici** ed esclusi anche dalla Guardia nazionale (almeno 3 milioni). Il nuovo sistema politico si prefigurava come un regime di borghesi benestanti e di proprietari terrieri, designati appunto con il termine "notabili": e in questo senso possiamo parlare di **rivoluzione borghese**.

Il partito di corte e gli emigrati

Proprio questa connotazione borghese e rappresentativa rendeva sempre più evidente il contrasto con la monarchia assoluta di diritto divino. Luigi XVI continuava a subire passivamente la Rivoluzione. Era inoltre sempre più legato al "partito" della regina **Maria Antonietta** (figlia di Maria Teresa d'Austria), decisa controrivoluzionaria, e alla consistente emigrazione nobiliare che si organizzava all'estero in previsione di un **ritorno al passato, se necessario con l'aiuto delle grandi potenze europee**. Del resto in varie parti della Francia si erano già avuti episodi di ribellione antirivoluzionaria che potevano far intravedere soluzioni favorevoli a una restaurazione.

La politica ecclesiastica

Un altro elemento di instabilità era legato alla politica ecclesiastica. Dopo la requisizione dei beni della Chiesa, spettava allo Stato il mantenimento dei membri del clero, equiparati ai funzionari pubblici dalla **Costituzione civile del clero**, votata nel luglio 1790. La legge attribuiva la nomina dei vescovi e dei parroci alle assemblee elettorali locali e, come tutti gli altri funzionari, anche gli ecclesiastici furono obbligati a giurare fedeltà alla nazione, al re e alla Costituzione civile. Questa radicale modifica dell'organizzazione ecclesiastica fu, come era prevedibile, condannata da papa Pio VI (1775-1799). Solo sette vescovi su 130 prestarono il giuramento, mentre il basso clero, il più vicino al popolo minuto, si divise a metà tra favorevoli, **costituzionali**, e contrari, **refrattari**, alla Costituzione civile. La gravissima frattura che si era aperta nella Chiesa di Francia ebbe come conseguenza lo schierarsi di una parte consistente e progressivamente maggioritaria del clero tra le file della controrivoluzione.

Le riforme amministrative

Nello stesso arco di tempo, fra il '90 e il '91, l'Assemblea costituente proseguì nella grande opera di edificazione delle nuove strutture amministrative. La Francia fu suddivisa in 83 **dipartimenti**, e i dipartimenti in circondari, geograficamente omogenei per consentire di recarsi e tornare in giornata dal centro amministrativo più vicino. Fu instaurato un compiuto **decentramento** che rovesciava il sistema accentrato, voluto dalla monarchia assoluta e realizzato dagli intendenti [👁 1.1]. Parigi fu divisa in 48 **sezioni** (o circoscrizioni) che corrispondevano ad altrettante assemblee elettorali. L'Assemblea nazionale costituente, ispirata da princìpi liberisti e anticorporativi, non solo soppresse tutte le corporazioni di mestiere, ma vietò altresì le coalizioni operaie e gli scioperi, favorendo il **mercato libero della manodopera**.

La Costituzione del 1791 e il tentativo di fuga del re

Il regime politico che si veniva definendo era un **regime liberale, fondato sulla separazione dei poteri**. I giudici divennero elettivi. Fu previsto un Parlamento composto da una sola camera, l'**Assemblea legislativa**, della durata di due anni. I ministri, di nomina regia, erano responsabili solo di fronte al sovrano e non potevano essere membri dell'Assemblea. Il re aveva facoltà di opporre un veto sospensivo alle leggi votate dall'Assemblea: solo dopo la conferma in due successive legislature, tali leggi sarebbero diventate esecutive. Il sistema previsto dalla Costituzione del '91, approvata il 3 settembre, era stato congegnato in modo da richiedere, per un suo corretto funzionamento, uno stabile accordo tra il potere esecutivo e quello legislativo, fra sovrano e Assemblea. Ma l'equilibrata attuazione di una **monarchia costituzionale** fu spazzata via dalla fuga del re da Parigi, il 20-21 giugno 1791.

La decisione di Luigi XVI mostrava il suo consenso ai programmi degli emigrati aristocratici e della controrivoluzione. Il disegno era quello di **guidare dall'estero una restaurazione** armata della vecchia Francia. Riconosciuto e arrestato a Varennes, il

Come far prestare giuramento a vescovi e sacerdoti aristocratici in presenza dei rappresentanti delle municipalità a seguito del decreto dell'Assemblea nazionale
1791
[Bibliothèque Nationale, Parigi]

❶ Quali furono i club politici più importanti in Francia al tempo della Rivoluzione? ❷ Perché la Rivoluzione è stata definita "borghese"? ❸ Chi erano i *refrattari* alla Costituzione civile del clero? ❹ Quali erano le caratteristiche del regime liberale che andava costituendosi e perché il re tentò la fuga?

GUIDA ALLO STUDIO

re fu ricondotto a Parigi, insieme con la sua famiglia, fra due ali di guardie nazionali e di popolo ostile. Era un **colpo mortale alla monarchia**, la cui sopravvivenza era legata alla capacità di rappresentare l'unità della nazione francese. Ormai si era aperta un'alternativa repubblicana mentre la soluzione liberale e moderata sarebbe divenuta rapidamente impraticabile.

4 La rivoluzione popolare e democratica

Dall'Assemblea legislativa alla Convenzione nazionale

In un anno, tra l'elezione dell'Assemblea legislativa a suffragio ristretto, tenutasi nel settembre 1791, e quella a **suffragio universale** della Convenzione (la nuova assemblea), tenutasi nel settembre 1792, si assiste in Francia a una **svolta egualitaria e democratica**.

La Legislativa aveva visto una maggioranza di deputati moderati e costituzionali e una minoranza di radicali, i giacobini, tra i quali erano anche i girondini (per l'origine di molti deputati dal dipartimento della Gironda, quello della città portuale di Bordeaux). Nella Convenzione si confrontarono invece due schieramenti usciti dai giacobini: i **girondini**, collocati a **destra**, e i **montagnardi** collocati alla **sinistra** alta dell'assemblea (la montagna). Questi ultimi erano composti dai giacobini radicali di Robespierre e dagli ex cordiglieri. I moderati, posti al **centro**, erano il gruppo più numeroso ma meno omogeneo, designato col nome di "Palude" [GRAFICO_4]. La Convenzione era stata eletta dalla sola Francia rivoluzionaria. Nonostante il suffragio universale, aveva votato infatti soltanto un decimo circa degli oltre 7 milioni di elettori.

Sinistra, centro, destra

Con questi termini vengono oggi comunemente divise le forze politiche che fanno appello rispettivamente a princìpi progressisti, «sinistra», moderati, «centro», e conservatori, «destra»: le definizioni rispecchiano la posizione dei seggi dei parlamentari dal punto di vista del presidente dell'assemblea. I termini ebbero origine, con un significato solo in parte simile a quello attuale, all'interno dell'Assemblea legislativa: a sinistra, infatti, c'erano i seggi dei giacobini (che comprendevano i girondini); sempre a sinistra, ma in alto, erano collocati i montagnardi, i più radicali; al centro sedevano i deputati moderati o privi di una collocazione precisa, la cosiddetta «Palude», pronta a unirsi ai vincitori; a destra stavano gli elementi conservatori.

La mobilitazione del popolo parigino

Un mese prima delle elezioni per la Convenzione, il 10 agosto, i **sanculotti**, così chiamati perché non portavano (*sans*, 'senza') i calzoni al ginocchio (*culottes*) degli aristocratici e dei ricchi borghesi, ma i calzoni lunghi, diedero l'assalto alla reggia delle Tuileries con l'obiettivo di deporre un re traditore, pronto ad allearsi con i nemici della Francia. Luigi XVI venne sospeso dalle sue funzioni e arrestato insieme ai suoi familiari.

La guerra e la vittoria di Valmy

Poco dopo, nell'aprile 1792, scoppiò il conflitto con le **potenze ostili alla Francia rivoluzionaria**: Austria, Prussia e poi anche Gran Bretagna. Da questo momento la guerra condizionò in

GRAFICO 4_LA COMPOSIZIONE DELLA ASSEMBLEA LEGISLATIVA E DELLA CONVENZIONE NAZIONALE

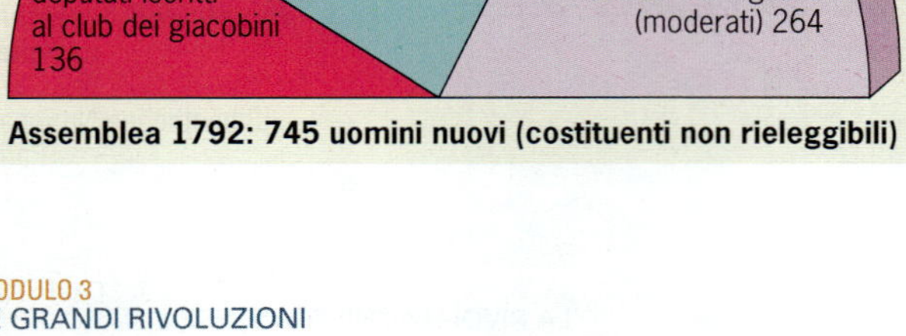

Assemblea 1792: 745 uomini nuovi (costituenti non rieleggibili)

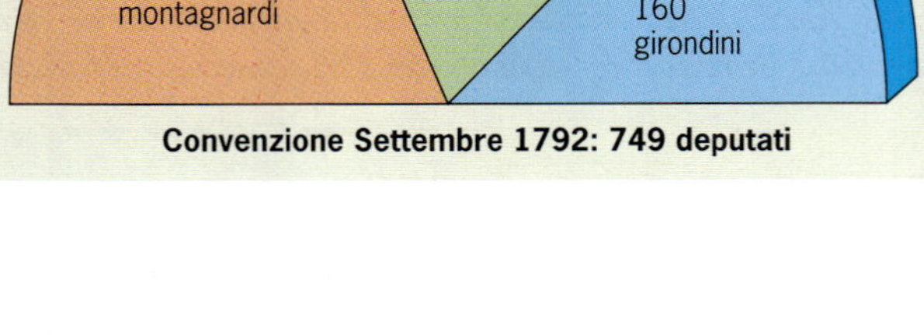

Convenzione Settembre 1792: 749 deputati

misura decisiva lo svolgimento degli avvenimenti insieme ai ripetuti **tentativi controrivoluzionari** in alcune regioni tradizionaliste e cattoliche, ma anche nella capitale. Durante il conflitto, il 20 settembre 1792 le truppe francesi, innervate dai volontari, batterono i prussiani a **Valmy [👁 ATLANTE_22]**. Per la prima volta un **popolo in armi [👁 7.8]** sconfiggeva una grande potenza e dimostrava che anche sul campo di battaglia la Rivoluzione poteva rovesciare l'*ancien régime*. La vittoria però fu più importante per il suo significato simbolico che per quello militare.

La caduta della monarchia Il giorno dopo Valmy, il 21 settembre 1792, la Convenzione dichiarò l'abolizione della monarchia e proclamò la **Repubblica**. Luigi XVI fu messo sotto processo. Sul destino del re e sul ruolo da attribuire al movimento dei sanculotti e al Comune insurrezionale di Parigi che li rappresentava si aprì un duro **contrasto tra montagnardi e girondini**. Le differenze tra i due gruppi erano di natura strettamente politica e ideologica: disposti al compromesso i girondini, radicalmente intransigenti i montagnardi. Il re fu giudicato colpevole quasi all'unanimità, ma la richiesta dei girondini di appellarsi al popolo per

ATLANTE 22_LA RIVOLUZIONE FRANCESE (1789-95)

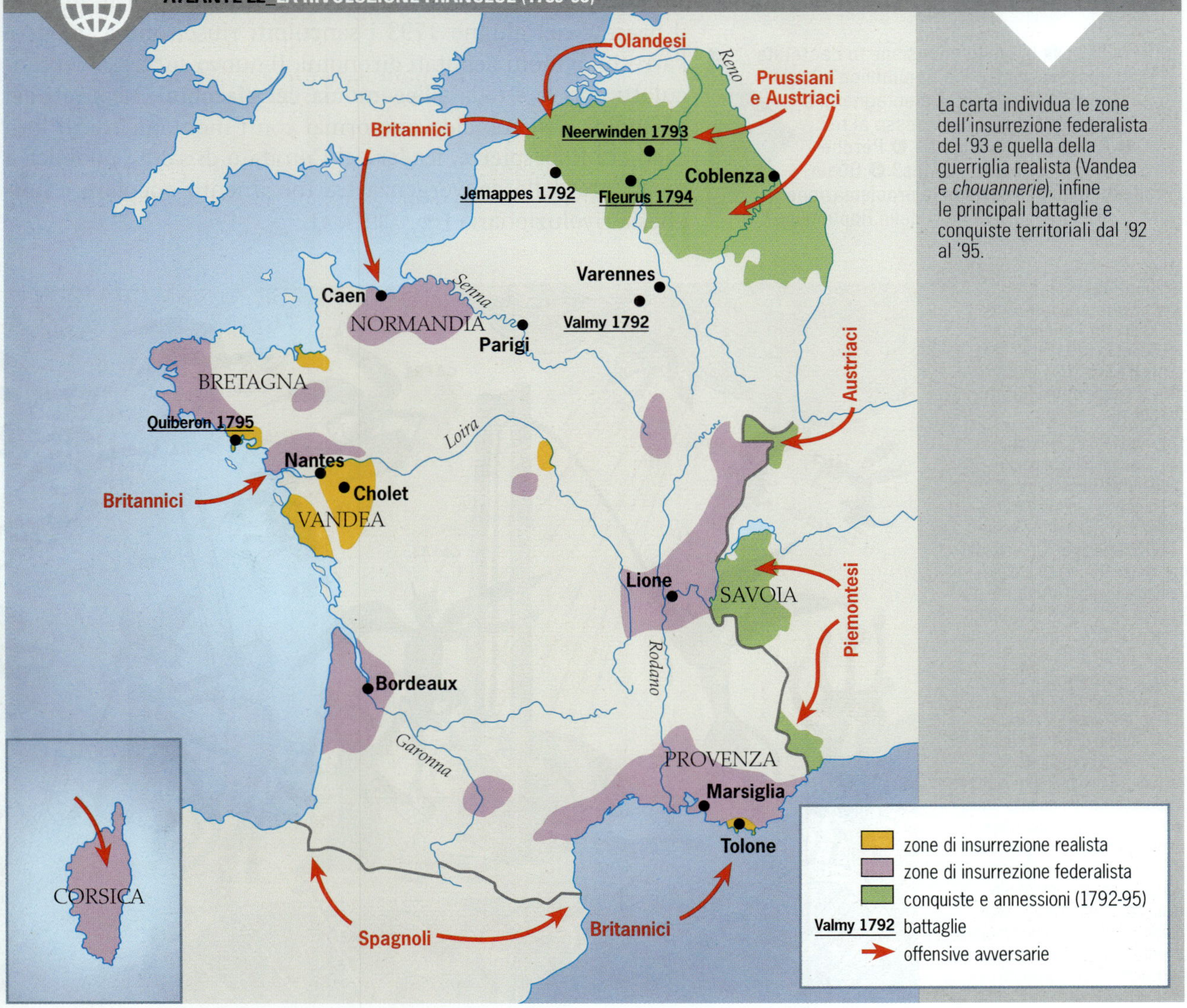

La carta individua le zone dell'insurrezione federalista del '93 e quella della guerriglia realista (Vandea e *chouannerie*), infine le principali battaglie e conquiste territoriali dal '92 al '95.

Focus
La ghigliottina

ONLINE

una conferma della condanna venne respinta. **Il 21 gennaio 1793 il re fu decapitato.** La ghigliottina si ergeva di fronte al palazzo reale delle Tuileries, sulla piazza ormai denominata Piazza della Rivoluzione. Il monarca di diritto divino venne giustiziato come un uomo qualunque: uno dei fondamenti della storia di Francia e d'Europa fu cancellato da quel gesto.

L'allargamento del conflitto e le rivolte

Nel febbraio 1973, sul fronte esterno, il conflitto si allargava e le potenze coalizzate contro la Francia crescevano di numero: Austria, Prussia, Gran Bretagna, Olanda, Spagna, Stati italiani. La Repubblica otteneva successi militari e **annessioni** territoriali (Savoia, Belgio, Renania), ma nel marzo una grande rivolta contadina esplose in **Vandea** (una regione dell'Ovest, a sud della Loira) e nei dipartimenti vicini. L'insurrezione, appoggiata dai nobili e dai preti refrattari, fu alimentata soprattutto dall'opposizione e dall'estraneità di una parte del mondo rurale alla Rivoluzione.

Il Comitato di salute pubblica: Robespierre al potere

Dall'aprile del 1793 il governo effettivo del paese passò nelle mani di un nuovo organismo, il Comitato di salute pubblica, composto da nove membri scelti dalla Convenzione. I girondini, tra i principali sostenitori della guerra rivoluzionaria ma ostili al movimento popolare e vicini alle posizioni moderate, vennero combattuti in tutto il paese e nel giugno 1793 i sanculotti riuscirono a imporre l'arresto di molti deputati girondini. Il nuovo successo dei sanculotti aprì la strada all'**egemonia dei giacobini**. Depurati dei girondini, essi coincidevano ormai con i montagnardi. Il loro capo era Robespierre, leader del Comitato di salute pubblica e mediatore della convergenza tra movimento popolare e borghesia rivoluzionaria **[**TABELLA_**4****]**.

GUIDA ALLO STUDIO

❶ In quale occasione fu decretata l'instaurazione della Repubblica? Quali furono le posizioni di montagnardi e girondini durante il processo al re? ❷ Chi erano i sanculotti? ❸ Perché scoppiò la rivolta in Vandea? ❹ Quale destino ebbe il re dopo la proclamazione della Repubblica?

William Dent
E l'inferno si scatenò*, o *L'assassinio di Luigi
25 gennaio 1793
[British Museum, Londra; © The Trustees of the British Museum]

Questa stampa satirica inglese, pubblicata pochi giorni dopo l'esecuzione di Luigi XVI, rappresenta l'evento con una forte vena antirivoluzionaria. La testa del re, ormai attraversata dalla lama della ghigliottina, sta per cadere. Di fronte a lui, l'abate Edgeworth de Firmont, il prete che lo ha da poco benedetto, alza gli occhi verso il cielo. Qui, sotto pesanti e oscure nubi, il favore divino è annunciato dallo squillo di tromba di un putto che accompagna un fascio di luce che raggiunge direttamente il monarca. Tutto intorno a loro un folto gruppo di diavoli canta *Vive la nation* ('Viva la nazione') e *Ça ira* ('andrà, riuscirà'; ritornello di un canto popolare in voga durante la Rivoluzione), mentre in primo piano un reparto di sanculotti assiste armato di baionette.

5 La dittatura giacobina

▶ 53 DOC
Le Dichiarazioni dei diritti *del 1789 e del 1793*

▶ 55
F. Furet
Il modello giacobino

L'alleanza tra giacobini e sanculotti All'inizio dell'estate del '93, il governo della Francia poggiava sull'alleanza di due minoranze, quella costituita dai militanti rivoluzionari – il 10% circa della popolazione maschile adulta – e quella composta dal personale politico giacobino – non più di 100 mila uomini in tutto il paese con circa 2000 società affiliate. L'ideologia dei giacobini discendeva dalle teorie democratiche degli illuministi, in particolare di Jean-Jacques Rousseau, alle quali attingeva nelle linee di fondo anche il movimento popolare [👁 3.5]. Dal punto di vista economico, giacobini e sanculotti auspicavano una società caratterizzata da un insieme di piccoli produttori, contadini e artigiani, proprietari dei mezzi di produzione. In questo senso, erano ancora collo-

TABELLA 4_GRUPPI POLITICI E AVVENIMENTI PRINCIPALI DELLA RIVOLUZIONE FRANCESE

1789-90 *Assemblea nazionale costituente* (9 luglio 1789)	***Partito nazionale***: fronte riformatore composto dal Terzo stato con l'apporto di aristocratici illuminati e molti esponenti del basso clero	• Nasce la Guardia nazionale • Assalto alla Bastiglia (14 luglio '89): il popolo parigino sulla scena rivoluzionaria • Nuove rappresentanze municipali a Parigi e nelle province (luglio '89) • Sollevazione nelle campagne: «grande paura» (luglio '89) • Abolizione del regime feudale (4 agosto '89) • *Dichiarazione dei diritti dell'uomo e del cittadino* (26 agosto '89) • Requisizione dei beni ecclesiastici (novembre '89) • Sistema elettorale censitario (dicembre '89)
1790-91 *Assemblea nazionale costituente*	***Società dell'89***: di tendenze moderate ***Cordiglieri***: di tendenze radicali (Danton, Desmoulins, Marat, Hébert) ***Giacobini***: di tendenze radicali, organizzati come un moderno partito politico (Robespierre e Brissot, futuro capo dei girondini)	• Festa della federazione (14 luglio '90) • Costituzione civile del clero (luglio '90) • Decentramento amministrativo (dipartimenti provinciali e «sezioni» parigine) • Costituzione del 3 settembre '91: regime liberale, fondato sulla separazione dei poteri esecutivo, legislativo, giudiziario • Fuga del re (20-21 giugno '91) • Elezioni per la nuova Assemblea legislativa
1791-92 *Assemblea legislativa* (1° ottobre 1791)	***Foglianti***: di tendenze moderate ***Costituzionali***: difensori della Costituzione del '91 ***Giacobini***: raggruppamento dei radicali (comprendono i girondini)	• Dichiarazione di guerra all'Austria (20 aprile '92) • Deposizione del re su iniziativa dei sanculotti parigini (10 agosto '92) • Elezioni a suffragio universale per la nuova Convenzione nazionale
1792-93 *Convenzione nazionale* *Comune insurrezionale*	***Palude*** (o ***Pianura***): di tendenze moderate ***Girondini***: ex giacobini, ora su posizioni meno radicali ***Montagnardi***: giacobini legati a Robespierre ed ex cordiglieri (Danton, Marat)	• Scontro tra girondini e montagnardi sul ruolo da attribuire al Comune insurrezionale e ai sanculotti parigini • Vittoria francese sui prussiani a Valmy (20 settembre '92) • Abolizione della monarchia (21 settembre '92) • Processo, condanna a morte e decapitazione di Luigi XVI (21 gennaio '93) • La Francia è in guerra con quasi tutti gli Stati d'Europa • Sollevazione antirivoluzionaria in Vandea (marzo '93) • Creazione del Comitato di salute pubblica (aprile '93) • Epurazione dei girondini (giugno '93)
1793-94 Comitato di salute pubblica		• Dittatura giacobina • Il Terrore • Leva in massa • Calendario repubblicano • Colpo di Stato contro Robespierre (9 termidoro/27 luglio '94) • Robespierre e i suoi più diretti seguaci vengono ghigliottinati
1795-99 Direttorio		• Costituzione del '95

▶ 54 DOC
Maximilien Robespierre
Virtù e democrazia

▶ 56
M. Ozouf
La Rivoluzione francese e la formazione dell'uomo nuovo

cati in un contesto di economia tradizionale. Dal punto di vista politico i giacobini e Robespierre giustificarono il loro potere imponendosi come i **veri interpreti del popolo** e come **espressione della volontà generale**. Si inaugurava così un modello di **democrazia totalitaria, centralizzata e organizzata**, che verrà ripreso nei secoli successivi e in particolare dai rivoluzionari bolscevichi nel 1917 in Russia. I giacobini credevano di poter trasformare nel profondo la società francese, gestendone in modo capillare il cambiamento di struttura e finanche di mentalità.

Il Terrore Gli strumenti della dittatura giacobina furono il **Tribunale rivoluzionario** e il **Terrore**, ossia la sistematica eliminazione fisica degli avversari politici. Fu varata la Costituzione democratica del '93, in realtà mai applicata, mentre venivano sospese le più elementari garanzie dei cittadini. Quando i giacobini cominciarono a governare, in gran parte della Francia dilagava l'insurrezione "federalista", sotto la guida di girondini e realisti (di fede monarchica). Nel giro di sei mesi, tuttavia, le truppe della Convenzione riuscirono a reprimerla e a domare,

PERSONAGGI

Robespierre

Nel maggio 2011, lo Stato francese ha acquistato i manoscritti di Robespierre finiti in una vendita della nota casa d'asta inglese *Sotheby's*. L'acquisto è stato possibile solo grazie a una colletta aperta all'opinione pubblica francese e promossa da numerosi storici, istituzioni, comitati. La curiosa sorte delle sue carte dice molto dell'immagine pubblica di Robespierre, a lungo considerato il **simbolo degli eccessi della Rivoluzione francese**, e per questo escluso dalle celebrazioni ufficiali – manca a Parigi una *rue Robespierre* –, ma allo stesso tempo **bandiera identitaria** per larghi strati della popolazione francese e non solo. La memoria di questo rivoluzionario di due secoli fa divide ancora oggi.
Nacque ad Arras, il capoluogo dell'Artois, il 6 maggio 1758, primogenito di una famiglia borghese di avvocati, notai, procuratori. La situazione in casa non era delle più felici. La madre morì durante l'ennesimo parto quando Maximilien aveva solo sei anni. Il padre reagì al dolore intraprendendo una serie di viaggi in Europa e sostanzialmente abbandonando la famiglia. I figli vennero affidati alle cure del nonno materno. Pressato sin da piccolo a essere il più responsabile dei fratelli Robespierre, Maximilien visse la sua condizione di orfano con estrema gravità: serio, solitario, si diede da fare per riuscire negli studi fino a ottenere una borsa per il prestigioso collège Louis-le-Grand di Parigi, dove si trasferì nel 1769. Anche a Parigi non ebbe vita facile: i suoi compagni provenivano dalle famiglie più ricche della città e lo tenevano a distanza per il suo aspetto trascurato e il suo carattere schivo. Il giovane Robespierre comunque non mancò ai suoi doveri e finì anzi per ottenere moltissimi premi. Erano i **classici latini e greci** ad appassionarlo di più. Come per molti della sua generazione, la lettura delle *Vite degli uomini illustri* di Plutarco diede ispirazione alle sue ambizioni politiche. La sua attrazione per i personaggi della Repubblica romana, e soprattutto per quelli che resistettero a Cesare in difesa del sistema repubblicano, indusse gli insegnanti a chiamarlo **«il Romano»**. Robespierre era ammaliato dalla loro personalità, e avrebbe in seguito pensato di riviverne i fasti e ripercorrerne le gesta con le sue azioni in seno alla Convenzione o durante le giornate più drammatiche della Rivoluzione francese. Visse questo **patriottismo repubblicano** in senso assoluto, come il tentativo di raggiungere l'ideale di una Francia perfetta nella sua virtù. Sarebbe bastato poco tempo perché questa passione repubblicana si trasformasse in una caccia a chiunque si opponesse, ai suoi occhi, al disegno di una Francia repubblicana e incorruttibile.
Ottenuto il diploma in diritto nel 1781, Robespierre tornò ad Arras per esercitare la professione di avvocato, pur continuando a partecipare a **concorsi letterari e filosofici** che cominciavano a dargli una modesta notorietà. In molte delle sue cause, peraltro, prese posizioni contro pregiudizi e costumi retrogradi con piglio da vero illuminista.
Quando nel 1788 vennero convocati gli Stati generali, Robespierre si gettò nella battaglia politica con discorsi che vennero accolti con molto timore dalla nobiltà e dalla ricca borghesia, ma che gli procurarono l'elezione a **deputato del Terzo Stato**. Nelle prime fasi convulse della Rivoluzione restò abbastanza defilato, lontano dalla gran parte dei circoli mondani. I suoi interventi furono per lo più dedicati alla difesa delle azioni popolari, ciò che gli alienò ovviamente le simpatie della borghesia più moderata e dell'aristocrazia. Le sue posizioni estreme e veramente rivoluzionarie gli procurarono la fama di intransigente, di incorruttibile, come iniziava a essere soprannominato. Sono celebri le sue dichiarazioni contro la discriminazione dei neri e dei mulatti liberi delle colonie, per esempio, o perfino contro la pena di morte.
Già dalle prime fasi della Rivoluzione, Robespierre prese parte al club bretone, il nucleo originario del club dei giacobini di cui diventò ben presto uno dei leader più affermati. Grazie alla sua attività nel club, questo modesto deputato di Arras acquistò sempre maggiore notorietà a livello nazionale: i suoi discorsi venivano pubblicati nei giornali locali e generalmente apprezzati dalle frange più rivoluzionarie e popolari; sotto la sua direzione il circolo dei giacobini si assegnava il ruolo di sorvegliare l'assemblea e di tenerla sotto pressione. Dalla tribuna del club Robespierre continuò a guidare le sue campagne quando non fu deputato e prima della sua rielezione nel 1792. Anche per questa sua attività extra legislativa può essere considerato un **pioniere delle tecniche politiche dei regimi democratici**: la sua disinvoltura nel gestire rapporti con la provincia e con la stampa, la sua

seppure provvisoriamente, la Vandea. Sotto la pressione dei sanculotti, la Convenzione mise **«il Terrore all'ordine del giorno»**, intensificando la politica repressiva e introducendo criteri totalmente discrezionali per definire le categorie dei "sospetti". Le prigioni si riempirono, i tribunali e la ghigliottina lavoravano senza tregua: da 300 mila a 500 mila furono gli arrestati in tutto il periodo del Terrore. A Parigi, in ottobre, furono processati e decapitati l'ex regina Maria Antonietta e i capi girondini, fra cui Brissot.

La leva in massa La minaccia di un'invasione nemica impose un controllo ferreo sull'economia e l'introduzione di un **calmiere** dei prezzi (il *maximum*) per meglio organizzare l'approvvigionamento delle truppe. Contemporaneamente fu introdotta la leva in massa degli uomini tra i 20 e i 25 anni – nel 1799 la leva sarebbe divenuta obbligatoria – e giovani generali, anche di estrazione popolare, assunsero il comando, sotto il controllo dei commissari della Convenzione.

Il colpo di Stato del 9 termidoro Dalla primavera del 1794 i contrasti tra i gruppi politici al potere si fecero sempre più aspri. Alla contestazione della sua egemonia

capacità di mediazione tra gli strati popolari e i rappresentanti eletti furono tra le ragioni del suo successo politico e del suo consenso.

Poco alla volta, la retorica di Robespierre si radicalizzò: chi non appoggiava le sue posizioni era immediatamente **tacciato di essere «nemico della Rivoluzione»**; la battaglia politica veniva sintetizzata in una logica buoni/cattivi che non consentiva compromessi, passi falsi, incertezze. Partecipò alle giornate di agosto e settembre del 1792 un po' in disparte, ma ben consapevole delle violenze in atto nella capitale e pronto a prendere posizione al momento opportuno. Il 5 settembre 1792 fu il primo eletto di Parigi alla Convenzione nazionale e leader pressoché incontrastato della Montagna, la sinistra rivoluzionaria.

Claude-André Deseine *Busto di Maximilien Robespierre* 1791 [Musée de la Révolution française, Château, Vizille]

Nella nuova assemblea legislativa, Robespierre svolse un ruolo decisivo nel promuovere l'esecuzione di Luigi XVI (e di Maria Antonietta poi), come di altri esponenti del partito monarchico. Nei mesi successivi, con la liquidazione del partito girondino e poi dei vari avversari che si frapponevano fra lui e la sua visione della Rivoluzione si ritrovò ad essere il *dominus* dell'intera Convenzione. **«Nessuna libertà per i nemici della libertà»** – fu una delle sue sentenze più celebri, una frase che ben riassume la logica perseguita da Robespierre nel ricorrere alla violenza fuori da ogni legalità costituzionale. Contro i nemici della rivoluzione e i complotti dell'aristocrazia, veri e presunti, il popolo in armi e il governo rivoluzionario dovevano essere in grado di utilizzare qualunque mezzo.

La guerra all'esterno, del resto, faceva apparire le istituzioni repubblicane sempre più precarie e le paure di Robespierre non erano soltanto frutto di paranoia.

Più le politiche "terroriste" davano vita a questa sorta di religione della rivoluzione, una mistica che tutto giustificava e che rendeva il suo principale ispiratore sordo alle critiche, più Robespierre si trovava isolato. Alla fine della sua parabola politica, il cerchio dei suoi fedelissimi si restringeva quasi esclusivamente a Saint-Just, Couthon e a suo fratello Augustin, che grazie a Maximilien era stato eletto deputato e aveva ricevuto numerose missioni in provincia. Anche in seguito ad alcuni attentati subiti da Robespierre, nel giugno 1794 i poteri del Tribunale rivoluzionario vennero rafforzati ancora di più. I risultati non tardarono ad arrivare: nell'ultima fase del Terrore, dal 10 giugno al 26 luglio 1794, solo a Parigi la macchina della repressione condannò a morte 1376 persone, contro le 1251 dei quindici mesi precedenti.

Il 9 termidoro (27 luglio), durante una caotica seduta della Convenzione, moltissimi deputati misero sotto accusa Robespierre e i suoi accoliti, dichiarati "fuori legge" (*hors loi*) e quindi neanche degni di un processo. Il giorno dopo i prigionieri vennero portati al patibolo e uccisi. La morte del dittatore fu decisa in tutta fretta, temendo che la situazione politica si rovesciasse a suo vantaggio.

Utopista, dittatore, freddo e logico giurista, paranoico sanguinario: l'enigma Robespierre avrebbe appassionato generazioni di storici e commentatori della Rivoluzione, polemicamente ridotta dai suoi avversari al solo Terrore.

Robespierre rispose eliminando prima gli avversari di sinistra, gli hebertisti (i cordiglieri vicini a Hébert), e poco dopo gli indulgenti, capeggiati da Desmoulins e Danton, da tempo favorevoli a una politica meno intransigente nel paese e all'estero. Ma, nonostante l'importante **vittoria militare di Fleurus** contro austriaci e britannici (26 giugno 1794), Robespierre intensificò la politica del Terrore. In questa atmosfera maturò il **colpo di Stato**, una congiura che vide unite l'ala moderata e quella estremista della Convenzione. Il 9 termidoro del calendario rivoluzionario [👁 7.7], ovvero il 27 luglio, Robespierre e i suoi seguaci più stretti, Saint-Just e Couthon, vennero messi sotto accusa e arrestati. I sanculotti non si mossero. Dichiarati fuori legge, **Robespierre e altri 21 furono giustiziati** senza processo il 10 termidoro. Il giorno dopo altri 71 robespierristi salirono sul patibolo. In meno di un anno i condannati a morte del Terrore furono circa 17 mila ai quali vanno aggiunte le vittime delle esecuzioni in massa (come quelle gettate nella Loira, a Nantes, durante la repressione dell'insurrezione vandeana) per un totale di 35-40 mila vittime. A Parigi le sentenze di morte furono 2639, ma la grande maggioranza fu pronunciata nelle regioni insorte.

GUIDA ALLO STUDIO

❶ Perché Robespierre riuscì a stringere alleanza con i sanculotti? ❷ Spiega il concetto di democrazia totalitaria. ❸ Perché fu inaugurata la stagione del Terrore? ❹ Chi fu colpito dalla repressione del Comitato di salute pubblica? ❺ Come terminò la carriera politica di Robespierre?

L'esecuzione di Robespierre e dei suoi seguaci
1794
[Bibliothèque Nationale, Parigi]

La stampa raffigura Robespierre e i 21 deputati a lui fedeli giustiziati con la ghigliottina il 28 luglio 1794. Robespierre è mostrato ancora in vita, con la giacca marrone e il cappello nero, che si copre il volto con un fazzoletto sul primo carretto in arrivo al patibolo. L'uomo che sta salendo le scale è suo fratello minore, Augustin, mentre quello appena decapitato è il suo alleato Georges Couthon. Davanti al patibolo, invece, giace riverso Philippe-François-Joseph Le Bas, un altro fedelissimo che si tolse la vita con un colpo di pistola prima di essere arrestato.

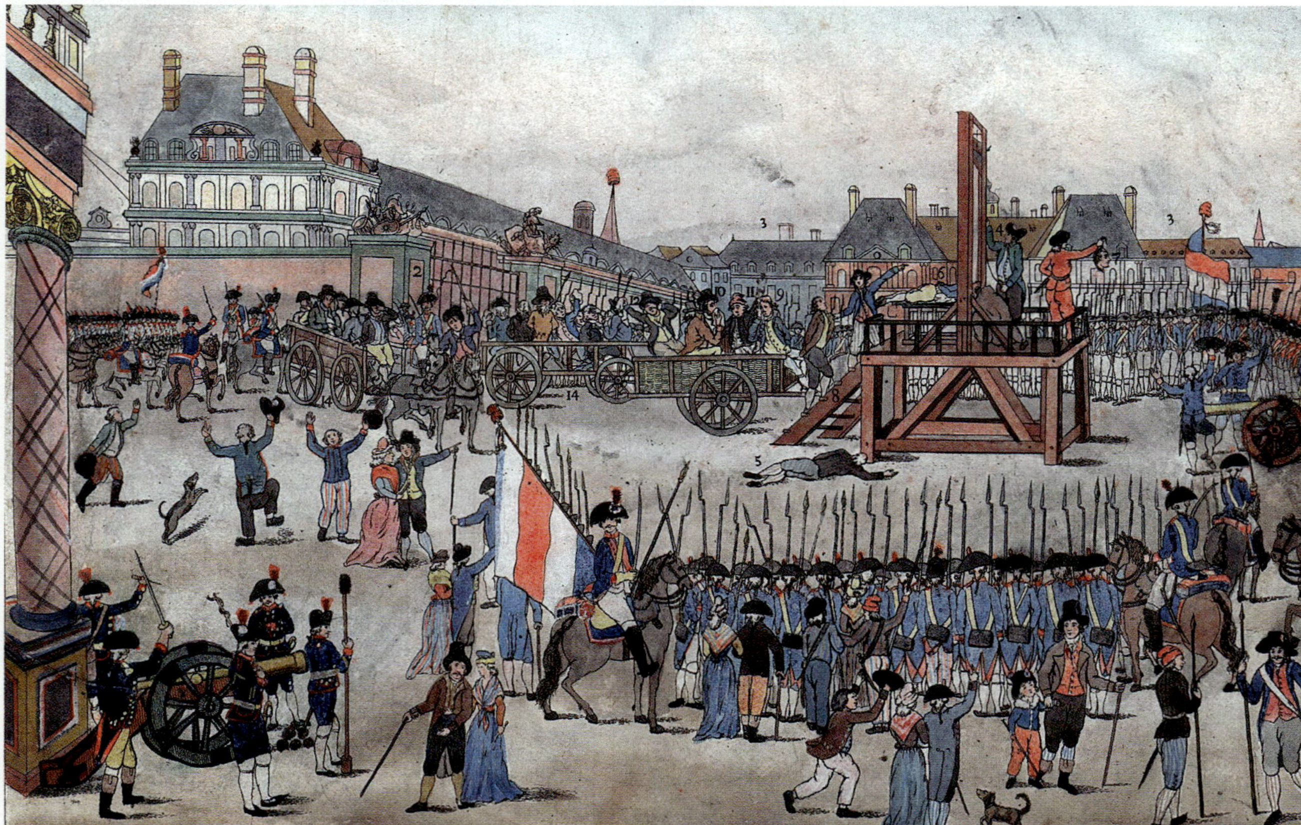

6 Continuità rivoluzionaria e stabilizzazione difensiva

La fine del giacobinismo

La caduta di Robespierre non segnò la fine della rivoluzione, ma l'inizio di una nuova fase caratterizzata, all'esterno, dall'espansione francese in Europa e, all'interno, da faticosi tentativi di stabilizzazione volti a garantire la tutela dei risultati rivoluzionari e la sopravvivenza del nuovo ceto politico. In breve tempo fu smantellata la struttura di potere giacobina: decine di migliaia di sospetti furono liberati e, a dicembre, la Convenzione reintegrò i girondini superstiti. I club giacobini vennero chiusi, mentre una nuova mobilitazione dei sanculotti che protestavano contro il carovita fu repressa nella primavera del '95. **La repressione fu affidata all'esercito** che, per la prima volta dall'inizio della Rivoluzione, marciò sui quartieri popolari e disarmò i sanculotti. Nel Mezzogiorno e nel Sud-est infuriava il **Terrore bianco** – così detto dal colore della bandiera borbonica – con vendette e massacri nei confronti dei giacobini e dei preti costituzionali.

La Costituzione del 1795 e il Direttorio

Il processo di stabilizzazione interna venne consolidato dai successi militari ai quali seguirono, fra aprile e luglio 1795, i trattati di pace con la Prussia e l'Olanda. Ma la guerra rimaneva aperta con l'Austria e la Gran Bretagna. Contemporaneamente la Convenzione elaborò un nuovo testo costituzionale, che doveva conferire stabilità al **nuovo assetto politico borghese** della Francia. Il potere esecutivo fu affidato a un **Direttorio di 5 membri** che nominava i ministri [👁 TABELLA_4]. La nuova Costituzione riprese in molti punti quella del '91 e soprattutto accentuò il carattere censitario del sistema elettorale e la tutela della proprietà.

Colpo di Stato
Il colpo di Stato è il cambiamento repentino del gruppo dirigente realizzato con metodi incostituzionali e spesso violenti da parte di membri di quello stesso Stato. La maggior parte dei colpi di Stato è stata eseguita da militari o con il sostegno dell'esercito. È proprio a partire dagli anni della Rivoluzione francese che il colpo di Stato si afferma come tecnica estrema e brutale di risoluzione delle crisi politiche.

Jean-Baptiste Isabey
Il Petit Coblentz sotto il Direttorio
1795-99
[Musée Carnavalet, Parigi]
Una forma di reazione all'austerità degli anni del Terrore fu quella dei giovani della Parigi più agiata che si riunivano nei caffè e animavano la vita mondana, ma erano disponibili anche alle «spedizioni punitive» contro i sanculotti e i giacobini. La cosiddetta *jeunesse dorée* ('gioventù dorata') del periodo termidoriano e del Direttorio, con la sua ricerca esasperata dell'eleganza e il suo snobismo, è qui raffigurata con una malcelata vena satirica nella passeggiata in un'area del *boulevard des Italiens* denominata Petit Coblentz.

Tentativi insurrezionali Nonostante questa nuova struttura istituzionale, la debolezza del nuovo regime dava spazio a tentativi insurrezionali monarchici, come quello represso a cannonate dal generale Napoleone **Bonaparte** [👁 7.11 PERSONAGGI] a Parigi nell'ottobre '95, o rivoluzionari come la **"Congiura degli Eguali"** promossa da François-Noël Babeuf e sventata nel '96. Babeuf teorizzava l'uguaglianza, la comunità dei beni, l'abolizione della proprietà della terra: tra i capi della congiura figurava anche il toscano Filippo Buonarroti, la cui esperienza ebbe grande rilievo nell'ispirare le prime società segrete del movimento nazionale democratico in Italia [👁 7.8].

Il ruolo dei militari Mentre gli eserciti della Repubblica avevano ripreso vittoriosamente l'offensiva in Europa, nuove difficoltà interne si presentarono costringendo la maggioranza del Direttorio (guidata da Paul Barras) ad attuare un **colpo di Stato** nel settembre 1797: furono annullate le elezioni tenute in quell'anno, deportati numerosi deputati e giornalisti, introdotti severi controlli sulla stampa. Decisivo per il colpo di Stato era stato l'appoggio dei comandanti militari impegnati all'estero. La sopravvivenza del regime e la continuità rivoluzionaria erano ormai affidate non solo alle vittorie degli eserciti ma al **diretto intervento dei generali vittoriosi nella vita politica**.

GUIDA ALLO STUDIO

❶ Cosa si intende per "Terrore bianco"? ❷ Quali furono le novità introdotte dalla Costituzione del '91? ❸ Chi organizzò e che esito ebbe la "Congiura degli Eguali"? ❹ Quale ruolo assunse l'esercito?

Partitura della *Marsigliese*
1792
[Bibliothèque Nationale, Parigi]

Nel 1795 *La Marsigliese* fu adottata come inno nazionale di Francia. Composta nel 1792 dall'ufficiale Joseph Rouget de Lisle (1760-1836), che si apprestava ad affrontare le truppe austro-prussiane, era nata con il titolo *Canto di guerra per l'armata del Reno*. Qualche mese dopo, però, il battaglione dei federati marsigliesi la cantò come proprio inno in occasione della festa della Rivoluzione a Parigi e per questo passò alla storia come *La Marseillaise*. Proibita durante il periodo napoleonico, tornò a essere l'inno della Francia nel 1879. Dal testo traspare il forte sentimento patriottico di un esercito impegnato a difendere non solo un territorio ma soprattutto un ideale. Emerge anche chiaramente, fin dalle prime strofe, la violenza e l'asprezza di un paese in guerra: «Avanti figli della Patria. Il giorno della gloria è arrivato! Contro di noi della tirannia, lo stendardo sanguinante si è levato! Lo stendardo sanguinante si è levato! Sentite nelle campagne ululare questi feroci soldati? Vengono in mezzo a voi a sgozzare i vostri figli, le vostre compagne! Alle armi, cittadini! Formate i vostri battaglioni! Marciamo, marciamo! Che un sangue impuro irrighi i nostri solchi!».

7 Nuova politica e mentalità rivoluzionaria

Il ruolo delle masse popolari

Nella fase più radicale della Rivoluzione le fazioni politiche al governo traggono la loro legittimazione non solo dalle elezioni, ma anche dalla mobilitazione dal basso del popolo parigino, dei sanculotti. Il ruolo delle masse rappresenta una delle maggiori novità della Rivoluzione fin dall'89 e condizionerà anche in seguito la politica francese in tutti i momenti cruciali per quasi un secolo [👁 7.14].

I gruppi politici radicali – giacobini, montagnardi, hebertisti – cercheranno di incanalare e di sfruttare questa mobilitazione popolare armata, protagonista della caduta della monarchia (10 agosto 1792), dell'arresto dei deputati girondini – che avevano trovato nelle province il loro maggior sostegno politico – e infine del controllo sull'operato della Convenzione.

Nasce da questa necessità di guidare il popolo e dalla convinzione di parlare **«in nome del popolo»** l'**ideologia incentrata sulla «volontà generale»** di cui molti leader, ma in primo luogo Robespierre, ritengono di essere gli unici veri interpreti.

Una pedagogia politica

Questa ideologia e questa pratica politica furono accompagnate da una larga attività di educazione collettiva, di pedagogia rivo-

▶ 57
L. Hunt
La politicizzazione della vita quotidiana

◄ **Allegoria di *Ventose* (febbraio) dal calendario rivoluzionario**
XVIII secolo
[Bureau des Longitudes, Bibliothèque Nationale, Parigi]

► **Una ceramica di Nevers con il tempio dell'Essere supremo**
1798
[Musée Carnavalet, Parigi]

Con il nuovo calendario repubblicano l'anno fu diviso in 12 mesi di 30 giorni, ciascuno con un nuovo nome basato sui cicli naturali in correlazione con il tempo meteorologico.

Il culto dell'Essere supremo, solo superficialmente plasmato sulle idee razionaliste e deiste del '700, era fortemente imbevuto di immaginario e vocabolario mutuati dal culto cristiano. Robespierre, nelle vesti di «grande sacerdote», spiegò: «Il mio Dio è Colui che ha creato tutti gli uomini affinché vivessero nel benessere e nell'uguaglianza, che protegge gli oppressi e stermina i tiranni; non adoro altro che la giustizia e l'umanità; odio il potere dei preti; è una delle catene dell'umanità, ma una catena invisibile dello spirito che solo la ragione può rompere». Robespierre, rigettando l'ateismo, dichiarava di credere nella vita dopo la morte e in un dio, fonte della morale, capace di intervenire nella vita degli uomini.

luzionaria fondata sulle celebrazioni della Rivoluzione e dei suoi **martiri** (come Marat pugnalato dalla realista Charlotte Corday), su un largo repertorio di **simboli** – la coccarda tricolore, il berretto frigio degli schiavi liberati – e sulla diffusione di immagini popolari del rovesciamento del Vecchio Mondo. Si puntò anche a creare un **sistema educativo pubblico** e a diffondere l'uso di una lingua nazionale che liberasse le masse illetterate dalla sudditanza ai dialetti locali. Cancellata la monarchia e osteggiata duramente la Chiesa, i due riferimenti fondamentali dell'identità popolare, era necessario segnare profondamente il rinnovamento rivoluzionario. In questa direzione la decisione più significativa fu l'introduzione del nuovo **calendario repubblicano** o rivoluzionario, in vigore dall'ottobre 1793 fino al 31 dicembre 1805, che stabiliva una nuova datazione dalla proclamazione della Repubblica in poi: oltre a cambiare il nome dei mesi e dei giorni, aboliva il ciclo settimanale e la domenica (sostituendoli con gruppi di dieci giorni) intervenendo direttamente sulla scansione del tempo legata alle pratiche religiose.

La scristianizzazione e il culto dell'Essere supremo

Il nuovo calendario era un aspetto della più sistematica scristianizzazione, promossa soprattutto dal club dei cordiglieri di Hébert, con la distruzione di simboli religiosi come le statue dei santi e le campane, e la celebrazione di feste per la **dea Ragione**. **La scristianizzazione non ebbe l'appoggio di Robespierre**, che vi scorgeva i rischi dell'ateismo razionalista e dell'attenuazione del controllo morale e sociale esercitato dalla religione: nel maggio del '94 il leader giacobino sostenne e impose invece il culto dell'**Essere supremo**, espressione delle sue concezioni deiste **[👁 3.3]**.

Molti aspetti della ventata scristianizzatrice vanno ricondotti alle componenti di fondo della mentalità rivoluzionaria, che univa volontà punitiva e ossessione del complotto controrivoluzionario alla convinzione della necessità di un **rovesciamento totale del passato**. Un rovesciamento inteso come inversione dei ruoli (trionfo dei poveri sui ricchi, degli umili sui potenti) e come distruzione simbolica di tutto ciò che rappresentava l'antico regime.

GUIDA ALLO STUDIO

❶ Qual era l'ideologia di Robespierre? ❷ Com'era organizzato il nuovo calendario repubblicano o rivoluzionario? ❸ Come fu attuata la scristianizzazione?

8 L'espansione rivoluzionaria

Sostenitori e critici della Rivoluzione in Europa

Quanto accadeva in Francia fu costantemente seguito dall'opinione pubblica in tutta Europa. Se all'inizio i ceti illuminati guardarono con favore al rovesciamento dell'assolutismo e a un possibile sviluppo costituzionale all'inglese, successivamente lo scoppio della guerra e soprattutto l'uccisione del re ridussero drasticamente il numero dei sostenitori. Il Terrore divise ulteriormente i fautori della rivoluzione, separando le correnti liberali e moderate da quelle democratiche.

Tra i primi a ragionare sulla Rivoluzione fu lo scrittore politico di origine irlandese **Edmund Burke** (1728-1797). Esponente dei Whigs, già nel novembre 1790 pubblicò le *Riflessioni sulla rivoluzione in Francia*, una durissima requisitoria contro l'astrattezza antistorica dei princìpi dell'89 e in difesa della tradizione. Alle origini della rivoluzione egli vedeva, tra l'altro, la **"congiura dei filosofi"**, un motivo destinato ad avere larghissima fortuna in tutto il pensiero politico successivo. Significativa era anche la **contrapposizione instaurata con la pacifica Rivoluzione inglese del 1688-89** **[👁 1.3]** che dimostrava la superiorità dello sviluppo politico britannico, risultato di una continuità storica, su quello francese fondato sulla rottura con il passato.

La Rivoluzione non costituì solo uno spartiacque del pensiero politico, ma determinò anche contrastanti reazioni in tutta Europa. Da un lato i governi si impegnarono a reprimere ogni forma di protesta o di dissenso nel **timore che l'esempio francese dilagasse**, dall'altro i nuclei di opposizione presero coscienza di sé e dei propri obiettivi. Quella stessa rete di comunicazione (la stampa, le logge massoniche), che aveva dato luogo alla feconda **circolazione delle idee** illuministe, agì anche per i princìpi rivoluzionari. Princìpi che la Francia sostenne, dal 1792, con una vigorosa propaganda ideologica.

La "nazione armata"

In realtà, l'espansione rivoluzionaria in Europa fu affidata soprattutto alle baionette dell'esercito: senza l'appoggio militare della "nazione armata" – in cui i francesi si erano identificati dal 1792, con l'inizio della guerra contro l'Austria –, nessun nuovo regime sarebbe stato in grado di reggersi. Inoltre l'esercito, più di ogni altra istituzione, era profondamente legato – dai soldati agli ufficiali – ai princìpi e ai risultati della Rivoluzione. L'influenza della Rivoluzione fu particolarmente forte (e precoce) nei paesi limitrofi, dove si legò a esigenze autonomistiche o a conflitti già in corso. Tali furono i casi del Belgio e dell'Olanda: il **Belgio** fu annesso alla Francia (1793-95), l'**Olanda** si trasformò in Repubblica batava (1795) **[**👁 ATLANTE_**23]**.

In **Italia** un centro di organizzazione rivoluzionaria si costituì a Oneglia, in Liguria, sotto la diretta influenza dell'occupazione francese e la guida di Filippo Buonarroti, che vi agiva come commissario della Convenzione. Negli altri Stati italiani – a Tori-

ATLANTE 23_L'EUROPA NEL 1792-99

❶ Qual è l'accusa fondamentale che Edmund Burke rivolse alla Rivoluzione francese? ❷ Quale fu il ruolo dell'esercito negli eventi rivoluzionari? ❸ Dove fu «esportata» la Rivoluzione? ❹ Esistevano giacobini italiani?

GUIDA ALLO STUDIO

no, a Bologna, a Napoli e in Sicilia – i club di giacobini (termine che qui indicava genericamente tutti i sostenitori della Rivoluzione) furono duramente repressi dalle autorità di governo, che ne condannarono a morte i maggiori esponenti (1794). Da questi primi nuclei si svilupparono tuttavia altri gruppi che appoggiarono l'intervento diretto francese nel 1796-97.

9 La conquista dell'Italia e le Repubbliche giacobine

La politica di conquista del Direttorio

Il Direttorio intensificò la politica di espansione francese in Europa nella convinzione che la sicurezza della Francia potesse essere garantita non solo dal raggiungimento delle **"frontiere naturali"** – le Alpi e il Reno – ma anche dalla costituzione di **"repubbliche sorelle"** della Francia immediatamente al di là di queste frontiere. La realizzazione del disegno era legata alla sconfitta dell'Austria, che doveva essere attaccata in primo luogo

ATLANTE 24_L'ITALIA NEL 1799

La situazione italiana agli inizi del 1799, prima dell'invasione degli austro-russi, che posero fine alle Repubbliche giacobine. Piemonte e Toscana erano sotto diretto controllo delle truppe francesi. Sono indicate inoltre le battaglie decisive della campagna d'Italia 1796-97.

sul territorio tedesco in direzione di Vienna, mentre altre truppe avrebbero tenuto impegnati gli austriaci in Italia, mirando alla conquista del Piemonte e della Lombardia.

La campagna d'Italia

Nel 1796 il comando dell'armata d'Italia fu affidato a un giovane generale di 26 anni, **Napoleone Bonaparte**. Le sue vittorie nel 1796-97 furono l'inizio di una carriera politica e militare destinata a segnare profondamente, per quasi un ventennio, tutta la storia di Francia e d'Europa. La campagna d'Italia mise immediatamente in luce le sue straordinarie qualità di comandante militare: la capacità di imporsi agli ufficiali e di trascinare i soldati, la rapidità di manovra e di decisione. **Bonaparte riuscì nel disegno strategico di mantenere unite le sue forze, inferiori di numero, e di dividere quelle nemiche**. Il 15 maggio, sconfitti separatamente i piemontesi e gli austriaci, entrava trionfalmente a Milano. Gli austriaci cercarono di riprendere il controllo della Lombardia inviando nuove truppe, ma Bonaparte li sconfisse nella decisiva battaglia di **Rivoli Veronese** (gennaio 1797) proseguendo poi verso Vienna [👁 ATLANTE_24]. Nel frattempo i francesi avevano costretto il papa Pio VI a cedere il possesso dell'Emilia e della Romagna (trattato di Tolentino).

Campoformio e la fine della Repubblica di Venezia

Le vittorie militari consentirono a Bonaparte di condurre direttamente le trattative con l'Austria. Con il **trattato di Campoformio** (ottobre 1797) ottenne il riconoscimento dell'egemonia francese in Lombardia e in Emilia, dell'annessione del Belgio, nonché l'attribuzione alla Francia della riva sinistra del Reno. L'Austria venne compensata con il Veneto, l'Istria e la Dalmazia. I territori di Bergamo e Brescia passarono alla neonata Repubblica cisalpina. Fra lo sgomento e l'indignazione dei patrioti, la Repubblica di Venezia veniva smembrata e cessava di esistere: dopo oltre un millennio finiva uno dei più antichi Stati italiani.

Le decisioni di Campoformio non devono sorprendere. **L'Italia era considerata terra di conquista da depredare e saccheggiare.** Le indicazioni del Direttorio in questo senso erano chiarissime e non diverse da quelle adottate in Belgio e in Olanda. Bonaparte e i suoi generali erano inoltre privi di scrupoli di sorta. Così masse ingenti di denaro (frutto di imposizione ai sovrani e agli strati sociali più abbienti) servirono al mantenimento dell'esercito o al risanamento delle finanze francesi. Grandi tesori d'arte presero la via di Parigi. Tutto ciò non contraddiceva tuttavia il più complesso **progetto politico** di creare in Italia una serie di "repubbliche sorelle".

La nascita delle repubbliche

Impegnato a dare un nuovo assetto politico all'Italia settentrionale, Bonaparte fu attentissimo a utilizzare tutti i mezzi di comunicazione del tempo – stampa, proclami, immagini – per propagandare i suoi successi e per imporsi all'opinione pubblica francese: un disegno che rispondeva all'esigenza di mostrare, accanto a quelli militari, anche i suoi meriti politici. Nel dicembre 1796 fu creata in Emilia e Romagna la **Repubblica cispadana**. Nel giugno 1797 si formarono la **Repubblica ligure** e, sui territori occupati della Lombardia, la **Repubblica cisalpina**, con la quale a luglio si fuse la Cispadana. Successivamente nel febbraio 1798 i francesi intervennero a Roma – dove, nella repressione di un tentativo giacobino, era stato ucciso un generale francese – e proclamarono la **Repubblica romana**, che comprendeva il Lazio, l'Umbria e le Marche. Pio VI fu deposto e trasferito prima in Toscana e poi in Francia, dove morì nel 1799. Alla fine del 1798, inoltre, la ripresa delle ostilità contro la Francia da parte delle potenze alleatesi dopo la spedizione napoleonica in Egitto [👁 7.10] indusse il Regno di Napoli ad attaccare la Repubblica romana. Le truppe borboniche furono respinte e Napoli

58
M. Vovelle
I giacobini italiani

Stato civile
L'Ufficio dello stato civile (o semplicemente "stato civile"), presente in ogni comune, ha il compito di tenere i registri di cittadinanza, nascita, matrimonio e morte. Nell'uso comune, lo stato civile di una persona indica la sua condizione di celibe (o nubile), coniugato, vedovo.

Fedecommesso
Il fedecommesso è una forma di successione che impone all'erede di lasciare a sua volta il patrimonio a un solo erede maschio. Come la primogenitura, è finalizzato alla conservazione dell'intero patrimonio in una sola linea di discendenza.

fu occupata dai francesi, che qualche giorno dopo vi proclamarono la **Repubblica partenopea** (gennaio 1799).

Le repubbliche "giacobine" Passate alla storia come repubbliche "giacobine", le repubbliche italiane imposte dai francesi non ebbero in realtà mai caratteristiche tali da richiamare il radicalismo rivoluzionario. Le Costituzioni repubblicane, del resto, furono tutte modellate sulla **Costituzione francese del 1795** [7.6]: solo quella napoletana, redatta da Mario Pagano, aveva contenuti più democratici. Inoltre, sia Bonaparte sia i suoi successori in Italia si appoggiarono ai **nobili** e ai **borghesi** di orientamento moderato. Il controllo dei francesi si tradusse anche nella nomina diretta dei membri degli organi legislativi e di governo, nonché nella loro sostituzione a seconda del maggiore o minore allineamento alla politica del Direttorio o a quella dei comandanti militari in Italia.

L'egemonia francese diede tuttavia l'avvio a una serie di **riforme** anche al di fuori dell'ambito dell'organizzazione istituzionale: come l'introduzione dello **stato civile**, l'abolizione di maggiorascati e **fedecommessi** – che impedivano il frazionamento e la vendita dei beni di origine feudale –, la **soppressione degli enti religiosi** e l'inizio della vendita dei loro beni, convertiti in beni nazionali. Alcune di queste riforme rimasero allo stato di pura enunciazione, soprattutto quelle miranti alla costituzione di una diffusa piccola proprietà contadina: non ebbero alcun seguito,

Saverio Della Gatta
Battaglia tra navi anglo-borboniche e repubblicane nel canale di Procida
1800
[Museo Nazionale di San Martino]

Nell'aprile 1799 una flotta navale britannica occupò le isole antistanti il golfo a Napoli, Ponza, Procida, Ischia e Capri, venendo in aiuto dei sanfedisti e dei Borbone. In questo primo frangente la flotta napoletana riuscì a difendere la neonata Repubblica impedendo lo sbarco dei britannici. Ma Napoli fu conquistata pochi mesi dopo dall'esercito sanfedista che si fece protagonista di numerose efferatezze. Secondo la ricostruzione di Vincenzo Cuoco (*Saggio storico sulla rivoluzione napoletana del 1799*) «il popolo napolitano, unito agl'insorgenti, commise delle barbarie che fan fremere: incrudelì financo contro le donne, alzò nelle pubbliche piazze dei roghi, ove si cuocevano le membra degl'infelici, parte gittati vivi, e parte moribondi. Tutte queste scelleraggini furono eseguite sotto gli occhi di Ruffo [il cardinale] e degl'Inglesi».

infatti, le proposte in questa direzione avanzate nella Repubblica romana dove, soprattutto nella campagna intorno a Roma, era presente un'imponente proprietà latifondistica.

Le nuove repubbliche determinarono un **vigoroso risveglio del dibattito politico**: utopisti e riformatori, rivoluzionari e moderati – come Melchiorre Gioia, Matteo Galdi, Enrico Michele L'Aurora e il più radicale Vincenzo Russo – si impegnarono in una riflessione sulle forme politiche, sui problemi economici, sui possibili destini unitari della penisola. Anche per la brevità dell'esperimento repubblicano non vi fu il tempo per consentire alle nuove idee di affermarsi e trovare un qualche sostegno nei ceti popolari, rimasti sempre ostili ed estranei al nuovo regime.

59 DOC
Melchiorre Gioia
Quale de' governi liberi meglio convenga alla felicità d'Italia

60
A. De Francesco
La meteora dell'unità

61 DOC
Vincenzo Cuoco
Una «rivoluzione passiva»

L'opposizione popolare

Già nell'aprile 1797 le truppe francesi di stanza a Verona erano state assalite (le Pasque veronesi), mentre a Napoli, nel 1799, i popolani («lazzaroni») si opposero violentemente all'ingresso dei francesi in città. Questa estraneità e ostilità si estese anche alle altre Repubbliche giacobine. Quando il controllo francese sull'Italia cominciò a vacillare, alla fine del '98 e nel '99, si registrarono infatti numerosi episodi di sollevazioni popolari.

Nell'Italia meridionale, in particolare, **i contadini non videro alcun vantaggio immediato** per le loro durissime condizioni ad opera del nuovo regime repubblicano: le norme che abolivano i prelievi feudali e garantivano la continuità degli usi civici giunsero troppo tardi (alla fine di aprile 1799). Fu agevole quindi per il cardinale Fabrizio Ruffo, emissario dei Borbone, sollevare i contadini e guidare l'**armata della Santa Fede** – di cui facevano parte anche bande di briganti – contro la repubblica dei miscredenti. La conquista di Napoli a opera dei sanfedisti (giugno 1799) anche con l'aiuto della flotta inglese consentì il ritorno dei Borbone che effettuarono una durissima repressione. Fra gli altri furono impiccati Mario Pagano, Vincenzo Russo, Francesco Caracciolo ed Eleonora de Fonseca Pimentel. La rapida fine della Repubblica partenopea (durata solo sei mesi) diede spunto allo scrittore politico **Vincenzo Cuoco** per rivolgere pesanti accuse all'astrattismo dei patrioti e al carattere «passivo» della rivoluzione napoletana (nel celebre *Saggio storico sulla rivoluzione napoletana del 1799*, pubblicato nel 1801). Certo è che l'episodio sanfedista testimoniava della difficoltà di coinvolgere le masse contadine nella rivoluzione «borghese», difficoltà che anche la Francia conosceva in quegli anni con l'endemica ribellione vandeana [👁 7.4].

GUIDA ALLO STUDIO

❶ Quali territori costituirono le Repubbliche cisalpina, romana e partenopea? ❷ Perché le Repubbliche italiane furono definite «giacobine»? ❸ Perché i ceti popolari non parteciparono alle esperienze repubblicane? ❹ Per che cosa lottavano i sanfedisti?

10 Il colpo di Stato e la svolta autoritaria di Bonaparte

La spedizione in Egitto

Nella **primavera del '98** fu concesso a Bonaparte, dopo la rinuncia a un progetto di invasione della Gran Bretagna, di organizzare una spedizione militare contro l'Egitto. Da lì avrebbero potuto essere colpiti gli **interessi commerciali britannici in Oriente**. La disponibilità del Direttorio a un progetto avventuroso e azzardato mascherava il desiderio di allontanare da Parigi un personaggio divenuto, dopo i successi in Italia, troppo ingombrante. A maggio un'imponente flotta di oltre 300 navi salpò da Tolone: vi erano imbarcati 38 mila soldati e una numerosa commissione scientifica.

L'Egitto era una provincia dell'Impero ottomano, sostanzialmente autonoma e dominata dalla setta militare dei Mamelucchi. Sbarcati ad Alessandria i francesi si spinsero verso il Cairo, e qui, nella **battaglia delle Piramidi**, sconfissero i Mamelucchi a luglio. La vittoria diede nuova fama a Bonaparte e contribuì a diffondere nel mondo occidentale la moda per tutto ciò che era egiziano. Ma pochi giorni dopo, il 1° agosto, l'ammiraglio inglese **Horatio Nelson** (1758-1805) sorprendeva la flotta francese all'ancora di fronte ad **Abukir** e la distruggeva, isolando i francesi.

Verso il colpo di Stato

L'unico risultato certo della spedizione in Egitto fu la ricomposizione di un'alleanza generale contro la Francia, animata come

Frontespizio dell'edizione di lusso della *Description de l'Égypte*
1809
[Parigi]
Con le truppe napoleoniche nel 1798 giunse in Egitto anche un nutrito gruppo di studiosi e scienziati con il compito di fornire un quadro quanto più esaustivo sulla storia e sulle condizioni del paese. Risultato finale di due anni di indagini e ricerche fu un'opera immensa, composta da 9 volumi di testo e 11 di tavole di grande formato, pubblicata a Parigi nell'arco di una ventina d'anni, intitolata *Description de l'Égypte, ou Recueil des observations et des recherches qui ont été faites en Égypte pendant l'expédition de l'armée française* («Descrizione dell'Egitto, o la raccolta di osservazioni e ricerche fatte in Egitto durante la spedizione dell'esercito francese»). Il frontespizio dell'edizione di lusso, qui riprodotto, riunisce in un solo luogo ideale i complessi templari e i monumenti esaminati e raffigurati dagli studiosi della spedizione napoleonica.

sempre dalla Gran Bretagna e con la partecipazione anche della Russia, dell'Austria e dell'Impero turco. Così, mentre Bonaparte si dedicava all'amministrazione del paese occupato e la commissione scientifica iniziava un amplissimo rilevamento delle antichità egiziane, **in Italia e in Germania i francesi cominciarono a ripiegare rapidamente sotto l'attacco degli austro-russi**. Le nuove difficoltà militari aprirono a Parigi un'ennesima crisi politica e le forze di sinistra ripresero vita. A giugno i parlamentari attaccarono duramente il Direttorio, nel quale era stato da poco nominato Sieyès (uno dei protagonisti della prima fase della Rivoluzione).

Nonostante i successi militari dell'ottobre 1799, che arrestarono l'avanzata russa, le divisioni politiche rimanevano profonde e, come nel 1797, un colpo di Stato era nell'aria. Sieyès, l'uomo forte del Direttorio, puntava chiaramente a una revisione costituzionale che rafforzasse l'esecutivo, ma non disponeva di una maggioranza parlamentare. **A metà ottobre Bonaparte rientrò a Parigi**: una vittoria sui contingenti turchi appena sbarcati e la notizia delle sconfitte in Europa gli avevano dato motivi sufficienti per abbandonare l'Egitto. Pur lasciandosi alle spalle il primo insuccesso, il suo ritorno sembrò un trionfo. Ben presto Bonaparte divenne l'elemento decisivo del nuovo colpo di Stato. Il 18 brumaio (9 novembre) 1799, con il pretesto di un complotto, i deputati vennero trasferiti a Saint-Cloud nei pressi della capitale, sotto protezione militare. Il 19 brumaio Napoleone impose con le armi una riforma costituzionale. I deputati accettarono la creazione di una commissione esecutiva con pieni poteri composta dai **tre consoli della Repubblica francese**, Sieyès, Ducos (un altro membro del Direttorio) e Bonaparte.

Plebiscito
Il termine deriva dal latino *plebiscitum* ('deliberazione della plebe') e indica, fin dall'800, una votazione popolare su questioni di rilevanza costituzionale. Pur espressione di democrazia diretta, il plebiscito è stato strumentalizzato da parte dei regimi autoritari. Durante il regime napoleonico esso si svolgeva a suffragio universale maschile e con voto palese; si trattò essenzialmente di un espediente per ottenere la legittimazione diretta del popolo e ratificare decisioni di fatto già prese.

Un governo dittatoriale

Il successo di Napoleone Bonaparte nella conquista del potere poggiava su un elemento di fondo: il ruolo dell'esercito nella vicenda rivoluzionaria. **Dei dieci anni fra l'89 e il '99, sette erano stati anni di guerra**. Dal momento in cui il popolo francese si era identificato con la nazione in armi – dal 1792, con l'inizio della guerra contro l'Austria – e questa identificazione era divenuta uno degli elementi portanti della mobilitazione politica, il **controllo dell'esercito** divenne la fonte principale del potere e la garanzia di una stabilizzazione delle conquiste rivoluzionarie. Napoleone rimarrà indissolubilmente legato ai successi militari e alla necessità di rinnovarli. Ma proprio il dominio francese sull'Europa susciterà per contrasto l'emergere di forze nazionali che determineranno il crollo dell'Impero napoleonico.

L'ascesa al potere di Bonaparte venne sancita dalla nuova **Costituzione dell'anno VIII** che, sottoposta a plebiscito, entrò in vigore alla fine del 1799. Il potere esecutivo fu interamente attribuito al **Primo console**, ovvero allo stesso Bonaparte, che deteneva anche l'iniziativa legislativa (avendo il diritto di proporre leggi). Gli altri due membri del consolato ebbero solo un ruolo consultivo.

Si venne di fatto instaurando un governo dittatoriale incentrato sulla figura di Bonaparte, propostosi come **nuovo despota illuminato**, restauratore dell'ordine, l'unico in grado di concludere la Rivoluzione. Ma Napoleone mirò soprattutto a garantirsi un ampio consenso nel paese, oltre a quello che gli veniva dall'esercito. Con questo obiettivo, il ricorso al **plebiscito** fu uno dei fattori costitutivi del regime napoleonico. Il plebiscito era inteso infatti come ricerca di una delega diretta da parte del popolo. Nella prima di queste consultazioni popolari, la Costituzione dell'anno VIII ricevette 3 milioni di «sì» e poco più di 1500 «no». Ma al voto, che era palese, non parteciparono, nonostante le pressioni della polizia, oltre 4 milioni di aventi diritto.

GUIDA ALLO STUDIO
❶ Come si concluse la campagna di Napoleone in Egitto? ❷ Quali erano i paesi ostili alla Francia di Napoleone? ❸ Chi organizzò il colpo di Stato del 18 brumaio 1799? ❹ Quale funzione aveva il plebiscito?

Parola chiave
Codice

ONLINE

11 Dal consolato all'Impero

2 dicembre 1804. Napoleone imperatore

Nel giro di cinque anni, il Primo console Napoleone consolidò il suo regime personale attribuendogli un'inedita veste istituzionale. Nel 1802, sempre grazie a un plebiscito, trasformò la sua carica in **consolato a vita** con la facoltà di designare il proprio successore. Nel 1804, con l'obiettivo di cancellare ogni ipotesi di restaurazione borbonica si fece nominare imperatore dei francesi, dando così inizio a una **nuova dinastia**. La Costituzione dell'anno XII, che istituiva la **dignità imperiale ereditaria**, fu sottoposta a plebiscito e approvata con oltre 3,5 milioni di «sì» e circa 2500 «no». Il **papa Pio VII** fu obbligato a partecipare alla cerimonia dell'incoronazione, il 2 dicembre 1804, nella cattedrale di Notre-Dame. Con gesto accuratamente preparato Napoleone tolse la corona dalle mani del papa e se la pose sul capo, quindi incoronò la moglie Giuseppina. A favorire questi passaggi istituzionali e a garantire il consenso dei francesi erano stati principalmente tre fattori: le vittorie militari con la garanzia di un periodo di pace, l'esito positivo degli accordi con la Chiesa e una decisa lotta alle opposizioni.

■ **La ripresa della guerra e la pace** Il consolidamento del potere napoleonico era legato alle vittorie militari e alla conquista della pace. Ma la pace passò inevitabil-

Jacques-Louis David
L'incoronazione dell'imperatore e dell'imperatrice
1808
[Musée du Louvre, Parigi]

Il famoso dipinto di David ricorda l'incoronazione di Napoleone a «imperatore dei francesi» il 2 dicembre del 1804, avvenuta nella cattedrale di Notre-Dame alla presenza di papa Pio VII (seduto alla destra di Napoleone). Durante la fastosa cerimonia, Bonaparte, per legittimare il potere imperiale, volle recuperare il rito medievale dell'incoronazione cingendo la corona con le proprie mani e incoronando la nuova imperatrice, sua moglie Giuseppina. Napoleone indossò la porpora imperiale, la tunica bianca e la corona d'alloro: i simboli che richiamavano l'Impero romano e il passato carolingio della Francia.

mente per una ripresa della guerra. Nella primavera del 1800, mentre le truppe del generale Moreau attaccavano in Germania, Napoleone varcava le Alpi riuscendo a prevalere sugli austriaci a **Marengo** (giugno 1800). L'Austria, dopo ulteriori sconfitte, si adattò a firmare la **pace di Lunéville** (febbraio 1801), che riconosceva il controllo francese (diretto o indiretto) sull'Italia centro-settentrionale e la cessione definitiva alla Francia della riva sinistra del Reno. A questo punto, dopo il ritiro della Russia dalla coalizione antifrancese, il conflitto rimaneva aperto con la sola Gran Bretagna: nel marzo 1802, con la **pace di Amiens**, la Francia restituiva l'Egitto all'Impero ottomano, mentre la Gran Bretagna riconosceva le conquiste francesi in Europa. Ebbe allora inizio l'unico, e del resto brevissimo, periodo di pace tra la Francia napoleonica e la Gran Bretagna.

▶ 62
V. Criscuolo
Napoleone, la sua famiglia, le donne

■ **Il Concordato con la Chiesa** Napoleone ritenne che l'equilibrio del suo potere potesse essere assicurato solo dalla ricomposizione della frattura con la Chiesa di Roma. Questo obiettivo fu raggiunto con il Concordato del luglio 1801, con il quale il nuovo pontefice **Pio VII riconosceva la Repubblica francese e la vendita dei beni nazionali [👁 7.9]**. Tutti i vescovi, sia costituzionali sia refrattari, furono sostituiti da altri nominati dal Primo console e insediati dal papa. I vescovi dovevano giurare fedeltà alla Repubblica, ma era loro concesso nominare direttamente i parroci, che quindi cessavano di essere elettivi. Da parte sua lo Stato si assumeva l'onere della retribuzione del clero.

■ **La repressione del dissenso** Il rafforzamento dei poteri del Primo console era stato accompagnato da un'accentuazione dei controlli sulla stampa e, in genere, su tutti gli aspetti della vita culturale. Bonaparte, insofferente delle critiche alla sua politica, aveva epurato i residui organi consultivi di molti intellettuali e più tardi aveva allontanato da Parigi **Madame de Staël**, la scrittrice che riuniva nel suo salotto molte voci dissenzienti. In realtà, la minaccia più consistente al governo napoleonico veniva dai sostenitori della monarchia appoggiati dalla Gran Bretagna. Nel *marzo 1804* fu sventata una pericolosa **congiura realista**. La riorganizzazione politica e amministrativa poté procedere senza ostacoli perché furono sistematicamente combattute le **opposizioni più radicali**, di destra e di sinistra: la guerriglia vandeana fu progressivamente sconfitta; i giacobini più accesi vennero deportati alle Seychelles.

Le riforme e lo Stato napoleonico

Fu **negli anni del consolato** che Napoleone avviò una profonda riforma dello Stato nella quale coinvolse il personale politico rivoluzionario e recuperò molte figure dell'antico regime. Questo **processo di integrazione** si attuò soprattutto grazie alla **riforma amministrativa**, la più duratura delle realizzazioni napoleoniche, rimasta sostanzialmente in vigore per oltre 150 anni. I **prefetti**, rappresentanti del governo in ogni dipartimento – e in questo eredi degli intendenti dell'*ancien régime* **[👁 1.1]** –, furono il principale strumento della centralizzazione burocratica e amministrativa. L'accentramento, potenziato già nel '93-94 in periodo giacobino, trovò con Napoleone la sua definitiva messa a punto. Il prefetto, che dipendeva direttamente dal Primo console, aveva compiti politici oltre che amministrativi: applicava le direttive del governo ed esercitava il controllo sullo «spirito pubblico» e, quindi, soprattutto sulle opposizioni. I prefetti furono le **«masse di granito»** (l'immagine è dello stesso Napoleone) su cui si edificò il regime napoleonico.

Collegata all'esigenza di formare un capace ceto di amministratori e di tecnici fu l'attenzione prestata all'**istruzione pubblica**, media e universitaria. Venne potenziata l'*École polytechnique*, come sede di formazione preparatoria alla specializzazione nei settori minerari, dell'artiglieria e delle costruzioni. Ma la struttura

▶ 63 DOC
Matrimonio e divorzio nel **Codice civile**

fondamentale dell'insegnamento pubblico furono i **licei**, che avevano il compito di fornire una cultura generale, soprattutto classica e letteraria, al nuovo ceto dirigente. Questo intervento nel campo scolastico non fu che uno degli aspetti dell'enorme dilatazione delle competenze e attribuzioni dello Stato realizzata in questo periodo. Lo Stato fu investito dei compiti di **assistenza sociale e sanitaria** nonché del controllo dei mendicanti. La burocrazia si dedicò con apposite inchieste a una rilevante **raccolta di dati** statistici, economici e sociali, che dovevano servire di base all'intervento pubblico. **Lo Stato, come lo conosciamo oggi, si formò in epoca napoleonica.**

Codice
Nella storia del diritto con il termine "codice" si intende la raccolta di tutti i testi delle leggi e delle disposizioni giuridiche riguardanti una determinata materia.

Il Codice civile e il nuovo ceto dirigente

Nel marzo 1804 la promulgazione del **Codice** civile completò l'opera riformatrice di Napoleone. Il Codice salvaguardava e dava certezza giuridica alle più importanti **conquiste dell'89**, quelle relative all'abolizione dei diritti feudali, alle libertà civili, alla difesa della pro-

PERSONAGGI

Napoleone

L'enorme interesse suscitato dalla figura di Napoleone ha portato storici e curiosi a studiarne nei minimi dettagli la figura, le amicizie e le passioni, le abitudini e le manie, perfino la salute. È possibile ricostruire le attività di tutte le sue giornate alla ribalta e non solo.
L'ossessione per Napoleone non è solo un effetto della grandiosità delle sue imprese. Fu la sua stessa propaganda a offrire all'opinione pubblica dettagli della sua vita per magnificarne l'immagine durante gli anni al potere. Scriveva il «Journal de Paris» il 10 novembre 1801: «La forza prodigiosa degli organi del primo console gli consente 18 ore di lavoro al giorno, gli permette di concentrare la sua attenzione durante queste 18 ore su una stessa questione, o di rivolgerla successivamente a 20, senza che la difficoltà e la fatica di qualcuna di queste impediscano l'esame di un'altra». Nei giorni successivi alla presa del potere, i suoi nemici parlavano di lui come di un «idolo di quindici giorni», uno dei tanti capipopolo creati dalla Rivoluzione e insabbiati dalla stessa frenesia degli eventi rivoluzionari. Contrariamente a tanti altri, però, questo còrso di origini toscane dominerà la scena europea per quindici anni e più, tanto da diventare **«l'uomo del secolo»** secondo il grande storico Georges Lefebvre (1874-1959).
Napoleone nasce Buonaparte il 15 agosto 1769, ad Ajaccio. Quarto di dodici fratelli, la sua è una famiglia di notabili di provincia piuttosto benestante. Nel 1778 si trasferisce in Francia per imparare il francese e intraprendere studi militari, prima ad Autun e a Brienne, poi a Parigi nel 1784. Sono anni difficili per lui, vissuti per lo più in contrasto coi compagni di studi, a quanto pare non troppo benevoli per via del suo accento straniero, della sua carnagione olivastra e della sua bassa statura. È in questi anni che si plasma il suo carattere ombroso: facile alla malinconia improvvisa così come all'ira. Si appassiona alla lettura e per molti anni sogna la fama dell'uomo di lettere. Se si interessa di politica è soprattutto per rivendicare il diritto all'indipendenza della sua isola natale, la Corsica.
Quando nel 1785 entra nei quadri dell'esercito con i gradi di sottotenente di artiglieria, richiede spesso dei congedi da passare a casa con la famiglia, che considera il legame più sicuro e saldo, molto più forte della militanza politica. Ecco perché la parabola napoleonica finisce per assumere le forme dell'ascesa di un clan, quando decide di affidare ai suoi parenti parte degli Stati conquistati. Nonostante le fortune assegnate, però, la famiglia sarà più volte un cruccio per l'imperatore, pressato da continue richieste e dalla difficoltà di gestire le gelosie tra fratelli e sorelle, sostenuti dalla «madame mère», la madre dei Buonaparte. Ad ogni modo, per tutta la sua vita Napoleone sarà un difensore accanito della concezione della famiglia, che gli viene dalla tradizione còrsa. È una convinzione che condiziona la sua iniziativa politica più di una volta, come quando interverrà per rafforzare l'autorità del padre e del marito nelle norme del Codice civile.
Nei primi anni della rivoluzione, Napoleone guarda agli eventi sperando soprattut-

Jacques-Louis David
Napoleone nel suo studio
1812
[The National Gallery of Art, Washington DC]

prietà. Nel diritto di famiglia venne mantenuto il **divorzio** (legalizzato in Francia in piena rivoluzione, nel 1792), mentre in campo successorio l'accesso di tutti i figli all'eredità aboliva definitivamente i privilegi di primogenitura, che la consuetudine riconosceva non solo alle famiglie nobili ma, in molte regioni, anche a quelle di altri ceti sociali. Veniva così garantita la più ampia **circolazione delle proprietà**, uno dei capisaldi del liberismo economico e del pensiero riformatore settecentesco [👁 3.6].
Le strutture politiche e amministrative e la riforma giuridica contribuivano a definire un ceto dirigente composto da **notabili e proprietari terrieri** – i soli a cui era riservato di fatto l'accesso alle cariche pubbliche –, strettamente legati a un regime che impersonava la loro ascesa recente e la riconciliazione con il passato. In questo senso, le riforme degli anni del consolato rappresentarono il risultato più duraturo della politica di Bonaparte.

GUIDA ALLO STUDIO

❶ Quale carica spettava a Napoleone, secondo la Costituzione dell'anno VIII? ❷ Quale funzione aveva il plebiscito? ❸ Che cosa erano i prefetti? A quali campi si estendevano i poteri dello Stato napoleonico? ❹ Che cosa stabiliva il Codice civile del 1804?

PERSONAGGI

to che il nuovo corso politico possa portare all'indipendenza della Corsica. Deluso dalla piega degli eventi e in contrasto con il partito degli indipendentisti dell'eroe nazionale Pasquale Paoli, però, finisce per rompere con i suoi conterranei e abbandona l'isola nel 1793 insieme alla sua famiglia. Slegando anche simbolicamente il suo destino da quello dell'isola, qualche anno dopo adotterà la forma francesizzata del suo cognome: Bonaparte.
Dopo essersi fatto notare dal fratello di Robespierre, Augustin, durante l'assedio di Tolone, Napoleone viene nominato generale di brigata. Dopo la fine del Terrore, questa protezione gli costa un periodo in carcere e deve aspettare di contribuire a soffocare un'insurrezione realista nel 1795 per riconquistare i favori di Parigi. Il suo ruolo in quell'occasione è molto probabilmente gonfiato nel rapporto presentato alla Convenzione da Louis Fréron, intenzionato a sposare Paolina, la sorella di Napoleone. In ogni caso, questo generale corso impara finalmente a tessere relazioni pubbliche, a gestire la sua collocazione politica con disinvoltura e un pizzico di cinismo, cercando ad esempio di attenuare la propria immagine di rivoluzionario di sinistra, seguendo la svolta di Barras. Anche così si ritrova nel 1796 generale dell'armata d'Italia.
Qualche giorno prima della nomina aveva sposato Giuseppina, probabilmente l'unica donna di cui sia stato veramente innamorato. Questa vedova creola aveva già cinque anni più di lui al momento del matrimonio e per certi versi inizia il giovane Napoleone alla vita frenetica di Parigi. Lui ne è davvero innamorato, a giudicare almeno dalle sue lettere dall'Italia: «Da quando ti ho lasciato sono sempre stato triste. La mia felicità è di essere accanto a te. Senza posa ripercorro nella memoria i tuoi baci, le tue lacrime, la tua amabile gelosia; e senza posa l'incanto dell'incomparabile Joséphine accende una fiamma viva e ardente nel mio cuore e nei miei sensi» (17 luglio 1796). Per il resto non si può dire che Napoleone abbia grande considerazione delle donne. Ha fama di misogino, perfino, e non sono rare le sue bordate contro personalità femminili troppo coinvolte nella vita pubblica, come Madame de Staël, per cui prova un'avversione non soltanto politica.
Con la campagna d'Italia Napoleone si impone definitivamente come protagonista della vita pubblica francese. Oltre alle sue capacità strategico-militari, il generale rivela abilità politica, dando impulso alle nuove amministrazioni, gestendo i diversi partiti in cui sono divisi i patrioti italiani talvolta con spregiudicatezza, trattando in prima persona con le cancellerie di tutta l'Europa. Quando Napoleone torna a Parigi il 16 ottobre 1799 ha ormai la fama e l'autorevolezza di un Washington ed è la personalità più adatta a garantire il successo del piano di Sieyès, presto messo in ombra. Riuscito quasi casualmente e mal preparato, **il colpo di Stato del 18 brumaio** non viene presentato né come una giornata rivoluzionaria né come una reazione antigiacobina. Napoleone si presenta come un uomo che non appartiene a nessun partito, colui che agisce in nome della **riconciliazione nazionale**.
La nomina a **"imperatore dei francesi"** del 1804 è il punto di arrivo di un lungo percorso di progressivo accentramento di poteri e di rafforzamento del potere esecutivo, ma anche la consacrazione delle ambizioni illimitate di Bonaparte. Tuttavia, Napoleone resta comunque **il soldato della Rivoluzione** perché è alla Rivoluzione che deve il suo prodigioso destino. Per di più, tra i suoi metodi di governo e quelli del Comitato di salute pubblica del Terrore ci sono molti tratti in comune, il suo consenso è dovuto anche al rispetto dell'opera sociale della Rivoluzione, e le sue vittorie militari e diplomatiche hanno diffuso le conquiste e il linguaggio della Rivoluzione per tutta l'Europa.
Quando Napoleone si ritrova a Sant'Elena, sconfitto e umiliato dal fallimento dell'ultima grande cavalcata, i *Cento giorni*, consegna la sua storia alla leggenda. L'antico signore dei destini di Francia e d'Europa trascorrerà nella noia le sue ultime giornate: qualche passeggiata, delle letture, la dettatura delle sue memorie, il clima umido e piovoso. Morirà il 5 maggio 1821, probabilmente per un cancro allo stomaco. La notizia della sua morte riempì pagine di carta in tutto il mondo, pagine di pietà per la sorte di quest'uomo che diventa il paradigma dell'eroe romantico, novello Prometeo punito per la sua audacia. La trascrizione delle sue confidenze durante l'esilio, il *Memoriale di Sant'Elena* (1823), è forse il più grande successo editoriale del XIX secolo, duramente contestato o elevato a vero e proprio feticcio letterario e politico. La sua leggenda rimane inviluppata nella storia turbolenta della Francia e dell'Europa contemporanea. Bersaglio polemico o, al contrario, punto di riferimento ideale in molte circostanze storiche successive, la figura di Napoleone venne indagata e considerata più e più volte: egli fu distruttore della feudalità per Marx, cadetto frustrato per Freud, icona del presidenzialismo forte nel secondo dopoguerra. Dittatoriale e insieme modernizzatrice, la via di Napoleone sarà una tentazione per tutti i governi a venire.

12 La Francia napoleonica e l'Europa

Le vittorie militari e i nuovi regni

La pace tra Francia e Gran Bretagna durò solo pochi mesi e le ostilità ripresero nel 1803 coinvolgendo presto le potenze europee. Le vecchie monarchie infatti non potevano accettare un usurpatore come Napoleone. Solo dopo cinque anni di guerre (1805-9), di annessioni, di formazione di nuovi regni l'Europa intera, ma non la Gran Bretagna, si piegò a riconoscere il nuovo impero. La geografia politica del continente ne risultò profondamente modificata. Nell'Europa centrale e orientale un'inarrestabile sequenza di grandi vittorie militari – ricordiamo solo la più spettacolare, quella di **Austerlitz** sugli austro-russi il 2 dicembre 1805 – costrinse alla pace Austria, Prussia e Russia **[**ATLANTE_**25****]**. All'Austria umiliata, nel 1806, Napoleone impose la **soppressione del Sacro romano impero** (istituito nel lontanissimo 962) e, nell'area germanica, la costituzione della Confederazione del Reno posta sotto il controllo francese. Alla **Prussia**, fortemente ridimensionata a livello territoriale, venne conferita una sovranità limitata e imposta la presenza di truppe francesi. Alcuni territori prussiani occidentali confluirono in un nuovo Stato vassallo dell'Impero, il Regno di Vestfalia. In Olanda e in Polonia Napoleone istituì altri **Stati satelliti**. Anche in **Spagna**, nonostante una durissima **guerriglia** che inflisse le prime sconfitte ai napoleonici, fu instaurato un dominio francese: il

ATLANTE 25_ L'EUROPA NEL 1812

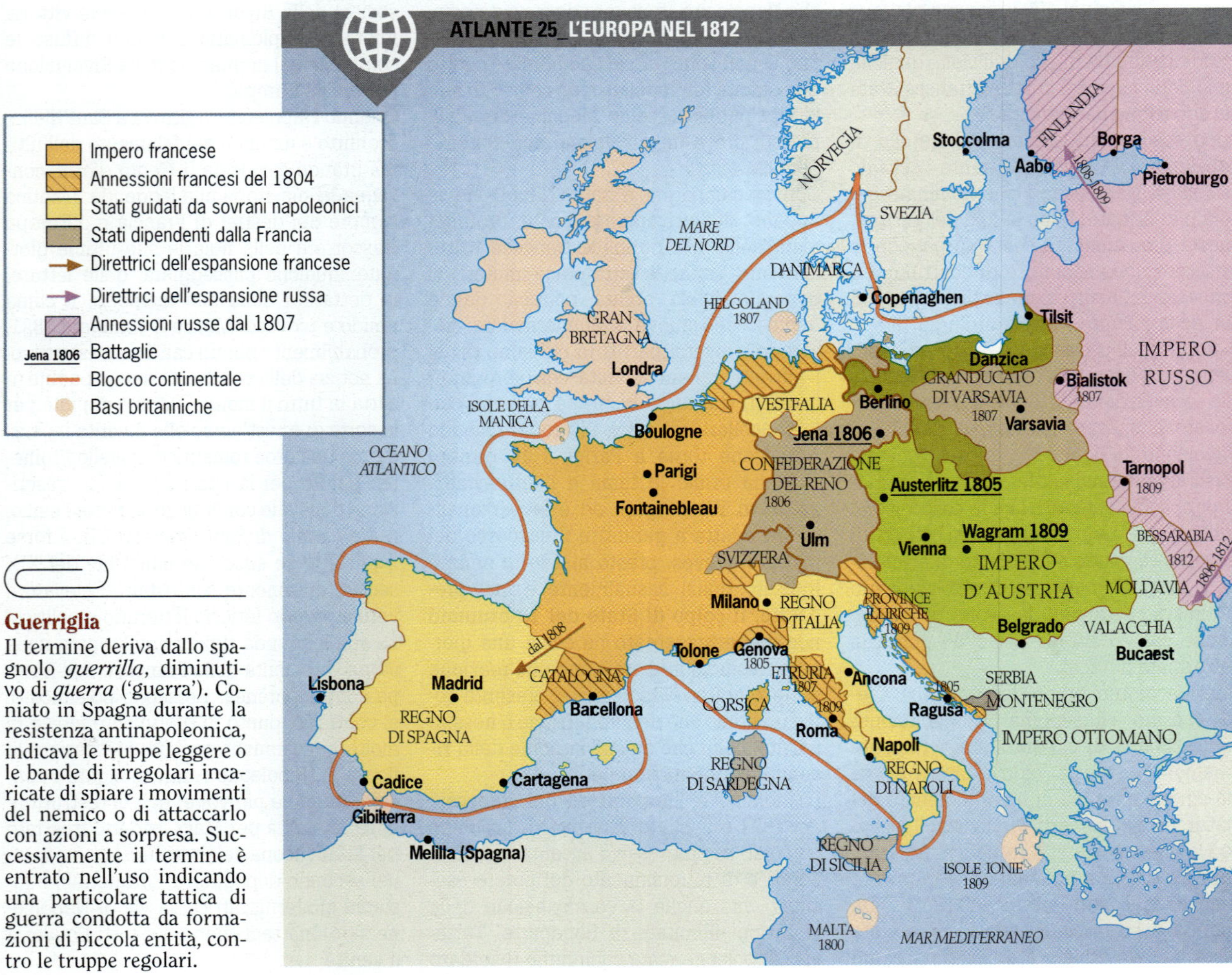

Guerriglia
Il termine deriva dallo spagnolo *guerrilla*, diminutivo di *guerra* ('guerra'). Coniato in Spagna durante la resistenza antinapoleonica, indicava le truppe leggere o le bande di irregolari incaricate di spiare i movimenti del nemico o di attaccarlo con azioni a sorpresa. Successivamente il termine è entrato nell'uso indicando una particolare tattica di guerra condotta da formazioni di piccola entità, contro le truppe regolari.

trono spagnolo venne affidato al fratello di Napoleone, Giuseppe. L'assegnazione di alcuni Stati satelliti a parenti diretti o acquisiti dell'imperatore divenne una caratteristica del sistema di dominio napoleonico. Con il giovane zar Alessandro I, invece, fu stabilita (nel 1807) una pace che riconosceva gli interessi espansionistici della **Russia**.
In Italia la Repubblica italiana (erede della Cisalpina) fu trasformata in **Regno d'Italia** (1805): Bonaparte ne cinse la corona e nominò viceré Eugenio Beauharnais, figlio di primo letto di Giuseppina. Il Piemonte, la Toscana e una parte dello Stato pontificio con Roma, il Lazio e l'Umbria furono annessi alla Francia, mentre il papa Pio VII, che aveva scomunicato Napoleone, fu arrestato. Il **Regno di Napoli**, deposti i Borbone, fu concesso prima al fratello di Napoleone, Giuseppe, poi al cognato Gioacchino Murat. Sotto il controllo borbonico restava la Sicilia e sotto quello dei Savoia la Sardegna.

Il sistema continentale e il matrimonio con Maria Luisa d'Austria

In tutti i paesi del continente sottomessi, alleati o controllati, Napoleone aveva imposto il divieto di mantenere relazioni commerciali con la Gran Bretagna (1806). Il sistema o **Blocco continentale** mirava a distruggere la potenza commerciale britan-

Antoine-Jean Gros
Ritratto equestre di Gioacchino Murat
1812 ca.
[Musée du Louvre, Parigi]
Dotato di grande coraggio personale, spregiudicato, abile trascinatore delle truppe, Gioacchino Murat si distinse nelle più importanti campagne napoleoniche. Premiato dall'imperatore con il trono di Napoli e di Sicilia nel 1808, il 7 novembre dello stesso anno Murat designò Bari capoluogo di provincia, confermando quanto già disposto da Giuseppe Bonaparte nel 1806. A Bari, nel 1813, Gioacchino Murat ordinò la costruzione di un nuovo quartiere – il Borgo murattiano – fuori le mura dell'ormai affollatissimo centro antico, dando l'avvio a quello che diventerà il cuore moderno della città ottocentesca, con il suo caratteristico impianto stradale a scacchiera.

La battaglia di Austerlitz

«Quando il sole fu completamente uscito dalla nebbia, e con accecante splendore sprizzò fra campi e nebbia (come se questo, e non altro, fosse stato aspettato da lui per dar inizio alla battaglia), si sfilò il guanto dalla bella mano bianca, con esso fece segno ai marescialli, e diede ordine di iniziar la battaglia». Così, in *Guerra e pace*, il romanziere russo Tolstoj descrive Napoleone dare il segnale d'inizio della battaglia di Austerlitz, che si rivelò la sua vittoria militare più spettacolare. Era il 2 dicembre 1805 e ricorreva il primo anniversario della sua incoronazione a imperatore dei francesi.

Nei pressi di Austerlitz, cittadina morava, all'epoca appartenente all'Impero austriaco e oggi alla Repubblica ceca, si consumò l'ultimo scontro della guerra fra l'esercito francese e quello della **Terza coalizione antifrancese** (Gran Bretagna, Austria, Russia, Svezia). La *Grande Armée*, comandata da Napoleone e composta da circa 73 mila uomini, sbaragliò l'armata congiunta di austriaci e russi, formata da circa 85 mila soldati guidati dal generale russo Michail Kutuzov. Sul campo, oltre a Napoleone, erano presenti lo zar Alessandro I di Russia e Francesco II, imperatore del Sacro romano impero: la battaglia è passata alla storia come la **«battaglia dei tre imperatori»**.

Napoleone, abituato a prevedere e analizzare ogni problema tattico, nei giorni che precedettero la battaglia, si adoperò per confondere gli avversari, facendo credere loro di essere in una situazione di debolezza. Sia Alessandro I, con i suoi giovani e ambiziosi ufficiali, sia lo stato maggiore austriaco caddero nella trappola e si convinsero che l'esercito francese si trovasse in difficoltà e cercasse di evitare lo scontro. **Lo stato maggiore austro-russo predispose una strategia offensiva, esattamente come sperava Napoleone**. L'esercito francese, infatti, in inferiorità numerica, non era in grado di accerchiare l'esercito della Terza coalizione, ma doveva indurlo a scoprirsi. Con questo intento Napoleone ritirò le truppe dalla posizione strategica dell'altipiano del Pratzen, lasciandolo occupare agli austro-russi, che scelsero di concentrare le loro forze contro il fianco destro dell'esercito francese, per tagliargli la linea di ritirata verso Vienna. Grazie a queste mosse Napoleone attirò l'avversario verso la sconfitta e dimostrò ancora una volta il suo genio militare. Conoscendo le caratteristiche del terreno decise che il grosso dell'esercito sarebbe rimasto unito in una posizione centrale, mentre l'armata austro-russa si divise in tre ali, due delle quali non abbastanza forti per sostenere un attacco pesante, mentre la terza fin troppo numerosa, tanto che gli uomini finirono per intralciarsi reciprocamente, complice la nebbia. Come aveva previsto Napoleone, l'attacco principale privò l'esercito austro-russo di una formazione di riserva e assorbì la maggior parte dei soldati, che lasciarono **sguarnito il centro dello schieramento** **[👁 ATLANTE_26]**.

François Gérard
La battaglia di Austerlitz nel 1805
1810
[Musée National du Château, Versailles]

ATLANTE 26_LA BATTAGLIA DI AUSTERLITZ (2 DICEMBRE 1805)

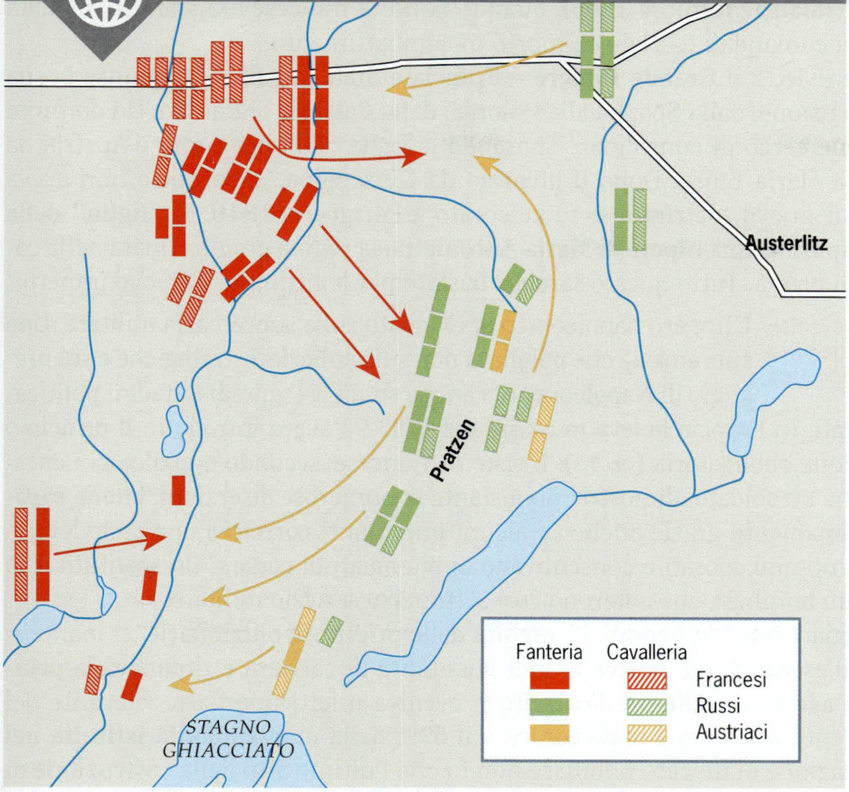

Contro di esso marciarono i francesi, che poco dopo le otto e mezza del mattino iniziarono a risalire il pendio che conduceva all'altipiano del Pratzen, approfittando della nebbia e del fumo dei bivacchi che li nascondevano agli occhi degli avversari. La leggenda vuole che, una volta in cima, i soldati francesi siano emersi da un fitto banco di nebbia e siano stati illuminati dai raggi del sole. Le colonne austro-russe, che stavano scendendo in diagonale per aggiungersi al fronte d'attacco, furono costrette a tornare disordinatamente indietro, ma già alle undici la *Grande Armée* occupava saldamente l'altipiano. Nel frattempo, la fanteria e la cavalleria francesi disposte nella piana erano riuscite ad isolare le due ali dell'esercito della Terza coalizione. Le truppe austro-russe cominciarono a ritirarsi e a fuggire disordinatamente, ripiegando verso gli stagni di Mönitz e il lago di Satschans, che chiudevano l'area del campo di battaglia sul lato meridionale. Mentre la cavalleria francese si lanciava all'inseguimento, i cannoni aprirono il fuoco contro le lastre ghiacciate dei laghi: diversi soldati austriaci e russi finirono per annegare nelle loro acque gelide.

Napoleone aveva ottenuto una vittoria decisiva, che mise fine alla campagna militare contro la Terza coalizione. Il giorno seguente l'imperatore austriaco chiese l'armistizio mentre l'esercito russo ripiegava verso l'Ungheria e la Polonia. Le doti militari di Napoleone vengono rivelate anche dai numeri della battaglia: a fronte delle circa 9 mila perdite dell'esercito francese (fra caduti, feriti e prigionieri) ammontavano a circa 27 mila quelle dell'esercito austro-russo, pari a un terzo delle sue forze iniziali. **Era il trionfo della *Grande Armée*, la macchina bellica più efficiente dell'epoca**, retta da un comando unico, un'autorità centralizzata, incarnata dal generale Bonaparte.

Napoleone mantenne le promesse fatte ai suoi uomini: distribuì **all'esercito 2 milioni di franchi d'oro** come ricompensa della vittoria, assegnò pensioni alle vedove dei caduti e adottò formalmente i bambini resi orfani dalla battaglia, permettendo loro di aggiungere Napoleone al proprio nome di battesimo. **La memoria di Austerlitz doveva restare viva**, e doveva giocare un ruolo centrale nella propaganda imperiale. Con questo intento i due proclami che Napoleone aveva indirizzato all'esercito furono pubblicati sul «Bulletin de la Grande Armée» e su «Le Moniteur universel», ottenendo un'ampia diffusione in tutta Europa. Il primo proclama esortava l'esercito ricorrendo alla propaganda antibritannica e sottolineando l'importanza di difendere l'onore della nazione. Ricordava **il ruolo di Napoleone, comandante assoluto ma partecipe della sorte dei suoi uomini**: «Soldati, io stesso dirigerò tutti i vostri battaglioni; io mi terrò lontano dal fuoco se, col vostro consueto valore, porterete il disordine e la confusione nelle file nemiche; ma se per un momento la vittoria fosse incerta voi vedreste il vostro imperatore esporsi ai primi colpi, perché la vittoria non può essere dubbia». Dopo l'esito della battaglia una frase del proclama fu modificata per avvalorare l'idea che Napoleone avesse intuito la direzione della manovra d'attacco dell'esercito avversario e fosse stato in grado di comprendere in anticipo gli eventi. Nel bollettino originale si prevedeva che l'esercito austro-russo avrebbe marciato contro il centro dello schieramento francese, che avrebbe risposto attaccandolo al fianco. Nella seconda versione, quella riportata dai giornali, il proclama veniva modificato, per accordarsi a posteriori a quanto realmente accaduto: si prevedeva che l'esercito avversario avrebbe colpito il fianco destro della *Grande Armée*, scoprendosi, e lì avrebbe subito l'attacco francese. Grazie ad un **sapiente e spregiudicato uso della stampa in chiave propagandistica** – che valeva secondo Metternich «come un esercito di 300 mila uomini» **[👁 11.1]** – si rafforzava l'immagine di Napoleone comandante dotato di straordinaria capacità intuitiva e prontezza di reazione. Il secondo proclama, invece, redatto a battaglia conclusa, celebrava, con forti toni retorici, il valore dell'esercito e rinsaldava il suo legame con Napoleone. Dopo l'esordio: «soldati, io sono contento di voi. Nella giornata di Austerlitz voi avete giustificato tutto ciò che mi attendevo dalla vostra intrepidezza; voi avete decorato le vostre aquile di una gloria immortale», concludeva così: «soldati, quando tutto ciò che è necessario per assicurare la felicità e la prosperità della nostra patria sarà compiuto, io vi ricondurrò in Francia; là voi sarete l'oggetto delle mie più tenere sollecitudini. Il mio popolo vi rivedrà con gioia, e vi basterà dire *Io ero alla battaglia di Austerlitz*, perché si risponda, *Ecco un valoroso*». In un ulteriore gesto di propaganda, il bronzo dei cannoni austro-russi conquistati in battaglia fu fuso e usato per realizzare la colonna, ispirata a quella di Traiano, che ancora oggi a Parigi, in **Place Vendôme**, celebra la vittoria di Austerlitz e il trionfo di Napoleone, immortalato nella statua che la sormonta.

Focus
La Grande Armée

nica, dato che sembrava impossibile ridurne quella navale, soprattutto dopo la **battaglia di Trafalgar** (ottobre 1805), quando la flotta francese era stata sbaragliata dai britannici comandati da Nelson, morto in combattimento.

Fra il 1810 e il 1812 il **Grande Impero** – Francia e Stati vassalli – raggiunse la sua massima estensione, dalla Spagna alla Polonia, dalla Calabria al Baltico. Un dominio che Napoleone cercò di consolidare sposando la figlia dell'imperatore d'Austria, la granduchessa Maria Luisa. Dopo il divorzio da Giuseppina, dalla quale non aveva avuto eredi, il nuovo matrimonio fu celebrato a Parigi nel **1810. Il "figlio" della rivoluzione sposava una nipote di Maria Antonietta**, la regina ghigliottinata nella capitale 17 anni prima. Tutto questo sarebbe bastato per legittimare il nuovo impero?

L'esercito e la nuova nobiltà napoleonica

L'Impero napoleonico era fondato sulla supremazia militare. Una supremazia che poggiava non solo sulle doti strategiche e sul prestigio di Napoleone, ma anche su un esercito di cittadini politicamente motivati. In Francia la leva in massa del 1793-94 aveva introdotto il principio della coscrizione obbligatoria [👁 7.5]. Il sistema francese, secondo il quale ogni cittadino era anche un soldato, dimostrò, nonostante le numerose diserzioni, **buone capacità di funzionamento** grazie anche ad alcuni importanti correttivi che escludevano dalla leva gli uomini sposati e consentivano ai più agiati di pagarsi un sostituto. Ciò favorì i giovani borghesi, che poterono così sottrarsi al servizio militare.

Modi e atteggiamenti "democratici", eredità delle origini rivoluzionarie, si mantennero vivi nell'esercito, che offriva grandi possibilità di carriera e rimaneva la **principale via di ascesa sociale**. Dall'esercito proveniva infatti una parte rilevante del gruppo dirigente del regime napoleonico e il 59% della **nuova nobiltà istituita nel 1808**. La creazione di un ceto nobiliare non fu che l'ultimo atto della costruzione di una nuova gerarchia sociale dipendente dall'onore delle armi e dal rapporto personale con l'imperatore. Questa nobiltà divenne automaticamente un attributo delle più elevate cariche statali: era ereditaria e legata a ben definiti livelli di ricchezza. Come estrazione sociale per il 58% era di origine borghese, il 22,5% proveniva dall'antica nobiltà e il 19,5% dai ceti popolari.

Innovazioni e resistenze nell'Europa napoleonica

Nei paesi conquistati o annessi Napoleone si appoggiò invece assai più a quei settori delle forze tradizionali che mostrarono la loro disponibilità a inserirsi nel nuovo sistema di potere. Più significativa come fattore di trasformazione fu l'estensione degli istituti giuridici (in primo luogo del Codice civile) e dell'amministrazione napoleonica: tutti gli Stati «vassalli» adottarono il modello francese dello **Stato accentrato** [👁 7.14 STORIA•SOCIETÀ•CITTADINANZA]. Dappertutto la feudalità o i residui del regime feudale furono aboliti, espropriati e soppressi gli ordini religiosi, mentre i beni ecclesiastici vennero messi in vendita per sanare il debito pubblico. Quasi ovunque questo rilevante passaggio di proprietà determinò un rafforzamento dei ceti già proprietari, soprattutto borghesi, ma anche nobiliari. Nonostante il rilevante **svecchiamento delle istituzioni** e la **mobilitazione della società civile** il consenso al nuovo regime si mantenne piuttosto modesto. Anzi la presa di coscienza della società civile, indotta dalle nuove istituzioni, portava inevitabilmente a rifiutare la passiva accettazione dell'egemonia politica, militare ed economica della Francia e a favorire la diffusione di **aspirazioni all'indipendenza nazionale**. Proprio queste aspirazioni, in qualche caso, si tradussero in movimenti di opposizione.

Tra i principali motivi di resistenza era l'imposizione del Blocco continentale che ostacolava tutta l'economia europea da tempo inserita in un **sistema di scambi** e danneggiava anche le manifatture francesi. Inoltre in Spagna Giuseppe Bonaparte non riu-

Stato accentrato
Nella Francia rivoluzionaria e napoleonica si impone definitivamente un modello di Stato che, accentrando in sé tutti i poteri, comporta l'abolizione dei privilegi delle aristocrazie, della Chiesa cattolica e delle antiche corporazioni. L'accentramento si realizza attraverso una rete di funzionari (in Francia i prefetti) che, nominati dal potere esecutivo, ne trasmettono la volontà in tutto il territorio nazionale, diviso in unità amministrative (dipartimenti, province, ecc.). Questo modello di organizzazione, presto affermatosi in tutta l'Europa continentale, si differenzia da quello inglese, basato invece sull'autogoverno delle comunità locali.

sciva a venire a capo della guerriglia, né ad arginare la riconquista britannica. Anche la **Sicilia** occupata dalla Gran Bretagna, dove si erano rifugiati i Borbone di Napoli, sfuggiva al dominio francese. Nel 1812 la Costituzione che le Cortes di **Spagna** (ossia le antiche assemblee rappresentative) si diedero a Cadice e quella adottata in Sicilia sotto l'**influenza britannica** furono due episodi di **alternativa liberale e moderata** al predominio del dispotismo napoleonico sul resto d'Europa. Ispirate entrambe al modello britannico (quella spagnola anche alla Costituzione francese del '91), abolivano la feudalità, introducevano la separazione dei poteri, istituivano una monarchia costituzionale e un sistema elettorale censitario. Episodi di breve durata, le due Costituzioni diverranno, negli anni della Restaurazione, modelli e obiettivi per il movimento liberale.

Le riforme prussiane

Decisive invece per lo sviluppo di tutta la successiva storia tedesca e dei rapporti con la Francia furono le riforme introdotte in Prussia dopo l'umiliante disfatta subita a Jena (1806) e sotto la spinta di una **rinascita intellettuale e culturale** fondata sul recupero della tradizione, che culminò nei *Discorsi alla nazione tedesca* (1807-8) del filosofo Johann Gottlieb Fichte. Le **riforme economiche e sociali** avviate nel 1807 dal barone von Stein abolirono la servitù della gleba, introdussero la libera circolazione e proprietà della terra, il libero accesso alle professioni. Più importanti, per il loro effetto immediato, furono le riforme dell'esercito, che adottavano il principio del servizio militare come dovere, per ogni cittadino, di difendere lo Stato. Non fu tuttavia introdotta la leva obbligatoria, ma venne applicato un criterio di addestramento e di rapido avvicendamento degli uomini, che consentì di disporre di una larga riserva di truppe. Solo nel 1813, e per la sola durata della guerra, la leva divenne obbligatoria e il **nuovo esercito territoriale prussiano** (*Landwehr*), infiammato dal patriottismo e dal coinvolgimento della gioventù studentesca e degli intellettuali, fu un elemento determinante nella sconfitta di Napoleone.

GUIDA ALLO STUDIO

❶ Come funzionava il sistema di arruolamento francese? ❷ Da chi era composta la nuova nobiltà? ❸ Quali effetti produsse il dominio napoleonico sugli Stati dell'impero? ❹ Che cosa produsse il Blocco continentale? ❺ Quali princìpi ispirarono le costituzioni e le riforme nei paesi antinapoleonici?

13 Il crollo dell'Impero

Nonostante il breve periodo di pace tra il 1809 e il 1812, e la nascita di un erede («il re di Roma»), la continuità dell'Impero napoleonico era tutt'altro che garantita. L'incrollabile ostilità britannica, la ribellione spagnola e l'opposizione delle nascenti forze nazionali erano ormai ostacoli insuperabili. Le potenze sconfitte non desideravano altro che porre fine all'avventura napoleonica indissolubilmente legata ai successi militari. Così quando la Russia riprese la sua libertà di commercio uscendo dal sistema continentale e sganciandosi dall'alleanza con la Francia, Napoleone rispose ancora una volta con la guerra. L'invasione della Russia sarebbe stata l'inizio del suo declino.

L'invasione della Russia

Napoleone non fu in grado di valutare realisticamente le difficoltà dell'impresa. Per quanto numeroso (circa 650 mila uomini) il suo esercito era mal equipaggiato e troppo composito: nell'estate del 1812, accanto ai francesi c'erano polacchi, italiani, tedeschi, svizzeri e molti altri, per un totale di 20 nazioni e 12 lingue diverse. I russi non si lasciarono agganciare e indietreggiarono facendo terra bruciata alle loro spalle. L'esercito napoleonico, abituato a sfruttare i paesi occupati, ebbe subito difficoltà di approvvigionamento. Solo a 100 chilometri da Mosca i russi accettarono battaglia

Letteratura e Storia
Guerra e pace di Tolstoj

ONLINE

e furono sconfitti a **Borodino** (settembre): ma non fu uno scontro decisivo, come non lo fu la **conquista di Mosca**, presto distrutta da un gravissimo incendio **[**ATLANTE_27**]**.

Napoleone non era nella posizione di forza per trattare con uno zar che lo considerava un "anticristo" contro cui risvegliare tutte le energie della santa Russia. In ottobre fu ordinata la **ritirata** presto trasformatasi in rotta per il freddo, il fango, la neve e gli attacchi della cavalleria cosacca.

La sconfitta e l'abdicazione Nel **1813** tutta l'Europa era in armi contro la Francia. I prussiani preparavano la loro «guerra di liberazione». Si costituì una coalizione fra Gran Bretagna, Russia e Prussia, cui si aggiunse anche l'Austria. La guerra culminò a **Lipsia** nella **battaglia delle nazioni** (16-18 ottobre 1813), in cui forze soverchianti sconfissero i francesi. A essa fece seguito l'avanzata degli alleati nel cuore della Francia invano rallentata da battaglie di interdizione: Parigi fu occupata alla fine del marzo 1814. In aprile Napoleone abdicò e i vincitori gli assegnarono il possesso dell'isola d'Elba. Sul trono di Francia fu restaurato un Borbone, **Luigi XVIII**, fratello del re ghigliottinato, che concesse una Costituzione con un sistema elettorale a suffragio molto ristretto. Riunite nel 1814 in **congresso a Vienna**, Gran Bretagna, Russia, Prussia e Austria avviarono contemporaneamente la ridefinizione dei confini d'Europa **[**11.1**]**.

18 giugno 1815. La disfatta di Waterloo Ma l'avventura napoleonica non era finita. Il malcontento degli strati popolari nei confronti dei Borbone (i contadini temevano il ripristino dei prelievi feudali, i lavoratori urbani avevano visto peggiorare le loro condizioni) e il malessere di tanti soldati e ufficiali, esclusi dall'esercito, convinsero Napoleone che un suo ritorno in Francia avrebbe avuto buone

ATLANTE 27_LA CAMPAGNA DI RUSSIA DEL 1812

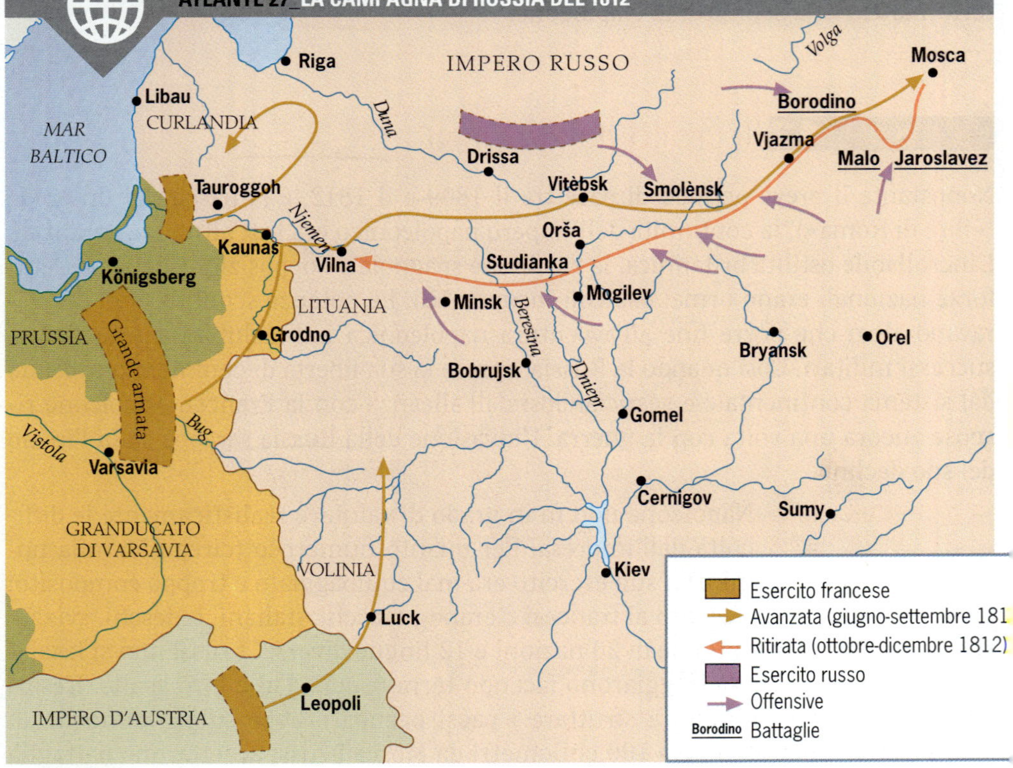

probabilità di successo. E in effetti il suo sbarco sulle coste francesi (il 1° marzo 1815) fu seguito da una **marcia trionfale verso Parigi**, abbandonata da Luigi XVIII. Napoleone riformò la Costituzione imperiale dell'anno XII, dando spazio alle esigenze liberali, e ricorse di nuovo al plebiscito per approvare questa iniziativa. Erano gli ultimi sussulti di un regime che aveva perso la sua vitalità e che le potenze europee avevano ormai deciso di cancellare.

Napoleone non riuscì a dividere e affrontare separatamente le forze nemiche che puntavano sulla Francia. A **Waterloo** (in Belgio), il 18 giugno, la resistenza dei britannici del duca di Wellington consentì ai prussiani di intervenire e sconfiggere duramente i francesi. **Fu l'ultima battaglia di Napoleone**. Consegnatosi un mese dopo alla Gran Bretagna, venne deportato sull'isola di Sant'Elena nell'Atlantico, dove morì il 5 maggio 1821. L'illusione del ritorno era durata solo cento giorni.

GUIDA ALLO STUDIO

❶ Che cosa ostacolò il consolidamento dell'Impero napoleonico? ❷ Perché Napoleone decise di attaccare la Russia? ❸ Quale strategia adottarono gli Stati europei avversari di Napoleone? ❹ Come si concluse l'«avventura napoleonica»?

La ritirata dai territori russi fu tutt'altro che semplice per l'esercito napoleonico. Oltre alle condizioni climatiche, i francesi dovettero affrontare diversi attacchi da parte dei cosacchi posti all'inseguimento. Nei pressi del fiume Beresina (nell'attuale Repubblica di Bielorussia), le truppe francesi si trovarono accerchiate e impossibilitate ad andare oltre: il ponte più vicino era stato distrutto e la crosta di ghiaccio sulla quale contava Napoleone per attraversare il fiume si era scongelata. Con uno stratagemma di fortuna i genieri francesi riuscirono a creare un valico percorribile sulle acque gelide del fiume creando due ponti (uno per i fanti e l'altro per i convogli e l'artiglieria). Nonostante il successo, l'attraversamento costò a Napoleone fortissime perdite (moltissimi uomini perirono sia nella costruzione sia nel passaggio) che lo lasciarono con poco più di 100 mila soldati.

Joseph Raymond Fournier-Sarlovèze
L'attraversamento del fiume Beresina nel novembre 1812
[Musée de l'Armée, Parigi]

▶ 65
A. Pillepich
L'eredità della dominazione napoleonica in Italia

14 Rivoluzione e Impero: una duplice modernità

La Rivoluzione francese e l'Impero napoleonico rappresentano non soltanto due vicende fondamentali per la storia di Francia e d'Europa, ma sono anche due momenti di accelerazione del tempo storico e di modernizzazione politica destinati a influenzare profondamente l'intera storia mondiale successiva. Oltre a formulare e difendere nuovi princìpi, si concepiscono, in questi decenni, forme e pratiche nuove del fare politica.

La modernizzazione politica

La modernizzazione si attua su vari livelli con alcuni tratti – descritti di seguito – che si rivelano comuni tanto alla Rivoluzione quanto all'Impero, seppure in un processo di trasformazione e di evoluzione.

- **Il rovesciamento della società dei privilegi e del feudalesimo** Con la Rivoluzione si attua questo fondamentale ammodernamento della società in primo luogo in Francia. Esportato poi nelle "repubbliche sorelle", Napoleone lo impone infine in tutto il Grande Impero.
- **La definizione dei diritti civili e politici** Presenti nella *Dichiarazione* dell'89 e nella prima Costituzione, i diritti civili e politici vengono prima ampliati tra '92 e '94 sul terreno dell'eguaglianza, poi di nuovo limitati dai criteri di censo. Il Codice civile napoleonico del 1804, che recepisce e dà certezza giuridica alle più importanti conquiste dell'89, garantisce l'uguaglianza di fronte alla legge e il diritto di proprietà.
- **La mobilitazione delle masse popolari** Al tempo della Rivoluzione si mobilitano in primo luogo le masse urbane; in seguito quelle prevalentemente rurali, arruolate nell'esercito rivoluzionario e poi napoleonico.
- **Il rafforzamento dello Stato accentrato** Già obiettivo della dittatura giacobina, l'accentramento raggiunge il suo culmine, per organizzazione ed efficienza, col sistema dei prefetti di Napoleone.
- **Il ruolo centrale della guerra** La guerra, non è intesa solo come azione di conquista, ma anche come imposizione dei nuovi ordinamenti istituzionali: assume un carattere ideologico e politico. Per la massa dei cittadini soldati, le vittorie militari – sia quelle rivoluzionarie come a Valmy, sia quelle napoleoniche – rappresentano un elemento di aggregazione e di formazione del consenso popolare.

La tradizione e il mito

La forza delle due grandi vicende, quella rivoluzionaria e la napoleonica, è stata anche di dare origine a due potenti tradizioni e a due miti largamente diffusi, seppure in ambiti politicamente diversi se non opposti.

Nonostante la faticosa, e sostanzialmente fallita, fusione fra aspirazioni ideali e realizzazioni pratiche, **la Rivoluzione francese costruisce un'immagine mitica positiva di sé stessa**. Un mito costruito e alimentato dagli stessi rivoluzionari e divenuto potente fattore di coinvolgimento emotivo e di mobilitazione politica. Un mito che giustificava e assolveva anche gli aspetti più violenti e sanguinari del Terrore.

Su queste basi si costruì una tradizione legata a princìpi come la **libertà**, l'**eguaglianza civile**, l'**eguaglianza sociale**. Per questo, da un unico ceppo nasceranno più tradizioni rivoluzionarie: liberale, democratica, socialista. Così tutte le tendenze politiche dell'800 – e non solo in Francia – si caratterizzeranno in base a un rapporto di adesione o rifiuto dei valori della Rivoluzione o di suoi specifici momenti. E in particolare ogni movimento rivoluzionario, anche nel '900, vorrà ritrovare nel rapporto privilegiato, immaginario o reale, con il modello della Rivoluzione francese la propria legittimazione storica.

«Io non agisco che sull'immaginazione della nazione», aveva detto Napoleone nel 1800; e questo rapporto continuerà anche dopo la sua definitiva sconfitta. Con una forzatura della memoria e sulle ali del mito l'immaginazione popolare fece di lui l'eroe della Rivoluzione. Così quella **contraddizione tra Rivoluzione e dispotismo**, che aveva contrassegnato Napoleone e quasi un ventennio di successi politici e militari, continuò ad alimentare la sua leggenda. Il mito di Napoleone durò non solo per gran parte dell'800, anche oltre il Secondo Impero del nipote Napoleone III **[👁 11.9]**, e il suo modello continuerà ad essere evocato dai grandi e piccoli despoti della storia successiva.

Due vicende incompiute Un altro tratto che avvicina la rivoluzione e Napoleone fu l'incompiutezza delle due vicende. Dalla fase liberale a quella democratica e alla dittatura, la rivoluzione non riuscì mai a chiudere il suo ciclo per poi deformarsi nel dispotismo napoleonico: un sistema di potere a sua volta destinato a non trovare mai una definitiva legittimazione, costretto a difendere con le armi un dominio precario e a essere inevitabilmente sconfitto.

Le differenze A questo quadro che ha sottolineato finora i punti di convergenza vanno aggiunti gli elementi che ne individuano le specifiche differenze. Specifiche degli **anni della Rivoluzione** furono la violenza delle masse urbane, protagoniste delle fasi più sanguinarie della Rivoluzione; la nascita del partito politico nella versione embrionale, ma fortemente organizzata, dei giacobini; l'esperienza della politica assembleare fino al colpo di Stato del 18 brumaio.

A segnare il **periodo napoleonico** furono invece l'introduzione del plebiscito con la correlata raccolta del consenso popolare per via plebiscitaria (un meccanismo che vedremo all'opera anche in seguito); la coincidenza nella stessa persona del potere politico e di quello militare; la creazione di una nuova classe dirigente e di una nuova nobiltà, risultato della grande mobilità sociale di quegli anni nata dalla politica, dall'esercito e legittimata dall'alto.

Infine, scorrendo questi **25 anni di rivoluzioni e di guerre** con gli occhi della nostra sensibilità vien fatto di chiedersi quale fu il costo umano di questa straordinaria modernizzazione politica. Le vittime per secoli non sono entrate a far parte dei "conti" della storia. Ma forse noi dobbiamo ricordare i circa **3 milioni di caduti** (secondo stime approssimative) di questa grande pagina della storia europea.

Antoine-Jean Gros
La Marianne
1794-95
[Musée du Château, Versailles]
Il mito della Rivoluzione francese fu esaltato iconograficamente attraverso numerosissime rappresentazioni, molte delle quali di natura fortemente simbolica. *La Marianne*, una iconografia che apparve per la prima volta proprio durante la Rivoluzione, è ancora oggi la rappresentazione allegorica della Repubblica francese. Una giovane donna, con il berretto frigio – simbolo di libertà in quanto era indossato nell'Antichità dagli schiavi greci e romani – e il fascio littorio – emblema di autorità –, veste gli abiti di una guerriera romana, personificando quegli ideali di libertà, uguaglianza e fraternità esportati dalla Rivoluzione anche fuori dai confini francesi.

GUIDA ALLO STUDIO
❶ Quali furono i caratteri principali della modernizzazione politica attuata durante la Rivoluzione francese e durante l'Impero napoleonico? ❷ Perché la Rivoluzione francese diede vita a un vero e proprio mito? ❸ Quali elementi accomunano la Rivoluzione francese e Napoleone? ❹ Quali elementi differenziano la Rivoluzione francese e Napoleone?

Lo Stato accentrato

Gran parte delle funzioni di governo che oggi spettano esclusivamente allo Stato fino all'età moderna sono state distribuite (o, per meglio dire, disperse) tra vari attori (signori, città, ceti).

Con la nascita dello **Stato moderno assoluto** la tendenza cominciò a invertirsi: i poteri e le competenze vennero accentrati nelle mani del monarca a scapito degli altri corpi sociali. Durante la Rivoluzione francese furono definitivamente aboliti gli antichi privilegi feudali della nobiltà e continuò l'**accentramento dei vari poteri** nello Stato. L'esperienza napoleonica rappresentò la prima concreta realizzazione di questo processo: lo Stato come è conosciuto oggi nacque con l'organizzazione napoleonica del potere centrale.

Lo Stato moderno ed europeo è dunque una forma di organizzazione del potere in cui, richiamando la sistemazione datane dal sociologo tedesco Max Weber (1864-1920), tutte le funzioni politiche (tra le quali anche il monopolio legittimo della costrizione fisica) sono concentrate in un'unica istituzione – quella statale – ed esercitate, nei limiti della legge, per mezzo di una serie di istituzioni minori, dipendenti dal centro, a cui sono attribuite funzioni specifiche (l'**apparato burocratico**).

In base al modo in cui il potere viene gestito, lo Stato contemporaneo può avere tre forme diverse: può essere federale, regionale o accentrato. In uno **Stato federale** come gli Stati Uniti, il potere è ripartito tra il governo centrale – che detiene solo le funzioni fondamentali per garantire il benessere e la sicurezza del paese – e le singole comunità (gli Stati membri dell'Unione) che ne fanno parte e che di fatto hanno piena libertà decisionale su temi come la giustizia, l'ordine pubblico e l'istruzione. Nello **Stato regionale** (come l'Italia), invece, il potere è pur sempre diviso tra governo centrale e comunità locali (in questo caso le Regioni), ma queste hanno minore autonomia e indipendenza dal governo centrale. Nello **Stato accentrato** tutti i poteri sono concentrati nel governo centrale che esercita così la sua autorità direttamente sull'intero territorio dello Stato. Lo Stato assoluto dell'età moderna fu uno Stato accentrato, come lo Stato napoleonico. In linea di massima, si può dire che fino al secondo dopoguerra lo Stato accentrato sia stata la forma più diffusa nell'Europa occidentale.

Anche **in Italia**, lo Stato costituitosi nel 1861 fu **unitario e accentrato**, secondo il consolidato modello europeo. La scelta per l'accentramento si concretizzò nelle cosiddette «leggi di unificazione amministrativa del Regno» promulgate nel 1865, in cui è scritto: «il Regno si divide in provincie, circondari, mandamenti e comuni. In ogni provincia vi è un prefetto e un Consiglio di prefettura. Il prefetto rappresenta il potere esecutivo in tutta la provincia». Figure principali del sistema furono quindi, come in Francia [👁 7.11], i 59 prefetti (facenti capo ad altrettante province), ai quali fu affidato il compito di unificare nei fatti lo Stato. La loro presenza sul territorio doveva essere capillare, ed efficace doveva essere la loro capacità di controllo della popolazione. La legge dispose che «alla fine di ogni mese ciascun prefetto deve inviare al Ministero una relazione sulle condizioni della provincia», dalla quale risulti in modo dettagliato il quadro «dell'attitudine, degli intendimenti e dell'influenza dei partiti politici, delle manifestazioni dell'opinione pubblica e del giornalismo».

Un cambiamento importante a livello internazionale si registra solo con le Costituzioni del secondo dopoguerra, nelle quali si concede molto più spazio alle autonomie locali. In Italia, le prime aperture si erano già avute nel biennio 1944-45 con il riconoscimento di una maggiore autonomia amministrativa a Sicilia, Sardegna e Valle d'Aosta. Con la **Costituzione del 1948** l'Italia abbandona ufficialmente l'accentramento totale dei poteri per introdurre la **forma di governo regionale** (articolo 114: «La Repubblica si riparte in Regioni, Provincie e Comuni»). L'applicazione del dettato costituzionale è lentissima e le Regioni vengono istituite solo nel 1970. Il passo decisivo era comunque stato fatto: lo Stato centralizzato aveva riconosciuto le Regioni come enti autonomi (ma non indipendenti dallo Stato centrale) capaci di legiferare in ogni settore che non fosse di competenza specifica dello Stato. Secondo quanto stabilito nell'articolo 117: «La potestà legislativa è esercitata dallo Stato e dalle Regioni nel rispetto della Costituzione».

Nonostante la sostanziale apertura, l'autonomia legislativa delle Regioni ha carattere decisamente residuale: la Costituzione non dice infatti quali siano gli ambiti di competenza delle Regioni ma si limita a elencare i settori di esclusivo controllo dello Stato (politica estera, immigrazione, rapporti con le religioni, difesa, moneta, leggi elettorali, ordine pubblico, istruzione, previdenza sociale, ambiente) lasciando tutto il resto alle Regioni.

Il presidente della Repubblica Giorgio Napolitano riceve i presidenti delle Assemblee legislative regionali
13 settembre 2011

Le Regioni italiane sono costituite da un organo esecutivo (la Giunta regionale) e un organo legislativo (il Consiglio regionale). In questa immagine, i presidenti delle Assemblee legislative delle Regioni e delle Province autonome in Quirinale consegnano al capo dello Stato il volume *L'Italia delle Regioni, le Regioni d'Italia* in occasione del 150° anniversario dell'Unità nazionale.

SINTESI

1 La crisi finanziaria e gli Stati generali

La debolezza della monarchia francese si riassumeva nell'incapacità di risolvere la crisi finanziaria superando le resistenze della nobiltà e del clero, ostili all'abolizione dei propri privilegi fiscali. Luigi XVI si rassegnò allora alla convocazione degli Stati generali, che determinò la mobilitazione politica del Terzo stato. Il tema più controverso era quello del numero dei rappresentanti e del sistema di voto. Un quadro delle aspettative del Terzo stato fu fornito dai *cahiers de doléances* (quaderni di lagnanze). Oltre alla nascita di istituzioni rappresentative cui affidare le decisioni in materia fiscale, come gli altri ordini, il Terzo stato sosteneva l'eguaglianza giuridica, l'abolizione dei privilegi e il criterio del merito come forma di promozione sociale.

2 L'avvio della Rivoluzione e la fine dell'*ancien régime*

All'inizio del 1789 si tennero le elezioni dei deputati agli Stati generali. Quando, avviati i lavori degli Stati generali, il Terzo stato si autoproclamò Assemblea nazionale iniziò una rivoluzione istituzionale che il re fu costretto a riconoscere: la rappresentanza per ordini veniva meno, come richiesto dal Terzo stato, e nasceva la nuova Assemblea nazionale costituente. Il processo rivoluzionario subì un'accelerazione con l'assalto alla Bastiglia il 14 luglio – che segnò l'entrata in scena del popolo parigino –, la nascita di nuove municipalità, la sollevazione delle campagne che spinse l'Assemblea a decretare l'abolizione del regime feudale, l'approvazione della *Dichiarazione dei diritti dell'uomo e del cittadino*. La requisizione dei beni ecclesiastici, infine, determinò la vendita di una consistente porzione del territorio nazionale, contribuendo a legare i nuovi proprietari alla Rivoluzione.

3 La rivoluzione liberale

A un anno dalla presa della Bastiglia l'ampiezza del consenso mascherava sensibili differenze politiche. I due maggiori problemi di questa fase furono l'opposizione di parte del clero al giuramento di fedeltà (stabilito dalla Costituzione civile del clero) e l'ostilità del re sia verso le conquiste rivoluzionarie sia verso il regime liberale impostato con la Costituzione del 1791, come fu evidente con il suo fallito tentativo di fuga. Alla fine del '91 molte riforme sociali e istituzionali erano state decise, mentre la corte e gli aristocratici emigrati all'estero organizzavano la controrivoluzione.

4 La rivoluzione popolare e democratica

Nel settembre 1792 è votata a suffragio universale, anche se nei fatti dalla sola Francia rivoluzionaria, la nuova Assemblea legislativa, la Convenzione. Intanto, il popolo di Parigi (i sanculotti) nella giornata del 10 agosto 1792 aveva determinato l'arresto e la sospensione del re. Il 21 settembre '92 sarebbe stata dichiarata la decadenza della monarchia e proclamata la Repubblica. Sul fronte bellico, nell'aprile '92 la vittoria di Valmy, oltre ad allontanare la minaccia esterna, aveva sancito la nuova identificazione tra passione nazionale e ideali rivoluzionari (cui si legava una politica espansionistica). Il processo e l'esecuzione del re accentuarono l'ostilità delle altre potenze. In una situazione grave – sia per le tensioni interne (rivolta contadina in Vandea e rivendicazioni del popolo parigino) sia per il nemico alle frontiere – i montagnardi affermarono la loro egemonia sulla Convenzione, epurando il gruppo girondino (entrambi, montagnardi e girondini erano due schieramenti usciti dai giacobini).

5 La dittatura giacobina

Sconfitti i girondini, dal giugno del '93 prendeva corpo la dittatura dei giacobini (che ormai si identificavano con i montagnardi), il cui principale esponente fu Robespierre. Proclamandosi unici interpreti del popolo, essi inaugurarono un modello di «democrazia totalitaria». La nuova Costituzione del '93 non entrò mai in vigore: fu invece instaurata una dittatura attraverso l'eliminazione fisica degli avversari (il Terrore) e l'accentramento dell'esecutivo. Fu repressa l'insurrezione «federalista» e, sia pure provvisoriamente, venne domata la Vandea. Contemporaneamente la riorganizzazione dell'esercito portò, alla fine dell'anno, a nuove vittorie e con il *maximum* di prezzi e salari i giacobini vennero incontro alle richieste dei sanculotti. La reazione del gruppo dirigente robespierrista a quanti ostacolavano l'egemonia giacobina fece maturare la congiura termidoriana (luglio '94). Robespierre e i suoi vennero mandati a morte.

6 Continuità rivoluzionaria e stabilizzazione difensiva

Abbattuta la dittatura giacobina, una nuova Costituzione proclamò la difesa del diritto di proprietà e accentuò il carattere censitario del sistema elettorale. Il potere esecutivo fu affidato a un Direttorio. La debolezza del nuovo regime costrinse il Direttorio a una politica pendolare tra la destra filomonarchica e la sinistra giacobina – il cui gruppo più radicale, capeggiato da Babeuf, tentò nel '96 un'insurrezione.

7 Nuova politica e mentalità rivoluzionaria

Nella fase più radicale della Rivoluzione nacque la convinzione di parlare «in nome del popolo» e, in molti leader politici fra i quali Robespierre, l'idea di essere gli unici interpreti della «volontà generale». Fu promossa un'opera di scristianizzazione, che portò all'introduzione del calendario repubblicano, alla celebrazione di feste laiche e al culto deista della dea Ragione e dell'Essere supremo. Si attuò una larga attività di educazione collettiva, con le celebrazioni della Rivoluzione e dei suoi martiri.

8 L'espansione rivoluzionaria

La guerra, l'uccisione del re e il Terrore ridussero notevolmente, in Europa, il numero dei sostenitori della Rivoluzione. Questa da un lato spinse i governi europei a reprimere il dissenso interno, dall'altro stimolò lo sviluppo dei nuclei di opposizione. L'influenza della Rivoluzione fu marcata in Belgio e Olanda, dove l'intervento francese portò nel primo caso all'annessione e nel secondo alla costituzione della Repubblica batava. In Italia si formarono vari club giacobini, duramente repressi dai governi.

9 La conquista dell'Italia e le Repubbliche giacobine

Nel 1796 Bonaparte ottenne il comando dell'armata d'Italia. I suoi straordinari e rapidi successi costrinsero l'Austria alla pace e con il trattato di Campoformio (1797) gli austriaci ottennero Venezia. A quella data i francesi avevano in Italia il controllo diretto di Lombardia, Emilia e Romagna. Nel 1798 nacque la Repubblica romana e nel 1799 la Repubblica partenopea. Queste repubbliche ebbero costituzioni moderate e i loro organi legislativi e di governo furono soggetti al controllo francese. L'estraneità dei ceti popolari al dominio francese determinò frequenti episodi di rivolta: la sollevazione dei contadini fu decisiva per la restaurazione borbonica nell'Italia meridionale.

10 Il colpo di Stato e la svolta autoritaria di Bonaparte

Mentre l'instabilità politica caratterizzava la situazione interna francese, Bonaparte organizzò una spedizione in Egitto (1798) per colpire da lì gli interessi commerciali inglesi. I suoi successi militari furono annullati dalla distruzione della flotta francese operata da Nelson ad Abukir, mentre austriaci e russi attaccarono in Germania e Italia. La situazione di crisi politica si risolse con il colpo di Stato del 18 brumaio (9 novembre '99), che poté realizzarsi solo grazie all'intervento militare di Bonaparte. Quest'ultimo e altri due membri del Direttorio divennero consoli con potere esecutivo.

11 Dal consolato all'Impero

Con Napoleone si instaurò un governo dittatoriale, basato su un consenso diretto del popolo ottenuto attraverso i plebisciti. L'istituzione dei prefetti fu il principale strumento della centralizzazione burocratica e amministrativa, mentre lo Stato ampliò enormemente il campo delle proprie competenze dedicando, tra l'altro, particolare attenzione all'istruzione. Sconfitte le opposizioni più radicali di destra e di sinistra, il consolidamento del potere napoleonico restava legato al raggiungimento della pace, conclusa nel 1801 con l'Austria e l'anno successivo con la Gran Bretagna, ultimo avversario in campo. Rafforzato ulteriormente il proprio potere mediante il Concordato (1801) con la Chiesa di Roma, Napoleone si fece nominare console a vita nel 1802. Due anni dopo, il Codice civile – che accoglieva le più importanti conquiste dell'89 – rappresentò il coronamento della sua opera riformatrice. Nel 1804 Napoleone si fece nominare imperatore dei francesi.

12 La Francia napoleonica e l'Europa

Tra il 1805 e il 1809 Napoleone costruì il suo Impero grazie a una supremazia militare basata su un esercito di «cittadini» (coscrizione obbligatoria). L'esercito rappresentò anche la principale via di ascesa sociale, contribuendo alla formazione della nuova nobiltà napoleonica. Negli Stati conquistati o annessi, dove fu esteso il sistema amministrativo e giuridico francese, il consenso al nuovo regime fu sempre modesto. L'economia degli Stati soggetti all'egemonia napoleonica fu sottoposta al Blocco continentale in funzione antibritannica, contribuendo ad accrescere l'ostilità verso la Francia. In Spagna e nella Sicilia (occupata dagli inglesi) furono approvate nel 1812 Costituzioni moderate, che sarebbero state assunte a modello dal movimento liberale dell'età della Restaurazione. In Prussia la sconfitta militare stimolò una rinascita intellettuale tedesca, una politica di riforme economiche e sociali e un rinnovamento dell'esercito.

13 Il crollo dell'Impero

Il periodo relativamente pacifico tra il 1809 e il 1812 non portò a un consolidamento dell'Impero, impedito dall'ostilità inglese, dal conflitto con il papa, dalla ribellione spagnola e dall'opposizione delle forze nazionali. A ciò si aggiunse lo sganciamento russo dall'alleanza con la Francia, che Napoleone tentò di fronteggiare con l'invasione della Russia (1812). L'avanzata francese, di fronte a un nemico che faceva terra bruciata e si rifiutava di trattare, si risolse infine in una ritirata a prezzo di fortissime perdite. Una nuova coalizione tra Gran Bretagna, Russia, Prussia e Austria sconfisse i francesi a Lipsia: dopo l'occupazione di Parigi, Napoleone dovette abdicare (aprile '14) e ricevette il possesso dell'isola d'Elba. Al trono di Francia saliva Luigi XVIII, mentre il congresso di Vienna iniziava la ridefinizione della carta d'Europa. Nel marzo 1815 Napoleone, tornato in Francia, riassunse il potere facendo leva sul malcontento serpeggiante tra gli strati popolari e l'esercito. Sconfitto a Waterloo, venne deportato a Sant'Elena.

14 Rivoluzione e Impero: una duplice modernità

Tratti comuni alla Rivoluzione francese e al periodo napoleonico sono, nel campo della modernizzazione politica, il rovesciamento della società dei privilegi e del feudalesimo, la conquista e l'affermazione dei diritti civili e politici, la mobilitazione delle masse popolari, il processo di accentramento e organizzazione dello Stato, infine il ruolo della guerra che assume valenze ideologiche e politiche. Le differenze tuttavia restano specifiche: con la Rivoluzione esplose la violenza delle masse urbane, ebbe inizio la prima forma-partito e si compì un'esperienza politica di tipo assembleare; con Napoleone fu introdotto l'istituto del plebiscito, l'accentramento in una sola figura del potere politico e militare, la mobilità sociale e la creazione di una nuova classe dirigente.

SVILUPPARE LE COMPETENZE

❶ Rispondi ai quesiti impiegando il numero di righe indicato tra parentesi:

a. Perché Luigi XVI decise, nel 1774, di convocare gli Stati generali? (4 righe)
b. Cos'erano i *cahiers de doléances*? Da chi e perché furono scritti? (4 righe)
c. Qual era la composizione interna degli Stati generali? (5 righe)
d. Racconta i fatti avvenuti in Francia tra il 9 luglio e il 26 agosto 1789. (12 righe)

❷ Indica le date degli avvenimenti elencati di seguito e poi scrivi un testo di 15 righe su ciò che accadde dopo, ovvero a partire dall'estate del 1793 fino al 28 luglio 1794:

Date	Eventi
.....	Approvazione della Costituzione del '91
.....	Il re scappa da Parigi
.....	L'esercito francese batte i prussiani a Valmy
.....	La Convenzione dichiara decaduta la monarchia e proclama la Repubblica
.....	Il governo del paese passa nelle mani del Comitato di salute pubblica

❸ Inserisci le parole mancanti negli spazi previsti. Usa dunque le frasi complete come scaletta per la composizione di un testo di 15 righe dedicato alla conquista dell'Italia e alla svolta autoritaria impressa da Napoleone:

a. Nel 1796 il comando dell'armata d'Italia fu affidato al giovane generale ____________ ____________.
b. Dopo avere sconfitto piemontesi e austriaci l'esercito francese entra, il 15 maggio, a ____________.
c. Con il trattato di ____________ Bonaparte ottenne Lombardia, Emilia e altri importanti territori.
d. Tra 1795 e 1797 furono create la ____________ ____________ e quella ligure.
e. Tra 1798 e 1799 nacquero la Repubblica ____________ e quella ____________.
f. La vita delle repubbliche «____________» fu sconvolta dalle molte riforme volute da Napoleone.
g. Napoleone sconfisse, nella battaglia delle ____________, i Mamelucchi e conquistò l'Egitto.
h. Il ____________ Napoleone impose la creazione di una commissione esecutiva composta dai tre consoli della Repubblica francese.
i. Con l'emanazione della Costituzione dell'anno VIII Napoleone diventa ____________.

❹ Ognuna delle frasi seguenti contiene un errore. Individualo e correggilo scrivendo brevi testi di 3 righe per motivare la tua scelta:

a. Il 2 dicembre 1804 Napoleone diventò presidente dei francesi.
b. La riforma amministrativa voluta da Napoleone portò a una forte decentralizzazione burocratica.
c. Nel marzo 1804 fu promulgato un nuovo Codice penale che completò l'opera riformatrice di Napoleone.
d. Il Regno d'Italia fu trasformato, nel 1805, in Repubblica italiana.
e. L'esercito che Napoleone guidò contro la Russia era numeroso e omogeneo.
f. La coalizione antifrancese era composta da: Gran Bretagna, Russia, Prussia, Austria e Italia.
g. Napoleone vinse a Lipsia e gli fu assegnato il possesso dell'isola d'Elba.
h. Napoleone combatté la sua ultima battaglia a Vienna.

8 LA RIVOLUZIONE INDUSTRIALE

CAPITOLO

1 Caratteri della rivoluzione industriale

Le cause «Il mercato delle Indie orientali e della Cina, la colonizzazione dell'America, gli scambi con le colonie, l'aumento dei mezzi di scambio e delle merci in genere diedero al commercio, alla navigazione, all'industria uno slancio fino allora mai conosciuto [...]. L'esercizio dell'industria, feudale o corporativo, in uso fino allora non bastava più al fabbisogno che aumentava con i nuovi mercati. Al suo posto subentrò la manifattura [...]. Ma i mercati crescevano sempre, il fabbisogno saliva sempre. Neppure la manifattura era più sufficiente. Allora il vapore e le macchine rivoluzionarono la produzione industriale. All'industria manifatturiera subentrò la grande industria moderna; al medio ceto industriale subentrarono i milionari dell'industria, i capi di interi eserciti industriali, i *borghesi* moderni». In questo brano, tratto dalle pagine iniziali del *Manifesto del partito comunista* scritto nel 1848, due profondi conoscitori delle trasformazioni della società come i filosofi politici tedeschi Karl Marx e Friedrich Engels [👁 10.7] individuavano i passaggi cruciali che avevano determinato la rivoluzione industriale e la nascita della grande industria: il ruolo del **commercio internazionale** nel sollecitare la domanda di nuovi prodotti e il passaggio dalla produzione delle corporazioni artigiane a quella delle

▶ 68
R. Williams
La parola chiave della nuova società

Joseph Wright of Derby
Veduta di Cromford con il cotonificio Arkwright di notte
1793
[Collezione privata, Gran Bretagna]

Nel 1769 Richard Arkwright (1732-1792), un giovane barbiere del Lancashire (Inghilterra nord-occidentale), brevettò una macchina filatrice azionata ad acqua, grazie alla quale era possibile produrre un filo di cotone sottile e resistente. Solo due anni più tardi avviò il primo cotonificio azionato con energia idraulica nel villaggio di Cromford. La filanda, che impiegò circa 600 operai, fu un successo commerciale tanto da diventare un modello per la successiva produzione industriale. La vicenda di Arkwright può essere considerata esemplare dei primi passi mossi da quella che in breve tempo divenne la borghesia imprenditoriale, protagonista, insieme alla classe operaia, della rivoluzione industriale.

Focus
Il lavoro minorile

ONLINE

▶ 66
R.C. Allen
Perché la rivoluzione industriale avvenne in Gran Bretagna?

▶ 67
D.S. Landes
Il mercato inglese

manifatture; l'importanza delle macchine per dar vita alla **fabbrica meccanizzata** e la nascita di nuove classi sociali come la **borghesia imprenditoriale** e il **proletariato industriale** (composto dai lavoratori salariati e dalle loro famiglie).

Una rivoluzione economica La rivoluzione industriale segna una radicale svolta nel sistema di produzione delle merci che ebbe inizio in Gran Bretagna, in particolare in Inghilterra, a partire dagli anni '60 del '700 per poi estendersi nell'800 ad altri paesi europei e agli Stati Uniti. Il tasso di sviluppo dell'economia che si registrò in quegli anni, pari all'1,5%, può essere considerato basso se paragonato ai ritmi di crescita del '900 (vicini e talora superiori al 6-8%), ma l'aspetto più importante è la **continuità dello sviluppo** accompagnato da profonde trasformazioni sociali. Le rivoluzioni economiche non hanno i tempi rapidi delle rivoluzioni politiche, misurabili in giorni e mesi, e qualche volta in numero limitato di anni, ma producono effetti duraturi ed evidenti nel medio e lungo periodo. Grande produttrice di ricchezza, l'industrializzazione sarebbe divenuta, in tutto il pianeta, la via obbligata per la **conquista del benessere** o almeno per l'uscita dalla povertà, anche se a prezzo di un iniziale peggioramento delle condizioni di lavoro per migliaia di uomini, donne e bambini.

GUIDA ALLO STUDIO
❶ Quali sono i passaggi cruciali della rivoluzione industriale individuati da Karl Marx e Friedrich Engels? ❷ Che cosa si intendeva con meccanizzazione? ❸ In che paese ha inizio la rivoluzione industriale? ❹ Quali furono gli effetti duraturi della rivoluzione industriale?

2 Perché in Gran Bretagna?

Condizioni preliminari Per comprendere le ragioni per cui la Gran Bretagna divenne la prima nazione industriale è indispensabile individuare i **pre-requisiti** ossia le condizioni preliminari e particolari che consentirono alla rivoluzione di prendere avvio sul suolo britannico e non altrove.

■ **Materie prime a basso costo** Dalla metà del '700 la Gran Bretagna dominava il commercio internazionale: questo significava minore costo delle **importazioni** di materie prime – come il cotone grezzo – e la possibilità di esportare su tutti i mercati i prodotti delle attività industriali nazionali.

■ **Società prospera e dinamica** La società britannica si distingueva per una superiore diffusione delle **libertà** e della **tolleranza**, elementi strettamente connessi al commercio e all'ascesa delle **classi medie**. Paese già prospero e culturalmente vivacissimo, era in grado di offrire molti sbocchi allo spirito pragmatico, alla disponibilità al rischio e al dinamismo dei suoi imprenditori.

■ **Disponibilità di capitali** La rivoluzione agricola e la privatizzazione delle terre [👁 2.5], sostenuta con energia dal Parlamento, avevano contribuito alla **concentrazione della ricchezza** e alla disponibilità di capitali nel paese.

■ **La cultura scientifico-pratica** Alla diffusione anche negli strati artigianali degli elementi della **formazione di base** – leggere, scrivere e soprattutto fare di conto – corrispondeva la presenza di una cultura scientifico-pratica che sollecitava la ricerca di nuove soluzioni tecniche per la nascente meccanizzazione. I principali inventori delle nuove macchine per l'industria tessile non furono scienziati ma **ingegnosi praticanti**.

■ **Energia a basso costo** Un costo del lavoro relativamente alto (se paragonato a quello di altri paesi europei o asiatici) e una disponibilità di **energia, idrica o prodotta dal carbone**, a basso prezzo, resero conveniente puntare sull'innovazione tecnologica e sulle nuove macchine per aumentare la **produzione** complessiva e la **produttività** per lavoratore. Ciò fu particolarmente evidente nelle innovazioni applicate alla

Meccanizzazione
La meccanizzazione consiste nell'impiego parziale o totale delle macchine per sostituire, nella produzione, il lavoro manuale dell'uomo o l'attività fisica degli animali. Diversamente dall'automazione, che può non dipendere da un operatore umano, la meccanizzazione prevede la partecipazione dell'uomo. Questi completa, accompagna e sorveglia il lavoro meccanico. Può anche fornire alla macchina informazioni o istruzioni. Per controllare i processi produttivi meccanizzati si impiegano, oggi, sempre più di frequente, computer e software elaborati.

Produzione / produttività
Per produzione si intende l'insieme delle operazioni, semplici o complesse, attraverso le quali si crea un bene trasformando altri beni, nella materia o nella forma per esempio. La produttività è invece il rapporto fra la produzione e il lavoro svolto per ottenerla.

filatura del cotone. Altrove, in Francia e in Austria per non parlare dell'India, il basso costo del lavoro non costituiva un incentivo alla meccanizzazione.

Focus
Invenzioni e brevetti

ONLINE

Innovazioni e sviluppo tecnologico Numerose furono le **invenzioni** che accompagnarono i primi anni dello sviluppo industriale: tuttavia, non è l'invenzione in quanto tale che provoca il cambiamento, ma è la sua applicazione diffusa e costante – l'**innovazione** – che costituisce il cuore della trasformazione tecnica. I **settori principalmente interessati** dai cambiamenti tecnologici furono quelli delle **macchine utènsili** e della generazione di forza motrice e, strettamente connesso a quest'ultimo, della estrazione e lavorazione delle materie prime, in particolare del carbone e dei minerali ferrosi.

Nel settore dell'industria **tessile**, la reciprocità del rapporto tra invenzione e produzione risulta particolarmente evidente. In un breve giro di anni una serie di invenzioni consentì il passaggio alla completa meccanizzazione della filatura (che trasforma il materiale grezzo in filo) e alla produzione di un filato sempre più sottile e resistente: venne messa a punto prima la macchina per filare azionata a mano, la *jenny* di **James Hargreaves**, brevettata nel 1765; poi, nel 1769, fu inventato da **Richard Arkwright** il filatoio idraulico, alimentato appunto con energia idrica; e nel 1779 il filatoio *mule* di **Samuel Crompton**, un ibrido fra le due precedenti macchine. La tessitura rimase invece prevalentemente manuale nonostante l'invenzione del **telaio meccanico** di **Edmund Cartwright** (1787), che tuttavia si affermò solo a partire dal 1820, mentre i telai tradizionali rimasero in attività fino al 1850 circa.

Macchine utènsili
Le macchine utènsili sono fisse e alimentate da una forza motrice. Vengono usate per sagomare pezzi di legno, metallo o altro materiale in grande quantità. Queste macchine possono tagliare, tranciare, spremere la materia prima ma, in tempi molto recenti, anche agire sulla materia con l'energia elettrica o gli ultrasuoni.

Interno della manifattura tessile Swainson & Birley a Preston (Inghilterra)
1834
[Science and Society Library, Science Museum, Londra]
Quello tessile fu il settore trainante delle innovazioni tecniche nelle manifatture inglesi. L'immagine mostra il sistema della filatura intermittente operato da più filatoi, detto *mule*. Per funzionare, queste macchine necessitavano di tre persone, solitamente un uomo (chiamato *spinner*) e due assistenti donne (*piecers*); a questo gruppo si univa poi un bambino o una bambina (*scavenger*), visibile nell'immagine sotto la trama dei fili, in basso a destra.

Il capanno della tessitura nella filanda Quarry Bank a Styal (Inghilterra)
[Quarry Bank Mill and Styal Estate, Styal]
Quarry Bank Mill, nell'Inghilterra centro-occidentale, è una delle manifatture tessili risalenti alla prima rivoluzione industriale meglio conservate, tanto da essere stata trasformata, insieme al vicino villaggio di Styal, in museo dell'industria cotoniera. All'interno dell'edificio principale venivano eseguite tutte le operazioni relative alla produzione di tessuti: il cotone vi entrava imballato grezzo e ne usciva tessuto. Costruito sul fiume Bollin nel 1784, il cotonificio era azionato da una enorme ruota che, attraverso un complesso sistema di cinghie, trasmetteva l'energia idrica ai diversi macchinari sui piani soprastanti. Dopo alcuni lavori di ampliamento, si rese necessaria l'introduzione di una macchina a vapore (1810), grazie alla quale era possibile integrare l'energia idrica del fiume, in particolare nei mesi estivi. Una seconda macchina a vapore rimpiazzò la prima nel 1836, rispondendo così meglio ai sempre più grandi fabbisogni di energia dell'industria, che ha mantenuto attiva la sua produzione fino al 1959.

La macchina a vapore Ancora nei primi decenni dell'800, le ruote idrauliche installate lungo i corsi d'acqua fornivano l'energia necessaria a muovere le nuove macchine e le fabbriche si chiamavano *mills*, 'mulini'. Una svolta decisiva fu il passaggio allo sfruttamento dell'**energia termica** con la costruzione delle prime macchine a vapore – a cominciare da quella inventata da **James Watt** nel **1769**. La macchina a vapore funzionava bruciando carbone per riscaldare l'acqua e produrre vapore. Generava così energia artificialmente e in base alle esigenze di produzione. Divenne allora sempre più conveniente utilizzare una **forza**

PERSONAGGI

James Watt

Nello sterminato elenco di ingegneri, tecnici, meccanici, imprenditori artefici della grande mole di innovazioni all'origine della rivoluzione industriale, il nome di James Watt (1736-1819) è sicuramente il più noto. Si deve a lui, infatti, la progettazione e la fabbricazione di alcune fondamentali invenzioni che resero la macchina a vapore uno strumento capace prima di trasformare il modo di lavorare e produrre e poi, in un secondo momento, di rivoluzionare i sistemi di trasporto. Per queste ragioni egli fu a lungo considerato l'"inventore" per eccellenza.
La passione di Watt per la progettazione e per la costruzione dei macchinari emerse prestissimo, grazie a un contesto particolarmente favorevole. L'ambiente familiare – era nipote di un matematico e figlio di un architetto e costruttore navale – ebbe un ruolo indiscutibile nel suscitare, nel giovanissimo James, una curiosità molto precoce per la matematica e per la tecnica. La sua iniziale formazione si svolse a Greenock, la cittadina scozzese in cui nacque e crebbe: non tanto però nelle aule scolastiche, dove si dedicò principalmente allo studio delle materie classiche, quanto nel laboratorio del padre, nel quale iniziò, già da bambino, a prendere confidenza con gli strumenti di lavoro e con i disegni dei progetti.
Finite le scuole, si trasferì prima a Glasgow e poi a Londra per studiare matematica e scienze all'università. Dopo un anno nella capitale, senza portare a termine gli studi, decise di fare ritorno a Glasgow. Watt non poté, come probabilmente desiderava, aprire un proprio laboratorio. Come in tutti i centri urbani, le attività produttive erano rigidamente vincolate e le corporazioni di mestiere della città non permettevano di avviare un'autonoma officina a chi non avesse svolto alcuni anni di apprendistato.
Venne perciò assunto dall'università come tecnico responsabile dell'attrezzatura dei laboratori. Poté così partecipare alle diverse attività di ricerca e conoscere alcuni dei maggiori scienziati attivi in Scozia. Importante, per le sue successive scoperte, si sarebbe rivelata l'amicizia con il fisico Joseph Black, che stava sviluppando il concetto di "calore latente", e con il chimico John Robinson. Fu proprio nel corso di questa collaborazione che Watt cominciò a

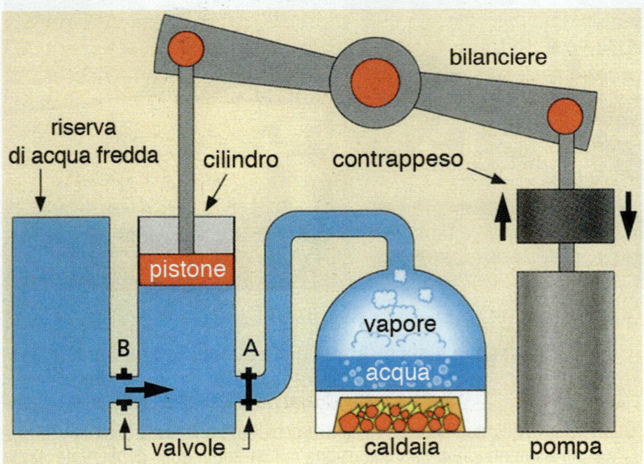

◂ **Schema della macchina a vapore di Thomas Newcomen (1709)**
Il vapore prodotto nella caldaia passa nel cilindro e solleva il pistone. Viene quindi chiusa la valvola **A** e introdotta dell'acqua di raffreddamento attraverso la valvola **B**. Il vapore si condensa creando un vuoto che provoca la discesa del pistone: in questo modo si crea il movimento del pistone e quindi del bilanciere.

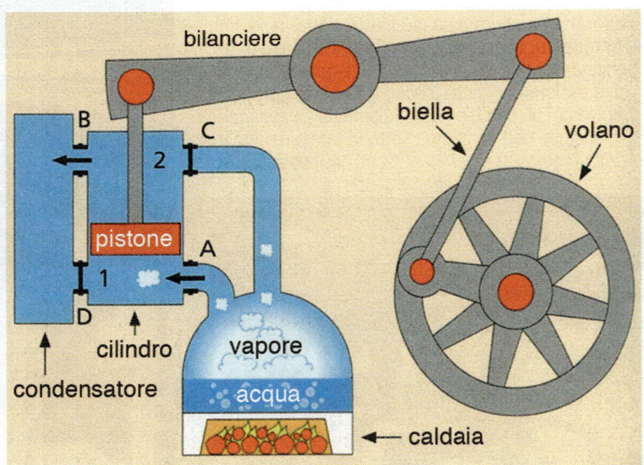

▸ **Schema della macchina a vapore di James Watt (1769)**
Il vapore entra nella parte bassa del cilindro (**1**) tramite la valvola **A**, il pistone sale in alto e spinge il vapore nel condensatore tramite la valvola **B**. Le valvole **A** e **B** si chiudono, **C** e **D** si aprono: questa volta il vapore entra nella parte alta del cilindro (**2**) passando per la valvola **C**. Il pistone è spinto verso il basso e spinge il vapore nel condensatore attraverso la valvola **D**. Ancora una volta **D** si chiude e il ciclo ricomincia. In questo modo il movimento è più rapido e il raffreddamento è portato avanti nel condensatore. Tramite il bilanciere e il sistema a biella, il moto alternato del pistone si trasforma nel moto rotatorio del volano, che funge da ruota motrice per altri meccanismi ad essa collegati.

motrice costante alimentata da un combustibile, il **carbone**, di cui la Gran Bretagna possedeva ricchi giacimenti, senza sottostare più ai cicli naturali – che condizionavano l'impiego di energia eolica e idrica – o ai limiti della forza fisica umana e animale. A questo punto, **vapore e carbone divennero gli strumenti del progresso.** Nel 1800 erano in funzione 1000 macchine a vapore, nel 1815 la potenza installata era già cresciuta di 20 volte.

GUIDA ALLO STUDIO

❶ Quali furono i prerequisiti indispensabili che consentirono alla rivoluzione industriale di prendere avvio in Gran Bretagna? ❷ Che differenza c'è tra invenzione e innovazione? ❸ Quali furono le più importanti innovazioni introdotte nell'industria tessile del '700? ❹ Quale fonte di energia fu impiegata nelle nuove fabbriche?

interessarsi all'uso del vapore come fonte di energia motrice. Nel 1764 fu incaricato di lavorare su un piccolo esemplare della "macchina di Newcomen". La macchina, messa a punto da Thomas Newcomen una cinquantina d'anni prima, era stato il primo strumento a usare il vapore per generare energia. Utilizzata soprattutto per pompare acqua dalle miniere, era un macchinario rudimentale, che richiedeva un'elevata quantità di carbone da bruciare, e dagli impieghi limitati.

Watt da tempo aveva cominciato a elaborare progetti per macchine a vapore e a costruire alcuni prototipi. Si trattava, tuttavia, soltanto di tentativi, condotti per lo più senza una sperimentazione diretta del funzionamento delle macchine già esistenti. Per queste ragioni, il lavoro iniziato sulla macchina di Newcomen fu una tappa fondamentale per il procedere dei suoi studi.

Watt impiegò circa un anno per venire a capo del problema del grande spreco di calore, solo una parte del quale era utilizzato direttamente per produrre il movimento. La soluzione fu trovata nel "condensatore separato": a fianco al cilindro in cui, per effetto del vapore, si muoveva il pistone che attivava l'azione meccanica, inserì un secondo contenitore separato nel quale la temperatura poteva essere diminuita, in modo da non disperdere il calore dentro il cilindro. In questo modo si produceva energia motrice utilizzando una minore quantità di calore e, dunque, di carbone da bruciare. Watt giunse così – al termine di un lungo lavoro di studio e progettazione e di rigorose sperimentazioni – a realizzare la sua prima e, probabilmente, la sua più grande invenzione.

La macchina a vapore continuava comunque a essere impiegata solo per pompare acqua in superficie, dai condotti minerari o nelle operazioni di scavo per la realizzazione di canali artificiali. Non appare allora casuale che, poco dopo aver elaborato la sua invenzione, Watt lasciasse l'impiego all'università per intraprendere l'attività di ingegnere civile, quale responsabile per la costruzione di canali nella zona di Glasgow. Oltre a garantirgli una maggiore sicurezza economica, il nuovo impiego gli consentiva di studiare le macchine a vapore in attività, portando avanti, anche se in tempi più lenti, le proprie sperimentazioni. Nel giro di alcuni anni riuscì a mettere a punto ulteriori miglioramenti: il più importante – per il quale registrò nel 1769 il suo primo brevetto – fu l'accorgimento che consentiva di utilizzare la pressione del vapore, e non quella atmosferica, per la discesa del pistone nel cilindro (il pistone, infatti, sospinto dal vapore, andava in alto e poi scendeva); in questo modo impedì che l'aria raffreddasse il cilindro, diminuendo quindi il dispendio di vapore e di combustibile.

L'attività sperimentale, però, richiedeva consistenti investimenti economici, soprattutto per la costruzione dei prototipi. Per questa ragione fu necessario associarsi ad alcuni imprenditori, in grado di garantire il capitale necessario e di favorire la commercializzazione delle macchine. Particolarmente importante fu la venticinquennale collaborazione con l'industriale metallurgico Matthew Boulton, avviata nel 1775, quando Watt lasciò l'incarico di ingegnere civile e si trasferì a Birmingham, dove Boulton viveva e aveva le proprie attività.

La nuova disponibilità di capitali e la possibilità di dedicarsi a tempo pieno alla progettazione resero possibile mettere a punto, nell'arco di pochi anni, altre innovazioni. Tra le più importanti sono da annoverare la valvola per mantenere costante la velocità della macchina; l'indicatore per misurare la pressione del vapore, fondamentale per tenere sotto controllo il macchinario; soprattutto, il meccanismo che permetteva di trasformare il moto rettilineo alternato dello stantuffo nel moto rotatorio continuo di un volano. Intorno al 1790, la macchina di Watt poteva dirsi sostanzialmente completata: rispetto soltanto a pochi anni prima ora risultava più efficiente, più economica e, grazie al moto rotatorio, adattabile a un numero decisamente più ampio di attività.

Gli ultimi anni furono dedicati prevalentemente all'attività commerciale e al rapporto con gli acquirenti. Fino al 1800 (la data di scadenza del primo brevetto, entro la quale era possibile conseguire i guadagni in esclusiva sulle innovazioni realizzate) Watt, insieme a Boulton, riuscì a vendere circa 450 macchine, la gran parte in Inghilterra e in Scozia, e una trentina nelle altre nazioni dell'Europa occidentale, in Russia e in India. Macchine a vapore vennero installate presso cotonifici, fabbriche metallurgiche, cartiere, distillerie. Ne derivò, per l'inventore, un grande profitto, nonostante i frequenti casi di spionaggio industriale e di pirateria.

Il successo commerciale coincise per Watt con il raggiungimento di un maggiore benessere economico e con il riconoscimento ufficiale dei suoi meriti scientifici. Fu nominato socio della Royal Society (l'accademia nazionale inglese delle scienze) e invitato a far parte della Lunar Society, un'associazione di scienziati e uomini di cultura per il progresso delle scienze e delle arti. Nel 1800, in coincidenza con la scadenza dei diritti in esclusiva garantiti dai brevetti, si ritirò da ogni attività. Continuò tuttavia a raccogliere attestati e benemerenze.

I riconoscimenti non cessarono neanche dopo la sua morte, avvenuta nel 1819. La diffusione della sua macchina nel corso dell'800 – impiegata ormai non solo per attivare i macchinari delle manifatture, ma anche per far muovere i nuovi mezzi di trasporto (le locomotive e le navi a vapore) – avvenne parallelamente alla celebrazione del suo nome. Nei decenni successivi Watt sarebbe stato incluso dalle autorità scozzesi nel novero degli "eroi" nazionali, e *watt* verrà chiamata dal 1882 l'unità di misura della potenza.

3 Cotone e ferro

Ghisa / altoforno
La ghisa è una lega di ferro e carbonio (superiore all'1,7%). Può solo essere fusa in stampi, a una temperatura relativamente bassa (1060°-1020°) ed è molto scorrevole allo stato liquido. Resistente all'usura e all'ossidazione, e non facilmente deformabile, la ghisa viene prodotta negli altiforni. In questi forni a funzionamento continuo l'alta temperatura permette la riduzione a metallo dei minerali di ferro, grazie all'ossido di carbonio prodotto dalla combustione del carbone.

Puddellaggio
In siderurgia il puddellaggio, dall'inglese *to puddle*, 'rimestare', è il trattamento di ossigenazione del carbonio (ma anche del manganese, del silicio e del fosforo presenti nel metallo) e rimescolamento continuo a cui viene sottoposta la ghisa in appositi forni. La lega diventa così più duttile e malleabile. Il sistema fu messo a punto per la prima volta nel 1784 da Henry Cort, che introdusse il forno a riverbero specifico per questo tipo di processo.

L'industria cotoniera

«Se diciamo rivoluzione industriale, intendiamo cotone»: niente di più vero di questa affermazione dello storico Eric J. Hobsbawm. È il settore dell'industria cotoniera che determina il decollo dell'industrializzazione: il cotone fu infatti il battistrada del nuovo modo di produzione basato sulla fabbrica. Intorno al 1760 la Gran Bretagna importava 2,5 milioni di libbre di cotone grezzo, nel 1787 l'importazione era salita a 22 milioni, per giungere cinquant'anni dopo a 366 milioni. Questi dati lasciano chiaramente comprendere l'**enorme incremento produttivo** dell'industria cotoniera britannica. Tradizionale grande produttrice ed esportatrice di tessuti di lana, la Gran Bretagna cominciò a primeggiare anche nel settore cotoniero.

I tessuti di cotone avevano un **mercato molto più ampio** di quello della lana, erano adatti a tutti i climi e in grado di sostituire la canapa e il lino. Per quasi tutto il '700 il Bengala indiano, ormai sotto dominio britannico, era stato il maggior produttore di tessuti di cotone, imbattibili per costo e qualità, distribuiti in tutto il mercato internazionale dalle navi mercantili britanniche [👁 ATLANTE_10]. Fu proprio questa **competizione internazionale** a sollecitare la meccanizzazione della filatura con risultati straordinari tanto sul versante quantitativo quanto su quello qualitativo, e con un'alta remunerazione dei capitali investiti. Contemporaneamente all'aumento di produttività dovuto alle macchine, la **diminuzione del costo del lavoro** era favorita da un'ampia disponibilità di manodopera alla quale non era richiesta una particolare specializzazione, data l'elementarità della manovra delle nuove macchine tessili. L'**espansione demografica** e la possibilità di impiegare **donne e bambini** fornirono all'industria la necessaria quantità di forza-lavoro a basso costo per poter entrare sul mercato a prezzi competitivi e sostenere quindi l'ampliamento della domanda di un prodotto sempre più economico e sempre più richiesto.

James Nasmyth
Il maglio a vapore della fonderia di Patricroft presso Manchester
1840 ca.
[Science Museum Library, Londra]

Questo dipinto fu realizzato dal britannico James Nasmyth (1808-1890), che nel 1839 ideò e disegnò il maglio a vapore per la lavorazione dei lingotti di ghisa (poi brevettato nel 1843). Il maglio – l'enorme macchinario visibile al centro del quadro – è impiegato ancora oggi nelle fonderie per modellare grossi blocchi di ferro.

L'industria siderurgica Quasi nello stesso periodo in cui si sviluppò il settore cotoniero, l'**industria del ferro** – la siderurgia – segnò un passaggio indispensabile dell'industrializzazione britannica. La progressiva meccanizzazione, infatti, dipendeva da investimenti in nuove attrezzature e in macchine costruite prevalentemente in ferro. Ma anche qui era necessario introdurre innovazioni che eliminassero e riducessero le strozzature di una produzione legata al tradizionale impiego del carbone di legna per alimentare gli **altiforni** che producevano la **ghisa**. Il risultato era infatti una ghisa di scarsa qualità dovuta alle impurità del minerale ferroso locale: solo la dispendiosa importazione del ferro svedese, più puro, consentiva di ottenere un prodotto di qualità accettabile. Neppure l'impiego del **coke**, risultato dalla distillazione del **carbone fossile**, materia prima largamente disponibile in Gran Bretagna, era riuscito a migliorare la qualità della ghisa data la difficoltà di raggiungere le alte temperature necessarie negli altiforni.

Focus
Divisione del lavoro

ONLINE

La **macchina a vapore** e il **sistema di Henry Cort** per il **puddellaggio**, brevettato nel 1783-84, mutarono totalmente questa situazione: permettendo non solo la produzione di ghisa di buona qualità anche a partire dal minerale britannico, ma soprattutto un notevole abbattimento dei costi di produzione. Infatti, l'insufflazione di aria negli altiforni, assicurata dalle macchine a vapore, consentiva la completa combustione del coke e il raggiungimento di temperature tali da rendere possibile la raffinazione del ferro. La macchina a vapore rendeva inoltre disponibili in modo continuo le grandi potenze necessarie per modellare la ghisa con i magli e i laminatoi.

La produzione di ghisa crebbe costantemente dalle 68 mila tonnellate del 1788 alle 581 mila del 1825 e, dal 1812, la Gran Bretagna diventò un paese esportatore. Il ferro assurse a simbolo della nuova **civiltà della macchina** e il suo impiego, oltre che in ogni tipo di strumenti, si affermò nell'edilizia pubblica e abitativa, in parte per le caratteristiche intrinseche e la convenienza del materiale, ma in parte anche per il suo valore simbolico. Fra il 1775 e il 1779 veniva costruito a Coalbrookdale, sul fiume Severn, il **primo ponte interamente in ghisa** con una luce di 30 metri. Il trionfo di questa funzione celebrativa del ferro si sarebbe avuto con la costruzione del Crystal Palace per l'Esposizione universale di Londra del 1851 [👁 15.3 EVENTI].

GUIDA ALLO STUDIO
❶ Che cosa favorì in Gran Bretagna lo sviluppo dell'industria cotoniera? ❷ Prima della rivoluzione industriale, quale paese era stato il maggior produttore di tessuti di cotone? ❸ Che cosa rese possibile lo sviluppo della moderna industria siderurgica? ❹ Quali furono i nuovi impieghi del ferro?

4 La nascita della fabbrica

La divisione del lavoro L'attività produttiva preindustriale si svolgeva nelle botteghe artigiane o più spesso nei sobborghi e nelle campagne, dove il metodo di produzione era prevalentemente quello a domicilio [👁 2.6]. Con l'introduzione delle macchine e del vapore questo sistema cambiò radicalmente: le fabbriche – soprattutto le filature tessili – erano grandi edifici a più piani sorti inizialmente lungo i corsi d'acqua anche in campagna (per sfruttare l'energia idrica). L'adozione delle macchine a vapore consentì lo spostamento delle fabbriche nelle città. Il **lavoratore** generico divenne un operaio **salariato**: abbandonò cioè tutte le altre attività che nell'impresa familiare continuava a svolgere, in particolare quella agricola, ed ebbe nella fabbrica il suo unico impiego. Inoltre, **cominciò a eseguire solo l'operazione parziale** – spesso molto semplice ma continuamente ripetuta – affidatagli sulla base di una crescente divisione del lavoro.

Lavoro salariato
Il lavoratore impiegato nella fabbrica presta la sua opera, alle dipendenze del padrone della stessa fabbrica, in cambio di una somma di denaro giornaliera, il salario. Questo tipo di lavoratore non possiede altro che la sua capacità di lavorare e la vende in cambio del salario. Nella società preindustriale, invece, i lavoratori erano spesso proprietari degli strumenti di produzione, dai telai agli attrezzi agricoli, e li usavano per ottenere i prodotti che consumavano o vendevano in parte sul mercato.

ONLINE

Focus
La città industriale
Industria e paesaggio

Parola chiave
Luddismo

69
E.P. Thompson
La formazione della classe operaia

72
E.J. Hobsbawm
La cultura operaia

Lo sfruttamento dei lavoratori L'avvento del sistema di fabbrica impose condizioni di lavoro molto gravose, che prevedevano orari oscillanti fra le **12** e le **16 ore** giornaliere. La semplificazione del processo produttivo rese possibile il largo impiego, soprattutto nell'industria tessile, di **donne** e **bambini** che furono sottoposti a un duro sfruttamento. La condizione operaia era caratterizzata dalla estrema **precarietà del posto di lavoro** ed era inoltre aggravata da tutti i problemi connessi al processo di inurbamento. Gli operai erano costretti ad abitare in situazioni di sovraffollamento, in case fatiscenti e in pessime condizioni igieniche, potendo contare su un'alimentazione povera in quantità e qualità.

Le trasformazioni del paesaggio urbano e rurale Il sistema di fabbrica trasformò anche la distribuzione territoriale delle unità produttive e ridisegnò con essa l'immagine topografica e architettonica delle città e il paesaggio. L'attività lavorativa, infatti, si concentrò progressivamente nei centri urbani che crebbero in misura considerevole secondo **tipologie edilizie di tipo intensivo**, mentre anche la campagna circostante modificava le sue **colture** in funzione di una **popolazione urbana in forte aumento**. Manchester, che divenne il principale centro dell'industria cotoniera, sestuplicò la sua popolazione da 20 mila a 120 mila abitanti tra il 1760 e il 1830.

I luddisti La formazione dei grandi agglomerati di popolazione urbana e le nuove modalità di aggregazione sociale rappresentate dalla fabbrica e dal quartiere operaio da un lato resero più omogenei bisogni e condizioni di vita, dall'altro, attraverso l'intensificarsi dei contatti, diffusero la consapevolezza di un destino comune. Questi furono i presupposti per il sorgere di forme nuove di analisi e di azione politica. Tuttavia la consapevolezza del processo di trasformazione in atto nelle condizioni di lavoro e nel ruolo sociale dei lavoratori maturarono inizialmente **negli strati tradizionali degli artigiani** e non fra i nuovi operai di fabbrica. Fu tra i lavoranti a domicilio, gli artigiani e i giornalieri del settore tessile che si diffuse il luddismo, una delle prime manifestazioni di opposizione sociale. Questo movimento, organizzato in segrete e disciplinate "bande di guerriglia", prese il nome dal leggendario tessitore **Ned**

Eyre Crowe
L'ora di pausa, Wigan
1874
[Manchester Art Gallery, Manchester]
Messo in mostra alla Royal Academy di Londra nel 1874, questo dipinto è una delle prime raffigurazioni ottocentesche della vita in una cittadina industrializzata a fare la sua comparsa negli spazi di una mostra d'arte ufficiale. La rappresentazione delle donne in pausa, vestite di abiti lindi e ritratte in un momento di tranquilla serenità sullo sfondo di fabbriche di mattoni rossi, sembra chiaramente idealizzata: l'autore volle probabilmente andare incontro alla "sensibilità" delle classi sociali più agiate, certamente non avvezze alle immagini sicuramente più crude che potevano vedersi quotidianamente nei distretti industrializzati del Centro-nord dell'Inghilterra. L'unica nota del dipinto che ricorda la difficile vita delle classi lavoratrici è il poliziotto, la figura nera visibile in fondo, alle spalle del gruppo in primo piano, che con il bastone in mano sorveglia le donne, pronto a riportare l'ordine in qualsiasi momento.

Ludd che nel 1779 avrebbe distrutto un telaio meccanico per la fabbricazione delle calze di lana. I luddisti contrastavano il diffondersi della prima meccanizzazione adottando come principale, anche se non unica, forma di lotta la **distruzione delle macchine**, nel cui impiego veniva individuata la causa fondamentale della disoccupazione e dei bassi salari. In questa elementare protesta trovavano espressione soprattutto il rifiuto del nuovo ordinamento della produzione e delle condizioni di vita che a questo si accompagnavano, ma anche la reazione alla politica governativa dei primi anni dell'800, improntata alla repressione di ogni fermento e di ogni spinta associativa dei ceti subalterni. La legislazione penale inglese, durissima non solo contro i distruttori di macchine ma contro qualsiasi forma di organizzazione, di sciopero e di rivendicazioni salariali, venne ulteriormente inasprita nel 1812 con l'introduzione della **pena di morte** contro i luddisti.

GUIDA ALLO STUDIO

❶ Che cosa si intende con l'espressione "divisione del lavoro"? ❷ In che modo la rivoluzione industriale riorganizzò lo spazio urbano? ❸ Chi erano i "luddisti"?

5 L'espansione dell'industria nell'Europa continentale

L'arretratezza dell'Europa continentale

Il nuovo sistema produttivo si affermò nel resto dell'Europa e negli Stati Uniti a partire dal 1830 circa. Da allora il capitalismo industriale cominciò a costituire il principale elemento propulsivo delle trasformazioni dell'intera realtà economica e sociale. Fino a quella data l'Europa si presentava come un'economia arretrata se paragonata ai contemporanei sviluppi della rivoluzione industriale britannica.

L'economia dell'Europa continentale era essenzialmente agricola e l'agricoltura era ancora, nella media, tecnicamente arretrata. I principali cambiamenti introdotti in questo periodo – uso di aratri in grado di smuovere la terra più in profondità, sistemi più complessi di rotazione, estensione delle colture foraggiere che consentivano di integrare agricoltura e allevamento – si limitavano al perfezionamento di tecniche già note. Le macchine agricole – mietitrici, trebbiatrici –, già usate in Gran Bretagna, erano pressoché sconosciute sul continente. Di concimi artificiali si cominciò a parlare solo dopo il 1840, grazie all'opera pionieristica del grande chimico tedesco Justus von Liebig (1803-1873).

In questo periodo si ebbero anche **due gravi carestie**, quella del **1816-17** e quella del **1846-47**, entrambe causate dai cattivi raccolti. La crisi del '46-47 – l'ultima di questo genere nella storia europea – fu provocata soprattutto dal diffondersi della peronospora, una malattia della **patata**, che in alcune zone, come l'Irlanda e l'Europa centrale, era diventata la base dell'alimentazione. La carestia colpì soprattutto la poverissima Irlanda, dove quasi un milione di persone morirono – su un totale di circa 9 milioni – e almeno altrettante furono costrette a emigrare in Nord America.

La ferrovia

Quando l'Europa continentale cominciò a entrare stabilmente nel sistema produttivo industriale, era già iniziata la rivoluzione dei trasporti legata alla macchina a vapore. La prima **nave a vapore** fu costruita nel 1803 dallo statunitense **Robert Fulton**. Le prime **locomotive** furono realizzate in Gran Bretagna più o meno negli stessi anni: il tipo più perfezionato – quello costruito da **George Stephenson** nel 1813 – fu subito usato per il trasporto del carbone in una miniera. L'invenzione della locomotiva e l'affermazione delle ferrovie si possono considerare come una conseguenza diretta del grande sviluppo assunto dall'industria carbonifera. Fu l'esigenza di **trasportare quantità sempre maggiori di carbone** dalle miniere ai luoghi di imbarco, o direttamente alle industrie consumatrici, a suggerire l'idea di far viaggiare i vagoni contenitori su rotaie fisse di ghisa e di farli trainare da macchine a vapore mobili, le locomotive. Il risparmio che così si otteneva, rispetto al trasporto su carri a trazione animale attraverso strade spesso accidentate e sconnesse, era tale da incoraggiare gli **investimenti assai elevati** che erano necessari per la costruzione di vere e proprie linee ferroviarie su percorsi sempre più lunghi, da adibire anche al trasporto dei passeggeri.

La costruzione della rete ferroviaria

Fra il 1830 e il 1850 furono costruiti in Gran Bretagna 11 mila km di ferrovie, che già costituivano l'ossatura di un'efficiente rete nazionale. Anche gli altri paesi del vecchio continente e gli Stati Uniti cominciarono in questi anni a progettare e a costruire treni e strade ferrate, ma

Ricostruzione e messa in funzione della locomotiva *Rocket* di Stephenson [prova effettuata a Tyseley, Birmingham, 2011]

La locomotiva a vapore *Rocket*, realizzata nel 1829 da George Stephenson in collaborazione con il figlio Robert, fu impiegata nella prima ferrovia destinata al trasporto passeggeri, la Liverpool-Manchester, inaugurata nel 1830.

ATLANTE 28_LO SVILUPPO DELLA RETE FERROVIARIA IN EUROPA (1850-70)

La carta mostra che in origine (1840-50) le ferrovie vengono costruite in corrispondenza dei distretti industriali o delle grandi città (Londra, Parigi, Vienna, Berlino); poi (1870) le ferrovie servono anche aree quasi completamente agricole, come la Spagna o l'Italia centro-meridionale.

1850
1870

con ritmi più lenti e con risultati meno significativi: solo dopo la metà del secolo le ferrovie conobbero un vero e proprio boom su scala europea. Comunque, già negli anni '30 e '40, la locomotiva e la ferrovia divennero – per le velocità, all'epoca quasi incredibili, che consentivano di raggiungere e per lo sconvolgimento traumatico che introducevano nel paesaggio rurale – un evidente **simbolo del progresso** [ATLANTE_28]. E costituirono anche un **potente fattore per il diffondersi dell'industrializzazione**: infatti lo sviluppo delle ferrovie, oltre a offrire nuove possibilità di trasportare merci, stimolava direttamente la produzione delle industrie siderurgiche e meccaniche.

I nuovi centri industriali

Nonostante la presenza di molti fattori sfavorevoli – come la scarsezza dei capitali e la propensione agli investimenti terrieri e immobiliari – alcuni **nuclei di industria moderna** – soprattutto nel settore tessile, ma anche in quello meccanico – riuscirono ad affermarsi già nell'età della Restaurazione, ossia dopo il 1815. Ciò avvenne in alcune **zone "privilegiate"**, favorite dalle ricchezze del sottosuolo, dalla disponibilità di energia idrica – che restava, accanto al vapore, la principale forza motrice nelle fabbriche – e da particolari caratteristiche geografiche – presenza di vie d'acqua navigabili, vicinanza ai mercati dei grandi centri urbani – ma anche dalla crescita di una borghesia imprenditoriale. La più vasta di queste zone si estendeva dalle coste della Manica alle Alpi svizzere e comprendeva il Belgio, alcuni distretti della Francia nord-orientale – la zona di Lille e Roubaix –, l'Alsazia francese e la Renania tedesca [ATLANTE_29]. Altri nuclei industriali si trovavano in Sassonia, in Slesia, in Boemia e nelle regioni di Parigi, Berlino e Vienna.

ATLANTE 29_L'INDUSTRIALIZZAZIONE IN EUROPA NEL 1850 CA.

Il Belgio e la Francia Proprio grazie ai suoi stretti rapporti con la Gran Bretagna, oltre che alla ricchezza dei suoi **giacimenti carboniferi**, il **Belgio** riuscì ad assicurarsi in questo periodo un indiscusso primato in campo industriale fra i paesi dell'Europa continentale. La **Francia** ebbe invece una crescita più lenta. Progressi importanti si ebbero nel **settore laniero** e **cotoniero** e anche in quello **siderurgico** e **meccanico**: il numero delle macchine a vapore fisse passò da meno di 1000 nel 1833 a quasi 4500 nel 1846. Ma, ancora nel 1850, la potenza complessiva delle macchine installate in Francia era di 5-6 volte inferiore a quella della Gran Bretagna. A impedire un decollo più rapido, e probabilmente più traumatico, era la stessa struttura della società rurale francese, caratterizzata dalla diffusione della piccola e media proprietà contadina, che teneva legati alla terra capitali e forza-lavoro, anziché "liberarli", com'era avvenuto in Gran Bretagna, e renderli disponibili per l'industria.

La Germania e l'Impero asburgico In **Germania** l'avvio dell'industrializzazione fu ancora più difficile. A metà secolo, l'area tedesca era di parecchie lunghezze indietro rispetto alla Francia per numero di macchine a vapore e per volume della produzione di ferro e di carbone. Ancora più grave, poi, era il ritardo nel

STORIA • SOCIETÀ • CITTADINANZA

La tutela dei diritti dei lavoratori

Le trasformazioni provocate dalla rivoluzione industriale fecero emergere una «questione sociale» e la conseguente necessità di migliorare le condizioni dei lavoratori. Si sviluppò così, gradualmente, il **diritto del lavoro**, che comprende il diritto sindacale (esistenza e modalità di azione e contrattazione delle organizzazioni sindacali), la legislazione sui rapporti di lavoro (salari, orario di lavoro, licenziamenti, ecc.) e la previdenza sociale: si parla, a questo proposito, di diritti economico-sociali.

All'inizio dell'800 la condizione degli operai era difficile (giornate lavorative che potevano arrivare a 16 ore, assenza di giorni di ferie o di riposo per malattia o gravidanza, salari bassissimi) e precaria (gli imprenditori potevano liberamente licenziare). La reazione a questo tipo di subordinazione fu l'**organizzazione sindacale**: i lavoratori, infatti, iniziarono a riunirsi in associazioni che, mediante azioni di protesta come gli scioperi, volevano costringere gli imprenditori ad una contrattazione collettiva sui salari e sulle condizioni di lavoro. Le prime lotte dei lavoratori riguardarono, quindi, l'abolizione dei reati di associazione sindacale e di sciopero.

In **Gran Bretagna**, negli **anni '70 dell'800** fu legalizzata l'attività del sindacato: la possibilità di associazione dei lavoratori venne riconosciuta prima come «libertà» e poi, nel 1906, come diritto. Negli anni successivi, attraverso la contrattazione collettiva, vennero raggiunti molti **accordi sui salari** e sulla **tutela del lavoro femminile e minorile**.

Con il tempo, il reato di sciopero fu soppresso, anche se i lavoratori che si astenevano dal lavoro continuarono a rischiare il licenziamento. Alla metà del '900 il **diritto allo sciopero** era ormai garantito più o meno ovunque, senza possibilità di sanzioni penali o civili (licenziamento, multe) per i lavoratori: ne è un esempio l'articolo 40 della Costituzione italiana, del 1948 («Il diritto di sciopero si esercita nell'ambito delle leggi che lo regolano»).

Alla fine dell'800 le principali rivendicazioni del movimento operaio – oltre ai diritti di associazione e di sciopero e alla fissazione di salari dignitosi («un giusto prezzo per un giusto lavoro») – riguardarono la definizione dell'**orario di lavoro giornaliero a otto ore**, in modo che altre otto potevano essere dedicate allo svago e le ultime otto al riposo. Gradualmente questo traguardo è stato raggiunto in tutta Europa e oggi l'orario massimo di lavoro è fissato a 48 ore a settimana: in Italia, la legge 196/1997 lo ha ridotto a 40 (anche se il decreto legislativo 66/2003 ha introdotto la possibilità di alzarlo, mediante contrattazione, a 48 ore, per un periodo massimo di 12 mesi); in Francia, dal 1998 è stato fissato a 35 ore a settimana.

Nel corso dell'800, inoltre, ovunque lo Stato ha cominciato a intervenire nei rapporti di lavoro. Inizialmente, l'intervento statale si è limitato alla tutela delle cosiddette «mezze forze», cioè del lavoro minorile e femminile, ma poi si è esteso a tutti gli aspetti dei rapporti di lavoro: la Costituzione italiana, ad esempio, afferma che il lavoro è un diritto, lo tutela in tutte le sue forme e applicazioni (art. 35), garantisce una giusta retribuzione e il diritto al riposo settimanale e alle ferie annuali retribuite (art. 36). In tutti i paesi occidentali, inoltre, lo sviluppo del sindacalismo è andato di pari passo con quello della legislazione sociale, che tutela i lavoratori ammalati, le vittime di infortuni sul lavoro o gli anziani.

Nel **1919** fu creata l'**Organizzazione internazionale del lavoro** (Ilo), che auspicava una tutela completa dei diritti dei lavoratori. Nel secondo dopoguerra essa è diventata un'agenzia dell'Onu e ha contribuito a stilare la *Dichiarazione universale dei diritti dell'uomo* (1948), che stabilisce che ogni persona ha diritto a giuste e soddisfacenti condizioni di lavoro, alla protezione contro la disoccupazione, ad una remunerazione equa e soddisfacente, alla fondazione e all'adesione a sindacati. Il ***Patto sui diritti economici, sociali e culturali***, approvato dall'Onu nel **1966**, ha poi ribadito questi diritti, anche se non è stato ratificato da alcuni Stati (per esempio, gli Usa). Con la svolta neoliberista di Usa e Gran Bretagna all'inizio degli anni '80, molti dei diritti dei lavoratori (tra cui quello di sciopero e quello alle ferie pagate) sono stati ridimensionati. A fronte di queste politiche del mondo anglosassone e dell'assenza di norme di regolamentazione nei paesi in via di sviluppo e nel Sud-est asiatico, la **Costituzione europea del 2004** – legandosi a tutte le precedenti deliberazioni firmate nel contesto europeo – ha invece garantito molti diritti economico-sociali, tra cui quello a non essere licenziati senza giusta causa.

A livello mondiale, l'Onu e l'Ilo hanno identificato **quattro aree di diritti irrinunciabili** dei lavoratori (i *Core Labour Standards*), che dovrebbero essere rispettati da tutti gli Stati membri e dalle imprese multinaziosettore tessile. Però in questi anni furono poste alcune premesse fondamentali: il completamento di un'**unione doganale** tra i singoli Stati, la costruzione di una **rete ferroviaria** abbastanza estesa, lo sviluppo dell'**istruzione superiore** e l'affermarsi di una prestigiosa scuola scientifica, soprattutto nei campi dell'ingegneria e della chimica. Diversa fu l'evoluzione dell'**Impero asburgico**, dove pure esistevano alcuni **promettenti nuclei di sviluppo industriale** – in Austria e in Boemia – ed erano presenti alcune condizioni favorevoli: una amministrazione efficiente, una buona rete stradale, un discreto livello di istruzione.

Al di fuori dei paesi che abbiamo appena considerato – e di pochi isolati nuclei nell'Italia settentrionale, nella Spagna del Nord (Barcellona) e in Russia (la regione di Pietroburgo) – l'industria moderna era praticamente sconosciuta. **I paesi dell'Europa orientale e di quella mediterranea mancarono l'appuntamento con la prima fase dell'industrializzazione.** Alcuni di essi, come l'Italia e la Russia, avrebbero tentato, ispirandosi al modello tedesco, di rientrare nel gioco partendo dalle fasi successive. Ma le conseguenze del ritardo si sarebbero fatte sentire per molto tempo.

GUIDA ALLO STUDIO

❶ Quali erano le condizioni dell'agricoltura in Europa agli inizi del XIX secolo? ❷ Che cosa accadde in Irlanda tra il 1846 e il 1847? ❸ Perché furono inventate le locomotive? E le ferrovie? ❹ Quale fu la causa principale che impedì alla Francia di essere protagonista di una rivoluzione industriale?

STORIA • SOCIETÀ • CITTADINANZA

nali: 1) la libertà di azione sindacale e di contrattazione collettiva; 2) l'eliminazione di tutte le forme di lavoro forzato; 3) l'abolizione effettiva del lavoro minorile; 4) l'eliminazione della discriminazione in materia di lavoro e di impiego. Queste dichiarazioni, tuttavia, non sono state in grado di frenare gli effetti della globalizzazione dell'economia sui diritti dei lavoratori, che sono sempre più erosi in nome della produttività e della competitività.

In **Italia**, l'industrializzazione si è verificata piuttosto tardi, e quindi il sindacalismo si è sviluppato solo a partire dall'ultimo decennio dell'800. Nel **1889**, con il **Codice Zanardelli**, lo sciopero fu reso legale, mentre le prime leggi a tutela del lavoro femminile e minorile e per l'assicurazione contro gli infortuni sul lavoro furono approvate nel 1889 e nel 1904. Durante il regime fascista furono varate leggi sull'orario di lavoro, sul riposo settimanale e sull'assicurazione per l'invalidità, la vecchiaia e le malattie (1943) ma molte delle conquiste realizzate nei decenni precedenti (a cominciare dal diritto di sciopero) furono cancellate. Il Codice civile del 1942 stabiliva inoltre la piena libertà di licenziamento.

Nel **secondo dopoguerra** riprese la contrattazione collettiva e, dopo l'ingresso nel governo del partito socialista (1963), furono emanate importanti **leggi a tutela dei lavoratori**, come quella sul divieto di licenziamento delle donne a causa di matrimonio nello stesso 1963, e, nel 1965, quella sugli infortuni e le malattie professionali e quella sulle pensioni. Il 20 maggio **1970** fu approvato lo ***Statuto dei lavoratori*** (legge 300), che prevede, tra l'altro, un giustificato motivo per i licenziamenti nelle imprese con più di 15 dipendenti (articolo 18).

A partire dagli anni '80, anche in Italia si è cominciato a parlare della possibilità di **deregolamentare i rapporti di lavoro** e, di fatto, molti passi in questa direzione sono stati fatti con il crescente ricorso al lavoro degli immigrati clandestini (spesso sottoposti a dure condizioni di sfruttamento, soprattutto nel settore agricolo) e a quello «parasubordinato» o precario, in gran parte non tutelato dalle normative sul lavoro. Queste nuove forme di lavoro rendono difficile ogni rivendicazione da parte dei precari, che rischiano spesso il mancato rinnovo del contratto, non di rado valido solo per pochi mesi.

Anche la situazione dei lavoratori subordinati è tuttavia peggiorata: se da un lato, già con la legge 146 del 1990, è stato limitato lo sciopero nei servizi pubblici essenziali, dall'altro anche la contrattazione collettiva e la rappresentanza sindacale stanno perdendo valore. Si sta tornando, infatti, alla **contrattazione aziendale** o **individuale** e, in alcuni casi (ad esempio, in alcuni stabilimenti della Fiat nel 2010-11 e in decine di imprese più piccole), importanti piani di ristrutturazione aziendale che prevedono limitazioni di diritti sindacali sono stati imposti dalle imprese nonostante la dura opposizione di una parte dei lavoratori.

Manifestazione nazionale dei lavoratori precari pubblici e della scuola, ottobre 2011, Roma
[© Riccardo Antimiani/ EIDON]

Oggi tutti coloro che si definiscono lavoratori "precari" condividono la mancanza di continuità del rapporto di lavoro e di conseguenza la mancanza di un reddito adeguato su cui poter contare per pianificare la propria vita presente e futura. Le proteste dei giovani continuano poiché le riforme del mercato del lavoro – con l'introduzione di forme contrattuali atipiche ossia contratti cosiddetti "flessibili" (part-time, contratti a termine, lavoro interinale, lavoro parasubordinato) – se promettevano di creare occupazione hanno in realtà progressivamente ridotto i vincoli per i datori di lavoro ad assumere lavoratori con contratti a termine, senza tuttavia modificare la legislazione relativa all'occupazione dipendente.

SINTESI

1 Caratteri della rivoluzione industriale

Nel *Manifesto del partito comunista* del 1848, i filosofi politici tedeschi Karl Marx e Friedrich Engels individuavano *i passaggi cruciali* che avevano determinato la rivoluzione industriale e la nascita della grande industria: il ruolo del commercio internazionale, l'importanza delle macchine per dar vita alla fabbrica meccanizzata e la nascita di nuove classi sociali come la borghesia imprenditoriale e il proletariato industriale. La rivoluzione industriale segna una radicale svolta nel sistema di produzione delle merci che ebbe inizio in Gran Bretagna a partire da metà '700 per poi estendersi nell'800 ad altri paesi europei e agli Stati Uniti. Lo sviluppo fu continuo e accompagnato da profonde trasformazioni sociali.

2 Perché in Gran Bretagna?

In Gran Bretagna il controllo del commercio internazionale favorì le manifatture tessili – rapido e poco costoso approvvigionamento di cotone grezzo, ampio mercato di vendita per i prodotti – e la diffusione di una mentalità imprenditoriale. La concentrazione nella proprietà della terra e l'introduzione di nuove tecniche di coltivazione determinarono una rivoluzione agricola che stimolò in vari modi il processo di industrializzazione: minore costo delle importazioni, disponibilità di capitali per impieghi industriali, una società vivace, dinamica, in cui andava diffondendosi una cultura scientifico-pratica, il basso costo dell'energia di contro a un più alto costo del lavoro. Alla rivoluzione industriale si collegò l'introduzione di nuove tecnologie. Il rapporto di reciprocità tra invenzione e produzione è evidente nel settore tessile: l'aumentata capacità della tessitura – grazie alle innovazioni – spinse alla meccanizzazione della filatura, che a sua volta stimolò l'invenzione del telaio meccanico. La fase successiva della innovazione tecnologica fu quella dell'utilizzazione del vapore come forza motrice (macchina a vapore di Watt).

3 Cotone e ferro

La prima attività in cui si sviluppò il sistema di produzione basato sulla fabbrica fu quella cotoniera, la cui produzione aumentò enormemente grazie ai costi limitati delle nuove tecnologie, alla possibilità di alti profitti, alla disponibilità di manodopera a basso costo, all'espansione del mercato. La meccanizzazione favorì anche l'industria siderurgica, che riuscì a far fronte alla nuova domanda soprattutto attraverso l'innovazione tecnologica. La produzione di ghisa crebbe costantemente e il ferro assurse a simbolo della nuova civiltà della macchina: il suo impiego, oltre che in ogni tipo di strumenti, si affermò anche nell'edilizia pubblica e residenziale.

4 La nascita della fabbrica

Il sistema di fabbrica determinò la trasformazione del lavoratore in operaio salariato, soggetto a una crescente divisione dei compiti e a condizioni di lavoro e di vita durissime. Inoltre, la semplificazione del processo produttivo rese possibile, soprattutto nell'industria tessile, l'impiego di donne e bambini. La prima reazione contro il sistema di fabbrica fu il luddismo, opera di lavoranti a domicilio e artigiani del settore tessile. Le fabbriche si concentrarono per lo più nelle città mutando la fisionomia del paesaggio urbano e rurale.

5 L'espansione dell'industria nell'Europa continentale

Nell'Europa continentale la diffusione dell'industria moderna fu assai lenta. Intorno al 1830, si verificò un'accelerazione del processo di industrializzazione. Il primato, in questo periodo, spettò al Belgio, seguito dalla Francia. Più lenta fu l'industrializzazione nei paesi tedeschi. Tracce di industrializzazione erano anche nell'Impero asburgico, in Russia, in Spagna e in Italia. Rilevanti furono anche le conseguenze economiche della rivoluzione dei trasporti: in questo periodo la novità maggiore, e davvero rivoluzionaria, fu rappresentata dalla ferrovia.

SVILUPPARE LE COMPETENZE

1 Dopo aver inserito nello schema qui sotto i termini relativi ai passaggi cruciali della rivoluzione industriale, scrivi un breve testo (8 righe) che ne spieghi la consequenzialità:

a. ruolo del commercio internazionale; **b.** produzione manifatturiera; **c.** fabbrica meccanizzata; **d.** proletariato industriale

	→		→		→	

2 Dopo aver collegato ad ogni elemento della colonna di sinistra quello relativo della colonna di destra, componi un testo (10 righe) che analizzi la relazione tra essi rendendo esplicito in quale Stato queste relazioni si manifestarono:

a. materie prime a basso costo	**1.** sollecitazione di nuove soluzioni
b. società prospera e dinamica	**2.** privatizzazione delle terre
c. disponibilità di capitali	**3.** ascesa delle classi medie
d. cultura scientifica	**4.** alto costo del lavoro
e. energia a basso costo	**5.** cotone grezzo

3 Utilizza tutti gli elementi di seguito elencati per costruire un breve testo di 10 righe a cui darai un titolo descrittivo. Fai attenzione perché dovrai usare tutti gli indizi forniti anche cambiandone l'ordine:

a. diminuzione del costo del lavoro
b. cotone
c. competizione internazionale
d. espansione demografica
e. donne e bambini
f. macchine tessili.

4 Svolgi le seguenti consegne:

a. In un testo di 15 righe descrivi i profondi cambiamenti imposti, dalla nascita della fabbrica, all'organizzazione del lavoro ma anche al paesaggio urbano e rurale.
b. In un testo di 15 righe elenca i fattori che favorirono il progresso industriale e quelli che, invece, lo contrastarono, fornendo qualche esempio concreto.

9 LE AMERICHE

1 Le lotte per l'indipendenza in America Latina

La rivoluzione a Haiti

Nel 1790, la colonia francese di Santo Domingo nei Caraibi si ribellò e la popolazione nera, composta prevalentemente da schiavi, prese il potere sotto la guida di un ex schiavo, Toussaint Louverture: era ormai evidente che gli avvenimenti rivoluzionari in Francia e la precedente guerra d'indipendenza americana avevano aperto la strada a profondi mutamenti anche in America Latina.

L'esperimento di Louverture non ebbe vita facile perché nel 1802 Napoleone ripristinò la schiavitù che Robespierre aveva abolito e combatté duramente i ribelli. Tuttavia nel 1804 Santo Domingo proclamò l'indipendenza riassumendo il nome precolombiano di Haiti. Nella rivoluzione di Haiti furono raggiunti rilevanti **cambiamenti economici e sociali**, nonostante il carattere autoritario ed etno-nazionalista che assunse il nuovo Stato [👁 10.3].

◀ **Toussaint Louverture**
Inizi del XIX secolo
[Bibliothèque Nationale, Parigi]

Ex schiavo, Toussaint Louverture guidò la rivolta di Santo Domingo cercando di creare una "Repubblica Nera" sull'isola. A seguito della ripresa del potere da parte di Napoleone e della reintroduzione della schiavitù fu arrestato e deportato in Francia, dove morì nel 1803.

▶ **La rivolta dei neri a Santo Domingo**
1791
[Musée Carnavalet, Parigi]

▶ 91

L. Zanatta
L'indipendenza dell'America Latina e la politica moderna

Demografia e società Nel resto dell'America Latina da tempo la stratificazione sociale coincideva quasi perfettamente con la divisione razziale. Al vertice stavano i 4.350.000 **creoli** (*criollos*), ossia i bianchi di origine europea, discendenti dalle prime generazioni di coloni e accresciuti dalle successive ondate migratorie. In basso c'erano gli oltre 8 milioni di **indios** (in fase di ripresa demografica dopo lo sterminio della prima fase di colonizzazione), la cui condizione variava da quella di servo a quella di salariato o, più di rado, di contadino povero. I **neri**, presenti soprattutto in Brasile e nelle Antille, erano più di 4 milioni. I **meticci** (poco più di 6 milioni) occupavano le fasce sociali medio-basse e lavoravano nell'artigianato, nel piccolo commercio o nella conduzione delle aziende agricole, alle dipendenze di proprietari creoli.

L'indipendenza dalla Spagna e dal Portogallo La spinta all'indipendenza venne dai creoli, desiderosi di liberarsi dal controllo dei governatori inviati dall'Europa e insofferenti dei vincoli che il legame con la madrepatria poneva al commercio. Queste aspirazioni si manifestarono già alla fine del '700, in seguito all'eco suscitata dalla Rivoluzione americana e alla diffusione degli ideali illuministi, a cui contribuì, anche in America Latina, una fitta rete di società segrete.

L'occasione per realizzare le aspirazioni all'indipendenza si presentò con l'invasione della Spagna da parte di Napoleone. Nel 1810, dopo che i francesi ebbero cacciato la dinastia borbonica dalla Spagna, le giunte di alcune delle principali città latino-americane deposero i rappresentanti della monarchia e assunsero il potere. Nel 1811 la giunta di Caracas proclamò l'indipendenza della **Repubblica del Venezuela**. Cominciava così una lunga lotta di liberazione, combattuta con fasi alterne in tutto il continente dai movimenti indipendentisti, che godettero dell'appoggio della Gran Bretagna, da tempo interessata a subentrare alla Spagna nel ruolo di principale partner commerciale del Sud America.

Due furono i centri principali del movimento indipendentista: nel Nord i paesi della costa dei Caraibi – Venezuela e Nuova Granada, ossia l'attuale Colombia – dove la guida della lotta fu assunta da **Simón Bolívar**; nel Sud le province del Rio de La Plata (l'attuale Argentina) dove era attivo **José de San Martín**, un ufficiale spagnolo passato dalla parte dei ribelli. Nel 1816 i patrioti argentini proclamarono l'indipendenza del loro paese. Nel 1817 le forze di San Martín liberarono il Cile. Nel 1819, Bolívar dava vita alla **Repubblica di Gran Colombia**.

Terreno di scontro, nella fase finale del conflitto, furono i territori del Perù, ultima roccaforte dei lealisti, che furono attaccati da nord dalle forze di Bolívar e da sud da quelle di San Martín. Nel dicembre 1824 gli spagnoli furono definitivamente sconfitti ad Ayachuco, in Perù. A questo punto l'intera America Latina, salvo la Guyana e le isole dei Caraibi, era libera dal dominio europeo. Il Messico si era costituito in impero nel 1821. Sempre nel 1821, i paesi dell'America centrale si erano dichiarati indipendenti riunendosi poi (1823) nella **Federazione delle Province unite dell'America centrale**. Anche il **Brasile** portoghese – il più vasto fra i possedimenti europei in America Latina – divenne un impero indipendente nel 1822 [👁 ATLANTE_**30**].

L'instabilità dei nuovi regimi Ben presto il grande progetto di Bolívar di unire tutte le ex colonie spagnole in una grande confederazione sul modello degli Stati Uniti si scontrò con le rivalità politiche e i contrasti territoriali subito sorti fra i nuovi Stati. Risultarono inoltre aggravati gli squilibri sociali ereditati dall'età coloniale. Voluta e conquistata dall'elemento creolo, l'indipendenza non portò alcun miglioramento nelle **condizioni della popolazione india**, ovunque condannata alla povertà e all'analfabetismo. Vi furono progressi indubbi sul piano

Creolo
Agli inizi della colonizzazione dell'America il termine indicava i nati nel nuovo continente da genitori bianchi europei. I creoli, dunque, si distinguevano dai bianchi immigrati dall'Europa e dai neri deportati dall'Africa. Oggi invece creoli sono detti anche i figli di un genitore bianco e di uno di colore.

Indio
"Indio" è il termine con cui si designano gli abitanti indigeni dei paesi dell'America centro-meridionale. A partire dal '500, il termine "indiano" e il suo corrispondente spagnolo *indio* (*indios* al plurale) furono usati impropriamente per indicare le popolazioni indigene dell'America: questo perché i primi esploratori, a cominciare da Colombo, credevano di essere sbarcati nelle Indie, ossia in Asia. Anche quando l'errore fu scoperto, si continuò a parlare di «Indie orientali» e di «Indie occidentali».

dei diritti civili e le discriminazioni razziali si attenuarono. Inoltre la schiavitù fu ovunque abolita, almeno sulla carta, negli anni successivi all'indipendenza (salvo che in Brasile, dove rimase in vigore fino al 1888). Ma questo non significò la fine dello **sfruttamento dei contadini** ad opera dei grandi proprietari latifondisti: il peso di questi ultimi, anzi, andò accrescendosi a spese della borghesia urbana che era stata la principale iniziatrice del moto indipendentista.

L'**arretratezza dei rapporti sociali** incise negativamente sulla stabilità delle istituzioni rappresentative ispirate al modello dei regimi costituzionali europei e soprattutto a quello degli Stati Uniti. Dai frequenti conflitti interni venne sempre più emergendo

ATLANTE 30_L'AMERICA CENTRALE E MERIDIONALE (1810-39)

Gli Stati dell'America centrale si unirono, dopo l'indipendenza, nella Federazione delle Province unite, poi scioltasi nel 1839. Anche la «Gran Colombia» formatasi nel 1819 sotto la guida di Bolívar si suddivise nel 1830. Santo Domingo rimase spagnola fino al 1822, poi fu assorbita da Haiti, ma nel 1844 divenne indipendente. Le Malvine (o Falkland), dal 1820 dominio dell'Argentina, passarono nel 1833 alla Gran Bretagna.

❶ Quale fu la causa scatenante della lotta di indipendenza in America Latina? Da quale gruppo sociale provenne la spinta all'indipendenza? ❷ Perché la Gran Bretagna appoggiò i movimenti indipendentisti? ❸ Perché i capi militari assunsero un ruolo determinante nel nuovo quadro politico sudamericano?

GUIDA ALLO STUDIO

il **ruolo dei capi militari** *(caudillos)*, depositari di un potere reale conquistato nel corso delle guerre contro gli spagnoli. Si delineavano così, già all'indomani dell'indipendenza, quei caratteri della lotta politica in America Latina che erano destinati a perpetuarsi, pur nel mutare delle condizioni economiche e sociali, fin quasi ai nostri giorni.

2 La società e la politica negli Stati Uniti nella prima metà dell'800

Il dinamismo della repubblica americana

Mentre l'America Latina si affacciava all'indipendenza già divisa e afflitta dai molti problemi che ne avrebbero reso lento e difficile lo sviluppo, gli Stati Uniti si espandevano, si irrobustivano, rafforzavano il vincolo unitario: fino a proporsi come potenza egemone per tutto il

PERSONAGGI

Simón Bolívar

È stato l'eroe dell'indipendenza di diversi paesi latinoamericani dal colonialismo spagnolo e da due secoli la sua figura è rappresentata su francobolli e monete (quella venezuelana si chiama *bolívar*) e a lui sono dedicati i monumenti e le strade principali delle città sudamericane: Simón Bolívar (1783-1830) è uno dei personaggi più importanti della storia dell'America Latina. Negli ultimi anni, è diventato il riferimento ideale del nuovo corso politico di alcuni paesi latinoamericani che ricercano forme di integrazione e di cooperazione politica, sociale ed economica, rifiutando l'influenza straniera nei loro affari. Il **«bolivarismo»**, soprattutto su spinta del presidente Hugo Chávez, alla guida del Venezuela dal 1999 al 2013, si è trasformato in vera e propria corrente del pensiero politico assumendo una connotazione marcatamente populista (di esaltazione del rapporto diretto fra capo e masse).

Nato a Caracas, città cosmopolita e vivace, in una ricca famiglia creola, Simón Bolívar ricevette un'educazione accurata e prestigiosa. Trasferitosi in Spagna per affinare gli studi, nel 1802 sposò una ragazza spagnola, che però morì poco dopo. Tra il 1803 e il 1806 visitò la Francia, la Gran Bretagna, l'Italia, la Svizzera, la Germania, assistendo alle **incoronazioni di Napoleone** – da cui rimase affascinato – prima come imperatore dei francesi e poi come re d'Italia. Si avvicinò, inoltre, alla Massoneria [👁 3.4] e conobbe da vicino il **modello politico inglese** e l'**Illuminismo**, che influenzarono profondamente il suo pensiero politico. Uomo d'azione più che pensatore, Bolívar aveva ideali liberali e repubblicani, pur ritenendo il popolo latinoamericano ancora troppo immaturo per applicarli.

Giunto a Roma, il 15 agosto 1805 Bolívar promise nella zona di Montesacro – dove, secondo la tradizione, nel 494 a.C. si era ritirata la plebe romana ribellatasi ai patrizi – che avrebbe liberato l'America meridionale: «Giuro sul Dio dei miei genitori, giuro su loro, giuro sul mio onore e sulla mia Patria, che non darò riposo al mio braccio né pace alla mia anima finché non avrò rotto le catene che ci opprimono per volontà del potere spagnolo» sono le parole del **«*juramento*»**, da allora simbolo dell'indipendenza latinoamericana.

Dopo un soggiorno negli Stati Uniti, tornò in Sudamerica, dove stava iniziando la lotta per l'indipendenza: l'occupazione napoleonica della madrepatria spagnola, infatti, aveva agitato le colonie. Nel 1810 il Venezuela, su spinta delle élite creole (i *mantuanos*), disconobbe l'autorità spagnola: Bolívar non partecipò all'insurrezione ma fu mandato a Londra per ottenere aiuti dalla Gran Bretagna. Al ritorno, entrò nella ***Sociedad Patriótica*** e contribuì alla stesura della *Dichiarazione di indipendenza* del Venezuela (5 luglio 1811). Nel 1812, dopo un fortissimo terremoto interpretato dal clero spagnolo come un castigo divino contro i patrioti, gli spagnoli e quanti nella colonia gli erano fedeli (realisti) riconquistarono il Venezuela.

Bolívar, fuggito nella Nuova Granada (Colombia), ricominciò a combattere contro le truppe realiste, alla testa di un esercito di poche centinaia di volontari, principalmente creoli: il 15 giugno 1813 emanò il decreto di **«*guerra a muerte*»** («guerra all'ultimo sangue»), che prometteva la morte a ogni spagnolo presente nella colonia. Intanto, compreso che era necessario armare anche le classi inferiori, cercò e ottenne l'appoggio degli agricoltori e dei pastori delle Ande, delle popolazioni di colore del litorale, dell'ex movimento monarchico dei *llanos*, le savane a nord dell'Orinoco. Iniziò così la riconquista del Venezuela (la «campagna mirabile») e il 7 agosto, alla testa di un esercito che ormai contava 10 mila uomini, Bolívar entrò a Caracas e la liberò: il Consiglio della città, dandogli poteri quasi dittatoriali, lo acclamò come ***Libertador***.

Tra il 1815 e il 1816, gli spagnoli riassoggettarono però tutte le colonie: Bolívar riparò prima nella Nuova Granada e, poi, in Giamaica – da dove scrisse la ***Lettera dalla Giamaica***, in cui riassunse nei principi di «unità e indipendenza» il suo programma politico per l'America Latina – e a Haiti.

Dopo aver stretto legami con alcuni guerriglieri locali e con numerosi soldati inglesi e irlandesi reduci dalle guerre napoleoniche, che si unirono al suo gruppo di 650 soldati, alla fine del 1816 tornò in Venezuela e riprese la lotta per l'indipendenza, installandosi nella città di Angostura (oggi Ciudad Bolívar), sull'Orinoco. Dopo essere stato nominato, il 15 febbraio 1819, presidente della futura Repubblica venezuelana indipendente, attraversò le Ande con 2500 uomini e liberò Santa Fe (Bogotá).

Il 17 dicembre 1819 creò la **Repubblica della Grande Colombia** – che doveva compren-

continente e come interlocutore paritario delle stesse potenze europee. Questa società di agricoltori e di pionieri priva ancora di grandi centri urbani e commerciali, con una grande differenza tra il Nord manifatturiero e il Sud delle piantagioni e del lavoro degli schiavi, diede prova di un dinamismo e di una vitalità che avevano pochi confronti nella storia dei popoli. Attorno **alla metà del secolo XIX gli Stati erano diventati 31**, rispetto ai 13 fondatori, e ospitavano una popolazione di 23 milioni di abitanti [ATLANTE_31-32]. L'agricoltura si era sviluppata con ritmi rapidissimi, soprattutto nei nuovi territori dell'Ovest, e gli Stati del Nord avevano visto nascere e crescere nuclei di grande industria moderna. I centri più importanti erano collegati da una rete, già abbastanza fitta, di strade e di ferrovie.

La frontiera Questo eccezionale sviluppo non si può spiegare se non si tiene conto della geografia del paese. A **ovest** c'erano immensi spazi vuoti o più esattamente abitati dai pellerossa o indiani d'America, ridotti ormai a poche centinaia di migliaia. In questi spazi si erano cominciate a riversare, già dalla fine del '700, ondate sempre più numerose di **pionieri**: prima cacciatori di pellicce e avventurieri d'ogni tipo, poi agricoltori alla ricerca di nuove terre da coltivare stabil-

dere Venezuela, Colombia ed Ecuador –, di cui fu nominato presidente. La nuova Repubblica esisteva, però, solo sulla carta e la lotta per la liberazione continuava. L'esercito venezuelano – agli ordini di Bolívar e del suo vice, il generale José Antonio Sucre – riuscì a ottenere una serie di successi, fino alla vittoria di Carabobo (21 giugno 1821), che assicurò l'indipendenza del **Venezuela**. A questi combattimenti parteciparono, guidati dal *Libertador*, tra i 6 e i 10 mila uomini, tra cui numerosi ufficiali italiani, come Carlo Maria Luigi Castelli, trasferitosi in America Latina per combattere per l'indipendenza delle colonie. Tra i circa 200 combattenti patriottici che vi persero la vita, c'era il famoso tenente Pedro Camejo, detto *El Negro primero*, unico ufficiale di colore dell'esercito di Bolívar.

Aita
(pseudonimo di Rita Matilde de la Peñuela)
Il Liberatore (Simón Bolívar diplomatico)
1860
[Colección de Arte del Banco Central de Venezuela, Caracas (Venezuela)]

Viaggiatore instancabile – era in grado di cavalcare per giorni –, dopo l'ingresso trionfale a Caracas, *el Libertador* riprese con Sucre la sua marcia verso sud: il loro esercito comprendeva ormai grancolombiani, argentini e, mandati da José de San Martín, circa 1700 peruviani e altoperuviani. Il 16 giugno 1822 entrò a Quito e il 13 luglio concluse la liberazione della Colombia.
In Ecuador conobbe **Manuela «Manuelita» Sáenz** (1797-1856), che diventò la sua compagna di lotta e di vita. Donna colta e intelligente, Sáenz è una figura di spicco nella storia latinoamericana, per le sue battaglie per l'indipendenza – fu assimilata all'esercito patriottico come colonnella – e per l'emancipazione femminile.
Tra il 1823 e il 1824, Bolívar e Sucre liberarono il **Perù**. Bolívar lasciò quindi il comando dell'esercito al vice, che sconfisse le ultime truppe spagnole nell'Alto Perù, dichiaratosi indipendente il 6 agosto 1825 col nome di Repubblica Bolívar, poi **Bolivia**. *El Libertador* fu proclamato presidente di tutti i nuovi Stati.
Nel dicembre 1824, inoltre, aveva convocato a Panama un Congresso per promuovere forme di cooperazione tra i paesi latinoamericani, ma il conclusivo *Trattato di unione, lega e confederazione perpetua* (1826) non fu mai ratificato.
Nella Grande Colombia, intanto, si rafforzarono le spinte separatiste, provenienti soprattutto dal Venezuela: al progetto unionista del presidente Bolívar si opponeva, infatti, quello federalista del suo vice, Francisco Santander. Per superare questa impasse, nell'agosto 1828 Bolívar emanò una nuova costituzione che, non prevedendo la vicepresidenza, estrometteva Santander dal governo. Per vendicarsi, quest'ultimo organizzò un **attentato**, a cui Bolívar sfuggì miracolosamente.
Infine, nel gennaio 1830 il Venezuela si staccò dalla Colombia. Amareggiato per il fallimento del suo sogno unitario e per il tradimento di molti amici, Bolívar lasciò ogni carica e **lasciò il Venezuela, dove fu dichiarato fuorilegge**. Come scrisse Gabriel García Márquez nel romanzo *Il generale nel suo labirinto* (1989), «era la fine. Il generale Simón José Antonio de la Santísima Trinidad Bolívar y Palacios se ne andava per sempre. Aveva sottratto al dominio spagnolo un impero cinque volte più vasto dell'Europa, aveva guidato vent'anni di guerre per conservarlo libero e unito, e l'aveva governato con polso saldo fino alla settimana prima, ma al momento di andarsene non si portava via neppure il conforto di essere creduto».
Nonostante il desiderio di tornare in Europa, l'aggravamento della tubercolosi che lo affliggeva da anni gli impedì di partire: si fermò in Colombia, dove si spense il 17 dicembre 1830.

Una carovana arriva ad una stazione di posta, sulla Sierra Nevada (Usa)
1865 ca.
[foto di Lawrence & Houseworth, San Francisco; Library of Congress, Washington, D.C.]

Nonostante la dura resistenza delle popolazioni pellerossa e le asperità del territorio, che rendevano il viaggio lungo e pericoloso, la conquista del West procedette a grandi passi. Man mano che i pionieri si stabilivano in nuovi territori, questi venivano colonizzati e "attrezzati". Lungo le strade carovaniere, poi, si creavano stazioni di posta, spesso tramutatesi nel tempo in piccoli villaggi, dove le famiglie di pionieri potevano sostare e rifocillarsi. Questa fotografia d'epoca riprende la Swift's Station, una stazione di posta sul fianco di una montagna della Sierra Nevada. Il Nevada, inizialmente parte della California, divenne il 36° Stato degli Stati Uniti nel 1864.

ATLANTE 31_GLI STATI UNITI NEL 1812-22

Nella cartina sono indicate anche le aree di insediamento delle principali tribù di pellerossa.

mente. Il risultato di questa spinta inarrestabile fu la tendenza dell'Unione a spingere i suoi confini sempre più verso ovest. Il **carattere aperto e mobile della frontiera** ebbe effetti profondi anche sulla mentalità, sui costumi, sulle inclinazioni politiche dei cittadini. Favorì la diffusione di uno spirito democratico, individualista ed egualitario, insofferente di disciplina, ma anche di ogni sorta di privilegi.

Parola chiave
Frontiera

ONLINE

La democrazia in America

La democrazia era uno dei caratteri costitutivi della società nordamericana. **La rivoluzione borghese che aveva dato origine agli Stati Uniti non aveva trovato sul suo cammino gli ostacoli derivanti da un passato feudale e dalla presenza di potenti aristocrazie**: si era quindi potuta dispiegare liberamente, sviluppando tutte le sue potenzialità innovatrici sul piano della crescita economica e su quello della mobilità sociale. Anche la lotta politica – imperniata, secondo il modello britannico, sulla competizione fra due partiti [👁 1.4] – restava legata ai princìpi liberali e democratici, che costituivano il quadro di riferimento comune alle diverse forze in campo.

Fino agli anni '20, la scena fu dominata dal contrasto tra federalisti e repubblicani [👁 6.4]. Nella seconda metà degli anni '20, il quadro politico subì un profondo mutamento. Scomparsi dalla scena i federalisti, il partito repubblicano si spaccò in due correnti: quella dei **repubblicani nazionali** (chiamati anche Whigs, ossia liberali), che tendevano a ereditare la base sociale e il programma dei federalisti, e quella dei **repubblicani democratici** (poi chiamati semplicemente democratici), che miravano a una più larga democratizzazione della vita politica, in polemica con le oligarchie industriali e bancarie del Nord-est.

GUIDA ALLO STUDIO

❶ Quali fattori furono determinanti per lo sviluppo degli Stati Uniti? ❷ Che cosa si intende per «carattere aperto della frontiera»? ❸ Quali gruppi politici si contesero il potere negli Stati Uniti dopo il 1820?

ATLANTE 32_GLI STATI UNITI NEL 1822-54

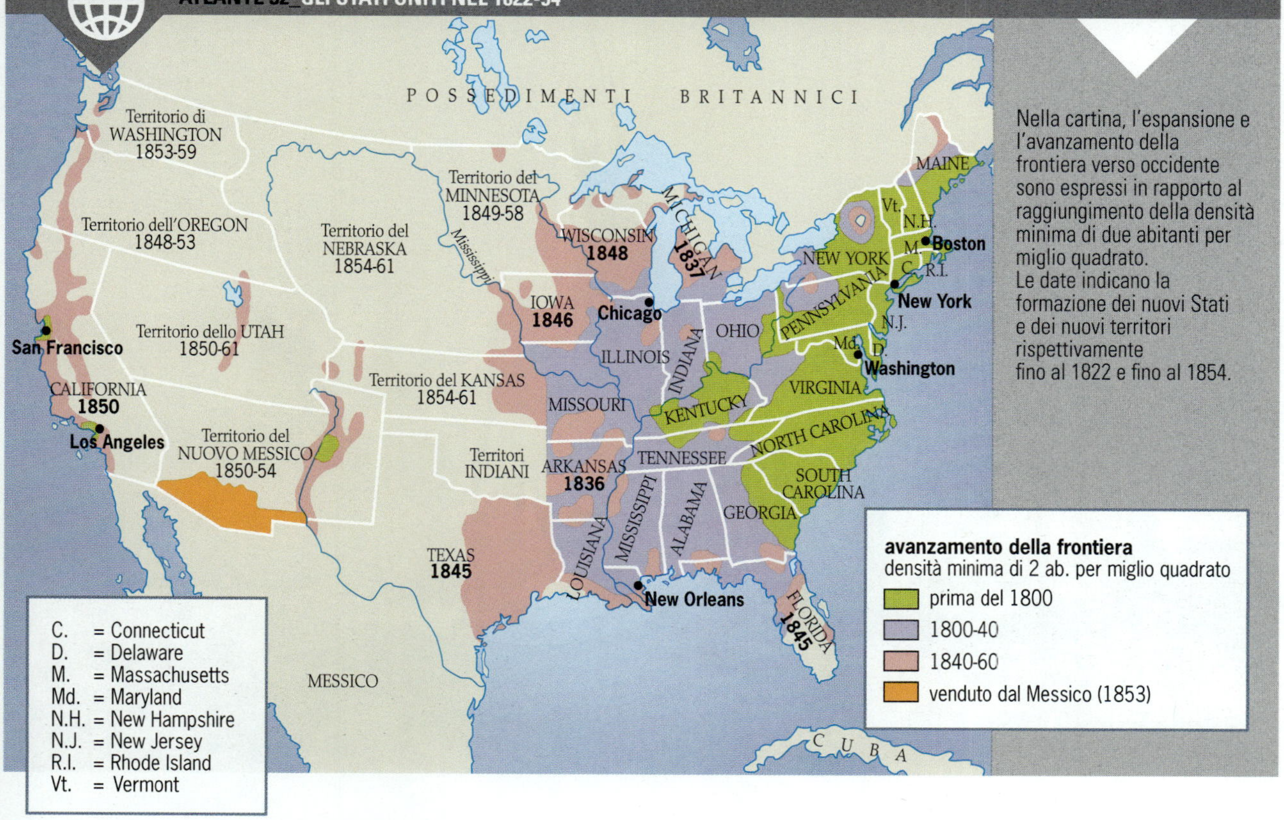

Nella cartina, l'espansione e l'avanzamento della frontiera verso occidente sono espressi in rapporto al raggiungimento della densità minima di due abitanti per miglio quadrato.
Le date indicano la formazione dei nuovi Stati e dei nuovi territori rispettivamente fino al 1822 e fino al 1854.

Focus
La conquista del West
La Wilderness

ONLINE

3 L'espansione statunitense a ovest e a sud

La conquista dell'Ovest e i conflitti con gli indiani

Alla fine della rivoluzione il confine occidentale degli Stati Uniti giungeva al lato orientale del fiume Mississippi. Da allora era continuata ininterrotta la spinta colonizzatrice dei pionieri. Un'espansione protetta e difesa dall'esercito e sostenuta dal governo centrale che via via sanzionava le conquiste dei territori: questi, superati i 60 mila abitanti, potevano costituirsi in Stati ed essere ammessi nell'Unione.

L'esercito fu costantemente impiegato nelle guerre contro i pellerossa. Le tribù indiane erano prevalentemente nomadi: vivevano in accampamenti mobili e si sostentavano principalmente con la caccia (ma vi erano anche tribù, come i *Creek*, i *Cherokee*, i *Seminole*, che praticavano un'agricoltura stanziale). Gli indiani, abituati a muoversi liberamente in grandi spazi, mal sopportavano gli insediamenti agricoli dei bianchi, che sottraevano loro **terre** e **selvaggina** **[**ATLANTE_**31]**. I coloni consideravano la presenza degli indiani come un pericolo oggettivo per la propria sicurezza

Karl Bodmer
***Campo di Indiani Dakota*, prima metà XIX secolo**
[Joslyn Art Museum, Omaha (Nebraska)]

Tra il 1832 e il 1834 il pittore Bodmer accompagnò Maximilian zu Wied, principe prussiano, naturalista ed esploratore, in un lungo viaggio che li portò in America, dal Middle West fino alle grandi pianure occidentali, e lungo l'Ontario, lo Yellowstone, il Missouri. Bodmer ne trasse una sorta di *reportage* di viaggio illustrato dai suoi acquerelli, in cui rifugge dagli stereotipi diffusi dell'indiano feroce come da quelli del «buon selvaggio», riuscendo a cogliere le caratteristiche di un popolo oramai sopraffatto dai coloni bianchi. Il termine "Dakota" è quello con cui si autodefiniva la popolazione che i nemici indicavano come Sioux. Erano divisi in tre tribù, Teton, Santee e Jankton, e la loro terra d'origine corrispondeva pressappoco all'attuale Minnesota.

e per quella delle vie di comunicazione e cercavano di allontanarli con ogni mezzo. Dopo una serie di sanguinosi conflitti, i pellerossa furono costretti a emigrare in massa nelle zone a ovest del Mississippi, giudicate inospitali e poco adatte agli insediamenti agricoli. Ma, presto, sotto la spinta di nuove ondate di coloni, anche questa frontiera sarebbe stata superata; e le **guerre indiane** si sarebbero protratte fin quasi alla fine dell'800.

Guerre indiane
Serie di conflitti, in Nord America, attraverso il XIX secolo, che vede contrapposti i coloni e l'esercito degli Stati Uniti da una parte e le tribù indiane dall'altra. La progressiva espansione della frontiera degli Stati dell'Unione verso le terre sterminate dell'Ovest indusse le tribù a intensificare le azioni di resistenza. Particolarmente aggressiva fu l'azione dei coloni e del governo statunitensi nel decennio centrale del secolo, a causa della scoperta dell'oro in California. L'intensa azione di conquista territoriale dell'Ovest privò in pochi anni le tribù della fonte primaria di sostentamento, le mandrie di bisonti. Una delle battaglie decisive, quella di Little Bighorn nel Montana, si combatté verso la fine del secolo (1876) e fu persa dall'Unione. Nel 1890, però, dopo importanti vittorie statunitensi, il massacro di Wounded Knee, nel South Dakota, decretò la fine della resistenza indiana.

Gli acquisti nelle regioni del Sud

L'espansione verso sud avvenne approfittando delle difficoltà dei francesi e degli spagnoli che vendettero agli Stati Uniti i loro possessi. Nel 1803 il presidente Jefferson, facendo leva sulle difficoltà militari e finanziarie in cui allora si trovava il regime napoleonico, acquistò dalla Francia, per 15 milioni di dollari, la colonia della **Louisiana**, una vasta regione che si affacciava sul golfo del Messico. Più tardi, nel 1819, gli Stati Uniti acquistarono la **Florida** dalla Spagna, allora impegnata nel vano tentativo di difendere i suoi possessi in America Latina.

La seconda guerra d'indipendenza e la dottrina di Monroe

Nel frattempo, tra il 1812 e il 1814, gli Stati Uniti dichiararono **guerra alla Gran Bretagna**, duramente impegnata in Europa contro Napoleone, con l'obiettivo di prendersi il **Canada** ed eliminare così la presenza britannica dal continente. Ma la guerra, nota come la seconda guerra d'indipendenza, fu un insuccesso, con i britannici che giunsero a incendiare la capitale. Tuttavia, la pace che seguì non solo riconfermò i vecchi confini, ma inaugurò una lunga e ininterrotta stagione di buoni rapporti fra Stati Uniti e Impero britannico.
Consapevoli ormai del ruolo di potenza egemone in America, gli Stati Uniti affermarono, con una dichiarazione del **presidente James Monroe** nel 1823, che da quel momento in poi il continente americano non doveva essere considerato «oggetto di futura colonizzazione da parte di nessuna potenza europea», un principio riassunto nella formula **«l'America agli americani»**; e che gli Stati Uniti, mentre si impegnavano ad astenersi da qualsiasi intromissione negli affari europei, consideravano come un atto ostile nei propri confronti ogni intervento europeo in America. Gli Stati Uniti – una volta stabiliti buoni rapporti con la Gran Bretagna – si trovavano così, oggettivamente, nella **posizione di potenza egemone** in un continente ormai occupato quasi esclusivamente da Stati indipendenti, tutti più o meno deboli e instabili.

Il Messico e la California

Uno di questi Stati, il Messico (che al momento dell'indipendenza occupava ancora vaste regioni del Nord America oggi appartenenti agli Usa), dovette subire direttamente la pressione espansionistica del potente vicino. Oggetto principale del contrasto fu il **Texas** che, diventato meta di una forte immigrazione proveniente dal Sud degli Stati Uniti, si staccò dal Messico e si costituì in repubblica indipendente, per essere poi, nel '45, ammesso nell'Unione [ATLANTE_32]. Ne seguì una **guerra fra gli Stati Uniti e il Messico**, che durò tre anni (dal 1845 al 1848) e si concluse con una netta vittoria degli Usa. Gli Stati Uniti si impadronivano così di tutti quei vastissimi territori che si estendevano dal Golfo del Messico fino alla costa del Pacifico.
Particolarmente importante si rivelò l'acquisto della **California**, dove, in quello stesso 1848, furono scoperti importanti giacimenti auriferi. La **corsa all'oro** che si sarebbe scatenata negli anni successivi, con l'accorrere in California di cercatori provenienti da tutto il mondo, avrebbe contribuito ad accelerare la colonizzazione dei nuovi territori.

GUIDA ALLO STUDIO

❶ Lungo quali direttrici si espansero gli Stati Uniti? In che modo agirono sulle comunità di pellerossa? ❷ Quali esiti ebbe la seconda guerra di indipendenza? ❸ Che cosa affermava la dottrina Monroe? ❹ In che modo gli Stati Uniti ottennero il Texas e la California?

La tutela delle minoranze etniche

Il termine "minoranze" indica gruppi sociali i cui membri, pur essendo cittadini di uno Stato, si trovano stabilmente in una condizione di inferiorità (numerica, economica, politica o culturale) a causa delle loro appartenenze etnico-nazionali, linguistiche, religiose o culturali.

Le minoranze possono essere di due tipi, *minorities by force* (**«minoranze loro malgrado»**) e *minorities by will* (**«minoranze volontarie»**): nel primo caso i loro membri, che aspirerebbero a un'assimilazione con la maggioranza, subiscono invece discriminazioni negative (come nella politica di segregazione razziale, l'*apartheid*, in vigore in Sud Africa dal secondo dopoguerra al 1993); nel secondo, i loro appartenenti vogliono invece conservare le proprie particolarità. Negli Usa si sono verificati entrambi i casi: gli afroamericani hanno combattuto contro la schiavitù e la segregazione razziale per integrarsi nella società americana, mentre i nativi «indiani» **[👁 9.3]** hanno sempre rivendicato la loro diversità culturale. Questi ultimi, a partire dal 1786, sono stati allontanati dai loro territori originari, spostati e rinchiusi in riserve, dove il governo federale poteva controllarli meglio: ancora oggi sono il gruppo etnico statunitense più discriminato.

Le forme di **tutela delle minoranze** comprendono diversi strumenti: la realizzazione di riserve e riduzioni in cui far vivere le popolazioni indigene (come accade soprattutto in Amazzonia), gli accordi multilaterali o bilaterali tra Stati, lo spostamento dei confini, il trasferimento o lo scambio di popolazioni, la concessione di forme di autonomia dal potere centrale o di diritti specifici.

In campo politico e giuridico, nei sistemi democratici si sono sviluppati due diversi atteggiamenti rispetto alla tutela delle minoranze: uno tende a non tenere conto della loro presenza, ritenendo sufficiente considerare tutti i gruppi sulla base della parità, della libertà e dell'uguaglianza (**«tutela negativa»**); l'altro afferma invece la necessità di difenderle anche per mezzo di discriminazioni positive, riconoscendo loro diritti specifici (**«tutela positiva»**). Storicamente, è stata riconosciuta nei diversi ordinamenti prima la tutela negativa e poi quella positiva: oggi quasi tutti i sistemi democratici affiancano alla tutela positiva il divieto di discriminazioni e la proclamazione dell'uguaglianza.

I primi esempi di tutela delle minoranze si ebbero nel **XVI secolo**, con la **tutela di alcune confessioni cristiane** negli Stati che adottavano diverse religioni ufficiali: ne sono esempio i trattati internazionali che riconoscevano il diritto di emigrare portando con sé i propri beni (*beneficium emigrationis*); gli «atti di tolleranza», con cui i sovrani garantivano ai loro sudditi di professare liberamente la propria religione (come l'Editto di Nantes del 1598); la pace di Vestfalia (1648), che affermò la libertà dei protestanti in Germania.

Nel corso del **XIX secolo** si passò alla **tutela delle minoranze «nazionali»**, attraverso deliberazioni bilaterali e multilaterali: l'atto finale del congresso di Vienna (1815) riconobbe, ad esempio, il diritto dei polacchi ad ottenere «istituzioni che assicurino la conservazione della loro nazionalità» all'interno degli Stati fra i quali erano stati spartiti. Questi trattati erano molto importanti in un periodo in cui si era affermata un'idea di nazione unitaria e omogenea che lasciava poco spazio alla libera espressione politica e culturale alle minoranze.

Dopo la prima guerra mondiale, con la pace di Versailles e numerosi patti internazionali, si sviluppò un tentativo organico di tutelare le minoranze e fu creata, per questo, la Società delle nazioni. Intanto, si diffondeva l'uso giuridico del termine "minoranza", mentre il sociologo tedesco Max Weber (1864-1920) aveva definito «etnia» il gruppo sociale i cui individui credono di avere una origine comune, accostando quindi il concetto di etnia con quelli di «nazionalità» e «nazione». Si cominciò a parlare di **minoranze etniche** più che di minoranze nazionali e questa espressione si caricò di altre caratterizzazioni oltre all'origine comune (religione, pratiche culturali, lingua, tratti somatici distintivi).

I tentativi di tutela avviati ebbero però poco successo e, **dopo il secondo conflitto mondiale**, si ritenne inizialmente che si dovessero **tutelare i diritti degli individui**, più che quelli dei gruppi minoritari: la *Dichiarazione universale dei diritti umani* (1948), la *Convenzione europea dei diritti dell'uomo* (1950) e la *Dichiarazione dei diritti e delle libertà fondamentali* adottata dal Parlamento europeo (1989) esprimono solo il divieto di discriminazione.

In questo panorama, l'Italia costituì un'ec-

SINTESI

1 Le lotte per l'indipendenza in America Latina

Dopo l'invasione della Spagna da parte di Napoleone ebbe inizio la lotta per l'indipendenza dell'America Latina, sotto la guida di Bolívar e San Martín. Nel 1824, sconfitti definitivamente gli spagnoli, l'America Latina era ormai indipendente. La fase successiva registrò il fallimento dei progetti di unire i nuovi Stati in una grande confederazione sul modello degli Stati Uniti: ne derivò invece una grande frammentazione politica. Gli squilibri sociali ereditati dall'età coloniale non si attenuarono e, anzi, il peso dei grandi proprietari terrieri divenne maggiore. Tutti questi fattori contribuirono a determinare una costante instabilità politica, che favorì l'azione dei capi militari.

2 La società e la politica negli Stati Uniti nella prima metà dell'800

L'eccezionale sviluppo degli Stati Uniti nei decenni successivi all'indipendenza traeva origine da alcuni caratteri peculiari della società americana. Anzitutto il fattore geografico: esistevano a ovest immensi spazi, occupati da poche centinaia di migliaia di pellerossa, su cui si riversò un'ondata di pionieri. Questo carattere "mobile" della frontiera contribuì a plasmare profondamente la mentalità nordamericana, favorendo uno spirito individualista ed egualitario. Fino agli anni '20 la scena politica negli Stati Uniti fu dominata dal contrasto tra federalisti e repubblicani. Scomparsi dalla scena i federalisti, i repubblicani si divisero in due correnti, liberali e democratici.

3 L'espansione statunitense a ovest e a sud

L'espansione territoriale degli Stati Uniti si attuò, nella prima metà dell'800, secondo due direttrici: verso l'Ovest e verso il Sud. La corsa all'Ovest fu il risultato dell'iniziativa dei pionieri, ma venne anche appoggiata dal potere centrale. L'espansione a Sud si realizzò attraverso l'acquisto della Louisiana e della Florida. Con la seconda guerra di indipendenza fu tentata la conquista del Canada e l'eliminazione definitiva della Gran Bretagna dal continente. Negli anni '40, dopo una guerra contro il Messico, gli Stati Uniti ottennero i territori compresi tra il Golfo del Messico e il Pacifico. Nel 1823 il presidente Monroe aveva rivendicato l'egemonia degli Stati Uniti su tutto il continente.

cezione: la Costituzione italiana (1948), infatti, afferma esplicitamente di tutelare le minoranze linguistiche (art. 6) e religiose (art. 8) e, in ambito internazionale, furono firmate alcune convenzioni bilaterali per la tutela delle minoranze, come l'accordo De Gasperi-Gruber per l'Alto Adige (1946) – all'origine di una serie di misure a difesa della minoranza linguistica tedesca – e il Memorandum d'Intesa sull'ex territorio libero di Trieste (1954).

In tempi più recenti, si è registrato un rinnovato impegno per la **tutela positiva delle minoranze**. Il *Patto internazionale sui diritti civili e politici delle Nazioni unite* (1966), ad esempio, afferma che gli individui appartenenti a minoranze etniche, religiose e linguistiche «non possono essere privati del diritto di avere una vita culturale propria, di professare e praticare la propria religione, o di usare la propria lingua» (art. 27). Questi diritti sono stati specificati nella *Dichiarazione dell'Onu sui diritti delle persone appartenenti a minoranze religiose, linguistiche, nazionali o etniche* (1992), che assegna agli Stati il compito di «intraprendere misure che assicurino alle persone appartenenti alle minoranze di poter godere in modo pieno e concreto i loro diritti e libertà fondamentali senza discriminazione alcuna» (art. 4). A livello europeo, nel 1995 è stata firmata a Strasburgo una Convenzione-quadro per la protezione delle minoranze nazionali: a questo scopo essa individua alcune misure di protezione attiva, quali la conservazione e lo sviluppo della loro cultura, della religione, della lingua, delle tradizioni e del patrimonio culturale, il diritto di utilizzare la lingua minoritaria in pubblico e in privato e il diritto al suo apprendimento.

La Costituzione europea (2004) ha poi ribadito il divieto di discriminazione (art. II-81) e affermato il rispetto per la diversità culturale, religiosa e linguistica (art. II-82); nel 2005 il Parlamento europeo ha approvato la risoluzione sulla *Protezione delle minoranze e le politiche contro la discriminazione* nell'Europa allargata.

Particolare attenzione è stata posta, inoltre, alla **tutela delle minoranze linguistiche**: nel 1992 è stata approvata dal Consiglio d'Europa la *Carta europea delle lingue regionali o minoritarie*, che protegge il loro insegnamento e il loro utilizzo in ambito legale, amministrativo e culturale, mentre in Italia la legge 482 del 1999 riconosce l'esistenza e garantisce la tutela di dodici minoranze linguistiche «storiche».

La tutela dei diritti delle minoranze assume particolare importanza nella società multietnica contemporanea, caratterizzata da continue migrazioni di persone: a proposito degli immigrati si parla infatti, oggi, di «nuove minoranze».

Festa albanese di Sant'Atanasio, Santa Sofia d'Epiro (Cosenza)
[© Maurizio Fraschetti/Archivi Alinari]

Santa Sofia d'Epiro (*Shën Sofia* in *arbëreshë*) è uno dei comuni italiani dove la maggioranza della popolazione parla *arbëreshë*, e conserva ancora i costumi tradizionali e il rito bizantino-greco degli antenati. La lingua *arbëreshë* appartiene al gruppo filologico della lingua albanese ed è una varietà di un dialetto parlato nel Sud dell'Albania. La minoranza linguistica *arbëreshë* in Italia si è formata attraverso numerose migrazioni nell'Italia meridionale, a partire dalla seconda metà del XV secolo, provenienti dall'Albania e dalla Grecia. È riconosciuta ufficialmente dallo Stato italiano insieme ad altre lingue minoritarie della penisola.

SVILUPPARE LE COMPETENZE

❶ Leggi le affermazioni di seguito riportate sull'America Latina e apponi una crocetta su quelle corrette. A ogni affermazione giusta corrispondono delle lettere la cui combinazione ti fornirà il nome di un personaggio descritto nel capitolo, sul quale dovrai infine comporre un testo di 10 righe:

a. ☐ Nel 1804 Santo Domingo proclamò l'indipendenza, riassumendo il nome di Haiti. (O)
b. ☐ I creoli erano gli immigrati bianchi che provenivano dall'Europa. (S)
c. ☐ In America Latina gli indios costituivano la maggior parte della popolazione. (B)
d. ☐ L'invasione della Spagna da parte di Napoleone nel 1810 costituì l'occasione per l'avvio dei moti indipendentisti dei paesi dell'America Latina. (L)
e. ☐ La Gran Bretagna appoggiò la Francia nel contrastare le lotte per l'indipendenza nei paesi dell'America Latina. (A)
f. ☐ Simón Bolívar assunse la guida nella lotta dei paesi del Nord. (R)
g. ☐ Il Perù fu il primo paese dell'America Latina a conquistare l'indipendenza. (E)
h. ☐ L'indipendenza non portò un grande miglioramento nelle condizioni della popolazione india, condannata alla povertà e all'analfabetismo. (V)
i. ☐ Con l'indipendenza, almeno sulla carta, la schiavitù fu abolita. (I)
j. ☐ I contadini smisero definitivamente di essere sfruttati. (S)
k. ☐ I *caudillos* erano capi militari il cui ruolo emerse notevolmente a causa dell'instabilità delle nuove istituzioni rappresentative create nei paesi dell'America Latina. (A)

❷ La democrazia è uno dei caratteri costitutivi della società nordamericana. Spiegane i motivi in un testo di 7 righe.

❸ Stabilisci se le seguenti affermazioni sono vere o false, motivando in un testo scritto lungo da 3 a 5 righe la tua risposta:

a. I pellerossa e i nuovi coloni trovarono una soluzione pacifica di convivenza favorevole a entrambi. **V F**
b. La seconda guerra di indipendenza tra Stati Uniti e Canada fu un insuccesso totale sotto tutti i punti di vista. **V F**
c. Il Messico dovette subire a sue spese le mire espansionistiche degli Stati Uniti. **V F**

CAPITOLO

10 LE IDEE, I SISTEMI POLITICI E I MOVIMENTI SOCIALI NELL'800

1 Il completamento dello Stato moderno

Durante gli anni del dominio napoleonico in Francia e nell'Europa continentale i poteri dello Stato, il sistema di governo e l'organizzazione amministrativa avevano raggiunto un livello elevato di efficienza: con la scomparsa dei privilegi della Chiesa e dei ceti nobiliari, con la codificazione delle norme giuridiche, con il rafforzamento dell'amministrazione, lo Stato ottenne allora in modo definitivo quel **monopolio della forza legittima** che costituiva la sua principale attribuzione.

Era il compimento di un processo plurisecolare di accentramento del quale si possono ricordare alcuni passaggi particolarmente significativi. Gli intendenti francesi del '600 con funzioni di controllo del prelievo fiscale, le varie forme di codificazione giuridica in Prussia e nei domìni asburgici, infine i prefetti napoleonici dagli estesi poteri sulla società e sui ceti dirigenti locali: sono altrettante tappe della costruzione dello Stato moderno nell'**Europa continentale**. In **Gran Bretagna**, invece, l'itinerario fu diverso per l'assenza di una burocrazia tendenzialmente stabile e di forme di codificazione sistematica. Furono invece le élite espressione dell'aristocrazia, della *gentry* – la piccola nobiltà di provincia – e della nascente borghesia a governare il paese in virtù dei collaudati meccanismi di *patronage* [👁 1.4].

Lo Stato burocratico-amministrativo

Al di fuori della Gran Bretagna, lo Stato moderno assunse la forma dello Stato burocratico-amministrativo, emancipato da quel controllo della nobiltà e delle assemblee dei ceti che aveva rallentato la prima affermazione dell'assolutismo. I poteri tradizionali vennero sostituiti da **un sistema di potere legale**, fondato su norme di legge, mentre **il rispetto e l'applicazione delle norme erano garantiti dalla burocrazia amministrativa**.

L'amministrazione e il suo personale dirigente, la burocrazia, rappresentavano le ossa e i muscoli dell'organismo statale. Il funzionario statale aveva in genere una formazione giuridica e il suo reclutamento, inizialmente soggetto alla discrezionalità del potere politico, sarà sempre più regolato da verifiche obiettive come i **pubblici concorsi**. In alcuni paesi, prima di ogni altro in Francia e successivamente in Prussia, scuole superiori tecniche e militari formavano specialisti nel campo delle costruzioni stradali, dell'ingegneria edilizia e dell'artiglieria, la più "matematica" delle armi. L'amministrazione pubblica si dotava quindi di un **personale tecnico**, che si aggiungeva a quello di formazione giuridica, e che avrebbe accompagnato le nuove sfide nell'epoca dell'industrializzazione.

A partire dal periodo napoleonico, fu la Francia a porsi all'avanguardia nelle applicazioni della **statistica**, **la nuova scienza al servizio dello Stato**. Nel corso dell'800 tutti gli Stati si dotarono di un'organizzazione di statistica la cui principale attività sarà quella legata ai **censimenti** effettuati con uniformi criteri scientifici, a partire da quello belga del 1846.

L'amministrazione, un potere neutrale? L'ampliamento dei poteri e la tendenziale autonomia dell'amministrazione contribuirono ben presto a innescare momenti di **conflittualità con la nuova classe politica rappresentativa**. L'espansione dello Stato burocratico-amministrativo nell'800, infatti, coincise con il progressivo affermarsi delle istituzioni rappresentative e con la nascita dei partiti politici. In questa fase l'amministrazione non si configurò sempre come un potere neutrale, al di sopra delle parti: fu invece il braccio più efficace dei vari sistemi di governo.

Da sudditi a cittadini Al momento culminante della costruzione dello Stato moderno, dunque, corrispose la fase d'avvio dei primi sistemi politici rappresentativi fondati sulla parità dei diritti civili e politici e su un parlamento elettivo. **La Rivoluzione francese aveva trasformato i sudditi in cittadini** [**10.8** STORIA•SOCIETÀ•CITTADINANZA]. E questo processo, esteso gradatamente al resto dell'Europa continentale sotto la spinta delle armate napoleoniche, non sarebbe stato più arrestabile. La sovranità non apparteneva più al solo principe ma, insieme, al popolo e ai suoi rappresentanti: questo era il carattere della monarchia costituzionale rappresentativa. Nei regimi repubblicani la sovranità apparterrà invece interamente al popolo e ai suoi rappresentanti.

Lo Stato di diritto e lo sviluppo dei sistemi politici Lo sviluppo dei sistemi politici era strettamente legato all'esistenza di una **costituzione**. Quest'ultima, analogamente a quanto era accaduto con la Rivoluzione americana e con la Rivoluzione francese, definisce il nuovo patto che regge una comunità e fonda lo Stato come insieme di ordinamenti giuridici e politici. L'ordinamento politico retto da una legge fondamentale come la costituzione, basato sul principio della **separazione dei**

Statistica
La statistica descrive, con metodologie matematiche e rappresentazioni numeriche, l'andamento dei fenomeni sociali ed economici – popolazione, attività produttive, scambi commerciali – fornendo allo Stato strumenti di conoscenza, di previsione e di intervento.

Dopo i primi entusiasmi del 1789, i rivoluzionari francesi dovettero affrontare la responsabilità di governare un paese e di combattere i numerosi nemici della Repubblica con una amministrazione solida. Fu subito evidente che lo Stato mancava di personale tecnico e scientifico specializzato e per far fronte a questa lacuna, già nel 1794, fu fondata l'École polytechnique. Inizialmente impiantata nello storico Palais Bourbon a Parigi, fu guidata dai più prestigiosi nomi nel campo delle tecniche e delle scienze e seguita da alunni reclutati in tutta la Francia previo esame d'ingresso. Nel 1804 la scuola fu spostata nel quartiere parigino di Sainte-Geneviève, nei locali in disuso di due collegi unificati per l'occasione, locali in cui ha mantenuto la sua sede fino al 1976, quando è stata spostata nell'attuale modernissima sede alla periferia di Parigi. L'antica sede dell'École, invece, ospita oggi il ministero per l'Insegnamento superiore e la Ricerca.

Pavillon Joffre, sede storica dell'École polytechnique a Parigi

poteri – esecutivo, legislativo, giudiziario – e sulla **superiorità della legge** su ogni forma di privilegio e di arbitrio, si definisce come Stato di diritto.
Lo sviluppo dei sistemi politici rappresentativi nell'800 si caratterizzò in Europa per la presenza di **due diverse forme di governo**: **il governo costituzionale**, in genere nelle monarchie costituzionali, in cui il capo dell'esecutivo – primo ministro o presidente del Consiglio dei ministri – era responsabile solo di fronte al sovrano che lo aveva nominato, e **il governo parlamentare**, in cui invece l'esecutivo rispondeva al Parlamento che gli aveva concesso la fiducia. Queste due forme di governo si alternarono in Europa: l'affermarsi del governo parlamentare fu determinato più da una prassi politica e da una consuetudine – come in Gran Bretagna nel '700 e in Italia dopo l'unità – che da una norma scritta.
Egualmente significativo fu, nello stesso arco di tempo, il **contrasto sui sistemi elettorali**. Si confrontarono su questo tema il principio liberale, sostenitore di un **suffragio ristretto** legato al censo e al livello culturale di una circoscritta élite sociale, e il principio democratico, fautore del **suffragio universale** maschile. Del resto non fu questo il solo terreno su cui liberalismo e democrazia si scontrarono: fu anzi proprio l'antagonismo fra liberali e democratici – che invece oggi associamo nel modello liberal-democratico – a caratterizzare la lotta politica per gran parte dell'800 [👁 10.4].

GUIDA ALLO STUDIO

❶ Perché il modello di Stato moderno dell'Europa continentale è diverso da quello britannico? ❷ Quale funzione ebbe l'amministrazione dello Stato e come agiva sul piano politico? ❸ Quali princìpi fondano uno Stato di diritto? ❹ Che cosa distingue il governo costituzionale da quello parlamentare?

2 Il Romanticismo

Le origini e la diffusione

Nei primi decenni dell'**800** si affermò e si diffuse in tutta **Europa** la cultura romantica. Essa si contrapponeva al razionalismo settecentesco, mostrando un carattere antilluminista e anticlassicista: per un verso, infatti, il Romanticismo esaltava la **spontaneità dei sentimenti** e degli stati emotivi, come pure la libera creatività individuale, per l'altro rifiutava la compostezza e l'equilibrio formale del mondo classico. Inoltre, nell'alveo della cultura romantica assunsero particolare peso i valori della tradizione e della nazione. I romantici cercarono nella **storia** la fonte di una nuova e più profonda razionalità vedendo in tutte le epoche storiche – comprese quelle fin allora ritenute «oscure» o barbariche, come il Medioevo – l'espressione di uno spirito universale o la manifestazione di un disegno divino.
Come corrente letteraria, artistica e filosofica, il Romanticismo era nato in **Germania** negli ultimi decenni del '700. Aveva avuto i suoi primi assertori nel filosofo **Herder** e il suo nucleo originario in quel gruppo di poeti e drammaturghi – fra gli altri, lo stesso Herder, **Goethe e Schiller** – che diedero vita, attorno al **1780**, al movimento detto ***Sturm und Drang*** ('tempesta e impeto'). Una più organica sistemazione teorica venne, negli anni tra la fine del '700 e l'inizio dell'800, con la grande filosofia **idealista** di **Fichte** e **Schelling**. Romanticismo e **idealismo** fornirono allora la base culturale a quel movimento di riscoperta della nazione e di riscossa patriottica che coinvolse buona parte degli intellettuali tedeschi, sull'onda delle lotte contro il dominio napoleonico [👁 7.12].
In quegli stessi anni a cavallo fra i due secoli, il Romanticismo si affermò in **Gran Bretagna** – con la lirica di **Coleridge** e col romanzo storico di **Walter Scott** – e cominciò a diffondersi anche in **Francia**, già patria dell'Illuminismo, nella versione cattolica e tradizionalista di **Chateaubriand**. Un contributo decisivo all'affermazio-

Idealismo
In filosofia, qualsiasi concezione che risolva la realtà nell'idea (o nel pensiero). Secondo l'idealismo tedesco ottocentesco il pensiero è già realtà, esso contiene già la realtà di ogni cosa, perché non vi è alcuna cosa al di là del pensiero.

ne delle nuove tendenze anche nei paesi latini lo diede **Madame de Staël**, brillante scrittrice ginevrina, col libro *De l'Allemagne* (*Sulla Germania*), uscito nel 1810, che descriveva ed esaltava le esperienze intellettuali fiorite in Germania negli ultimi decenni. Fu soprattutto attraverso le discussioni suscitate da questo libro che la cultura romantica penetrò in **Italia**, dove trovò sostenitori entusiasti negli intellettuali lombardi della rivista «Il Conciliatore» [👁 11.2]. A partire dal 1815, il Romanticismo si diffuse un po' ovunque, fino a costituire il quadro di riferimento comune a tutte le più importanti espressioni della cultura europea della prima metà dell'800: dalla poesia al romanzo, dalla musica sinfonica al melodramma, dalla storiografia alla filosofia, dalla pittura all'architettura.

La cultura che dominò un'epoca

L'influenza del Romanticismo si estese ben oltre il mondo delle lettere e delle arti. Quella romantica fu una cultura nel senso più ampio del termine: fu una **mentalità diffusa**, un **fenomeno di costume** che investì in modo decisivo il modo di pensare, di agire e di apparire della minoranza colta, in particolare dei giovani intellettuali. Per le generazioni formatesi fra la fine del '700 e l'inizio dell'800 – e in larga misura anche per quelle successive – il Romanticismo fu anche uno **stile di vita**, un modo di atteggiarsi. Muoversi, vestirsi, declamare (persino cercare il suicidio per amore) come **il giovane Werther**, protagonista del celebre romanzo di Goethe, oppure imitare in ogni sua forma quel singolare impasto di slanci eroici e di indolenza scettica e malinconica che si incarnava nella figura del poeta inglese **George Byron** appariva ai giovani inquieti come una prova della propria superiore sensibilità.

Una **sensibilità** che si esprimeva anche nell'attenzione ai dettagli esteriori, considerati come spie di qualcosa di più profondo: un certo accostamento di colori, un certo

73
I. Berlin
La rivolta romantica

74 DOC
Johann Wolfgang von Goethe
Una passione infelice

75 DOC
François-René de Chateaubriand
Le inquietudini di René

76 DOC
George Gordon Byron
Il giovane Aroldo

Joseph Severn
Shelley alle terme di Caracalla
1820 ca.
[Keats-Shelley House, Roma]

Assieme a Lord Byron, il poeta inglese Percy Bysshe Shelley rappresenta il modello dell'artista romantico. Vestito con un abbigliamento "informale" – pantaloni lunghi, camicia sbottonata senza foulard –, Shelley è raffigurato in questo dipinto in una posa "tipicamente romantica": lo sguardo all'osservatore, poggia il mento sulla mano sinistra, mentre la destra tiene in mano la penna pronta a scrivere sul taccuino aperto sulle gambe. Evidentemente il poeta si sta pensosamente dedicando alla sua arte. Gli fanno da sfondo un paesaggio collinare e le antiche rovine di Roma (dove soggiornò come altri attratto dal mito dell'Italia), che aiutano a definire meglio il rapporto dell'individuo con la natura e con la storia.

modo di incedere, di gestire o di indossare un abito (l'età romantica coincise con un'autentica rivoluzione nell'abbigliamento maschile, con l'abbandono delle parrucche settecentesche e dei pantaloni al ginocchio) diventavano segni di riconoscimento e connotati di un **nuovo modo di sentire**. Persino la malattia fisica poteva essere idealizzata in quanto contrassegno di una personalità pura, non contaminata dalle convenzioni e dalle ipocrisie della società.

Romanticismo, correnti di pensiero, movimenti politici

Cultura dominante di un'intera epoca, il Romanticismo non si identificò con una determinata tendenza ideologica, ma contagiò quasi tutte le correnti di pensiero e tutti i principali movimenti politici operanti all'inizio dell'800. Romantici e reazionari, romantici e liberali, romantici e democratici: tutte le combinazioni e gli intrecci erano possibili e praticati.

Certo, nella cultura romantica c'erano molti elementi che si prestavano a essere fatti propri dai fautori del **ritorno al passato**. La critica al razionalismo illuminista

PERSONAGGI

George Gordon Byron

La vita di Byron e la sua prepotente personalità, più ancora forse della sua opera poetica, contribuirono in modo determinante a forgiare quel mito dell'eroe romantico che nel primo '800 si impose in tutta Europa, in concomitanza con il sorgere dei movimenti nazionali. L'eccentrico Lord inglese seppe incarnare come nessun altro il prototipo del ribelle fieramente ostile a ogni tirannide e disperatamente solo contro gli uomini, gli elementi, il destino. L'ambigua sovrapposizione tra gli eroi dei suoi poemi e la sua vita inquieta, suggellata dalla morte prematura in Grecia, lo rese il modello di riferimento per le giovani generazioni che in tutta Europa nel corso dell'800 avrebbero lottato in nome dell'indipendenza e dell'idea nazionale.

«A Napoli, in Romagna, ovunque vide ardere una scintilla di vita [...] fu pronto alle dimostrazioni o al combattimento. Il fondo della sua anima era di splendide ruine, di orgogliosi pensieri e di grandi azioni; egli stimmatizzava la viltà, l'ipocrisia, l'ingiustizia ovunque apparissero. Tale visse Byron; incessantemente agitato fra i mali presenti e le future speranze; spesso ineguale, talvolta scettico, ma sempre sofferente, anche quando pareva sorridere; sempre amante allorché malediva». Queste parole di Giuseppe Mazzini restituiscono la misura del **fascino esercitato da Byron** e l'importanza del suo **contributo nella formazione della sensibilità romantica e patriottica**.

Nato a Londra nel 1788 da antica famiglia aristocratica, George Gordon Byron trascorse un'infanzia travagliata ad Aberdeen, in Scozia, gravata da ristrettezze economiche (il padre prima di morire aveva dilapidato l'intero patrimonio di famiglia) e soprattutto da un rapporto turbolento con la madre, donna nevrotica e caratterialmente instabile. L'**inclinazione all'eccesso** sembrava un marchio di famiglia: il nonno si era suicidato e lo zio, quinto Lord Byron, era un omicida; quanto al padre, soprannominato "Jack il Pazzo", si era distinto per l'estrema dissolutezza. Ciò nonostante, l'educazione di Byron fu adeguata al rango, anche perché a dieci anni ereditò dallo zio titolo e patrimonio. Studiò a Cambridge, presso il Trinity College, dove si mise in luce per il **carattere eccentrico e ribelle, insofferente a ogni convenzione**.

Nato con un difetto al piede destro, ancora ragazzo si diede caparbiamente all'esercizio fisico: fu un gran nuotatore (più tardi avrebbe traversato a nuoto l'Ellesponto) e, oltre a cavalcare assiduamente, praticò la boxe, la scherma e il tiro con la pistola. Già in occasione della raccolta giovanile *Hours of Idleness* (1807) mostrò di mal tollerare le critiche: una stroncatura provocò la sua feroce reazione, inaugurando una serie di scontri memorabili che lo avrebbero reso inviso a molti letterati del suo tempo.

Nel 1809 partì per un insolito ***Grand Tour* di due anni** in Portogallo, Spagna, Albania e Grecia. Questa fondamentale esperienza ispirò il poema *Childe Harold's Pilgrimage*, in cui accanto ai tipici tratti dell'**eroe byroniano** compaiono le ambientazioni mediterranee intrise di reminiscenze classiche e fascino esotico (la Grecia e il Levante). Opere come *Il Giaurro* e *Il Corsaro* avrebbero contribuito in larga misura alla diffusione di quegli stereotipi (odalische e

Thomas Philips
Ritratto di George Byron
1835
[National Portrait Gallery, Londra]
Lord Byron è qui raffigurato con indosso abiti balcanici che egli stesso aveva acquistato durante un lungo viaggio iniziato nel 1809.

bagni turchi su tutto) con cui la cultura europea dell'800 amò rappresentare l'**Oriente levantino**, inaugurando una moda che avrebbe influenzato profondamente le arti figurative e il melodramma.

I primi canti del *Childe Harold* (1812) ottennero un successo enorme in Inghilterra, rivelando Byron al grande pubblico e facendone il personaggio più in voga del

dei giacobini e alla sua pretesa di rifondare la società senza tener conto delle tradizioni storiche e delle peculiarità nazionali – critica già presente negli scritti di liberali moderati come **Edmund Burke**, britannico di origine irlandese, o l'italiano **Vincenzo Cuoco** – fu una costante di tutta la polemica antirivoluzionaria dell'epoca. Il richiamo alla storia e alla tradizione si trasformò non di rado nella pura e semplice nostalgia del passato e nel tentativo di riportarne in vita questo o quell'aspetto. La riscoperta della dimensione religiosa divenne spesso **ritorno alle religioni positive**, in particolare al cattolicesimo con le sue gerarchie e i suoi culti tradizionali.
Se molti intellettuali vissero l'esperienza romantica come un ritorno al passato, alla tradizione, all'autorità, molti altri vi trovarono le premesse per scelte di tutt'altro genere. Romanticismo significava anche libertà, **rottura di norme consolidate, affermazione dell'individuo contro le convenzioni**: gli stessi valori che ispiravano le battaglie dei liberali, dei democratici e di quanti si opponevano alla Restaurazione. Per limitarci al caso della Francia, si deve ricordare che fra i primi assertori del credo

momento. L'entusiasmo nei suoi confronti tuttavia fu breve. Nel 1816 il disastroso e brevissimo matrimonio con Anna Isabella Milbanke (da cui ebbe una figlia, Ada, con la quale gli fu vietato ogni rapporto) e l'improvvisa, perentoria separazione in seguito a cause rimaste in parte oscure, provocò uno scandalo enorme negli ambienti londinesi. Si parlò con grande insistenza di una relazione incestuosa di Byron con la sorellastra Augusta Leigh, a cui il poeta fu sempre legato da un intenso rapporto, al punto che gli venne attribuita la paternità della figlia di lei (non a caso il tema dell'incesto sarà al centro di alcune opere, tra cui il *Manfred*). In seguito a tali voci **la Gran Bretagna dell'epoca, puritana e conservatrice, lo mise al bando.** Byron venne escluso dagli ambienti della buona società e diffidato persino dal recarsi alla Camera dei Lord: «si è miserevolmente perduto col disprezzo insano della pubblica opinione», sentenziò Walter Scott, aggiungendo che «l'antagonismo di tutti, anziché porlo sull'avviso e raffrenarlo, non riusciva che a incitarlo a far peggio». Quell'anno stesso Byron lasciava definitivamente l'Inghilterra.
L'esilio volontario lo portò a **Ginevra** presso la comunità romantica di cui facevano parte anche Percy Bysshe Shelley, il grande poeta inglese a cui Byron fu legato da profonda amicizia, e la sua compagna Mary Wollstonecraft (l'autrice del *Frankenstein*). Durante la permanenza Byron intrecciò una relazione con la sorellastra di Mary, Clara Clermont, da cui sarebbe nata l'altra figlia, Allegra. Il poeta la prenderà con sé all'età di 15 mesi, ponendo come condizione l'allontanamento della madre; all'epoca era già a **Venezia**, dove era giunto alla fine del 1816 e dove si sarebbe fermato per tre anni.
Il soggiorno veneziano, in cui fece sfoggio di un tenore di vita tanto sregolato quanto principesco, contribuì a ingigantire la sua fama di personaggio eccentrico e scandaloso. Estremo nelle attività come nelle passioni, generoso nell'amicizia, prodigo di averi (e sempre perseguitato dai debiti), era soggetto a frequenti crisi di ipocondria – che la pubblica voce accentuava a bella posta nell'intento di uniformare l'uomo ai suoi eroi. Byron, che era dotato di una **vena ironica dissacrante**, non mancava di alimentare le peggiori dicerie per poi smentire ogni aspettativa: «[Il mio visitatore] si era aspettato di vedersi comparire dinanzi un signore misantropico, vestito di brache di pelle di lupo che borbotta feroci risposte monosillabiche, anziché un uomo di questo mondo. Non riesco mai a far capire alla gente che la poesia è l'espressione di una passione eccitata, e che non può esistere una vita di passione, così come non è possibile un terremoto costante o una febbre eterna. E poi, chi, in uno stato simile, potrebbe farsi la barba?».
A Venezia Byron compose i primi due canti del ***Don Juan***, usciti nel 1819. A quell'anno risale anche l'inizio della sua lunga relazione con **Teresa Gamba**, giovane moglie del conte Guiccioli, che doveva scatenare un ennesimo scandalo. Byron la seguì a Ravenna, dove fu coinvolto nella **preparazione dei moti del 1821** dal fratello di lei, affiliato alla **Carboneria**. Il poeta contribuì alla causa con armi e denaro, nonostante una visione lucida e piuttosto disincantata non gli consentisse grandi illusioni, come dimostra un'annotazione nel *Diario ravennate* (26 gennaio 1821): «I signori, quelli che fanno le rivoluzioni e sono partiti per la caccia, non sono ancora tornati. E non saranno di ritorno prima di domenica – il che significa che saranno stati cinque giorni fuori a folleggiare mentre sono in ballo gli interessi dell'intero paese [...]. Certo che è dura fare la propria parte in mezzo a una simile genia di scellerati e scervellati, ma forse, una volta che questa schiuma sia stata scremata o sia traboccata, ne verrà fuori alcunché di buono». E altrove: «essi vogliono insorgere qui, e mi onorano d'invito ond'io vi partecipi. Non mancherò, pur non credendoli forti per numero e per cuore a porsi all'impresa».
In ogni caso il suo nome finì negli elenchi della polizia, e la fallita insurrezione costringerà lui e i Gamba a riparare prima a Pisa, dove ritroveranno gli Shelley, e poi a Livorno all'inizio del 1822. Lì Byron apprenderà della morte della figlia Allegra, seguita da quella dell'amico Shelley nel Tirreno in tempesta.
Affranto, Byron si trasferì a **Genova**, dove entrò in contatto con il comitato inglese per l'indipendenza della **Grecia**, decidendo di partecipare in prima persona alla spedizione in aiuto degli insorti: nel 1823 partì per Cefalonia con l'intento di organizzare la rivolta e prendere parte ai combattimenti, ma a Missolungi cadde gravemente malato. Per ironia della sorte, l'eroe romantico per eccellenza versava il suo sangue nei salassi, lontano dalla gloria dei campi di battaglia. Morirà il 19 aprile 1824. Il corpo fu imbalsamato e riportato in patria. L'Inghilterra, che lo aveva censurato da vivo, da morto gli riservò un funerale da Pari del Regno – ma, memore della sua insolenza, negò al poeta la sepoltura in Westminster.

❶ Quali erano gli ideali dei romantici? A quali idee si contrapponevano? ❷ In che modo il Romanticismo penetrò e si diffuse in Italia? ❸ Che cosa si intende con l'espressione «cultura romantica»? ❹ I modelli romantici furono adottati dai restauratori o dai liberali?

GUIDA ALLO STUDIO

romantico vi erano, accanto al cattolico e legittimista Chateaubriand, personaggi di orientamento liberale come Madame de Staël, lo scrittore **Benjamin Constant** e lo storico **Simonde de Sismondi**; e che anche in seguito si sarebbero richiamati al Romanticismo molti intellettuali impegnati nelle lotte per il liberalismo e la democrazia.

3 Nazione e nazionalismi

83DOC
Jules Michelet
Il popolo

L'idea di nazione Strettamente legato alla cultura romantica fu l'affermarsi dell'idea di nazione. Sino alla fine del '700, il concetto di nazione aveva infatti un contenuto generico e dei confini incerti e soprattutto non svolgeva un ruolo centrale nella cultura politica e nel sentire comune. Il senso di appartenenza a una nazione veniva, per importanza, dopo l'affiliazione a una confessione religiosa e dopo l'identificazione con una comunità locale o regionale: si era prima cristiani, poi lombardi (o bretoni o tirolesi), e solo in terzo luogo italiani (o francesi o tedeschi). Il principio che lo Stato dovesse coincidere con una nazione era poi sostanzialmente estraneo alla cultura dell'*ancien régime*, anche se Stati a base nazionale, come la Francia, la Spagna, la Gran Bretagna, si erano costituiti già in età medievale.
L'idea moderna di nazione nacque con Rousseau e con la sua concezione dello **Stato come espressione di un popolo**, di una comunità di cittadini, di un «corpo morale e collettivo» capace di esprimere una volontà comune [👁 3.5]: concezione che la Rivoluzione francese avrebbe per la prima volta cercato di tradurre in realtà e che le guerre napoleoniche avrebbero diffuso in tutta Europa determinando un doppio

Johann Heinrich Füssli
Crimilde mostra a Gunther in prigione l'Anello dei Nibelunghi
1807 ca.
[Kunsthaus, Zurigo]
L'idea di nazione fu molto cara al Romanticismo tedesco che, alla ricerca delle proprie radici storiche, riscoprì un capolavoro della letteratura tedesca medievale, il cosiddetto *Cantare dei Nibelunghi*. Si tratta di una raccolta, realizzata all'incirca intorno al XIII secolo da un poeta di corte della Germania sudorientale, della secolare produzione epica tedesca risalente fino al 400 d.C. Il titolo trae origine dalle vicende dell'eroe Sigfrido, principe renano, legate alla conquista del tesoro dei Nibelunghi, una leggendaria stirpe di nani che abitava nelle viscere della terra, custode di un tesoro apportatore di sciagure per tutti quelli che ne entravano in possesso. Il *Cantare dei Nibelunghi*, a cui s'ispira questo quadro dell'artista svizzero Heinrich Füssli, costituisce l'epopea della nazione germanica; fu spesso ripreso nel corso dell'800 in numerose opere letterarie, artistiche e musicali, come quella del compositore Richard Wagner, cui si ispirò per *L'anello del Nibelungo*.

processo di imitazione e di reazione. Ma fu soprattutto la cultura romantica tedesca del '700-800 a scoprire la nazione, a esaltarla in quanto **comunità «naturale»** – unita da legami indissolubili di lingua, di cultura e di sangue – e a vedere in essa il fondamento di ogni organizzazione sociale e politica.

77
R. Romeo
Idea e coscienza di nazione

Le due componenti che stavano alla base dell'idea di nazione – quella **democratica di origine rousseauiana** e quella **naturalistica dei romantici tedeschi** – erano molto diverse fra loro e furono alla base di tradizioni profondamente distinte.

78 DOC
Johann Gottlieb Fichte
Discorsi alla nazione tedesca

Il nazionalismo conservatore

In Germania, il movimento nazionale cresciuto negli anni delle guerre napoleoniche assunse spesso un carattere esclusivista e conservatore. Un carattere ben visibile, per esempio, nei celebri *Discorsi alla nazione tedesca* (1807-8) del filosofo **Johann Gottlieb Fichte** – in cui si proclamava la superiorità intellettuale e morale dei tedeschi sugli altri popoli e si delineava il progetto di uno Stato nazionale dai tratti fortemente autoritari –, o nelle stesse opere del grande filosofo **Friedrich Hegel**, che concepiva lo Stato come un'entità organica e gerarchica, espressione degli interessi generali della società al di là e al di sopra dei diritti individuali. Anche in altri paesi, particolarmente in quelli che avevano alle spalle una lunga storia unitaria, l'idea di nazione poteva esprimersi in forme tradizionaliste o reazionarie: nella stessa Francia, accanto al nazionalismo democratico, erede della Rivoluzione, ne esisteva uno cattolico e legittimista (che rivendicava la "legittimità" del potere dinastico dei sovrani spodestati in seguito alla Rivoluzione [👁 11.1]).

79 DOC
Giuseppe Mazzini
Sulla nazionalità

81 DOC
Benjamin Constant
La libertà degli antichi e la libertà dei moderni

Il nazionalismo democratico

In realtà, soprattutto nei movimenti nazionali di quei paesi in cui l'indipendenza andava conquistata o riconquistata – la Polonia, la Grecia, l'Ungheria e l'Italia –, il sentimento patriottico assumeva quasi automaticamente una connotazione rivoluzionaria, tendeva a collegarsi con le ideologie liberali e democratiche e acquistava spesso un respiro sovranazionale. Tanto che nella storia delle rivoluzioni ottocentesche si incontra spesso la figura del **patriota che combatte per la libertà di altri popoli**. La stessa distinzione fra i due principali filoni dell'idea nazionale finiva con l'annullarsi nel pensiero e nell'opera dei grandi interpreti ottocenteschi della nazionalità – il polacco **Adam Mickiewicz**, l'ungherese **Lajos Kossuth**, e soprattutto l'italiano **Giuseppe Mazzini** –, che coniugavano la fede nella democrazia col richiamo alle tradizioni nazionali e con la concezione, tutta romantica, della nazione come comunità di sangue e di cultura.

Quasi tutti i paesi europei coltivarono e talora inventarono una propria idea di nazione, coniugandola con l'idea di un **primato nazionale** particolare – talora una vera e propria *missione* – destinato a confrontarsi e ad affermarsi sugli altri popoli. Questo elemento contribuirà, come vedremo, agli aspri conflitti nazionalistici di fine '800.

GUIDA ALLO STUDIO

❶ Quali erano le appartenenze identitarie nella cultura dell'*ancien régime*? ❷ Descrivi il concetto rivoluzionario di «volontà generale». ❸ Che cosa pensavano Fichte ed Hegel dello Stato?

4 Le grandi ideologie dell'800: liberalismo e democrazia

Le differenze tra liberalismo e democrazia

In che cosa differivano liberalismo e democrazia? Il liberalismo era fondato sull'**idea di libertà** quale si era venuta definendo nella cultura illuministica – che si rifaceva a Locke e Montesquieu – e nelle concrete esperienze politiche e costituzionali del '600-700: il parlamentarismo britannico, la Rivoluzione americana, il 1789 francese. I suoi fonda-

80
G. Sartori
Liberalismo, democrazia e socialismo

menti – la tolleranza e la libertà di opinione, il principio rappresentativo e la divisione dei poteri, la difesa dell'individuo contro gli abusi dell'autorità – coincidevano per gran parte con **i valori e gli interessi materiali della borghesia**, ma anche con quelli di ampi settori della nobiltà aperta alle nuove concezioni intellettuali e allo sviluppo delle attività produttive. I privilegi di ceto e le monarchie assolute stavano evidentemente agli antipodi del liberalismo.

Il **modello istituzionale** del liberalismo europeo si ispirava a quello britannico. Un regime in cui i diritti fondamentali del cittadino – libertà di pensiero, di stampa, di associazione – fossero rispettati, in cui la proprietà, l'iniziativa privata e il libero commercio fossero tutelati e incoraggiati, in cui l'autorità del potere centrale fosse limitata e controllata da organismi rappresentativi espressi da una élite più o meno ristretta di cittadini: coloro che, per posizione sociale, per ricchezza o per istruzione, si supponeva fossero i soli realmente interessati al buon andamento della cosa pubblica.

In questo senso il pensiero liberale si distaccava nettamente da quello democratico, che ne rappresentava per molti aspetti uno sviluppo. La **democrazia** aveva come

PERSONAGGI

Alexis de Tocqueville

Se qualcuno avesse bisogno di una prova che i destini dei figli non sono rigidamente determinati dalla vita dei padri dovrebbe guardare alla vita di Alexis-Charles-Henri Clérel de Tocqueville, nato nel 1805, figlio di un conte ma passato alla storia come una delle voci più autorevoli del pensiero democratico. I genitori provenivano da due famiglie aristocratiche strettamente legate ai Borbone. Il padre era stato imprigionato con tutta la famiglia durante il Terrore e solo per poco era sfuggito alla ghigliottina.

Per la sua fedeltà ai Borbone, dopo la Restaurazione [👁 11.1] il conte di Tocqueville venne nominato prefetto in varie città. Alexis passò invece la sua infanzia a Parigi con la madre e un severo precettore che lo formò secondo idee molto tradizionali. Fu solo quando raggiunse il padre a Metz nel 1820 che si appassionò alle opere degli illuministi, primo seme delle sue convinzioni liberali. Dopo aver preso la licenza in diritto nel 1826, venne nominato **giudice uditore** al tribunale di Versailles. Inizialmente provò qualche difficoltà a parlare in pubblico, ma finì per apprezzare la sua professione: l'impostazione da giurista condizionò poi tutto il suo pensiero. Nel frattempo, però, Tocqueville seguiva alla Sorbona i corsi del liberale Guizot e leggeva opere di economia, vagheggiando un coinvolgimento in politica.

La rivoluzione di Luglio (1830) e l'avvento di Luigi Filippo d'Orléans al trono sconvolsero la sua vita [👁 11.6]. La famiglia Tocqueville e gli affetti più cari ad Alexis erano troppo legati alla dinastia decaduta: al padre fu tolto il seggio che aveva ottenuto in precedenza alla Camera dei pari (la Camera di nomina regia, nel Parlamento bicamerale francese), altri parenti e amici rinunciarono alle loro posizioni per non dover prestare giuramento al nuovo re. Tra mille tormenti, Alexis decise invece di aderire al nuovo regime liberale, più vicino alle sue idee. Nonostante l'adesione alla monarchia di Luglio, però, il momento restava assai delicato per chi come lui era stato un fedele funzionario borbonico. Anche per far calmare le acque chiese un congedo temporaneo al Ministero dell'Interno insieme all'amico Gustave de Beaumont: in vista dell'imminente riforma carceraria in Francia chiesero di ricercare informazioni in America sul sistema penitenziario locale.

Il 10 maggio 1831 Tocqueville e Beaumont sbarcarono a New York. Il giovane conte Alexis aveva solo 25 anni e a quel viaggio pensava da molti anni. Le carceri in realtà erano soltanto un pretesto per potersi muovere liberamente nel paese. I suoi quaderni di viaggio ci rivelano l'entusiasmo per l'avventura di questo giovane aristocratico francese alla scoperta dell'America, della sua natura selvaggia e pericolosa, delle abitudini e dei costumi dei suoi abitanti. Tocqueville restò estremamente colpito dalla varietà di esperienze e immagini acquisite in quasi un anno: la vita nelle grandi città, i paesaggi della frontiera più selvaggia e della regione dei Grandi Laghi, il Canada francese, la conoscenza diretta delle condizioni delle popolazioni indigene e degli schiavi neri, la visita al presidente Andrew Jackson (1828-36) e l'opportunità di assistere a due sedute del Congresso. Il viaggio si trasformò così in una ricerca sul campo per capire i caratteri tipici di una società democratica, come avrebbe poi dichiarato lo stesso Tocqueville: «Confesso che nell'America ho visto più che l'America: vi ho cercato un'immagine della democrazia stessa, delle sue tendenze, del suo carattere, dei suoi pregiudizi, delle sue passioni; ho voluto conoscerla, non fosse che per sapere almeno che cosa dobbiamo sperare o temere da lei».

Al ritorno in Francia, Tocqueville si dimise dall'ufficio di giudice e si dedicò insieme a Beaumont alla scrittura del trattato sul sistema penitenziario americano. Ma era a un'altra opera che aveva destinato le sue considerazioni sul sistema democratico degli Stati Uniti: ***La democrazia in America*** uscì nel 1835 ed ebbe così tanto successo da essere ristampata in sette edizioni nel giro di pochi anni.

Gran parte del pubblico accolse l'opera come un meditato rendiconto di viaggio, e anche per questo la seconda parte, più generale, ricevette un'accoglienza più tiepida quando venne pubblicata nel 1840. Per il lettore di oggi, come per lo stesso Tocqueville, le due parti sono però strettamente connesse: l'assetto sociale e politico degli Stati Uniti è preso in esame per trarre una lezione di valore universale su come la democrazia possa funzionare con successo. *La democrazia in America*, del resto, si presentava come un'opera molto diversa rispetto a quelle a cui dovevano essere abituati i suoi lettori. **«A un mondo del tutto nuovo occorre una nuova scien-**

cardine il principio della **sovranità popolare**, secondo il quale il potere appartiene a tutto il popolo, e che si riallacciava al pensiero di Rousseau e all'esperienza della Rivoluzione francese. Per i democratici la forma di governo ideale era la **repubblica** e il canale legittimo di espressione della volontà popolare era l'assemblea eletta a suffragio universale maschile. Mentre i liberali si preoccupavano soprattutto di costituire meccanismi giuridici e istituzionali atti a garantire i diritti individuali, e dunque a limitare i pericoli insiti in qualsiasi forma di esercizio del potere, i democratici, legati per lo più a una visione utopistica, insistevano sulla **libertà «in positivo»** e vedevano nella politica il mezzo per l'attuazione del «bene comune». In parte coincidente ma per molti aspetti diversa era la base sociale dei democratici: ai **borghesi**, nelle varie gradazioni di reddito e di cultura, si aggiungevano **ceti artigianali e anche popolari alfabetizzati** e/o dotati di una cultura di base.

Gli obiettivi comuni La linea divisoria fra liberali e democratici, molto netta sul piano teorico, era però assai più sfumata nella pratica della lotta contro i regimi assolutisti. La costituzione, il parlamento elettivo, la garanzia delle libertà fondamentali erano obiettivi validi per gli uni come per gli altri. Questi obiet-

Libertà in negativo / libertà in positivo
Nel linguaggio politico la libertà in negativo (*«freedom from»*, 'libero da') è la libertà intesa come assenza di impedimento o costrizione e circoscrive il fare ciò che le leggi non proibiscono: in termini più semplici, quello che è lecito fare per legge. La libertà in positivo (*«freedom to»*, 'libero di') esprime un concetto vicino alla possibilità di prendere decisioni in autonomia (senza essere mossi a farlo). La prima esprime piuttosto un'azione non costretta o non impedita, la seconda la volontà non determinata da altri, ma autodeterminata.

Theodore Chasseriau
Alexis de Tocqueville
1850
[Musée National du Château, Versailles]

za politica», aveva scritto l'autore nell'introduzione all'opera. Per questo motivo illustrare il nuovo mondo dell'eguaglianza aveva richiesto un'analisi a largo spettro, che comprendesse lo studio degli aspetti sociali e culturali oltre che quello delle leggi e delle istituzioni politiche. Anche per questa sua attenzione ai costumi, alla religione, alla scienza, ma anche ai sentimenti, alla struttura delle famiglie e ai rapporti fra lavoratori o fra uomini e donne, Tocqueville è stato spesso considerato **uno dei fondatori della sociologia moderna**.

Il pubblico colto capì immediatamente il valore dell'opera e l'autore fu subito paragonato ad Aristotele e a Montesquieu. Ciò fu possibile anche perché Tocqueville si sforzò di trattare con lucidità il funzionamento di una democrazia, distanziandosi così dai suoi oppositori ma anche dai suoi difensori più accaniti. In una lettera a un amico inglese del 1837 lo stesso Tocqueville spiegava le ragioni del suo stile sobrio: «Sono venuto al mondo alla fine di una lunga rivoluzione che, dopo aver distrutto l'antico regime, non aveva creato niente di durevole. L'aristocrazia era già morta quando ho cominciato a vivere e la democrazia non esisteva ancora. Il mio istinto non poteva dunque trascinarmi ciecamente né verso l'una né verso l'altra [...]. In una parola, ero così bene in equilibrio tra passato e avvenire che non mi sentivo naturalmente ed istintivamente attratto né verso l'uno né verso l'altro, e non ho avuto bisogno di grandi sforzi per guardare tranquillamente dai due lati». Non gli interessava insomma fare un panegirico acritico del sistema americano. Non esitò anzi a indicarne i difetti, come l'instabilità, l'incoerenza della politica estera, il successo elettorale ottenuto talvolta da uomini mediocri, ma soprattutto **il rischio della tirannia della maggioranza**. Ma dalle argomentazioni di Tocqueville il messaggio passava chiaro al lettore: i pregi della democrazia superavano di gran lunga i suoi difetti. Era soprattutto **l'eguaglianza delle condizioni** ad averlo colpito di più nella società americana, e tutta la storia universale gli sembrava ora un lungo cammino tendente al livellamento delle differenze tra gli uomini. Allo stesso tempo, però, la passione per l'eguaglianza politica è presentata nell'opera come un pericolo, perché potrebbe portare sia alla sovranità di tutti sia alla sottomissione di tutti a un solo individuo. Pur di essere uguali, gli uomini potrebbero abbandonarsi a un dittatore. Per sfuggire a questo rischio gli americani avevano sperimentato un antidoto: **la libertà politica**, espressa nelle associazioni e nelle autonomie locali.

Il successo dell'opera segnò un punto di svolta nella vita di Tocqueville. Dopo il matrimonio e dopo aver ottenuto premi e riconoscimenti si lanciò finalmente in politica, e venne eletto nel 1839 tra le fila del centro-sinistra. Alla Camera i suoi interventi riguardavano soprattutto l'abolizione della schiavitù nelle colonie e la politica estera. Fu con la Terza Repubblica francese del 1848 che arrivarono incarichi politici di primo piano: tra i redattori della costituzione nell'Assemblea costituente, poi addirittura ministro degli Esteri nel 1849, quando cercò di spostare su posizioni filoinglesi e antiaustriache la politica estera francese. Il colpo di Stato di Luigi Napoleone Bonaparte (che assunse il titolo di Napoleone III) lo spinse alle dimissioni e all'abbandono della politica [👁 11.9]. Deluso dal ritorno del despotismo in Francia, Tocqueville trascorse i suoi ultimi anni scrivendo un'opera storica, *L'antico regime e la rivoluzione*, rimasta incompiuta. La tubercolosi lo avrebbe ucciso nel 1859.

PERSONAGGI

82 DOC
John Stuart Mill
Elogio della libertà

84 DOC
Alexis de Tocqueville
La società democratica

88 DOC
Joseph de Maistre
L'infallibilità del papa e il potere del re

tivi – che si possono genericamente definire **"liberali"** – costituirono il programma minimo e il terreno comune di lotta per tutte le forze politiche che si battevano contro quanti intendevano restaurare l'antico regime sconfitto dalla Rivoluzione francese e da Napoleone.

John Stuart Mill Il rapporto fra liberalismo e democrazia fu al centro della riflessione di due fra i pensatori politici più importanti e originali del loro secolo: l'inglese John Stuart Mill e il francese Alexis de Tocqueville. Economista, filosofo e politico impegnato, Mill partì dalle premesse teoriche comuni al **liberalismo inglese** del primo '800 ma, nelle sue opere politiche più importanti, uscite negli anni attorno alla metà del secolo, **contestò l'ottimismo implicito nelle tesi liberiste**, sostenne la necessità di un intervento dei pubblici poteri per risolvere i problemi delle classi più disagiate, si batté per tutte le riforme politiche e sociali (ampliamento del suffragio esteso anche alle donne, libertà sindacale, istruzione obbligatoria, tasse sulla proprietà fondiaria) che consentissero una più equa distribuzione della ricchezza e una più ampia partecipazione popolare al governo della cosa pubblica.

Alexis de Tocqueville Diversamente da Mill, Alexis de Tocqueville non fu un teorico della politica in senso stretto, né un riformatore impegnato sul terreno sociale. Fu piuttosto un attentissimo osservatore della realtà del suo tempo e un lucido indagatore di alcune tendenze di fondo della società moderna. La sua opera più celebre, *La democrazia in America* – uscita fra il 1835 e il 1840 e ispiratagli da un viaggio negli Stati Uniti – contiene, oltre che una vivace descrizione della società nordamericana, **una acuta riflessione sulla democrazia**, considerata come il **frutto di un processo inarrestabile**. Per Tocqueville, aristocratico di orientamento liberal-moderato, il prevalere delle tendenze democratiche ed egualitarie rischiava però di risolversi in un appiattimento delle diversità, in una distruzione delle autonomie della **società civile**, ponendo le premesse per nuove forme di autoritarismo. A questi pericoli, segnalati anche da Mill, non si poteva reagire, a suo avviso, bloccando lo sviluppo della democrazia, impresa del resto impossibile, ma incanalandola negli istituti del pluralismo liberale: separazione dei poteri, libertà di stampa, autonomie locali.

Società civile
Questa espressione designa l'insieme dei membri della società nei loro rapporti, in contrapposizione allo Stato e al mondo politico.

GUIDA ALLO STUDIO
❶ Descrivi i princìpi politici del liberalismo. ❷ Perché i democratici si ispiravano alla Rivoluzione francese? ❸ John Stuart Mill contestava il liberalismo? ❹ Tocqueville era un democratico?

5 Il cattolicesimo liberale e il cattolicesimo sociale

La chiusura della Chiesa nell'età delle rivoluzioni Di fronte ai grandi rivolgimenti politici e ideologici dall'Illuminismo in poi, la Chiesa cattolica e il cattolicesimo reagirono sia sul piano teorico che su quello organizzativo. Ma ci vorrà ben più di un secolo perché la più grande organizzazione del cristianesimo cominciasse a venire a patti col mondo moderno.

Agli inizi buona parte del mondo cattolico si attestò su posizioni di radicale rottura con la tradizione illuminista e con gli ideali liberali e democratici, dando vita, in alcuni casi, a vere e proprie utopie **reazionarie**: come quella a sfondo teocratico del savoiardo **Joseph de Maistre**, sostenitore di un assolutismo monarchico fondato sul **diritto divino dei re**. De Maistre giunse a invocare, in una celebre opera del 1819 intitolata *Du Pape* (*Sul Papa*), la sottomissione dei sovrani all'autorità suprema del pontefice di Roma.

Reazionario
Nel linguaggio politico è colui che appoggia un movimento di reazione politica. Il termine, originariamente riferito agli oppositori della Rivoluzione francese, venne successivamente esteso a coloro che avversano ogni riforma e innovazione, mostrandosi tendenzialmente ostili al progresso.

Il progressismo dei cattolici liberali

Non mancavano nemmeno allora tuttavia cattolici schierati su posizioni progressiste o addirittura rivoluzionarie: in realtà le prime formulazioni di un cattolicesimo liberale, che sosteneva la possibilità e l'opportunità di **affermare i valori della religione nel quadro delle libertà costituzionali**, si ebbero in Francia nei tardi anni '20, a opera di un gruppo di intellettuali raccolti attorno all'abate **Félicité de Lamennais**, protagonista di una singolare evoluzione che lo avrebbe fatto schierare su posizioni democratiche. Nel 1830 Lamennais fondò una rivista intitolata «L'Avenir» («L'Avvenire»), che si proponeva di suscitare un moto di riforma all'interno della Chiesa per indurla ad abbandonare i progetti teocratici. Intanto il cattolicesimo liberale si era diffuso in altri paesi europei: soprattutto in Belgio – dove l'alleanza fra liberali e cattolici fu una delle chiavi del successo della lotta per l'indipendenza – ma anche in Italia, in Germania e in Irlanda. Il programma dei cattolici liberali era generalmente improntato a notevole **moderazione**. Il loro principale obiettivo era quello di salvare la Chiesa dai pericoli derivanti da una troppo stretta identificazione con il passato prerivoluzionario. Il loro laicismo non si spingeva al punto di invocare la separazione fra Chiesa e Stato, teorizzata invece da ampi settori del mondo protestante. Per i cattolici liberali lo Stato doveva non solo rispettare i diritti della Chiesa, ma anche mantenere un carattere cristiano alla sua legislazione (in materia, per esempio, di matrimonio e di istruzione), pur assicurando piena libertà alle altre confessioni religiose.
Queste idee, per quanto moderate, non potevano però essere accettate dai vertici ecclesiastici: in un'epoca caratterizzata da grandi mutamenti sociali e dalla crescente diffusione delle ideologie laiche, la Chiesa cattolica era infatti preoccupata soprattutto di **riaffermare la sua autorità e il suo magistero sulle masse popolari**, in particolare su quelle contadine.

Il cattolicesimo sociale

Una parte dei cattolici liberali preferì trasferire il proprio impegno sul terreno sociale: un impegno per certi aspetti nuovo – e reso attuale dall'esplodere della questione operaia [👁 10.8] – ma

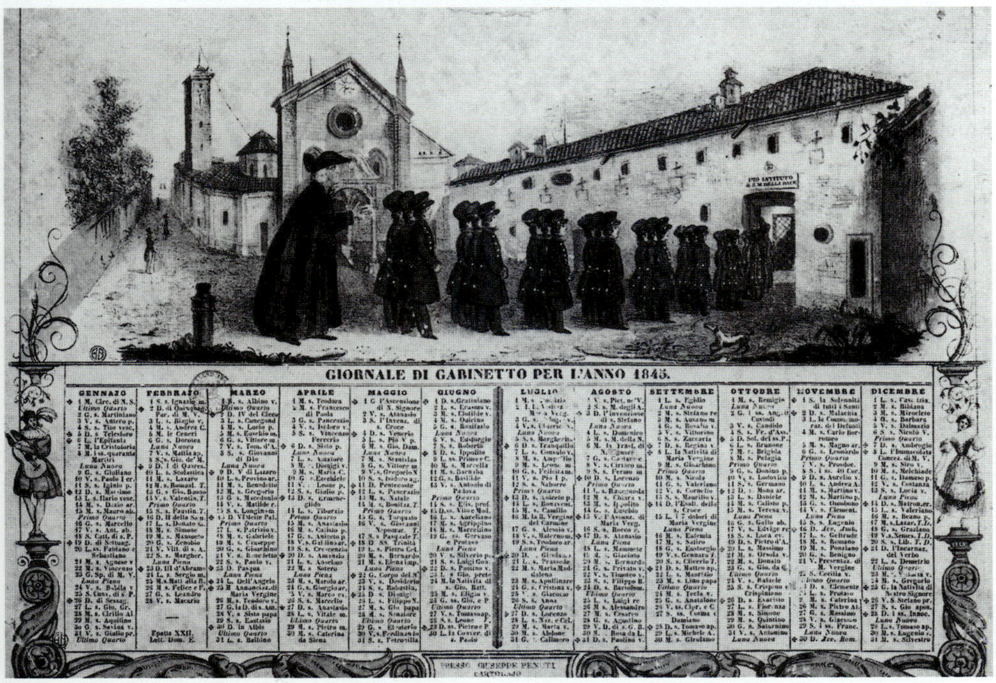

Gli alunni del Pio Istituto di Santa Maria della Pace
1845
[Civica Raccolta delle Stampe A. Bertarelli, Milano]

Fondato a Milano nel 1841 da padre Marchiondi, l'istituto rappresentato in questo calendario per l'anno 1845 aveva lo scopo di correggere e rieducare i fanciulli «socialmente deviati». Quello dell'educazione era un ambito in cui la Chiesa cattolica poteva largamente operare, impegnandosi nell'istruzione delle classi sociali meno agiate.

per altri versi in linea con la tradizione caritativa della Chiesa cattolica e, comunque, tale da evitare problemi di ordine dottrinario o teologico. Pioniere di questa nuova forma di impegno fu ancora una volta un francese, **Frédéric Antoine Ozanam**, fondatore nel 1833 della **Società di San Vincenzo de' Paoli** che riuniva, con fini assistenziali e caritativi, numerosi esponenti dell'aristocrazia e dell'alta borghesia. Richiamando le classi agiate ai doveri della solidarietà, ma incoraggiando anche la formazione di associazioni di mestiere sul modello delle corporazioni medievali, Ozanam inaugurò una corrente – quella del cattolicesimo sociale – destinata a notevoli sviluppi in molti paesi cattolici nella seconda metà dell'800.

GUIDA ALLO STUDIO

❶ Chi era de Maistre? ❷ Che cosa pensavano i cattolici, liberali e protestanti del rapporto Stato-Chiesa? ❸ Quali ideali caratterizzavano il cattolicesimo sociale?

6 Il socialismo

Il socialismo utopistico

La diffusione in Europa delle ideologie socialiste rappresentò una risposta al diffondersi dell'industrializzazione, alla crescita del proletariato e alle nuove dimensioni assunte dalla questione sociale. Il nucleo centrale del pensiero socialista consisteva nella convinzione che, per superare i mali e le ingiustizie del **capitalismo** industriale (in particolare quelli inerenti alla condizione operaia), non era sufficiente la pratica delle riforme dall'alto né tantomeno il ricorso alla carità e alle iniziative filantropiche. Era invece necessario colpire alla radice i princìpi informatori della società capitalistico-borghese – l'individualismo, la concorrenza, il profitto – e sostituirli con **i valori della solidarietà e dell'uguaglianza**: costruire insomma **una società**

Lo stabilimento cotoniero di Robert Owen a New Lanark in Scozia

Robert Owen (1771-1858), di modeste origini, figlio di un sellaio, divenne dirigente di fabbriche tessili e quindi comproprietario delle filande di New Lanark, in Scozia. Qui Owen rese operativa una vera e propria comunità industriale modello, dove le condizioni generali di vita erano di gran lunga migliori rispetto ad altre situazioni coeve (per esempio, si lavorava soltanto per dieci ore e mezza al giorno, con una pausa per il pranzo, e non venivano assunti bambini sotto i dieci anni). Nonostante un discreto successo, Owen abbandonò l'impresa e tentò di mettere in pratica le proprie teorie negli Stati Uniti, dove fondò la comunità di New Harmony (1824-28), nell'Indiana. Fallito questo tentativo, Owen tornò in Gran Bretagna per dedicarsi all'attività sindacale. Le officine di New Lanark sono rimaste attive fino al 1968. Dagli anni '70 ad oggi, insieme al vicino villaggio, sono state restaurate e tramutate in museo; dal 2001 fanno parte del Patrimonio dell'umanità dell'Unesco.

completamente nuova, non solo nelle istituzioni politiche, ma anche e soprattutto nelle strutture economiche.

Per questa sua carica utopica, il pensiero socialista del primo '800 si collegava a progetti ed esperienze maturati nell'ambito della società preindustriale, in particolare alle correnti radicali ed egualitarie che si erano manifestate nel corso della prima Rivoluzione inglese e della Rivoluzione francese, in parte confluite nelle società segrete del periodo successivo. Rispetto a tali esperienze il socialismo ottocentesco si distingueva proprio per il suo costante riferirsi alla nuova realtà dell'industrializzazione. Questo legame con i problemi della rivoluzione industriale è particolarmente evidente nell'esperienza dei due principali antesignani del socialismo moderno: il gallese Robert Owen e il francese Claude-Henri de Saint-Simon.

Imbevuto di ideali illuministi e umanitari, l'industriale cotoniero **Robert Owen** tentò dapprima (1800-25) di mettere in pratica le proprie idee nel suo stabilimento-modello di New Lanark, in Scozia, poi si dedicò prevalentemente alla formazione delle prime organizzazioni operaie, le Trade Unions, cercando di promuoverne l'unificazione a livello nazionale [👁 10.8]. In una fase successiva, si fece promotore e organizzatore di **cooperative di consumo** fra i lavoratori, dando vita a un movimento che avrebbe conosciuto notevoli sviluppi soprattutto a partire dagli anni '50. Per queste sue iniziative nel campo dell'associazionismo, Owen ebbe un ruolo di fondamentale importanza nella storia del movimento operaio inglese e mondiale.

Completamente diversa fu l'esperienza intellettuale di **Saint-Simon**. Aristocratico formatosi nell'*ancien régime* (era nato nel 1760), Saint-Simon fu uno dei primi a capire la novità dell'industrialismo e a esaltarne le potenzialità di progresso. Negli ultimi anni della sua vita, fra il 1820 e il 1825, teorizzò l'avvento di una nuova società governata dai **tecnici** (personale altamente specializzato nelle diverse discipline) e

Capitalismo
Sistema socio-economico caratterizzato da una larga formazione e mobilità dei capitali, dalla proprietà privata dei mezzi di produzione, dalla ricerca del profitto individuale e dalla separazione dei produttori in classi detentrici dei capitali (la borghesia) e classi lavoratrici (il proletariato).

Cooperative di consumo
Le cooperative di consumo hanno per soci i consumatori, e questi – per il tramite della cooperativa – fanno acquisti in comune a condizioni migliori di quelli di mercato.

Contemporaneo di Robert Owen fu Charles Fourier (1772-1837), rappresentante più tipico del socialismo utopistico francese. Nei suoi scritti, Fourier delineò un'utopia radicalmente anti-industriale, che mirava ad assicurare un'equa distribuzione delle risorse e a risolvere il problema della felicità individuale attraverso una nuova concezione del lavoro. Il filosofo propose la creazione di piccole comunità autosufficienti, dette falangi, che avrebbero vissuto nel falansterio, un complesso di edifici organizzato in aree funzionali, dove si sarebbe potuta realizzare la piena esplicazione del talento produttivo di ogni individuo. Dall'idea di Fourier nacquero diversi esperimenti in Francia e negli Stati Uniti, molti dei quali si rilevarono fallimentari. Fra questi va ricordato quello dell'imprenditore Jean-Baptiste André Godin (1817-1889) che, nella seconda metà dell'800, realizzò a Guise, nel Nord della Francia, una versione ridotta del falansterio, il familisterio. Il familisterio di Godin ebbe un discreto successo, tanto che cessò di funzionare in quanto tale solo alla metà del '900, mentre le sue strutture continuano a servire ancora oggi come normali abitazioni.

Veduta generale del familisterio di Guise in Francia
[da J.-B.A. Godin, *Solutions sociales*, 1871]

Parola chiave
Socialismo / Comunismo

▶ 85DOC
Claude-Henri de Saint-Simon
L'organizzazione scientifica della società

▶ 86DOC
Pierre-Joseph Proudhon
Uguaglianza e federalismo

dai **produttori** – espressione con cui erano accomunati industriali e operai – nell'interesse dell'intera collettività. Le teorie di Saint-Simon, che non si possono definire socialiste in senso stretto, furono sviluppate dai suoi numerosi seguaci in direzioni diverse e contrastanti. Alcuni ne colsero gli aspetti capitalistici e tecnocratici e si impegnarono nelle attività bancarie e affaristiche. Altri le interpretarono in senso socialistico e – riferendosi soprattutto all'ultima opera di Saint-Simon, intitolata *Il nuovo cristianesimo* – cercarono di fondare su di esse una vera e propria religione laica. In questa seconda versione, il **sansimonismo** esercitò una notevole influenza sul pensiero socialista successivo, ma anche su alcuni settori della sinistra democratica, come per esempio i mazziniani in Italia.

Gli sviluppi teorici in Francia

Fu nella Francia degli **anni '30 e '40 dell'800** che il socialismo conobbe i suoi più ampi sviluppi teorici: anche se, in assenza di un movimento operaio già organizzato come quello che stava crescendo in Gran Bretagna, questi sviluppi assunsero o una connotazione utopistica o una declinazione marcatamente rivoluzionaria.

Auguste Blanqui (1805-1881) fu instancabile organizzatore di trame rivoluzionarie per oltre un quarantennio. Blanqui si dedicò non tanto a descrivere la futura società socialista, quanto a studiare i mezzi per abbattere il sistema borghese tramite l'insurrezione che avrebbe consegnato il potere nelle mani del popolo: fu lui a elaborare per primo il concetto di **dittatura del proletariato**, che sarebbe poi stato ripreso da Karl Marx e Friedrich Engels (di cui si leggerà nel paragrafo seguente). Blanqui si definiva comunista [👁 10.7]. Un altro francese, **Louis Blanc** (1811-1882), può essere considerato sotto molti aspetti il capostipite del socialismo riformista. Blanc era infatti convinto che la soluzione dei mali del capitalismo poteva venire solo da un **intervento dello Stato** come regolatore, e al limite come gestore in proprio, dei processi produttivi. Il primo e più importante intervento doveva consistere nella creazione di ***ateliers sociaux*** ('officine sociali') che avrebbero avuto il doppio scopo di combattere la disoccupazione e di soppiantare progressivamente le imprese private. Un posto a parte nel panorama del primo socialismo francese è occupato infine da **Pierre-Joseph Proudhon**, che divenne celebre nel 1840 per un saggio intitolato *Che cos'è la proprietà?*; la risposta, provocatoria, era: «la proprietà è un furto». Successivamente Proudhon sviluppò il suo pensiero in direzione di un cooperativismo a sfondo **anarchico** più che socialista destinato a esercitare una forte influenza su strati consistenti del movimento operaio europeo. In particolare le idee proudhoniane influenzarono in modo significativo le elaborazioni dei primi teorici socialisti italiani, soprattutto Carlo Pisacane [👁 13.2] e Giuseppe Ferrari [👁 12.5].

GUIDA ALLO STUDIO
❶ Quali sono i princìpi politici del socialismo? ❷ Chi erano Owen e Saint-Simon? ❸ Quali sviluppi ebbe il pensiero socialista in Francia?

Anarchismo
Le idee anarchiche, fin dalle prime formulazioni rintracciabili nell'Illuminismo e in alcune tendenze radicali della Rivoluzione francese, propugnavano l'emancipazione totale dell'uomo da ogni autorità e da ogni forma di oppressione. A dare prima compiuta formulazione a queste idee, nell'800, fu P.-J. Proudhon, che riteneva limitata la denuncia della natura oppressiva del vecchio assolutismo e del nuovo capitalismo sottolineando l'estraneità dei lavoratori agli obiettivi della borghesia democratica, inclusi il regime parlamentare e l'estensione del diritto di voto. Massimo teorizzatore dell'anarchismo fu, sempre nell'800 il russo Michail Bakunin (1814-1876) che sosteneva l'abolizione dello Stato, considerato la principale fonte di oppressione sociale. Secondo l'ideologia anarchica lavoratori possono organizzarsi da sé, partendo dai più piccoli nuclei e in un modo più autonomo.

7 Marx ed Engels

Il socialismo tedesco

Negli anni '30 e '40, le idee socialiste conobbero una certa diffusione anche in Germania, dove trovarono sostenitori non tanto nell'ancora scarso proletariato industriale locale, quanto fra le comunità abbastanza numerose di lavoratori tedeschi che operavano in Belgio, in Gran Bretagna e soprattutto in Francia. Nel 1847 uno di questi gruppi, la Lega dei comunisti, affidò l'incarico di stendere il suo manifesto programmatico a due intellettuali non ancora trentenni: **Karl Marx** e **Friedrich Engels**. Engels, nato nel 1820, era figlio di un ricco industriale, aveva soggiornato a lungo in Gran Bretagna, aveva studiato le opere degli economisti «classici» [👁 3.6] ed era noto soprattutto come autore di un saggio sulle *Condizioni della classe operaia in Inghilterra*, uscito nel 1845. Marx, più anziano di due anni, aveva una formazione essenzialmente filosofica ma era insoddisfatto di un'attività puramente speculativa: era convinto che compito degli intellettuali fosse non tanto «interpretare il mondo», come fino allora avevano fatto i filosofi, quanto «cambiarlo».

Il *Manifesto del Partito comunista*

Nel *Manifesto del Partito comunista*, uscito a Londra in lingua tedesca all'inizio del 1848, Marx ed Engels si fecero assertori di un **nuovo socialismo** – da loro definito **scientifico** in contrapposizione a quello **utopistico** – che univa una fortissima carica rivoluzionaria a un solido fondamento economico e filosofico. Il nucleo fondamentale del «socialismo scientifico» sta in una concezione **materialistica e dialettica della storia**, vista essenzialmente come un susseguirsi di **lotte di classe**, di scontri fra interessi economici. I

▶ 70 DOC
Karl Marx
La forza-lavoro come merce

▶ 71 DOC
Friedrich Engels
Le condizioni della classe operaia

Il quadro di degrado urbano e sociale che si presentò al giovane Engels durante il suo soggiorno in Gran Bretagna e che stimolò la sua riflessione sulla condizione della classe operaia fu ben raffigurato, poche decine di anni più tardi, dall'incisore Gustave Doré. Questi, dopo due viaggi compiuti a Londra, pubblicò nel 1872 insieme al giornalista William Blanchard Jerrold un libro illustrato intitolato *London, A Pilgrimage* (*Londra, Un pellegrinaggio*), che traccia una visione della Londra urbana, con le sue strade affollate, i sobborghi miseri e popolari, il lavoro minorile e il dramma del proletariato nella quotidiana povertà. In particolare, dalle incisioni emerge lo spettacolo di miseria e sofferenze offerto dagli *slums* (rappresentati nelle tavole qui riprodotte), quartieri periferici pianificati dagli speculatori edilizi per i salariati dei sobborghi industriali delle grandi città inglesi, i cui edifici, di infima qualità, erano costruiti ignorando qualsiasi norma di igiene e sicurezza.

◀▶ Gustave Doré
I quartieri poveri di Londra sotto i viadotti ferroviari
e
Veduta della periferia di Londra
1872
[da W. Blanchard Jerrold e G. Doré, *London, A Pilgrimage*]

87 DOC
Karl Marx • Friedrich Engels
La società senza classi

rapporti economici costituiscono, per gli autori del *Manifesto*, la base portante, la «struttura» di ogni società. Le ideologie e le istituzioni politiche, a cominciare dallo Stato, sono solo «sovrastrutture» che servono a organizzare e a legittimare il dominio di una classe sulle altre. Anche i regimi liberali e democratici sono l'espressione di un dominio di classe, quello della borghesia giunta alla fase matura della sua ascesa rivoluzionaria.

Infatti, dando vita al capitalismo industriale, la **borghesia** ha accresciuto enormemente le capacità produttive dell'umanità e ha abbattuto le disuguaglianze giuridiche della società feudale. Ma, al tempo stesso, ha suscitato contraddizioni che non riesce più a risolvere e ha prodotto il suo antagonista storico, il nuovo soggetto sociale destinato a soppiantarla: il **proletariato**. È infatti la logica stessa del sistema capitalistico-industriale che fa crescere continuamente il numero dei proletari e, contemporaneamente, li riduce a una massa indifferenziata, dequalificata, e fatalmente destinata a diventare sempre più misera e pronta alla rivoluzione.

Proletariato
Nella Roma antica il proletario (in latino *proletarius*) era il nullatenente, colui che non aveva altra ricchezza che la sua prole e occupava quindi l'ultimo gradino della scala sociale. Il termine "proletariato" – ossia l'insieme, la classe dei proletari – venne introdotto nel linguaggio politico moderno agli inizi dell'800 e, con la diffusione del pensiero socialista, divenne poi di uso comune per definire i lavoratori salariati e le loro famiglie.

La rivoluzione proletaria

Secondo Marx ed Engels, ribellandosi al sistema capitalistico, il proletariato non ha da perdere nulla «se non le proprie catene»: è dunque una classe naturalmente rivoluzionaria, in quanto rappresenta, al contrario della borghesia, gli interessi dell'enorme maggioranza della popolazione. Per far valere i suoi interessi, il proletariato deve organizzarsi non solo all'interno dei singoli Stati, ma anche su scala sovranazionale, rifiutando la logica dei nazionalismi: **«Proletari di tutti i paesi, unitevi!»** è il celebre appello con cui si conclude il *Manifesto*. Una volta organizzata, la classe operaia profitterà dell'inevitabile crisi del capitalismo – che colpirà per primi i paesi più industrializzati – e assumerà il potere. In una prima fase, questo potere prenderà le forme della **dittatura**, necessaria per contrastare i prevedibili tentativi di reazione della borghesia e per assicurare il passaggio alla vera **società comunista**: la società senza privilegi, senza classi, senza proprietà privata e senza Stato, in cui le enormi potenzialità produttive di cui la tecnica umana è capace saranno messe al servizio dell'intera collettività.

Queste proposte e queste indicazioni non trovarono un seguito ampio e immediato in un movimento operaio europeo che era ancora disorganizzato e frammentato: mantennero quindi un inevitabile carattere utopistico seppure sostenuto dalla forza argomentativa derivante dalla filosofia dialettica tedesca. Le rivoluzioni del 1848 [👁 11.8] – scoppiate in coincidenza con l'uscita del *Manifesto* – se da un lato avrebbero portato in primo piano, soprattutto in Francia, le istanze di una classe operaia sempre meno disposta a subordinare i suoi obiettivi a quelli della borghesia, dall'altro avrebbero rivelato quanto questa classe operaia fosse debole e isolata e quanto la stessa borghesia fosse ancora lontana dall'aver compiutamente realizzato i suoi progetti politici.

GUIDA ALLO STUDIO

❶ Che cosa rappresentano «struttura» e «sovrastruttura» nel *Manifesto* comunista del 1848? ❷ Perché il socialismo marxista si definisce «scientifico»? ❸ Perché, secondo Marx, anche la borghesia è stata rivoluzionaria? ❹ Qual è il compito storico del proletariato secondo il marxismo?

8 La questione operaia

Borghesi e proletari

Lo sviluppo e la diffusione dell'industria moderna provocarono in tutti i paesi coinvolti in questo processo profonde trasformazioni anche nella struttura sociale. Al concetto di ceto, legato alla posizione occupata per nascita o al godimento di particolari diritti, si venne sostituendo quello di

classe, definito soprattutto in rapporto al ruolo svolto nel processo produttivo in una società che, almeno dal punto di vista formale, tendeva ad assicurare l'uguaglianza dei cittadini di fronte alla legge.

L'antagonismo fondamentale che si veniva profilando non era più quello fra l'aristocrazia e il popolo, ma quello fra il **borghese**, proprietario dei mezzi di produzione, e il **proletario**, lavoratore salariato, dotato soltanto della forza delle sue braccia e della sua capacità di riprodursi.

Il confronto sociale in Gran Bretagna Nei paesi dell'Europa continentale questo dualismo, fino alla metà dell'800, aveva aspetti marginali. Imprenditori e salariati erano invece protagonisti del confronto sociale in Gran Bretagna. Qui la **borghesia** svolgeva, già negli anni '30 e '40, un ruolo politico di primo piano e una parte della stessa **aristocrazia** tendeva a farsi imprenditrice; lo sviluppo della grande fabbrica stava concentrando in alcune città industriali una massa operaia sempre più consistente e agguerrita. Nel 1850, i lavoratori impiegati nelle manifatture e nelle fabbriche inglesi erano 3.250.000. Il solo settore tessile impiegava oltre un milione di operai. **Per la gran massa dei lavoratori dell'industria le condizioni di vita rimanevano estremamente difficili**. E il fatto che il lavoro in fabbrica rappresentasse per molti un'alternativa alla fame o alla pubblica carità e che il livello medio delle retribuzioni nell'industria risultasse, nonostante tutto, superiore a quello dei lavoratori agricoli non toglieva nulla alla drammaticità di una condizione tanto dura da apparire inumana anche a molti osservatori contemporanei.

Le Trade Unions Da questa realtà derivava da un lato l'impulso delle classi dirigenti a farsi carico in qualche misura – seppur in forme sostanzialmente paternalistiche – degli aspetti più gravi della questione operaia, dall'altro **la spinta degli operai stessi ad associarsi fra loro e a ribellarsi alla propria condizione**. Quest'ultima era una tendenza favorita dal lavoro in fabbrica e dal fatto di vivere a stretto, continuo contatto gli uni con gli altri.

I primi episodi di ribellione contro il sistema di fabbrica avevano assunto, come sappiamo, la forma del luddismo [👁 8.4]. Negli anni '20 gli operai inglesi, guidati per lo più da leader democratico-radicali, avevano cominciato a sperimentare forme di agitazione pacifica – manifestazioni, comizi, scioperi –, in cui le rivendicazioni economiche si mescolavano a quelle politiche, e avevano lottato per ottenere l'abrogazione di quelle leggi

Focus
Trade Unions
ONLINE

James Sharples
Tessera del sindacato dei metallurgici
1852 ca.
[Trade Unions Congress, Londra]

Le prime associazioni dei lavoratori nacquero in Inghilterra e presero il nome di Trade Unions. Da questi primi nuclei ebbe origine il movimento sindacale che conosciamo ancora oggi. La figura mostra la tessera del sindacato degli operai metallurgici realizzata su disegno di James Sharples, egli stesso operaio.

che – in Gran Bretagna come in altri paesi – dichiaravano illegali le associazioni fra i lavoratori e proibivano il ricorso allo sciopero. Da queste lotte – in parte coronate da successo grazie alla **legge del 1824 che legalizzava le associazioni operaie** – nacquero le prime **Trade Unions**, nucleo originario di un movimento sindacale destinato a grandi sviluppi. Nei paesi dell'Europa continentale, il processo di formazione del proletariato di fabbrica e di crescita delle organizzazioni operaie fu naturalmente molto più lento. In Francia e in Germania, attorno alla metà del secolo, gli occupati nell'industria erano circa un quarto della popolazione attiva – mentre già raggiungevano il 50% in Gran Bretagna. E in questa percentuale era compresa una quota consistente di addetti alle tradizionali attività artigiane.

La questione operaia

Tuttavia, anche nei paesi "secondi arrivati" sulla via dell'industrializzazione, la questione operaia si venne sempre più im-

STORIA • SOCIETÀ • CITTADINANZA

I diritti di cittadinanza

Il concetto di «cittadinanza» (dal latino *civitas*) è molto antico: si fa risalire all'antica Grecia e lo si ritrova nel diritto romano, nel pensiero cristiano medievale, infine in età moderna nei principali documenti della Rivoluzione francese. In termini moderni, per cittadinanza si intende sia il rapporto di appartenenza di un individuo a un dato Stato sia tutta la serie di diritti e doveri (come la fedeltà allo Stato), stabiliti per legge, che da questa relazione derivano.
La "scoperta" del cittadino si ebbe solo con la **Rivoluzione francese**, quando la società cominciò a essere riconosciuta come l'insieme degli individui che ne fanno parte – singolarmente considerati – e non dei ceti, come avveniva nella prima età moderna. L'articolo 6 della *Dichiarazione dei diritti dell'uomo e del cittadino* (1789) significativamente recitava: «La legge è l'espressione della volontà generale. Tutti i cittadini hanno diritto di concorrere, personalmente o mediante i loro rappresentanti, alla sua formazione. Essa deve essere uguale per tutti, sia che protegga, sia che punisca. Tutti i cittadini essendo uguali ai suoi occhi sono ugualmente ammissibili a tutte le dignità, posti ed impieghi pubblici secondo le loro capacità [...]».
Dunque, si può parlare di **cittadinanza** in modo più specifico quando tutti gli individui che fanno parte di uno Stato sono uguali di fronte alla legge e hanno – per legge – pari dignità civile e la possibilità di partecipare alla vita politica e sociale della propria comunità. Riprendendo le parole del sociologo inglese Thomas H. Marshall (1893-1981), la cittadinanza consiste in «una forma di uguaglianza umana [...] connessa con il concetto di piena appartenenza a una comunità».
Quali sono, dunque, i diritti (ovvero le condizioni) che caratterizzano questa appartenenza? Innanzitutto, il «catalogo» dei diritti del cittadino non è stabile, dato una volta per tutte e immutabile, ma si modifica con il cambiamento del rapporto tra il cittadino e la comunità politica (anche se il concetto di cittadinanza si consolida nel XIX secolo, da allora fino a oggi i diritti e i doveri connessi hanno comunque subìto delle trasformazioni). Ci sono, però, degli aspetti fondamentali e caratterizzanti che hanno mantenuto il loro valore nel tempo. Elementi essenziali della cittadinanza sono i **diritti politici**, che permettono a tutti gli individui di partecipare attivamente (tramite il voto o l'esercizio di un pubblico ufficio) al governo del proprio paese. Ancora una volta, fu la Rivoluzione francese a dare avvio al progresso della società. La Costituzione del 1793 concesse infatti (per la prima volta nella storia) a tutti i cittadini maschi il diritto di voto, cioè il suffragio universale maschile e la libertà di candidarsi come rappresentanti del popolo nelle istituzioni dello Stato. Gli articoli 7, 8 e 28 recitavano: «Il popolo sovrano è l'universalità dei cittadini francesi. Esso nomina immediatamente i suoi deputati. [...] Ogni Francese che esercita i diritti di cittadino, è eleggibile nel territorio della Repubblica». Questi diritti, però, vennero revocati dai regimi politici successivi che introdussero criteri restrittivi – di titoli e di censo – per la partecipazione alla vita politica. La strada da percorrere per la piena affermazione del suffragio universale era infatti ancora molto lunga, tanto che in Italia, nei primi anni dopo l'Unità, poteva votare solo il 2% della popolazione e il diritto di voto venne riconosciuto alle donne solo nel 1945.
Altrettanto importanti sono i **diritti civili**, quelli più strettamente connessi con il godimento della libertà individuale, come il diritto alla libertà personale, la libertà di parola, di pensiero, di religione e l'uguaglianza di fronte alla legge. Un ruolo significativo rivestono infine i **diritti sociali**, che permettono all'individuo di conquistare almeno un livello minimo di benessere economico e di partecipare alla vita sociale della propria comunità.
Negli ultimi due secoli il concetto di cittadinanza si è progressivamente arricchito di nuovi elementi, nuove garanzie della piena partecipazione dei cittadini alla vita nello Stato. In tempi molto recenti si è cominciato a parlare di **diritti di terza e di quarta generazione**, che riguardano non solo il cittadino ma l'umanità intera come i diritti dei consumatori, il diritto a un ambiente pulito e sano (terza generazione) o quello alla difesa dai rischi connessi al dilagare delle nuove tecnologie: internet, manipolazione genetica, ecc. (quarta generazione).
Per quanto riguarda l'acquisizione del **diritto di cittadinanza in Italia**, la Costituzione italiana tutela tale diritto all'articolo 22: «Nessuno può essere privato, per motivi politici, della capacità giuridica, della cittadinanza, del nome». Il criterio guida per ottenere la cittadinanza italiana, comunque, è tradizionalmente il

ponendo all'attenzione dell'opinione pubblica e delle classi dirigenti. L'addensarsi di masse proletarie numerose e compatte in alcuni fra i **maggiori centri urbani**, soprattutto nelle capitali, suscitava ovunque diffuse preoccupazioni di ordine igienico-sanitario, crescenti timori per l'ordine pubblico, ma anche reazioni di tipo moralistico. Nelle **periferie operaie** dilagavano infatti l'alcolismo e la prostituzione, aumentavano le nascite illegittime, salivano gli indici della criminalità. Si diffondeva fra i ceti urbani benestanti l'**equazione fra classi lavoratrici e «classi pericolose»**. D'altro canto, cresceva il numero di coloro che individuavano nella classe operaia non solo la principale vittima di un ordine sociale ingiusto, ma anche la maggiore protagonista di un processo rivoluzionario destinato a dar vita a un nuovo assetto economico e politico.

GUIDA ALLO STUDIO

❶ Che cosa distingue il concetto di classe da quello di ceto? ❷ Quale antagonismo sociale emerse nella società industriale? ❸ Che cosa erano le Trade Unions? ❹ In che cosa consisteva la questione operaia?

Manifestazione per la cittadinanza italiana degli immigrati promossa dalla Comunità di Sant'Egidio di Roma (2004) [© Riccardo Antimiani/ EIDON]

In seguito a recenti iniziative di sensibilizzazione e campagne promosse da diverse associazioni nazionali, oggi si cerca di informare tempestivamente le seconde generazioni di immigrati – cioè i minori nati in Italia da genitori stranieri – sulle modalità di acquisizione della cittadinanza al compimento della maggiore età. Nel 2010, sono nati circa 78 mila bambini figli di stranieri (fonte Istat, 1° gennaio 2011), il 13,9% del totale dei nati da residenti in Italia, con un aumento dell'1,3% rispetto all'anno precedente.

cosiddetto *ius sanguinis* (letteralmente 'diritto di sangue'), per cui è cittadino italiano chi nasce da altri cittadini italiani. In modo residuale trova applicazione anche lo *ius soli* («diritto del luogo»), in base al quale chi nasce in territorio italiano può, a certe condizioni, diventare cittadino della Repubblica. Vi è infine la cosiddetta «naturalizzazione», quando l'individuo riesca a provare di essere stato legalmente residente in Italia per gli ultimi dieci anni o abbia sposato un cittadino o una cittadina italiani.

Recentemente si è affermato il concetto di **cittadinanza europea**. Con il **Trattato di Amsterdam** (1997) l'Unione europea ha infatti stabilito che «È istituita una cittadinanza dell'Unione. È cittadino dell'Unione chiunque abbia la cittadinanza di uno Stato membro. La cittadinanza dell'Unione costituisce un completamento della cittadinanza nazionale e non sostituisce quest'ultima» (art. 17).

Si è configurato in tal modo un nuovo diritto per i cittadini europei: la possibilità di rivolgersi alle istituzioni europee (il Parlamento, la Corte di giustizia, ecc.) quando i propri diritti non trovino tutela negli Stati membri o siano di esclusiva competenza dell'Unione.

SINTESI

1 Il completamento dello Stato moderno

Il compimento del processo di costruzione dello Stato moderno nel periodo napoleonico si tradusse nella diffusione nell'Europa continentale dello Stato burocratico-amministrativo. Lo Stato divenne sempre più efficiente dotandosi di un personale burocratico e tecnico e utilizzando i dati prodotti dalla nuova scienza statistica, come i censimenti. La Rivoluzione francese aveva trasformato i sudditi in cittadini: la sovranità non apparteneva più al sovrano, ma al popolo e ai suoi rappresentanti. Nacquero i sistemi politici rappresentativi e la costituzione divenne la carta fondamentale dei nuovi diritti. Nel corso dell'800, nei regimi rappresentativi si affermarono in Europa, alternandosi, due forme di governo: costituzionale e parlamentare. E il dibattito sui sistemi elettorali animò gli aderenti alle due grandi ideologie: liberalismo e democrazia. I liberali erano sostenitori del suffragio ristretto, i democratici di quello universale.

2 Il Romanticismo

Nei primi decenni dell'800 si diffuse in tutta Europa la cultura romantica: il Romanticismo – che esaltava la spontaneità del sentimento, la libertà, la rottura delle norme consolidate e, al contempo, i valori della tradizione e della nazione, guardando con nuovo interesse alla storia – segnava un mutamento profondo rispetto alla cultura e alla mentalità illuministiche. Il Romanticismo influenzò profondamente la società europea, cambiandone il costume, il modo di pensare e la sensibilità. Gli elementi di fondo della mentalità romantica potevano esaltare il ritorno al passato. Ma in realtà il Romanticismo poté costituire altrettanto bene la premessa delle battaglie liberali e democratiche dell'epoca e stimolare, con il culto del passato e dei valori nazionali, lo sviluppo del nazionalismo.

3 Nazione e nazionalismi

L'idea moderna di nazione nacque con Rousseau e con la sua concezione dello Stato come espressione di un popolo, di una comunità di cittadini, di un «corpo morale e collettivo» capace di esprimere una volontà comune. Ma fu soprattutto la cultura romantica tedesca del '700-800 a scoprire la nazione, a esaltarla in quanto comunità «naturale», unita da legami indissolubili di lingua, di cultura e di sangue. Si formarono così due tradizioni distinte: un nazionalismo democratico, caratteristico dei paesi privi di indipendenza, e un nazionalismo conservatore.

4 Le grandi ideologie dell'800: liberalismo e democrazia

Il liberalismo, oltre che per alcune idee fondamentali – libertà di opinione, tolleranza, principio rappresentativo, ecc. –, si qualificava per l'adesione a un modello istituzionale simile a quello operante in Gran Bretagna. Sul piano dei princìpi, il liberalismo si distingueva radicalmente dal pensiero dei democratici, che aspiravano alla repubblica e consideravano il Parlamento eletto a suffragio universale come unica espressione legittima della volontà popolare. Ma le due correnti si trovavano vicine nella comune lotta per la costituzione, il parlamento elettivo, la garanzia delle libertà fondamentali. Mill ritenne che il liberalismo doveva dare una risposta alle nuove esigenze di giustizia sociale e di partecipazione politica. Tocqueville sostenne l'inevitabilità dell'avvento della democrazia, ma denunciò i rischi di appiattimento e di autoritarismo che tale avvento avrebbe comportato.

5 Il cattolicesimo liberale e il cattolicesimo sociale

Nell'età della Restaurazione buona parte del mondo cattolico si attestò su posizioni di radicale rottura con la tradizione illuminista e con gli ideali liberali e democratici. Non mancarono, però, anche cattolici schierati su posizioni progressiste. Le prime formulazioni di un cattolicesimo liberale si ebbero in Francia a opera di un gruppo di intellettuali attorno all'abate Lamennais. Per i cattolici liberali lo Stato doveva non solo rispettare i diritti della Chiesa, ma anche mantenere un carattere cristiano alla sua legislazione, assicurando piena libertà alle altre confessioni religiose. Alcuni cattolici progressisti cercarono di trasferire il loro impegno sul terreno sociale. Pioniere di questo nuovo cattolicesimo sociale fu Ozanam, fondatore della Società San Vincenzo de' Paoli.

6 Il socialismo

I primi decenni del secolo videro un grande sviluppo del pensiero socialista. Il gallese Owen ebbe un ruolo di rilievo nell'organizzazione del movimento operaio. Più articolato fu lo sviluppo delle teorie socialiste in Francia. Se il pensiero di Saint-Simon si legava a una piena accettazione della realtà dell'industrialismo, Blanc fu per certi versi il capostipite del riformismo socialista. Ancora diverse le posizioni di Proudhon, caratterizzate da un cooperativismo più anarchico che socialista.

7 Marx ed Engels

La principale novità, nel panorama delle teorie socialiste, fu la formazione del nuovo indirizzo «scientifico» dei tedeschi Marx ed Engels. Nucleo fondamentale del loro pensiero, già presente nel *Manifesto del Partito comunista* (1848), fu la concezione materialistica della storia e la sottolineatura del ruolo rivoluzionario che il proletariato – facendo leva sulle contraddizioni oggettive dello sviluppo capitalistico – era destinato a svolgere per abbattere la società borghese.

8 La questione operaia

Alla diffusione dell'industria moderna si accompagnò lo sviluppo di una nuova classe, la classe operaia, costituita dai lavoratori salariati e dalle loro famiglie. Le condizioni di vita degli operai di fabbrica erano estremamente pesanti e favorirono la spinta a raccogliersi in associazioni e a ribellarsi. Nei paesi più industrializzati cominciò così a delinearsi una nuova contrapposizione tra gli operai salariati e i borghesi proprietari dei mezzi di produzione. Per primi gli operai britannici ottennero una legge che legalizzava le associazioni operaie (1824). E sempre in Gran Bretagna, prima che altrove, nacquero le prime associazioni di operai, le Trade Unions. La «questione operaia» si impose sempre più all'attenzione dell'opinione pubblica e delle classi dirigenti.

SVILUPPARE LE COMPETENZE

❶ In un testo di 15 righe descrivi le caratteristiche dello Stato moderno agli inizi dell'800, prestando attenzione alle varie differenze nazionali.

❷ Utilizza tutti i concetti chiave qui di seguito elencati per costruire un testo di 20 righe. Dai, quindi, al testo un titolo che inquadri l'argomento trattato. Fai attenzione perché dovrai usare i concetti forniti anche cambiandone l'ordine:

a. Libera creatività individuale
b. spontaneità dei sentimenti
c. movimento Sturm und Drang
d. Madame de Staël
e. stile di vita
f. attenzione alla storia
g. religione

❹ Disponi correttamente nei due cerchi le parole sotto elencate o le lettere ad esse corrispondenti. Scrivi quindi un breve testo (15 righe) che spieghi la differenza tra liberalismo e democrazia:

a. idea di libertà
b. sovranità popolare
c. proprietà privata, libero commercio e iniziativa privata tutelati e incoraggiati
d. potere centrale limitato
e. repubblica
f. assemblea eletta a suffragio universale maschile
g. agire per il bene comune
h. élite ristretta di cittadini negli organismi rappresentativi

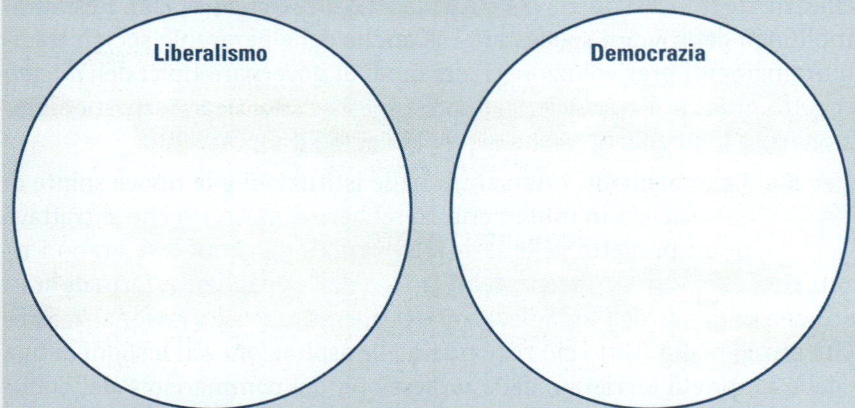

❸ Dopo aver collegato ad ogni personaggio della colonna di sinistra la corrispondente definizione dell'idea di nazione o di Stato nazionale nella colonna di destra, componi un testo (10 righe) che abbia come titolo "L'idea di nazione" argomentando sulle quattro definizioni:

a. Rousseau	**1.** comunità di sangue e di cultura
b. Fichte	**2.** entità organica e gerarchica
c. Hegel	**3.** espressione di un popolo
d. Mazzini	**4.** superiorità intellettuale e morale

❺ Stabilisci se le seguenti affermazioni sono vere o false, motivando la tua risposta in un testo scritto:

a. Il socialismo utopistico aveva come nucleo centrale l'idea che per combattere le ingiustizie fossero sufficienti opere di carità e di filantropia. (5 righe) **V F**

b. Saint-Simon si dedicò principalmente alla creazione di organizzazioni di operai. (5 righe) **V F**

c. Il socialismo di Marx ed Engels era nuovo rispetto a quello utopistico. (7 righe) **V F**

d. Per il socialismo di Marx il proletariato doveva organizzarsi solo all'interno del proprio Stato. (3 righe) **V F**

❻ Dopo aver ricostruito le domande, rispondi usando il numero di righe indicato tra parentesi:

a. per questione operaia? (5 righe)	**1.** Quali cambiamenti provocarono la diffusione
b. Quale reazione provocarono le condizioni di vita	**2.** e lo sviluppo dell'industria moderna nella struttura sociale? (3 righe)
c. estremamente difficili dei lavoratori nella borghesia e nella classe operaia? (5 righe)	**3.** Che cosa si intende

CAPITOLO

11 RESTAURAZIONE E RIVOLUZIONI IN EUROPA

1 La Restaurazione e il nuovo assetto europeo

Dopo la definitiva sconfitta di Napoleone, le potenze europee si accordarono per la ricostituzione del vecchio ordine, infranto prima dall'ondata rivoluzionaria poi dalle conquiste delle armate francesi: iniziava l'età della Restaurazione [👁 7.13]. Restaurazione in primo luogo dei sovrani spodestati, ma anche delle gerarchie sociali tradizionali, degli ordinamenti prerivoluzionari, dei modi di governare tipici dell'*ancien régime*. Il progetto ottenne alcuni iniziali successi politici, ma ben presto mobilitazioni rivoluzionarie e indipendentistiche avrebbero preso il sopravvento.

Un programma irrealizzabile

I cambiamenti intervenuti nelle istituzioni e le nuove spinte di una società in mutamento avrebbero dimostrato che si trattava di un progetto velleitario. Impossibili da rimuovere erano i risultati ottenuti sul piano della certezza del diritto e dell'uguaglianza formale fra i cittadini, ma anche su quello dell'organizzazione burocratica e della razionalizzazione delle attività economiche. Tutto ciò rispondeva alle aspirazioni e ai bisogni di una **borghesia** – della proprietà terriera e delle professioni, del commercio e dell'industria – che aveva acquisito una nuova consapevolezza del suo ruolo nella società.

Il congresso di Vienna
XIX secolo

In questa stampa di gusto popolare i principi si affollano intorno al tavolo, dove i maggiori protagonisti – fra i quali, al centro, l'imperatore d'Austria – definiscono i nuovi confini d'Europa. Sul fondo, la statua della Giustizia, che impugna una spada e regge una bilancia, sembra vegliare sull'equità delle spartizioni, mentre le squadre e i compassi sul tavolo vogliono garantire la precisione dei nuovi confini tracciati.

Parola chiave
Legittimismo

ONLINE

89DOC
Klemens W.L. Metternich
Il testamento politico

Il congresso di Vienna Il terreno su cui la volontà restauratrice si manifestò con maggior decisione e con risultati più evidenti fu certamente quello dei **rapporti internazionali** definiti dal congresso di Vienna (novembre 1814-giugno 1815), il più affollato consesso di sovrani e governanti che mai si fosse visto in Europa. Le decisioni più importanti, tuttavia, vennero prese tra i delegati delle quattro maggiori potenze vincitrici: Gran Bretagna, Russia, Prussia, Austria. Il ministro degli Esteri austriaco **Metternich** fu l'autentico regista dei lavori. Ma in questo gruppo riuscì a inserirsi anche il rappresentante della Francia sconfitta, **Talleyrand**, già ministro degli Esteri negli anni della Rivoluzione e dell'Impero. Uomo di grande abilità, Talleyrand riuscì a far valere a vantaggio del suo paese il **principio di legittimità**: il principio, cioè, in base al quale dovevano essere anzitutto restaurati i diritti «legittimi» violati dalla Rivoluzione e, dunque, anche quelli dei Borbone di Francia.

Il nuovo assetto europeo Era del resto interesse delle stesse potenze vincitrici fare della **Francia** monarchica un pilastro del nuovo equilibrio conservatore piuttosto che rischiare, umiliandola, di creare il terreno propizio per nuovi esperimenti rivoluzionari. Per questo motivo la Francia non subì alcuna amputazione rispetto alle frontiere del 1791 **[**👁 ATLANTE_33**]**. Il nuovo assetto territoriale fu realizzato senza il minimo riguardo per i princìpi di nazionalità, ma comportò ugualmente una certa razionalizzazione della geografia politica europea in relazione ai rapporti di forza che si erano consolidati nelle guerre antinapoleoniche. Fu confermata l'abolizione del Sacro romano impero, che era stato cancellato da Napoleone nel 1806, mentre i mutamenti più importanti rispetto alla situazione prerivoluzionaria si verificarono nel Centro e nel Nord dell'Europa. La **Russia** si

ATLANTE 33_ L'EUROPA NEL 1815

espanse verso occidente, occupando la Finlandia e buona parte della Polonia. Anche la **Prussia** si ingrandì a ovest, annettendo una serie di territori nella zona del Reno che si sarebbero poi rivelati di decisiva importanza economica. Gli Stati tedeschi si ridussero drasticamente di numero e furono riuniti in una **Confederazione germanica**, la cui presidenza era tenuta dall'imperatore d'Austria. L'**Impero asburgico**, sotto l'abile guida di Metternich, si affermò come il fulcro dell'equilibrio continentale ed ebbe riconosciuto un ruolo egemone sull'intera Penisola italiana. Il Belgio e il Lussemburgo, uniti all'Olanda, formarono il **Regno dei Paesi Bassi**. Nessun mutamento di rilievo si ebbe nella Penisola iberica, né nei Balcani. La **Gran Bretagna** non accampò pretese territoriali sul continente, ma si preoccupò di assicurare in Europa un equilibrio tale da impedire l'emergere di nuove ambizioni egemoniche.

L'Italia Quanto all'Italia, essa fu riportata, con poche varianti, alla situazione precedente alle guerre napoleoniche. La maggiore novità fu il rafforzamento dell'**egemonia austriaca**, ottenuta non solo con la sovranità sul Lombardo-Veneto, ma anche attraverso una serie di legami militari e dinastici con gli altri Stati della penisola, fra cui il Regno di Napoli, ricostituito sotto la dinastia dei Borbone e ribattezzato **Regno delle Due Sicilie**. L'unico tra gli Stati italiani a mantenere una certa autonomia rispetto all'Impero asburgico fu il **Regno di Sarde-**

ATLANTE 34_ L'ITALIA NEL 1815

Nell'Italia del 1815 il Regno Lombardo-Veneto univa sotto il dominio asburgico il Ducato di Milano (austriaco dal 1713) e la Repubblica di Venezia. Il Granducato di Toscana era tornato invece a Ferdinando III di Lorena, fratello di Francesco I d'Austria. A Maria Luisa, ex imperatrice dei francesi e figlia di Francesco I, era stato assegnato il Ducato di Parma e Piacenza, mentre il Ducato di Modena e Reggio era andato a Francesco IV d'Asburgo-Este.
I Ducati di Massa e Lucca passarono rispettivamente a Modena (nel 1829) e alla Toscana (nel 1847). Lo Stato della Chiesa venne reintegrato nei suoi vecchi confini, consentendo però all'Austria di mantenere guarnigioni a Ferrara e Comacchio.

gna, ingranditosi con l'acquisto di alcuni territori della Savoia e soprattutto di una regione ricca e popolosa come la Liguria [👁 ATLANTE_**34**].

Le nuove alleanze A presidio di questi assetti furono varate due alleanze: la prima fu la **Santa alleanza**, nata nel settembre 1815 da un'iniziativa dello zar Alessandro I, cui aderirono anche l'imperatore d'Austria e il re di Prussia. Si trattava di una sorta di alleanza personale fra i tre sovrani, il cui testo era ricco di riferimenti alla religione cristiana. Alla Santa alleanza aderirono successivamente molti altri Stati europei, fra cui la Francia. Non vi aderì invece la Gran Bretagna che, nel novembre dello stesso anno, propose un secondo accordo alle potenze vincitrici (Austria, Russia e Prussia), la cosiddetta **Quadruplice alleanza**: i quattro contraenti si impegnavano a vigilare contro possibili tentativi di rivincita da parte della Francia e a intervenire contro ogni minaccia all'equilibrio europeo.
Questo sistema di alleanze dava vita a una sorta di direttorio che aveva il compito di risolvere pacificamente eventuali contrasti fra Stato e Stato. Nasceva così quello che fu chiamato il **concerto europeo**, ossia un dialogo costante fra le grandi potenze che contribuì a ridurre le tensioni sul continente e ad assicurare all'Europa un quarantennio di pace.

GUIDA ALLO STUDIO
❶ Che cosa fu "restaurato" dopo il 1815? ❷ Quale ruolo ebbe Talleyrand durante il congresso di Vienna? ❸ Chi controllava l'Italia secondo gli accordi di Vienna? ❹ Perché tra gli Stati europei fu necessaria una Quadruplice alleanza?

2 Il ritorno all'ordine

Dopo la gran ventata rivoluzionaria e napoleonica si ebbe, quasi ovunque in Europa, un assestamento degli equilibri interni in senso conservatore, sostenuto anche dall'alleanza tra i sovrani e il potere religioso delle Chiese.

In Gran Bretagna Persino in Gran Bretagna, il paese in cui le istituzioni parlamentari erano nate, gli anni successivi al 1815 videro il prevalere dell'**ala destra del partito conservatore**: quella che aveva la sua base nell'ari-

George Cruikshank
Il massacro di Peterloo
1819

Il 16 agosto 1819, uno spiazzo nel centro di Manchester, chiamato Saint Peter's Field, fu teatro di una delle più violente repressioni della storia della Gran Bretagna. Vi si erano pacificamente radunate più di 60 mila persone per ascoltare il comizio di un famoso radicale, Henry Hunt, e chiedere al Parlamento britannico una riforma elettorale. Il duro intervento della cavalleria, cui fu dato l'ordine di disperdere la folla e arrestare Hunt, provocò la morte di 15 persone e centinaia di feriti. L'episodio ebbe grande risalto su tutta la stampa nazionale dell'epoca. In questa vignetta i soldati sono raffigurati con le asce sanguinanti in mano quasi fossero macellai; il testo recitato da uno di loro dice: «Abbatteteli! Decapitateli miei coraggiosi: non date quartiere, vogliono rubarci il cibo, e ricordate: più ne ammazzate meno tasse per i poveri dovrete pagare; dateci dentro camerati e mostrate il vostro coraggio e la vostra lealtà!». All'evento fu dato il nome di massacro di Peterloo, con l'intento ironico di compararlo con la battaglia di Waterloo che aveva avuto luogo 4 anni prima.

stocrazia terriera e nell'alto clero anglicano. Il dominio della destra tory si tradusse in una politica volta a favorire gli interessi della **grande proprietà terriera**, attraverso l'imposizione di un forte dazio di importazione sul grano, che proteggeva la produzione interna e manteneva elevati i prezzi al consumo. Questa politica sacrificava gli interessi dell'**industria esportatrice** – che costituiva da tempo la vera base della potenza economica britannica – e inaspriva le tensioni sociali, alzando il costo della vita. Si ebbero infatti in questi anni numerose **agitazioni operaie**, sempre duramente represse, come nel caso del «massacro di Peterloo» a Manchester nel 1819.

In Spagna e nell'Europa del Nord La Restaurazione assunse forme particolarmente dure in Spagna, dove il re Ferdinando VII si affrettò ad abrogare la «Costituzione di Cadice» del 1812 e mise in atto una durissima **repressione** nei confronti delle correnti liberali [👁 7.12]. **Regimi a base parzialmente rappresentativa** (con parlamenti eletti a suffragio ristretto e dotati di poteri assai limitati) furono invece mantenuti nel Regno dei Paesi Bassi e in alcuni Stati della Confederazione germanica, oltre che in Svezia, Danimarca e Svizzera.

In Francia Il caso più interessante per i legami col passato e per gli sviluppi futuri fu quello della Francia. Appena insediato sul trono, nel giugno 1814, il nuovo re **Luigi XVIII** aveva concesso una Costituzione, ma si preferì chiamarla col nome generico di **«Carta»**, che proclamava l'uguaglianza di tutti i francesi davanti alla legge, garantiva le libertà fondamentali (di opinione, di stampa e di culto) e prevedeva un Parlamento bicamerale, composto da una Camera dei pari di nomina regia e da una Camera dei deputati elettiva. Il **limitato contenuto liberale** della Carta era ulteriormente diminuito sia dagli scarsi poteri di cui godeva la Camera dei deputati, sia dal carattere restrittivo della legge elettorale, che legava il diritto di voto all'età (30 anni) e al livello di reddito: in pratica godevano di tale diritto non più di 100 mila cittadini. Nonostante ciò, la Francia «restaurata» era pur sempre uno dei pochi regimi costituzionali esistenti in Europa. Vi furono inoltre mantenute molte delle più importanti **innovazioni del periodo napoleonico** – dal *Codice civile* all'ordinamento amministrativo, al sistema scolastico statale – e soprattutto fu garantita l'inviolabilità di tutte le proprietà vecchie e nuove, comprese dunque quelle derivate dall'acquisto di terre confiscate alla nobiltà e al clero. La moderazione del re scontentava naturalmente i legittimisti più intransigenti, soprattutto quei nobili emigrati che, rientrati in patria, si aspettavano di tornare interamente in possesso dei loro beni e di riprendere gli antichi usi feudali.

In Italia In Italia, la restaurazione dei vecchi Stati e delle vecchie dinastie comportò un **arresto del processo di sviluppo civile e politico** che si era avviato durante il periodo francese.

■ **Nel Regno sabaudo** Il re **Vittorio Emanuele I** abrogò in blocco la legislazione napoleonica, epurò drasticamente la pubblica amministrazione, ristabilì il controllo della Chiesa sull'istruzione e riportò in vigore le discriminazioni contro le minoranze religiose (ebrei e valdesi).

■ **Nello Stato della Chiesa** La relativa moderazione del papa **Pio VII** fu presto sconfitta dalla linea di pura restaurazione teocratica sostenuta dall'ala intransigente del collegio cardinalizio e dalla Compagnia di Gesù (ricostituita nel 1814).

■ **Nel Regno delle Due Sicilie** Nel **Regno di Napoli** la legislazione antifeudale fu mantenuta ed estesa anche alla Sicilia. Lo Stato fu unificato dal punto di vista amministrativo, quando assunse nel **1816** il nuovo nome di Regno delle Due Sicilie: un'opera di cauta razionalizzazione, che però, oltre a suscitare la protesta autonomistica della nobiltà siciliana, non comportò alcuna liberalizzazione in campo politico e culturale né alcun inizio di modernizzazione economica.

■ **In Toscana e nei Ducati** Da questo punto di vista, le cose andavano meglio nei territori direttamente amministrati dall'Austria e negli Stati minori del Centro-nord – Granducato di Toscana, Ducati di Parma e Modena – da essa controllati. In Toscana, il governo del granduca **Ferdinando III** si riallacciò alla miglior tradizione dell'assolutismo illuminato. Particolari cure furono dedicate al progresso dell'agricoltura, sempre caratterizzata dalla prevalenza della *mezzadria*. Qualche segno di apertura politico-culturale poté svilupparsi in un clima di relativa tolleranza: la rivista «L'Antologia», fondata nel 1821 da Gian Pietro Vieusseux e Gino Capponi, sarebbe rimasta per oltre un decennio il principale punto di riferimento per gli intellettuali liberali di tutta Italia.

Giuseppe Canella
La corsia dei Servi a Milano
1834
[Museo di Porta Romana, Milano]

Nonostante il clima restrittivo imposto dal governo austriaco nel periodo della Restaurazione, Milano (di cui il dipinto riproduce l'odierno Corso Vittorio Emanuele) continuò a essere una grande capitale europea e un grosso polo di attrazione per commerci e iniziative imprenditoriali.

■ **Nel Lombardo-Veneto** Autoritarismo e buona amministrazione caratterizzarono il dominio austriaco nel Lombardo-Veneto. La **Lombardia** continuò a essere la regione economicamente più avanzata d'Italia, nonostante fosse sottoposta a un regime fiscale e doganale che ne penalizzava lo sviluppo. Inoltre, lo stretto controllo esercitato dalle autorità austriache sulla vita politica e intellettuale non impediva il manifestarsi di una **vivace attività culturale**, che aveva le sue radici nella **tradizione dell'Illuminismo** settecentesco. Dall'incontro fra questa tradizione e i nuovi fermenti della cultura romantica ebbe origine l'esperienza, breve ma significativa, della rivista «Il Conciliatore». Nata nel settembre 1818 e soppressa un anno dopo per l'intervento della censura, la rivista svolse un ruolo importante, come espressione delle correnti liberali e patriottiche, ma anche per l'attenzione alle tendenze più avanzate della cultura europea.

GUIDA ALLO STUDIO

❶ Quali furono le conseguenze della politica tory dopo il 1815? ❷ In cosa consistette la Restaurazione "morbida" francese? ❸ Quale fu il destino delle riforme napoleoniche negli Stati italiani?

3 Aristocrazia e borghesia nell'Europa restaurata

La borghesia e la proprietà terriera

Nei decenni della Restaurazione in Europa, al sistema di **dominio politico ed economico dell'aristocrazia**, prevalentemente terriera, faceva ormai riscontro l'ascesa della borghesia: una borghesia che, pur connotata da una vocazione professionale, commerciale e imprenditoriale, cercava in molti casi di imitare gli stili di vita e la propensione alla proprietà terriera tipica dei ceti nobiliari. Questa **commistione** avrebbe caratterizzato gran parte della storia sociale dei ceti superiori nell'800.

Gli effetti della defeudalizzazione

Il periodo dagli anni '20 agli anni '40 del secolo rappresenta una fase importante di questo processo perché vede il definitivo smantellamento del sistema dei privilegi e vincoli feudali che ostacolavano la **circolazione delle proprietà**. Zone estese dominate da rapporti ancora feudali rimarranno ancora nell'**Europa orientale** fino al 1848 e in Russia (dove la servitù della gleba costituiva ancora il fulcro dell'ordine sociale delle campagne) fino al 1861, ma nel resto del continente la defeudalizzazione era ormai molto avanzata. In **Francia** e nei paesi vicini passati attraverso la dominazione napoleonica come le regioni occidentali della **Germania**, i **Paesi Bassi**, l'**Italia settentrionale** la rivoluzione antifeudale si era compiuta in modo irreversibile e la borghesia aveva aumentato considerevolmente la sua quota di partecipazione alla proprietà della terra. Ma ciò non si era tradotto sempre in una generale modernizzazione delle tecniche agricole né in un apprezzabile miglioramento delle condizioni di vita delle masse rurali. La vendita delle terre già appartenenti al clero e alla nobiltà non aveva in genere avvantaggiato i piccoli coltivatori e i contadini senza terra, ma era servita soprattutto a incrementare la grande proprietà borghese. Nell'**Europa del Sud** (Penisola iberica, Italia meridionale e insulare) la defeudalizzazione fu più rapida, ma non intaccò se non in minima parte le tradizionali gerarchie sociali né modificò la struttura della proprietà terriera, caratterizzata dalla persistenza del latifondo e della grande proprietà ecclesiastica.

I tempi diversi della modernità

Queste trasformazioni confermavano il permanente sovrapporsi di tradizione e modernità nel mondo rurale, tanto nei rapporti economici che in quelli tra proprietari e contadini: una considerazione che vale, in diversi gradi, per tutta l'Europa se teniamo presenti i diversi livelli dei punti di partenza. In ogni caso **la modernità politica non abitava le campagne**, ma rimaneva espressione prevalentemente urbana: è dalle città e dai ceti urbani, infatti, che si sarebbero mosse tutte le iniziative rivoluzionarie degli anni successivi.

GUIDA ALLO STUDIO

❶ Chi beneficiò della dissoluzione della proprietà ecclesiastica e nobiliare? ❷ Quali furono i limiti della defeudalizzazione nell'Europa meridionale? ❸ Quali differenze risultarono evidenti fra mondo rurale e urbano?

4 I moti rivoluzionari del 1820-21

A partire dall'inizio degli anni '20 l'ordine imposto all'Europa dalla Restaurazione fu contrastato da tre successive ondate rivoluzionarie: nel 1820-21, nel 1830 e nel 1848-49. Limitate inizialmente ad alcuni paesi, soprattutto dell'Europa meridionale, poi più estese nel 1830, culminarono nella "rivoluzione dei popoli" del 1848-49.

Le sètte nell'Europa restaurata

Come governi e regnanti erano uniti dalla trama delle alleanze, così quanti lottavano **contro l'ordine costituito**, per l'affermazione degli ideali liberali, democratici e nazionali, facevano inizialmente capo a organizzazioni clandestine che, nate per lo più nel '700 o in età napoleonica, si diffusero in questo periodo con grande rapidità: sètte e società segrete divennero nell'età della Restaurazione il principale strumento di lotta politica. Le più numerose e importanti erano le sètte di tendenza democratica o liberale. Alcune di esse traevano origine e ispirazione dalla Massoneria [👁 3.4]: a essa era

Nel Regno di Napoli, intorno al 1810, alcuni ufficiali francesi dell'esercito di Murat lasciarono la Massoneria e diedero vita a un'altra associazione segreta chiamata Carboneria che si diffuse rapidamente nel resto d'Italia, in Francia e in Spagna. La struttura della Carboneria era regolata rigidamente dall'alto e il comportamento doveva essere ispirato alle regole della massima segretezza. Il programma dell'associazione veniva rivelato solo gradualmente all'adepto ed erano previsti tre gradi: apprendista, maestro e gran maestro. Nel primo grado si professavano genericamente alcuni princìpi umanitari, impostati sulla morale e sulla religione tradizionale. Nel secondo si parlava di costituzione, d'indipendenza e di libertà. Nel terzo si proclamava l'aspirazione a creare una repubblica e un regime di eguaglianza sociale, che comportasse la divisione delle terre e la promulgazione della legge agraria.

John Murray
Una riunione di carbonari
1821
[Istituto per la Storia del Risorgimento Italiano, Roma]

ONLINE

Focus
La Carboneria

90
J.H. Billington
Le società segrete

collegata la più importante e la più diffusa fra quelle attive nell'età della Restaurazione, la **Carboneria**, presente soprattutto in Italia e in Spagna. I carbonari – che riprendevano i loro simboli e i loro rituali dal lavoro, appunto, dei carbonai (come i massoni da quello dei muratori) – ispiravano per lo più la loro azione a ideali di costituzionalismo e di liberalismo moderato.

Ma i confini fra le società segrete erano spesso abbastanza incerti: sia perché le diverse associazioni erano **unite tra loro da molti legami**, sia perché la **struttura verticistica e rigorosamente clandestina** delle organizzazioni – i cui aderenti erano per lo più tenuti all'oscuro sia del contenuto completo del programma sia dell'identità dei capi – favoriva la coesistenza nella stessa setta di **diversi progetti politici**, corrispondenti ai diversi gradi di iniziazione.

A prescindere dai fini che si proponevano, queste associazioni poggiavano tutte su una **base piuttosto ristretta**: pochissimi artigiani e popolani, qualche membro dell'aristocrazia liberale, qualche esponente della borghesia del commercio e delle professioni, ma soprattutto intellettuali, studenti e militari. Furono i *militari*, in particolare gli ufficiali e i sottufficiali formatisi nel periodo napoleonico, a fornire alle sètte i nuclei più preparati e intraprendenti: i soli che, potendo disporre di una **«forza armata»**, fossero in grado di minacciare seriamente la stabilità di troni e governi.

Le rivoluzioni del '20-21

Furono i militari a dare inizio alla prima ondata rivoluzionaria che scosse l'Europa all'inizio degli anni '20. Il moto partì dalla **Spagna**, dove era cresciuta la tensione per la rivolta delle colonie latino-americane **[👁 9.1]**, che il re Ferdinando VII cercò di soffocare inviando oltreoceano forti contingenti di truppe. Il 1° gennaio 1820, alcuni reparti concentrati nel porto di Cadice in attesa di essere imbarcati per l'America si ammutinarono. In pochi

ATLANTE 35_I MOTI DEL 1820-21 IN EUROPA

giorni la rivolta si estese ad altri reparti, rendendo vani i tentativi di repressione e costringendo il re a richiamare in vigore la **Costituzione del 1812** [7.12] e a indire le elezioni per le Cortes (ossia la Camera elettiva). In Spagna si costituiva così un regime liberal-democratico, reso però fragile dall'ostilità del re e, soprattutto, dallo scarso consenso di cui godeva presso le masse contadine, influenzate dalla Chiesa.

Gli avvenimenti di Spagna ebbero come immediata conseguenza una generale ripresa dell'attività rivoluzionaria. Nell'estate del 1820, moti insurrezionali, sempre iniziati da militari, scoppiarono a poche settimane di distanza nel **Regno delle Due Sicilie** e in **Portogallo**. Nel marzo 1821 una rivolta scoppiò in **Piemonte** [ATLANTE_35].

L'intervento delle potenze e la repressione

Le rivoluzioni costituzionali di Spagna e d'Italia rappresentavano una grave minaccia per l'equilibrio uscito dal congresso di Vienna. Le potenze aderenti alla **Santa alleanza** decisero così di intervenire militarmente. Mentre l'**Austria** restaurava il potere assoluto di Ferdinando I nel Regno delle Due Sicilie e aiutava i Savoia a sconfiggere i rivoluzionari in Piemonte, la **Francia** si assumeva il compito di restaurare l'ordine in Spagna sia per ragioni di politica interna, sia per equilibrare il peso della presenza austriaca in Italia. Il fronte conservatore usciva rinsaldato dalla crisi, mentre le forze liberali avevano dato prova di scarsa unità, di carenze sul piano dell'organizzazione e soprattutto di un'assoluta mancanza di legami con le masse popolari.

GUIDA ALLO STUDIO

❶ Da chi erano composte le sètte segrete? ❷ Che cosa accadde a Cadice il 1° gennaio 1820? ❸ Perché le rivoluzioni del 1820-21 fallirono?

5 L'indipendenza della Grecia

Patria e religione

L'insurrezione dei greci contro il dominio turco, cominciata nel 1821 e protrattasi per **quasi un decennio**, fu l'unica tra le rivoluzioni degli anni '20 a concludersi con un sostanziale successo. Fu anche la sola che, pur essendo nata dall'iniziativa delle società segrete, finì con l'assumere il carattere di una **guerra di popolo, nazionale a fondamento religioso ortodosso** ancor prima che politica [11.10 STORIA•SOCIETÀ•CITTADINANZA]. Ma il successo della lotta per l'indipendenza greca si dovette anche e soprattutto a fattori di **carattere internazionale**. Se l'Impero ottomano era considerato ancora da Austria e Gran Bretagna un prezioso elemento di equilibrio continentale, altre potenze, come la Russia e la Francia, erano attratte dalle possibilità di espansione che il suo indebolimento avrebbe aperto nell'area mediterranea e nei Balcani.

La debolezza dell'Impero ottomano

In realtà l'antico Impero ottomano faticava sempre più, come sappiamo, a tenere uniti i suoi vastissimi possedimenti. Sempre più problematico per il governo turco era poi il controllo dei **popoli balcanici** (greci, serbi, macedoni, albanesi, bulgari, romeni): qui mancava anche il legame religioso, dal momento che la maggior parte della popolazione era formata da cristiani ortodossi. Nei confronti di questi ultimi l'Impero aveva sempre praticato una politica tollerante sul piano religioso, ma discriminatoria su quello politico e sociale. In tutta la Penisola balcanica i **cristiani** si trovavano nella condizione di popolo soggetto: non potendo accedere alla proprietà terriera, detenuta a titolo feudale dai signori turchi, erano nella grande maggioranza servi della gleba, contadini poveri, pastori nomadi dediti non di rado al brigantaggio, ma formavano anche, coi loro strati superiori, la maggioranza del ceto mercantile e una parte importante della burocrazia imperiale.

Focus
Intellettuali e rivoluzione

ONLINE

La rivolta Nel 1815 già i serbi erano riusciti a conquistarsi un'ampia autonomia. Nel 1821 insorsero i greci che svolgevano un ruolo chiave nella vita economica dell'Impero ottomano, grazie a una **forte borghesia mercantile** che si era sviluppata nelle isole dell'Egeo, a Smirne, a Salonicco e nella stessa Istanbul. La setta patriottica greca **Eterìa** ('associazione, fratellanza'), che organizzò l'insurrezione, contava numerosi aderenti tra le file di questa borghesia e trovò immediato sostegno anche fra le masse popolari. Per fermare la guerriglia, i turchi ricorsero a una serie di **durissime repressioni** che suscitarono condanna e riprovazione in tutta Europa.

Si creò allora in favore degli insorti una forte corrente di opinione pubblica internazionale, in cui confluivano motivazioni politico-ideologiche (la solidarietà con chi combatteva per la libertà), religiose (la difesa dei cristiani) e anche culturali, fondate sul mito della Grecia classica. **Da tutta Europa accorsero volontari** per unirsi alla guerra contro i turchi: fra gli altri il poeta inglese Byron [👁 10.2 PERSONAGGI] e l'italiano Santorre di Santarosa [👁 12.2], che trovarono entrambi la morte in Grecia. La spinta dell'opinione pubblica impose una svolta nella politica delle potenze. La Russia, che si atteggiava a protettrice dei cristiani ortodossi, ruppe nel '22 le relazioni diplomatiche con la Turchia. La Gran Bretagna riconobbe nello stesso anno la Grecia come paese belligerante.

L'indipendenza Fu proprio l'intervento delle **potenze europee** – che nel luglio '27 distrussero a Navarino una flotta turco-egiziana – a imporre

Eugène Delacroix
Massacro di Scio
1823-24
[Musée du Louvre, Parigi]
Le vicende della guerra d'indipendenza greca furono oggetto di particolare attenzione da parte di molti artisti europei, specie dei romantici. In questo dipinto esposto al *Salon* del 1824, il francese Delacroix racconta con toni fortemente drammatici e con grande coinvolgimento emotivo uno degli episodi più cruenti di quegli anni: il massacro degli abitanti di Scio (o Chio, un'isola greca a poche miglia dalla costa turca) in cui, secondo i resoconti, 20 mila greci furono uccisi dai turchi e molti altri furono costretti in schiavitù.

all'Impero ottomano la firma della **pace di Adrianopoli** (1829), con cui si riconosceva l'indipendenza greca. Al nuovo Stato – che nasceva con una estensione limitata a poco più del Peloponneso e dell'Attica – le grandi potenze imposero un regime monarchico, diventò costituzionale solo nel 1844 (dopo una sommossa militare e popolare), e come sovrano un principe della casa di Baviera.

La soluzione della questione greca rappresentò un precedente di grande importanza per le lotte di indipendenza nazionale dell'800 e un colpo letale per l'equilibrio conservatore europeo. Per l'Impero ottomano – ulteriormente indebolito, nell'estate del 1830, dall'occupazione di Algeri da parte della Francia (di cui si leggerà nel paragrafo seguente) – la sconfitta fu la conferma di una lunga crisi, in atto ormai da oltre un secolo e destinata a protrarsi per altri cent'anni fino agli inizi del '900.

GUIDA ALLO STUDIO

❶ Perché la rivoluzione greca cominciata nel 1821 ebbe successo? ❷ La popolazione balcanica ortodossa era discriminata? ❸ Che cosa stabilì la pace di Adrianopoli? ❹ Che ruolo giocò l'opinione pubblica internazionale nell'insurrezione?

6 I moti rivoluzionari del 1830-31

Nel 1830, una nuova ondata rivoluzionaria partita dalla Francia portò a trasformazioni profonde e durature negli assetti politici europei: la cacciata della dinastia dei Borbone in Francia e l'indipendenza del Belgio.

La rivoluzione in Francia

La rivoluzione che scoppiò a Parigi nel **luglio 1830** fu la diretta conseguenza del tentativo messo in atto dal re Carlo X (salito al trono nel 1824) e dagli ambienti ultrarealisti («ultras») di restringere il più possibile le libertà costituzionali garantite dalla Carta del '14. **Contro la politica di Carlo X** si schierarono non solo i democratici e gli intellettuali liberal-moderati, ma anche la grande borghesia degli affari e della finanza e un'ala consistente della stessa aristocrazia. Nelle elezioni del 1827, le forze di opposizione ottennero una netta **maggioranza alla Camera**.

Il re scelse allora la strada dello scontro col potere legislativo e contemporaneamente cercò un diversivo in politica estera inviando, all'inizio di luglio, un corpo di spedizione in Algeria. L'**occupazione di Algeri**, che costituì la premessa per la successiva espansione francese in Nord Africa, non ottenne però i risultati sperati. Nelle elezioni che si tennero subito dopo, l'opposizione fece ulteriori progressi. A questo punto Carlo X diede avvio a un vero e proprio **colpo di Stato**, emanando quattro ordinanze che sospendevano la libertà di stampa, scioglievano la Camera appena eletta, modificavano la legge elettorale rendendola ancora più restrittiva e convocavano nuove elezioni.

Subito dopo la pubblicazione delle ordinanze, il popolo di Parigi scese in piazza, come non accadeva più dai tempi della grande Rivoluzione e, dopo **tre giorni di duri scontri** con le truppe regie (27, 28 e 29 luglio), costrinse Carlo X ad abbandonare la capitale. Il 29 luglio le Camere riunite in seduta comune dichiaravano la decadenza della dinastia borbonica e nominavano luogotenente del regno **Luigi Filippo d'Orléans**, cugino del re appena deposto. La scelta di Luigi Filippo – che era stato, negli anni della Restaurazione, uno dei punti di riferimento dell'aristocrazia «illuminata» e, in genere, dei gruppi liberal-moderati – andava incontro in qualche modo alle richieste della piazza, che chiedeva prima di tutto la cacciata dei Borbone. Ma d'altra parte aveva lo scopo di bloccare un processo rivoluzionario di cui erano in molti a temere gli sviluppi: protagoniste delle tre gloriose giornate di luglio erano state infatti le masse popolari, soprattutto artigiane, guidate dai club repubblicani e giacobini.

Il 9 agosto, Luigi Filippo fu proclamato dal Parlamento **«re dei francesi per volontà della nazione»**: una formula che conciliava il principio monarchico con quello della sovranità popolare. Il tricolore della Francia rivoluzionaria – blu, bianco e rosso – tornò a essere la bandiera nazionale. Fu varata una nuova Costituzione che accresceva il controllo del Parlamento sul potere esecutivo, allargava il diritto di voto, in misura peraltro modesta, e realizzava una più netta separazione fra Stato e Chiesa.

I moti in Belgio, Italia e Polonia Il successo dell'insurrezione di luglio aprì nuovi spazi all'iniziativa delle forze liberali e democratiche europee: in agosto insorse il Belgio annesso, per decisione del congresso di Vienna, al Regno dei Paesi Bassi. L'Olanda chiese l'aiuto delle grandi potenze, ma Francia e Gran Bretagna si opposero e riconobbero l'indipendenza del Belgio. Era una decisione di portata storica perché segnava, col delinearsi dell'intesa franco-inglese, **la fine del sistema di rapporti disegnato nel 1815**. Esito diverso ebbero i moti rivoluzionari scoppiati in Italia centro-settentrionale [👁 12.2] e in Polonia. Essi furono schiacciati dall'intervento militare rispettivamente di Austria e Russia [👁 ATLANTE_36].

GUIDA ALLO STUDIO

❶ Quali classi sociali si mobilitarono contro Carlo X in Francia? ❷ In che senso Luigi Filippo fu re «per volontà della nazione»? ❸ Perché fu indicato Luigi Filippo come successore di Carlo X? ❹ Perché l'indipendenza del Belgio infranse l'equilibrio europeo?

Bogdan Villevalde
La battaglia di Grochów il 25 febbraio 1831
1850 ca.
[Museo dell'Esercito Polacco, Varsavia]

La battaglia di Grochów è la battaglia più importante, per numero di morti, della cosiddetta Rivolta di Novembre, la serie di moti scoppiati in Polonia e Lituania per l'indipendenza dall'Impero russo nota anche con il nome di Rivoluzione Cadetta. Iniziata il 29 novembre 1830 con la ribellione di un gruppo di giovani cospiratori dell'accademia militare dell'esercito russo di Varsavia, l'insurrezione raccolse subito il consenso e il sostegno di gran parte della società polacca. Nel tentativo di prendere Varsavia e "chiudere la faccenda" in poco tempo, i russi affrontarono i rivoltosi nel febbraio del 1831, nella battaglia di Grochów, alle porte della grande città polacca, ma furono respinti. Nonostante questa piccola vittoria e nonostante l'eco degli avvenimenti e l'appoggio ricevuto dai simpatizzanti di tutta Europa, le forze polacche dovettero in seguito cedere sotto la pressione russa fino a capitolare agli inizi di ottobre, neanche un anno dopo l'inizio degli scontri.

7 Liberalismo e autoritarismo

La scelta conservatrice della monarchia di luglio in Francia

Pur essendo nato da un'insurrezione popolare, il regime orleanista si resse su una base di consenso piuttosto ristretta e precaria: la monarchia di luglio finì per identificarsi gradatamente con i valori e con gli interessi dell'alta borghesia degli affari, che vide costantemente crescere il suo peso economico e la sua influenza politica. **L'alta borghesia e l'aristocrazia liberale** a essa alleata – che in pratica detenevano il monopolio della rappresentanza politica, dato il carattere ristretto del suffragio – costituivano però uno strato esiguo della società francese ed erano privi, peraltro, dell'appoggio del clero.

Sul fronte dell'opposizione, particolarmente attivi furono i **gruppi democratico-repubblicani** che erano stati i protagonisti dell'insurrezione parigina del '30 e che erano collegati ai primi nuclei socialisti già attivi nei grandi centri urbani. Organizzati in una fitta rete di associazioni più o meno clandestine, repubblicani e socialisti costituirono un costante pericolo per la stabilità del regime orleanista, costretto a fronteggiare una lunga serie di agitazioni e di veri e propri **tentativi insurrezionali**.

La ricorrente minaccia rivoluzionaria provocò per contraccolpo un'involuzione conservatrice della monarchia di luglio, che si tradusse in alcune misure limitative della libertà di stampa e di associazione. Questa involuzione si accentuò a partire dal 1840, quando **François Guizot** divenne la figura dominante della scena politica francese. Guizot attuò una politica sostanzialmente conservatrice, tutta centrata sulla ricerca

ATLANTE 36_I MOTI DEL 1830-31 IN EUROPA

dell'ordine e della stabilità, volta a favorire le velleità speculative della borghesia degli affari. Ciò finì con l'accentuare i **caratteri oligarchici del regime**, scavando un fossato sempre più profondo fra il paese e la classe dirigente.

Il liberalismo in Gran Bretagna Una svolta liberale si era aperta invece in Gran Bretagna fin dalla metà degli anni '20, quando nelle file del partito conservatore (tory) si affermò la figura di **Robert Peel**. Fino alla metà dell'800 il paese fu guidato dal partito whig e da quello conservatore alternativamente, sebbene il primo avesse governato per ben 16 anni e il secondo per 5.

■ **Il diritto di unirsi in libere associazioni** Con Peel furono attuate alcune importanti riforme interne, prima fra tutte quella del **1824**, che riconosceva ai lavoratori il diritto di unirsi in libere associazioni [👁 10.8]. Sorsero così numerose unioni di mestiere, **Trade Unions**, organizzate su base di classe, formate cioè dai soli operai per la tutela dei loro diritti e per il sostegno alle loro rivendicazioni economiche.

■ **La riforma elettorale e le misure per le classi disagiate** Il nodo principale da sciogliere era tuttavia quello dell'**ampliamento del diritto di voto**, allora limitato a una ristretta minoranza della popolazione (poco più del 3%). Un problema a sé era poi quello delle **circoscrizioni elettorali**, che non tenevano ancora conto degli sviluppi dell'urbanizzazione legati alla rivoluzione industriale. Accadeva così che le

La grande adunata cartista a Kennington Common, Londra
10 aprile 1848
[dagherrotipo di William E. Kilburn; Royal Collection, Castello di Windsor]

Il movimento cartista ebbe il suo ultimo barlume di energia nel 1848, quando fu organizzato un grande raduno a Londra per raccogliere consenso e soprattutto firme per riproporre la petizione per il suffragio universale maschile in Parlamento. Nonostante il successo della manifestazione – le stime degli storici parlano di 150 mila partecipanti – il risultato non fu quello sperato: molte firme furono ritenute invalide e l'iniziativa del cartismo fu sconfitta ancora una volta.

circoscrizioni urbane fossero gravemente sacrificate nella distribuzione dei seggi a vantaggio di quelle rurali: vi erano minuscoli collegi rurali, i cosiddetti **"borghi putridi"** (*rotten boroughs*), in cui bastavano poche decine di voti per mandare in Parlamento un deputato, con evidente vantaggio per gli esponenti della grande proprietà terriera, visto che l'eletto era spesso il signore del luogo. La legge, approvata dal Parlamento nel giugno **1832** con un governo a guida whig, allargava il corpo elettorale di oltre il 50% e, cosa ancora più importante, ridisegnava le circoscrizioni, aumentando il numero di quelle urbane. Il sistema restava **censitario**, ma era pur sempre il più aperto nell'Europa di allora. Alla riforma elettorale si accompagnarono, negli anni '30, misure legislative per migliorare le condizioni delle classi più disagiate. La **legge sul lavoro nelle fabbriche**, del 1833, fissava in dieci ore l'orario massimo per i ragazzi sotto i diciotto anni e in otto per i bambini sotto i dodici. La **legge sui poveri**, del 1834, affidava a istituzioni ed enti locali l'assistenza ai bisognosi.

Focus
Le Corn Laws

ONLINE

■ **Il movimento cartista** Tentativi di modificare ulteriormente il sistema politico britannico furono avanzati dall'opposizione democratica, che faceva capo agli intellettuali radicali e agli operai organizzati nelle Trade Unions. Proprio dai leader delle Trade Unions partì l'iniziativa di una grande mobilitazione popolare per imporre alla classe dirigente l'adozione del **suffragio universale**, il solo mezzo per far valere gli interessi dei lavoratori nella Camera e nel governo. Nel 1838 la **Carta del popolo** chiedeva, tra l'altro, il suffragio universale maschile, la garanzia della segretezza del voto e una nuova riforma dei collegi elettorali. Il movimento cartista (così chiamato appunto dalla Carta del popolo) non riuscì a ottenere tuttavia alcuno dei suoi obiettivi e, dopo **un decennio di lotte**, finì con l'esaurirsi, anche perché i leader delle Trade Unions abbandonarono progressivamente il terreno della mobilitazione politica per concentrarsi su quello delle rivendicazioni economiche.

■ **L'abolizione del dazio sul grano** Tra la fine degli anni '30 e l'inizio degli anni '40, il centro dell'impegno dei progressisti, appoggiati questa volta dai Whigs, fu quello per la riforma doganale, e in particolare per l'abolizione del dazio sul grano (cioè delle *Corn Laws*). Questa rivendicazione chiamava in causa i **bisogni delle classi popolari**, poiché il dazio protettivo manteneva elevato il prezzo dei cereali – che sarebbe sceso detassando le importazioni – a esclusivo vantaggio dei produttori interni e a scapito dei consumatori. Essa esprimeva inoltre gli **interessi del mondo industriale**, desideroso di veder rimossi tutti gli ostacoli che si opponevano all'affermazione dei propri prodotti sui mercati stranieri. Il dazio sul grano era certamente uno di questi ostacoli, in quanto provocava l'imposizione, da parte dei paesi esportatori di cereali, di analoghe tariffe sui prodotti industriali inglesi. Non a caso il movimento per la riforma doganale ebbe il suo centro a Manchester, capitale dell'industria tessile, e il suo principale portavoce in **Richard Cobden**, industriale cotoniero e deputato liberale, leader dal 1838 della Lega contro il dazio sul grano (*Anti-Corn Law League*), divenuto in questi anni il più autorevole e popolare assertore delle teorie liberiste. La battaglia antiprotezionista fu vinta nel **1846** quando il governo, allora guidato da Peel, sotto la pressione della grave carestia che stava imperversando in Irlanda, prese la storica decisione di abolire il dazio di importazione sui cereali.

Immobilismo e autoritarismo nelle monarchie dell'Europa centro-orientale

Al dinamismo politico e sociale manifestato dalla Gran Bretagna e, in minor misura, dalla Francia negli anni 1830-48, faceva riscontro l'immobilismo politico delle monarchie autoritarie dell'Europa centro-orientale, in particolare dell'Austria e della Russia.

La chiusura a ogni fermento innovativo, lo strapotere delle aristocrazie, il rifiuto di introdurre qualsiasi istituto rappresentativo, la conservazione dei vecchi e arretrati ordinamenti agrari – caratterizzati in **Russia**, ma anche in molte zone dell'Impero asburgico e della **Prussia orientale**, dalla permanenza della servitù della gleba – bloccavano il progresso civile e inasprivano le tensioni economiche e sociali. Se per la Russia il problema maggiore era costituito dalle continue rivolte contadine (a carattere spontaneo e prive di qualsiasi direzione politica), l'**Impero asburgico** cominciava a soffrire in questi anni delle tensioni che lo avrebbero accompagnato sino alla sua dissoluzione: le **spinte autonomistiche** delle diverse componenti nazionali – cechi e polacchi, italiani e ungheresi, croati e sloveni – tutte divise fra loro, ma unite nell'avversione al centralismo di Vienna.

L'Unione doganale tedesca

Elemento di crisi per la monarchia asburgica, il nazionalismo costituì invece un fattore di coesione per la **Prussia** e per gli **Stati della Confederazione germanica**. Deluse le speranze di unificazione coltivate negli anni delle guerre napoleoniche, le aspirazioni della borghesia tedesca si concentrarono soprattutto sull'attuazione di un'Unione doganale, *Zollverein*, fra tutti gli Stati della Confederazione. L'abolizione dei dazi doganali, avviata nel **1818**, accelerata dopo il 1830 e in gran parte compiuta nel **1834**, rappresentò non solo una tappa importante sulla via dell'unità politica degli Stati tedeschi. Fu anche un potente fattore di sviluppo economico, che avrebbe favorito il loro **decollo industriale** su un ampio mercato nazionale, collegato da una fitta rete di vie di comunicazione stradali e fluviali.

GUIDA ALLO STUDIO

❶ Chi erano i sostenitori e gli oppositori della monarchia di luglio? Quale fu la politica di Guizot? ❷ Quali misure di stampo liberale furono attuate in Gran Bretagna nella prima metà dell'800? ❸ In che cosa consiste la questione "etnica" dell'Impero asburgico? ❹ Quali fattori rendevano vantaggioso lo *Zollverein*?

8 Le rivoluzioni del 1848-49

Le premesse e i caratteri comuni delle rivoluzioni

Nel 1848 l'Europa fu sconvolta da una crisi rivoluzionaria di ampiezza e intensità straordinarie. Non a caso l'espressione **"quarantotto"** è diventata da allora sinonimo di "disordine, sconvolgimento improvviso". Straordinaria fu innanzitutto l'**estensione dell'area geografica** interessata dalle agitazioni [👁 ATLANTE_37]. Ma straordinaria fu anche la rapidità con cui il moto rivoluzionario si diffuse in tutta l'Europa continentale, dalla Francia all'Italia, all'Impero asburgico e alla Confederazione germanica. Un moto così ampio non sarebbe stato possibile se non fosse stato favorito da alcune premesse comuni, presenti nell'intera società europea. Un primo elemento comune era dato dalla situazione economica: nel biennio 1846-47, l'Europa aveva attraversato una fase di crisi, che aveva investito prima il settore agricolo, poi quello industriale e commerciale, provocando carestie, miseria, disoccupazione. Il **disagio economico e** l'**inquietudine sociale** non sarebbero bastati di per sé a provocare una crisi di così vaste proporzioni, se su di essi non si fosse inserita l'**azione svolta dai democratici di tutta Europa**, in particolare dagli intellettuali, depositari di una tradizione comune che affondava le sue origini nella Rivoluzione francese.

Simile fu il contenuto dominante delle insurrezioni: la **richiesta di libertà politiche** e di democrazia, variamente intrecciata – in Italia, in Germania e nell'Impero asburgico – alla spinta verso l'**emancipazione nazionale**. Simile fu anche la dinamica dei moti, che si svilupparono tutti secondo lo **schema delle «giornate rivoluzionarie»**: iniziarono cioè con grandi dimostrazioni popolari nelle capitali, sfociate poi in scontri armati.

Il protagonismo delle masse popolari urbane

A Parigi come a Vienna, a Berlino come a Milano, furono gli artigiani e gli operai a svolgere il ruolo principale nelle sommosse. A Parigi la componente popolare e operaia si mosse in relativa autonomia e, spesso in contrasto con le forze democratico-borghesi, cercò di imporre propri specifici obiettivi di lotta.

▶ 92
M. Agulhon
Le premesse sociali del '48

Nel gennaio del '48, poche settimane prima dello scoppio dei moti, era stato scritto il *Manifesto del Partito comunista* di Marx ed Engels [👁 10.7], destinato a diventare in seguito il testo-base della rivoluzione proletaria. Questa convergenza di date ci aiuta a capire come mai il 1848 sia stato spesso considerato l'anno ufficiale di nascita del movimento operaio.

Le cause della sconfitta democratica

Le rivoluzioni del 1848-49 si chiusero tutte con una sconfitta: la causa principale di questo generale fallimento va individuata nelle profonde **fratture ideologiche e programmatiche** che attraversavano al loro interno le forze del cambiamento e della rivoluzione, dividendo sempre più le correnti democratico-radicali dai gruppi liberal-moderati. Questi ultimi, spaventati dalla minaccia della rivoluzione sociale, si riaccostarono alle vecchie classi dirigenti. I **democratici, lasciati soli** a sostenere lo scontro politico e militare con i governi e privi di una consistente base di massa, erano inevitabilmente destinati a essere sconfitti.

Paradossalmente in Francia l'esito fu, come vedremo nel paragrafo seguente, la nascita di un sistema politico autoritario fondato su un ampio consenso popolare legato alla tradizione rivoluzionaria di matrice napoleonica. Altrove la sconfitta

ATLANTE 37_LE RIVOLUZIONI DEL 1848-49

La cartina segnala pure i disordini del 1845-47 e perciò include la Svizzera e la Galizia austriaca tra le aree toccate dall'ondata rivoluzionaria.

GUIDA ALLO STUDIO

❶ Quali furono, in sintesi, le cause e i caratteri del '48 in Europa? ❷ Le insurrezioni del '48 avevano obiettivi politici? ❸ Perché il '48 si risolse in una sconfitta?

dell'ipotesi rivoluzionaria non cancellò però quanto di nuovo era emerso dall'esperienza del '48-49. Le aspirazioni verso una più ampia partecipazione al potere politico e gli ideali di unificazione e di indipendenza nazionale costituivano ormai un passaggio obbligato per alcuni paesi europei, come la Germania e l'Italia.

9 Il '48 in Francia. Dalla Seconda Repubblica al Secondo Impero

La caduta della monarchia liberale

In Francia, la rivoluzione prese avvio ancora una volta da Parigi. I limiti della monarchia borghese apparivano ormai intollerabili a un **vasto fronte di opposizione** che andava dai liberali progressisti ai democratici, dai bonapartisti ai socialisti. Per i democratici, in particolare, l'obiettivo da raggiungere era il suffragio universale, ossia la concessione del diritto di voto a tutti i cittadini maschi senza distinzione di reddito o di condizione sociale. Nettamente minoritari in Parlamento, i democratici cercarono di trasferire la loro protesta nel «paese reale». Lo strumento scelto fu la cosiddetta **campagna dei banchetti**: grandi riunioni svolte in forma privata che aggiravano i divieti governativi di riunione e consentivano ai capi dell'opposizione e ai loro seguaci di tenersi in contatto e di far propaganda per la riforma elettorale.

◂ Honoré Daumier *Vagone di terza classe* 1862 [National Gallery of Canada, Ottawa]

▸ Honoré Daumier *Famiglia sulle barricate del 1848 a Parigi* 1854 [Národní Galerie, Praga]

Fra gli artisti che nella seconda metà dell'800 desiderarono interpretare il proprio tempo, un posto rilevante è occupato dal francese Honoré Daumier (1808-1879). Con una attenzione appassionata e quasi carica di rabbia, Daumier rivolse il proprio sguardo alla storia e alla società contemporanea. Facendo uso di un segno rapido e incisivo, che produce forme volutamente grottesche e deformate, Daumier raffigurò l'amara realtà che lo circondava, esprimendo un profondo senso di comprensione per la miseria e le sofferenze del proletariato urbano, il «prodotto sociale» della rivoluzione industriale, quello stesso proletariato protagonista a più riprese degli eventi insurrezionali nelle capitali di tutta Europa. Un critico suo contemporaneo gli scrisse: «Grazie a voi il popolo potrà finalmente parlare al popolo».

L'insurrezione di febbraio Fu proprio la proibizione di un banchetto, previsto per il 22 febbraio 1848 a Parigi, a innescare la crisi rivoluzionaria. Lavoratori e studenti parigini organizzarono una grande manifestazione di protesta. Per impedirla, il governo ricorse alla Guardia nazionale. Espressione della borghesia cittadina, la **Guardia nazionale** era stata impiegata più volte per reprimere agitazioni o sommosse operaie. Ma questa volta, chiamata a difendere un governo largamente impopolare, finì col fare causa comune con i dimostranti. Dopo due giorni di **barricate** e di violenti scontri, che provocarono più di 350 morti, gli insorti erano padroni della città. Il 24 febbraio Luigi Filippo abbandonò Parigi. La sera stessa veniva costituito un governo che si pronunciava decisamente a favore della **repubblica** – la cosiddetta Seconda Repubblica, dopo quella rivoluzionaria del

ONLINE
Focus
Le barricate

93DOC
Gustave Flaubert
Parigi rivoluzionaria

La Seconda Repubblica fu proclamata con una solenne cerimonia svoltasi all'aperto, davanti al Palais Bourbon, il palazzo dell'Assemblea nazionale, riprendendo i rituali della Prima Repubblica francese, quella nata nel settembre 1792. Col febbraio del 1848, Parigi tornò a essere la capitale della rivoluzione europea e il principale centro di irradiazione degli ideali democratici e repubblicani.

Jean-Jacques Champin
Proclamazione della Seconda Repubblica il 4 Marzo 1848
XIX secolo
[Musèe Carnavalet, Parigi]

1792 – e annunciava la convocazione di un'**Assemblea costituente** da eleggere a suffragio universale maschile. Nel governo figuravano tutti i capi dell'opposizione democratico-repubblicana ed erano presenti anche due socialisti: **Louis Blanc** e l'operaio **Alexandre Martin**, detto **Albert**. L'inclusione di due rappresentanti dei lavoratori nel governo – una novità assoluta nella storia europea – rifletteva la forza del popolo parigino, protagonista delle giornate di febbraio, e sottolineava il carattere "sociale" della nuova Repubblica.

Il diritto al lavoro

Già alla fine di febbraio il governo provvisorio aveva fissato in undici ore la durata massima della giornata lavorativa e – cosa ancora più importante – aveva stabilito il principio del diritto al lavoro: una decisione di portata rivoluzionaria, che affrontava per la prima volta **un nodo fondamentale dell'economia capitalistica, quello del pieno impiego**. Per dare attuazione al diritto al lavoro, furono istituiti degli ***ateliers nationaux*** (alla lettera: 'officine nazionali'). Il nome faceva pensare a quegli *ateliers sociaux* che Louis Blanc aveva teorizzato [👁 10.6], come vere e proprie cooperative di produzione, capaci di sostituirsi all'impresa privata. Ma la realtà era più modesta, legata com'era alla necessità immediata di aiutare i disoccupati. Gli operai degli *ateliers* furono infatti impiegati in lavori di pubblica utilità (scavo di canali, riparazione di strade) e posti alle dipendenze del ministero dei Lavori pubblici. Anche entro questi limiti, l'esperimento poneva **gravi problemi alle finanze statali** e introduceva un motivo di profondo contrasto in seno allo schieramento repubblicano, la cui ala moderata considerava incompatibile con i princìpi del liberismo economico un **intervento diretto dello Stato nel mercato del lavoro**.

Il governo dei moderati e l'insurrezione di giugno

Una prima netta sconfitta per le correnti di estrema sinistra venne dalle elezioni per l'Assemblea costituente, che si tennero in aprile, a suffragio universale. I vincitori furono i repubblicani moderati, che costituirono l'ossatura del nuovo governo dal quale vennero esclusi i socialisti Blanc e Albert. Il governo emanò subito un decreto con cui si stabiliva la chiusura degli *ateliers nationaux*. La reazione dei lavoratori di Parigi fu immediata e spontanea. Il 23 giugno, oltre 50 mila popolani (fra cui molti lavoratori degli *ateliers*) scesero in piazza. Nei quartieri popolari ricomparvero le barricate. In risposta, l'Assemblea costituente concesse pieni poteri all'**esercito** per procedere alla repressione, che fu condotta nei giorni successivi con spietata durezza. Migliaia di insorti trovarono la morte sulle barricate o nelle esecuzioni sommarie che seguirono gli scontri. Le **tragiche giornate di giugno** segnarono una svolta decisiva nella breve storia della Seconda Repubblica.

Agli occhi della borghesia di tutta Europa, la rivolta dei lavoratori parigini dava corpo all'incubo della rivoluzione sociale, allo «spettro del comunismo». Gran parte della società francese – dalla borghesia urbana al clero, ai contadini irritati per l'aumento delle tasse – fu attraversata da un'**ondata di riflusso conservatore**.

L'ascesa di Luigi Napoleone Bonaparte

In novembre l'Assemblea costituente approvò a stragrande maggioranza la nuova Costituzione: una costituzione democratica, ispirata al modello statunitense, che prevedeva un presidente della Repubblica eletto direttamente dal popolo per la durata di quattro anni e un'unica Assemblea legislativa eletta anch'essa a suffragio universale. Ma alle elezioni presidenziali (10 dicembre) i repubblicani si presentarono divisi, mentre i conservatori fecero blocco sulla candidatura di Luigi Napoleone Bonaparte, figlio di un fratello dell'imperatore (quel Luigi Bonaparte che aveva occupato il trono olandese). Nonostante avesse un passato da cospiratore, l'allora quarantenne Luigi Napoleone seppe offrire ampie **assicurazioni alla destra conservatrice e clericale** mentre garantiva, per la sola forza del suo nome, una sicura presa su **vasti strati di elettorato popolare**. Il calcolo si rivelò esatto: una vera e propria valanga di voti si riversò su Bonaparte. Si chiudeva così definitivamente la fase democratica della Seconda Repubblica.

Geografia e Storia
Confini politici e confini etnico-linguistici
ONLINE

La nascita del Secondo Impero di Napoleone III

Nel giro dei successivi tre anni le conquiste democratiche furono spazzate via. Intorno alla figura del presidente della Repubblica si raccolse un consenso che poggiava sugli elementi conservatori, sui clericali e sulla mai sopita tradizione napoleonica che reclutava aderenti in tutta la Francia urbana e rurale. Nel dicembre 1851, con un **colpo di Stato** sostenuto dall'esercito, la Camera fu sciolta e diecimila oppositori arrestati e deportati. Secondo la prassi napoleonica un **plebiscito** a suffragio universale convalidò l'operato di Bonaparte. La Seconda Repubblica era ormai tale solo di nome. E la finzione fu abolita, nel dicembre 1852, da un nuovo plebiscito che approvava, con una maggioranza ancor più schiacciante di quella dell'anno precedente, la **restaurazione dell'Impero**. Luigi Napoleone assumeva così il nome di **Napoleone III** (veniva dunque incluso nella serie anche il figlio di Napoleone I, morto nel 1832 a Vienna) col diritto di trasmettere il titolo imperiale ai suoi eredi.

GUIDA ALLO STUDIO

❶ Che cos'era la campagna dei banchetti? ❷ Chi erano Blanc e Martin? ❸ Che cosa furono gli *ateliers nationaux*? ❹ Grazie a quali condizioni Luigi Bonaparte vinse le elezioni del 1848?

10 Il '48 nell'Europa centrale

La rivolta nell'Impero asburgico

Il moto rivoluzionario iniziato a Parigi alla fine di febbraio si propagò in poche settimane a gran parte dell'Europa. Ma, diversamente da quanto era accaduto in Francia, la componente «sociale» rimase in secondo piano e lo scontro principale fu combattuto fra le borghesie liberali – con l'appoggio di consistenti settori delle classi popolari – e le strutture politiche tradizionali.

Il primo importante episodio insurrezionale ebbe luogo a **Vienna**, il 13 marzo. L'occasione della rivolta fu una grande manifestazione di studenti e lavoratori duramente repressa dall'esercito. Dopo due giorni di combattimenti, la corte fu costretta ad allontanare il cancelliere Metternich: l'uomo-simbolo dell'età della Restaurazione dovette rifugiarsi all'estero.

Le notizie dell'insurrezione di Vienna e della fuga di Metternich fecero precipitare la situazione nelle irrequiete province dell'Impero asburgico e nella vicina Confederazione germanica. Il 15 marzo vi furono tumulti a Budapest. Il 17 e il 18 si sollevavano **Venezia** e **Milano** [👁 12.7]. Negli stessi giorni una violenta sommossa scoppiava a **Berlino**, capitale della Prussia. Il 19 marzo i cittadini di Praga inviavano una petizione all'imperatore chiedendo autonomia e libertà politiche per i cechi. In maggio l'imperatore dovette abbandonare la capitale e promettere la convocazione di un **Parlamento dell'Impero**, il Reichstag, eletto a suffragio universale.

La rivoluzione a Budapest e Praga

In Ungheria le promesse del governo imperiale di concedere una costituzione e un Parlamento non riuscirono a fermare l'**agitazione autonomistica**. Sotto la spinta dell'ala democratico-radicale, che faceva capo a **Lajos Kossuth**, i **patrioti ungheresi** profittarono della crisi per creare a Budapest un governo nazionale e per agire in totale autonomia da

Vienna. Fu decretata la fine dei rapporti feudali nelle campagne, una misura che contribuì a ottenere l'appoggio dei contadini. Fu eletto un nuovo Parlamento a suffragio universale. In luglio, infine, Kossuth cominciò a organizzare un esercito nazionale, primo passo verso la piena indipendenza, che costituiva ormai l'obiettivo finale degli insorti.
Anche a Praga, in aprile, venne formato un governo provvisorio. I **patrioti cechi**, per lo più di orientamento liberale, non mettevano in discussione i legami con la monarchia asburgica e si limitavano a chiedere **più ampie autonomie**. Ma alcuni incidenti scoppiati fra la popolazione e i militari fornirono all'esercito il pretesto per una dura repressione: Praga fu assediata e bombardata e il governo ceco fu sciolto d'autorità.

La riscossa dell'Austria

La sottomissione di Praga segnò l'inizio della riscossa per il potere imperiale. Essa mostrava che l'efficienza e la fedeltà dell'esercito non erano state intaccate dagli ultimi rivolgimenti politici. Nel corso dell'estate la svolta si consolidò. Mentre il Reichstag, riunitosi per la prima volta in luglio, era paralizzato dai contrasti fra le diverse nazionalità – l'unica decisione di portata storica fu l'**abolizione della servitù della gleba** in tutti i territori dell'Impero in cui era ancora in vigore –, il governo centrale riprendeva gradualmente il controllo della situazione. In agosto, sotto la protezione dell'esercito, l'imperatore rientrava a **Vienna**. Ma ai primi di ottobre nella capitale scoppiava una nuova **insurrezione di studenti e lavoratori** per impedire la partenza di nuove truppe per il fronte ungherese. Alla fine del mese Vienna fu cinta d'assedio e occupata dopo tre giorni di durissimi combattimenti. La rivoluzione nell'Impero asburgico veniva così stroncata nella sua punta più avanzata. Poche settimane dopo, l'imperatore Ferdinando I abdicava in favore del nipote, il diciottenne **Francesco Giuseppe**. Nel marzo 1849 il nuovo imperatore sciolse d'autorità il Reichstag e promulgò una **Costituzione** che prevedeva un Parlamento eletto a suffragio ristretto e dotato di poteri molto limitati, e ribadiva al tempo stesso la struttura centralistica dell'Impero.

L'insurrezione di Berlino e l'Assemblea di Francoforte

Un corso simile ebbero gli avvenimenti in Germania. A Berlino, il 18 marzo del 1848, imponenti manifestazioni popolari costrinsero il re Federico Guglielmo IV a convocare un **Parlamento prussiano** (*Landtag*). Intanto agitazioni e sommosse erano scoppiate nella Confederazione germanica. Ne era scaturita, quasi spontaneamente, la **richiesta di un'Assemblea costituente** dove fossero rappresentati tutti gli Stati tedeschi, Austria compresa. A metà maggio l'Assemblea aprì i suoi lavori a Francoforte in un clima di generale entusiasmo. Ben presto fu chiaro però che la Costituente di Francoforte non aveva i poteri necessari per imporre le proprie decisioni ai sovrani degli Stati tedeschi e per avviare un processo di unificazione nazionale. Le sue sorti non potevano che dipendere da quanto accadeva nello Stato più importante, la **Prussia**. Ma proprio in Prussia il movimento liberal-democratico rientrò rapidamente, anche perché la borghesia era spaventata dalle agitazioni sociali che nel frattempo si andavano intensificando (in estate vi furono sommosse di lavoratori a Berlino, in Slesia e a Francoforte). Ai primi di dicembre Federico Guglielmo sciolse il Parlamento prussiano ed emanò una Costituzione assai poco liberale. Frattanto, i lavori dell'Assemblea di Francoforte erano quasi completamente assorbiti dalle dispute sulla questione nazionale e dalla **contrapposizione fra «grandi tedeschi» e «piccoli tedeschi»**: i primi miravano a un'unione di tutti gli Stati germanici intorno all'Austria imperiale, i secondi sostenevano invece uno Stato nazionale più compatto, da costruirsi intorno al nucleo principale del Regno di Prussia. A prevalere, dopo lunghe discussioni, fu alla fine la tesi «piccolo-tedesca». Ma quando, nell'aprile 1849, una delegazione offrì al re di Prussia la corona imperiale, questi la rifiutò in quanto gli veniva offerta da un'assemblea popolare, nata da un moto rivoluzionario. Il **rifiuto di Federico Guglielmo** segnò in pratica la fine della Costituente, che fu sciolta nel giugno 1849.

La repressione finale e la sconfitta dei democratici

Si andavano frattanto spegnendo gli ultimi fuochi della rivoluzione che, a partire dal marzo 1848, aveva attraversato l'intero Impero asburgico compresa l'**Italia**. In marzo gli austriaci sconfiggevano definitivamente i piemontesi, in luglio si concludeva, grazie all'intervento francese, l'esperienza della Repubblica romana [👁 12.7], in agosto le truppe imperiali schiacciavano l'ultima resistenza di Venezia e dell'**Ungheria**. Per aver ragione degli indipendentisti magiari, che avevano ripreso il controllo del paese profittando anche dell'impegno austriaco in Italia, il governo di Vienna dovette chiedere l'aiuto militare della Russia. La sconfitta dei democratici era a questo punto completa.

GUIDA ALLO STUDIO

❶ Che cosa distinse la rivoluzione di Parigi da quelle degli altri paesi? ❷ Quali regioni dell'Impero asburgico si ribellarono al potere centrale? ❸ Come si concluse la rivolta a Vienna? ❹ Cosa divideva i «grandi» e i «piccoli» tedeschi nella Assemblea di Francoforte?

Dopo alterne fortune, il neo-esercito nazionale ungherese fu costretto a capitolare sotto l'attacco congiunto dei soldati austriaci sostenuti dall'esercito dello zar Nicola I, il cui aiuto era stato espressamente richiesto dall'imperatore Francesco Giuseppe.

Alajos Rohn
Il bombardamento di Pest da parte dell'esercito imperiale austriaco
1849 ca.
[Museo storico, Budapest]

Patria e nazione

Il termine **"patria"** indica il territorio abitato da un popolo, i cui membri sentono di appartenervi per nascita (propria, dei genitori e degli avi, cioè dei *patres*), lingua, cultura, storia e tradizioni, cioè per identità nazionale. In età contemporanea, il concetto di patria ha acquisito il significato di comunità politico-territoriale e si è legato a quello di nazione.

Secondo la scienza politica, la **nazione** è «un gruppo sociale dotato di un nome specifico, legato a un determinato territorio e caratterizzato da miti e memorie storiche comuni, da una cultura pubblica di massa, dall'unità economica e da diritti e doveri uguali per tutti i suoi membri» (Anthony D. Smith, voce «Nazione», *Enciclopedia delle scienze sociali*, Treccani, Roma 1996, vol. 6).

Il termine "nazione" (dal latino *nasci*, 'nascere') presso i **romani** indicava un gruppo con un'origine comune, ma dal **Medioevo** faceva riferimento a gruppi di studenti universitari o di ecclesiastici che condividevano la terra d'origine. Nei secoli successivi, esso fu usato sia in riferimento all'intera Europa (la «nazione europea»), sia in riferimento ai singoli Stati (la «nazione francese», ecc.), sia agli Stati regionali e alle città-Stato; il termine, tuttavia, pur indicando un principio di discendenza, non implicava un significato politico.

Con l'**Illuminismo** e la **Rivoluzione francese** il concetto di nazione acquisì una connotazione politica: il filosofo illuminista Jean-Jacques Rousseau (1712-1778) pose all'origine di essa la «volontà generale», mentre con la rivoluzione si cominciò a parlare di «nazione democratica» a sovranità popolare, di «nazione dei cittadini» e di «nazione in armi». Nella *Dichiarazione dei diritti dell'uomo e del cittadino* (1789) si legge all'articolo 3 che «Il principio di ogni sovranità risiede essenzialmente nella Nazione». Nella Costituzione del 1791, si esplicitò la formula del giuramento civico: «Io giuro di essere fedele alla Nazione, alla Legge e al Re e di sostenere con tutte le mie possibilità la Costituzione del Regno» (titolo II, art. 5); anche il re avrebbe dovuto giurare «di essere fedele alla Nazione ed alla Legge» (titolo III, capitolo II, art. 4). Il termine "patria" comparve in Francia per la prima volta nella Costituzio-

ne del 1795 («Ogni cittadino deve i suoi servizi alla patria e al mantenimento della libertà», art. 9): essa non era intesa come «terra dei padri», quanto come paese in cui ciascuno si riconosceva e in cui vigevano i diritti dell'uomo. Nella Costituzione del 1799 si parlò, poi, di «difesa della Patria» (art. 86), mentre il termine "nazione" fu sempre meno usato.

Parallelamente agli eventi francesi, il **Romanticismo tedesco** (in particolare i filosofi Johann G. Herder e Johann G. Fichte) legò la nazione al *Volk* ('popolo') e ai caratteri geografici, linguistici, culturali e storici: alla fine dell'800 questa concezione si colorò talora di connotazioni razziali. Si generò così la distinzione, individuata dallo storico italiano Federico Chabod (1901-1960), tra la concezione di nazione naturalistico-oggettiva (basata su etnia, lingua, tradizione, storia), prevalentemente tedesca, e quella volontaristico-soggettiva (basata sulla volontà di farne parte), prevalentemente francese e italiana: nel 1882 lo studioso francese Ernest Renan (1823-1892) parlò di «volontà di vivere insieme» e di «plebiscito di tutti i giorni».

Nel corso dell'800 la nazione si arricchì sempre più di significati linguistici, etnici, culturali e storici: essa cominciò a coincidere con la patria e il fondamento dello Stato fu identificato nel triplice nesso fra territorio, popolo e sovranità. L'identità nazionale diventò uno dei maggiori criteri di appartenenza. In Italia, lo Statuto albertino (1848) nel Preambolo legava «il bene del sovrano a quello della patria» e parlava di «benessere e dignità della Nazione» e di «Nazione, libera, forte e felice, [che] si mostrerà sempre più degna dell'antica fama, e saprà meritarsi un glorioso avvenire» [👁 12.7].

L'affermazione del principio di nazionalità come criterio principale per fissare i confini di uno Stato e per stabilirne la legittimità fu però il risultato di un processo lungo e contrastato, complicato per giunta dall'affacciarsi sulla scena europea, tra la fine dell'800 e l'inizio del '900, di nuovi movimenti nazionali, di nuove "piccole patrie" (per esempio, Irlanda, Finlandia, Slovenia, Croazia, Slovacchia) che spesso i teorici dell'idea nazionale non avevano nemmeno preso in considerazione.

Il principio di **autodeterminazione nazionale** fu sancito, in linea teorica, dai trattati di pace seguiti alla prima guerra mondiale, soprattutto per impulso del presidente degli Stati Uniti, Woodrow Wilson. Ma la sua applicazione si rivelò difficile, soprattutto nei territori degli ex imperi austro-ungarico, russo e ottomano, dove le linee di separazione fra diversi gruppi etnici e linguistici erano difficili da definire. E da queste difficoltà derivarono molte delle crisi che avrebbero poi portato l'Europa a un nuovo conflitto generale.

Il presidente Giorgio Napolitano durante la cerimonia d'inaugurazione dell'anno scolastico 2011-12
[© Vincenzo Tersigni/EIDON]

Nel 2011, in occasione del 150° anniversario dell'Unità nazionale, sono state organizzate in Italia numerose iniziative volte alla riscoperta del sentimento patriottico, anche con il coinvolgimento dei giovani delle scuole. Un'opportunità è stata offerta anche dalla tradizionale cerimonia d'inaugurazione dell'anno scolastico che si è svolta in Quirinale il 23 settembre 2011.

Nel **secondo dopoguerra**, dopo le esperienze del fascismo e del nazismo, che avevano identificato la nazione con la loro idea di Stato totalitario e razzista, nel mondo occidentale si sviluppò una certa insofferenza verso questo concetto: così, nella Costituzione italiana (1948) si dice che «la difesa della Patria è sacro dovere del cittadino» (art. 52) e, come nello Statuto albertino, che «Ogni membro del Parlamento rappresenta la nazione» (art. 67), ma il termine non viene ripreso con forza.

Le nazioni, identificate con gli Stati, videro confermato il loro diritto all'autodeterminazione. Negli anni '50 e '60, questo diritto si estese ai paesi coloniali dell'Africa e dell'Asia che lottavano per l'indipendenza.

Nel **XXI secolo** il potere politico mondiale si sta riorganizzando in base a criteri non nazionalistici, anche in conseguenza della globalizzazione della produzione, della finanziarizzazione dell'economia e della diffusione di mezzi di informazione e di trasporto sempre più veloci; la Costituzione europea (2004) afferma, tuttavia, che «l'Unione rispetta [...] la loro [degli Stati membri] identità nazionale» (art. I-5) e che «La cittadinanza dell'Unione si aggiunge alla cittadinanza nazionale e non la sostituisce» (art. I-10).

Contemporaneamente, però, si sta sviluppando anche un **micronazionalismo a base secessionistica**, che mira a smembrare gli Stati esistenti per crearne altri di dimensioni regionali, ma comunque basati su un'idea di nazione e di nazionalità: negli anni '90 si sono formati su base etnico-nazionale gli Stati sorti dalla crisi della ex Jugoslavia (Slovenia, Croazia, Serbia, ecc.), e in Italia tale tendenza è rappresentata dalla Lega Nord, che rivendica l'autonomia per la cosiddetta "Padania".

La risposta a queste tendenze disgregatrici è stata rappresentata, nel nostro paese, da una nuova attenzione verso l'idea di patria, sollecitata dai presidenti della Repubblica Carlo Azeglio Ciampi (1999-2006) e Giorgio Napolitano (eletto nel 2006), intesa come senso di rispetto per lo Stato e per le sue istituzioni democratiche, per la Repubblica e per la Costituzione. Molti italiani hanno riscoperto il loro senso di appartenenza alla comunità nazionale, pur senza ritenerla in contrasto con la nuova identità europea. Si è sviluppato così anche in Italia quel **«patriottismo costituzionale»**, teorizzato dal filosofo tedesco Jürgen Habermas (1929), che si lega al rispetto degli ideali di democrazia e di libertà espressi nelle carte costituzionali e non più ai caratteri etnici, culturali, linguistici e storici.

SINTESI

1 La Restaurazione e il nuovo assetto europeo

Sconfitto Napoleone, si chiudeva il periodo delle guerre tra la Francia rivoluzionaria e le monarchie europee e cominciava l'età della Restaurazione. Ma "restaurare" in tutto e per tutto il vecchio ordine non era in realtà possibile dopo le trasformazioni sociali, istituzionali e giuridiche verificatesi nel venticinquennio precedente e il ruolo assunto dalla borghesia nel contesto sociale degli Stati europei. Assai rilevanti furono i mutamenti nella carta d'Europa sanciti dal congresso di Vienna (novembre 1814-giugno 1815), per opera delle quattro maggiori potenze vincitrici (Gran Bretagna, Russia, Prussia, Austria) nonché della stessa Francia. Il principio di fondo seguito fu quello della «legittimità», secondo cui dovevano essere restaurati i sovrani spodestati. Ciò non impedì, però, che si verificasse una razionalizzazione della geografia politica europea. Il nuovo assetto fu sancito dalla Santa alleanza (Russia, Prussia, Austria), affiancata poi dalla Quadruplice alleanza, promossa dalla Gran Bretagna.

2 Il ritorno all'ordine

La Restaurazione ebbe caratteri diversi nei singoli paesi, sempre però nel quadro di un indirizzo conservatore e tradizionalista. In Gran Bretagna si ebbe la prevalenza dell'ala destra del partito conservatore, che favorì gli interessi della grande proprietà terriera (dazio sul grano) a scapito di quelli dell'industria esportatrice. In Spagna venne seguita una linea che si richiamava all'assolutismo e ostacolava ogni evoluzione in senso liberale. Più moderata fu la Restaurazione in molti paesi dell'Europa del Nord in cui si mantennero in molti casi regimi a base rappresentativa. Il caso più significativo di Restaurazione "morbida" fu invece quello della Francia: Luigi XVIII promulgò una Costituzione, che tra l'altro prevedeva un Parlamento bicamerale, e conservò molte innovazioni del periodo napoleonico, scontentando così i legittimisti. In Italia la Restaurazione assunse forme piuttosto dure (salvo che nel Granducato di Toscana), temperate a stento dalla presenza di correnti moderate (Regno delle Due Sicilie, Stato della Chiesa). Una certa vivacità culturale si manifestò nel Lombardo-Veneto, amministrato con efficienza e autoritarismo dagli austriaci.

3 Aristocrazia e borghesia nell'Europa restaurata

La Restaurazione non interruppe il processo di crescita della borghesia e di emancipazione dai vincoli feudali seppure in un quadro generale che confermava il sistema di dominio del ceto aristocratico. In buona parte dell'Europa dell'Est il processo di emancipazione dai vincoli feudali fu assai più lento. Diversa la situazione in Francia e nei paesi dell'Europa occidentale passati per la dominazione napoleonica: qui la borghesia aumentò la quota della sua proprietà sulla terra, senza però che ciò si risolvesse in una generale modernizzazione dell'agricoltura. Nell'Europa del Sud (ma non nell'Italia settentrionale) la defeudalizzazione lasciò intatte gerarchie sociali e assetti della proprietà terriera. In generale, nel mondo rurale si sovrapposero a lungo modernità e tradizione.

4 I moti rivoluzionari del 1820-21

In quasi tutti i paesi europei l'azione di liberali e democratici si doveva svolgere in forme clandestine, attraverso società segrete. La Carboneria, la più importante e diffusa, si ispirava a un liberalismo moderato.
In massima parte la base sociale delle società segrete era costituita da intellettuali, studenti e militari: furono loro i protagonisti delle rivoluzioni degli anni '20. L'ondata rivoluzionaria del 1820-21 partì dalla Spagna, con la ribellione a Cadice di alcuni reparti militari (gennaio '20): il re fu costretto a concedere la Costituzione ma il nuovo regime non riuscì a consolidarsi, anche per i contrasti interni allo schieramento costituzionale. Successivamente ci furono moti nel Regno delle Due Sicilie e in Piemonte. Le rivoluzioni del '20-21 suscitarono l'allarme dei conservatori d'Europa. Nel '21 gli austriaci posero fine alla rivoluzione napoletana. La rivoluzione spagnola fu schiacciata, invece, dall'intervento militare della Francia (1822). Tra i motivi principali della sconfitta delle rivoluzioni del '20-21 vanno ricordate le divisioni interne allo schieramento rivoluzionario, nonché la mancanza di seguito tra le masse.

5 L'indipendenza della Grecia

L'unica rivoluzione del decennio che si concluse positivamente fu quella greca contro la dominazione turca. Iniziata nel '21, questa rivoluzione – che ebbe i caratteri di una vera guerra nazionale e religiosa – si concluse solo nel '29. Il suo successo fu dovuto in misura determinante alle simpatie dell'opinione pubblica europea e all'intervento militare di Gran Bretagna, Francia e Russia. Nella sconfitta e nel riconoscimento dell'indipendenza della Grecia trovò conferma la lunga crisi dell'Impero ottomano che si protrasse fino ai primi del '900.

6 I moti rivoluzionari del 1830-31

I moti europei del 1830-31 furono per molti aspetti simili a quelli di un decennio prima, ma ebbero conseguenze più durature, portando alla rottura dell'equilibrio europeo sancito dal congresso di Vienna. La politica di Carlo X, divenuto re di Francia nel 1824, fu ispirata al disegno di una restaurazione integrale. La repressione delle forze di opposizione sfociò, nel 1830, in quattro ordinanze che configuravano un vero e proprio colpo di Stato e, a luglio, il popolo di Parigi reagì con un'insurrezione che costrinse il re alla fuga. Le Camere nominarono nuovo sovrano Luigi Filippo d'Orléans. La «monarchia di luglio», benché prodotta da una rivoluzione, si ispirò sin dall'inizio a una linea di liberalismo moderato. L'esempio francese incoraggiò una ripresa dell'iniziativa rivoluzionaria a livello europeo. La rivolta del Belgio – che mirava all'indipendenza dall'Olanda – si risolse in un successo, reso possibile dall'atteggiamento favorevole di Francia e Gran Bretagna. Esito diverso ebbero i moti rivoluzionari scoppiati in Italia e in Polonia, schiacciati dall'intervento militare rispettivamente di Austria e Russia.

7 Liberalismo e autoritarismo

La monarchia francese sposò una linea conservatrice che accentuò i caratteri oligarchici del regime e la frattura tra ceto dirigente e società civile, in primo luogo a causa della ristretta e precaria base di consenso della monarchia, che si fondava soprattutto su un'identificazione con gli interessi dell'alta borghesia degli affari. Forte era anche l'opposizione repubblicana, che fu protagonista di vari tentativi insurrezionali. In Gran Bretagna, invece, entro la metà del secolo, vennero varate alcune decisive riforme: diritto per i lavoratori di unirsi in associazione – e ciò stimolò la nascita delle Trade Unions –, riforma elettorale, leggi sociali. La lotta politica degli anni '30-40 vide l'emergere di due movimenti: quello «cartista», che si batteva per il suffragio universale ed era animato soprattutto dalle Trade Unions – il movimento però si esaurì dopo un decennio di lotte senza aver raggiunto i suoi obiettivi –, e quello per la riforma doganale – di cui fu principale leader Cobden – che si risolse in una vittoria delle tesi liberiste con l'abolizione del dazio sul grano. In questi anni, a confronto delle trasformazioni avvenute in Gran Bretagna e Francia, le monarchie autoritarie dell'Est europeo apparivano prigioniere di un radicato immobilismo politico e sociale. Mentre per la Russia il maggior problema era costituito dalle continue rivolte contadine, l'Austria vedeva il primo manifestarsi delle spinte autonomistiche delle varie nazionalità dell'Impero. Il nazionalismo costituì un fattore di coesione nell'area tedesca, dove le aspirazioni della borghesia si indirizzarono verso l'attuazione di una Unione doganale.

8 Le rivoluzioni del 1848-49

Nel 1848 l'Europa fu sconvolta da un moto rivoluzionario che coinvolse Francia, Italia, Impero asburgico e Confederazione germanica. All'origine della rivolta, scatenata dai democratici, ci fu un clima di acuto malessere sociale determinato da una crisi economica che attanagliava tutto il continente. La richiesta di libertà politiche e di democrazia, come pure le modalità insurrezionali furono evidenti caratteri comuni dei moti. Nonostante la totale sconfitta, in particolare dei democratici (abbandonati dai liberal-moderati che temevano una rivoluzione sociale), il 1848 aprì una nuova epoca caratterizzata dall'intervento delle masse popolari urbane e dall'emergere degli obiettivi sociali accanto a quelli politici.

9 Il '48 in Francia. Dalla Seconda Repubblica al Secondo Impero

Il centro di irradiazione del moto rivoluzionario fu ancora una volta la Francia. L'insurrezione parigina di febbraio portò alla proclamazione della repubblica, che ebbe all'inizio un indirizzo democratico-sociale. Tuttavia le elezioni per l'Assemblea costituente dell'aprile '48 sancirono la vittoria dei repubblicani moderati. L'insurrezione di giugno dei lavoratori di Parigi fu duramente repressa e segnò la svolta in senso conservatore della Repubblica, concretizzatasi in dicembre con l'elezione a presidente di Luigi Napoleone Bonaparte. Nel dicembre 1851 Bonaparte attuò un colpo di Stato e riformò la Costituzione. L'anno successivo un plebiscito sanzionò la restaurazione dell'Impero: Luigi Napoleone Bonaparte divenne imperatore con il nome di Napoleone III.

10 Il '48 nell'Europa centrale

In marzo il moto rivoluzionario si propagò all'Impero asburgico, agli Stati italiani e alla Confederazione germanica: a Vienna Metternich dovette lasciare il potere e venne concesso un Parlamento dell'Impero. In Ungheria l'agitazione ebbe un accentuato carattere autonomistico. Anche a Praga furono avanzate, sia pure in forma meno marcata, rivendicazioni di autonomia. La repressione militare della sollevazione di Praga (giugno 1848) segnò l'inizio della riscossa del potere imperiale. Nell'area tedesca, la rivoluzione di Berlino portò inizialmente ad alcune concessioni da parte del re Federico Guglielmo IV e alla nascita di un'Assemblea costituente con sede a Francoforte, presto assorbita dal dibattito sulla questione nazionale. Ma il movimento liberaldemocratico conobbe una rapida sconfitta anche in Prussia e negli Stati della Confederazione germanica.

SVILUPPARE LE COMPETENZE

❶ Rispondi ai quesiti impiegando il numero di righe indicato tra parentesi:

a. Quale statista dominò il congresso di Vienna e quali importanti decisioni furono prese in quell'occasione? (6 righe)

b. Cos'erano la Santa alleanza e la Quadruplice alleanza? (6 righe)

c. Cosa successe in Gran Bretagna dopo la Restaurazione? (6 righe)

d. Quali erano gli elementi fondamentali della "carta" concessa da Luigi XVIII nel luglio 1814? (7 righe)

e. Qual era situazione degli Stati italiani dopo il congresso di Vienna? (10 righe)

f. Come procedette, nel periodo che va dagli anni '20 agli anni '40 del '700, la defeudalizzazione? (8 righe)

❷ I fatti elencati di seguito non sono in ordine cronologico. Ricostruiscilo stabilendo, inoltre, durante quali moti rivoluzionari essi si verificarono. Quindi, rispettando la sequenza cronologica da te costruita, componi un testo di 10 righe per ogni moto:

a. La Russia, protettrice dei cristiani, rompe le relazioni diplomatiche con la Turchia.

b. Alcuni reparti militari di stanza nel porto di Cadice si ammutinano.

c. Viene firmata la pace di Adrianopoli: la Grecia è indipendente.

d. Luigi Filippo viene dichiarato dal Parlamento re dei francesi.

e. La rivolta scoppia in Piemonte.

f. I greci che hanno un ruolo economico nell'Impero ottomano insorgono.

g. Le potenze europee distruggono a Navarino la flotta turco-egiziana.

h. La rivolta si estende e il re è costretto a rimettere in vigore la Costituzione del 1812.

i. Il popolo parigino scende in piazza e dopo tre giorni di duri scontri con le truppe del re lo costringe ad abbandonare la capitale.

j. Le Camere riunite dichiarano Carlo X deposto e nominano come luogotenente del regno Luigi Filippo d'Orléans.

k. Moti insurrezionali istigati da gruppi di militari scoppiano nel Regno delle Due Sicilie e in Portogallo.

❸ Rispondi ai quesiti impiegando il numero di righe indicato tra parentesi:

a. Quali importanti riforme furono approvate in Gran Bretagna durante il periodo dominato dalla figura di Robert Peel? (8 righe)

b. Quale importanza ebbe la realizzazione dello *Zollverein*? (3 righe)

c. Perché l'espressione "quarantotto" oggi è sinonimo di disordine? Racconta a scopo esemplificativo gli eventi avvenuti durante quell'anno nell'Impero asburgico o in Germania. (10 righe)

d. Quale causa principale provocò il fallimento dei moti del Quarantotto? (4 righe)

e. Quale fu la causa dello scoppio della crisi rivoluzionaria in Francia nel 1848? E quali furono le riforme attuate già a fine febbraio dal governo provvisorio? (8 righe)

f. Cosa successe il 23 giugno 1848 a Parigi? Quali conseguenze ebbero tali fatti? (8 righe)

CAPITOLO

12 IL RISORGIMENTO ITALIANO

1 L'Italia e la questione nazionale

Il Risorgimento Nella prima metà dell'800 prende avvio in Italia un processo di riscoperta e di sempre più decisa rivendicazione della propria identità nazionale. Questo processo, che avrebbe portato in pochi decenni alla conquista dell'indipendenza, fu definito dai contemporanei, e poi dagli storici, col nome di "Risorgimento": una definizione che ne sottolineava il carattere di **rinascita culturale e politica**, di **riscatto morale** da una lunga condizione di servitù e di decadenza, di ritorno a un passato glorioso e a un'unità dalle antichissime origini.

Per la verità l'Italia era stata unita politicamente solo ai tempi dell'Impero romano, ma all'interno di un'entità statale sovranazionale. In seguito, era sempre rimasta divisa e, almeno in parte, subordinata a sovranità straniere (Francia, Spagna, Austria).

La nazione italiana Tuttavia, se uno Stato italiano non era mai esistito, una nazione italiana, in quanto **comunità linguistica, culturale, religiosa e in qualche parte anche economica**, esisteva almeno fin dall'età dei comuni. E l'idea di Italia come entità unitaria, dai confini geografici ben definiti, era sempre stata viva nel pensiero di molti autorevoli intellettuali italiani, da Petrarca a Machiavelli ad Alfieri.

Alla fine del '700, in alcune componenti della cultura illuminista, questa consapevolezza si era fatta più viva e si era accentuata soprattutto all'interno delle correnti più radicali del movimento giacobino. Ma questi intenti erano rimasti soffocati dalla contraddizione tipica di tutto il **giacobinismo italiano**: quella di dover legare la rea-

Ventaglio (fronte e retro)
1848 ca.
[Museo Civico del Risorgimento, Genova]
I modi in cui i patrioti italiani esprimevano i propri sentimenti liberali e democratici poteva essere piuttosto vario, oltre che fantasioso. Questo ventaglio dell'epoca presenta da un lato scene silvestri di gusto neoclassico, dall'altro due militari piemontesi che, insieme a due dame con la fascia rossa, bianca e verde, sventolano una bandiera tricolore su cui è scritto «Italia libera – Dio lo vuole». Questa singolare forma di propaganda era escogitata per non dare nell'occhio alla polizia e ai reazionari.

lizzazione delle proprie idee alle sorti della potenza francese, alla politica nazionalista e assolutista di Napoleone.

Ideali di libertà e questione nazionale

Con la Restaurazione, per i **patrioti** italiani la scelta diventava più semplice: la lotta per gli ideali liberali e democratici poteva coincidere con quella per la liberazione dal dominio straniero. Questo, però, non significava ancora battersi per l'indipendenza e per l'unità italiana. Nei primi moti rivoluzionari, nel 1820-21, la questione nazionale fu infatti pressoché assente, o comunque subordinata alle **rivendicazioni di ordine costituzionale**, alle spinte per un mutamento politico all'interno dei singoli Stati.

95
L. Riall
Le ideologie nazionaliste

GUIDA ALLO STUDIO

❶ Che cosa si intende per «Risorgimento»? ❷ Quando venne elaborata l'idea di nazione italiana? ❸ In che modo il movimento giacobino pose la questione nazionale? ❹ Quali istanze agirono sui rivoluzionari italiani nei primi moti?

2 I primi moti rivoluzionari

L'insurrezione nel Napoletano e in Sicilia

Nella prima ondata rivoluzionaria che scosse l'Europa all'inizio degli anni '20 furono coinvolti, come abbiamo visto, il Regno delle Due Sicilie e il Regno di Sardegna. Il 1° luglio 1820, infatti, pochi mesi dopo l'insurrezione spagnola, la rivolta scoppiò a **Nola**, nel Napoletano, ed ebbe subito l'adesione di numerosi alti ufficiali ex murattiani, fra cui il generale **Guglielmo Pepe**. Il re Ferdinando I fu costretto a concedere una **Costituzione** simile a quella spagnola del 1812. Questa rivoluzione seguì un corso analogo a quella di Spagna e si trovò ad affrontare problemi molto simili: le divisioni fra democratici e moderati; il comportamento ambiguo del re, profondamente ostile alla Costituzione; la inevitabile opposizione del governo austriaco a un esperimento che sembrava minacciare l'intero assetto politico della penisola.

A questi problemi si aggiunse la questione siciliana. Il 15 luglio, infatti, anche Palermo diede vita a una violenta ribellione che, al contrario di quella del Napoletano,

Rivoluzione del 1820 a Napoli
XIX secolo
[Museo Centrale del Risorgimento, Roma]
L'insurrezione napoletana scoppiò all'inizio del luglio 1820 per iniziativa di due ufficiali carbonari, Michele Morelli e Giuseppe Silvati, cui si unirono il prete liberale Minichini, a capo degli insorti a Nola, e la guarnigione della capitale, guidata dal generale Pepe. La litografia mostra in primo piano il generale Guglielmo Pepe e l'abate Luigi Minichini alla testa dei carbonari.

registrò un'ampia partecipazione di popolo. Agli operai e agli artigiani si unirono anche gli esponenti dell'aristocrazia locale, delusi dalla politica accentratrice della monarchia napoletana che aveva fatto perdere a Palermo il rango di capitale, e la rivolta assunse subito un chiaro carattere **separatista**. A queste velleità indipendentiste dei palermitani il governo di Napoli reagì inviando in Sicilia un corpo di spedizione e la rivolta palermitana fu domata in pochi giorni, alla fine di ottobre.

In Piemonte e nel Lombardo-Veneto

Il successo della rivoluzione napoletana accese le speranze dei liberali italiani, attivi soprattutto in Piemonte e in Lombardia [ATLANTE_35]. Questi avevano l'obiettivo di una costituzione e soprattutto della cacciata degli austriaci dal Lombardo-Veneto per la formazione di un regno costituzionale indipendente nell'Italia settentrionale. In Lombardia ogni ipotesi insurrezionale fu però stroncata dalla scoperta, nell'ottobre 1820, di un'organizzazione carbonara e dal conseguente arresto dei suoi capi, **Silvio Pellico** e **Pietro Maroncelli**, condannati poi a pesanti pene detentive.

Dopo molte esitazioni dovute soprattutto ai contrasti fra i democratici e i moderati il moto scoppiò nel marzo 1821, quando alcuni reparti dell'esercito si ammutinarono, costringendo il re Vittorio Emanuele I ad abdicare in favore del fratello **Carlo Felice**. Dato che il nuovo re si trovava lontano dal regno, la reggenza fu affidata al nipote **Carlo Alberto**, che aveva manifestato qualche simpatia per la causa liberale. Carlo Alberto si impegnò dapprima a concedere una costituzione simile a quella spagnola ma poi, sconfessato e richiamato all'ordine da Carlo Felice, si unì alle truppe lealiste che, all'inizio di aprile, con l'aiuto di contingenti austriaci, sconfissero a Novara i rivoluzionari guidati dal conte Santorre di Santarosa.

La repressione militare

La fine dell'esperienza liberale piemontese si inquadrava nella generale sconfitta delle correnti costituzionali e patriottiche delineatasi già alla fine del marzo 1821 con la conclusione della rivoluzione napoletana. Era stato il cancelliere austriaco Metternich a decidere un intervento armato: l'Austria, infatti, egemone nella penisola, aveva imposto una serie di legami militari e politici anche al Regno delle Due Sicilie [11.1]. Così gli austriaci entrarono a Napoli e restaurarono il potere assoluto di Ferdinando I, che mise in atto una dura repressione contro i protagonisti della rivoluzione. Anche in Piemonte la fine del moto costituzionale fu seguita da una serie di condanne contro i militari ribelli e da un massiccio esodo all'estero di patrioti.

Le rivolte del 1831

Anche la seconda fase delle insurrezioni italiane finì rapidamente con la repressione militare ad opera degli austriaci e con la condanna dei principali promotori. Questa volta la cospirazione prese avvio nel Ducato di Modena dove lo stesso duca Francesco IV sembrava appoggiare i cospiratori: il duca sperava infatti di profittare di un eventuale sommovimento politico per diventare sovrano di un Regno dell'Italia centro-settentrionale [ATLANTE_36]. Per questo entrò in contatto con alcuni esponenti delle società segrete, fra cui **Ciro Menotti**, imprenditore e industriale, che lavorò per allargare allo Stato pontificio e alla Toscana la trama di una cospirazione destinata a porre le premesse per un'Italia unita sotto una monarchia costituzionale. Francesco IV non era però l'uomo più adatto per realizzare progetti di questo genere. Quando si rese conto che l'Austria si sarebbe opposta con le armi a qualsiasi mutamento politico in Italia, abbandonò rapidamente ogni idea di cospirazione e fece arrestare, nel febbraio 1831, i capi della congiura riuniti in casa di Menotti.

La rivolta tuttavia si era ormai estesa a **Bologna** e a tutti i centri principali delle Legazioni pontificie, ossia la Romagna con Pesaro e Urbino, oltre alle attuali pro

Separatismo
È la tendenza di un gruppo o di una parte della popolazione con particolari caratteristiche storiche, linguistiche o religiose a separarsi dallo Stato di cui fa parte. In Italia movimenti separatisti sono nati in Sicilia e Sardegna, ma anche in Lombardia, Alto Adige e Valle d'Aosta.

vince di Bologna e Ferrara (territori amministrati dai rappresentanti del pontefice, i «cardinali legati»): dalle Legazioni il moto dilagò nel Ducato di Parma e in quello di Modena.

Tentativi unitari e repressione

Rispetto ai moti del '20-21, le insurrezioni dell'Italia centro-settentrionale del '31 presentarono alcuni **caratteri di novità**. Questa volta a muoversi non furono tanto i militari, quanto i ceti borghesi appoggiati dall'**aristocrazia liberale** e sostenuti in qualche caso da una non trascurabile **mobilitazione popolare**, soprattutto nelle Legazioni, dove molto forte e diffuso era lo scontento nei confronti del malgoverno pontificio. Sia a Bologna sia nei Ducati, questa mobilitazione fu sufficiente per aver ragione di un potere debole e poco preparato a una repressione militare.

Nonostante i tentativi di dare alla rivolta un carattere unitario, le persistenti divisioni municipali e il contrasto tra democratici e moderati indebolirono le iniziative insurrezionali. L'ipotesi di un intervento della Francia orleanista in favore dei ribelli si rivelò un'illusione, mentre l'esercito austriaco sconfisse a Rimini le forze degli insorti (marzo 1831).

Il ritorno al vecchio ordine fu accompagnato dall'inevitabile repressione. Ciro Menotti fu condannato a morte e impiccato. Anche gli insorti emiliani e romagnoli furono condannati a lunghissime pene detentive, quando non riuscirono a riparare all'estero per ingrossare le file dell'ormai numerosa emigrazione politica italiana.

GUIDA ALLO STUDIO

❶ Che cosa differenziava la rivolta napoletana da quella scoppiata a Palermo? ❷ Da chi era sostenuta la causa liberale in Piemonte e nel Lombardo-Veneto? ❸ Quale esito ebbero i movimenti patriottici del '21? ❹ Quali forze sociali parteciparono ai moti del 1831? ❺ Che ruolo ebbe l'Austria nel controllo del sistema politico italiano?

3 Immobilismo politico e arretratezza economica degli Stati italiani

I quasi due decenni successivi ai moti insurrezionali furono caratterizzati ovunque da un ritorno a forme di **assolutismo autoritario**, non solo in Piemonte o nello Stato della Chiesa, ma anche nella più illuminata Toscana.

L'economia e le infrastrutture

Qualche novità si registrò invece nel settore economico che, nonostante una tendenza alla crescita produttiva, continuava comunque a essere caratterizzato da una condizione di notevole arretratezza rispetto alle zone più progredite d'Europa. Il settore agricolo, infatti, restava per lo più legato alle tecniche e ai sistemi di conduzione tradizionali: solo in alcune zone della Lombardia e, in minor misura, del Piemonte si erano realizzati progressi consistenti nella cerealicoltura e nell'allevamento.

L'industria, poi, era rimasta sostanzialmente estranea alla tecnologia delle macchine: il settore tessile, in particolare, si fondava ancora sulla manifattura tradizionale e sul lavoro a domicilio.

Anche le **ferrovie** ebbero un inizio assai lento e ritardato: solo nel corso degli anni '40 la costruzione di strade ferrate assunse un carattere sistematico, limitatamente al Piemonte, al Lombardo-Veneto e alla Toscana. Questo avvio delle costruzioni ferroviarie fu comunque uno degli elementi che contribuirono a dare nuovo slancio all'economia degli Stati italiani. Altri fattori furono i progressi del **sistema bancario** (soprattutto in Toscana e in Piemonte), lo sviluppo dei **porti** e della **marina mercantile**, il generale incremento del **commercio internazionale** che ebbe ricadute positive anche sull'Italia.

La mancanza di un mercato nazionale

Si trattava, nel complesso, di progressi limitati, non tali da permettere agli Stati italiani di ridurre il ritardo che stavano accumulando nei confronti dell'Europa in via di industrializzazione. Ma furono sufficienti a far riflettere la parte più avvertita dell'opinione pubblica sui danni derivanti all'economia dalla mancanza di un mercato nazionale e di un efficiente sistema di comunicazioni: venne così riproposto il **progetto di una unione doganale italiana** da realizzare sul modello dello *Zollverein* tedesco [👁 11.7] e divennero argomenti centrali di discussione il confronto con gli altri paesi europei e la necessità di elaborare un nuovo e più razionale assetto politico di tutta la penisola.

GUIDA ALLO STUDIO

❶ In quali Stati italiani si ebbero i principali progressi economici? ❷ Quale limite fu individuato allo sviluppo economico dell'Italia?

4 Il progetto mazziniano

Una nuova strategia

L'esito negativo delle insurrezioni nell'Italia centro-settentrionale segnò la crisi irreversibile della Carboneria e, più in generale, mise in evidenza i limiti della strategia che aveva fin allora guidato le rivoluzioni italiane: la necessità di affidarsi all'appoggio di sovrani rivelatisi poi inaffidabili; la segretezza delle trame settarie che ostacolava una più ampia partecipazione; e soprattutto l'assenza di una direzione unitaria, capace di agire in una prospettiva autenticamente nazionale. **Progetti unitari e repubblicani** si erano affacciati negli ambienti dell'emigrazione italiana già nel decennio 1820-30, ma solo all'inizio degli anni '30 l'ideale dell'unità italiana da conseguirsi attraverso un'autentica **lotta di popolo** si diffuse fra i patrioti di orientamento democratico e si tradusse in concreto programma d'azione, grazie soprattutto all'opera di **Giuseppe Mazzini**.

Salvatore Fergola
La ferrovia Torre Annunziata-Nocera
XIX secolo
[Museo di San Martino, Napoli]

La prima ferrovia italiana fu realizzata nel Regno delle Due Sicilie: la Napoli-Portici, inaugurata il 3 ottobre 1839 insieme con le relative stazioni. Negli anni successivi furono raggiunte altre città (Torre del Greco, Castellammare di Stabia, Nocera) proseguendo fino a Salerno. Frattanto un secondo tronco ferroviario raggiunse Caserta nel 1843 e Capua nel 1844. Ferdinando II diede avvio a questo moderno progetto più per motivi di prestigio che in base a un preciso piano di sviluppo; solo in altri Stati italiani (Piemonte, Lombardo-Veneto, Toscana) la costruzione di strade ferrate, avviata negli anni '40 dell'800, assunse un carattere più sistematico e diede nuovo slancio all'economia.

Il giovane Mazzini Mazzini era nato a Genova nel 1805 da una famiglia della borghesia medio-alta. Si era accostato fin dagli anni giovanili alle idee democratiche e patriottiche e aveva aderito alla Carboneria. Arrestato nel 1830, era stato costretto a emigrare a Marsiglia. Nell'esilio francese, Mazzini entrò in **contatto con i maggiori esponenti dell'emigrazione democratica**, in particolare con Buonarroti [👁 7.6], ma subì anche l'influenza di molte fra le voci più importanti della **cultura politica dell'epoca**, da Lamennais ai sansimoniani [👁 10.5-6]. Venne così prendendo corpo, fin dai primi anni '30, una concezione politica in cui all'originaria ispirazione democratica si univa una forte componente mistico-religiosa.

96 DOC
Giuseppe Mazzini
La necessità dell'insurrezione

Una religione politica Quella di Mazzini era una religiosità tipicamente romantica, dove Dio si identificava con lo spirito insito nella storia e, in ultima analisi, con la stessa umanità [👁 10.2]. La fede nella libertà e nel progresso umano doveva dunque essere vissuta come una fede religiosa. La rivendicazione dei diritti degli individui e delle nazioni non poteva essere separata dalla consapevolezza dei doveri dell'uomo e dalla coscienza di una missione spettante ai popoli quali strumenti di un disegno divino: di qui la celebre formula mazziniana **«Dio e popolo»**. Nemico dell'individualismo settecentesco [👁 3.6], Mazzini credeva invece fermamente nel principio di associazione. Al di sopra dell'individuo c'era la famiglia, al di sopra della famiglia la nazione, al di sopra di tutto l'umanità. **Così come gli individui, anche le nazioni dovevano associarsi per cooperare al bene comune.**

L'idea di nazione e la missione dell'Italia L'idea di nazione aveva, nel pensiero di Mazzini, un posto fondamentale. La nazione – intesa come entità culturale e spirituale, prima ancora che naturale e geografica – era la cellula fondamen-

Andrea Gastaldi
L'addio dell'esiliato all'Italia
XIX secolo
[Museo del Risorgimento - Istituto Mazziniano, Genova]

In un brano delle sue *Note autobiografiche* (scritte nel 1861), Giuseppe Mazzini ricorda quando nell'aprile 1821, ancora sedicenne, assistette a Genova alla partenza degli esuli scampati alle persecuzioni successive al fallimento del moto piemontese e come questa visione influì profondamente sui suoi pensieri e sulla sua futura attività politica. «Gli insorti s'affollavano [...] poveri di mezzi, erranti in cerca d'aiuto per recarsi nella Spagna dove la Rivoluzione era tuttavia trionfante. I più erano confinati in Sanpierdarena aspettandovi la possibilità dell'imbarco; ma molti s'erano introdotti ad uno ad uno nella città, ed io li spiava fra i nostri, indovinandoli [...] al dolore muto, cupo, che avevano sul volto. [...] Quel giorno fu il primo in cui s'affacciasse confusamente all'anima mia, non dirò un pensiero di Patria e di Libertà, ma un pensiero che si *poteva* e quindi si doveva lottare per la libertà della Patria.»

tale attraverso cui si sarebbe realizzato il sogno di un'umanità libera e affratellata. **All'Italia, in particolare, spettava il compito di porsi alla testa delle nazioni oppresse**, di abbattere i fondamenti principali del vecchio ordine – l'Impero asburgico e lo Stato della Chiesa – e di farsi iniziatrice di un generale movimento di emancipazione. Se la Roma dei Cesari aveva unificato politicamente l'Europa, se la Roma dei papi l'aveva assoggettata a un'unica autorità religiosa, la **Terza Roma** sarebbe stata il centro di una nuova e più alta unità morale e sociale di tutti i popoli della terra. Come si può notare c'era molto di utopistico (e anche di velleitario) in queste posizioni.

La questione sociale

Nelle idee di Mazzini non c'era posto né per le teorie materialistiche (fondate sull'idea che la realtà derivi unicamente dalla materia e che dunque non possa spiegarsi con l'intervento divino) né per le tematiche legate alla lotta di classe (il contrasto permanente fra borghesia e proletariato, secondo Marx ed Engels [👁 10.7]). Mazzini non ignorava certo i problemi sociali ed era favorevole a riforme anche audaci (tra cui la divisione tra i

PERSONAGGI

Giuseppe Mazzini

Quando nel 1861 un editore gli propose di scrivere delle note autobiografiche, Mazzini rispose che le sue vicende illustravano il dramma italiano, e cioè «come un uomo nel quale aspirazioni, inclinazioni e sogni erano tutti di natura letteraria, artistica e filosofica fosse stato spinto a spendere tutta la sua vita nell'organizzare associazioni segrete, nel raccogliere denaro per comprare moschetti, e nel dannarsi l'anima a forza di scrivere ogni anno tante migliaia di lettere, note e istruzioni». Questa fu in effetti la vita di Giuseppe Mazzini, capo in esilio di un movimento politico clandestino e perseguitato dalle polizie di tutta Europa.

Nato nel 1805 nella Genova napoleonica, si laureò in legge, ma ciò a cui aspirava era diventare un critico letterario. Impregnato già in gioventù di ideali romantici, leggeva accanitamente le opere di Walter Scott, Shelley, Wordsworth, ma anche Dante, il suo preferito. Abbracciò gli ideali del nazionalismo sull'onda dell'entusiasmo dei primi moti per l'indipendenza. Inizialmente aderì alla carboneria e partecipò alle cospirazioni contro il governo sabaudo, ma finì arrestato nel 1830. Rilasciato per mancanze di prove, cominciò a 26 anni la sua vita da esule, un dato biografico che contribuì ad alimentare la leggenda di Mazzini come martire della patria.

Stabilito a Marsiglia, entrò in contatto con altri patrioti e si applicò allo studio come non aveva mai fatto prima. Qui intrecciò una relazione amorosa con un'esule politica come lui: Giuditta Sidoli, una vedova con prole a carico da cui ebbe anche un figlio, morto da bambino. La relazione finì abbastanza presto, ma Mazzini mantenne sempre il legame con quella donna, che visitò tutte le volte che gli riuscì di tornare in Italia. Del resto, l'attività politica prendeva tutto il suo tempo e non ne restava molto per gli affetti. Il padre, medico, era lontano dalle convinzioni repubblicane del figlio, ma fu comunque solidale con i suoi sforzi e lo sostenne finché fu in vita. Più coinvolta nella sua battaglia era la madre, Maria: patriota, molto religiosa e convinta che il figlio fosse stato destinato da Dio a grandi imprese per l'Italia. Mazzini l'avrebbe rivista solo una volta nel 1848 per un breve incontro.

Fu a Marsiglia che nel 1831 Mazzini fondò insieme ad altri esuli la **Giovine Italia**, inizialmente una comunità dedita alla propaganda rivoluzionaria diventata in seguito un **modello per tutto il mondo** (nacquero poi una Giovine Boemia, una Giovine Argentina, una Giovine Ucraina, ecc.). Fu uno degli elementi di novità portati da Mazzini nella vita pubblica: la politica doveva funzionare attraverso associazioni libere e aperte, con un programma, degli iscritti, una corrispondenza regolare tra la sede centrale e le sezioni locali. La Giovine Italia ebbe da subito un grandissimo successo nel raccogliere adesioni dall'Italia e dagli esuli, per di più provenienti da tutte le classi sociali. Presto Mazzini si ritrovò a disporre di una estesa rete cospirativa segreta.

Molto meno successo ebbero i primi tentativi insurrezionali, subito repressi. Dopo l'ennesimo tentativo rivoluzionario, nel 1833 i tribunali sabaudi emisero sentenze esemplari con centinaia di incarcerati, esuli e una dozzina di giustiziati. Mazzini stesso fu condannato a morte in contumacia e il suo più caro amico, **Jacopo Ruffini**, si suicidò in carcere per paura di tradire sotto tortura i compagni: una tragedia che non avrebbe mai smesso di tormentarlo. Si trasferì in Svizzera, dove visse tre anni progettando ambiziosi progetti rivoluzionari, a volte utopici. A questi momenti di entusiasmo, però, seguivano acutissime crisi depressive. Mazzini ne usciva solo facendo appello alla sua fede incrollabile nei destini della nazione italiana, secondo una **concezione religiosa eccentrica e mai sistematizzata**.

Espulso anche dalla Svizzera, nel 1837 arrivò a **Londra**, dove visse quasi tutta la sua vita. I suoi esordi nella capitale britannica furono difficili, ma Mazzini ben presto poté contare sulla rete di contatti italiani e su alcuni influenti protettori, come lo scrittore Charles Dickens. Per guadagnarsi da vivere offrì la sua penna a qualsiasi rivista fosse disposta a pagarlo. Mazzini tirava così a campare con una sterlina per pagina scritta e i soldi che sua madre riusciva a inviargli. Scrivendo di pittura, letteratura e storia d'Italia sperava di far **interessare l'opinione pubblica inglese alle vicende italiane**, un fattore che riteneva decisivo per il successo della sua rivoluzione politica. Dedicò le sue energie anche a migliorare le condizioni degli artigiani italiani a Londra, creando una società di mutuo soccorso e una scuola dove insegnare italiano e fare proseliti. Nonostante queste contadini delle terre incolte), ma difendeva il diritto di proprietà come base dell'ordine sociale, considerando pericolosa qualsiasi teoria che tendesse a dividere la collettività nazionale e a incrinare l'unità spirituale del popolo. Per lui anche la questione sociale si sarebbe dovuta **risolvere attraverso il principio di associazione**: lui stesso, infatti, si impegnò nella promozione di cooperative e società di mutuo soccorso fra gli operai.

Indipendenza, unità, repubblica

Se queste formulazioni ideologiche potevano apparire poco concrete, il **programma politico** era invece di un'estrema chiarezza. L'Italia doveva rendersi indipendente e darsi una forma di governo unitaria e repubblicana. Erede della tradizione giacobina, Mazzini non ammetteva alcun compromesso con il principio monarchico e rifiutava ogni soluzione di tipo federalistico, pur prevedendo ampie autonomie per i comuni. La via per giungere all'unità e all'indipendenza era solo una: l'**insurrezione di popolo**, di tutto il popolo senza distinzioni di classe.

Ritratto fotografico di Giuseppe Mazzini
1865 ca.

sue attività, da Marx e da altri socialisti gli arrivarono molte critiche: i suoi propositi rivoluzionari trascuravano il mondo contadino e i rapporti di classe. Effettivamente, benché Mazzini avvertisse il fascino delle promesse socialiste, fu sempre contrario a far deviare la rivoluzione nazionale in uno scontro tra le classi sociali. La **chiusura di Mazzini alle istanze socialiste** non era forse solo dettata dalla coerenza del suo nazionalismo, che presentava i membri della nazione come parte di una comunità solidale perché legata da vincoli profondi. Doveva pesare molto anche la sua ignoranza sulle reali condizioni dei contadini italiani. Come lo accusò Marx, Mazzini non conosceva che le città, con la loro nobiltà liberale e i loro cittadini illuminati, ciò che limitò sempre la sua attività politica. Il suo rifiuto manifesto delle istanze socialiste era però anche tattico, convinto com'era che fosse necessario cercare l'appoggio dei moderati per portare a termine la rivoluzione italiana.

In effetti, Mazzini non smise mai di cercare di includere i monarchici nei suoi piani, perfino nel biennio 1848-49, quando voleva incoraggiare la corte di Torino a cooperare con i movimenti rivoluzionari. **La precedenza doveva essere data all'unità**: «Serbiamo intatte le nostre credenze; e l'avvenire deciderà». Anche nella Milano in rivoluzione (1848) si mostrò prudente: collaborò coi moderati e partecipò alle funzioni religiose con l'arcivescovo – circostanze per cui ricevette critiche dalle frange estreme del fronte democratico. Nonostante i suoi sforzi, però, la stampa piemontese continuò a dipingerlo come un nemico peggiore degli austriaci, addirittura come la causa del fallimento della prima guerra d'indipendenza. Fu durante i **cento giorni alla guida della Repubblica romana** che il suo talento al governo fu finalmente messo alla prova. Mazzini stupì gli osservatori stranieri presenti a Roma con il suo pragmatismo, ma anche colla tenacia con cui si oppose alla capitolazione. Dalla sconfitta militare la sua figura venne trasfigurata: ormai era un eroe agli occhi dell'opinione pubblica europea. La sua fama toccò l'apice, come dimostrava la diffusione dei suoi ritratti in tutto il Nord Italia. Negli anni '50 Mazzini fondò il Partito d'Azione, impegnato a provocare piccole insurrezioni locali nel tentativo di accendere la miccia della rivoluzione. I clamorosi insuccessi finirono per sbiadire in parte la fama dell'eroe della Repubblica romana; ma, tenendo in continuo stato d'allarme tutta la Penisola italiana, mantennero vivo l'interesse per la questione italiana all'estero.

Il successo della strategia moderata e i trionfi di Garibaldi finirono però per emarginarlo dalle fasi finali dell'unificazione italiana [👁 13.4]. Dopo il 1861, Mazzini continuò a opporsi violentemente a Cavour e ai monarchici di Torino, senza mai smettere di tramare tentativi insurrezionali, sempre sterili. La morte lo trovò a Pisa nel 1872, sotto falso nome. Il corteo del suo funerale a Genova qualche giorno dopo contò decine di migliaia di persone, prova ulteriore del suo carisma.

Passarono anni prima che la sua memoria pubblica venisse riscattata: prima da ex-mazziniani come Crispi, poi dal fascismo che vi trovò un precedente del proprio culto della nazione; e infine dalla Repubblica italiana, inaugurata nel 1946 anche con l'ostensione della salma di Giuseppe Mazzini.

PERSONAGGI

La Giovine Italia Lo strumento per realizzare l'insurrezione di popolo era una **nuova organizzazione** che, anziché nascondere agli affiliati i suoi scopi ultimi, li rendesse subito evidenti e propagandasse apertamente i suoi princìpi fondamentali svolgendo così, accanto all'azione cospirativa, un'**opera di continua educazione politica**. La nuova organizzazione nacque a Marsiglia, nell'estate del '31, si chiamò Giovine Italia, adottò la bandiera tricolore – bianca, rossa e verde – e riunì attorno a Mazzini numerosi emigrati politici dell'ultima generazione e molti giovani democratici che operavano in Italia.

I tentativi insurrezionali Convinti della necessità di un legame strettissimo tra **«pensiero e azione»** (la famosa formula mazziniana), Mazzini e i suoi seguaci non aspettarono il maturare di condizioni internazionali favorevoli per mettere in atto i loro progetti e organizzarono, negli **anni '30-40**, una serie di tentativi insurrezionali in Italia.

Nell'aprile del 1833 fu scoperta una congiura in Piemonte, dove la Giovine Italia aveva numerosi seguaci tra le file dell'esercito: vi furono decine di arresti e 12 fucilati, mentre oltre 200 patrioti furono costretti a fuggire all'estero. Nel febbraio 1834, invece, fu bloccato sul nascere un progetto rivoluzionario basato su una spedizione di un corpo di volontari che sarebbe dovuto penetrare in Savoia dalla Svizzera e su una contemporanea insurrezione da organizzare a Genova. In questo piano ebbe una parte attiva anche **Giuseppe Garibaldi**, allora venticinquenne marinaio di Nizza che, sfuggito miracolosamente alla cattura e condannato a morte in contumacia, dovette riparare in Sud America.

La crisi della Giovine Italia e i dubbi di Mazzini L'esito fallimentare della spedizione in Savoia rappresentò un duro colpo per il prestigio di Mazzini e per l'attività della Giovine Italia. Privato, nel giro di pochi mesi, di molti dei suoi migliori collaboratori, Mazzini dovette affrontare in questi anni una vera e propria crisi di coscienza e notevoli difficoltà personali (espulso prima dalla Francia e poi dalla Svizzera, si trasferì a Londra). La **«tempesta del dubbio»** (così la chiamò Mazzini stesso) fu in breve superata. Come i grandi rivoluzionari di ogni tempo, Mazzini era convinto che la **«santità» della causa** per cui lottava giustificasse anche i sacrifici più dolorosi.

Nell'aprile del '34, poco dopo il fallimento della spedizione in Savoia, aveva dato vita, assieme a esuli di altre nazionalità, alla Giovine Europa: un'iniziativa che aveva però un valore soprattutto simbolico e che ebbe scarsi effetti sul piano operativo.

La spedizione dei fratelli Bandiera Nella prima metà degli anni '40 ci furono altri tentativi di insurrezione. Nel 1843 e nel 1845 furono soffocati due moti nelle Legazioni pontificie. Nel giugno-luglio 1844, invece, fallì una spedizione in **Calabria** organizzata da due giovani veneziani, i fratelli **Attilio** ed **Emilio Bandiera**, ufficiali della marina austriaca aderenti alla Giovine Italia, che avevano sperato di far sollevare i contadini contro il governo borbonico: la popolazione locale rimase indifferente e i due fratelli vennero catturati e fucilati insieme con altri sei compagni.

In realtà, né i moti nelle Legazioni né la spedizione dei Bandiera erano stati organizzati da Mazzini, che anzi aveva espresso un parere negativo sulla opportunità di queste iniziative. Ma il ripetersi di episodi insurrezionali ispirati dai repubblicani e immancabilmente destinati al fallimento contribuì ad alimentare le **critiche** nei confronti dei metodi mazziniani e fornì nuovi argomenti alle **polemiche** dei moderati contro le strategie rivoluzionarie.

GUIDA ALLO STUDIO

❶ Quali erano i limiti della strategia insurrezionale praticata fino al 1831? ❷ Chi era Giuseppe Mazzini? ❸ Quali caratteristiche aveva l'organizzazione chiamata «Giovine Italia»? ❹ Di quali accuse fu oggetto Mazzini? ❺ Quale fu l'esito dei moti ispirati alle idee mazziniane?

5 Moderati, cattolici e federalisti

I moderati e il cattolicesimo liberale Negli anni '40, il dibattito politico italiano si ampliò e si arricchì di nuove voci [👁 TABELLA_5]. La principale novità fu l'emergere di un orientamento moderato, che si differenziava nettamente sia dal conservatorismo tradizionale e legittimista sia, ovviamente, dal radicalismo repubblicano di Mazzini. Per il problema italiano i moderati miravano a **soluzioni gradualistiche**, tali da non comportare l'uso della violenza e lo scontro con le autorità costituite. La base principale del pensiero moderato stava nel tentativo di conciliare la **causa liberale e patriottica** con la **religione cattolica** – considerata il più importante fattore di unità della nazione italiana – e con la **Chiesa di Roma**.
Una corrente cattolico-liberale esisteva in Italia fin dagli anni della Restaurazione e aveva i suoi esponenti più illustri in Alessandro **Manzoni** e nel filosofo Antonio **Rosmini**, fautore di una riforma interna alla Chiesa, nel solco dell'ortodossia cattolica. Su posizioni analoghe erano quegli intellettuali toscani – come Gino Capponi e Bettino Ricasoli – che si erano formati attorno all'«Antologia» di Vieusseux [👁 11.2]. La condanna papale del 1832 del cattolicesimo liberale, per quanto fosse rivolta soprattutto contro il gruppo francese dell'**«Avenir»** [👁 10.5], si ripercosse anche sul movimento italiano, limitandone gli spunti più apertamente riformatori. Ma non impedì al pensiero cattolico-moderato di esprimersi per altre vie: come i romanzi, per lo più di ambiente medievale, di Cesare Cantù; o come le opere storiche del piemontese Cesare Balbo, che rivalutavano il ruolo della **Chiesa** e del **papato** nella storia nazionale e ne esaltavano il ruolo di difensori delle «libertà d'Italia». Definiti **"neoguelfi"**, con un termine tratto dalla storia medievale, suscitarono, per reazione, la nascita dei **"neoghibellini"**, tra cui emerse uno scrittore toscano di orientamento repubblicano e anticlericale come Francesco Domenico Guerrazzi.

Gioberti Il neoguelfismo conobbe il suo momento di maggior popolarità dopo il 1843, con la pubblicazione del ***Primato morale e civile degli italiani***, un libro dell'abate torinese Vincenzo Gioberti. Riprendendo da Mazzini il concetto di una speciale «missione» spettante al popolo italiano, Gioberti ne capovolse il significato, identificando questa missione col ruolo della Chiesa. Il "primato" era quello che veniva all'Italia dall'essere sede del papato e dall'averne condiviso nel corso dei secoli la missione di civiltà. Gioberti era convinto che, per tornare alle glorie passate, l'Italia avesse bisogno di ampie riforme politiche e amministrative. Ma riteneva che per raggiungere questo scopo non fosse necessario puntare all'u-

98 DOC Vincenzo Gioberti *Monarchia e papato nel Risorgimento italiano*

100 DOC Clemente Solaro della Margherita *Gli italiani non si vogliono unire*

101 DOC Giacomo Margotti *Il cattolicesimo, speranza d'Italia*

TABELLA 5_LA QUESTIONE NAZIONALE: PROTAGONISTI E OPERE DEL DIBATTITO POLITICO

AUTORI	OPERE
Cesare Balbo (1789-1853)	*Le speranze d'Italia*, 1844
Massimo d'Azeglio (1798-1866)	*Gli ultimi casi di Romagna*, 1846 *Proposta di un programma per l'opinione nazionale italiana*, 1847
Vincenzo Gioberti (1801-1852)	*Del primato morale e civile degli italiani*, 1843 *Del rinnovamento civile d'Italia*, 1851
Carlo Cattaneo (1801-1869)	*Dell'insurrezione a Milano nel 1848 e della successiva guerra*, 1849
Giuseppe Mazzini (1805-1872)	*Fede e avvenire*, 1835 *Pensieri sulla democrazia in Europa*, 1846
Giuseppe Ferrari (1811-1876)	*La federazione repubblicana*, 1851

97 DOC
Massimo d'Azeglio
Il programma dei moderati

nità politica: la soluzione da lui proposta era una **confederazione fra gli Stati italiani**, fondata sull'**autorità superiore del papa** (che ne avrebbe assunto la presidenza) e sulla **forza militare del Regno di Sardegna**.

Era un'ipotesi non meno utopistica di quella mazziniana, anche perché puntava su un'evoluzione liberale e nazionale della Chiesa al momento inimmaginabile. Ma presentava all'opinione pubblica moderata un progetto che non prevedeva rivoluzioni, si accordava con il sentimento cattolico dominante e soddisfaceva al tempo stesso gli ideali patriottici, poiché rivendicava all'Italia un «primato morale e civile» fra le nazioni europee.

Balbo e d'Azeglio L'opera di Gioberti aprì un intenso dibattito politico e fu seguita da una serie di altre proposte che ne riecheggiavano, pur con notevoli varianti, i temi fondamentali. Nel 1844 uscì ***Le speranze d'Italia*** di **Cesare Balbo**, che auspicava anch'esso la **formazione di una lega – doganale e militare – fra gli Stati italiani**. A differenza di Gioberti, però, Balbo si poneva il problema della presenza dell'Austria, principale ostacolo per qualsiasi ipotesi indipendentista, e proponeva di risolvere la questione con mezzi diplomatici, assecondando la tendenza dell'Impero asburgico a spostare il centro dei suoi interessi verso l'Europa centro-orientale.

Un altro esponente del liberalismo moderato piemontese, **Massimo d'Azeglio**, prendendo spunto dal fallimento dei moti del '45 nelle Legazioni pontificie [ATLANTE_37], espresse in un opuscolo uscito all'inizio del 1846, ***Gli ultimi casi di Romagna***, una dura critica sia del malgoverno pontificio sia delle iniziative insurrezionali, giudicate inutili e persino dannose per la causa nazionale. In alternativa, indicava la via delle **riforme graduali**, senza escludere, in prospettiva, una soluzione militare affidata alle armi del Regno sabaudo.

La barca dell'indipendenza italiana
1848
[Museo del risorgimento, Milano]
In questa allegoria di chiaro sapore giobertiano, la barca dell'indipendenza italiana, guidata da Pio IX e Carlo Alberto, veleggia nella tempesta verso l'orizzonte dove il sole sta già sorgendo a schiarire le nubi nere che incombono. Sull'albero sono issati la croce e il tricolore; sulla vela piccola è scritto «Primato d'Italia», su quella grande è disegnata la carta geografica d'Italia. Nel cielo, un fulmine colpisce l'aquila a due teste, simbolo dell'Impero austro-ungarico, mentre in mare una naufragante Italia è salvata dalla mano di Pio IX.

Il federalismo di Cattaneo La scelta a favore delle riforme e la tendenza alle soluzioni federalistiche non erano patrimonio esclusivo dei moderati. Negli stessi anni in cui il neoguelfismo conosceva i suoi maggiori successi e i moderati piemontesi proponevano la candidatura del Regno sardo al ruolo di guida del Risorgimento nazionale, una **corrente federalista**, **democratica** e **repubblicana** si sviluppava in **Lombardia**.

Principale esponente di questa tendenza era il milanese **Carlo Cattaneo**, direttore dal '39 al '45 della rivista «Il Politecnico», erede della tradizione di pragmatismo e di riformismo tipica della cultura illuminista dei Verri e di Beccaria [👁 3.7]. Cattaneo aveva interessi culturali vastissimi, orientati soprattutto verso il campo economico e sociale. Da una parte la sua **formazione laica e illuminista** lo portava a diffidare della mistica romantica di Mazzini, dall'altra la profonda avversione che nutriva per il dominio austriaco non gli impediva di considerare con ostilità la prospettiva di un assorbimento del Lombardo-Veneto da parte di un Piemonte assolutista e clericale [👁 12.2]. La via da lui indicata per la soluzione del problema italiano non si discostava nella sostanza da quella dei moderati, in quanto puntava sulle **riforme politiche** e sullo **sviluppo economico** all'interno dei singoli Stati, con particolare insistenza sui temi del liberismo doganale, delle vie di comunicazione e dell'istruzione pubblica. Ma molto diverso era l'obiettivo finale, che consisteva in una **confederazione repubblicana**, sul modello degli Stati Uniti [👁 6.4] o della Svizzera, che lasciasse ampi spazi di autonomia a tutte le istanze della vita locale e fosse la premessa per la costituzione degli Stati Uniti d'Europa.

Un altro esponente del federalismo repubblicano fu **Giuseppe Ferrari** [👁 TABELLA_5]. Milanese, emigrato a Parigi alla fine degli anni '30, Ferrari criticò sia il moderatismo cattolico dei neoguelfi sia il nazionalismo unitario dei mazziniani, sostenendo la necessità di inserire la soluzione del caso italiano nel quadro di una rivoluzione europea che avrebbe dovuto avere il suo centro in Francia. Nell'esilio parigino Ferrari si accostò anche alle teorie socialiste (soprattutto quelle di Proudhon) e fu tra i primi a collegare strettamente la questione nazionale ai temi della questione sociale.

Parola chiave
Federalismo

ONLINE

99DOC
Carlo Cattaneo
La soluzione federale

GUIDA ALLO STUDIO

❶ Quali caratteristiche definivano l'orientamento moderato? ❷ Quali furono i principali interpreti del cattolicesimo liberale? ❸ Chi era Vincenzo Gioberti? In che cosa consisteva il «primato» che attribuiva agli italiani? ❹ Su quali idee si basava il progetto politico di Cattaneo?

6 Pio IX e il movimento per le riforme

Le riforme di Pio IX Tra il 1846 e il 1847 l'opinione pubblica italiana visse un periodo di intensa mobilitazione e di febbrile attesa di grandi mutamenti. L'evento decisivo fu l'elezione, nel giugno 1846, di papa Pio IX, l'arcivescovo di Imola Giovanni Maria Mastai Ferretti (sul soglio pontificio fino al 1878). Il nuovo papa era noto soprattutto come **un pastore di anime**, dalla religiosità sincera e profonda. Aveva un tratto umano bonario che lo aveva reso popolare nella sua diocesi, ma non sembrava avere una personalità politica molto spiccata, né gli si riconoscevano simpatie liberali.

I primi atti del suo pontificato – in particolare la concessione di un'ampia **amnistia per i detenuti politici** – suscitarono però un vero e proprio entusiasmo. Liberali e moderati di tutta Italia credettero di aver trovato in Pio IX il loro eroe, l'uomo capace di dar corpo al **programma neoguelfo**. Anche da parte democratica vennero al nuovo papa aperture e riconoscimenti.

Le piazze delle principali città italiane si riempirono di manifestazioni inneggianti al pontefice. Questo clima di entusiasmo finì per coinvolgere lo stesso Pio IX e spingerlo a una serie di concessioni che probabilmente non rientravano nei suoi programmi iniziali. Nella primavera-estate del '47, fu convocata una Consulta di Stato, formata da rappresentanti delle province scelti dall'autorità centrale, venne istituita una Guardia civica e fu attenuata la censura sulla stampa. Questi provvedimenti, tutt'altro che rivoluzionari, ebbero un effetto superiore al loro valore reale, dando ulteriore stimolo alla mobilitazione per le riforme e alla propaganda patriottica in tutti gli Stati italiani e nello stesso Lombardo-Veneto.

Negli altri Stati italiani

Fra l'estate e l'autunno del **'47**, il **movimento per le riforme** dilagò in tutta Italia, accompagnato da una **mobilitazione popolare a sfondo sociale**, legata alle conseguenze della crisi economica europea che, in questo periodo, fece salire anche in Italia i prezzi dei generi alimentari. Sovrani e governanti – preoccupati dal rischio di una svolta democratica – furono indotti a **prudenti concessioni**. In ottobre, Carlo Alberto varò un nuovo ordinamento amministrativo, che rendeva elettivi i consigli comunali e provinciali, e allentò i controlli sulla stampa. In novembre, Piemonte, Toscana e Stato della Chiesa sottoscrissero gli accordi preliminari per una **Lega doganale italiana**. Estraneo al progetto di Lega – e a tutto il moto riformatore – rimase il Regno delle Due Sicilie, che godeva dell'appoggio dell'Austria ma doveva fare i conti con la crescente ostilità dell'opinione pubblica nazionale e internazionale. Proprio nel Regno borbonico sarebbe iniziata l'ondata insurrezionale che avrebbe coinvolto l'Italia intera, nel più ampio quadro delle rivoluzioni europee del 1848.

GUIDA ALLO STUDIO

❶ Quale evento scatenò il movimento riformatore del 1846-47? ❷ Perché l'elezione di Pio IX suscitò l'entusiasmo dei liberali? ❸ Quali furono le principali riforme attuate da Pio IX? ❹ Quali sovrani italiani seguirono l'esempio del papa?

Manifestazioni di giubilo del popolo romano per la concessione della *Consulta di Stato*
1847
[Museo Centrale del Risorgimento, Roma]

7 Il '48 italiano. La guerra contro l'Austria

▶ 94 DOC
Costituzioni liberali e costituzioni democratiche

L'inizio delle sollevazioni In Italia la rivoluzione del '48 ebbe, nella sua fase iniziale, uno sviluppo autonomo rispetto agli altri paesi europei [👁 ATLANTE_37]. Già all'inizio dell'anno, tutti gli Stati italiani apparivano percorsi da un generale fermento. Primo e fondamentale obiettivo comune a tutte le correnti politiche era la concessione di costituzioni o **statuti** fondati sul sistema rappresentativo. Fu la sollevazione di **Palermo** del 12 gennaio 1848 (legata soprattutto alle rivendicazioni autonomistiche dei siciliani) a determinare il primo successo in questa direzione, inducendo Ferdinando II di Borbone – il più retrogrado di tutti i regnanti della penisola – ad annunciare la concessione di una Costituzione nel Regno delle Due Sicilie. La mossa inattesa di Ferdinando II non bastò a spegnere l'autonomismo siciliano ed ebbe inoltre l'effetto di rafforzare la **mobilitazione per le costituzioni in tutta Italia**.

Le costituzioni Spinti dalla pressione dell'opinione pubblica e dalle continue dimostrazioni di piazza, prima Carlo Alberto di Savoia, poi Leopoldo II di Toscana, infine lo stesso Pio IX decisero di concedere la Costituzione. Annunciate – salvo quella di Pio IX – prima dello scoppio della rivoluzione di febbraio in Francia [👁 11.9], le costituzioni del '48 avevano tutte un **carattere moderato** ed erano ispirate al modello di quella francese del 1830 [👁 11.6].

La più importante di tutte, lo **Statuto albertino**, promulgato da Carlo Alberto il 4 marzo 1848, sarebbe poi diventato la legge fondamentale del Regno d'Italia, rimasta in vigore per un secolo fino alla costituzione repubblicana del 1° gennaio 1948. Prevedeva una Camera dei deputati – le cui modalità di elezione, definite da apposita legge, legavano il diritto di voto a un censo piuttosto elevato –, un Senato nominato dal re e una stretta dipendenza del governo dal sovrano.

Una soluzione costituzionale-moderata si andava dunque delineando nei maggiori Stati italiani, quando lo scoppio della rivoluzione in Francia e nell'Impero asburgico giunse a mutare i termini del problema, dando nuovo spazio all'iniziativa dei democratici e riportando in primo piano la questione nazionale, fin allora rimasta in ombra.

Le rivolte di Venezia e Milano Nei giorni immediatamente successivi alla rivolta di Vienna, si sollevarono anche Venezia e Milano. A **Venezia**, il 17 marzo, una grande manifestazione popolare aveva imposto al governatore austriaco la liberazione dei detenuti politici, fra cui era il capo dei democratici, l'avvocato Daniele Manin. Pochi giorni dopo, una rivolta degli operai dell'Arsenale militare cui si unirono numerosi marinai e ufficiali (la marina asburgica era composta in larga parte da veneti) costringeva i reparti austriaci a capitolare. Il 23 marzo un governo provvisorio presieduto da Manin proclamava la **Costituzione della Repubblica veneta**.

A **Milano** l'insurrezione iniziò il 18 marzo, con un assalto al palazzo del governo, e si protrasse per cinque giorni, le celebri **«cinque giornate»** milanesi. Borghesi e popolani combatterono, fianco a fianco, sulle barricate contro i soldati austriaci del maresciallo **Joseph Radetzky**. Ma furono soprattutto gli **operai** e gli **artigiani** a sostenere il peso degli scontri, che costarono agli insorti circa 400 vittime. La direzione delle operazioni fu assunta da un consiglio di guerra composto prevalentemente da democratici e guidato da Carlo Cattaneo. Anche gli esponenti dell'aristocrazia liberale finirono, dopo molte esitazioni, per appoggiare la causa degli insorti e formarono, il 22 marzo, un governo provvisorio. Il giorno stesso Radetzky, preoccupato per l'e-

Statuto
È la legge fondamentale in cui sono elencati i princìpi che regolano struttura e funzionamento dello Stato, diritti e doveri dei cittadini. Nel Medioevo e nel periodo rinascimentale, il termine "statuto" indicava la raccolta delle leggi e delle consuetudini che guidavano non solo l'attività di organismi statali o pubblici, ma anche di organizzazioni private (per esempio, gli statuti delle corporazioni mercantili o professionali) e in questo significato è usato largamente anche oggi.

ventualità di un intervento del Piemonte, decise di ritirare le sue truppe all'interno del cosiddetto quadrilatero, l'area definita dal perimetro delle fortezze di Verona, Legnago, Mantova e Peschiera.

La prima guerra d'indipendenza

Il 23 marzo, all'indomani della cacciata degli austriaci da Venezia e da Milano, il Piemonte dichiarava guerra all'Austria. Diverse furono le ragioni che spinsero **Carlo Alberto** a questa decisione: la pressione congiunta dei liberali e dei democratici, che vedevano nella crisi dell'Impero asburgico l'occasione per liberare l'Italia dagli austriaci; la tradizionale aspirazione della monarchia dei Savoia ad ampliare verso est i confini del Regno; infine il timore che il Lombardo-Veneto diventasse un centro di propaganda repubblicana.
Anche in questo caso, com'era avvenuto per la concessione degli statuti, l'esempio di un sovrano finì col condizionare le decisioni degli altri. Preoccupati dal diffondersi dell'agitazione democratica e patriottica che minacciava la stabilità dei loro troni, **Ferdinando II** di Napoli, **Leopoldo II** di Toscana e **Pio IX** decisero di unirsi alla guerra antiaustriaca e inviarono truppe regolari che partirono, in un'atmosfera di grande entusiasmo popolare, affiancate da numerosi contingenti di volontari. La guerra piemontese si trasformava così nella prima guerra di indipendenza nazionale, benedetta dal papa e combattuta da tutte le forze patriottiche.

La crisi dell'alleanza e la sconfitta

Ma l'illusione durò poco. Carlo Alberto mostrò scarsa risolutezza nel condurre le operazioni militari e si preoccupò soprattutto di preparare l'annessione del Lombardo-Veneto al Piemonte, suscitando l'irritazione dei democratici e la diffidenza degli altri sovrani, già poco entusiasti della partecipazione al conflitto. Particolarmente imbarazzante era la posizione di Pio IX, che si trovava in guerra contro una grande potenza cattolica.

Rivoluzione in piazza San Marco a Venezia il 18 marzo 1848
XIX secolo
[Museo Correr, Venezia]

Il 18 marzo 1848 a Venezia, a un solo giorno di distanza dalla liberazione richiesta a gran voce dal popolo di due detenuti politici (Daniele Manin e Niccolò Tommaseo), fu innalzato il tricolore in piazza San Marco, scatenando la reazione delle truppe austriache e la successiva rivolta. La cronaca di quei giorni fu raccontata qualche mese più tardi da Cristina Trivulzio di Belgioioso (aristocratica milanese attiva sostenitrice dei patrioti italiani) sulla rivista francese «Revue des Deux Mondes»: «Le grida "viva la costituzione" risuonavano ancora quando, tutt'a un tratto, una voce formidabile, questa volta la vera voce del popolo, lanciò un grido inaspettato: "abbasso il governo!" e mille voci lo ripeterono immediatamente. Da quel momento, l'atteggiamento della folla, fino ad allora incurante e beffardo, mutò in fosca esaltazione. [...] Non si trattava più di qualche concessione illusoria: si trattava dell'indipendenza stessa, era la grande lotta dell'Italia contro l'Austria che ricominciava, e che si prendeva Venezia per palcoscenico».

Il 29 aprile il papa annunciò il ritiro delle sue truppe. Pochi giorni dopo lo imitava il granduca di Toscana. A metà maggio Ferdinando di Borbone richiamò il suo esercito. Rimasero a combattere contro l'Austria, disobbedendo agli ordini dei sovrani, molti fra i componenti dei corpi di spedizione regolari. Rimasero i volontari toscani, guidati da Giuseppe Montanelli, che furono protagonisti, in maggio, di un glorioso scontro a **Curtatone** e **Montanara**. Accorse dal Sud America **Giuseppe Garibaldi**, che si mise a disposizione del governo provvisorio lombardo [👁 13.4 PERSONAGGI]. Ma il contributo dei volontari fu poco e male utilizzato da Carlo Alberto, deciso a combattere la «sua guerra» e a non lasciare spazio all'azione dei democratici.

Dopo alcuni modesti successi iniziali dei piemontesi, l'iniziativa tornò nelle mani dell'esercito asburgico. Il 23-25 luglio, nella prima grande battaglia campale che si combatté a **Custoza**, presso Verona, le truppe di Carlo Alberto furono nettamente sconfitte e si ritirarono oltre il Ticino. Il 9 agosto fu firmato l'**armistizio con gli austriaci.**

GUIDA ALLO STUDIO

❶ Qual era, nel 1848, l'obiettivo comune a tutte le correnti politiche italiane? ❷ Quali sovrani concessero l'indipendenza dopo Ferdinando II di Borbone? ❸ Per quale ragione Carlo Alberto dichiarò guerra all'Austria? ❹ Quali forze parteciparono alla prima guerra di indipendenza? ❺ Che cosa determinò la sconfitta del Piemonte?

8 La sconfitta dei democratici italiani

Gli obiettivi dei democratici

Dopo la sconfitta del Piemonte, a combattere contro gli austriaci restavano solo i democratici italiani e ungheresi [👁 11.10]. Mentre in Ungheria lo scontro assunse il carattere di una vera e propria guerra nazionale, in Italia i patrioti democratici dovettero combattere una serie di battaglie locali – a Roma e a Venezia, in Toscana e in Sicilia – geograficamente divisi e senza poter dare alla loro lotta una dimensione autenticamente popolare. L'ideale di una guerra di popolo che unisse la prospettiva della liberazione nazionale a quella dell'emancipazione politica e sociale contrastava con la ristrettezza della loro base sociale formata dalla piccola e media borghesia urbana, soprattutto quella intellettuale, e dai ceti artigiani delle città. Le masse contadine, ossia la stragrande maggioranza della popolazione italiana, rimasero invece estranee, e spesso apertamente ostili alle loro battaglie.

La fase democratica della rivoluzione italiana

Tuttavia, nell'autunno del '48, la situazione in Italia rimaneva incerta. La **Sicilia** era sotto il controllo dei separatisti, che si erano dati un proprio governo e una propria costituzione democratica. A **Venezia**, in mano degli insorti anche dopo la sconfitta di Custoza, Manin aveva nuovamente proclamato la Repubblica. In **Toscana**, alla fine di ottobre, il granduca fu costretto dalla pressione popolare a formare un ministero democratico, capeggiato da Giuseppe Montanelli e da Francesco Domenico Guerrazzi, leader dei repubblicani livornesi.

A **Roma**, in novembre, l'uccisione in un attentato del primo ministro pontificio, il liberale moderato Pellegrino Rossi, aveva indotto il papa ad abbandonare la città e a rifugiarsi a Gaeta sotto la protezione dei Borbone. Nella capitale, rimasta senza governo, presero il sopravvento i gruppi democratici. Nel gennaio del 1849, in tutti i territori dell'ex Stato della Chiesa, si tennero le elezioni a suffragio universale per l'**Assemblea costituente**. Fra gli eletti, in maggioranza democratici, c'erano anche Mazzini e Garibaldi. A febbraio l'Assemblea proclamò la decadenza del potere temporale dei papi e annunciò che lo Stato avrebbe assunto «il nome glorioso di **Repubblica romana**», avrebbe adottato come forma di governo «la democrazia pura» e

avrebbe stabilito col resto d'Italia «le relazioni che esige la nazionalità comune», in vista dell'unità nazionale, da realizzare su basi democratiche e non dinastiche.
Gli sviluppi della situazione nello Stato della Chiesa ebbero immediate ripercussioni in Toscana. A febbraio il granduca Leopoldo II abbandonò il paese e venne convocata un'Assemblea costituente: i poteri, intanto, passarono a un **triumvirato** composto da Montanelli, Guerrazzi e Giuseppe Mazzoni.

La sconfitta di Novara e la restaurazione dell'ordine

Anche in **Piemonte** i democratici ripresero l'iniziativa. Il 20 marzo 1849 Carlo Alberto, schiacciato tra la pressione di questi ultimi e l'intransigenza degli austriaci che ponevano condizioni molto pesanti per la firma della pace, decise di entrare di nuovo in guerra. Ma le truppe di Radetzky, penetrate in territorio piemontese, affrontarono l'esercito sabaudo il 22-23 marzo nei pressi di Novara e gli inflissero una gravissima sconfitta. La stessa sera del 23 marzo, Carlo Alberto, per non mettere in pericolo le sorti della dinastia, abdicò in favore del figlio **Vittorio Emanuele II**. Il giorno dopo, il nuovo re firmò un **nuovo armistizio con gli austriaci**. Una rivolta democratica scoppiata a Genova fu duramente repressa dall'esercito.
Sconfitto il Regno sabaudo, gli austriaci potevano ora procedere alla restaurazione dell'ordine in tutta la penisola. Alla fine di marzo, un'insurrezione a Brescia fu schiacciata dopo durissimi combattimenti, le **«dieci giornate»** di Brescia. In aprile, le truppe imperiali strinsero d'assedio Venezia, che avrebbe resistito eroicamente per quasi cinque mesi e si sarebbe arresa per fame solo alla fine di agosto. In maggio, mentre Ferdinando di Borbone riusciva finalmente a riconquistare la Sicilia, gli austriaci occuparono il territorio delle Legazioni pontificie e contemporaneamente posero fine all'esperienza della Repubblica toscana.

Pietro Bouvier
Anita Garibaldi morente
1864
[Museo del Risorgimento, Brescia]

Alcuni anni prima di rientrare in Italia, in Brasile Garibaldi aveva conosciuto Anita, dalla quale ebbe quattro figli. Anita, descritta dalle cronache come donna forte e combattiva, oltre che abile cavallerizza, rimase al fianco di Garibaldi in tutte le sue "azioni". Nel luglio 1849, dopo la caduta della Repubblica romana, nonostante fosse malata, Anita seguì il marito che tentava di sfuggire agli eserciti francese e austriaco e di raggiungere Venezia con alcune migliaia di uomini. Costretto a congedare i suoi uomini a San Marino, e rimasto solo con Anita, Garibaldi continuò l'avventurosa fuga che, però, per Anita terminò in una fattoria a Mandriole, alle porte di Ravenna, dove morì il 4 agosto vinta dagli stenti e dalle fatiche.

La resistenza della Repubblica romana Più lunga e gloriosa fu la resistenza della Repubblica romana, dove erano affluiti esuli e patrioti da tutta Italia: da Mazzini e Garibaldi al romagnolo Aurelio Saffi, al genovese Mameli (che scrisse l'inno *Fratelli d'Italia*), al napoletano Pisacane, ai milanesi Cernuschi e Manara, eroi delle «cinque giornate». Fin dai suoi primi atti, il governo repubblicano romano, sotto la guida di Mazzini, si qualificò per l'energia con cui cercò di portare avanti l'opera di **laicizzazione dello Stato** e di **rinnovamento politico e sociale**. Furono aboliti i tribunali ecclesiastici e venne decretata la confisca dei beni del clero. Fu varato – caso unico nella storia delle rivoluzioni italiane dell'800 – un progetto di riforma agraria che prevedeva la concessione in affitto perpetuo alle famiglie più povere di parte delle terre confiscate al clero. Frattanto però, dal suo esilio di Gaeta, Pio IX si era rivolto alle potenze cattoliche per essere ristabilito nei suoi territori. A questo appello avevano risposto non solo l'Austria, la Spagna e il Regno di Napoli, ma anche la Repubblica francese, ormai dominata dalle forze cattoliche e conservatrici [👁 11.9].

Letteratura e Storia
Le Confessioni d'un Italiano di Nievo
ONLINE

La fine degli esperimenti democratici Il presidente Bonaparte si riservò il ruolo principale nella **restaurazione pontificia**, inviando nel Lazio un corpo di spedizione che all'inizio di giugno attaccò la capitale. I repubblicani – che avevano affidato i pieni poteri a un triumvirato composto da Mazzini, Saffi e dal romano Carlo Armellini – organizzarono una difesa efficace ma destinata inevitabilmente a soccombere. Il 4 luglio, subito prima della capitolazione, fu promulgata la **Costituzione della Repubblica romana** che, sebbene rimasta come pura enunciazione, divenne il documento-simbolo degli ideali democratici e un modello alternativo rispetto alle costituzioni liberali e moderate. Mentre i francesi entravano a Roma, Garibaldi lasciò la città con qualche centinaio di volontari, nel tentativo di raggiungere **Venezia**. Ma il 26 agosto gli austriaci, dopo aver soffocato la rivolta in Ungheria, riuscirono a spegnere anche la resistenza della città veneta. Si concludeva così, con la **duplice sconfitta** sia dell'ipotesi liberale e moderata, sia di quella democratica, la stagione rivoluzionaria del 1848-49.

GUIDA ALLO STUDIO
❶ Quali gruppi sociali appoggiarono le lotte democratiche del 1848? ❷ In quali territori i democratici riuscirono a prendere il potere? ❸ Quali Stati europei intervennero in appoggio di Pio IX? ❹ Che valore ebbe la promulgazione della Costituzione della Repubblica romana?

9 Il patriottismo risorgimentale

Chi erano i patrioti Le insurrezioni, le lotte rivoluzionarie e la guerra contro l'Austria avevano visto all'opera, accanto agli eserciti regolari, un numero sempre maggiore di patrioti disposti a mettere in gioco la propria vita nella lotta per l'**indipendenza dallo straniero** e insieme per la nascita di **nuovi organismi politici**.

Per gran parte giovani o nella prima età matura si erano formati, **i più anziani**, nelle organizzazioni segrete, eredi del giacobinismo, salvo trovare motivi di aggregazione comune nelle nuove ideologie politiche sia sul fronte moderato neoguelfo o liberale, sia, soprattutto **i più giovani**, nell'adesione al mazzinianesimo.

Queste adesioni e queste militanze erano sostenute da un discorso patriottico nazionale che si era venuto costruendo non solo sul terreno ideologico e politico, ma anche avvalendosi, e talora prevalentemente, di elementi letterari, musicali e delle arti figurative.

Le memorie di Silvio Pellico, *I sepolcri* di Foscolo, le poesie di Giovanni Berchet, le

Francesco Hayez
I vespri siciliani
1844-46
[Galleria Nazionale d'Arte Moderna, Roma]

Hayez raffigura un avvenimento del 1282. Durante l'occupazione francese della Sicilia, un soldato straniero fruga nel petto di una nobildonna siciliana con la scusa di perquisirla. Costei sviene per la vergogna tra le braccia del marito. Uno dei fratelli di lei uccide il soldato per vendicarla, mentre la folla alle spalle dei protagonisti prende occasione da questo oltraggio per ribellarsi ai francesi e dare inizio al cosiddetto Vespro siciliano. L'onore sessuale, tema tipico della retorica nazionalista del Risorgimento e rappresentato da Hayez nei *Vespri*, proibisce alle fanciulle italiane di intrecciare relazioni con il forestiero: mescolare sangue italiano a quello straniero comprometterebbe la purezza della discendenza. Inoltre al tema è sotteso il messaggio "se lotti per la liberazione della patria, lotti per l'onore di tua sorella, di tua moglie, di tua figlia". Il successo della retorica nazionalista si deve anche alla capacità di presentare la questione nazionale come una questione personale.

L'organizzazione federale degli Stati

Nel 1987 più del 40% della popolazione mondiale viveva in regimi politici formalmente federali e ben 58 Stati si dicevano ispirati al federalismo. Duecento anni erano passati da quando la Convenzione di Philadelphia aveva approvato la Costituzione degli Stati Uniti d'America, dando vita a quella forma di governo basata sull'**equilibrio tra potere locale e potere centrale** (o federale) che allora si cominciò a chiamare **federalismo**. Già nell'800 il fascino per il modello statunitense indusse molti paesi a darsi un ordinamento federalista, in Europa (Impero germanico, Impero austro-ungarico, Confederazione Elvetica), in America (Canada, Messico, Argentina, Brasile, Venezuela) e in Australia.

In realtà, a uno sguardo più attento non sfuggono le grandi differenze tra gli ordinamenti che nel corso di più di due secoli si sono definiti federalisti. I princìpi del federalismo sono stati adattati alle esigenze delle varie comunità politiche, al loro contesto storico, geografico ed economico, finendo spesso per allontanarsi dall'esempio nordamericano.

Il successo precoce del modello federalista in molte ex colonie (Venezuela, 1818; Messico, 1824; Brasile, 1834; Argentina, 1853; Canada, 1867; Australia, 1900) è in parte dovuto all'esigenza di governare grandi spazi, spesso già suddivisi in unità amministrative separate durante il colonialismo. Altrove (Confederazione Elvetica o Belgio, per guardare solo all'Europa), il sistema federalista è stato preferito ad altri per garantire autonomia alle diverse comunità etniche e linguistiche che componevano lo Stato. Dopo la seconda guerra mondiale, il crollo di molti regimi totalitari o dittatoriali ha coinciso con il declino del modello di Stato centralizzato, così diffuso in Europa a partire dall'Impero napoleonico. Molti paesi hanno dato avvio a un processo di **decentramento** (o *devolution*), trasferendo competenze sempre più importanti dal centro alla periferia, pur lasciando allo Stato centrale gran parte del potere decisionale. Ciò ha portato alla nascita di un nuovo modello di Stato costituzionale, in cui il principio di **autogoverno degli enti locali** viene considerato elemento essenziale per la vita democratica di un paese. Nella sezione dei princìpi fondamentali della Repubblica italiana, l'articolo 5 della Costituzione italiana del 1948 afferma: «La Repubblica, una e indivisibile, riconosce e promuove le autonomie locali; attua nei servizi che dipendono dallo Stato il più ampio decentramento amministrativo; adegua i princìpi ed i metodi della sua legislazione alle esigenze dell'autonomia e del decentramento».

Al modello originario americano si sono dunque accostate forme ibride di organizzazione politica come lo Stato regionale, tanto che oggi sarebbe più corretto parlare di «federalismi». In generale, il termine "federalismo" è utilizzato per definire qualsiasi assetto istituzionale in cui il potere è diviso su base territoriale, ma è utile stabilire quali sono gli elementi essenziali dell'**organizzazione federale degli Stati**.

In primo luogo, in un ordinamento federale la costituzione attribuisce in via esclusiva allo Stato centrale competenze ben opere musicali o singoli brani di Giuseppe Verdi, alcuni quadri di Francesco Hayez costituivano un **repertorio collettivo** di parole, suoni e immagini in grado di diffondere il messaggio nazionale. In particolare il melodramma, ascoltato e riproposto in chiave patriottica, forniva un terreno comune ad ampi strati sociali, dalla nobiltà ai ceti popolari urbani, come principale mezzo di comunicazione, veicolo degli ideali risorgimentali e di formazione politica e civile.

Focus
Il melodramma
ONLINE

La nascita di una tradizione Privo di riferimenti consolidati a un comune passato nazionale, se non a quello "inventato" della continuità con l'antica Roma o con l'Italia dei comuni, il patriottismo italiano riprendeva singoli episodi di rivalsa contro lo straniero dove si era manifestato vincente l'orgoglio ferito degli italiani: la battaglia di Legnano (tra i comuni italiani e l'imperatore Federico Barbarossa, 1176), i Vespri siciliani (la rivolta scoppiata a Palermo contro gli Angiò che determinò la cacciata dei francesi dall'isola, 1282), la disfida di Barletta (il duello tra cavalieri italiani e francesi in terra di Puglia, 1503). Si veniva costruendo nel suo farsi, proprio lungo il filo degli avvenimenti, una **tradizione patriottica** con i suoi martiri da celebrare – i fratelli Bandiera, i volontari di Curtatone e Montanara, i caduti nella difesa della Repubblica romana – e da portare come esempio. Una tradizione che esaltava gli elementi di fratellanza e di valore guerresco – come nelle esplicite strofe dell'inno *Fratelli d'Italia* di Goffredo Mameli (1827-1849) – per rovesciare l'immagine diffusa in Europa, lo stereotipo degli italiani «che non sanno battersi».
Una tradizione che aveva dei riferimenti obbligati in alcune figure carismatiche: Mazzini e in seguito soprattutto Garibaldi.

GUIDA ALLO STUDIO
❶ Quale ideale muoveva i patrioti? ❷ Quali opere letterarie o artistiche erano ritenute in grado di esprimere il messaggio nazionale? ❸ Quali avvenimenti e personaggi costituirono la tradizione patriottica?

Manifestanti della Lega Nord, Pontida, 19 giugno 2011
[© DANIEL DAL ZENNARO/epa/Corbis]
Da sempre sostenitrice del federalismo, dal 1996 la Lega Nord propone la secessione delle regioni settentrionali, indicate collettivamente come "Padania". Oggi continua a riproporre il progetto di uno Stato federale, da realizzarsi attraverso il federalismo fiscale e la devoluzione alle regioni di alcune funzioni esercitate dallo Stato.

precise (la difesa, la politica monetaria ed estera), lasciando agli Stati membri le competenze generali rimaste. Invece, in uno Stato regionale, la costituzione fissa le competenze specifiche delle regioni, lasciando al governo centrale la competenza generale. Gli Stati membri di una federazione possono darsi proprie costituzioni o statuti; godono di autonomia impositiva, cioè possono imporre tasse locali oppure gestiscono in proprio una quota dei tributi nazionali (in entrambi i casi si parla di **federalismo fiscale**); partecipano alle decisioni del governo centrale attraverso un organo di rappresentanza eletto su base regionale; devono essere coinvolti in qualsiasi processo di revisione della costituzione federale. Eventuali conflitti di competenze tra gli Stati membri o tra questi e lo Stato centrale sono poi risolti da un organo di giustizia costituzionale (di solito la Corte Costituzionale).
Perché il federalismo si realizzi concretamente, però, una costituzione non basta. In primo luogo, per essere realizzato, l'ordinamento federale sottintende il **corretto funzionamento delle istituzioni democratiche**. L'esempio delle repubbliche dell'America Latina, formalmente federaliste dal XIX secolo, è illuminante: attraverso provvedimenti «federali» di urgenza, i presidenti della Repubblica hanno potuto allargare il proprio potere a spese delle autonomie locali, dando vita a forme di governo autoritarie fino agli anni '80 del '900.
In secondo luogo, la ragion d'essere di un assetto istituzionale federale è l'*affectio fœderalis*, ossia il desiderio di unione, la volontà di dotare lo Stato di strumenti istituzionali in grado di **tutelare la diversità** pur garantendo l'unità della comunità politica. La duplice valenza dell'ipotesi federalista: spinta all'unità di territori diversi, o promessa di autonomia per enti locali di uno Stato centralizzato, è l'insidia principale di ogni riforma in senso federale dello Stato.
In questi anni, in Italia, è in atto una vivace discussione sui compiti che spettano allo Stato centrale e alle autonomie locali e alle conseguenti innovazioni in campo fiscale, anche dietro l'impulso di partiti politici come la Lega Nord, che al primo punto del suo Statuto dichiara di perseguire l'indipendenza della Padania.

SINTESI

1 L'Italia e la questione nazionale

Nella prima metà dell'800 l'Italia conobbe un processo di graduale riscoperta della propria identità nazionale. Questo processo fu definito dai contemporanei, e poi dagli storici, «Risorgimento». Per la verità l'Italia non aveva mai conosciuto, lungo il corso della sua storia, l'esperienza di uno Stato unitario. Eppure una nazione italiana, in quanto comunità linguistica, culturale, religiosa, esisteva almeno fin dall'epoca dei comuni. L'idea di Italia, inoltre, era sempre stata viva nel pensiero degli intellettuali della penisola, da Petrarca ad Alfieri. Nel '700, col diffondersi della cultura illuminista, si era manifestata in misura crescente l'aspirazione a un rinnovamento culturale e morale di tutto il popolo italiano. Negli ultimi decenni del secolo, voci unitarie e indipendentiste erano emerse all'interno del movimento giacobino. I moti del '20-21 e del '31 tuttavia non furono animati dalla questione nazionale, essi furono in primo luogo subordinati a rivendicazioni di ordine costituzionale e politico, ma internamente agli Stati.

2 I primi moti rivoluzionari

Nel luglio 1820 un'insurrezione nel Napoletano, guidata da alcuni ufficiali, obbligò il re a concedere la Costituzione. Nel marzo 1821, invece, una rivolta scoppiò in Piemonte e, dopo essere stata inizialmente appoggiata dal principe Carlo Alberto, venne schiacciata dal nuovo re Carlo Felice. Nel '21 gli austriaci posero fine alla rivoluzione napoletana.
Nei Ducati di Modena e Parma e nelle Legazioni pontificie le insurrezioni ebbero origine, oltre che dalla rivoluzione di luglio in Francia, da una trama cospirativa che tentò di coinvolgere lo stesso duca Francesco IV. Quest'ultimo, però, rivelò i suoi veri intenti arrestando i capi della congiura. La rivolta scoppiò ugualmente nelle Legazioni pontificie e si estese successivamente ai Ducati. La novità dei moti stava nel fatto che suoi protagonisti furono i ceti borghesi, appoggiati dall'aristocrazia liberale e da una certa mobilitazione popolare. Un nuovo intervento austriaco stroncò l'insurrezione.

3 Immobilismo politico e arretratezza economica degli Stati italiani

Dopo i moti del '20-21 e del '31, nella penisola gli Stati tornarono a forme di assolutismo autoritario. Lo sviluppo economico inoltre era assai lento: l'industria non recepiva ancora le più avanzate conquiste tecnologiche europee, le ferrovie si diffondevano in modo irregolare, con ritardo e lentamente. Qualche progresso non bastò a ridurre il divario che si stava accumulando nei confronti dell'Europa più avanzata. Ma soprattutto si cominciò a riflettere sui limiti posti allo sviluppo economico dalla mancanza di un mercato comune nazionale.

4 Il progetto mazziniano

La sconfitta dei moti del '31 provocò la crisi definitiva della Carboneria a favore di un nuovo indirizzo che ebbe il suo principale sostenitore in Giuseppe Mazzini. Non privo di attenzione per le questioni sociali, il pensiero mazziniano era tuttavia incentrato sugli obiettivi nazionali – indipendenza, unità, repubblica – e sulla convinzione che unico mezzo per raggiungerli fosse l'insurrezione popolare. Fondata la Giovine Italia (1831), Mazzini si impegnò nell'organizzazione di insurrezioni ma il fallimento di numerose iniziative suscitò critiche all'impostazione da lui data al problema nazionale e favorì la diffusione di nuovi orientamenti politici.

5 Moderati, cattolici e federalisti

Sul piano degli orientamenti politici, gli anni '40 si caratterizzarono per l'emergere di un orientamento moderato che cercava di dare soluzioni graduali e federaliste al problema nazionale. Tale orientamento, che ebbe il suo maggiore interprete in Gioberti, era imperniato sulla riscoperta della funzione nazionale della Chiesa cattolica (neoguelfismo). Il successo delle correnti moderate era dovuto al fatto che esse sembravano offrire soluzioni che non implicavano vie insurrezionali e rivoluzionarie. Elementi di gradualismo e federalismo erano presenti anche nella corrente democratica e repubblicana lombarda, il cui maggior esponente fu Cattaneo. Questi mirava a una confederazione repubblicana, sul modello degli Stati Uniti o della più vicina Svizzera.

6 Pio IX e il movimento per le riforme

L'elezione al soglio pontificio, nel '46, di Pio IX suscitò un'ondata di grande entusiasmo in tutta Italia: un entusiasmo che venne accresciuto da alcune, pur limitate, riforme che egli varò. Si vide così nel nuovo papa l'uomo capace di realizzare i disegni del moderatismo neoguelfo. Nel corso del 1847 gli altri Stati italiani – escluso il Regno delle Due Sicilie – si trovarono costretti, di fronte alle pressioni dell'opinione pubblica e alle manifestazioni popolari, a concedere anch'essi alcune limitate riforme.

7 Il '48 italiano. La guerra contro l'Austria

In Italia la rivoluzione del 1848 ebbe, nella sua fase iniziale, uno sviluppo autonomo rispetto agli altri paesi europei. Un'insurrezione a Palermo costrinse Ferdinando II a concedere una Costituzione. Successivamente lo imitarono Carlo Alberto, Leopoldo II e Pio IX. Le vicende della rivoluzione in Francia diedero nuova spinta all'iniziativa dei democratici italiani e riportarono in primo piano la questione nazionale. A Venezia si proclamò la Repubblica. A Milano, dopo le «cinque giornate» di insurrezione, fu costituito un governo provvisorio. Il 23 marzo 1848 Carlo Alberto dichiarò guerra all'Austria, ottenendo l'appoggio del re delle Due Sicilie, del granduca di Toscana e del papa. Ma, di lì a poco, questo appoggio sarebbe stato ritirato. I piemontesi vennero sconfitti a Custoza (luglio 1848) e costretti a firmare un armistizio con l'Austria.

8 La sconfitta dei democratici italiani

A combattere contro l'Impero asburgico restarono i democratici. Mentre in Sicilia resistevano i separatisti, a Venezia fu proclamata di nuovo la Repubblica e lo stesso accadde in Toscana e a Roma dopo la fuga del papa (novembre 1848). Anche per la spinta dei democratici, il Piemonte riprese la guerra contro l'Austria. Subito battuto a Novara, Carlo Alberto abdicò a favore del figlio Vittorio Emanuele II (marzo 1849). I governi rivoluzionari vennero sconfitti in tutta Italia: terminò la rivoluzione autonomistica siciliana, gli austriaci posero fine alla Repubblica toscana e occuparono le Legazioni pontificie, i francesi intervennero militarmente contro la Repubblica romana. L'ultimo focolaio rivoluzionario a soccombere fu quello veneto a opera degli austriaci.

9 Il patriottismo risorgimentale

Si affermò in questi decenni, nella penisola ancora dominata da dinastie e governi stranieri, un discorso attorno alla patria e alla nazione italiana cui parteciparono scrittori, poeti, intellettuali e artisti. Si costituì un repertorio comune, una tradizione patriottica e un messaggio nazionale. La patria italiana aveva i suoi martiri (i fratelli Bandiera), il suo inno nazionale scritto da un patriota morto in giovane età, Goffredo Mameli, *Fratelli d'Italia*, e importanti punti di riferimento in Mazzini e Garibaldi.

SVILUPPARE LE COMPETENZE

❶ Di seguito trovi riassunti, per punti, i fatti salienti dei moti rivoluzionari del 1820-21 e del 1831 in Italia. Completa la cronologia aggiungendo i passaggi mancanti e utilizza la stessa come schema per scrivere un testo di 15 righe. Dovrai ripercorrere gli eventi più significativi, ma spiegare anche lo svolgimento e la conclusione di queste esperienze rivoluzionarie:

a. La rivolta scoppia a Nola, nel napoletano.

b. ....
....

c. Il popolo palermitano insorge.

d. ....
....

e. Alcuni reparti dell'esercito lombardo-veneto si ammutinano dando corpo ad un'insurrezione che costringe il re Vittorio Emanuele I ad abdicare.

f. Francesco IV, duca di Modena, fa arrestare i capi della congiura riuniti in casa di Ciro Menotti.

❷ Usa tutte le frasi elencate di seguito come spunti per costruire un testo di 20 righe dal titolo *Le idee mazziniane*. Fai attenzione, perché dovrai utilizzare tutti gli elementi in elenco senza cambiarne l'ordine:

a. La concezione politica di Mazzini comprendeva anche una componente mistico-religiosa

b. «Dio e popolo»

c. La Terza Roma centro di una nuova unità morale e sociale

d. Questione sociale da risolvere attraverso il principio di associazione

e. Insurrezione di tutto il popolo

f. La Giovine Italia

g. Aprile 1833, febbraio 1834: primi tentativi insurrezionali

h. La Giovine Europa.

❸ Abbina correttamente gli elementi disposti nelle due colonne della tabella sottostante e poi descrivi, in brevi testi di 4 righe, i caratteri principali di ogni corrente politica:

Esponenti più illustri della corrente politica	Nome della corrente politica
a. Antonio Rosmini	**1.** "neoguelfa"
b. Vincenzo Gioberti	**2.** federalista
c. Massimo d'Azeglio	**3.** cattolico-liberale
d. Carlo Cattaneo	**4.** liberalismo moderato piemontese

❹ Rispondi ai quesiti e svolgi le consegne impiegando il numero di righe indicato tra parentesi:

a. Quale importanza ebbe in Italia l'elezione di papa Pio IX nel 1846 e quali conseguenze socio-politiche? (10 righe)

b. Quali regnanti italiani concessero, in seguito ai moti di rivolta del '48, una costituzione? (5 righe) Descrivi quindi lo Statuto albertino. (5 righe)

c. Racconta le «cinque giornate». (5 righe)

d. Come scoppiò la prima guerra di indipendenza nazionale? Come si svolse? Chi vi partecipò, e come si concluse? (12 righe)

❺ Ricostruisci l'ordine cronologico degli eventi elencati di seguito in ordine sparso, annotando anche le date. Usa quindi la sequenza che otterrai come schema per scrivere un testo di 15 righe:

a. Carlo Alberto abdica in favore del figlio Vittorio Emanuele II. ....

b. Nei territori dell'ex Stato della Chiesa si tengono elezioni a suffragio universale per l'Assemblea costituente. ....

c. Un corpo di spedizione francese attacca Roma. ....

d. Carlo Alberto decide di entrare di nuovo in guerra contro l'Austria. ....

e. Le truppe di Radetzky sconfiggono, nei pressi di Novara, l'esercito sabaudo. ....

f. L'Assemblea dichiara la decadenza del potere temporale dei papi. ....

3 FARE STORIA

La rivoluzione americana

Le rivoluzioni costituiscono da sempre argomenti privilegiati dell'analisi storica. È questo il caso, soprattutto, delle due rivoluzioni di fine '700, quella americana e quella francese, che per moltissimi studiosi hanno rappresentato una delle cesure epocali nella storia occidentale: la fine dell'età moderna e l'inizio di quella contemporanea.
La rivoluzione americana fu il primo esempio di lotta di liberazione condotta vittoriosamente da un paese extraeuropeo (per quanto abitato da una popolazione in gran parte di origine europea) contro una potenza del Vecchio Continente. Essa aprì una stagione di grandi rivolgimenti politici – l'età delle rivoluzioni liberali e democratiche o delle «rivoluzioni borghesi» –, da cui sarebbero usciti gli ordinamenti che in gran parte reggono ancora le democrazie moderne, e segnò la nascita di un nuovo Stato, destinato a svolgere un ruolo da protagonista sulla scena mondiale a partire dal XX secolo.

Lo storico **Guido Abbattista** [47] ricostruisce un profilo della società nordamericana alla vigilia della rivoluzione, evidenziandone similitudini e differenze rispetto alla società inglese. Della nascita degli Stati Uniti d'America si presenta, poi, l'atto costitutivo, cioè il testo della ***Dichiarazione di indipendenza*** degli Stati Uniti [48DOC], votato il 4 luglio del 1776 dal II Congresso continentale delle colonie americane: ancora oggi, in questa data gli Stati Uniti celebrano la loro Festa dell'indipendenza. Questo testo, redatto in larga parte da Thomas Jefferson, diventò uno dei principali modelli costituzionali per liberali e democratici del '700 e dell'800. Seguono i ***Dieci emendamenti*** alla Costituzione statunitense [49DOC], entrati in vigore nel 1791 con lo scopo di rafforzare la tutela dei diritti dei cittadini e dei singoli Stati all'interno della federazione. Infine, **Gordon S. Wood** [50] pone l'accento sul ruolo decisivo dell'idea d'uguaglianza nelle vicende rivoluzionarie e nel successivo sviluppo degli Stati Uniti.

47

G. Abbattista
La società nordamericana alla vigilia della rivoluzione

G. Abbattista, *La rivoluzione americana*, Laterza, Roma-Bari 1998, pp. 13-19

■ Alla metà del '700, le colonie nordamericane non erano comunità democratiche, animate da un forte spirito indipendentistico e immuni da disuguaglianze sociali e squilibri economici. Gli americani alla vigilia della rivoluzione, anzi, condividevano non pochi valori e stili di vita con gli inglesi della madrepatria. La società nordamericana era, tuttavia, caratterizzata da maggior individualismo e autonomia dai vincoli gerarchici. In questo brano, lo storico Guido Abbattista (nato nel 1953) critica la ricostruzione semplificata di una società coloniale radicalmente diversa da quella inglese ma sottolinea anche gli aspetti peculiari della mentalità nordamericana, come la particolare influenza della cultura religiosa, che consentono di cogliere «i tratti di una emergente identità americana».

La società coloniale nordamericana della metà del Settecento era certamente molto diversa dalla compagine omogenea, priva di antagonismi di classe, a carattere egualitario, improntata a valori democratici, e quindi già connotata da aspirazioni chiaramente contrastanti con la dipendenza imperiale, dipinta da una certa storiografia patriottica e dai sostenitori dell''eccezionalismo' americano. [...] Niente sembra giustificare l'idea che fossero in atto processi economici, sociali e culturali di segno egualitario, democratico e

tali da innescare effetti rivoluzionari [...]. Ancora molto forti permanevano del resto, soprattutto nelle *élites*, il senso di britannicità, la devozione alla madrepatria e all'autorità monarchica, la lealtà imperiale, l'attrattiva dei modelli sociali, civili e comportamentali propri della lontana Inghilterra. [...]
Non si possono d'altra parte ignorare alcuni fattori produttivi di una specificità 'americana'. L'assenza di stratificazioni legalmente sanzionate e la notevole mobilità sociale, per esempio, impedivano [...] l'irrigidimento dei rapporti tra inferiore e superiore e l'affermarsi di un'idea di società organica, in cui le distinzioni gerarchiche fossero percepite come immutabili e necessarie proiezioni dell'ordine cosmico o della volontà divina. Di qui la tendenza a un rispetto meno scontato verso l'autorità costituita, a un individualismo più marcato, al perseguimento delle opportunità di miglioramento personale attraverso abilità e talento, alla diffusa consapevolezza di appartenere a comunità relativamente aperte, capaci di valorizzare il lavoro, il merito, la virtù in luogo della nascita e dell'ereditarietà. A rafforzare simili forme di mentalità e di comportamento sociale contribuirono elementi propri della vita e della cultura religiosa [...].
Ogni esame del ruolo della religione alla vigilia della rivoluzione, d'altra parte, non può esimersi dall'accennare al fenomeno che interessò tutte le colonie britanniche del Nordamerica nei decenni centrali del Settecento e che è noto come 'Grande Risveglio'. Il Grande Risveglio esercitò, questo sì, con i suoi contenuti antiistituzionali, spiritualistici e individualistici un'influenza duratura sulla mentalità e la sensibilità coloniali. Ad esso si dovette il diffondersi di un'ansia di rinnovamento evangelico che si tradusse in impeto critico verso le oligarchie politico-religiose e l'impoverimento dell'esperienza religiosa ad esse addebitato, e nel sorgere di una atmosfera millenaristica di attesa di eventi rigeneratori. [...]
Economicamente vivaci, con strutture articolate dell'autorità sociale e politica, ricche di esperienze religiose di rinnovamento, le colonie nordamericane cominciavano nella seconda metà del secolo a mostrare i tratti di una emergente identità americana. [...]
La diretta partecipazione delle milizie coloniali alla guerra dei Sette Anni[1] e la loro superiorità rispetto alle truppe e ai comandi britannici contribuì ad alimentare sentimenti di autostima e la sempre più chiara consapevolezza di appartenere a un mondo, una società, un insieme di valori sempre meno perfettamente coincidenti con l'eredità inglese.
Ciò a cui i fatti della seconda metà degli anni Sessanta dettero avvio fu perciò un processo di affermazione non solo di volontà politica indipendente, ma anche di peculiari tratti culturali. [...]
Questi d'altra parte – non va dimenticato – si erano fino ad allora indirizzati, e in parte continuavano a indirizzarsi, verso la nazione britannica, ma anche verso le appartenenze locali [...]. Fino all'indipendenza, i coloni, soprattutto i membri delle fasce sociali medio-basse, tendevano a considerarsi più virginiani, newyorchesi, bostoniani, pennsilvani, che americani. Cosicché, sotto questo riguardo, l'indipendenza e la successiva costruzione di una nazione repubblicana e federale possono anche essere considerati altrettanti passi verso il superamento, sia della tradizione britannica, sia di quelle forme di identificazione regionale e locale che in futuro avrebbero dovuto coesistere con un sentimento di appartenenza e un lealismo di tipo nuovo. 'Inventing the people' è l'espressione che è stata usata per definire questo processo: orizzonte di riferimento non sarebbero più stati l'Inghilterra, l'impero britannico o le singole colonie, bensì le entità neonate della 'nazione' e del 'popolo' americani.

[1] Combattuta da Inghilterra e Prussia contro Austria, Francia e Russia (1756-63).

GUIDA ALLA LETTURA
❶ In che modo, secondo Abbattista, la società coloniale americana è stata dipinta dalla «storiografia patriottica»? ❷ Che cosa fu il «Grande Risveglio»? ❸ Quali erano i caratteri specifici dell'identità americana? Quando si affermò? ❹ Che cosa significa l'espressione «Inventing the people»?

48DOC

La Dichiarazione di indipendenza *degli Stati Uniti*

da *La formazione degli Stati Uniti d'America*, a c. di A. Aquarone, G. Negri, C. Scelba, Nistri-Lischi, Pisa 1961, pp. 416-20

La *Dichiarazione di indipendenza* degli Stati Uniti d'America fu stilata nel giugno 1776 da una commissione nominata dal Congresso continentale e composta da Benjamin Franklin, John Adams, Roger Sherman, Robert Livingston e Thomas Jefferson. Approvata dal Congresso il 4 luglio 1776, la *Dichiarazione* rappresenta un momento importantissimo non solo nella formazione degli Stati Uniti, ma anche nella storia delle democrazie di tutto il mondo. La parte dedicata ai diritti inalienabili dell'uomo (tra cui quello alla «ricerca della felicità») è infatti la prima trasposizione in un documento politico dei princìpi giusnaturalistici e illuministici in tema di rapporto fra Stato e cittadini. In questo senso, essa costituì un modello per altri documenti analoghi (come la *Dichiarazione dei diritti dell'uomo e del cittadino* dell'89 francese: 53DOC) e una fonte di ispirazione per tutte le costituzioni liberali e democratiche, a cominciare da quella americana del 1787.

Quando nel corso degli umani eventi si rende necessario ad un popolo sciogliere i vincoli politici che lo avevano legato ad un altro ed assumere tra le altre potenze della terra quel posto distinto ed eguale cui ha diritto per Legge naturale e divina, un giusto rispetto per le opinioni dell'umanità richiede che esso renda note le cause che lo costringono a tale secessione.

Noi riteniamo che le seguenti verità siano di per se stesse evidenti; che tutti gli uomini sono stati creati uguali, che essi sono stati dotati dal loro Creatore di alcuni Diritti inalienabili, che fra questi sono la Vita, la Libertà e la ricerca della Felicità; che allo scopo di garantire questi diritti, sono creati fra gli uomini i Governi, i quali derivano i loro giusti poteri dal consenso dei governati; che ogni qual volta una qualsiasi forma di Governo tende a negare tali fini, è Diritto del Popolo modificarlo o distruggerlo, e creare un nuovo Governo, che si fondi su quei principî e che abbia i propri poteri ordinati in quella guisa che gli sembri più idonea al raggiungimento della sua sicurezza e felicità.

La prudenza, invero, consiglierà di non modificare per cause transeunti e di poco conto Governi da lungo tempo stabiliti; e conformemente a ciò l'esperienza ha dimostrato che gli uomini sono maggiormente disposti a sopportare, finché i mali siano sopportabili, che a farsi giustizia essi stessi abolendo quelle forme di Governo cui sono avvezzi. Ma quando un lungo corteo di abusi e di usurpazioni, invariabilmente diretti allo stesso oggetto, svela il disegno di assoggettarli ad un duro Dispotismo, è loro diritto, è loro dovere, di abbattere un tale Governo, e di procurarsi nuove garanzie per la loro sicurezza futura.

Tale è stata la paziente sopportazione di queste Colonie; e tale è ora la necessità che le costringe ad alterare i loro antichi sistemi di Governo. La storia dell'attuale Re di Gran Bretagna è una storia di ripetute offese ed usurpazioni, aventi tutte come obiettivo immediato l'instaurazione di una Tirannide assoluta su questi Stati. [...]

Ad ogni stadio di questi soprusi, noi abbiamo inviato petizioni, redatte nei termini più umili, chiedendo la riparazione dei torti subiti; le nostre ripetute petizioni non hanno ricevuto altra risposta che ripetute offese. Un Sovrano, il cui carattere è contraddistinto da tutto ciò che può definire un Tiranno, non ha diritto a governare un popolo libero.

Né abbiamo mancato di usare ogni attenzione nei confronti dei nostri fratelli inglesi. Li abbiamo ammoniti di volta in volta circa i tentativi del loro Corpo legislativo di estendere su di noi una giurisdizione illegittima. Abbiamo rammentato loro le circostanze della nostra emigrazione e del nostro insediamento in questa terra. Abbiamo fatto appello alla loro magnanimità ed al loro innato senso di giustizia, e li abbiamo scongiurati, in nome dei vincoli dovuti alla nostra comunanza di sangue, di sconfessare quelle usurpazioni che avrebbero finito inevitabilmente per recidere i nostri rapporti e la nostra collaborazione. Anch'essi tuttavia sono stati sordi alla voce della giustizia e della consanguineità. Noi dobbiamo pertanto piegarci alla necessità di dichiarare la nostra secessione e di considerarli, così come consideriamo il resto dell'umanità, nemici in guerra ed amici in pace.

Noi, pertanto, rappresentanti degli Stati Uniti d'America, riuniti in Congresso generale, appellandoci al Supremo Giudice dell'universo quanto alla rettitudine delle nostre intenzioni, solennemente proclamiamo e dichiariamo, in nome e per autorità dei buoni Popoli di queste Colonie, che queste Colonie Unite sono, e devono di diritto essere Stati liberi e indipendenti; che sono disciolte da ogni dovere di fedeltà verso la Corona britannica e che ogni vincolo politico fra di esse e lo Stato di Gran Bretagna è e dev'essere del tutto reciso; e che quali *Stati Liberi* e *Indipendenti*, esse avranno pieno potere di muovere guerra, di concludere la pace, di stipulare alleanze, di regolare il commercio, e di compiere tutti quegli altri atti che gli Stati Indipendenti possono di diritto compiere. E a sostegno della presente Dichiarazione, con ferma fiducia nella protezione della Divina Provvidenza, noi offriamo reciprocamente in pegno le nostre vite, i nostri averi ed il nostro sacro onore.

GUIDA ALLA LETTURA

❶ Quali sono i diritti inalienabili di tutti gli uomini? Quale relazione esiste tra essi e i governi? ❷ In che modo gli autori giustificano nel documento il ricorso alla violenza? ❸ Quali sono le prerogative degli Stati Liberi e Indipendenti?

49 DOC

I primi dieci emendamenti alla Costituzione degli Stati Uniti

da *La formazione degli Stati Uniti d'America. Documenti*, a c. di A. Aquarone, G. Negri, C. Scelba, vol. II *(1776-1796)*, Nistri-Lischi, Pisa 1961, pp. 502-4

■ Tra 1789 e 1791 il Congresso degli Stati Uniti approvò dieci emendamenti (ovvero articoli aggiuntivi) alla *Costituzione* redatta nel 1787. Fu un intervento sollecitato soprattutto dagli antifederalisti, convinti che il testo costituzionale non tutelasse sufficientemente le libertà degli individui e dei singoli Stati. I nuovi dieci articoli, infatti, costituivano una sorta di dichiarazione dei diritti del cittadino contro i possibili abusi delle autorità pubbliche. Oltre al riconoscimento delle libertà considerate inviolabili dal pensiero giusnaturalista e illuminista (religione, opinione, riunione, proprietà), fu sancito il «diritto del popolo a tenere e portare armi» (Articolo II), una prerogativa destinata ad alimentare, ancora oggi, vivaci dibattiti.

Articolo I Il Congresso non potrà emanare alcuna legge diretta a riconoscere ufficialmente qualsiasi religione od a proibire il libero culto; o a limitare la libertà di parola o di stampa; o il diritto del popolo di riunirsi pacificamente e di indirizzare petizioni al Governo per la riparazione di torti subìti.
Articolo II Una ben ordinata milizia essendo necessaria alla sicurezza di uno Stato libero, il diritto del popolo a tenere e portare armi non potrà essere violato.
Articolo III Nessun soldato potrà essere acquartierato in tempo di pace in una casa privata senza il consenso del suo proprietario, né in tempo di guerra se non secondo le modalità previste dalla legge.
Articolo IV Il diritto dei cittadini di essere garantiti nelle loro persone, case, documenti ed effetti personali, contro perquisizioni e sequestri arbitrarî, non potrà essere violato, e nessun mandato potrà esser spiccato, se non su indizî fondati, basati su giuramento, e tale mandato dovrà descrivere particolareggiatamente ad arresto o sequestro.
Articolo V Nessuno sarà tenuto a rispondere per un reato che importi la pena capitale, o per altro delitto infamante, se non in seguito a denuncia o accusa di un Gran Giurì, a meno che si tratti di reato compiuto da un appartenente alle forze armate di terra o di mare, o alla milizia, mentre si trovava in servizio effettivo in tempo di guerra o di pericolo pubblico; nessuno potrà esser sottoposto due volte, per un medesimo reato, a procedimento che importi la pena capitale o quella della mutilazione; nessuno potrà esser costretto, nel corso di un procedimento penale, a testimoniare contro se stesso, od essere privato della vita, della libertà o dei beni senza regolare procedimento giudiziario; nessuna proprietà privata potrà essere espropriata per pubblica utilità senza equo compenso.
Articolo VI In tutti i procedimenti penali, l'imputato avrà diritto ad un giudizio celere e giusto, da parte di un giurì imparziale dello Stato e del distretto nel quale sia stato commesso il reato, il quale distretto sarà stato preventivamente determinato dalla legge, ed avrà altresì diritto di essere informato della natura e del motivo dell'accusa; di essere messo a confronto con i testimoni d'accusa; di obbligare a comparire in giudizio i testimoni a suo favore e ad avere l'assistenza di un difensore.
Articolo VII Nelle cause che dovranno essere giudicate in base alla *Common Law*[1], il cui valore eccederà i venti dollari, sarà conservato il diritto ad un giudizio mediante giuria, e nessun fatto giudicato da una giuria, potrà essere riesaminato da una Corte degli Stati Uniti se non in conformità delle norme della *Common Law*.
Articolo VIII Non potranno essere richieste cauzioni eccessive, od imposte ammende esorbitanti, o inflitte pene crudeli e contrarie alla consuetudine.
Articolo IX L'elencazione di certi diritti, contenuta nella presente Costituzione, non potrà essere interpretata in maniera da negare o limitare altri diritti conservati dal popolo.
Articolo X I poteri non delegati dalla Costituzione agli Stati Uniti, o il cui esercizio non sia da questa vietato agli Stati, s'intendono rispettivamente riservati agli Stati, ed al popolo.

[1] Diritto comune, fondato su consuetudini e sentenze giudiziarie.

GUIDA ALLA LETTURA

❶ Quali sono le libertà personali stabilite dal documento? ❷ Attraverso quali misure gli emendamenti intendono regolare l'uso della violenza? ❸ Secondo quali princìpi sarà amministrata la giustizia? ❹ Quali autorità sono rafforzate e quali indebolite complessivamente dagli emendamenti?

50

G.S. Wood
L'idea americana di uguaglianza

G.S. Wood, *I figli della libertà. Alle radici della democrazia americana*, Giunti, Firenze 1996, pp. 303-10

■ L'idea di uguaglianza costituì un potente principio di mobilitazione ideologica durante la rivoluzione americana, ma fu anche motore di una straordinaria trasformazione della società. In questo brano, tratto da un libro pubblicato nel 1991 e vincitore del Premio Pulitzer, lo storico statunitense Gordon S. Wood (nato nel 1933) analizza il ruolo dell'idea di uguaglianza nella formazione di un sentimento di appartenenza nazionale. «Di fatto – sottolinea l'autore – l'uguaglianza costituì la forza ideologica più radicale e potente liberata dalla rivoluzione, con una capacità di attrazione molto maggiore di quanto alcuno dei rivoluzionari riuscisse a comprendere». Per Wood nacque allora «un genere di uguaglianza quale nessun'altra nazione ha mai avuto».

La rivoluzione repubblicana fu il più grande movimento utopistico della storia americana. I rivoluzionari miravano nientemeno che a una ricostituzione della società americana. [...] Volevano edificare una società e dei governi fondati sulla virtù e su una dirigenza pubblica aliena da interessi personali, e mettere in moto un movimento morale che alla fine, sarebbe stato avvertito in tutto il pianeta. [...]
Nei decenni successivi alla rivoluzione la società americana conobbe un profondo mutamento. Quale che sia il criterio usato, si verificò un'improvvisa esplosione non soltanto in termini di trasmigrazioni interne ma di energia imprenditoriale, di passione religiosa e di smanie di arricchimento. [...]

Nulla contribuì a questa esplosione di energia più dell'idea di uguaglianza. Di fatto, l'uguaglianza costituì la forza ideologica più radicale e potente liberata dalla rivoluzione, con una capacità di attrazione molto maggiore di quanto alcuno dei rivoluzionari riuscisse a comprendere. Una volta evocata, l'idea dell'uguaglianza non poté essere arrestata, tanto da lacerare la società e la cultura americana con una forza immane [...]. Lo «Spirito dell'eguaglianza» non distinse solamente «i più eletti campioni dalla plebe regale», ma distese «un regale mantello di umanità» su tutti gli americani e conferì «democratica dignità» perfino al «braccio che vibra una picca o che pianta una caviglia». Nel giro di qualche decennio dopo la Dichiarazione di indipendenza, gli Stati Uniti diventarono la nazione più egalitaria nella storia e tali restano ancora oggi, se vogliamo prescindere dalle vistose disparità di ricchezza.

L'uguaglianza costituiva il nucleo del repubblicanesimo [...]. La cittadinanza repubblicana comportava l'uguaglianza. [...]

Tuttavia, facendo propria l'idea dell'uguaglianza civica i rivoluzionari non avevano inteso livellare la società; sapevano che ogni società, per quanto repubblicana e fedele ai principî dell'uguaglianza, avrebbe comunque dovuto mantenere «alcune distinzioni e gradazioni di rango che nascono dall'educazione e altre circostanze accidentali», sebbene nessuna di tali distinzioni e gradazioni sarebbe stata altrettanto profonda di quelle di una società monarchica. Per uguaglianza intendevano, con tutta evidenza, uguaglianza di opportunità, ovvero stimolare all'azione l'ingegno e schiudere la carriera agli uomini dotati e virtuosi, distruggendo al tempo stesso la parentela e il patronage[1] come fonti di autorità. Tuttavia, grazie alla mobilità sociale, sia ascendente sia discendente, fondata sulla capacità e il carattere individuale, si presumeva che nessuna distinzione avrebbe avuto il tempo di consolidarsi o di perpetuarsi da una generazione all'altra, sicché l'uguaglianza di opportunità avrebbe contribuito a promuovere una relativa uguaglianza di condizione.

Questa uguaglianza era in realtà essenziale per il repubblicanesimo: fin dall'antichità i teorici avevano ipotizzato che lo stato repubblicano richiedesse un generale livellamento di beni tra i cittadini, e sebbene nel 1776 la maggioranza degli americani non sostenesse apertamente questa tesi [...] tutti davano per scontato che una società non potesse restare a lungo repubblicana se soltanto una piccola minoranza controllava gran parte della ricchezza e il grosso della popolazione continuava a essere costituito da servitori dipendenti o braccianti senza terra. L'uguaglianza era connessa all'indipendenza, tanto che la bozza originale della Dichiarazione di indipendenza di Jefferson affermava che «tutti gli uomini sono creati liberi e indipendenti». Gli uomini erano uguali nel senso che nessuno di loro avrebbe dovuto essere subordinato alla volontà di un altro, e la proprietà rendeva possibile tale indipendenza. [...]

Ma in definitiva l'uguaglianza non significava soltanto questo agli occhi dei rivoluzionari, e per la verità se avesse significato soltanto pari opportunità o parità economica non avrebbe mai potuto diventare [...] la spinta ideologica più forte e radicale di tutta la storia americana. L'uguaglianza acquisì una simile forza tra gli americani perché in sostanza significava che ciascuno era davvero pari a chiunque altro, non soltanto alla nascita né in fatto di talento, proprietà o ricchezza, e non solo nel senso religioso trascendentale dell'uguaglianza di tutte le anime. L'americano comune si convinse che nessuno fosse davvero migliore di chiunque altro in senso molto concreto, fondamentale, giorno dopo giorno. Era un genere di uguaglianza quale nessun'altra nazione ha mai avuto.

[1] Patronato, protezione.

GUIDA ALLA LETTURA

❶ Che cosa intendevano per «uguaglianza» i rivoluzionari americani? Per quale motivo essa non può essere ricondotta semplicemente alle pari opportunità o alla parità economica? ❷ Perché, secondo Wood, l'idea di uguaglianza costituì la «forza ideologica più radicale liberata dalla rivoluzione americana»? ❸ A quali esiti condusse?

SVILUPPARE LE COMPETENZE

Comprendere e Analizzare

❶ Quali tra le caratteristiche dell'identità americana presentate nel brano di Abbattista [47] sono rintracciabili come riflesso nel testo dei dieci emendamenti [49DOC]? Perché?

❷ Secondo te, a che cosa è dovuta l'attenzione prestata nel testo dei dieci emendamenti [49DOC] al comportamento degli eserciti?

Rielaborare e Argomentare

❸ Tema di argomento storico. *I rivoluzionari statunitensi e l'idea di uguaglianza*

Fin dalle prime righe, la *Dichiarazione di indipendenza* **[48DOC]** espone l'importanza per i rivoluzionari americani dell'idea di uguaglianza. Questo tema è stato oggetto di analisi di molti storici, come per esempio Gordon S. Wood **[50]**. Rifletti su questa questione, presentando le caratteristiche fondamentali dell'idea di uguaglianza dei rivoluzionari statunitensi.

❹ Confrontando il brano di Abbattista [47] con il testo della *Dichiarazione di indipendenza* [48DOC], descrivi in un breve brano (max 15 righe) i rapporti – politici e culturali – tra statunitensi e britannici a cavallo della rivoluzione americana.

La Rivoluzione francese: storia e interpretazioni

La Rivoluzione francese del 1789 è, da molti punti di vista – le forme di organizzazione politica e di mobilitazione, il ruolo dell'ideologia, il coinvolgimento delle masse –, l'evento originario e fondante dell'età contemporanea in politica: essa rappresenta un avvenimento epocale per la storia del mondo, non solo occidentale. Quello che accade in Francia diviene subito il centro della riflessione politica e il principale punto di riferimento per l'attività dei governi europei.

Le trasformazioni che ebbero inizio con la Rivoluzione francese e i valori che vi si affermarono – spesso in forte contrasto tra loro –, come libertà e democrazia, eguaglianza e dittatura, segnano l'inizio dell'età contemporanea. Dalla Rivoluzione francese i posteri hanno visto discendere, spesso arbitrariamente, tutto quel che di positivo e insieme tutto quel che di negativo ci ha riservato la nostra epoca. Per questo la Rivoluzione non riesce a sottrarsi al destino di essere continuamente discussa e giudicata e continua ad alimentare miti rivoluzionari.

Questa sezione antologica comincia con due testi sulla fase pre-rivoluzionaria: **Roger Chartier** [51] riflette sulla cultura e la società francesi di questo periodo, innovando i termini del rapporto tra Illuminismo e Rivoluzione, mentre i passi tratti da alcuni ***Cahiers de doléances*** [52DOC] chiariscono alcune delle cause politico-sociali del fenomeno rivoluzionario. La ***Dichiarazione dei diritti*** del 1789, confrontata con quella del 1793, introduce alla fase propriamente rivoluzionaria [53DOC].

Seguono due testi utili a definire il giacobinismo e la sua eredità politica: "giacobino" e "giacobinismo", infatti, sono due termini che talvolta compaiono ancora oggi nel linguaggio politico. Privati del loro significato originario, connesso alle vicende della Rivoluzione francese, si sono trasformati in sinonimo di integralismo, radicalismo, estremismo dogmatico. Questa trasformazione di significato non è sorprendente, in quanto l'eredità dell'esperienza giacobina, dopo il 9 termidoro e la chiusura del club nel 1794 [👁 7.5 PERSONAGGI], ha continuato a condizionare la vita politica europea nell'800 e in parte del '900. Il discorso di **Maximilien Robespierre** [54DOC] rappresenta un efficace esempio della retorica e dei valori giacobini: egli indica nel criterio trascendente della Virtù il fondamento della democrazia. Segue un brano dello storico **François Furet** [55], che ricostruisce la storia del club giacobino e la sua eredità nel XIX e nel XX secolo.

La storica **Mona Ozouf** [56] analizza il tentativo dei rivoluzionari di formare un «uomo nuovo» ispirato ai princìpi della rivoluzione. Nell'ultimo brano la storica **Lynn Hunt** [57], insistendo sui significati simbolici e fortemente innovatori dell'azione politica rivoluzionaria, analizza uno dei fenomeni più significativi della Rivoluzione francese: la politicizzazione della vita quotidiana.

51

R. Chartier
Origini culturali della Rivoluzione francese

R. Chartier, *Le origini culturali della Rivoluzione francese*, Laterza, Roma-Bari 1991, pp. 163-70

■ Nel volume *Le origini culturali della Rivoluzione francese*, lo storico Roger Chartier [31] innova i termini di un problema storiografico classico, quello del nesso tra Illuminismo e Rivoluzione. Indagare le origini di quest'ultima non vuol dire, secondo Chartier, cercarne le cause nelle concezioni filosofiche e nella loro diffusione, bensì individuare i cambiamenti avvenuti contemporaneamente nel senso comune, che resero concepibile, e quindi possibile, il crollo dell'antico regime. Lo sguardo dello storico si sposta, dunque, dalla produzione letteraria (erudita o popolare) ai modi della lettura e della ricezione, dagli intellettuali al pubblico, soprattutto a quello della carta stampata. La nuova cultura politica, che ha reso pensabile la fine dell'*ancien régime*, è emersa proprio dalla progressiva politicizzazione della sfera pubblica letteraria, un'esperienza vissuta di esercizio pubblico della critica.

Nel mondo delle élite, la costituzione di una sfera pubblica letteraria, basata sulle diverse istituzioni della socialità intellettuale e sull'emergenza di un mercato dei giudizi e delle opere, è stata portatrice di una trasformazione profonda delle pratiche culturali portate sulla pubblica piazza e, al limite, fortemente politicizzate. [...]

Dando sostegno e regolarità all'esercizio pubblico della ragione, la circolazione accresciuta dello scritto stampato come la moltiplicazione delle istanze della critica estetica hanno condotto i privati a giudicare di per sé, a valutare liberamente le opere e le idee, a costruire un'opinione comune a partire dal confronto dei singoli pareri. In tal modo era fornito un sostegno perché fosse abolita la divisione istituita tra le credenze e le obbedienze obbligate, da un lato, e le opinioni che possono essere legittimamente messe in dubbio, dall'altro. Con l'affermata abitudine della critica, nessun dominio del pensiero e dell'azione, nemmeno i misteri della religione o quelli dello Stato, potevano ormai essere sottratti al libero esame. [...]

In Francia, come altrove in Europa, questo spostamento che annulla la dicotomia radicale istituita dall'assolutismo tra il mondo interiore, regolato dalla coscienza individuale, e la ragion di Stato, ordinata dai princìpi che non devono nulla alla morale comune, è stato massicciamente prodotto dai successi di due formazioni sociali maggiori: la «repubblica delle lettere»[1] e la massoneria. [...]

Cancellando durante il tempo del lavoro in loggia le gerarchie giuridiche che separano i corpi e i ceti, la massoneria non è tuttavia il luogo di un profondo mescolamento sociale. L'eguaglianza, alla quale si appella, è più aristocratica che democratica, dal momento che fonda la possibile parità tra gli uomini sul fatto che essi condividono proprietà sociali identiche. [...] La società massonica, che vuole essere governata dalla morale e regolata dalla libertà della coscienza, [...] si erge anche come giudice della ragion di Stato. [...] Gli *ateliers*[2] minano [...] l'ordine monarchico proponendo un sistema di valori nuovo, fondato eticamente, che è necessariamente un giudizio pronunciato nei confronti dei princìpi dell'assolutismo. [...] Le azioni del principe, i princìpi del suo governo, le ragioni dello Stato si trovano così misurati con il metro di una morale che, pur essendo costituita a parte rispetto alla società, ne diventa tuttavia la «coscienza della politica». Più che l'invenzione di un concetto moderno d'eguaglianza, democratico nel modo inteso dalla Rivoluzione, è indubbiamente questa formulazione inedita dei rapporti tra la morale e la politica che ha fatto la potenza dell'associazione massonica, insieme segreta e critica.

Questa politicizzazione nel profondo [...] incontra quella che si basa sull'insieme delle pratiche culturali che si sono emancipate dalla tutela statale a partire dall'inizio del XVIII secolo. Grazie alla costituzione di un pubblico, i cui giudizi non sono necessariamente quelli dell'autorità accademica o del mecenate principesco, grazie all'emergenza di un mercato delle produzioni culturali che autorizza l'autonomia (almeno parziale) dei loro produttori, grazie all'ampia diffusione delle competenze che rendono possibile l'allargamento della circolazione dello scritto, è stata presa l'abitudine a un giudizio libero e a una critica contraddittoria. La nuova cultura politica che nasce dopo il 1750 è direttamente ereditata da queste trasformazioni perché sostituisce all'onnipotenza dell'autorità, che decideva in segreto e senza appello, l'espressione pubblica delle opinioni particolari e la volontà di esaminare senza ostacoli tutte le istituzioni stabilite. Così si costruisce un pubblico che, più sovrano del sovrano, costringe questo ad affrontare le opinioni contrarie trasformate in opinione pubblica.

[1] Comunità ideale degli intellettuali.

[2] Compagnie di massoni riuniti sotto lo stesso nome e aventi un'amministrazione propria.

GUIDA ALLA LETTURA

❶ Come viene intesa da Chartier la «politicizzazione» della cultura? ❷ Qual è il ruolo della massoneria nell'emergere di un nuovo rapporto tra la morale e la politica? ❸ Di quale importante trasformazione fu responsabile la nuova cultura politica nata dopo il 1750?

52DOC

Cahiers de doléances *del Terzo stato*

da A. Soboul, *1789, l'anno primo della libertà*, Episteme, Milano 1975, pp. 120-22; 101-7

■ I due documenti che seguono costituiscono un esempio della diversità dei *cahiers* [👁 7.1] in rapporto alle realtà di cui erano espressione. Il primo è un semplice elenco di rimostranze riguardanti il peso dei prelievi feudali gravanti su alcune piccole comunità. Il secondo, il *cahier* generale della siniscalchia (circoscrizione) di Nîmes in Linguadoca, è un compiuto manifesto politico e programmatico in cui il Terzo stato enuncia, con chiara consapevolezza, i propri obiettivi riformatori. Obiettivi da realizzare in pieno accordo con il sovrano e, dunque, in un contesto dal quale è ancora assente ogni ipotesi di sovvertimento rivoluzionario.

Cahier degli abitanti di La Chaleur, Viel-Moulin e Geligny

Gli abitanti della comunità di La Chaleur, Viel-Moulin e Geligny[1], per obbedire agli ordini di Sua Maestà [...] chiedono che la nazione francese, conformemente alle leggi del Regno, non possa essere tassata se non per suo consenso, e che vengano soppresse le imposte arbitrarie da cui il popolo si trova oppresso per la sola volontà dei ministri e dei loro agenti nella amministrazione delle finanze. Che i tributi che saranno riconosciuti indispensabili vengano ripartiti su tutti i cittadini senza distinzione di ordini né di privilegi, tenuto conto solamente delle proprietà di ciascuno.

Che la leva militare che spesso provoca lo spopolamento delle campagne e l'ab-

[1] Villaggi della Borgogna.

bandono nella coltivazione della terra a causa del numero infinito di domestici dei privilegiati, venga effettuata con l'estrazione a sorte tra tutti coloro che sono in condizione di servire, senza esenzioni né distinzioni di privilegi.
Che i Signori del feudo continuando a fare esercitare la giustizia di prima istanza sotto il loro nome, siano tenuti a farla esercitare sul posto, senza poterla allontanare in città distanti più di due leghe.
E particolarmente i detti abitanti si lamentano del fatto che il loro terreno assai ingrato per la produzione, sia ancora gravato verso il Signore, di decima sul tredicesimo covone e di parecchi censi e di lodi[2], il che riduce considerevolmente la poca produzione di queste terre improduttive. [...]

Cahier della siniscalchia di Nîmes

Il Terzo stato della siniscalchia di Nîmes [...] si affretta a rispondere alle risoluzioni paterne del migliore dei Re [...].

I. Della Costituzione

[...]

2. Poiché lo scopo delle leggi è quello di conservare a tutti i cittadini, sotto la protezione e la vigilanza del Monarca, i beni da essi apportati in comune alla società, i deputati terranno sempre presente che le leggi debbono tendere a che gli uomini non perdano mai la libertà di agire, di parlare, di pensare, la proprietà delle loro persone, dei loro beni, del loro onore e della loro vita, infine la tranquillità e la sicurezza e che il massimo della perfezione, per le leggi, è quello di procurare, a coloro che vi sono sottomessi, il massimo della felicità possibile.

3. Tuttavia, [...] Sua Maestà verrà supplicata di continuare a elargire al suo popolo il favore che Ella ha appena promesso di circondarsi dei suoi sudditi e che per questo fine, le leggi saranno, d'ora in avanti, liberamente approvate dalla Nazione negli Stati generali, che in conseguenza di ciò la Nazione sarà periodicamente riunita nella persona dei suoi rappresentanti, in periodi stabiliti e vicini nel tempo. [...]

5. Che nella prossima assemblea degli Stati generali si inizierà a deliberare a testa e non per ordine [...].

II. Degli Stati generali e provinciali

1. [...] Risulta indispensabile per la formazione, la composizione e l'organizzazione degli Stati generali, consultare i diritti degli uomini, gli interessi degli individui e la felicità di tutti, sì che la rappresentanza dei sudditi sia libera, elettiva, uniforme e integrale per tutti i cittadini, per tutte le contrade del regno e per tutti i paesi sottomessi al dominio del Re.

2. I deputati faranno inoltre osservare a Sua Maestà come il Terzo stato, in quanto costituisce l'intiera nazione, dal momento che i primi due ordini ne compongono appena la centesima parte, deve ottenere [...] un numero di rappresentanti maggiormente proporzionale al numero degli individui appartenenti a questo ordine, alla somma dei suoi tributi, all'importanza dei servigi che rende alla Nazione. [...]

III. Dell'amministrazione della giustizia

I deputati del Terzo stato della siniscalchia recheranno all'assemblea degli Stati generali le seguenti richieste:

1. La preparazione di un nuovo codice civile e penale.

2. Che venga abolita la venalità delle cariche[3]. [...]

11. Che venga mitigato il rigore delle pene e abolita ogni distinzione di supplizio tra le diverse classi di cittadini. [...]

---

[2] I diritti di *lods et ventes* sui passaggi di proprietà.

[3] Il sistema di vendita degli uffici promosso dalla Corona francese per incrementare le entrate dello Stato.

GUIDA ALLA LETTURA

❶ Quali sono le richieste presentate dagli abitanti di La Chaleur, Viel-Moulin e Geligny? ❷ Qual è il principale cambiamento del sistema di votazione degli Stati generali proposto dal Terzo stato della siniscalchia di Nîmes? ❸ Quali sono le richieste che i deputati del Terzo stato della siniscalchia di Nîmes presentano all'assemblea degli Stati generali in merito all'amministrazione della giustizia? ❹ In Francia esistevano diversità di pene e supplizi tra le classi sociali?

53DOC

Le Dichiarazioni dei diritti *del 1789 e del 1793*

da A. Saitta, *Costituenti e Costituzioni della Francia moderna*, Einaudi, Torino 1952, pp. 66-68; 118-21

Il confronto tra le due *Dichiarazioni* consente di valutare alcune significative differenze fra il momento liberale e quello democratico della Rivoluzione. La «resistenza all'oppressione» che è elencata fra i diritti naturali e insopprimibili nell'art. 2 dell'89 è oggetto di un intero articolo (il 35) nel '93, ampliata a diritto-dovere all'insurrezione non solo del popolo nel suo insieme, ma anche di «ciascuna parte del popolo». Questa ulteriore specificazione, che rivendica un ruolo decisivo alle minoranze rivoluzionarie, appare come una legittimazione della giornata del 2 giugno 1793 e del «colpo di Stato» che aveva portato all'arresto dei girondini.

Dichiarazione dell'89

I Rappresentanti del Popolo Francese, costituiti in *Assemblea Nazionale*, considerando che l'ignoranza, l'oblio o il disprezzo dei diritti dell'uomo sono le uniche cause delle sciagure pubbliche e della corruzione dei governi, hanno stabilito di esporre, in una solenne dichiarazione, i diritti naturali, inalienabili e sacri dell'uomo, affinché questa dichiarazione, costantemente presente a tutti i membri del corpo sociale, rammenti loro incessantemente i loro diritti e i loro doveri [...]. In conseguenza, l'*Assemblea Nazionale* riconosce e dichiara, in presenza e sotto gli auspici dell'Essere supremo, i seguenti diritti dell'uomo e del cittadino:

Art. 1 Gli uomini nascono e rimangono liberi e uguali nei diritti. [...]
Art. 2 Il fine di ogni associazione politica è la conservazione dei diritti naturali ed imprescrittibili dell'uomo. Questi diritti sono la libertà, la proprietà, la sicurezza e la resistenza all'oppressione.
Art. 3 Il principio di ogni sovranità risiede essenzialmente nella Nazione. Nessun corpo o individuo può esercitare un'autorità che non emani espressamente da essa.
Art. 4 La libertà consiste nel poter fare tutto ciò che non nuoce ad altri: così, l'esercizio dei diritti naturali di ciascun uomo ha come limiti solo quelli che assicurano agli altri membri della società il godimento di questi stessi diritti. Questi limiti possono essere determinati solo dalla Legge.
Art. 5 La Legge ha il diritto di vietare solo le azioni nocive alla società. Tutto ciò che non viene vietato dalla legge non può essere impedito [...].
Art. 6. La Legge è l'espressione della volontà generale. Tutti i cittadini hanno diritto di concorrere, personalmente o mediante i loro rappresentanti, alla sua formazione. Essa deve essere uguale per tutti [...]. Tutti i cittadini essendo uguali ai suoi occhi sono ugualmente ammissibili a tutte le dignità, posti ed impieghi pubblici secondo la loro capacità, e senza altra distinzione che quella delle loro virtù e dei loro talenti. [...]
Art. 11 La libera comunicazione dei pensieri e delle opinioni è uno dei diritti più preziosi dell'uomo; ogni cittadino può dunque parlare, scrivere, stampare liberamente, salvo a rispondere dell'abuso di questa libertà nei casi determinati dalla Legge. [...]
Art. 17 La proprietà essendo un diritto inviolabile e sacro, nessuno può esserne privato, salvo quando la necessità pubblica, legalmente constatata, lo esiga in maniera evidente, e previa una giusta indennità.

Dichiarazione del '93
Il popolo francese, convinto che l'oblio e il disprezzo dei diritti naturali dell'uomo sono le sole cause delle sventure del mondo, ha deciso di esporre in una dichiarazione solenne questi diritti sacri e inalienabili [...] affinché il popolo abbia sempre davanti agli occhi le basi della sua libertà e della sua felicità, il magistrato la regola dei suoi doveri, il legislatore l'oggetto della sua missione.
Di conseguenza, esso proclama, al cospetto dell'Essere supremo, la seguente dichiarazione dei diritti dell'uomo e del cittadino.

Art. 1 Lo scopo della società è la felicità comune. – Il Governo è istituito per garantire all'uomo il godimento dei suoi diritti naturali e imprescrittibili.
Art. 2 Questi diritti sono l'uguaglianza, la libertà, la sicurezza, la proprietà.
Art. 3 Tutti gli uomini sono uguali per natura e davanti alla Legge.
Art. 4 La Legge è l'espressione libera e solenne della volontà generale; essa è la stessa per tutti [...]; può ordinare solo ciò che è giusto e utile alla società; non può vietare se non ciò che le è nocivo.
Art. 5 Tutti i cittadini sono ugualmente ammissibili agli impieghi pubblici. I popoli liberi non conoscono altri motivi di preferenza nelle loro elezioni, che le virtù e le capacità.
Art. 6 La libertà è il potere che appartiene all'uomo di fare tutto ciò che non nuoce ai diritti degli altri. [...]
Art. 11 Ogni atto esercitato contro un uomo fuori dei casi e senza le forme che la Legge determina è arbitrario e tirannico; colui contro il quale lo si volesse eseguire con la violenza, ha il diritto di respingerlo con la forza. [...]
Art. 25 La sovranità risiede nel popolo; essa è una e indivisibile, imprescrittibile e inalienabile. [...]
Art. 33 La resistenza all'oppressione è la conseguenza degli altri diritti dell'uomo. [...]
Art. 35 Quando il Governo viola i diritti del popolo, l'insurrezione è per il popolo e per ciascuna parte del popolo il più sacro dei diritti e il più indispensabile dei doveri.

GUIDA ALLA LETTURA
❶ I diritti naturali sono cambiati nelle due *Dichiarazioni*? ❷ Ricava dai documenti i concetti di "sovranità" e di "legge". ❸ Spiega l'argomentazione che conduce ad affermare il "diritto di ribellarsi". Qual è il significato storico dell'articolo in questione?

54DOC

Maximilien Robespierre ***Virtù e democrazia***

M. Robespierre, *La rivoluzione giacobina*, a c. di U. Cerroni, Editori Riuniti, Roma 1984, pp. 160-63; 167

■ Il tentativo di Maximilien Robespierre **[👁 7.5** PERSONAGGI**]** – esemplificato in questo discorso del 17 piovoso anno II (5 febbraio 1794), *Sui principi di morale politica che devono guidare la Convenzione nazionale nell'Amministrazione interna della Repubblica* –, fu quello di fondare (e di giustificare) la democrazia e il governo rivoluzionario sulla base di un criterio diverso e superiore rispetto a quello della volontà della maggioranza dei cittadini: il principio etico della virtù e dell'amor di patria. Con una straordinaria operazione, insieme retorica e politica, Robespierre riuscì, più di ogni altro leader rivoluzionario, a realizzare, come ha scritto lo storico francese François Furet **[55]**, «quel magistero della comunicazione che da allora non solo è la leva del potere, ma l'essenziale del potere stesso».

Vogliamo un ordine di cose nel quale ogni passione bassa e crudele sia incatenata, nel quale ogni passione benefica e generosa sia ridestata dalle leggi; nel quale l'ambizione sia il desiderio di meritare la gloria e di servire la patria; ove le distinzioni non nascano altro che dalla stessa uguaglianza; nel quale il cittadino sia sottomesso al magistrato, e il magistrato al popolo, e il popolo alla giustizia; nel quale la patria assicuri il benessere ad ogni individuo, e nel quale ogni individuo goda con orgoglio della prosperità e della gloria della patria; nel quale tutti gli animi si ingrandiscano con la continua comunione dei sentimenti repubblicani, e con l'esigenza di meritare la stima di un grande popolo; nel quale le arti siano gli ornamenti della libertà che le nobilita, il commercio sia la fonte della ricchezza pubblica e non soltanto quella dell'opulenza mostruosa di alcune case. [...]

La democrazia non è già uno Stato in cui il popolo – costantemente riunito – regola da se stesso tutti gli affari pubblici: ed ancor meno è quello in cui centomila fazioni del popolo, con misure isolate, precipitose e contraddittorie, decidono la sorte dell'intera società. [...]

La democrazia è uno Stato in cui il popolo sovrano, guidato da leggi che sono il frutto della sua opera, fa da se stesso tutto ciò che può far bene, e per mezzo dei suoi delegati tutto ciò che non può fare da se stesso.

[...] Ora, qual è mai il principio fondamentale del governo democratico o popolare, cioè la forza essenziale che lo sostiene e che lo fa muovere? È la virtù. Parlo di quella virtù pubblica che operò tanti prodigi nella Grecia ed in Roma, e che ne dovrà produrre altri, molto più sbalorditivi, nella Francia repubblicana. Di quella virtù che è in sostanza l'amore della patria e delle sue leggi.

Ma, dato che l'essenza della Repubblica, ossia della democrazia, è l'uguaglianza, ne consegue che l'amore della patria comprende necessariamente l'amore dell'uguaglianza. [...]

Soltanto in un regime democratico lo Stato è veramente la patria di tutti gli individui che lo compongono e può contare tanti difensori interessati della sua causa, quanti sono i cittadini che esso contiene. Ecco qui la fonte della superiorità dei popoli liberi su tutti gli altri popoli. [...]

Dato che l'anima della Repubblica è la virtù, l'uguaglianza, e dato che il vostro scopo è di fondare, di consolidare la Repubblica, ne consegue che la regola prima della vostra condotta politica dev'essere quella di indirizzare tutte le vostre opere al mantenimento dell'uguaglianza ed allo sviluppo della virtù: poiché la cura principale del legislatore dev'essere quella di fortificare il principio su cui si fonda il suo potere di governo.

Così, tutte le cose che tendono ad eccitare l'amor di patria, a purificare i costumi, ad elevare gli spiriti, ad indirizzare le passioni del cuore umano verso l'interesse pubblico, devono essere da voi adottate ed instaurate. Mentre tutte le cose che tendono a concentrare le passioni verso l'abiezione dell'io individuale, a risvegliare l'interesse per le piccole cause ed il disprezzo per quelle grandi, devono essere da voi respinte o represse.

Nel sistema instaurato con la rivoluzione francese tutto ciò che è immorale è impolitico, tutto ciò che è atto a corrompere è controrivoluzionario.

[...] Bisogna soffocare i nemici interni ed esterni della Repubblica, oppure perire con essa. Ora, in questa situazione, la massima principale della vostra politica dev'essere quella di guidare il popolo con la ragione, ed i nemici del popolo con il terrore.

Se la forza del governo popolare in tempo di pace è la virtù, la forza del governo popolare in tempo di rivoluzione è ad un tempo la virtù ed il terrore. La virtù, senza la quale il terrore è cosa funesta; il terrore, senza il quale la virtù è impotente.

Il terrore non è altro che la giustizia pronta, severa, inflessibile. Esso è dunque una emanazione della virtù. È molto meno un principio contingente, che non una conseguenza del principio generale della democrazia applicata ai bisogni più pressanti della patria.

Si è detto da alcuni che il terrore era la forza del governo dispotico. [...] Che il despota governi pure con il terrore i suoi sudditi abbrutiti. Egli ha ragione, come despota. Domate pure con il terrore i nemici della libertà: e anche voi avrete ragione, come fondatori della Repubblica.

Il governo della rivoluzione è il dispotismo della libertà contro la tirannia.

GUIDA ALLA LETTURA

❶ Deduci la nozione di democrazia utilizzata da Robespierre. ❷ Quale argomentazione adotta Robespierre per spiegare la necessità del terrore? ❸ Perché la forza del governo popolare durante una rivoluzione risiede tanto nelle virtù quanto nel terrore? ❹ Quali sono, secondo Robespierre, i princìpi fondanti di un governo democratico?

55

F. Furet
Il modello giacobino

F. Furet, *Giacobinismo*, in F. Furet - M. Ozouf, *Dizionario critico della Rivoluzione Francese*, Bompiani, Milano 1994, vol. II, pp. 833-40; 844

Le vicende del club giacobino rappresentano un percorso esemplare per comprendere alcuni aspetti dell'evoluzione della Rivoluzione francese. Nato nel maggio-giugno 1789 come luogo in cui alcuni deputati del Terzo stato concordavano privatamente la condotta da tenere nelle sedute della Costituente, dal 1791, con l'emergere della figura di Robespierre [54DOC], il club si trasforma progressivamente in una «macchina politica» al servizio della seconda rivoluzione, divenendo il principale centro di potere della Repubblica. In questo brano, François Furet (1927-1997) ricostruisce la nuova fase della storia del giacobinismo che si apre nel 1791 e poi ne esamina l'eredità politica, come fonte d'ispirazione per i movimenti rivoluzionari dell'800 e del '900.

Prima ancora di essere un concetto, o una tradizione, o una mentalità politica, il termine giacobinismo evoca una storia di un club la cui azione, essenziale sin dall'inizio della rivoluzione, è a tal punto dominante tra il 1792 e il 1794 che l'aggettivo giacobino viene a indicare, in questo periodo e poi anche in seguito, i partigiani della dittatura di salute pubblica [...].

Ormai il club tiene le sue sedute in pubblico [...]; esso consolida la sua rete nazionale, sotto la bandiera del suffragio universale, cercando di estendere il suo magistero d'opinione alle società popolari sbocciate qua e là; si dà un'organizzazione interna più forte, aggiungendo ai comitati già esistenti un comitato dei rapporti e un comitato di sorveglianza; ma il principale tra questi comitati rimane quello di corrispondenza, cuore dell'apparato giacobino, dove siedono ormai, tra gli altri, Robespierre, Brissot, Carra, Desmoulins, Clavière, Collot, d'Herbois, Billaud-Varenne, i futuri montagnardi e i futuri girondini, i futuri esagerati e i futuri indulgenti, per non parlare dei seguaci di Robespierre; insomma, tutto il futuro della rivoluzione, momentaneamente riunito. Il club non è più destinato essenzialmente a preparare i dibattiti dell'Assemblea, ma ha una vocazione più generale: quella di costituire un'altra Assemblea, che può essere anche una controassemblea. [...]

Non esistono testimonianze scritte di una partecipazione diretta del club all'insurrezione del 10 agosto, benché questa partecipazione sia verosimile, per il tramite di un direttorio clandestino; la giornata porta troppo chiara l'impronta dei militanti giacobini perché non ci sia stata alcuna concertazione. E i giacobini si ritrovano ai posti di comando dopo la caduta delle Tuileries. Ma il contributo essenziale della società consiste nell'essere stata il crogiuolo in cui si è formato lo spirito del 10 agosto, un misto di disprezzo delle leggi e di idealismo repubblicano, di sospetto generalizzato e di utopia ugualitaria, dove si ritrovano i tratti caratteristici della pedagogia robespierrista. [...] Loro è lo spirito della seconda rivoluzione. E sono loro che designano la deputazione parigina alla Convenzione. Quando questa viene eletta in settembre, la nuova Assemblea costituente inaugura il periodo giacobino della rivoluzione francese. [...]

Si instaura così un'inedita democrazia diretta, nella quale i giacobini rappresentano *in vivo* la finzione rivoluzionaria del popolo: vale a dire un popolo unanime, che si trova dunque in uno stato di permanente autoepurazione, dal momento che l'esclusione ha lo scopo di purgare il popolo sovrano dai suoi nemici nascosti e di ristabilire così l'unità minacciata. [...]

Il giacobinismo è stato nel XIX secolo il centro di conflitti politici e intellettuali molto vivaci. Dalla restaurazione alla fondazione della Terza repubblica, esso fa parte del bagaglio del partito repubblicano, a diverso titolo e in gradi diversi; esso rappresenta un'eredità indivisa, dove si trovano contemporaneamente la sovranità del popolo una e indivisibile, l'onnipotente Assemblea eletta a suffragio universale, la nazione francese alla testa dell'emancipazione dei popoli, l'ostilità verso la chiesa cattolica, la religione dell'uguaglianza, e per finire la società, segreta o pubblica, secondo i casi, di attivisti professionisti della politica rivoluzionaria. Ma l'eredità giacobina porta con sé anche il Terrore, inseparabile dalla Prima repubblica e dalla sanguinosa dittatura esercitata nel nome della virtù. Cristallizzando una tradizione politica, il giacobinismo crea anche un polo di repulsione, in special modo tra i borghesi e tra i contadini [...]. Il club dei giacobini avrà tuttavia molti imitatori. Esso fa parte, nel XIX secolo, non solo della rivoluzione, ma dei suoi insegnamenti: le società rivoluzionarie di militanti convinti che lo scopo del loro agire sia la trasformazione dell'uomo e del mondo, sono un patrimonio neogiacobino comune a tutta l'Europa continentale del XIX secolo. [...] Di questo itinerario ancora mal esplorato, le tappe principali sono innanzi tutto Marx, e poi Lenin, l'inventore della variante soggettivista del marxismo. E attraverso il bolscevismo, il partito giacobino ha avuto un peso importante nel XX secolo.

GUIDA ALLA LETTURA

❶ Che cosa intende Furet con l'espressione «macchina politica» al servizio della seconda rivoluzione? ❷ Quali sono gli elementi che costituiscono l'«eredità giacobina»? ❸ Quale significato assunse il giacobinismo nei secoli successivi?

56

M. Ozouf
La Rivoluzione francese e la formazione dell'uomo nuovo

M. Ozouf, *L'homme régénéré. Essais sur la Révolution française*, Gallimard, Paris 1989, pp. 116-45

■ La storica francese Mona Ozouf (nata nel 1931) si è occupata a lungo della cultura politica della Rivoluzione francese, e in particolare dei suoi aspetti simbolici e pedagogici. Nel saggio di cui presentiamo alcuni passi prende in esame gli sforzi dei rivoluzionari nel promuovere la formazione di un uomo nuovo ispirato ai princìpi della Rivoluzione. L'ideale di «rigenerazione» della società, per Ozouf, è il fulcro del cambiamento rivoluzionario e della nuova politica, ma ha come rovescio della medaglia l'uso del potere pubblico per entrare negli aspetti più intimi della vita dell'individuo. Per questo motivo alcuni storici revisionisti hanno accostato le politiche in favore della «rigenerazione» dei rivoluzionari francesi agli esperimenti totalitari novecenteschi (sul concetto di "democrazia totalitaria": 👁 7.5). Ozouf non esclude del tutto che la concezione del potere di alcuni rivoluzionari contenesse in germe alcuni aspetti dispotici, ma ricorda che durante la Rivoluzione ci sono vari modelli di «rigenerazione» e che è opportuno non generalizzare troppo.

Con l'idea di uomo nuovo, si tocca un sogno centrale della Rivoluzione francese, illustrato da una folla di testi dall'aria utopica, che descrivono il territorio francese come ormai coperto di "marinai intrepidi, di artigiani ingegnosi, di coltivatori fisici", di "lavoratori che sapranno consultare la natura e ascoltare le sue risposte" [Circolare della commissione esecutiva dell'Istruzione pubblica ai direttori dei distretti, 28 brumaio anno III]. Un sogno ma non solamente un sogno. Ad esso erano rivolte mille istituzioni e creazioni: nuove scuole, feste, spazio nuovo dei dipartimenti, tempo nuovo del calendario, luoghi ribattezzati. Senza contare quelle disposizioni più modeste, a prima vista più irrilevanti, come il darsi del tu o portare la coccarda, che forniscono materia di lunghi dibattiti, caricati di una forte carica simbolica. Ciò che pretende legare queste istituzioni in un fascio coerente è per l'appunto l'idea di uomo nuovo [...].

Appoggiata alla lettura di Rousseau, è dunque la Rivoluzione che apre un cammino a un auspicio che diventa un lavoro: la ricostituzione di una nuova innocenza, la ricreazione di un nuovo Adamo. [...] Il progetto di creare, come aveva detto Michel Lepeletier[1], un nuovo popolo, ha continuato a unire degli uomini che disunivano le peripezie della politica rivoluzionaria e anche dopo Termidoro è ancora questo a dare il tono alla Rivoluzione. [...] Che ci siano stati nella mente degli uomini della Rivoluzione, secondo temperamenti, convinzioni, circostanze, molte maniere di concepire l'uomo nuovo, e molte maniere di affrontare il tempo della sua formazione: ecco ciò che può contribuire a fare meglio comprendere alcuni degli aspetti decisivi della Rivoluzione francese. Ma ecco anche ciò che può aiutare ad arricchire e a sfumare la controversia che ha fatto nascere il problema così sensibile di una filiazione del totalitarismo alla Rivoluzione francese. Poiché per coloro che la suggerirono o che la sostengono, è precisamente l'ambizione di creare un uomo nuovo che dà alla Rivoluzione francese il suo carattere premonitorio, annunziatore delle rivoluzioni future e dei regimi che ne sono nati. Chi intende creare un uomo nuovo pretende di impadronirsi dei minimi pensieri, abolisce la distinzione tra il privato e il pubblico, parte in guerra contro l'interiorità, si precipita in un progetto di visibilità assoluta dove l'indeterminazione è insopportabile, confuta dunque la democrazia: ed ecco perché il legame consequenziale dalla Rivoluzione figlia dei Lumi al Gulag[2] è potuto sembrare pertinente. Questa dimostrazione [...] non ha per niente la stessa pertinenza e la stessa portata se si scopre che per la Rivoluzione francese c'è *uomo nuovo* e *uomo nuovo*.

Rigenerazione, rivoluzione: per alcuni di questi uomini i due termini sono quasi sinonimi. Nessuna rigenerazione senza rivoluzione, ben inteso. [...] È la commozione di una rivoluzione distruttiva, imprevedibile, forza irresistibile di generazione dell'ignoto che sola ha potuto rimettere gli uomini al loro sorgere: cioè *creare* l'uomo nuovo. Si tratta in effetti qui di creazione, non di formazione. A stento bisogna occuparsi dei mezzi, delle precauzioni, degli ostacoli. L'uomo nuovo nasce tutto in una volta dallo slancio rivoluzionario, al quale se si crede a Condorcet[3] è sufficiente quasi abbandonarsi: "[...] Un solo istante ha messo un secolo di distanza tra l'uomo del giorno e quello dell'indomani"... Un solo istante: è in effetti il linguaggio del prodigio al quale ricorre questa maniera di concepire la rigenerazione. [...] [Secondo un altro modello di *rigenerazione*] lo slancio rivoluzionario non può dispiegarsi liberamente. Bisogna contare gli ostacoli esterni – i partigiani del passato, quasi dimenticati nella descrizione precedente e tuttavia sempre là, attivi, industriosi, tenaci – e gli ostacoli interni, più pericolosi ancora senza dubbio: ricordi, abitudini, cattive pieghe delle coscienze, costumi spiegazzati non ancora corretti dalla rettitudine delle leggi [...]. Coesistono nello stesso popolo degli uomini nuovi e degli uomini vecchi. [...] Disfare [l'uomo vecchio] può voler dire «proscrivere» (gli spettacoli frivoli), «annientare» (i giochi superflui), [...] «purgare» (le biblioteche), «epurare» (i pensieri e fino al cuore stesso) [...]. Disfare, di conseguenza, sarà combattere questi agenti del passato e insegnare ovunque a riconoscerli.

[1] Michel Lepeletier (1760-1793) fu uno dei più importanti esponenti dell'élite rivoluzionaria. Partecipò alle principali giornate della Rivoluzione e i suoi discorsi restarono celebri. Fu ucciso da una guardia del corpo di Luigi XVI per aver votato a favore dell'esecuzione del re, divenendo così uno dei primi martiri della Rivoluzione.

[2] *Gulag* è una sigla che sta in russo per «Amministrazione centrale dei Lager»: essa indica i campi di lavoro, situati nelle zone più inospitali dell'Unione Sovietica, in cui furono fatte confluire le vittime della repressione poliziesca. Creati nel 1918, dal 1934 – anno iniziale delle "grandi purghe" – crebbero di numero e accolsero milioni di prigionieri.

[3] Jean-Antoine Caritat de Condorcet (1743-1794) appartenne all'ultima generazione degli illuministi e partecipò alla Rivoluzione tra le fila dei girondini, prima di finire perseguitato negli anni del Terrore.

GUIDA ALLA LETTURA

❶ Quali sono le disposizioni decise dalle istituzioni per creare un uomo nuovo? ❷ Perché, secondo alcuni storici, il totalitarismo è una filiazione dell'idea di uomo nuovo? ❸ Quali sono le due diverse concezioni di creazione di un uomo nuovo diffuse tra i rivoluzionari?

57

L. Hunt
La politicizzazione della vita quotidiana

L. Hunt, *La rivoluzione francese. Politica, cultura, classi sociali*, il Mulino, Bologna 1989, pp. 59-62; 72-73

■ Secondo la storica statunitense Lynn Hunt (nata nel 1945), con la Rivoluzione nasce una nuova cultura politica che sperimenta giorno per giorno la sua forza: il linguaggio, i simboli, l'abbigliamento, la retorica, tutto deve concorrere al cambiamento della società, al tentativo di costituire una nuova comunità nazionale «senza tracce dei costumi del passato». È questo «farsi» quotidiano della Rivoluzione che sta al centro dell'analisi di Hunt: secondo lei, per rigenerare la nazione furono inventate le tecniche della propaganda di massa, la mobilitazione politica delle classi inferiori e la politicizzazione della vita quotidiana. Quest'ultimo è l'aspetto più significativo: poiché per i rivoluzionari francesi, infatti, «tutto è politica», essi hanno spalancato le porte a un'epoca dominata da una concezione totalizzante della politica, che assorbe ogni momento della vita quotidiana.

La Rivoluzione francese mise particolarmente in rilievo il problema del processo di creazione dei simboli, perché i rivoluzionari si trovarono in mezzo a una rivoluzione prima di avere modo di riflettere sulla loro situazione. I francesi non cominciarono da un partito organizzato o da un movimento compatto: non avevano bandiere, ma solo qualche semplice parola d'ordine. Inventarono simboli e rituali lungo il cammino. Dai *philosophes* i rivoluzionari avevano imparato che in altre società si usavano altri simboli e riti, ma nessuna società esistita sembrava del tutto degna di essere imitata. [...] Il passato, con le sue pratiche assurde, non aveva molti modelli da offrire. [...]

Affermando la rottura completa con il passato, il discorso rivoluzionario discuteva tutti i costumi, tradizioni e modi di vita. La rigenerazione nazionale richiedeva niente meno che un uomo nuovo, e nuove abitudini: il popolo doveva essere riplasmato secondo il modello repubblicano. Bisognava esaminare ogni angolo della vita quotidiana, dunque, per scovarvi la corruzione dell'*ancien régime* e spazzarla via, per preparare il nuovo. L'impulso a investire tutto politicamente era l'altra faccia del rifiuto retorico della politica. Dato che la politica non aveva luogo in una sfera delimitata, allora tendeva a invadere la vita quotidiana. Questa politicizzazione del quotidiano fu tanto una conseguenza della retorica rivoluzionaria quanto un rifiuto più deliberato della politica organizzata. Politicizzando il quotidiano la Rivoluzione aumentò enormemente i luoghi di esercizio del potere, e moltiplicò le tattiche e le strategie per adoperarlo. Rifiutando il politico specifico, i rivoluzionari apersero campi prima inimmaginabili ai movimenti del potere.

La politica non invase il quotidiano tutto in una volta, però fin dall'inizio sia i partecipanti sia gli osservatori capirono che in Francia succedeva qualcosa di inaudito, e vissero e spiegarono questi avvenimenti per mezzo di simboli. In una lettera del 16 luglio 1789 al governo inglese, il duca di Dorset parla della «più grande Rivoluzione di cui siamo a conoscenza», e commenta questa osservazione descrivendo la coccarda che stava comparendo su ogni cappello. [...]

I segnali più chiari del mutamento rivoluzionario erano atti simbolici, come la coccarda patriottica, [...] che erano anche i primi passi incerti della creazione della politica rivoluzionaria.

La potenzialità dei simboli ai fini del conflitto politico e sociale divenne palese non appena i primi furono inventati. La coccarda fornisce un buon esempio. Secondo il duca di Dorset, le prime coccarde furono fatte con nastri verdi, ma questi vennero scartati perché il verde era il colore della livrea del conte di Artois, il malvisto fratello minore del sovrano. I nastri verdi vennero presto sostituiti da una combinazione di rosso, bianco e azzurro. Una volta accolta dalle moltitudini, la coccarda tricolore assunse un'importanza politica enorme. [...]

Per la maggior parte della Rivoluzione, ma soprattutto nel 1792 e 1793, la mobilitazione politica fu in primo luogo un fatto esterno ai canali regolari ed ufficiali. I club, le società popolari e i giornali si assumevano direttamente la responsabilità di convertire le popolazioni locali, comprese le guarnigioni, alla causa repubblicana. I club femminili e le società di artigiani e di commercianti si dedicavano dichiaratamente all'auto-perfezionamento repubblicano. [...]

In breve, il potere dello stato rivoluzionario non si estese tanto perché i leader seppero manipolare l'ideologia della democrazia e le pratiche della burocrazia a proprio vantaggio, quanto perché a ogni livello fu attuato da persone di varia posizione, che inventarono e impararono nuove «microtecniche» politiche. Tenere un verbale, presenziare a una riunione di club, leggere una poesia rivoluzionaria, portare la coccarda, cucire una bandiera, cantare una canzone, riempire un modulo: tutte queste azioni convergevano a produrre una cittadinanza repubblicana e un governo legittimo. Nel contesto rivoluzionario queste attività ordinarie erano investite di un'importanza straordinaria. Perciò il potere non era un'entità quantitativa finita posseduta dall'una o dall'altra fazione; era invece una serie complessa di attività e rapporti che creavano risorse prima inimmaginabili. Le sorprendenti vittorie delle armate rivoluzionarie costituirono solo la conseguenza più vistosa di questa scoperta di nuova energia sociale e politica.

GUIDA ALLA LETTURA

❶ Che cosa intende Hunt quando afferma che i simboli della Rivoluzione furono inventati «lungo il cammino»? ❷ In che modo la Rivoluzione francese operò la «politicizzazione del privato»? ❸ In che cosa consistevano le «microtecniche» politiche apprese dalla cittadinanza repubblicana? ❹ Quali «attività ordinarie» furono investite di un'«importanza straordinaria» durante la Rivoluzione?

SVILUPPARE LE COMPETENZE

Comprendere e Analizzare

❶ **Dopo aver letto il documento di Maximilien Robespierre [54DOC], il testo di François Furet [55] e quello di Mona Ozouf [56], rispondi alle seguenti domande citando opportunamente i brani:**

a. Secondo Robespierre, a chi appartiene la sovranità in democrazia? Chi la esercita?

b. Secondo te, a chi si riferisce Robespierre con l'espressione «nemici del popolo»?

c. Quali metodi erano praticati dai giacobini nella lotta politica? Come sono giudicati da Furet?

d. Spiega i concetti di «dispotismo» e di «terrore» dal punto di vista del documento, intrecciandoli alle considerazioni dei due storici.

e. Secondo te, Ozouf accetta o problematizza la tesi di Furet sulla filiazione del totalitarismo novecentesco dal giacobinismo? Perché?

❷ **Secondo Furet, «la parola non solo è la leva del potere, ma l'essenziale del potere stesso». Ti sembra che il discorso di Robespierre del 17 piovoso anno II affermi o contraddica tale asserzione? Perché?**

Rielaborare e Argomentare

❸ **Confronta in un breve testo (max 15 righe) il brano di Chartier [51] sul rapporto tra Illuminismo e Rivoluzione con le *Dichiarazioni dei diritti* dell'89 e del '93 [53DOC], evidenziando i punti delle *Dichiarazioni* che risentono maggiormente della riflessione illuminista del tempo.**

❹ **Redazione di un saggio breve. *La Rivoluzione francese e l'uomo nuovo***

Sviluppa l'argomento in forma di "saggio breve", utilizzando il discorso di Robespierre [54DOC] e i brani di Ozouf [56] e Hunt [57], interpretandoli e confrontandoli, oltre che facendo riferimento alle tue conoscenze.
Da' al saggio un titolo coerente con la tua trattazione e ipotizzane una destinazione editoriale (rivista specialistica, fascicolo scolastico di ricerca e documentazione, rassegna di argomento culturale, altro).

La Rivoluzione e l'Italia

Questa sezione è interamente dedicata al cosiddetto triennio giacobino in Italia (1796-99). Come evidenziato dallo storico **Michel Vovelle** [58] nel primo testo presentato, il giacobinismo italiano ha caratteristiche diverse dall'esperienza francese, tanto per la sua prevalente connotazione moderata rispetto al radicalismo robespierrista quanto per le diverse condizioni politiche in cui fu costretto a operare.
Il triennio giacobino viene solitamente incluso nel processo risorgimentale in virtù dell'aspirazione all'unità della penisola, che fu comune a buona parte dei suoi protagonisti. Il problema dell'unità nazionale fu dibattuto in quegli anni soprattutto nel contesto del concorso a premi bandito nel settembre 1796 dall'Amministrazione generale della Lombardia sul tema *Quale de' governi liberi meglio convenga alla felicità d'Italia*. L'idea del concorso nacque in un clima in cui l'ostilità del Direttorio e di parte dell'opinione pubblica francese a una sistemazione democratica ed egualitaria della penisola italiana aveva infiammato la coscienza nazionale tra i democratici lombardi e i patrioti esuli confluiti a Milano da tutta Italia. Interpretando l'opinione diffusa che l'assetto da dare alla Lombardia fosse solo il primo passo per la risistemazione di tutta la penisola, il concorso si rivolse a tutti gli italiani, invitati a mostrare «nudi i tiranni» per ridestare nel popolo il sentimento dell'antica libertà. Concordi sul principio repubblicano, le dissertazioni si divisero sul problema dell'unità o della federazione. Il concorso fu vinto dal piacentino **Melchiorre Gioia** [59DOC], riformista moderato e sostenitore della tesi unitaria, della cui dissertazione viene qui presentato un estratto. Segue un brano dello storico **Antonino De Francesco** [60] che, sempre a partire da questo concorso, dà conto del dibattito interno ai giacobini italiani tra sostenitori dell'unità e fautori di una federazione nella penisola.
Chiude la sezione un noto brano di **Vincenzo Cuoco** [61DOC]. In esso la rivoluzione napoletana del 1799 viene definita come una «rivoluzione passiva», destinata ad aver vita breve perché, per l'astrattezza dei princìpi che professava, le masse contadine e popolari non si avvicinarono alla causa repubblicana: per esempio, infatti, l'abolizione dei privilegi e dei diritti feudali, provvedimento che sarebbe stato apprezzato da esse, giunse quando era ormai troppo tardi.

58

M. Vovelle
I giacobini italiani

M. Vovelle, *I giacobini e il giacobinismo*, Laterza, Roma-Bari 1998, pp. 94-102

■ In questo brano, tratto da un saggio pubblicato nel 1998, uno dei più autorevoli storici della Rivoluzione francese, Michel Vovelle (nato nel 1933), autore di importanti studi sulla società e sulla mentalità rivoluzionarie, ricostruisce la fisionomia dei giacobini italiani. Vovelle delinea i caratteri principali del fenomeno e le tappe più significative del suo sviluppo. Ciò testimonia, a giudizio dell'autore, la «vitalità» del giacobinismo italiano e l'importanza della sua «battaglia d'avanguardia».

I giacobini italiani costituiscono uno dei rami più vigorosi del movimento europeo e la penisola è senza dubbio il luogo in cui la loro posterità sarà più resistente. [...] Le condizioni di una favorevole accoglienza delle novità rivoluzionarie si trovano qui realizzate sullo sfondo della diffusione dei Lumi, accelerata durante la seconda metà del secolo dalla politica dei monarchi illuminati o dei loro ministri [...].

Ma, alla vigilia della Rivoluzione francese, i momenti di gloria dell'assolutismo illuminato sono passati da almeno più di un decennio [...]. La crisi del sistema, nelle sue diverse varianti, mette in evidenza la debolezza della penisola legata alla sua divisione territoriale e alla sua tradizionale dipendenza nei confronti dei poteri stranieri, Asburgo o Borbone. [...] Seppure in modo ineguale, da Nord a Sud, si realizzano le condizioni di un movimento giacobino che si mobilita non soltanto contro il vecchio regime sociale, agrario e politico, ma anche su obiettivi nazionali. [...]

Il malcontento che cova durante i primi anni della Rivoluzione – fino al 1796 – [assume] spesso la forma non solo di un giacobinismo dell'attesa, ma anche di un giacobinismo cospiratorio, fatto di complotti e di reti clandestine.

La conquista francese, a partire dal 1796, e il progressivo allargamento di quest'occupazione a tutta la penisola fino al 1798 aprono il campo a un giacobinismo a viso scoperto, in grado, attraverso la sua rete organizzativa e i suoi organi di propaganda, se non di assumere il potere senza condividerlo, quanto meno di indirizzarlo, nel margine di libertà che gli lascia la tutela francese. Questo giacobinismo, che resta anche nel Nord un fenomeno estremamente minoritario ed elitario, si è proposto, tramite i suoi giornali, di sviluppare una pedagogia attivista nei suoi club e circoli costituzionali. Ideologicamente, associa una componente moderata a un'ala radicale in cui si fa sentire durevolmente l'influenza babuvista[1] e in cui la rivendicazione unitaria assume un'importanza fondamentale. È in questa prospettiva che i giacobini italiani, delusi dalla pesante tutela francese e dall'infedeltà alle promesse di emancipazione, ritornano, a partire dal 1798, alle loro attività cospiratorie, che proseguiranno, adattandosi, fino al XIX secolo. [...]

Nel luglio 1796, Laurora pubblica a Milano il manifesto di questo giacobinismo unitario, *All'Italia nelle tenebre l'aurora porta luce*, programma per una repubblica italiana libera, indipendente e unitaria. [...] Questa spinta unitaria si traduce nei fatti con la fondazione, nel dicembre 1796 al congresso di Reggio, della Repubblica cispadana, e successivamente con la sua integrazione nell'insieme più vasto della Repubblica cisalpina, che comprende anche il Milanese e la Valtellina. Nel momento stesso in cui [...] i giacobini italiani si rallegrano del colpo di Stato francese del 18 fruttidoro anno V, da cui si aspettano una svolta politica, la linea seguita da Bonaparte nei suoi negoziati con l'Austria da Leoben a Campoformio infligge una crudele smentita a tutte queste speranze, consegnando Venezia all'imperatore. Tuttavia, [...] il 1798 è proprio l'anno della grande diaspora giacobina in Italia. Dopo la partenza di Bonaparte per l'Egitto, i giacobini godono delle simpatie di diversi generali, Brune, Jobert, Championnet, anche se continuano a dover fare i conti con l'ostilità del Direttorio. È in gran parte su loro invito [...] che si operano le espansioni successive che danno vita alla Repubblica romana nel 1798 e alla Repubblica napoletana all'inizio del 1799: in entrambi i casi si mantiene al potere una minoranza giacobina energica [...].

L'ultima fase, prima del crollo del 1799 davanti alle truppe della seconda coalizione antifrancese, è quella del voltafaccia dei patrioti giacobini e del passaggio all'azione cospiratoria. [...]

Facendo un bilancio di quest'avventura collettiva, appare evidente la vitalità del giacobinismo italiano espressa dall'importanza dei club e delle società popolari [...]. Con sfumature significative [...] le statistiche convergono nel confermare il reclutamento elitario all'interno di una borghesia «dei talenti» maggioritaria, che lascia meno del 20 per cento ai gruppi di estrazione più modesta e uno spazio infimo ai contadini. È stato questo indubbiamente a determinare la debolezza dei giacobini, il difficile quando non impossibile legame con i gruppi popolari urbani e i contadini, e ciò malgrado uno sforzo di propaganda testimoniato dalla stampa.

---

[1] Su François-Noël Babeuf (1760-1797), ideatore della "Congiura degli Eguali", [👁 7.6].

GUIDA ALLA LETTURA

❶ Qual era la posizione prevalente tra i giacobini italiani rispetto all'unità italiana? Quali sono gli eventi che deludono le loro aspettative?
❷ Quali erano le principali posizioni politiche in seno al movimento giacobino italiano?
❸ Quali furono le cause della debolezza dei giacobini italiani?

59DOC

Melchiorre Gioia
Quale de' governi liberi meglio convenga alla felicità d'Italia

M. Gioia, *Quale de' governi liberi meglio convenga alla felicità d'Italia*, Istituto Storico Italiano per l'età moderna e contemporanea, Roma 1988, pp. 71-88

■ Nel 1796, il politico ed economista piacentino Melchiorre Gioia (1767-1829) vinse il concorso sul tema *Quale de' governi liberi meglio convenga alla felicità d'Italia*: la sua dissertazione – in cui sosteneva la tesi di un'Italia libera, democratica e unita – fu pubblicata più volte a partire dal 1798. Prendendo a modello la *Costituzione* francese del '95, corretta in senso democratico, e limitando l'eguaglianza alla sfera giuridica, Gioia sosteneva la fondazione di una sola repubblica indivisibile per l'Italia, che riteneva un'unica nazione in virtù delle sue caratteristiche geografiche, linguistiche, storiche e culturali. Il moderatismo dell'autore emergeva chiaramente dai metodi con i quali instaurarla: non un'azione rivoluzionaria immediata, ma la creazione sulle terre già liberate di una repubblica governata in senso riformista e capace di attrarre le altre parti d'Italia.

L'Italia ha un'estensione abbastanza vasta per poter aspirare all'indipendenza, e limitata abbastanza per non essere indebolita dalla sua grandezza. La natura circondandoci di mari ci destina alla navigazione, collocandoci sopra fertili terreni vuole che cerchiamo ne' solchi delle campagne la nostra grandezza; creando in mezzo di noi un'immensa popolazione ci dà le braccia necessarie ai travagli della terra e del mare. Il nostro clima dolce e voluttuoso che ci offre quanto può adescare l'immaginazione ed incantare i sensi; il nostro genio vivace ed inventore congiunto con quella matura riflessione che tutto abbellisce e perfeziona, vogliono che uniamo l'industria alla proprietà, la coltura delle produzioni all'arte d'impiegarle. [...] La natura ha sparso intorno di noi tutti i germi della prosperità e della grandezza. Ora io dico che questi germi non possono svolgersi che all'ombra d'una repubblica indivisibile. Diffatti l'anima delle arti, delle manifatture, del commercio è la libertà. [...] Per facilitare le operazioni, per simplificare i calcoli, per diminuire gli errori dell'ignoranza, per paralizzare la mala fede, conviene stabilire gli stessi pesi, le stesse monete, le stesse misure. [...] Ora chi non vede che le dissenzioni[1], la lentezza, la gelosia, l'inquietudine, lo spirito di vertigine di repubbliche indipendenti o confederate opporrebbero degli ostacoli insormontabili all'eseguimento di queste operazioni? La storia del commercio e dell'industria non è che la storia degli sforzi che hanno fatto le nazioni per rovinarsi. Sopra il mare e sopra il continente esse hanno sollevato delle barriere che impediscono alle ricchezze di spandersi e mettersi a livello. Una legislazione artificiosa ha inventato delle proibizioni, fatto nascere dei delitti, imposto delle pene a quelli che vollero arricchire le nazioni. [...] Queste considerazioni insieme unite dimostrano che per trarre il massimo possibile vantaggio dalla nostra posizione, dal nostro territorio, dal nostro clima, dalla nostra industria conviene stabilire una sola repubblica indivisibile, repubblica alla cui voce taceranno le gelosie, s'ammutiranno le dissensioni e non risponderà che l'eco della pubblica felicità. [...]

Al comparire della libertà in Italia cadrà dappertutto il sistema distruttore che, radunando in una piccola parte del corpo politico tutti i princìpi del moto e della vita, non lascia al restante che l'inerzia e la morte: le arti sortiranno brillanti dalle rovine de' privilegi esclusivi e delle ingiuste ed assurde proibizioni; l'industria, l'attività, il coraggio toglieranno le ricchezze all'ignoranza ed all'indolenza, che scosse dal pericolo di restarne prive faranno degli sforzi per conservarne; le produzioni si moltiplicheranno a misura che si accrescerà il numero de' possidenti, e verranno smembrate quelle enormi masse di ricchezze che schiacciano lo stato col loro peso, e lo infettano coll'aria di corruzione che tramandano. [...] Alla voce dell'eguaglianza l'italiano solleverà la fronte dall'abbiezione, e ravvisando i suoi simili, sentirà svilupparsi in petto il germe delle sociali virtù. [...] Sulle provincie e sulle capitali, sulle città e sulle campagne estendendosi lo stesso sistema di legislazione, comunicherà alle idee ed ai sentimenti le stesse abitudini; le speranze e i timori dappertutto comuni ed eguali imprimeranno alle masse italiane lo stesso impulso verso d'un centro comune. Le affezioni inquiete e timorose che tenevano divisi i vari popoli dell'Italia cangiate in affezioni dolci e generose non ci mostreranno più de' Siciliani, de' Fiorentini, de' Turrinesi, ma degli Italiani e degli uomini; sfumeranno quelle differenti fisionomie che ciascun despota sparse sui nostri volti per distinguere le sue vittime, e non si vedrà che una sola aria di famiglia: *la fierezza della libertà ed il sorriso della virtù*. [...] Da ciò nascerà quel nobile orgoglio nazionale che ravviva e solleva anche i più deboli e loro persuade di potere presentarsi sulla scena cogli altri, persuasione che risveglia le forze assopite dall'inerzia e ne crea talvolta delle nuove. [...] Allora l'Italia, strettamente unita dal vincolo delle stesse leggi, abbellita dalle arti, illustrata dalle scienze, rispettabile pei costumi, terribile pel valore, comparirà sul teatro d'Europa col nome di nazione in fronte, e prenderà in mezzo agli altri popoli un posto onorevole.

[1] Discordie.

GUIDA ALLA LETTURA

❶ Perché la «natura», secondo Gioia, occupava un ruolo centrale nella formazione di una repubblica unitaria? ❷ Quali conseguenze positive, nel campo politico, economico, sociale e culturale derivano, secondo Gioia, dalla distruzione del vecchio sistema politico e all'instaurazione della repubblica indivisibile?

60

A. De Francesco
La meteora dell'unità

A. De Francesco, *L'Italia di Bonaparte. Politica, statualità e nazione nella penisola tra due rivoluzioni, 1796-1812*, Utet, Torino 2011, pp. 31-34

■ Secondo lo storico Antonino De Francesco (nato nel 1954), durante il triennio giacobino (1796-99) furono poste le basi della formazione dell'identità nazionale: nonostante l'esercito napoleonico fosse stato, infatti, un esercito di conquista, la sua discesa in Italia fu all'origine di una mobilitazione più generale, anche in chiave unitaria, perché diffuse, tra gli intellettuali italiani, l'ipotesi di una sola repubblica indivisibile da istituirsi in tutta la penisola, su imitazione di quella francese. De Francesco esamina in questo brano i progetti inviati per il concorso del 1796 sul tema *Quale de' governi liberi meglio convenga alla felicità d'Italia*, ritenendo tanto l'opzione federativa quanto quella unitaria come «saldamente ancorate al contesto rivoluzionario».

Si prendano le mosse dall'istanza federativa, di cui costituisce una preziosa testimonianza il progetto inviato dal piemontese Giovanni Antonio Ranza [...] poi pubblicato in un opuscolo dal significativo titolo *Vera idea del federalismo italiano*. In quelle pagine l'autore ricordava la peculiarità del caso italiano e sosteneva come proprio la plurisecolare pluralità di stati nella Penisola imponesse che si giungesse all'unificazione per gradi, ossia mediante una soluzione federativa che puntasse sul rispetto delle differenze quale una base d'appoggio per la futura unità anziché lasciare che essa rimanesse uno strumento nelle mani dei controrivoluzionari per fomentare disordini. Da qui, sempre secondo Ranza, l'opportunità di lasciar da parte il modello dell'unità e dell'indivisibilità della Repubblica francese per puntare verso una sorta di intesa federativa, che preparasse l'unione accomunando, nel quadro di una comune politica rivoluzionaria, le differenti statualità d'Italia. Egli riassumeva il suo progetto nella parola d'ordine «federati tra noi, ma indivisibili: e federati per sempre con i Francesi». [...] Così, all'indomani della costituzione della Repubblica ligure [...], sempre Giovanni Antonio Ranza [...] poteva esclamare: «[...] Ecco svanito il sogno della Repubblica italica una e indivisibile, ecco realizzato il mio sistema. A che giovarono le fischiate contro il medesimo? [...]».

Già questa sua testimonianza molto dice dei dissensi che l'ipotesi federativa incontrava nel medesimo campo patriottico, dove eran molti gli unitari, pronti a proporre, sull'esempio di Francia, uno Stato italiano fondato sui principi dell'unità e dell'indivisibilità. [...] Non v'è dubbio che la scelta unitaria nascesse in primo luogo dalla preoccupazione di una sostanziale subalternità della Penisola italiana alla Repubblica madre [...]; né può essere messo in discussione il convincimento che proprio la creazione di una sola Repubblica nella Penisola avrebbe consentito ai patrioti italiani di regolare, su basi di parità, la loro naturale alleanza con la Francia. [...]

All'indomani del trattato di Campoformio il confronto politico tra unitari e federalisti crebbe d'intensità lungo la linea di demarcazione qui ricordata. La nascita, pressoché contemporanea, della Cisalpina e della Ligure, sembrò dare forza ai sostenitori della tesi federativa, che affermavano come l'unità fosse raggiungibile per il solo tramite della preventiva uniformazione della Penisola intera al modello politico-amministrativo di Francia. [...]

E non vi è dubbio che l'azione preventiva indicata da Ranza fosse quella di superare le molte differenze tra le diverse parti d'Italia per il tramite di una comune azione di governo, che nelle singole repubbliche orientasse nei termini della legislazione rivoluzionaria l'opera amministrativa. [...] Agli inizi del 1799 la ripresa della guerra sembrò [...] contribuire a sgomberare il terreno dagli ostacoli che ancora si opponevano alla costituzione di una federazione democratica: nella Penisola erano ormai presenti quattro repubbliche le quali potevano assicurare il definitivo superamento dell'Antico regime in tutta la penisola e proprio in ragione di una reciproca intesa fondata sulla comune adesione agli ideali rivoluzionari avrebbero potuto sfuggire a una condizione di vassallaggio nei confronti della Francia.

Di lì a breve, tuttavia, le disastrose sorti della guerra assestarono un colpo ferale al progetto federativo. La necessità dei patrioti d'Italia tutta di trovare rifugio a Genova o direttamente in Francia favorì una accorata riflessione congiunta su quanto appena accaduto ed apparve chiaro alla maggior parte di loro come proprio la molteplicità delle repubbliche fosse stato un motivo di debolezza e come una Repubblica unitaria avrebbe potuto, per il futuro, impedire tanta fragilità al nuovo ordine della Penisola. [...] Appare evidente come, in quella estate del 1799, il tema dell'unità guadagnasse consensi e da questo punto di vista proprio la fallimentare esperienza del Triennio suggerisse di rilanciare sul versante dell'unità e dell'indivisibilità di un solo Stato repubblicano nella Penisola. [...] Era una proposta che [...] sembrava finalmente godere del pieno consenso del nuovo governo di Francia e dunque escludere, per il futuro, la subordinazione a Parigi, che nel corso del Triennio si era tradotta nella nascita di minuscole repubbliche tutte inevitabilmente travolte dalla reazione quando i francesi non avevan più potuto difenderle.

GUIDA ALLA LETTURA

❶ Quale assetto era previsto nel progetto di Giovanni Antonio Ranza per la penisola italiana? ❷ Quali erano le preoccupazioni e le aspettative che stavano alla base della scelta unitaria? ❸ Perché, secondo De Francesco, a partire dal 1799 l'opzione federativa perse consensi?

61 DOC

Vincenzo Cuoco
Una «rivoluzione passiva»

V. Cuoco, *Saggio storico sulla rivoluzione napoletana del 1799*, a c. di A. Bravo, Utet, Torino 1976, pp. 161-68

■ Vincenzo Cuoco (1770-1823), nativo del Molise, svolse a Napoli la sua attività di moderato oppositore e poi di funzionario. Esiliato dopo il '99, Cuoco si stabilì a Milano. La sua opera maggiore fu il *Saggio storico sulla rivoluzione napoletana del 1799*, pubblicato per la prima volta nel 1801 e poi, con alcune modifiche, nel 1808. In questo scritto, egli definì la rivoluzione partenopea come una «rivoluzione passiva», per diverse ragioni: in primo luogo, la popolazione del Regno di Napoli non l'avrebbe mai fatta autonomamente, anche se la accettò docilmente quando fu importata dall'esercito francese; in secondo luogo, tanto le rivendicazioni portate dai francesi quanto i princìpi repubblicani professati dai democratici napoletani erano lontani dai reali bisogni della popolazione meridionale, interessata al problema del contenimento della feudalità nelle campagne più che agli ideali di uguaglianza e libertà.

La nostra rivoluzione essendo una rivoluzione passiva, l'unico mezzo di condurla a buon fine era quello di guadagnare l'opinione del popolo. Ma le vedute de' patrioti[1], e quelle del popolo non erano le stesse: essi aveano diverse idee, diversi costumi e finanche due lingue diverse. Quella stessa ammirazione per gli stranieri, che avea ritardata la nostra coltura ne' tempi del re, quell'istessa formò nel principio della nostra repubblica il più grande ostacolo allo stabilimento della libertà. La nazione napolitana si potea considerare come divisa in due popoli, diversi per due secoli di tempo e per due gradi di clima. Siccome la parte colta si era formata sopra modelli stranieri, così la sua coltura era diversa da quella di cui abbisognava la nazione intera, e che potea sperarsi solamente dallo sviluppo delle nostre facoltà. [...] Non può mai esser libero quel popolo in cui la parte che per la superiorità della sua ragione è destinata dalla natura a governarlo, sia coll'autorità, sia cogli esempi, ha venduta la sua opinione ad una nazione straniera: tutta la nazione ha perduto allora la metà della sua indipendenza. Il maggior numero rimane senza massime da seguire, gli ambiziosi ne profittano, la rivoluzione degenera in guerra civile: ed allora tanto gli ambiziosi che cedono sempre con guadagno, quanto i savi che scelgono sempre i minori tra i mali, e gl'indifferenti i quali non calcolano che sul bisogno del momento, si riuniscono a ricever la legge da una Potenza esterna, la quale non manca mai di profittare di simili torbidi o per se stessa, o per ristabilire il re discacciato. [...]

La nazione napolitana, lungi dall'avere quest'unità nazionale, si potea considerar come divisa in tante diverse nazioni. [...]

Conveniva, fra tante contrarietà, ritrovare un interesse comune, che chiamare e riunir potesse tutti gli uomini alla rivoluzione. Quando la nazione si fosse una volta riunita, invano tutte le Potenze della terra si sarebbero collegate contro di noi. Se lo stato della nostra nazione presentava grandi ostacoli, offriva, dall'altra parte, grandi risorse per menare avanti la nostra rivoluzione.

Si avea una popolazione la quale, sebbene non avrebbe mai fatta la rivoluzione da sé, era però docile a riceverla da un'altra mano. I partiti decisi erano ambedue scarsi; la massima parte della nazione era indifferente. Che altro vuol dir questo, se non che essa non era mossa da verun partito, non era animata da veruna passione? Giudice imparziale, e perciò giusto, de' due pretendenti, avrebbe seguito quello che maggiori vantaggi le avesse offerto. Un tal popolo s'illude difficilmente, ma facilmente si governa. [...]

Quali dunque esser doveano le operazioni da farsi per spingere avanti la rivoluzione del regno di Napoli?

Il primo passo era quello di far sì che tutti i patrioti fossero convenuti nelle loro idee, o almeno che per essi vi fosse convenuto il governo. Tra i nostri patrioti, ci si permetta un'espressione che conviene a tutte le rivoluzioni e che non offende i buoni, moltissimi aveano la repubblica sulle labbra, moltissimi l'aveano nella testa, pochissimi nel cuore. [...]

Si prendeva però, come suol avvenire, per oggetto principale della riforma ciò che non era che un accessorio, ed all'accessorio si sagrificava il principale. Seguendo le idee de' patrioti, non si sapeva né donde incominciare, né dove arrestarsi.

Che cosa è mai una rivoluzione in un popolo? Tu vedrai mille teste, delle quali ciascuna ha pensieri, interessi, disegni diversi dalle altre. Se a costoro si presenta un capo, che le voglia riunire, la riunione non seguirà giammai. Ma se avviene che tutti abbiano un interesse comune, allora seguirà la rivoluzione, ed andrà avanti solo per quell'oggetto che è comune a tutti. [...]

Ecco tutto il segreto delle rivoluzioni: conoscere ciò che tutto il popolo vuole e farlo: egli allora vi seguirà; distinguere ciò che vuole il popolo da ciò che vorreste voi, ed arrestarvi tosto che il popolo più non vuole: egli allora vi abbandonerebbe. [...]

La mania di voler tutto riformare porta seco la controrivoluzione; il popolo allora non si rivolta contro la legge, perché non attacca la volontà generale, ma la volontà individuale. Sapete allora perché si segue un usurpatore? Perché rallenta il rigore delle leggi; perché non si occupa che di pochi oggetti, che li sottopone alla volontà sua, la quale prende il luogo ed il nome di volontà generale, e lascia tutti gli altri alla volontà individuale del popolo.

[1] «Che è mai un *patriota*? Questo nome dovrebbe indicare un uomo che ama la patria; nel decennio scorso esso era sinonimo di repubblicano: beninteso però che non tutti i repubblicani erano patrioti» [Nota di Cuoco].

GUIDA ALLA LETTURA

❶ Perché la rivoluzione napoletana fu una «rivoluzione passiva»? ❷ Quali operazioni sarebbero state necessarie per il suo seguito? ❸ Qual è, secondo Cuoco, il segreto delle rivoluzioni?

SVILUPPARE LE COMPETENZE

Comprendere e Analizzare

❶ **Quali sono le differenze tra le motivazioni della preferenza per un'Italia unita e indivisibile esposte da Gioia [59DOC] e quelle dei patriottici unitari illustrate nel brano di De Francesco [60]? Quali conseguenze positive, secondo l'uno e secondo gli altri, sarebbero derivate dalla distruzione del vecchio sistema politico e dall'instaurazione di una repubblica indivisibile?**

❷ **Che cosa accomuna l'interpretazione di Cuoco [61DOC] e quella di Vovelle [58] sul fallimento dell'esperienza del giacobinismo italiano rispetto al suo rapporto col mondo contadino?**

Rielaborare e Argomentare

❸ **Redazione di un saggio breve. *Unione o federazione? I repubblicani italiani davanti alla questione nazionale***

Rileggi attentamente i brani proposti e spiega le diverse posizioni in merito all'unità della penisola o alla federazione dei suoi Stati, specificando l'appartenenza dei loro sostenitori alla fazione moderata o radicale. Sviluppa questo argomento in forma di "saggio breve", utilizzando i documenti e i dati che lo corredano, interpretandoli e confrontandoli, oltre che facendo riferimento alle tue conoscenze. Da' al saggio un titolo coerente con la tua trattazione e ipotizzane una destinazione editoriale (rivista specialistica, fascicolo scolastico di ricerca e documentazione, rassegna di argomento culturale, altro).

❹ **Spiega in un breve elaborato (max 20 righe) come mutano le posizioni dei giacobini italiani in relazione alle diverse politiche francesi nei confronti delle repubbliche, prestando particolare attenzione al trattato di Campoformio [👁 7.9].**

Il sistema napoleonico

La figura di Napoleone è una delle più complesse della storia europea. Figlio della Rivoluzione ed erede dei suoi valori, distruttore del sistema politico post-rivoluzionario e fondatore di un regime dispotico, modernizzatore delle istituzioni statali e restauratore dei privilegi delle élite, egli suscitò grandi speranze e rivalità incancellabili, ammirazioni e timori e, per questo, è sempre stato oggetto di valutazioni contrastanti. Alcuni, affascinati dalla folgorante ascesa e dalla repentina caduta, ne hanno esaltato le innovazioni politiche. Altri, colpiti dalla durezza del dominio imperiale, ne hanno sottolineato l'aspirazione conservatrice.
Questa sezione di testi si pone l'obiettivo di ricostruire ed esaminare alcuni aspetti della personalità di Napoleone, della sua vita privata e della sua azione politica. In apertura **Vittorio Criscuolo** [62] analizza la quotidianità dell'imperatore e i suoi rapporti con i familiari e con le donne. Il secondo testo è un documento che contiene alcune norme su matrimonio e divorzio tratte dal ***Codice civile*** [63DOC], esteso da Napoleone a tutti i paesi del suo impero. Segue un brano del memoriale di **Emmanuel de Las Cases** [64DOC], che riporta alcune riflessioni di Napoleone sulla natura della «verità storica». Infine, **Alain Pillepich** [65] esamina le conseguenze della dominazione napoleonica in Italia.

62

V. Criscuolo
Napoleone, la sua famiglia, le donne

V. Criscuolo, *Napoleone*, il Mulino, Bologna 1997, pp. 82-91

Vittorio Criscuolo (nato nel 1951) ha dedicato una parte significativa di un saggio pubblicato nel 1997 alla ricostruzione della vita privata dell'imperatore. In questo brano emerge la figura di un uomo dal temperamento autoritario ma di indole bonaria, intimamente legato al sentimento di appartenenza al clan familiare, tipico della tradizione corsa, e molto diffidente verso le donne che si interessano di politica.

■ Sono numerose le ricostruzioni e le testimonianze dei contemporanei sulla vita privata di Napoleone. Gli stessi storici hanno lavorato molto sulle vicende personali di uno dei leader politici più affascinanti della storia occidentale, anche perché aspetti fondamentali della politica di Napoleone possono esser meglio compresi proprio attraverso un'analisi della sua biografia. Lo storico

Non molto alto (1 metro e 68 cm), minuto, con le gambe un po' troppo corte rispetto al busto, e un colorito olivastro che tradiva le origini mediterranee, egli non aveva certo una presenza imponente, ed anzi, stando a talune testimonianze, questa complessione fisica, unita al suo accento straniero, dovette costargli qualche dileggio da parte dei suoi compagni di collegio. [...] Eppure troppi sono rimasti soggiogati dal fascino che emanava dalla sua figura, e soprattutto dal suo sguardo, perché si possa dubitarne, attribuendo tutto alle menzogne della propaganda. [...]

Il temperamento autoritario lo portava ad essere spesso collerico e a volte le contrarietà gli provocavano delle vere e proprie crisi di nervi. Ma l'indole in fondo era bonaria. Amava intrattenersi con familiarità con le persone che lo circondavano, e a colazione sovente giocava con i nipoti, oppure si divertiva a tenere in braccio il piccolo re di Roma. Manifestò sempre una certa ruvida schiettezza di modi, che non può essere frutto esclusivamente di affettazione, e fu anche fedele nelle amicizie, mostrando una grande generosità [...].

Fu certamente assai resistente alla fatica. [...] Notevolissima fu anche, al di là delle esagerazioni della propaganda, la sua capacità di lavoro, che si esaltava a volte nella volontà di curare perfino i dettagli più insignificanti. [...]

Un posto fondamentale nella vita e nella vicenda politica di Napoleone ebbe la famiglia. A questo proposito [...] la celebre frase sussurrata da Napoleone al fratello Giuseppe durante la cerimonia dell'incoronazione del 2 dicembre 1804 («se potesse vederci nostro padre!») rivela non tanto, come si è detto in genere, la mentalità del *parvenu*[1] quanto soprattutto il sentimento di appartenenza al clan familiare tipico della tradizione corsa. [...] Abituato a concepire il legame familiare come il più solido e il più naturale, egli fondò su di esso tutta la struttura dell'Impero: nasce di qui la tendenza a distribuire ai propri familiari molti dei territori conquistati. [...] Dei fratelli di Napoleone 3 su 4 ebbero una corona. [...] Napoleone restrinse entro limiti assai rigorosi il potere dei suoi familiari, i quali d'altra parte, quali principi francesi, restavano interamente soggetti alle leggi dell'Impero, e soprattutto alla sua autorità. [...] Anche a prescindere dai contrasti politici, la famiglia angustiò continuamente Napoleone con interminabili liti dovute a meschine gelosie e rivalità e con un'insaziabile avidità mai soddisfatta dagli innumerevoli benefici ricevuti. [...]

Lasciando da parte le numerose avventure occasionali, semplici momenti di riposo dalle fatiche del governo e della guerra, si può dire che poche donne hanno contato qualcosa nella vita di Napoleone, e nessuna di esse ha avuto una qualche influenza sulle sue decisioni politiche. [...]

Joséphine de Beauharnais che, quando divenne moglie di Napoleone, aveva 32 anni, cinque più di lui, ebbe certamente un ruolo decisivo nell'iniziare il giovane, ardente ed inesperto corso ai segreti e ai piaceri della capitale, e fu anche assai utile alla sua carriera, contribuendo a cementare l'alleanza con Barras[2]. Tuttavia, al di là di ogni calcolo politico, il legame con Joséphine fu certamente profondo e sincero [...]. Napoleone si stancò presto dei capricci e dell'infedeltà della moglie, ma rimase in fondo sempre legato a colei che aveva vissuto al suo fianco i suoi primi folgoranti successi. [...]

Assai diverso fu il rapporto con Maria Luisa. Diciottenne nel 1810, e non priva di una sua indolente sensualità, la principessa austriaca diede a Napoleone momenti di effettiva serenità, che corrispondono al periodo in cui egli poté illudersi per un attimo di avere dato solide basi, anche dinastiche, al suo Impero. [...]

Grande fortuna letteraria e cinematografica ha avuto la relazione con Maria Walewska, romantica figura nella quale l'amante appassionata (gli fece visita fra l'altro anche all'Elba) si confonde con la fautrice della causa nazionale della sua Polonia. [...]

È diventata ormai proverbiale la scarsa considerazione di Napoleone per le donne, che è stata giudicata sovente una vera e propria misoginia. [...] Questo atteggiamento deriva certamente dalla concezione tradizionale della famiglia che egli mutuò dalla società corsa. Non a caso la sola parte del Codice civile che reca la diretta impronta di Napoleone è quella che, riconoscendo la funzione sociale della famiglia, rafforza all'interno di questa l'autorità del padre e del marito.

---

[1] Nuovo ricco, arricchito.

[2] Paul Barras (1755-1829), deputato alla Convenzione, membro del Direttorio.

GUIDA ALLA LETTURA

❶ In che senso, secondo alcuni storici, Napoleone nutriva uno «spirito di clan»? Quale concezione della famiglia aveva Napoleone? In quali atti politici si manifestò? ❷ Descrivi sommariamente la vita amorosa dell'imperatore. ❸ Quale fu l'influenza della cultura corsa sulle convinzioni di Napoleone sulla famiglia e sulle donne?

63 DOC

Matrimonio e divorzio nel Codice civile

Codice civile francese..., Siena 1829, pp. 20-27

■ Le norme del *Codice civile* (1804) [👁 7.11], applicato in tutti i paesi dell'Impero napoleonico, caratterizzarono, in molti casi, anche gli ordinamenti giuridici successivi: esso, infatti, viene considerato il primo codice moderno, scritto nel tentativo di regolamentare accuratamente contratti, possessi e trapassi patrimoniali per superare il particolarismo giuridico proprio del diritto comune. Gli articoli sul matrimonio e il divorzio testimoniano della dipendenza dei figli nei confronti dei genitori e della moglie verso il marito. Profondamente diverso rispetto al marito era, per esempio, il trattamento riservato alla moglie nei casi di adulterio.

Delle qualità e condizioni necessarie per contrarre matrimonio
Art. 144 L'uomo prima che abbia compiuti gli anni diciotto, la donna prima degli anni quindici pure compiuti, non possono contrarre matrimonio. [...]
Art. 148 Il figlio, che non è giunto all'età di venticinque anni compiti, la figlia che non ha compiti gli anni ventuno, non possono contrarre matrimonio senza il consenso del padre e della madre: in caso che siano discordi, il consenso del padre è sufficiente. [...]
Art. 151 I figli di famiglia giunti alla maggiore età determinata dall'articolo 148, sono tenuti, prima di contrarre matrimonio, a chiedere, con un atto rispettoso e formale, il consiglio del padre e della madre loro, e quello dell'avo e dell'avola, qualora il padre e la madre fossero mancati di vita, o si trovassero nella impossibilità di manifestare la propria volontà.
Art. 152 Dopo la maggiore età determinata dall'art. 148, fino all'età dei trent'anni compiti pei maschi, e degli anni venticinque compiti per le femmine, l'atto rispettoso prescritto dall'articolo precedente, se non sarà susseguito dal consenso pel matrimonio, dovrà rinnovarsi altre due volte di mese in mese, e scaduto un mese dopo il terzo atto, si potrà passare alla celebrazione del matrimonio.
Art. 153 Dopo l'età di trent'anni, mancando il consenso ad un atto rispettoso, si potrà, un mese dopo, passare alla celebrazione del matrimonio. [...]

Dei diritti e dei rispettivi doveri dei coniugi
Art. 212 I coniugi hanno il dovere di reciproca fedeltà, soccorso, assistenza.
Art. 213 Il marito è in dovere di proteggere la moglie, la moglie di obbedire al marito.
Art. 214 La moglie è obbligata ad abitar col marito, ed a seguirlo ovunque egli crede opportuno di stabilire la sua residenza: il marito è obbligato a riceverla presso di sé ed a somministrarle tutto ciò ch'è necessario ai bisogni della vita, in proporzione delle sue sostanze e del suo stato.
Art. 215 La moglie non può stare in giudizio senza l'autorizzazione del marito, quand'anche ella esercitasse pubblicamente la mercatura, o non fosse in comunione, o fosse separata di beni. [...]
Art. 217 La donna, ancorché non sia in comunione o sia separata di beni, non può donare, alienare, ipotecare, acquistare, a titolo gratuito od oneroso, senza che il marito concorra all'atto, o presti il suo consenso in iscritto. [...]

Delle cause del divorzio
Art. 229 Potrà il marito domandare il divorzio per causa d'adulterio della moglie.
Art. 230 Potrà la moglie domandare il divorzio per causa d'adulterio del marito, allorché egli avrà tenuta la sua concubina nella casa comune. [...]
Art. 233 Il consenso scambievole e perseverante de' coniugi, espresso nella maniera prescritta dalla legge, e sotto le condizioni, dopo gli esperimenti determinati da essa, proverà sufficientemente, che la vita comune è loro insopportabile, e ch'esiste, relativamente ai medesimi, una causa perentoria di divorzio. [...]

Del divorzio per reciproco consenso
Art. 275 Il reciproco consenso de' coniugi non sarà ammesso, se il marito è minore di venticinque anni, o se la moglie è minore d'anni ventuno.
Art. 276 Non sarà ammesso il reciproco consenso se non dopo due anni di matrimonio.
Art. 277 Parimente non si ammetterà il divorzio per reciproco consenso dopo venti anni di matrimonio, né quando la moglie sarà nell'età d'anni quarantacinque. [...]

Degli effetti del divorzio
Art. 297 In caso di divorzio per iscambievole consenso, né l'uno né l'altro dei coniugi potrà contrarre un nuovo matrimonio, se non che tre anni dopo la pronunziazione del divorzio.
Art. 298 In caso di divorzio ammesso in giudizio per causa d'adulterio, il coniuge colpevole non potrà mai maritarsi col suo complice. La donna adultera sarà condannata con la stessa sentenza, e ad istanza del ministero pubblico alla reclusione in una casa di correzione per un tempo determinato, che non potrà essere minore di tre mesi, né maggiore di due anni.

GUIDA ALLA LETTURA
❶ Individua i casi, previsti dal documento, in cui sono rilevanti le differenze d'età tra uomini e donne. ❷ Descrivi i ruoli rispettivi del marito e della moglie in merito alla vita coniugale e alla tutela dei figli. ❸ Che cosa significa, sul piano giuridico, l'espressione «divorzio per reciproco consenso»? ❹ Quale concezione complessiva delle differenze tra uomini e donne emerge dal documento?

64DOC

Emmanuel de Las Cases
Napoleone e la storia

E. de Las Cases, *Memoriale di Sant'Elena*, a c. di L. Mascilli Migliorini, Rizzoli, Milano 2004, vol. II, pp. 1610-14

■ Durante l'esilio nell'isola di Sant'Elena, Napoleone cominciò a dettare le sue memorie a Emmanuel de Las Cases (1766-1842), un aristocratico emigrato a Londra allo scoppio della Rivoluzione, poi rientrato in Francia con l'istituzione del Consolato e nominato consigliere di Stato. Dopo la battaglia di Waterloo, Las Cases fu uno dei pochi che seguirono Napoleone in esilio. Nel suo diario si alternano ricostruzioni delle vicende politiche e militari dettate dall'ex imperatore con descrizioni della vita quotidiana nell'isola. In questo brano, datato 20 novembre 1816, Napoleone s'interroga su che cosa sarà ricordato di lui e sul significato stesso del lavoro degli storici. «Ma che cos'è allora questa verità storica, nella maggior parte dei casi? Una favola convenzionale, come fu ingegnosamente definita».

Bisogna convenire, mio caro, mi diceva oggi l'Imperatore, che le *verità vere*, nella storia, difficilmente si conoscono.
Per fortuna, nella maggior parte dei casi, esse sono più degne di curiosità che effettivamente importanti. Ci sono tante verità...! Quella di Fouché[1], per esempio, e di altri intriganti della sua specie; e forse anche quella di molte persone dabbene, differiranno talvolta molto della mia. Quella verità storica tanto invocata, cui ognuno si sforza di chiamarsi, spesso è soltanto una parola: essa è impossibile nel momento stesso in cui si svolgono gli avvenimenti, quando le passioni sono ancora accese. E se, in seguito, si è d'accordo, è perché gli interessati, i contraddittori non esistono più. Ma che cos'è allora, questa verità storica, nella maggior parte dei casi? Una favola convenzionale, come fu ingegnosamente definita. In ogni avvenimento, vi sono due parti essenziali distinte: i fatti materiali e le intenzioni morali. I fatti materiali sembrerebbero incontestabili e, tuttavia, vedete se ci sono due relazioni che si somigliano: alcune rimangono argomento di eterne discussioni. Quanto alle intenzioni morali, come raccapezzarsi, sia pure supponendo la buona fede dei narratori? E che cosa sarà allora, quando i moventi sono la malafede, l'interesse e la passione? Io ho dato un ordine, ma chi può leggere in fondo al mio animo le mie reali intenzioni? eppure ciascuno s'impadronisce di quest'ordine, lo misura col suo metro, lo piega al suo disegno, al proprio metodo personale. Osservate le varie sfumature che darà a quest'ordine un intrigante, a seconda che gli dia noia o, al contrario, favorisca il suo intrigo; osservate i contorcimenti che gli farà subire. Lo stesso avverrà con qualche persona con cui il sovrano o i ministri si saranno confidenzialmente lasciati sfuggire qualcosa sull'argomento; e lo stesso capiterà con i numerosi sfaccendati di palazzo i quali, non avendo di meglio da fare che stare ad origliare alle porte, inventano notizie false spacciandole per vere. E ciascuno sarà così sicuro di quello che racconta! e le persone di rango inferiore che lo apprenderanno da queste bocche privilegiate a loro volta ne saranno sicurissime! ed ecco allora le memorie e i diari, i motti di spirito e le storielle da salotto fare il loro giro...! Mio caro, ecco tuttavia che cos'è la storia! [...] E fu così che allontanai da me l'idea di scrivere le mie memorie, di manifestare i miei sentimenti, da cui si potessero naturalmente ricavare le sfumature del mio intimo carattere. Non sarei potuto scendere a confessioni alla maniera di Jean-Jacques[2], che sarebbero state criticate dal primo venuto. Ho quindi deciso di dettare, qui a voi, solo quanto si riferisce alla mia vita pubblica. So pure che queste stesse relazioni possono essere contestate perché non c'è uomo che gli avversari non attacchino o smentiscano, quale che sia il suo buon diritto, la forza e la potenza di questo buon diritto. Ma agli occhi del saggio, dell'imparziale, del riflessivo, del ragionevole, la mia voce, dopo tutto, varrà bene quella di un altro, e non temo affatto il giudizio finale. Oggi ci sono tanti lumi, che quando le passioni si saranno diradate, le nuvole saranno scomparse, io mi affiderò allo splendore che rimarrà. Ma quanti sbagli ci sono in mezzo! Mi si attribuirà spesso molta profondità o molta sottigliezza in cose che sono, forse, le più semplici al mondo; mi si attribuiranno dei disegni che non ho mai avuto. [...]
Spesso si almanaccherà e si distorcerà ciò che fu del tutto naturale e conseguente. [...] Poi non mancheranno le fandonie e le bugie dei grandi intriganti, ognuno dei quali ha perseguito i propri scopi, le proprie trame, i propri affari particolari, che si identificano col vero corso delle cose e che complicano tutto in una maniera inspiegabile, fino alle rivelazioni, *ai portafogli*, alle osservazioni stesse dei miei ministri, galantuomini certo, i quali però potranno riferire più che altro su ciò che essi stessi hanno creduto piuttosto che su ciò che realmente era. Perché chi poteva dire qual era il mio effettivo pensiero? [...] E probabilmente non c'è uno che, dalla luce da cui sarà stato colpito, non spacci il risultato fantasioso delle proprie immaginazioni come il mio autentico sistema; e così nasce la favola convenzionale che sarà chiamata la storia.

[1] Joseph Fouché (1759-1820), giacobino, ministro di polizia durante il regime napoleonico, favorì il ritorno di Luigi XVIII.

[2] Jean-Jacques Rousseau (1712-1778), autore delle *Confessioni* [👁 3.5].

GUIDA ALLA LETTURA

❶ Ricostruisci l'argomentazione dell'imperatore in merito alla verità storica. ❷ Perché Napoleone afferma che non intende somigliare a «Jean-Jacques»? ❸ Come si formerà la «favola convenzionale» sulla propria vicenda storica?

65

A. Pillepich
L'eredità della dominazione napoleonica in Italia

A. Pillepich, *Napoleone e gli italiani*, il Mulino, Bologna 2005, pp. 172-75

Il periodo della dominazione napoleonica ha profondamente influenzato la successiva storia della penisola italiana. Innanzitutto per l'impulso all'unificazione del paese, che da allora in poi è emerso come un progetto politico perseguibile. Poi per le numerose istituzioni introdotte, che saranno riprese dallo Stato unitario. In questo brano, lo storico francese Alain Pillepich elenca quelli che gli appaiono come i maggiori lasciti del regime napoleonico, riconoscendo «i benefici tratti dall'Italia dal passaggio di un conquistatore che non le era del tutto estraneo e che agì anche come un fondatore»: in questo senso, Napoleone avrebbe avviato un inarrestabile processo di modernizzazione.

Al di là delle tendenze, andiamo ai fatti. Il primo è precisamente l'Unità d'Italia sotto quella bandiera verde-bianco-rossa che risaliva al 1797 e che i patrioti non avevano dimenticato. Tra gli altri lasciti del periodo napoleonico, [...] la penisola dall'inizio dell'Ottocento ha beneficiato di miglioramenti in materia di strade, di pesi e misure, di unificazione monetaria, di musei e di urbanistica.

Nel 1860 come nel 1800 era più facile imporre alle diverse regioni d'Italia le istituzioni di un paese straniero che quelle di una di esse. È così che l'Italia contemporanea ha ancora (o di nuovo) una corte di cassazione, delle corti d'appello, dei consigli provinciali, dei prefetti. Persino il corpo dei carabinieri, fondato dai piemontesi nel 1814 e ripreso dallo stato unitario nel 1861, è in realtà una trasformazione della gendarmeria napoleonica. Due organi amministrativi e un codice illustrano in particolare la permanenza, sia pure con andamenti, delle creazioni operate a livello nazionale durante il periodo francese. Il Consiglio di stato, competente *ipso facto* per i dipartimenti riuniti alla Francia, era stato introdotto, con qualche modifica, nel Regno d'Italia nel 1805 e in quello di Napoli nel 1806. [...] L'Italia unificata l'adottò nella sua variante sarda e lo mantiene tuttora.

Essa conserva anche un altro organismo, la corte dei conti creata in Francia e a Napoli nel 1807 e nel Regno d'Italia nel 1812 [...].

Il codice civile era stato emanato sotto la denominazione di codice Napoleone in Francia nel 1804, nel Regno d'Italia nel 1806 e a Napoli nel 1809. [...] Dopo l'Unità, l'Italia si diede un codice civile nel 1865 poi riformato nel 1942 ma, a parte la questione del divorzio, l'una e l'altra versione erano largamente ispirate al codice Napoleone con il suo civile laico, le sue regole in materia successoria ecc.

Tuttavia, l'aspetto centralizzatore delle istituzioni alla francese, se da una parte era approvato dai piemontesi, grandi autori dell'unificazione del paese, dall'altra era contestato dagli abitanti delle altre regioni. [...] Analogamente il problema delle regioni ha finito per ridiventare attuale solo con la costituzione del 1947, pur con una configurazione assai diversa da quella del 1812. Così le istituzioni comunali, sotto questo o quel nome, hanno con successo attraversato i secoli.

Le questioni religiose hanno conosciuto una evoluzione grosso modo simile a quanto è avvenuto nel settore civile. Durante la Restaurazione gli Asburgo rimasero fedeli alla dottrina cattolica, pur mantenendo il principio delle secolarizzazioni ereditato da Giuseppe II di cui l'imperatore Francesco seguiva le orme. [...] Nel periodo che va dalla presa di Roma agli accordi del Laterano (1870-1929) la nuova amministrazione italiana si ricollegò alla precedente esperienza napoleonica sulla via dell'antipapismo ed estese le secolarizzazioni all'intero territorio. Nondimeno il divorzio fu introdotto nella legislazione italiana solo nel 1970.

In materia di assistenza sociale e d'istruzione pubblica, sono sopravvissute le istituzioni locali meglio ancorate al passato: gli ospedali, gli orfanotrofi, gli istituti per anziani sistemati in nuove sedi e le accademie di Belle Arti mantenute nelle sedi originarie. [...] Con il rinnovamento dell'economia e della società l'insegnamento si è molto diversificato ma i licei, rivitalizzati nel 1859 da una legge di Gabrio Casati, [...] sono sempre là.

In fin dei conti, alla domanda se resta oggi qualche cosa in Italia degli anni 1802-1814 occorre dare una risposta positiva. Senza nulla togliere alle sue glorie originali, senza nulla negare di ciò che essa ha potuto sopportare nel corso di quegli anni movimentati, senza nulla dimenticare di ciò che le è proprio, senza nulla negare del suo ruolo attuale in una Europa in costruzione, è tuttavia giusto riconoscere i benefici tratti dall'Italia dal passaggio di un conquistatore che non le era del tutto estraneo e che agì anche come un fondatore. La struttura che Napoleone le ha dato ha ampiamente tenuto e ha permesso un'evoluzione che egli probabilmente non avrebbe rinnegato.

GUIDA ALLA LETTURA

❶ Elenca le eredità napoleoniche sul piano territoriale e degli organi amministrativi presenti in Italia. ❷ Quali sono i lasciti dell'esperienza storica napoleonica nel campo della legislazione e delle questioni religiose e sociali? ❸ Secondo lo storico, la politica di Napoleone ebbe sempre successo in Italia? Perché? ❹ Quale bilancio finale trae lo storico dall'argomentazione della sua tesi?

SVILUPPARE LE COMPETENZE

Comprendere e Analizzare

❶ Dopo aver letto il brano del *Codice civile* [63DOC] e il testo di Criscuolo [62], analizza ed evidenzia il rapporto tra la concezione che Napoleone aveva del sesso femminile e gli articoli del *Codice* a essa affini. Tieni presente l'immagine della donna (figlia e moglie) che emerge dalla lettura degli articoli sul matrimonio e sul divorzio presenti nel *Codice*.

❷ Alla luce degli articoli del *Codice civile* presentati, ti sembra che la tesi di Pillepich [65] sulla sua eredità in Italia sia confermata o smentita? Nel rispondere, puoi cercare in Internet e tenere presente il *Titolo VI* del *Libro Primo* del *Codice civile* italiano.

Rielaborare e Argomentare

❸ Elabora un breve testo (max 15 righe) in cui, alla luce del documento di Las Cases [64DOC] e del testo di Pillepich [65], esporre l'eredità napoleonica in Italia e il giudizio su di essa degli storici.

❹ **Redazione di un articolo di giornale. *Vita privata dell'imperatore Napoleone Bonaparte***

Sviluppa questo argomento in forma di "articolo di giornale", utilizzando gli articoli del *Codice civile* [63DOC] e i brani di Criscuolo [62] e di Las Cases [64DOC]. Individua in questi testi uno o più elementi che ti sembrano rilevanti e costruisci su di essi il tuo "pezzo". Da' all'articolo un titolo appropriato e indica il tipo di giornale sul quale ne ipotizzi la pubblicazione (quotidiano, rivista divulgativa, giornale scolastico, altro).

Se lo ritieni opportuno, organizza la trattazione dividendola in paragrafi, cui potrai eventualmente dare uno specifico titolo, sulla base dei seguenti argomenti:

a. aneddoti, frasi pronunciate;
b. origini e rapporti familiari;
c. vita sentimentale;
d. concezioni culturali e politiche.

La prima rivoluzione industriale

La grande maggioranza degli storici è convinta che la rivoluzione industriale, come le rivoluzioni politiche di fine '700, segni una svolta epocale nella storia occidentale. L'avvento del nuovo sistema di produzione, infatti, non solo trasformò irreversibilmente l'economia, ma travolse l'intera società di antico regime modificando mentalità, comportamenti, valori, abitudini: le innovazioni tecnologiche, la divisione del lavoro, lo sviluppo dei mezzi di trasporto e di comunicazione modificarono profondamente i modi di vivere, di pensare e di guardare il mondo. Soprattutto, emersero nuovi protagonisti sulla scena pubblica: da una parte la borghesia imprenditrice, dall'altra la classe operaia. Sebbene negli ultimi decenni gli studiosi abbiano ridimensionato gli effetti della rivoluzione industriale nelle sue prime fasi di sviluppo, è indubbio che allora cominciarono alcuni processi che caratterizzarono la storia del mondo occidentale nei due secoli successivi.
Questa sezione contiene alcuni documenti e brani storiografici utili per comprendere meglio le origini di questo fenomeno, a partire dalle sue origini nella Gran Bretagna del '700: per capire la rivoluzione industriale, infatti, è necessario comprendere e analizzare le vicende economiche, sociali e culturali di questo paese.
Nel primo testo, **Robert C. Allen** [66] si interroga sul perché la rivoluzione industriale avvenne proprio in Gran Bretagna, concentrando l'attenzione sui salari dei lavoratori inglesi e sul costo delle fonti d'energia. Seguono, nel brano successivo, le riflessioni di **David S. Landes** [67] sulle caratteristiche del mercato interno britannico.
Il critico letterario **Raymond Williams** [68] mette l'accento sulla storia dei significati di alcuni termini quale riflesso di profonde mutazioni nella mentalità e nel senso comune dell'epoca.
La rivoluzione industriale significò anche e soprattutto la nascita della classe operaia. Lo storico **Edward P. Thompson** [69] ci presenta il lento processo di formazione del proletariato e il suo complesso riconoscersi come classe distinta e contrapposta a quella dei capitalisti. Nel brano seguente **Karl Marx** [70DOC] definisce il concetto di forza-lavoro e spiega in quali condizioni storiche la forza-lavoro si trasformi in merce, ossia in un bene che può essere comprato o venduto sul mercato, introducendo così un criterio interpretativo originale dei rapporti economici del capitalismo. Le pagine di **Friedrich Engels** [71DOC] disegnano invece, attraverso una appassionata descrizione, uno degli aspetti psicologici della condizione del proletariato inglese, che da quei rapporti economici viene generato. Infine, lo storico inglese **Eric J. Hobsbawm** [72] evidenzia il ruolo della tradizione nello sviluppo di una nuova cultura operaia.

66

R.C. Allen
Perché la rivoluzione industriale avvenne in Gran Bretagna?

R.C. Allen, *La rivoluzione industriale inglese. Una prospettiva globale*, il Mulino, Bologna 2011, pp. 168-83

■ Lo storico dell'economia Robert C. Allen (nato nel 1947), dopo un'analisi comparata delle caratteristiche peculiari delle economie di diversi paesi nel XVIII secolo, ha identificato nella struttura dei salari e dei prezzi il motivo per cui la rivoluzione industriale avvenne proprio in Gran Bretagna. L'economia britannica, infatti, era caratterizzata da salari operai molto più alti che nel resto d'Europa e in Asia, dall'energia più economica del mondo, grazie soprattutto ai giacimenti carboniferi settentrionali e delle contee centrali, e da un'ampia disponibilità di capitale da investire. La domanda di tecnologia fu una conseguenza del rapporto fra il costo della manodopera e il prezzo degli altri fattori della produzione: le imprese britanniche, infatti, trovarono conveniente inventare e utilizzare tecnologie d'avanguardia che risparmiavano lavoro, relativamente costoso, intensificando l'impiego dei due fattori a buon mercato, l'energia e il capitale.

La mia analisi si basa su due distinzioni. La prima è tra macroinvenzioni e microinvenzioni. La macchina a vapore di Newcomen e la «Spinning Jenny» di Hargreaves[1], per esempio, furono macroinvenzioni, poiché misero in moto lunghi percorsi di progresso che portarono a grandi incrementi di produttività. Ma per la mia analisi risulta fondamentale il fatto che esse mutarono anche radicalmente i rapporti tra i fattori di produzione, permettendo di sostituire la manodopera con energia e capitale. Per questo motivo le macroinvenzioni della rivoluzione industriale furono redditizie solamente in Gran Bretagna. Invece le microinvenzioni sono essenzialmente perfezionamenti avvenuti lungo il cammino che condusse alle macroinvenzioni e al pieno dispiegamento delle loro potenzialità, permettendo di realizzare economie su tutta la linea e traendo vantaggio sia da beni di cui la Gran Bretagna era abbondantemente dotata (come il carbone), sia da fattori che invece erano scarsi (come la manodopera). La conseguenza fu che il flusso di microinvenzioni rese convenienti in un numero sempre maggiore di paesi le macchine a vapore, i filatoi per il cotone e gli altiforni a coke, e in questo modo la rivoluzione industriale si diffuse nel mondo. [...]

Il successo della Gran Bretagna nell'economia già globalizzata dell'età moderna fece sì che essa disponesse di una manodopera costosa e di energia a basso costo. I prezzi di quei fattori influenzarono la *domanda* di tecnologia dando alle imprese britanniche un eccezionale incentivo a inventare nuove tecnologie in grado di sostituire la manodopera con capitale ed energia. Gli alti salari reali stimolarono anche l'innovazione produttiva, facendo sì che vi fosse un più vasto mercato di massa per beni di consumo «di lusso», comprese le importazioni dall'Asia orientale. [...]

I salari inglesi erano molto elevati rispetto agli standard internazionali, sia considerando il tasso di cambio sia in rapporto al tenore di vita che consentivano. [...] In Gran Bretagna il prezzo dell'energia era eccezionalmente basso, specie nei pressi dei bacini carboniferi delle regioni settentrionali e occidentali. [...]

[La] prima tappa fu costituita dalle celebri macroinvenzioni del Settecento. Le macroinvenzioni furono realizzate in Gran Bretagna nel corso di quel secolo perché gli alti e crescenti salari indussero una domanda di tecnologie in grado di sostituire il lavoro con capitali ed energia. [...] Le macroinvenzioni ebbero nel tempo effetti rivoluzionari, ma i loro primi modelli furono molto inefficaci dal punto di vista commerciale. Perfino nelle circostanze più favorevoli esse produssero a malapena dei profitti e nella maggior parte dei casi non permisero di guadagnare abbastanza da coprire i loro stessi costi. [...] In tal senso, l'attività di ricerca e sviluppo può intendersi come il processo di progettazione di prototipi abbastanza efficienti da coprire i costi della loro realizzazione. [...]

Il graduale perfezionamento delle macroinvenzioni ebbe conseguenze che possiamo osservare nel corso del Settecento e dell'Ottocento. In primo luogo, quando furono realizzate le microinvenzioni, la Gran Bretagna aumentò il suo vantaggio tecnologico sugli altri paesi. Inoltre i paesi che avevano salari più bassi e energia più costosa non adottarono ancora le nuove tecnologie britanniche [...]. Per cui, sebbene l'altoforno a coke del 1780-90 fosse più efficiente della caldaia del 1730-40, i francesi non lo usavano ancora [perché] [...] impiegava ancora troppo carbone per essere conveniente [...]. Nei settant'anni successivi gli ingegneri britannici ridussero talmente l'impiego di tutti i fattori – carbone, minerale, manodopera e capitale – che anche in Francia la fusione col carbone coke divenne più conveniente di quella col carbone e legna. [...] E infatti i francesi saltarono direttamente agli altiforni più avanzati tecnologicamente, evitando le tappe intermedie [...]. Il vantaggio competitivo britannico si era fondato sull'invenzione di tecnologie che apportavano un beneficio alla Gran Bretagna in virtù delle caratteristiche peculiari che essa aveva. È ironico che il successo degli ingegneri inglesi nel perfezionamento di quelle tecnologie abbia finito per distruggere il vantaggio comparato del loro paese.

---

[1] 👁 8.2.

GUIDA ALLA LETTURA

❶ Qual è, secondo Allen, la differenza tra «macroinvenzioni» e «microinvenzioni»? ❷ Quali sono i fattori specifici del contesto britannico che stimolarono una domanda di tecnologia? ❸ Perché le «macroinvenzioni» erano convenienti solo in Gran Bretagna?

67

D.S. Landes
Il mercato inglese

D.S. Landes, *Prometeo liberato. Trasformazioni tecnologiche e sviluppo industriale nell'Europa occidentale dal 1750 ai giorni nostri*, Einaudi, Torino 1978, pp. 63-70

■ Anche secondo lo storico statunitense David S. Landes **[37]**, uno dei più autorevoli studiosi dei processi di industrializzazione, le cause del primato britannico vanno ricercate nella peculiarità della struttura sociale ed economica dell'Inghilterra di fine '700: essa era caratterizzata da un alto tasso di urbanizzazione, da un elevato reddito medio, da un mercato interno sostanzialmente libero e in forte espansione. In questo brano, tratto da un saggio pubblicato nel 1969, Landes analizza il mercato inglese evidenziandone le specificità rispetto a quelli di altri paesi europei: egli giunge alla conclusione che furono proprio una più equa distribuzione dei redditi e una maggiore mobilità sociale a favorire in Inghilterra un'espansione della domanda di manufatti standardizzati.

Nel mercato inglese il potere d'acquisto pro capite e il tenore di vita erano notevolmente più alti che sul continente. [...]
Il contadino inglese non solo mangiava meglio; ma spendeva per il cibo una parte minore del suo reddito che non i suoi simili sul continente [...]. Di conseguenza aveva più denari da spendere per altre cose, compresi i manufatti. L'inglese era noto per portare scarpe di cuoio, mentre il fiammingo o il francese aveva ai piedi gli zoccoli; si vestiva di lana, mentre il contadino francese o tedesco rabbrividiva spesso in panni di lino, nobile tessuto per la tavola o il letto, ma riparo mediocre contro i rigori degli inverni europei. Defoe[1] descrive vivacemente e con orgoglio l'importanza di questa domanda di mercato per le manifatture britanniche del suo *Plan of the English Commerce* del 1728:

> ... per il resto vediamo le loro Case ed Alloggi tollerabilmente ammobiliati, o almeno ben provveduti delle utili e necessarie Masserizie; anche coloro che chiamiamo poveri, gli Operai, la Gente che lavora e fatica, hanno questo modo di vita: dormono al caldo, vivono con agio, lavorano sodo, e non sono sforzati a conoscere il Bisogno. [...] Grazie ai loro Salari essi possono vivere con Abbondanza, ed è grazie al loro largo, generoso e libero modo di vivere che presso di noi il Consumo [...] è pervenuto a tanta Mole.

L'accenno di Defoe al «largo, generoso e libero modo di vivere» degli inglesi richiama alla mente un aspetto decisivo del mercato interno britannico: un modello di consumo favorevole allo sviluppo delle manifatture. Più di ogni altra comunità europea, probabilmente, quella inglese era una società aperta. Non soltanto il reddito era più egualmente distribuito che al di là della Manica; ma le barriere alla mobilità sociale meno alte, e le definizioni di rango meno rigide. [...]
Nelle società non primitive, tecnicamente abbastanza avanzate e in cui si ha una certa accumulazione di ricchezza, l'ineguaglianza alimenta nei pochi il gusto di lussi e servizi stravaganti, laddove l'eguaglianza incoraggia nei molti la domanda di agi più solidi e sobri. Le grandi ricchezze in un mare di povertà sono generalmente il prodotto di un basso rapporto capitale-lavoro (o di un cattivo investimento dei capitali). Esse danno origine a un prodigo dispendio di energie lavorative per i piaceri e l'eleganza del vivere: una sovrabbondanza di domestici [...]; abiti di gala di gran prezzo; residenze decorate sontuosamente; produzione di opere d'arte squisite e difficili.
Una più eguale diffusione della ricchezza, invece, è il risultato di un alto costo del lavoro. Questo era appunto il caso dell'Inghilterra, dove i salari [...] risultavano all'incirca il doppio che in Francia e anche più alti rispetto alle regioni a est del Reno. In un'economia simile, si hanno funzioni produttive a più alta intensità di capitale, mentre il ricco consumatore è meno incline al capriccio e si accontenta di una maggiore abbondanza di quei beni che in quantità minore e in qualità inferiore sono accessibili anche ai suoi simili meno abbienti. D'altra parte, il potere d'acquisto relativamente elevato dei ceti meno abbienti della popolazione implica una domanda corrispettivamente maggiore delle cose di cui costoro hanno bisogno e che possono permettersi: gli articoli più a buon mercato e di più semplice fattura, suscettibili di essere prodotti in massa.
La mobilità, in una società simile, agisce a favore della standardizzazione. Nella mobilità infatti è insita l'emulazione, e l'emulazione promuove la diffusione di modelli di spesa in tutto il corpo della popolazione. [...]
Nonostante la sporadicità dei dati, appare chiaro che il commercio inglese del XVIII secolo era a paragone di quello continentale singolarmente energico, intraprendente e aperto alle innovazioni. La spiegazione è in parte istituzionale: gli esercenti inglesi erano relativamente esenti da restrizioni consuetudinarie o legali circa l'oggetto o il carattere della loro attività; potevano vendere ciò che volevano e dove volevano, ed erano liberi di farsi concorrenza, e se la facevano, con i prezzi, la pubblicità e il credito. [...]
In conclusione, il mercato interno dei manufatti era in aumento, grazie al miglioramento delle comunicazioni, all'incremento della popolazione, all'elevato e crescente reddito medio, a un modello di acquisto favorevole a prodotti solidi, standardizzati e di modico prezzo, e a un'iniziativa commerciale libera da strettoie.

[1] Daniel Defoe (1660-1731), romanziere e giornalista. Autore, tra l'altro, del romanzo *Robinson Crusoe* (1719).

GUIDA ALLA LETTURA
❶ Quale modello di consumo si affermò nell'Inghilterra settecentesca? Da quali attori sociali era sostenuto? ❷ Perché Landes definisce la società inglese una «società aperta»? ❸ Che relazione lo storico statunitense istituisce tra la mobilità sociale e la standardizzazione dei consumi?

68

R. Williams
La parola chiave della nuova società

R. Williams, *Cultura e rivoluzione industriale. Inghilterra 1780-1950*, Einaudi, Torino 1968, pp. 15-21

In *Cultura e rivoluzione industriale* (1961), il critico letterario inglese Raymond Williams (1921-1988) annovera tra le conseguenze della rivoluzione industriale anche una profonda trasformazione del nostro lessico. Con essa compaiono, infatti, vocaboli nuovi mentre altri assumono significati o sfumature diverse rispetto al passato, fino a definire una nuova cultura: le cinque parole che Williams considera fondamentali in questo itinerario sono «industria», «democrazia», «classe», «arte» e «cultura». Nella sua opera, Williams ricostruisce questo percorso attraverso l'analisi e il confronto di una molteplicità di fonti filosofiche e letterarie. Vengono qui riprodotte le prime pagine del suo saggio, in cui esamina i primi tre di questi termini.

Negli ultimi decenni del diciottesimo secolo e nella prima metà del diciannovesimo, numerose parole, che sono oggi di importanza fondamentale, entrarono per la prima volta nell'uso in Inghilterra, o, dove erano già adoperate comunemente, acquistarono significati nuovi e importanti. Vi è difatti in queste parole un modo generale di trasformarsi, modo che può servire come una guida di tipo particolare per riconsiderare quei più ampi cambiamenti nella vita e nel pensiero ai quali chiaramente si collegano i mutamenti nel linguaggio. [...]

La prima parola importante è *industria*, e il periodo in cui mutò significato fu il periodo che noi oggi chiamiamo della Rivoluzione industriale. *Industria*, prima di questo periodo, era il nome di un particolare attributo dell'uomo, nome che potrebbe essere parafrasato con «abilità, assiduità, perseveranza, diligenza». È chiaro che questo significato della parola *industria* sopravvive ancora. Ma negli ultimi decenni del diciottesimo secolo, *industria* giunse a significare anche qualcos'altro; divenne un nome collettivo per le istituzioni manifatturiere e produttive, e per le attività generali ad esse attinenti. [...] L'importanza rapidamente crescente di queste istituzioni è evidente dal fatto che creano un nuovo sistema, il quale nel terzo decennio del diciannovesimo secolo viene per la prima volta definito *industrialismo*. In parte, ciò è la sanzione di una serie di cambiamenti tecnici di somma importanza, e delle trasformazioni da questi apportate nei metodi di produzione. Ma è anche un riconoscimento dell'effetto di questi cambiamenti sulla società nel suo insieme, che si trasforma di pari passo. L'espressione *Rivoluzione industriale* lo conferma ampiamente, giacché, usata per la prima volta dagli scrittori francesi nel secondo decennio dell'Ottocento e adottata a poco a poco dagli scrittori inglesi nel corso del secolo, è modellata esplicitamente su un'analogia con la Rivoluzione francese del 1789. Come quella aveva trasformato la Francia, così questa ha trasformato l'Inghilterra, i mezzi sono differenti, ma il risultato è analogo: ha prodotto, mediante un certo tipo di cambiamento, una nuova società.

La seconda parola importante è *democrazia*, che, nota ai greci nel significato di «governo del popolo», entrò tuttavia nell'uso comune inglese solamente al tempo delle Rivoluzioni americana e francese. [...]

L'Inghilterra fu forse una democrazia (la parola ha talmente tante definizioni moderne) dai tempi della Magna Carta, o del Commonwealth, o dal 1688, ma certamente non si definì mai come tale. I *democratici*, alla fine del diciottesimo e al principio del diciannovesimo secolo, erano generalmente considerati pericolosi e sovversivi agitatori del popolo. Così come *industria* e le parole derivate ricordano ciò che noi oggi chiamiamo Rivoluzione industriale, *democrazia* e *democratico*, con il loro ingresso nel linguaggio comune, registrano gli effetti in Inghilterra delle Rivoluzioni americana e francese, e un momento cruciale della lotta, in patria, per quella che noi oggi chiameremmo rappresentanza democratica. [...]

La terza parola, *classe*, si può far risalire, per il significato moderno più importante, all'incirca al 1740. Prima di allora, il termine *classe* veniva usato per indicare una divisione o un gruppo nelle scuole e nei collegi [...]. Soltanto alla fine del diciottesimo secolo si comincia a costruire la moderna struttura di classe, in senso sociale. Dapprima viene *classe inferiore*, per unirsi a *ordini inferiori*, che appare agli inizi del diciottesimo secolo. Poi, dopo il 1790, abbiamo le *classi alte*, le *classi medie* e *classi medie inferiori* seguono immediatamente; le *classi lavoratrici* circa nel 1815; le *classi superiori* negli anni tra il 1820 e il 1830. *Pregiudizio di classe*, *legislazione di classe*, *coscienza di classe*, *lotta di classe* e *guerra di classe* seguono nel corso del secolo diciannovesimo. Si sente parlare di *classi medie alte* per la prima volta negli anni novanta; di *classi medie basse* nel secolo ventesimo.

È ovvio, naturalmente, che questa spettacolare storia del nuovo uso del termine classe, non indica l'inizio delle divisioni sociali in Inghilterra. Ma segna con molta chiarezza un mutamento nel carattere di queste divisioni, e testimonia, con uguale chiarezza, un cambiamento di atteggiamento nei loro confronti.

GUIDA ALLA LETTURA

❶ Perché e quando si è verificato un cambiamento del modo di usare alcune parole? ❷ Qual è l'analogia tra l'espressione «rivoluzione industriale» e l'espressione «rivoluzione francese»? ❸ Che cosa evidenzia il nuovo significato attribuito alla parola «classe»?

69

E.P. Thompson
La formazione della classe operaia

E.P. Thompson, *Rivoluzione industriale e classe operaia in Inghilterra*, il Saggiatore, Milano 1969, I, pp. 192-98

■ Le pagine che seguono sono tratte da *Rivoluzione industriale e classe operaia in Inghilterra* (1963), in cui lo storico inglese Edward P. Thompson **[6]** analizza la formazione della classe operaia: il titolo originale dell'opera è, appunto, *The Making of the English Working Class* ('Il farsi della classe operaia inglese'). Secondo Thompson, essa «nasce quando un gruppo di uomini, per effetto di comuni esperienze, sentono ed esprimono un'identità di interessi sia fra di loro, sia nei confronti di altri gruppi con interessi diversi», mentre la coscienza di classe rappresenta «il modo in cui queste esperienze sono vissute e riplasmate in termini culturali». Attento alle dinamiche sociali e culturali più che a quelle politiche, Thompson ha sottolineato la centralità di artigiani, lavoratori a domicilio e operai specializzati nel processo di formazione della classe operaia, rispetto al ruolo tardivo svolto dagli operai di fabbrica.

Sarebbe un errore credere che fra la dinamica dell'espansione economica e quella della vita sociale o culturale la corrispondenza sia automatica, o rigorosamente diretta. Ancora mezzo secolo dopo che il cotonificio aveva «fatto breccia» (verso il 1780), gli operai di fabbrica erano solo una minoranza della forza-lavoro adulta nella stessa industria cotoniera. [...]

Il punto è degno di rilievo, perché un'accentuazione esagerata della «novità» della fabbrica cotoniera può indurre a una sottovalutazione della continuità delle tradizioni politiche e culturali nella genesi delle comunità operaie. Lungi dall'essere «i primogeniti della rivoluzione industriale», gli operai di fabbrica ne furono il prodotto tardivo. Molte delle loro idee e forme di organizzazione furono anticipate dai lavoratori a domicilio [...]. In molte città, il vero perno del movimento operaio [...] è rappresentato da piccoli tessitori, calzolai, sellai, librai, tipografi, muratori, piccoli mastri-artigiani o mercanti, e simili. [...]

Pur con le debite riserve, il fatto dominante del quarantennio 1790-1830 resta il formarsi di una «classe operaia» quale si rivela, prima di tutto, nella nascita di una coscienza di classe intesa come coscienza di una sostanziale identità di interessi fra tutti i gruppi di lavoratori in contrapposto agli interessi di altri ceti; e, in secondo luogo, nello sviluppo di forme corrispondenti di organizzazione politica ed economica. Il 1832 vede ormai delle istituzioni operaie solidamente impiantate e coscienti di sé – *trade unions*, società di mutuo soccorso, movimenti educativi e religiosi, organizzazioni politiche, stampa periodica, – e un certo numero di tradizioni intellettuali, di forme di vita comunitaria, di modi di sentire, tipici della classe operaia.

Il nascere della classe operaia è un fatto di storia politica e culturale oltre che economica. Essa non fu una generazione spontanea del sistema di fabbrica [...]. No, i rapporti produttivi e le condizioni di lavoro tipici della rivoluzione industriale vennero imposti non a una materia grezza, ma agli «inglesi nati liberi» cresciuti alla scuola di Tom Paine[1] o forgiati dal metodismo[2]. [...] La classe operaia «si fece» almeno nella stessa misura in cui «venne fatta». [...]

Il contesto politico influì sulla formazione della coscienza e degli istituti operai non meno della macchina a vapore. [...] Allarmati dall'esempio francese, e nel fervore patriottico della guerra, aristocrazia e borghesia industriale fecero causa comune. [...] L'aristocrazia aveva interesse a reprimere le «cospirazioni» giacobine del popolo, la borghesia manufatturiera a sventarne le «cospirazioni» rivolte a strappare aumenti di salario: i *Combination Acts*, le leggi che vietavano le coalizioni [1799-1800] servirono a entrambi gli scopi. [...]

Nelle industrie a domicilio, a partire dal 1800, si diffuse tra i piccoli mastri-artigiani la tendenza a cedere il passo ai grandi imprenditori (fossero industriali o intermediari), e fra la maggioranza dei tessitori, calzettai, fabbricanti di chiodi, quella a diventare lavoratori a domicilio, salariati e con impiego più o meno saltuario. Nei cotonifici e in molte zone minerarie, furono questi gli anni del lavoro infantile (e, sotto terra, femminile); e le grandi aziende, il sistema di fabbrica con la sua disciplina, le comunità manufatturiere in cui non solo l'industriale si arricchiva sfruttando il lavoro dei suoi operai, ma lo si poteva *vedere* arricchire nell'arco di appena una generazione, contribuirono a rendere trasparente il processo di sfruttamento, e socialmente e culturalmente uniti gli sfruttati.

Possiamo allora intravedere ciò che vi fu di realmente catastrofico nella natura della rivoluzione industriale, e alcune delle ragioni che spiegano come la classe operaia inglese abbia preso forma appunto in quegli anni. Essa era contemporaneamente soggetta alla intensificazione di due forme di rapporti intollerabili: quella dello sfruttamento economico, e quella dell'oppressione politica. [...] E, dovunque [...] [l'operaio] cercava di opporsi allo sfruttamento, si trovava di contro le forze dell'imprenditore o dello Stato, e generalmente di entrambi.

[1] Scrittore e rivoluzionario inglese (1737-1809), si schierò a favore dell'indipendenza americana e della Rivoluzione francese, partecipando direttamente a entrambi gli eventi.

[2] Dottrina e movimento protestanti che traggono origine dal rinnovamento evangelico di J. e C. Wesley e dalle critiche da loro rivolte al formalismo della Chiesa anglicana, da cui si staccarono agli inizi del XVIII secolo.

GUIDA ALLA LETTURA

❶ Perché Thompson definisce gli operai di fabbrica come «il prodotto tardivo della rivoluzione industriale»? ❷ Da quali soggetti era composto, inizialmente, il movimento operaio? Da chi era rappresentato, secondo Thompson, il suo vero perno? ❸ Che cosa determinò, secondo l'autore, la formazione di una coscienza di classe tra gli operai? ❹ In quale contesto sociale e politico prese forma la classe operaia inglese?

70 DOC

Karl Marx
La forza-lavoro come merce

K. Marx, *Il Capitale*, Editori Riuniti, Roma 1967, I, pp. 200-3

■ In questo brano, tratto dal *Capitale* [👁 10.7 e 15.7] – il cui primo volume fu pubblicato nel 1867 mentre i due successivi uscirono postumi, nel 1885 e nel 1894 –, Karl Marx (1818-1883) definisce il concetto di forza-lavoro e spiega a quali condizioni e in quali circostanze storiche essa si trasforma in merce, ossia in un bene che può essere comprato e venduto sul mercato. Nel *Capitale*, inoltre, viene analizzato il modo di produzione capitalistico e sono evidenziati i rapporti sociali ed economici che rendono possibili la produzione, distribuzione e riproduzione dei beni. Marx non descrive la realtà del suo tempo, ma costruisce piuttosto un modello generale di funzionamento del sistema capitalistico, che egli considera un modo di produzione storicamente determinato e quindi transitorio.

Per *forza-lavoro* o *capacità di lavoro* intendiamo l'insieme delle attitudini *fisiche* e intellettuali che esistono nella corporeità, ossia nella personalità vivente d'un uomo, e che egli mette in movimento ogni volta che produce valori d'uso di qualsiasi genere.

Tuttavia, affinché il possessore di denaro incontri sul mercato la forza-lavoro come *merce* debbono essere soddisfatte diverse condizioni. In sé e per sé, lo scambio delle merci non include altri *rapporti di dipendenza* fuori di quelli derivanti dalla sua propria natura. Se si parte da questo presupposto, la *forza-lavoro* come *merce* può apparire sul mercato soltanto in quanto e perché viene offerta o venduta *come merce* dal *proprio possessore*, dalla persona della quale essa è la *forza-lavoro*. Affinché il possessore della forza-lavoro la venda come merce, egli deve poterne disporre, quindi essere *libero proprietario* della propria capacità di lavoro, della propria persona. Egli si incontra sul mercato con il possessore di denaro e i due entrano in rapporto reciproco come *possessori di merci*, di pari diritti, distinti solo per essere l'uno compratore, l'altro venditore, *persone* dunque *giuridicamente eguali*. La continuazione di questo rapporto esige che il proprietario della forza-lavoro la venda sempre e soltanto per *un tempo determinato*: poiché se la vende in blocco, una volta per tutte, vende se stesso, si trasforma da libero in schiavo, da possessore di merce in merce. [...]

La seconda condizione essenziale, affinché il possessore del denaro trovi la *forza-lavoro* sul mercato *come merce*, è che il possessore di questa non abbia la possibilità di vendere *merci* nelle quali si sia oggettivato il suo lavoro, ma anzi, *sia costretto* a mettere in vendita, come *merce*, *la sua* stessa *forza-lavoro*, che esiste soltanto nella sua corporeità vivente.

Affinché qualcuno venda *merci distinte* dalla propria forza-lavoro, deve, com'è ovvio, possedere *mezzi di produzione*, p. es. materie prime, strumenti di lavoro ecc. Non può fare stivali senza cuoio. Inoltre, ha bisogno di *mezzi di sussistenza*. [...] L'uomo è costretto ancora a consumare, giorno per giorno, prima di produrre e mentre produce, come il primo giorno della sua comparsa sulla scena della terra. [...]

La natura non produce da una parte possessori di denaro o di merci e dall'altra puri e semplici possessori della propria forza lavorativa. Questo rapporto non è un rapporto *risultante dalla storia naturale* e neppure un rapporto *sociale* che sia comune a tutti i periodi della storia. Esso stesso è evidentemente il risultato d'uno svolgimento storico precedente, il prodotto di molti rivolgimenti economici, del tramonto di tutta una serie di formazioni più antiche della produzione sociale.

Anche le categorie economiche che abbiamo già considerato, portano le tracce della loro storia. Nell'esistenza del prodotto *come merce*, sono racchiuse determinate condizioni storiche. Per divenire merce, il prodotto *non* dev'essere prodotto *come mezzo immediato* di sussistenza per colui che lo produce. Se avessimo indagato per vedere in quali circostanze *tutti*, o anche soltanto la maggior parte dei prodotti, assumono la forma di *merce*, avremmo trovato che ciò avviene soltanto sulla base di un modo di produzione assolutamente specifico, cioè del *modo di produzione capitalistico*.

GUIDA ALLA LETTURA

❶ Quale definizione di forza-lavoro viene proposta da Marx? ❷ A quali attori sociali Marx fa riferimento quando parla di «venditore» e «compratore» di forza-lavoro? ❸ Quali sono le condizioni necessarie per cui la forza-lavoro possa trasformarsi in merce? ❹ Il rapporto tra possessori di denaro e possessori di forza-lavoro è un rapporto derivante dalla storia naturale? Perché?

71 DOC

Friedrich Engels
Le condizioni della classe operaia

F. Engels, *La situazione della classe operaia in Inghilterra*, Edizioni Rinascita, Roma 1955, pp. 142-43

■ Uno dei testi più noti sulle condizioni di vita della classe operaia durante la rivoluzione industriale è sicuramente il libro pubblicato nel 1845 da Friedrich Engels (1820-1895) con il titolo *La situazione della classe operaia in Inghilterra*. L'autore, figlio di un industriale tedesco, si recò in Inghilterra alla fine del 1842 per completare il suo tirocinio commerciale presso una ditta di Manchester di cui il padre era comproprietario. Nel 1844 iniziò il suo sodalizio intellettuale e politico con Karl Marx [70DOC]. L'opera è frutto di una meticolosa raccolta di materiale documentario, ma anche della minuziosa capacità di osservazione dell'autore, e colpisce per l'oggettività della descrizione che non indulge mai in critiche di carattere moralistico o in atteggiamenti pietistici.

Un'altra fonte di demoralizzazione per gli operai è la condanna al lavoro. Se la libera attività produttiva è il massimo godimento che conosciamo, il lavoro forzato è il tormento più duro e più avvilente. Nulla è più tremendo che dover fare tutti i giorni, dalla mattina alla sera, un lavoro che ripugna. E quanto più l'operaio ha sentimenti umani, tanto più deve odiare il suo lavoro, del quale egli sente la costrizione, l'inutilità per se stesso. Perché mai egli lavora? Per desiderio di creare? Per impulso naturale? Niente affatto. Lavora soltanto per il denaro, cioè per una cosa che con il lavoro stesso non ha proprio nulla a che fare; lavora perché deve farlo, e per di più lavora cosi a lungo e in modo cosi ininterrottamente uniforme che già solo per questi motivi il lavoro fin dalle prime settimane deve diventare per lui un tormento, se ha ancora dei sentimenti umani. La divisione del lavoro poi ha aggravato ulteriormente l'abbrutimento derivante dal lavoro forzato. Nella maggior parte dei rami di lavoro, l'attività dell'operaio è ridotta ad una misera manipolazione meramente meccanica, che si ripete minuto per minuto e resta la stessa di anno in anno. Quanti sentimenti e quante capacita umane potrà aver salvato, giunto ai trent'anni, chi fin da fanciullo ha fatto ogni giorno per dodici ore e più capocchie di spillo o limato ruote dentate, vivendo per di più nelle condizioni di un proletario inglese? Le cose non mutano con l'introduzione del vapore e delle macchine. L'attività dell'operaio è divenuta facile, gli sforzi muscolari vengono in gran parte evitati e il lavoro stesso e divenuto insignificante, ma monotono al massimo grado. Esso non consente all'operaio nessuna esplicazione di attività spirituale, e tuttavia incatena la sua attenzione al punto che, per poterlo eseguire bene, non può pensare a nient'altro. E una condanna ad un simile lavoro – un lavoro che esige tutto il tempo disponibile dell'operaio, gli lascia appena il tempo per mangiare e dormire, e non gli consente mai di fare del moto all'aria aperta, di godere la natura, per non parlare poi di attività spirituali – una simile condanna non dovrebbe degradare l'uomo al livello delle bestie! Anche qui, l'operaio non ha che un'alternativa: rassegnarsi al suo destino, diventare un «buon operaio», badare «fedelmente» agli interessi della borghesia – e in questo caso certamente si abbrutisce –; ovvero far resistenza, lottare per la sua umanità finché può, e per fare questo deve lottare contro la borghesia.

GUIDA ALLA LETTURA ❶ Perché la condanna al lavoro è per l'operaio fonte di demoralizzazione? ❷ In che misura la divisione del lavoro ha peggiorato la sua condizione? ❸ In che maniera l'operaio può fronteggiare tale situazione?

72

E.J. Hobsbawm
La cultura operaia

E.J. Hobsbawm, *Gente che lavora*, Rizzoli, Milano 2001, pp. 178-85

■ Se è vero che l'espressione "classe operaia" comincia a circolare in Inghilterra agli inizi dell'800, sarebbe sbagliato pensare che già allora la società inglese fosse industrializzata. In realtà, durante la prima rivoluzione industriale, tradizione e innovazione continuarono a convivere a lungo prima che il sistema industriale riuscisse a prendere il sopravvento. In questo brano, tratto da un saggio pubblicato per la prima volta nel 1979 e poi inserito in un volume uscito nel 1984, lo storico britannico Eric J. Hobsbawm (1917-2012), autore di importanti studi sul movimento operaio, sottolinea la lontana ascendenza preindustriale della stessa cultura della classe operaia, modellata su valori e stili di vita del passato. Secondo Hobsbawm, anche la «secolare esperienza dell'organizzazione preindustriale» fornì «gran parte della struttura portante per l'organizzazione del nuovo proletariato».

Il termine «classi lavoratrici» (*working classes*) o anche «classe operaia» (*working class*) appare nel linguaggio politico della Gran Bretagna negli anni successivi alla fine delle guerre napoleoniche. I primi grandi movimenti definibili propriamente «movimenti operai», sia per il loro senso della coscienza di classe, sia per le loro procedure e programmi (ad esempio i sindacati e le cooperative), diventano anch'essi importanti nei decenni postnapoleonici. [...] Ma in realtà questa comparsa così straordinariamente precoce della «classe operaia» sulla scena nazionale rifletté non già una società industrializzata, ma una società nella fase iniziale della prima «rivoluzione industriale» in assoluto. [...] La fabbrica stessa era virtualmente limitata a singole parti dell'industria tessile. [...]

È anche vero che vennero adottati nuovi modi di lotta e di organizzazione: lo sciopero, il «sindacato», la società di mutuo soccorso, che funzionava anche come centro di vita sociale. Ma anche queste cose avevano una lontana ascendenza preindustriale.

La *trade society*, associazione professionale di lavoratori specializzati, che divenne la *trade union* del XIX secolo, può essere o no una discendente diretta delle antiche corporazioni artigiane, ma è certo che lo stesso vocabolario in essa usato riflette ancora le sue origini preindustriali. Essa organizzava i membri di una «professione» o «mestiere»; i suoi iscritti si davano il nome di *journeymen* (operai a giornata); gli specializzati si chiamano ancora *craftsmen* (artigiani). Fino al giorno d'oggi gli iscritti ai sindacati usano tra di loro non già un appellativo moderno ma quello di «fratello». E fu questa secolare esperienza dell'organizzazione preindustriale che fornì gran parte della struttura portante per l'organizzazione del nuovo proletariato, e i militanti tipici del nuovo movimento erano, con qualche eccezione, una élite preindustriale o semi-industriale. [...]

Non è facile individuare il retaggio di questo primo periodo dell'industrializzazione [...]. Nondimeno è impossibile individuare i modelli caratteristici della cultura operaia nel suo complesso nel periodo anteriore al 1848. Essi emersero nel corso dei trent'anni successivi, in cui il capitalismo industriale divenne il modo di vita comunemente accettato dalle classi lavoratrici [...]. E non fu prima degli anni Ottanta di quel secolo, o al più presto alla fine degli anni Settanta, che questi modelli assunsero la forma permanente che dovevano mantenere fino alle spettacolari trasformazioni del ventennio 1950-1970. Ciò è dimostrato dalla ben nota discontinuità della storia del movimento operaio britannico. Il grande fermento politico del 1815-1848, le vaste mobilitazioni di massa del periodo cartista intorno al 1840 scomparvero. Lo sviluppo continuo del moderno movimento operaio e del Partito laburista riprese soltanto con la riscoperta del socialismo e il cosiddetto «nuovo» sindacalismo degli anni Ottanta dell'Ottocento. I decenni intermedi non somigliavano a quelli precedenti né ai successivi.

Essi furono però fondamentali per la formazione di quella che doveva essere la cultura della classe operaia sotto tre aspetti. In primo luogo insegnarono ai lavoratori che il capitalismo aveva carattere nazionale e – almeno per il prevedibile futuro – permanente. [...] In secondo luogo, l'assetto della Gran Bretagna industrializzata [...] divenne quello dominante [...]. In terzo luogo, si sviluppò la caratteristica stratificazione della classe lavoratrice. [...] In cima alla gerarchia del lavoro c'era una «aristocrazia operaia» che si considerava, ed era considerata, uno strato superiore e in certa misura separato da tutti gli altri. I suoi appartenenti si ritenevano, in virtù del «mestiere» – idealmente imparato durante l'apprendistato – e quindi in virtù della specializzazione, distinti dagli «operai» [...].

L'aristocrazia operaia era «rispettabile» – termine fondamentale nel lessico sociale della Gran Bretagna ottocentesca. La classe dominante la lusingava col termine di «intelligenti artigiani» [...]. Eppure [...] essa si considerava una classe lavoratrice, addirittura, per certi riguardi, portavoce e leader di tutti gli altri lavoratori manuali. Ed era inevitabile, perché i suoi vantaggi economici e la sua condizione sociale dipendevano dalla capacità di organizzarsi in sindacati, in cooperative di consumo, in società di mutuo soccorso e assicurazione. [...] L'«aristocrazia operaia» fornì il modello a uno strato alquanto più ampio di lavoratori.

GUIDA ALLA LETTURA

❶ Quale «discontinuità» caratterizzò, secondo Hobsbawm, la storia del movimento operaio inglese? ❷ In quale contesto economico si formarono i primi «movimenti operai»? Di quale cultura erano espressione? ❸ Che cos'era l'«aristocrazia operaia»? Su che cosa poggiava la sua «rispettabilità»?

SVILUPPARE LE COMPETENZE

Comprendere e Analizzare

❶ Tenendo in considerazione tutti i testi proposti, definisci quali sono state le circostanze storiche e sociali che hanno contribuito al processo di formazione del proletariato e allo sviluppo della coscienza di classe.

❷ Qual è l'elemento caratteristico della società e dell'economia della Gran Bretagna del '700 comune tanto all'interpretazione di Allen [66] quanto a quella di Landes [67]? Quali sono i diversi aspetti dello stesso elemento che li portano a interpretazioni tanto differenti?

❸ Tenendo in considerazione di brani di Thompson [69] e Hobsbawm [72], definisci e spiega le caratteristiche principali della fase iniziale della prima rivoluzione industriale.

Rielaborare e Argomentare

❹ Redazione di un articolo di giornale. *La nascita del movimento operaio: valori, stili di vita e rivendicazioni del nuovo proletariato industriale*

Sviluppa l'argomento in forma di "articolo di giornale", utilizzando i documenti e i dati che lo corredano. Individua nei documenti e nei dati forniti uno o più elementi che ti sembrano rilevanti e costruisci su di essi il tuo "pezzo". Da' all'articolo un titolo appropriato e indica il tipo di giornale sul quale ne ipotizzi la pubblicazione (quotidiano, rivista divulgativa, giornale scolastico, altro). Se lo ritieni, organizza la trattazione suddividendola in paragrafi cui potrai dare, eventualmente, uno specifico titolo.

Documenti: Marx [70 DOC]; Engels [71 DOC]
Brani storiografici: Williams [68]; Thompson [69]; Hobsbawm [72]
Capitoli: **8.4**

❺ Scrivi un testo (max 60 righe) dal titolo *La nascita della società industriale*, seguendo la scaletta di argomenti proposta:

a. I presupposti della rivoluzione industriale (Allen; Marx);
b. La specificità inglese (Allen, Landes);
c. Il lavoro nelle fabbriche (Thompson, Engels, Hobsbawm);
d. Inventori, imprenditori e operai (Allen, Thompson, Marx, Engels, Hobsbawm).

❻ Dopo aver letto i brani di Allen [66] e Landes [67], scegli tra le seguenti posizioni storiografiche, relative alle origini della rivoluzione industriale, quella che ritieni maggiormente condivisibile e argomenta la tua risposta in un breve testo (max 20 righe):

a. L'alto costo dei salari operai e il basso costo delle fonti energetiche dell'Inghilterra del '700 stimolarono gli imprenditori a investire i loro abbondanti capitali nell'invenzione di tecnologie che permettessero, attraverso un uso più intensivo delle seconde, di risparmiare sulla forza-lavoro.
b. La crescita demografica, l'elevato reddito medio e la forte mobilità sociale dell'Inghilterra settecentesca diedero un impulso straordinario alla domanda di manufatti che, per poter essere soddisfatta, richiedeva l'introduzione di un nuovo sistema di produzione, di tipo industriale.

Romanticismo e idea di nazione

Il movimento romantico, che si affermò in Europa nei primi decenni dell'800, non limitò la sua diffusione all'ambito artistico e letterario, ma giunse a influenzare profondamente la vita intellettuale di molti paesi, facendosi mentalità diffusa. L'uomo romantico, o meglio l'artista romantico, divenne infatti uno dei protagonisti della scena pubblica. Questa sezione inizia con un'analisi di **Isaiah Berlin** [73] sugli aspetti più significativi della cultura romantica. Seguono tre brani, tratti da celebri opere letterarie del tempo, che ben illustrano i caratteri di fondo e l'evoluzione nel tempo dell'eroe romantico, protagonista della letteratura ma, spesso, anche della vita reale delle classi colte: dagli slanci sentimentali del modello originario, il giovane Werther di **Johann Wolfgang Goethe** [74DOC], alle pose eroiche dei protagonisti del Romanticismo trionfante, il René di **François-René de Chateubriand** [75DOC] e l'Aroldo di **George Gordon Byron** [76DOC]. Connessa alla cultura romantica fu l'affermazione dell'idea di nazione. Alla fine del '700, infatti, il termine "nazione" assunse un nuovo significato: mentre fino ad allora aveva indicato l'appartenenza a un gruppo familiare-sociale, a una città o a una regione, in questo periodo diventò un concetto politico di primaria importanza, che indicava la comunità fondamentale, originaria, da cui discendeva la legittimità stessa delle istituzioni statali. Questa evoluzione segnò una radicale trasformazione della vita politica, una vera e propria cesura considerata da molti studiosi come uno dei fenomeni più caratteristici dell'età contemporanea. L'ascesa e la crisi dei nazionalismi, infatti, caratterizzano la storia dei due secoli successivi, l'800 e il '900, e l'analisi delle trasformazioni degli ideali nazionali costituisce ancora oggi uno degli strumenti più efficaci per interpretare le vicende del mondo attuale.
I documenti e i brani storiografici raccolti in questa sezione possono costituire un'utile base di partenza per comprendere l'origine e l'ascesa dell'idea di nazione e gli sviluppi dei nazionalismi. Dopo la sconfitta di Napoleone, infatti, ovunque in Europa nacquero dei movimenti nazionali che, imbevuti di ideali romantici, rivendicavano la riscoperta dei caratteri e delle tradizioni specifiche dei singoli paesi e si battevano per un nuovo ordine basato sulla liberazione dal dominio straniero e sul diritto dei popoli all'indipendenza. Il testo di **Rosario Romeo** [77] illustra le origini dell'idea di nazione e la sua diffusione, a partire dalle opere di Rousseau. Seguono due celebri scritti, uno del filosofo tedesco **Johann Gottlieb Fichte** [78DOC] e l'altro di **Giuseppe Mazzini** [79DOC], rappresentativi di due contrastanti accezioni del termine "nazione", una tradizionalista e tendenzialmente esclusivista, l'altra democratica.

73

I. Berlin
La rivolta romantica

I. Berlin, *Il legno storto dell'umanità. Capitoli della storia delle idee*, Adelphi, Milano 1994, pp. 299-330

■ Il Romanticismo rappresentò una rivolta contro le regole, i modelli universali e le forme codificate dal classicismo. Esaltò non tanto il sentimento contro la ragione, quanto piuttosto la volontà umana libera da ogni vincolo. Così Isaiah Berlin (1909-1997), filosofo e storico del pensiero politico di ispirazione liberale, descrive una delle più significative stagioni culturali dell'età contemporanea. In questo brano, tratto da un saggio scritto negli anni '70, il filosofo analizza prima gli aspetti più innovativi della nuova cultura nata alla fine del '700 e poi quelli del Romanticismo tedesco, sorto in opposizione all'egemonia della cultura francese e alla sensazione di arretratezza e di umiliazione collettiva che essa provoca tra gli intellettuali tedeschi.

Si dice comunemente che nel Settecento le concezioni razionali e il rispetto per i sistemi intellettuali coerenti lasciarono il posto al sentimentalismo, all'introspezione e alla celebrazione della sensibilità; [...] e che tutto questo screditò il vacuo pseudoclassicismo dell'epoca e aprì le porte a un culto sfrenato dell'emotività. In questo quadro c'è una parte di verità; ma [...] l'emozione non è mai stata assente dai rapporti umani e dall'arte. [....] Il cuore umano o la natura umana come tali non erano ignorati o soppressi nella tradizione centrale dell'arte europea, ma questo non impediva una preoccupazione costante per la forma e la struttura, un'insistenza su regole di cui si cercava una giustificazione razionale. In arte, come in filosofia e in politica, vi fu per molti secoli un ricorso consapevole a canoni oggettivi. [...] Alla fine del Settecento e con l'inizio dell'Ottocento troviamo ormai un disprezzo violento per le regole e le forme in quanto tali, cui si accompagnano arringhe appassionate in favore della libera autoespressione di gruppi, movimenti e individui, ovunque ciò potesse condurli. Gli studenti delle università tedesche, impregnati di idealismo, e sotto l'influenza delle correnti romantiche dell'epoca, non sapevano che farsene di scopi come la felicità, la sicurezza, la conoscenza scientifica, la stabilità politica ed economica, la pace sociale; e guardavano anzi a tutte queste cose con disprezzo. Per i discepoli della nuova filosofia la sofferenza era più nobile del piacere, e il fallimento era preferibile al successo mondano [...]. Essi credevano che a possedere la verità fossero le minoranze, e soprattutto coloro che soffrivano per le proprie convinzioni, e non le ottuse maggioranze; che il martirio fosse sacro sempre, in nome di qualsiasi causa; che la sincerità, l'autenticità e l'intensità del sentimento e, soprattutto, lo spirito di sfida [...] fossero valori sacri, anche se, e forse proprio perché, erano condannati al fallimento nel mondo degradato dei padroni e degli schiavi. Combattere, e se necessario morire, era un comportamento coraggioso, giusto e onorevole, mentre scendere a patti e sopravvivere era codardia e tradimento. Questi uomini erano i campioni non del sentimento contro la ragione, ma di un'altra facoltà dello spirito umano [...]: la fiera, indomabile volontà umana libera da ogni pastoia. [...] L'indipendenza, lo spirito di ribellione negli individui, nei gruppi e nelle nazioni, il perseguimento di certe mete non perché siano universali, ma perché sono mie, o sono quelle del mio popolo, della mia cultura: era questo l'orizzonte di una minoranza anche tra i romantici tedeschi, e il numero di quanti vi si riconoscevano nel resto dell'Europa era ancora inferiore. Eppure questi uomini impressero il proprio segno sul loro tempo e sul nostro. Nell'Ottocento nessun grande artista, nessun leader nazionale si sottrasse del tutto alla loro influenza. [...]

Gli uomini, i Tedeschi, devono sforzarsi di essere se stessi, anziché imitare – scimmiottare – lo straniero che non ha nulla in comune con la loro vera natura, con le loro memorie e i loro modi di vita. Un uomo può esercitare appieno le sue facoltà creative soltanto sul proprio suolo nativo, vivendo tra persone a lui affini fisicamente e spiritualmente: gente che parla la sua lingua, in mezzo alla quale si senta a casa sua, a cui sia legato da un senso di appartenenza. Soltanto così possono formarsi le vere culture, ciascuna delle quali è unica, ciascuna delle quali apporta il proprio specifico contributo alla civiltà umana e coltiva i propri valori a modo suo, senza farsi sommergere in un vasto e generico oceano cosmopolitico che spoglia tutte le culture genuine della loro particolare sostanza e colore, del loro spirito e del loro genio nazionali, i quali possono fiorire solamente sul proprio terreno, muovendo dalle proprie radici, volgendosi indietro per attingere a un remoto passato comune. [...] È la nascita del nazionalismo e, più ancora, del populismo.

GUIDA ALLA LETTURA

❶ Perché, secondo Berlin, quella dei romantici non fu semplicemente una «rivolta» in nome del «culto sfrenato dell'emotività»? ❷ Quali erano i valori e gli ideali dei romantici? ❸ Su quale principio cardine, in merito alla condotta umana, erano fondati? ❹ Perché lo storico individua proprio nel periodo romantico la nascita dell'ideologia del nazionalismo?

74 DOC

Johann Wolfgang Goethe
Una passione infelice

J.W. Goethe, *I dolori del giovane Werther*, Bompiani, Milano 1986, pp. 20; 51-52; 79-80; 98-99

■ Pubblicato nel 1774, il romanzo epistolare *I dolori del giovane Werther* di Johann Wolfgang Goethe (1749-1831) riscosse un enorme successo fra i lettori di tutta Europa, fondò una moda letteraria e uno stile di vita, fissò alcuni tratti essenziali di quella che sarebbe stata definita la «sensibilità romantica»: il sentimentalismo, l'abbandono alla passione, l'individualismo eroico. Le lettere qui riportate descrivono le diverse fasi del contrastato amore del protagonista per una giovane donna sposata (Lotte, diminutivo di Charlotte): le prime due sono indirizzate all'amico Wilhelm, l'ultima, quella in cui Werther annuncia il suicidio, si rivolge alla donna amata.

16 giugno

Non mi sarà facile raccontarti con ordine com'è avvenuto che ho fatto la conoscenza di una delle più amabili creature. Sono contento e felice, e quindi cattivo narratore di storie.

Un angelo! – Che orrore! questo lo dice ciascuno della sua innamorata, nevvero? Eppure non sono in grado di dirti come è perfetta e perché è perfetta, insomma essa ha accattivato tutti i miei sensi.

Tanta ingenuità e intelligenza, tanta bontà unita a tanta fermezza, e la serenità dell'anima pur in una vita così piena e attiva.

Ma tutte queste non sono che vane chiacchiere, ciò che scrivo di lei, semplici astrazioni che non esprimono un sol tratto della sua personalità. Un'altra volta – no, non un'altra volta, ora, subito voglio parlartene. Se non lo faccio ora, non lo farò mai più. [...]

30 agosto

Infelice! Non sei un pazzo? Non inganni te stesso? Dove ti condurrà questa passione folle e senza limiti? Non ho più preghiere che per lei; la mia fantasia non conosce altra figura che la sua e intorno a me nel mondo non vedo che quello che è in rapporto con lei. E questo mi dà qualche ora felice – fino a quando mi debbo nuovamente strappare da lei. Ah, Wilhelm! a che cosa mi spinge il mio cuore! Quando per due o tre ore sono stato vicino a lei e ho goduto della sua figura, del suo portamento, della celeste espressione delle sue parole e a poco a poco i miei sensi si eccitano, gli occhi mi si annebbiano e quasi non odo più e mi sento prendere alla gola come dalle mani di un assassino, allora il mio cuore cerca in un folle battito di dar respiro ai sensi oppressi e non fa che aumentare la confusione – Wilhelm, spesso non so se sono ancora al mondo! E – se qualche volta la malinconia prende il sopravvento e Lotte mi concede la misera consolazione di poter piangere sulla sua mano il mio sconforto – allora devo andarmene, devo fuggire! e mi aggiro a lungo per i campi; allora mi dà gioia scalare un monte scosceso, aprirmi un sentiero nell'intrico di un bosco, fra rovi che mi feriscono, spine che mi lacerano! Allora mi sento un po' meglio! Un po'! E quando talvolta mi fermo per la stanchezza o per la sete e resto nella notte profonda, quando la luna piena sta alta sopra di me e in un bosco solitario mi siedo su un tronco ricurvo, solo per dare qualche sollievo ai miei piedi sanguinanti e cado invece nella torpida calma di un dormiveglia nel chiarore lunare... Oh, Wilhelm, la solitudine di una cella, il cilicio, una cintura di spine sarebbero un refrigerio a cui la mia anima anela. Addio! Non vedo per questi tormenti altra fine che la tomba.

[21 dicembre]

È deciso, Lotte, voglio morire, e te lo scrivo senza romantiche esaltazioni, calmo, alla mattina del giorno in cui ti vedrò per l'ultima volta. Quando leggerai queste righe, mia amatissima, una fredda tomba coprirà già la spoglia irrigidita di quell'inquieto infelice, che per gli ultimi istanti della sua vita non conosce dolcezza più grande che intrattenersi con te. Ho passato una notte terribile e ah!, una notte benefica. È stata questa notte che ha consolidato, confermato il mio proposito: voglio morire! Quando ieri mi sono strappato da te, in un disperato infuriare di sentimenti, quando tutto ciò che soffro mi si addensò nel cuore e mi colse, in tutto il suo gelo atroce, la visione della mia esistenza senza gioia e senza speranza ai margini della tua – raggiunsi a malapena la mia stanza, mi gettai in ginocchio completamente fuori di me e, oh, mio Dio! Tu mi concedesti l'ultimo refrigerio delle lacrime più amare. Mille idee, mille propositi mi turbinavano nell'anima e alla fine, eccolo lì, chiaro, fermo, preciso, l'ultimo, l'unico pensiero: voglio morire! – Mi gettai sul letto e la mattina, nella calma del risveglio, il pensiero è ancora con me, forte e fermo nel mio cuore: voglio morire! – Non è disperazione, è la certezza di aver sofferto il mio dolore fino in fondo e di sacrificarmi per te.

Wilhelm von Kaulbach, *Il primo incontro con Lotte*, 1859
Questa immagine fa parte di una serie di incisioni intitolata *Goethe Galerie*, realizzata nel 1859 dal pittore tedesco Wilhelm von Kaulbach. L'incisione illustra un brano de *I dolori del giovane Werther*, e precisamente la lettera del 16 giugno (Libro I): «affacciandomi alla porta mi colpì gli occhi il più grazioso spettacolo che avessi mai veduto. Nell'atrio sei bambini [...] si affaccendavano attorno a una ragazza dalla bella figura [...]. Teneva in mano un pane nero e tagliava per i suoi piccoli che la circondavano una fetta ciascuno...». Il romanzo di Goethe ottenne subito grande popolarità tra le giovani generazioni europee; lo stesso autore, infatti, affermava: «l'effetto di questo libretto, il successo dell'opera fu grande, anzi enorme, e specialmente perché comparve nel tempo giusto. Infatti, come basta una piccola miccia per far scoppiare una mina potente, così l'esplosione che si produsse a questo proposito nel pubblico fu fragorosa, perché il mondo dei giovani era già minato».

GUIDA ALLA LETTURA

❶ Quali argomenti, in amore, sono definiti dal protagonista «vane chiacchiere»? ❷ Che cosa prova Werther di fronte alla donna amata? ❸ Che cosa accade, invece, quando egli se ne separa? ❹ Quale visione e quale certezza spingono Werther a desiderare di suicidarsi per amore?

75 DOC

François-René de Chateaubriand
Le inquietudini di René

F.-R. de Chateaubriand, *Atala-Renato - Le avventure dell'ultimo Abenceragio*, Rizzoli, Milano 1950, pp. 109-22

■ Pubblicato nel 1802, il romanzo breve *René* di François-René de Chateaubriand (1768-1848) fu uno dei testi che più contribuirono alla diffusione del gusto romantico in tutta Europa. Il protagonista del romanzo è un giovane irrequieto e sfortunato che cerca a lungo il suo equilibrio e lo trova infine nella fede. Il cattolico Chateaubriand intendeva proporre ai lettori una storia di contenuto edificante, ma la gioventù romantica apprezzò soprattutto la descrizione delle inquietudini e degli intimi trasalimenti del protagonista e fece di René uno dei suoi eroi preferiti. Nelle pagine che seguono – quelle in cui René, approdato in America, racconta la storia della sua vita a un missionario e a un vecchio capo indiano – si ritrovano i motivi tipici della letteratura romantica: il tema del viaggio e il gusto dell'esotismo, l'esaltazione dell'individualità irrequieta e ribelle, la contemplazione del passato, il rapporto con la natura e la religiosità misticheggiante.

Ogni autunno, ritornavo al castello paterno, situato in mezzo alle foreste, vicino ad un lago, in una provincia remota.
Timido e in soggezione davanti a mio padre, mi trovavo a mio agio e contento solo vicino a mia sorella Amelia. Una dolce conformità di spirito e di gusti mi univa strettamente a questa sorella di qualche anno maggiore di me. Amavamo salire insieme le colline, remare sul lago, camminare nei boschi quando cadevano le foglie; passeggiate il cui ricordo mi riempie ancora l'animo di dolcezza. O illusioni dell'infanzia e della patria, non perdete dunque mai il vostro fascino? [...]
Ancor giovane, io coltivavo le muse; nulla è più poetico, nella freschezza delle sue passioni, che un cuore di sedici anni: il mattino della vita è come il mattino del giorno, pieno di purezza, d'immagini e d'armonie.
Le domeniche e i giorni di festa, ho spesso udito, nel grande bosco, attraverso gli alberi, il suono della campana lontana che chiamava al tempio l'uomo dei campi. [...] Ogni fremito del bronzo portava alla mia ingenua anima l'innocenza dei costumi campestri, la quiete della solitudine, l'incanto della Religione, e la deliziosa melanconia dei ricordi della mia prima fanciullezza! Oh! Quale cuore è così snaturato da non avere un tremito di commozione al suono delle campane del suo luogo natio, di quelle campane che fremettero di gioia sulla sua culla, che annunciarono la sua venuta alla vita, che sognarono il primo battito del suo cuore, che divulgarono in tutti i luoghi all'intorno la santa letizia di suo padre, i dolori e le gioie ancor più ineffabili di sua madre? Tutto si trova nell'incantata fantasticheria in cui c'immerge il suono della campana natale: religione, famiglia, patria, e la culla e la tomba, e il passato e l'avvenire. [...]
Fermo davanti alle vie ingannatrici della vita, le consideravo una dopo l'altra, senza osare avventurarmici. [...] Mi recavo a fantasticare in un monastero vicino al mio nuovo soggiorno; per un momento ebbi la tentazione di nascondervi la mia vita [...]. Ma, sia per incostanza naturale, sia per pregiudizio contro la vita monastica, mutai i miei disegni; e decisi di viaggiare. [...]
Allora, pieno d'ardore, mi lanciai solo sul tempestoso oceano del mondo, del quale non conoscevo né i porti né gli scogli. Visitai dapprima i popoli che non sono più; me ne andai, sedendomi sulle rovine di Roma e della Grecia; paesi di forte e ingegnosa memoria, dove i palazzi sono sepolti nella polvere e i mausolei dei re nascosti sotto i rovi. [...]
Meditai su quei monumenti, in ogni accidente e ad ogni ora del giorno. [...] Spesso, ai raggi di quell'astro che alimenta le fantasie sognanti, credetti di vedere il Genio delle memorie seduto pensoso al mio fianco.
Poi mi stancai di frugare in quei sepolcri, dove troppo spesso non rimovevo che polvere di delitti.
Dai sogni delle razze scomparse, tornai alle illusioni delle razze viventi. [...]
Cercai soprattutto nei miei viaggi gli artisti, e quegli uomini divini che cantano agli dèi sulla lira, e la felicità dei popoli che onorano la legge, la religione e le tombe.
Questi cantori sono di origine divina, essi possiedono il solo talento incontestabile di cui il Cielo abbia fatto dono alla terra. La loro vita è nello stesso tempo ingenua e sublime: essi celebrano gli dèi con una bocca d'oro, e sono i più semplici degli uomini; parlano come esseri immortali e come fanciullini; spiegano le leggi dell'universo, e non sanno comprendere le cose più innocenti della vita; hanno meravigliose idee sulla morte, e muoiono senza accorgersene, come neonati. [...]
Mi misi a scandagliare il mio cuore, a domandarmi che cosa desideravo. Non lo sapevo; ma a un tratto credetti che i boschi sarebbero stati la mia delizia. Ed eccomi d'improvviso risoluto a terminare in un esilio campestre un corso di vita appena cominciato, e nel quale avevo già divorato secoli. [...]

Anne-Louis Girodet-Trioson, *Ritratto di Chateaubriand*, 1809
[Musée d'Histoire de la Ville, Saint-Malo]
Nel dipinto di Girodet-Trioson, Chateubriand è colto in una posa definibile «tipicamente romantica»: con i capelli scomposti dal vento, lo scrittore non guarda l'osservatore, ma volge uno sguardo pensieroso e riflessivo verso un punto indefinito; gli fanno da sfondo alcune rovine romane e un paesaggio collinare che aiutano a meglio definire il rapporto dell'individuo con la storia e con la natura.

La solitudine assoluta, lo spettacolo della natura presto m'immersero in uno stato che quasi non è possibile descrivere. Senza parenti, senza amici, solo, per così dire, sulla terra, senza avere ancora amato, ma desideroso di amare, ero oppresso da una sovrabbondanza di vita. [...] Ah! Se avessi potuto dividere con un altro i moti della mia anima! [...]
Ma ahimè! Ero solo, solo sulla terra! Un segreto languore s'impadroniva del mio corpo. Quel tedio della vita, che avevo provato sin dalla fanciullezza, ritornava con una forza nuova. Ben presto il mio cuore non offrì più alimento al mio pensiero, e io non m'accorgevo di vivere se non da un profondo senso di disagio e di noia.

GUIDA ALLA LETTURA

❶ Quali sentimenti accompagnano il ricordo dell'adolescenza del protagonista? ❷ Quali sono le considerazioni formulate da René associate al ricordo del suono della campana del paese natale? ❸ Perché egli rifiuta la vita nel monastero? Quale esperienza invece decide di vivere? ❹ Quali sensazioni prova durante l'esilio campestre?

76 DOC

George Gordon Byron
Il giovane Aroldo

G.G. Byron, *Aroldo*, Sansoni, Firenze 1924, vol. I, pp. 18-27; 142-43; 150-51; vol. III, pp. 42-43

■ George Gordon Byron (1788-1824) fu una delle più compiute incarnazioni del Romanticismo inglese ed europeo: non solo per la sua produzione poetica, ma anche per lo strettissimo intreccio fra la sua opera e la sua vita avventurosa, che si concluse con la morte precoce nella guerra di indipendenza greca [👁 **10.2** PERSONAGGI e **11.5**]. Il poema in quattro canti *Il pellegrinaggio del giovane Aroldo*, uscito fra il 1812 e il 1818, narra le peregrinazioni di un giovane cavaliere che ha molti tratti comuni con Byron e riassume in sé i caratteri tipici dell'eroe romantico: disgustato dalla sua vita in Inghilterra, che trascorreva tra feste e l'amore infelice per una donna, Aroldo decide di lasciare il suo paese natio. Riportiamo qui alcune delle strofe iniziali del canto I e due frammenti tratti dai canti II e IV, dedicati rispettivamente all'Italia e alla Grecia, luoghi simbolici per gli intellettuali europei e mète reali dei viaggi di Byron.

Childe Harold basked him in the [Noontide sun,
Disporting there like any other fly,
Nor deemed before his little day was done
One blast might chill him into misery.
But long ere scarce a third of his passed [by,
Worse than Adversity the Childe befell;
He felt the fulness of Satiety:
Then loathed he in his native land to [dwell,
Which seemed to him more lone than [Eremite's sad cell.

Aroldo si beava al sole del meriggio, godendosela come una qualsiasi altra mosca, né pensava che prima che il suo breve giorno fosse tramontato, un soffio avrebbe potuto ghiacciarlo, piombandolo nella sventura. Ma molto prima che fosse trascorso appena un terzo della sua vita, accadde al Cavaliere alcunché di peggio che una calamità: provò la pienezza della sazietà; allora gli ripugnò di vivere nel suo paese natìo che gli sembrava più solitario della triste cella dell'eremita.

For he through Sin's long labyrinth had [run,
Nor made atonement when he did amiss,
Had sighed to many though he loved but [one,
And that loved one, alas! could ne'er be [his.
Ah, happy she! to 'scape from him whose [kiss
Had been pollution unto aught aught so [chaste;
Who soon had left her charms for vulgar [bliss,
And spoiled her goodly lands to gild his [waste,
Nor calm domestic peace had ever [deigned to taste.

Egli aveva infatti corso attraverso il lungo labirinto della colpa, né aveva espiato dopo aver peccato: per molte aveva sospirato, benché amasse una sola, e quell'una amata, ahimè! mai poté essere sua. Ah, felice lei, per essere sfuggita a colui il cui bacio avrebbe contaminato cosa sì casta, a colui che presto avrebbe abbandonato il suo fascino per piaceri volgari, e devastato le sue ricche terre per ornarne il proprio deserto, né mai degnato assaporare la calma pace del focolare domestico.

And now Childe Harold was sore sick at [heart,
And from his fellow Bacchanals would [flee;
'Tis said, at times the sullen tear would [start,
But Pride congealed the drop within his [ee:
Apart he stalked in joyless reverie,
And from his native land resolved to go,
And visit scorching climes beyond the [sea;
With pleasure drugged, he almost longed [for woe,
And e'en for change of scene would seek the shades below.

Ed ora Aroldo il Cavaliere era profondamente triste, e dai suoi compagni d'orgia voleva fuggire; dicesi che talvolta una triste lagrima solesse spuntare, ma che l'orgoglio gli ghiacciasse quella goccia nell'occhio: se n'andava in disparte, assorto in mesti pensieri, e risolse di abbandonare la patria e visitare ardenti climi al di là del mare; intossicato di piacere, quasi agognava il dolore, e, per cambiare scena, avrebbe cercato le ombre infernali.

[...]

Italia! oh Italia! thou who hast
The fatal gift of Beauty, which became
A funeral dower of present woes and [past –
On thy sweet brow is sorrow ploughed by [shame,
And annals graved in characters of flame.
Oh, God! that thou wert in thy nakedness
Less lovely or more powerful, and couldst [claim
Thy right, and awe the robbers back, who [press
To shed thy blood, and drink the tears of [thy distress;

Italia! o Italia! Tu che avesti il fatale dono della bellezza che divenne la funerea dote di dolori presenti e passati, sulla tua dolce fronte il solco della sofferenza è stato inciso dalla vergogna ed i tuoi annali impressi con lettere di fiamma. Volesse Iddio che nella tua nudità tu fossi men bella o più forte, e potessi rivendicare il tuo diritto, e ricacciare atterriti i briganti che s'accalcano per versare il tuo sangue e bevere le lagrime del tuo dolore.

[...]

Fair Greece! sad relic of departed Worth!
Immortal, though no more; though [fallen, great!
Who now shall lead thy scattered [children forth,
And long accustomed bondage uncreate?

Not such thy sons who whilome did [await,
The hopeless warriors of a willing doom,
In bleak Thermopylæ's sepulchral [strait –
Oh! who that gallant spirit shall resume,
Leap from Eurotas' banks, and call thee [from the tomb?

Bella Grecia! Mesto avanzo di una gloria svanita! Immortale, benché tu più non sia; grande, benché caduta! Chi guiderà ormai alla lotta i tuoi sparsi figli, e spezzerà la schiavitù alla quale da lungo tempo sono abituati? Non così erano i tuoi figli, che una volta – guerrieri senza speranza votati a morte volontaria – l'attesero nella sepolcrale valle delle squallide Termopili[1] *– oh, chi riconquisterà quell'animo ardito, si lancerà dalle sponde dell'Eurota*[2] *e ti rievocherà dalla tomba?*

[1] Nell'agosto del 480 a.C. il passo delle Termopili fu difeso eroicamente fino alla morte da trecento guerrieri spartani, che così riuscirono a coprire la ritirata dell'esercito greco, inseguito dai Persiani.

[2] Fiume che bagna Sparta.

GUIDA ALLA LETTURA

❶ Che cosa spinge Aroldo a intraprendere il suo viaggio?
❷ A quale periodo della storia greca fa riferimento?
❸ Qual è l'interpretazione che Byron comunica, attraverso il suo testo, in merito alle vicende politiche dell'Europa del suo tempo?

77

R. Romeo
Idea e coscienza di nazione

R. Romeo, *Italia mille anni. Dall'Italia feudale all'Italia moderna ed europea*, Le Monnier, Firenze 1981, pp. 145-57

■ Secondo Rosario Romeo (1924-1987), l'idea di nazione, che ebbe una così decisiva importanza per tutto l'800 e fino alle guerre mondiali del '900, era stata praticamente assente dalla scena politica sino alla fine del '700 e la coscienza nazionale, anche nei paesi più avanzati, era stata fino a quel momento patrimonio di una ristretta élite. Solo con Rousseau [29DOC] e con Herder si posero le basi di quell'idea «popolare» di nazione che trionfò nel XIX secolo. Mentre il filosofo francese, come si spiega nel seguente brano, è il primo teorizzatore dell'idea della sovranità popolare – e quindi nazionale –, il tedesco, poco interessato alla politica, concentra la sua ricerca sull'«anima profonda» dei popoli, sulla «struttura nazionale [che] resta per millenni inalterata senza mescolanze estranee». È a Herder che si può, quindi, attribuire la mitizzazione romantica dei diversi caratteri nazionali come elementi originari e costitutivi della storia umana.

Nei paesi che via via si vengono unificando attorno alle grandi monarchie occidentali si realizza un precoce e sempre più marcato accostamento tra valori politici e linguistico-culturali [...].
Qualche precisazione è tuttavia indispensabile, per non anticipare fatti che sono in realtà posteriori di cinquanta o cento anni. Anzitutto, è bene tenere presente che in nessun luogo si realizza una perfetta coincidenza fra nazione culturale-linguistica e nazione politica [...]. E soprattutto va ricordato che la partecipazione alla vita politica del paese è cosa che rimane, sino a Rousseau e alla Rivoluzione, limitata a cerchie ristrette, e dotate di particolari privilegi anche nell'ambito delle grandi monarchie nazionali. [...]
Anche nei paesi più avanzati la nazione «politica» restava [...] una nazione «aristocratica», che tendeva a monopolizzare nelle proprie mani la rappresentanza e anzi l'intera vita politica del paese, in quanto amministrazione, giustizia, guerra e relazioni con l'estero. Fu dalla lotta contro questo tipo di privilegio sociale e politico, per la conquista di più ampi diritti di libertà e di partecipazione al governo e alla direzione dello Stato, che derivò anche il più profondo rinnovamento del concetto di nazione e la nascita del moderno nazionalismo a base popolare e democratica. Già nella cultura francese dell'illuminismo il tema del patriottismo come fine supremo dell'educazione, da modellare sui grandi esempi di Atene e Sparta e di Roma repubblicana, era diventato un tema ricorrente negli scritti dei *philosophes*[1]; e l'insistenza sui diritti della nazione, come insieme dei cittadini francesi, venne grandemente accentuata dalla polemica dei parlamenti contro il potere monarchico [...].
Ma fu soprattutto Rousseau la fonte della nuova dottrina della sovranità popolare, che è insieme una dottrina della sovranità nazionale. [...] La partecipazione di tutti alla formazione del corpo collettivo che esprime la volontà generale comporta infatti la dislocazione del vecchio concetto di nazione privilegiata, e la sua sostituzione con quello di una nazione che coincide, in quanto corpo politico depositario della sovranità, con l'intero corpo sociale. Ma nel concetto di sovranità è incluso quello di indipendenza; e la teorizzazione rousseauiana comprende quindi l'esigenza che ogni popolo aspirante ad essere sovrano sia anche indipendente dal dominio straniero. La causa dell'indipendenza nazionale diventa dunque la causa di tutto il popolo [...].
«Ciascuno di noi – si legge nel *Contratto sociale* – mette in comune la sua persona e ogni suo potere sotto la suprema direzione della volontà generale; e in quanto corpo riceviamo ciascun membro come parte indivisibile del tutto». Questa intera risoluzione di ciascuno nel corpo collettivo conferisce ad esso una concentrazione di poteri e di diritti senza confronti nel passato. [...] «È certo che i più grandi miracoli di virtù sono stati prodotti dal patriottismo; questo grande senti-

[1] 👁 **3.4** e **3.5**.

mento, che dà alla forza dell'amore di sé tutta la bellezza della virtù, gli dà altresì un'energia che, senza sfigurarlo, ne fa la più eroica delle passioni.» È dunque doveroso promuovere i valori nazionali e il patriottismo, e combattere invece le tendenze cosmopolitiche così diffuse nella cultura settecentesca. [...] Ogni popolo deve mettere in rilievo il proprio specifico carattere nazionale: e dunque ciascuno, fin dalla più tenera età, deve vedere solo la propria patria, sino alla morte, in modo che un polacco, a vent'anni, sia un polacco e null'altro. Uno dei peggiori effetti del cosmopolitismo è invece, per Rousseau, appunto la cancellazione dei diversi caratteri nazionali [...]. Motivi come questi giustificano certamente l'attribuzione a Rousseau di un posto eminente, e forse il più eminente, fra i padri del nazionalismo moderno: ma questa attribuzione rischierebbe di essere gravemente deformante se non si ricordasse che la patria di cui Rousseau fa l'esaltazione acquista il suo significato e il suo valore solo quando nel suo ambito il suddito diventa cittadino, quando, cioè, essa riassume in sé le aspirazioni di libertà e le speranze di avvenire delle masse popolari. Il posto di Rousseau è dunque altrettanto eminente fra i padri della moderna democrazia: e solo dalla congiunzione tra questi due termini di democrazia e di nazionalità il suo messaggio acquistò la forza dirompente di cui doveva dar prova dopo il 1789.

GUIDA ALLA LETTURA

❶ Da che cosa nacque il moderno nazionalismo a base popolare e democratica? ❷ Che rapporto esiste tra sovranità popolare e indipendenza nazionale in Rousseau? ❸ Da che cosa deriva, in Rousseau, il potenziamento dei valori di patria e patriottismo e perché ciò contrasta con le tendenze cosmopolitiche del '700?

78DOC

Johann Gottlieb Fichte
Discorsi alla nazione tedesca

J.G. Fichte, *Discorsi alla nazione tedesca*, Utet, Torino 1965, pp. 75-78; 148-53

■ L'occupazione napoleonica fu un'esperienza fondamentale per molti paesi europei: a causa di essa, infatti, molti sostenitori dell'89, sentendosi vittime di un asservimento, diventarono avversari degli occupanti. Tra essi, il filosofo idealista tedesco Johann Gottlieb Fichte (1762-1814), dal cui ripensamento scaturirono i celebri *Discorsi alla nazione tedesca*. Tenuti a Berlino nel 1807, essi invitavano alla riscossa un popolo ancora politicamente diviso e segnarono l'atto di nascita del nazionalismo tedesco nella sua versione più esclusivistica e tendenzialmente autoritaria (che non escludeva, però, una componente democratica, avvisabile nell'appello al popolo, al di là delle distinzioni di classe). Nel primo brano qui riportato, Fichte definisce le caratteristiche che farebbero del popolo tedesco l'unico degno di questo nome fra le popolazioni europee, mentre nel secondo spiega i concetti di «popolo» e di «patria», entità spirituali alle quali tutto va subordinato.

Quarto discorso

I tedeschi sono un ramo dei germani; di questi ultimi basterà dire che essi furono coloro che seppero accoppiare l'ordine sociale, fondato nella vecchia Europa, colla vera religione, conservatasi nella vecchia Asia, e così sviluppare un'èra nuova[1] contrastante colla tramontata antichità. Inoltre, a definire la stirpe tedesca in contrasto con le altre stirpi germaniche sorte al suo fianco [...] è sufficiente che se ne possa dare una determinata caratteristica, la quale differisca da quella di altre stirpi parimenti germaniche [...]. La prima differenza tra il destino dei tedeschi e quello degli altri popoli di origine germanica è questa: che i tedeschi rimasero nelle sedi primitive del popolo originario, gli altri migrarono verso nuove contrade; i tedeschi conservarono la loro lingua e la svilupparono, gli altri adottarono una lingua straniera che a poco a poco a modo loro trasformarono. Da questa differenza iniziale si svolsero le differenze ulteriori (sarebbe assurdo volerle spiegare in ordine inverso) e, per esempio, che nella sede primitiva, secondo l'antica usanza germanica, si mantenesse la confederazione statale sottoposta a una sovranità con potere limitato; mentre nelle sedi straniere, secondo l'anteriore usanza romana, si trapassasse più facilmente alla forma monarchica.
Dei cambiamenti da noi indicati, il primo, il cambiamento di sede, è insignificante. L'uomo si ricostruisce una patria sotto qualsiasi lembo di cielo; e i costumi nazionali, lungi dal modificarsi col mutar di paese, molto più spesso si impongono al nuovo paese e lo modificano. [...]
Ma ben più importante, e tale da porre un'assoluta antitesi tra i tedeschi e gli altri popoli di schiatta germanica è la seconda differenza: quella della lingua. E voglio dire subito ben chiaro che l'importanza del fatto non sta nella natura specifica della lingua che una stirpe mantiene o di quell'altra che un'altra stirpe assume, ma sta in ciò che il primo popolo *mantiene la propria lingua*, e quegli altri *ne assumono una straniera*; né quel che importa è sapere da chi discendano coloro che continuano a parlare la propria lingua, ma se questa lingua sia stata parlata senza interruzione, poiché molto più sono foggiati gli uomini dalla lingua che non la lingua dagli uomini.

Ottavo discorso

Ecco dunque il significato della parola «popolo», dal punto di vista di un mondo spirituale: quel complesso di

[1] Il Medioevo.

uomini conviventi permanentemente e permanentemente riproducentesi sia naturalmente che spiritualmente, stando esso sotto una speciale legge di sviluppo dell'elemento divino che esso ha in sé. La comunanza di questa «speciale legge» è appunto ciò che cementa questo complesso di uomini nel mondo eterno e quindi anche nel mondo temporaneo, facendone un tutto organico e tutto pervaso di sé. [...] Quella legge di sviluppo dell'elemento primitivo e divino determina e compie ciò che si è chiamato il «carattere nazionale di un popolo». [...]

La fede dell'uomo bennato nella perpetuità della sua opera anche quaggiù in terra si fonda quindi sulla speranza della perpetuità del popolo ond'egli è nato e del carattere di esso, secondo quella misteriosa legge, e senza che elementi estranei e non consentanei a quella legislazione vengano a inquinarla. Tale carattere è l'elemento eterno cui egli affida la propria eternità e quella delle sue opere, l'eterno ordine delle cose in cui egli ripone il suo eterno. [...] Questo è l'amore per il suo popolo, fatto di rispetto, fiducia, gioia di appartenervi, orgoglio di discenderne. [...]

«Popolo» e «patria» in questo significato, come portatori e garanti dell'eternità terrena, come ciò che quaggiù può essere eterno, sorpassano di molto lo «stato» nel senso comune di questa parola, di molto «l'ordine sociale» quale s'intende correntemente, e quale, secondo questo concetto, lo si costituisce e mantiene. [...] Perciò l'amor di patria deve governare lo stato come suprema incontrollata istanza, in quanto lo limita nella scelta dei mezzi necessari al suo scopo immediato: la pace interna. A tale scopo è ovvio che la libertà naturale dei singoli deve essere in parecchi modi limitata [...].

In secondo luogo deve governarlo in modo da imporgli uno scopo il quale trascenda quello banale della tutela della pace e della proprietà, della libertà personale, della vita e del benessere individuale. Solo per questo scopo trascendente e non con altre intenzioni, lo stato si costituisce una forza armata.

GUIDA ALLA LETTURA

❶ Che cosa caratterizza la «stirpe tedesca» rispetto alle altre popolazioni germaniche? ❷ Quali sono le conseguenze del fatto che i tedeschi hanno conservato la loro lingua? ❸ Quale significato l'autore attribuisce al termine «popolo»? ❹ Che relazione viene stabilita tra la «patria» e lo «Stato»?

79DOC

Giuseppe Mazzini
Sulla nazionalità

G. Mazzini, *Scritti scelti*, a c. di G. Santonastaso, Zanichelli, Bologna 1941, pp. 91-96

■ Col brano di Fichte [78DOC] si è offerto un esempio di nazionalismo tradizionalista e tendenzialmente autoritario. Col seguente, di Giuseppe Mazzini, si vuole invece offrire un esempio significativo di nazionalismo democratico. Fra i profeti ottocenteschi dell'idea di nazione, Giuseppe Mazzini (1805-1872) [👁 12.4 e 12.4 PERSONAGGI] occupa un posto di tutto rilievo come rappresentante del filone democratico-rivoluzionario che si rifà all'ideale di sovranità popolare. Da questo scritto del 1835 emergono però chiaramente, accanto ai caratteri democratici dell'idea mazziniana di nazione (la nazione come espressione di una volontà comune, la nazione come parte dell'umanità), altri tratti che la accomunano al tradizionalismo romantico (i riferimenti alla storia e ai dati geografici, l'idea di una speciale missione riservata ai popoli).

S'incontra sovente nelle pagine degli scrittori politici la parola *nazionalità*; ma il concetto ch'essi vogliono esprimere con quel vocabolo non è sempre il medesimo. Come tutte le parole che rappresentano un *principio* la parola *nazionalità* muta di valore secondo i tempi, i luoghi, le tendenze speciali degli scrittori e della scuola, *progressiva* o stazionaria, a cui appartengono. La *nazionalità*, nel medio evo, s'informava alle idee ed ai costumi guerreschi del tempo; rappresentava la generale tendenza ad ingrandirsi, ad occupar terre e ricchezze, a spese d'altri Popoli; era fornita di ostilità permanenti. È chiaro che questo non è il senso del vocabolo *nazionalità* nell'epoca nostra. [...] Cerchiamo dunque, anzitutto, di definire ciò che intendiamo colla parola *nazionalità*.

Una nazionalità, ne' suoi caratteri astratti, comprende un pensiero comune, un diritto comune, un fine comune: questi ne sono gli elementi essenziali.

Una nazione è l'associazione di tutti gli uomini che, per lingua, per condizioni geografiche, e per la parte assegnata loro nella Storia, formano un solo gruppo, riconoscono uno stesso principio, e s'avviano, sotto la scorta d'un diritto comune, al conseguimento d'un medesimo fine.

La concordia nelle opere e l'attivo concorso di tutte le facoltà individuali che si racchiudono in tale associazione a raggiungere il detto fine, costituiscono la *vita nazionale*. Dove manchi un diritto generale uniforme s'accampano caste, privilegi, ineguaglianza, oppressione. Dove l'attività delle forze individuali giace sopita, o si disperde non ordinata, l'inerzia, la immobilità, gli ostacoli al progresso invadono ogni cosa. Dove gli uomini non riconoscono un principio comune, accettandolo in tutte le sue conseguenze, dove non è identità d'intento per tutti, non esiste Nazione, ma folla ed aggregazione fortuita, che una prima crisi basta a dissolvere; accozzaglia d'uomini, riuniti dal caso e soggetti a cadere, presto o tardi, ludibrio de

caso, nell'anarchia: non vita nazionale, non popolo, non avvenire. [...]
Ma la nazionalità comprende in sé altra cosa ancora. Essa è la parte che Dio ha prescritta ad ogni gente nel lavoro umanitario: la missione, il compito che un popolo deve adempiere sulla terra, perché l'idea divina possa attuarsi nell'Umanità; il segno della sua personalità e del grado ch'egli occupa fra i popoli, suoi fratelli. [...]
Or questo nome, questa sicurtà, questo segno che Dio pose in fronte a ciascun popolo, è la *nazionalità*, alla quale s'immedesima il pensiero ch'egli è chiamato a svolgere nel mondo; ond'è ch'essa è sacra. E perciò avviene ch'essa perde il suo carattere quando dimentica la propria origine; quando non ha più legame col suo principio, colla sua sorgente, con l'umanità. Perché, a quel modo che la misura e la sicurtà dei diritti d'ogni cittadino è nella legge che regola i doveri di tutti, così la misura e la sicurtà dei diritti di ciascun popolo non può essere se non nella legge umanitaria che regola i doveri di tutti.
Perché vi sia nazionalità, conviene adunque ch'essa sia sacra al di fuori come al di dentro.
Per essere inviolabile a tutti, amici e nemici, conviene ch'essa accolga in sé la santità di una credenza religiosa; al di fuori la serietà di una missione. Conviene che il pensiero collettivo che ferve in seno al paese, vincolato alla legge generale dell'umanità come a sorgente di ogni nazionalità, si svolga progressivamente, si manifesti nella sua purità e bellezza, sciolto da ogni lega estranea alla sua natura, libero d'ogni timore servile, d'ogni dubbio e d'ogni titubanza, forte, operoso, atto a rappresentare, nel suo svolgimento, tutti gli aspetti della vita nazionale; conviene ch'esso serbi valore e dignità d'elemento necessario nell'ordine dei destini generali; e, pur conservando la sua impronta originale armonizzi col progresso del genere umano, avendo a *base* il popolo, a *scala* le conseguenze del suo principio logicamente dedotte ed energicamente applicate; a propria *forza* la forza di tutti; a *risultato* il miglioramento di tutti e la felicità del maggior numero possibile; a *fine* il compimento dell'opera assegnata da Dio a quel principio nel mondo.
Tale è la nazionalità, quale noi l'intendiamo.

GUIDA ALLA LETTURA

❶ Qual è, secondo Mazzini, il significato dell'espressione «vita nazionale»? ❷ Qual è la differenza tra una nazione e un'aggregazione fortuita di uomini? ❸ Qual è il nesso stabilito da Mazzini tra missione nazionale e missione umanitaria?

SVILUPPARE LE COMPETENZE

Comprendere e Analizzare

❶ **Dopo aver letto il documento di Goethe [74DOC] e il brano di Berlin [73] rispondi alle seguenti domande citando opportunamente i testi:**

a. Quali aspetti del comportamento di Werther definiresti "irrazionali"?
b. In che modo Werther reagisce alle convenzioni sociali del suo tempo?
c. Quali concetti espressi da Werther si pongono nella polemica anti-illuminista?

❷ **Werther [74DOC], René [75DOC] e Aroldo [76DOC] sono le incarnazioni più celebri dell'eroe romantico. Confrontali specificando per ciascuno – ove possibile – il loro stile di vita, il grado di irrequietezza, di individualismo eroico, di abbandono alla passione, di disillusione e scetticismo, di religiosità e di vagheggiamento della morte.**

❸ **I documenti di Fichte [78DOC] e Mazzini [79DOC] offrono delle definizioni di "popolo" e di "nazione" che meritano di essere comparate. Evidenziane gli elementi comuni e quelli discordanti.**

Rielaborare e Argomentare

❹ **Redazione di un articolo di giornale.** ***La letteratura romantica europea e il tema del viaggio***

Sviluppa l'argomento in forma di "articolo di giornale", utilizzando i documenti e i dati che lo corredano. Individua nei documenti e nei dati forniti uno o più elementi che ti sembrano rilevanti e costruisci su di essi il tuo "pezzo". Da' all'articolo un titolo appropriato e indica il tipo di giornale sul quale ne ipotizzi la pubblicazione (quotidiano, rivista divulgativa, giornale scolastico, altro). Se lo ritieni opportuno, organizza la trattazione suddividendola in paragrafi cui potrai dare, eventualmente, uno specifico titolo.

Documenti: Goethe [74DOC], Chateaubriand [75DOC], Byron [76DOC]
Brani storiografici: Berlin [73]
Immagini: pp. 273, 274, 276, 375, 376
Capitoli: **10.2**

❺ **Dopo aver letto tutti i documenti e i brani degli storici, scrivi un breve testo (max 30 righe) sul tema del movimento romantico in Europa, seguendo la scaletta di argomenti:**

a. il contesto storico-politico europeo tra XVIII e XIX secolo;
b. il rapporto con le ideologie dominanti (classicismo e Illuminismo);
c. gli autori, le opere, il pubblico e la diffusione delle idee;
d. le eredità dei romantici nella cultura occidentale.

❻ **Dopo aver letto i documenti di Fichte [78DOC] e di Mazzini [79DOC] e il brano di Romeo [77], scrivi un breve elaborato (max 40 righe) in cui spiegare la nascita e lo sviluppo dell'idea di "nazione" in Europa. In particolare, evidenzia le differenze tra nazionalismo democratico e nazionalismo tradizionalista.**

Le origini della politica contemporanea

L'età contemporanea è dominata da grandi conflitti politici, espressione di ideologie contrapposte: liberalismo, democrazia, socialismo, comunismo, fascismo. Esse si sono formate nel corso dell'800: la loro matrice comune è, per molti aspetti, la Rivoluzione francese, che si è trasformata in una sorta di esperienza modello con cui, lungo tutto il secolo, si sono confrontati idee e comportamenti politici.
Questa sezione ha l'obiettivo di esaminare le origini, i caratteri principali e le progressive trasformazioni delle tre principali ideologie nate in questo periodo: liberalismo, democrazia e socialismo. Si inizia con un testo di **Giovanni Sartori** [80], che descrive le loro origini e le loro principali peculiarità. Seguono due documenti della tradizione liberale: il celebre discorso in cui **Benjamin Constant** [81 DOC] analizza la specificità della libertà moderna rispetto a quella degli antichi e le pagine in cui **John Stuart Mill** [82 DOC] riflette sull'idea di libertà, sul principio della difesa della sfera privata dalle ingerenze dello Stato e sui pericoli di «tirannia della maggioranza».
Seguono due testi fondamentali per la tradizione democratica: il brano di **Jules Michelet** [83 DOC] dà conto di uno dei temi ricorrenti nella letteratura democratica dell'800, l'esaltazione del «popolo» come depositario di tutte le virtù; le pagine tratte da *La democrazia in America* di **Alexis de Tocqueville** [84 DOC] descrivono invece il processo di democratizzazione della società negli Stati Uniti.
Nella prima metà dell'800, infine, si affermarono anche diverse componenti del pensiero socialista. Mentre **Claude-Henri de Saint-Simon** [85 DOC] vede nell'organizzazione scientifica dell'industria un modello per l'organizzazione dell'intera società, **Pierre-Joseph Proudhon** [86 DOC], libertario e federalista, critica il concetto di proprietà e polemizza contro lo Stato accentrato. Infine, il socialismo marxista è presentato attraverso un brano tratto dal *Manifesto del Partito comunista* di **Marx ed Engels** [87 DOC], in cui viene descritta una società senza classi, obiettivo finale del socialismo.

80

G. Sartori
Liberalismo, democrazia e socialismo

G. Sartori, *Democrazia. Cosa è*, Rizzoli, Milano 1993, pp. 195-205

■ In questo brano, tratto da un volume divulgativo pubblicato nel 1993, il politologo Giovanni Sartori (nato nel 1924) esamina la progressiva evoluzione del significato di «liberalismo», «democrazia» e «socialismo» ed evidenzia la nascita di un ideale «liberal-democratico», ben distinto da quello che viene definito «dispotismo democratico». Dopo il 1848 «democrazia e liberalismo non sono più nemici, anzi si congiungono: l'antitesi non è più tra liberalismo e democrazia, ma tra democrazia e socialismo».

Liberalismo e democrazia, assieme a socialismo e comunismo, sono le etichette che compendiano la lotta politica del XIX e XX secolo. [...]
Non si sbaglia mai se si afferma che tutte le ideologie del mondo contemporaneo nascono da un parto della rivoluzione francese [...], tuttavia il «capo» non nasce di colpo nel 1789. Nasce prima, e lo dobbiamo identificare. [...]
Il liberalismo è stato la dottrina prevalente dell'Occidente per circa quattro secoli ma per lungo tempo non fu denominato «liberalismo». Se la cosa nasce in un passato relativamente lontano, la *parola* è relativamente recente. [...] *Liberales* viene coniato in Spagna negli anni 1810-11, e comincia a circolare nella dizione francese *liberaux* negli anni 1820 in odore di sospetto, e cioè in riferimento ai ribelli spagnoli di quel tempo. La parola inglese *liberal* viene accolta in Inghilterra, come parola inglese e rispettabile, solo verso la metà dell'Ottocento. E la sostantivazione «liberalismo» è ancora più tardiva. [...]
Nei decenni nei quali i liberali acquisivano un nome proprio avveniva la prima rivoluzione industriale [...]. La trasformazione industriale dell'Occidente è partita sotto gli auspici della libera concorrenza, del «lasciar fare» e del vangelo liberistico della scuola di Manchester[1]. Disgrazia ha voluto, dunque, che il nome venisse coniato quando l'evento «forte» non era il liberalismo politico ma il liberalismo economico [...]. Cosa è, allora, il liberalismo puro e semplice, diciamo il «liberalismo classico»? Non è certo l'economia di mercato. È, invece, la teoria e la prassi della libertà individuale, della protezion

[1] Movimento liberista sviluppatosi a Manchester tra il 1838 e il 1846 per l'abolizione dei vincoli sull'importazione di cereali [👁 11.7].

giuridica e dello Stato costituzionale. [...]
L'elemento che più tardi confluirà nel nome «socialismo» fu, nel corso della rivoluzione francese, del tutto marginale. I socialismi sono tanti: ma il loro elemento comune [...] è la avversione e negazione della proprietà privata. Orbene, la rivoluzione francese proclamò da capo a fondo che la proprietà era un diritto inalienabile. [...] La parola socialismo si affaccia attorno al 1830 [...]. In quegli anni *socialistes* venne anche usato per designare i seguaci di Saint-Simon; ma la parola divenne importante soltanto nel 1847-48. Prima, nel periodo che va dal 1821 (quando usciva *Il Sistema Industriale* di Saint-Simon) alla rivoluzione del 1848, si ebbe un molteplice ribollire di protesta e di proposta sociale ed economica i cui portavoce furono [...] Owen (apostolo del cooperativismo), [...] Louis Blanc, Proudhon e Blanqui[2].
Socialismo? Nella sostanza, no. Nella sostanza siamo al cospetto di un arcipelago che oggi diremmo, genericamente, di «sinistra», variamente composto di rivoluzionari e riformatori, di anarchismo, cooperativismo, industrialismo, utopismo, proto-sindacalismo e anche, sì, di proto-socialismo. [...] La parola «socialismo» – si propone e impone solo con l'uscita nel 1847 dei *Principes du Socialisme* di Considérant e, l'anno dopo, di *Le Socialisme: Droit au Travail* di Louis Blanc. [...]
Il *Manifesto dei Comunisti* del 1848 si apriva con questa frase: «Uno spettro si aggira per l'Europa: è lo spettro del comunismo». Marx non vide il trionfo del nome (che deve aspettare Lenin); ma fece in tempo a insediare un socialismo plasmato dalla sua dottrina. [...]
Veniamo al rapporto tra liberalismo e democrazia. Chi nasce prima? Se facciamo capo ai greci, la democrazia è antica, il liberalismo è moderno. Ma se ci riferiamo alla democrazia dei moderni, allora il liberalismo viene prima e la democrazia dopo. [...]
Il fatto che imbroglia la dottrina è che nella seconda metà del XIX secolo l'ideale liberale e quello democratico sono confluiti l'uno nell'altro, e che fondendosi si sono confusi. La felice congiuntura storica che li ha avvinti ha cancellato i rispettivi confini, e ha pertanto ingenerato attribuzioni oscillanti e diverse. [...] Gli equivoci nascono per il fatto che talvolta diciamo democrazia per dire «liberal-democrazia», e talvolta per dire soltanto «democrazia». [...]
Il nuovo dissidio ideale, nell'esperienza che segue la rivoluzione del 1789, fu tra liberalismo e democrazia; ma per poco. Con la entrata in scena, nel 1848, del socialismo, si impone un nuovo riallineamento, un nuovo fronteggiarsi. Tocqueville[3] lo coglie al volo tagliando il «democraticismo» in due: la sua anima giacobina viene assegnata al socialismo, mentre la sua anima moderata viene assegnata al liberalismo. Libertà e eguaglianza restano nemiche, ma sotto nuove etichette: l'eguaglianza negatrice di libertà rifluisce nel socialismo, mentre l'eguaglianza assertrice di libertà confluisce nella democrazia anti-socialista, nella democrazia liberale.

---

[2] 10.6.
[3] 10.4 PERSONAGGI e 84DOC.

GUIDA ALLA LETTURA
❶ Secondo lo storico, la Rivoluzione francese fu davvero l'origine delle tre ideologie politiche del mondo contemporaneo? ❷ Da che cosa è determinata la sovrapposizione tra liberalismo politico e liberalismo economico? ❸ Qual è l'equivoco linguistico nato intorno al termine «democrazia»?

81DOC

Benjamin Constant
La libertà degli antichi e la libertà dei moderni

B. Constant, *Antologia di scritti politici*, a c. di A. Zanfarino, il Mulino, Bologna 1982, pp. 36-39; 44-45

I rivoluzionari e i democratici di tendenza giacobina, rifacendosi a Rousseau [29DOC] e quindi ai modelli del mondo classico greco-romano, concepivano la democrazia come diretta partecipazione agli affari pubblici, senza preoccuparsi dei problemi di garanzia della sfera privata. È proprio sulla fondamentale differenza tra la libertà degli antichi e quella dei moderni (e quindi in polemica con le concezioni giacobine) che si svolge il celeberrimo discorso, qui di seguito in parte riprodotto, di Benjamin Constant (1767-1830). Svizzero naturalizzato francese, protagonista della vita intellettuale del primo trentennio del secolo, autore di opere letterarie – tra cui il romanzo *Adolphe* (1816), ben rappresentativo del nuovo clima romantico – Constant fu, nella Francia della Restaurazione, uno dei leader dell'opposizione liberale e il maggior teorico del liberalismo come sistema costituzionale.

Signori,
mi propongo di sottoporre al vostro giudizio alcune distinzioni, ancora abbastanza nuove, fra due tipi di libertà, le cui differenze sono passate fino ad oggi inosservate, o sulle quali perlomeno ci si è troppo poco soffermati. L'una è la libertà il cui esercizio era caro ai popoli antichi; l'altra, quella il cui godimento è particolarmente prezioso per le nazioni moderne. [...]
In primo luogo, l'aver confuso questi due tipi di libertà è stato per noi, in periodi fin troppo noti della nostra rivoluzione, causa di molti mali. [...]
In secondo luogo, chiamati dalla nostra felice rivoluzione (la chiamo felice, malgrado i suoi eccessi, perché pongo mente ai suoi resultati) a godere dei benefici di un governo rappresentativo, è utile e interessante studiare perché questo regime – il solo che sappia oggi

garantire un po' di libertà e di pace – era quasi del tutto sconosciuto alle nazioni libere dell'antichità.
So che si è preteso di ritrovarne le tracce presso alcuni popoli antichi, nella repubblica di Sparta, ad esempio, e presso i Galli, nostri antenati; ma a torto. [...]
Questo sistema è una scoperta dei moderni. [...] Chiedetevi, prima di tutto, Signori, che cosa intende oggi per libertà un Inglese, un Francese, un abitante degli Stati Uniti d'America.
È, per ognuno di loro, il diritto di non essere sottoposto che alle leggi, di non poter essere né arrestato, né tenuto in carcere, né condannato a morte, né maltrattato in alcun altro modo, a causa della volontà arbitraria di uno o più individui. È per ognuno il diritto di esprimere la propria opinione, di scegliere il proprio lavoro e di esercitarlo; di disporre della sua proprietà e perfino di abusarne, di andare e venire senza chiedere permessi, e senza render conto delle sue intenzioni o dei suoi passi. È, per ognuno, il diritto di unirsi con altri individui, sia per ragione dei propri interessi, sia per professare il culto che egli e i suoi associati preferiscono, sia semplicemente per occupare il proprio tempo nel modo più conforme alle proprie inclinazioni e fantasie. E infine è il diritto, per ognuno, di esercitare la propria influenza sull'amministrazione del governo, sia concorrendo alla nomina di tutti o di alcuni dei funzionari, sia con rimostranze, petizioni, domande, che l'autorità è in qualche modo obbligata a prendere in considerazione. Paragonate ora a questa libertà quella degli antichi.
Essa consisteva nell'esercitare collettivamente, ma direttamente, molte funzioni della sovranità, nel deliberare, sulla piazza pubblica, sulla guerra e sulla pace, nel concludere con gli stranieri i trattati di alleanza, nel votare le leggi, nel pronunciare giudizi, nell'esaminare i bilanci, gli atti, la gestione dei magistrati, nel farli comparire davanti a tutto il popolo, nel metterli sotto accusa, nel condannarli o nell'assolverli. Era questo ciò che gli antichi intendevano per libertà; ma essi ammettevano contemporaneamente che questa libertà collettiva era compatibile con l'asservimento completo dell'individuo all'autorità dell'insieme. [...] Tutte le azioni private sono sottomesse a una sorveglianza severa. Niente è concesso all'indipendenza individuale, né per quanto riguarda le opinioni personali, né in materia di attività economica, né, soprattutto, in materia di religione. [...]
Così, presso gli antichi, l'individuo, quasi sempre sovrano negli affari pubblici, è schiavo in tutti i suoi rapporti privati. [...] Presso i moderni, al contrario, l'individuo, indipendente nella vita privata, è, anche nel più libero degli Stati, sovrano solo in apparenza. La sua sovranità è limitata, quasi sempre sospesa; e se a epoche fisse, ma rare, durante le quali è ancora più circondato di precauzioni e di restrizioni, esercita questa sovranità; non è che per abdicarvi. [...]
Noi non possiamo più godere della libertà degli antichi, che si basava sulla partecipazione attiva e costante al potere collettivo. La nostra libertà deve basarsi sul pacifico godimento dell'indipendenza privata. [...] Il fine degli antichi era la divisione del potere sociale fra tutti i cittadini di una stessa patria; era questo che essi chiamavano libertà. Il fine dei moderni è la sicurezza nei godimenti privati; e chiamiamo libertà le garanzie accordate a questi godimenti dalle istituzioni.

GUIDA ALLA LETTURA
❶ Secondo Constant, il sistema rappresentativo ha origini presso gli antichi? ❷ Quali sono le caratteristiche della libertà presso i moderni? E presso gli antichi? Qual è la differenza di fondo? ❸ Perché nel mondo moderno non è più riproponibile l'antico modello di democrazia?

82 DOC

John Stuart Mill
Elogio della libertà

da *I liberali vittoriani*, a c. di O. Barié, il Mulino, Bologna 1962, pp. 53-57; 60-61

■ Le prime esperienze di governo democratico, sia dopo l'89 sia dopo il '48, avevano mostrato come l'idea della limitazione del potere non fosse valida solo nei confronti del governo monarchico o aristocratico, ma nei confronti di qualsiasi tipo di potere, compreso quello popolare. L'idea secondo cui il governo esercitato dal popolo è di per sé virtuoso è, per i liberali, foriera di guai anche maggiori dei precedenti tipi di dispotismo. Nella democrazia vi sono seri pericoli di «tirannia della maggioranza». Su tali rischi riflette efficacemente John Stuart Mill (1806-1873) [👁 10.4] in queste pagine, tratte dall'introduzione a una delle più celebri opere del pensiero liberale, il *Saggio sulla libertà*, pubblicato nel 1859.

La lotta fra la libertà e l'autorità costituisce il carattere più cospicuo della storia con cui noi abbiamo familiarità, in particolare della storia della Grecia, di Roma e dell'Inghilterra. Ma anticamente questa lotta avveniva fra i sudditi, o una parte di essi, e il governo. Per libertà si intendeva protezione contro la tirannia dei governanti. I governanti venivano considerati (salvo in alcuni regimi popolari della Grecia) in posizione necessariamente antagonistica al popolo che essi governavano. [...] Intento dei patrioti era quindi quello di porre un limite al potere che il governante avrebbe esercitato sulla comunità; e questo limite era quel che essi intendevano per libertà. [...]
Giunse tuttavia un tempo, nel progresso degli eventi umani, in cui gli uomini cessarono di considerare una necessità della natura che i loro governanti dovessero costituire un potere indipendente,

di interessi opposti ai loro. Sembrò loro assai meglio che i vari magistrati dello Stato dovessero essere i loro delegati, revocabili a loro piacimento. Soltanto in quel modo, sembrava, essi avrebbero potuto avere la certezza che i poteri di governo non venissero usati a loro danno. Gradualmente questa nuova esigenza di avere governanti elettivi e temporanei divenne l'intento principale degli sforzi del partito popolare, nei paesi in cui tale partito esisteva; e sostituì in misura considerevole gli sforzi precedenti diretti a limitare il potere dei governanti. [...] Ora, era necessario che i governanti si identificassero con il popolo, che i loro interessi e la loro volontà fossero gli interessi e la volontà della nazione. La nazione non aveva bisogno di essere protetta contro la sua stessa volontà. Non v'era timore che essa si tiranneggiasse da sé. [...]

Ma [...] la nozione secondo cui il popolo non ha bisogno di limitare il suo potere sopra se stesso, poteva sembrare assiomatica quando il governo popolare era soltanto un'entità di cui si sognava o si leggeva come di cosa esistita in qualche lontano periodo del passato. [...] Col tempo, comunque, una repubblica democratica giunse ad occupare una larga parte della superficie della terra e ad affermarsi come uno dei membri più potenti della comunità delle nazioni [...]. Venne ora compreso che frasi quali «autogoverno» e «il potere del popolo su se stesso», non esprimono fedelmente la situazione. [...] La volontà del popolo, inoltre, significa praticamente la volontà della *parte* più numerosa o più attiva del popolo; della maggioranza o di coloro che riescono a farsi accettare come maggioranza; il popolo di conseguenza *può* desiderare di opprimere una parte di se stesso; e sono necessarie precauzioni contro questo abuso di potere come contro qualsiasi altro. [...] Nelle speculazioni sulle teorie politiche la «tirannia della maggioranza» è ora generalmente posta fra i mali contro cui la società deve premunirsi.

Come altre tirannie, la tirannia della maggioranza venne dapprima temuta, e lo è ancor oggi, sopra tutto perché agisce attraverso atti delle autorità pubbliche. [...] La società può eseguire ed eseguisce i suoi propri mandati: e se emana mandati errati invece che giusti, o ne emana riguardo a cose in cui non dovrebbe immischiarsi, pratica una tirannia sociale assai più grave di molti altri generi di oppressione politica. Tale tirannia, infatti, sebbene non sia sostenuta da sanzioni penali, lascia aperte più scarse vie di scampo, penetrando più profondamente negli aspetti particolari della esistenza, e assoggettando a schiavitù la stessa anima. [...] Si devono quindi imporre alcune regole di condotta, in primo luogo attraverso le leggi, e attraverso l'opinione in molti campi che non si prestano all'azione delle leggi. Quali debbono essere queste regole è il principale problema dei rapporti umani [...].

Quel principio è che il solo fine per cui l'umanità ha il diritto, individualmente o collettivamente, di interferire nella libertà d'azione del singolo è quello della autoprotezione; e che il solo scopo per il quale il potere può essere esercitato a buon diritto su un membro di una comunità civile contro la sua volontà, è quello di impedire che venga fatto danno ad altri. Il bene materiale o morale dell'individuo non costituisce motivo sufficiente. [...] La sola parte della condotta del singolo di cui egli deve render conto alla società, è quella che riguarda gli altri. Nella parte che riguarda soltanto lui stesso, la sua indipendenza è, di diritto, assoluta. Su se stesso, sul suo corpo e il suo spirito, l'individuo è sovrano.

GUIDA ALLA LETTURA

❶ Perché si attenuò l'attenzione per il problema della limitazione del potere, soprattutto in Europa? ❷ Perché, secondo Mill, la limitazione del potere si rende necessaria anche negli Stati democratici? ❸ In che cosa consiste la «tirannia sociale» della maggioranza? ❹ Qual è il principio basilare che, secondo l'autore, deve regolare i rapporti tra l'individuo e la società?

83 DOC

Jules Michelet
Il popolo

J. Michelet, *Il popolo*, Rizzoli, Milano 1989, pp. 165-69

Nell'ideologia e nella mitologia democratica, soprattutto ottocentesca, il popolo riveste un ruolo centrale. Inteso per lo più come entità collettiva, omogenea, che rappresenta qualcosa di più e di diverso rispetto alla somma degli individui che lo compongono, esso diviene protagonista anche delle opere letterarie e storiche. Un esempio significativo è fornito dalle pagine, di seguito riportate, dello storico francese Jules Michelet (1798-1874). Egli fu autore di opere famose sulla storia di Francia e della sua Rivoluzione, che avevano come protagonista «il popolo» francese, un eroe collettivo al quale lo studioso dedicò un'opera tra storica e letteraria intitolata, appunto, *Il popolo* (1846). Si tratta di un lavoro molto ben rappresentativo della retorica politica e della mitizzazione dei ceti popolari diffuse allora negli ambienti democratici, ma anche del timore che lo sviluppo industriale e urbano potesse corrompere certe sane qualità popolari.

Non contesto lo stato di degradazione, di degenerazione fisica e talvolta morale in cui si trova oggi il popolo, soprattutto nelle città. Tutta la massa dei lavori più pesanti, tutto il carico che nell'antichità lo schiavo portava da solo oggi viene condiviso dagli uomini liberi delle classi inferiori. Tutti partecipano alla miseria, alle prosaiche volgarità, alle brutture della schiavitù. [...]

L'uomo, povero e solo, circondato da oggetti immensi, dalle enormi forze collettive che lo coinvolgono senza che egli possa comprenderle, si sente debole, umiliato. Non ha nulla di quell'orgoglio che un tempo rendeva potente il genio individuale. Se gli vien meno la capacità di interpretazione, resta scoraggiato di fronte a questa grande società che gli sembra così forte, così saggia e sapiente. Tutto ciò che viene dal centro luminoso, l'accetta, lo preferisce senza opporre resistenza alle proprie concezioni. [...]

I veri prodotti del genio popolare non sono libri ma atti coraggiosi, motti di spirito, parole calde e ispirate, come li raccolgo ogni giorno, in strada, detti da una bocca volgare, di quelle che sembrerebbero meno adatte all'ispirazione. E del resto, quest'uomo che vi sembra così volgare, toglietegli i vecchi vestiti, mettetegli in mano la spada e il fucile, dategli l'uniforme e mettetegli davanti una bandiera... Non lo si riconosce più, è un altro uomo. E quello di prima dov'è? Impossibile trovarlo.

La depressione, la degenerazione sono solo esteriori. Il fondo resiste. Questa razza ha sempre un liquore spiritoso nel sangue; anche in coloro che sembrano più spenti, troverete una scintilla.

Troverete l'energia militare, lo sprezzo del pericolo, grande esibizione di spirito indipendente. Questa indipendenza che non sanno come esprimere (ostacolati come sono, da ogni parte) la mettono spesso nei vizi, e si vantano di essere peggiori di quanto non siano in realtà. [...]

Impedimenti esterni, che contrastano con l'interiore esigenza di una vita forte: questo conflitto produce molti passi falsi, una discordanza fra fatti e parole che a un primo sguardo turba e sconvolge. [...]

Per tornare più specificamente al popolo, notiamo che l'istinto, in lui dominante, costituisce un grande vantaggio nell'azione. Il pensiero riflessivo arriva all'azione solo attraverso la mediazione della decisione e della discussione: passa attraverso un tale vaglio che talvolta si perde per strada. Invece il pensiero istintivo *mira all'atto*, è quasi già azione; è quasi, nello stesso tempo, un'idea e un'azione.

Le classi che chiamiamo inferiori e che seguono più da presso l'istinto sono proprio per questo capaci di agire, sempre pronte all'attività. Noi colti dibattiamo, discutiamo, disperdiamo in parole le nostre energie. Ci snerviamo, disperdendo la nostra intelligenza per il vano piacere di correre di libro in libro, di farli dibattere l'uno con l'altro. Esercitiamo grandi collere per piccoli argomenti; ci rivolgiamo, in queste occasioni, ingiurie violente, minacciamo grandi azioni... Detto questo, non facciamo niente, non agiamo... passiamo ad altre discussioni...

Loro non parlano tanto, non si affrettano a urlare, come i dotti e i vecchi. Ma se ne viene l'occasione, senza fare tanto rumore, ne approfittano, e agiscono con vigore. L'economia delle parole giova all'energia degli atti.

Ciò premesso, assumiamo come giudici, fra queste classi, gli eroi dell'antichità e del medioevo e chiediamo loro quali uomini costituiscano l'aristocrazia, quelli che parlano o quelli che agiscono. Risponderanno senza la minima esitazione: «Coloro che agiscono».

Se la superiorità fosse determinata dal buon senso e dal retto giudizio, in quale classe la si potrebbe trovare più che nel vecchio contadino francese? Oltre all'acutezza di cui dispone in materia di interessi, egli conosce bene gli uomini, intuisce una società che pure non ha visto. Riflette molto interiormente e ha una singolare prescienza delle cose naturali. Interpreta il cielo e talvolta i segni della terra meglio di un augure dell'antichità.

Sotto l'apparenza di una vita tutta fisica e vegetativa, essi meditano, sognano, e ciò che è sogno nei giovani diventa nei vecchi riflessione e saggezza.

[1] Gli àuguri erano sacerdoti divinatori che, presso i Romani e gli Etruschi, predicevano il futuro o accertavano la volontà degli dèi attraverso l'osservazione del volo degli uccelli e l'interpretazione dei sogni e dei fenomeni naturali.

GUIDA ALLA LETTURA
❶ Quali sono i veri prodotti del genio popolare? ❷ Quali sono le caratteristiche del pensiero istintivo e del pensiero riflessivo? ❸ Quali sono i pregi peculiari del contadino francese?

84 DOC

Alexis de Tocqueville
La società democratica

A. de Tocqueville, *Scritti politici*, a c. di N. Matteucci, Utet, Torino 1968, II, pp. 15-20

Il francese Alexis de Tocqueville (1805-1859) [👁 10.4 e 10.4 PERSONAGGI], uno dei maggiori storici e pensatori del suo secolo, pubblicò tra il 1835 e il 1840 *La democrazia in America*, risultato di un suo soggiorno negli Stati Uniti. Il libro si fondava su una duplice scoperta: per un verso, Tocqueville individuava nella democrazia, intesa come uguaglianza delle condizioni, il carattere fondamentale del giovane Stato americano; per l'altro, riteneva che essa fosse destinata a un inarrestabile sviluppo anche nel Vecchio Continente.

Tra le novità che attirarono la mia attenzione durante la mia permanenza negli Stati Uniti, nessuna mi ha maggiormente colpito dell'uguaglianza delle condizioni. Senza fatica constatai la prodigiosa influenza che essa esercita sull'andamento della società: essa dà allo spirito pubblico una determinata direzione, alle leggi un determinato indirizzo, ai governanti dei nuovi princìpi, ai governati abitudini particolari. Subito mi accorsi che questo fatto estende la sua influenza assai oltre la vita politica e le leggi, e che domina non meno la società civile che il governo: infatti crea opinioni, fa sorgere sentimenti, suggerisce usanze e modifica tutto ciò che non crea direttamente.

Pertanto, più studiavo la società americana, più vedevo nell'uguaglianza

delle condizioni la forza generatrice da cui pareva derivare ogni fatto particolare; e me la ritrovavo continuamente davanti come un punto centrale, in cui convergevano tutte le mie osservazioni.
Ripensai allora al nostro emisfero, e mi parve di scorgervi qualche analogia con lo spettacolo che mi offriva il Nuovo Mondo. Constatai che anche qui l'uguaglianza delle condizioni, pur senza aver raggiunto come negli Stati Uniti i suoi estremi limiti, vi si avvicinava tuttavia ogni giorno di più; mi sembrò inoltre che questa stessa democrazia che regna sulle società americane, anche in Europa avanzasse rapidamente verso il potere. [...]
Se si scorrono le pagine della nostra storia, si può dire che non s'incontra un solo avvenimento di particolare importanza che in questi ultimi settecento anni non si sia risolto in favore dell'uguaglianza sociale.
Le crociate e le guerre con gli Inglesi decimano i nobili e dividono le loro terre; il costituirsi dei comuni introduce la libertà democratica in seno alla monarchia feudale; l'invenzione delle armi da fuoco rende uguali il plebeo e il nobile sul campo di battaglia; la stampa offre le medesime risorse alla loro intelligenza; la posta porta le notizie alla soglia della capanna del povero come alla porta dei palazzi; il protestantesimo sostiene che tutti gli uomini sono ugualmente in grado di trovare la via del Cielo. La scoperta dell'America apre mille strade nuove alla fortuna e offre ricchezza e potere all'oscuro avventuriero.
Se, partendo dall'XI secolo, esaminate gli avvenimenti che si svolgono in Francia di cinquanta in cinquant'anni, dovrete constatare che, alla fine di ognuno di questi periodi, si è operata una duplice rivoluzione nelle condizioni sociali. Il nobile sarà indietreggiato nella scala sociale, il plebeo vi sarà avanzato; l'uno scende, l'altro sale. Ogni mezzo secolo li avvicina e ben presto si troveranno fianco a fianco.
Questa non è una caratteristica della sola Francia. Infatti, da qualsiasi parte si guardi, si vede sempre la stessa rivoluzione che continua in tutto il mondo cristiano. [...]
Il graduale sviluppo dell'uguaglianza delle condizioni è pertanto un fatto provvidenziale; e ne ha i caratteri essenziali: è universale, duraturo, si sottrae ogni giorno alla potenza dell'uomo; tutti gli avvenimenti, come anche tutti gli uomini, ne favoriscono lo sviluppo.
Sarebbe quindi saggio credere che un movimento sociale, che ha così lontane origini, potrà essere arrestato dagli sforzi di una generazione? C'è forse qualcuno che può pensare che la democrazia, dopo aver distrutto il feudalesimo e aver vinto i Re, indietreggerà poi davanti ai borghesi e ai ricchi? È possibile che si arresti proprio ora che è divenuta tanto forte e i suoi avversari tanto deboli? [...]
Tutto il mio libro, appunto, è stato scritto sotto l'impressione di una specie di terrore religioso, sorto nella mia anima alla vista di questa rivoluzione irresistibile, che progredisce da tanti secoli, sormontando qualsiasi ostacolo, e che ancor oggi avanza in mezzo alle rovine che essa stessa ha prodotte. [...]
Se lunghe osservazioni e meditazioni sincere portassero gli uomini del nostro tempo a riconoscere che lo sviluppo graduale e progressivo dell'uguaglianza rappresenta nello stesso tempo il passato e l'avvenire della loro storia, questa constatazione darebbe, da sola, a una tale evoluzione il carattere sacro della volontà del signore sovrano. Allora, voler arrestare il cammino della democrazia apparirebbe come lottare contro Dio stesso, e perciò alle nazioni non resterebbe che adattarsi alla condizione sociale loro imposta dalla Provvidenza.

GUIDA ALLA LETTURA

❶ Quali aspetti della società americana erano influenzati dall'uguaglianza delle condizioni? Che cosa intende Tocqueville con questa espressione? ❷ Ripercorri, nell'interpretazione di Tocqueville, l'avanzata storica della democrazia a partire dal Medioevo. ❸ Quali sono le considerazioni dell'autore sul futuro della democrazia?

85 DOC

Claude-Henri de Saint-Simon
L'organizzazione scientifica della società

da *Il socialismo prima di Marx*, a c. di G.M. Bravo, Editori Riuniti, Roma 1970, pp. 82-86

Il pensiero del francese Claude-Henri de Saint-Simon (1760-1825) **[👁 10.6]** può essere incluso nel filone socialista soltanto con molte cautele (e considerando l'evoluzione che le sue idee subirono nei discepoli): infatti Saint-Simon non è affatto contrario alla proprietà privata, ma sottolinea piuttosto la comunanza di interessi tra imprenditori e operai (che accomuna in una stessa classe: quella degli «industriali»). Al centro del suo progetto di «sistema industriale» sta l'organizzazione della società su basi scientifiche: la politica stessa è destinata a scomparire perché scalzata da un insieme di tecniche di organizzazione sociale. Dal brano qui riportato (la notissima *Parabola* del 1819, per la quale il suo autore subì un processo) traspare il modello di una riforma della società secondo princìpi razionali, che si potrebbe ben definire, con parola moderna, di tipo tecnocratico.

Supponiamo che la Francia perda all'improvviso i suoi cinquanta primi fisici, i suoi cinquanta primi chimici, i suoi cinquanta primi fisiologhi, i suoi cinquanta primi matematici, i suoi cinquanta primi poeti, i suoi cinquanta primi pittori, i suoi cinquanta primi musicisti, i suoi cinquanta primi letterati; i suoi cinquanta primi meccanici, i suoi cinquanta primi ingegneri [...], i suoi cinquanta primi architetti, i suoi cinquanta primi artificieri, i suoi cinquanta primi medici, [...] i suoi cinquanta primi marinai, [...] i suoi cin-

quanta primi banchieri, i suoi 200 primi negozianti, i suoi 600 primi coltivatori, i suoi cinquanta primi mastri d'officina, i suoi cinquanta primi fabbricanti di armi, [...] i suoi cinquanta primi fabbricanti di cotone, i suoi cinquanta primi fabbricanti di sete, [...] i suoi cinquanta primi fabbricanti di maioliche e porcellane, [...] i suoi cinquanta primi armatori, le sue cinquanta prime case di trasporto, i suoi cinquanta primi tipografi, [...] i suoi cinquanta primi muratori, i suoi cinquanta primi carpentieri, i suoi cinquanta primi falegnami, i suoi cinquanta primi maniscalchi, i suoi cinquanta primi fabbri, [...] e altre cento persone di diversa condizione non determinata, assai abili nelle scienze, nelle belle arti e nei diversi mestieri, facendo in tutto i primi 3.000 sapienti, artisti e artigiani della Francia[1].
Questi uomini sono i produttori più necessari della Francia, forniscono i beni più importanti, dirigono i lavori più utili per la nazione e la rendono feconda nelle scienze, nelle belle arti e nelle arti e mestieri: sono realmente il fiore della società francese; sono i francesi più utili al loro paese, che gli arrecano la gloria maggiore che accelerano di più la sua civilizzazione e la sua prosperità: la nazione, perduti costoro, diverrebbe un corpo senz'anima; cadrebbe immediatamente in uno stato di inferiorità nei confronti delle nazioni di cui è oggi la rivale [...].
Passiamo ad un altro caso. Supponiamo che la Francia conservi tutti gli uomini di genio ch'essa possiede nelle scienze, nelle belle arti e nelle arti e mestieri, e che invece abbia la disgrazia di perdere, nello stesso giorno, Sua Altezza il fratello del re, monsignor il duca di d'Angoulême, monsignor il duca di Berry, monsignor il duca d'Orléans, monsignor il duca di Borbone, la duchessa di Angoulême, la duchessa di Berry, la duchessa di Orléans, la duchessa di Borbone e la signorina di Condé[2]; ch'essa contemporaneamente perda tutti i grandi ufficiali della corona, tutti i ministri di Stato, con o senza dipartimento, tutti i consiglieri di Stato, tutti i referendari, tutti i suoi marescialli, tutti i suoi cardinali, arcivescovi, vescovi, grandi vicari e canonici, tutti i prefetti e i viceprefetti, tutti gli impiegati nei ministeri, tutti i giudici e, in più, i 10.000 proprietari più ricchi fra coloro che conducono una vita pari a quella dei nobili. [...]
Questa perdita di 30.000 individui, i più importanti dello Stato, non sarebbe causa per loro [i francesi] di dolore [...], perché non ne risulterebbe alcun danno politico per lo Stato. [...]
La prosperità della Francia non può essere determinata se non per effetto e come risultato del progresso delle scienze, delle belle arti e delle arti e mestieri: ora, i prìncipi, i grandi ufficiali della corona, i vescovi, i marescialli di Francia, i prefetti e i proprietari oziosi non lavorano affatto per il progresso delle scienze; non vi contribuiscono, anzi, non possono non nuocervi, perché si sforzano di protrarre il predominio esercitato fino ad oggi dalle teorie congetturali[3] sulle conoscenze positive [...].
Questi ragionamenti rendono evidente il fatto più importante della politica attuale; offrono una visuale donde si scopre questo fatto in tutta la sua estensione e con un sol colpo d'occhio: provano chiaramente, per quanto in modo indiretto, che l'organizzazione sociale è ben lungi dall'essere perfetta; che gli uomini si fanno ancora governare dalla violenza e dall'astuzia; che la specie umana, politicamente parlando, è ancora immersa nell'immoralità [...]. La società attuale rappresenta veramente il rovescio del mondo: [...] perché, in una parola, in tutti i tipi di attività, gli uomini incapaci hanno il compito di dirigere le persone capaci; per quanto si riferisce alla moralità, gli uomini più immorali sono chiamati ad educare virtuosamente i cittadini e, in relazione alla giustizia distributiva, i grandi colpevoli sono preposti a punire le colpe dei piccoli delinquenti.

[1] «Di solito vengono indicati come artigiani soltanto i semplici operai. Per evitare le circonlocuzioni, intendiamo con questa espressione tutti coloro che si occupano di prodotti materiali, cioè: i coltivatori, i fabbricanti, i commercianti, banchieri e tutti i garzoni e gli operai che essi impiegano» [Nota di Saint-Simon].

[2] Si tratta di membri della famiglia reale, tra i quali due futuri sovrani: il fratello del re diventerà re di Francia col nome di Carlo X, il duca d'Orléans Luigi Filippo sarà incoronato dopo la rivoluzione del luglio 1830 **[👁 11.6]**.

[3] Cioè tutte le teorie non fondate su conoscenze scientifiche.

GUIDA ALLA LETTURA

❶ Quali sarebbero le conseguenze della perdita della prima categoria di persone menzionata da Saint-Simon? ❷ Quali sarebbero le conseguenze della perdita della seconda categoria di persone menzionata da Saint-Simon? ❸ Chi contribuisce e chi nuoce alla prosperità della Francia? ❹ In che cosa consiste l'«immoralità» in cui, politicamente parlando, è immersa la specie umana?

86DOC

Pierre-Joseph Proudhon
Uguaglianza e federalismo

da *Il socialismo prima di Marx*, a c. di G.M. Bravo, Editori Riuniti, Roma 1970, pp. 416-18; da *Storia antologica dei problemi filosofici*, diretta da U. Spirito, *Politica*, II, a c. di F. Valentini, Sansoni, Firenze 1970, pp. 475-76

■ Nel socialismo di Pierre-Joseph Proudhon (1809-1865) **[👁 10.6]**, anch'egli francese, è particolarmente accentuato il tema dell'uguaglianza sociale, come testimonia anzitutto il suo scritto *Che cos'è la proprietà*, del 1840, in cui si trova la celebre affermazione che «la proprietà è un furto». Da quest'opera riproduciamo alcuni passi in cui Proudhon cerca di dimostrare l'impossibilità stessa della proprietà. Seguono brani di un testo posteriore (*Del principio federativo*, 1863) che illustrano l'altro aspetto fondamentale del socialismo proudhoniano, cioè il suo carattere libertario e federalistico.

L'impossibilità della proprietà
La ragione ultima dei proprietari, l'argomento fulminante, la cui invincibile potenza li rassicura, è che, secondo loro, l'uguaglianza delle condizioni è impossibile. L'uguaglianza delle condizioni è una chimera, gridano con aria saputa; dividete oggi i beni in parti uguali, domani quest'uguaglianza sarà scomparsa.
A questa banale obiezione, che ripetono ovunque con incredibile sicurezza, non mancano mai di aggiungere la seguente glossa, sotto forma di *Gloria Patri*: Se tutti gli uomini fossero uguali, nessuno vorrebbe lavorare. [...] Ma, niente recriminazioni; abbiamo di meglio per rispondere.
Se dimostro che la proprietà stessa è impossibile; che la proprietà è contraddizione, chimera, utopia; se lo dimostro non più per mezzo di considerazioni di metafisica e di diritto, ma con la ragione dei numeri, con equazioni e calcoli, quale sarà fra poco il terrore dello stupìto proprietario? [...]
I numeri governano il mondo, *mundum regunt numeri*: questo adagio è tanto vero per il mondo morale e politico, quanto per il mondo siderale e molecolare. [...] Questo capitolo ed il seguente serviranno a gettare le basi di quest'incredibile dottrina. [...] Comprenderemo che l'uguaglianza delle condizioni non soltanto è possibile, ma è la sola possibile; che quest'apparente impossibilità, che le si rimprovera, le proviene dal fatto che la concepiamo sempre sia nella proprietà sia nella comunità, forme politiche entrambe contrarie alla natura dell'uomo. Noi riconosceremo infine che tutti i giorni, a nostra insaputa, nel momento stesso in cui affermiamo che è irrealizzabile, quest'uguaglianza si realizza; che si avvicina il momento nel quale, senza averla cercata né voluta, noi l'avremo stabilita ovunque; che, con essa, in essa e per mezzo di essa, si deve manifestare l'ordine politico secondo la natura e la verità. [...]
Attacco la proprietà, non più con i suoi aforismi[1], ma con il calcolo. I proprietari si tengano dunque pronti a verificare le mie operazioni; perché, se per loro disgrazia, risultano giuste, essi sono perduti. Provando l'impossibilità della proprietà, finisco con il provarne l'ingiustizia; effettivamente,

ciò che è *giusto*, a maggior ragione è *utile*;
ciò che è utile, a maggior ragione è *vero*;
ciò che è vero, a maggior ragione è *possibile*;

di conseguenza, tutto ciò che nasce dal possibile, nasce per questo fatto stesso dalla verità, dall'utilità, dalla giustizia. Dunque, *a priori*, si può giudicare la giustizia d'una cosa dalla sua impossibilità; di modo che, se questa cosa fosse sommamente impossibile, essa sarebbe sommamente ingiusta.

Il sistema federativo

a) L'ordine politico è basato su due princìpi connessi, opposti e irriducibili: l'Autorità e la Libertà.
b) Da questi due princìpi si deducono parallelamente due regimi contrari: il regime assolutista o autoritario, e il regime liberale. [...]
d) [...] né l'Autorità, né la Libertà possono costituirsi indipendentemente, dar luogo a un sistema che sia proprio a ciascuna di esse esclusivamente; al contrario, esse sono condannate, quando danno luogo ad istituzioni, a farsi dei prestiti scambievoli. [...]
Poiché, secondo la natura delle cose e il giuoco dei princìpi, l'Autorità deve arretrare e la Libertà avanzare, ma senza mai urtarsi, la costituzione della società è essenzialmente progressiva, il che significa che è sempre più liberale e che questo destino non può compiersi se non in un sistema in cui la gerarchia governativa, invece di esser posta al suo vertice è palesemente situata alla sua base. E questo sistema è il sistema federativo.
Tutta la scienza costituzionale sta qui: ed io la riassumo in tre proposizioni:

1. Formare dei gruppi di media grandezza, ciascuno sovrano, e unirli con un patto federale;
2. Organizzare in ogni stato federato il governo secondo la legge della separazione degli organi; ossia: separare nel potere tutto quanto può essere separato, definire tutto quel che può essere definito, distribuire tra organi e funzionari diversi tutto ciò che sarà stato separato e definito [...];
3. Invece di assorbire gli stati federati o le autorità provinciali e municipali in un'autorità centrale, ridurre le attribuzioni di questa a un semplice ruolo di iniziativa generale, di mutua garanzia e di sorveglianza, i cui decreti non hanno esecuzione se non col visto dei governi confederati e attraverso agenti da essi dipendenti.

---

[1] Massime, sentenze.

GUIDA ALLA LETTURA
❶ Qual è la tesi che Proudhon vuole dimostrare e con quale tipo di argomenti? ❷ Che rapporto esiste tra autorità e libertà sul piano teorico e su quello pratico? ❸ Quali sono i princìpi della scienza costituzionale indicati da Proudhon?

87DOC

Karl Marx • Friedrich Engels
La società senza classi

K. Marx - F. Engels, *Manifesto del Partito comunista*, a c. di E. Cantimori Mezzomonti, Laterza, Bari 1958, pp. 98-101

■ Nel *Manifesto del Partito comunista*, da cui è tratto il brano seguente, Karl Marx [70DOC] e Friedrich Engels [71DOC] delineano le fasi dell'evoluzione del processo rivoluzionario dopo la presa del potere da parte del proletariato. In una prima fase la società sarà rivoluzionata con misure «anche dispotiche» al fine di produrre quelle trasformazioni fondamentali che porteranno alla seconda fase, segnata dalla scomparsa dello sfruttamento economico delle classi e quindi dello stesso potere politico che ne è espressione.

Il primo passo sulla strada della rivoluzione operaia consiste nel fatto che il proletariato s'eleva a classe dominante, cioè nella conquista della democrazia.

Il proletariato adoprerà il suo dominio politico per strappare a poco a poco alla borghesia tutto il capitale, per accentrare tutti gli strumenti di produzione nelle mani dello Stato, cioè del proletariato organizzato come classe dominante, e per moltiplicare al più presto possibile la massa delle forze produttive.

Naturalmente, ciò può avvenire, in un primo momento, solo mediante interventi despotici nel diritto di proprietà e nei rapporti borghesi di produzione, cioè per mezzo di misure che appaiono insufficienti e poco consistenti dal punto di vista dell'economia; ma che nel corso del movimento si spingono al di là dei propri limiti e sono inevitabili come mezzi per il rivolgimento dell'intero sistema di produzione.

Queste misure saranno naturalmente differenti a seconda dei differenti paesi. Tuttavia, nei paesi più progrediti potranno essere applicati quasi generalmente i provvedimenti seguenti:

1. Espropriazione della proprietà fondiaria ed impiego della rendita fondiaria per le spese dello Stato.
2. Imposta fortemente progressiva.
3. Abolizione del diritto di successione.
4. Confisca della proprietà di tutti gli emigrati e ribelli.
5. Accentramento del credito in mano dello Stato mediante una banca nazionale con capitale dello Stato e monopolio esclusivo.
6. Accentramento di tutti i mezzi di trasporto in mano allo Stato.
7. Moltiplicazione delle fabbriche nazionali, degli strumenti di produzione, dissodamento e miglioramento dei terreni secondo un piano collettivo.
8. Eguale obbligo di lavoro per tutti, costituzione di eserciti industriali, specialmente per l'agricoltura.
9. Unificazione dell'esercizio dell'agricoltura e dell'industria, misure atte ad eliminare gradualmente l'antagonismo fra città e campagna.
10. Istruzione pubblica e gratuita di tutti i fanciulli. Eliminazione del lavoro dei fanciulli nelle fabbriche nella sua forma attuale. Combinazione dell'istruzione con la produzione materiale e così via.

Quando le differenze di classe saranno scomparse nel corso dell'evoluzione, e tutta la produzione sarà concentrata in mano agli individui associati, il pubblico potere perderà il suo carattere politico. In senso proprio, il potere politico è il potere di una classe organizzato per opprimerne un'altra. Il proletariato, unendosi di necessità in classe nella lotta contro la borghesia, facendosi classe dominante attraverso una rivoluzione, ed abolendo con la forza, come classe dominante, gli antichi rapporti di produzione, abolisce insieme a quei rapporti di produzione le condizioni di esistenza dell'antagonismo di classe, cioè abolisce le condizioni d'esistenza delle classi in genere, e così anche il suo proprio dominio in quanto classe.

Alla vecchia società borghese con le sue classi e i suoi antagonismi fra le classi subentra un'associazione in cui il libero sviluppo di ciascuno è condizione del libero sviluppo di tutti.

GUIDA ALLA LETTURA

❶ Quali misure relative alla proprietà dovrà prendere il proletariato organizzato come classe dominante? Il documento propone l'abolizione della proprietà privata? ❷ Come intendono i comunisti organizzare i diversi settori della produzione? ❸ Come definiscono gli autori il potere politico? ❹ Descrivi le caratteristiche della società che emergerà, secondo l'ipotesi degli autori, dal conflitto di classe tra borghesi e proletari.

SVILUPPARE LE COMPETENZE

Comprendere e Analizzare

❶ Rispetto alla struttura del potere, Proudhon [86 DOC] e Marx-Engels [87 DOC] suggeriscono soluzioni molto diverse. Riportale sinteticamente.

❷ Dopo aver letto i brani di Constant [81 DOC] e di Stuart Mill [82 DOC], spiega come i due autori mettono in relazione la concezione moderna e quella antica di "libertà".

Rielaborare e Argomentare

❸ Tema di argomento storico. *Pensatori politici, filosofi ed economisti del XIX secolo*

La prima metà del XIX secolo è l'epoca in cui, nei maggiori Stati europei, i pensatori politici, i filosofi e gli economisti entrano in prima persona nell'arena pubblica della politica. Che si tratti di democratici, liberali, socialisti o rivoluzionari, essi si confrontano con problemi nuovi, come l'iniziativa economica e i rapporti sociali tra le classi, l'amministrazione dello Stato e la proprietà privata. Traccia un profilo storico e culturale di una di queste figure.

❹ Il tema del rapporto tra democrazia e liberalismo è affrontato in diversi documenti e sotto molteplici aspetti. Cerca di illustrarlo tentando di seguire questa scaletta:

a. definizione dei concetti di liberalismo e democrazia (Sartori);
b. critiche liberali alla democrazia (Sartori, Constant, Stuart Mill, Tocqueville);
c. possibilità e condizioni della convergenza tra le due dottrine (Sartori, Stuart Mill, Tocqueville).

❺ Dopo aver letto tutti i brani, scrivi un breve testo (max 30 righe) dal titolo *Liberalismo, democrazia e socialismo: ideologie a confronto*, seguendo la scaletta di argomenti:

a. origini storiche e culturali;
b. princìpi politici e idea di Stato;
c. alleanze e conflitti nella società.

Restaurazione e rivoluzioni

Dopo la sconfitta di Napoleone, le potenze vincitrici – Gran Bretagna, Austria e Prussia – tentarono di ristabilire gli ordinamenti politici e sociali prerivoluzionari e di arrestare la diffusione dei princìpi dell'89. Questo progetto di restaurazione, tuttavia, si scontrò con la ribellione di forze politiche che, in modi diversi, si ispiravano e ricollegavano alla Rivoluzione francese: è questa l'età delle rivoluzioni liberali e democratiche e del progressivo affermarsi dei movimenti nazionali, protagonisti di una serie di tentativi insurrezionali culminati nella grande ondata rivoluzionaria del 1848-49.
Si trattava per lo più di moti cittadini, che avevano il loro centro nelle capitali e si propagavano a ondate periodiche con grande rapidità, attraversando anche i confini fra Stati. Diversi erano i caratteri di questi moti – in Grecia, Belgio e Italia si combatteva soprattutto per l'indipendenza, in Francia e in Spagna per la libertà e per la democrazia – e diversi furono gli esiti, peraltro quasi sempre sfortunati. Nelle prime due ondate (1820-21 e 1830-31) prevalsero i contenuti costituzionali e liberali; nella terza (1848-49) la partecipazione popolare fu più ampia: emersero le componenti democratiche e, soprattutto in Francia, anche le rivendicazioni sociali. In tutte e tre le fasi l'Italia ebbe un ruolo di rilievo, coniugando le prime battaglie per l'indipendenza e l'unità, le prime prove di quello che sarebbe stato chiamato il "Risorgimento" della nazione, con le lotte per la conquista delle libertà politiche.
La prima parte di questa sezione è dedicata alla Restaurazione e si apre con un testo classico della polemica antirivoluzionaria e antilluministica: in esso, **Joseph de Maistre** [88DOC] porta la polemica alle sue estreme conseguenze sul piano filosofico e religioso.
Una posizione molto diversa – anche se animata da un analogo sentimento antirivoluzionario – è quella del cancelliere austriaco **Klemens W.L. Metternich** [89DOC], artefice principale dell'equilibrio europeo nell'età della Restaurazione, di cui si riportano alcune pagine del suo testamento politico. **James H. Billington** [90] descrive invece l'eredità degli ideali rivoluzionari all'interno delle società segrete dell'800. La lotta fra la Restaurazione e la rivoluzione, fra i valori della conservazione e gli ideali nazionali e liberali fu combattuta anche nelle colonie spagnole e portoghesi dell'America Latina, che portarono a compimento la loro lotta per l'indipendenza. **Loris Zanatta** [91] riflette sul rapporto tra questa lotta e i moderni ideali politici che si stavano affermando in Europa.
Nella seconda parte della sezione sono presentati alcuni brani che trattano aspetti diversi delle rivoluzioni del 1848, con particolare riguardo alla Francia – che del moto rivoluzionario fu il centro e il principale punto di riferimento – e all'Italia. Lo storico della società francese **Maurice Agulhon** [92] delinea le premesse sociali e culturali della rivoluzione, mentre l'atmosfera delle giornate di febbraio a Parigi è rievocata dal grande romanziere, che fu anche testimone dei fatti, **Gustave Flaubert** [93DOC]. Per quanto riguarda l'Italia, le due opzioni politiche emerse nel biennio 1848-49 – quella liberal-moderata e quella democratico-repubblicana – sono esemplificate dai testi di due costituzioni nate in questo periodo: lo ***Statuto Albertino***, traduzione in termini istituzionali della prima, e la ***Costituzione della Repubblica romana***, esempio della seconda [94DOC].

88DOC

Joseph de Maistre
L'infallibilità del papa e il potere del re

da *I controrivoluzionari*, a c. di C. Galli, il Mulino, Bologna 1981, pp. 79-87; 97

■ Il conte Joseph de Maistre (1753-1821), diplomatico e scrittore savoiardo [👁 10.5], fu il più ispirato, il più intransigente (e anche il più celebre) fra gli avversari della Rivoluzione francese e della cultura che l'aveva prodotta. Nei suoi scritti la polemica antirivoluzionaria (già compiutamente espressa nelle *Considerazioni sulla Francia* del 1796) si traduce nella condanna di ogni forma di razionalismo e di costituzionalismo e nell'esaltazione della società teocratica, fondata sull'autorità suprema della Chiesa di Roma. Nelle pagine sotto riportate, tratte da *Del Papa* (1819), de Maistre stabilisce una relazione tra il concetto di *infallibilità* nell'ordine spirituale e quello di *sovranità* nell'ordine temporale e analizza il rapporto di analogia e di reciproca dipendenza esistente tra il potere del pontefice e quello dei re.

L'*infallibilità* nell'ordine spirituale, e la *sovranità* nell'ordine temporale, sono due termini perfettamente sinonimi. Entrambi esprimono quell'alta potenza che domina ogni altra, e da cui ogni altra discende, che governa e non è governata, che giudica e non è giudicata.

Quando noi diciamo che la *Chiesa è infallibile*, non chiediamo per essa, ed è fondamentale osservarlo, alcun privilegio particolare; noi domandiamo soltanto che essa fruisca del diritto comune a tutte le possibili sovranità, che agiscono tutte, necessariamente, come infallibili; poiché ogni governo è assoluto, e dal momento in cui gli si potesse resistere con il pretesto di un errore o di un'ingiustizia, non esisterebbe più.

La sovranità ha senza dubbio forme differenti. Non parla a Costantinopoli come a Londra, ma quando abbia parlato, a suo modo, qui come là, il *bill*[1] è senza appello, proprio come il *fetfa*[2].

Ed è la stessa cosa per la Chiesa: in un modo o nell'altro, è necessario che sia governata, come ogni altra associazione, altrimenti verrebbero meno l'aggregazione, la coesione, l'unità. Questo governo è dunque per sua natura infallibile, cioè *assoluto*, altrimenti non potrebbe governare.

Nell'ordine giudiziario, che è parte del governo, non risulta fin troppo evidente quanto sia necessario risalire a una potenza che giudichi e che non sia giudicata – e precisamente perché essa si pronuncia in nome della potenza suprema, di cui si presuppone sia nient'altro che l'organo e la voce? Si faccia come si crede; si dia pure a questo alto potere giudiziario il nome che si vuole, ma sarà sempre necessario che ce ne sia uno al quale non si possa dire: *Avete sbagliato*. [...]

Si tratta dunque di sapere dove sia posta la sovranità nella Chiesa; poiché dal momento che verrà riconosciuta, non sarà più lecito appellarsi contro le sue decisioni.

Ebbene, è evidente, tanto per la ragione quanto per la fede, che la Chiesa universale è una monarchia. La sola idea di *universalità* implica questa forma di governo, la cui assoluta necessità riposa sulla doppia ragione del numero dei sudditi e dell'estensione geografica dell'impero. [...]

Una volta stabilita la forma monarchica, l'infallibilità non è più nient'altro che una necessaria conseguenza della *supremazia* o, piuttosto, è assolutamente la stessa cosa sotto due nomi differenti. [...]

L'uomo, nella sua qualità di essere a un tempo morale e corrotto, retto nella sua intelligenza e perverso nella sua volontà, deve necessariamente essere governato; altrimenti, sarebbe a un tempo socievole e insocievole, e la società sarebbe insieme necessaria ed impossibile.

Verifichiamo nei tribunali la necessità assoluta della sovranità: infatti l'uomo deve essere governato così come deve essere giudicato, e per lo stesso motivo, cioè perché, ovunque non c'è *sentenza*, c'è *guerra*. [...]

D'altra parte, non risulta che i numerosi tentativi fatti per limitare il potere sovrano abbiano mai suscitato il desiderio di imitarli. Soltanto l'Inghilterra, favorita dall'Oceano che la circonda e da un carattere nazionale che si presta ad esperienze del genere, è potuta riuscire in qualcosa di simile; ma la sua costituzione non ha ancora superato la prova del tempo, e questo stesso famoso edificio datato 1688 sembra vacillare sulle sue fondamenta ancora fresche. [...]

Una grande e potente nazione ha tentato di compiere, sotto i nostri occhi, il più grande sforzo verso la libertà che sia mai stato fatto al mondo: che cosa ha ottenuto? Si è coperta di ridicolo e di vergogna, per mettere alfine sul trono un gendarme corso[3] al posto di un re francese, e, per il popolo, la servitù al posto dell'obbedienza. Essa è caduta in seguito nell'abisso dell'umiliazione; ed essendo sfuggita all'annientamento politico solo in virtù di un miracolo che non aveva il diritto di attendersi, si diverte, sotto il giogo degli stranieri, a leggere la sua costituzione[4] che fa onore solo al suo re e sulla quale, d'altronde, il tempo non ha ancora potuto esprimersi. [...]

Vi è tanta analogia, tanta fraternità, tanta dipendenza fra il potere del pontefice e quello dei re, che mai non si è scosso il primo senza toccare il secondo; e gli innovatori del nostro tempo non hanno mai smesso di additare al popolo la cospirazione fra sacerdozio e dispotismo, fino a mostrare ai re come più grande nemico dell'autorità regale proprio il sacerdozio: incredibile contraddizione, fenomeno inaudito, che sarebbe unico, se non ci fosse qualcos'altro ancora, e cioè che si è riusciti a far credere tutto ciò sia ai popoli che ai re.

---

[1] In questo contesto indica un decreto o un atto legislativo emanato da un organo sovrano (inglese), sia esso un re o il Parlamento.

[2] Nell'Impero ottomano, il *fetfa* (o *fatwa*) era un parere giuridico vincolante, una sentenza emessa da un esperto di legge coranica (*mufti*).

[3] Napoleone Bonaparte.

[4] Si tratta della Carta promulgata come 'graziosa concessione' (*octroyée*) da Luigi XVIII [👁 7.13].

GUIDA ALLA LETTURA

❶ Qual è il nesso tra infallibilità papale e sovranità temporale? ❷ Qual è la ragione per cui ci deve essere un potere supremo, assoluto, davanti al quale non è lecito resistere? ❸ Qual è il giudizio di de Maistre sulla Rivoluzione francese e sui suoi esiti?

89 DOC

Klemens W.L. Metternich
Il testamento politico

da R. Romeo - G. Talamo, *Documenti storici*, III. *L'età contemporanea*, Loescher, Torino 1972, pp. 18-21

■ Klemens Wenzel Lothar principe di Metternich (1773-1859), ministro degli Esteri austriaco fra il 1809 e il 1848, fu uno dei maggiori artefici della Restaurazione [👁 11.1] nel campo dei rapporti internazionali e un protagonista indiscusso della politica europea nella prima metà dell'800. Nella tradizione liberale e democratica, la figura di Metternich è indissolubilmente associata agli ideali conservatori e assolutisti, alla repressione dei moti rivoluzionari, alla negazione del principio di nazionalità. Tuttavia molti studiosi hanno visto in lui soprattutto il politico abile e realista, il custode di un delicato equilibrio internazionale che assicurò all'Europa un lungo periodo di pace. I princìpi basilari della politica metternichiana sono bene espressi nel brano che riportiamo, tratto da una raccolta di riflessioni e note autobiografiche scritte fra il 1849 e il 1855, dopo il suo forzato ritiro dalla vita pubblica, e pubblicate nel 1883.

Il motto da me adottato «forza nel diritto» è l'espressione della mia convinzione, ed esso caratterizza la base del mio modo di pensare e di agire. [...] Non nella lotta della società per il progresso, ma nel progredire mirando ai veri beni: verso la libertà quale risultato immancabile dell'ordine, verso l'eguaglianza nella sua unica forma applicabile di eguaglianza davanti alla legge, verso il benessere, inconcepibile senza la base di una tranquillità morale e materiale, verso il credito che può fondarsi soltanto sulla fiducia, in tutto ciò ho riconosciuto il dovere del governo e la salute vera dei popoli governati.
Ho sempre considerato il dispotismo, qualunque fosse, come un sintomo di debolezza. Là dove esso si mostra, è un male che trova in se stesso la sua punizione; ma è funesto soprattutto quando si maschera col nome di progresso della libertà!
La monarchia e la repubblica sono idee che io comprendo. [...] Tutt'e due, monarchie e repubbliche, possono prosperare solo sulle basi proprie alle une e alle altre. La migliore costituzione per uno Stato qualsiasi sarà sempre quella che si adatta meglio ai tratti particolari che distinguono ogni corpo politico. Nei grandi Stati la forma monarchica possiede il vantaggio di una più grande stabilità; è un fatto accertato dalla storia. [...]
L'idea dell'equilibrio dei poteri (immaginata da Montesquieu) non mi è mai sembrata altro che un modo errato di concepire la costituzione inglese; ho sempre trovato che essa non era pratica nell'applicazione, perché l'idea di un simile equilibrio ha la sua radice nella supposizione di una lotta perpetua, invece di essere fondata su quella del riposo, che è il primo bisogno per gli Stati che vogliono vivere e prosperare. [...]
La parola *libertà* ha per me, non il significato di un *punto di partenza*, ma quello di un effettivo *punto di arrivo*. Il punto di partenza è significato dalla parola *ordine*. Il concetto di libertà può basarsi soltanto sul concetto di ordine. Senza una base di ordine l'aspirazione alla libertà non è altro che la tendenza di un qualsiasi partito verso uno scopo che si è fissato. Nella sua applicazione effettiva questa aspirazione necessariamente si risolverà in tirannide. Poiché in tutti i tempi, in tutte le situazioni, io sono sempre stato propugnatore dell'ordine, le mie aspirazioni erano rivolte alla libertà vera e non a quella ingannevole. La tirannia di qualsiasi genere ha, ai miei occhi, soltanto il significato di mera assurdità; come fine a se stessa io la definisco come la cosa più vuota che il tempo e le circostanze possano mettere a disposizione dei regnanti.
L'idea di ordine, considerata dal punto di vista della legislazione, fondamento dell'ordine, è suscettibile delle più diverse applicazioni, a seguito delle condizioni a cui è soggetta la vita degli Stati. Considerato come «costituzione», l'ordine migliore per uno Stato sarà quello che risponde alle condizioni materiali e morali che determinano il carattere nazionale. Non v'è ricetta universale in materia di costituzioni, come non v'è una panacea nell'ordine fisico. [...]
Che le costituzioni abbiano una influenza importante sulla formazione dello spirito nazionale è una verità incontestabile. Il rovescio di questa verità è che una costituzione deve essere il prodotto di questo sentimento, e non il prodotto di uno spirito inquieto e, come tale, passeggero.

GUIDA ALLA LETTURA
❶ Qual è la posizione di Metternich rispetto al dispotismo, alla monarchia, alla repubblica e all'equilibrio dei poteri? ❷ Che cosa è per Metternich la libertà? Che relazione ha con l'ordine? ❸ A che cosa devono conformarsi le Costituzioni?

90

J.H. Billington
Le società segrete

J.H. Billington, *Con il fuoco nella mente*, il Mulino, Bologna 1986, pp. 129-30

■ Lo storico statunitense James H. Billington (nato nel 1929), autore di un vasto studio sulle origini e i caratteri della mentalità rivoluzionaria dal '700 alla rivoluzione russa, analizza nelle pagine che seguono il legame esistente tra la Rivoluzione francese e le società segrete, all'interno delle quali sopravvissero gli ideali rivoluzionari dopo la caduta di Robespierre **[54DOC]** e il fallimento di Babeuf.

Per molti versi la rivoluzione francese finì dopo la caduta di Robespierre, e in particolare con il processo a Babeuf. Chi decise di continuare a tenere in vita i supremi ideali del primo periodo rivoluzionario non proiettò più la propria fede sui concreti processi sociali in corso, preferendo piuttosto ritirarsi nel sicuro alveo della società segreta dove le più intense convinzioni non avrebbero dovuto passare al vaglio della politica pratica.
Il mito della rivoluzione incompiuta avvolse queste società segrete della particolare aura di antesignane della

Seconda Venuta; il mantello della legittimazione rivoluzionaria passò dai governanti di Francia a piccoli gruppi di cospiratori un po' ovunque in Europa. Questi gruppi fecero propri la segretezza e l'utopismo del circolo di Bonneville[1] e della cospirazione di Babeuf più ancora che l'aperta attività politica dei club giacobini e delle assemblee parlamentari.

Inoltre, grazie ai progressi della polizia politica, le società segrete si nascosero ancor più. Così, sotto Napoleone, la società cospirativa dalla disciplina gerarchica divenne la forma dominante di organizzazione rivoluzionaria, e negli anni venti del diciannovesimo secolo, sotto la restaurazione conservatrice, questa forma produsse un'ondata di rivoluzioni in tutta Europa. [...]

È un dato di fatto che alla metà degli anni dieci del diciannovesimo secolo esistessero non una o due, ma un'incredibile quantità di organizzazioni rivoluzionarie in tutta Europa – e fino in America Latina e in Medio Oriente. Questi gruppi, per quanto scarsamente in contatto fra loro, internazionalizzarono la tradizione rivoluzionaria moderna e costituirono il luogo originale del dibattito, poi generalizzato nel mondo moderno, sul ruolo e i fini del potere politico nelle società post-tradizionali. E furono questi gruppi che, nel processo di modernizzazione, generarono un fenomeno oggi familiare: una gioventù impaziente che formava le proprie organizzazioni per combattere l'autorità monarchico religiosa. [...]

In ciò che segue tenterò di dimostrare che la tradizione rivoluzionaria moderna, così come venne internazionalizzandosi sotto Napoleone e la Restaurazione, trasse origine dalla massoneria segreta, occultista; che le prime idee sull'organizzazione furono originate più dal misticismo pitagorico che dall'esperienza concreta; e che i veri innovatori non furono tanto attivisti politici quanto intellettuali letterati, sui quali esercitò grande influenza il pensiero romantico tedesco in generale – e l'Illuminismo bavarese in particolare.

[1] Nicolas Bonneville, giornalista radicale e libertario, fondò a Parigi nel 1790 un «Circolo sociale».

GUIDA ALLA LETTURA

❶ Quali sono le differenze tra le società segrete e i club giacobini? ❷ Il fenomeno delle società segrete dei primi decenni dell'800 fu circoscritto a livello regionale? ❸ Quali erano le aspirazioni e gli ideali di queste società segrete? ❹ Da quali correnti culturali erano influenzate?

91

L. Zanatta
L'indipendenza dell'America Latina e la politica moderna

L. Zanatta, *Storia dell'America Latina contemporanea*, Laterza, Roma-Bari 2010, pp. 31-38

■ Secondo lo storico Loris Zanatta (nato nel 1962), fin dal '500 l'America Latina era stata "europea", anche se nei secoli si era via via formata una «civiltà ispanica» che la caratterizzava. Nei tre secoli successivi all'inizio della conquista, il rapporto tra il sovrano spagnolo e i possedimenti latinoamericani si era basato su un «patto» implicito per cui i secondi riconoscevano la sovranità del primo, in cambio di una certa autonomia per le élite locali. Questo equilibrio fu rotto dagli avvenimenti europei del '700 e dell'800. L'invasione napoleonica della Spagna (1808) **[👁 7.12]** e l'arresto del re Carlo IV e di suo figlio Ferdinando VII, a cui aveva lasciato il trono, infatti, misero in moto un processo storico che portò alla separazione del continente americano dalle potenze iberiche. Il sovrano spagnolo, la figura che per secoli aveva mantenuto l'unità dell'impero, era scomparso e gli americani non si sentivano vincolati al nuovo monarca Giuseppe, fratello di Napoleone.

Saputo della caduta del re e dinanzi al problema di chi avesse ora il diritto di esercitare il potere in modo legittimo, i principali centri amministrativi americani reagirono allo stesso modo in cui avevano reagito le città spagnole in condizione di farlo: crearono delle Juntas, cioè degli organi politici deputati all'esercizio dell'autorità. [...] Le Juntas sorte in America dichiararono di assumere il potere in via transitoria; in nome cioè di Ferdinando VII, perciò chiamato *el deseado*, il desiderato, e fintanto che egli non fosse tornato sul trono. Esse non proclamarono dunque l'intenzione di separarsi dalla Madrepatria, di abbandonare per sempre l'impero. Salvo in rari casi, coloro che le formarono non espressero insomma una volontà di indipendenza. I creoli[1] che guidarono quelle Juntas furono però consapevoli delle implicazioni dei loro atti. Pur senza minacciare il patto politico che li legava al sovrano nel seno dell'impero, infatti, essi avevano ben chiaro che la sua assenza dava loro l'occasione di recuperare l'autonomia perduta o ridotta a causa della volontà centralizzatrice dei Borbone. [...] Per tale motivo questa prima fase del processo d'indipendenza, durata grosso modo fino alla restaurazione sul trono di Spagna di Ferdinando VII nel 1814, suole essere in realtà chiamata autonomista: poiché l'autonomia, e non l'indipendenza, era per lo più l'orizzonte delle élites creole che per la prima volta in America assunsero il potere in prima persona in quella che si configurava perciò come una rivoluzione politica. [...]

Per taluni [storici] i moti americani che approdarono all'indipendenza furono dei moti liberali. Quella ispano-

[1] I creoli sono bianchi di origine europea e costituivano le élite delle colonie.

americana sarebbe stata perciò parte della più generale ondata rivoluzionaria che già negli Stati Uniti e in Francia aveva spazzato via l'*ancien régime* e delle nuove correnti di idee che in tutto l'Occidente miravano ad abbattere l'assolutismo invocando la sovranità del popolo. Non v'è dubbio, in effetti, che i leader indipendentisti fossero infarciti di idee liberali, né che proclamassero la necessità di demolire le fondamenta della società corporativa per creare una società di «eguali». [...] Cardine di questo nuovo mondo, dell'avvento della politica moderna ch'essi ambivano a far nascere dal tracollo dell'assolutismo spagnolo era la Costituzione, di cui corsero a dotarsi le Juntas man mano sorte in America. [...] Un nuovo patto sociale e politico, in altri termini, che codificasse, organizzasse e delimitasse il potere politico e lo legittimasse in nome del popolo sovrano e non della mera volontà di Dio.

Per altri, tuttavia, le cose stavano altrimenti. Ad assestare il decisivo colpo al legame dell'America con la Spagna sarebbe stata la progressiva trasformazione di quest'ultima da impero cattolico a moderno Stato-nazione. E ciò fin dalle riforme dei Borbone, che accentrando il potere, razionalizzando l'economia, colpendo l'autonomia delle società locali e attentando al potere ecclesiastico, avrebbero violato le libertà antiche [...] garantite alle colonie. [...] In tal caso l'indipendenza dell'America Latina non sarebbe stata il frutto di una rivoluzione liberale contro l'assolutismo spagnolo che negava le libertà moderne, quelle civili e individuali. Bensì della reazione americana in difesa delle libertà antiche, quelle corporative coloniali, contro la modernizzazione imposta dalla Spagna. [...]

Chi ha ragione? [...] Entrambe. Tutti e due i filoni [...] finirono infatti per confluire nella reazione a quello che seppur per diversi motivi essi cominciarono a vivere come il «dominio» spagnolo. [...] Gli uni, antesignani dei conservatori, mossi dalla reazione contro ciò che distruggeva il vecchio ordine; gli altri, liberali in nuce, per quel che quel dominio negava del nuovo ordine che volevano veder nascere.

GUIDA ALLA LETTURA

❶ Che compito si prefiggevano le Juntas? ❷ Perché il re Ferdinando VII fu definito «el deseado»? ❸ Perché, per alcuni storici, i moti americani per l'indipendenza furono moti liberali? Perché altri non sono d'accordo? ❹ Qual è l'opinione di Zanatta?

92

M. Agulhon
Le premesse sociali del '48

M. Agulhon, *La Francia della Seconda Repubblica. 1848-1852*, Editori Riuniti, Roma 1979, pp. 13-17

■ Lo storico francese Maurice Agulhon (1926-2014), professore all'università di Parigi e collaboratore della celebre rivista «Annales», è stato autore di numerosi e importanti studi sulla storia politica e sociale della Francia nell'800. Nelle pagine che seguono, tratte da un volume del 1973 su *La Francia della Seconda Repubblica*, Agulhon descrive le premesse sociali e culturali che prepararono il terreno alla rivoluzione del '48 **[👁 11.9]**.

Negli anni Quaranta, di fatto, la questione operaia è già posta. Se è difficile assegnare un inizio preciso a processi oggettivi quali l'ingresso della macchina nell'industria francese, la concentrazione in grandi officine, il prolungamento della giornata lavorativa [...] se è arduo risalire ai primi esempi di sciopero o di organizzazione presindacale, è invece facile datare il momento in cui l'opinione pubblica si rese conto di queste diverse realtà: tra il 1830 e il 1840. Innanzitutto fu per opera degli oppositori. Repubblicani come il medico Guépin o legittimisti come Villeneuve-Bargemont erano naturalmente portati alla compassione dalla loro filosofia rispettivamente umanitaria e cristiana; inoltre, nella loro lotta al regime, dovevano essere naturalmente tentati di imputargli tutte le miserie conosciute, e tanto più se si trattava di miseria operaia, dal momento che il regime si vantava di rappresentare la «classe media», l'industria, gli affari. Ma la denuncia dei mali sociali non veniva affatto tutta dall'opposizione. Né Villermé né Adolphe Blanqui[1] vi appartenevano; anzi, erano stati spinti allo studio del pauperismo da quell'Accademia delle Scienze morali e politiche di cui la monarchia di luglio aveva voluto fare un centro di studi superiori, un autentico laboratorio di riflessione e di proposte. [...]

È un fatto che verso il 1830-31, agli albori delle «missioni» sansimoniane[2], ai tempi in cui Charles Fourier[3] invecchiava in solitudine e il giovane Auguste Blanqui si andava appena liberando di un giacobinismo da Quartiere latino, l'idea socialista apparteneva a una piccola minoranza di eccentrici. Dieci anni dopo, la questione sociale aveva invaso la stampa e la letteratura. Ancora cinque anni, e uno sciopero generale dei carpentieri parigini assurgeva a grande evento [...].

Il proletariato era certo troppo minoritario, e il movimento operaio a uno stadio troppo embrionale per minacciare le istituzioni in vigore. [...]

L'impressione – pur incompleta – di una democrazia di contadini proprie-

[1] 👁 10.6.
[2] 👁 10.6 e 85DOC.
[3] 👁 10.6.

tari che la Francia del 1900 poteva dare, dipendeva in parte dall'opera della rivoluzione (espropriazione totale del clero e parziale degli emigrati), e in parte anche da tutta una serie di processi che avevano percorso l'intero secolo XIX: erosione di buona parte di quel che era rimasto della grande proprietà, e allontanamento dalla terra dei contadini più poveri. Nel 1848 l'evoluzione di questi due fattori decisivi è appena agli inizi: ci sono ancora molti grandi possedimenti, vuoi in mano alla vecchia nobiltà vuoi di recente acquisto, e nei villaggi ci sono ancora molti proletari. [...]

Tra ricchi e poveri, proprietari e contadini, fattori e giornalieri, la rivoluzione non ha eliminato ogni conflitto, e nemmeno ogni residuo arcaico. Ha potuto abolire la «feudalità», ma non ha avuto il tempo di elaborare un codice rurale. Resta così pendente la questione del diritto civico di pascolo; l'utilizzo delle terre demaniali resta sempre un pomo della discordia; infine, e forse in primo luogo, il problema plurisecolare degli usi civici delle comunità rurali sui boschi una volta signorili continua a suscitare conflitti d'ogni tipo [...]. I contadini poveri hanno sempre lo stesso bisogno per vivere dell'insieme delle risorse offerte dai boschi o dalle terre «incolte»: il pascolo, la spigolatura, il legnatico, ecc. Questi obblighi sono sempre più insopportabili per i grandi proprietari, affascinati sempre più da una agronomia razionale e produttiva, soprattutto in un momento in cui – prima della diffusione del carbone facilitata e generalizzata dalle ferrovie – i combustibili locali si vendono bene. [...]

Tuttavia, a differenza dei mali del proletariato che – lo ripetiamo – hanno grande risonanza e sono quasi di moda, il malessere rurale, più diffuso, più lontano, e soprattutto enormemente diversificato, non si rivelerà se non attraverso le sue conseguenze. [...]

Ciononostante, operaio o contadino, «il popolo» era appunto considerato con generale favore [...]. L'atmosfera dominante nel mondo intellettuale era umanitaria, ed anche questo è un elemento delle origini della rivoluzione. [...] D'altronde tutto spingeva l'élite intellettuale a indicare nel popolo una riserva di forze nuove e sane.

GUIDA ALLA LETTURA

❶ Indica quando, per merito di chi e perché in Francia si affermò la questione operaia. ❷ In che cosa consiste, secondo Agulhon, la questione contadina? ❸ La questione operaia e quella contadina avevano, nella Francia del '48, la stessa risonanza politico-sociale? ❹ Qual era l'atteggiamento dominante dell'élite intellettuale francese verso il popolo?

93 DOC

Gustave Flaubert
Parigi rivoluzionaria

G. Flaubert, *L'educazione sentimentale*, Garzanti, Milano 1977, pp. 253-54; 267

■ Gustave Flaubert (1821-1880), il celebre autore di *Madame Bovary*, nel 1848 fu testimone a Parigi delle prime fasi della rivoluzione e le descrisse poi, con efficacia e ironia, in alcune pagine del suo romanzo *L'educazione sentimentale* (1869). Il primo dei passi qui riportati si riferisce alle giornate di febbraio [👁 11.9]; quello successivo descrive l'euforia seguita alla proclamazione della Repubblica e l'animata vita dei circoli politici.

Uomini di frenetica eloquenza arringavano la folla agli angoli delle strade; altri, nelle chiese, suonavan le campane a martello; si fondeva piombo, si confezionavan cartucce; alberi dei *boulevards*, vespasiani, panchine, cancellate, lampioni, tutto fu sradicato, rovesciato; all'alba Parigi era coperta di barricate. Non ci fu molta resistenza; si metteva in mezzo, dappertutto, la Guardia nazionale e alle otto, con le buone o con le cattive, il popolo s'era già impadronito di cinque caserme, di quasi tutte le sedi municipali, dei punti strategici decisivi. La monarchia si dissolveva, rapida e senza scosse. L'attacco adesso era contro il posto di guardia di Château d'Eau, per liberare cinquanta prigionieri che in effetti non c'erano.

Federico[1] fu costretto a fermarsi all'imbocco della piazza, piena di gruppi d'armati. Compagnie di fanteria presidiavano rue Saint Thomas e rue Fromanteau. Una barricata enorme sbarrava rue de Valois. Rasente il suo profilo stagnava una nuvola di fumo; dissoltasi un poco, si videro uomini corrervi su in bilico facendo grandi gesti, poi scomparire; ricominciarono gli spari. Dal posto di guardia rispondevano senza che, all'interno, si scorgesse anima viva; le finestre eran protette da imposte di quercia nelle quali s'aprivano strette feritoie; e il grande edificio a due piani, con la sua fontana all'altezza del primo, le due ali laterali, la piccola porta nel mezzo, cominciava a fiorire di piccole macchie bianche sotto l'urto del piombo. I tre scalini d'ingresso restavano deserti. [...]

Federico fece il giro di quasi tutti i circoli di Parigi: rossi e azzurri, furiosi e tranquilli, puritani e scollacciati, mistici e avvinazzati, quelli dove si decretava la morte dei re e quelli dove si denunciavano le malefatte dei droghieri. Dappertutto, gli inquilini maledicevano i proprietari, le bluse maledicevano le *redingotes*[2], i ricchi cospiravano contro i poveri. Parecchi avrebbero voluto delle pensioni come ex perseguitati dalla polizia, altri imploravano denaro per

[1] Il giovane Federico Moreau è il protagonista del romanzo.

[2] Qui «bluse» sta per ceti popolari, in opposizione ai membri delle classi agiate (*redingote*: abito da cerimonia, finanziera).

realizzare qualche invenzione; oppure si mettevano in discussione progetti di falansteri[3] o di bazar cantonali, sistemi per la felicità pubblica. Qua e là, nella foschia di tante sciocchezze, la schiarita improvvisa d'un po' di spirito: apostrofi repentine come schizzi di fango; sottigliezze giuridiche incapsulate in una bestemmia; fiori d'eloquenza in bocca a un manovale senza camicia, con la tracolla della sciabola allacciata sul petto nudo... Non mancava, a volte, qualche aristocratico dalle maniere dimesse che pronunciava frasi da plebeo e aveva avuto cura di non lavarsi le mani per farle sembrare callose. Ma un patriota lo smascherava, i più puri gli si facevano intorno minacciosi; e quello si allontanava con la rabbia nel cuore. Per far mostra di buonsenso era d'obbligo denigrare gli avvocati e fare il più largo uso possibile di locuzioni come: «portare la propria pietra all'edificio comune», «problema sociale», «officina».

[3] Un complesso di edifici organizzato in aree funzionali dove, secondo Fourier [👁 10.6], si sarebbe potuta realizzare la piena esplicazione del talento produttivo di ogni individuo.

GUIDA ALLA LETTURA

❶ In che misura l'aspetto di Parigi era mutato durante le giornate di febbraio? ❷ Qual era l'atmosfera dominante nei circoli politici della città, all'indomani della proclamazione della Repubblica?

94 DOC

Costituzioni liberali e costituzioni democratiche

da *Costituzione italiana*, Einaudi, Torino 1975, pp. 46-55; 58-62

■ Fra le molte costituzioni nate nel 1848, lo *Statuto* promulgato il 4 marzo da Carlo Alberto in Piemonte [👁 12.7] è certamente quella che ha avuto la vita più lunga: nel 1861 divenne la legge fondamentale del nuovo Regno d'Italia e tale rimase fino al 1947, quando fu sostituito dalla Costituzione repubblicana. Ispirato ai testi costituzionali più moderati del primo '800, lo *Statuto albertino* considera il sovrano come solo vero titolare del potere esecutivo: il governo, dunque, trae la sua legittimità dalla fiducia del sovrano e al Parlamento è riservata la sola funzione legislativa. Molto diversa fu, invece, la sorte della *Costituzione della Repubblica romana* [👁 12.8], promulgata il 3 luglio 1849 e in pratica mai entrata in vigore. Tipica espressione della corrente democratica, i «princìpi fondamentali» della *Costituzione* romana sono ispirati agli ideali di uguaglianza e di sovranità popolare, oltre che espressi nell'esplicita prescrizione del suffragio universale e nel maggior peso attribuito al potere legislativo.

Lo *Statuto albertino*

Art. 1 La religione cattolica, apostolica e romana è la sola religione dello Stato. Gli altri culti ora esistenti sono tollerati conformemente alle leggi.

Art. 2 Lo Stato è retto da un governo monarchico rappresentativo. [...]

Art. 3 Il potere legislativo sarà collettivamente esercitato dal Re e da due Camere: il Senato, e quella dei deputati. [...]

Art. 5 Al Re solo appartiene il potere esecutivo. Egli è il capo supremo dello Stato: comanda tutte le forze di terra e di mare; dichiara la guerra; fa i trattati di pace, d'alleanza, di commercio ed altri, dandone notizia alle Camere tosto che l'interesse e la sicurezza dello Stato il permettano, ed unendovi le comunicazioni opportune. [...]

Art. 7 Il Re solo sanziona le leggi e le promulga.

Art. 8 Il Re può far grazia e commutare le pene. [...]

Art. 10 La proposizione delle leggi apparterrà al Re ed a ciascuna delle due Camere. Però ogni legge d'imposizione di tributi, o di approvazione dei bilanci e dei conti dello Stato, sarà presentata prima alla Camera dei deputati. [...]

Art. 24 Tutti i regnicoli[1], qualunque sia il loro titolo o grado, sono eguali dinanzi alla legge.

Tutti godono egualmente i diritti civili e politici, e sono ammissibili alle cariche civili, e militari, salve le eccezioni determinate dalle leggi.

Art. 25 Essi contribuiscono indistintamente, nella proporzione dei loro averi, ai carichi dello Stato.

Art. 26 La libertà individuale è guarentita.

Niuno può essere arrestato, o tradotto in giudizio, se non nei casi previsti dalla legge, e nelle forme che essa prescrive. [...]

Art. 28 La stampa sarà libera, ma una legge ne reprime gli abusi. [...]

Art. 32 È riconosciuto il diritto di adunarsi pacificamente e senz'armi, uniformandosi alle leggi che possono regolarne l'esercizio nell'interesse della cosa pubblica.

Questa disposizione non è applicabile alle adunanze in luoghi pubblici, od aperti al pubblico, i quali rimangono intieramente soggetti alle leggi di polizia. [...]

Art. 65 Il Re nomina e revoca i suoi ministri.

La *Costituzione della Repubblica romana*

Princìpi fondamentali

I La sovranità è per diritto eterno nel popolo. Il popolo dello Stato romano è costituito in Repubblica democratica.

II Il regime democratico ha per regola l'eguaglianza, la libertà, la fraternità. Non riconosce titoli di nobiltà, né privilegi di nascita o casta.

III La Repubblica colle leggi e colle istituzioni promuove il miglioramento delle condizioni morali e materiali di tutti i cittadini.

IV La Repubblica riguarda tutti i popoli come fratelli: rispetta ogni nazionalità: propugna l'italiana. [...]

[1] Cittadini del Regno.

VII Dalla credenza religiosa non dipende l'esercizio dei diritti civili e politici. [...]

Art. 3 Le persone e le proprietà sono inviolabili.

Art. 4 Nessuno può essere arrestato che in flagrante delitto, o per mandato di giudice, né esser distolto da suoi giudici naturali. [...]

Art. 5 Le pene di morte e di confisca sono proscritte.

Art. 6 Il domicilio è sacro: non è permesso penetrarvi che nei casi e nei modi determinati dalla legge.

Art. 7 La manifestazione del pensiero è libera: la legge punisce l'abuso senza alcuna censura preventiva.

Art. 8 L'insegnamento è libero. [...]

Art. 16 L'Assemblea è costituita da' rappresentanti del popolo.

Art. 17 Ogni cittadino, che gode i diritti civili e politici, a 21 anni è elettore, a 25 eleggibile. [...]

Art. 20 I comizi generali si radunano ogni tre anni, nel 21 aprile.

Il popolo vi elegge i suoi rappresentanti con voto universale, diretto e pubblico. [...]

Art. 29 L'Assemblea ha il potere legislativo. Decide della pace, della guerra e dei trattati.

GUIDA ALLA LETTURA

❶ Quali erano, secondo lo *Statuto albertino*, le funzioni del re e del Parlamento? ❷ In che cosa si manifesta la sovranità popolare proclamata nella *Costituzione della Repubblica romana*? ❸ In che modo le due costituzioni affrontano la questione religiosa? ❹ Quali diritti individuali sono garantiti nell'una e nell'altra?

SVILUPPARE LE COMPETENZE

Comprendere e Analizzare

❶ **Nelle righe finali del documento di Flaubert [93DOC] si dice che gli aristocratici, per non attirare l'attenzione, facevano uso in pubblico di alcune espressioni come «problema sociale» e «officina». Spiegane la scelta alla luce del testo di Agulhon [92].**

❷ **Secondo te, lo *Statuto albertino* [94DOC] contiene i princìpi di «infallibilità» e «sovranità» esposti da de Maistre [88DOC]? Perché?**

Rielaborare e Argomentare

❸ **Tema di argomento storico. *Il panorama rivoluzionario degli anni 1820-21 e 1848***

Nel corso della prima metà dell'800 l'Europa fu percorsa da un'ondata di insurrezioni. Alla luce delle tue conoscenze prova a ricostruire il panorama rivoluzionario di quegli anni, sottolineando gli elementi di novità e di continuità tra i moti del 1820-21 e quelli del 1848. L'elaborato dovrà comprendere:

a. il ruolo svolto dalle società segrete (**11.4** e Billington);
b. successi e fallimenti dei moti del 1820-21 (**11.4**);
c. le premesse sociali e culturali del '48 in Francia (**11.9** e Agulhon);
d. la rivoluzione nell'Europa centrale (**11.10**).

❹ **Dopo aver letto i documenti di de Maistre [88DOC] e di Metternich [89DOC], analizza in un breve testo (max 15 righe) le posizioni sulla monarchia e sui modelli di Stato più efficaci esposte dai due antirivoluzionari.**

Risorgimento e antirisorgimento

Non solo insurrezioni e guerre, ma anche un appassionato dibattito politico e culturale connotò il Risorgimento. In quegli anni la discussione e il confronto tra le diverse idee e i contrastanti progetti sul futuro politico della penisola conquistarono l'attenzione dell'opinione pubblica come mai era accaduto prima. Un dibattito intenso, polemico, motivo di aspre divisioni, che continuarono a condizionare la vita politica anche dopo il raggiungimento dell'unità nazionale. Nel Risorgimento italiano, infatti, confluirono diverse iniziative e coabitarono ideologie e programmi contrapposti: l'iniziativa liberale moderata della monarchia piemontese, il patriottismo indipendentista, le tendenze federaliste, l'antico spirito della Carboneria e il nuovo verbo repubblicano e democratico del mazzinianesimo. La sezione si apre con le pagine di una studiosa contemporanea, **Lucy Riall** [95DOC], che mette in rilievo i caratteri costitutivi del «discorso nazionale». Seguono gli scritti di alcuni dei maggiori protagonisti del confronto politico e ideale sul tema dell'unità d'Italia, in cui si evidenziano le diverse vie suggerite per il riscatto nazionale italiano. **Giuseppe Mazzini** [96DOC] propone la strada dell'agitazione e dell'insurrezione come unico strumento per il risveglio nazionale. **Massimo d'Azeglio** [97DOC], al contrario, suggerisce l'utilità di un metodo graduale e dei miglioramenti «pratici e ragionevoli». **Vincenzo Gioberti** [98DOC] sollecita un coinvolgimento delle

istituzioni tradizionali della monarchia e del papato. **Carlo Cattaneo** [99DOC] immagina la costituzione di una federazione democratica fra gli Stati italiani come tappa intermedia per la realizzazione degli Stati Uniti d'Europa.
In ogni caso non tutti, in Italia, condivisero le aspirazioni all'indipendenza e all'unità espresse dai maggiori sostenitori della causa nazionale: alcuni, soprattutto negli ambienti aristocratici e religiosi, mostrarono anzi una vera e propria ostilità verso di essa, che assunse le forme di un'intensa attività pubblicistica. L'opposizione al Risorgimento, tuttavia, non assunse mai la forma di concreta proposta politica alternativa, ma piuttosto si caratterizzò per il rimpianto per il passato, la difesa della tradizione, l'incapacità di analizzare i motivi di crisi dell'antico regime. Così il conte **Clemente Solaro della Margherita** [100DOC] nega, a differenza di quanto vorrebbero far credere i patrioti, che nella storia italiana sia presente l'aspirazione all'indipendenza, mentre il sacerdote **Giacomo Margotti** [101DOC] indica l'unione religiosa sotto la guida del papato come la forma più elevata di associazione tra gli italiani.

95

L. Riall
Le ideologie nazionaliste

L. Riall, *Il Risorgimento. Storia e interpretazione*, Donzelli, Roma 1997, pp. 111-22

■ Dopo il 1848-49 il nazionalismo cominciò a dominare il dibattito politico in Italia. Da una parte i mazziniani attenuarono la rivendicazione repubblicana, dall'altra i moderati identificarono progresso economico e libertà individuale con il raggiungimento dell'unità nazionale. A ricostruire i principali connotati del nazionalismo politico italiano è in questo brano la studiosa del Risorgimento Lucy Riall (nata nel 1962). Riall ricostruisce le evoluzioni delle ideologie nazionaliste e sottolinea come neanche la formazione dello Stato unitario sia riuscita a ricomporre le divisioni interne alla società italiana.

Due erano le correnti principali del nazionalismo italiano nel Risorgimento: una politica e rivoluzionaria, l'altra letteraria e scientifica. Entrambe avevano le loro radici nell'esperienza delle occupazioni rivoluzionarie e napoleoniche, sebbene si possa dire che entrambe facevano risalire la loro origine alle tradizioni letterarie e politiche dell'Italia moderna. [...]
Mazzini fu il principale fautore e, per certi versi, il creatore del nazionalismo politico. [...] Per Mazzini il nazionalismo rappresentava la nuova religione del mondo moderno; credeva che l'Italia fosse stata scelta da Dio per diventare una nazione, e che soltanto diventando una nazione essa avrebbe potuto adempiere alla sua missione di ispiratrice per altre nazioni. [...] Soltanto una Repubblica – l'espressione democratica dell'azione popolare – avrebbe rappresentato e garantito la libertà, l'eguaglianza e la fratellanza di tutti i cittadini. [...] Una tale forma di Stato avrebbe potuto essere raggiunta soltanto attraverso una insurrezione popolare. [...] Così, l'innovazione più importante introdotta da Mazzini fu l'innesto del nazionalismo romantico nell'attivismo rivoluzionario e repubblicano. [...]
Il periodo più glorioso per Mazzini fu, senza dubbio, il 1848-49. Mediante i governi rivoluzionari e in particolare attraverso l'Assemblea della Repubblica romana, Mazzini fu in grado, anche se soltanto per un breve periodo, di dare una forma concreta al suo progetto di un'Italia unita e repubblicana. [...] La sconfitta politica del 1848-49 mise in ombra sul breve periodo la crescita e il richiamo del movimento nazionalista negli anni successivi. [...]
Dopo la sconfitta della rivoluzione del 1848-49, un numero sempre crescente di liberali in Italia presero a considerare l'unità come l'obiettivo principale della loro attività politica. Prima del 1848 i liberali moderati tendevano ad essere antiaustriaci e non pro-italiani; il loro interesse per «l'Italia» era confinato agli aspetti storici e culturali. Dopo l'esperienza del 1848 fu sempre più arduo distinguere tra le due posizioni. Prima del 1848 molti moderati erano diventati accesi sostenitori di una soluzione politica chiamata «neoguelfa», la quale sostanzialmente identificava l'unità italiana con l'egemonia della Chiesa. L'idea di una confederazione italiana di Stati con il papa come presidente, sostenuta fin dal 1843 dal prete piemontese Vincenzo Gioberti, in qualche modo aiutò i moderati italiani, dopo il 1848, a convincersi che l'unica via possibile fosse l'adesione alla causa nazionale. Il nazionalismo in tal modo iniziò a dominare il dibattito politico. [...]
La svolta dello Stato piemontese e dei liberali moderati verso il nazionalismo politico laico alterò radicalmente la dinamica interna del movimento nazionale. [...] L'unità nazionale, obiettivo primario della maggior parte dei mazziniani dopo il 1849, divenne una realtà nel 1860. [...] Il problema (e qui l'analisi marxista può essere ancora molto utile) era che nel 1860 il movimento democratico non aveva alcuna base istituzionale o popolare per sfidare i liberali moderati o avviare una rivoluzione. [...]
Il movimento democratico fu incapace di unificare gli italiani comuni dietro l'ideale dell'unità nazionale. L'Italia

unita fu creata dai re e non dal popolo. [...]

Malgrado le affermazioni fatte dai suoi sostenitori, l'unità nazionale era un'aspirazione culturale e politica, e non una necessità storica. C'era scarso accordo su cosa dovesse significare la «nazione italiana». [...] Dopo l'Unità, la formazione di un'identità nazionale andò di pari passo con la costituzione del nuovo Stato; ma il fatto stesso che questa sfera pubblica includesse solo i più ricchi e i colti, fece sì che coloro che si sentirono partecipi del processo di costruzione della nazione fossero molto pochi. Non solo i poveri e gli analfabeti ma tutte le donne, il cui ruolo nel Risorgimento fu definito da Mazzini come quello di «madri, sorelle e mogli», furono escluse dalla partecipazione attiva al nuovo sistema politico. Allo stesso tempo la ferma opposizione della Chiesa incrinò il richiamo unitario del nazionalismo e fornì una fonte alternativa di identità culturale.

GUIDA ALLA LETTURA

❶ Quale fu la novità più importante introdotta da Mazzini nel pensiero nazionalista? ❷ Per quali ragioni e a partire da quale momento i liberali italiani optarono per la prospettiva dell'unità nazionale? ❸ Perché, dopo il 1860, l'ideologia nazionalista si rivelò incapace, secondo Riall, di «unire gli italiani»? ❹ Quali categorie di persone Riall nomina tra gli esclusi dalla partecipazione attiva al nuovo sistema politico?

96DOC

Giuseppe Mazzini
La necessità dell'insurrezione

G. Mazzini, *Antologia degli scritti politici*, a c. di G. Galasso, il Mulino, Bologna 1961, pp. 33-36

■ Fra i numerosi scritti politici di Giuseppe Mazzini [👁 12.4, 12.4 PERSONAGGI e 79DOC], si è scelto un brano tratto da un opuscolo uscito in francese nel 1835 e intitolato *Fede e avvenire*. Col suo caratteristico stile concitato e a tratti enfatico, ma non privo di efficacia, Mazzini critica i sostenitori di una linea moderata e graduale e illustra la validità del metodo insurrezionale, soprattutto nei paesi soggetti a regimi dispotici.

Due cose sono essenziali al progresso da compiersi: la manifestazione d'un principio e la sua incarnazione nei fatti. Apostoli d'una credenza che intende fondare, noi non possiamo innoltrare[1] se non a bandiera spiegata e affrontando una mortale battaglia tra la nostra e l'avversa credenza. Aspettate, dicono[2]. Ma qual cosa? Le circostanze? Or che mai sono le circostanze se non una particolare disposizione degli elementi chiamati a generar fatti? E d'onde possono sorgere se non dal nostro lavoro? – La guerra? Tra chi? Tra quei che camminano di pieno accordo, che hanno stretto nuovamente pur ora un patto di fratellanza, che hanno lo stesso fine, gli stessi nemici, le stesse paure? Contro popoli prostrati e nel fango! La guerra non sorgerà in Europa se non dall'insurrezione. – I *Colpi di Stato*? Solo una lotta energica, ostinata, può renderli inevitabili. Or come sostenerla? Colla cospirazione? I predicatori di pazienza la rifiutano come rifiutano le sommosse. Colla stampa? I Governi la uccidono: avete per ogni dove leggi che incatenano, censori che tormentano lo scrittore, giudici che condannano e chiudono il pensiero in una prigione. Potrete superare questi ostacoli? In Francia forse. Ma ponete un paese privo assolutamente di stampa, senza Parlamento o Consigli che discutano, senza giornali letterari, senza teatro nazionale, senza insegnamento popolare, senza libri stranieri. Ponete che quel paese soffra, soffra tremendamente, nelle sue moltitudini come nelle classi agiate, di miseria, d'oppressione straniera e domestica, di violazioni continue del suo principio nazionale, d'assenza d'ogni sviluppo intellettuale e industriale. Che mai farà quel paese? Da qual parte potrà originare poi esso il lento progresso a gradi che vagheggiate?

Or quel paese esiste. Quel paese ha nome Italia, Polonia, Germania da qualche tempo. Quel paese abbraccia i due terzi d'Europa.

Guardate all'Italia.

In essa non è progresso né via aperta al progresso, se non quella delle rivoluzioni. La tirannide ha innalzato un muro impenetrabile lungo la sua frontiera. Un triplice esercito di spie, di doganieri, di birri vigila notte e giorno a impedire la circolazione del pensiero. L'insegnamento mutuo è proscritto. Le università sono schiave o chiuse. Condanne mortali pendono su chi non solamente stampi segretamente, ma possieda e legga il libro vietato. E vietata è l'introduzione dei giornali indipendenti stranieri. L'intelletto more nell'infanzia per difetto d'alimento. I giovani si fanno apostati nell'egoismo e consumano ogni vigore in accessi d'una sterile misantropia. [...] Come potremo noi introdurre in quelle contrade il santo pensiero invocato da tutti, ma non definito, se ci arretriamo, per calcolo individuale, davanti al pericolo, se non osiamo difendere coll'armi in pugno, come il contrabbandiere dei Pirenei, il contrabbando dell'intelletto? L'insurrezione: io non vedo, per quei popoli, altro consiglio possibile: l'insurrezione appena le circostanze concedano: l'insurrezione energica, generale: l'insurrezione delle moltitudini: la guerra santa degli oppressi: la repub-

[1] Avanzare, progredire.

[2] Si riferisce alle tendenze moderate di cui s'è detto nell'introduzione al brano.

blica per creare repubblicani: il popolo in azione per iniziare il progresso. L'insurrezione annunzi terribile i decreti di Dio: sommova e spiani il suolo sul quale deve innalzarsi il suo edificio immortale: inondi, come il Nilo, le contrade ch'essa deve rendere fertili.

Noi qui parliamo per quei soprattutto che giacciono alla base della gerarchia [...]. Parliamo per tutti, perché tutti sono elementi indispensabili alla futura sintesi europea – perché superiore alla missione speciale, che ciascun di noi è chiamato a compir sulla terra, vive una missione generale che abbraccia tutta quanta l'Umanità – e perché non vediamo che l'importanza della unificazione morale del Partito repubblicano mercé l'apostolato della parola finora intesa come dovrebbe o ch'essa determini la scelta del sistema intorno al quale dovrebbero stringersi concordi tutti gli sforzi della stampa progressiva europea. [...]

Quale è dunque il da farsi?

Predicare, Combattere, Agire.

GUIDA ALLA LETTURA

❶ Quali sono le critiche che Mazzini rivolge alle correnti moderate del Risorgimento? ❷ Quali paesi europei erano sottoposti, secondo l'autore, a regimi tirannici? Quale situazione caratterizzava, in particolare, l'Italia? ❸ Con quali strumenti veniva limitata la circolazione della cultura? ❹ In che modo i popoli delle nazioni oppresse avrebbero dovuto sollevarsi?

97DOC

Massimo d'Azeglio
Il programma dei moderati

M. d'Azeglio, *Proposta di un programma per l'Opinione Nazionale Italiana*, Le Monnier, Firenze 1847, pp. 13-14; 44-45; 48-50

■ Romanziere e pittore di una certa fama, il marchese Massimo Taparelli d'Azeglio (1798-1866) [👁 12.5] si dedicò attivamente alla politica a partire dagli anni '40, in coincidenza con l'accentuarsi dell'indirizzo riformatore nel Piemonte di Carlo Alberto. L'opuscolo polemico *Gli ultimi casi di Romagna*, del 1846, riscosse un notevole successo in tutta Italia e lo impose come uno dei capifila della corrente liberal-moderata. Le pagine che seguono sono tratte da un altro opuscolo, scritto un anno dopo: la *Proposta di un programma per l'Opinione Nazionale Italiana*. L'«opinione nazionale» cui ci si rivolge è in realtà l'opinione pubblica moderata, considerata ormai maggioritaria e sicuramente vincente. A essa d'Azeglio indica un programma gradualistico, tutto prudenza e concretezza. Non potrà sfuggire il contrasto nettissimo (non solo di contenuti, ma anche di stile e di mentalità) che separa queste pagine da quelle di Mazzini [96DOC].

Partendo dal principio, che in politica la sola cosa reale e da cercarsi è il possibile ed il pratico, intendiamo prender per base l'ordinamento della penisola quale esiste di fatto oggidì. Per questa via ci mostriamo conseguenti alla massima accennata ne' Pensieri Preliminari, di non volerci mettere in ostilità se non col minor numero possibile d'interessi. Non per questo intendiamo portar pregiudizio[1] all'insieme della causa italiana, né rinunziare al diritto ed alla speranza della intera ed assoluta nostra indipendenza in un avvenire indeterminato. Crediamo però che il suo compimento non possa fissarsi ad epoca precisa, per mezzo degli sforzi e molto meno in ragione de' desideri d'un numero anche esteso d'individui, e neppur d'una intera generazione; che la formazione e limitazione degli Stati sia conseguenza di fatti regolati dalla necessità delle circostanze e dei tempi.

Crediamo che le sole e reali fondamenta d'un migliore ordinamento futuro, impossibile ad ottenersi oggi coi nostri attuali mezzi, stia nel cercare intanto di ottener quello che è possibile [...].

Crediamo che la politica più naturale dei Principi italiani avrebbe dovuto, e dovrebbe essere sempre, il far causa comune tra loro, stringendosi insieme onde mantenersi sciolti da ogni influenza estera. Essi non hanno nulla a temere gli uni degli altri, e sono invece nel pericolo comune di venir offesi nella loro libertà d'azione o nella dignità della loro corona dalle potenze maggiori. [...]

Essendo persuasi che questa desiderabile unione è stata turbata unicamente sinora dal sospetto nutrito nei Sovrani da quel principio rivoluzionario che ha fin qui professato il culto della forza materiale, e cercato quell'appoggio nelle società segrete, che n'è la conseguenza; crediamo sia primieramente da togliersi la cagione di tali sospetti, e che la miglior via per giungere a questo scopo, stia: *1.* Nell'abbandonar assolutamente il principio rivoluzionario, protetto dalla forza materiale e dalle società segrete; e questa riforma, come abbiam detto, è oramai eseguita; *2.* L'adottar il principio di cercare miglioramenti pratici e ragionevoli, condotti dalla forza morale, dalla ragione, cioè, appoggiata al giudicio dell'opinione per mezzo della più intera pubblicità: – l'adottare, in una parola, le idee d'un progresso moderato, e perciò possibile: che non porti offesa agli interessi dei Principi, e favorisca invece il pieno e libero esercizio della loro potestà. [...]

Ora appoggiati all'esperienza ed alle ragioni addotte, e considerata la differenza che passa fra le condizioni sociali de' vari Stati italiani, non crediamo che possano adattarsi a tutti le medesime riforme, ma crediamo che in diversi gradi possa però a tutti farsi utilmente

[1] Recare danno.

l'applicazione dei nostri principii, che raccomandiamo alla prudenza ed alla giustizia de' nostri Principi. [...]
Crediamo però ci sia permesso esprimere in generale il desiderio, che si diriga l'attenzione su un buon ordinamento de' Consigli comunali e provinciali, costituiti per via d'elezione popolare.
Sullo stabilimento d'un buon sistema militare, sia delle truppe di linea che delle guardie cittadine, con tutta la possibile uniformità tra Stato e Stato, onde il complesso possa servire a guarentigia dell'intera indipendenza de' Principi.
Sulle riforme da introdursi ne' Codici, purgandoli dai principii eccezionali e di privilegio, adottando la pubblicità dei dibattimenti, ed il giudizio per giurì, tendendo alla maggior possibile uniformità ed analogia fra gli Stati italiani.
Sopra un progressivo miglioramento delle leggi sulla Stampa, e singolarmente sulla loro imparziale e schietta applicazione.
Sull'esecuzione d'un sistema generale di strade di ferro[2], che promuovano gl'interessi generali della Penisola.
Sulla ricerca de' mezzi più opportuni onde togliere al commercio interno i numerosi incagli di dogane, barriere, visite, che gli sono di tanto danno; e sull'adozione d'un uniforme sistema di monete, pesi e misure.
Sul miglioramento degli studii, rendendoli estesi, forti, ed a livello de' bisogni presenti; introducendo un'uniformità ne' sistemi universitari in modo che fra Stato e Stato si ammettesse la reciproca validità degli studii fatti nelle varie Università italiane, e sull'educazione delle classi inferiori.
Sul progresso della legalità, e l'esatta ed imparziale applicazione delle leggi per parte dell'autorità.

---

[2] Ferrovie.

GUIDA ALLA LETTURA

❶ In che modo l'autore giudica la prospettiva dell'indipendenza nazionale? ❷ Quale mutamento nella politica italiana viene auspicato da d'Azeglio? ❸ Che cosa ha impedito, secondo l'autore, la «desiderabile unione» dei principi italiani? ❹ Quali sono le riforme che gli Stati italiani avrebbero dovuto applicare?

98 DOC

Vincenzo Gioberti
Monarchia e papato nel Risorgimento italiano

V. Gioberti, *Del rinnovamento civile d'Italia*, Edizioni Abete Roma, Roma 1969, pp. 25-29

■ Vincenzo Gioberti (1801-1852) [👁 12.5] divenne famoso dopo la pubblicazione, nel 1843, del *Primato morale e civile degli italiani*, in cui disegnava un progetto federalista da attuare sotto la guida del papa, che fu poi definito, con un termine tratto dalla storia medievale, «neoguelfismo». Le pagine che seguono provengono da un'altra opera di Gioberti, il *Rinnovamento civile d'Italia*, del 1851, in cui l'autore, lasciata cadere l'utopia federalista, ribadisce tuttavia il punto centrale del suo programma politico, cioè la necessità che il Risorgimento italiano si fondi non su progetti astratti e ideali importati dagli stranieri, ma sulle tradizioni e le istituzioni più radicate nella storia del paese: la monarchia e il papato.

L'Italia non può sorgere a nuova vita se non ne cerca i semi in se stessa; e la sua modernità dee rampollare[1] dall'antico ed essere propria e nazionale. La sua redenzione vuol procedere spontaneamente così nei concetti come nei modi, in guisa che l'avvenire germini dal presente e dal passato; e quindi essere italiana di principi, di mezzi, di norma, di processo, di fine, di spiriti e d'indirizzo. Ed essendo spontanea e italiana, sarà eziandio[2] moderata [...]. Ogni qual volta l'Italia cerchi ne' suoi instituti, nelle ricordanze, nel genio, nelle tradizioni, nelle assuetudini[3] il principio della vita novella, non vorrà tutto mutare, tutto distruggere: sarà più vaga[4] di successive riforme che d'innovazioni repentine e assolute [...].
Spontaneità, italianità e moderazione debbono adunque essere i caratteri o vogliam dire le leggi più universali del Risorgimento italiano e guidare i suoi progressi, quasi applicazioni particolari di quelle note generiche. [...]
Due grandi instituzioni regnano in Italia: il cattolicismo e il principato. [...] Perciò, stando queste cose, non saria molto consiglio[5] lo spogliar l'Italia di due ordini sostanzialmente buoni, radicati nella sua storia, contemperati a' suoi costumi, immedesimati colla sua indole, atti ad accordarla e stringerla cogli altri popoli, e che bene usati possono essere una molla efficacissima di pace, di gloria, di prosperità, di durata e di potenza. [...]
Nocciono alla monarchia l'ignavia e l'arbitrio dei dominanti; onde le leggi son difettuose, l'amministrativa male assettata, l'instruzione rancida o manchevole, l'educazione nulla o corrotta, l'uguaglianza civile non ha guarentigie[6], il commercio stagna, l'industria languisce, la civiltà in universale pausa o dietreggia. I quali disordini nascono dalla potestà regia, perché sregolata ed inerte, non avendo sprone che la punga né freno che la corregga. La libertà informi il principato e il popolo partecipi al reggimento[7]: in tal modo alla conservazione si accompagnerà il pro-

---

[1] Deve scaturire, sorgere.
[2] Anche.
[3] Abitudini.
[4] Desiderosa.
[5] Non sarebbe molto saggio.
[6] Garanzie (in questo caso, legali o costituzionali).
[7] Governo.

gresso, all'unità del comando la norma immutabile della legge, al braccio del principe il senno dei dotti e degl'ingegnosi, al privilegio ereditario il merito dell'elezione. [...] Il cattolicismo partecipa alla magagna[8] della monarchia a causa dell'alleanza contratta coi governi assoluti e dispotici, e ne ha una sua propria, cioè la confusione del temporale collo spirituale nei vari Stati, ma specialmente nell'ecclesiastico; la qual confusione gravemente pregiudica alla cultura e alla religione stessa, rendendo men puri, fruttuosi, efficaci i suoi influssi morali e civili. Si renda pertanto cittadina la Chiesa amicandola ai popoli, e secolare l'amministrazione togliendo ai chierici i privilegi profani e chiamando il ceto laicale al maneggio delle cose pubbliche. Così il regno e il triregno[9], svecchiati degl'ingombri e netti di ogni macchia, rifioriranno come in addietro [...].
Conciossiaché fin tanto che il principato è diviso fra vari capi e la nazione si parte in diverse provincie senza nodo comune, l'Italia è necessariamente debole ed inferma. [...] D'altra parte il voler ridurre tutti gli Stati italici in un solo è oggi impossibile, ché gl'istinti municipali, gl'interessi dei vari principi, la gelosia di Europa nol patirebbono. [...] Finché durano le condizioni presenti di Europa l'indipendenza dee precedere l'unità; ma può nascere dall'unione tosto che venga il destro di tentarla. E l'unione è possibile mediante una colleganza dei popoli e dei principi italiani, la quale, accompagnata dalle riforme e dalle franchigie[10], spianerà la strada all'acquisto dell'autonomia e poscia all'unità italica, che è l'ultimo termine dei nostri voti. [...] Fatta la lega degli Stati italici e accresciute così le loro forze, non mancherà l'occasione di cacciare il barbaro e stendere essa lega per tutta quanta la penisola [...].
Tutti debbono cooperare alla redenzione italica, ma principalmente le due potenze che prevalgono, la monarchia e la religione. Ora fra i domìni della penisola primeggiano Roma e il Piemonte: questo, per l'autorità della casa regnante, la postura[11] e la milizia; quella, come seggio religioso e sacerdotale del mondo cattolico. Vano è oggi lo sperare che l'Italia risorga finché il papa e il re sardo le sono indifferenti o nemici. [...] Roma insomma e il Piemonte, il papato e la stirpe di Savoia, debbono essere i due perni del nostro Risorgimento, l'una colle idee e l'altro colle armi: quella, posta nel mezzo, come capo morale; questo, situato ai confini, come braccio e come baluardo.

[8] Vizio morale.

[9] La monarchia e il papato (simbolo di quest'ultimo è la tiara, ornata da tre corone sovrapposte, perciò detta anche triregno).

[10] Libertà sociali, politiche e commerciali.

[11] Posizione.

GUIDA ALLA LETTURA
❶ Su quali basi, secondo Gioberti, l'Italia avrebbe dovuto costruire la propria «redenzione»? ❷ Quale funzione l'autore assegna al «cattolicesimo» e al «principato»? ❸ Perché l'autore ritiene impossibile l'obiettivo dell'unità politica? Quale soluzione alternativa propone? ❹ In che modo il papato e i Savoia avrebbero dovuto essere i due perni del Risorgimento?

99 DOC

Carlo Cattaneo
La soluzione federale

C. Cattaneo, *Opere scelte*, vol. III, *Scritti 1848-1851*, Einaudi, Torino 1972, pp. 271-83

■ Liberale di tendenze radicali, massimo esponente della corrente federalista-repubblicana italiana, Carlo Cattaneo (1801-1869) **[👁 12.5]** ha lasciato numerosissimi scritti sugli argomenti più disparati (dall'economia alla storia, dalla letteratura al diritto e alle scienze umane in generale), ma non un'opera organica che riassumesse il suo pensiero politico. La sua concezione emerge bene dalle pagine qui riportate, tratte dalla conclusione di uno dei suoi libri più celebri, *Dell'insurrezione di Milano nel 1848 e della successiva guerra*, scritto nel '49, all'indomani del fallimento dei moti milanesi, di cui era stato protagonista, e della sconfitta piemontese nella prima guerra d'indipendenza **[👁 12.7]**.

Ogni stato d'Italia deve rimaner sovrano e libero in sé. Il doloroso esempio dei popoli della Francia, che hanno conquistato tre volte la libertà, e mai non l'hanno avuta, dimostra vero il detto del nostro antico savio[1], non potersi conservare la libertà se il popolo non vi tien le mani sopra; sì, ogni popolo in casa sua, sotto la sicurtà e la vigilanza delli altri tutti. Così ne insegna la sapiente America. Ogni famiglia politica deve avere il separato suo patrimonio, i suoi magistrati, le sue armi. Ma deve conferire alle communi necessità e alle communi grandezze la debita parte; deve sedere con sovrana e libera rappresentanza nel congresso fraterno di tutta la nazione; e deliberare in commune le leggi che preparano, nell'intima coordinazione e uniformità delle parti, la indistruttibile unità e coesione del tutto. Finché l'Italia avrà governi sconnessi, muniti di forze ineguali, infetti dalla barbarica ambizione d'assoggettarsi i vicini, la parte debole o corrotta sarà sempre tentata d'invocare contro il fratello la spada straniera; e si ripeterebbe eternamente la scellerata istoria della nostra servitù. Non v'è modo a obliterare[2] le diseguaglianze, e disarmare le ambizioni e le insidie dei reguli[3] d'Italia e dei municipii, se non la mutua tutela d'un congresso nazionale; essendoché i deboli vi costituiranno sempre la maggioranza; e perciò

[1] Machiavelli.

[2] Cancellare.

[3] Principotti, piccoli re.

il voto uscirà sempre propizio all'equità e avverso alla prepotenza. [...]

L'errore più grave, assai vulgare però in Italia, e generale in Europa, si è che la causa italiana sia questione principalmente, anzi unicamente, *militare*. Giova ripetere: *l'Italia non è serva delli stranieri, ma de' suoi*. L'Austriaco venne in Italia, e vi può rimanere solamente come mercenario d'una minoranza retrograda, la quale si conosce impotente a dominare da sé la nazione. [...]

La questione non è dunque tanto militare, quanto civile. Ora qual sarà il magistrato che lo decreti?

Certo, dovrebb'essere il magistrato dittatorio creato dalla Costituente Italica, per governare la guerra, per attivare le finanze, e le banche, e le vendite dei beni nazionali, per assegnare le quote dell'esercito ai singoli Stati, per eleggere i comandanti, per infliggere l'infamia ai vili, la morte ai traditori.

Ma tra il magistrato nazionale e li eserciti stanno le corti dei prìncipi. E i soldati obbediranno alle corti, e terranno fisso lo sguardo nel volto del prìncipe. Abbiamo pur visto i Napolitani andare al campo e tornare, al mutabile cenno del re[4]. Abbiamo visto i Piemontesi consegnar, senza rossore, al nemico le città che dovevano difendere. Necèssita dunque che i decreti della Costituente trovino eserciti pronti a obbedirla fedelmente; ossia che trovino in ogni Stato un esercito cittadino e non un satellizio[5] di corte; al quale torni lo stesso combattere i nemici, o trucidare i cittadini.

Perché dunque l'efficacia della Costituente sul campo di battaglia si faccia sentire, vuolsi che abbiano vigor popolare i parlamenti d'ogni Stato. [...]

La Costituente sarà all'Italia un'insegna gloriosamente e irrevocabilmente spiegata, una meta finale e infallibile, un faro. Ma l'efficacia dipende dalla potenza e popolarità dei singoli parlamenti, dall'uniformità e genialità della loro origine elettorale, insomma dal progresso effettivo della libertà nei singoli Stati. Col che vorrei avere adombrato ché siasi per me inteso, quando più volte dissi che *non si perviene all'indipendenza, cioè alla vittoria nazionale, se non per la via della libertà*.

Ora le nazioni europee devono congiungersi [...] non coll'unità materiale del dominio, ma col principio morale dell'eguaglianza e della libertà. [...] Il principio della nazionalità, provocato e ingigantito della stessa oppressione militare che anela a distruggerlo, dissolverà i fortuiti imperii dell'Europa orientale; e li tramuterà in federazioni di popoli liberi.

Avremo pace vera, quando avremo li Stati Uniti d'Europa.

---

[4] Le due divisioni mandate da Ferdinando II ai primi d'aprile del 1848 a sostegno del Piemonte in guerra contro l'Austria e ritirate alla metà di maggio [👁 12.7].

[5] Sbirro, guardia del corpo, ma anche servo.

GUIDA ALLA LETTURA

❶ In che modo i singoli Stati italiani avrebbero dovuto procedere nella lotta per l'indipendenza? ❷ Perché un congresso nazionale degli Stati italiani rappresenterebbe una forma di tutela degli Stati più deboli? ❸ Con quali argomenti viene criticata la via unicamente militare all'indipendenza? ❹ Quali funzioni l'autore assegna alla «Costituente italica»?

100DOC

Clemente Solaro della Margherita
Gli italiani non si vogliono unire

da N. Del Corno, *Gli «scritti sani». Dottrina e propaganda della reazione italiana dalla Restaurazione all'Unità*, Franco Angeli, Milano 1992, pp. 223-28

■ Clemente Solaro della Margherita (1792-1869) fu un tipico esponente dell'antica aristocrazia piemontese devota a casa Savoia. Ministro degli Esteri del Regno di Sardegna dal 1835 al 1847, si adoperò per favorire la Chiesa e il clero. Dal 1848 in poi fu in Parlamento l'esponente più prestigioso dell'opposizione di destra alla politica liberale e filo-italiana di Cavour [102DOC]. Scrisse diversi opuscoli e libri, tra cui le *Questioni di Stato*, del 1854, da cui è tratto il brano seguente. Il testo è incentrato sulla politica estera di casa Savoia che, secondo l'autore, avrebbe perso la sua gloria passata e l'appoggio delle potenze europee sposando la causa italiana. In particolare Solaro si esprime a favore dell'autonomia dei singoli Stati italiani, che a suo giudizio non intendono unirsi per la sfiducia reciproca.

Vuolsi avere anche in politica simpatia per l'Italia? Abbiasi, è giusto: ogni Stato di questa terra ha diritto che non lo consideriamo come straniero, né stranieri siamo noi. Però la prima carità di patria ha da essere pel Piemonte e per l'altre parti della Monarchia di Savoia. Tali emergenze sorger possono[1] in cui non si possa parteggiare pel rimanente d'Italia senza danno nostro. La politica allora vuole che badiamo ai nostri interessi [...]. In tempo di guerra se la nostra indipendenza corresse pericolo ove non ci unissimo a quella Potenza che ci offrisse patti migliori, unirci dobbiamo qualunque sia il sentir delle altre Corti italiane;

---

[1] Si possono verificare delle condizioni.

maggiormente lo dobbiamo qualunque sia il loro sentire, se a qualche Potenza siamo uniti per patti che non si rompono senza violazione di giustizia. [...]
La rivoluzione trionfa in qualche parte della Penisola; armi straniere corrono a reprimerla; non dovremmo mai noi, neppur potendo, opporci. Si lascia esclamare: vanno gli stranieri a svenare i fratelli; falsa politica sarebbe, falso amor d'Italia, dar retta ai clamori dei rivoluzionarii; non unirci anzi, ove ne fossimo richiesti, a chi li reprime; in questo modo, in quelle emergenze, la politica nostra diviene davvero italiana, ed a buon diritto, poiché alla salute, alla quiete della patria comune provvede. [...]
Io tutto non direi su quest'argomento se ommettessi di contrastare quell'opinione che si è cercato di diffondere, cioè che in ogni tempo i popoli dell'Italia sorrisero all'idea della loro unione in un solo Stato indipendente. Quella idea fu, come adesso, in molti intelletti, e più negli spiriti torbidi che ne' savi; lo fu ne' politici, che cercavano più largo campo ove adoprare le loro arti; lo fu nelle menti entusiaste di libertà, di gloria, e che per l'una e l'altra trovavano troppo scarsi confini quei della loro patria.
Ma badiamo ai Governi ne' quali sta il concetto politico delle Nazioni, e qui non parlo di Principi, poiché ognun sa che né i Papi, né i Duchi di Toscana, né i Re di Napoli, non sognarono mai la riunione; nomino due Repubbliche, quella di Venezia e la Ligure, che con tanto senno per più secoli mantennero la loro indipendenza. Pensarono esse mai a voler riunita l'Italia?
Di recente ancora, nel 1848, con quanta ripugnanza non si risolvette il Governo dell'insorta Venezia ad accettare la fusione collo Stato Sardo?[2] [...] La sua ritrosìa ad affratellarsi dovrebbe far comprendere a più d'uno qual fondamento sia a farsi sul desiderio de' popoli italiani per l'unione. Né dobbiamo dimenticare i dolorosi fatti di Milano, l'ingratitudine verso Carlo Alberto di coloro che pochi giorni prima lo salutavano come loro Sovrano[3]; non dobbiamo dimenticare le contese per l'Assemblea costituente, le gare su qual città sarebbe la Capitale del nuovo Regno. [...]
La sola idea razionale intorno all'unione degli Stati italiani è quella di una confederazione fra i medesimi; ma nelle attuali circostanze, e colla diversità di opinioni politiche in cui ci troviamo, essa non è attuabile. No, non è attuabile, mentre l'idea del nostro ingrandimento e dell'unione d'Italia è predicata dalle piazze fin sopra i tetti. Per confederarsi conviene che nessuno Stato guardi gli altri Stati come destinati a servire alla sua possanza. Conviene si stabilisca la reciproca fiducia, e nessun Governo tema di essere da quello che aspira a divenire il più forte ridotto in provincia. [...] Ripeto dunque, tale idea non è attuabile; lasciamone una memoria ai nipoti de' nostri figli; ove avvenga che mutino le condizioni e favorevoli si mostrino, se ne prevalgano[4]; essa non è un oltraggio ai varii governi dell'Italia come lo è quella d'una riunione in un solo Stato, per cui tante città capitali diverrebbero provincie, tanti centri di governi diverrebbero soggetti, tanti Principi legittimi perderebbero la loro autorità. Queste considerazioni non le fanno i famosi politici che promulgano l'idea dell'unità italica; essi saltano a piè pari le difficoltà immense che contrastano il vagheggiato progetto, e perciò confidando in quell'entusiasmo che sognano diviso da tutti i popoli, trovano facile assai di sciogliere l'argomento. Ma l'ho osservato altrove, è più tema da poeti, che da uomini di Stato; quelli danno corpo alle ombre, la fantasia li guida; questi hanno da cercar il vero, da seguir la ragione, e non meditar sull'improbabile, sull'impossibile.

---

[2] Nel luglio 1848, dopo la cacciata degli austriaci, a Venezia si votò per l'annessione al Piemonte.

[3] Nel corso della prima guerra di indipendenza i democratici milanesi accusarono Carlo Alberto di perseguire, nella sua condotta, solo gli interessi piemontesi.

[4] Se ne avvalgano.

GUIDA ALLA LETTURA

❶ Secondo l'autore, quale deve essere il comportamento piemontese nel caso di moti rivoluzionari scoppiati nella penisola? ❷ Quali episodi avvenuti a Venezia e a Milano sono ricordati da Solaro della Margherita per dimostrare che in Italia non c'è volontà di unione? ❸ Qual è il significato dell'espressione «l'unità laica è più tema da poeti che da uomini di Stato»?

101 DOC

Giacomo Margotti
Il cattolicesimo, speranza d'Italia

G. Margotti, *Roma e Londra. Confronti*, Tipografia Fory e Dalmazzo, Torino 1858, pp. 68; 218-19

■ L'opposizione cattolica al moto unitario fu particolarmente dura e mirò a presentare il Risorgimento come un movimento antireligioso e sovversivo, erede delle idee disgregatrici della Riforma e della Rivoluzione francese. Gli ecclesiastici più intransigenti si riunirono intorno alla rivista dei gesuiti, «La Civiltà cattolica», fondata nel 1850, e all'«Armonia della religione con la società», periodico fondato a Torino nel 1848 da Giacomo Margotti (1823-1887), sacerdote e giornalista. I passi che seguono sono tratti da *Roma e Londra*, del 1858, un libro in cui Margotti svolge, fra l'altro, una comparazione tra il protestantesimo e il cattolicesimo nei loro più diversi aspetti religiosi e sociali per proclamare la superiorità di quest'ultimo. Margotti sottolinea l'autorità del papato come istituzione plurisecolare e il prestigio di Roma come centro del cattolicesimo mondiale. Raggiungere l'unità politica nel segno dell'ateismo sarebbe, secondo Margotti, una sciagura per l'Italia.

I Ghibellini antichi furono la causa principale della rovina d'Italia: i Ghibellini moderni[1], senza volerlo e saperlo, continuano la loro opera. E non mi si alleghino[2] i difetti degli uomini: io non guardo agli uomini, ma alle istituzioni: quelli passano e si mutano; queste durano e sono immortali. Volete correggere quei mancamenti? Cominciate ad abbracciare le istituzioni, a venerarle, a proteggerle con ardore di carità e di fede; fate che la vita morale, la vita dello spirito circoli di nuovo nel gran corpo della nazione, e vedrete le membra più nobili partecipare all'universal movimento; farsi più belle e più vive. Come può essere, che quando il corpo è compreso da letargo, il capo talvolta non languisca? Toglietevi d'inganno, questa è l'unica via di redenzione; la salute d'Italia non può venire d'altronde che da Roma. Per un decreto eterno della Provvidenza, Roma ha sortito il privilegio di essere la metropoli, e la dominatrice del mondo; l'antica repubblica, l'antico imperio prepararono la via all'unità cosmopolitica del pontificato. Questo è lo scopo: quelli furono i mezzi. Chi non è capace di questa gran verità, non ha occhi da leggere la storia. [...]

Io non ispenderò molte parole per provare, come ho già accennato, che l'unità è un gran bene, e la divisione una somma disgrazia. Scrivo in un tempo e in un paese dove non si fa che parlare d'unità, e si predica l'unione, e si vuol rendere l'Italia una. Che se ciò è buono in politica, dee dirsi ottimo in religione, giacché senza religione non può darsi buona politica, come al dire di Plutarco non possono sussistere le città. E di fatto chi s'è per poco addentrato nel cuore dell'uomo riconosce facilmente impossibile, che due famiglie ad esempio sieno fra loro caramente congiunte quando pregano a diversi altari, e l'una bestemmia quel Dio che l'altra adora. L'unione in questo caso non può avvenire se non quando amendue smettano la particolare credenza, e disgiunti oggi nel culto domani si uniscano nell'ateismo. [...]

Ma, sradicato dal cuore dei popoli ogni elemento sovranaturale, forse che la carità e l'unione saranno ancora possibili? O non piuttosto vedremo avverarsi il detto di colui che *homo homini nascitur lupus*?[3] Checché ne sia di ciò, parmi di poter metter in massima, che l'unione così religiosa come politica, è un grandissimo bene, e per la ragione dei contrari, la dissensione[4] dell'una e dell'altra specie una somma sventura.

Ora di questa dolcissima unione religiosa gode Roma, e non ne gode in conseguenza di uno strano esercizio di forza materiale (giacché non si possono vincolare le menti, e noi veggiamo negli Stati pontificii una porzione quasi impercettibile di ebrei e di eterodossi, la quale serve a provare che ce ne potrebbero vivere di più se di più ve ne nascessero); sibbene Roma ne gode pel benefico influsso del Cattolicismo, il quale ha per iscopo l'unità, essendo Gesù Cristo venuto tra gli uomini *ut unum sint*[5], e avendo fatta per ciò caldissima preghiera all'eterno Padre.

---

[1] Coloro, cioè, che si oppongono politicamente alla Chiesa.

[2] Porti come prova.

[3] Adattamento di un verso del commediografo latino Plauto (*Asinaria*, II, 4, 495): 'L'uomo è un lupo nei confronti di un altro uomo'.

[4] Separazione.

[5] Affinché siano uno (ossia formino un corpo solo).

GUIDA ALLA LETTURA

❶ Che cosa è necessario fare, secondo Margotti, per eliminare i difetti dalle istituzioni? ❷ Per quali motivi il papato deve svolgere un ruolo privilegiato in una futura unione italiana? ❸ Quali sono gli svantaggi che derivano da un'unione politica ma non religiosa? ❹ Quale argomento cita Margotti per dimostrare che Roma esercita la sua autorità in base alla forza materiale?

SVILUPPARE LE COMPETENZE

Comprendere e Analizzare

❶ **Dopo aver letto i documenti di Mazzini [96DOC], d'Azeglio [97DOC], Gioberti [98DOC] e il brano di Riall [95], rispondi alle seguenti domande citando opportunamente i testi:**

a. Con quali termini Mazzini fa riferimento ai patrioti italiani? In che cosa consiste la loro «fede» e la loro «missione»?
b. Da chi doveva essere diretto, secondo Gioberti, il movimento nazionale in Italia?
c. Perché Riall considera Mazzini il creatore del nazionalismo politico italiano?
d. Che cosa spiega l'«attrazione verso il nazionalismo» da parte dei moderati e dei liberali?
e. Quali significati furono attribuiti al termine "nazione" dalle varie correnti del Risorgimento italiano? L'unificazione accentuò o diminuì tali differenze?

❷ **Dai documenti di Solaro della Margherita [100DOC] e Margotti [101DOC] ricava i motivi che i due autori utilizzano per difendere, rispettivamente, la monarchia sabauda e la Chiesa cattolica. Al di là delle differenti linee politiche è possibile, secondo te, individuare una somiglianza di fondo nel ragionamento dei due autori?**

Rielaborare e Argomentare

❸ **Scrivi un testo (max 60 righe) dal titolo *Le correnti politiche del Risorgimento italiano*, seguendo la scaletta di argomenti proposta:**

a. Mazzini e i democratici: la retorica dell'insurrezione nazionale (Riall, Mazzini);
b. l'orientamento moderato (Riall, d'Azeglio);
c. Cattaneo e la soluzione federale (Cattaneo);
d. il ruolo della Chiesa: tra neoguelfismo e conservazione (Gioberti, Margotti).

❹ Redazione di un saggio breve. *Il ruolo degli intellettuali nel Risorgimento italiano*

Scrivi un saggio breve sul ruolo degli intellettuali nel Risorgimento italiano. Attribuisci al saggio un titolo coerente con la tua trattazione, sapendo che costituirà il testo principale di un capitolo di ricerca e documentazione destinato a studenti delle scuole medie. Il testo non dovrà superare le 60 righe. Organizza la trattazione suddividendola nei seguenti paragrafi:

a. La costruzione dell'idea risorgimentale di nazione;
b. La letteratura patriottica e gli eroi nazionali;
c. La circolazione della cultura, tra censura e clandestinità;
d. L'Italia idealizzata e l'Italia descritta dagli storici.

Documenti: Mazzini **[96DOC]**
Immagini: pp. 320, 325, 330, 336
Brani storiografici: Riall **[95]**
Capitoli: **12**

MODULO

4 L'UNIFICAZIONE ITALIANA

1853
Fondazione del Partito d'azione mazziniano

1859
Seconda guerra d'indipendenza; annessione di Lombardia, Emilia, Toscana al Regno di Sardegna

1860
Spedizione dei Mille: annessione del Mezzogiorno

1852
Accordo di governo fra Cavour e Rattazzi, il «connubio»

1859
Legge Casati sul sistema scolastico nazionale.
Legge Rattazzi sull'ordinamento comunale e provinciale

Antonino Licata
Garibaldi entra a Napoli
[Museo Centrale del Risorgimento, Roma]

ANTEPRIMA

L'Italia unita e l'Europa

Dopo le sconfitte del 1848-49 l'Italia rimaneva divisa in sei Stati: il Regno di Sardegna, il Ducato di Parma e Piacenza, quello di Modena, lo Stato pontificio, il Granducato di Toscana, il Regno delle Due Sicilie. Inoltre Lombardia e Veneto fino a Trieste erano sotto il diretto dominio dell'Austria, principale ostacolo all'unificazione e all'indipendenza dell'Italia.
Nel giro di un ventennio questo assetto risultò profondamente modificato. Nel 1861, dopo la seconda guerra d'indipendenza e la spedizione dei Mille di Garibaldi, il nuovo Parlamento poteva proclamare l'unità d'Italia sotto la monarchia costituzionale di Vittorio Emanuele II [ATLANTE_39]. Dopo la conquista del Veneto del 1866, nel 1870 la presa di Roma suggellava il processo di unificazione nazionale.
L'unità d'Italia modificava profondamente il quadro europeo inserendo un nuovo organismo statale in un assetto politico-geografico consolidato da secoli. Salvo il breve periodo della dominazione napoleonica – che aveva contribuito a far germogliare le ipotesi unitarie –, l'Italia era rimasta divisa dai tempi della caduta dell'Impero romano. Anche se il ceto colto aveva continuato a immaginare un'unità culturale, linguistica e geografica dell'Italia, dalle Alpi alla Sicilia, e tutto il movimento nazionale – e in particolare quello democratico guidato da Mazzini – aveva raccolto e rafforzato questa visione dando corpo a una risorta identità italiana.
La presenza del nuovo Stato alterava **gli equilibri tra le potenze e nei sistemi di alleanze presenti** sulla scena europea e insieme suscitava, grazie alla sconfitta dell'Austria, nuove aspettative tra i movimenti nazionali dell'Impero asburgico, già attivi nel rivendicare la propria autonomia.

ATLANTE 39_L'UNIFICAZIONE D'ITALIA NEL 1861

- **1861** Proclamazione del Regno d'Italia
- **1861-76** La Destra storica al governo
- **1861-65** Diffusione del brigantaggio nel Mezzogiorno
- **1866** Terza guerra d'indipendenza: annessione del Veneto
- **1868** Tassa sul macinato
- **1870** Annessione del Lazio. Breccia di Porta Pia e Roma capitale
- **1871** Emanazione della legge delle Guarentigie
- **1874** Il *non expedit* di Pio IX

I fattori dell'unificazione

Molti fattori avevano concorso a realizzare lo straordinario successo politico dell'unificazione: una **dinastia** come quella **sabauda**, orientata da secoli a un'espansione dei propri territori verso la Pianura padana da conseguire per via diplomatica e militare; un **ceto politico liberale** sostenuto nei suoi progetti da un sistema istituzionale rappresentativo sancito, in Piemonte, dallo Statuto del 1848; la presenza di un abile e determinato leader politico come il **conte di Cavour**, in grado di guidare un processo di riforme economiche e politiche che trasformarono il Piemonte in una piccola potenza regionale; la sistematica sconfitta delle iniziative mazziniane e lo spostamento di larga parte del **movimento nazionale** al fianco del Regno di Sardegna; l'alleanza con la Francia cercata e trovata da Cavour facendo leva sulle ambizioni egemoniche sull'Italia di Napoleone III; le vittorie sull'Austria del 1859 durante la seconda guerra d'indipendenza e le sollevazioni in Emilia-Romagna e in Toscana, seguite dalle rapide annessioni al Piemonte; infine i **successi di Garibaldi** in Sicilia e nel Meridione. L'abilità e determinazione di Cavour, il rilancio dell'iniziativa democratica e l'audacia unita al carisma di Garibaldi fecero sì che questi fattori si disponessero in una sequenza tutta positiva ottenendo, tra il '59 e il '60, un risultato inizialmente impensabile e insperato. Tanto più insperato date le difficoltà di conciliare l'**iniziativa politica e militare dall'alto** del Regno di Sardegna con l'**iniziativa dal basso** dei democratici e dei garibaldini.

Decisiva era stata nel 1859 l'alleanza con la Francia nella guerra contro l'Austria, come decisiva fu quella con la Prussia nel 1866. Ed egualmente determinante fu la vittoria della Prussia sulla Francia nel 1870 che diede via libera alla conquista di Roma. L'unificazione italiana non è separabile quindi dal **contributo che le due grandi potenze europee diedero al movimento nazionale** a conferma della capacità di Cavour e dei suoi successori di cogliere tutte le opportunità che la situazione europea era in grado di offrire.

I risultati dell'unificazione

Con l'unità prendeva avvio un processo di modernizzazione complessiva del paese legato strettamente alle istituzioni rappresentative e alla connotazione laica e liberale del nuovo Stato. Aveva anche inizio la graduale formazione di un mercato nazionale, premessa indispensabile dello sviluppo economico, mentre cospicui investimenti venivano compiuti – col sostegno di un duro prelievo fiscale – nelle grandi infrastrutture (ferrovie e strade) e nell'alfabetizzazione dei cittadini.

L'unificazione italiana e la quasi coeva unificazione tedesca (1871) rappresentarono la maggiore novità politica europea della seconda metà dell'800 (sull'unificazione tedesca si tornerà più avanti [👁 17.2]). Consapevole del suo nuovo ruolo, l'Italia, dopo una prima fase di prudente realismo, avrebbe cercato di **trovare una sua collocazione tra le potenze** ponendosi obiettivi spesso superiori alle sue forze e con risultati inferiori alle sue ambizioni, come si sarebbe visto nella politica di espansione coloniale di fine secolo [👁 CAPITOLO 19].

Il ritardo italiano e il divario tra Nord e Sud

Al momento dell'unificazione, l'Italia nel suo insieme appariva, nel confronto con l'Europa più sviluppata, un paese arretrato dal punto di vista economico e civile: questa distanza era anche il frutto di **secoli di sudditanza straniera** e della presenza dello **Stato della Chiesa** che sanciva la divisione della penisola. Una presenza tutelata dalle potenze cattoliche e dal ruolo cosmopolita di Roma capitale religiosa del cattolicesimo e sede dei pontefici.

Questo ritardo e questa diversità sembravano riscattarsi nella contemplazione di un passato glorioso e nelle tante testimonianze di questo passato disseminate nelle città e nel paesaggio italiano. Proprio questa dimensione costituiva l'immagine prediletta dagli stranieri che accorrevano in Italia nei loro **viaggi di formazione artistica e culturale**, di scoperta dell'antico e del bello, ma anche del caratteristico e del diverso, e che ora si mostravano delusi di fronte alla inedita modernità italiana.

Ben più significativa era la spaccatura che l'unificazione aveva creato in larga parte del paese tra i settori politicamente e culturalmente più avanzati e i difensori della tradizione e degli antichi sistemi di potere. Tra questi primeggiavano le gerarchie ecclesiastiche e i cattolici fedeli al pontefice cui era stato fatto divieto di partecipare alle elezioni politiche con la formula del *non expedit* ('non giova') che Pio IX pronunciò nel 1874.

Consapevole dell'incompiutezza dell'unificazione e del ritardo italiano, la classe politica avviò la costruzione del nuovo Stato seguendo i princìpi di una forte **centralizzazione amministrativa** da applicare in maniera uniforme a tutto il paese, soprattutto nel tentativo di colmare il divario Nord e Sud, che si palesava non solo in termini di diverso sviluppo economico ma anche come opposizione politica. Il **brigantaggio** meridionale e la guerriglia contadina degli anni 1861-65, a sfondo sociale e filoborbonico, ne furono l'esempio più evidente.

Il Risorgimento aveva visto come protagonisti del successo lo Stato più moderno del paese – il Piemonte sabaudo – e un'élite politica, liberale e democratica, certamente ristretta ma sufficientemente ampia, diffusa nei ceti medi e negli strati popolari urbani, in grado di dare un contributo decisivo politico e anche militare, come nel volontariato garibaldino, al raggiungimento dell'unità e dell'indipendenza.

In seguito, soprattutto dopo la Seconda guerra mondiale, la storiografia di ispirazione marxista – prendendo spunto dalle tesi dell'intellettuale comunista Antonio Gramsci (1891-1937) a lungo prigioniero del regime fascista – ha accusato il movimento nazionale di non aver coinvolto i contadini nella trasformazione del paese e di non aver favorito quella rivoluzione agraria che avrebbe modificato i rapporti sociali ed economici delle campagne. In realtà, se le masse rurali fossero uscite dalla loro estraneità politica, la divergenza radicale di obiettivi con le élite risorgimentali avrebbe costituito un ostacolo e non già un aiuto al compimento dell'unità: le masse contadine avrebbero lottato per un obiettivo economicamente arretrato come la divisione delle terre in piccole proprietà indipendenti, allontanandosi diametralmente dal modello moderno di azienda capitalistica perseguito dalle élite.

Da molti punti di vista **l'unificazione rappresentava una soluzione troppo avanzata per le condizioni civili, sociali ed economiche del paese**. Si trattava ora di coinvolgere la maggioranza degli italiani nei valori di libertà e di modernità a cui si era ispirato il Risorgimento e di colmare le molte distanze e diversità che erano presenti nel nuovo Stato nazionale: un'impresa difficile da compiere in tempi brevi e che avrebbe lasciato, in parte fino ad oggi, molti problemi irrisolti.

ONLINE

Il libro
F. Chabod
Storia della politica estera italiana dal 1870 al 1896

Il laboratorio dello storico
Epistolari, memorie, diari

CAPITOLO

13 IL PROCESSO DI UNIFICAZIONE

1 Il Piemonte liberale del conte di Cavour

Nel marzo 1861 fu proclamata a Torino l'unità d'Italia. Questo risultato, imprevedibile dopo le sconfitte delle rivoluzioni del '48-49, fu dovuto al successo dell'iniziativa diplomatica e militare del Piemonte guidata dal conte di Cavour e alle vittorie sul Regno borbonico della spedizione dei Mille comandata da Garibaldi [👁 13.4 PERSONAGGI].

Il governo d'Azeglio e le leggi Siccardi

In Piemonte, dopo la sconfitta di Novara del '49, il re Vittorio Emanuele II mantenne l'ordinamento costituzionale e il sistema parlamentare definito dallo Statuto del 1848 mentre il governo liberale moderato, presieduto da Massimo d'Azeglio, continuò lungo la linea di ammodernamento delle istituzioni avviata negli ultimi anni di regno di Carlo Alberto [👁 12.7-8]. Una decisione di grande rilievo fu quella di **porre fine agli anacronistici privilegi di cui il clero ancora godeva** – tribunali riservati, diritto d'asilo per le chiese e i conventi, censura sui libri –, adeguando la legislazione ecclesiastica del Piemonte a quella degli altri Stati cattolici europei. Nella battaglia parlamentare per l'approvazione di queste norme, note come "leggi Siccardi" dal nome del ministro della Giustizia, emerse nelle file della maggioranza liberal-moderata la figura di un nuovo e dinamico leader: il conte Camillo Benso di Cavour, aristocratico e uomo d'affari, proprietario terriero e giornalista, direttore di un combattivo organo di stampa dal titolo «Il Risorgimento».

Cavour: politico e imprenditore

Liberalismo e intraprendenza borghese furono le due componenti decisive nella formazione di Cavour. Il suo era un **liberalismo moderato dai tratti fortemente pragmatici**, molto lontano dai programmi della democrazia ottocentesca. Cavour era infatti convinto che l'ampliamento della partecipazione politica doveva essere attuato con gradualità nell'ambito di un sistema monarchico-costituzionale promotore di riforme e trasformazioni: l'unico antidoto, a suo giudizio, contro la rivoluzione e il disordine sociale. Alla concreta esperienza di uomo d'affari e di imprenditore agricolo, Cavour univa una **buona conoscenza delle teorie economiche** e vedeva nello sviluppo produttivo la premessa indispensabile per il progresso civile e politico: ammiratore del liberalismo britannico, nutriva quella fiducia pressoché illimitata nella libertà economica che era tipica della moderna cultura borghese.

Il «connubio» e il sistema parlamentare

Cavour entrò a far parte del governo d'Azeglio nel 1850, come ministro per l'Agricoltura e il Commercio. Due anni dopo fu incaricato di formare un nuovo governo (novembre 1852). Prima ancora di diventare presidente del Consiglio dei ministri, **Cavour** si era reso protagonista di un rovesciamento degli equilibri politici, promuovendo un accordo fra l'ala più progressista della maggioranza moderata, il cosiddetto «centro-destra», e cui egli stesso era il leader, e la componente più moderata della sinistra democratica, il «centro-sinistra» capeggiato da **Urbano Rattazzi**. Dal «connubio» (come fu allora definito), nacque una **nuova maggioranza di centro, che emarginava sia i clericali-conservatori sia i democratici più radicali**. In questo modo Cavour poté ampliare la base parlamentare del suo governo e spostarne l'asse verso sinistra: il che gli consentì non solo di far propria la politica patriottica e antiaustriaca sostenuta fin allora dai democratici, ma anche di rendere più incisiva la sua azione riformatrice in campo politico ed economico. Negli stessi anni si affermò in Piemonte un sistema di governo di tipo parlamentare (analogo a quello britannico), che modificava nella prassi lo Statuto albertino facendo dipendere il governo non più esclusivamente dalla fiducia accordatagli dal sovrano, ma anche e soprattutto dal sostegno di una maggioranza in Parlamento.

I successi della politica economica

Cavour si adoperò per sviluppare l'economia del suo paese e per integrarla nel più ampio contesto europeo. Premessa essenziale fu l'adozione di una **politica decisamente liberoscambista**: furono stipulati trattati commerciali con Francia, Belgio, Austria e Gran Bretagna e, fra il '51 e il '54, venne gradualmente abolito il dazio sul grano. Notevoli progressi si registrarono anche nel campo delle opere pubbliche: furono costruiti strade e canali ma soprattutto venne sviluppato il sistema dei trasporti ferroviari, favorendo l'espansione del commercio e dell'**industria meccanica**. Alla vigilia dell'unità, dopo **dodici anni di regime liberale**, il Piemonte poteva vantare un'agricoltura in fase di espansione e di modernizzazione, tanto da reggere il confronto con quella della Lombardia; un'industria che poneva il Piemonte all'avanguardia degli Stati italiani; un sistema creditizio potenziato intorno a una banca centrale, la Banca nazionale; una rete di trasporti efficiente e collegata con l'Europa tramite l'avvio della costruzione del **traforo del Fréjus**; un volume di scambi commerciali con l'estero che, rapportato alla popolazione, era quasi il doppio di quello medio del resto d'Italia.

Carlo Binelli
Inaugurazione della ferrovia ligure-subalpina con l'intervento di sua maestà Vittorio Emanuele II
1854
[Museo del Risorgimento, Genova]

I governi presieduti da Cavour impressero un notevole impulso alla costruzione della rete ferroviaria. Il 20 febbraio 1854 il re, Cavour e altri ministri presenziarono a Genova all'inaugurazione della ferrovia che collegava la città ligure con Torino. Il treno delle autorità giunse in piazza Caricamento, dove era stato allestito un palco a forma di tempio ottagonale sorretto da colonne corinzie. Le celebrazioni durarono sei giorni, con rappresentazioni teatrali, feste popolari e fuochi d'artificio.

GUIDA ALLO STUDIO

❶ Che cosa stabilivano le leggi Siccardi del 1850? ❷ Chi era Camillo Benso di Cavour? ❸ Che cosa ottenne Cavour con il «connubio»? ❹ Quali furono le principali riforme realizzate nel Regno sabaudo?

Con il progresso economico e politico il Piemonte divenne inevitabilmente il **polo di attrazione di moltissimi esuli politici e di intellettuali dal resto d'Italia**. Gli emigrati parteciparono alla vita politica del regno, inserendosi nella classe dirigente piemontese che diventava così sempre più rappresentativa dell'intero paese.

2 La sconfitta dei repubblicani

I mazziniani e il Partito d'azione

L'attività cospirativa dei mazziniani, guidati dal loro leader in esilio a Londra, proseguì nonostante le sconfitte del '48-49. Ma la repressione austriaca ebbe la meglio come nel drammatico caso delle nove impiccagioni avvenute nella fortezza di **Belfiore**, presso Mantova, fra la fine del '52 e l'inizio del '53. Allora Mazzini, sempre convinto che l'unità d'Italia

PERSONAGGI

Camillo Benso conte di Cavour

Forse non tutti sanno che Camillo Benso conte di Cavour era anche un accanito giocatore d'azzardo in borsa. L'immagine da severo statista che gli è stata cucita addosso dai posteri mal si sposa con quella di un temerario scommettitore, amante del rischio e sempre ottimista sulla possibilità di ottenere maggiori guadagni da una posta in gioco modesta. Eppure, **la psicologia del giocatore** è indispensabile per comprendere l'azione politica di questo nobile piemontese che puntò sull'Italia, sulla liberalizzazione del proprio Stato, sul progresso economico, sulla diplomazia europea, sulla libertà del parlamento rispetto al sovrano. Come un giocatore esperto, Cavour credeva fosse necessario aspettare i tempi giusti per ottenere il massimo profitto, temporeggiare, aspettare o preparare le migliori condizioni per trattare un'azione sul mercato finanziario. Da questa bizzarra combinazione di passione per l'azzardo ed estrema cautela derivano forse i problemi degli storici nell'inquadrare la sua figura: cinico e spregiudicato ma convinto liberale; volpe della politica ma sinceramente patriota; tra i padri del parlamentarismo italiano ma sempre timoroso dei repubblicani e del loro potenziale rivoluzionario.
Camillo Benso di Cavour nacque a Torino nel 1810, secondo figlio di un clan familiare piuttosto eclettico. Il padre, il marchese Michele, era il rampollo di una famiglia aristocratica molto in vista durante il periodo napoleonico, tanto che a battezzare il cadetto Camillo fu il governatore francese del Piemonte, il principe Borghese, marito della sorella di Napoleone, Paolina. La madre, Adele de Sellon, veniva da una ricca famiglia di ugonotti francesi residente a Ginevra, e nel dialogo con questi parenti svizzeri il giovane Cavour trovò la sua prima scuola di **tolleranza e liberalismo**.
Col ritorno dei Savoia sul trono di Torino la famiglia riuscì a riallinearsi nel clima della Restaurazione senza traumi, e anzi stringendo moltissimo i legami con Carlo Alberto, futuro re. Come figlio cadetto, Camillo fu destinato alla carriera militare e inviato in Accademia nel 1820. Il suo **temperamento vivace e perfino ribelle** non gli semplificò la vita in quegli anni: refrattario ai regolamenti e ai rituali a cui era costretto insieme ai suoi compagni, rischiò più volte l'espulsione per la sua insofferenza alla disciplina e per il suo orgoglio. Quando nel 1824 fu scelto come paggio di Carlo Alberto, un titolo onorifico per cui era necessario però indossare una livrea rossa, fece sapere sdegnoso di ritenersi offeso da quest'obbligo che lo accostava a un valletto più che a uno del suo rango. È un piccolo aneddoto, ma in una corte assolutistica come quella dei Savoia piccoli episodi come questi potevano segnare degli irrimediabili passi falsi per chi volesse far carriera.
All'Accademia militare, però, Cavour scoprì pure la sua passione per le scienze e il suo talento matematico. Questo interesse per le discipline scientifiche si trasformò ben presto in un'entusiastica fiducia per il progresso e per la tecnica, un elemento fondamentale nella formazione anche politica di Cavour, più **incline a considerare l'importanza strategica dello sviluppo economico e istituzionale** rispetto alle prospettive etiche e alle ragioni filosofiche che animavano Mazzini, ad esempio. Questo giovane aristocratico arrivava così a ritenere che a portare benessere a una società fosse il lavoro, e non i nobili oziosi che affollavano le corti d'Italia e d'Europa: erano le classi medie a dover ricevere più attenzioni da parte dello Stato.
Conclusa l'Accademia, fu inviato in varie località del Regno come ufficiale del genio militare, addetto ad alcuni lavori di fortificazione. Furono anni inquieti. Dal 1826 al 1829 il suo temperamento e la sua gioventù trovavano finalmente uno sfogo: intrecciò amori e amicizie pericolose dalla Savoia alla Riviera di Ponente, o a Ginevra. Coi suoi familiari piemontesi, del resto, ebbe scontri durissimi per il suo stile di vita e per le sue frequentazioni. Faceva scandalo in particolare la sua relazione con una donna sposata, Anna Schiaffino Giustiniani, conosciuta a Genova. Nina, come Cavour la chiamava, sarebbe stata la figura femminile più importante della sua vita. Furono quattro anni fitti di lettere e incontri più o meno segreti, ma il giovane conte non aveva il dono della costanza e la storia finì. Anna arrivò fino a suicidarsi per il dolore del distacco. Camillo era molto legato poi al **barone Cassio**, un liberale che la famiglia provò ad allontanare con ogni mezzo. Cassio incoraggiava il suo amico a buttarsi in politica nel campo progressista: una scelta che il vecchio marchese Cavour non poteva accettare. Dopo scontri violentissimi col padre, Camillo si piegò e l'amicizia fu troncata per un breve momento. Questa crisi ebbe però effetti contrari a quelli auspica

dovesse ottenersi attraverso l'insurrezione di popolo [👁 12.4], ritenne opportuno correggere la sua strategia **rafforzando gli aspetti organizzativi** e fondando nel 1853, a Ginevra, una nuova formazione politica cui diede il nome di **Partito d'azione**, quasi a sottolinearne il carattere di puro strumento di battaglia. Nel contempo intensificò i suoi sforzi per crearsi una base fra gli artigiani e gli operai delle città del Nord: molte fra le società operaie di mutuo soccorso nate in questo periodo, soprattutto in Piemonte e in Liguria grazie alla libertà di associazione garantita dallo Statuto, furono infatti controllate dai mazziniani.

L'ipotesi socialista Nel frattempo tra i democratici si diffondeva il dissenso sulla fallimentare strategia mazziniana: vi era chi riteneva ormai necessario evitare un atteggiamento intransigente e puntare su una più ampia collaborazione con tutte le forze interessate al conseguimento dell'unità e chi pensava che si dovesse mirare invece a un programma socialista aperto ai problemi sociali e alle esigenze delle classi subalterne.

Nel 1851 due libri – *La Federazione repubblicana* del milanese **Giuseppe Ferrari** e

i dai genitori. Non solo Cavour riprese a requentare Cassio, ma radicalizzò le sue pinioni liberali contro le posizioni reazioarie di suo padre.
Nei lunghi soggiorni in località isolate, del esto, Cavour poteva leggere molti classici lel pensiero liberale, soprattutto francesi e inglesi. Fu preso da una vera crisi razioalistica, di cui parla in questi termini in ina lettera allo zio svizzero (1829): «Dopo 'ultimo mio viaggio a Ginevra si è prodoto in me un grande mutamento; ho abbanlonato più volte la casa paterna, ho perorso in tutti i sensi il Piemonte, ho letto i ibri che mi erano stati dipinti come empii, e non potei non accorgermi del fragile fonlamento delle nostre credenze religiose». Estremamente **critico dei dogmi cattolici**, Cavour finì così per polemizzare sempre più con il clero e la sua influenza nel Pienonte assolutista.
Questo giovane ufficiale ambizioso, inquieto e sempre più convintamente liberale viveva aspettando una svolta nel uo tempo, quando la **rivoluzione francese del 1830** scosse anche il suo mondo [👁 11.6]. Gli ambienti del liberalismo taliano erano in fermento e Cavour osservava con impazienza gli avvenimenti sperando in analoghi sviluppi in Piemone. Dall'osservazione degli eventi francesi maturò le sue convinzioni politiche di empre: avversione ai metodi violenti in olitica; distinzione tra causa liberale e ausa rivoluzionaria; preoccupazione per ordine sociale ed economico.
er paura di restare coinvolto nella reressione della polizia, decise nel 1831 di bbandonare l'esercito e dedicarsi ai suoi ossedimenti. Dimostrò un talento eccezionale, innovando le tecniche agricole e investendo in settori industriali promettenti, non trascurando le solite puntate in borsa. La sua fama di imprenditore e i contatti presi in ripetuti viaggi in Europa lo lanciarono sulla scena pubblica, come giornalista e come animatore di circoli e salotti politici. Dagli articoli per **«Il Risorgimento»**, un giornale fondato nel 1847 insieme al gruppo dei patrioti moderati, le sue proposte per la modernizzazione del Piemonte venivano strettamente connesse ora con i destini della nazione italiana. Il giovane conte di Cavour aveva ormai sposato la causa nazionale. La sua **carriera politica** fu rapidissimamente avviata: nel pieno del 1848 diventava deputato alla Camera e presto leader della destra moderata, nel 1850 ministro dell'Agricoltura e del Commercio, nel 1852 presidente del Consiglio e di lì fino alla morte regista pressoché incontrastato della politica sabauda.
In politica più che mai mise alla prova il suo temperamento da giocatore di borsa. Convinto com'era che l'unificazione italiana sarebbe dovuta arrivare solo attraverso un **moto nazionale non rivoluzionario**, preparò la guerra all'Austria e le annessioni dei vecchi stati con cura certosina, aspettando il momento giusto per schierare le truppe volontarie o quelle dell'esercito, prevedendo le mosse dell'avversario e contando sull'appoggio di un nutrito numero di spie e informatori.
Morì solo qualche mese dopo l'unità, il 6 giugno 1861. La sua famiglia si estinse nel giro di qualche decennio, ma con il suo nome furono battezzate migliaia di vie, piazze e monumenti nazionali in tutta Italia.

Statuetta di Camillo Benso conte di Cavour
XIX secolo
[Museo Civico del Risorgimento, Genova]
Una raffigurazione satirica di Cavour, con barba, occhiali e fisico un po' obeso, molto somigliante al vero: questa statuina in creta colorata è un piccolo portagioie, con la parte superiore "removibile".

PERSONAGGI

103 DOC
Carlo Pisacane
Nazionalità e libertà

Giuseppe Sciuti
Morte di Pisacane
1890
[Museo Civico, Catania]
Il 28 giugno 1857 una spedizione guidata da Carlo Pisacane approdò a Sapri, in Campania, al grido di «Viva l'Italia! Viva la Repubblica!». Ma la mancanza di collegamenti con i democratici del Mezzogiorno, l'assenza nella zona di molti braccianti (in passato attivi nella lotta contro le usurpazioni di terre demaniali, ma in quel periodo emigrati per il raccolto), le voci diffuse dal governo partenopeo di una banda di briganti sbarcata per compiere saccheggi fecero sì che dopo alcuni scontri la spedizione fosse sopraffatta dalle forze borboniche, sostenute dalla popolazione. Molti morirono in combattimento; Pisacane, ferito, si uccise con un colpo di pistola.

La guerra combattuta in Italia negli anni 1848-49 del napoletano **Carlo Pisacane** – introdussero il tema del socialismo nel dibattito interno al movimento risorgimentale. Sostenevano entrambi che la lotta per l'indipendenza nazionale avrebbe potuto aver successo solo se avesse saputo legare a sé le classi popolari, identificandosi con la loro lotta per l'emancipazione economica e sociale. In particolare Pisacane pensava che l'Italia meridionale offrisse, per le sue caratteristiche di paese arretrato con una borghesia ancora debole, il terreno più adatto per la rivoluzione. Si trattava in realtà di una visione utopistica e velleitaria, come si vide quando cercò di mettere in atto il suo progetto insurrezionale.

Il fallimento della spedizione di Sapri e la Società nazionale

Nel **giugno del 1857** Pisacane si imbarcò a Genova con alcuni compagni su un piroscafo di linea, se ne impadronì e con esso fece rotta verso l'isola di **Ponza**, sede di un penitenziario borbonico. Accresciuta da circa **300 detenuti liberati dal carcere**, la spedizione si diresse verso le **coste meridionali della Campania** e sbarcò a Sapri, iniziando la marcia verso l'interno. Ma qui i rivoluzionari furono rapidamente sbaragliati dalle truppe borboniche subendo anche la violenza dei contadini che li trattarono come briganti. Pisacane, ferito, si uccise per non cadere prigioniero.

Il fallimento della spedizione di Sapri coincise con la nascita di un **movimento indipendentista filopiemontese** promosso da **Daniele Manin** – il capo del governo repubblicano di Venezia nel '48-49 [👁 12.8] – che puntava all'unione di tutte le correnti, moderate e democratiche, intorno all'unica forza in grado di raggiungere l'obiettivo dell'unità: la monarchia di Vittorio Emanuele II. Alla proposta di Manin, oltre a numerosi esponenti democratici emigrati in Piemonte, aderì anche Giuseppe Garibaldi, rientrato in Italia nel '55 dal Sud America. Nel luglio 1857 il movimento si diede una struttura organizzativa e assunse il nome di Società nazionale. L'associazione dichiarava nel suo manifesto costitutivo di anteporre la causa dell'unità ad ogni altro obiettivo e di ritenere indispensabile il **«concorso governativo piemontese»**: di appoggiare quindi la monarchia sabauda per l'affermazione della causa italiana.

GUIDA ALLO STUDIO

❶ Come mutò la strategia mazziniana dopo il '48? ❷ Che cos'era il Partito d'azione? ❸ Su quali teorie si basava il progetto insurrezionale di Pisacane? ❹ Quale proposta strategica fu avanzata da Daniele Manin nel 1855?

3 L'alleanza con la Francia e la seconda guerra di indipendenza

La politica estera di Cavour Inizialmente la politica estera di Cavour rimase legata agli obiettivi tradizionali della monarchia sabauda: ampliare i confini del Piemonte verso l'Italia settentrionale, a scapito dei domìni austriaci. Cavour, però, perseguì questa strategia con insolita abilità e spregiudicatezza ottenendo risultati imprevedibili, al di là delle sue originarie intenzioni. Sfruttando al massimo le ambizioni politiche di Napoleone III, riuscì a trascinare la Francia in una guerra contro l'Austria a tutto vantaggio per il Piemonte.

Questo esito fu ottenuto attraverso alcuni passaggi decisivi. Il primo fu quello di inviare un contingente militare in **Crimea** al fianco della Gran Bretagna e della Francia impegnate a difendere l'Impero ottomano dall'espansionismo russo, che rischiava di alterare l'equilibrio tra le potenze e minacciava gli interessi inglesi e francesi in quella zona [👁 17.1]. In questo modo il Piemonte poté partecipare come Stato vincitore al **congresso di Parigi** del 1856. In quella sede Cavour sollevò la questione italiana, protestando contro la presenza militare austriaca nelle Legazioni pontificie e denunciando il malgoverno dello Stato della Chiesa e del Regno delle Due Sicilie come causa di tensioni rivoluzionarie e, dunque, come minaccia alla pace. A questo punto Cavour poté puntare sulle ambizioni egemoniche di Napoleone III, desideroso di riprendere la politica italiana del primo Napoleone, e anche sulla paura suscitata in lui dalle agitazioni mazziniane. Questi timori sarebbero stati confermati, infatti, nel gennaio del 1858 dal fallito attentato contro di lui compiuto dal repubblicano romagnolo, **Felice Orsini**, reduce dalla difesa di Roma [👁 12.8]. A quel punto Napoleone III era già convinto della necessità di una iniziativa francese in Italia per soppiantare l'egemonia austriaca, eliminando al tempo stesso un pericoloso nucleo di tensione rivoluzionaria.

H. Vittori Romano
L'attentato di Felice Orsini contro Napoleone III
1862
[Musée Carnavalet, Parigi]
Il 14 gennaio 1858, con alcuni complici, Felice Orsini gettò tre bombe contro la carrozza di Napoleone III che si stava fermando davanti al teatro dell'*Opéra* a Parigi. Otto persone morirono e 156 rimasero ferite. Rimasto incolume, l'imperatore decise di proseguire con il programma della serata recandosi comunque alla rappresentazione del *Guglielmo Tell* di Rossini. Durante il processo seguito al suo arresto, Felice Orsini tenne di fronte ai giudici un atteggiamento fermo e dignitoso che fece grande impressione sull'opinione pubblica francese: si dichiarò colpevole e unico responsabile dell'attentato, non si appellò alla clemenza della Corte e non fece domanda di grazia all'imperatore. Gli inviò anzi due lettere, esortandolo al tempo stesso a non abbandonare la causa italiana. L'imperatore fece pubblicare le lettere, lasciando intendere, in questo modo, che gli accordi con il Regno di Sardegna sarebbero stati rispettati.

▶ 102 DOC
Camillo Benso di Cavour
La questione italiana e l'Europa

L'alleanza con la Francia La strada era ormai aperta per la conclusione di un'alleanza franco-piemontese, che fu definita in un **incontro segreto** fra l'imperatore e Cavour svoltosi nel luglio 1858 nella cittadina termale di **Plombières**. Gli accordi ipotizzavano una nuova sistemazione dell'intera Penisola italiana, che avrebbe dovuto essere divisa in tre Stati: **un regno dell'Alta Italia** comprendente, oltre al Piemonte, il Lombardo-Veneto e l'Emilia-Romagna, sotto la monarchia sabauda, che in cambio avrebbe ceduto alla Francia i territori di Nizza e della Savoia; **un regno dell'Italia centrale** formato dalla Toscana e dalle province pontificie; **un regno meridionale** liberato dalla dinastia borbonica. Al papa, che avrebbe conservato la sovranità su Roma e dintorni, sarebbe stata offerta la presidenza della futura Confederazione italiana. I guadagni territoriali erano prevalentemente a vantaggio del Piemonte in cambio di un'ipotetica egemonia esercitata dalla Francia sulla nuova sistemazione italiana. Ma per raggiungere questi obiettivi era indispensabile la guerra contro l'Austria. Anzi, era necessario che la guerra apparisse provocata dall'Impero asburgico perché l'alleanza con la Francia potesse diventare operativa.

La guerra del 1859 Il governo piemontese fece il possibile per far salire la tensione con lo Stato vicino: particolare effetto suscitarono le manovre militari al confine e l'armamento di corpi volontari, i Cacciatori delle Alpi, comandati da Garibaldi. E il governo asburgico finì col cadere nella provocazione inviando, nell'aprile 1859, un duro ultimatum al Piemonte, respinto da Cavour. Scoppiata la guerra (la seconda guerra d'indipendenza), le truppe franco-piemontesi sconfissero gli austriaci a **Magenta**, aprendosi la via per Milano [👁 ATLANTE_40]. Un successivo contrattacco austriaco fu respinto, il 24 giugno, nelle due contemporanee, sanguinose battaglie di **Solferino** e **San Martino**, dove le vittime francesi furono il doppio di quelle italiane.
A questo punto, nonostante la vittoria, Napoleone III, impressionato dai costi umani della guerra, timoroso delle reazioni ostili dell'opinione pubblica francese e del pos-

ATLANTE 40_LA SECONDA GUERRA DI INDIPENDENZA

sibile intervento della Confederazione germanica, offrì un **armistizio agli austriaci** che fu accettato e firmato a **Villafranca**, presso Verona, l'**11 luglio**. Con questo accordo l'Impero asburgico rinunciava alla Lombardia e la cedeva alla Francia che l'avrebbe poi «girata» al Piemonte, mantenendo il Veneto e le fortezze di Mantova e Peschiera. Per il resto d'Italia, il trattato prevedeva il ripristino della situazione precedente lo scoppio della guerra: tra aprile e giugno, infatti, una serie di insurrezioni nelle regioni centro-settentrionali della penisola – a Modena, a Bologna, in Romagna e Toscana – aveva costretto alla fuga i vecchi sovrani. La notizia dell'armistizio suscitò lo sdegno dei democratici italiani e colse di sorpresa lo stesso Cavour, che rassegnò subito le dimissioni.

Le annessioni dell'Italia centro-settentrionale

A differenza di quanto era accaduto nel '48, i moti della primavera del '59 furono saldamente controllati dai moderati e dagli uomini della Società nazionale, e i governi provvisori che subito si costituirono si pronunciarono per l'annessione al Piemonte. Di fronte a questa situazione, dopo alcuni mesi Napoleone III decise di accettare il fatto compiuto capendo che la nuova situazione nell'Italia centro-settentrionale vanificava il progetto definito a Plombières. Cavour, tornato a capo del governo nel gennaio 1860, poté così negoziare la cessione alla Francia di **Nizza** e della **Savoia** – cui il Piemonte non era più tenuto dopo Villafranca – in cambio dell'assenso francese alle annessioni del Granducato di Toscana, dei Ducati di Modena e di Parma, delle Legazioni pontificie. Nel marzo dello stesso anno, le popolazioni di Emilia, Romagna e Toscana, chiamate a scegliere, nella forma del plebiscito, fra l'annessione al Piemonte e la creazione di regni separati, si pronunciarono a schiacciante maggioranza per la soluzione unitaria.

GUIDA ALLO STUDIO

❶ A quale finalità era ispirata la politica cavouriana? ❷ Perché il Piemonte partecipò alla guerra di Crimea? ❸ In che modo Cavour riuscì ad ottenere l'alleanza di Napoleone III? ❹ Quali esiti ebbe l'armistizio di Villafranca del 1859?

4 I Mille e la conquista del Mezzogiorno

▶ 104 DOC
Giuseppe Cesare Abba
L'epopea garibaldina

L'organizzazione della spedizione in Sicilia

Con la cessione alla Francia dei suoi territori d'oltralpe – in particolare della Savoia, terra di origine della casa regnante, ma abitata da popolazioni di lingua francese – e dopo le annessioni della Lombardia, dell'Emilia-Romagna e della Toscana, lo Stato sabaudo aveva posto le premesse di uno Stato nazionale italiano. Questi risultati sollecitarono i democratici a rilanciare l'iniziativa rivoluzionaria nel Mezzogiorno e nello Stato della Chiesa. Esclusa l'opportunità di un'azione nei confronti di Roma, protetta da truppe francesi, si ripropose l'idea di una spedizione di volontari nel Regno delle Due Sicilie dove, nel maggio del '59, era salito al trono il giovane Francesco II. Furono due mazziniani siciliani esuli in Piemonte, **Francesco Crispi e Rosolino Pilo**, a concepire il progetto di una spedizione in Sicilia come prima tappa di un movimento insurrezionale che avrebbe dovuto estendersi al continente. I due cercarono da una parte di organizzare una rivolta locale prima dello sbarco dei volontari, dall'altra di assicurarsi un'efficiente guida politica e militare e di garantirsi nel contempo un qualche appoggio del governo piemontese.

Ai **primi di aprile del 1860**, un'insurrezione popolare scoppiava a **Palermo**. Mentre Pilo accorreva in Sicilia per assumere la direzione del moto, che fu sanguinosamente represso nel capoluogo ma si estese alle campagne dando luogo a una diffusa guerriglia contadina, Crispi riuscì a convincere un esitante Garibaldi ad assumere la guida della spedizione.

Focus
I Mille

ONLINE

Il ruolo di Garibaldi Garibaldi era non solo il capo militare più prestigioso di cui disponesse il movimento nazionale, ma anche l'unico leader capace di **unificare attorno a sé le diverse componenti dello schieramento unitario**, dai democratici intransigenti ai moderati filocavouriani. Quando accettò di capeggiare la spedizione in Sicilia, Garibaldi era l'unico fra i leader democratici in grado di **assicurare qualche possibilità di riuscita all'impresa**, ritenuta estremamente rischiosa. Cavour, che temeva le complicazioni internazionali e vedeva nella spedizione un'occasione di rilancio per i mazziniani, la avversò pur senza far nulla per impedirla. Vittorio Emanuele II, che guardava invece con favore al tentativo di Garibaldi, non poté intervenire concretamente in suo aiuto.

La spedizione dei Mille La spedizione fu così preparata in fretta, con scarso equipaggiamento e pessimo armamento. Nella notte fra **il 5 e il 6 maggio 1860**, poco più di mille volontari, provenienti da diverse regioni – ma in maggioranza settentrionali – e di varia estrazione sociale (borghese-intellettuale, operaia o artigiana), in larga parte veterani delle campagne del '48 e del '59, partirono da **Quarto** presso Genova, dopo essersi impadroniti di due navi a vapore, **il Piemonte e il Lombardo**. Pochi giorni dopo, eludendo la sorveglianza della flotta borbonica, i volontari sbarcavano a **Marsala**, nell'estremità occidentale della Sicilia e penetravano nell'interno, accolti con entusiasmo dalla popolazione **[**ATLANTE_**41****]**.
Il 15 maggio, a **Calatafimi**, le colonne garibaldine, accresciute da poche centinaia di insorti siciliani, nonostante l'inferiorità numerica, riuscirono a battere un contingente borbonico. Galvanizzati dal successo, i volontari puntarono su **Palermo** e la raggiunsero dopo una difficile marcia fra le montagne. All'arrivo delle avanguardie garibaldine, la città insorse contro i Borbone. Alla fine di maggio, dopo tre giorni di combattimenti, le truppe governative furono costrette ad abbandonare la città dove Garibaldi – che appena sbarcato in Sicilia aveva assunto la dittatura in nome di Vittorio Emanuele II – proclamò la **decadenza della monarchia borbonica**. Mentre nell'isola si formava un governo civile provvisorio sotto la guida di Crispi e si tentava di mettere in moto un primo processo di riforma sociale (riduzione del carico fisca-

Tetar van Elven
La partenza dei Mille
1889
[Museo del Risorgimento, Istituto Mazziniano, Genova]
Il tema della "partenza dei Mille", molto frequente fra gli artisti del Risorgimento, è qui raffigurato con toni pacati, lontani dagli accenti enfatici con cui è di solito trattato. L'autore ci da un quadro realistico dell'evento, con molti dei personaggi riconoscibili; i protagonisti appaiono tutti sullo stesso piano e anche l'immagine di Garibaldi è evidenziata solo da un piccolo bagliore di luce, a sottolineare che i protagonisti del quadro sono proprio loro, i *mille* volontari.

le, assegnazione di terre ai contadini combattenti nelle file garibaldine), nell'Italia settentrionale si raccoglievano uomini e mezzi da inviare in Sicilia: fra giugno e luglio sbarcarono a Palermo quasi 15 mila volontari. Col loro apporto, Garibaldi poté muovere all'attacco delle truppe borboniche e sconfiggerle, il 20 luglio, a **Milazzo**, costringendole a rifugiarsi sul continente.

Nel giro di poche settimane, l'impresa garibaldina aveva assunto le dimensioni di una vera e propria epopea, cui gran parte dell'opinione pubblica europea guardava con simpatia e ammirazione. La rapidità con cui era stato abbattuto il regime borbonico in Sicilia aveva inoltre colto di sorpresa la diplomazia delle grandi potenze e aveva costretto Cavour e i moderati italiani a rivedere la loro strategia e a immaginare un'ulteriore politica di annessioni.

I contrasti con i contadini in Sicilia

Il clima di entusiastica concordia che aveva accolto i garibaldini al loro sbarco in Sicilia si era dissolto quando i contadini avevano intravisto la possibilità di liberarsi non solo dal malgoverno borbonico, ma anche dal secolare sfruttamento cui li condannava una **struttura sociale ancora semifeudale**: era così scoppiata una serie di violente agitazioni. Dal

ATLANTE 41_LA SPEDIZIONE DEI MILLE E L'ITALIA UNITA

Garibaldi sbarca a Marsala (11 maggio 1860) e giunge a Caserta, dove il 9 novembre 1860 scioglie il suo esercito di volontari. Alle annessioni seguite alla spedizione garibaldina e all'intervento piemontese, nel 1866 e nel 1870 si aggiungono rispettivamente quelle del Lazio e del Veneto. La Venezia Giulia e il Trentino restano, invece, ancora all'Austria.

canto loro, Garibaldi e i suoi collaboratori avevano cercato di venire incontro alle esigenze dei contadini, ma senza mettere in discussione il quadro dei **rapporti di proprietà**. Nacque così un contrasto insanabile, sfociato in episodi di dura repressione: il più noto si verificò ai primi di agosto nella cittadina di **Bronte**, ai piedi dell'Etna. Dopo alcuni giorni di rivolta, incendi e saccheggi, e il massacro di alcuni notabili, i supposti capi dei ribelli furono sommariamente processati e fucilati per ordine di **Nino Bixio**, braccio destro di Garibaldi. Intanto i proprietari terrieri, spaventati dalle agitazioni agrarie, guardavano sempre più all'annessione al Piemonte come all'unica efficace garanzia per la tutela dell'ordine sociale.

La conquista di Napoli

Fino a tutta l'estate del 1860, l'iniziativa restò nelle mani di **Garibaldi** che riuscì a **sbarcare in Calabria** e poi risalì rapidamente la penisola senza che l'esercito borbonico, ormai in via di disgregazione, fosse in grado di opporgli un'efficace resistenza. Il 6 settembre, Francesco II abbandonò la capitale per rifugiarsi nella fortezza di Gaeta. Il giorno dopo Garibaldi fece il suo **ingresso trionfale a Napoli**. Cavour si trovò ancora una volta

PERSONAGGI

Giuseppe Garibaldi

Dalle canzoncine per i bambini ai manifesti elettorali dei partiti, dai romanzi patriottici alle biografie degli storici, dalle targhe delle piazze e vie di tutto il mondo alle pubblicità: Garibaldi è da sempre un'icona popolare, un simbolo emblematico dell'età delle rivoluzioni e dell'eroismo patriottico. Tracciare la sua biografia non significa solo scrivere la storia del condottiero al centro di alcuni degli episodi centrali del Risorgimento. La sua storia consente di comprendere come funzionò quella fabbrica di eroi e miti patriottici che fu l'800 romantico e nazionalista.

La vita di Giuseppe Garibaldi abbracciò gli eventi principali del XIX secolo. Nacque nel 1807 a Nizza, l'antico porto della Savoia e del Piemonte che all'interno dell'impero napoleonico subiva ora la concorrenza di Marsiglia e Genova. Suo padre era proprietario di una tartana, un'imbarcazione impiegata per il commercio marittimo. Grazie a quest'attività Domenico Garibaldi era in grado di mantenere in condizioni piuttosto agiate i sei figli e la moglie, Rosa Raimondo, una cattolica molto devota. **Peppino**, come veniva chiamato in famiglia, era destinato a diventare un professionista, un notabile, e per questo motivo era stato inviato a Genova. Ben presto fu chiaro che non aveva l'indole dello studioso e più volte si ribellò alla disciplina scolastica. Dopo l'ennesima ragazzata, appena adolescente ottenne finalmente dal padre il permesso di abbandonare gli studi. Cominciava così la vita da marinaio di Giuseppe Garibaldi.

Fu il mare la sua scuola. Oltre che sulla piccola tartana paterna, già a sedici anni cominciò a imbarcarsi su grandi navi commerciali. Fu un'esperienza esaltante. Conobbe le coste del Mar Egeo e del Mar Nero fino a Taganrog, in Crimea; si spinse oltre lo stretto di Gibilterra fino alle Canarie; visse tre anni a Costantinopoli; fu assalito più volte dai pirati ed ebbe il suo battesimo del fuoco, il primo combattimento. Nel 1833 aveva già alle spalle 72 mesi di navigazione effettiva e poteva immaginare per sé una carriera da capitano di vascello.

I lunghi viaggi per mare non furono solo l'occasione per mettere alla prova la sua sete di avventure e il suo coraggio. Sulle sue navi capitarono anche esuli e rivoluzionari che lo incoraggiavano a farsi una coscienza politica. Fu l'incontro con alcuni sansimoniani francesi a ispirarlo di più: le promesse di progresso sociale, di libertà e di pace lo conquistarono. Si affezionò così all'idea di dedicare la sua vita a una missione umanitaria, alla lotta contro la tirannia.

Le lezioni apprese dai sansimoniani restarono solo dei vaghi propositi finché non si avvicinò alla **Giovine Italia**. Non è ancora chiaro come avvenne la sua **conversione al mazzinianesimo** e al movimento nazionalista italiano in genere – non scontata per chi come lui era nato nella Nizza amministrata dai francesi e aveva imparato a ben esprimersi in italiano solo in seguito. Fu probabilmente dai racconti di alcuni marinai patrioti in Crimea che Garibaldi restò affascinato dall'afflato religioso dei militanti della Giovine Italia. Come scrisse con enfasi nelle sue memorie: «Certo non provò Colombo tanta soddisfazione nella scoperta dell'America, come ne provai io al ritrovare chi s'occupasse della redenzione patria».

Con ogni probabilità, proprio per propagandare le idee di Mazzini abbandonò la carriera mercantile ed entrò nella marina sabauda. Fu però coinvolto in una rivolta organizzata a Genova dalla Giovine Italia nel 1834 e costretto a riparare a Marsiglia, dove presto apprese di essere stato condannato a morte per i fatti di Genova. Costretto a vivere sotto falso nome e in difficoltà economiche, l'anno successivo prese ancora la via del mare, imbarcandosi nell'equipaggio di una nave diretta a Rio de Janeiro.

In **America del Sud** trascorse gli anni centrali della vita, dai ventotto ai quarant'anni. **Qui divenne un eroe**. Inizialmente si dedicò come aveva sempre fatto al commercio mercantile, vivendo insieme ad altri esuli italiani. Già stanco di questa routine, però, nel 1837 aderì alla causa indipendentista della regione del Rio Grande do Sul: radunò un equipaggio su una barca battezzata significativamente *Mazzini* e tormentò di attacchi corsari le imbarcazioni brasiliane. Furono **quattro anni passati a combattere per mare e per terra**, pieni di esperienze anche tragiche, come quando venne imprigionato e torturato. In questo difficile contesto conobbe anche **Anita** de Jesus Ribeiro da Silva, che abbandonò il marito per seguire questo rivoluzionario italiano un po' insolente. Si sarebbero sposati solo nel 1842, quando Anita restò vedova.

Quando la battaglia per l'indipendenza del Rio Grande fu perduta, la famiglia Garibaldi si trasferì in Uruguay, a Montevideo, ma anche qui venne presto coinvolta in una guerra, quella degli uruguaiani conbattuto sul tempo. Napoli liberata rischiava di trasformarsi in un quartier generale dei democratici – dove giunsero anche Mazzini e Cattaneo – e di diventare la base per una spedizione nello Stato della Chiesa. Un'impresa che avrebbe provocato l'intervento francese e che, se avesse avuto successo, avrebbe potuto mettere in discussione l'assetto monarchico e moderato dello stesso Regno sabaudo.

L'intervento militare piemontese e i plebisciti di annessione

Non restava, per il governo piemontese, altra scelta se non quella di prevenire l'iniziativa garibaldina con un intervento militare. In settembre – dopo che Cavour ebbe ottenuto l'assenso di Napoleone III, impegnandosi a non minacciare Roma e il Lazio – le truppe regie invasero l'Umbria e le Marche e sconfissero l'esercito pontificio nella battaglia di **Castelfidardo**. Ai primi di ottobre, mentre Garibaldi batteva i borbonici nella grande battaglia campale del **Volturno**, l'esercito sabaudo iniziò la marcia verso il Sud. Pochi giorni dopo, il Parlamento piemontese approvò quasi all'unanimità una legge proposta da Cavour, che autorizzava il governo a decretare l'annessione, senza condizioni, di altre regioni italiane allo Stato sabaudo, purché le popolazioni interessate esprimesse-

tro la Confederazione argentina. Sarebbe poi diventato generale in capo di tutte le forze armate dell'Uruguay. Le esperienze di Garibaldi in Sudamerica sono poco note nei dettagli, ma qui si completò la sua **formazione politica e militare**: nella vita indipendente e avventurosa dei *gauchos*, i mandriani a cavallo che conducevano il bestiame attraverso le *pampas* argentine, vedeva la realizzazione del socialismo romantico appreso da ragazzo; scoprì i vantaggi della dittatura in tempo di rivoluzione; la tecnica della guerriglia sarebbe restata la sua forma preferita di combattimento.

Eco delle sue imprese arrivò in tutta Europa e nelle comunità italiane di tutto il mondo. Fu uno dei primi uomini nella storia a raggiungere **una fama mondiale attraverso i nuovi mezzi di comunicazione**, litografie, fotografie e stampe in primo luogo. Giornalisti delle principali testate internazionali gli davano la caccia per raccontarne le gesta, si diffusero sue foto che ne esaltavano il carattere esotico e romantico insieme. Mazzini ne intuì il possibile ruolo nel movimento nazionale, e ne scrisse in questi termini in una lettera a un compagno del 1843: «Garibaldi è un uomo di cui il paese dovrà giovarsi per l'azione».

Nel 1848 Garibaldi rientrò in Italia in piena rivoluzione e offrì subito la sua spada a Carlo Alberto, che la rifiutò. Partecipò così alla prima guerra di indipendenza sotto le bandiere del governo provvisorio milanese [👁 12.7]. Seguì poi l'ondata rivoluzionaria fino alla difesa epica della Repubblica romana e in un disperato tentativo di fuggire alla caccia degli austriaci perse Anita, morta nelle valli di Comacchio. Garibaldi avrebbe avuto altre due mogli, ma l'epopea nazionale avrebbe ricordato solo questa amazzone brasiliana.

Le **imprese del 1848-49** lo consacrarono come campione della nazione italiana, l'eroe condottiero, ma lo convinsero pure che fosse necessario **collaborare di più con lo Stato sabaudo**. Garibaldi diventò così un uomo d'ordine, un soldato al servizio di sua maestà. Furono in molti ad accusarlo per questo di inesperienza politica. Era un'immagine molto propagandata dai suoi nemici, ma paradossalmente divenne tra le ragioni del suo successo. La sinistra democratica alimentò queste opinioni per dipingerlo come autenticamente popolare, lontano dagli intrighi dei palazzi di potere o dall'arcana filosofia mazziniana: un uomo semplice, poco istruito, ma sinceramente dedito alla patria. In realtà, Garibaldi fu tutt'altro che un ingenuo: lettore volenteroso, perfino scrittore, esperto in molti campi, dall'agricoltura alla navigazione, aveva l'entusiasmo e il coraggio dell'autodidatta, sempre in cerca di nuove esperienze per mettersi alla prova. Per di più, fu sempre molto consapevole dell'impatto che la sua figura poteva avere sul largo pubblico, e gestì con grande abilità la sua immagine – ad esempio scrivendo le sue gesta o presentandosi sempre in pubblico con la famosa **camicia rossa** di panno. La sua grande popolarità anche all'estero fu largamente confermata dalla straordinaria accoglienza e dai grandiosi festeggiamenti ottenuti nel suo viaggio a Londra nel 1864.

Dopo l'unità la sua fedeltà al governo sabaudo fu incrinata dai **tentativi di conquistare Roma** con legioni di volontari. Due volte sconfitto, si ritirò definitivamente a Caprera, dove aveva comprato una grande proprietà. Faceva comunque sentire la sua voce per sostenere le correnti democratiche italiane o per pronunciarsi in favore del socialismo. Nel frattempo, oltre che alle sue memorie, si era dedicato alla redazione di alcuni romanzi, che ebbero un discreto successo. Dopo la morte, nel 1882, fu utilizzato da forze politiche diversissime come propria bandiera, un segno ulteriore del fascino che fu capace di suscitare.

Ritratto fotografico di Garibaldi
1860
[Bibliothèque Nationale, Parigi]

PERSONAGGI

Parola chiave
Plebiscito

ONLINE

ro la loro volontà in tal senso mediante plebisciti. L'iniziativa tornava così – e questa volta definitivamente – nelle mani di Cavour e dei moderati.
Il 21 ottobre, in tutte le province del Mezzogiorno continentale e in Sicilia – e, due settimane dopo, anche nelle Marche e in Umbria – si tennero **plebisciti a suffragio universale maschile** nella forma voluta da Cavour: agli elettori non veniva lasciata altra scelta che quella di accettare o respingere «in blocco» l'annessione allo Stato sabaudo con la sua forma di governo, i suoi ordinamenti, le sue leggi. Molto ampia (75-80%) fu l'affluenza alle urne e addirittura schiacciante – tanto da giustificare qualche sospetto sulla regolarità delle operazioni di voto e di scrutinio – la maggioranza dei «sì» [👁 13.5 STORIA • SOCIETÀ • CITTADINANZA].

GUIDA ALLO STUDIO
❶ Chi promosse la spedizione nel Regno delle Due Sicilie? ❷ Quale ruolo ebbe Garibaldi? ❸ Quali forze militari e sociali presero parte all'impresa garibaldina? ❹ Quale fu l'oggetto dei plebisciti del 21 ottobre 1860?

A Garibaldi non restò che attendere l'arrivo dei piemontesi – l'incontro con Vittorio Emanuele II avvenne a **Teano**, presso Caserta, il **25 ottobre** – per cedere loro ogni responsabilità nel governo delle province liberate. Mentre Garibaldi si ritirava sull'isola di Caprera in volontario isolamento rinunciando a ogni progetto di liberare Roma e Mazzini partiva per l'ennesimo esilio, l'esercito sabaudo eliminava le ultime resistenze borboniche.

5 L'unità d'Italia: caratteri e limiti

Il Regno d'Italia Il **17 marzo 1861**, il primo Parlamento proclamava Vittorio Emanuele II re d'Italia «per grazia di Dio e volontà della nazione». L'Italia era ormai uno Stato unitario, con capitale Torino, ma al suo completamento territoriale mancava tutto il Veneto (il confine con l'Austria correva lungo il lago di Garda e il fiume Mincio) e il Lazio con Roma.
Grazie alle annessioni l'Italia unita si presentava come il risultato dell'ampliamento di uno Stato regionale rivelatosi forte e dinamico al punto da poter assorbire territori di gran lunga più ampi e popolazioni molto più numerose rispetto al suo nucleo originario, imponendo all'intero paese il proprio sovrano e le proprie istituzioni, leggi e ordinamenti. A questo risultato si era arrivati non solo per l'**iniziativa militare e diplomatica del Piemonte** o per l'azione di un uomo politico geniale come **Cavour**, ma anche per l'ampia mobilitazione di un'**opinione pubblica** che coinvolgeva gli strati sociali più attivi e più dinamici d'Italia, seppur minoritari: intellettuali, studenti, ceti popolari urbani politicizzati e soprattutto una borghesia produttiva desiderosa di creare quel mercato nazionale che era considerato una premessa indispensabile allo sviluppo economico. Per quanto minoritaria nel paese, questa opinione pubblica era largamente disseminata anche per la presenza degli innumerevoli centri urbani, grandi e piccoli, che da secoli caratterizzavano l'Italia e che ospitavano élite illuminate e favorevoli al risorgimento nazionale.

Finalmente la gamba destra nello stivale!
[incisione da «Punch», 17 novembre 1860; Bibliothèque Nationale, Parigi]
A Teano Garibaldi cedette il comando delle sue truppe a Vittorio Emanuele II e gli "consegnò" il Mezzogiorno d'Italia. Nella vignetta satirica Giuseppe Garibaldi, abbandonata la spada, si china davanti al sovrano per aiutarlo a calzare lo stivale-Italia: «Se non entra, Maestà, provi con un po' più di polvere (da sparo)!».

I caratteri dell'unificazione In Italia, dunque, lo Stato nazionale nacque dalla combinazione di un'**iniziativa dall'alto** – la politica di Cavour e l'egemonia del Piemonte sabaudo – e di un'**iniziativa dal basso** – le insurrezioni nell'Italia centrale e la spedizione garibaldina nel Sud. E l'esito dei plebisciti, per quanto forzati dagli avvenimenti e solo parzialmente rispettosi dei reali orientamenti delle popolazioni coinvolte, rappresentò un omaggio all'idea della sovranità popolare. Nell'incontro fra la componente democratica e la **componente moderata e dinastica, quest'ultima alla fine risultò nettamente vincente**: ma senza le rivoluzioni democratiche che l'avevano preceduto, l'esito dell'unità non sarebbe stato possibile. Un ruolo decisivo ebbero anche i fattori internazionali: in primo luogo l'**intervento della Francia** di Napoleone III, che combatté nel '59 una guerra a totale beneficio del Piemonte [👁 13.3], a cui si aggiunsero l'isolamento del Regno delle Due Sicilie e dello stesso Impero asburgico, e, infine, la sostanziale neutralità della Gran Bretagna.

Vincitori e vinti Se dunque la mobilitazione risorgimentale aveva riportato un indiscutibile successo proprio in virtù dell'intreccio positivo delle sue due principali componenti, una parte consistente degli italiani aveva subìto o si era adattata di malavoglia al nuovo corso. In primo luogo il **cattolicesimo organizzato** della Chiesa romana e delle istituzioni ecclesiastiche, che avrebbero visto di lì a poco (1866-67) la requisizione e la vendita delle loro proprietà a vantaggio delle finanze del

Girolamo Induno, che con suo fratello Domenico partecipò agli eventi del Risorgimento e in seguito li rappresentò su tela, "racconta" la partenza dei volontari ambientando l'episodio in una cornice rurale, palesando in questo modo l'intenzione di rievocare la storia dell'indipendenza italiana attraverso il vissuto delle classi più umili, che pure di quella storia furono importanti protagoniste. Non a caso ci troviamo nel cuore di un piccolo e anonimo paese di campagna, di fronte alla chiesa principale, con il parroco che impartisce la benedizione ai giovani garibaldini, i quali, pronti a partire, danno l'ultimo saluto alle loro famiglie.

Girolamo Induno
La partenza dei volontari nel 1866
1878
[Museo del Risorgimento, Milano]

nuovo Stato. Incombeva inoltre la **conquista di Roma**, acclamata capitale italiana dal Parlamento già il 27 marzo 1861, il che avrebbe segnato la fine di quel che rimaneva dello Stato pontificio e del secolare potere temporale dei papi. Tra gli sconfitti vanno ricordati anche tutti i **nostalgici** degli antichi regimi assolutisti e i difensori delle dinastie abbattute: tra questi si contavano molti nobili, ufficiali e funzionari, ma anche strati di popolo minuto e di contadini, legati alla monarchia borbonica.
Le campagne erano rimaste in tutta Italia, come sappiamo, sostanzialmente estranee al movimento nazionale. Quando le agitazioni contadine, spesso violente, esplosero in Sicilia alimentate dalle speranze che il cambiamento legato alla spedizione garibaldina favorisse il recupero delle terre comuni usurpate dalla nobiltà e dalla borghesia, la repressione apparve giustificata e inevitabile, non solo a Bronte, come abbiamo visto, ma anche in altre località del catanese. Del resto persisteva un'estraneità incolmabile tra le agitazioni sociali ed economiche di quella parte del **mondo contadino** – così diversa dal resto d'Italia – e il programma politico di moderati e democratici volti a realizzare l'obiettivo primario della loro azione, l'unità e l'indipendenza. A ciò si aggiungeva il timore del possibile ripetersi di rivolte sociali nelle

STORIA • SOCIETÀ • CITTADINANZA

Il suffragio

Il suffragio è la manifestazione della propria volontà attraverso un voto che consenta ai cittadini di eleggere i propri rappresentanti o di esprimersi su singoli temi (il referendum). È dunque un diritto politico, che permette di partecipare alla vita pubblica. Si definisce **«ristretto»** quando è attribuito solo ad alcune categorie di cittadini – individuate in base al sesso, al reddito, al possesso di beni immobili, al raggiungimento di un certo grado di istruzione – e **«universale»** quando è concesso a tutti coloro (uomini e donne) che abbiano raggiunto la maggiore età.
Nell'**antichità romana**, il diritto di suffragio (*ius suffragi*) consisteva nella facoltà di votare nei *comitia*. Esso fu progressivamente concesso anche agli stranieri: nell'88 a.C. fu riconosciuto ai *socii italici*, in seguito a tutti gli abitanti dell'Italia settentrionale. Nel 212 d.C., con la *Constitutio antoniniana*, l'imperatore Caracalla lo attribuì a ogni abitante libero dell'impero.
Dopo la caduta dell'Impero romano d'occidente (476 d.C.), il concetto di suffragio in ambito politico fu dimenticato: nel Medioevo trovò la sua applicazione solo all'interno degli «ordini» (arti, corporazioni, ordini religiosi, ecc.), delle diete, dei concili, degli Stati generali. Nell'**età moderna**, la pratica del voto si diffuse lentamente, e solo in quei paesi (come la Gran Bretagna) dove esistevano organismi rappresentativi, per poi affermarsi, nel corso dell'800, in quasi tutta Europa. Nella maggior parte dei casi, le elezioni si tenevano a suffragio ristretto in base a criteri censitari e di genere: potevano votare, infatti, soltanto gli uomini (e in Francia, a volte, anche le donne) che avevano un certo reddito o che appartenevano ai ceti sociali superiori.
Con le teorizzazioni di **Jean-Jacques Rousseau** (1712-1778) [👁 3.5], il principio di suffragio si legò ai concetti di volontà generale e di sovranità popolare. Nel 1776, con la *Dichiarazione di indipendenza*, negli **Stati Uniti** fu proclamato il suffragio universale maschile, con alcune eccezioni di censo – oltre che relative al colore della pelle (alcuni Stati permettevano però il voto ai neri, purché liberi) – e di genere: all'inizio dell'800 furono abolite le barriere di censo mentre, dopo la guerra civile e l'abolizione della schiavitù [👁 18.2], con il XV emendamento (1870) i neri conquistarono il diritto di voto e molti di essi furono eletti nelle assemblee statali e al Congresso. Dopo il 1877, tuttavia, alcune leggi statali limitarono i diritti dei neri a cui, con vari stratagemmi (come l'introduzione di test di alfabetizzazione e di tasse sul voto quali requisiti per partecipare alle elezioni), fu impedito di votare. Solo con il *Voting Rights Act* del 1965, promosso dall'attivista politico nero **Martin Luther King** (1929-1968), furono vietate le pratiche che limitavano il diritto di voto, garantendo così il suffragio ai cittadini americani neri. Le donne americane ottennero il diritto di voto nel 1920, anche se in alcuni Stati era stato già concesso loro negli ultimi decenni dell'800.
In **Francia**, con la Rivoluzione si affermò il suffragio universale maschile: esso fu abolito con la Restaurazione e fu poi ripristinato nel 1848. Escludendo brevi esperienze come la Comune di Parigi del 1871 [👁 17.3], le donne ne rimasero escluse fino al 1946.
La teorizzazione degli illuministi e le rivoluzioni americana e francese segnarono il passaggio dallo Stato assoluto allo Stato di diritto e la trasformazione dei sudditi in cittadini: cominciarono così ad essere ricercati e richiesti strumenti che garantissero una maggiore estensione e libertà del suffragio. Nel XIX secolo i movimenti politici progressisti rivendicarono l'ampliamento del diritto di voto: furono approvate, in tutti i paesi europei, delle riforme del sistema elettorale che, però, rimaneva limitato agli uomini. La **Grecia**, nel 1844, fu il primo paese a riconoscere il suffragio universale maschile.
In **Gran Bretagna**, nel 1832, si ebbe il primo *Reform Act*, che incluse i proprietari di immobili tra i detentori del diritto di voto [👁 17.6]; quello del 1867 abbassò poi il censo necessario per votare, estendendo il suffragio agli artigiani e agli operai più agiati dei centri urbani, mentre quello del 1884 lo concesse anche ai lavoratori agricoli. Solo nel 1918, tuttavia, fu riconosciuto il suffragio maschile e femminile. Il primo paese al mondo ad introdurre questo tipo di suffragio universale era stato la **Nuova Zelanda**, nel 1893. In generale, in tutti i paesi dopo la prima guerra mondiale si giunse al suffragio universale, almeno maschile: non era infatti più possibile escludere dalla vita politica i milioni di uomini che avevano combattuto per il proprio paese.
Fu ciò che accadde anche in **Italia**. La legge elettorale del Regno sardo del 1848, entrata poi in vigore anche nell'Italia unita, stabiliva, per votare, dei rigidi criteri

campagne (come era già accaduto in Sicilia nel 1820 e nel 1848) col rischio di una loro evoluzione reazionaria e filoborbonica, mentre andava evitata accuratamente una cesura con le classi dirigenti locali.

Letteratura e Storia
Il Gattopardo
di Tomasi di Lampedusa
ONLINE

L'Italia in Europa Per l'Italia unita cominciava allora a porsi il problema di un confronto con il resto d'Europa, innanzitutto per garantire la continuità del nuovo Stato unitario, per trovare un proprio ruolo tra le potenze e per **ottenere senza troppi contrasti il completamento dell'unità.** Rispondere alle ambizioni, spesso dense di retorica nazionale, di un paese politicamente giovane si sarebbe rivelato meno agevole del previsto, mentre duratura e spesso radicale rimase la divisione tra i vincitori e gli sconfitti del Risorgimento.

L'unità rappresentò in ogni caso una decisiva svolta modernizzatrice per l'Italia, tanto sul piano delle istituzioni politiche quanto su quello delle prospettive economiche, anche se la **costruzione del nuovo Stato** avrebbe richiesto scelte difficili e altri momenti conflittuali.

GUIDA ALLO STUDIO

❶ Con quali modalità fu realizzata l'unificazione? ❷ Quale ruolo aveva assunto il Piemonte? ❸ Perché l'unità italiana fu favorita dalla congiuntura internazionale?

di genere, di istruzione e di censo (40 lire annue di tasse). Alle prime elezioni politiche dell'Italia unita poterono votare meno di 420 mila cittadini (1,89%) su una popolazione di oltre 22 milioni di abitanti. Nel 1872 la sinistra parlamentare abbassò la soglia della maggiore età da 25 a 21 anni, ampliando leggermente il diritto di voto, mentre con la **riforma del 1882** si ebbe un primo sostanziale allargamento del corpo elettorale: fu concesso il suffragio a tutti gli uomini maggiorenni alfabeti che versavano 19,8 lire annue di imposte o che avevano concluso il primo biennio di istruzione elementare. Nel 1912 si raggiunse il suffragio quasi universale maschile (furono ammessi al suffragio tutti gli uomini alfabeti o che avevano fatto il servizio militare con più di 21 anni e a tutti quelli con più di 30), reso poi totale nel 1918, quando il voto fu concesso a tutti gli uomini maggiorenni e a quelli minorenni che avevano partecipato alla prima guerra mondiale. La **Costituzione** del 1948, con l'articolo 48, garantì poi il suffragio universale maschile e femminile, limitato solo dal raggiungimento della maggiore età (fissata a 18 anni dal 1975).

Nel **secondo dopoguerra**, la *Dichiarazione universale dei diritti umani* (1948) dell'**Onu** affermò che la volontà popolare «deve essere espressa con elezioni serie, che devono aver luogo periodicamente, a suffragio universale uguale, e con voto segreto, o secondo una procedura equivalente che garantisce libertà di voto» (art. 21). Il *Patto internazionale sui diritti civili e politici* (1966), sempre adottato dall'Onu, ribadì poi questi concetti (art. 25).

Donna iraniana vota alle elezioni presidenziali del 2005
[© Mohsen Shandiz/Corbis]
Mentre in alcuni paesi europei le donne non avevano ancora accesso al suffragio universale – per esempio in certi cantoni della Svizzera – nel 1963 le iraniane ottennero il diritto al voto. Si trattò di una misura inclusa nella cosiddetta "rivoluzione bianca", e cioè in quel programma di riforme lanciato da Muhammad Reza Pahlavi per modernizzare l'Iran il più velocemente possibile.

Alcuni paesi hanno concesso il suffragio universale solo in tempi recenti: in **Sudafrica**, ad esempio, il diritto di voto, sospeso ai neri e ai *coloureds* durante il periodo dell'*apartheid* (1948-94), fu garantito a tutti i cittadini solo nel 1994, mentre in **Arabia Saudita** nel 2011 era ancora limitato agli uomini. In tutti gli altri Stati, anche quelli autoritari o dittatoriali, il suffragio universale è dichiarato ufficialmente, anche se spesso le elezioni non vi si svolgono o si riducono a farse, falsate da brogli elettorali o dall'assenza di una vera libertà di scelta.

I principali dibattiti sul diritto di voto riguardano oggi la possibilità di concederlo agli **immigrati**: il suo stretto legame con la cittadinanza, infatti, rende problematico il suo riconoscimento a coloro che si trovano a vivere stabilmente in uno Stato diverso da quello di provenienza. In questa ottica si è cominciato a riflettere sulla possibilità di legare l'acquisizione della cittadinanza alla permanenza in uno Stato, oppure ad allentare il rapporto tra cittadinanza e diritti politici, magari concedendoli (per le elezioni locali o nazionali) agli immigrati residenti da un certo numero di anni nello Stato.

SINTESI

1 Il Piemonte liberale del conte di Cavour

Mentre la fine dei moti rivoluzionari vedeva anche la fine degli esperimenti riformatori e dello sviluppo economico nei vari Stati, in Piemonte venne conservato il regime costituzionale e intrapresa un'opera di modernizzazione, a partire dai rapporti con la Chiesa (leggi Siccardi). Nel 1852 Cavour divenne presidente del Consiglio: si affermava, così, un politico dai vasti orizzonti culturali e dall'ampia conoscenza dei problemi economici, animato dalla fede in un liberalismo pragmatico e moderno. Spostato a sinistra l'asse del governo con il cosiddetto «connubio» Cavour-Rattazzi, il nuovo presidente del Consiglio pose mano anzitutto alla modernizzazione economica del paese, attraverso la liberalizzazione degli scambi, il sostegno dello Stato all'industria, le opere pubbliche. La conservazione delle libertà costituzionali, lo sviluppo economico, l'accoglienza data agli esuli provenienti dagli altri Stati italiani fecero del Piemonte cavouriano il punto di riferimento per l'opinione pubblica liberale di tutta la penisola.

2 La sconfitta dei repubblicani

Dopo le sconfitte del '48-49, proseguì instancabile l'attività di Mazzini, volta al raggiungimento dell'indipendenza e dell'unità per via insurrezionale. I tragici insuccessi contro cui la sua strategia si scontrò per un verso indussero la nascita del Partito d'azione – con cui Mazzini tentava un rafforzamento degli aspetti organizzativi del movimento –, ma per l'altro fecero crescere i dissensi entro il movimento democratico. Si affacciava, soprattutto con Pisacane, un'ipotesi «socialista» di liberazione nazionale. Pisacane organizzò nel 1857 una spedizione nel Sud. Il tragico esito della spedizione – dovuto soprattutto all'ostilità delle popolazioni locali – sollecitò l'iniziativa di quegli esponenti democratici che vedevano nell'alleanza con la monarchia sabauda l'unica possibilità di successo: nel 1857 si costituì così la Società nazionale, un'associazione che riteneva fondamentale l'intervento sabaudo per la causa italiana.

3 L'alleanza con la Francia e la seconda guerra di indipendenza

Dopo aver ottenuto un successo diplomatico dalla partecipazione piemontese alla guerra di Crimea, Cavour si convinse che era indispensabile l'appoggio di Napoleone III per scacciare gli austriaci dalla penisola. Favorito dagli effetti che ebbe sull'imperatore il fallito attentato alla sua vita compiuto dal repubblicano Orsini nel 1856, Cavour strinse con Napoleone III un accordo a Plombières (1858), un'alleanza militare in vista della guerra contro l'Austria, che scoppiò nell'aprile dell'anno successivo. Le sorti del conflitto volsero subito a favore dei franco-piemontesi. Ma l'armistizio di Villafranca – improvvisamente stipulato da Napoleone III con l'Austria – assegnava allo Stato sabaudo la sola Lombardia. Fu grazie alla nuova situazione creata dalle insurrezioni nell'Italia centro-settentrionale che il Piemonte poté ottenere anche Emilia, Romagna e Toscana.

4 I Mille e la conquista del Mezzogiorno

Rimanevano scontenti i democratici, che cominciarono a pensare a una prosecuzione della lotta attraverso una spedizione nel Mezzogiorno. Nel maggio 1860 Garibaldi sbarcò in Sicilia con mille volontari e, sconfitte le truppe borboniche, formò un governo provvisorio. Spaventati dalle agitazioni agrarie, i proprietari terrieri siciliani guardarono con favore all'annessione al Piemonte. Dopo lo sbarco di Garibaldi in Calabria e il suo ingresso a Napoli, divenne urgente per il governo piemontese un'iniziativa al Sud tale da evitare complicazioni internazionali e garantire alla monarchia sabauda il controllo della situazione. Con l'intervento dell'esercito piemontese, i plebisciti e le annessioni, la situazione del Sud venne così ricondotta entro i binari della politica cavouriana.

5 L'unità d'Italia: caratteri e limiti

Il 17 marzo 1861, Vittorio Emanuele II fu proclamato re d'Italia. Il nuovo Stato aveva come capitale Torino e appariva come il risultato del progressivo ampliamento di uno Stato regionale, il Regno sabaudo. A favorire questo processo furono da un lato la politica di Cavour e del Piemonte – un'iniziativa diretta dall'alto –, dall'altro le azioni insurrezionali nel Centro-Italia e la spedizione dei Mille in Sicilia – iniziative condotte invece dal basso. Importante fu anche il contesto internazionale: la neutralità della Gran Bretagna, le scelte di Napoleone III di intervenire in Italia a favore del Piemonte, l'isolamento del Regno delle Due Sicilie e dell'Impero asburgico. Ora l'Italia doveva ritagliarsi un ruolo in Europa e agire per ottenere senza contrasti il completamento dell'unità.

SVILUPPARE LE COMPETENZE

❶ In Italia il processo di unificazione ebbe importanti protagonisti. Di seguito ne trovi elencati tre. Scrivi su ognuno di essi un testo di 10 righe spiegandone le idee politiche e raccontando i fatti salienti di cui furono protagonisti:

a. conte Camillo Benso di Cavour
b. Carlo Pisacane
c. Giuseppe Garibaldi.

❷ Scrivi un breve testo di 15 righe sul Piemonte liberale del conte di Cavour. Per svolgere più facilmente questo compito utilizza come schema (nell'ordine in cui ti vengono dati) gli argomenti elencati di seguito:

a. "leggi Siccardi"
b. «connubio»
c. si afferma in Piemonte un nuovo tipo di governo parlamentare
d. politica economica liberoscambista
e. agricoltura e industria in espansione
f. traforo del Fréjus.

❸ Nella colonna di sinistra hai i nomi di alcuni protagonisti del processo unitario, mentre in quella di destra alcune azioni da loro compiute. Collega correttamente gli uni alle altre e quindi commenta ogni binomio in brevi testi di 4 righe per ciascuno:

a. Giuseppe Mazzini	**1.** Invia un contingente militare in Crimea
b. Carlo Pisacane	**2.** Guida una spedizione che sbarca a Sapri
c. Daniele Manin	**3.** Firma gli accordi di Plombières
d. conte di Cavour	**4.** Fonda il Partito d'azione
	5. Fonda il movimento indipendentista filopiemontese

❹ Rispondi ai quesiti impiegando il numero di righe indicato tra parentesi:

a. Quali furono i motivi che portarono alla guerra nel 1859? Come si svolsero gli eventi bellici e come si conclusero? (12 righe)
b. Come nacque l'idea di una spedizione di conquista nel Sud Italia? Come si organizzarono i garibaldini? Dove e quando sbarcarono i Mille? (8 righe)
c. Quali furono le tappe delle conquiste garibaldine da Calatafimi a Napoli? Scrivi il testo ripercorrendole. (8 righe)
d. Come si giunse ai plebisciti del 21 ottobre? Quale esito ebbe la consultazione plebiscitaria? (6 righe)

CAPITOLO

14 I PRIMI ANNI DELL'ITALIA UNITA

1 Demografia, economia e società

Popolazione e alfabetizzazione Al momento dell'unità gli italiani erano circa 22 milioni (arrivavano a poco più di 25 calcolando anche il Veneto e il Lazio). La percentuale degli analfabeti, di quanti cioè non sapevano né leggere né scrivere, era del 72%: nei decenni successivi diminuì costantemente [👁 TABELLA_6]. L'analfabetismo era inoltre molto più diffuso tra le donne. Solo il 10% degli italiani era da considerare «italofono», ossia parlante lingua italiana, mentre tutti gli altri comunicavano attraverso i **dialetti**, di cui la stessa minoranza colta si serviva nella comunicazione familiare e nei rapporti con la gente del popolo (pratica largamente diffusa fino a tempi recenti). Inoltre, nonostante da tempo l'italiano fosse impiegato dalla Chiesa nella predicazione, i dialetti si sarebbero mantenuti a lungo, affiancando la lingua colta, nelle scuole elementari. Nell'insieme la grande maggioranza degli italiani non possedeva ancora una lingua comune. Misurata sul terreno delle conoscenze di base, l'Italia era dunque molto meno istruita di paesi come la Prussia e la Francia dove gli alfabetizzati erano rispettivamente il 70% e il 50% della popolazione.

TABELLA 6_L'ANALFABETISMO IN ITALIA 1871-1901

ANNI	PERCENTUALE DI ANALFABETI
1871	68,8%
1881	62%
1891	/
1901	48,7%

[da T. De Mauro, *Storia linguistica dell'Italia unita*, Laterza, Roma-Bari 2011, p. 63]

Dopo gli anni dell'unità l'analfabetismo diminuì gradualmente in Italia, pur continuando a interessare una parte consistente della popolazione. Nel 1891 per mancanza di fondi il censimento non fu tenuto, ma i dati descritti in tabella confermano la crescita dell'alfabetizzazione nell'ultimo ventennio dell'800.

Città e campagne Intorno al 1860 l'Italia era, come già in passato, uno dei paesi europei con il maggior numero di città. Una decina erano i cen-

Panorama della città di Napoli da San Martino
1870-75
[Collezione Gafio, Napoli]

Al momento dell'unità, Napoli costituiva il centro urbano più grande in Italia e ancora uno dei maggiori in Europa. Nonostante non fosse sostenuta da una adeguata base economica, Napoli continuò a essere la città italiana più popolata fino al primo conflitto mondiale. Fu proprio l'attenzione nazionale posta alla questione napoletana, messa in luce con lo scoppio di un'epidemia di colera nel 1884, a far sì che si avviasse un dibattito sull'esistenza e sulla natura degli squilibri economici e sociali fra le diverse regioni della nazione.

ONLINE

Focus
I quotidiani
L'industria della seta

▶ 111 DOC
Stefano Jacini
La situazione dell'agricoltura italiana

tri con più di 100 mila abitanti – il più grande era Napoli con 450 mila, seguivano Torino, Palermo, Milano e Roma con circa 200 mila – e la popolazione urbana propriamente detta (quella che viveva in comuni con oltre 20 mila abitanti) era pari al 20% del totale. La grande maggioranza degli italiani viveva nelle campagne e nei piccoli centri rurali e traeva i suoi mezzi di sostentamento dalle attività agricole: era quindi costituita prevalentemente da contadini. L'**agricoltura** occupava infatti il 70% della popolazione attiva (cioè di quelli in età lavorativa) contro il 18% dell'industria e dell'artigianato e il 12% del settore terziario (che comprende commercio e servizi), contribuendo per il 58% al **prodotto interno lordo** di tutto il paese, mentre industria e terziario vi contribuivano ciascuno per il 20% circa [👁 GRAFICI_**5-6**]. E le attività agricole fornivano i principali prodotti di esportazione: **seta grezza** dalle regioni settentrionali, e i prodotti delle colture specializzate come **agrumi**, **frutta secca**, **vino** e **olio** (per fini industriali) da quelle meridionali.

Contrariamente a quanto una tradizione, prevalentemente letteraria, aveva tramandato, l'agricoltura italiana nel suo complesso non era affatto favorita dalle condizioni naturali. Le zone pianeggianti, le più adatte all'agricoltura intensiva, costituivano poco più del 20%, mentre tutto il resto era terreno collinare o montagnoso. Inoltre il 20% della superficie del paese era occupato da terre incolte o da terreni paludosi infestati dalla malaria. Anche nelle zone coltivabili di pianura e di collina, quella italiana era prevalentemente un'agricoltura povera, caratterizzata da una grande varietà di colture e di assetti produttivi.

Aziende moderne, mezzadria e latifondo

Solo nella zona irrigua della **Pianura padana** si erano ormai sviluppate numerose aziende agricole moderne che univano l'agricoltura all'allevamento bovino, erano condotte con **criteri capitalistici**, producevano per il mercato e impiegavano soprattutto manodopera salariata. Accanto a esse coesistevano, nelle regioni del Nord, le grandi proprietà coltivate a cereali e le piccole unità produttive in affitto a conduzione familiare, diffuse queste ultime soprattutto nelle zone collinari del Piemonte, della Lombardia e del Veneto.

Nell'Appennino e in tutta l'**Italia centrale**, in particolare in Toscana, Marche e Umbria, dominava invece la **mezzadria** [👁 3.9]. La terra era divisa in poderi, prevalentemente di piccole e medie dimensioni, dove le colture cerealicole si mescolavano agli olivi, alle viti e agli alberi da frutta. Ciascun podere produceva quanto era necessario per il mantenimento della famiglia che viveva sul fondo e per il pagamento del canone in natura, pari alla metà del prodotto, dovuto al padrone. Il mezzadro era tenuto inoltre a concorrere alle spese di manutenzione e a quelle per gli attrezzi agricoli e il bestiame. Il contratto di mezzadria, con la sua rigida ripartizione delle spese, non favoriva gli investimenti e le innovazioni tecniche in funzione dello sviluppo di un'agricoltura moderna, orientata verso il mercato. In compenso consentiva una relativa pace sociale – per questo era apprezzato da molti **conservatori** – e assicurava un certo grado di tutela del territorio: ne è testimonianza il tipico paesaggio vario e ordinato, che ancora oggi sopravvive in buona parte dell'Italia centrale.

In molte zone dell'**Italia meridionale**, oltre che nella vasta campagna intorno a Roma, la coltivazione prevalente era il **latifondo**: grandi distese, per lo più seminate a grano o lasciate alla pastorizia, con la popolazione concentrata in pochi e grossi borghi rurali. Le **tracce dell'ordinamento feudale** si facevano sentire pesantemente negli arcaici contratti agrari – basati spesso su compensi di quota parte del raccolto – e nei rapporti fra i signori e i contadini, caratterizzati da forme di dipendenza personale, ma anche dai ricorrenti contrasti derivanti dall'irrisolto problema della utilizzazione contadina delle terre soggette agli usi civici [👁 2.4]. Non mancavano tuttavia nel

Prodotto interno lordo (Pil)
La somma di tutti i beni e i servizi prodotti in un determinato paese in un particolare periodo di tempo, generalmente rilevata su base annua.

Mezzogiorno zone fertili e pianeggianti, in Campania, in Puglia e in Sicilia dove era diffusa la produzione specializzata destinata all'esportazione.

Una parte molto estesa dell'Italia, soprattutto nelle zone altocollinari o montane, continuava a praticare un'agricoltura di pura sussistenza, dove l'autoconsumo era la regola. L'**alimentazione** era spesso insufficiente, limitata al pane e a pochi legumi. Lo scarso apporto di vitamine determinava poi, in alcune zone del Nord, dove la polenta di mais era l'alimento prevalente, la diffusione di gravi malattie come la pellagra.

▶ 112DOC
Antonio Stoppani
Il Bel Paese

Nord e Sud Il quadro complessivo dell'agricoltura italiana, principale attività economica del paese, al di là delle zone di alta produttività, era quello di una diffusa arretratezza: una realtà poco nota alla classe dirigente del paese, così come per gran parte sconosciute erano le condizioni economiche e sociali del Mezzogiorno. Lo stesso Cavour non si era mai spinto a sud di Firenze. Il romagnolo Farini, quando, nell'autunno del 1860, fu inviato nelle province meridionali in qualità di luogotenente generale, non seppe nascondere il proprio stupore e il proprio disprezzo: «Che barbarie! – scriveva in una lettera a Cavour – Altro che Italia! Questa è Affrica: i beduini, a riscontro di questi cafoni, sono fior di virtù civili». Queste impressioni segnalavano **pregiudizi e incomprensioni** destinati a durare nel tempo, ma anche la distanza culturale e la diversità di comportamenti e di mentalità che peraltro poggiavano su un reale **divario tra Nord e Sud** del paese. Al momento dell'unità questo divario si misurava sul piano della disponibilità di infrastrutture, della produttività agricola e dell'istruzione di base.

Se al Nord, nella Pianura padana e in particolare in Piemonte esisteva già una rete ferroviaria sviluppata, al Sud, salvo qualche breve tratto intorno a Napoli, le ferrovie erano inesistenti [👁 ATLANTE_**28**]. Il valore della produzione agricola per ettaro era al Sud pari a un terzo di quello della Lombardia e a metà di quello del Piemonte. Molto significativo risultava inoltre

GRAFICO 5_ OCCUPATI IN ITALIA INTORNO AL 1860

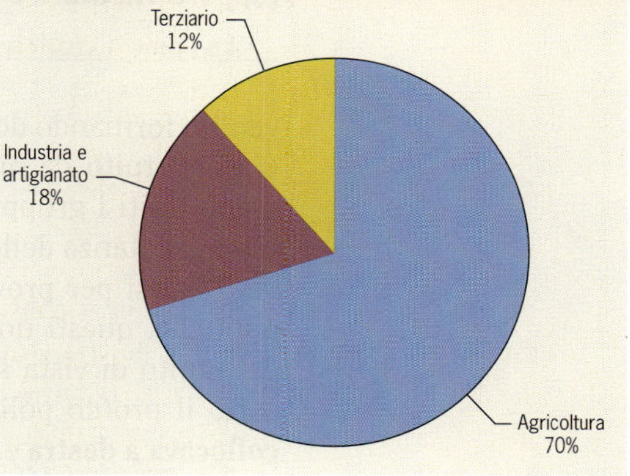

GRAFICO 6_ MANODOPERA IMPIEGATA IN AGRICOLTURA (1850)

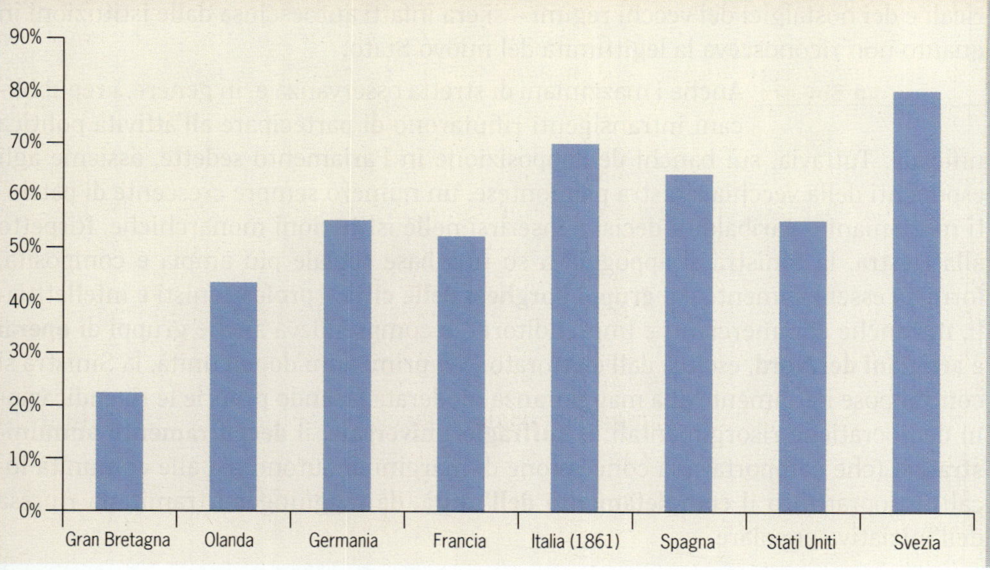

Il grafico descrive la percentuale (sul totale della popolazione) dei lavoratori agricoli nel 1850 in alcuni dei maggiori paesi europei e negli Stati Uniti. Il dato relativo all'Italia risale al 1861 e fotografa la situazione nel paese appena unificato. L'Italia unita è un paese contadino, secondo solo alla Svezia per manodopera impiegata nelle campagne.

il differenziale di alfabetizzazione: in Piemonte e in Lombardia gli analfabeti erano intorno al 54%, in Puglia salivano all'86% e in Sicilia all'89%. Il divario tra Nord e Sud segnalava già l'emergere di un problema nazionale che sarebbe stato definito in seguito come «questione meridionale»: tuttavia allora nel confronto con l'Europa le differenze tra le "due Italie" risultavano appiattite e accomunate da una **generale arretratezza** rispetto ai paesi più sviluppati del continente.

GUIDA ALLO STUDIO

❶ Dove viveva la maggior parte degli italiani? ❷ Quali aziende agricole si potevano definire moderne? ❸ Quali elementi caratterizzavano il paesaggio agrario tipico dell'Italia del Sud? ❹ I politici italiani conoscevano la società contadina meridionale?

2 Governare l'Italia unita

Tutt'altro che agevole fu governare l'Italia dopo la sua unificazione. L'improvvisa e precoce morte di Cavour (giugno 1861) lasciava priva di guida la classe dirigente moderata, anche se i successori di Cavour si attennero sostanzialmente alla politica da lui già impostata nelle grandi linee: una politica rispettosa delle libertà costituzionali e insieme **accentratrice**, **liberista** in campo economico, **laica** in materia di rapporti fra Stato e Chiesa.

La Destra storica Il gruppo dirigente che governò ininterrottamente il paese nel primo quindicennio non era molto diverso da quello che si era venuto formando dopo il '49 nel Piemonte costituzionale [👁 13.1]. Il nucleo centrale era costituito da piemontesi, cioè dalla vecchia maggioranza subalpina. A essa si erano uniti i gruppi moderati lombardi, emiliani e toscani. Meno numerosa era la rappresentanza delle regioni meridionali, che pure contava personalità di tutto rilievo. Diversi per provenienza geografica, per formazione culturale e per esperienze politiche, questi uomini formavano tuttavia un gruppo abbastanza omogeneo, sia dal punto di vista sociale – appartenevano prevalentemente ai ceti superiori – sia sotto il profilo politico. Nei primi parlamenti dell'Italia unita, **la maggioranza si collocava a destra** e come Destra essa venne definita nel linguaggio politico corrente (l'aggettivo «storica» fu aggiunto più tardi, per sottolineare la funzione decisiva svolta da quella classe dirigente nella storia d'Italia). In realtà, più che una forza di destra, essa costituiva un gruppo di **centro moderato**: la vera destra – quella dei clericali e dei nostalgici dei vecchi regimi – si era infatti autoesclusa dalle istituzioni in quanto non riconosceva la legittimità del nuovo Stato.

La Sinistra Anche i mazziniani di stretta osservanza e, in genere, i repubblicani intransigenti rifiutarono di partecipare all'attività politica ufficiale. Tuttavia, sui banchi dell'opposizione in Parlamento sedette, assieme agli esponenti della vecchia sinistra piemontese, un numero sempre crescente di patrioti mazziniani o garibaldini decisi a inserirsi nelle istituzioni monarchiche. Rispetto alla Destra, la Sinistra si appoggiava su una base sociale più ampia e composita, formata essenzialmente dai **gruppi borghesi delle città** – professionisti e intellettuali, ma anche commercianti e imprenditori – e comprendeva anche gruppi di **operai e artigiani del Nord**, esclusi dall'elettorato. Nei primi anni dopo l'unità, la Sinistra si contrappose nettamente alla maggioranza moderata facendo proprie le rivendicazioni democratiche risorgimentali: il **suffragio universale**, il **decentramento amministrativo** (che comportava la concessione di margini di autonomia alle comunità locali) e soprattutto il **completamento dell'unità**, da raggiungersi tramite la ripresa dell'iniziativa popolare.

Il sistema elettorale Destra e Sinistra erano entrambe espressione di una **classe dirigente molto ristretta**, di un «paese legale» assai poco rappresentativo del «paese reale». La legge elettorale piemontese, estesa a tutto il Regno, concedeva infatti il diritto di voto solo a quei cittadini che avessero compiuto i 25 anni, sapessero leggere e scrivere e pagassero almeno 40 lire di imposte all'anno. Nelle prime elezioni dell'Italia unita gli iscritti nelle liste elettorali erano circa 400 mila, meno del 2% della popolazione totale e del 7% dei maschi adulti. Se poi si calcola che la percentuale di coloro che si astenevano era molto elevata – sfiorando spesso il 50% – si capirà come, grazie anche al sistema del **collegio uninominale**, bastassero poche centinaia o addirittura poche decine di voti per eleggere un deputato. La vita politica assumeva così **un carattere oligarchico e personalistico** e, nell'assenza di partiti organizzati nel senso moderno del termine, era dominata da pochi notabili in grado di sfruttare la propria influenza e le proprie relazioni per ottenere i suffragi necessari all'elezione. Il potere esecutivo poteva poi facilmente a favorire la riuscita dei candidati «governativi», indirizzando il voto dei militari e degli impiegati nella pubblica amministrazione.

108
F. Chabod
La classe dirigente di fronte alle masse popolari

109
R. Romanelli
Il progetto liberale

La scelta dell'accentramento Per quanto ristretta, la classe dirigente era tuttavia convinta di rappresentare la parte migliore del paese: e, in effetti, gli uomini della Destra storica si distinsero per **onestà** e per **rigore**, tanto da costituire, da questo punto di vista, un esempio mai più superato nella storia

Collegio uninominale
Nel linguaggio politico il sistema elettorale "uninominale" prevede l'elezione di tanti candidati quanti sono i collegi, ovvero le circoscrizioni territoriali di voto (determinate in base al numero degli elettori residenti). Nel sistema elettorale uninominale puro a ogni collegio corrisponde un seggio e in ognuno viene eletto un candidato. Esistono sistemi uninominali a un turno, nei quali il seggio è assegnato al candidato che ha ottenuto il maggior numero di voti – anche nel caso in cui questa maggioranza non sia assoluta –, e sistemi uninominali a due turni che, nel caso in cui nessuno abbia conquistato la maggioranza assoluta nel primo turno, prevedono un ballottaggio tra i due candidati più votati. Il sistema postunitario italiano prevedeva il ballottaggio.

Antonio Mancini
Il piccolo scolaro
1876 ca.
[Musée d'Orsay, Parigi]
In Italia la scuola elementare pubblica fu istituita sin dall'unificazione con la legge Casati del 1859, ma solo la legge Coppino del 1877 sancì l'obbligatorietà e la gratuità del primo biennio dell'istruzione elementare. La legge, però, pur prevedendo pene per i trasgressori dell'obbligo, non ne specificò la natura evitando anche di rimandare al codice penale. Questa lacuna, unita alle difficoltà di avviare il sistema scolastico per la mancanza di strutture e di insegnanti e alla materiale impossibilità delle famiglie a rinunciare alle entrate del lavoro dei figli minori, determinò l'ampia disattesa delle disposizioni sull'obbligo scolastico, soprattutto nelle regioni meridionali.

Parola chiave
Accentramento / Decentramento

ONLINE

107
A. Caracciolo
La scelta accentratrice

dell'Italia unita. Essi furono però portati a identificare le sorti del proprio gruppo politico con quelle delle istituzioni statali, sottoposte alla duplice minaccia dei «neri» e dei «rossi», ossia dei clericali reazionari e dei repubblicani rivoluzionari, e a **considerare i fermenti e le inquietudini della società come attentati al bene supremo dell'unità appena raggiunta**. Per questi motivi furono spinti a stabilire un controllo il più possibile stretto e capillare su tutto il paese e dunque a scegliere un modello di **Stato accentrato** molto vicino a quello napoleonico [👁 7.12]: basato cioè su ordinamenti uniformi per tutto il regno e su una rigida gerarchia di funzionari dipendenti dal centro [👁 14.5 STORIA•SOCIETÀ•CITTADINANZA].

L'accentramento era anche il risultato inevitabile delle successive annessioni al Regno di Sardegna con la relativa adesione al suo impianto istituzionale e alle sue leggi. Inoltre, tra il giugno '59 e il gennaio '60, grazie ai poteri straordinari conferiti al governo dallo stato di guerra con l'Austria, erano state varate senza alcun controllo parlamentare numerose leggi riguardanti i settori chiave della vita del paese. In aggiunta all'estensione delle leggi piemontesi alle province appena annesse (così fu, ad esempio, per la legge elettorale) furono emanate leggi nuove: come la **legge Casati** sull'istruzione, che creava un **sistema scolastico nazionale** e stabiliva il principio dell'**istruzione elementare obbligatoria** (demandandone però l'attuazione ai comuni); o come la **legge Rattazzi** sull'ordinamento comunale e provinciale, che affidava il governo dei comuni a un consiglio eletto a suffragio ristretto e a un **sindaco** di nomina regia e faceva delle **province** le circoscrizioni amministrative più importanti, ponendole sotto lo stretto controllo dei **prefetti**, rappresentanti del potere esecutivo. Anche questa legge fu successivamente estesa, con poche modifiche, a tutto il regno.

GUIDA ALLO STUDIO

❶ Quale origine aveva la classe politica del primo governo unitario? ❷ Da quali forze sociali era composta la Destra in Italia? ❸ In che cosa consisteva il programma politico della Sinistra? ❹ Che cosa accomunava i politici della Destra a quelli della Sinistra? Cosa li distingueva? ❺ In quali settori le leggi Casati e Rattazzi accentrarono le funzioni dello Stato?

3 Le rivolte contro l'unità e il brigantaggio

110
S. Lupo
Il brigantaggio nell'Italia meridionale

L'ostilità dei contadini meridionali

Tra i motivi che spinsero la classe politica a scegliere l'accentramento e ad accantonare ogni progetto di decentramento amministrativo, il principale fu costituito certamente dalla situazione che si era venuta a creare nel Mezzogiorno. Nelle province meridionali liberate dal regime borbonico, il **malessere antico** delle masse contadine si sommò a una diffusa **ostilità verso il nuovo ordine politico**, che non aveva portato alcun mutamento radicale nella sfera dei rapporti sociali, anzi aveva visto la borghesia rurale schierarsi dalla parte dei «conquistatori». E a questo si erano aggiunte la nuova pesante fiscalità e la leva militare obbligatoria osteggiate duramente dal mondo contadino. Già nell'ultima fase dell'impresa garibaldina erano scoppiate, soprattutto in Campania, **rivolte** contadine di una certa gravità: rapidamente i disordini si fecero più estesi e più frequenti, fino a trasformarsi in una generale insorgenza, incoraggiata da una parte del clero e finanziata dalla corte borbonica in esilio a Roma.

Il brigantaggio

Dall'estate del 1861, tutte le regioni del Mezzogiorno continentale erano percorse da bande di irregolari, dove i banditi veri e propri si mescolavano ai contadini insorti, agli ex militari borbonici (per i quali la fine del Regno delle due Sicilie si era trasformata in una catastrofe personale), ai cospiratori legittimisti italiani e stranieri. Le bande assalivano di preferenza i piccoli centri e li occupavano per giorni, massacrando i notabili liberali e incendiando gli archivi comunali: quindi si ritiravano sulle montagne per attaccare subito dopo altrove. A queste aggressioni, che parevano mettere in gioco il controllo territoriale di intere regioni, il governo reagì con spietata energia, rafforzando in primo luogo la presenza militare nel Sud. Fin dai primi tempi di queste sollevazioni si registrarono, in risposta agli eccidi delle bande, **rappresaglie indiscriminate** compiute dall'esercito: come quella di Pontelandolfo, nei pressi di Benevento, dove nell'agosto 1861 furono uccisi 400 civili e incendiato il paese.

105 DOC
Antonio Gramsci
La rivoluzione agraria mancata

106
R. Romeo
Critica alla tesi di Gramsci

Nel 1863 il Parlamento approvò una legge che istituiva, nelle province dichiarate «in stato di brigantaggio», un vero e proprio regime di guerra: **tribunali militari** per giudicare i ribelli e fucilazione immediata per chi avesse opposto resistenza con le armi. Sia per l'efficacia delle misure repressive, sia per la stanchezza della popolazione, il «grande brigantaggio» fu sconfitto nel giro di qualche anno, e nel 1865 le bande più importanti erano state isolate e distrutte.

Il problema della terra Tra le principali cause della mobilitazione contadina rimaneva irrisolta la questione della proprietà della terra e in particolare quella della **divisione dei terreni demaniali** – ossia delle terre pubbliche di origine feudale – e di quelle soggette agli usi civici, passate di fatto nelle mani della nobiltà e della borghesia terriera. Neppure la liquidazione dei beni ecclesiastici, avviata fra il 1866 e il 1867, riuscì a migliorare la condizione dei piccoli proprietari e dei contadini senza terra, impediti dalla mancanza di capitali a concorrere all'acquisto dei fondi messi all'asta. L'operazione si risolse (non solo nel Mezzogiorno, ma in tutta Italia) in un **rafforzamento della grande proprietà**.

GUIDA ALLO STUDIO

❶ Perché i contadini meridionali erano ostili nei confronti del nuovo Stato? ❷ Come reagì il governo al fenomeno del brigantaggio? ❸ Perché la divisione della terra costituì un problema per le masse contadine?

Michelina De Cesare
1865
[Museo Centrale del Risorgimento Italiano, Roma]

Tra le fila dei briganti militavano spesso anche le donne. Figlie, madri o mogli di briganti, spesso rimaste sole, si univano alle bande dimostrandosi capaci di partecipare attivamente alla rivolta contadina. Il fenomeno fu tutt'altro che raro e il brigantaggio al femminile costituì una sorta di epopea a sé nell'immaginario collettivo, meridionale e non solo. La brigantessa Michelina De Cesare, compagna del famoso brigante Francesco Guerra, fu arrestata nel 1868, morì il 30 agosto di quell'anno, dopo aver subito tortura, e il suo corpo fu esposto nudo in piazza.

Il brigante Vincenzo Palmieri e tre uomini della sua banda uccisi nei pressi di Melfi in Basilicata
[Istituto per la Storia del Risorgimento, Roma]

La repressione del brigantaggio da parte dello Stato unitario fu particolarmente cruenta. Secondo le cifre dedotte dai documenti del ministero della Guerra e della Camera dei deputati, tra il 1861 e il 1865 furono uccisi (in combattimento o fucilati) 5212 briganti. Cifra ufficiale, probabilmente approssimativa per difetto, cui vanno aggiunti gli oltre 5000 arresti.

ONLINE

Focus
Mercato nazionale

4 L'economia e la politica fiscale

L'unificazione economica

Parallelamente all'unificazione amministrativa e legislativa, i governi della Destra dovettero affrontare il complesso problema dell'unificazione economica del paese. Vennero uniformati a quelli del Piemonte i sistemi monetari e fiscali ed estesa a tutta l'Italia la **legislazione doganale liberista** vigente nel Regno sardo, penalizzando il Mezzogiorno fino allora inserito in un sistema protezionistico. Molto rapido fu lo sviluppo delle vie di comunicazione: in particolare della rete ferroviaria che nel primo decennio unitario passò da poco più di 2000 a circa 6000 chilometri, collegando il Nord al Sud, premessa indispensabile per la formazione di un **mercato nazionale [ATLANTE_28]**. Anche se la nuova rete ferroviaria, per gli alti costi, rimase inizialmente poco utilizzata: per le lunghe distanze si continuò a preferire il trasporto delle merci via mare.

L'industria e l'agricoltura

Nei primi decenni dopo l'unità il settore agricolo conobbe un significativo incremento di produttività di cui si avvantaggiarono soprattutto le **colture specializzate** del Mezzogiorno e la produzione di bozzoli da seta, principali voci dell'esportazione italiana. Invece il **settore industriale** fu nel complesso penalizzato dall'accresciuta **concorrenza internazionale** favorita dalla politica liberista (basata su dazi di entrata molto bassi). Declinarono la produzione laniera e, cosa ancora più grave, i settori siderurgico e meccanico, ancora lontanissimi dal potersi giovare dell'occasione che in altri paesi era stata offerta dallo sviluppo delle ferrovie, la cui costruzione si avvalse di materiali d'importazione e di imprese prevalentemente straniere. Gli **effetti negativi della scelta liberista** colpirono soprattutto i pochi nuclei industriali del Mezzogiorno, inesorabilmente cancellati dalla caduta dei dazi protettivi che ne avevano sostenuto lo sviluppo.

Locomotiva nel Museo nazionale ferroviario di Pietrarsa
Al compimento dell'unità d'Italia era attivo nell'ex Regno delle Due Sicilie l'Opificio di Pietrarsa (alla periferia di Napoli), un'industria siderurgica che da poco più di 15 anni lavorava a pieno regime producendo locomotive a vapore e facendo concorrenza alle analoghe industrie britanniche. Proprio a scapito di questa officina andarono le manovre del governo unitario che appaltò buona parte delle sue commesse alla Società Ansaldo, società di Sampierdarena (Genova) nata nel 1853 grazie al forte impegno di Cavour. La mancanza delle commesse statali e la scelta liberista del governo colpirono quindi Pietrarsa insieme agli altri pochi nuclei industriali del Mezzogiorno. L'opificio campano fu ceduto in affitto a privati e rimase attivo fino al 1975. Oggi è stato trasformato in un museo ferroviario.

Le attività industriali non erano del resto al centro dell'attenzione degli uomini politici italiani, tanto della Destra quanto della Sinistra, convinti che **la vocazione dell'Italia risiedesse nell'agricoltura**, base del suo sviluppo economico, mentre lo sviluppo industriale sarebbe venuto semmai più tardi. L'**espansione dell'agricoltura** degli anni '60 e '70, derivante da queste scelte, consentì un'accumulazione di capitali che, grazie anche al prelievo fiscale, rese possibile un potenziamento delle infrastrutture (strade, ferrovie), indispensabile per il futuro industriale del paese. Ma nel complesso, dopo un ventennio di vita unitaria, l'Italia aveva perso terreno nei confronti dei paesi più progrediti e il **tenore di vita** della maggioranza dei suoi abitanti non aveva registrato mutamenti di rilievo: anzi, in alcuni casi, era addirittura peggiorato.

Focus
La tassa sul macinato

ONLINE

Una pesante fiscalità Responsabile principale di questa situazione fu la durissima politica fiscale, legata alla necessità di coprire i costi dell'unificazione. La costruzione del nuovo Stato aveva infatti comportato spese altissime, sia nel campo delle comunicazioni sia in quelli dell'amministrazione pubblica, dell'istruzione e dell'esercito. Per far fronte a queste spese, i governi della Destra dovettero ricorrere a una serie di inasprimenti fiscali, che colpivano sia i **redditi** e i **patrimoni** sia i **consumi** (tasse su sali e tabacchi, dazi locali sui generi alimentari). La situazione si aggravò ulteriormente dopo il 1866, in conseguenza delle spese sostenute per la guerra contro l'Austria (la terza guerra d'indipendenza, di cui si dirà nel paragrafo successivo). Nell'estate del 1868 fu introdotta infatti una tassa sulla macinazione dei cereali, meglio nota come **tassa sul macinato**: si trattava in pratica di una tassa sul pane, cioè sul consumo popolare per eccellenza, che colpiva duramente le classi più povere, tanto da scatenare all'inizio del 1869 le prime agitazioni sociali su scala nazionale della storia dell'Italia unita. Scoppiati spontaneamente un po' in tutto il paese, i moti contro la tassa sul macinato assunsero dimensioni preoccupanti soprattutto nelle campagne padane. La repressione fu anche in questo caso durissima.

GUIDA ALLO STUDIO

❶ In che modo si favorì l'unificazione economica del paese? ❷ Che cosa accadde al settore industriale italiano? ❸ Quali erano le nuove spese dello Stato unitario? Come vi si fece fronte?

5 La conquista del Veneto e la presa di Roma

A pochi anni dalla proclamazione dell'Italia unita la Destra e la Sinistra avevano il comune obiettivo di completare il processo di unificazione annettendo il Veneto e soprattutto il Lazio con Roma. Ma, mentre i leader della Destra si affidavano ai tempi lunghi delle vie diplomatiche, la Sinistra restava fedele all'idea della guerra popolare e vedeva nella lotta per la liberazione di Roma l'occasione per un rilancio dell'iniziativa democratica.
Le acquisizioni del Veneto e di Roma, che pure avvennero rispettivamente nel 1866 e nel 1870, sarebbero state però fortemente condizionate dal mutare degli equilibri europei sui quali pesò il rinnovato dinamismo politico e militare della Prussia [👁 17.1-2].

La questione romana Il nodo più difficile da sciogliere era rappresentato dalla questione di Roma, proclamata capitale del nuovo Stato già nel marzo 1861, ma sede di un pontificato ostile all'unità e difesa dalle truppe francesi. La questione romana andava risolta con prudenza perché da un lato la Francia rimaneva l'alleato più sicuro e il principale partner economico dell'Italia, dall'altro il paese era cattolico al 99% e il clero continuava a svolgere un ruolo decisivo nel controllo sociale e culturale delle campagne. Lo stesso Cavour era stato dell'avviso di muoversi con cautela: fedele al principio «libera Chiesa in libero Stato», aveva cercato una soluzione che assicurasse al papa e al clero piena libertà di esercitare il proprio magistero spirituale. Su questa stessa linea si mossero i governi italiani anche in seguito, registrando tuttavia l'impraticabilità di una conciliazione osteggiata fermamente da Pio IX.

Il fallimento dei tentativi garibaldini

Di fronte a questa situazione di stallo apparve possibile una ripresa della mobilitazione patriottica democratica guidata ancora una volta da Garibaldi. Ma i due tentativi del 1862 e del 1867 si rivelarono male organizzati, in larga misura velleitari e destinati all'insuccesso. Nel **1862** Garibaldi raccolse in Sicilia qualche migliaio di volontari, varcò lo stretto di Messina ma fu fermato (e ferito) sull'**Aspromonte** dalle truppe regie intervenute ad arrestare la spedizione che minacciava di provocare un intervento militare della Francia di Napoleone III.

Due anni dopo, nel 1864, fu trovato un accordo con la Francia – la cosiddetta **Convenzione di settembre** – in base al quale l'Italia si impegnava a garantire il rispetto dei confini dello Stato della Chiesa, ottenendo in cambio il ritiro delle truppe francesi dal Lazio. A garanzia del suo impegno, il governo decideva di trasferire la capitale da Torino a **Firenze** (suscitando nella città piemontese violenti disordini popolari) in quella che sembrava una rinuncia a Roma.

Nel **1867** prese avvio una nuova iniziativa garibaldina, che avrebbe dovuto appoggiarsi su un'insurrezione preparata dai patrioti romani. Si sperava in tal modo di giustificare il colpo di mano, presentandolo come un atto di volontà popolare, e di evitare l'intervento francese. Napoleone III inviò invece un corpo di spedizione nel Lazio, mentre l'insurrezione a Roma falliva per la sorveglianza della polizia e per la scarsa partecipazione popolare. Il 3 novembre 1867, le truppe francesi da poco sbarcate a Civitavecchia si scontrarono presso **Mentana**, alle porte di Roma, con i volontari garibaldini e li sconfissero dopo un duro combattimento [ATLANTE_**41**].

Vincenzo Malinverno
Aspromonte
fine XIX secolo
[Museo Civico del Risorgimento, Bologna]

Lo scontro avvenuto sull'Aspromonte fra le truppe italiane e quelle garibaldine, durante il quale Garibaldi fu ferito e arrestato, suscitò un'ondata di sdegno verso la politica del Regno sabaudo, tanto che anche Carducci se ne fece portavoce, già nel settembre 1862. Il ferimento e successivo arresto del generale diede vita a una serie di aneddoti e canti popolari e fu d'ispirazione a diverse opere pittoriche fra le quali questa, creata da Gerolamo Induno e copiata da Malinverno: come un santo patrono, Garibaldi è portato a spalla e sostenuto da una moltitudine di persone, come una processione tra le montagne calabre.

La terza guerra d'indipendenza e la conquista del Veneto

L'anno precedente alla sconfitta di Mentana l'Italia era riuscita ad assicurarsi il possesso del Veneto. Nel 1866 il governo italiano aveva infatti accettato l'**alleanza militare con la Prussia** che si apprestava allora ad affrontare la guerra con l'Impero asburgico. La partecipazione italiana fu decisiva per l'esito del conflitto, in quanto impegnò una parte dell'esercito austriaco agevolando la vittoria prussiana. Ma, per le forze armate nazionali chiamate alla loro prima prova impegnativa, la guerra si risolse in un clamoroso insuccesso. Gli italiani, infatti, furono sconfitti sia per terra, a **Custoza,** sia per mare, presso l'**isola di Lissa**, nonostante le forze austriache fossero inferiori di numero: gravi errori di valutazione dei comandi trasformarono in dure sconfitte quelli che in realtà erano stati degli scontri brevi e confusi, con perdite limitate da ambo le parti. Solo Garibaldi, con i suoi volontari, era riuscito ad aprirsi la via verso Trento, ma aveva dovuto fermarsi perché i prussiani, raggiunti i loro obiettivi, avevano stipulato l'armistizio con gli austriaci. Dalla successiva **pace di Vienna** (ottobre 1866) l'Italia ottenne, non direttamente ma con la mediazione della Francia, solo il **Veneto** e i territori del **Friuli fino a Udine.**

L'ultima delle guerre di indipendenza si concludeva così con un bilancio deludente: rimanevano sotto l'Austria il Trentino e la Venezia Giulia. Ciò avrebbe costituito, ancora per mezzo secolo, un ricorrente motivo di agitazione patriottica. La sconfitta, poi, non solo aveva chiaramente dimostrato l'**impreparazione militare italiana**, ma aveva diffuso in larga parte dell'opinione pubblica l'amara convinzione che il nuovo Stato non era ancora pronto a inserirsi fra le potenze europee su un piano di parità.

Roma capitale

Anche la presa di Roma dipese direttamente dai successi militari della Prussia. Questa volta fu la Francia a essere sconfitta [👁 17.2]. Nel settembre 1870, subito dopo la battaglia di Sedan, il governo italiano, non sentendosi più vincolato ai patti sottoscritti con Napoleone III, decise di inviare un corpo di spedizione nel Lazio. Contemporaneamente cercò un accordo col pontefice,

Michele Cammarano
La breccia di Porta Pia
1871
[Museo Nazionale di Capodimonte, Napoli]

Il 20 settembre 1870, un corpo di bersaglieri al comando del generale Raffaele Cadorna entrò a Roma attraverso una breccia aperta nelle mura della città all'altezza di Porta Pia. Questa tela, che fu commissionata al pittore direttamente da Vittorio Emanuele II per ricordare l'avvenimento, non raffigura la breccia (solo intuibile), ma si concentra sull'incedere impetuoso dei bersaglieri che sembrano essere sul punto di travolgere lo spettatore.

EVENTI

La breccia di Porta Pia. Roma capitale

«Le Regie truppe sono entrate in Roma questa mane per una breccia laterale a Porta Pia», così il presidente del Consiglio Giovanni Lanza annunciava la presa della città in un telegramma destinato ai prefetti. Era il 20 settembre 1870.
Un fatto imprevisto, e difficilmente prevedibile, aveva reso possibile la conquista di Roma. Il 1° settembre la Francia era stata duramente sconfitta a Sedan dalla Prussia di Bismarck [👁 17.2]. Qualche giorno dopo, mentre la Germania completava il processo d'unificazione, in Francia veniva proclamata la Terza Repubblica. Con la caduta del Secondo impero veniva a cadere anche la tutela esercitata sui domìni pontifici da Napoleone III. Era l'occasione che l'Italia stava aspettando. Il 10 settembre un inviato del re Vittorio Emanuele II propose a papa Pio IX di rinunciare pacificamente alla sovranità sullo Stato pontificio – che ormai comprendeva solo il Lazio – garantendogli la piena indipendenza spirituale della Santa Sede. La risposta del pontefice fu negativa. Due giorni dopo il generale **Raffaele Cadorna**, alla testa di 60 mila uomini, entrò nello Stato pontificio, e in **cinque giorni**, senza incontrare resistenze, raggiunse Roma. Al papa fu offerta una seconda occasione per arrendersi, ma la risposta rimase negativa, anche se la città era ormai quasi interamente circondata e stava per sopraggiungere anche un contingente da Civitavecchia, guidato da Nino Bixio. Pio IX non era intenzionato a resistere ad oltranza, ma a difendersi quanto bastava per dimostrare di essere oggetto di una violenza da parte italiana. Le truppe regie si erano concentrate fra Porta Salara (oggi piazza Fiume) e Porta Maggiore, nel quadrante orientale delle mura Aureliane, mura antiche qua e là rinnovate, prive di grandi difese [👁 ATLANTE_42]. L'inizio dell'attacco era previsto per l'alba del 20 settembre. Dalle cinque del mattino le artiglierie cominciarono a bersagliare Porta San Giovanni e Porta San Lorenzo, ma si concentrarono prevalentemente su **Porta Pia e Porta Salara**. A ridosso di questa zona, a Villa Albani, era collocato il comando militare italiano. A Villa Patrizi c'era un importante centro di operazioni e lungo via Nomentana era acquartierata gran parte delle truppe. Alle nove e mezza una breccia si aprì alla destra di Porta Pia, precisamente nelle mura di Villa Bonaparte. Dopo qualche minuto i bersaglieri del XII e del XXXIV reggimento, insieme ad altri reparti di fanteria, superarono la breccia, fra squilli di tromba, grida che inneggiavano ai «Savoia!» e colpi d'artiglieria. Il combattimento continuò a Villa Bonaparte, ma non durò a lungo: gli italiani entrarono in città senza incontrare resistenze, accolti da una popolazione romana non troppo stupita dall'esito della battaglia. Poco dopo, quando sulla cupola di San Pietro fu issata la bandiera bianca della resa, i combattimenti cessarono, lasciando sul campo 19 caduti fra i soldati pontifici e 49 fra gli italiani. Mentre i soldati regi entravano a Roma, quelli del pontefice si ritiravano nel rione di Borgo, accanto al Vaticano. Il giorno seguente anche questa zona fu occupata e Pio IX si chiuse in Vaticano, per non uscirne più. Dopo oltre un millennio cessava l'esistenza dello Stato pontificio.
Il 2 ottobre 1870 si tenne il plebiscito che doveva decidere le sorti di Roma. Alla formula «Vogliamo la nostra unione al Regno d'Italia sotto il governo costituzionale del Re Vittorio Emanuele II e dei suoi successori» **40.875 furono i sì e 46 i no**. Gli iscritti al voto, a suffragio universale maschile, non superavano i due terzi dei maschi maggiorenni, ma l'affluenza fu elevata, raggiungendo l'87,6% degli aventi diritto. In un clima allegro, con cortei di persone vestite a festa, **Roma votò la sua annessione al regno**, segnando il raggiungimento di una tappa che il percorso d'unificazione del 1861 aveva lasciato incompiuta e a cui avevano tentato di rimediare due sfortunate spedizioni garibaldine. Il 9 ottobre, con il decreto d'accettazione del plebiscito, Roma diventava ufficialmente italiana e si univa alla monarchia costituzionale dei Savoia. Due questioni, di fondamentale rilevanza per tutta la nazione, erano ancora da sciogliere: la definizione giuridica dei rapporti fra Stato e Chiesa e il trasferimento della capitale da Firenze a Roma.
Il 13 maggio 1871, con la legge delle Guarentigie, lo Stato italiano riconobbe al papa, in modo unilaterale, una serie di garanzie. Il papa respinse **in toto** la legge, che continuò a regolare i rapporti fra Stato e Chiesa fino ai Patti Lateranensi del 1929. Ben oltre questa data, con echi che si avvertono ancora oggi, le questioni della libertà della Chiesa e della laicità dello Stato sarebbero rimaste rilevanti, costituendo un elemento di divisione nella società italiana.
Sullo **status di Roma capitale**, invece, c'era una convergenza ampia. Roma è stata sempre una capitale, della repubblica e dell'impero romano, della cristianità, del cattolicesimo e di uno Stato ecclesiastico. Dall'idea di Roma capitale non poteva prescindere il Risorgimento, che alla città aveva legato un patriottismo intriso di richiami alla gloria e alla grandezza del passato. Proclamata l'unità d'Italia, a dieci giorni di distanza (27 marzo 1861), Roma era stata acclamata dal Parlamento capitale del nuovo Stato. Ecco le ragioni della scelta, esposte da Cavour: «Ora, o signori, in Roma concorrono tutte le circostanze storiche, intellettuali, morali che devono determinare le condizioni della capitale di un grande Stato. Roma è la sola città d'Italia che non abbia memorie esclusivamente municipali; tutta la storia di Roma dal tempo dei Cesari al giorno d'oggi è la storia di una città la cui importanza si estende infinitamente al di là del suo territorio; di una città, cioè, destinata ad essere la capitale di un grande Stato». Dovevano passare dieci anni perché questa prospettiva si realizzasse, anche se non mancò qualche voce critica quando, fra il dicembre 1870 e il gennaio successivo, Camera e Senato decisero che il trasferimento di capitale doveva avvenire entro il giugno 1871. La Roma pontificia, che per molti era stata il simbolo di una società arretrata, ostile ai valori liberali e democratici, diventava la capitale amministrativa e politica del Regno d'Italia. L'annessione e poi la designazione a capitale scatenarono **intense e accelerate trasformazioni**, a livello urbanistico, sociale e culturale. Oltre al trasferimento del re, la città diventava la sede del Parlamento, della presidenza del Consiglio dei ministri, dei vari ministeri. A Roma, che all'epoca non era la città più popolosa d'Italia (contava circa 226 mila abitanti ed era di gran lunga superata da Napoli), si riversarono migliaia di immigrati: impiegati statali, professionisti, commercianti ma anche manovali, attratti dall'inizio dell'espansione edilizia che avrebbe cambiato la fisionomia della città.
Dal 1870 il destino di Roma si è saldato a quello nazionale, come il ricordo della breccia di Porta Pia si è legato alle vicende politiche cittadine e nazionali. Nel 1895 il 20 settembre divenne festa nazionale. La data alimentò lo scontro fra clericali e anticlericali, che progressivamente si stemperò, finché il fascismo nel 1930 non abolì la festa, in ossequio alla conciliazione tra Stato e Chiesa. In città resta tuttora visibile la memoria di un evento che ebbe conseguenze epocali. Alla strada intitolata **«via XX Settembre»**, che da Porta Pia va verso il Quirinale, si aggiungono due monumenti: la Colonna della Vittoria, una colonna antica sormontata dalla statua di una Vittoria alata in bronzo (eretta nel 1895, oggi di fronte alle lapidi che commemorano i caduti proprio sul luogo della breccia) e il Monumento al Bersagliere, che celebra l'assalto del corpo militare (eretto nel 1932 nel piazzale antistante Porta Pia).

ATLANTE 42_LA BRECCIA DI PORTA PIA. QUADRANTE NORD-EST DI ROMA

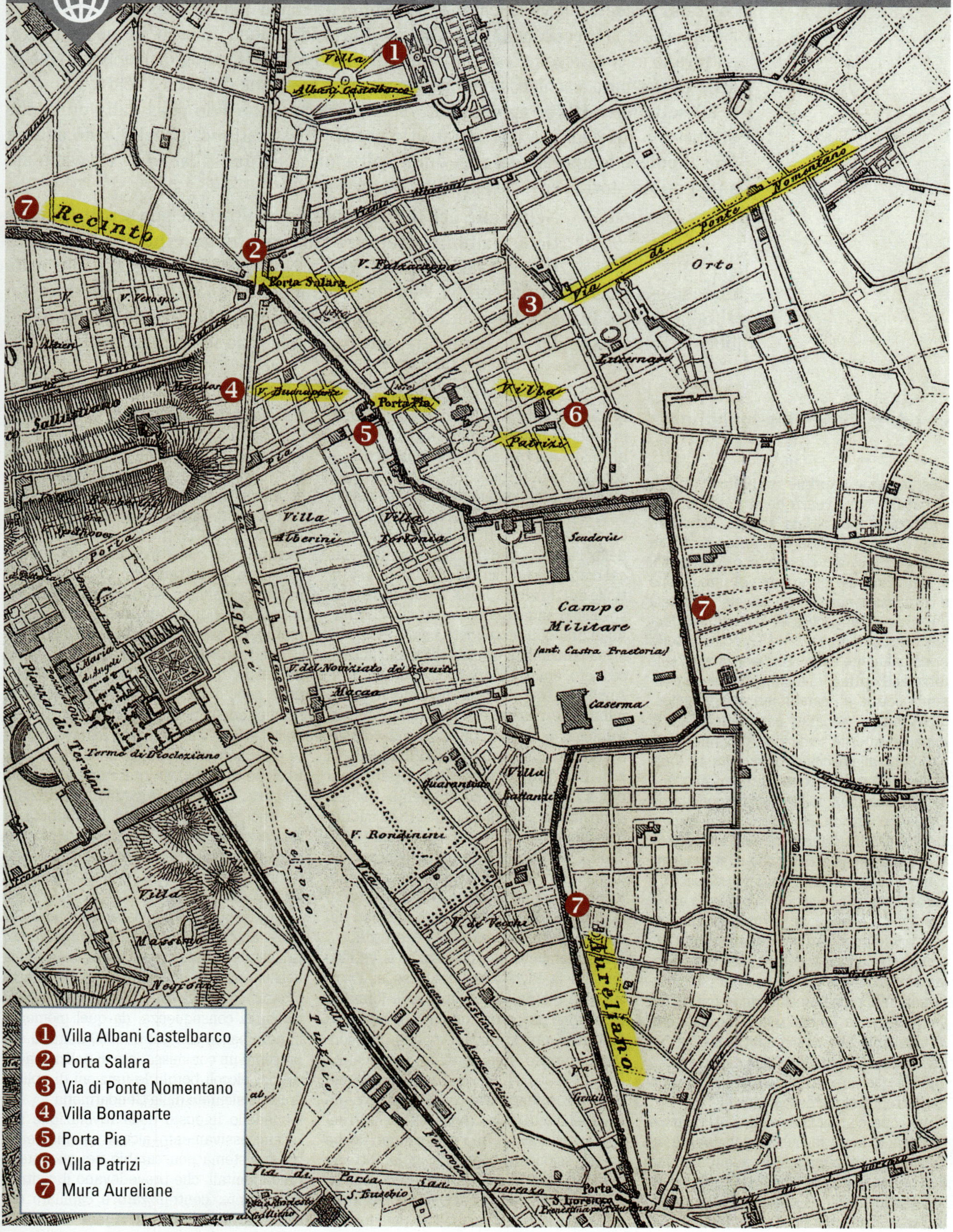

ma Pio IX respinse ogni proposta, deciso a mostrare al mondo intero di essere stato costretto a cedere alla violenza. Il 20 settembre le truppe italiane, dopo aver aperto con l'artiglieria una **breccia nelle mura presso Porta Pia** e dopo un breve combattimento, entravano in città accolte festosamente dalla popolazione. Pochi giorni dopo, un **plebiscito** confermava a schiacciante maggioranza l'annessione di Roma e del Lazio.
Il **20 settembre 1870** rappresenta una data epocale non solo per l'Italia unita che otteneva la sua capitale, ma soprattutto per la Chiesa cattolica. **Quel giorno poneva fine al potere temporale dei papi** durato oltre un millennio – dal 752 – e dava inizio a una nuova storia per il cattolicesimo romano.

Il trasferimento della capitale e il *non expedit*

Nell'estate del 1871 la capitale con tutte le sue strutture politiche e amministrative – Parlamento, governo, ministeri – fu trasferita da Firenze a Roma. Nel frattempo era stata approvata una legge detta delle **Guarentigie**, cioè delle garanzie, in quanto con essa il Regno d'Italia si impegnava unilateralmente a garantire al pontefice le condizioni per il libero svolgimento del suo magistero spirituale, secondo le linee del progetto ca-

STORIA • SOCIETÀ • CITTADINANZA

La tutela dell'ordine pubblico

L'espressione **"ordine pubblico"** indica la pacifica convivenza degli individui che compongono una data società rispettandone le leggi, i valori comuni e i diritti altrui, nonché i doveri che la convivenza e le istituzioni necessariamente impongono a ogni componente della società. La tutela dell'ordine pubblico nelle società occidentali contemporanee è un compito assolto principalmente dallo Stato per mezzo delle **forze dell'ordine**: in Italia, da organismi come la polizia e i carabinieri, appositamente istituiti e preparati per fronteggiare le minacce interne (cioè non dipendenti da altri Stati) alla pacifica convivenza. Le forze dell'ordine costituiscono dunque una presenza quotidiana nella vita di ogni cittadino, hanno funzioni di repressione e prevenzione dei delitti, controllano il territorio e si accertano che le attività che vi si svolgono siano lecite. Quello di "ordine pubblico" è però un concetto elastico: si collega a valori condivisi e a esigenze diffuse, ma può essere anche invocato per difendere un dato equilibrio politico e sociale, per reprimere manifestazioni di dissenso o per perseguitare le minoranze. Così avviene nei regimi autoritari; ma anche negli ordinamenti formalmente liberali e fondati sul principio dello Stato di diritto [👁 10.1] risulta spesso difficile tracciare il confine fra tutela dell'ordine e repressione del dissenso.
Prima che cominciassero ad affermarsi i moderni sistemi di pubblica sicurezza, in Europa, generalmente, il mantenimento dell'ordine pubblico non era affidato ad un organismo specifico ma ai cittadini stessi. In **Gran Bretagna**, per esempio, fin dal **Medioevo** ogni suddito aveva il dovere di intervenire in prima persona in presenza di una minaccia all'ordine pubblico e di consegnare il responsabile alla giustizia. Il mancato intervento era addirittura sanzionato e punito. Una supervisione era esercitata dai cosiddetti *constables*, membri delle classi superiori che gratuitamente esercitavano funzioni giudiziarie e di controllo del territorio. Dal **XVI secolo** si diffuse l'uso di ingaggiare privatamente persone in grado di proteggere beni e averi. Gli attuali modelli di tutela dell'ordine pubblico, però, erano ancora molto lontani.
Anche altrove, per esempio nei **paesi germanici**, le comunità erano tenute all'**autodifesa**: si organizzavano ronde diurne e notturne. A partire dal **XVII secolo**, in casi di particolare emergenza o pericolo si poteva ricorrere ai «contingenti», milizie appositamente create costituite da sudditi maschi obbligati a prestare servizio. In risposta alla richiesta da parte della società di maggiore sicurezza sociale, sempre nei territori germanici (come la Baviera) verso la metà del **XVIII secolo** furono creati dei nuclei speciali di controllo del territorio.
Il cambiamento più importante si verificò durante la Rivoluzione francese in **Francia**, che già da tempo utilizzava forme di protezione dell'ordine pubblico, tanto da rappresentare in questo ambito, nel contesto europeo, una sorta di avanguardia [👁 CAPITOLO 7]. Nel tardo Medioevo era nata la cosiddetta *Maréchaussée*, un organo dipendente dalla Corona, che dal XVI secolo aveva incluso tra i suoi compiti anche la repressione del vagabondaggio. Oltre ad essa, all'inizio del XVII secolo era entrata in azione una polizia nazionale con compiti molto vari e solo parzialmente paragonabili a quelli delle moderne forze dell'ordine (repressione della criminalità, intervento in caso di incendi e inondazioni). Durante la rivoluzione, però, il caos e il rischio di scivolare nell'anarchia resero necessaria una migliore organizzazione. Nel 1791 la *Maréchaussée* fu trasformata in *Gendarmerie*, un corpo scelto di soldati con funzioni di controllo del territorio, mentre un anno prima era stata per la prima volta riformata la polizia parigina: per presidiare la città e reprimere i comportamenti antirivoluzionari, infatti, in ogni quartiere venne dislocato un ufficio di polizia. Il *Codice dei delitti e delle pene* del 1795 stabilì con precisione i compiti della polizia: «La repressione dei delitti esige l'azione di due autorità distinte e incompatibili, la polizia e la giustizia. L'azione della polizia precede quella della giustizia. La polizia è istituita per tutelare l'ordine pubblico, la libertà, la proprietà, la sicurezza individuale. Il suo carattere principale è la vigilanza. La società, considerata nella sua totalità, è l'oggetto della sua attenzione» (articoli 15-17).
L'anno seguente, per dare al corpo maggiore autonomia e libertà di intervento, fu appositamente creato il ministero della Polizia, mentre precedentemente questo organismo faceva capo al ministero dell'Interno. Di conseguenza, da quel momento in ogni paese con più di 5000 abitanti era presente un commissariato di polizia, mentre nei piccoli borghi le funzioni di polizia erano assicurate dalla Gendarmeria.
Il modello imposto dalla Rivoluzione subì successivamente alcuni cambiamenti, ma il sistema non cambiò nei suoi tratti fondamentali, che prevedevano il controllo costante, centralizzato e capillare del territorio per mezzo di **organi statali** (la

vouriano. Al papa venivano riconosciute prerogative simili a quelle di un capo di Stato: onori sovrani, facoltà di tenere un corpo di guardie armate, diritto di rappresentanza diplomatica, extraterritorialità per i palazzi del Vaticano e del Laterano, libertà di comunicazioni postali e telegrafiche col resto del mondo. Pur rifiutando la legge e con essa la somma annuale che lo Stato italiano aveva previsto di corrispondere alla Santa Sede, Pio IX di fatto si avvalse delle prerogative assicurate dalle Guarentigie.

Non per questo si ridusse l'ostilità di Pio IX nei confronti del Regno d'Italia. Anzi, l'invito ad astenersi da ogni partecipazione alla vita politica dello Stato si trasformò, nel 1874, in un esplicito divieto con la formula del *non expedit*, 'non giova', che significava **'non è opportuno' che i cattolici partecipino alle elezioni politiche**. L'acquisto di Roma, nel momento stesso in cui coronava il processo di unificazione nazionale, lasciava aperto un conflitto con la Chiesa che sarebbe stato sanato solo nel 1929 con i Patti lateranensi.

GUIDA ALLO STUDIO

❶ In che cosa consisteva la «questione romana»? ❷ In che modo avvenne l'annessione del Veneto e di Roma? ❸ Quale ruolo ebbero i democratici nel nuovo quadro politico? ❹ Che cosa regolava la legge delle Guarentigie?

caratteristica fondamentale dei moderni sistemi di polizia). Negli anni successivi quello francese divenne un modello anche per altri Stati, tra cui la Gran Bretagna.

Al modello francese s'ispirò anche, in **Italia**, il Regno sabaudo di **Vittorio Emanuele I**, dove nel **1814** nacque il corpo dei Carabinieri reali (corrispondenti alla Gendarmeria francese), con funzioni sia civili (difesa dell'ordine pubblico) sia militari. Nel 1822 il primo *Regolamento generale* disciplinò puntualmente ogni aspetto dell'arma. Con funzioni prettamente civili nacque nel 1852 il Corpo delle guardie di pubblica sicurezza (antenato dell'odierna Polizia di Stato) il cui compito era di «vegliare e provvedere preventivamente all'ordine e all'osservanza delle leggi nell'interesse sia pubblico che privato». Lo scopo principale delle autorità era quello di coprire in modo capillare il territorio del regno. Nell'articolo 1 della legge con cui fu istituito il Corpo si leggeva: «L'Amministrazione di Pubblica Sicurezza posta, a termini delle Leggi, sotto la dipendenza immediata del Ministro Segretario di Stato per gli affari dell'Interno, rimane affidata sotto la responsabilità del medesimo in ogni Divisione amministrativa agli Intendenti Generali, in ciascuna Provincia agli Intendenti, e nei Comuni ai Sindaci».

Con l'unità d'Italia i due corpi deputati al mantenimento della sicurezza conservarono le loro prerogative, ma nel tempo le loro funzioni divennero sempre più specifiche. Nel 1862 nacque la Guardia di Finanza, con compiti di polizia economica, e solo nel 1923 il Corpo forestale dello Stato.

Attualmente l'ordine pubblico in Italia è assicurato da quattro istituzioni indipendenti: la Polizia di Stato, i Carabinieri, la Guardia di Finanza, il Corpo forestale.

I princìpi che disciplinano il sistema italiano di pubblica sicurezza sono contenuti in una legge del 1982 (il *Nuovo ordinamento dell'Amministrazione della pubblica sicurezza*). In esso si stabilisce che «Il prefetto è autorità provinciale di pubblica sicurezza» (articolo 13) e che «Ai fini della tutela dell'ordine e della sicurezza pubblica, oltre alla polizia di Stato sono forze di polizia, fermi restando i rispettivi ordinamenti e dipendenze: a) l'Arma dei carabinieri, quale forza armata in servizio permanente di pubblica sicurezza; b) il Corpo della guardia di finanza, per il concorso al mantenimento dell'ordine e della sicurezza pubblica. Fatte salve le rispettive attribuzioni e le normative dei vigenti ordinamenti, sono altresì forze di polizia e possono essere chiamati a concorrere nell'espletamento di servizi di ordine e sicurezza pubblica il Corpo degli agenti di custodia e il Corpo forestale dello Stato» (articolo 16). Per tradizione, nei centri urbani sono presenti polizia e carabinieri, non di rado in conflitto operativo, mentre il controllo dei centri minori e delle zone di campagna è affidato ai carabinieri.

Donne carabiniere durante una cerimonia
2009
[© Andrea Rossi/Eidon]

Al giorno d'oggi sono sempre di più le donne che raggiungono importanti posizioni di comando all'interno dell'Arma dei Carabinieri. Il loro impiego non differisce da quello dei colleghi uomini, in quanto sono presenti in tutte le diverse strutture dell'Arma: le unità femminili più numerose figurano in tutti i comandi territoriali e nelle Scuole dell'Arma. Sono però escluse dalla «linea mobile», cioè dai battaglioni impiegati in attività di ordine pubblico, in analogia con quanto avviene nella Polizia di Stato.

SINTESI

1 Demografia, economia e società

Al momento dell'unità la grande maggioranza degli italiani era analfabeta. Soltanto il 20% della popolazione viveva in città. L'agricoltura era l'attività economica prevalente, ma si trattava di un'agricoltura per lo più povera, caratterizzata da una grande varietà negli assetti produttivi: aziende agricole moderne (Pianura padana), mezzadria (Italia centrale), latifondo (Mezzogiorno). La condizione di vita dei contadini era generalmente ai limiti della sussistenza fisica. Questa realtà di arretratezza economica e disagio sociale era assai poco conosciuta dalla classe dirigente nazionale. Inoltre, pur essendoci un divario reale tra il Nord e il Sud del paese (in termini di sviluppo, infrastrutture, produttività e istruzione), al confronto con i paesi più sviluppati d'Europa, l'Italia tutta appariva complessivamente arretrata.

2 Governare l'Italia unita

Morto Cavour (giugno '61), il gruppo dirigente che tenne le redini del paese proseguendone l'opera fu quello della Destra, poi detta "storica", e composta in realtà dai rappresentanti della classe dirigente moderata. Le si contrapponeva la Sinistra, che faceva proprie le rivendicazioni della democrazia risorgimentale: suffragio universale, decentramento amministrativo, completamento dell'unità attraverso l'iniziativa popolare. Destra e Sinistra erano espressione d'una classe dirigente molto ristretta – solo 400 mila persone avevano il diritto di voto – che diede un carattere accentrato alla vita politica. I leader della Destra realizzarono, sul piano amministrativo e legislativo, una rigida centralizzazione, temendo le conseguenze disgregatrici dei fermenti sociali e facendo proprio il modello di Stato accentrato napoleonico.

3 Le rivolte contro l'unità e il brigantaggio

Tra le circostanze che spinsero il governo verso la centralizzazione va ricordata soprattutto la situazione del Mezzogiorno, dove l'ostilità delle masse contadine verso i «conquistatori» assunse col brigantaggio caratteristiche di vera e propria guerriglia. Il brigantaggio fu sconfitto grazie a un massiccio impiego dell'esercito. Restò tuttavia irrisolto il problema di fondo del Mezzogiorno, cioè quello della distribuzione delle proprietà agricole: né la divisione dei terreni demaniali né la vendita dei beni ecclesiastici favorirono i contadini, al contrario quest'ultima in particolare rafforzò la grande proprietà terriera.

4 L'economia e la politica fiscale

Sul piano economico, la linea liberistica seguita dal governo produsse un'intensificazione degli scambi che favorì lo sviluppo dell'agricoltura. Fu importante anche l'impegno del governo nella creazione delle infrastrutture necessarie allo sviluppo economico (strade, ferrovie). L'idea dei politici italiani che il paese avesse essenzialmente una vocazione agricola, tuttavia, non giovò affatto allo sviluppo industriale accrescendo il divario fra l'Italia e i paesi più progrediti. Nell'immediato, infatti, il tenore di vita della popolazione non migliorò e diminuì il peso percentuale delle attività industriali. La distanza tra la classe dirigente e il «paese reale» fu aumentata dalla dura politica fiscale seguita dalla Destra. Particolarmente impopolare fu la tassa sul macinato, che provocò violente agitazioni sociali in tutta la penisola.

5 La conquista del Veneto e la presa di Roma

Il completamento dell'unità costituì uno dei problemi più difficili per la nuova classe dirigente nazionale. Falliti i tentativi di conciliazione con la Chiesa, riacquistò spazio l'iniziativa dei democratici: nel 1862 l'iniziativa garibaldina di una spedizione di volontari si risolse in uno scontro con l'esercito regolare (Aspromonte). Nel 1864 fu firmata la «Convenzione di settembre» con la Francia, che prevedeva il trasferimento della capitale a Firenze, ma anche il ritiro delle truppe francesi dal Lazio. L'alleanza con la Prussia contro l'Austria e la vittoria prussiana consentirono all'Italia l'acquisto del Veneto, nonostante le sconfitte subìte a Lissa e a Custoza (1866). Il problema della conquista di Roma – fallito a Mentana (1867) un nuovo tentativo garibaldino – si risolse al momento della sconfitta inflitta dalla Prussia al Secondo Impero, che permise al governo italiano la presa della città (20 settembre 1870). Finiva il potere temporale dei papi e Roma diveniva capitale del Regno d'Italia. Con la legge delle Guarentigie lo Stato italiano si impegnava a garantire al pontefice le condizioni per il libero svolgimento del suo magistero spirituale. L'intransigenza di Pio IX si manifestò nel divieto per i cattolici italiani di partecipare alle elezioni politiche: un ulteriore ostacolo che si frapponeva al processo di reale unificazione del paese.

SVILUPPARE LE COMPETENZE

❶ **Scrivi un testo di 15 righe sulle condizioni socio-economiche dell'Italia post-unitaria. Per svolgere più facilmente questo compito, utilizza come schema (nell'ordine in cui ti vengono dati) gli argomenti elencati di seguito:**

a. analfabetismo
b. uso diffuso dei dialetti
c. alta percentuale di lavoratori agricoli e di abitanti nei piccoli centri rurali
d. aziende agricole moderne, mezzadria e latifondo
e. ampio divario tra Nord e Sud del paese
f. «questione meridionale»

❷ **Scrivi un testo di 10 righe sulla Destra storica e la Sinistra. Per svolgere più facilmente questa consegna distribuisci correttamente nelle due colonne gli argomenti elencati di seguito e utilizzali come scaletta per la tua composizione:**

a. volevano il suffragio universale, il decentramento amministrativo e il completamento dell'unità
b. il nucleo centrale era formato da piemontesi
c. era composta da patrioti mazziniani o garibaldini
d. appartenevano ai ceti superiori
e. vi facevano parte anche operai e artigiani del Nord
f. dal punto di vista politico era più che altro un centro moderato
g. era composta dai gruppi borghesi delle città

Destra storica	Sinistra
....	....
....	....
....	....
....	....

❸ **Dopo aver svolto il precedente esercizio 2 prosegui il testo che hai scritto descrivendo in altre 10 righe il sistema elettorale italiano e spiegando l'espressione "Stato accentrato".**

❹ **Commenta le affermazioni elencate di seguito in brevi testi di 4 righe ciascuno:**

a. Nel Mezzogiorno, le rivolte contadine successive all'unità si potevano ricondurre a un malessere antico.
b. Il brigantaggio era una forma di violenta protesta contro lo Stato unitario.
c. Oltre all'unità amministrativa i governi della Destra affrontarono il problema dell'unità economica del paese.
d. La politica liberista penalizzò l'industria ma fu scelta con la convinzione che l'Italia dovesse essere un paese agricolo.
e. La costruzione del nuovo Stato causò un inasprimento del prelievo fiscale.

❺ **Ricostruisci l'esatta cronologia degli eventi elencati in ordine sparso qui sotto, annotando anche le date. Usa quindi la sequenza ottenuta come schema per scrivere un testo di 15 righe:**

a. Viene approvata la legge delle Guarantigie ...
....
b. Garibaldi raccoglie in Sicilia qualche migliaio di volontari ma viene fermato sull'Aspromonte dalle truppe regie ....
....
c. Pio IX impone il *non expedit*. ....
....
d. Garibaldi organizza una nuova spedizione ma Napoleone III manda un corpo di spedizione nel Lazio e il tentativo fallisce. ....
....
e. L'Italia si allea con la Prussia e combatte contro gli austriaci ottenendo il Veneto e i territori del Friuli fino a Udine ....
....
f. Le truppe italiane aprono una breccia a Porta Pia ed entrano a Roma ....
....

4 FARE STORIA

L'unità

I primi tre testi di questa sezione riguardano il cosiddetto «decennio di preparazione», ossia il periodo compreso tra il fallimento delle rivoluzioni del 1848-49 e il compimento dell'unità, durante il quale, all'interno del movimento risorgimentale italiano, si rafforzarono due componenti, una moderata e una democratica.
Nel primo testo **Camillo Benso di Cavour [102DOC]** illustra la via "piemontese" e moderata alla questione nazionale: in un discorso tenuto all'indomani del congresso di Parigi, delinea la strategia internazionale che avrebbe consentito al Regno di Sardegna di porsi alla guida del processo unitario.
Sul fronte democratico, invece, le posizioni erano differenziate. Dopo la rivoluzione del 1848 e i ripetuti fallimenti delle insurrezioni, emersero all'interno di questa corrente nuove impostazioni ideologiche e politiche, basate sulla critica a Giuseppe Mazzini e sull'attenzione ai temi sociali. Tra queste si inserì il pensiero di **Carlo Pisacane [103DOC]**, ispirato al socialismo francese: egli proponeva un'alternativa rivoluzionaria, unendo questione nazionale e questione sociale. Sempre alla corrente democratica si rifacevano i seguaci di Giuseppe Garibaldi: l'epopea garibaldina è qui esaminata nella celebre rievocazione autobiografica di **Giuseppe Cesare Abba [104DOC]**, autore del libro – *Da Quarto al Volturno* – che forse più di ogni altro contribuì alla costruzione di un "mito" garibaldino destinato a durare nel tempo.
La seconda parte della sezione si concentra, invece, sulla situazione dell'agricoltura italiana e sul suo rapporto con il Risorgimento. La condizione delle campagne fu, infatti, al centro delle tesi di **Antonio Gramsci [105DOC]** sulla «mancata rivoluzione agraria» e la mancata promozione di un ceto di piccoli proprietari contadini da parte della sinistra risorgimentale: tesi riprese nel secondo dopoguerra dalla storiografia marxista per sostenere l'insuccesso del Risorgimento in campo economico e sociale e duramente contestate dallo storico liberale **Rosario Romeo [106]**.

102DOC

Camillo Benso di Cavour
La questione italiana e l'Europa

C. Benso di Cavour, *Discorsi parlamentari*, vol. XII (1855-1856), a c. di A. Saitta, La Nuova Italia, Firenze 1961, pp. 362-63

■ La partecipazione del Piemonte, come Stato vincitore nel conflitto di Crimea, al congresso di Parigi del maggio 1856 [👁 13.3] fu una tappa importante sulla strada dell'unificazione: per la prima volta, infatti, si parlò della situazione italiana in una riunione internazionale. Camillo Benso di Cavour (1810-1861) [👁 13.2 PERSONAGGI] sottopose all'attenzione generale il malgoverno dello Stato pontificio e del Regno delle due Sicilie e le tensioni provocate dalla dominazione austriaca. Nel discorso che tenne alla Camera il 6 maggio e che qui in parte si riporta, lo statista espose i risultati del congresso, sottolineando l'ormai aperta ostilità tra Austria e Regno di Sardegna. Il success[o] di questo discorso fu enorme e contribuì [a] consolidare l'egemonia piemontese sul mo[vi]vimento unitario italiano.

Rispetto alla questione italiana no[n] si è, per vero, arrivati a gran risul[-] tati positivi; tuttavia si sono guadagna[-] te, a mio parere, due cose: la prim[a] che la condizione anomala ed infelic[e] dell'Italia è stata denunziata all'Euro[pa] pa, non già da demagoghi (*Si ride*), da rivoluzionari esaltati, da giornalisti appassionati, da uomini di partito, ma bensì da rappresentanti delle primarie potenze dell'Europa, da statisti che seggono a capo dei loro Governi, da uomini insigni avvezzi a consultare assai più la voce della ragione che a seguire gli impulsi del cuore.

Ecco il primo fatto che io considero come di una grandissima utilità.

Il secondo si è che quelle stesse potenze hanno dichiarato essere necessario, non solo nell'interesse d'Italia, ma in un interesse europeo, di arrecare ai mali d'Italia un qualche rimedio. Non posso credere che le sentenze profferite, che i consigli predicati da nazioni quali sono la Francia e l'Inghilterra siano per rimanere lungamente sterili.

Sicuramente, se da un lato abbiamo da applaudirci di questo risultato, dall'altro io debbo riconoscere che esso non è scevro di inconvenienti e di pericoli. (*Movimento d'attenzione.*) Egli è sicuro, o signori, che le negoziazioni di Parigi non hanno migliorato le nostre relazioni con l'Austria! (*Sensazione.*) Noi dobbiamo confessare che i plenipotenziari della Sardegna e quelli dell'Austria, dopo aver seduto due mesi a fianco, dopo aver cooperato insieme alla più grande opera politica che siasi compiuta in questi ultimi quarant'anni, si sono separati senza ire personali, giacché io debbo qui rendere testimonianza al procedere generalmente cortese e conveniente del capo del Governo austriaco, si sono separati, dico, senza ire personali, ma coll'intima convinzione essere la politica dei due paesi più lontana che mai dal mettersi d'accordo (*Applausi*), essere inconciliabili i principii dall'uno e dall'altro paese propugnati! (*Bene!*)

Questo fatto, o signori, è grave, non conviene nasconderlo; questo fatto può dar luogo a difficoltà, può suscitare pericoli, ma è una conseguenza inevitabile, fatale di quel sistema leale, liberale, deciso che il Re Vittorio Emanuele inaugurava salendo al trono, di cui il Governo del re ha sempre cercato di farsi l'interprete, al quale voi avete sempre prestato fermo e valido appoggio. (*Molte voci: Bravo! bravo!*) Né io credo, o signori, che la considerazione di questa difficoltà, di questi pericoli sia per farvi consigliare al Governo del Re di mutare politica.

La via che abbiamo seguito in questi ultimi anni ci ha condotti ad un gran passo: per la prima volta nella storia nostra la questione italiana è stata portata e discussa avanti ad un congresso europeo, non come le altre volte, non come al congresso di Lubiana, ed al congresso di Verona[1], coll'animo di aggravare i mali d'Italia e di ribadire le sue catene, ma coll'intenzione altamente manifestata di arrecare alle sue piaghe un qualche rimedio, col dichiarare altamente la simpatia che sentivano per essa le grandi nazioni.

Terminato il Consiglio, la causa d'Italia è portata ora al tribunale della pubblica opinione, a quel tribunale al quale, a seconda del detto memorabile dell'imperatore dei Francesi, spetta l'ultima sentenza, la vittoria definitiva.

La lite potrà essere lunga, le peripezie saranno forse molte; ma noi, fidenti nella giustizia della nostra causa, aspettiamo con fiducia l'esito finale. (*Applausi generali.*)

[1] Nei congressi di Lubiana (1821) e di Verona (1822) le grandi potenze, riunite nella Santa alleanza, si accordarono per il mantenimento dell'assetto territoriale e politico sancito dal congresso di Vienna.

GUIDA ALLA LETTURA

❶ Quali sono i due principali risultati del congresso di Parigi per quanto riguarda l'Italia? ❷ Riporta le espressioni con cui Cavour designa i rivoluzionari e gli uomini di Stato, traendone, poi, le tue personali conclusioni. ❸ Quale elemento è indicato da Cavour come causa della tensione tra Regno di Sardegna e Austria? ❹ Quali sono, per quanto riguarda l'Italia, le differenze tra i congressi di Lubiana e di Verona, da un lato, e il congresso di Parigi, dall'altro?

103 DOC

Carlo Pisacane
Nazionalità e libertà

C. Pisacane, *Saggi storici-politici-militari sull'Italia*, vol. III, *La rivoluzione*, Ed. Avanti!, Milano-Roma 1957, pp. 99-103

■ Nato nel 1818, il napoletano Carlo Pisacane partecipò come volontario ai moti del 1848 in Lombardia, fu tra i protagonisti della Repubblica romana e infine morì tragicamente, nel 1857, durante la spedizione di Sapri [👁 13.2], da lui intrapresa per provocare un'insurrezione tra le masse contadine del Mezzogiorno. Nei *Saggi storici-politici-militari sull'Italia* – scritti tra il 1851 e il 1856 e pubblicati postumi tra il 1858 e il 1860 –, Pisacane polemizzò contro la politica gradualista e moderata, cui contrappose i valori morali rappresentati dalla rivoluzione. Secondo lui, infatti, la «mezza libertà» di cui gode il cittadino sotto la guida dei governi moderati non favorirebbe l'azione rivoluzionaria, mentre sotto un regime dispotico l'uomo sarebbe maggiormente spinto alla ribellione. Egli affermava, inoltre, che l'uguaglianza dei diritti politici è illusoria finché non si accompagna a una concreta uguaglianza sociale tra le classi privilegiate e il proletariato.

Le condizioni indispensabili ad un popolo per conquistare una libertà duratura sono: lo sforzo per rovesciare la tirannide, determinato dai mali presenti; e per evitarli in avvenire la piena conoscenza della causa di questi mali, ricercati dalla scienza. Esaminiamo la mezza libertà, quanto favorisca coteste cagioni[1] determinanti e dirigenti.

I reggimenti[2] moderati, per loro natu-

[1] Queste ragioni.

[2] Le forme di governo.

ra, nascondono e leniscono i mali che non essendo abbastanza sentiti per obbligarci a ritorcere in noi medesimi lo sguardo, ci sospingono alla ricerca dei mali di popoli più infelici, che dalla nostra immaginazione esagerati, ci sembrano molto più di quello che realmente sono, facendoci perciò benedire le dorate catene.
Il morale non compresso[3], ma logorato, illanguidito, perde la sua elasticità ed a servi beati l'insorgere riesce impossibile [...]; metodicamente vengono i sudditi condotti a non pensare diversamente da quello che vogliono i governanti; si avvezzano per mancanza di dolore a non rimontare all'origine delle cose, di quinci la mollezza. Per converso, afflizioni, dolori, ostacoli, l'isolamento stesso a cui costringe la tirannide, ritorcono il pensiero in se medesimo, che per propria conservazione tenta ogni oggetto[4], rendono l'uomo alacre consideratore, e suscitando le passioni s'accelera la reazione e sospingono alla realtà, all'azione. [...]
I rivolgimenti di un popolo vissuto sotto un duro dispotismo sono più terribili, più recisi e più atti a gettar radici che quelli di uno Stato a metà libero. [...] Inoltre, istituzioni, caste, privilegi, culti, tutto è odiato sotto il peso della tirannide, perché tutte armi volte ad opprimere la moltitudine, epperò tutte nei rivolgimenti distrutte, quindi sgombero il cammino da ogni ostacolo. Invece nei Stati a metà liberi, quasi tutto salvandosi, la rivoluzione da mille impacci è arrestata o sviata dal suo corso. [...] L'uomo ha bisogno di lunga e laboriosa esperienza per giungere alla conoscenza di quelli ordini (che sono le leggi naturali) i quali garantiscono la conquistata libertà; ma per francarsi dalla tirannide che l'opprime, procede a salti, lo schiavo non smaglia lentamente le catene, ma le spezza.
Conchiudiamo: la libertà non ammette restrizioni di sorta alcuna, [...] essa è sentimento innato nella natura umana; [...] senza nazionalità, la libertà non può esistere. Ma oltre la nazionalità, essa per non dirsi una menzogna, una derisione, richiede un'altra condizione, per molto tempo ignorata, ora ad arte disconosciuta, l'uguaglianza. [...]
L'uguaglianza politica è derisione, allorché i rapporti sociali dividono i cittadini in due classi distintissime, l'una condannata a perpetuo lavoro per miseramente vivere, l'altra destinata a godersi il frutto dei sudori di quelli. L'uguaglianza politica non è che un ritrovato per sgravarsi dell'obbligo di nutrire i schiavi, per privare il fanciullo, il vecchio, il malato d'assistenza; è un ritrovato per concedere al ricco, oltre i suoi diritti politici, la facoltà d'avvalersi di quelli dei suoi dipendenti. [...]
Una tale ingiustizia, che sacrifica a pochi moltissimi, è, eziandio, danno manifesto all'intera società, perché riesce impossibile a' null'abbienti ingegnarsi, ed ai troppo facoltosi manca ogni stimolo per farlo; e crescendo così la disuguaglianza corresi, come altrove dicemmo, al deperimento, alla dissoluzione sociale.
In una società ove la sola fame costringe il maggior numero al lavoro, la libertà non esiste, la virtù è impossibile, il misfatto è inevitabile: la fame e l'ignoranza, sua conseguenza immediata, rendono la plebe sostegno di quelle medesime istituzioni, di que' pregiudizi da cui emerge la loro miseria; rivolgono la spada del cittadino contro i cittadini medesimi a difesa d'una tirannide che opprime tutti. La fame imbriglia il pensiero, aguzza il pugnale dell'assassino, prostituisce la donna. [...]
Conchiudiamo: la libertà senza l'uguaglianza non esiste, e questa e quella sono condizioni indispensabili alla nazionalità, che a sua volta le contiene, come il sole la luce e il calorico[5].

[3] Represso.
[4] Che per mantenersi in vigore affronta ogni impresa.
[5] Calore.

GUIDA ALLA LETTURA

❶ Qual è la condizione del popolo sotto un regime tirannico? E sotto un governo moderato? ❷ Perché per Pisacane è più facile che un popolo si ribelli alla tirannide che non a un regime moderato? ❸ Quali sono le principali conseguenze della diffusione della fame e dell'ignoranza tra la «plebe»?

104DOC

Giuseppe Cesare Abba
L'epopea garibaldina

G.C. Abba, *Da Quarto al Volturno. Noterelle di uno dei Mille,* Zanichelli, Bologna 1951, pp. 68-76

■ Il piemontese Giuseppe Cesare Abba (1838-1910) combatté come volontario nella guerra del 1859 e partecipò l'anno successivo all'impresa dei Mille. Dal taccuino redatto nel corso della spedizione trasse le *Noterelle di uno dei Mille*, stampate nel 1880 e ripubblicate nel 1891 col titolo *Da Quarto al Volturno*. Il libro, scritto in stile fresco e immediato e con grande partecipazione emotiva, ebbe un grandissimo successo e fu tra le fonti principali su cui si formò la leggenda dei Mille, uno dei miti fondanti della nazione italiana. Le pagine qui riportate sono quelle relative alla battaglia di Calatafimi del 15 maggio 1860 [👁 13.4], primo scontro fra i volontari garibaldini e le truppe borboniche. Si noti come, nella descrizione di Abba (efficace anche se alquanto idealizzata), una piccola battaglia assuma le dimensioni di una vera e propria epopea.

Dopo breve tratto sostammo. E allora vidi la nostra bella bandiera portata al centro della settima[1], quel centinaio e mezzo di giovani quasi tutti dell'Università di Pavia, fior di Lombar

[1] La compagnia comandata da Benedetto Cairoli.

di e di Veneti, la compagnia più numerosa e più bella.

A GIUSEPPE GARIBALDI GLI ITALIANI RESIDENTI IN VALPARAISO[2] 1855

Lessi queste parole, trapunte a caratteri grandi d'oro su d'un lato della bandiera. Sull'altro trionfava l'Italia, figurata in una donna augusta, che, rotte le catene, sorge ritta su d'un trofeo, cannoni, schioppi, tutt'oro e argento. [...]
Poi comparve il Generale, le trombe squillarono, lasciammo la strada consolare, ci mettemmo pei campi e su per la collina brulla, una compagnia incalzando l'altra. Di lassù scoprimmo il nemico. Il colle in faccia sfolgorava tutto armi, pareva coperto di diecimila soldati. [...]
I cacciatori napoletani scesi lunghi lunghi[3], giù per quelle filiere di fichi d'India, tirarono primi. Garibaldi gli aveva osservati a lungo da una balza [...] Io lo vidi malinconico e pensoso. Credo che a quel primo incontro sperasse... sperasse in una ispirazione[4] che ai Napoletani non venne. Eppure la nostra bandiera sventolava lassù nella luce!... [...]
Si udì un colpo, un altro, un altro; poi fu suonata la diana[5], poi il passo di corsa: era il trombetta[6] del Generale.
Ci levammo, ci serrammo, e precipitammo in un lampo al piano. Là ci copersero di piombo. [...] La pianura fu presto attraversata, la prima linea di nemici rotta; ma alle falde del colle chi guardava in su![7]...
Là vidi Garibaldi a piedi, colla spada inguainata sulla spalla destra, andare innanzi lento e tenendo d'occhio tutta l'azione. Cadevano intorno a lui i nostri [...]. Bixio corse di galoppo a fargli riparo col suo cavallo, e tirandoselo dietro alla groppa, gli gridava:
«Generale, così volete morire?».
«Come potrei morire meglio che pel mio paese?» rispose il Generale, e scioltosi dalla mano di Bixio, tirò innanzi severo. Bixio lo seguì rispettoso. [...]
Il primo, il secondo, il terzo terrazzo, su pel colle, furono investiti alla baionetta e superati: ma i morti e i feriti, che raccapriccio! Man mano che cedevano, i battaglioni regi si tiravano più in alto, si raccoglievano, crescevano di forza. All'ultimo parve impossibile affrontarli più. Erano tutti sulla vetta, e noi intorno al ciglio, stanchi, affranti, scemati. [...].
A quell'ora mancavano già dei nostri molti [...]: e vidi là presso, tra i fichi d'India, un giovane bello, ferito a morte, sorretto da due compagni. [...] Udii che pregava i due fossero generosi coi regi, perché anch'essi Italiani. Mi sentii negli occhi le lagrime. [...]
«Riposate, figliuoli, riposate un altro poco; – diceva il Generale – ancora uno sforzo e sarà finita!». E Bixio lo seguiva per le file. [...]
Il grande, supremo cozzo avvenne mentre la bandiera di Valparaiso, passata da mano a mano a Schiaffino, fu vista agitata alcuni istanti, di qua di là, in una mischia stretta e terribile e poi sparire. Ma Giovan Maria Damiani delle Guide poté afferrarne uno dei nastri e strapparlo; gruppo michelangiolesco lui e il suo cavallo impennato, su quel viluppo di nemici e di nostri. Mi rimarrà dinanzi agli occhi fin che avrò vita.
In quel momento i regi tiravano l'ultima cannonata, fracellando quasi a bruciapelo un Sacchi pavese; e fu da quella parte un urlo di gioia, perché il cannone era preso.
[...]
I Napoletani morti, che pietà a vederli! Morti di baionetta molti; quelli che giacevano sul ciglio del colle quasi tutti erano stati colti nel capo. Là un mostricciattolo, che ai panni mi parve un villano di queste parti, inferociva su d'uno di quei morti. «Uccidete l'infame!» urlò Bixio, e spronò su di lui colla sciabola in alto. Ma il feroce scivolò fra le roccie e disparve, più bestia che uomo.
Macchiette nel quadro grande, veggo quei francescani che combattevano per noi. [...] Valorosi quei monaci, tutti fino all'ultimo che vidi, ferito in una coscia, cavarsi la palla dalle carni e tornare a far fuoco.
Durante la battaglia, sulle alte rupi che sorgevano intorno a noi, si vedevano turbe di paesani intenti al fiero spettacolo. Di tanto in tanto, mandavano urli, che mettevano spavento ai comuni nemici.
Quando questi cominciarono a ritirarsi protetti dai loro cacciatori, rividi il Generale che li guardava e gioiva. [...] Ci pareva miracolo aver vinto. Si mise un vento freddo gelato. Ci coricammo. Era un silenzio mestissimo.

---

[2] Città del Cile.
[3] In linea allungata.
[4] Che passassero con i garibaldini.
[5] Segnale di sveglia e, per estensione, di riscossa.
[6] Il trombettiere.
[7] Sottintendi: vedeva il numero dei nemici.

GUIDA ALLA LETTURA

❶ Quali erano i simboli nazionali che accompagnarono la spedizione dei Mille? ❷ Da chi era composto l'esercito garibaldino? ❸ Perché i napoletani vengono definiti i «regi»? Quale atteggiamento dimostra l'autore nei loro confronti? ❹ Quali sono le armi e gli strumenti militari adoperati nella battaglia?

105 DOC

Antonio Gramsci
La rivoluzione agraria mancata

A. Gramsci, *Il Risorgimento*, Einaudi, Torino 1949, pp. 103-4

Intellettuale dai vasti interessi oltre che uomo politico, il leader comunista Antonio Gramsci (1891-1937) affidò ai *Quaderni* redatti nelle carceri fasciste molte originali riflessioni di carattere storico e politico, filosofico e letterario. In essi, coniugò le concezioni marxiste con una tradizione "nazionale" di impronta storicistica che andava da Machiavelli a Vico, da De Sanctis alla filosofia idealista del '900. In queste note sul Risorgimento, scritte nel

1934-35, Gramsci critica la politica dei democratici, il cui principale compito sarebbe dovuto essere quello di mobilitare attorno al loro programma le grandi masse contadine sposandone le rivendicazioni essenziali e facendosi promotori di una profonda trasformazione sociale nelle campagne. Il Partito d'azione mazziniano, invece, sarebbe venuto meno alla sua funzione storica (quella che era stata svolta dai giacobini durante la Rivoluzione francese) e si sarebbe ridotto a «un organismo di agitazione e propaganda al servizio dei moderati».

Perché il Partito d'Azione non pose in tutta la sua estensione la questione agraria? Che non la ponessero i moderati era ovvio: l'impostazione data dai moderati al problema nazionale domandava un blocco di tutte le forze di destra, comprese le classi dei grandi proprietari terrieri, intorno al Piemonte come Stato e come esercito. La minaccia fatta dall'Austria di risolvere la quistione agraria a favore dei contadini, minaccia che ebbe effettuazione in Galizia contro i nobili polacchi a favore dei contadini ruteni, non solo gettò lo scompiglio tra gli interessi in Italia, determinando tutte le oscillazioni dell'aristocrazia (fatti di Milano del febbraio '53 e atto di omaggio delle più illustri famiglie milanesi a Francesco Giuseppe proprio alla vigilia delle forche di Belfiore), ma paralizzò lo stesso Partito d'Azione, che in questo terreno pensava come i moderati e riteneva «nazionali» l'aristocrazia e i proprietari e non i milioni di contadini. Solo dopo il febbraio '53 Mazzini ebbe qualche accenno sostanzialmente democratico (vedi *Epistolario* di quel periodo), ma non fu capace di una radicalizzazione decisiva del suo programma astratto. È da studiare la condotta politica dei garibaldini in Sicilia nel 1860, condotta politica che era dettata da Crispi: i movimenti di insurrezione dei contadini contro i baroni furono spietatamente schiacciati e fu creata la Guardia nazionale anticontadina; è tipica la spedizione repressiva di Nino Bixio nella regione catanese[1], dove le insurrezioni furono più violente. Eppure, anche nelle *Noterelle* di G.C. Abba[2] ci sono elementi per dimostrare che la quistione agraria era la molla per far entrare in moto le grandi masse: basta ricordare i discorsi dell'Abba col frate che va incontro ai garibaldini subito dopo lo sbarco di Marsala. In alcune novelle di G. Verga ci sono elementi pittoreschi di queste sommosse contadine, che la Guardia nazionale soffocò col terrore e con la fucilazione in massa. Questo aspetto della spedizione dei Mille non è stato mai studiato e analizzato.

La non-impostazione della quistione agraria portava alla quasi impossibilità di risolvere la quistione del clericalismo e dell'atteggiamento antiunitario del Papa. Sotto questo riguardo i moderati furono molto più arditi del Partito d'Azione: è vero che essi non distribuirono i beni ecclesiastici fra i contadini, ma se ne servirono per creare un nuovo ceto di grandi e di medi proprietari legati alla nuova situazione politica, e non esitarono a manomettere la proprietà terriera, sia pure solo quella delle Congregazioni. Il Partito d'Azione, inoltre, era paralizzato, nella sua azione verso i contadini, dalle velleità mazziniane di una riforma religiosa, che non solo non interessava le grandi masse rurali, ma al contrario le rendeva passibili di una sobillazione contro i nuovi eretici. L'esempio della Rivoluzione francese era lì a dimostrare che i giacobini, che erano riusciti a schiacciare tutti i partiti di destra fino ai girondini sul terreno della quistione agraria e non solo a impedire la coalizione rurale contro Parigi ma a moltiplicare i loro aderenti nelle province, furono danneggiati dai tentativi di Robespierre di instaurare una riforma religiosa, che pure aveva, nel processo storico reale un significato e una concretezza immediata.

[1] 👁 13.4.

[2] Si tratta del libro *Da Quarto al Volturno. Noterelle di uno dei Mille*, di Giuseppe Cesare Abba **[14DOC]**.

GUIDA ALLA LETTURA

❶ In che modo l'autore giudica la scelta della borghesia italiana di allearsi con i proprietari terrieri? Quale politica agraria scaturì da tale alleanza? ❷ Perché l'autore critica la condotta politica di Mazzini e di Garibaldi? ❸ Che ruolo ebbero i generali piemontesi come Nino Bixio nelle vicende dell'Italia meridionale contadina? ❹ Quale giudizio emerge sulla riforma religiosa promossa da Mazzini?

106

R. Romeo
Critica alla tesi di Gramsci

R. Romeo, *Risorgimento e capitalismo*, Laterza, Bari 1959, pp. 28-39

■ La tesi gramsciana della «rivoluzione agraria mancata» **[105DOC]** è stata ampiamente discussa e criticata da un grande storico di formazione liberale, Rosario Romeo **[77]**, autore di studi fondamentali sullo sviluppo industriale in Italia e di una grande biografia di Cavour **[102DOC]**. In due articoli apparsi nel 1956 e nel 1958 sulla rivista «Nord e Sud» e poi pubblicati nel volume *Risorgimento e capitalismo* (1959), Romeo contestò la plausibilità dell'alternativa rivoluzionaria delineata da Gramsci. Muovendo poi da un confronto con la storia agraria francese, egli individuò nella frammentazione della proprietà terrier (conseguenza di un ipotetico rovesciament dei rapporti sociali nelle campagne) un ostacolo al processo di industrializzazione.

È su uno sfondo di debole sviluppo de capitalismo cittadino e di incipien te capitalismo agrario che va studiat il significato della mancata rivoluzion contadina auspicata da parte marxista. In un paese come l'Italia del sec. XIX, dove già la borghesia aveva posto le mani su buona parte della proprietà ecclesiastica nell'età napoleonica [...] e dove l'introduzione del codice di Napoleone aveva già cancellato ogni differenza giuridica tra proprietà feudale e proprietà borghese, una rivoluzione contadina mirante alla conquista della terra avrebbe inevitabilmente colpito [...] anche le forme di più avanzata economia agraria, liquidando gli elementi capitalistici dell'agricoltura italiana per sostituirvi un regime di piccola proprietà indipendente, e imprimendo all'Italia agricola una fisionomia, appunto, di democrazia rurale. A tutto ciò si sarebbe certo accompagnata la liquidazione dei residui feudali; fatto, questo, grandemente positivo nel quadro dei rapporti agrari italiani. Ma nel processo generale dello sviluppo capitalistico in Italia questa rivoluzione avrebbe avuto un valore assai diverso: e basta guardare alle conseguenze della Rivoluzione nelle campagne francesi per rendersene conto. [...] È un fatto incontestabile ch'essa bloccò in pari tempo lo sviluppo del capitalismo nelle campagne francesi. [...] Senonché, l'arresto del capitalismo agrario francese venne in buona parte fronteggiato e compensato dalla poderosa ascesa del capitalismo finanziario, industriale e commerciale, che [...] aveva già raggiunto un alto grado di sviluppo nei secoli precedenti. Che è appunto la condizione fondamentale che mancava in Italia [...]. Una volta liquidato dalla rivoluzione contadina il più progredito capitalismo agrario, e nella generale debolezza di quello industriale e mobiliare, il paese avrebbe subito un colpo d'arresto nella sua evoluzione a paese moderno, e non solo sul piano della vita economica, ma in genere dei rapporti civili e sociali. [...] Una fonte importante dell'accumulazione capitalistica fu la politica connessa alla fondazione e allo sviluppo dello Stato unitario, che fin dalle origini convogliò grosse quantità di risparmio forzato verso l'esecuzione di grandi opere pubbliche (per esempio costruzioni ferroviarie), favorì le speculazioni finanziarie collegate con la espansione del debito pubblico, stimolò talune industrie con la politica degli armamenti ecc. [...].

Rendite e profitti agrari danno vita a una corrente che irrora tutta l'economia urbana, da una parte stimolando la domanda e dall'altra andando a fecondare e ad ampliare nuove iniziative e intraprese. Cioè: la formazione del capitale necessario allo sviluppo della produzione industriale [...] si realizza solo nel corso del XIX secolo in Italia [...]; questo capitale si forma essenzialmente nelle campagne, e soprattutto a spese dei ceti contadini più poveri. [...] La funzione storica della classe dirigente risorgimentale, e in primo luogo dei moderati, sul piano economico-sociale, sarà dunque di conquistare (e garantire) le condizioni politiche necessarie al compimento di questo processo a spese dei contadini, e di convogliarne i proventi verso una linea di moderno sviluppo economico quale fu quella inaugurata con il liberismo di Cavour e della Destra [...]. E però, quanto più era arretrato in Italia lo sviluppo del capitalismo industriale e commerciale, tanto più gravi sarebbero state le conseguenze di una rivoluzione agraria che, difendendo i contadini dallo sfruttamento, avrebbe però travolto l'unica forma di capitalismo esistente, destinato a funzionare, nelle condizioni storiche dell'Italia, come meccanismo essenziale dell'accumulazione e trasferimento dei redditi agricoli al servizio dello sviluppo urbano e industriale.

Tutto ciò vale, naturalmente, solo per le regioni dell'Italia centro-settentrionale: ma, a parte l'unicità del problema, non essendo pensabile che il Partito d'azione potesse scatenare la rivoluzione dei contadini nel Sud senza che il moto si estendesse al Nord, è da tenere presente che proprio nel Nord sussistevano le condizioni «oggettive» per l'affermarsi di una democrazia rurale, che nel Sud avrebbe trovato probabilmente ostacoli insuperabili nell'estrema arretratezza e povertà dell'agricoltura meridionale, oltre che nell'eccesso di popolazione contadina. [...] La rivoluzione agraria sembra configurarsi più come un elemento d'arresto che come un elemento d'impulso in questo processo, nelle particolari condizioni storiche dell'Italia.

GUIDA ALLA LETTURA

❶ Dove erano rintracciabili, secondo l'autore, le fonti dell'accumulazione capitalistica dell'Italia postunitaria? ❷ Quale classe sociale è individuata come egemone nel processo di costituzione dello Stato? ❸ Quali conseguenze economiche e sociali avrebbe comportato una «rivoluzione contadina»? ❹ Quale visione dello sviluppo capitalistico emerge dalle tesi dell'autore?

SVILUPPARE LE COMPETENZE

Comprendere e Analizzare

❶ Tenendo conto delle parole di Abba [104DOC] e di quelle di Gramsci [105DOC], oltre che delle tue conoscenze pregresse, elabora un breve testo (max 20 righe) sulla figura di Nino Bixio e la repressione delle insurrezioni siciliane.

❷ Dopo aver letto i documenti di Pisacane [103DOC] e di Cavour [102DOC], metti in evidenza le diverse valutazioni dei due autori sulle conseguenze per la società di un governo di tipo moderato.

Rielaborare e Argomentare

❸ Redazione di un saggio breve. *L'unità d'Italia: caratteri e limiti*

Sviluppa l'argomento scelto in forma di "saggio breve", utilizzando i documenti e i dati che lo corredano. Interpreta e confronta i documenti e i dati forniti e su questa base svolgi, argomentandola, la tua trattazione, anche con opportuni riferimenti alle tue conoscenze ed esperienze di studio. Da' al saggio un titolo coerente con la tua trattazione e ipotizzane una destinazione editoriale (rivista specialistica, fascicolo scolastico di ricerca e documentazione, rassegna di argomento culturale, altro). Se lo ritieni opportuno, organizza la trattazione suddividendola in paragrafi, cui potrai eventualmente assegnare un titolo.

Documenti: Cavour **[102DOC]**, Pisacane **[103DOC]**, Abba **[104DOC]**, Gramsci **[105DOC]**
Immagini: pp. 408, 416, 417, 420, 424, 425
Brani storiografici: Romeo **[106]**
Capitoli: **13**

❹ Dopo aver letto i brani di Gramsci [105DOC] e di Romeo [106], scegli fra le seguenti posizioni storiografiche, relative alle conseguenze economiche e sociali dell'unificazione, quella che ritieni maggiormente condivisibile e argomenta la tua risposta in un breve testo (max 20 righe):

a. La lentezza dello sviluppo economico, nell'Italia unita, è collegabile alla scelta della borghesia di venire a patti col vecchio mondo aristocratico-fondiario piuttosto che cercare l'alleanza con le masse rurali. La mancata formazione della piccola proprietà contadina frenò infatti la domanda di beni di consumo e di conseguenza l'espansione del mercato nazionale.

b. Il sacrificio imposto dall'agricoltura meridionale attraverso la compressione dei consumi, la politica protezionistica dello Stato e lo sfruttamento dei contadini è stato pienamente coerente con quel processo di accumulazione del capitale che fu prerequisito indispensabile per il decollo economico della nazione: le rendite agricole del Sud servirono, infatti, allo sviluppo urbano e industriale del Nord.

I problemi dell'Italia unita

Argomento di questa sezione sono i problemi politici, economici e sociali che la classe dirigente liberale dovette affrontare all'indomani dell'unità per rafforzare e legittimare le nuove istituzioni del Regno d'Italia, accentuando il controllo sulla vita politica e sociale del paese. I primi tre brani descrivono gli orientamenti e le scelte di fondo di questa classe dirigente, a partire dai motivi che portarono gli uomini della Destra storica a optare per un modello accentrato di Stato, illustrati dallo storico **Alberto Caracciolo** [107].
Di fronte alla «questione sociale», gli uomini della Destra e della Sinistra si mostrarono uniti nella difesa dell'ordine esistente. Per arginare la povertà dei contadini e migliorare le condizioni di lavoro degli operai, i ceti dirigenti fecero affidamento sulla carità e il filantropismo: pochi sembravano, infatti, realmente consapevoli delle ragioni politiche e sociali che determinavano profondi squilibri nello sviluppo economico del paese. **Federico Chabod** [108] analizza l'atteggiamento dei liberali moderati di fronte alla «questione sociale», mentre lo storico **Raffaele Romanelli** [109] dà conto dei motivi che portarono la classe dirigente nazionale a scegliere per l'Italia un modello accentrato, considerato l'unica garanzia contro i rischi di dissoluzione dell'unità appena conquistata.
L'analisi dello storico **Salvatore Lupo** [110] ricostruisce nelle sue linee essenziali le vicende del brigantaggio negli anni immediatamente successivi all'unità, un problema che come pochi altri condizionò le scelte della classe politica.
Stefano Jacini [111DOC], presidente della commissione parlamentare incaricata di svolgere un'inchiesta sulle campagne italiane, denuncia lo scarso dinamismo imprenditoriale di molti proprietari terrieri, legati a istituti come il latifondo, incapaci di promuovere la crescita economica.
L'ultimo testo affronta un altro tema centrale, quello della faticosa costruzione di una cultura nazionale: il tentativo di dare agli italiani la coscienza e l'orgoglio delle bellezze della propria terra è esemplificato da un brano tratto dalla celebre opera *Il Bel Paese* (1875) dell'abate **Antonio Stoppani** [112DOC].

107

A. Caracciolo
La scelta accentratrice

A. Caracciolo, *Stato e società civile. Problemi dell'unificazione italiana*, Einaudi, Torino 1960, pp. 67-71

■ La scelta accentratrice condizionò lo sviluppo istituzionale e amministrativo del nuovo Stato **[👁 14.2]**, mentre le ipotesi di decentramento, coltivate dai liberali moderati durante il Risorgimento, furono accantonate per ragioni politiche e sociali. La classe dirigente italiana temeva, infatti, che una maggiore autonomia locale potesse indebolire il neonato assetto unitario. In un libro pubblicato nel 1960, Alberto Caracciolo (1926-2002) ha analizzato le origini della scelta del modello accentratore: dalla paura delle rivendicazioni democratiche o legittimiste, all'atteggiamento diffidente dei liberali piemontesi verso i ceti popolari del Meridione, alla necessità di guadagnare la fiducia dell'opinione internazionale. Gli ammiratori del *self-government* inglese furono costretti ad adottare un sistema amministrativo modellato sull'esempio napoleonico, con un forte controllo del potere centrale sulle istituzioni periferiche.

Villafranca[1] sembrava aprire la via a una confederazione di monarchie, non a un regno solo che raccogliesse tutta la Penisola. Allorché la spedizione garibaldina conquistò il Mezzogiorno, allorché i plebisciti sanzionarono con i loro voti l'*Italia una* sotto Vittorio Emanuele, il problema che si proponeva agli statisti italiani parve perciò di natura e portata interamente nuove.
La vicenda imponente, attraversata in così breve volger di mesi sotto la spinta più delle cose che di un programma; i pericoli della democrazia e della repubblica, incalzanti a fare di più, e del «legittimismo» non debellato ancora; la necessità di guadagnare la fiducia di un'opinione internazionale diffidente, assicurandosi un posto stabile nel concerto europeo: erano tutte ragioni ben gravi per richiedere alla classe dirigente che si veniva allargando da Torino capacità e responsabilità non comuni. Ragioni che spingevano a creare nei primi anni un regime d'emergenza, una specie [...] di *dittatura* temporanea.
Il fatto del severo accentramento statale ebbe le sue radici in queste esigenze e in questi mesi. Al di là del Ticino esso fu applicato credendo di render più compatto il nucleo lombardo-piemontese di una egemonia futura: e fu motivo di delusione per i patrioti che ancora credevano alla promessa Costituente. In Toscana, nelle province emiliane, si poté credere che fossero le popolazioni stesse a chiederlo, come rivendicazione di parità con l'antico Piemonte e di stabilità di ordinamenti. Nel Mezzogiorno poi, si trovassero o non si trovassero d'accordo le sue genti, la soluzione accentrata parve l'unica capace di tener a bada arretrate ed inquiete regioni, e di assimilarle al più civile conquistatore. [...]
Va forse sottolineato il posto che ebbe, nella definitiva scelta di un sistema politico-amministrativo fortemente centralizzato, l'esperienza della conquista meridionale. Ci si trovava di fronte, nell'Italia inferiore, a una realtà che il moderatismo piemontese e padano non riusciva a comprendere, sapeva solo disprezzare. Quella società, quel corpo politico, non erano visti [...] altro che come luogo di vizi, disordine, corruzione. [...] Per conseguenza, si decise di dare, ancor più che di speroni, di frusta, e più stretta si volle tenere la briglia [...]. Alla esteriore dittatura garibaldina si vedeva la necessità di far seguire una più sostanziale dittatura amministrativa, in ogni settore della cosa pubblica meridionale.
Gli uomini più illuminati avevano in mente i limiti di questo processo accentratore. I progetti di Farini e di Minghetti sul decentramento, d'ispirazione cavouriana, contenevano alcune garanzie per l'autonomia dei corpi locali e per la valorizzazione di nuclei regionali. Riferendosi ad essa, Cavour la diceva ispirata ai «principî del *self-government*»[2], e rivolta ad «ottenere con mezzi diversi i risultati medesimi che voi avete ottenuti in Inghilterra, la terra classica della libertà». Ma [...] progetti di tal fatta [...] avrebbero avuto positive conseguenze solo se svolti con spirito profondamente liberale.
Questo spirito non era proprio a molti governanti, anche quotati per la maggiore, provenissero essi dagli antichi Stati sardi o vi si fossero rifugiati a trovarvi una seconda patria. [...] Alimentato dall'ambiente di Corte, pesava il particolarismo piemontese, con ciò di retrivo che gli era proprio. [...]
L'aspetto più esteriore se si vuole, ma simbolico di tutto un modo di concepire l'unità, stava nel modo prescelto a dar veste legale al nuovo Stato, attraverso i plebisciti di annessione prima, e quindi nel nome stesso di Vittorio Emanuele II re d'Italia. [...] Non era meglio parlare di «re *degli Italiani*»? [...] E soprattutto, come non vedere nella volontà tenace del sovrano a prender la numerazione di *secondo*, una nuova esca alle accuse di piemontesismo? [...]
Il periodo più delicato nell'assestamento del nuovo corpo statale trascorse in un modo che favoriva l'arbitrio dell'esecutivo, costruito su di un'unica esperienza regionale. [...] La natura del blocco di leggi amministrative approvate nel marzo '65 non fu che il risultato di una situazione, che parecchi anni di «dittatura» straordinaria avevano affermato.

---

[1] A Villafranca, nel 1859, venne stipulato l'armistizio tra franco-piemontesi e austriaci che concluse la seconda guerra d'indipendenza.

[2] Autogoverno. Sistema politico fondato su larghe autonomie locali e sulla più ampia partecipazione dei cittadini alla vita pubblica.

GUIDA ALLA LETTURA

❶ Quali sono i motivi per cui il governo scelse l'opzione accentratrice? ❷ Per quali motivi i moderati piemontesi e padani non erano in grado di comprendere la realtà dell'Italia meridionale? ❸ Quale differenza c'è tra l'attribuire al re, dopo l'unità, il titolo di «Vittorio Emanuele I re degli italiani» e chiamarlo invece, come avvenne, «Vittorio Emanuele II re d'Italia»?

108

F. Chabod
La classe dirigente di fronte alle masse popolari

F. Chabod, *Storia della politica estera italiana*, vol. I, *Le premesse*, Laterza, Bari 1951, pp. 340-47

In un celebre studio del 1951 sulla cultura e gli orientamenti ideologici degli esponenti liberali, uno dei maggiori storici italiani, Federico Chabod (1901-1960), ha evidenziato l'atteggiamento comune degli uomini di governo di fronte ai problemi dei ceti popolari: il ricordo delle rivoluzioni del 1848, la paura del brigantaggio e delle rivolte operaie ostacolarono l'adozione di provvedimenti legislativi di tutela sociale per la maggioranza degli italiani. Secondo lo studioso, i difensori della libertà politica interpretarono le rivendicazioni dei lavoratori come una pericolosa minaccia.

Uomini in cui il culto della libertà era veramente, profondamente religione. Ma uomini, anche, in cui la libertà si riassumeva nei suoi aspetti morali e giuridici, senza che si scendesse molto a vedere quali basi di fatto occorressero perché la libertà di pensare e di agire potesse veramente essere di tutti e per tutti. Sacra la libertà della personalità umana: ma come assicurare le condizioni perché tutti potessero, sul serio, divenire personalità, questo rimaneva ancora sovente oscuro.

E invece, il ricordo del '48 sorgeva di continuo ad ammonire contro le pretese della piazza, a spaventare con il fantasma della rivoluzione sociale, a render guardinghi verso i bassi strati ch'erano già stati capaci di accomunare il grido di lotta contro la reazione politica e contro lo straniero con il grido avverso i signori, avverso i padroni. [...]

L'esperienza francese di quell'anno aveva avuto influsso decisivo nell'orientare in senso nettamente conservatore, dal punto di vista sociale, il pensiero liberale italiano ed europeo [...].

Cercar dunque di migliorare le sorti delle classi meno abbienti: a parole, s'era tutti sostanzialmente d'accordo [...]. Ma, ne' fatti, quella preoccupazione si conchiudeva soprattutto in un più largo e generale appello alla beneficenza e alla carità, cioè all'empiastro con cui i ceti alti cercavano da tempo e avrebbero ancora a lungo cercato di medicare le piaghe sociali, illudendosi con ciò di sanare un male che ne avrebbe anzi ricevuto nuovo alimento, con una più decisa ribellione morale contro l'idea dell'elemosina.

Si diffondeva, è vero, la convinzione che fossero necessarie leggi a difesa degli operai; e si assisteva alle iniziative promosse da uomini della Destra e specialmente dal Luzzatti[1], sulla previdenza sociale e sulla tutela del lavoro [...]. Ma precisamente in queste e simili discussioni veniva chiaramente in luce come l'atteggiamento della grandissima maggioranza dei benpensanti fosse ancora quello di una quasi totale incomprensione del problema, nei suoi veri ed essenziali termini.

Paternalismo, filantropismo, beneficenza: era il limite massimo a cui giungevano gli uomini delle classi dirigenti, a tanto indotti poi non puramente da ragioni umanitarie, bensì anche – e molto – dalla convinzione che ciò fosse richiesto da un illuminato spirito di conservazione, per rendere impotenti i partiti anarchici e sovvertitori. [...]

Ma se taluno cominciava dunque ad aprire gli occhi, altri non si peritava dall'affermare che in Italia la ricchezza non era male distribuita e che era vano cercare oppressi e oppressori in un paese già fortunato per le condizioni generali «che si attengono alla ricchezza del suolo, alla bontà del clima, alla sobrietà degli abitanti, alla fortuna di non essere né accentrati né divisi»[2] [...].

Erano, queste ultime, posizioni estreme; ma anche quando le grandi inchieste del Jacini e del Franchetti-Sonnino[3] avrebbero rivelato le reali condizioni agrarie d'Italia e soprattutto la desolazione del Mezzogiorno [...], anche allora, posti di fronte ad una cruda realtà di fatti, gli uomini politici italiani avrebbero sempre ritenuto possibile uscirne mediante quei palliativi[4] che si chiamano filantropia e beneficenza. Destri e Sinistri, quasi tutti, erano ancora fermi all'ideale della carità: la carità dovere sociale, obbligo politico, virtù pubblica [...]. E anche il Cavour aveva fissato i suoi sguardi sulla carità legale come sul solo vincolo capace di unire le diverse classi e l'unico sistema atto a salvare la società dai pericoli incombenti; e la sua legislazione sociale era stata ancora la legge inglese contro il pauperismo.

E se fin qui s'è parlato dei moderati, come di quelli a' quali incombevano le responsabilità di governo nel periodo di cui trattiamo, non è da credere che presso gli uomini della Sinistra fosse molto diverso il sentire. Tutt'all'opposto, anche questi ultimi erano fondamentalmente conservatori dal punto di vista sociale [...]. Soprattutto nel proporre i rimedî, Destri e Sinistri andavano d'accordo: uomini tutti ideologicamente figli della prima metà del secolo, e tutti concordi nella difesa della struttura sociale esistente. [...]

Divisi, in tante altre questioni, Destri e Sinistri si ritrovavano sul piano della difesa della società attualmente costituita: con maggior secchezza di tono e risolutezza di espressione i primi, con maggior blandizia verbale verso le masse i secondi; ma tutti d'accordo nel ritenere sacra la proprietà e la borghesia colonna della vita sociale e politica.

---

[1] Luigi Luzzatti (1841-1927), economista e deputato della Destra, fu presidente del Consiglio nel 1910-11.

[2] La frase è tratta da un articolo di Alessandro Rossi, uomo politico e industriale veneto, fondatore dell'omonimo lanificio di Schio.

[3] Si riferisce all'*Inchiesta* sull'agricoltura in Italia curata tra il 1877 e il 1884 da Stefano Jacini **[111 DOC]** e all'*Inchiesta in Sicilia* presentata nel 1876 da Leopoldo Franchetti (1847-1917) e Sidney Sonnino (1847-1922).

[4] Rimedi momentanei e apparenti, che attenuano gli effetti lasciando intatte le cause.

GUIDA ALLA LETTURA

❶ Che cosa ha rappresentato il 1848 per il pensiero liberale europeo? ❷ Qual era, secondo molti liberali, il rimedio principale per le questioni sociali? Perché era limitato? ❸ In quale senso, secondo Chabod, Destra e Sinistra ebbero un atteggiamento sostanzialmente simile nei confronti della questione sociale?

109

R. Romanelli
Il progetto liberale

R. Romanelli, *Il comando impossibile. Stato e società nell'Italia liberale*, il Mulino, Bologna 1988, pp. 18-24

■ In passato molti storici hanno denunciato il carattere oligarchico e autoritario dei governi della Destra, ma studi più recenti hanno messo in dubbio questa interpretazione. In un libro del 1988, intitolato *Il comando impossibile* (con riferimento al paradosso di chi vuole obbligare qualcuno a essere libero), lo storico Raffaele Romanelli (nato nel 1942) ha mostrato come sia artificiosa l'immagine dei governi liberali impegnati a soffocare le iniziative innovatrici dei ceti popolari e ha sottolineato, invece, lo sforzo del nuovo Stato di modernizzare la società e allargare la partecipazione politica. Secondo Romanelli, gli interventi autoritari dei ceti dirigenti furono dunque motivati dalla necessità di scuotere il paese dal secolare immobilismo politico e sociale, avviando un progetto di nazionalizzazione delle masse.

Prima ancora dell'unificazione [...] la costante denuncia della lentezza, dell'atonia[1], dell'immobilità che sembra caratterizzare la società suggerisce di avviare autoritativamente processi di sviluppo sociale e civile. L'impronta paternalistica della monarchia amministrativa si estende ai progetti di governo pensati con mentalità schiettamente liberale-costituzionale. Nel presentare il famoso schema del '59[2] che poi darà il profilo al sistema amministrativo dei decenni liberali, Rattazzi difende la scelta del sistema prefettizio spiegando che «il governo siede per mezzo dei suoi delegati a capo delle province e del comune meno per frenarvi che per favorirvi lo svolgimento delle libertà nelle condizioni della legge [...]». [...]
Evidentemente, la fase militare e la conquista del Mezzogiorno danno coloritura assai meno benevola a questo paternalismo amministrativo. Ma è un fatto che superato il primo momento militare, l'immagine della forza statuale portatrice di dominio «repressivo» nell'interesse dell'oligarchia moderata trova scarsi riscontri negli equilibri postunitari. Di fatto, di fronte all'autorità dello stato non sta tanto una «società che preme», quanto società tra loro assai diverse, le une estranee, ostili ed «apatiche» [...] ed altre che si muovono, come da tempo si muovono le cose nel «triangolo» economico più avanzato, in aree della Toscana e dell'Italia centrale, o ancora in alcuni circoli di interessi transnazionali di vecchia consuetudine; sono realtà che si muovono con scarsa sintonia con la dimensione statale-nazionale che va formandosi, e mostrano scarso entusiasmo per l'energia politica nazionale del momento, che eventualmente inclinano a sfruttare per i propri interessi finanziari. Il liberalismo di questi ceti dirigenti regionali, la loro difesa delle autonomie, ha anche questa faccia: una «estraneità» alle ragioni dello stato, che forse anch'essa ne costituisce la debolezza e ne sollecita la forza.
Certo è che la ricerca suggerisce che in quella fase «lo stato», e per esso la dirigenza liberale che ne occupava i comandi, utilizzò tutti gli strumenti d'impulso che la tradizione assolutistica e francese gli consegnava piuttosto per stimolare che non per deprimere energie «modernizzanti». [...]
È del resto facilmente comprensibile come la funzione storica primaria del sistema prefettizio non fosse quella di combattere l'opposizione o di reprimere l'anomia[3] sociale, ma quella di sorreggere lo sforzo complessivo di tutta la politica economica, tributaria e dei lavori pubblici, culturale e scolastica, militare, etc., che era diretta a unificare il paese, a «fare degli Italiani un solo popolo». Se l'improvviso allargamento del regno e la crudezza della conquista dava allo strumento prefettizio caratteri assai più duri di quanto non dovesse essere nel vecchio paternalismo sardo, il fine funzionale rimaneva il medesimo. E solo a questo fine nazionalizzante era concepibile il proposito di «educare a forza» gli Italiani, e perciò che ogni scuola, ogni ospedale, ogni istituto di credito d'Italia dovesse esser governato dalle stesse regole uniformi e sottoposto a controllo di agenti del governo: in altre parole, pensare che i processi di pubblicizzazione, di razionalizzazione, di modernizzazione fossero assunti in proprio dallo stato. [...]
Quanto al giudizio comune [...] per il quale i governi liberali praticavano un'ingerenza estesa e arrogante nelle elezioni, in attesa che qualche ricerca ce ne dica il fondamento, ci si può domandare se almeno certi aspetti del fenomeno non facciano parte del consapevole tentativo di attivare dall'alto i processi decisionali tipici e necessari del regime costituzionale rappresentativo. I procedimenti della rappresentanza non si limitano al puro momento elettorale [...], ma riguardano un iter complesso di procedure, che vanno dalla compilazione delle liste alla scelta dei candidati alla campagna elettorale al voto. A quali punti del processo, in che misura e direzione le autorità intervenissero la polemica non ci dice, ma le sollecitazioni fatte dalle autorità locali per la compilazione delle liste e di converso ai pubblici dipendenti perché vi si iscrivessero e poi andassero a votare, oppure gli inviti a costituire i comitati elettorali, e a sostenere il «candidato governativo», non sembrano volti tanto ad alterare la regolarità del processo quanto a sollecitarne la dinamica, laddove, per inesperienza di «partiti», di spontanee mobilitazioni civili quei processi fossero carenti.

[1] Mancanza di tono.

[2] Ci si riferisce all'ordinamento comunale e provinciale varato nel 1859.

[3] Assenza di leggi, di regole.

GUIDA ALLA LETTURA

❶ Come giustificava Rattazzi la scelta del sistema prefettizio? ❷ Quale fu, secondo Romanelli, la funzione storica primaria del sistema prefettizio? ❸ Perché, secondo Romanelli, l'ingerenza dei governi liberali nelle elezioni può aver svolto un ruolo positivo? ❹ Qual è la posizione storiografica sostenuta da Romanelli a proposito della politica dei moderati dopo l'unità?

110

S. Lupo
Il brigantaggio nell'Italia meridionale

S. Lupo, *Il grande brigantaggio. Interpretazione e memoria di una guerra civile*, in *Storia d'Italia. Annale 18. Guerra e Pace*, a c. di W. Barberis, Einaudi, Torino 2002, pp. 467-73

■ Lo storico siciliano Salvatore Lupo (nato nel 1951), in un saggio del 2002, ha ricostruito la genesi del brigantaggio, sottolineando la durezza delle misure adottate dal governo nazionale per reprimere l'insorgenza armata delle bande **[👁 14.3]**. Subito dopo l'arrivo dei piemontesi a Napoli si scelsero, infatti, quali governatori, dei militari di carriera, pronti a stigmatizzare il comportamento delle autorità civili, considerate troppo indulgenti con i sospetti. Nel 1863 si varò una legislazione eccezionale, la legge Pica, che prevedeva la fucilazione immediata per «quanti avessero opposto resistenza a mano armata» e per i loro complici e sostenitori. Dopo l'approvazione della legge, la repressione dell'esercito italiano contro i briganti, macchiatisi a loro volta di numerosi eccidi di «liberali», si fece ancora più cruenta. Secondo dati attendibili, soltanto nel periodo tra il 1° giugno e il 31 dicembre 1865 furono fucilati oltre cinquemila briganti, mentre quasi altrettanti vennero arrestati.

In alleanza con il Vaticano, con le forze reazionarie europee e – in un quadro di solidarietà dinastica – con la Spagna, l'*establishment* borbonico [...] decise innanzitutto di foraggiare bande che partendo dal territorio pontificio [...] puntavano sull'Abruzzo e sulla Campania, collegandosi a gruppi locali; e di appoggiare mediante comitati clandestini le formazioni armate attive in Basilicata e in Puglia. A ingrossare tali bande furono soldati e sottufficiali borbonici di ritorno nei paesi natii da Gaeta e dallo Stato della Chiesa, renitenti alla nuova leva italiana, contadini e salariati agricoli. Fu così che la reazione cominciò a prendere la forma di una guerriglia che fu detta brigantaggio dai liberali. Più precisamente, si parlò di "grande" brigantaggio, con riferimento alle imprese di gruppi forti di centinaia di aderenti, che effettuavano scorrerie sia a piedi che a cavallo, e che non disdegnarono l'assalto ai centri abitati, sferrato di concerto con i borbonici locali e i contadini dei dintorni. [...]
Il governo borbonico in esilio si appellò all'opinione pubblica internazionale contro l'Italia delle "sette" e della rivoluzione, che schiacciava il buon popolo napoletano sotto il tallone militare. Il governo italiano [...] replicò imbarazzato, da un lato lamentando una cospirazione politica internazionale ordita dai suoi stessi accusatori, dall'altro definendo i disordini limitati, e di tipo esclusivamente criminale. A livello europeo, c'erano proteste per i proclami dei generali sabaudi, che decretavano la fucilazione sommaria di tutti "paesani" armati, e per singoli episodi [...].
In effetti la repressione venne condotta senza alcuno scrupolo garantistico, o meglio, senza regola alcuna. [...] Fucilazioni sommarie, distruzione delle case dei briganti, presa di parenti come ostaggi e tortura rappresentavano una prassi usuale [...]. Già la luogotenenza era, per definizione, un governo straordinario. Dal luglio 1861, il generale Enrico Cialdini sommò al comando del VI corpo d'armata di stanza nel Mezzogiorno la carica di luogotenente, dunque di capo dell'amministrazione civile: la sua gestione vide per la prima volta un inasprimento della repressione anche nei confronti dei membri dell'alto clero e della classe dirigente borbonica, molti dei quali fuggirono all'estero. Più aperto si mostrò Cialdini verso i democratici [...]. Invece, in Sicilia, il problema dei moderati era identificabile nell'opposizione degli autonomisti e soprattutto in quella dei democratici, il gruppo di gran lunga più forte dai tempi della liberazione dell'isola. La luogotenenza, affidata anche qui ad alti ufficiali come il generale Alessandro Della Rovere, guardò con sospetto ogni manifestazione di dissenso, e si ebbero arresti ingiustificati dei leader dell'opposizione, episodi di terrorismo e oscure provocazioni poliziesche. [...]
Dunque, in quei primi anni Sessanta del XIX secolo, nel Sud il governo mostrò permanentemente un volto illiberale, utilizzando lo stato d'assedio, «che demoralizza le popolazioni, che le avvezza a vivere senza lo Statuto», e più in generale muovendosi in una logica tendente «a negare la libertà di stampa, a negare il diritto di associazione». La costituzione di una Commissione parlamentare d'inchiesta sul brigantaggio, che operò tra il dicembre del 1862 e il maggio del 1863, implicò una iniziale idea di controllo sull'operato e del governo e degli alti comandi [...]. Al termine dei lavori, la Commissione propose misure legislative finalizzate a intensificare la lotta, ma nel contempo a troncare la pratica delle fucilazioni sommarie affidate al capriccio dei comandanti sul campo. Dopo molte discussioni, il 15 agosto 1863 fu varato un provvedimento ispirato a questi princìpî, che dal proponente (un deputato abruzzese) prese il nome di legge Pica: legge eccezionale, in forza della quale, per un certo periodo e limitatamente alle province dichiarate "infette", la responsabilità di giudicare i briganti era demandata ai tribunali militari; mentre al potere esecutivo veniva concessa la facoltà di comminare non più di un anno di domicilio coatto «agli oziosi, ai vagabondi, alle persone sospette» e ai manutengoli.
La legge Pica [...] era ovviamente di stampo illiberale. Nondimeno, essa valse ad affermare per la prima volta un qualche principio di legalità, il diritto cioè anche dei briganti catturati con le armi in mano a un processo, davanti a una corte legalmente costituita e, tra l'altro, a una difesa. In tal modo vennero attenuati gli aspetti più arbitrari e nel contempo più sanguinari della repressione.

GUIDA ALLA LETTURA

❶ Che cosa fu il «grande brigantaggio»? Dove era diffuso? Quali forze politiche e sociali lo sostenevano? ❷ Quali furono i principali strumenti di repressione utilizzati contro i briganti? ❸ Quando fu istituita la Commissione parlamentare d'inchiesta sul brigantaggio? Quali misure propose? ❹ Che cosa stabiliva la legge Pica? Era una legge «liberale»?

111 DOC

Stefano Jacini
La situazione dell'agricoltura italiana

S. Jacini, *I risultati dell'inchiesta agraria. La situazione dell'agricoltura e dei contadini dopo l'Unità*, a c. di G. Nenci, Einaudi, Torino 1976, pp. 80-81; 83-87

■ Per analizzare le condizioni delle campagne all'indomani dell'unità, il governo Depretis promosse un'inchiesta sull'agricoltura italiana, affidandola a una commissione parlamentare guidata da Stefano Jacini (1826-1891) [👁 14.1]. Approvata nel 1877, l'indagine fu portata a termine nel 1884. Furono pubblicati quindici volumi con studi specifici per ciascuna regione e una relazione finale, da cui sono tratte le pagine selezionate. Jacini sottolineò la gravità della situazione dell'agricoltura, dominata da sistemi arretrati di coltivazione e fortemente penalizzata dalla mancanza di capitali. Eccezion fatta per poche aziende moderne esistenti in Lombardia e Veneto, non vi erano infatti imprenditori agricoli propensi all'ammodernamento delle coltivazioni e agli investimenti. Nel Mezzogiorno dominava poi il latifondo, eredità del sistema feudale, che impediva la trasformazione capitalistica delle campagne italiane, garantendo il predominio di una classe di proprietari terrieri assenteisti.

Ci sono due tipi d'agricoltura:
L'uno è rappresentato dall'agricoltura primitiva, semplice, patriarcale, estensiva, chiusa in se stessa, abbandonata alle sole proprie forze, che piglia alla terra senza restituire, affatto separata dalla pastorizia; un'agricoltura che richiede due soli fattori come necessari, vale a dire, il lavoro umano e la suscettibilità iniziale, nel suolo, di produrre.
L'altro invece ci raffigura l'agricoltura intensiva, ridotta a vera industria, che usufruisce della terra senza pregiudicarne la produttività; che compenetra in sé anche la pastorizia, e suppone, come necessari del pari, oltre i due sopraccennati fattori, anche due altri, che sono l'intelligenza e i capitali; che chiama a raccolta, per applicarle, tutte le scoperte della chimica, della meccanica e della storia naturale di cui può servirsi; e che si vale dei capitali provenienti da altre fonti di produzione e dai risparmi, e inclinanti ad affluire verso di lei. [...]
L'Inchiesta ha messo in evidenza come, nel seno della nostra grande patria, si riscontrano anche tutti gli stadî di progresso che l'arte agricola ha percorso dai tempi più remoti e barbari all'epoca nostra colta e scientifica. [...]
Non c'è regione italiana [...] che non sia in grado di presentare zone di insuperabile perfezione agricola, a fianco di vastissimi terreni suscettibili di produrre poco meno delle anzidette zone, ma ancora incolti. Né si voglia attribuire tali differenze che si verificano a contatto l'una dell'altra, alla salubrità od insalubrità rispettiva di quei luoghi o ad altre condizioni fisiche; imperocché tali circostanze appartengono tutte a quella specie che la volontà dell'uomo può modificare [...].
Così pure non c'è regione [...] che non racchiudano tuttora una certa estensione di terreni pochissimo produttivi, mentre potrebbero produrre.
Con questo non intendiamo dire che, agronomicamente parlando, ogni regione presa nel suo insieme non differisca di molto dall'altra. [...]
Ciò posto, un fatto che non può essere contestato, si è che nell'odierna Italia agricola, presa nel suo complesso, l'economia rurale che di gran lunga predomina, è quella rispondente al tipo semplice e spogliatore e alle gradazioni che più gli si approssimano; tipo che richiede i due soli fattori: fertilità naturale della terra e lavoro umano. [...]
Ecco la condizione in cui l'Italia nuova ricevette l'economia rurale dalle mani dell'Italia precedente. Anzi si può dire che nella eredità che fece, le è anche toccato qualche cosa che sta perfino al disotto dell'agricoltura semplice: i latifondi, cioè, dell'interno della Sicilia, della Calabria, della Basilicata, della Sardegna, della Campagna Romana.
Sono, i latifondi, un sistema [...] più pastorale, e rozzamente pastorale, che agricolo; da non confondersi però coi così detti latifondi della valle del Po, a grande coltivazione eminentemente intensiva, ed ivi così chiamati solo perché sono fondi relativamente grandi, lati [...]. I latifondi dell'Italia meridionale poterono conservarsi soltanto per mezzo di fidecommessi e delle manimorte[1]. Sussistono ancora nelle anzidette provincie perché la soppressione di quelle istituzioni medievali vi è recente: e sono destinati a sparire per effetto della legge che sopprime condizionatamente i fidecommessi, e dell'eguaglianza civile sancita dal Codice. Ma intanto, la nuova Italia, ricevette intatti quei possessi di due, di tre, di sei mila ettari, spogli di alberi utili e soprattutto di caseggiati, per lo più infestati dalla malaria (la quale è forse la causa della loro istituzione, mentre l'istituzione è, a sua volta, la causa del mantenimento della malaria), affittati a grandi appaltatori anziché ad affittuarî, sfruttanti, con poco capitale, quelle sterminate estensioni pascolative, e anche arative, ma alternativamente in poca parte, sulla base dei maggesi. [...]
In quanto alle terre usufruttate[2] o colla vasta coltivazione estensiva o colla coltivazione promiscua, che abbracciano la parte maggiore della superficie coltivata d'Italia, le gradazioni delle forme agricole sono molte. Tra esse alcune corrispondono al tipo semplice, primitivo, spogliatore, ed altre salgono fino al punto di avvicinarsi

[1] Il fidecommesso era il vincolo ereditario che impegnava il beneficiario del testamento a trasmettere per intero l'eredità ricevuta alla persona indicata da colui che aveva istituito il fidecommesso stesso; la manomorta era il vincolo di invendibilità cui erano sottoposti i beni di origine feudale e molte proprietà ecclesiastiche.

[2] Sfruttate.

ad una delle gradazioni dell'agricoltura più perfezionata; ma pur troppo, quelle che corrispondono al tipo più rozzo si incontrano da per tutto; non mancano nelle provincie settentrionali, nelle medie, nelle meridionali, e nelle insulari abbondano.

GUIDA ALLA LETTURA

❶ Chi è l'autore del documento? A chi si rivolge? ❷ Che cosa differenzia, secondo l'autore, l'«agricoltura primitiva» da quella «intensiva»? Quale forma prevaleva nell'Italia postunitaria? ❸ Da che cosa dipendeva la maggiore o minore fertilità di un territorio? ❹ Perché i latifondi erano ancora diffusi in Italia meridionale?

112 DOC

Antonio Stoppani
Il Bel Paese

A. Stoppani, *Il Bel Paese. Conversazioni sulle bellezze naturali, la geologia e geografia fisica d'Italia*, Milano 1883 (IV ediz.), pp. X-XIII

■ Al progetto di costruzione di una nuova cultura nazionale non contribuirono soltanto politici, storici e letterati, ma anche molti scienziati che s'impegnarono nel tentativo di rafforzare un sentimento comune d'appartenenza tra le popolazioni della penisola. Per divulgare notizie sulle bellezze naturali dell'Italia, l'abate Antonio Stoppani (1824-1891) pubblicò nel 1875 un libro intitolato *Il Bel Paese*: in esso descrisse i luoghi più caratteristici della penisola, fornendo numerose informazioni scientifiche ed economiche. Una sorta di breviario geografico, scritto sul modello di «una letteratura scientifica veramente nazionale; atta cioè a coltivare, anche dal lato del bello descrittivo e delle ricchezze scientifiche, il sentimento della nazionalità». In queste pagine, l'abate illustra la natura e gli scopi dell'opera.

Nelle condizioni politiche che resero per tanto tempo gli Italiani stranieri all'Italia, precisamente in un tempo in cui le scienze naturali (nominatamente la geologia e la fisica terrestre) ebbero tanto incremento al di fuori, siamo arrivati a tale che gl'Italiani conoscono assai meglio la costituzione fisica dell'altrui che del proprio paese. [...] Le scienze stesse, benché interrogate nel campo definito della specialità di ciascuna, si colgono sovente in difetto: ché più facilmente troverete un fisico, un geologo, un naturalista, il quale vi discorra della Francia, dell'Inghilterra, dell'America, delle regioni polari o equinoziali, che un altro il quale v'intrattenga dell'Italia.

Il presente libro è ben lontano dalla pretesa di soddisfare ad un bisogno così grande e così evidente. Se non primo, certamente uno fra i pochi libri popolari che abbiano per oggetto la cognizione fisica del nostro paese, gli basterebbe d'esser tale che raccomandasse agli scrittori ed ai lettori questo genere di letteratura, il quale può avere uno sviluppo immenso come quello che attinge alla natura, il cui studio è sorgente inesauribile di cognizioni, di diletto, di pratica utilità, di morali e religiosi ammaestramenti. [...]

In questo ci può servire di modello la nazione con noi confinante, che va meritamente superba, forse sopra tutte le altre; di una letteratura scientifica veramente nazionale; atta cioè a coltivare, anche dal lato del bello descrittivo e delle ricchezze scientifiche, il sentimento della nazionalità. La letteratura svizzera possiede tre opere stupende in questo genere [...]. Ma il mondo fisico della Svizzera si riduce, possiam dire, alle Alpi; mentre il nostro mondo è assai più vasto, e infinitamente più ricco di fenomeni e di naturali bellezze. Alle bellezze ed alle ricchezze scientifiche delle Alpi, noi aggiungiamo quelle così diverse dell'Appennino, e quando avremo descritto i nostri ghiacciai, le nostre rupi e le gole delle Alpi e delle Prealpi, troveremo altri nuovi mondi da descrivere: le emanazioni gasose, le fontane ardenti, le salse[1], i vulcani di fango, i veri vulcani o vivi o spenti, il Vesuvio, l'Etna, poi ancora il mare e le sue isole, i climi diversi, le diverse zone di vegetazione dalla subtropicale alla glaciale, e così via discorrendo, ché l'Italia è quasi (non balbetto nel dirlo) la sintesi del mondo fisico.

Sta a vedere se il presente libro soddisfi in qualche parte al bisogno, a cui si accennava, di una coltura speciale degl'Italiani. [...] L'autore, pigliando la veste d'uno zio naturalista che racconta ai nipoti, percorre da un capo all'altro

il bel paese
Ch'Appennin parte, e 'l mar
[circonda e l'Alpe[2],

descrivendone le naturali bellezze; arrestandosi ai principali fenomeni di cui cerca rendere intelligibili la natura e le cause. Non trascura intanto, dove gliene si presenta il destro, di additare le fonti primarie dell'industria nazionale, e di eccitare il sentimento del bello e del bene, nella convinzione che chi scrive un libro popolare non debba mai dimenticarsi che il bene morale e la fede religiosa, sono le basi della vera libertà e del benessere di un popolo.

[1] Pozze di fango ribollenti per l'emissione di metano dalle rocce sottostanti.

[2] Sono versi di Francesco Petrarca (*Canzoniere*, CXLVI, 13-14).

GUIDA ALLA LETTURA

❶ Di che cosa si lamenta l'autore all'inizio del brano? ❷ Quali sono le caratteristiche che, secondo Stoppani, rendono l'Italia un paese unico? ❸ Che cosa intende Stoppani per «letteratura scientifica veramente nazionale»?

SVILUPPARE LE COMPETENZE

Comprendere e Analizzare

❶ Dopo aver letto i brani di Caracciolo [107] e di Romanelli [109], prova a evidenziare quanto ognuno di loro afferma sui motivi della scelta accentratrice, i mezzi usati per l'accentramento e le conseguenze di questa opzione.

❷ Chabod [108] e Romanelli [109] discutono, nei rispettivi brani, del rapporto tra ceti popolari e classe dirigente liberale nell'Italia post-unitaria. Confronta le loro posizioni, evidenziando differenze e/o analogie.

Rielaborare e Argomentare

❸ Redazione di un saggio breve. *La classe dirigente liberale nei primi anni dopo l'unità*

Sviluppa l'argomento scelto in forma di "saggio breve", utilizzando i documenti e i dati che lo corredano. Interpreta e confronta i documenti e i dati forniti e su questa base svolgi, argomentandola, la tua trattazione, anche con opportuni riferimenti alle tue conoscenze ed esperienze di studio. Da' al saggio un titolo coerente con la tua trattazione e ipotizzane una destinazione editoriale (rivista specialistica, fascicolo scolastico di ricerca e documentazione, rassegna di argomento culturale, altro). Se lo ritieni opportuno, puoi organizzare la trattazione suddividendola nei seguenti paragrafi, cui potrai eventualmente assegnare un titolo:

a. modello di Stato;
b. politica economica;
c. politica sociale;
d. rapporto con la Chiesa.

Immagini: pp. 433, 435
Brani storiografici: Caracciolo **[107]**, Chabod **[108]**, Romanelli **[109]**, Lupo **[110]**
Capitoli: **13.5**, **14**

❹ Dopo aver letto il documento di Jacini [111 DOC] e i brani di Caracciolo [107] e Lupo [110], esponi in un breve testo (max 30 righe) la situazione nelle campagne meridionali all'indomani dell'unità. Evidenzia, in particolar modo, le persistenze di una gestione feudale delle campagne e il loro legame con l'emergere del brigantaggio.

MODULO

5 LE TRASFORMAZIONI DELLA SOCIETÀ E DELL'ECONOMIA

1851
Grande Esposizione di Londra

1859
Pubblicazione dell'opera di Ch. Darwin, *L'origine della specie*, in Gran Bretagna

1864
Costituzione a Londra della Prima Internazionale. Emanazione dell'enciclica *Quanta cura* e del *Sillabo*

1873-95
Caduta dei prezzi

1875
Nascita del partito socialdemocratico tedesco, la Spd

1876
Invenzione del primo motore a scoppio da parte di N. Otto

1879
Invenzione della lampadina elettrica da parte di T.A. Edison

1879-80
Inizio della crisi agraria in Europa

1885
Realizzazione delle prime automobili

Paul-Louis Delance
La Tour Eiffel vista dalla Senna, part.
1889
[Musée Carnavalet, Parigi]

ANTEPRIMA

Dalla società borghese alla società di massa

Tra il 1850 e il primo decennio del '900 profonde trasformazioni si compiono nella società e nell'economia del mondo occidentale. Ascesa della borghesia, vistosa crescita della classe operaia, ampliarsi dei ranghi della piccola borghesia degli impiegati e dei funzionari: questa **dilatazione delle classi sociali** corrisponde per un verso a un'espansione di molti nuovi settori delle attività produttive, per l'altro all'emergere e al consolidarsi di una società di massa. Strettamente correlati e convergenti, questi fenomeni non sono individuati da date puntuali – salvo quelle di determinate invenzioni e/o applicazioni industriali – ma dal loro evidente e graduale consolidarsi. Fenomeni di lungo periodo, mantengono e accrescono il loro carattere nel corso del '900 e fino ad oggi. La società di massa è di fatto ancora quella in cui viviamo.

Mutamenti e persistenze

La narrazione e la ricostruzione storica tendono a privilegiare i momenti del cambiamento e quindi a trascurare le permanenze e le resistenze alle trasformazioni. A correggere un quadro tutto incentrato sul nuovo che si stava affermando, alcuni storici hanno sottolineato, pur senza attenuare l'importanza dell'ascesa della borghesia, il permanere, in alcuni paesi, delle **antiche aristocrazie** al vertice della società e del potere politico e militare. E hanno insistito sulla tendenza dell'alta borghesia degli affari e dell'industria a modellare il proprio stile di vita su quello dei ceti nobiliari.
I mutamenti sociali sopra descritti riguardano essenzialmente le **realtà più avanzate dell'Occidente** dove la divisione in ceti sta scomparendo lasciando il posto alla struttura di classe. Nelle zone più arretrate il cambiamento procede inevitabilmente con maggiore gradualità, soprattutto nelle **campagne** dato che i nuovi gruppi sociali si addensano nelle città e in particolare in quelle più popolose dove il fenomeno dell'urbanesimo è più marcato.

1889
Seconda Internazionale. Esposizione universale di Parigi

1891
Emanazione dell'enciclica *Rerum novarum*

1896-1913
Aumento dei prezzi e dei salari nei paesi industrializzati

1899
Diffusione delle prime riflessioni di Bernstein sul revisionismo

1900
Pubblicazione dell'*Interpretazione dei sogni* di S. Freud

1905
Nascita del partito laburista britannico

1908
Pubblicazione dell'opera di G. Sorel, *Considerazioni sulla violenza*

1913
Adozione della catena di montaggio presso la Ford

L'ideologia del progresso

Intorno alla metà dell'800 si venne affermando una nuova tendenza culturale e una mentalità, il positivismo, che ha tra i suoi fondamenti una visione ottimistica del futuro del genere umano, confermata dallo sviluppo economico e dalle conquiste della scienza. Tra gli scienziati ha un ruolo decisivo il naturalista inglese Charles Darwin: la sua teoria dell'origine e dell'evoluzione delle specie era sganciata da ogni visione soprannaturale legata alla creazione divina e, ancorata all'osservazione scientifica, rovesciava una concezione millenaria del mondo e dell'uomo. La rivoluzione darwiniana partecipava al trionfo di una concezione razionale e controllabile della realtà in una linea di ininterrotto progresso.

Le tappe dello sviluppo economico

Queste convinzioni erano alimentate anche dall'incessante sviluppo delle invenzioni e delle loro applicazioni nelle attività produttive. Nel campo della siderurgia si passò dal ferro all'acciaio, in quello dell'energia al carbone si aggiunse l'elettricità. La chimica creò innumerevoli altri prodotti, dai coloranti ai farmaci agli esplosivi. Il telegrafo velocizzò tutte le comunicazioni, mentre numerose furono le ricadute delle nuove invenzioni sulla vita quotidiana: dalla lampadina elettrica, al telefono, al motore a scoppio, infine al cinematografo. Nascevano allora le premesse delle profonde **trasformazioni dei consumi** individuali e collettivi del '900.

A questa fase è stato dato il nome di **seconda rivoluzione industriale**, una rivoluzione produttiva che si avvaleva anche di nuove forme di organizzazione finanziaria, ma anche del sostegno delle politiche economiche degli Stati chiamati a difendere, con provvedimenti protezionistici, le nuove industrie dai rischi della concorrenza internazionale e a intervenire direttamente a favore di alcuni settori, per esempio con le lucrose commesse per le forze armate.

Demografia e sviluppo urbano

Nello stesso arco di tempo la demografia dei paesi sviluppati subisce una significativa accelerazione grazie alla riduzione della mortalità legata alle migliorate condizioni igieniche e in parte ai progressi delle scienze mediche. Le città capitali e le nuove città industriali si ampliano perché è nei centri urbani che si addensano le attività produttive, commerciali e amministrative. La **modernizzazione** urbana con le nuove stazioni ferroviarie, i servizi di trasporto, i quartieri borghesi e quelli operai, fino al gigantismo delle metropoli rappresenta uno degli aspetti più rilevanti di questo periodo. Lo sviluppo demografico della popolazione da un lato fornisce ampia manodopera per il lavoro in fabbrica, dall'altro alimenta larghi flussi di **emigrazione** dalle campagne verso le terre oltreoceano.

Le organizzazioni delle classi lavoratrici

Accanto ai nuovi ceti borghesi la classe operaia è la protagonista delle trasformazioni sociali degli ultimi decenni del secolo. Al suo fianco si formano le organizzazioni che ne interpretano e rappresentano le esigenze: il **sindacato** delle Trade Unions si afferma in Gran Bretagna, mentre sul continente sono i partiti socialisti ad affermarsi prima dei sindacati, e la **socialdemocrazia** tedesca, con la sua vocazione a

riformare gradualmente la società, diviene il modello da seguire. Partiti e sindacati crescono e si dividono sulle modalità di azione, animando un vivace dibattito politico ideologico basato sull'**alternativa tra rivoluzione e riforme**, ma forniscono anche le strutture organizzative in cui maturano tra gli operai la coscienza e l'antagonismo di classe.
Anche la Chiesa cattolica dovette, nel tempo, confrontarsi con le nuove trasformazioni della società relative soprattutto alle classi popolari. Prima acerrima avversaria, durante il pontificato di Pio IX, di ogni forma ed espressione della modernità politica e sociale – liberale, democratica, socialista e comunista –, la Chiesa modificò i suoi orientamenti alla fine del secolo. Senza rinunciare alla sua intransigenza dottrinaria, si aprì ai temi della questione operaia con Leone XIII che, nel 1891 con l'enciclica ***Rerum novarum***, favorì la formazione di nuove strutture organizzative e assistenziali a sostegno dei ceti operai e contadini.

La nazionalizzazione delle masse

L'emergere di nuove classi sociali – borghesia, ceti medi, classe operaia –, in un'epoca in cui profonde trasformazioni politiche coinvolgevano un numero sempre più ampio di individui spesso lontani dai valori propri delle classi dirigenti, sollecitò un processo di pedagogia nazionale che aveva nella **scolarizzazione** diffusa e nel servizio militare obbligatorio i suoi pilastri principali. Il patriottismo e la missione nazionale dei singoli Stati dovevano essere insegnati e potevano essere appresi da strati sempre più ampi di popolazione in una trasformazione «da contadini a francesi», come si è scritto, per esempio, a proposito della Francia. Questa nazionalizzazione faceva leva anche sulle componenti irrazionali ed emotive attivate da una serie di rituali, come feste nazionali e celebrazioni, ma anche da segni duraturi negli spazi pubblici come i monumenti nazionali o quelli dedicati ai grandi della patria.

Per quanto diffusa e largamente praticata, questa **nuova forma di coinvolgimento politico** ottenne solo risultati parziali, anche per l'alternativa proposta dai movimenti e partiti socialisti orientati verso altri obiettivi, pacifisti e internazionalisti. Un'alternativa rappresentata inoltre dalle Chiese, non solo da quella cattolica, che continuavano a svolgere un ruolo determinante come guida e disciplinamento delle masse popolari soprattutto contadine, spesso in contrasto con gli Stati nazionali.
Un altro fattore di mobilitazione e di educazione delle masse fu l'**allargamento del diritto di voto** portato gradualmente verso il suffragio universale, ma solo maschile: le donne continuavano ad esserne escluse nonostante le lotte delle **suffragette**, che cominciarono ad organizzarsi per rivendicare il loro ruolo di cittadine nella società.

Nazionalismo e razzismo

Alle trasformazioni della società e dell'economia si aggiunsero anche quelle nella cultura e nelle pratiche politiche. Oltre alle grandi ideologie – liberale, democratica, socialista – che si erano affermate e consolidate a partire dagli inizi dell'800, alla fine del secolo se ne potevano individuare di nuove, destinate a caratterizzare i decenni successivi. La più importante fu l'evoluzione dell'idea di nazione di originaria matrice liberale e democratica in **nazionalismo aggressivo e bellicista** declinato con varia intensità ma presente ovunque. In molti Stati avrebbero preso forza, infatti, politiche di matrice imperialista e coloniale, volte a confermare e rafforzare la nazione come potenza internazionale.
In questo campo dilagarono poi le teorie razziste basate sulla superiorità (che si presumeva scientificamente dimostrata) non solo dei bianchi sui neri africani e sui gialli asiatici, ma anche di una **"razza ariana"**, incarnata dai popoli tedeschi, rispetto alle altre razze europee.
Una forma particolare di razzismo fu la diffusione dell'**antisemitismo** soprattutto nei paesi slavi e in

quelli di lingua tedesca, ma non solo. In Russia l'antisemitismo prese la forma distruttiva delle violenze popolari contro le comunità ebraiche, mentre in Germania e in Austria sarebbero nati presto partiti politici che cercavano il consenso popolare riprendendo i tradizionali stereotipi antiebraici.

Questa intolleranza nei confronti del diverso, considerato estraneo alla comunità e alla religione dominante e divenuto per ciò stesso un **"nemico interno"**, segnalava l'affacciarsi di comportamenti e di convinzioni destinati ad avere sviluppi drammatici nel corso del '900.

ONLINE

Il libro

E.J. Hobsbawm
Il trionfo della borghesia

Il laboratorio dello storico

L'archeologia industriale

15 BORGHESIA E CLASSE OPERAIA

CAPITOLO

1 I caratteri della borghesia

Tra il 1850 e il 1870 la borghesia europea conobbe una stagione di crescita e di affermazione. Nonostante fosse ancora condizionata dalla persistenza delle vecchie gerarchie sociali e fosse pesantemente sacrificata nella distribuzione del potere, la borghesia riuscì in questo periodo a presentarsi come portatrice e depositaria degli elementi di novità e trasformazione – lo sviluppo economico, il progresso scientifico –, a far valere la sua influenza e le sue idee-guida: il merito individuale, la libera iniziativa, la concorrenza, l'innovazione tecnica.

115 DOC
Karl Marx • Friedrich Engels
La borghesia come classe rivoluzionaria

Le stratificazioni della borghesia

Chi erano i protagonisti di questa fase della storia europea che non a torto è stata definita come «età della borghesia»? Allora come oggi il termine "borghesia" serviva a definire una gamma molto ampia di figure e posizioni sociali. Al vertice si collocavano **i magnati dell'industria e della finanza**, che aspiravano ad assumere gli stili di vita tipici dell'aristocrazia e, dove ciò fosse possibile, a mescolarsi con essa grazie soprattutto ad accorte politiche matrimoniali che univano i privilegi del denaro a quelli del lignaggio. Al di sotto si collocavano i gruppi e le categorie sociali che più propriamente si possono definire borghesi. Innanzitutto i ceti "emergenti", la cui fortuna era legata allo sviluppo dell'industria e del commercio: imprenditori e dirigenti d'azienda, mercanti e banchieri. Accanto a loro, la borghesia più tradizionale: quella che traeva i suoi proventi dalla terra, quella che esercitava le professioni (avvocati, medici, ingegneri) e quella che occupava i gradi medio-alti della burocrazia statale. Un gradino più in basso si situavano impiegati e insegnanti, piccoli commercianti e piccoli professionisti: insomma quell'area dai confini non ben definiti che già allora veniva indicata come **ceto medio** o **piccola borghesia**. Nel complesso, la borghesia costituiva una fascia piuttosto ristretta della popolazione: in Gran Bretagna, intorno al 1870, i borghesi in senso lato non erano più del 20%; e la percentuale scendeva al 2% circa se si prendevano in considerazione solo gli strati urbani superiori (senza contare, dunque, il ceto medio e la borghesia agraria).

Lo stile borghese

Nonostante la varietà delle sue componenti, la borghesia europea tendeva a esprimere una propria cultura e un proprio stile di vita, i cui tratti essenziali si possono ricondurre a un modello unitario. Lo stile di vita borghese doveva essere visibile nei segni esteriori. Ad esempio, nell'**abbigliamento**, cui uomini e donne delle classi superiori dedicavano molta cura e che rappresentava, assai più di quanto accade oggi, il principale segno distintivo di una condizione sociale. Grandi cure erano destinate anche all'**arredamento**. Le abitazioni borghesi non avevano certo lo sfarzo né l'ampiezza dei palazzi aristocratici. Requisiti tipici della casa borghese erano piuttosto la solidità e la razionalità senza sprechi

113 E.J. Hobsbawm
L'etica del borghese

114 W. Sombart
La doppiezza della natura borghese

120 J. Rosselli
Il teatro d'opera

degli spazi e delle funzioni domestiche. All'interno, però, l'abbondanza degli addobbi, dei quadri e dei soprammobili, l'attenzione al particolare e il gusto della decorazione rivelavano l'esigenza di tradurre il successo e la ricchezza in simboli visibili e tangibili.

I valori borghesi

Accanto a questa esigenza – e nonostante l'adozione dei modelli aristocratici, presenti soprattutto negli strati superiori – i valori fondamentali dell'etica e della cultura borghese restavano quelli tradizionali. L'**austerità**, la **moderazione**, la propensione al **risparmio**, la capacità di reprimere gli istinti erano le virtù capitali per il borghese-tipo, quelle che gli permettevano di legittimare moralmente la propria posizione nella società. Questa componente moralistica si rifletteva in particolare nella struttura della famiglia: una struttura patriarcale basata sull'**autorità del capofamiglia** e sulla **subordinazione della donna**. Con la differenza che, nella società borghese, la donna era generalmente esclusa dalle attività lavorative anche se aveva un ruolo decisivo nella sfera privata della tutela della famiglia e della cura dei figli.

Pierre-Auguste Renoir
Il pomeriggio dei bambini a Wargemont
1884
[Alte Nationalgalerie, Berlino]

La tela del pittore impressionista Renoir ci propone una scena domestica: madre e figlie, riunite in salotto, trascorrono il pomeriggio in casa, la madre intenta in una tipica occupazione femminile (il cucito), le figlie alle prese con bambole e libri. Nonostante il taglio ravvicinato dell'inquadratura, si intuisce un caratteristico interno borghese: non fastoso come le dimore aristocratiche né altrettanto spazioso, ma molto curato nei dettagli. L'atmosfera di serena intimità fra le figure rimanda da un lato al ruolo di educatrice della donna all'interno della famiglia borghese, dall'altro ricorda l'emergere nell'800 di una nuova attenzione verso il mondo dell'infanzia. È proprio in questo secolo che i bambini iniziano a essere considerati non più degli "adulti in miniatura in attesa di diventare grandi" ma dei soggetti diversi dagli adulti, con esigenze e modi di pensare propri.

Morale e rispettabilità Come si giustificava l'intransigenza borghese in materia di **morale familiare e sessuale**? Proprio in quanto protagonista di un'ascesa sociale recente, priva di una consolidata accettazione, la borghesia doveva costruire e difendere un'immagine di **rispettabilità** (che non derivava, come per gli aristocratici, dall'appartenenza a un ordine privilegiato) e doveva quindi dotarsi di quei saldi princìpi morali che ne giustificavano la nuova posizione sociale [👁 15.8 STORIA•SOCIETÀ•CITTADINANZA].

In realtà, non tutti i borghesi praticavano scrupolosamente queste virtù: le cronache della borghesia ottocentesca pullulano di speculatori disonesti, di avventurieri senza scrupoli, di individui dalla doppia moralità. Ma l'idea secondo cui solo certe doti morali potevano garantire il mantenimento o il miglioramento delle posizioni acquisite era largamente accettata (e difesa spesso da una larga dose di ipocrisia). Ne discendeva la convinzione, ampiamente condivisa e ripetutamente enunciata, secondo cui chi occupava i gradini inferiori della scala sociale era colui che di quelle doti era sprovvisto. In altre parole, **la povertà era un difetto morale** o quanto

▶ 116 DOC
Samuel Smiles
***Una ideologia borghese: il* self help**

Gli esponenti della borghesia urbana mutuarono dai nobili uno stile di vita in cui erano molteplici le occasioni mondane. Assistere a concerti, a corse di cavalli o partecipare a feste da ballo e banchetti, ma anche semplicemente frequentare luoghi considerati alla moda in città (come la pasticceria Gloppe sugli Champs-Élysées, a Parigi, raffigurata nell'immagine), erano tutte occasioni elitarie in cui si poteva far sfoggio del vestito più elegante e in generale esibire il proprio *status*. Beninteso, le fasce più basse della scala sociale non erano ammesse a condividere queste opportunità.

Jean Béraud
La Pasticceria Gloppe
1889
[Musée Carnavalet, Parigi]

meno il **frutto di colpe ataviche**. I poveri rimanevano poveri perché non conoscevano l'arte del risparmio e non erano in grado di dominare i loro bassi istinti. Così veniva spiegata, fra l'altro, la diffusione tra le classi subalterne della delinquenza, dell'alcolismo, della prostituzione. Al contrario, si pensava che chiunque possedesse accortezza, moderazione e capacità di sacrificio potesse raggiungere i traguardi più ambiziosi, in termini di ricchezza e di rispettabilità.

GUIDA ALLO STUDIO

❶ Da chi era composta la classe borghese? Di quali valori era portatrice? ❷ La borghesia era la classe sociale numericamente più rilevante in Europa? ❸ Che ruolo avevano la famiglia e la donna nell'universo borghese? ❹ Come era giudicata la povertà?

2 La cultura del positivismo

▶ 117 DOC
Auguste Comte
Lo spirito positivo

▶ 118 DOC
Charles Darwin
L'uomo come specie

▶ 119 DOC
Herbert Spencer
L'evoluzionismo sociale

Profondamente convinto della validità dei suoi princìpi e fiducioso nelle proprie capacità, il borghese europeo della seconda metà dell'800 era anche animato da una illimitata certezza nel progresso generale dell'umanità. Questo diffuso ottimismo poggiava soprattutto su due pilastri: le **conquiste della scienza** e lo **sviluppo economico**.
Negli anni 1850-70, la chimica, la fisica, la biologia e tutte le scienze della natura conobbero importanti progressi teorici e tornarono a occupare, come nell'età dell'Illuminismo, una posizione di preminenza nell'ambito della cultura europea.

Il positivismo

Sui progressi della scienza si fondò essenzialmente una nuova corrente intellettuale, il positivismo, che cominciò ad affermarsi verso la metà del secolo e venne poi allargando la sua influenza fino a contrassegnare una lunga stagione della cultura occidentale, a diventare una sorta di mentalità diffusa, un metodo generale di ricerca e di interpretazione della realtà. Il positivismo fu prima di tutto un indirizzo filosofico che considerava la conoscenza scientifica – quella basata su dati reali, positivi – come la sola valida e applicava i metodi delle scienze naturali allo studio di tutti i campi dell'attività umana, dall'arte all'economia, dalla psicologia alla politica.
Il pensatore francese **Auguste Comte** (1798-1857) fu il fondatore della nuova filosofia e il primo a tracciare i lineamenti di una "scienza della società", ossia della moderna sociologia. In seguito il filosofo inglese **Herbert Spencer** (1820-1903) ne elaborò un'interpretazione in chiave evoluzionistica, fondata sulla convinzione che mondo sociale e mondo biologico obbedissero a leggi analoghe, che trovò largo seguito soprattutto nel mondo anglosassone. Dal settore degli studi filosofici il positivismo venne allargando la sua influenza a tutti gli altri campi del sapere. Fra i maggiori esponenti della cultura positivista si annoveravano infatti studiosi di economia e di politica, giuristi, storici, letterati e soprattutto scienziati.

Darwin. Una nuova storia del genere umano

Il rappresentante più significativo e più noto del nuovo spirito «positivo» fu appunto uno scienziato: il grande naturalista inglese **Charles Darwin** (1809-1882). In un'opera dal titolo *L'origine delle specie*, uscita nel 1859 e diventata subito celebre, Darwin formulò, sulla base di lunghe osservazioni scientifiche sul mondo animale, una compiuta **teoria dell'evoluzione**, destinata a divenire pietra miliare degli studi biologici successivi. Secondo questa teoria, la natura è soggetta a un incessante processo evolutivo, guidato da un **meccanismo di selezione naturale** che determina la sopravvivenza (e la riproduzione) degli individui meglio attrezzati per reagire alle sollecitazioni dell'ambiente e la scomparsa degli elementi meno adatti. L'uomo stesso, secondo Darwin, non è che il risultato dell'evoluzione di organismi più elementari, l'ultimo anello di una catena biologica che procede dai protozoi fino ai mammiferi più complessi. La teoria evoluzionistica contraddiceva le credenze religiose sulla creazione dell'uomo direttamente ad opera della divinità e forniva gli elementi per una storia del genere umano radicalmente **alternativa a quella offerta dalle Sacre Scritture**. In questo modo il darwinismo si inseriva nel quadro più generale della cultura «positiva», che tendeva a liberare l'uomo da ogni forma di condizionamento soprannaturale, a immergerlo completamente nel mondo della natura, a sostituire le certezze delle religioni rivelate con quelle delle scienze esatte.

Parola chiave
Progresso

ONLINE

Il darwinismo sociale

Se da un lato la teoria dell'evoluzione si prestava a essere interpretata in chiave ottimistica, come prova della possibilità di progresso indefinito della specie umana, dall'altro il principio della selezione naturale poteva essere utilizzato per consacrare **il diritto del più forte** nei rapporti fra gli individui, tra le classi e anche fra gli Stati. Una concezione divenuta popolare alla fine dell'800, anche per le sue **implicazioni razziste**, e definita dai suoi oppositori come «darwinismo sociale».

GUIDA ALLO STUDIO

❶ Quali fenomeni e processi storici giustificavano l'ottimismo borghese? ❷ Che cosa fu il positivismo? ❸ Che cosa affermava la teoria dell'evoluzione di Darwin? Quale idea di uomo fu messa in crisi dall'evoluzionismo? ❹ Su quale idea poggiava il darwinismo sociale?

Le innumerevoli scoperte in campo scientifico e medico registrate nella seconda metà del XIX secolo influenzarono non poco l'ideale positivistico del progresso. Il ritratto raffigura William Thomson, un fisico i cui studi furono importanti per il mondo scientifico e noto ai più come perfezionatore del telegrafo elettrico.

Ritratto di Lord Kelvin William Thomson
[Teyler's Museum, Haarlem]

Charles Darwin

«Il ricordo dello splendore della vegetazione tropicale, mi torna oggi alla mente più vivo che mai, anche più della impressione indimenticabile [...] che suscitarono in me il grande deserto della Patagonia e le montagne ricoperte di foreste della Terra del Fuoco. L'incontro con un selvaggio nudo, nella sua terra natale, è un avvenimento che non si può dimenticare».

Con queste parole Charles Darwin rievocava, a molti anni di distanza, le impressioni provate nel corso del viaggio intorno al mondo effettuato a bordo del brigantino *Beagle* tra il 1831 e il 1836. Egli stesso lo definì l'evento più importante della sua vita: sulla base di quell'esperienza avrebbe elaborato la teoria dell'evoluzione, destinata a cambiare radicalmente, con l'idea dell'origine umana, la scienza e la cultura occidentali. Dopo aver contribuito a scardinare il vecchio ordine di valori, nell'era dell'industrializzazione le sue tesi sulla selezione naturale avrebbero travalicato di gran lunga l'ambito scientifico per diventare una componente essenziale dei valori ideologici e culturali della borghesia, accanto al liberismo economico e all'idea di progresso.

Quando si imbarcò sul *Beagle* come naturalista, Darwin era appena ventiduenne e fresco di studi: nato nel 1809 a Shrewsbury, vicino Birmingham, dopo aver interrotto gli studi di medicina all'università di Edimburgo aveva intrapreso la carriera ecclesiastica a Cambridge, appassionandosi alle scienze naturali. Già a Edimburgo però aveva frequentato la Plinian Society, circolo scientifico in cui si discutevano tesi poco ortodosse e diffusamente condannate sull'evoluzione, con le quali il giovane Darwin vantava una certa familiarità: suo **nonno paterno, Erasmus**, medico e libero pensatore, nel 1796 aveva scritto una *Zoonomia* in cui si delineava un sistema evoluzionistico che allora indusse qualcuno a parlare di «teologia dell'orangutan capostipite della razza umana, in sostituzione al primo capitolo della Genesi», subodorando quella relazione tra uomo e scimmia che si sarebbe delineata "in tutto il suo orrore" nell'opera del nipote.

Il *Beagle* salpò nel dicembre 1831 alla volta del Brasile; da lì avrebbe poi circumnavigato l'emisfero meridionale per fare ritorno in Inghilterra dopo cinque anni. Questa esperienza decisamente avventurosa, di cui Darwin lasciò un ampio resoconto nel suo *A Naturalist's Voyage round the World* (1839), costituisce un evento eccezionale nel quadro complessivo della sua biografia, non solo perché da lì in avanti Darwin avrebbe condotto una vita tranquilla, ma soprattutto perché si sarebbe rivelato determinante per la sua progressiva messa a fuoco di una visione organica sulla formazione della Terra, sull'origine delle specie e sulla posizione occupata dall'uomo in questo quadro d'insieme.

Al suo ritorno in Inghilterra Darwin iniziò a trascrivere le sue riflessioni in una serie di taccuini segreti che contengono i fondamenti della sua teoria, che nel 1839 era già

◀
Caricatura di Charles Darwin
agosto 1878
[«La Petite Lune» n. 10; Bibliothèque Nationale de France, Parigi]
Darwin ricevette in vita numerosi riconoscimenti, ma la sua teoria sull'evoluzione delle specie provocò un forte sdegno, che si espresse spesso in forma satirica, non solo in Inghilterra.

▶
Herbert Rose Barraud
Ritratto fotografico di Charles Darwin
1881
[The Huntington Library, San Marino, California]

delineata. Nel contempo frequentava le più **prestigiose società scientifiche inglesi** – proprio quelle che giudicavano esecrabile ogni ipotesi evoluzionista – in una girandola di incarichi e onorificenze, ma solo perché nessuno sapeva ciò che stava prendendo forma nella sua mente. In anni in cui neanche i pensatori più radicali ammettevano la possibilità che le specie più complesse potessero derivare da quelle più semplici – e meno che mai che ci fosse qualcosa in comune tra la specie umana e gli animali – Darwin arrivava alla conclusione che l'uomo discende per selezione da specie precedenti. Era come proclamare un'eresia.
Benché un abbozzo del saggio fosse pronto fin dal 1844, *On the Origin of Species* avrebbe visto la luce solo nel 1859. Questa lunga sospensione rimanda alla radicalità delle trasformazioni e dei conflitti in atto allora nella società inglese: mentre le nuove realtà indotte dalla rivoluzione industriale scardinavano l'universo tradizionale, le autorità religiose e scientifiche restavano arroccate in difesa delle sue fondamenta teoriche – e l'origine divina dell'uomo ne era una parte essenziale. **La teoria darwiniana metteva in discussione l'immutabilità delle specie, e quindi l'idea stessa della creazione divina**, basandosi sui due concetti fondamentali di selezione naturale e adattamento: all'interno di ogni specie esiste una variabilità tra i soggetti che ne rende alcuni più adatti a sopravvivere, ad essere oggetto di selezione naturale e ad avere quindi maggiori possibilità di trasmettere il bagaglio genetico, determinando un ininterrotto cambiamento all'interno di ogni specie e una selezione tra specie diverse in ragione della loro capacità di adattamento.
Un simile approccio, che segnava la **definitiva irruzione della storia e del tempo nel mondo naturale**, aveva conseguenze di enorme portata: oltre a negare ogni visione finalistica della natura, il cui "ordine" appariva frutto del caso e della lotta per la sopravvivenza più che di un disegno provvidenziale, la specie *homo sapiens* perdeva la sua posizione privilegiata e da diretta emanazione divina al centro della creazione si ritrovava ad essere discendente di un mollusco bisessuato e senza testa, semplice anello di una lunga catena. Darwin era consapevole che le implicazioni del suo lavoro oltrepassavano l'ambito strettamente scientifico, con una inevitabile **ricaduta sul piano religioso, sociale e politico**; e per questo era certo non solo dell'ostracismo del mondo scientifico, ma anche dell'incomprensione e del rifiuto di coloro che più gli erano vicini, i cui sentimenti religiosi e morali ne sarebbero stati offesi. Di qui la **decisione del silenzio**.
Sposatosi nel 1839 con la cugina Emma Wedgwood, Darwin si ritirò in una proprietà di campagna nel Kent, Down House, una specie di eremo dove avrebbe vissuto per tutta la vita, coltivando gli studi e schivando abilmente le visite. Dal matrimonio sarebbero nati dieci figli, per i quali Darwin mostrerà sempre un profondo attaccamento: la morte di tre di loro gli causerà un dolore immenso, responsabile in parte del suo progressivo distacco dalla religione. Per il resto la sua vita non subì grandi scossoni, e lui stesso definì le sue giornate simili tra loro «come due piselli». A questa monotonia corrispondeva però lo sconquasso portato dalle sue teorie nell'Inghilterra vittoriana e nella storia delle idee: la crescente tensione tra il rigore del ragionamento scientifico e la consapevolezza delle sue ricadute sul piano morale e sociale (inconciliabili con l'ambiente "rispettabile" di cui faceva parte) cominciò a procurargli un malessere fisico crescente – palpitazioni, dolori allo stomaco, feroci mal di testa – che si tradusse in una malattia oscura e mai diagnosticata che avrebbe condizionato sempre più pesantemente la sua vita, come lui stesso racconta: «Per tutto questo inverno sono stato abbastanza male, con orribili attacchi di vomito ogni settimana, e il mio sistema nervoso cominciò a risentirne: mi tremavano le mani e mi girava spesso la testa. Un giorno su tre non ero in grado di far nulla».
Le relazioni sociali furono demandate a una fitta corrispondenza con amici e personalità scientifiche, anche quando Darwin divenne celebre in seguito alla pubblicazione dell'*Origine delle specie* e alle violente reazioni che l'opera (esaurita il giorno stesso della pubblicazione) suscitò nell'opinione pubblica, nelle istituzioni scientifiche e soprattutto nella Chiesa anglicana.
Darwin, che aveva accettato di pubblicare il libro solo per l'insistenza degli amici, evitò accuratamente ogni dibattito pubblico. La **difesa delle sue tesi** fu assunta da Thomas Henry Huxley, scienziato e discepolo di Darwin – una sorta di *alter ego* che si fece appassionato promotore dell'evoluzionismo: nel 1860, in occasione di una sessione dell'Associazione britannica per il progresso delle Scienze in cui si dovevano discutere le sue tesi, Darwin gli scriveva: «Onore al vostro fegato: io sarei morto prima di tentare di rispondere al vescovo in un'assemblea come quella».
Di lì a poco la **Royal Society**, la più prestigiosa istituzione scientifica inglese, avrebbe conferito a Darwin il massimo riconoscimento, evitando però di menzionare nelle motivazioni la teoria sull'evoluzione, a riprova della delicatezza dell'argomento. Solo alla data della sua morte, nel 1882, le polemiche erano ormai sopite, tant'è che Darwin venne seppellito a Westminster con tutti gli onori accanto a Newton.

3 Lo sviluppo dell'economia e delle comunicazioni

All'ascesa della borghesia corrispose, tra la fine degli anni '40 e l'inizio degli anni '70, un periodo di forte espansione economica non solo nel nuovo settore industriale, ma anche in quello tradizionale dell'agricoltura: entrambi si avvantaggiarono dello sviluppo delle ferrovie, che favorirono la circolazione e lo scambio delle merci e aprirono anche le campagne alla penetrazione dell'economia di mercato.

I fattori dello sviluppo

Diversi sono gli elementi portanti che concorrono a sostenere questa fase di sviluppo. Alcuni sono nuovi, altri rappresentano l'applicazione diffusa o il perfezionamento di fattori già presenti soprattutto in Gran Bretagna. Sul piano produttivo questa è l'**età del ferro** (o più precisamente della ghisa) e del **carbone**, e la **macchina a vapore** costruita in ferro e alimentata a carbone vi svolge un ruolo da assoluta protagonista: sia come forza motrice nelle fabbriche che abbandonano la ruota idraulica e si convertono alla meccanizzazione alimentata dal vapore, sia come locomotiva nelle ferrovie e come motore per la navigazione [👁 8.2-3].
Fra il 1850 e il 1870, la potenza in cavalli vapore delle macchine fisse per l'industria crebbe di tre volte in Gran Bretagna, di cinque volte in Francia, di quasi dieci volte in Germania. Questi dati suggeriscono che lo sviluppo economico avvantaggiava le **"nuove" potenze industriali** – la Francia del Secondo Impero e la Germania in via di unificazione – consentendo loro di ridurre il divario che le separava dalla Gran Bretagna.

Le nuove normative e il libero scambio

Nell'**Europa centro-orientale**, dove più forti erano le sopravvivenze dell'antico regime, furono smantellati gli ordinamenti corporativi che regolamentavano l'esercizio dei mestieri ostacolando la mobilità del lavoro e l'innovazione tecnologica. Furono definitivamente abrogate le vecchie leggi (mai seriamente applicate) che proibivano il prestito a interesse. A questa larga liberalizzazione, risultata dalla rimozione dei vincoli giuridici, si affiancava la diffusione del libero scambio. Nel giro di pochi anni caddero le numerose barriere che si frapponevano alla **libera circolazione delle merci**: dazi interni e soprattutto ai confini fra gli Stati. Una serie di trattati commerciali, che prevedevano forti riduzioni delle tariffe doganali, fu stretta tra le principali potenze europee. Il libero scambio favorì in primo luogo la **Gran Bretagna** che, grazie al suo ruolo di maggiore potenza industriale e commerciale, poteva offrire i suoi prodotti a prezzi competitivi sui mercati stranieri; ma finì col giovare anche agli altri paesi europei, in quanto, provocando la scomparsa delle imprese meno attrezzate per reggere alla concorrenza, favorì la **modernizzazione dell'apparato produttivo**.

Capitali e banche

Un ruolo decisivo giocò in questa fase lo sviluppo delle organizzazioni finanziarie. Da un lato si moltiplicarono le **società per azioni**, che permettevano agli imprenditori di ridurre il rischio degli investimenti e di sopperire al bisogno di capitale raccogliendolo fra numerosi sottoscrittori. Dall'altro le banche assunsero una funzione decisiva nel promuovere lo sviluppo, incanalando i capitali disponibili verso gli investimenti produttivi. Nacquero a questo scopo, soprattutto in Francia e in Germania, **"banche di investimento"** (o "banche d'affari"), la cui funzione principale non consisteva tanto nel fornire prestiti a breve termine per operazioni commerciali, quanto nel sostenere iniziative di ampio respiro con finanziamenti a lunga durata. Fu questo il caso delle banche di **credito mobiliare** sorte nella Francia del Secondo Impero o delle **banche miste tedesche**, chiamate così perché svolgevano contemporaneamente due funzioni: quella tradizionale

Società per azioni
Una S.p.A. è un ente a carattere economico nel quale i soci detengono dei titoli azionari come quote di proprietà o di partecipazione. I proprietari delle azioni hanno diritto di partecipare agli utili sotto forma di dividendi che la società distribuisce annualmente fra gli azionisti.

della raccolta del risparmio e dell'offerta di credito a breve termine e quella nuova dell'investimento a lungo termine nelle imprese industriali.

La rivoluzione dei trasporti

La costruzione di linee ferroviarie, treni e navi a vapore fu certamente un prodotto della rivoluzione industriale, ma al tempo stesso contribuì potentemente ad alimentarla. La rivoluzione dei trasporti non ebbe solo conseguenze di ordine economico, ma influenzò significativamente abitudini e modi di pensare della gente comune: dei borghesi che commerciavano o viaggiavano per istruzione e per turismo, ma anche dei ceti popolari (lavoratori che emigravano, manovali impiegati nelle costruzioni ferroviarie, contadini che vendevano i loro prodotti sul mercato). La stessa immagine del mondo cambiò radicalmente, com'era avvenuto ai tempi delle grandi scoperte geografiche; e l'idea di **un mondo unito**, le cui parti erano legate fra loro da stretti rapporti di interdipendenza, cominciò a farsi strada nella coscienza di molti.

■ **Il boom delle ferrovie** All'inizio degli anni '50 esistevano in tutto il mondo circa 40 mila km di ferrovie: 15 mila negli Stati Uniti e 25 mila in Europa (di cui 11 mila nella sola Gran Bretagna). Dieci anni dopo, l'estensione della rete ferroviaria mondiale era quasi triplicata (110 mila km, di cui più della metà nel Nord America: ATLANTE **28**). La crescita continuò, con un ritmo di poco inferiore, nei due decenni successivi, favorita dai grandi progressi dell'ingegneria civile, che permisero di superare gli ostacoli naturali e di portare le **linee ferroviarie** anche nelle zone più impervie. Nel 1871 con l'inaugurazione del primo **grande traforo delle Alpi**, quello del **Fréjus** tra Francia e Italia, furono abbreviati di ventiquattr'ore i collegamenti con

ATLANTE 43_LA RETE FERROVIARIA NEGLI STATI UNITI D'AMERICA NEL 1870

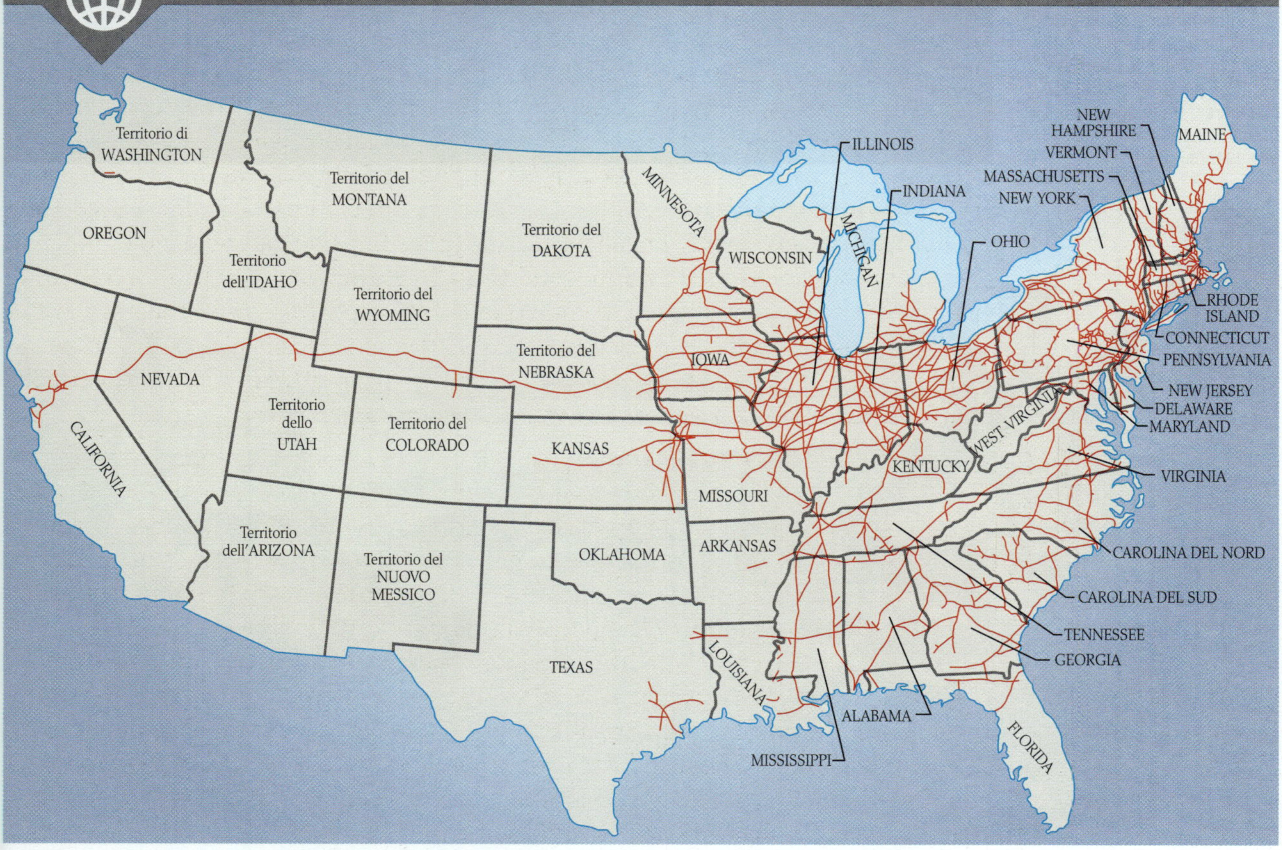

l'Europa del Nord. Ma gli sviluppi più spettacolari si ebbero negli **Stati Uniti**, dove le costruzioni ferroviarie accelerarono notevolmente la conquista dei territori dell'Ovest: nel '69 fu aperta la prima linea transcontinentale da New York a San Francisco, fino allora raggiungibile solo via mare **[👁 ATLANTE_43]**. Fra il 1860 e il 1880, le ferrovie penetrarono in vaste aree dei continenti extraeuropei, soprattutto nelle colonie britanniche (India e Australia) e nell'America Latina.

■ **La navigazione a vapore** Più lenta fu l'affermazione del vapore nel campo dei trasporti marittimi. Nell'800, le navi a vela avevano raggiunto un notevole grado di efficienza: i *clippers* (velieri veloci impiegati per il trasporto transoceanico soprattutto di merci leggere come il tè e le spezie) battevano in velocità gli *steamers*, battelli a vapore inizialmente azionati da grandi ruote a pale e dotati di vele ausiliarie, appe-

▸ Currier & Ives
Uno snodo ferroviario americano di notte
1876 ca.

◂ Charles Parsons
Il ponte ferroviario sulle cascate del Niagara, visto dal lato americano
1856-57
[Library of Congress, Washington, D.C.]

I nuovi mezzi di trasporto furono decisivi per lo sviluppo industriale e la circolazione delle merci: non solo permisero spostamenti più rapidi e frequenti, ma cambiarono radicalmente il rapporto tra l'uomo e lo spazio fisico. La ferrovia, in particolare, si sviluppò anche grazie ai grandi passi avanti nel campo dell'ingegneria civile, che permisero la costruzione di gallerie, ponti, viadotti e strade ferrate, imponenti lavori che modificano profondamente il paesaggio. Il ponte ferroviario sospeso nei pressi delle cascate del Niagara, che collegava la parte canadese e quella statunitense della città di Niagara Falls, fu costruito nel 1855 per promuovere il commercio fra le due nazioni e fu il primo ponte al mondo del suo genere.

santiti dalla necessità di imbarcare il carbone necessario per alimentare le macchine. Perciò solo dopo il 1860, con l'introduzione dell'**elica** al posto della ruota e con la sostituzione degli scafi in ferro a quelli in legno, le navi a vapore furono potenziate e divennero decisamente competitive in termini di velocità oltre che di capacità di carico, soprattutto nelle rotte verso l'Asia dopo l'apertura del canale di Suez (1869) [👁 19.4], dove i velieri non potevano manovrare.

La rivoluzione delle comunicazioni Contemporaneamente alla rivoluzione dei trasporti, un'altra trasformazione non meno radicale si ebbe nel campo della comunicazione dei messaggi, grazie alla diffusione del **telegrafo**. Negli anni '50 e '60, tutti i paesi europei si dotarono di un sistema di comunicazioni telegrafiche. Nello stesso periodo, nuove tecniche di isolamento dei fili metallici consentirono la posa dei primi cavi telegrafici sottomarini. La Manica fu attraversata nel 1851, l'Atlantico nel 1866 [👁 ATLANTE_44].

La comunicazione dei messaggi era così svincolata per sempre dalla dipendenza dai mezzi di trasporto e la **velocità di diffusione delle notizie** aumentò in modo vertiginoso. Da allora diventò possibile concludere istantaneamente **transazioni finanziarie** con paesi lontani, impartire direttive diplomatiche in tempi rapidissimi, guidare gli eserciti

Transazione finanziaria
Operazione di compravendita di strumenti finanziari: valute, azioni, obbligazioni (cioè titoli di credito emessi da una società privata), titoli di Stato (obbligazioni emesse dallo Stato per far fronte al debito pubblico).

Telegrafo
Il telegrafo elettrico è un apparecchio trasmittente che, aprendo e chiudendo i contatti di un circuito elettrico, consente di inviare messaggi a un apparecchio ricevente. Realizzato dall'americano Samuel Finley Morse (1791-1872), il telegrafo utilizza uno speciale alfabeto fatto di punti e linee detto, dal nome del suo inventore, «alfabeto Morse». Poiché la corrente elettrica viaggia alla velocità della luce (300 mila km al secondo), le informazioni trasmesse arrivavano quasi nello stesso momento in cui erano inviate. Più tardi, tra la fine dell'800 e gli inizi del '900, il fisico italiano Guglielmo Marconi (1874-1937) inventò un tipo di telegrafo senza fili che trasmetteva e riceveva utilizzando le onde radio o elettromagnetiche. Nel 1901 Marconi riuscì a trasmettere segnali attraverso l'Atlantico.

ATLANTE 44_COMUNICAZIONI POSTALI E TELEGRAFICHE (1852-75)

GUIDA ALLO STUDIO

❶ Elenca i fattori che resero possibile il boom economico degli anni '50 e '60. Quale ruolo assunsero le banche in questo contesto? ❷ Quali conseguenze economiche e sociali derivarono dalla rivoluzione dei trasporti? ❸ In quali regioni si ebbero i maggiori progressi nel campo ferroviario? ❹ Che cosa rese difficoltosa l'affermazione della navigazione a vapore? ❺ Perché l'invenzione del telegrafo trasformò radicalmente il mondo della comunicazione?

da zone distanti dal fronte. Una rivoluzione nella rivoluzione si verificò nel settore giornalistico, dove l'uso del telegrafo potenziò il ruolo delle **agenzie di stampa**, come la francese Havas, la britannica Reuters, la tedesca Wolff, l'italiana Stefani (fondata nel 1853 con l'appoggio di Cavour): fornendo notizie ad altri organi di informazione – quotidiani, riviste, ecc. –, esse divennero veicoli indispensabili per l'acquisizione e diffusione delle notizie in tempi rapidissimi da tutto il mondo.

EVENTI

La Grande Esposizione del 1851

A partire dalla fine del '700, in Francia e in Gran Bretagna, cominciarono a essere organizzate ciclicamente mostre ed esposizioni di prodotti industriali, a carattere prevalentemente nazionale. Solo nel 1851, con la *Great Exhibition of the Works of Industry of All Nations* (La Grande Esposizione dell'industria di tutte le nazioni) di Londra, nacquero invece le esposizioni internazionali (o "universali") in senso moderno, organizzate ancora oggi.

Prodotti della rivoluzione industriale e dell'emergere di una nuova classe sociale (la borghesia), le Expo diventarono veri e propri **palcoscenici della modernità**, attraverso cui celebrare il progresso tecnologico e sociale, evidenziare i caratteri peculiari di ogni nazione, stimolare la competizione tra gli imprenditori, il commercio e gli scambi. Le esposizioni universali, inoltre, modificarono e risignificarono gli spazi urbani: la necessità di costruire rapidamente edifici per poterle ospitare, infatti, contribuì non solo a velocizzare le tecniche costruttive, ma anche a urbanizzare nuove aree e ad arricchire di infrastrutture e servizi le città ospiti.

Nel pieno del periodo vittoriano, intorno alla metà dell'800, l'industria britannica era la più avanzata e sviluppata del mondo occidentale. Essa era in grado di **produrre "in serie"** svariati oggetti di consumo, ma gli alti costi dei macchinari richiedevano di estendere i mercati in cui venderli, da un lato con l'espansione coloniale e, dall'altro, con la pubblicizzazione delle merci attraverso mostre e fiere e la semplificazione degli scambi internazionali.

L'Esposizione del 1851 fu organizzata principalmente da **Henry Cole**, uno dei maggiori intellettuali del periodo, e dal **principe Alberto**, marito della regina Vittoria. Alberto, negli anni precedenti, aveva riorganizzato la Royal Society of Arts (Rsa), di cui era presidente, e, fiducioso nelle potenzialità dell'applicazione dell'arte all'industria, dal 1847 aveva promosso alcune esposizioni di *art manufactures*, cioè di oggetti (mobili, lampade, sedie, ecc.) prodotti a livello industriale che ricercavano la massima resa estetica. Alla fine del 1849, ispirato dall'Esposizione nazionale di Parigi che aveva appena visitato, Cole propose ad Alberto e alla Rsa di organizzare un evento simile a Londra. Nonostante le opposizioni parlamentari delle destre conservatrici, la proposta fu accettata e furono stabilite le regole valide anche per le Expo successive: il carattere internazionale; la natura temporanea dell'edificio che le ospitava; l'assegnazione di premi; la raccolta di sottoscrizioni per la loro realizzazione; l'istituzione di una commissione per selezionare i partecipanti; il divieto di vendere gli oggetti in mostra e di esporne i prezzi; la cadenza quinquennale.

Gli scopi degli organizzatori dell'Esposizione erano molteplici: dare impulso ai commerci con una revisione del sistema postale e doganale, stringere nuovi legami internazionali, definire e rafforzare l'identità della **Gran Bretagna**, vera e propria *nation on display* ('nazione in mostra'), riformare la legge sui brevetti (titoli giuridici che dichiarano la proprietà intellettuale di un'invenzione impedendo ai non titolati di produrre quella invenzione, venderla o utilizzarla). Si volevano, inoltre, diffondere alcuni valori morali – come l'operosità, la pace nel mondo, l'amicizia e la collaborazione tra le nazioni – da raggiungersi attraverso la libera concorrenza e il libero commercio.

Nel 1850, fu indetto un concorso internazionale per progettare la sede dell'Esposizione, ma nessuno dei circa 250 partecipanti fu ritenuto idoneo. Joseph Paxton, costruttore di serre e giardiniere esperto di piante esotiche, presentò allora il suo progetto alla Commissione organizzatrice ed essa, nonostante alcuni pareri contrari, lo accettò. Il **progetto di Paxton** non proponeva tecniche nuove, ma un nuovo modello di progettazione ed esecuzione che si basava sulla leggerezza, sulla trasparenza e sulla luminosità: la costruzione – frutto dell'assemblaggio di segmenti metallici in ferro e di lastre di vetro, tutti prodotti in serie e prefabbricati – fu realizzata in soli nove mesi e con costi molto contenuti.

L'edificio, innalzato all'interno di Hyde Park, era costituito da un'unica navata centrale – lunga 550 metri e larga 150 – su cui si innestava un transetto coperto da una volta a botte, che inglobava alcuni alti alberi del parco. Subito soprannominato **Crystal Palace** (Palazzo di Cristallo), l'edificio – vero e proprio "contenitore" per esporre prodotti industriali e **primo grande prefabbricato della storia** – rappresentò il modello della nuova tipologia espositiva, basato sulla costruzione di singoli edifici temporanei, veloci da edificare, che avevano il solo scopo di ospitare l'Expo: con la sua realizzazione si tende a far iniziare l'età moderna dell'architettura.

Nel giugno 1852, il Crystal Palace fu smontato e ricostruito – con la funzione di museo storico e di luogo di svago – a Sydenham Hill, a sette miglia da Londra: qui Paxton lo arricchì con piante esotiche, fontane, laghetti con barche, grotte sotterranee, statue e labirinti. Già minacciato da un incendio nel 1867, il Sydenham Crystal Palace fu poi completamente distrutto da un rogo nel novembre 1936.

La Great Exhibition si aprì il **1° marzo del 1851**, alla presenza di tutta la famiglia reale e delle 25 mila persone che pagarono per assistere alla cerimonia di apertura, mentre altre decine di migliaia affollarono le strade adiacenti al Crystal Palace. La regina Vittoria, sul suo diario, commentò l'evento affermando che si trattava di uno dei giorni «più grandi e dei più gloriosi delle nostre vite [...]. Il grande entusiasmo, la gioia espressa da ogni volto, la vastità dell'edificio, con tutte le sue decorazioni ed esposizioni, il suono dell'organo [...], e il mio amato marito come creatore di questo grande "Festival della Pace", che unisce l'industria e le arti di tutte le nazioni della terra, tutto questo, è stato davvero commovente, un giorno da ricordare per sempre».

I paesi furono invitati a contribuire all'Expo con lo scopo di promuovere l'integrazione tra l'industria e le arti. Alla fine vi parteciparono circa **50 paesi da tutti i continenti**

4 Le città

L'urbanesimo Nell'Europa dell'800, l'affermazione della borghesia e la crescita del proletariato andarono di pari passo con lo sviluppo dei grandi centri urbani. Ebbe allora inizio quel grande processo storico che va sotto il nome di urbanesimo e che avrebbe portato gradualmente la maggioranza della popolazione dei paesi sviluppati a **trasferirsi dalle campagne nelle città.** Attorno al 1850, la grande città – intendendo per grande città ciò che si intendeva allora, cioè un centro

e una quarantina tra **colonie e protettorati**, per un totale di 14 mila espositori – di cui la metà inglesi – e di oltre 100 mila oggetti. Le **sezioni** della mostra erano quattro: Prodotti grezzi e materie prime; Macchinari; Manufatti (tessili, metallici, in vetro e in ceramica); Belle Arti (scultura, modelli di architettura, topografia e arte plastica). Gli espositori britannici e delle colonie dell'Impero furono disposti nella metà occidentale del padiglione, gli altri paesi in quella orientale. Le macchine, invece, furono presentate in movimento e, per questo, riunite nella zona nord-ovest, per motivi tecnici dipendenti dall'uso della forza vapore.

I **prodotti** esposti andavano dalle ceramiche di Sèvres ai pizzi neri di Barcellona, dai vetri di Murano agli arazzi di Beauvais e dei Gobelins, dalle sculture classiche ai cumuli di carbone, dai microscopi ai barometri, dalle macchine agricole ai telegrafi, dalle rare piante tropicali alle potenti presse idrauliche per la costruzione di infrastrutture, dalle locomotive al diamante più grande allora conosciuto. Non furono rari gli oggetti stravaganti: tra essi, una fontanella che zampillava acqua di colonia, un ponte elastico in gomma e un coltello con 1851 lame.

La sezione meno ricca dell'Esposizione fu quella delle Belle Arti: non era prevista la pittura, mentre i modelli architettonici e plastici dovevano contenere almeno un elemento di innovazione scientifica, tecnologica o industriale. La Grande Esposizione contribuì così a individuare un nuovo valore dei prodotti artistici, quello della "funzionalità" e della necessità di mantenere l'equilibrio tra qualità formale e qualità tecnica, e segnò la **nascita del design**.

La Great Exhibition si chiuse il 15 ottobre 1851. Fu un grande successo che superò le più rosee aspettative dei suoi organizzatori: fu visitata da **oltre 6 milioni di visitatori**, di tutte le classi sociali, e il guadagno finale fu di oltre 183 mila sterline, che furono investite per la costruzione del South Kensington Museum (oggi Victoria and Albert Museum) e del Natural History Museum, dove furono raccolti e conservati molti degli oggetti in mostra all'Esposizione.

L'interno del «Crystal Palace» durante la Grande Esposizione
1851

EVENTI

122
G. Zucconi
Le metropoli contemporanee: Parigi e Londra

123
M. Berman
I boulevards e la nuova immagine della città

con almeno 100 mila abitanti – era ancora un fenomeno molto raro. Unica eccezione, la Gran Bretagna, dove già negli anni '40 la popolazione urbana aveva uguagliato e superato quella rurale e dove, nel 1850, esistevano una trentina di grossi **centri industriali**. In Germania, invece, il pareggio tra i residenti in città e quelli in campagna venne raggiunto solo all'inizio del '900, in Francia una trentina di anni dopo, in Italia solo a metà del XX secolo.

Nell'800 si moltiplicò il numero delle grandi città. Se all'inizio del secolo soltanto Londra aveva già superato il milione di abitanti, nel 1914 ben 22 città avevano oltrepassato quella soglia: 8 in Europa, 10 in Asia e 4 in America. Fu uno sviluppo impetuoso, stimolato in gran parte dall'espansione del commercio europeo nel mondo: anche in Asia, infatti, crebbero soprattutto le cosiddette **"città-emporio"**, ovvero i centri di scambio situati vicino alle foci di fiumi navigabili o ai terminali di linee ferroviarie, come Canton in Cina o Calcutta e Bombay in India.

Le città in Europa e negli Stati Uniti

Alla metà dell'800 **Londra**, con oltre 2 milioni e mezzo di abitanti, era di gran lunga la più grande **metropoli** del mondo e continuava a espandersi a un ritmo impressionante. In Francia, nello stesso periodo, le città con più di 100 mila abitanti erano solo sei, compresa **Parigi**, che superava ormai il milione. In Germania erano otto, fra cui **Berlino**, che

Camille Pissarro
Boulevard Montmartre, primavera
1897
[Israel Museum, Gerusalemme]

Tra il 1850 e il 1873 Parigi conobbe una vera rivoluzione urbanistica, fortemente voluta da Napoleone III e realizzata dal prefetto della Senna, barone George Haussmann. Nei 17 anni in cui fu in carica Haussmann, furono aperti ben 165 km di nuove strade (un quinto dell'intera rete viaria di cui disponeva Parigi nel 1869), concentrati, soprattutto, nelle aree centrali della città. Grandi viali alberati, i famosi *boulevards* – la cui costruzione richiese l'abbattimento di molti quartieri medievali –, migliorarono i collegamenti fra i vari punti della città, semplificando gli spostamenti e rendendo impossibile la costruzione delle barricate in caso di rivolte urbane. Vennero costruite stazioni ferroviarie, un sistema di fognature e di condotte di acqua potabile, furono realizzati parchi. In breve il volto della città mutò completamente.

Metropoli

Guido Zucconi, storico dell'architettura, ha scritto che, nella seconda metà dell'800, «si diffonde e si impone il termine metropoli, prima di allora legato a situazioni tipiche dell'antichità: città-madri, generatrici di colonie greche, o grandi concentrazioni ove sono compresenti diverse comunità nazionali (Babilonia, Alessandria, Roma, Costantinopoli). Intriso di questo secondo significato, ora il termine sta a definire una mistura di connotati quantitativi (la dimensione "ultramilionaria") e di dati qualitativi (la presenza di un dinamismo particolarmente intenso)». Nella prima metà del '900 è detta, dunque, metropoli una città con oltre 1 milione di abitanti, che sia anche un centro dinamico nei settori politico ed economico, e un riferimento sia per il territorio in cui sorge sia per ulteriori interlocutori attivi su scala planetaria: altre grandi città, protagoniste dell'economia e della politica.

raggiungeva appena i 400 mila residenti. Solo trent'anni dopo, la situazione era molto cambiata. In Francia e in Germania, il numero delle grandi città era più o meno raddoppiato. Le grandi capitali si erano ampliate a dismisura: **Parigi** era passata da poco più di uno a oltre 2 milioni di abitanti, Berlino da 400 mila a oltre 1 milione, mentre Londra manteneva largamente il suo primato, superando i 4 milioni e mezzo. Alla base di questo fenomeno c'erano cause diverse, ma strettamente legate fra loro. Lo sviluppo economico, che creava nuove **occasioni di lavoro**, e la **rivoluzione dei trasporti**, che rendeva più facili gli spostamenti, alimentavano un imponente flusso migratorio dalla campagna alle città.

In **Gran Bretagna** l'industrializzazione ridisegnò la geografia delle città, favorendo lo sviluppo di piccoli centri in passato ai margini della vita economica e sociale del paese: infatti Birmingham, Glasgow, Liverpool e Manchester avevano superato abbondantemente, alla metà dell'800, i 200 mila abitanti mentre un secolo prima nessuna di loro oltrepassava i 30 mila [ATLANTE_45]. In Francia e in Italia, invece, lo sviluppo delle città ebbe caratteri diversi sia per le peculiarità del sistema urbano dei due paesi, sia per il più lento sviluppo dell'industrializzazione: qui furono le città già preminenti durante l'*ancien régime* a registrare gli incrementi demografici più significativi, lasciando così quasi intatte le tradizionali gerarchie urbane.

121
L. Mumford
Casa e condizioni di vita nei centri industriali

Claude Monet
Gare de St. Lazare
1877
[National Gallery, Londra]

Focus
Le trasformazioni urbane

ONLINE

Nella seconda metà dell'800, furono soprattutto gli **Stati Uniti** a elaborare un nuovo modello di sviluppo della città, con la costruzione dei **grattacieli** e l'espansione dei sobborghi periferici. Questo nuovo modello era ben rappresentato da **New York** e **Chicago**. La prima passò da poco più di 50 mila abitanti all'inizio dell'800 a 3 milioni e mezzo nel 1900. La seconda fu protagonista di un vero e proprio boom demografico in solo mezzo secolo: dai 5000 residenti nel 1850 a 1.700.000 nel 1900.

I nuovi centri della vita urbana

L'ampliamento delle dimensioni urbane e le trasformazioni delle città avevano dato vita a nuovi centri che si affiancavano e si sostituivano a quelli tradizionali (la cattedrale, il municipio, la piazza del mercato). Punti di riferimento essenziali erano in primo luogo le

ATLANTE 45_L'URBANIZZAZIONE IN GRAN BRETAGNA A METÀ '800

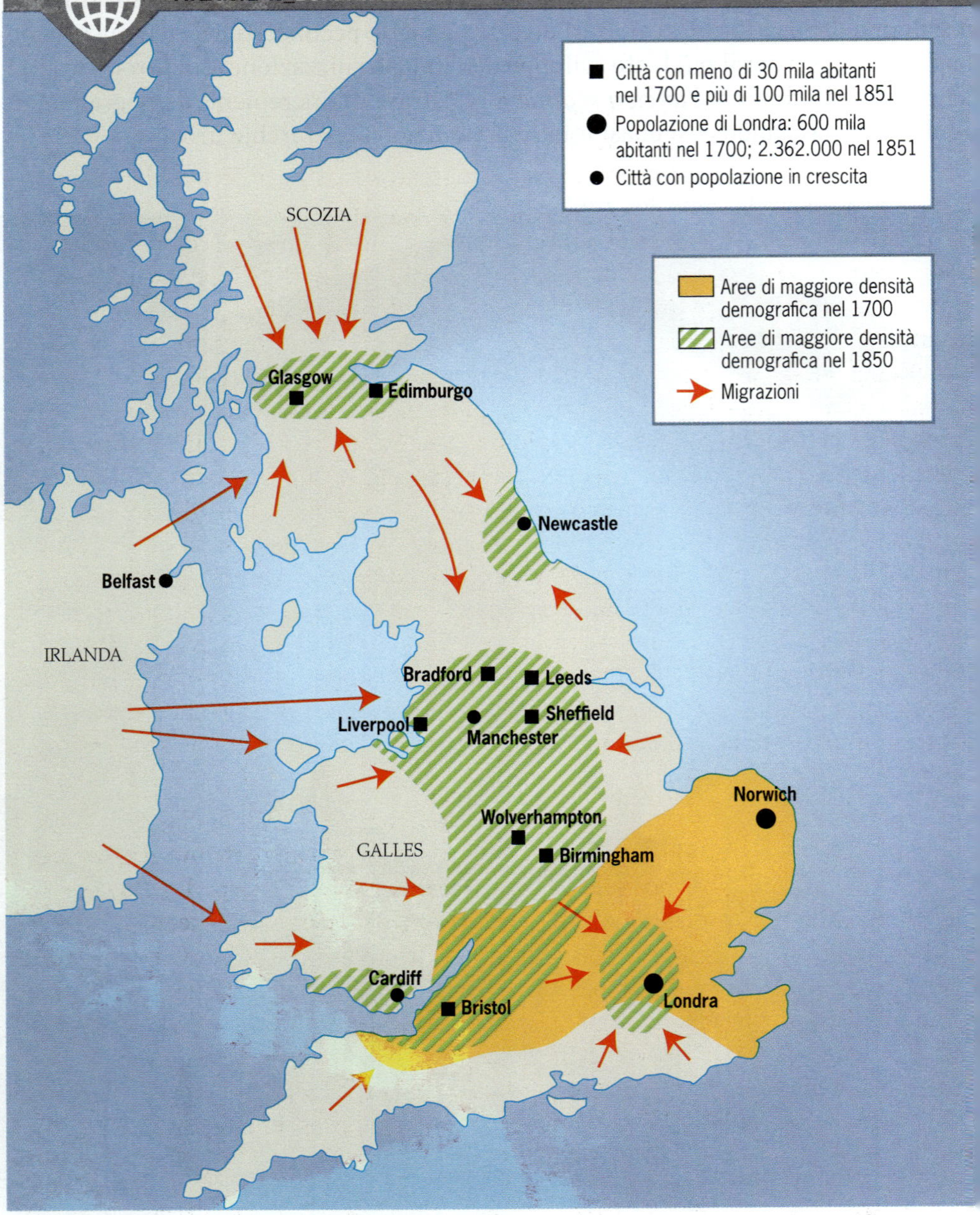

stazioni ferroviarie, spesso costruite come grandiosi monumenti alla modernità dell'età industriale, poi la Borsa, i grandi magazzini, il tribunale e, nelle capitali, i palazzi dei ministeri. Attorno a questi poli si sviluppava il **quartiere degli affari**, che tendeva a svuotarsi dei suoi abitanti di condizione meno agiata e a riempirsi di uffici e di negozi.

I ceti popolari espulsi dai centri storici andavano ad addensarsi, assieme ai nuovi immigrati, nelle grandi periferie, costruite completamente da zero o nate dall'assorbimento e dalla trasformazione di villaggi già separati dal centro principale, come i sobborghi che costituivano la «cintura operaia» di Parigi. Diventava sempre più netta la separazione fra le **periferie operaie**, sovraffollate, malsane, prive di servizi e spesso afflitte dal fumo delle fabbriche, e i **quartieri residenziali borghesi**, che erano situati in zone più amene e cominciavano a essere provvisti di acqua corrente e di impianti di riscaldamento centralizzato. Anche questa separazione costituiva **una differenza importante rispetto alla città tradizionale**, dove ricchi e poveri coabitavano nelle stesse strade e spesso nei medesimi edifici: i ricchi ai piani bassi, i poveri ai piani alti e nelle soffitte.

▶ 124
C.E. Schorske
La Ringstrasse e il nuovo volto di Vienna

▶ 125
W. Schivelbusch
La stazione: una nuova architettura urbana

▶ 126
H.-G. Haupt
Grandi magazzini: i templi del consumo

Le infrastrutture urbane

Lo sviluppo urbano impose presto di affrontare i gravi problemi igienici e sanitari derivanti dal sovrappopolamento che favoriva la diffusione di malattie infettive – in primo luogo il colera e il tifo – e manteneva la mortalità a livelli molto elevati. Dovunque fu migliorata o ricostruita la **rete fognaria** e l'**acqua potabile** divenne più diffusa e più regolare, anche se doveva passare ancora parecchio tempo prima che la disponibilità di acqua corrente e di servizi igienici nelle case diventasse un fatto generalizzato.

Le autorità pubbliche cercarono anche di facilitare gli spostamenti all'interno dell'area urbana. Le **strade** in terra, polverose d'estate e fangose d'inverno, furono sostituite dal selciato. I quartieri della periferia, bui e malsicuri nelle ore notturne, furono, come già il centro, illuminati da **lampioni a gas**. Attraversare la città divenne più facile anche per chi non disponeva di mezzi privati, grazie all'organizzazione di **reti di trasporto pubbliche**. Un caso unico era quello di Londra che, già negli anni '70, aveva un efficiente sistema di ferrovie metropolitane. Ma in tutte le grandi città, molto prima dell'avvento delle metropolitane e delle tramvie elettriche, gli itinerari più importanti erano serviti dagli **omnibus**, grandi carrozze su rotaie trainate da cavalli. Man mano che l'area urbana si ampliava, si moltiplicavano i servizi commerciali (mercati, botteghe, grandi magazzini), i luoghi di svago e di riunione (teatri, caffè, ristoranti), i punti di riferimento culturali (scuole, musei, biblioteche), ma anche le istituzioni preposte al **controllo sociale**: uffici comunali, posti di polizia, tribunali, carceri.

Amministrare le città

L'intervento sempre più sistematico dei pubblici poteri, statali e municipali; lo sviluppo di più ampi **apparati burocratici** per il governo delle città; la creazione di nuovi **corpi di polizia** sempre più numerosi e più "professionali"; la formazione di nuovi **quadri tecnici** (amministratori, architetti, ingegneri) specializzati nei problemi della convivenza urbana: tutto ciò servì a disciplinare i processi di urbanizzazione e ad attenuarne il carattere spontaneo, talora "selvaggio". Pur conservando al suo interno squilibri giganteschi, la grande città tendeva a perdere il suo aspetto caotico e si avviava a diventare un sistema organizzato e funzionale, specchio della civiltà moderna e dei suoi progressi e al tempo stesso luogo di tutte le sue contraddizioni.

GUIDA ALLO STUDIO

❶ Perché le città europee crescevano a ritmi elevati? In che misura l'urbanesimo interessò i principali Stati europei? ❷ Come mutò il modello di sviluppo urbano? ❸ Chi abitava nelle periferie? Quali servizi pubblici furono organizzati nelle grandi città? ❹ Come fu disciplinata la crescita delle città?

5 Il mondo rurale

Nuove forme di proprietà e contratti agrari

La rilevanza assunta dal fenomeno urbano non deve far dimenticare che, intorno alla metà dell'800, in tutta l'Europa continentale erano i lavoratori della terra a costituire la grande **maggioranza della popolazione attiva**. Il mondo contadino presentava tuttavia forti **differenze fra Stato e Stato** e fra regione e regione. La Gran Bretagna, con una popolazione agricola formata in buona parte da lavoratori salariati, rappresentava un caso isolato. Così come un caso limite era costituito dalla Russia, con i suoi 20 milioni e più di servi della gleba, liberati solo nel 1861 [👁 11.3]. In Francia la tendenza all'aumento della piccola proprietà contadina, favorita in parte dalla rivoluzione del 1789, continuò a manifestarsi per tutto l'800. Negli Stati tedeschi e nei paesi dell'Impero asburgico una serie di leggi di emancipazione emanate fra il 1815 e il 1850 aveva gradualmente abolito le ultime forme di lavoro servile e avviato il processo di privatizzazione della terra.

Diversi furono però i beneficiari di queste trasformazioni. Nel Sud e nell'Ovest della Germania, la scomparsa del regime feudale lasciò il posto alla **piccola e media proprietà**. Nelle regioni tedesche a est dell'Elba, nonché in buona parte dell'Europa orientale, la privatizzazione della terra andò invece a vantaggio dei **grandi proprietari**, mentre, per la maggior parte dei contadini, l'emancipazione significò semplicemente il passaggio dalla condizione di servi a quella di **braccianti senza terra** e non sempre comportò la rottura dei vincoli di subordinazione agli antichi signori. Una condizione in parte analoga, aggravata dalla scarsa produttività dei suoli, era quella in cui versavano i contadini del Mezzogiorno d'Italia e dell'intera Europa mediterranea. La situazione era ancora più complessa in altre zone del continente (Germania centrale, Italia centro-settentrionale, Austria, Boemia), dove coesistevano **azienda capitalistica** e piccola proprietà, **lavoro salariato e mezzadria**.

L'abbandono delle campagne

I progressi, peraltro limitati, realizzati dall'agricoltura europea nel periodo di generale sviluppo economico degli anni '50 e '60

Hubert von Herkomer
Tempi difficili
1885
[City Art Gallery, Manchester]

Questa tela raffigura con grande immediatezza la precarietà della vita dei braccianti agricoli nella seconda metà dell'800 in Gran Bretagna. Un gruppo di famiglia contadina – la madre con i figli seduti per terra, il padre in piedi con accanto i suoi attrezzi da lavoro – occupa metà del quadro in primo piano; nell'altra metà si snoda la strada che sembra portare in nessun luogo. Un'atmosfera inquieta aleggia sulle persone e sul paesaggio: l'uomo scruta l'orizzonte quasi sperando nel carro che vede arrivare da lontano; la donna sembra esausta, scoraggiata, il bimbo accanto a lei triste e quasi "spento". Mentre in città le masse operaie avevano la possibilità di organizzarsi, il mondo contadino, indebolito dalla diminuzione della manodopera, non aveva né la forza né la possibilità di condurre battaglie ed esprimeva solo impotenza di fronte alle nuove forze economiche di tipo capitalistico.

non valsero a modificare le condizioni di vita delle masse contadine. Quasi dappertutto i lavoratori agricoli versavano in **condizioni di notevole disagio**: i redditi erano bassi o bassissimi salvo rare eccezioni, l'alimentazione povera, l'analfabetismo diffuso, la partecipazione alla vita politica quasi inesistente. Dappertutto i ceti rurali costituivano l'elemento statico della società, quello più legato alle religioni tradizionali e alle consuetudini del mondo preindustriale.

La novità più rilevante stava nel fatto che lo sviluppo industriale e la rivoluzione dei trasporti offrivano ai lavoratori della terra maggiori possibilità di allontanarsi dal luogo d'origine. Fra il 1840 e il 1870, milioni di lavoratori – in buona parte contadini poveri provenienti dalla Gran Bretagna e dall'Europa centrale – lasciarono il vecchio continente per **andare a dissodare le terre vergini del Nord America**, dove trovarono condizioni più favorevoli e più occasioni per liberarsi dalla condanna alla povertà. Ancora più imponente fu, nello stesso periodo, il numero di coloro che abbandonarono definitivamente le campagne per **trovare lavoro nelle città** come manovali, muratori o operai di fabbrica.

GUIDA ALLO STUDIO

❶ In quali paesi europei si diffuse la piccola proprietà contadina? ❷ In quali aree dell'Europa la piccola e media proprietà contadina non si diffusero? ❸ In quali regioni d'Europa vivevano i contadini più poveri? ❹ Perché i contadini emigravano nelle città?

6 La classe operaia

Con lo sviluppo della grande industria, il proletariato di fabbrica veniva assumendo sempre maggiore consistenza [👁 8.5]. I salari nell'industria erano mediamente superiori a quelli del settore agricolo e crebbero lentamente negli anni '50 e '60, pur senza mai elevarsi molto al di sopra del livello di sussistenza, salvo che per alcune categorie di lavoratori specializzati. Ma per altri aspetti – orari di lavoro, condizioni abitative, assenza di sicurezza sul proprio futuro – la vita dell'operaio non era migliore di quella del lavoratore agricolo.

La formazione di una coscienza di classe

La precarietà della condizione operaia contrastava fortemente col quadro di crescente prosperità ostentato dall'alta borghesia. E il contrasto era avvertito tanto più nettamente in quanto era la stessa vita nella città a evidenziarlo. Nella città l'operaio era a contatto quotidiano con le manifestazioni esteriori dello stile di vita borghese (le case, i vestiti, le carrozze, i negozi). Nella città veniva meno il quadro consolidato dei rapporti sociali presenti ancora nelle campagne, che faceva apparire naturale al contadino il suo stato di subordinazione. Nella città il lavoratore smarriva i tradizionali punti di riferimento culturali e religiosi: sempre più spesso alla parrocchia si sostituiva l'osteria, luogo di perdizione agli occhi dei moralisti borghesi, ma anche luogo di incontri, di discussione, di scambi, di esperienze. Cominciò così a maturare, **all'interno e all'esterno dei luoghi di lavoro**, una nuova coscienza di classe, ossia la **consapevolezza di una condizione comune**, unita alla spinta ad associarsi per mutare questa condizione.

Tuttavia, dopo le repressioni del '48-49, che avevano sconfitto i democratici e colpito i nuclei operai più combattivi, le **associazioni dei lavoratori** apparivano ovunque **indebolite** e per lo più lontane da nuove iniziative rivoluzionarie [👁 11.8-10].

■ **In Gran Bretagna** Il movimento operaio britannico – l'unico che potesse vantare una struttura organizzativa ormai solida e si potesse muovere in condizioni di relativa libertà – si era concentrato sul rafforzamento delle Trade Unions, che conobbero un notevole sviluppo negli anni '50 e '60 [👁 10.8]. Questo sviluppo fu coronato, nel 1868, dalla costituzione del **Trade Unions Congress**, che riuniva i delegati di tutti i maggiori sindacati e che rappresentò da allora il nucleo basilare del movimento operaio in Gran Bretagna.

■ **In Francia e Italia** Peggiore era la situazione del movimento operaio francese, decimato nei suoi quadri più attivi dalle sconfitte del '48 e del '51. I pochi nuclei organizzati su base locale erano influenzati soprattutto dalle teorie di **Proudhon**, fautore di una sorta di cooperativismo a sfondo anarchico [👁 10.6]. I princìpi proudhoniani – che ben si adattavano alla struttura sociale di un paese caratterizzato dalla presenza di molti piccoli proprietari contadini e in cui l'artigianato e il commercio minuto conservavano un peso notevole anche nelle città – ebbero una certa fortuna anche in Italia dove, peraltro, il proletariato di fabbrica era ancora pressoché inesistente e i pochi nuclei di operai e artigiani organizzati in società di mutuo soccorso avevano subito soprattutto l'**influenza di Mazzini** [👁 12.4], fautore della cooperazione e ostile alla lotta di classe e a ogni forma di collettivismo.

■ **In Germania** Molto diversa era la situazione in Germania, dove un movimento socialista esisteva già prima del '48. Alla fine degli anni '50, questo movimento trovò un leader abile e autorevole in **Ferdinand Lassalle**, che basava le sue concezioni socialiste su una teoria dello sfruttamento capitalistico molto simile a quella marxista, ma, diversamente da Marx, credeva nella possibilità per i lavoratori di conquistare lo Stato borghese e di trasformarlo dall'interno attraverso il suffragio universale [👁 10.7]. Lassalle svolse nel suo paese, la Prussia, un'intensa attività politica e riuscì a fondare, nel 1863, una **Associazione generale dei lavoratori tedeschi**, che raccolse vaste adesioni negli Stati della Confederazione germanica e rappresentò il primo importante esempio di partito operaio organizzato su scala nazionale.

GUIDA ALLO STUDIO

❶ Che cosa si intende per "coscienza di classe"? ❷ Quali differenze vi erano all'interno del movimento operaio in Europa dopo la repressione del '48-49? ❸ Chi era Lassalle? Qual era il suo pensiero?

François Bonvin
Interno di una taverna
1859
[Musée des Beaux Arts, Arras]

All'uscita dalla fabbrica, la taverna costituiva per il proletariato l'unico luogo di incontro. Fu in questi luoghi che, attraverso lo scambio di idee e di esperienze, i lavoratori iniziarono a prendere coscienza dei propri diritti e a organizzarsi in società e leghe.

7 Marx, Bakunin e la Prima Internazionale

Il movimento operaio si organizza. L'Internazionale del 1864

La crescente contrapposizione tra proletariato e borghesia favorì la nascita di un'organizzazione internazionale di coordinamento del movimento operaio. La riunione inaugurale della nuova organizzazione, che prese il nome di **Associazione internazionale dei lavoratori**, si tenne a Londra nel settembre 1864. Vi presero parte rappresentanti delle organizzazioni operaie inglesi e francesi. Un emissario di Mazzini rappresentava le società operaie italiane. Gli altri partecipanti alla riunione erano esuli di vari paesi invitati a titolo personale, fra cui **Karl Marx**. Quest'ultimo, assuntosi il compito di redigere lo statuto provvisorio, riuscì a inserire nel documento alcuni punti che qualificavano l'Associazione in senso classista, nonostante l'opposizione del rappresentante italiano: da allora i mazziniani non ebbero più parte alcuna nell'Internazionale. Ciò che risultava più evidente era l'affermazione dell'**autonomia del proletariato** e la priorità data alla **lotta contro lo sfruttamento**. La fondazione dell'Associazione internazionale dei lavoratori – o **Prima Internazionale**, come venne successivamente chiamata – fu senza dubbio un evento capitale nella storia del movimento operaio, ma lo fu più per il suo significato simbolico che per i suoi effetti pratici. L'Internazionale costituì subito un punto di riferimento ideale per i lavoratori di tutta Europa, oltre che uno spauracchio per i governi, sempre pronti ad attribuirle la responsabilità di agitazioni e complotti. Ma la sua capacità di rappresentare realmente le organizzazioni operaie dei singoli paesi e di guidare la loro attività fu assai scarsa e il suo funzionamento venne gravemente compromesso dall'eterogeneità delle sue componenti e dalle aspre rivalità che dividevano i suoi capi.

La contrapposizione tra socialisti e proudhoniani

Fino alla fine degli anni '60, il dibattito ai vertici dell'Internazionale vide contrapposti da un lato i socialisti veri e propri (coloro, cioè, che sostenevano la socializzazione dei mezzi di produzione), dall'altro i proudhoniani, fautori di un sistema fondato sulle cooperative e sulle autonomie locali. Nei primi congressi dell'Associazione le tesi dei proudhoniani furono ripetutamente sconfitte. Ma gli ideali libertari conobbero nuova fortuna nella versione assai più radicalmente rivoluzionaria che ne diede il russo **Michail Bakunin** (1814-1876), massimo teorico dell'**anarchismo** [👁 10.6]. Bakunin sosteneva l'abolizione dello Stato, considerato la principale fonte di oppressione sociale. Secondo l'ideologia anarchica i lavoratori possono organizzarsi da sé, partendo dai più piccoli nuclei e in un modo più diretto.

Rafael Farga i Pellicer
Bakunin parla al Congresso dell'Associazione internazionale dei lavoratori a Basilea
1869

Nato nel 1814 non lontano da Mosca, da una nobile famiglia di proprietari terrieri, Michail Bakunin emigrò in Germania, dove fu vicino agli ambienti della "sinistra hegeliana". Arrestato a 35 anni per aver partecipato ai moti rivoluzionari di Dresda, fu condannato all'ergastolo e poi estradato in Russia. Lo zar lo spedì poi in esilio in Siberia, da dove riuscì a fuggire nel 1861. Approdato in Italia, rimase a lungo a Napoli, divenendo il massimo teorico dell'anarchismo.

Focus
Marx e *Il Capitale*

ONLINE

Il contrasto tra Bakunin e Marx

Tuttavia ben presto emerse una divergenza radicale tra le posizioni di Marx, che era la personalità di maggiore spicco dell'Internazionale, e quelle di Bakunin. Per **Bakunin**, dunque, l'ostacolo principale che impediva all'uomo il conseguimento della piena libertà era costituito non tanto dai rapporti di produzione, quanto dall'esistenza stessa dello Stato. Lo Stato era, assieme alla religione, lo strumento di cui si servivano le classi dominanti per mantenere la stragrande maggioranza della popolazione in condizioni di inferiorità economica e intellettuale. Così, abbattuto il potere statale, il sistema di sfruttamento economico basato sulla proprietà privata sarebbe inevitabilmente caduto. Il comunismo si sarebbe instaurato spontaneamente come l'ordine più consono alle esigenze naturali delle masse, senza che allo Stato dovesse sostituirsi alcuna organizzazione di tipo centralizzato e coercitivo.

Marx aveva pubblicato nel 1867 il primo volume della sua opera fondamentale *Il Capitale* in cui non solo analizzava i meccanismi del modo di produzione capitalistico, ma sosteneva che la realizzazione del socialismo sarebbe derivata dalle leggi stesse dello sviluppo economico. Anche Marx vedeva nella religione e nello Stato degli strumenti al servizio delle classi dominanti, ma collocava l'uno e l'altra nella sfera della «sovrastruttura», li considerava cioè come un prodotto della «struttura» economica basata sullo sfruttamento: solo la distruzione di quella struttura – ossia del sistema capitalistico – avrebbe reso possibile la distruzione dello Stato borghese. Si doveva dunque partire dallo scardinare la struttura economica. Inoltre, anche per Marx l'avvento del **comunismo** e della società comunista – senza privilegi, senza classi, senza proprietà privata e senza Stato, ma le cui potenzialità produttive e tecniche fossero a disposizione di tutti i suoi membri – avrebbe portato con sé l'«estinzione dello Stato»; tuttavia, questo stadio finale sarebbe stato raggiunto solo dopo una fase transitoria, quella della **«dittatura del proletariato»**, necessaria per neutralizzare l[illegible]

Il riposo del proletario
XIX secolo

In questa incisione un gigante lavoratore, che abbandona il suo piccone per riposare dalle fatiche del suo duro lavoro, appare ancora ignaro della sua forza: così l'immaginario anarchico di fine '800 vede il proletariato. Il moderno eroe del lavoro industriale solo liberando se stesso dal giogo del capitalismo può liberare l'umanità intera.

reazione delle classi dominanti (perché le organizzazioni operaie avrebbero rifondato, in quel tempo, la struttura sociale e produttiva). Per Marx, infine, il **protagonista del processo rivoluzionario** non poteva essere che il proletariato industriale dei paesi più avanzati. Per Bakunin, invece, il vero soggetto della rivoluzione erano le masse diseredate in quanto tali, senza distinzione fra operai, contadini e sottoproletari.

La crisi dell'Internazionale e la sorte del bakunismo

Il contrasto tra marxisti e bakuniniani, esploso agli inizi degli anni '70, mise in crisi le fragili strutture dell'Internazionale che fu sciolta ufficialmente nel 1876. Gli anarchici riuscirono tuttavia a conservare in molti paesi europei un seguito e un'influenza considerevoli. Il bakuninismo, infatti, si adattava meglio del marxismo a quei paesi e a quei ceti sociali che non avevano ancora conosciuto la rivoluzione industriale e si inseriva spesso sul tronco di un antico ribellismo contadino. Fu questa la forza dell'anarchismo bakuniniano. Ma fu anche la causa del suo inarrestabile declino di fronte allo sviluppo dell'industria e alla crescita di una classe operaia moderna.

GUIDA ALLO STUDIO

❶ Quando e dove si tenne la riunione inaugurale dell'Associazione nazionale dei lavoratori? Chi vi partecipò? ❷ Quali tesi emersero all'interno della Prima Internazionale? ❸ Chi era Bakunin? ❹ Perché nel 1876 la Prima Internazionale fu sciolta?

8 La Chiesa cattolica contro la modernità borghese

La difesa dell'ortodossia

Negli stessi anni in cui il movimento operaio internazionale muoveva i suoi primi passi, anche il mondo cattolico assunse, sia pure da posizioni opposte, un atteggiamento duramente critico nei confronti di una civiltà che si basava su presupposti laici e individualistici e che tendeva a relegare la religione nell'ambito delle superstizioni e delle credenze popolari. Alla testa di questa crociata ideologica fu quello stesso papa **Pio IX** che inizialmente aveva suscitato tante speranze tra i cattolici liberali [👁 12.6]. Ferito e disilluso dalle esperienze del '48-49 [👁 12.8], Pio IX abbandonò qualsiasi ipotesi innovatrice e, per il restante corso del suo lungo pontificato (morì nel 1878), si preoccupò soprattutto di riaffermare la più rigida ortodossia dottrinaria e di incoraggiare le pratiche di devozione, soprattutto quelle relative al culto mariano. Nel 1854 fu proclamato il **dogma dell'Immacolata Concezione**, con cui si stabiliva che la Vergine era stata concepita libera dal peccato originale. Dal 1858, la cittadina francese di Lourdes, luogo di una miracolosa apparizione della Madonna, divenne meta di ininterrotti pellegrinaggi.

Il *Sillabo* e il Concilio Vaticano I

Lo scontro fra la Chiesa cattolica e la cultura laico-borghese ebbe il suo culmine nel 1864, quando Pio IX emanò l'**enciclica** *Quanta cura*, nella quale accomunava in una condanna senza appello il liberalismo, la democrazia, il socialismo e l'intera civiltà moderna. Per dare maggior forza alla condanna, il papa fece pubblicare, assieme all'enciclica, una sorta di elenco – il *Sillabo* – **degli «errori del secolo»**, dove in ottanta proposizioni erano raccolti tutti i princìpi basilari della tradizione illuministica e della cultura liberale ottocentesca: dalla sovranità popolare alla laicità dello Stato, alla libertà di stampa e di opinione. La pubblicazione del *Sillabo* suscitò sorpresa e scalpore in tutta Europa, anche fra i cattolici e i loro alleati: Napoleone III, per esempio, ne proibì la diffusione in Francia, poiché lo giudicava imbarazzante e nocivo per la convivenza fra Chiesa e Stato. La frattura si allargò ulteriormente pochi anni dopo quando, nel Concilio Vaticano I conclusosi

Enciclica
È una parola di derivazione greca che alla lettera significa 'circolare': è un documento, indirizzato dal pontefice ai vescovi e ai prelati di tutto il mondo, per far conoscere il pensiero della Chiesa cattolica su particolari aspetti della dottrina o della liturgia, o su specifici argomenti sociali o filosofici. Nella storia della Chiesa, le encicliche hanno spesso segnato tappe importanti nell'evoluzione del cattolicesimo.

Fritz von Uhde
La preghiera prima del pasto
1885
[Nationalgalerie, Berlino]
Questa tela, nota anche con il titolo *Vieni Gesù, sii nostro ospite*, ci proietta in un umile interno rurale, dove una famiglia, riunita intorno al tavolo, invita Cristo, evocato nella preghiera di ringraziamento e fisicamente apparso al loro desco, a sedersi e a condividere il pasto. Con un realismo efficace, il pittore tedesco propone la scena di un miracolo, rinnovando profondamente la tradizione della pittura sacra. Quest'opera, come altre dello stesso pittore, esprime appieno la convinzione molto diffusa nell'800 che la semplice devozione, lontana dalla "corruzione" del pensiero borghese, era ancora rintracciabile fra i ceti meno abbienti.

La famiglia e le sue trasformazioni

Siviglia, 1396. Il primo conte di Niebla giura al signore di Santiago di far sposare al proprio figlio Enrique, cinque anni, la figlia di questi, Teresa, quattro anni. Il matrimonio in Chiesa sarebbe stato celebrato ai dodici anni della bambina, l'età canonica del consenso, ma sarebbe stato consumato solo quando Enrique avesse raggiunto la maturità sessuale, dopo i quattordici anni. La negoziazione di questo matrimonio nella Spagna del Medioevo comprendeva anche le disposizioni per la dote da assegnare alla coppia, vincolata però alla generazione di prole.

Il confronto tra questo caso – niente affatto originale tra le élite dell'epoca – e la nostra idea di matrimonio lascia piuttosto sconcertati, ma è utile a considerare la famiglia **un'istituzione storica, soggetta alle trasformazioni del tempo**. Gli studi sulla storia della famiglia, molto in voga nella storiografia degli ultimi cinquant'anni, hanno dimostrato quanto questa sia da considerare più un concetto, una creazione della cultura dell'uomo, che una realtà naturale e concreta. Una famiglia, dunque, non è rappresentata solo da un gruppo di persone che vivono sotto lo stesso tetto, ma anche dall'atteggiamento di fiducia reciproca condiviso dai suoi membri, un'attitudine della mente dell'individuo a pensarsi parte di una comunità ristretta.

Guardare a come gli uomini e le donne hanno inteso e vissuto l'istituzione familiare significa anche guardare al loro modo di intendere le relazioni tra i sessi e tra le generazioni, di gestire l'affettività, di trasmettere il sapere e di curare i rapporti sociali. La famiglia può diventare la «cartina tornasole» per comprendere aspetti molto significativi della vita dell'uomo.

Gli studiosi della famiglia – storici, antropologi, sociologi, psicologi – hanno cercato di indagare le origini del modello familiare oggi più diffuso: un nucleo domestico costituito da due persone, su un piano tendenzialmente paritetico, impegnate nell'educazione dei propri figli. Gli studi su questo argomento dissentono spesso sulla cronologia, ma in generale rilevano che il contesto geografico e sociale è fondamentale. In alcune zone della Francia, ad esempio, già dal '500 erano diffuse **famiglie coniugali**, cioè ridotte al nucleo familiare di base, anche per la presenza di piccoli appezzamenti di terreno; nelle regioni mediterranee, invece, la grande estensione della proprietà fondiaria aveva favorito il successo della **famiglia tradizionale estesa**, che accoglieva al suo interno diverse generazioni [👁 2.3]. In quest'ultimo caso, molto diffuso in Italia, le abitazioni erano condivise dalle diverse generazioni e ogni membro aveva un ruolo ben preciso, secondo una rigida scala gerarchica. Inoltre questo modello familiare consentiva una trasmissione più immediata dei beni finanziari o del mestiere del capofamiglia.

In generale, la famiglia tradizionale era caratterizzata da un'estrema **permeabilità ai condizionamenti esterni** e alle regole della società: i rapporti erano ispirati alla deferenza e all'**autoritarismo** sotto la forma del patriarcato e il matrimonio era considerato soprattutto un rapporto di natura economica, senza particolare riferimento alla sfera affettiva. Anche il rapporto tra genitori e figli era molto distante dal nostro senso comune: la consapevolezza delle diverse esigenze di un bambino rispetto al mondo degli adulti era pressoché inesistente; sull'educazione di un figlio pesavano molto di più le interferenze esterne (corporazioni, confraternite, la Chiesa) che la pedagogia dei genitori.

È solo **tra '700 e '800** che la situazione cambia progressivamente: la critica ai matrimoni combinati nelle classi elevate e l'elogio dell'amore romantico mettono in risalto la sfera dell'**affettività domestica**; l'educazione dei figli viene ora percepita come un compito morale da cui il genitore non può affrancarsi; la gestione della famiglia è più liberale e meno autoritaria, anche se permangono forti **asimmetrie di genere**, differenze sostanziali nel trattamento degli uomini e delle donne che fanno parte della famiglia. La **famiglia moderna** si impone progressivamente come il modello dominante in Europa, sollecitata soprattutto dalle rivoluzioni politiche di quei decenni.

Durante la Rivoluzione francese la famiglia

nell'estate del 1870, fu proclamato il **dogma dell'infallibilità del papa** nelle sue pronunce ufficiali in materia di fede e di morale. Una decisione che rafforzava l'autorità del pontefice nei confronti dell'episcopato e che anche per questo non piacque ai governi degli Stati cattolici, accentuando così l'isolamento della Santa Sede. Quando, nel settembre 1870, le truppe italiane entrarono in Roma, nessuno dei governi europei si mosse per salvare il potere temporale del papa [👁 14.5].

Il cristianesimo sociale

La condanna intransigente della civiltà borghese, se schiacciava e riduceva al silenzio le correnti cattolico-liberali, lasciava in compenso un certo spazio ai movimenti cristiano-sociali presenti in Belgio, Francia, Austria e Germania [👁 10.5]. Sostenitori di un intervento dello Stato, sotto forma di iniziative assistenziali a favore dei lavoratori, auspicavano lo sviluppo della cooperazione e del mutuo soccorso fra i lavoratori stessi. Su questa base si realizzarono, soprattutto nei paesi dell'Europa centrale, i **primi esperimenti di un moderno associazionismo cattolico**, fondato sulle unioni di mestiere, sulle cooperative, sulle casse rurali e artigiane: una rete organizzativa che avrebbe in seguito permesso ai movimenti cattolici di contare su una propria base organizzata, non solo fra i ceti rurali ma anche fra i lavoratori urbani, soprattutto artigiani.

GUIDA ALLO STUDIO

❶ Che posizione assunse il mondo cattolico nei confronti della società borghese, a partire dalla seconda metà dell'800? ❷ Attraverso quali strumenti la Chiesa tentò di riaffermare il proprio potere sulla società? ❸ Quali princìpi furono giudicati dalla Chiesa «errori del secolo»? ❹ Che cos'erano i movimenti cristiano-sociali?

è presentata come la cellula-base della società civile, la prima comunità di formazione del cittadino. L'emergere dell'idea nazionale influisce su questo processo: la famiglia è considerata la prima unità della compagine nazionale, il primo luogo in cui è sperimentata la fratellanza, sentimento fondamentale del patriottismo. La nazione stessa viene presentata come una famiglia allargata, anche perché unita da vincoli di sangue, sui quali i nazionalisti insistono spesso.
Lo sviluppo industriale e l'urbanizzazione contemporanea segnano poi un punto di non ritorno nel consolidamento del modello di famiglia nucleare, anche se con notevoli differenze tra aree geografiche e tra le classi sociali. Trasferendosi dalla campagna alla città, molte famiglie scoprono l'intimità domestica. La *Dichiarazione universale dei diritti dell'uomo* (1948) afferma esplicitamente il diritto di ogni uomo e di ogni donna a formare una famiglia nell'articolo 16:

1. Uomini e donne in età adatta hanno il diritto di sposarsi e di fondare una famiglia, senza alcuna limitazione di razza, cittadinanza o religione. Essi hanno eguali diritti riguardo al matrimonio, durante il matrimonio e all'atto del suo scioglimento.
2. Il matrimonio potrà essere concluso soltanto con il libero e pieno consenso dei futuri coniugi.
3. La famiglia è il nucleo naturale e fondamentale della società e ha diritto ad essere protetta dalla società e dallo Stato.

Manifestazione a favore della legge sul divorzio
[Farabolafoto, Milano]
Gli anni '70 del '900 hanno rappresentato uno snodo fondamentale per l'evoluzione dell'istituzione familiare in Italia. Alla legge sul divorzio, approvata in Parlamento nel 1970 e confermata con la sconfitta del referendum abrogativo nel 1974, va aggiunta la riforma del diritto di famiglia del 1975 che sancì, tra l'altro, l'eguaglianza tra i coniugi.

Non si tratta soltanto dell'abolizione di ogni impedimento razziale o religioso ai matrimoni (è ancora vivido il ricordo delle leggi razziali nei regimi totalitari fascisti, che impedivano, tra l'altro, il matrimonio tra ebrei e «ariani»): quest'articolo riconosce anche il ruolo fondamentale della famiglia per la piena realizzazione personale dell'individuo. Sullo stesso principio è orientato l'articolo 29 della Costituzione italiana, che serve a fondare legalmente il valore delle comunità intermedie e l'importanza dei rapporti etico-sociali della persona.
L'istituto della famiglia è destinato nei prossimi anni a cambiare ulteriormente. Dall'introduzione del divorzio in Italia, nel 1970, e in gran parte dei paesi del mondo, molte famiglie sono profondamente cambiate e sono oggi molto diverse rispetto al modello tradizionale e a quello coniugale che aveva caratterizzato gli ultimi due secoli. Per inserire anche queste unità familiari complesse nella compagine statale e pubblica alcuni paesi hanno approvato leggi che regolarizzano le cosiddette **coppie di fatto** o che consentono anche alle **coppie omosessuali** di contrarre il matrimonio o di adottare dei figli.

SINTESI

1 I caratteri della borghesia

Al conservatorismo politico che, dopo il fallimento delle rivoluzioni del '48-49, caratterizzava la situazione europea, faceva riscontro un processo di profondo mutamento sociale. Il ventennio successivo al '48 vide la crescita della borghesia: un ceto sociale attraversato da notevoli differenziazioni interne e tuttavia portatore di uno stile di vita e di un insieme di valori sostanzialmente unitari – merito individuale, libera iniziativa, concorrenza, innovazione e, nella sfera familiare e privata, austerità, moderazione, vocazione al risparmio – su cui sembrava poggiare la trasformazione in atto nel campo dello sviluppo economico e del progresso scientifico.

2 La cultura del positivismo

Centrale, tra i valori borghesi, era la fede nel progresso generale dell'umanità, che poggiava sull'imponente sviluppo economico e scientifico della seconda metà dell'800. Sul piano culturale, il progresso scientifico diede origine a una nuova corrente filosofica, il positivismo, che diventò l'ideologia della borghesia in ascesa e influenzò tutta la mentalità dell'epoca. Il rappresentante più noto del nuovo spirito "positivo" fu Darwin, cui si deve la teoria dell'evoluzione e della selezione naturale: come tutte le specie viventi, la specie umana è – secondo Darwin – il risultato di un'evoluzione da un unico organismo semplicissimo nella sua composizione cellulare; e, come altre specie viventi, è riuscita a non estinguersi e a sopravvivere adattandosi al contesto e perdendo, tra i suoi, gli individui con minore capacità di adattamento.

3 Lo sviluppo dell'economia e delle comunicazioni

Dalla fine degli anni '40, l'economia europea conobbe una fase di forte sviluppo durata quasi un quarto di secolo. Lo sviluppo interessò anzitutto l'industria, principalmente nei settori siderurgico e meccanico. Si generalizzò in quest'epoca l'impiego delle macchine a vapore e del combustibile minerale. I fattori principali del boom industriale degli anni '50 e '60 furono: la rimozione dei vincoli giuridici che ostacolavano le attività economiche; l'affermarsi del libero scambio; il ruolo assunto dalle banche nelle operazioni di investimento sul lungo e medio termine e la nascita di numerose società per azioni; lo sviluppo di nuovi mezzi di trasporto (navi a vapore e, soprattutto, ferrovie) e della comunicazione (telegrafo). Quest'ultimo fattore di sviluppo mutava per alcuni aspetti essenziali la vita dell'epoca e l'immagine stessa che la gente aveva del mondo: esso appariva, ed era effettivamente, sempre più unito.

4 Le città

Nell'800 aumentò non solo la popolazione urbana ma anche il numero delle grandi città. In Gran Bretagna, in particolare, per via della rivoluzione industriale, piccoli centri si trasformarono in grandi città, in pochi decenni. Nella seconda metà dell'800 furono soprattutto gli Stati Uniti a offrire un nuovo modello di sviluppo della città, con la costruzione dei grattacieli e l'espansione dei sobborghi periferici. In molti grandi centri punti di riferimento essenziali divennero le stazioni ferroviarie, la Borsa, i centri commerciali, il tribunale, i palazzi dei ministeri. I ceti popolari andarono ad addensarsi nelle grandi periferie, ben distinte dai quartieri residenziali borghesi. Nello stesso periodo, quasi tutte le grandi città europee videro moltiplicarsi le iniziative dei poteri pubblici per favorire lo sviluppo dei trasporti e per cercare di risolvere i più urgenti problemi igienici.

5 Il mondo rurale

Alla metà dell'800, in tutta l'Europa continentale erano i lavoratori della terra a costituire la grande maggioranza della popolazione attiva. Diversi furono gli effetti della privatizzazione delle terre: in alcune regioni la scomparsa del regime feudale lasciò il posto alla piccola e media proprietà, in altre andò invece a vantaggio dei grandi latifondisti; in altre ancora si crearono situazioni di convivenza fra azienda capitalistica e piccola proprietà terriera, lavoro salariato e mezzadria. Ovunque, comunque, i lavoratori agricoli occupavano i gradini inferiori della scala sociale. Fra il 1840 e il 1870 milioni di persone lasciarono il vecchio continente per andare a dissodare le terre vergini del Nord America o si trasferirono nelle aree urbane in cerca di nuova occupazione.

6 La classe operaia

Si diffondeva, nello stesso periodo, la figura dell'operaio di fabbrica, le cui dure condizioni di vita e di lavoro favorivano il formarsi di una coscienza di classe e delle prime associazioni operaie, soprattutto in Gran Bretagna, Germania e Francia.

7 Marx, Bakunin e la Prima Internazionale

Nel 1864 venne fondata, a Londra, la Prima Associazione internazionale dei lavoratori, la cui storia fu caratterizzata dai contrasti fra le varie correnti – principalmente tra marxisti e anarchici – che avrebbero presto condotto alla sua dissoluzione. Il maggior teorico dell'anarchismo fu Bakunin, le cui teorie si distinguevano per alcuni aspetti sostanziali da quelle di Marx. Bakunin, tra l'altro, riteneva che, una volta abbattuto il potere statale, il comunismo si sarebbe instaurato spontaneamente, senza dunque la fase di «dittatura del proletariato» prevista da Marx. Egli considerava, inoltre, le masse diseredate (e non il proletariato industriale) il soggetto della rivoluzione. Per quest'ultimo motivo il bakuninismo si diffuse soprattutto nei paesi più arretrati e declinò progressivamente coll'avanzare dell'industrializzazione e la crescita della classe operaia.

8 La Chiesa cattolica contro la modernità borghese

Di fronte alla società borghese, il mondo cattolico da un lato assunse un atteggiamento di dura condanna – con Pio IX, che fece pubblicare il *Sillabo* degli «errori del secolo» (1864) –; dall'altro, si fece promotore, con i movimenti cristiano-sociali, di un intervento dello Stato a favore dei lavoratori e dei primi esperimenti di associazionismo cattolico.

SVILUPPARE LE COMPETENZE

❶ **Rispondi ai quesiti impiegando il numero di righe indicato tra parentesi:**

1. Quali erano i tratti distintivi, sociali e morali, della borghesia ottocentesca? (8 righe)

2. Perché la borghesia considerava la povertà come una colpa atavica? (4 righe)

3. Quale legame esisteva tra Auguste Comte, positivismo e Charles Darwin? (9 righe)

4. In che modo tecnologia e libero scambio favorirono lo sviluppo economico e industriale? (6 righe)

5. Come si trasformarono, nell'800, il trasporto ferroviario e la navigazione a vapore? (8 righe)

❷ **Commenta, in brevi testi di tre righe ciascuno, le seguenti affermazioni:**

a. Affermazione della borghesia e crescita del proletariato innescarono l'urbanesimo.

b. Crebbero soprattutto le cosiddette "città-emporio".

c. Sviluppo economico e rivoluzione dei trasporti fecero crescere velocemente le città.

d. Divenne sempre più netta la separazione tra periferie operaie e quartieri borghesi.

e. Acqua potabile, illuminazione pubblica e reti di trasporto pubblico migliorarono la qualità della vita nelle città.

f. La maggioranza della popolazione restava comunque nelle campagne ed era impiegata nell'agricoltura.

g. La scomparsa del lavoro servile non ebbe dovunque gli stessi e positivi effetti.

❸ **Usa tutti gli argomenti elencati di seguito come spunti per costruire un breve testo di 10 righe sulla classe operaia nell'800. Fai attenzione, dovrai utilizzare tutti gli argomenti senza cambiarne l'ordine:**

a. Precarietà della condizione operaia

b. Nuova coscienza di classe

c. Trade Unions Congress

d. Forte influenza di Proudhon

e. Associazione generale dei lavoratori tedeschi

❹ **Ognuna delle frasi seguenti contiene un errore. Individualo e correggilo scrivendo brevi testi di 3 righe per motivare la tua scelta:**

a. La riunione inaugurale dell'Associazione internazionale dei lavoratori si tenne a Parigi nel 1864.

b. Il funzionamento dell'Associazione internazionale dei lavoratori fu reso difficile dall'omogeneità delle sue componenti e dalle lotte tra i capi.

c. Il tedesco Michail Bakunin fu il teorico dell'anarchismo.

d. Per Bakunin l'ostacolo che impediva all'uomo di raggiungere la ricchezza era lo Stato.

e. Per Marx religione e Stato erano strumenti al servizio delle classi deboli.

f. Per Marx protagonisti del processo rivoluzionario erano i contadini.

g. Lo scontro tra la Chiesa cattolica e la cultura laico-borghese ebbe il suo culmine nel 1870.

h. La pubblicazione del *Sillabo* suscitò sorpresa e gioia in tutta l'Europa.

CAPITOLO

16 INDUSTRIALIZZAZIONE E SOCIETÀ DI MASSA

1 Crisi e protezionismo

Tra il 1870 e il 1914 l'economia capitalistica subì una serie di trasformazioni di tale profondità e di tale portata da giustificare, in riferimento a questo periodo, la definizione di **"seconda rivoluzione industriale"**.

Sovrapproduzione e caduta dei prezzi

La nuova fase dell'economia ebbe inizio con una improvvisa **crisi di sovrapproduzione** che, scoppiata nel 1873, continuò a far sentire i suoi effetti nei due decenni successivi, caratterizzati da una prolungata caduta dei prezzi. In realtà la caduta dei prezzi fu, più che un sintomo di crisi, un prodotto delle trasformazioni organizzative e delle innovazioni tecnologiche che permisero di **ridurre progressivamente i costi di produzione**. In nessun paese, infatti, si registrarono sostanziali diminuzioni della produzione industriale. Il volume degli scambi commerciali continuò a crescere ovunque. Il tenore di vita della popolazione nelle aree urbane non subì riduzioni: al contrario, i lavoratori salariati si giovarono della diminuzione dei prezzi e riuscirono, grazie anche all'azione delle organizzazioni di classe, a difendere meglio che in passato il livello reale delle loro retribuzioni.

La crisi agraria in Europa

Il settore dell'economia europea in cui la caduta dei prezzi si fece sentire con maggiore intensità e con effetti più drammatici fu senza dubbio quello agricolo. Quando i progressi della navigazione a vapore, determinando un notevole **abbassamento dei costi di trasporto**, consentirono ai prodotti dell'agricoltura nordamericana – che avevano prezzi competitivi – di raggiungere i mercati del Vecchio Continente, tutta l'agricoltura europea, in particolare quella più arretrata, ne ricevette un colpo durissimo. A partire dagli anni '79-80, i prezzi dei prodotti agricoli calarono bruscamente. Questo ribasso avvantaggiò i consumatori delle città, ma provocò la rovina di molte aziende agricole piccole e grandi: e quindi disoccupazione, fame, miseria crescente nelle campagne, soprattutto in quelle dove le tecniche produttive erano rimaste più arretrate.
Si difesero meglio dalla crisi i settori agricoli presenti nell'**Europa centro-settentrionale** in cui erano state introdotte nuove tecniche di coltivazione volte ad aumentare la produttività: l'uso di concimi chimici; l'impiego di mietitrici e trebbiatrici a trazione animale; l'estensione delle opere di bonifica e di irrigazione; l'introduzione di nuove colture (come la barbabietola da zucchero) e di nuovi sistemi di rotazione.

L'emigrazione europea

Conseguenza immediata della crisi fu l'intensificarsi dell'emigrazione verso le aree industriali e verso i paesi d'oltreoceano, soprattutto l'**America del Nord**. Il flusso degli emigranti dall'Europa raggiunse le 500 mila unità annue intorno all'80, per superare le 800 mila alla fine del decennio e per sfondare infine il tetto del milione nei primi anni del '900.

Mutò anche, progressivamente, la provenienza geografica degli emigranti: fino a circa il 1880 erano stati in prevalenza inglesi, irlandesi, tedeschi e scandinavi. Alla fine del secolo erano per due terzi originari di paesi latini e slavi: qui, infatti, le conseguenze della crisi agraria si erano fatte sentire più pesantemente e minori erano le capacità di assorbimento della manodopera da parte dei settori industriali.

Parola chiave
Liberismo / Protezionismo

ONLINE

Il protezionismo Fu anche per far fronte alle conseguenze della crisi agraria e per venire incontro alle pressioni dei grandi proprietari, e degli agricoltori in genere, che i governi europei finirono per imboccare la strada del protezionismo. Tutte le nuove tariffe adottate dai vari Stati stabilivano dazi elevati per numerosi prodotti agricoli, in particolare per i **cereali**. Ma le politiche protezionistiche ebbero anche come obiettivo la tutela delle produzioni industriali dai rischi della concorrenza estera: tutti gli Stati europei adottarono nuove misure protezionistiche, a cominciare dalla Germania nel 1879, seguita dalla Russia (1881-82), dall'Italia (1887) e dalla Francia (1892). Accanto a questa politica gli Stati diedero avvio a varie forme di **sostegno diretto** alla grande industria, attuato per lo più mediante le commesse per l'esercito e la marina militare.

Il capitalismo finanziario L'abbandono del liberismo non fu l'unico modo per aggirare le crescenti difficoltà create alle imprese dal regime di prezzi calanti. Nacquero così grandi consociazioni per il controllo finan-

◀ **Una donna slava appena giunta a Ellis Island, New York**
1905 ca.
[International Museum of Photography, George Eastman House, Rochester (Usa)]

▶ **Emigrante europea sottoposta a visita medica a Ellis Island, New York**
inizio XX secolo

Al loro arrivo negli Stati Uniti, le navi cariche di immigranti venivano fatte attraccare a Ellis Island, un isolotto nella baia di New York. Qui, i nuovi arrivati venivano trattenuti per essere sottoposti a una prima identificazione e a un rapido esame medico teso ad accertare eventuali patologie da sottoporre ad ulteriori esami. Chi passava queste prime due procedure veniva poi registrato e infine riceveva un permesso per sbarcare a Manhattan. I non idonei, «i vecchi, i deformi, i ciechi, i sordomuti e tutti coloro che soffrono di malattie contagiose, aberrazioni mentali e qualsiasi altra infermità», venivano rimpatriati. Attualmente, l'edificio, che fra il 1892 e il 1924 ha "vagliato" l'ingresso in America di 12 milioni di immigranti, ospita l'Ellis Island Immigration Museum.

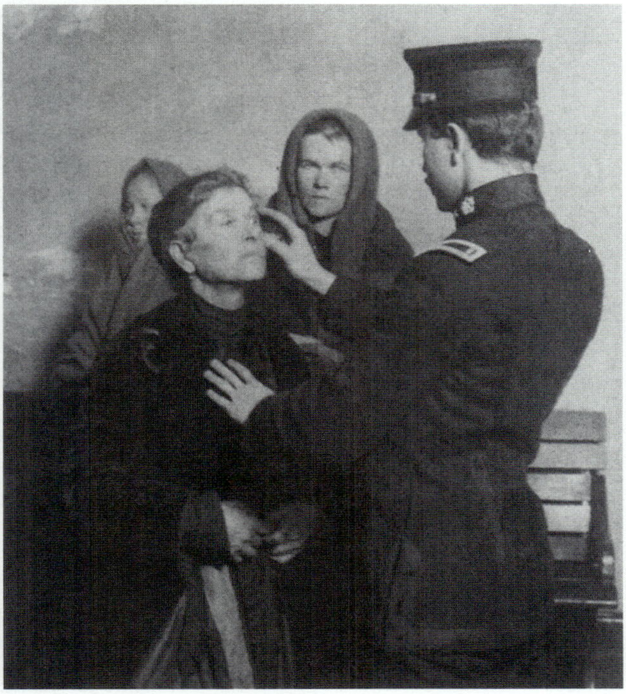

131
R. Giannetti
Le origini della grande impresa

ziario di diverse imprese; consorzi – **cartelli** o **pools** – fra aziende dello stesso settore che si accordavano sulla produzione e sui prezzi; infine vere e proprie concentrazioni, **trusts**, fra imprese prima indipendenti. Questi fenomeni assunsero dimensioni imponenti, soprattutto negli Stati Uniti e in Germania, fino a determinare in qualche caso situazioni di **monopolio**.
Un ruolo decisivo, in questi processi, fu svolto dalle istituzioni finanziarie. Solo le grandi banche potevano assicurare i flussi di denaro necessari alla crescita dei colossi industriali per i quali i profitti, per quanto elevati, non erano sufficienti a ricostituire in tempi brevi il capitale di investimento. **Fra banche e imprese si venne così a creare uno stretto rapporto di compenetrazione**: le imprese dipendevano sempre più dalle banche per il loro sviluppo e le banche legavano in misura crescente le loro fortune a quelle delle imprese. Le banche controllavano quote rilevanti dei pacchetti azionari delle industrie ma d'altro canto i magnati dell'industria sedevano spesso nei consigli di amministrazione delle banche. Questo intreccio fra industria e finanza fu definito dagli economisti marxisti "capitalismo finanziario".

GUIDA ALLO STUDIO
❶ Che cosa accadde nel 1873 e quali conseguenze ebbe sull'economia europea? ❷ Che cosa rendeva i prodotti agricoli statunitensi competitivi sui mercati europei? ❸ In che modo le imprese reagirono alla crisi? ❹ Che cosa si intende per "capitalismo finanziario"?

2 La seconda rivoluzione industriale

127
J. Mokyr
La seconda rivoluzione industriale

130
J. Osterhammel • N.P. Petersson
La nascita dell'economia mondiale

Durante la seconda metà dell'800 e nei primi anni del '900 si affermò in Europa e in Nord America la seconda rivoluzione industriale, un processo che fece sentire i suoi effetti con una diffusione capillare, mutando le abitudini, i consumi e i comportamenti di milioni di individui. Tre sono le fasi che, strettamente legate tra loro, caratterizzano questo processo: lo sviluppo di nuovi settori, la diffusione dei consumi di massa e, infine, i processi di razionalizzazione produttiva.
Se il cotone, il ferro, il carbone e la macchina a vapore erano stati i fattori trainanti della prima rivoluzione industriale, nella seconda si affermarono l'acciaio, la chimica, il motore a scoppio e l'elettricità [👁 8.2-3].

L'acciaio Con le nuove tecniche di fabbricazione messe a punto negli anni '60 e '70 fu possibile produrre grandi quantità di **acciaio** a costi relativamente modesti. Da allora il consumo mondiale di acciaio aumentò vertiginosamente e trovò infinite **applicazioni nei campi più svariati**. Fu usato per le rotaie delle ferrovie al posto della ghisa, per le corazze delle navi da guerra, per gli utensili domestici e per le macchine industriali, che divennero più leggere e precise, dando così una spinta decisiva ai processi di meccanizzazione. Ma fornì anche le strutture

---

Cartello / trust
Il cartello è l'accordo fra imprese di uno stesso settore mirante a limitare la concorrenza e a stabilire i prezzi dei loro prodotti. Il trust è invece una concentrazione di industrie diverse sotto un'unica direzione strategica, senza che però vi sia un'integrazione fra le imprese.

Pool
Consorzio di imprese la cui attività è coordinata da un organo centrale che si occupa di acquistare le materie prime e vendere i prodotti finiti per conto delle imprese consorziate.

Monopolio
In economia è la situazione in cui l'offerta di un bene o di un servizio è concentrata nelle mani di un solo soggetto, che può imporre il prezzo che vuole. In generale si parla di monopolio per indicare una posizione di privilegio esclusivo.

Acciaio
Lega di ferro e carbonio che si realizza a temperature molto elevate. L'acciaio contiene più carbonio del ferro, ma meno della ghisa; ha una straordinaria resistenza, ma anche una buona elasticità ed è dunque facilmente lavorabile. Le qualità dell'acciaio erano note fin da epoca antica, ma solo nella seconda metà dell'800 furono inventate tecniche e costruiti forni adatti per produrre su grande scala questo materiale a basso costo lavorando la ghisa: vincente fu l'adattamento del metodo di depurazione delle scorie, inventato da Sidney Gilchrist Thomas nel 1878-79, al convertitore Bessemer (che depura la ghisa dal carbonio) e al forno ad altissima temperatura realizzato da Karl Wilhelm Siemens e perfezionato da Pierre Martin (1864).

che resero possibile la costruzione di grandi edifici e di grandi ponti, ancor prima che, nel 1892, fosse introdotto l'uso del **cemento armato**, ossia del calcestruzzo rinforzato da sbarre di ferro. In occasione dell'Esposizione universale di Parigi, l'ingegnere francese Gustave-Alexandre Eiffel realizzò una torre alta 300 metri e pesante 8000 tonnellate, destinata a diventare il simbolo più celebre dell'**età dell'acciaio**.

128
D.S. Landes
L'«età dell'acciaio»

129
P. Bairoch
Ingegneri e istruzione tecnica

La chimica L'industria chimica abbracciava una grandissima varietà di produzioni: dalla carta al vetro, dai medicinali ai concimi, dai saponi ai coloranti, dagli esplosivi al cemento, dalla gomma alla ceramica. La stessa siderurgia, nel momento in cui usava procedimenti chimici per combinare diversi elementi, poteva essere considerata un settore della chimica applicata. Fu, per esempio, un processo chimico che, nel 1886, permise di **ricavare dalla bauxite l'alluminio**, divenuto presto un utile sostituto del ferro e dell'acciaio. Sotto la spinta incessante di nuove scoperte e invenzioni, intorno al 1870 fu sperimentata per la prima volta, in Gran Bretagna e soprattutto in Germania, la produzione dei **coloranti artificiali**, i cui princìpi furono alla base di molti successivi sviluppi della chimica organica. Nel 1875 un chimico svedese, Alfred Nobel, depositò il brevetto della **dinamite**. Nel 1888 l'invenzione dello **pneumatico** da parte dello scozzese John Boyd Dunlop aprì nuovi orizzonti all'industria della gomma. Fra l'89 e il '92, furono realizzate in Francia e in Gran Bretagna le **prime fibre tessili artificiali**, derivate dalla cellulosa.

Marcello Dudovich
Manifesto pubblicitario per i pneumatici Dunlop
1907-8
[Museo Civico Bailo, Treviso; © by SIAE 2014]
I primi pneumatici Dunlop furono presentati nel 1888 ed erano destinati alle biciclette. Solo la successiva invenzione dei cerchioni a tenuta rese possibile il loro impiego sui veicoli pesanti.

La chimica ebbe un ruolo decisivo anche nel settore alimentare con l'invenzione di nuovi metodi per la sterilizzazione, la conservazione e l'inscatolamento dei cibi, e con lo sviluppo delle tecniche di refrigerazione. La **diffusione degli alimenti in scatola**, più rapida negli Stati Uniti, molto più lenta in Europa, e la costruzione dei vagoni e delle celle frigorifere rappresentarono un'autentica rivoluzione nell'ambito della più generale rivoluzione dei trasporti. Per tutto il mondo industrializzato, la possibilità di conservare cibi deperibili e di trasportarli a grande distanza dai luoghi di produzione significava la liberazione definitiva dal rischio delle carestie.

I motori a scoppio Risultato di lunghi studi ed esperimenti, il motore a combustione interna o a scoppio (quello in cui è il combustibile a fornire la spinta motrice, esplodendo ed espandendosi in uno spazio limitato) vide una prima realizzazione ad opera del tedesco Nikolaus Otto che, nel 1876, costruì un motore a quattro tempi. Successivamente due ingegneri tedeschi, Gottlieb Daimler e Carl Friedrich Benz, riuscirono, separatamente, a montare dei motori a scoppio su autoveicoli a ruote, realizzando così, nel 1885, le **prime**

automobili. Il combustibile usato era un distillato del petrolio che prese poi il nome di **benzina**, mentre, nel 1897, un altro ingegnere tedesco, Rudolf Diesel, inventò il **motore a gasolio** che porta ancora il suo nome. Tuttavia la diffusione dell'automobile fu lenta e avventurosa e solo all'inizio del '900 si cominciarono a produrre autovetture a motore abbastanza veloci e affidabili. Questo sviluppo limitato fu tuttavia sufficiente a dare un impulso decisivo all'estrazione del **petrolio**, soprattutto nel Nord America dove, alla fine dell'800, era concentrata la metà della produzione mondiale. La diffusione dei prodotti petroliferi, usati anche come lubrificanti e come combustibili da riscaldamento e da illuminazione, era però ostacolata dagli **alti costi**

PERSONAGGI

Marie Curie

Il nome Maria Skłodowski suona poco conosciuto, eppure è così che fu registrata all'anagrafe di Varsavia Marie Curie (1867-1934). La scelta di naturalizzare il nome in francese e di assumere il cognome del marito non deve far pensare che fosse poco legata alla sua terra natia. Dalla famiglia, appartenente alla piccola (e impoverita) nobiltà polacca, Marie ereditò le simpatie per il movimento patriottico, in lotta per l'indipendenza della Polonia (divisa sotto il dominio della Russia zarista, dell'Impero asburgico e della Prussia). Dai genitori, entrambi insegnanti, ereditò anche la predisposizione allo studio, nel quale fu guidata soprattutto dal padre, vista la precoce perdita della madre, morta di tubercolosi. Concluso il ginnasio con successo, a Marie era precluso l'accesso all'università, che non ammetteva le donne. L'unica possibilità per lei e la sorella Bronia, con cui manterrà sempre un solido legame, era la **Sorbona di Parigi**. Lì andò Bronia per studiare medicina, mentre Marie la aiutava economicamente lavorando come istitutrice privata. Con grande determinazione aggiunse al lavoro lo studio da autodidatta, orientandosi alla matematica e alla fisica, mentre faceva, con gioia, le prime esperienze in laboratorio.

Quaranta ore di viaggio, 1600 km, tanto la separava da Parigi, dove nel 1891 si ricongiunse alla sorella e fu ammessa alla Sorbona. Qui, in un ambiente prevalentemente maschile (non erano ammesse le donne francesi), si fece strada con dedizione e impegno ed ebbe come docenti alcuni fra i più brillanti scienziati dell'epoca. Li ricordò come anni di studio monotoni, eppure fra i più belli della sua vita.

Ottenute con successo la laurea in scienze e quella in matematica, Marie pensava di tornare a Varsavia, per prendersi cura del padre e lavorare come insegnante. Così non fu, grazie all'incontro con **Pierre Curie** (1859-1906), introverso scienziato. Provenivano da ambienti diversi, eppure molte erano le affinità che li legavano e che permisero loro di costruire un matrimonio felice e uno dei sodalizi più riusciti nella storia della scienza. Marie rimase a Parigi e intraprese un **dottorato** alla Sorbona, in cui indagò il fenomeno, appena scoperto, delle radiazioni emesse dai sali di **uranio**. Pierre la aiutò costantemente nelle ricerche, come dimostrano i diari di laboratorio, fittamente annotati da entrambi. Quando si imbatté in alcuni composti dell'uranio e del torio che dimostravano un'attività radioattiva molto più alta dell'uranio stesso, Marie intuì che dovevano contenere un altro elemento. A partire dalla pechblenda (o uranite) riuscì a scoprire due elementi chimici fino ad allora sconosciuti: il **polonio** (che chiamò così in onore della sua patria) e il **radio**. Sul secondo si concentrò la ricerca di Marie, che lavorò, in condizioni difficili, per isolarlo, estrarlo, e determinarne il peso atomico. I Curie osservarono come il radio sviluppasse calore in modo continuo e costante, contravvenendo al principio della conservazione dell'energia (il fenomeno fu spiegato in seguito da Rutherford e Soddy in base alle conoscenze sulla disintegrazione atomica). Scoprendo che maneggiare il radio provocava ustioni, i Curie per primi ne indagarono gli effetti fisiologici, tanto che si cominciarono ad usare le sue emanazioni per **curare, con successo, il cancro** alla pelle. Nacque una terapia, tuttora in uso, e la necessità di estrarre il radio su scala industriale. Con generosità i Curie scelsero di non brevettare il loro metodo d'estrazione, perché tutti potessero ricavare il radio liberamente.

Gli studi sulla **radioattività** valsero a Marie un insigne primato: fu **la prima donna a ricevere il premio Nobel**, conferito a lei e Pierre nel 1903, per la fisica. Un'ondata di notorietà investì la coppia, interferendo nella loro vita semplice e modesta, molto concentrata sul lavoro. Il Nobel portò, però, anche dei benefici: gli introiti permisero ai coniugi di superare le incertezze economiche; Pierre, dopo diversi rifiuti, venne ammesso alla prestigiosa *Académie des Sciences* e divenne docente di fisica alla Sorbona. Nel frattempo nacque Eve, seconda figlia della coppia (la primogenita Irène era nata nel 1897). La felicità, però, si interruppe bruscamente un pomeriggio piovoso del 1906, quando Pierre morì in un incidente stradale. Marie perse in un colpo solo il marito e il più prezioso collega.

Per superare la depressione si dedicò intensamente alle figlie e al lavoro. Fu nominata a ricoprire l'incarico del marito, divenendo **la prima donna ad insegnare alla Sorbona**. In un vasto studio, il *Traité de radioactivité*, analizzò con precisione le ricerche finora condotte sulla radioattività – «la chimica dell'invisibile», come lei la definì. Si occupò, inoltre, di preparare il campione di misura del radio, che doveva essere usato come termine di confronto per tutte le ricerche internazionali e riuscì ad ottenere il radio allo stato metallico. L'importanza degli studi che continuava a svolgere le valsero, nel 1911, **un secondo premio Nobel, questa volta in chimica**. La sua attività aveva aperto, inoltre, le porte ad ulteriori studi sulla fisica dell'atomo.

Mentre fioccavano i riconoscimenti internazionali, la Francia si dimostrava insolitamente ostile: l'Academie des Sciences rifiutò di accogliere Marie fra i suoi membri, rimanendo un'istituzione esclusivamente maschile. Nel frattempo alcuni quotidiani di destra avevano orchestrato una **campagna diffamatoria ai suoi danni**, dopo la scoperta della sua relazione con Paul Langevin, suo collaboratore all'epoca sposato. Venne dipinta con disprezzo come una donna straniera, emancipata, che stava distruggendo una famiglia francese. Lo scandalo, oltre a causare la fine della sua relazione con Langevin, accentuò i tratti del suo carattere più rigidi e austeri. Nonostante quest'episodio, non esitò, allo scoppio della prima guerra mondiale, ad aiutare la sua patria adottiva. Sospese

di produzione: il prezzo del petrolio era molto più alto di quello del carbone, che rimaneva il combustibile di gran lunga più diffuso.

Petrolio
Miscela di idrocarburi liquidi, nei quali sono disciolti idrocarburi solidi o gassosi, che si forma nei giacimenti sottomarini o del sottosuolo, in seguito a trasformazioni di sostanze organiche di origine vegetale e animale. Dopo l'estrazione, il petrolio viene lavorato nelle raffinerie. Se ne traggono numerosi prodotti, largamente in uso nella società odierna: combustibili come la benzina, il gasolio, il cherosene (che alimenta gli aerei e anche molte stufe domestiche) e il gas di petrolio liquefatto o il Gpl (diffuso in bombole anche in ambiente domestico per la cucina o il riscaldamento); gli oli lubrificanti, gli asfalti e naturalmente tutti i prodotti petrolchimici, in primo luogo le materie plastiche.

Marie Curie nel suo laboratorio
1905

l'insegnamento per prestare aiuto nel servizio sanitario nazionale, dove realizzò le **petites curies**, unità mobili attrezzate con apparecchi ai raggi X, che si muovevano lungo la linea del fronte.

Finita la guerra, dopo un trionfale viaggio negli Usa, riuscì a realizzare il sogno che era stato anche del marito: la creazione a Parigi (e poi a Varsavia) dell'**Institut du Radium**, il primo centro per lo studio fisico e chimico degli elementi radioattivi e per la ricerca sulle loro applicazioni mediche. Il radio era usato contro il cancro e per il trattamento di diverse malattie, ma non si comprendevano ancora a pieno gli effetti che le radiazioni potevano avere sulla salute umana. Proprio in questo periodo molti dei collaboratori della Curie si ammalarono, e anche lei cominciò a riscontrare danni alla vista e all'udito. Cercò di tenere segrete le sue sofferenze e non si sottrasse mai alla direzione del laboratorio, luogo di lavoro e meditazione. I suoi collaboratori, fra cui aveva accolto tante donne e stranieri, la ricordavano sempre vestita di nero, umile e benevola, ancora piena di passione per la ricerca. Seguiva con attenzione gli esperimenti sulla radioattività che continuavano a svolgersi sotto la guida della **figlia Irène** e di suo marito Frédéric Joliot. Ai due si deve la scoperta della radioattività artificiale, ossia la facoltà che hanno alcuni elementi, se bombardati da raggi alfa, di rilasciare parte della propria energia sotto forma di decadimento radioattivo. La scoperta valse alla coppia il premio Nobel per la chimica, nel 1935.
Marie non poté assistere alla premiazione: morì nel 1934, in seguito ad un'**anemia causata dall'esposizione eccessiva alle radiazioni**. Senza cerimonie ufficiali, alla sola presenza di amici e colleghi, venne sepolta accanto al marito Pierre, in un cimitero fuori Parigi. I fratelli sparsero sulla sua tomba una manciata di terra polacca. Nel 1995, per volere del presidente Mitterrand, le salme dei coniugi Curie sono state traslate nel Pantheon di Parigi, segnando l'ultimo primato di Marie, l'unica donna ad essere stata accolta nel mausoleo dove riposano le glorie della Francia.

L'elettricità Oggetto di studi e di esperimenti fin dai tempi del primo generatore di energia elettrica, realizzato da Alessandro Volta, la pila (risalente al 1800 circa), l'elettricità divenne una **nuova e straordinaria fonte di energia tra il 1860 e il 1880** quando fu possibile realizzare congegni in grado di trasformare il movimento di un corpo entro un campo magnetico in corrente elettrica (dinamo e generatori), di immagazzinarla (accumulatori), di trasmetterla e distribuirla a grandi distanze, di utilizzarla per l'illuminazione o il riscaldamento o di ritrasformarla in movimento (motori elettrici).

Ma l'invenzione decisiva per lo sviluppo dell'industria elettrica fu la **lampadina a filamento incandescente**, ideata dallo statunitense Thomas Alva **Edison** nel 1879. Nacquero così, all'inizio degli anni '80, in Gran Bretagna, in Francia, in Germania, negli Stati Uniti e anche in Italia, le prime **centrali termiche** (azionate cioè da motori a vapore), capaci di fornire energia elettrica soprattutto all'**illuminazione privata**. Più lenta fu l'affermazione dell'elettricità come mezzo di illuminazione pubblica: ai primi del '900, le principali città europee erano ancora illuminate con lampade a gas. A partire dalla fine dell'800, comunque, l'energia elettrica cominciò a essere usata anche per i mezzi di trasporto – come le **tramvie** – e per gli **usi industriali**: essa fornì alle fabbriche una nuova forza motrice e rese possibili nuove lavorazioni nella chimica e nella metallurgia.

Contemporaneamente si fece strada l'idea di ricorrere per la produzione di elettricità, anziché alle macchine a vapore, all'energia idraulica che sfrutta la caduta, naturale o artificiale, dei corsi d'acqua. La costruzione di **centrali idroelettriche** ebbe impulso, nell'ultimo decennio del secolo, soprattutto in quei paesi, come l'Italia del Nord, che erano poveri di carbone ma ricchi di bacini idrici.

Manifesto pubblicitario inglese per le lampadine Osram
1900 ca.
Introducendo in un globo di vetro un filamento di fibre di bambù carbonizzate, Edison riuscì nell'ottobre del 1879 a tenere accesa la sua lampadina per pochi minuti. L'invenzione fu presto perfezionata e commercializzata "regalando", come dice il manifesto, «una luce per tutti».

Sempre legate all'elettricità furono altre novità non meno rivoluzionarie: il **telefono**, inventato nel 1871 dall'italiano Antonio Meucci e perfezionato pochi anni dopo in Nord America dallo scozzese Alexander Graham Bell; il **grammofono**, ideato da Edison nel 1876; e infine il **cinematografo**, sperimentato in Francia nel 1895 dai fratelli Louis e Auguste Lumière. Queste invenzioni erano destinate a produrre i loro effetti soprattutto nel '900. Ma, già al loro apparire, fecero intravedere la possibilità di nuovi sviluppi nel campo delle comunicazioni, e anche di nuovi linguaggi e di nuove forme di espressione artistica.

GUIDA ALLO STUDIO

❶ Quali settori produttivi furono maggiormente coinvolti nel rinnovamento delle tecniche di produzione? ❷ Che cosa legittima l'espressione «età dell'acciaio» in riferimento alla seconda rivoluzione industriale? ❸ Perché i progressi in campo alimentare di fine '800 costituirono una vera e propria rivoluzione? ❹ Quali conseguenze ebbe l'invenzione del motore a scoppio, sul piano energetico? ❺ In che modo l'elettricità trasformò la vita domestica? Quali ulteriori impieghi ebbe?

3 Consumi di massa e razionalizzazione produttiva

Sviluppo produttivo e consumi di massa

Dagli ultimi anni dell'800 allo scoppio della prima guerra mondiale (1914) l'economia dei paesi industrializzati conobbe una fase di prolungata espansione. Se il periodo 1873-95 era stato caratterizzato soprattutto dalle innovazioni tecnologiche, dalla affermazione di nuovi settori – acciaio, chimica, elettricità – e dalla crescita di nuove potenze industriali – Germania e Stati Uniti –, gli anni 1896-1913 furono segnati da uno **sviluppo generalizzato della produzione** che interessò quasi tutti i settori e toccò anche paesi "nuovi arrivati" come la Russia e l'Italia. I prezzi, che erano stati sempre calanti a partire dal 1873, crebbero costantemente, anche se lentamente, dopo il 1896. Ma crebbe anche, e in misura più consistente, il livello medio dei salari, e il **reddito pro capite** dei paesi industrializzati aumentò nonostante il contemporaneo, cospicuo aumento della popolazione.

Reddito pro capite
Si calcola dividendo il reddito complessivo di un determinato gruppo per il numero degli individui che ne fanno parte. Nel caso del reddito nazionale pro capite, esso viene calcolato sulla base della popolazione di uno Stato. Ma il calcolo del reddito pro capite può riguardare anche i valori di una regione o un'area.

La crescita dei redditi determinò a sua volta l'ampliamento del mercato. Le industrie produttrici di beni di consumo si trovarono per la prima volta a dover soddisfare una domanda che sempre più assumeva dimensioni di massa. Beni la cui produzione era stata fino allora assicurata solo dal piccolo artigianato o dall'industria domestica – abiti e calzature, utensili e mobili – cominciarono a essere prodotti in fabbrica, **in serie**: quantità elevate dello stesso modello venivano realizzate grazie a una produzione ordinata e continuativa. Pronti per il mercato, i prodotti in serie erano venduti attraverso una rete commerciale sempre più estesa e ramificata: si moltiplicarono i negozi; i grandi magazzini crebbero in numero e in dimensioni; si aprirono nuovi canali di vendita con forme di pagamento rateale che rendevano gli acquisti più **accessibili ai ceti meno abbienti**; i muri dei palazzi e le pagine dei giornali si riempirono di **cartelloni pubblicitari**.

Taylorismo e fordismo

Le esigenze della produzione in serie per un mercato di massa spinsero le imprese ad accelerare i processi di razionalizzazione produttiva. Nel 1913, nella fabbrica d'automobili **Ford** di Detroit, fu introdotta la prima **catena di montaggio**: un'innovazione rivoluzionaria che consentiva di ridurre notevolmente i tempi di lavoro ma, frammentando il lavoro in una serie di piccole operazioni affidate ciascuna a un singolo operaio, lo rendeva ripetitivo e spersonalizzato. La catena di montaggio fu il culmine di una serie di tentativi volti a migliorare la produttività non solo mediante l'introduzione di nuove macchine, ma anche attraverso un più razionale controllo e sfruttamento del lavoro umano.

▶ 132 DOC
Frederick Winslow Taylor
L'organizzazione scientifica del lavoro

▶ 133 DOC
Henry Ford
Catena di montaggio e disciplina sociale

Il risultato più concreto in questo senso lo si dovette a un ingegnere statunitense, **Frederick W. Taylor**, autore nel 1911 di un libro intitolato *Princìpi di organizzazione scientifica del lavoro*. Il metodo di Taylor si basava sull'analisi del lavoro in fabbrica, sulla rilevazione dei tempi standard necessari per compiere le singole operazioni e sulla individuazione di regole e ritmi cui gli operai avrebbero dovuto uniformarsi, eliminando le pause ingiustificate e gli sprechi di tempo. Applicate con un certo successo in molte grandi imprese americane e – soprattutto dopo la prima guerra mondiale – anche europee, le tecniche del taylorismo assicurarono notevoli progressi in termini di produttività e permisero alle imprese che le adottarono di innalzare il livello delle retribuzioni. Tipico fu il caso della Ford, l'industria di Detroit che fu la prima a produrre automobili in grande serie, legando il suo nome a una nuova filosofia imprenditoriale – il **fordismo** – basata sui consumi di massa, sui prezzi competitivi e sugli alti salari. I sistemi tayloristici incontrarono però una diffusa ostilità fra i lavoratori che si sentivano spossessati di qualsiasi autonomia, oltre che di qualsiasi orgoglio professionale, e vedevano subordinato il loro lavoro agli automatismi delle macchine.

GUIDA ALLO STUDIO

❶ Che cosa si intende con l'espressione "consumi di massa"? ❷ Cos'è una catena di montaggio? In quale settore produttivo fu introdotta per la prima volta? ❸ In che modo la produzione in serie trasformò il lavoro operaio?

4 Igiene, medicina e demografia

I traguardi della scienza medica

Negli ultimi decenni dell'800 la medicina si trasformò in una disciplina scientifica abbandonando le pratiche empiriche della tradizione. Questa trasformazione si basava su quattro princìpi: la diffusione delle **pratiche igieniste** e la conseguente adozione di efficaci strategie di

Le fasi finali della catena di montaggio nella produzione del modello T della Ford a Detroit

Fondata da Henry Ford nel 1903, la casa automobilistica omonima di Detroit fu la prima a introdurre nei suoi stabilimenti la catena di montaggio e i sistemi tayloristi, oltre che ad applicare la nuova filosofia imprenditoriale del "fordismo".

prevenzione e contenimento delle malattie epidemiche; lo sviluppo della **microscopia**, che consentì di identificare i microrganismi responsabili di alcune malattie infettive; i progressi della **farmacologia** che permise la sintesi e l'estrazione di numerose sostanze in grado di modificare il corso naturale delle malattie; la nuova **ingegneria sanitaria**, che rese possibile, con la costruzione dei grandi "policlinici" (con reparti specializzati), l'osservazione sistematica del malato.

Partendo da osservazioni empiriche e dati statistici inoppugnabili e proponendo una serie di interventi dimostratisi poi efficaci (la canalizzazione delle acque di scarico, la lotta contro il sovraffollamento nelle abitazioni, la rigida circoscrizione dei focolai di epidemie), gli **igienisti** riuscirono a diffondere alcune **pratiche preventive** e a imporle, nonostante l'ostilità di gran parte della medicina "accademica", all'attenzione dei poteri pubblici. Il rispetto dell'igiene si diffuse gradualmente anche negli ospedali, luoghi spesso di contagio e di infezione più che di cura, con l'adozione di alcune pratiche, che oggi a noi paiono elementari, come quella di lavarsi le mani tra una visita e l'altra.

Il successo della proposta igienista, che privilegiava la prevenzione, si accompagnò a quel fondamentale evento scientifico che fu l'identificazione, da parte del francese **Louis Pasteur** e del tedesco **Robert Koch**, dei microrganismi come agenti di alcune gravi malattie infettive, la peste, il colera e la tubercolosi. Una scoperta che, sottolineando la necessaria presenza dei germi nella **genesi delle malattie infettive**, dimostrava come le condizioni ambientali non fossero di per sé sufficienti a provocare l'insorgere del male e che fu usata da molti medici per svalutare l'importanza dei fattori igienici.

Nuovi farmaci e nuovi ospedali

Un'ulteriore e decisiva spinta ai progressi della medicina venne, sempre nella seconda metà dell'800, dalle scoperte della chimi-

▶ 134 DOC
I nuovi ospedali

Il cortile dell'ospedale a padiglioni Lariboisière di Parigi

Il tipo di ospedale a padiglioni, adottato ovunque su larga scala a partire dalla metà dell'800, è costituito da diversi reparti, quasi sempre a due o tre piani, nettamente separati oppure comunicanti attraverso pensiline chiuse. In questa tipologia ospedaliera i malati sono suddivisi nei padiglioni secondo il genere della malattia, il sesso e l'età, in modo che ogni sezione abbia la migliore esposizione al sole e ventilazione, che i contatti fra i diversi malati siano ridotti al minimo e che i reparti siano il più possibile rispondenti alle moderne esigenze di igiene. Uno dei primi e più celebrati esempi di architettura ospedaliera a padiglioni è l'ospedale Lariboisière di Parigi. Inaugurato nel 1854, l'ospedale è costituito da dieci padiglioni disposti sui lati lunghi di un grande cortile rettangolare, connessi da un camminamento coperto che costeggia tutto il perimetro del cortile, più due corpi di fabbrica centrali che ospitano la cappella e gli uffici amministrativi.

ca, che consentirono di agire sui processi fisiologici con l'isolamento di una serie di sostanze e la sintesi di numerosi farmaci. Già nel 1846, la scoperta degli effetti anestetici dell'**etere dietilico** aveva aperto la strada alla pratica dell'anestesia chirurgica. Nel 1860 fu la volta dell'acido acetilsalicilico, che dal 1875 avrebbe costituito la base della più diffusa fra le medicine dei nostri tempi, l'**aspirina**. Sempre al 1875 risale la sintesi del diclorodifeniltricloroetano (meglio noto come **Ddt**), un potente insetticida che consentì progressi decisivi nella lotta contro la malaria. Grazie a scoperte come queste, si sviluppò rapidamente una nuova **industria farmaceutica**, le cui fortune coincisero in molti casi con le fortune personali di celebri ricercatori come i tedeschi Friedrich Bayer e Heinrich Emanuel Merck.

La radicale trasformazione delle terapie andò di pari passo con la contemporanea evoluzione subìta dagli ospedali, fino allora più ospizi per i poveri e i trovatelli che luoghi di cura per malati. Le nuove strutture realizzate in Europa negli ultimi decenni del secolo, i **policlinici**, si basavano su un'organizzazione razionale dello spazio, su padiglioni con ampie stanze ventilate, sulla suddivisione dei pazienti in reparti specializzati per tipi di malattie e sul rispetto delle più essenziali norme igieniche.

La crescita demografica

A partire dalla seconda metà dell'800, i progressi della medicina e dell'igiene, assieme agli sviluppi dell'industria alimentare, determinarono un vistoso aumento della popolazione. I grandi fattori che nei secoli precedenti avevano inciso negativamente sull'andamento demografico (epidemie e carestie) sembravano ormai definitivamente eliminati, nonostante alcuni episodi significativi ma marginali che ancora colpivano le aree più depresse, come il colera a Napoli e a Palermo nel 1884-85. La **vita media** dell'uomo europeo, che era di 30-35 anni prima della rivoluzione industriale, poté salire a 50 anni alla fine del secolo. La popolazione del Vecchio Continente, che fra il 1800 e il 1850 era passata da 190 a 270 milioni, raggiunse nel 1900 i 425 milioni: l'aumento fu dunque di quasi il 60% in cinquant'anni, senza contare i circa 30 milioni di individui che avevano abbandonato l'Europa e si erano in buona parte trasferiti nel Nord America; qui l'immigrazione, sommandosi all'incremento naturale della popolazione, fece quasi quadruplicare il numero degli abitanti – da poco più di 20 milioni nel 1850 a quasi 80 nel 1900.

La diminuzione delle nascite

Questo aumento della popolazione fu tanto più notevole in quanto era dovuto soprattutto alla diminuzione significativa della mortalità e si accompagnava a una progressiva **riduzione della natalità**: questo duplice andamento individuava quella che i demografi hanno chiamato la seconda transizione demografica tipica del mondo contemporaneo [👁 2.1]. La tendenza al calo delle nascite, per effetto del controllo della fecondità e della diffusione delle pratiche contraccettive, si era manifestata precocemente in Francia già alla fine del '700 e si diffuse in seguito in tutto l'Occidente. Questo comportamento demografico, proprio dei paesi economicamente più avanzati, esprimeva **un nuovo atteggiamento nei confronti della vita e dei figli**: un atteggiamento meno soggetto al tradizionale controllo delle norme religiose e orientato invece a programmare razionalmente la famiglia e il suo futuro. Agli inizi dell'età industriale i principali paesi europei avevano un tasso di natalità medio che si aggirava intorno al 35‰ (ossia 35 nati per anno ogni mille abitanti). Tra la fine dell'800 e l'inizio del '900, in Gran Bretagna, in Germania e negli Stati Uniti, il tasso scese sotto il 30‰. In Francia la natalità era inferiore al 30‰ già nel decennio 1830-39. In Italia e in altri paesi mediterranei, ancora alla fine dell'800, il tasso si manteneva invece ben al di sopra del 35‰: sarebbe sceso sotto il 30‰ solo negli anni '20 del '900.

Per quanto riguarda l'**Asia** e l'**Africa**, anch'esse conobbero nella seconda metà dell'800, nonostante il permanere di alti tassi di mortalità, un ncremento della popolazione abbastanza consistente (rispettivamente del 30 e del 20%), anche se molto più limitato di quello dell'Europa. Il rapporto fra la crescita demografica delle aree industrializzate e quella dei paesi non ancora toccati dalla modernizzazione avrebbe cominciato a invertirsi solo con l'inizio del '900.

GUIDA ALLO STUDIO

❶ Su che cosa si basavano le teorie igieniste? ❷ A quali risultati giunsero Pasteur e Koch? ❸ In che modo si trasformarono i luoghi di cura alla fine del XIX secolo? Quali furono le principali scoperte compiute in campo farmacologico? ❹ Che cosa si intende per "seconda transizione demografica"?

5 La società di massa e i nuovi ceti medi

Le masse e l'individuo. I nuovi rapporti sociali

Di "massa" o di "masse" si cominciò a parlare con toni allarmati fin dai primi anni dell'800, dopo che la Rivoluzione francese aveva visto il "popolo" entrare per la prima volta da protagonista ulla scena politica. I problemi del rapporto fra massa e individuo, con particolare ccento sui pericoli che l'ascesa delle masse portava all'ordine sociale tradizionale, na anche a quello liberal-borghese, erano stati al centro della riflessione di molti ensatori ottocenteschi. Ma è solo alla fine dell'800, col diffondersi dell'industrializazione e dei connessi fenomeni di urbanizzazione, e solo nei paesi economicamene più avanzati dell'Europa occidentale e del Nord America, che si vennero delineando i ontorni di quella che oggi chiamiamo "società di massa".

Nella società di massa la maggioranza dei cittadini vive in grandi e medi agglomerati urbani; gli uomini sono quindi a più stretto contatto gli uni con gli altri; entrano in rapporto fra oro con maggiore frequenza e facilità, grazie nche alla disponibilità di mezzi di trasporto, di comunicazione e di informazione, ma **questi rapporti hanno spesso un carattere anonimo e impersonale**. Il sistema delle relazioni ociali non passa più attraverso le comunità radizionali (locali, religiose, di mestiere), ma a capo alle **grandi istituzioni nazionali**: agli pparati statali, all'esercito, ai partiti e in genere alle organizzazioni "di massa", che eser-

James Ensor
Autoritratto con maschere
1899
[Ménard Art Museum, Komaki, Aichi (Giappone); © by SIAE 2014]

L'avvento della società di massa, oggetto sin dalle sue prime manifestazioni di penetranti analisi critiche da parte delle scienze sociali, scosse le certezze della cultura positivista e costituì il tema dominante della riflessione di intellettuali e artisti. Fra questi, James Ensor, pittore belga vissuto a cavallo fra '800 e '900, espresse in maniera diretta nelle sue opere le angosce suscitate dal cambiamento sociale in atto. L'artista si rappresenta in questa tela completamente attorniato da una massa di maschere senza anima, quasi che il suo fosse l'unico volto "normale" in una folla anonima.

135
B. Geremek
Alle origini della società di massa

136 DOC
Gustave Le Bon
La psicologia delle folle

137 DOC
José Ortega y Gasset
La ribellione delle masse

138 DOC
Sigmund Freud
Individuo e massa

citano un peso crescente sulle decisioni pubbliche e sulle stesse scelte individuali. Il grosso della popolazione è uscito dalla dimensione dell'autoconsumo e quasi tutti sono entrati, come produttori o come consumatori di beni e di servizi, nel circolo dell'economia di mercato. **I comportamenti e le mentalità tendono a uniformarsi** secondo nuovi modelli generali: consumi e stili di vita un tempo riservati a un'esigua minoranza si diffondono fra strati sociali sempre più larghi.

La società di massa è il risultato dell'intreccio di una serie di processi economici, di trasformazioni politiche, di mutamenti culturali. Una realtà che ha suscitato resistenze e reazioni d'ogni sorta e che è stata dipinta ora con tratti ottimistici (l'ascesa delle masse come frutto della democratizzazione e della diffusione del benessere) ora con accenti di angosciata preoccupazione (il dominio delle masse come appiattimento generale e come minaccia per le libertà individuali). Comunque lo si voglia considerare, l'avvento della società di massa è un fenomeno che ha segnato come pochi altri il mondo contemporaneo.

I ceti medi Gli esordi della società di massa, se da un lato tendevano a creare uniformità nei comportamenti e nei modelli culturali, dall'altro rendevano più mobile e più complessa la stratificazione sociale. Nella classe operaia si veniva accentuando la distinzione fra la **manodopera generica** e i **lavoratori qualificati** (specializzati in alcune mansioni), fra il grosso del proletariato e le cosiddette "aristocrazie operaie", che partecipavano in misura maggiore ai vantaggi dello sviluppo industriale. Contemporaneamente, l'espansione del settore **terziario** e la crescita degli apparati burocratici facevano aumentare la consistenza di un **ceto medio urbano** che andava sempre più distinguendosi dagli strati superiori della borghesia. A ingrossare le file di questo ceto medio contribuivano sia il settore del **lavoro autonomo** – liberi professionisti, titolari di esercizi commerciali, meccanici, fotografi, ecc. – sia quello del **lavoro dipendente**. In quest'ultimo settore la categoria dei dipendenti pubblici si allargava di pari passo con l'aumento dei compiti dello Stato e delle amministrazioni locali in materia di sanità, di istruzione, di trasporti e di altri servizi. Ancora più rapidamente cresceva la massa degli **addetti al settore privato** – tecnici, impiegati, commessi – che svolgevano mansioni non manuali: quelli che più tardi sarebbero stati chiamati **colletti bianchi**, per sottolineare il contrasto con i "colletti blu" delle tute degli operai.

Gli impiegati Già alla vigilia della prima guerra mondiale, nei paesi più industrializzati e più toccati dai processi di modernizzazione produttiva, **colletti bianchi e impiegati statali** costituivano una massa abbastanza omogenea e numerosa, anche se non paragonabile per consistenza a quella dei lavoratori manuali. Nella scala dei redditi, i ceti medi impiegatizi occupavano una posizione molto distante da quella dell'alta borghesia e tendenzialmente più vicina a quella degli strati "privilegiati" della classe operaia. Dal punto di vista della cultura, della mentalità, dei comportamenti sociali, **la distinzione fra piccola borghesia e proletariato era però molto netta**. I ceti medi rifiutavano ogni identificazione con le classi lavoratrici, erano per lo più ostili alle organizzazioni sindacali e puntavano sul merito individuale per progredire nella scala sociale. Agli ideali tipici della tradizione operaia – la solidarietà, lo spirito di classe, l'internazionalismo – contrapponevano i **valori storici della borghesia**: l'individualismo e la rispettabilità, la proprietà privata e il risparmio, il rispetto delle gerarchie e il patriottismo. Anzi, si atteggiavano a difensori di questi valori in polemica con l'alta borghesia industriale e bancaria, che tendeva a diventare cosmopolita e adottava modelli di comportamento tipici delle classi aristocratiche.

Terziario
Nel settore terziario sono comprese quelle attività economiche, definite generalmente commercio, servizi e amministrazione, che non appartengono all'agricoltura (settore primario) e all'industria (settore secondario): dagli assicuratori agli agenti di Borsa, agli impiegati del comune, ai negozianti, ecc. Alla fine del '900 i lavoratori del terziario sono diventati maggioranza nei paesi sviluppati dell'Occidente.

La piccola borghesia impiegatizia era destinata, man mano che cresceva in consistenza numerica, a svolgere **un ruolo di primo piano**: sia nel campo economico, in quanto principale destinataria di una serie di beni di consumo prodotti dall'industria, sia in quello politico, come elettorato di massa, capace, a seconda delle sue oscillazioni, di far pendere la bilancia dalla parte delle forze conservatrici o di quelle progressiste.

GUIDA ALLO STUDIO

❶ Che cosa distingue una società di massa dalle comunità tradizionali? In relazione a quale contesto storico è possibile parlare di "società di massa"? ❷ Com'era divisa la classe operaia? ❸ Cosa determinò la crescita del settore terziario? Quali attività e professioni vi facevano parte? ❹ Chi erano i "colletti bianchi"? ❺ A quale sistema di valori faceva riferimento il ceto medio?

6 La nazionalizzazione delle masse: scuola, esercito e suffragio universale

Come diffondere i valori nazionali

Nel corso dell'800, e soprattutto nella sua seconda metà del secolo, prese forma, ad opera dei singoli Stati, quella politica di educazione ai valori nazionali che gli storici avrebbero definito in seguito come "nazionalizzazione delle masse". L'estraneità di una larga parte delle popolazioni ai princìpi e agli obiettivi politici delle classi dirigenti al potere andava superata grazie al ruolo svolto dalla scuola, dall'esercito e, in seguito, dall'allargamento del suffragio.

Da un lato la pratica della lettura e della scrittura unita allo studio delle tradizioni patriottiche nella **scuola** elementare obbligatoria, dall'altro il **servizio militare** svolto in luoghi lontani da quelli di origine e l'amalgama con soldati di altra provenienza, costituirono potenti fattori di costruzione di un'identità nazionale. E ad essi si aggiunse, alla fine del secolo, la diffusione del **suffragio universale maschile** che consentiva a masse sempre più ampie la partecipazione alla vita politica rappresentativa.

L'istruzione per tutti

A partire dagli anni '70 dell'800, tutti i governi d'Europa si impegnarono per rendere l'**istruzione elementare obbligatoria e gratuita**, per sviluppare quella media e superiore e per portare l'inse-

Tre generazioni leggono il giornale
1900 ca.
[Collezione privata, Milano]

In Italia nel 1873, tra locali e nazionali, si contavano 55 giornali, mentre nel 1887 si raggiunse la cifra di 145. La fioritura della stampa quotidiana nella nostra penisola accompagnò il progressivo coinvolgimento dei cittadini nella vita pubblica oltre che l'affacciarsi sulla scena nazionale di gruppi industriali, desiderosi di influenzare con i propri punti di vista l'opinione pubblica e la classe dirigente. Nella foto, al centro, un nonno aiuta il nipote a leggere il «Corriere dei Piccoli», mentre il figlio regge tra le mani il «Corriere della Sera», quotidiano pubblicato a Milano dal 1876.

Tasso di analfabetismo
Indica la percentuale della popolazione, sopra i sei anni di età, incapace di leggere e scrivere. È un dato fondamentale per accertare il grado di sviluppo sociale di un paese. La diffusione dell'istruzione determina un calo del tasso di analfabetismo. In parte diverso è invece il fenomeno dell'analfabetismo "di ritorno": include chi, dopo aver imparato a leggere e scrivere, perde questa capacità per mancanza di esercizio.

Tiratura
Nel linguaggio giornalistico indica il numero di copie stampate, che generalmente è superiore al numero delle copie vendute, la cosiddetta "vendita". La differenza tra tiratura e vendita è di solito restituita dagli edicolanti all'editore e viene chiamata "resa".

gnamento sotto il controllo pubblico. Il processo di laicizzazione e di statalizzazione del sistema scolastico ebbe tempi, forme e risultati diversi a seconda dei paesi. Fu meno spinto in Gran Bretagna, dove la Chiesa anglicana e le istituzioni private conservarono spazi abbastanza ampi, più radicale in Francia, dove la questione scolastica diede luogo ad aspri conflitti fra Chiesa e Stato. In generale lo sviluppo della scuola statale fu più rapido in quegli Stati, come la Francia e la Germania, in cui esisteva già da tempo un'alfabetizzazione diffusa, più lento nei paesi mediterranei e nell'Europa orientale, dove le condizioni di partenza erano più sfavorevoli dal punto di vista sociale ed economico. L'effetto più immediato di questo sforzo fu un aumento generalizzato della frequenza scolastica: alla vigilia della prima guerra mondiale andare a scuola era diventata la regola per i bambini europei sotto i dieci anni. Questo sviluppo dell'istruzione elementare determinò una rapida **diminuzione del tasso di analfabetismo**, che già ai primi del '900 era sceso a percentuali poco più che marginali (intorno al 10%) nelle aree più avanzate e tendeva a calare anche in quelle più arretrate (dove spesso superava ancora il 50%) relativamente alle classi di età più giovani.

I giornali

Strettamente legato a questi progressi dell'alfabetizzazione fu l'incremento nella diffusione della stampa quotidiana e periodica. All'inizio del '900, infatti, i quotidiani divennero più vivaci: aumentarono le notizie di cronaca cittadina e crebbe l'interesse per gli spettacoli e gli avvenimenti mondani. **Nei paesi più industrializzati si moltiplicarono lettori e tirature**: in questo periodo, per esempio, il «Daily Mail» in Gran Bretagna e il «Petit Journal» in Francia superarono il milione di copie quotidiane. I giornali più importanti potevano contare su numerosi **corrispondenti** sparsi nelle altre città del paese e nelle capitali estere da dove inviavano quotidianamente servizi sulle principali notizie del giorno. Questa straordinaria espansione dei quotidiani all'inizio del '900 fu favorita anche dai progressi tecnologici: dalla diffusione delle rotative e delle linotype (la macchina per la composizione dei caratteri) all'uso sempre più frequente del telefono, che consentì di aumentare quantità e rapidità nella circolazione delle informazioni. La crescita del numero dei lettori determinò quindi un progressivo allargamento dell'area di coloro che contribuivano a formare l'**opinione pubblica**: per un numero crescente di cittadini, infatti, diventò più facile accedere alle informazioni di interesse generale, farsi una propria opinione sulle questioni più importanti e far pesare questa opinione nelle scelte politiche.

Il servizio militare obbligatorio

Un contributo notevole allo sviluppo della società di massa venne anche dalle riforme degli ordinamenti militari che furono realizzate in tutta Europa – con l'unica eccezione della Gran Bretagna – a partire dagli anni '70 dell'800. Il principio su cui si fondavano queste

TABELLA 7_CONSISTENZA NUMERICA DI ESERCITO E MARINA DELLE PRINCIPALI POTENZE MONDIALI (1880-1914)

	1880	1890	1900	1910	1914
Russia	791.000	677.000	1.162.000	1.285.000	1.352.000
Francia	543.000	542.000	715.000	769.000	910.000
Germania	426.000	504.000	524.000	694.000	891.000
Gran Bretagna	367.000	420.000	624.000	571.000	532.000
Austria	246.000	346.000	385.000	425.000	444.000
Italia	216.000	284.000	255.000	322.000	345.000
Giappone	71.000	84.000	234.000	271.000	306.000
Stati Uniti	34.000	39.000	96.000	127.000	164.000

riforme era quello del servizio militare obbligatorio per la popolazione maschile, ossia la trasformazione degli eserciti a lunga ferma, composti in pratica da professionisti, in **eserciti a ferma più o meno breve formati da "cittadini in armi"**.
Due principali motivi spingevano per la trasformazione degli eserciti. Uno era di carattere politico-militare: la disponibilità di grandi masse consentiva ora un esercito in grado di assolvere quella **funzione deterrente** che ne faceva uno strumento indispensabile anche in tempo di pace. L'altro era dato dal fatto che la tecnologia e l'industria consentivano la **produzione in serie di armi**, munizioni ed equipaggiamenti in misura tale da coprire le esigenze di grandi eserciti, mentre lo sviluppo delle ferrovie offriva a questi eserciti la possibilità di spostamenti veloci, riducendo di molto i tempi di mobilitazione, di radunata e di schieramento. A tutto ciò vanno aggiunte le pressioni esercitate sui governi dai **gruppi industriali** interessati alle forniture militari. Fra il 1870 e il 1914, l'impegno crescente di governi e stati maggiori nell'organizzare la mobilitazione e l'armamento di grandi quantità di coscritti non solo rese possibile la **nascita dei moderni eserciti di massa**, che sarebbero stati i protagonisti del primo conflitto mondiale, ma servì anche a estendere la capacità di controllo dei poteri statali sulla società civile [👁 TABELLA_7].

L'estensione del diritto di voto

La coscrizione obbligatoria si legava tuttavia all'inevitabile estensione del suffragio: **come si poteva negare infatti il diritto di voto a coloro ai quali lo Stato chiedeva di mettere a repentaglio la propria vita?** E in effetti in Europa, tra la fine dell'800 e l'inizio del '900, il cammino verso la società di massa si accompagnò alla tendenza costante verso l'estensione del diritto di voto. Nel 1890 il suffragio universale maschile era adottato

141
S. Rokkan
Un uomo, un voto, un valore

Alfred Bramtot
Un seggio elettorale
1891
[Museo del Petit Palais, Parigi]
La grande tela "racconta" le operazioni di voto in un seggio elettorale francese alla fine del XIX secolo. Gli abiti degli elettori raffigurati rivelano la presenza al seggio di diverse componenti sociali, dall'operaio, che sta consegnando la scheda, al commerciante, di spalle, con il grembiule indosso. Con un accento quasi simbolico, una intensa luce bianca entra dalla grande finestra per illuminare il cittadino venuto a svolgere il suo dovere elettorale.

solo in Francia, in Germania e in Svizzera. Nei venticinque anni successivi, in quasi tutti i paesi dell'Europa occidentale furono approvate leggi che allargavano il corpo elettorale fino a comprendervi la totalità o la stragrande maggioranza dei cittadini maschi maggiorenni, indipendentemente dal censo. Il **suffragio universale maschile** fu introdotto in Spagna nel 1890, in Belgio nel 1893, in Norvegia nel 1898, in Austria e nel Granducato di Finlandia, allora parte dell'Impero russo, nel 1907 (Norvegia e Finlandia furono i primi paesi a concedere il voto anche alle donne), in Italia – con alcune limitazioni – nel 1912. Gran Bretagna e Olanda furono le ultime ad adeguarsi e lo fecero immediatamente dopo la prima guerra mondiale.

GUIDA ALLO STUDIO

❶ Perché, a fine '800, l'istruzione divenne oggetto del controllo statale? ❷ Quali funzioni furono assegnate alla scuola di massa? Quali effetti derivarono dalla crescita dell'alfabetizzazione? ❸ Come si formava l'opinione pubblica? ❹ Perché si andò verso la coscrizione obbligatoria e in che modo questo evento si legava all'estensione del suffragio?

7 Partiti e sindacati

I partiti di massa

L'allargamento del diritto di voto alle grandi masse determinò dappertutto mutamenti di rilievo nelle forme organizzative e nei meccanismi della lotta politica. Tutti i gruppi – anche i più conservatori – furono costretti a sperimentare nuove tecniche per conquistare e mantenere il consenso popolare. Si affermò il nuovo modello del **partito di massa**: quello realizzato per la prima volta dai socialdemocratici tedeschi (poi imitato dai socialisti degli altri paesi e in minor misura dai cattolici), basato sull'inquadramento di larghi strati della popolazione attraverso una struttura permanente, articolata in organizzazioni locali – **sezioni**, **federazioni** – e facente capo a un **unico centro dirigente**. Già alla vigilia della prima guerra mondiale appariva chiaro come in nessun paese dell'Europa occidentale la vita pubblica potesse più essere considerata un terreno riservato a ristretti gruppi di notabili che traevano la loro forza dalla loro posizione sociale e come **nuovi centri di potere** si andassero affiancando a quelli tradizionali presenti nei sistemi politici liberali.

La difficile affermazione dei sindacati

Un altro segno delle nuove dimensioni assunte dalla lotta politica e sociale – e un altro canale efficacissimo di «nazionalizzazione» delle masse – fu costituito dalla rapida crescita delle organizzazioni sindacali. Sino alla fine dell'800 il sindacalismo operaio era una realtà solida e consistente solo in Gran Bretagna, dove le Trade Unions, intorno al 1890 contavano già un milione e mezzo di iscritti [👁 15.6]. Negli ultimi anni dell'800, grazie all'impulso decisivo del movimento socialista, le organizzazioni dei lavoratori crebbero in numero e in consistenza in tutti i paesi europei, ma anche negli Stati Uniti, in Australia e in America Latina: quasi ovunque riuscirono a far valere il proprio diritto all'esistenza contro **l'opposizione degli imprenditori e delle classi dirigenti conservatrici** e contro **i pregiudizi della dottrina liberista**, che vedeva nei sindacati un ostacolo al libero gioco della contrattazione.

Nati e sviluppatisi in forme diverse a seconda dei paesi, i sindacati si federarono sull'esempio delle Trade Unions inglesi, in grandi organismi nazionali. I più importanti furono quelli di **ispirazione socialista**, come la Commissione centrale dei sindacati liberi tedeschi, fondata nel 1890, la francese Confédération générale du travail (Confederazione generale del lavoro), nata nel 1895, o la analoga **Confederazione generale del lavoro (Cgl)**, costituita in Italia nel 1906. Ma un notevole sviluppo ebbero anche le associazioni sindacali **cattoliche** e, in Germania e in Francia, non mancarono nemmeno le organizzazioni a guida liberale o conservatrice. Alla vigilia della prima guerra mondiale, i lavoratori iscritti ai sindacati erano 4 milioni in Gran Bretagna, quasi 3 milioni in Germania, oltre 2 milioni in Francia, poco più di 500 mila in Italia: **si trattava del più vasto fenomeno di associazionismo popolare cui mai si fosse assistito nella storia d'Europa.**

▶ 142
M. Duverger
L'organizzazione dei partiti

Le riforme sociali Tra la fine dell'800 e l'inizio del '900, grazie anche alla pressione delle organizzazioni sindacali, furono introdotte nei maggiori Stati europei alcune forme di legislazione sociale: furono istituiti sistemi di **assicurazione contro gli infortuni** e di **previdenza per la vecchiaia** e, in alcuni casi, anche sussidi per i disoccupati. Si stabilirono controlli, in realtà poco efficaci, sulla sicurezza e l'igiene nelle fabbriche. Si cercò di impedire il lavoro dei fanciulli in età scolare. Furono introdotte limitazioni agli **orari** giornalieri degli operai – la media non scese comunque sotto le dieci ore – e fu sancito il diritto al **riposo settimanale**.

GUIDA ALLO STUDIO
❶ Com'era organizzato un partito politico di massa? ❷ Quali forze si opponevano all'affermazione dei sindacati? ❸ Per quali riforme si batterono i sindacati?

8 Riformisti e rivoluzionari. La Seconda Internazionale

I partiti socialisti Alla fine dell'800 in tutti i più importanti paesi europei, e anche fuori d'Europa, nacquero partiti socialisti che cercavano di organizzarsi sul piano nazionale, che affiancavano al proselitismo rivoluzionario un'azione legale all'interno delle istituzioni, che partecipavano alle elezioni inviando loro rappresentanti nei parlamenti, e che, in qualche caso, cominciarono a discutere circa la possibilità di una loro partecipazione a governi "borghesi". Furono proprio i partiti socialisti a realizzare per primi il modello di quel partito di massa che si sarebbe affermato come la forma di organizzazione politica più diffusa nelle democrazie europee.

Il primo e il più importante di questi partiti fu quello **socialdemocratico** tedesco, **Spd**, nato nel 1875. L'efficienza organizzativa, i successi elettorali, la compattezza ideologica fornita dal marxismo, assunto come dottrina ufficiale, ne fecero un esempio e un modello per gli altri partiti nazionali che vennero sorgendo nell'ultimo ventennio del secolo. Più lenta e laboriosa fu la formazione di un partito socialista unitario in Francia dove la **Sfio** (Sezione francese dell'Internazionale operaia) si costituì solo nel 1905.

Socialdemocrazia
Il termine si diffonde a partire dal 1875, quando viene fondato il primo partito di massa, il Partito socialista democratico tedesco (Spd), con un programma riformista. Con questo approccio programmatico i partiti di stampo socialdemocratico si distinguevano nettamente da quelli comunisti che perseguivano la rivoluzione.

Il laburismo Ancora diversa era la situazione in **Gran Bretagna**, dove i gruppi marxisti non riuscirono a imporre la loro egemonia sul forte movimento sindacale delle Trade Unions. Furono comunque gli stessi dirigenti dei sindacati a creare una formazione politica che aveva l'obiettivo di rappresentare l'intero movimento operaio. Nacque così, nel 1906, il **Partito laburista** (Labour Party), che si fondava, dal punto di vista organizzativo, sull'adesione collettiva delle organizzazioni sindacali ed era privo di una caratterizzazione ideologica fortemente definita.

La Seconda Internazionale Al di là delle diversità organizzative e delle divergenze ideologiche, i partiti operai europei, compresi i laburisti, si muovevano, all'inizio del '900, su **una piattaforma in larga parte comune**: tutti si proponevano il superamento del sistema capitalistico e la gestione sociale dell'economia; tutti si ispiravano a ideali internazionalisti e pacifisti; tutti infine facevano capo a un'organizzazione socialista internazionale, erede di quella che si era dissolta nel 1876 [👁 15.7].

144 DOC
Azione politica e questione economica nei programmi della Seconda Internazionale

La nascita della Seconda Internazionale risaliva al **1889**, quando i rappresentanti di numerosi partiti europei, per lo più di ispirazione marxista, si riunirono a **Parigi** e approvarono alcune importanti deliberazioni, fra cui quella che fissava come obiettivo primario del movimento operaio la **giornata lavorativa di otto ore** e proclamava a tale scopo una giornata mondiale di lotta per il **primo maggio** di ogni anno. Nel 1891, inoltre, vennero esclusi dall'organizzazione gli anarchici e quanti rifiutavano pregiudizialmente la partecipazione all'attività politico-parlamentare. Diversamente dalla Prima Internazionale, che aveva cercato di imporsi come una specie di nucleo dirigente della classe lavoratrice di tutto il mondo, la Seconda Internazionale fu più che altro una **federazione di partiti nazionali** autonomi e sovrani. Essa svolse tuttavia un'importante funzione di coordinamento e i suoi congressi costituirono **un fondamentale luogo di incontro e di discussione** sui problemi di interesse comune (lo sciopero generale, la lotta contro la guerra, la questione coloniale), la sede naturale dei grandi dibattiti ideologici che animarono il movimento operaio europeo all'inizio del '900.

La Seconda Internazionale ebbe nel **marxismo** – nella versione divulgata da Engels e fatta propria dai più autorevoli esponenti della Spd, come Karl Kautsky – la sua **dottrina ufficiale.** Inizialmente la posizione di Engels e **Kautsky** – che, senza porre in discussione le finalità rivoluzionarie della lotta di classe, insistevano soprattutto sulle esigenze concrete e sulle battaglie quotidiane del movimento operaio – fu fatta propria dalla maggioranza dei leader socialisti europei. Tuttavia in seguito presero corpo due opposti orientamenti: da un lato la tendenza a prendere atto dei mutamenti intervenuti nella situazione politica e sociale per valorizzare l'**aspetto democratico-riformistico** dell'azione socialista; dall'altro il tentativo di bloccare le tentazioni legalitarie e parlamentaristiche recuperando l'**originaria impostazione rivoluzionaria** del marxismo.

■ **Il revisionismo** L'interprete più coerente della prima tendenza fu il tedesco **Eduard Bernstein.** In alcuni scritti pubblicati nel 1899, Bernstein partiva dalla constatazione di una serie di fatti che andavano in senso contrario alle previsioni di Marx: il proletariato non si impoveriva, ma migliorava lentamente la sua condizione; il capitalismo rivelava una notevole capacità di modificarsi e di superare le crisi; lo Stato borghese diventava sempre più democratico. In questa situazione, i partiti operai dovevano abbandonare le pregiudiziali di intransigenza e collaborare con le altre forze progressiste: **la società socialista sarebbe nata non da una rottura rivoluzionaria, ma da una**

I tumulti del 4 maggio 1886 a Chicago
[da un giornale illustrato locale del 15 maggio 1886; Library of Congress, Washington, D.C.]

Il 4 maggio 1886, nella piazza di Haymarket a Chicago, durante uno sciopero di operai che chiedevano la riduzione dell'orario di lavoro a otto ore, scoppiarono violenti tumulti e fu lanciata una bomba su un gruppo di poliziotti. Lo scoppio dell'ordigno e il seguente conflitto a fuoco portarono alla morte di sette agenti e di almeno quattro civili. In seguito furono individuati quali responsabili dell'episodio otto operai anarchici. Di questi, quattro subirono la pena dell'impiccagione; gli altri l'ergastolo. La sommarietà del processo fu aspramente criticata dal mondo dei lavoratori ma la sentenza fu comunque eseguita. Pochi anni più tardi, i condannati, definiti dalla stampa internazionale «martiri di Chicago», risultarono innocenti e tre di loro, ancora in vita in prigione, furono rilasciati. Questo episodio concorse a individuare la data del 1° maggio quale giornata della festa internazionale dei lavoratori.

trasformazione graduale realizzata grazie al lavoro quotidiano delle organizzazioni operaie e soprattutto del movimento sindacale. Le tesi di Bernstein – che furono definite revisioniste in quanto implicavano una profonda revisione della teoria marxista – suscitarono un acceso dibattito in seno al movimento socialista internazionale, ma furono respinte da tutti i maggiori esponenti del marxismo "ortodosso".

145 DOC
Eduard Bernstein
Il revisionismo

146 DOC
Georges Sorel
Il mito dello sciopero generale

■ **Le posizioni rivoluzionarie** Negli stessi anni in cui si sviluppava il dibattito sul revisionismo, il movimento operaio vide emergere **nuove correnti di estrema sinistra** che contestavano la politica "centrista" dei dirigenti socialdemocratici tedeschi ed europei, accusati di mascherare, dietro un'apparente fedeltà agli ideali rivoluzionari, una pratica riformista e legalitaria. In Germania un'agguerrita minoranza di sinistra si formò attorno a **Karl Liebknecht** e a **Rosa Luxemburg** (1871-1919), una giovane intellettuale di origine polacca, mentre gruppi analoghi si formarono in tutti i più importanti partiti europei, giungendo in qualche caso a minacciare l'egemonia delle correnti centriste.

Lenin e la socialdemocrazia russa

Un'ulteriore dissidenza fu quella che si sviluppò nella socialdemocrazia russa e che ebbe per protagonista l'allora poco più che trentenne Vladimir Il'ič Ul'janov, più noto con lo pseudonimo di **Nikolaj Lenin** (1870-1924). Lenin contestava il modello organizzativo della socialdemocrazia tedesca, e gli contrapponeva **il progetto di un partito tutto votato alla lotta**, formato da militanti scelti e guidato da "rivoluzionari di professione", con una direzione fortemente accentrata. Questa concezione contrastava con la tradizione del movimento operaio occidentale, ma si adattava alla situazione di un partito come quello russo, costretto alla quasi completa clandestinità. In un congresso della socialdemocrazia russa, svoltosi in esilio a Londra nel 1903, le tesi di Lenin ottennero, sia pur di stretta misura, la maggioranza dei consensi. Il partito si spaccò allora in **due correnti**: quella **bolscevica** (cioè maggioritaria) guidata da Lenin e quella **menscevica** (ossia minoritaria); una divisione che sul momento non destò molto interesse, poiché riguardava un partito fra i meno importanti della Seconda Internazionale.

Sorel e il sindacalismo rivoluzionario

Un importante dibattito fu invece suscitato da un'altra dissidenza di sinistra, che ebbe origine in **Francia** e prese il nome di sindacalismo rivoluzionario. Furono i dirigenti sindacali francesi a formulare la teoria secondo cui il momento più importante dell'azione operaia era **lo sciopero, visto come una «ginnastica rivoluzionaria»** utile a rendere i lavoratori consapevoli della loro forza e a prepararli al grande sciopero generale rivoluzionario che avrebbe segnato la fine del sistema borghese. Queste idee trovarono il loro interprete più autorevole in un intellettuale francese, **Georges Sorel**, che nel volume *Considerazioni sulla violenza* del 1908, esaltò la

Jules Grandjouan
Illustrazione a favore della giornata lavorativa di otto ore
[da «L'Assiette au beurre», 28 aprile 1906]

funzione liberatoria della violenza proletaria e insistette sull'importanza dello sciopero generale come mito capace di trascinare gli operai alla lotta.

Il sindacalismo rivoluzionario non riuscì a trovare consensi nei principali partiti socialisti, ma esercitò una forte suggestione su molti intellettuali e anche su frange consistenti della classe operaia, soprattutto nei paesi latini (dove si legò alla tradizione anarchica), contribuendo alla **radicalizzazione dello scontro sociale** che si verificò in Europa negli anni precedenti la prima guerra mondiale.

GUIDA ALLO STUDIO

❶ Quale strategia politica caratterizzò i partiti operai europei tra '800 e '900? ❷ Quale funzione svolse la Seconda Internazionale? Riassumi le posizioni politiche dei revisionisti e dei rivoluzionari. ❸ Chi erano i bolscevichi e i menscevichi? ❹ Quale funzione fu attribuita allo sciopero dai sindacati rivoluzionari?

9 Il primo femminismo

La condizione femminile: tra subalternità e impegno

A cavallo del secolo cominciò a emergere – in forme ancora frammentarie – la "questione femminile". Il problema dell'inferiorità economica, politica e giuridica delle donne, in una paro-

PERSONAGGI

Anna Maria Mozzoni

«Le tracce dell'opera di Anna Maria Mozzoni restano incancellabili nella storia della causa femminile, come la sua memoria rimane indelebile»: così recitava «Il Messaggero» alla morte della capostipite del movimento emancipazionista femminile italiano.

Anna Maria Mozzoni (1837-1920) nacque in provincia di Milano, da una famiglia di nobili origini, liberale e progressista, antiasburgica. Da questi orientamenti fu segnata la sua formazione, che proseguì, dopo il collegio, da autodidatta, con le letture di Mazzini, degli illuministi francesi e lombardi e dei "socialisti utopistici" [👁 10.6].

È già il suo primo scritto politico, *La donna e i suoi rapporti sociali* (1864), a rivelarci le radici illuministe e democratiche del suo pensiero e a tracciare le direttrici della sua attività. All'indomani dell'Unità d'Italia, Mozzoni si rivolgeva alle «giovani donne», invitandole a riscattarsi dalla condizione di oppressione, di cui rintracciava le cause nella religione, nel diritto, nella famiglia e nella società. Le leve per scardinare questa secolare situazione erano l'**accesso all'istruzione e al lavoro** e l'**uguaglianza giuridica**, sue costanti rivendicazioni. La legislazione del nuovo Stato italiano fu uno dei suoi primi obiettivi polemici, perché assegnava alla donna doveri ma non le dava diritti (le negava l'accesso alle professioni e la rendeva subalterna all'uomo nel matrimonio). La denuncia delle discriminazioni che caratterizzavano la situazione giuridica delle donne fu il tema del suo secondo pamphlet, *La donna in faccia al progetto del nuovo Codice civile italiano* (1865), in cui criticava il nuovo codice Pisanelli, che segnava un regresso rispetto alla legislazione pre-unitaria.

Considerando la subalternità femminile determinata da fattori sociali, piuttosto che biologico-naturali, il tema dell'istruzione divenne un altro terreno della sua battaglia progressista. In *Un passo avanti nella cultura femminile. Tesi e progetto* (1866) contestò il sistema scolastico che prevedeva percorsi differenziati per maschi e femmine, ed educava la donna a compiti di utilità domestica. Alla critica unì la capacità di proposta, elaborando un **nuovo programma scolastico**, che dava spazio alle discipline scientifiche, prima inaccessibili alle donne. Come **insegnante di filosofia morale** in un liceo femminile di Milano lavorò per una formazione che rendesse le donne il più possibile autonome.

Gli anni successivi all'unificazione della penisola, con le speranze di riscatto femminile che il Risorgimento aveva suscitato, furono anni di grande impegno sulla scena pubblica. La fitta attività di **conferenziera e pubblicista** la vide collaborare ai maggiori periodici di orientamento democratico, tra cui spiccava «La donna». Il suo impegno intellettuale si rafforzò con la scelta di tradurre nel 1869 *The subjection of women* (*La servitù delle donne*), del filosofo liberale John Stuart Mill. Come Mill, Mozzoni sosteneva la necessità di un **governo garante delle libertà civili e politiche e della giustizia sociale**, ritenendo che l'autonomia, la libertà di coscienza e di pensiero e il diritto alla felicità fossero prerogative di tutti gli individui, a prescindere dal sesso.

Un ritratto fotografico di Anna Maria Mozzoni

Le speranze che la sinistra di Depretis rilanciasse il suffragio femminile la spinsero a redigere una petizione pubblica nel 1877. Con argomentazioni moderne chiese di considerare le donne per quello che erano: cittadine e contribuenti, lasciando da parte le speculazioni sulla natura e sulla missione femminile. La battaglia per il voto alle donne la impegnò a più riprese:

la della subalternità femminile, era rimasto, con poche eccezioni, estraneo agli orizzonti del pensiero liberale e democratico ottocentesco. John Stuart Mill era stato uno dei pochi intellettuali a richiamare l'attenzione sulla condizione femminile in un libro intitolato *La servitù delle donne*, pubblicato nel 1869 [👁 10.4]. Del resto, i primi movimenti di emancipazione femminile, nati alla fine del '700 nella Francia rivoluzionaria, avevano avuto scarsissimo seguito. Così, alla fine dell'800, **le donne erano ancora escluse dappertutto dall'elettorato attivo e passivo e, in molti paesi, anche dalla possibilità di accedere agli studi universitari e alle professioni e, se sposate, di disporre liberamente dei loro beni** [👁 16.2 PERSONAGGI]. Quando lavoravano, ricevevano un trattamento economico nettamente inferiore a quello degli uomini. Per le donne, il lavoro extradomestico non era un'emancipazione, ma piuttosto una dura necessità, quasi una naturale prosecuzione del lavoro svolto da sempre nei campi o entro le pareti domestiche, e non significava nemmeno (allora come oggi) la liberazione dai tradizionali obblighi familiari.
Tuttavia i maggiori contatti col mondo esterno, le esperienze collettive, la partecipazione alle agitazioni sociali portarono le donne lavoratrici a **una più viva coscienza dei loro diritti** e delle loro rivendicazioni nei confronti dell'intera società.

149
J.W. Scott
Il lavoro delle donne

150 DOC
Beatrice Webb
La regolamentazione del lavoro femminile

153
G. Bock
Donne e diritti sociali

nel 1882 rivolse una sdegnata critica a Zanardelli, responsabile della commissione parlamentare che aveva respinto nuovamente la proposta di suffragio femminile. Nel 1906 tornò a scrivere una petizione pubblica rivolta al Parlamento con Maria Montessori, che istituì un metodo pedagogico innovativo adottato nel tempo nelle scuole di molti altri paesi. Se l'emancipazione femminile era necessaria al progresso generale della società, la richiesta di voto politico e amministrativo per le donne rappresentava una rivendicazione cruciale per tutelare gli interessi femminili, ma anche per rafforzare le istituzioni, che altrimenti non sarebbero mai state realmente in grado di rappresentare pienamente la nazione.
Tutte le battaglie del movimento emancipazionista la videro protagonista, dalla richiesta di abolizione del divieto di ricerca della paternità (necessaria per dare garanzie alle madri nubili) a quella di introdurre il **divorzio**, che la avvicinò al deputato radicale Salvatore Morelli, solitario e instancabile promotore di riforme legislative per l'equiparazione giuridica dei due sessi. Si impegnò anche contro la regolamentazione statale della **prostituzione**, stabilita per legge con l'unificazione, che con il sistema delle case chiuse isolava le donne e le sottoponeva al potere discrezionale della polizia. La lotta, non solo italiana, la rese **una delle protagoniste del movimento femminista europeo**, come dimostra la sua partecipazione, da rappresentante ufficiale per l'Italia, al primo congresso internazionale per i diritti delle donne (Parigi, 1878). Promotrice instancabile di leghe e associazioni, fece della **cooperazione** e della **solidarietà interclassista** uno dei suoi principali obiettivi, fino alla creazione della Lega promotrice degli interessi femminili (1881), che segnò la trasformazione del femminismo in un movimento politico organizzato, visibile e attivo.
L'attività di mobilitazione e organizzazione di operaie e donne del popolo rese più intensi i suoi contatti con il movimento operaio. Contribuì a fondare la Lega Socialista milanese con Filippo Turati, Costantino Lazzari e Anna Kuliscioff, e a preparare il congresso di Genova del 1892, che vide la nascita del **Psi** (il Partito socialista italiano). Si tenne, però, fuori dal partito, rimproverando ai socialisti di aver trascurato le implicazioni sociali e culturali della questione femminile. Con coerenza, Mozzoni continuava a vedere l'emancipazione femminile come un obiettivo politico autonomo, da coordinare ma non subordinare alle rivendicazioni economiche. Nel 1902, ad approfondire la sua distanza dal Psi, contribuì l'approvazione della legge di protezione del lavoro femminile, che la portò a scontrarsi con Anna Kuliscioff. Mozzoni, diversamente da lei, considerava la legge controproducente, perché rischiava di limitare le possibilità lavorative delle donne, causandone il ritorno ad un ruolo esclusivamente domestico. Il suo impegno per l'accesso delle donne a tutte le professioni e per la parificazione salariale era stato costante, rivelando la sua attenzione per il lavoro come strumento di partecipazione alla società, di rottura della sottomissione familiare.
Se possiamo accuratamente ricostruire l'impegno della Mozzoni nel dibattito pubblico, sulla sua vita familiare e privata le notizie sono più lacunose. Sappiamo che sposò, nonostante la contrarietà della famiglia, il conte Malatesta Covo Simoni, avvocato più giovane di lei. Adottarono una bambina, Bice (secondo alcuni figlia naturale della Mozzoni), ma il matrimonio si interruppe, forse per la leggerezza del conte nella gestione patrimoniale.
Gli ultimi anni, vissuti quasi in povertà, furono anni di sconfitte: si approfondì la distanza con le socialiste nel fronte emancipazionista, segnale della fine di una stagione di lotte condivise. Si fece meno presente nel dibattito pubblico, per riemergere allo scoppio della prima guerra mondiale, quando sostenne il fronte degli interventisti democratico-risorgimentale, di stampo mazziniano.
Nel 1912, intanto, Giolitti aveva reso universale il suffragio maschile, ma nulla era cambiato rispetto al voto alle donne [👁 21.9]. A questa battaglia si legò la sua ultima apparizione sulla scena pubblica, nel 1919, durante i dibattiti parlamentari sulla riforma elettorale, che finalmente doveva realizzare il suffragio femminile. Approvata alla Camera dei Deputati, la legge non riuscì ad arrivare in Senato prima della fine della legislatura; l'attesa delle donne italiane si concluse solo nel 1945. Una conclusione amara, che accomuna tante battaglie di Anna Maria Mozzoni, che pure resta una figura essenziale del movimento emancipazionista e democratico italiano.

▶ 151
Sh. Rowbotham
Le suffragette

In tutti i paesi industrializzati, infatti, la manodopera femminile fu protagonista di episodi salienti nella lotta sindacale e questa mobilitazione contribuì a consolidare i legami tra le donne, ad accrescere la consapevolezza dell'esistenza di un problema specifico all'interno della questione più generale del miglioramento delle condizioni di lavoro.

Le suffragette Nonostante questo ruolo più attivo nel mondo del lavoro, il movimento per l'emancipazione femminile rimase a lungo ristretto a minoranze operaie e intellettuali, a circoli e leghe prive di un seguito consistente. Solo in Gran Bretagna il movimento femminile, sotto la guida di **Emmeline Pankhurst** – fondatrice nel 1902 della Women's Social and Political Union –, riuscì a imporsi all'attenzione dell'opinione pubblica, concentrando la sua attività nell'agitazione per il **diritto al suffragio**, donde il nome di "suffragette" dato alle sue militanti, e ricorrendo non di rado a forme di protesta quanto mai decise: dimostrazioni di

Il movimento per l'emancipazione femminile si organizzò agli inizi del '900 in Gran Bretagna grazie all'impegno di Emmeline Pankhurst e delle sue figlie. Per attirare l'attenzione sulla propria causa le donne inscenavano manifestazioni (nel tempo sempre più violente), che spesso si concludevano con l'arresto delle protagoniste (la stessa Emmeline fu arrestata più volte). Furono usati anche mezzi più "tradizionali" come i manifesti; quello riprodotto mostra una donna che rema faticosamente su un mare ingrossato dalle onde, mentre viene superata da una barchetta a vela (con la scritta «voti») su cui viaggia rilassato un uomo; in fondo si intravede il Palazzo di Westminster, sede del Parlamento britannico.

◀ **Manifesto di propaganda a favore del suffragio femminile: «Handicapped!»**
1910 ca.

▶ **Emmeline Pankhurst arrestata dopo una protesta nei pressi di Buckingham Palace a Londra**
22 maggio 1914

piazza, marce sul Parlamento, scioperi della fame e anche attentati a edifici pubblici. La lotta delle suffragette – che nel 1918 avrebbe portato, in Gran Bretagna, alla concessione del voto alle donne – trovò qualche appoggio tra i parlamentari laburisti. Nel complesso, però, il movimento operaio non si mostrò troppo sensibile nei confronti delle rivendicazioni femministe [👁 16.12 STORIA•SOCIETÀ•CITTADINANZA].

▶ 152
A. Rossi Doria
Le battaglie per il voto alle donne in Italia

L'isolamento dei movimenti femminili

Molti dirigenti socialisti guardavano con sospetto al voto delle donne, perché temevano che ciò avrebbe significato, almeno a breve scadenza, un vantaggio per i partiti di ispirazione cristiana. Diffusa era poi, fra i socialisti, la tendenza a privilegiare gli aspetti economico-retributivi del problema del lavoro femminile, o a vederne la soluzione nel ritorno delle donne ai loro **compiti "naturali" in seno alla famiglia**. Certo è che quasi dappertutto i movimenti femminili furono lasciati soli a combattere le loro battaglie, ricevendo tutt'al più qualche generico incoraggiamento. Allo scoppio della prima guerra mondiale, le donne europee avevano visto cadere alcune delle preclusioni più gravi, relative all'istruzione superiore e all'accesso alle professioni, ma restavano ancora escluse dal diritto di voto – salvo che in Norvegia e Finlandia – e pesantemente discriminate sui luoghi di lavoro.

GUIDA ALLO STUDIO

❶ Perché John Stuart Mill parlava della condizione femminile in termini di schiavitù? ❷ Quali furono gli spazi principali di emancipazione femminile, tra '800 e '900? ❸ Chi erano le "suffragette"? Quali forme di mobilitazione politica praticarono? ❹ Come furono accolte le rivendicazioni femminili dai partiti politici organizzati? Perché?

10 La Chiesa e la società di massa

I cattolici e l'impegno sociale

La Chiesa fu certamente spiazzata e disorientata dai nuovi processi sociali che sconvolgevano gli assetti chiusi della società tradizionale; ma fu anche l'unica istituzione a poter supplire ai fenomeni di disgregazione sociale e di perdita di identità indotti dall'urbanizzazione con una struttura organizzativa capillare e collaudata: quella delle **parrocchie**, delle **associazioni caritative**, dei **movimenti di azione cattolica**. L'esistenza di queste strutture permise anzi ai cattolici di impegnarsi con un certo successo nell'inquadramento dei lavoratori in organismi di massa, capaci di porsi in concorrenza con quelli di ispirazione socialista e classista.

L'impegno dei cattolici su questo terreno si era cominciato a manifestare già durante il pontificato di Pio IX [👁 15.8], ma ebbe un impulso decisivo con **Leone XIII** (1878-1903). Questi, pur senza attenuare l'intransigenza dottrinaria del suo predecessore, si mostrò politico assai più duttile: favorì il riavvicinamento fra i cattolici e le classi dirigenti di quei paesi (come la Germania e la Francia, ma non l'Italia) dove maggiore era la tensione fra Stato e Chiesa; incoraggiò la nascita di nuovi **partiti cattolici** in Belgio (1884) e in Austria (1887); ma soprattutto cercò di riqualificare il ruolo della Chiesa in materia di questione sociale.

La *Rerum novarum* di Leone XIII

Il documento più importante e più emblematico di questo sforzo fu l'enciclica *Rerum novarum*, emanata da Leone XIII nel maggio 1891 ed espressamente dedicata ai problemi della condizione operaia. L'enciclica non conteneva novità rilevanti sul piano dottrinario: **ribadiva la condanna del socialismo e riaffermava l'ideale della concordia fra le classi**. Ma indicava anche, come condizione di questa concordia, il rispetto dei doveri spettanti alle parti sociali: e, se i **doveri degli operai** erano la laboriosità, la frugalità e il rispetto delle gerarchie, il **dovere degli imprenditori** stava nel retribuire i lavoratori con la «giusta mercede», nel rispettarne la dignità umana, nel non considerare

147 DOC
L'enciclica
Rerum novarum

148
P. Scoppola
Il cattolicesimo sociale

la loro fatica come una merce da pagare al minor prezzo possibile. La parte più innovativa dell'enciclica era quella che riguardava il movimento associativo fra i lavoratori. Veniva apertamente incoraggiata la **creazione di società operaie e artigiane** ispirate ai princìpi cristiani e tutti i cattolici erano invitati a impegnarsi su questo terreno. La *Rerum novarum* vedeva nelle associazioni cattoliche uno strumento di collaborazione fra le classi, qualcosa di simile alle antiche corporazioni di arti e mestieri e si muoveva all'interno di una concezione tradizionalista, venata di nostalgia per la società pre-industriale. Nella pratica, però, questi ideali si rivelarono di difficile attuazione: i sindacati cattolici si svilupparono soprattutto su basi di classe – cioè raccogliendo solo i lavoratori dipendenti – e in seguito avrebbero adottato metodi di lotta non troppo diversi da quelli dei sindacati socialisti.

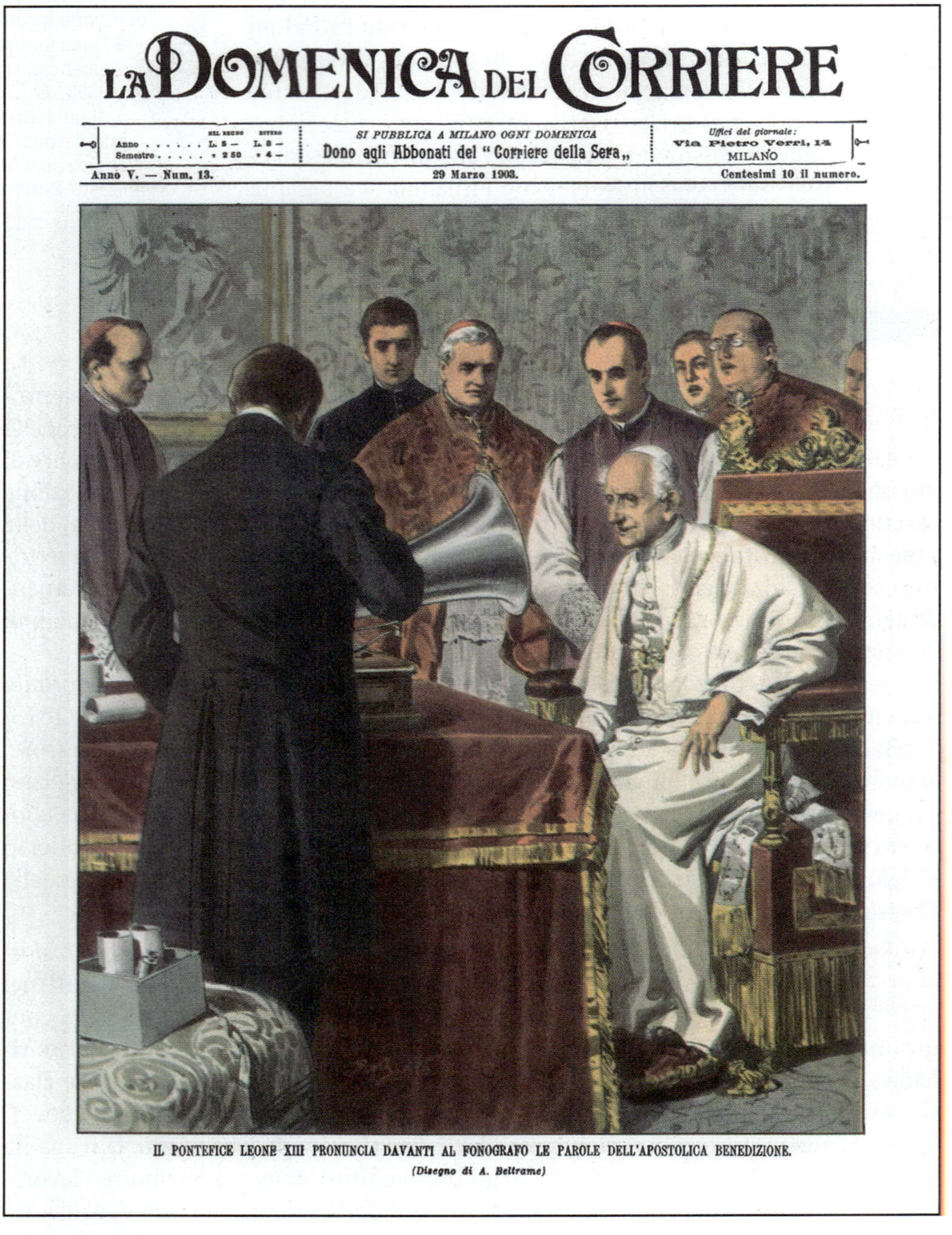
LA DOMENICA DEL CORRIERE

NEL REGNO	ESTERO
Anno . . . . . . L. 5 –	L. 8 –
Semestre . . . . . . » 2 50	» 4 –

SI PUBBLICA A MILANO OGNI DOMENICA
Dono agli Abbonati del "Corriere della Sera"
Uffici del giornale: Via Pietro Verri, 14 MILANO

Anno V. — Num. 13. 29 Marzo 1903. Centesimi 10 il numero.

IL PONTEFICE LEONE XIII PRONUNCIA DAVANTI AL FONOGRAFO LE PAROLE DELL'APOSTOLICA BENEDIZIONE.
(Disegno di A. Beltrame)

Achille Beltrame
Leone XIII pronuncia davanti al fonografo le parole della benedizione apostolica
[copertina della «Domenica del Corriere», 29 marzo 1903]

Vincenzo Gioacchino Pecci fu papa dal 1878 al 1903 con il nome di Leone XIII. Il suo lungo pontificato favorì un'apertura della Chiesa alla cultura moderna, mostrando anche un sincero interesse per i progressi della tecnica. Questa copertina della «Domenica del Corriere» lo ritrae mentre pronuncia la benedizione apostolica davanti a un fonografo: come ricorda lo stesso settimanale, il pontefice mostrava «un vivissimo diletto» nel riascoltare la sua voce incisa.

Contro la democrazia cristiana e il modernismo

Parallelamente, negli ultimi anni dell'800, venne emergendo, in particolare in Francia e in Italia, una nuova tendenza politica che fu definita democrazia cristiana e che mirava a conciliare la dottrina cattolica non solo con l'impegno sociale, ma anche con la prassi e gli istituti della democrazia. La nascita dei movimenti democratico-cristiani coincise, e in parte si collegò, col sorgere di una corrente di riforma religiosa che prese il nome di modernismo, in quanto si proponeva di reinterpretare la dottrina cattolica in chiave appunto "moderna". Anche il modernismo – che ebbe tra i suoi maggiori teorici il francese **Alfred Loisy** e l'italiano **Ernesto Buonaiuti** – aspirava sul piano dottrinario a uno scopo simile a quello perseguito sul piano politico dalla democrazia cristiana: **conciliare l'insegnamento della Chiesa col progresso filosofico e scientifico e, più in generale, con la civiltà moderna**. Ma la Chiesa era tutt'altro che disponibile ad aprirsi a queste innovazioni resistendo con pervicacia al processo di **secolarizzazione** della società. Dopo una fase di relativa tolleranza, il nuovo pontefice **Pio X** proibì ai democratici-cristiani ogni azione politica indipendente dalle gerarchie ecclesiastiche e, nel 1907, scomunicò i modernisti.

Parola chiave
Secolarizzazione

ONLINE

GUIDA ALLO STUDIO

❶ Come reagì la Chiesa cattolica di fronte alla nascita della società di massa? ❷ Che cosa si affermava nell'enciclica *Rerum novarum*? ❸ Qual era il principale avversario politico e culturale individuato dalla Chiesa? ❹ Che cos'era il modernismo? Quali reazioni suscitò nel mondo della Chiesa?

11 Nazionalismo, razzismo e antisemitismo

Il nuovo nazionalismo e le teorie razziste

Fra il 1815 e il 1870 il nazionalismo era stato soprattutto il principio ispiratore di movimenti di liberazione che combattevano contro l'ordine costituito, si era collegato all'idea di sovranità popolare e si era alleato col liberalismo e con la democrazia. Le cose cambiarono dopo l'unificazione tedesca realizzata nel 1871 da Bismarck «col ferro e col sangue» [👁 17.1] e soprattutto con l'imperialismo coloniale, che legava la grandezza nazionale alle guerre di conquista a danno di altri popoli ritenuti inferiori [👁 19.1]. Inoltre, la crescita dei movimenti socialisti, che si ispiravano a ideali internazionalisti e pacifisti, suscitò per reazione un ritorno di spiriti patriottici e guerrieri in seno ai ceti conservatori. La battaglia per i valori nazionali o per gli interessi del proprio paese finì spesso col **legarsi alla lotta contro il socialismo e alla difesa dell'ordine sociale esistente**.

In altri termini, il nazionalismo tendeva a spostarsi a destra, si sganciava dalle sue matrici illuministiche e democratiche per riscoprire quelle tradizionaliste, si collegava spesso alle teorie razziste allora in voga, che pretendevano di stabilire una gerarchia fra **"razze superiori"** e **"razze inferiori"** e di affermare su questa

Secolarizzazione
Processo di emancipazione della società dal condizionamento dei valori sacri e dal controllo delle autorità religiose. In questo senso la secolarizzazione è componente essenziale della modernizzazione e si accompagna ai processi di sviluppo industriale e di urbanizzazione. Una società secolarizzata non è necessariamente una società irreligiosa: è piuttosto una società laica.

Razza
Il termine deriva probabilmente dal francese medievale *haraz*, 'allevamento di cavalli'. Con il progressivo affermarsi del pensiero scientifico, la "razza" divenne una forma di classificazione adottata nel campo degli studi sul genere umano, come in quelli sul mondo animale e vegetale. La specie umana, *Homo sapiens*, venne distinta in base a caratteristiche fisiche evidenti (dette "fenotipiche"), per esempio i capelli, la forma del naso, degli occhi o più generalmente del volto, il colore della pelle. Nel tardo '700 si fece strada inoltre l'idea che le popolazioni umane non discendessero da un unico progenitore, ma avessero origini diverse e immutabili. Ne derivò una gerarchizzazione delle supposte diverse razze umane. Solo nel '900 gli scienziati hanno dimostrato che non esistono fattori biologici tali da differenziare gli esseri umani – infatti, abbiamo un unico patrimonio genetico –, e che non ci sono prove per ricondurre a origini diverse le diverse popolazioni umane.

139
G.L. Mosse
Il nuovo stile politico

140
G.L. Mosse
La penetrazione del razzismo nella società di massa

base la superiorità di un popolo, o di un gruppo di popoli, su tutti gli altri [👁 19.6 STORIA•SOCIETÀ•CITTADINANZA]. Queste teorie, che avevano avuto il loro precursore nel francese **Arthur de Gobineau** (autore nel 1855 di un *Saggio sull'ineguaglianza delle razze umane*), si fondavano su argomentazioni pseudoscientifiche di origine positivistica, ma in realtà si collegavano ad antichi pregiudizi (la tradizionale diffidenza per l'estraneo e per il "diverso") e proprio per questo avevano una forte capacità di suggestione anche fra le classi popolari. Più in generale, il successo del nuovo nazionalismo si può spiegare in buona parte con l'appello alle **componenti irrazionali della psicologia collettiva**, oltre che col ricorso a strumenti tipici della società di massa (stampa popolare, comizi, manifestazioni di piazza) e a tecniche di lotta tipiche della tradizione sovversiva.

Il nazionalismo francese

In Francia il nazionalismo, oltre che nello spirito di rivincita nei confronti della Germania innescato dalla sconfitta subita nel 1870, si manifestò come terreno di incontro fra movimenti di diversa origine uniti nella polemica contro una classe dirigente repubblicano-moderata considerata mediocre e corrotta e quindi incapace di tutelare gli interessi e le tradizioni del paese. In realtà il nazionalismo dei gruppi più oltranzisti (il più noto fu quello che si raccolse intorno alla rivista «Action française» fondata nel 1899) era rivolto non solo verso l'esterno, in funzione della politica estera, ma anche contro i supposti **"nemici interni"**: i protestanti, gli immigrati e soprattutto gli ebrei, considerati come un corpo estraneo alla nazione e identificati con gli ambienti dell'affarismo e della speculazione bancaria.

Il nazionalismo tedesco

Una forte componente antiebraica, unita a una impostazione popolareggiante e a una sottile vena anticapitalistica e antiborghese, fu presente anche nei movimenti nazionalisti dei paesi di lingua tedesca, nei quali l'**antisemitismo** (che in Francia si legava soprattutto a una tradizione cattolico-reazionaria) si appoggiava su presupposti apertamente razzisti. Fu proprio in Germania che le teorie della razza conobbero, già alla fine dell'800, le loro formulazioni più organiche e più popolari: come quella contenuta nel libro *I fondamenti del XIX secolo*, uscito nel 1899, dello scrittore di origine inglese **Houston Stewart Chamberlain**. Chamberlain riprendeva da Gobineau il mito di una **"razza ariana"** depositaria delle virtù più nobili e ne vedeva l'incarnazione più pura nel popolo tedesco. Anche il nazionalismo tedesco aveva lo sguardo rivolto al passato e cercava le sue basi nel mito del popolo (*Volk*), concepito come comunità di sangue e come legame quasi mistico con la terra d'origine. Questo mito, che aveva le sue radici nella cultura romantica ed era stato fatto rivivere, nella seconda metà dell'800, dalle opere del grande compositore (e radicale antisemita) **Richard Wagner**, fornì la base alle ideologie e ai **movimenti pangermanisti**, che auspicavano cioè il ricongiungimento in un unico Stato di tutte le popolazioni tedesche, comprese quelle che erano rimaste escluse dall'unificazione del 1871.

L'antisemitismo in Europa orientale

Un movimento contrapposto al pangermanismo, ma ad esso affine per molti aspetti, fu il **panslavismo**, che nacque in Russia alla fine dell'800 e si diffuse nei paesi slavi dell'Europa orientale come strumento della politica imperiale zarista. Il panslavismo si basava su ideologie tradizionaliste e largamente intrise di antisemitismo. Infatti, nell'Europa orientale – dove le comunità ebraiche erano più numerose, ma anche meno integrate nella società e nella cultura dei paesi ospitanti – l'**antisemitismo** aveva profonde radici popolari. Nell'Impero russo (dove vivevano alla fine dell'800 oltre cinque milioni di ebrei) era addirittura sancito da leggi discriminatorie e ufficialmente tollerato, quando non incoraggiato, dalle autorità, che se ne servivano come di un classico diversivo per lasciar sfogare il malcontento delle classi subalterne. Di qui la barbara pratica del **pogrom** (in russo, 'devastazione', 'saccheggio'), ossia di periodiche e impunite violenze contro i beni e le persone degli ebrei: pratica ancora largamente diffusa all'inizio del '900 nell'Impero degli zar. Fu inoltre la polizia segreta zarista a confezionare, all'inizio del '900, **uno dei più clamorosi falsi della storia**: i cosiddetti ***Protocolli dei Savi anziani di Sion***, in cui un immaginario consiglio ebraico mondiale avrebbe esposto i suoi progetti di dominio.

Ebrei subiscono violenze durante un pogrom in Russia
1890

Copertina di una edizione francese dei *Protocolli dei Savi di Sion*
1940 ca.

I *Protocolli* furono pubblicati in forma di volume nel 1905. Il documento – un falso confezionato dalla polizia zarista – si presenta come il discorso di un «grande vecchio» ai membri di una assemblea di anziani, i Savi di Sion appunto. Scopo di questa misteriosa congregazione sarebbe la conquista del mondo secondo un piano articolato, già in atto, che vede gli ebrei impadronirsi del potere infiltrandosi nei luoghi chiave dell'economia, della società e della politica. Tradotti in numerose lingue, i *Protocolli* circolarono in tutto il mondo e guadagnarono la ribalta quando, nel 1919, il «Times» li recensì considerandoli autentici. Nonostante la smentita dell'anno seguente e le numerose analisi che ne attestarono la falsità, sono tutt'oggi molto diffusi, specie nei paesi arabi.

Letteratura e Storia
L'uomo senza qualità di Musil

ONLINE

La nascita del sionismo Una reazione all'antisemitismo – ma anche una manifestazione fra le più significative di quel fenomeno di risveglio nazionalistico che attraversò tutta l'Europa di fine '800 – fu la nascita del sionismo: cioè di quel movimento, fondato nel 1897 a Basilea dal giornalista e scrittore ebreo ungherese **Theodor Herzl**, che si proponeva di restituire un'identità nazionale alle popolazioni israelite sparse per il mondo e di **promuovere la costituzione di uno Stato ebraico in Palestina** (di qui il nome sionismo, dalla collina di Sion su cui sorge Gerusalemme). Movimento complesso, ai confini fra il politico, il religioso e il sociale (non senza una componente di stampo colonialistico), il sionismo stentò all'inizio ad affermarsi, anche perché l'alta e media borghesia ebraica era prevalentemente "assimilazionista", tendeva cioè, pur senza rinnegare le sue origini, a integrarsi, ove possibile, nelle società dei paesi d'appartenenza. All'inizio del '900, tuttavia, grazie all'attività instancabile dei suoi sostenitori, il movimento riuscì a imporsi all'attenzione delle componenti ebraiche e a trovare qualche autorevole appoggio anche nelle classi dirigenti dell'Europa occidentale.

GUIDA ALLO STUDIO
❶ Quali caratteristiche assunsero i movimenti nazionalisti di fine '800? ❷ Attraverso quali strumenti teorici e pratici fu realizzata la fusione tra nazionalismo e teorie razziste? ❸ Descrivi le tendenze nazionalistiche presenti in Francia e Germania. ❹ Che cosa accomunava i movimenti pangermanici a quelli panslavi? ❺ Quali furono le origini del sionismo?

12 La critica del positivismo e le nuove scienze sociali

La crisi del positivismo A partire dalla fine dell'800, il modello interpretativo offerto dal positivismo apparve sempre più inadeguato non solo a spiegare i fenomeni politici, economici e sociali, ma anche a tener dietro all'evoluzione delle scienze. Il positivismo restò per molti un metodo di ricerca e di conoscenza della realtà, ma non fu più accettato come una visione del mondo, legata all'idea di un progresso necessario e costante [👁 15.2]. Sul piano filosofico si assisté alla nascita di nuove **correnti irrazionalistiche e vitalistiche**, diverse fra loro ma tutte convergenti nel ricondurre i meccanismi della conoscenza e dell'attività umana a fattori come l'istinto, la volontà o lo "slancio vitale", e nel considerare oggetto principale della propria indagine la **realtà psicologica**: una realtà anch'essa "oggettiva", e dunque conoscibile, ma dotata di sue proprie leggi e di un suo tempo – quello della memoria, del vissuto – diverso da quello fisico-quantitativo delle scienze esatte.

Friedrich Nietzsche Primo e principale interprete della critica al positivismo fu il filosofo e letterato tedesco Friedrich Nietzsche (1844-1900). Alla concezione lineare del tempo Nietzsche oppose quella ciclica dell'**eterno ritorno** mettendo in discussione il tempo per come lo concepiva la civiltà occidentale, mentre all'ottimismo progressivo delle filosofie borghesi – considerato come il risultato ultimo e negativo dell'intera tradizione ebraico-cristiana giunta ormai alla sua estrema decadenza – contrappose l'idea dell'uomo nuovo, il **superuomo**, nato dalle ceneri della vecchia civiltà e capace di esprimere e realizzare la propria individualità al di fuori della morale corrente. Le teorie nietzschiane conobbero una larghissima popolarità alla fine del secolo e ad esse si sarebbero poi richiamati, più o meno arbitrariamente, i movimenti nazionalisti e totalitari.

La psicanalisi L'importanza dell'irrazionale trovò un riscontro di eccezionale importanza nell'opera del medico viennese **Sigmund**

Freud (1856-1939), fondatore della teoria psicanalitica. Nelle sue opere (in particolare nell'*Interpretazione dei sogni* del 1900 e nei *Tre saggi sulla teoria della sessualità* del 1905), Freud poneva alla base dei processi psichici il concetto di una vita "inconscia" (*Es*), dominata da leggi diverse da quelle della vita cosciente (*Io*). L'esigenza di «rimuovere» (ossia di reprimere, di allontanare dalla coscienza) gli istinti primari dell'inconscio è, secondo Freud, essenziale per lo sviluppo normale dell'individuo e della stessa civiltà; ma può creare – se gli istinti non vengono «sublimati» nelle realizzazioni sociali (ossia nella sfera del *Super-io*) – delle turbe psichiche (nevrosi). Di qui la necessità di una **tecnica terapeutica** che riporti alla luce i processi inconsci attraverso l'analisi dell'attività onirica. Accolte all'inizio con diffidenza, le teorie freudiane avrebbero non solo rivoluzionato la terapia delle malattie mentali, ma anche influenzato profondamente, soprattutto nella seconda metà del '900, la cultura e la mentalità delle società occidentali.

▶ 143 R. Michels *Organizzazione e oligarchia*

Il metodo delle scienze sociali

Un ulteriore tratto distintivo della cultura europea negli anni a cavallo fra i due secoli fu la riflessione sulla **relatività** e sulla **soggettività della conoscenza**: più esattamente, il problema dell'influenza delle inclinazioni personali, dei "valori" dell'osservatore sul modo di studiare e di rappresentare il fenomeno osservato. Un problema che interessò i filosofi, ma anche i cultori delle cosiddette "scienze umane" (sociologia, psicologia, scienza politica, antropologia) e che trovò le sue formulazioni più lucide nell'opera del tedesco **Max Weber** (1864-1920). Sociologo, filosofo e storico, Weber approfondì soprattutto i problemi relativi al metodo delle scienze sociali (o scienze umane): pur muovendo inevitabilmente da un punto di partenza soggettivo (costituito dagli interessi personali e dalla situazione culturale dello studioso), le scienze sociali possono adottare procedimenti logici e criteri esplicativi corretti dando risultati scientificamente validi.

La scienza politica

I nuovi orientamenti della filosofia e delle scienze umane influenzarono profondamente anche il pensiero politico, dove dominante fu la tendenza a penetrare oltre la facciata delle formule ideologiche per ricostruire i meccanismi reali e svelare i moventi autentici dell'agire politico. Si spiega così la notevole fortuna incontrata dalla "teoria della classe politica", formulata per la prima volta alla fine dell'800 dall'italiano **Gaetano Mosca**. In contrasto con la dottrina democratica della sovranità popolare, Mosca sosteneva che, in qualsiasi ordinamento, il potere effettivo è destinato a restare comunque nelle mani di una ristretta minoranza di politici di professione, **la classe politica**, appunto, **o classe dirigente**. Questa teoria fu ripresa, all'inizio del '900, dal sociologo Vilfredo **Pareto**, che vedeva nella politica soprattutto uno scontro di **élite** (ossia minoranze qualificate, oligarchie), prevedendo la rapida decadenza della borghesia liberale sostituita da nuove élite più giovani e più aggressive. A questo stesso filone di pensiero si collegava il sociologo tedesco **Robert Michels** che, nella sua opera più nota, la *Sociologia del partito politico* del 1910, stabiliva un nesso inscindibile fra la tendenza all'organizzazione, tipica dei grandi partiti di massa, e la creazione di **oligarchie burocratiche praticamente inamovibili**. Su un piano più generale, questo fenomeno della burocratizzazione fu studiato, negli anni intorno alla prima guerra mondiale, da Weber. Secondo lo studioso tedesco, la tendenza alla crescita degli apparati burocratici era inarrestabile in quanto espressione della fase più evoluta dello sviluppo della società, ma conteneva in sé gravi pericoli per il destino delle libertà individuali.

La critica della democrazia

È facile notare come queste analisi avessero in comune un accentuato pessimismo sulla sorte degli ordinamenti democratici. Certo è che, indipendentemente dalle personali convinzioni dei loro autori, esse contribuirono a determinare quel clima di fastidio e di critica verso la democrazia, i suoi faticosi meccanismi e le sue complesse

Il suffragio femminile e i diritti delle donne

L'Illuminismo e la Rivoluzione francese furono all'origine di un vasto movimento per l'**emancipazione delle donne** che aveva come obiettivo l'uguaglianza e la parità politica, giuridica, sociale e culturale tra i sessi. Nella primavera del **1789**, in **Francia**, alle elezioni per i delegati agli Stati generali, votarono le donne nobili che possedevano un feudo e quelle del Terzo stato che appartenevano ad una corporazione: nella Francia di antico regime il suffragio femminile era quindi un privilegio di ceto e non un diritto. Fu poi presentato all'Assemblea nazionale un *Cahier de Doléances des femmes* in cui si chiedeva per le donne il diritto al lavoro, all'istruzione, alla carriera, al divorzio e alla disponibilità dei propri beni. Nel 1791, l'autrice teatrale girondina **Olympe de Gouges** (1748-1793) pubblicò una *Dichiarazione dei diritti della donna e della cittadina*, in cui rivendicava l'uguaglianza legale e giuridica delle donne. Contemporaneamente anche in **Gran Bretagna** cominciavano ad essere discusse alcune richieste di emancipazione delle donne e, nel 1792, la scrittrice **Mary Wollstonecraft** (1759-1797) pubblicò un pamphlet intitolato *Rivendicazione dei diritti della donna*.
Le istanze espresse da questi scritti – e dai gruppi femminili che li presero a model

Donne musulmane in coda per le votazioni (ad Anantnag, India, 2005)
[© Altaf Qadri/epa/Corbis]
Un gruppo di donne musulmane velate dal burqa aspetta in fila di poter esercitare il diritto di voto in un seggio elettorale, durante le elezioni municipali ad Anantnag, capoluogo dell'omonimo distretto del Kashmir indiano, il più settentrionale degli Stati indiani.

istituzioni che si diffuse negli ambienti intellettuali europei proprio nel periodo in cui la partecipazione alla vita politica si ampliava incessantemente e si muovevano i primi passi verso la società di massa.

GUIDA ALLO STUDIO

❶ In che modo le teorie nietzschiane e quelle freudiane esprimono la crisi del positivismo? ❷ In quali direzioni si svilupparono le scienze sociali e politiche tra '800 e '900? ❸ Perché certa riflessione politica comportava una critica della democrazia?

lo – rimasero tuttavia inascoltate e anche nella Francia rivoluzionaria le richieste di partecipazione (politica e militare) femminile furono presto soffocate. Il Codice civile napoleonico (1804) accentuò poi la disuguaglianza tra i sessi, subordinando le donne alla potestà del marito: dal punto di vista femminile, esso costituiva una legislazione reazionaria, e nei paesi in cui fu recepito il percorso per l'ottenimento dei diritti delle donne fu più travagliato. Ad esclusione di alcune esperienze rivoluzionarie, come la Comune di Parigi (1871), il suffragio fu generalmente negato alle donne fino all'inizio del XX secolo.

Nel corso dell'800 si sviluppò un movimento femminile che, in **Europa** e negli **Stati Uniti**, rivendicava l'uguaglianza tra i sessi, a partire dal diritto di votare e di essere elette (diritti politici attivi e passivi) e da quello di poter compiere operazioni economiche e disporre del proprio patrimonio senza l'autorizzazione del proprio padre, fratello o marito (diritti civili). Si trattava di un movimento di impronta prevalentemente liberale, che chiedeva la piena cittadinanza delle donne: dalla fine del XIX secolo si parlò, a questo proposito, di **"femminismo"**. Nel corso dello stesso secolo, l'aumento del lavoro delle donne e il loro crescente contributo all'economia familiare e nazionale fecero sembrare ancora più inaccettabile la discriminazione a cui erano sottoposte. Negli Stati Uniti e in Gran Bretagna si svilupparono così alcuni movimenti di donne, le **"suffragette"**, che chiedevano l'emancipazione e il suffragio. Negli Usa, le prime associazioni femminili nazionali nacquero nel 1837. Nel 1841 lo Stato di New York riconobbe la capacità giuridica alle donne sposate, estesa poi nel 1848 a tutti gli Stati. Nel 1869 il Wyoming riconobbe il suffragio femminile, seguito poi da altri Stati; tuttavia, solo nel 1920 i diritti politici furono estesi a tutte le donne dell'Unione. In Gran Bretagna, nel 1851, la filosofa Harriet Taylor (1807-1858) pubblicò il saggio *L'emancipazione delle donne*, ma il movimento suffragista iniziò solo negli anni '70: nel 1869, intanto, era stato autorizzato il suffragio femminile per le elezioni amministrative, mentre nel 1882 fu riconosciuta alle donne sposate la capacità giuridica. Nel 1903 **Emmeline Pankhurst** (1858-1928) e le figlie Christabel (1880-1958) e Sylvia (1882-1960), decise a utilizzare metodi di lotta radicali, crearono la *Women's Social and Political Union*. In Gran Bretagna, il voto femminile fu riconosciuto infine nel 1918, ma fino al 1928 fu limitato alle donne sposate che avevano più di trent'anni.

I diritti politici e quelli civili furono riconosciuti in tempi diversi, con delle accelerazioni **dopo le due guerre mondiali**. Il primo paese ad accordare alle donne il diritto di voto fu la Nuova Zelanda (1893). Seguirono l'Australia (1895-1902), la Finlandia (1906), la Norvegia (1913), la Danimarca e l'Islanda (1915), il Canada e la Russia rivoluzionaria (1917), la Germania (1918), l'Olanda (1919), la Spagna e il Portogallo (1931; le dittature che si affermarono in questi paesi, tuttavia, lo abolirono). Ancora, il Sudafrica (limitatamente alle donne bianche) e la Turchia (1930), il Brasile (1931), l'India (1935), la Francia (1944), la Jugoslavia e il Giappone (1945), la Cina (1947), la Grecia (1952), la Svizzera (1971).

La **capacità giuridica** fu riconosciuta alle donne in Norvegia nel 1888, in Germania nel 1896, in Svizzera nel 1912, nei paesi scandinavi intorno agli anni '20, in Francia nel 1938, in Olanda nel 1956, in Spagna nel 1975 e in Portogallo nel 1976. Si riconobbe cioè alla donna, in quanto persona, di essere "titolare di diritti".

Il suffragio femminile e altri diritti furono inoltre garantiti dall'**Onu** con la *Dichiarazione universale dei diritti dell'uomo* del 1948 e la *Convenzione sull'eliminazione di ogni forma di discriminazione contro le donne* (1979). Tuttavia, permangono forti discriminazioni verso le donne in molti paesi, soprattutto di religione musulmana. Il suffragio femminile non è ancora riconosciuto in Arabia Saudita (nel settembre 2011 è stato però annunciato che le donne potranno votare ed essere elette dal 2015), mentre in Libano è limitato alle donne con la licenza elementare. Nel Brunei non possono votare né gli uomini né le donne.

In **Italia** il riconoscimento dei diritti delle donne è stato tardivo. Il *Codice civile* del 1865 limitava fortemente la capacità giuridica della donna, sottoponendola alla potestà del marito. Alle donne italiane, inoltre, erano negati il diritto di voto e l'accesso ai pubblici uffici e solo nel 1874 fu consentito l'accesso all'istruzione superiore. A partire dagli anni '70 dell'800 iniziò la battaglia per il suffragio femminile, che raggiunse il suo culmine nei primi due decenni del '900, a opera soprattutto delle donne socialiste, in particolare di **Anna Maria Mozzoni** (1837-1920), che lottò per tutta la vita per il riconoscimento della capacità giuridica delle donne e il loro diritto al voto. Nel **1919** furono finalmente riconosciuti alle donne i diritti civili (anche se solo nel 1975 fu abolita la *patria potestas*), ma l'avvento del regime fascista bloccò l'*iter* parlamentare del disegno di legge per il suffragio femminile approvato alla Camera nel 1919.

Il 1° febbraio 1945, su proposta di Alcide De Gasperi (della Democrazia cristiana, la Dc) e Palmiro Togliatti (del Partito comunista italiano, il Pci), fu riconosciuto alle donne il diritto di voto attivo e passivo: il **2 giugno 1946** tutte le italiane poterono votare per il referendum istituzionale e l'Assemblea costituente, in cui furono elette 21 deputate. La Costituzione italiana (1948) sancì poi che «Tutti i cittadini hanno pari dignità sociale e sono eguali davanti alla legge, senza distinzione di sesso» (art. 3), che «sono elettori tutti i cittadini, uomini e donne, che hanno raggiunto la maggiore età» (art. 48) e che «tutti i cittadini dell'uno o dell'altro sesso possono accedere agli uffici pubblici e alle cariche elettive in condizioni di eguaglianza» (art. 51).

Tuttavia, le donne italiane continuarono a essere discriminate: solo nel 1956 ottennero il diritto di sedere nelle giurie e nel 1960 il libero accesso alle cariche pubbliche; nel 1965 furono ammesse ai concorsi per la magistratura da cui fino a quel momento erano state indebitamente escluse. La prima donna ministro fu Tina Anselmi, nel 1976, con l'incarico di ministro del Lavoro e della previdenza sociale. Molte discriminazioni permanevano, però, nel campo sociale, lavorativo e familiare: esse furono oggetto delle contestazioni del "nuovo femminismo" degli anni '70.

1 Crisi e protezionismo

L'ultimo trentennio dell'800 vide una profonda trasformazione economica. La crisi di sovrapproduzione del 1873 diede inizio a una fase di rallentamento dello sviluppo e di caduta dei prezzi – conseguenza soprattutto delle trasformazioni organizzative e delle innovazioni tecnologiche. In Europa gli effetti più gravi della caduta dei prezzi si ebbero nell'agricoltura, anche per la concorrenza dei prodotti americani, più convenienti sul mercato. Si affermò nei vari Stati una politica di sostegno all'economia nazionale attraverso il protezionismo. Anche la crisi agraria favorì l'affermazione di politiche doganali per proteggere la produzione nazionale dalla concorrenza estera. Un effetto della crisi fu l'ingente migrazione europea verso le aree industriali d'oltreoceano. Vari fattori portarono infine le imprese a consociarsi e accordarsi per una più efficace azione sul mercato, e produssero una stretta compenetrazione tra banche e industrie, il cosiddetto capitalismo finanziario.

2 La seconda rivoluzione industriale

Caratteristica fondamentale della seconda rivoluzione industriale fu il rinnovamento tecnologico che si concentrò nelle industrie chimica, elettrica, dell'acciaio, mentre la prima rivoluzione industriale, un secolo prima, era stata dominata dal cotone e dal ferro. Soprattutto gli sviluppi della chimica aprirono nuove prospettive in quasi tutti i settori produttivi: dalla produzione di alluminio a quella dei coloranti e delle fibre tessili artificiali, ai nuovi metodi di conservazione degli alimenti. L'invenzione del motore a scoppio e la produzione di energia elettrica furono tra le caratteristiche principali della seconda rivoluzione industriale: la prima diede l'impulso decisivo all'estrazione del petrolio, mentre la seconda rivoluzionava – anzitutto con l'illuminazione – la vita quotidiana e, dalla fine dell'800, forniva una nuova importante forza motrice per gli usi industriali.

3 Consumi di massa e razionalizzazione produttiva

Gli anni 1896-1913 furono, per i paesi industrializzati, un periodo di intensa espansione economica, cui si accompagnò, tra l'altro, un aumento del reddito pro capite. Le dimensioni di massa assunte dalla domanda stimolarono la produzione industriale in serie, nonché la diffusione di processi di meccanizzazione e razionalizzazione produttiva (catena di montaggio, taylorismo), che resero più efficienti i ritmi produttivi, ma incontrarono la diffidenza degli operai, il cui lavoro diveniva sempre più ripetitivo per l'automatismo delle macchine.

4 Igiene, medicina e demografia

La trasformazione scientifica della medicina poggiò su quattro fattori: prevenzione e contenimento delle malattie epidemiche attraverso la diffusione delle pratiche igieniste, identificazione dei microrganismi, progressi della farmacologia, nuova ingegneria ospedaliera. I progressi della medicina e dell'igiene, sommandosi allo sviluppo dell'industria alimentare, favorirono in Europa una riduzione della mortalità. Così, si ebbe un sensibile aumento della popolazione. Ciò avvenne, nonostante il calo delle nascite verificatosi, nei paesi economicamente più avanzati, a causa della diffusione di pratiche contraccettive e di una nuova mentalità tesa a programmare razionalmente la famiglia.

5 La società di massa e i nuovi ceti medi

Tra la fine dell'800 e l'inizio del '900 cominciarono a delinearsi, nell'Europa occidentale e negli Stati Uniti, i caratteri della moderna "società di massa". La maggioranza della popolazione viveva ormai nei centri urbani ed era inserita nel circolo dell'economia di mercato: così i rapporti sociali si fecero più intensi e si basarono non più sulle comunità tradizionali bensì sulle grandi istituzioni nazionali (apparati statali e organizzazioni di massa). Nella classe operaia si accentuò la distinzione fra la manodopera generica e i lavoratori qualificati. Contemporaneamente aumentò la consistenza di un ceto medio urbano che andava sempre più distinguendosi dagli strati superiori della borghesia: si allargò la categoria dei dipendenti pubblici e si moltiplicò la massa degli addetti al settore privato che svolgevano mansioni non manuali, i "colletti bianchi". Dal punto di vista della cultura, della mentalità, dei comportamenti sociali, la distinzione fra piccola borghesia e proletariato era molto netta.

6 La nazionalizzazione delle masse: scuola, esercito e suffragio universale

A partire dagli anni '70 dell'800 tutti i governi d'Europa, seppure in tempi diversi, si impegnarono per rendere l'istruzione elementare obbligatoria e gratuita, per sviluppare quella media e superiore e per portare l'insegnamento sotto il controllo pubblico. L'effetto più immediato di questo sforzo fu comunque un aumento generalizzato della frequenza scolastica che, a sua volta, determinò una diminuzione del tasso di analfabetismo. Strettamente legato ai progressi dell'istruzione fu l'incremento dei lettori e delle tirature dei giornali. Un contributo notevole allo sviluppo della società di massa venne anche dalle riforme degli ordinamenti militari, fondate sul principio del servizio militare obbligatorio per la popolazione maschile. In stretta relazione con la coscrizione obbligatoria, tra il 1890 e il 1915, in quasi tutti i paesi dell'Europa occidentale furono approvate leggi che allargavano il corpo elettorale fino a comprendervi la totalità o la stragrande maggioranza dei cittadini maschi maggiorenni.

7 Partiti e sindacati

Con l'allargamento del diritto di voto si affermarono i partiti di massa e le confederazioni sindacali nazionali, che trasformarono profondamente le forme della lotta politica e sociale. I partiti si diedero un'organizzazione centrale, con un gruppo dirigente, sviluppando però organizzazioni locali cui avevano accesso ampi strati della cittadinanza. I sindacati agirono per modificare le legislazioni sociali a garanzia e a tutela del lavoro e della vita dei lavoratori.

8 Riformisti e rivoluzionari. La Seconda Internazionale

Alla fine dell'800 sorsero, nei principali paesi europei, partiti socialisti che si ispiravano per lo più al modello della socialdemocrazia tedesca e facevano capo alla Seconda Internazionale, fondata nel 1889. Negli anni della Seconda Internazionale il marxismo divenne la dottrina ufficiale del movimento operaio. Col passare del tempo, però, presero corpo due diverse tendenze: da un lato la valorizzazione dell'aspetto democratico-riformistico dell'azione socialista (Bernstein), dall'altro il tentativo di recuperare l'originaria impostazione rivoluzionaria del marxismo (Liebknecht, Luxemburg). Dissidenze del tutto particolari furono quelle che si svilupparono nella socialdemocrazia russa (Lenin) e nel movimento sindacale francese (Sorel).

9 Il primo femminismo

Tra la fine dell'800 e l'inizio del '900 cominciò a emergere una "questione femminile". I maggiori contatti col mondo esterno, le esperienze collettive, la partecipazione alle agitazioni sociali portarono le donne lavoratrici a una più viva coscienza dei loro diritti e delle loro rivendicazioni nei confronti della società. Il movimento per l'emancipazione femminile rimase a lungo ristretto a minoranze operaie e intellettuali. Solo in Gran Bretagna riuscì a imporsi all'attenzione dell'opinione pubblica, concentrando la sua attività nell'agitazione per il diritto al suffragio ("suffragette").

10 La Chiesa e la società di massa

Leone XIII favorì il riavvicinamento fra i cattolici e le classi dirigenti di quei paesi dove maggiore era la tensione fra Stato e Chiesa, incoraggiò la nascita di nuovi partiti cattolici e cercò soprattutto di riqualificare il ruolo della Chiesa in materia di questione sociale. Il documento più emblematico di questo sforzo fu l'enciclica *Rerum novarum* (1891). Parallelamente emerse una nuova tendenza politica, definita democrazia cristiana, che mirava a conciliare la dottrina cattolica con la prassi e gli istituti della democrazia. E sorse anche una corrente di riforma religiosa che prese il nome di modernismo, poiché si proponeva di reinterpretare la dottrina cattolica in chiave appunto "moderna". Quando salì al soglio pontificio Pio X, i democratico-cristiani si videro proibita ogni azione politica indipendente dalle gerarchie ecclesiastiche, mentre il modernismo fu colpito da scomunica.

11 Nazionalismo, razzismo e antisemitismo

Alla fine dell'800 il nazionalismo finì spesso col legarsi alla lotta contro il socialismo e alla difesa dell'ordine sociale esistente, collegandosi spesso anche alle teorie razziste allora in voga. Una forte componente antiebraica fu presente anche nei movimenti nazionalisti dei paesi di lingua tedesca, nei quali l'antisemitismo si appoggiava su presupposti razzisti. In Germania si svilupparono i movimenti pangermanisti, mentre in Russia e nei paesi dell'Europa orientale quelli panslavisti: entrambi si basavano su ideologie tradizionaliste e largamente intrise di razzismo. Una reazione all'antisemitismo fu la nascita del sionismo, che si proponeva di restituire un'identità nazionale alle popolazioni israelite sparse per il mondo e di promuovere la costituzione di uno Stato ebraico in Palestina.

12 La critica del positivismo e le nuove scienze sociali

Alla fine dell'800 il positivismo apparve sempre più inadeguato non solo a spiegare i fenomeni politici, economici e sociali, ma anche a tener dietro all'evoluzione delle scienze. Nacquero allora nuove correnti filosofiche irrazionalistiche e vitalistiche, di cui il principale interprete fu il tedesco Nietzsche. Le idee di Freud rivoluzionarono invece la terapia delle malattie nervose avendo come assunto l'esistenza di una vita inconscia degli esseri umani, soggetta a regole diverse da quelle che governano la vita cosciente. Gli studi politici, in particolare, evidenziarono l'esistenza di oligarchie politiche e di un fenomeno di progressiva burocratizzazione delle classi dirigenti.

SVILUPPARE LE COMPETENZE

❶ Quali trasformazioni economiche segnarono il periodo della "seconda rivoluzione industriale"? Per rispondere dividi gli argomenti che seguono riconoscendo in essi le cause o le conseguenze delle trasformazioni e poi spiegane significati e relazioni in un testo di 12 righe a cui dovrai, inoltre, dare un titolo appropriato:

a. Capitalismo finanziario
b. Crisi agraria in Europa
c. Protezionismo
d. Sovrapproduzione e caduta dei prezzi
e. Emigrazione europea

❷ La seconda rivoluzione industriale fu un processo di sviluppo economico e sociale caratterizzato da tre fasi. Ricordale e descrivile in tre testi di 8 righe l'uno. Per facilitarti il compito, di seguito sono stati isolati alcuni argomenti che dovrai attribuire correttamente ad ogni fase:

a. Crescita dei prezzi
b. Acciaio
c. Fordismo
d. Industria chimica
e. Invenzione di nuovi metodi per la conservazione del cibo
f. Aumento dei salari
g. Produzione in serie
h. Motori a scoppio
i. Catena di montaggio
j. Elettricità
k. Aumento del reddito pro capite
l. Sviluppo generale della produzione
m. Metodo di Taylor

❸ Dai, in brevi testi di 3 righe ciascuno, la definizione dei seguenti argomenti:

a. Aspirina
b. Policlinico
c. Società di massa
d. Ceto medio
e. Impiegati
f. Proletariato
g. Servizio militare obbligatorio
h. Istruzione per tutti
i. Opinione pubblica
j. Suffragio universale maschile

❹ Collega tra loro gli argomenti della colonna di sinistra con quelli della colonna di destra; quindi componi un testo di 20 righe che contenga tutti gli abbinamenti. Il titolo di questo testo è *I partiti socialisti, la Seconda internazionale; riformisti e rivoluzionari*.

1. Revisionismo	**a.** Federazione di partiti nazionali
2. Sindacalismo rivoluzionario	**b.** Karl Liebknecht e Rosa Luxemburg
3. Spd	**c.** Francia
4. Seconda internazionale	**d.** Georges Sorel
5. Sfio	**e.** Bolscevichi
6. Rivoluzionari	**f.** Eduard Bernstein
7. Lenin	**g.** Gran Bretagna
8. Laburisti	**h.** Germania

❺ Descrivi, in brevi testi di 5 righe ciascuno, i seguenti argomenti storici:

a. Suffragette
b. Il pontificato di Leone XIII e la *Rerum novarum*
c. Democrazia cristiana e modernismo
d. Nuovo nazionalismo
e. Teorie razziste
f. Antisemitismo
g. Sionismo
h. Psicanalisi

5 FARE STORIA

Il mondo borghese

Lo sviluppo dell'industrializzazione cambiò la fisionomia della società europea e, nella seconda metà del XIX secolo, la borghesia si affermò come classe dirigente in ascesa. Nella moderna società industriale, infatti, è la borghesia che detta il nuovo codice di valori e di comportamenti pubblici. Aspetti fondamentali della cultura e della società borghese possono essere colti efficacemente sia attraverso le analisi degli storici, sia attraverso la rappresentazione (o autorappresentazione) che di questa società possiamo ricavare dai romanzi (non a caso si è parlato di «romanzo borghese» in riferimento alla grande tradizione narrativa dell'800 e del primo '900) e dalle riflessioni dei contemporanei. Lo storico **Eric J. Hobsbawm [113]** offre un quadro articolato di costumi, abitudini, ambienti, stili di vita propri della società borghese ed evidenzia il rapporto tra etica del lavoro e moralismo in materia sessuale, sottolineando la subordinazione del ruolo riservato alla donna in questo contesto. Il volto ambiguo della borghesia è sottolineato anche dal sociologo **Werner Sombart [114]**, che parla di una «intrinseca e naturale doppiezza del mondo borghese».
Karl Marx e **Friedrich Engels [115DOC]** sottolineano gli aspetti rivoluzionari e l'azione eversiva di questa classe nei confronti del vecchio ordine. Un singolare scrittore e "moralista" scozzese, **Samuel Smiles [116DOC]**, esalta, invece, le illimitate possibilità di ascesa sociale offerte, a suo dire, dalla società borghese a chiunque ne rispetti i valori di fondo.
Per molti decenni il positivismo fornì il principale fondamento alla mentalità e all'ideologia della borghesia europea: esso rappresentava l'interpretazione evolutiva e ottimistica della rivoluzione industriale e delle trasformazioni sociali da questa innescate. Le teorie filosofiche di **Auguste Comte [117DOC]** e di **Herbert Spencer [119DOC]** e più ancora quelle di **Charles Darwin [118DOC]** sull'origine delle specie travalicarono i rispettivi ambiti disciplinari, influenzando ogni campo del sapere e finendo col diventare senso comune di un'intera epoca, oltre che di una classe sociale.
Nel mondo borghese, infine, ebbero un ruolo fondamentale anche l'arte e la produzione artistica: **John Rosselli [120]** ci descrive l'ambiente del teatro dell'opera.

113

E.J. Hobsbawm
L'etica del borghese

E.J. Hobsbawm, *Il trionfo della borghesia. 1848-1875*, Laterza, Roma-Bari 1976, pp. 284-95

■ Eric J. Hobsbawm [72], storico inglese di ispirazione marxista, è stato autore di numerose e importanti opere, tra cui di particolare interesse sono gli studi sulla ribellione sociale e sull'età borghese. Il brano qui riportato è tratto da *Il trionfo della borghesia* (1975), in cui l'autore delinea un quadro d'insieme della società borghese, descrivendo il momento in cui la nuova classe sociale costruisce e afferma la sua egemonia economica ma anc elabora e definisce i suoi modelli di comportamento e impone il suo stile di vita e i suoi codici morali. A questi temi sono dedicate le pagine che seguono, dove è rappresentato con molta efficacia quel singolare impasto di moralità e di ipocrisia, di austerità e di ostentazione, di spirito liberale e di autoritarismo su cui si fondava l'etica della borghesia ottocentesca.

La casa era la quintessenza del mondo borghese, perché in essa e soltanto in essa si potevano dimenticare, o sopprimere artificialmente, i problemi e le contraddizioni della sua società. Qui e soltanto qui la famiglia borghese, e ancor più quella piccolo-borghese, potevano mantenere l'illusione di una felicità armoniosa e gerarchica, circondata dai manufatti che ne erano la dimostrazione [...].
L'impressione più immediata dell'interno borghese della metà del secolo è di sovraffollamento e dissimulazione: una quantità di oggetti, più spesso che no mascherati da cuscini, stoffe, drappeggi, tappezzerie, e sempre, qualunque ne sia la natura, elaborati. [...] Gli oggetti [...] erano, come le case che li contenevano, *solidi* – termine usato caratteristicamente come massimo elogio di un'impresa commerciale. Erano fatti per *durare*, e duravano. Dovevano nello stesso tempo esprimere con la loro bellezza le aspirazioni più alte e spirituali della vita. [...]
Questo dualismo fra solidità e bellezza esprimeva una netta divisione fra materiale e ideale, corporeo e spirituale, tipica se altra mai del mondo borghese [...]. Questo dualismo fra materia e spirito implicava un'ipocrisia che osservatori privi di simpatia hanno considerato una caratteristica non solo onnipresente ma fondamentale del mondo borghese. In nessun campo essa era più ovvia, nel senso letterale, d'essere visibile, che in quello del sesso. [...] Il borghese-medio vittoriano era avvolto in capi di vestiario che lasciavano pubblicamente visibili ben poche cose, anche nei Tropici, eccetto il volto. In casi estremi (come negli Stati Uniti) perfino oggetti che ricordano il corpo umano (le gambe dei tavoli) potevano essere nascosti. Nello stesso tempo, e mai più che nel ventennio dal 1860 al 1880, ogni caratteristica sessuale secondaria veniva grottescamente accentuata – i capelli e la barba nell'uomo, l'acconciatura, i seni, i fianchi e le natiche nella donna, si gonfiavano fino a raggiungere dimensioni enormi grazie a falsi *chignons*[1], *culs de Paris*[2], ecc. [...]. Più in generale, la civiltà poggiava sulla repressione degli istinti. [...]
Naturalmente il problema era, in una certa misura, economico. La «famiglia» non era soltanto la cellula elementare della società borghese, ma la sua unità-base di proprietà e di impresa, legata a tutte le altre unità simili attraverso un sistema di scambi di donne-più-proprietà (la «dote»), in cui le future mogli erano, per rigida convenzione derivante dal passato preborghese, *virgines intactae*. Tutto ciò che indeboliva questa unità familiare era inammissibile, e nulla la indeboliva più di una passione fisica incontrollata [...].
Al riparo di un baluardo di vestiti, pareti e oggetti domestici, sorgeva la famiglia borghese, l'istituzione più misteriosa dell'epoca. [...] Perché mai era necessario che una società ligia ai valori dell'economia di intrapresa concorrenziale generatrice di profitti, agli sforzi dell'individuo isolato, all'eguaglianza dei diritti e dei punti di partenza, alla libertà, poggiasse su un'istituzione che così radicalmente li negava? La sua cellula-base, il nucleo unifamiliare, era insieme una autocrazia patriarcale e un microcosmo del genere di società che la borghesia come classe (o i suoi portavoce teorici) denunziavano e distruggevano: una gerarchia di dipendenza personale [...]. Sotto di lui [il padre, marito, padrone] [...] volteggiava «il buon angelo della casa, la madre, moglie e padrona», alla quale [...] non [...] si chiedeva di mostrare, o possedere, né intelligenza né cultura [...].
Senonché a questa bella schiava ignorante e sciocchina si chiedeva anche di esercitare poteri sovrani; non tanto sui figli, il cui signore era ancora una volta il *pater familias*, quanto sui domestici, la cui presenza distingueva il borghese dai suoi inferiori sociali. [...] Il servo, pur ricevendo un salario e quindi rappresentando l'equivalente domestico dell'operaio il cui impiego definiva nel campo dell'economia il borghese di sesso maschile, era essenzialmente diverso, perché il vincolo principale che la (o più raramente lo) legava al padrone non era il nesso monetario, bensì una dipendenza personale e, ai fini pratici, una dipendenza completa. [...]
Il punto cruciale è che la struttura della famiglia borghese contraddiceva brutalmente quella della società borghese. Nella sua cerchia, libertà, opportunità, nesso monetario e ricerca del profitto individuale non regnavano. [...] Non c'era nulla di nuovo, naturalmente, in una struttura familiare patriarcale basata sulla subordinazione della donna e dei figli. Ma laddove ci si sarebbe logicamente potuti aspettare che una società borghese la infrangesse o la trasformasse – come doveva poi disintegrarsi –, la fase classica della società borghese la rafforzò ed esasperò.

[1] Crocchia di trecce ravvolte o di capelli morbidamente annodati sulla nuca.

[2] Imbottitura posteriore di una gonna allargata e discosta dietro, dai fianchi in giù, mediante cerchi metallici, stecche di balena o altro. Di moda nel XVIII secolo, tornò in auge nel 1880.

GUIDA ALLA LETTURA

❶ Che significato assume la casa nel mondo borghese? ❷ Dove era maggiormente manifestato il dualismo spirito-materia? ❸ Perché il sesso era un tabù? ❹ Qual è la contraddizione di fondo tra società borghese e famiglia borghese?

114

W. Sombart
La doppiezza della natura borghese

W. Sombart, *Il borghese*, Longanesi, Milano 1983, pp. 159-64

■ Werner Sombart (1863-1941), sociologo, economista, storico della cultura, fondatore insieme con Max Weber dell'«Archiv für Sozialwissenschaft und Sozialpolitik» ('Archivio per la scienza sociale e la politica sociale'), fu tra i protagonisti dell'animato dibattito che agli inizi del XX secolo accompagnò la costituzione della sociologia come disciplina autonoma, con particolare riguardo agli aspetti della sua fondazione metodologica. Sombart ha concentrato i suoi studi sulle caratteristiche economiche ed etiche del capitalismo moderno. Le sue indagini, secondo i suoi critici a volte più affidate all'estro letterario che non a un solido approccio scientifico, hanno insistito sulla individuazione dei tratti salienti dello "spirito capitalistico". Nel brano qui riportato, tratto dall'opera *Il borghese* (1913), l'autore analizza la doppiezza della natura borghese, da un lato creatrice, innovativa e aggressiva, dall'altro parsimoniosa, incolore, gregaria.

In ogni perfetto borghese abitano, e lo sappiamo, due anime: l'anima dell'imprenditore e l'anima del borghese, le quali, unite, concorrono a formare lo spirito capitalistico. Vorrei perciò distinguere anche nel carattere del borghese due temperamenti diversi: il temperamento dell'imprenditore e il temperamento del borghese [...].

Temperamenti di imprenditori

Per poter esercitare con fortuna le sue attività, [...] l'imprenditore capitalistico [...] deve essere accorto, abile e ingegnoso [...].

Accorto: vale a dire rapido nella concezione, acuto nei giudizi, perseverante nei propositi e dotato dunque del sicuro «senso dell'essenziale», che lo farà capace di riconoscere il καιρόσ [*kairòs*], cioè il momento giusto. [...]

Abile: vale a dire capace di divenire «conoscitore d'uomini» e «conoscitore del mondo». Sicuro nel giudicare, sicuro di sé nel trattare con gli altri, sicuro nel valutare qualunque situazione, esperto soprattutto delle debolezze e dei difetti del suo ambiente. [...]

Ingegnoso: deve dunque esser «ricco di idee», di «trovate», ricco di quel particolare genere di fantasia che il Wundt chiama *kombinatorisch*[1] (in opposizione alla fantasia intuitiva dell'artista).

A una ricca dotazione di doni intellettuali deve corrispondere una pienezza di «slancio vitale», di «energie vitali» [...]. È essa che crea il «gusto dell'impresa», il «gusto dell'azione» e provvede poi all'esecuzione fornendo all'uomo la forza attiva necessaria. Bisogna che nel suo temperamento vi sia qualcosa di aggressivo, capace di stimolarlo e di mutare in tormento la pigra quiete sul banco presso la stufa, qualcosa capace di fare di lui un individuo squadrato con la scure, nervoso e forte insieme. Abbiamo così chiaramente davanti agli occhi l'immagine dell'uomo che ci sembra «portato all'impresa». [...]

Nature borghesi

Che il borghese abbia la borghesia nel sangue, che un uomo sia «borghese per temperamento» o almeno incline a divenirlo, è cosa che sentiamo molto nettamente. [...]

Sembra quasi che la diversità fra borghese e non borghese riveli una differenza essenziale, profonda fra due tipi umani nei quali continuamente riconosciamo i due tipi degli uomini in genere (o almeno dell'uomo europeo). Gli uomini, se così possiamo esprimerci, si dividono in liberali e risparmiatori, prodighi o economi, in ogni loro gesto. Le qualità fondamentali dell'uomo sono [...] *luxuria* e *avaritia*. L'uomo o è indifferente davanti ai doni esteriori e interiori e li dispensa nella convinzione della propria ricchezza (senza curarsene) o vi fa molto caso, li custodisce e li cura (li tiene accuratamente), vigila sulla entrata e sul dispendio di spirito, di forza, di beni e di denaro. [...]

Questi due tipi fondamentali: i liberali e i risparmiatori, i temperamenti aristocratici e quelli borghesi (si capisce che identifico in uno di questi tipi fondamentali i temperamento borghese) si troveranno ormai di fronte in ogni occasione della vita e in una netta opposizione. Essi valutano in modo diverso il mondo e la vita: i valori supremi dei primi sono soggettivi e personali, quelli dei secondi, oggettivi e pratici; quelli son nati per godere, questi per compiere doveri; quelli sono individui, questi elementi di un gregge; quelli sono individualità e questi tipi; quelli esteti e questi moralisti. [...] Gli uni reputano nobile e degna soltanto quella attività che permette all'uomo di conquistare una nobile e degna individualità; gli altri giudicano che tutte le occupazioni sono di eguale valore quando siano a vantaggio del bene generale, siano cioè «utili». [...] Mentre i non borghesi vanno per il mondo vivendo, guardando e riflettendo, i borghesi devono ordinare, educare, istruire. Quelli sognano, questi calcolano. [...]

Per rispondere alla domanda sui fondamenti dello spirito capitalistico, basta stabilire che, a ogni modo, esistono speciali temperamenti borghesi (un incrocio fra il temperamento dell'imprenditore e quello del borghese); uomini dunque dotati di una disposizione che li rende capaci di sviluppare lo spirito capitalistico con maggior rapidità di altri quando una causa esterna, o uno stimolo esterno, influisca su loro; uomini che prima e più intensamente di altri si appropriano le ambizioni dell'imprenditore capitalistico e più volentieri accettano le virtù borghesi, più facilmente e più completamente di altri temperamenti eterogenei assimilano le capacità economiche. Naturalmente intercorre una distanza incolmabile tra gli imprenditori, i borghesi geniali e quei temperamenti negati a ogni attività capitalistica.

[1] Che combina gli elementi offerti dalla realtà.

GUIDA ALLA LETTURA

❶ Perché Sombart parla di una doppiezza dello spirito borghese? ❷ Quali sono le tre caratteristiche principali del temperamento da imprenditore? ❸ Quali sono le caratteristiche principali della natura borghese?

115 DOC

Karl Marx • Friedrich Engels
La borghesia come classe rivoluzionaria

K. Marx - F. Engels, *Manifesto del Partito comunista*, Einaudi, Torino 1962, pp. 102-6

Questo brano, dedicato al ruolo svolto dalla borghesia nella storia, è tratto dal primo capitolo del *Manifesto* di Karl Marx e Friedrich Engels [👁 10.7 e 87DOC]. In esso si sottolineano il dinamismo di questa classe sociale, la condizione di perenne cambiamento e di insicurezza che essa impone all'intera società, il suo essere portatrice di quell'idea di modernità per cui «tutto ciò che è solido si dissolve nell'aria».

La borghesia ha avuto nella storia una parte sommamente rivoluzionaria.

Dove ha raggiunto il dominio, la borghesia ha distrutto tutte le condizioni di vita feudali, patriarcali, idilliche. Ha lacerato spietatamente tutti i variopinti vincoli feudali che legavano l'uomo al suo superiore naturale, e non ha lasciato fra uomo e uomo altro vincolo che il nudo interesse, il freddo «pagamento in contanti». [...] Ha disciolto la dignità personale nel valore di scambio e al posto delle innumerevoli libertà patentate e onestamente conquistate, ha messo, unica, la libertà di commercio priva di scrupoli. In una parola: ha messo lo sfruttamento aperto, spudorato, diretto e arido al posto dello sfruttamento mascherato d'illusioni religiose e politiche. [...]

La borghesia non può esistere senza rivoluzionare continuamente gli strumenti di produzione, i rapporti di produzione[1], dunque tutti i rapporti sociali. Prima condizione di esistenza di tutte le classi industriali precedenti era invece l'immutato mantenimento del vecchio sistema di produzione. Il continuo rivoluzionamento della produzione, l'ininterrotto scuotimento di tutte le situazioni sociali, l'incertezza e il movimento eterni contraddistinguono l'epoca dei borghesi fra tutte le epoche precedenti. Si dissolvono tutti i rapporti stabili e irrigiditi, con il loro seguito di idee e di concetti antichi e venerandi, e tutte le idee e i concetti nuovi invecchiano prima di potersi fissare. Si volatilizza tutto ciò che vi era di corporativo[2] e di stabile, è profanata ogni cosa sacra, e gli uomini sono finalmente costretti a guardare con occhio disincantato la propria posizione e i propri reciproci rapporti.

Il bisogno di uno smercio sempre più esteso per i suoi prodotti sospinge la borghesia a percorrere tutto il globo terrestre. Dappertutto deve annidarsi, dappertutto deve costruire le sue basi, dappertutto deve creare relazioni.

Con lo sfruttamento del mercato mondiale la borghesia ha dato un'impronta cosmopolitica alla produzione e al consumo di tutti i paesi. Ha tolto di sotto i piedi all'industria il suo terreno nazionale, con gran rammarico dei reazionari. Le antichissime industrie nazionali sono state distrutte, e ancora adesso vengono distrutte ogni giorno. Vengono soppiantate da industrie nuove, la cui introduzione diventa questione di vita o di morte per tutte le nazioni civili, da industrie che non lavorano più soltanto materie prime del luogo, ma delle zone più remote, e i cui prodotti non vengono consumati solo nel paese stesso, ma anche in tutte le parti del mondo. Ai vecchi bisogni, soddisfatti con i prodotti del paese, subentrano bisogni nuovi, che per essere soddisfatti esigono i prodotti dei paesi e dei climi più lontani. All'antica autosufficienza e all'antico isolamento locali e nazionali subentra uno scambio universale, una interdipendenza universale fra le nazioni. E come per la produzione materiale, così per quella intellettuale. I prodotti intellettuali delle singole nazioni divengono bene comune. L'unilateralità e la ristrettezza nazionali diventano sempre più impossibili, e dalle molte letterature nazionali e locali si forma una letteratura mondiale.

Con il rapido miglioramento di tutti gli strumenti di produzione, con le comunicazioni infinitamente agevolate, la borghesia trascina nella civiltà tutte le nazioni, anche le più barbare. I bassi prezzi delle sue merci sono l'artiglieria pesante con la quale essa spiana tutte le muraglie cinesi, con la quale costringe alla capitolazione la più tenace xenofobia dei barbari. Costringe tutte le nazioni ad adottare il sistema di produzione della borghesia, se non vogliono andare in rovina, le costringe ad introdurre in casa loro la cosiddetta civiltà, cioè a diventare borghesi. In una parola: essa si crea un mondo a propria immagine e somiglianza.

La borghesia ha assoggettato la campagna al dominio della città. Ha creato città enormi, ha accresciuto su grande scala la cifra della popolazione urbana in confronto di quella rurale, strappando in tal modo una parte notevole della popolazione all'idiotismo della vita rurale. Come ha reso la campagna dipendente dalla città, la borghesia ha reso i paesi barbari e semibarbari dipendenti da quelli inciviliti, i popoli di contadini da quelli di borghesi, l'Oriente dall'Occidente.

[1] Gli strumenti o mezzi di produzione sono quei mezzi che l'uomo adopera nei processi produttivi (per es. la zappa o il trattore, la macchina a vapore o quella computerizzata); i rapporti produttivi sono quei rapporti di scambio o di subordinazione che si instaurano tra gli uomini nel processo produttivo (per es. tra servo e signore, tra operaio e capitalista, ecc.).

[2] Ciò che prima era sottoposto alle rigide regole delle corporazioni dei mestieri (norme di lavoro, procedimenti e tecniche di lavorazione, prezzi dei prodotti e della manodopera).

GUIDA ALLA LETTURA

❶ Qual è, secondo gli autori, l'unico vincolo che con l'avvento della borghesia è rimasto fra uomo e uomo? ❷ Perché la borghesia ha continuamente bisogno di cambiare i rapporti di produzione e gli strumenti della stessa? ❸ In quali campi la mondializzazione ha avuto i suoi effetti? ❹ Quali sono le espressioni positive e quelle negative usate dagli autori per connotare la borghesia?

116 DOC

Samuel Smiles
Una ideologia borghese: il self help

S. Smiles, *Aiutati che Dio t'aiuta!*, Napoli 1912, pp. 3-4; 7

■ Nella seconda metà del XIX secolo ebbe larga diffusione in tutta Europa l'ideologia del *self help* ('aiuta te stesso' o, meglio, 'aiutati che Dio t'aiuta'), resa popolare dalle opere di carattere pedagogico del giornalista e scrittore scozzese Samuel Smiles (1812-1904), che presentavano storie esemplari di uomini assurti da umili origini ai massimi successi. La filosofia del *self help*, col suo misto di puritanesimo e di ottimismo laico, con la sua fiducia nella capacità dell'individuo di costruirsi il proprio destino indipendentemente dai privilegi di nascita, esprimeva bene i valori costitutivi della cultura borghese ottocentesca. Ma ne metteva in luce la sostanziale ipocrisia che, esaltando una mobilità sociale più supposta che effettiva, nascondeva la realtà di una società segnata da profonde divisioni di classe. Dall'opera più celebre di Smiles, intitolata appunto *Self Help* (1859), riportiamo alcuni passi caratteristici.

«Chi s'aiuta Dio l'aiuta» è il vecchio adagio che chiude in breve cerchia una vasta esperienza. Il contare sopra se stessi è radice feconda nell'individuo; diffuso in molti, è sorgente di vigore nazionale. L'aiuto che vien di fuori spesso infiacchisce, ma quel che da noi stessi deriva rianima e tempra. Checché si faccia a pro di singoli uomini o di classi, attenua in certo modo lo stimolo e la necessità dell'iniziativa; e dovunque gli uomini son soggetti a una guida, che per loro pensi e provveda, accade inevitabilmente ch'essi diventino inetti ad agir da sé.
Anche le migliori istituzioni non sono di aiuto efficace all'individuo. Tutt'al più, gli daranno la libertà di svilupparsi e di migliorare la propria condizione. Ma in ogni tempo furon corrivi gli uomini a credere che il loro benessere dovesse dipendere più dalle istituzioni che non dalla propria condotta; epperò il valore benefico delle leggi fu ordinariamente esagerato. Il contribuire alla milionesima parte di legislazione, votando per uno o due uomini una volta in tre o cinque anni, sia pure con la più scrupolosa coscienza, non può esercitare che un'assai mediocre influenza sulla vita e il carattere di chicchessia. Inoltre, s'intende ogni giorno di più che la funzione del governo, anzi che positiva ed attiva, è negativa e restrittiva, risolvendosi specialmente nella tutela della vita, della libertà, dei beni. Le leggi, bene amministrate, assicurano agli uomini il godimento dei frutti del loro lavoro materiale o intellettuale con un sacrificio personale relativamente piccolo; ma nessuna legge, per rigida che sia, farà mai industre l'infingardo, provvido il prodigo, sobrio il beone.
Le biografie dei grandi, e specialmente dei buoni, sono molto istruttive ed utili, come aiuto, guida, incentivo. Alcune fra le migliori equivalgono quasi ad un vangelo, come quelle che inspirano nobiltà ed energia di atti e di pensieri per il bene individuale e generale. Gli esempi autorevoli che vi si riscontrano di iniziativa, proposito paziente, lavoro assiduo, integrità incrollabile, come fattori d[i] nobili e virili caratteri, mostrano all'evidenza quanto possa ciascuno far da s[é] con le proprie forze, e mettono in luc[e] l'efficacia del rispetto individuale e del[la] fiducia in sé, perché anche i più umi[li] raggiungano, a furia di sforzi, uno sta[to] onorevole e una salda riputazione.
I grandi uomini, scienziati, letterati, a[r]tisti, apostoli di grandi idee e di nob[ili] sentimenti non appartennero ad un[a] classe esclusiva. Vennero dai colleg[i], dalle officine, dalle fattorie, dalle capan[ne] dei poveri e dalle magioni dei ricch[i]. Alcuni fra i maggiori apostoli emerser[o] dalle file dei semplici militi. I più pove[ri] conquistarono a volte i posti più eleva[ti], né furon loro d'ostacolo le difficoltà a[p]parentemente più insuperabili. Ques[te] anzi, in molti casi, furon loro di ausili[o], spronandoli al lavoro e alla sopportazi[o]ne, e destando speciali e sopite energi[e]. Gli esempi di siffatti ostacoli superati [e] dei trionfi conseguiti son così numer[osi] da giustificar quasi l'adagio che volere [è] potere. Ricordate, per non dir altro, ch[e] Geremia Taylor, il più poetico fra i sace[r]doti, venne fuori da una bottega di ba[r]biere; e così pure Riccardo Arkwrigh[t], inventore del filatoio e fondatore del[la] manifattura del cotone; Lord Tenterde[n], insigne magistrato; e Turner, il maggi[o]re dei pittori paesisti.

GUIDA ALLA LETTURA
❶ Che cosa pensa Smiles dell'aiuto che può provenire dall'esterno? ❷ Che connessione c'è tra credo politico e *self-help*? ❸ A che cosa servono gli esempi dei grandi uomini? ❹ Quali sono g[li] esempi di grandi uomini forniti d[a] Smiles? Perché?

117 DOC

Auguste Comte
Lo spirito positivo

A. Comte, *Discorso sullo spirito positivo*, Laterza, Roma-Bari 1985, pp. 46-48

■ Il filosofo francese Auguste Comte (1798-1857) è considerato l'esponente più significativo del positivismo francese e colui che per primo ha delineato i princìpi e il metodo di questa nuova concezione, vista come l'espressio[ne] filosofica della mentalità scientifica e anc[he] come lo strumento per dare ordine e org[a]nizzazione alla società. Il brano qui riporta[to] è tratto dal *Discorso sullo spirito positi[vo]* scritto nel 1844 e considerato una sorta manifesto del positivismo. In esso Comte analizza i diversi significati del termine «positivo», che riesce «mirabilmente», secondo l'autore, a condensare nella molteplicità delle sue accezioni lo spirito della nuova filosofia.

La parola *positivo* presenta, in tutte le lingue occidentali, più accezioni distinte, anche scartando il senso grossolano che da principio ad essa si connette nelle persone poco colte. Ma importa notare qui che tutti i diversi significati convengono ugualmente alla nuova filosofia generale, della quale essi indicano alternativamente differenti proprietà caratteristiche: in tal modo, questa apparente ambiguità non procurerà ormai nessun inconveniente reale. Bisognerà vedere, al contrario, in essa, uno dei principali esempi di quella mirabile condensazione di formule, che, nelle popolazioni avanzate, riunisce, sotto una sola espressione d'uso, più attributi distinti, quando la ragione pubblica è pervenuta a riconoscerne la permanente connessione.
Considerata anzi tutto nella sua accezione più antica e più comune, la parola *positivo* designa il *reale*, in opposizione al chimerico: da questo punto di vista, essa conviene pienamente al nuovo spirito filosofico, così caratterizzato dalla sua costante consacrazione alle ricerche veramente accessibili alla nostra intelligenza, con l'esclusione permanente degli impenetrabili misteri di cui si occupava soprattutto la sua infanzia. In un secondo senso, molto vicino al precedente, ma tuttavia distinto, questo termine fondamentale indica il contrasto dell'*utile* con l'inutile: allora ricorda, in filosofia, la distinzione necessaria di tutte le nostre sane speculazioni al miglioramento continuo della nostra vera condizione, individuale o collettiva, invece che alla vana soddisfazione di una sterile curiosità. Secondo un terzo significato in uso, questa felice espressione è frequentemente usata per qualificare l'opposizione tra la *certezza* e l'indecisione: essa indica così l'attitudine caratteristica di una tale filosofia a costituire spontaneamente l'armonia logica nell'individuo e la comunione spirituale nell'intera specie, invece di quei dubbi indefiniti e di quelle discussioni interminabili che doveva suscitare l'antico regime mentale. Una quarta ordinaria accezione, troppo spesso confusa con la precedente, consiste nell'opporre il *preciso* al vago: questo senso richiama la tendenza costante del vero spirito filosofico a ottenere dappertutto il grado di precisione compatibile con la natura dei fenomeni e conforme all'esigenza dei nostri veri bisogni [...]. Bisogna infine notare in particolare un quinto significato, meno usato degli altri, anche se del resto ugualmente universale, quando si usa la parola *positivo* come il contrario di *negativo*. Sotto questo aspetto, indica una delle più eminenti proprietà della vera filosofia moderna, mostrandola destinata, soprattutto, per sua natura, non a distruggere, ma a *organizzare*.

GUIDA ALLA LETTURA

❶ L'ambiguità del termine «positivo» costituiva un limite per la nuova filosofia generale? Per quale ragione? ❷ Quante e quali sono le accezioni della parola «positivo» ricostruite da Comte? ❸ Che cosa caratterizzava, secondo l'autore, il nuovo spirito filosofico? A che cosa si opponeva? ❹ Qual era il fine della filosofia positiva?

118 DOC

Charles Darwin
L'uomo come specie

Ch. Darwin, *L'origine dell'uomo*, Newton Compton, Roma 1990, pp. 173-81

Nei suoi libri su *L'origine delle specie* (1859) e *L'origine dell'uomo* (1871), Charles Darwin (1809-1882) formulò, dopo un imponente numero di osservazioni e di confronti tra forme viventi e fossili, una teoria dell'evoluzione destinata a divenire una pietra miliare di tutti gli studi biologici successivi. La novità della tesi darwiniana consisteva nel concetto di selezione naturale vista come la «forza creativa che dirige l'evoluzione». L'opera di Darwin ebbe un enorme successo [15.2 e 15.2 PERSONAGGI] ed ebbe effetti rivoluzionari non solo per la soluzione scientifica fornita ai problemi relativi all'origine delle specie, ma anche per il rinnovamento indotto in varie discipline: basti pensare alla sociologia, alla psicologia e all'antropologia. Nelle pagine qui riportate e tratte da *L'origine dell'uomo*, Darwin afferma che anche l'uomo è il frutto dell'evoluzione e non gli va «attribuito un regno separato» distinto da quello animale e vegetale, come tradizionalmente si faceva.

Anche se si ammettesse che la differenza tra l'uomo ed i suoi più stretti affini sia così grande nella struttura corporea secondo quanto affermano alcuni naturalisti, e quantunque si debba concedere che la differenza tra loro è immensa per capacità mentale, tuttavia [...] l'uomo è disceso da qualche forma inferiore, nonostante non si siano potuti finora scoprire gli anelli di congiunzione.
L'uomo è sottoposto a variazioni numerose, leggere e diversificate, che sono indotte dalle stesse cause generali e sono regolate e trasmesse secondo le stesse leggi generali valide per gli animali inferiori. L'uomo si è moltiplicato tanto rapidamente che è rimasto necessariamente esposto alla lotta per l'esistenza e quindi alla selezione naturale. [...] Il suo corpo è costruito sullo stesso piano omologico[1] degli altri mammiferi. Passa attraverso le stesse fasi di

[1] Presenta delle corrispondenze strutturali con altri mammiferi, derivanti da probabili forme ancestrali comuni, a prescindere dalla funzione delle stesse.

sviluppo embrionale. Conserva parecchie strutture rudimentali e fuori uso, che senza dubbio un tempo dovevano servire. [...] Queste caratteristiche [...] sono intelligibili, almeno in larga misura, solo se l'uomo discende, insieme agli altri mammiferi, da alcune sconosciute forme inferiori.

Alcuni naturalisti, essendo rimasti profondamente colpiti dalle capacità mentali e spirituali dell'uomo, hanno diviso tutto il mondo organico in tre regni, quello umano, quello animale e quello vegetale, attribuendo così all'uomo un regno separato. Le capacità spirituali non possono essere comparate e classificate dal naturalista: ma egli può tentare di dimostrare, come appunto ho fatto io, che le facoltà mentali dell'uomo e degli animali inferiori non differiscono in genere, pur differendo moltissimo in grado. Una differenza di grado, per quanto grande, non giustifica una nostra collocazione dell'uomo in un regno distinto [...].

Recentemente molti dei nostri migliori naturalisti sono ricorsi alla teoria per la prima volta proposta da Linneo[2], tanto notevole per la sua acutezza, ed hanno collocato l'uomo nello stesso ordine dei quadrumani, sotto il titolo di primati. La validità di questa conclusione può essere ammessa: infatti in primo luogo dobbiamo imprimerci nella mente la comparativa insignificanza, per la classificazione, del grande sviluppo del cervello nell'uomo e che le differenze fortemente accentuate fra il cranio umano e quello dei quadrumani [...] evidentemente derivano dal loro cervello diversamente sviluppato. In secondo luogo dobbiamo ricordarci che quasi tutte le altre e più importanti differenze tra l'uomo ed i quadrumani sono chiaramente in funzione dell'adattamento e si riferiscono soprattutto alla posizione eretta dell'uomo: come la struttura delle sue mani, piedi, bacino, la curvatura della sua spina e la posizione della sua testa. [...]

In precedenti parti di quest'opera ho riportato vari fatti, che dimostrano quanto strettamente l'uomo sia simile per costituzione ai mammiferi più elevati [...].

Poiché i punti di rassomiglianza piccoli e scarsamente importanti tra l'uomo e i quadrumani non sono comunemente riportati nelle opere sistematiche e poiché, quando sono numerosi, rivelano chiaramente la loro relazione, ne specificherò alcuni. La posizione relativa della nostra configurazione è chiaramente la stessa; le diverse emozioni sono manifestate da movimenti quasi simili dei muscoli e della pelle, principalmente sulle sopracciglia e intorno alla bocca. Alcune poche espressioni sono, in verità pressappoco le stesse, come il pianto di un certo genere di scimmie e il riso di altre, in cui gli angoli della bocca vengono tirati indietro e le ciglia inferiori increspate. Le orecchie esterne sono curiosamente simili. [...]

Senza dubbio l'uomo, in confronto alla maggior parte dei suoi affini, ha subito uno straordinario complesso di modificazioni, principalmente in conseguenza del grande sviluppo del suo cervello e della sua posizione eretta, ciononostante dovremmo ricordarci che egli «è soltanto una delle diverse forme eccezionali dei primati».

Poiché l'uomo, da un punto di vista genealogico, appartiene al ceppo delle catarrine, o scimmie del vecchio mondo, dobbiamo concludere, per quanto la conclusione possa ripugnare al nostro orgoglio, che i nostri primitivi progenitori dovessero essere appunto così designati. Ma non dobbiamo cadere nell'errore di supporre che il primitivo progenitore di tutto il ceppo degli scimmiadi incluso l'uomo, fosse identico, o anche strettamente somigliante, a qualche scimmia superiore o inferiore esistente.

[2] Biologo svedese (1707-1778), autore di una famosa classificazione degli organismi viventi.

GUIDA ALLA LETTURA

❶ Che cosa afferma la tesi darwiniana sull'origine dell'uomo? ❷ In che modo gli esseri viventi erano stati classificati dai «naturalisti»? Perché Darwin rifiuta tale classificazione? ❸ Darwin ammette la classificazione dell'uomo tra i quadrumani? Perché? ❹ Da che cosa derivano, secondo l'autore, le differenze esistenti tra l'uomo e la scimmia?

119 DOC

Herbert Spencer
L'evoluzionismo sociale

H. Spencer, *Principi di sociologia, in Teorie dell'evoluzione nell'Ottocento*, a c. di G. Barsanti, Le Monnier, Firenze 1981, pp. 208-13

■ Il filosofo inglese Herbert Spencer (1820-1903), esponente di spicco del movimento positivista, operò una conciliazione tra evoluzionismo biologico e concezione positivistica del progresso, che sfociò in una visione generale della realtà storico-sociale percepita in tutti i suoi aspetti come un progressivo passaggio dal semplice al complesso, dall'omogeneo-indefinito all'eterogeneo. Nel brano qui riportato e tratto dai *Principi di sociologia* (1876-98) Spencer, utilizzando la terminologia darwiniana, sostiene che mondo sociale e mondo biologico sono soggetti ad analoghe leggi, per cui la selezione naturale e il conflitto hanno carattere necessario e costituiscono i meccanismi attraverso cui uomini, nazioni, gruppi sociali più adatti soppiantano i meno adatti. Queste tesi, note come darwinismo sociale [👁 15.2], hanno avuto notevole diffusione e, seppur in una versione certamente semplificata, hanno offerto un supporto teorico all'imperialismo e al colonialismo.

La lotta per l'esistenza, combattuta in tutto il mondo animato, è stata una delle vie indispensabili dell'evoluzione. Non solo vediamo che, nella concorrenza fra individui della stessa specie, la sopravvivenza dei più adatti ha favorito fin dal principio la produzione di un tipo più elevato, ma vediamo pure che lo sviluppo e l'organizzazione sono dovuti alla guerra continua fra le specie. [...] Gli individui e le facoltà meno favorevolmente modificate sono stati portati via dalla morte per inanizione[1], se animali predatori, o dalla morte per distruzione, se predati. [...]

Lo stesso vale per gli organismi sociali. Siamo costretti a riconoscere che le lotte per l'esistenza tra le società hanno contribuito alla loro evoluzione. Senza conflitti fra tribù e fra nazioni non si sarebbero consolidati né riconsolidati i piccoli gruppi in grandi gruppi, né si sarebbero organizzati i gruppi composti e doppiamente composti[2], né avrebbero avuto luogo gli sviluppi corrispondenti di quegli stimoli a una vita più elevata, che son propri della civiltà. La cooperazione sociale s'inizia con l'unione nell'offesa e nella difesa, e da tale cooperazione sono derivate tutte le altre. [...]

L'analogia fra organismi individuali e organismi sociali, che si verifica sotto tanti aspetti, si verifica pure riguardo alle azioni che producono lo sviluppo. Sarà bene considerare l'integrazione politica alla luce di questa analogia.

Ogni animale si mantiene e cresce con l'assimilare i materiali che compongono altri animali o quelli che compongono piante; dal microscopico *protozoo* in su, per tutta la scala zoologica, attraverso successi nella lotta per tale assimilazione gli animali di più grosso volume e di struttura più complessa hanno compiuto la loro evoluzione. [...]

Fasi analoghe si possono riscontrare nello sviluppo degli organismi sociali, e nelle forme di attività concomitanti. Da principio non vi è altra vita nel gruppo all'infuori di quella che si scorge nella vita di ciascuno dei suoi membri, soltanto col crescere dell'organizzazione il gruppo come un tutto viene ad avere quella vita complessiva che è costituita da azioni interdipendenti. I membri di un'orda primitiva, uniti da debolissimi vincoli, e senza distinzioni di potere, cooperano per l'immediato appagamento dei bisogni individuali, e in grado relativamente piccolo per i bisogni sociali. Anche quando un pericolo che minaccia simultaneamente gli interessi di tutti li fa combattere simultaneamente, essi però combattono separati, senza che le loro azioni siano coordinate [...]. Ma nel corso delle lotte per l'esistenza fra gruppi così disorganizzati, con lo sviluppo dell'organizzazione politica che dà a una tribù la sua individualità sopravviene la lotta per assorbire altre tribù, prima parzialmente, poi totalmente. Le tribù più numerose, o meglio organizzate, o l'una cosa e l'altra a un tempo, conquistano quelle vicine e se le annettono, in modo da formare le parti di un tutto composto. Nella misura in cui l'evoluzione politica progredisce, diventa un carattere delle società più vaste e più forti l'ambizione che le spinge a sottomettere e assorbire società più deboli. [...]

In stadi più avanzati, la lotta fra le società non si fa già perché l'una voglia impadronirsi dei mezzi di sussistenza e di riproduzione dell'altra, ma perché l'una tende a conquistare l'altra. [...] Sotto un certo aspetto, la storia delle grandi nazioni è una storia dei successi in queste lotte; e fino ai nostri giorni si sono vedute nazioni ingrandirsi a questo modo. [...]

Quindi, tanto riguardo agli organismi sociali quanto agli individuali, è grazie alla lotta per l'esistenza, prima con l'impadronirsi dei mezzi di sviluppo degli altri, e poi con l'assorbire gli altri, che nascono quei grandi aggregati, il cui effetto è di rendere possibile un'organizzazione superiore e di esigerne la realizzazione. [...] Qui vediamo che nella lotta per l'esistenza fra diverse società, la sopravvivenza dei più adatti è la sopravvivenza di quelli in cui il potere di cooperazione militare è maggiore; e la cooperazione militare è quella forma primaria di cooperazione che prepara la via alle altre. Perciò questa formazione di più vaste società per l'unione delle piccole in guerra, e questa distruzione o assorbimento delle società piccole disunite da parte delle società grandi unite, è un processo inevitabile, per il quale le varietà di uomini più adatti alla vita sociale soppiantano le varietà meno adatte.

[1] Indebolimento fisico causato da insufficienza o mancanza di alimentazione.

[2] Spencer classifica le società in «semplici» (quelle non civilizzate e numericamente limitate, costituite di individui provenienti da uno stesso ceppo), «composte» (caratterizzate da una divisione del lavoro e dalla presenza di quattro, cinque o sei classi sociali distinte), «doppiamente composte» (ove si sviluppa anche una gerarchia ecclesiastica e l'organizzazione industriale assume «una struttura di casta») e «triplicemente composte» («le grandi società civili», ove si fa massima la complessità e la differenziazione delle funzioni).

GUIDA ALLA LETTURA

❶ Che relazione esiste, secondo Spencer, tra gli organismi biologici e quelli sociali? Da quale legge sono governati? ❷ Da che cosa è stata originata la cooperazione sociale tra gli uomini? ❸ Che funzione viene attribuita alla guerra? ❹ Quale concezione del progresso storico emerge dal documento?

120

J. Rosselli
Il teatro d'opera

J. Rosselli, *Sull'ali dorate. Il mondo musicale italiano dell'Ottocento*, il Mulino, Bologna 1992, pp. 63-69

■ Lo storico e musicologo John Rosselli (1927-2001) descrive qui l'ambiente del teatro d'opera in Italia, la composizione del pubblico, il modo di seguire le rappresentazioni, i comportamenti e gli atteggiamenti sociali legati a un luogo altamente significativo per la diffusione della cultura borghese.

Nei paesi anglosassoni andare all'opera è da sempre considerato un'occa-

sione particolare. [...] Per le classi colte dell'Italia degli inizi dell'ottocento, invece, la norma era [andarci] quattro o cinque volte alla settimana, almeno quando la stagione era in corso. Anche in quelle che devono essere considerate piccole città, il teatro d'opera era il luogo dove chiunque fosse qualcuno (ma anche i pochi che aspiravano ad esserlo) si recava ogni sera per parlare, mangiare, bere, giocare d'azzardo e ascoltare di tanto in tanto le opere che venivano rappresentate. [...]
Si può capire cosa significasse l'opera per le classi elevate dal sistema che regolava l'ammissione a teatro. Si pagava per entrare e, in qualche teatro, separatamente per accedere alla sala; per comodità ed economia, molti compravano un abbonamento stagionale almeno per l'ingresso a teatro. In platea si doveva pagare ancora se si voleva una sedia con i braccioli (*scanno*) che una maschera avrebbe sbloccato. Molti si accontentavano di stare in piedi o di sedersi sulle panche; al pianoterra di quasi tutti i teatri [...] si trovavano molti spazi dove soffermarsi o passeggiare. Una volta entrati nel teatro, si poteva non accedere affatto alla sala o ci si poteva limitare a far qualche visita alle signore nei palchi. I palchi erano davvero salotti in miniatura dove chi andava in visita faceva la coda per chiacchierare a turno con l'ospite. [...]
Nella maggior parte dei teatri italiani, un palco poteva essere posseduto, venduto, ipotecato e lasciato, indipendentemente dall'edificio stesso [...]. In molti teatri la proprietà di un palco comprendeva quella di un camerino oltre il corridoio dove i camerieri potevano preparare bevande o pasti. [...]
Gli ordini dei palchi erano disposti gerarchicamente. Il second'ordine era di solito il migliore e c'era da aspettarsi che durante la stagione d'opera fosse occupato per lo più dai nobili più in vista. [...]. Il prestigio degli ordini di palco scendeva man mano che si saliva verso l'alto; l'Italia era però un paese con molti nobili impoveriti e qualche volta se ne potevano trovare alcuni nell'ordine più elevato. [...]. Agli inizi dell'ottocento di solito nei palchi si trovavano nobili oltre a qualche impiegato, avvocato ed altri professionisti; a Trieste e a Livorno tuttavia vi sedevano molti mercanti e negozianti e a Milano la classe media emergente era molto in evidenza.
La platea serviva proprio per quella classe media (spesso comprese le donne anche se non dovunque), per gli studenti, i viaggiatori e gli ufficiali [...]. La galleria, quando c'era, serviva per i bottegai, gli artigiani, i soldati e i servi; in pratica non per gli operai (l'ingresso alla galleria della Scala costava la paga giornaliera di un operaio) e non per la grande maggioranza degli italiani che erano contadini e non si erano mai avvicinati ad un teatro d'opera.
[...] Lo spettacolo, quindi, aveva luogo nella sala e nei foyers come sul palco. Questo non significa che il pubblico non si interessasse a ciò che si stava cantando e suonando [...].
Il pubblico ascoltava (quando ascoltava) frase per frase, nota per nota: un momento tragico faceva sgorgare le lacrime, una frase ben tornita «un mormorio di soddisfazione o un breve improvviso *bravo* molto incoraggiante per il cantante» ma non abbastanza prolungato da interromperlo; se un cane abbaiava tuttavia, se al cantante che si era appena guadagnato un bravo scappava una nota falsa, scoppiavano scrosci di risa o peggio di fischi. Se l'opera o i cantanti avessero davvero scontentato «il pubblico fischiava, gridava, squittiva, sbraitava e urlava *basta! basta!* e, almeno a Napoli, rinforzava l'effetto soffiando dentro conchiglie (*tofe*) o dentro le chiavi di casa». [...]
Una delle ragioni principali di questo comportamento era il fatto che il pubblico italiano degli inizi dell'ottocento non assisteva, come facciamo noi, ad un'opera una volta sola o una volta ogni tanto. La consueta stagione del teatro (lunga due o tre mesi) consisteva di due opere, entrambe preferibilmente nuove o nuove per la città; ciascuna, se aveva successo, poteva essere replicata fino a venti volte. Siccome la gran parte del pubblico assisteva quasi ad ogni rappresentazione, non c'è da stupirsi se dopo aver preso familiarità con lo spettacolo chiacchierasse per una sua buona parte, o facesse quanto poteva per cacciare a fischi e una volta per tutte un'opera o un cantante che non gradiva.

GUIDA ALLA LETTURA
❶ Perché le vicende del teatro d'opera nell'Italia dell'800 sono uniche rispetto agli altri paesi europei? ❷ Qual era la funzione dei palchi? ❸ Come "viveva" il pubblico gli spettacoli teatrali?

SVILUPPARE LE COMPETENZE

Comprendere e Analizzare

❶ **Scrivi un breve testo (max 60 righe), dal titolo *I caratteri del positivismo*, seguendo la scaletta di argomenti proposta:**

a. Il metodo positivista (Comte, Darwin);
b. Le finalità della «filosofia positivista» (Comte, Spencer);
c. Il positivismo e le scienze sociali (Comte, Spencer);
d. Il positivismo come ideologia della borghesia (Comte, Spencer).

❷ **Dopo aver letto i brani di Sombart [114], Hobsbawm [113] e Rosselli [120], descrivi in un breve testo (max 40 righe) gli stili di vita della borghesia e i luoghi che meglio rappresentano la dimensione materiale e quella spirituale di questa classe sociale.**

❸ **Dopo aver letto il brano di Marx ed Engels [115DOC] e quello di Sombart [114], elabora un breve testo (max 30 righe) in cui dar conto delle connotazioni positive e di quelle negative che i diversi autori danno della borghesia.**

Rielaborare e Argomentare

❹ **Tema di argomento storico. *Le interpretazioni ideologiche del positivismo***

Se da una parte la filosofia positivista, con la sua fiducia nella ragione e nel progresso scientifico, costituì l'ideologia tipica della borghesia in ascesa, dall'altra fornì, attraverso la volgarizzazione delle teorie evoluzioniste, il supporto teorico per consacrare, in chiave autoritaria e gerarchica, il diritto del più forte tra le classi e tra gli Stati. Rifletti su tale ambivalenza in un testo scritto, citando opportunamente i materiali elencati.

Documenti: Comte **[117DOC]**, Darwin **[118DOC]**, Spencer **[119DOC]**
Immagini: pp. 469, 470, 471
Capitoli: **15.2** e **15.2** PERSONAGGI

❺ **Dopo aver letto i documenti di Darwin [118DOC] e Spencer [119DOC], scegli tra le seguenti posizioni storiografiche, relative all'influenza esercitata da Darwin sull'evoluzionismo sociale, quella che ritieni maggiormente condivisibile e argomenta la tua risposta in un breve testo (max 20 righe):**

a. Negando l'origine divina dell'uomo e la sua incommensurabilità di fronte al resto del creato, Darwin espelle dalla storia ogni finalismo e ogni principio morale. In questo modo la lotta per la sopravvivenza e la selezione naturale che vi scaturisce diventano le uniche leggi che regolano l'esistenza umana, sia dal punto di vista biologico sia da quello sociale.

b. È sbagliato considerare Darwin il fondatore o il precursore dell'evoluzionismo sociale. Il naturalista inglese si mosse infatti in un ambito strettamente scientifico e nella sua teoria sulla selezione naturale non si fa alcun riferimento al diritto del più forte, bensì alla capacità di adattamento del genere umano, condizionata dall'ambiente e dal caso.

La città

L'industrializzazione ridisegnò in profondità lo spazio urbano: le città divennero, nell'800, il simbolo della società industriale. L'aumento demografico, infatti, si riversò sulle città industriali, determinando la profonda trasformazione dei tradizionali centri urbani e la crescita di metropoli come Parigi o Londra.
Le nuove dimensioni e la molteplicità delle funzioni che la città assunse posero nuovi problemi di organizzazione del tessuto urbano. Le esigenze di pianificazione che ne derivarono tendevano a entrare in contrasto con la dominante concezione liberista, dando luogo a soluzioni diverse e spesso contraddittorie. Le periferie operaie cominciarono a distinguersi dai quartieri borghesi, si fabbricarono nuovi edifici e l'ampiezza delle città impose la diffusione dei trasporti pubblici come omnibus, tram e ferrovie sotterranee.
Del tema dello sviluppo urbano si sono occupati storici, storici dell'architettura, architetti e urbanisti. L'urbanista e sociologo **Lewis Mumford** [121] descrive la crescita disordinata delle periferie operaie, uno dei fenomeni che più colpì gli osservatori coevi. I problemi di organizzazione del nuovo tessuto urbano diedero luogo a diverse soluzioni. Esemplari, e per molti versi opposte, sono quelle messe in campo a Parigi e a Londra, analizzate da **Guido Zucconi** [122], storico dell'architettura. **Marshall Berman** [123], studioso della mentalità e della cultura, descrive la Parigi rigidamente pianificata di Haussmann, mentre lo storico **Carl E. Schorske** [124] si sofferma sulla Vienna di fine secolo.
Gli ultimi due brani, infine, sono dedicati ad altrettanti luoghi tipici della nuova realtà urbana: la stazione e il grande magazzino. L'introduzione della ferrovia ebbe, infatti, degli effetti dirompenti sulla vita dei contemporanei in Europa e negli Stati Uniti: questi mutamenti radicali – di cui dà conto **Wolfgang Schivelbusch** [125] – non furono limitati al campo dei trasporti ma coinvolsero profondamente le strutture urbanistiche e le tecniche architettoniche, le abitudini quotidiane, la percezione delle coordinate spazio-temporali, le proiezioni dell'immaginario. L'affermazione del grande magazzino viene invece descritta dallo storico **Heinz-Gerhard Haupt** [126].

121

L. Mumford
Casa e condizioni di vita nei centri industriali

L. Mumford, *La città nella storia*, vol. III, *Dalla corte alla città invisibile*, Bompiani, Milano 1967, pp. 571-77

Le pagine che seguono sono tratte dal saggio *La città nella storia* (1961), del sociologo e urbanista americano Lewis Mumford (1895-1990). Quest'opera ha costituito un primo importante tentativo di ricomporre entro una visione storica generale la nascita, lo sviluppo e la decadenza degli insediamenti urbani nelle loro svariate forme. Nell'ambito di un'accurata analisi delle strutture urbanistiche il discorso di Mumford si concentra soprattutto sulle modalità che assume di volta in volta il rapporto tra la definizione dello spazio cittadino e un determinato assetto sociale. In questo brano, l'autore si sofferma sulle caratteristiche degli agglomerati industriali a partire dall'inizio del secolo XIX e ne analizza i diversi aspetti, oltre che da un punto di vista specificamente urbanistico, anche per l'impatto che già allora ebbero sull'ambiente naturale e sulle condizioni di vita degli abitanti.

I principali elementi del nuovo complesso urbano erano la fabbrica, la ferrovia e lo *slum*[1]. Erano essi a comporre la città industriale: una espressione per designare semplicemente il fatto che almeno duemila persone erano concentrate in un territorio che poteva essere indicato con un unico nome proprio. [...]

La fabbrica divenne il nucleo del nuovo organismo urbano. Ogni altro elemento le era subordinato. Persino i servizi pubblici, come il rifornimento dell'acqua, e quel minimo di uffici governativi indispensabile all'esistenza di una città, se non erano stati approntati da una generazione precedente, vi venivano introdotti solo con molto ritardo. [...]

La fabbrica si accaparrava di solito le posizioni migliori: le industrie cotoniere, chimiche e siderurgiche sceglievano siti non lontani da una banchina[2], perché erano necessarie grandi quantità d'acqua nei processi di produzione, cioè per rifornire le caldaie a vapore, raffreddare le superfici roventi, preparare le soluzioni chimiche e i coloranti. Ora il fiume o il canale aveva anche un'altra funzione, ancora più importante: era il luogo di scarico più economico e più comodo per i rifiuti solubili o galleggianti di qualsiasi genere. [...]

Conseguenze: avvelenamento della vita acquatica, distruzione di alimenti, inquinamento delle acque al punto che diventava sconsigliabile bagnarvisi. [...]

Mentre le fabbriche erano situate di solito vicino a un fiume, o a una linea ferroviaria parallela a un fiume [...], non ci furono interventi dall'alto per concentrarle in una zona particolare [...]. Soltanto la «libera concorrenza» determinava la posizione di questi edifici, senza che nemmeno si pensasse alla possibilità di una pianificazione funzionale [...].

Nelle città industriali sviluppatesi da centri più antichi, gli operai venivano spesso alloggiati trasformando le vecchie case per una sola famiglia in casermoni d'affitto. [...] Il sovraffollamento dei letti – da tre a otto persone di età diverse dormivano sullo stesso pagliericcio – aggravava spesso le condizioni di queste stie umane. [...]

Nei quartieri vecchi e nuovi si raggiunse un culmine di sporcizia e di fetore, forse persino superiore a quello delle baracche dei più miseri servi medievali. [...]

In Inghilterra, per cominciare, migliaia di queste nuove abitazioni operaie [...] erano costruite una addosso all'altra (ne esistono ancora molte). A ogni piano dunque, due stanze su quattro non ricevevano direttamente la luce del sole e non erano per niente ventilate. Non esistevano spazi aperti se non uno stretto corridoio tra il retro di una casa e quello della casa accanto. Mentre nel Cinquecento in molte città inglesi il gettare l'immondizia per strada era considerato un reato, in questi centri protoindustriali era questo il metodo abituale per sbarazzarsene. Essa poi rimaneva lì [...] «finché l'accumulazione non induceva qualcuno a portarsela via come letame» [...]. Le latrine, indescrivibilmente fetide, erano di solito in cantina; era anche usanza comune tenere porcili sotto le case e i maiali ripresero ad aggirarsi per le strade, come nelle grandi città non facevano più da secoli. [...]

Tuttavia, nonostante questo basso livello di edilizia e questi vertici di sozzura, in molte città non si riusciva a costruire case a sufficienza; e [...] si incominciarono a utilizzare le cantine come locali d'abitazione. [...] Sporcizia e congestione, già di per se stesse un grosso guaio, provocarono altri flagelli: i topi che diffondevano la peste bubbonica, le cimici che infestavano i letti e tormentavano i dormienti, i pidocchi che trasmettevano il tifo petecchiale, le mosche che calavano indifferentemente sulle latrine o sul cibo degli infanti. Inoltre all'umidità dei locali si associava quella dei muri formando così un terreno di coltivazione ideale per i batteri, anche perché le stanze eccessivamente affollate accrescevano al massimo le possibilità di contagio.

Se la mancanza di impianti idraulici e di norme igieniche municipali produceva in questi nuovi quartieri urbani zaffate di spaventoso fetore, e se gli escrementi sparsi un po' ovunque uniti alle infiltrazioni dei pozzi locali determinavano la diffusione della febbre tifoide, la mancanza d'acqua aveva conseguenze ancor più raccapriccianti. [...]

Interi quartieri non erano a volte in grado di attingere acqua neppure dai pozzi, e certe volte i poveri andavano di casa in casa nei quartieri signorili a mendicare acqua [...]. Con questa scarsità d'acqua per bere e lavarsi non fa meraviglia che s'accumulasse la sporcizia.

---

[1] Termine che designa i bassifondi della città industriale.

[2] Struttura portuale attrezzata per l'ormeggio di imbarcazioni.

GUIDA ALLA LETTURA

❶ Perché le nuove città industriali differivano da quelle preesistenti? ❷ Spiega la centralità della fabbrica nelle nuove città e indica, per contro, quali aspetti erano invece trascurati. ❸ Quali erano i motivi per cui le fabbriche di solito erano situate vicino alle banchine? ❹ Quali considerazioni sulla storia della città trae lo storico dal confronto con la situazione di altre epoche?

122

G. Zucconi
Le metropoli contemporanee: Parigi e Londra

G. Zucconi, *Le città dell'Ottocento*, Laterza, Roma-Bari 2001, pp. 30-42

■ Alla metà dell'800 Parigi e Londra vissero un imponente sviluppo urbanistico. Divennero ben presto un modello per gli altri grandi centri urbani europei e il primo esempio di metropoli contemporanee. Lo storico dell'architettura Guido Zucconi (nato nel 1950) ha dedicato alle trasformazioni delle due capitali diverse pagine del suo volume sulle città dell'800. Esaminandole in parallelo, ha sottolineato come alla base delle loro trasformazioni ci siano state scelte e soluzioni differenti e per molti versi opposte: a Parigi lo sviluppo venne attivato dall'azione dello Stato, mentre a Londra fu affidato all'iniziativa privata.

Su tutte le altre *world city* del XIX secolo, brilla l'astro di Parigi, identificata da molti con l'idea di città-capitale e di metropoli.
A definirne l'intelaiatura urbana concorrono diversi fattori: gli eccezionali ritmi di crescita economica, combinati con le ambizioni neoimperiali di Napoleone III. A questo si aggiungano le straordinarie capacità tecnico-amministrative di un gruppo di funzionari, in particolare del barone Eugène Haussmann, prefetto della Senna dal 1853 al 1870.
Il compito inizialmente affidatogli è quello di avvolgere Parigi in una maglia di percorsi che raccordino i luoghi nodali [...]. Con diverse colorazioni e secondo differenti gradi di urgenza, lo stesso Napoleone III disegna lo schema complessivo [...]. Quel che muta è soprattutto il carattere delle opere pubbliche, collegate allo schema generale, le quali si trasformano da eventi eccezionali in capitoli di un programma a lungo termine [...].
Questo dato oltrepassa il 1870, la caduta di Napoleone III e la rimozione di Haussmann dall'incarico di prefetto: i programmi edilizi vengono allora limitati, ma non interrotti, nonostante il mutato sfondo politico della Terza Repubblica.
Non più traduzioni estemporanee della volontà di autorappresentazione del sovrano, i *grands travaux*[1] coinvolgono una grande quantità di problemi: la sistemazione delle acque e di altri servizi a rete nel sottosuolo, il riordino del traffico viario e il raccordo con la rete ferroviaria, la predisposizione e il disegno di attrezzature collettive, come mercati generali, scuole, ospedali. [...] Non più straordinarie, non più limitate ad alcune aree circoscritte, le opere di trasformazione ora diventano parte di una gigantesca routine amministrativa alla quale fa da supporto un altrettanto gigantesco apparato tecnico-burocratico; per mettere a regime il piano di grandi opere sono necessarie, in forma continuativa, le competenze di un grande numero di specialisti. [...]
Parigi rappresenta il caso estremo di sviluppo promosso dalla mano pubblica nel quale tutto [...] è attivato dall'azione dello Stato. È un modello che possiamo definire *dirigistico*, perché l'intervento privato è chiamato a inserirsi in una cornice predeterminata e imposta dall'alto.
Nell'altra metropoli europea, Londra, i termini sembrano rovesciati: qui le dinamiche di crescita e di trasformazione discendono direttamente dai disegni della proprietà fondiaria e dall'azione degli investitori immobiliari. Alla sfera pubblica competono i regolamenti edilizi mentre tutto il resto, compreso il disegno di nuove strade, discende dall'iniziativa dei singoli.
La metropoli inglese passerà da 800 mila a oltre due milioni di abitanti, senza che nessuno strumento di pianificazione generale intervenga a indirizzarne lo sviluppo. [...]. In assenza di uno schema urbanistico complessivo, il proprietario [dei terreni cittadini] diventa il garante di un ordine generale che, data la dimensione dell'intervento, assume i connotati di un vero e proprio piano ordinatore. [...]
Il confronto tra Parigi e Londra suggerisce una serie di considerazioni che riguardano i modi di intendere la costruzione di una grande città [...].
A Parigi il processo di trasformazione passa attraverso un titanico sforzo di ridisegno che salda le diverse parti in un'unica entità fisica e funzionale; tutto, dalla viabilità alla fognatura, contribuisce a questo obiettivo. A Londra la mancanza di uno schema generale e di una volontà unificatrice mantiene il carattere sfrangiato, policentrico, e al tempo stesso esalta le vocazioni originarie: le attività finanziarie e bancarie si collocano entro i limiti della città medievale, le aggregazioni politico-ministeriali attorno a Westminster, la residenza di pregio nel più salubre West End, le attività nocive e poco remunerative nell'assai meno salubre East End, vicino a quel *barrage*[2] che impedisce alle navi di penetrare nel cuore della città. [...]
Da posizioni diverse, le due capitali concorrono a definire un'idea di metropoli, categoria non ancora percepita nei suoi dirompenti tratti di novità sul piano relazionale, economico, culturale. [...] Da qui, si diffonde un modello che tocca i territori del gusto, influenza i comportamenti e penetra negli aspetti più reconditi dell'orizzonte quotidiano (l'alimentazione, l'arredo, ecc.). La capacità egemonica delle metropoli si irradia poi in tutte le possibili direzioni, coinvolgendo anche gli ambiti nobili delle scienze e delle arti, scandendo le tappe fondamentali del progresso tecnico e culturale.

[1] Grandi lavori.
[2] Sbarramento.

GUIDA ALLA LETTURA

❶ A quale elemento è attribuito il primato dalla logica sottesa al nuovo disegno urbanistico di Napoleone III e Haussmann? ❷ Che cosa significarono i *grands travaux* per i parigini? ❸ In che cosa differisce il modello londinese rispetto a quello di Parigi, definito dirigistico? ❹ Quali considerazioni sono suggerite allo storico dal confronto tra Londra e Parigi? Quale contributo dettero le due città alla definizione della «metropoli»?

123

M. Berman
I boulevards e la nuova immagine della città

M. Berman, *L'esperienza della modernità*, il Mulino, Bologna 1985, pp. 188-94

■ A partire dall'analisi dei poemetti in prosa di Charles Baudelaire raccolti in *Lo Spleen di Parigi* (1869), il sociologo newyorkese Marshall Berman (1940-2013) ha svolto alcune riflessioni sulla trasformazione dello spazio pubblico urbano seguita agli sventramenti di Parigi a opera del prefetto Haussmann **[👁 15.4]**, alla nascita dei *boulevards* e alla modernizzazione della città tradizionale. Questa riflessione è parte di un discorso più generale che Berman svolge nel suo libro su *L'esperienza della modernità* (1982), i cui tratti egli cerca di individuare attraverso l'analisi delle opere di alcuni grandi pensatori e romanzieri dell'800.

Nella prefazione a *Lo Spleen di Parigi*, Baudelaire proclama che *la vie moderne*[1] esige un nuovo linguaggio [...]. Quel che Baudelaire ci comunica con questo nuovo linguaggio è costituito, soprattutto, da quelle che io definirò scene moderne originarie: esperienze che scaturiscono dalla vita quotidiana concreta della Parigi di Bonaparte e di Haussmann, ma ricche di una risonanza mitica e di una profondità tali da spingerle prepotentemente oltre i confini geografici e temporali, e trasformarle in archetipi[2] della vita moderna.

La nostra prima scena archetipica la troviamo in *Gli occhi dei poveri* (*Lo Spleen di Parigi*, XXVI). Il [...] narratore spiega alla donna amata perché per lei non senta più amore, ma solo amarezza. Le rammenta un'esperienza che essi hanno di recente vissuto insieme. [...] Sedevano sulla terrazza: «davanti a un caffè nuovo, che faceva angolo in un viale, nuovo». Il viale era «tuttora ingombro di calcinacci» ma il caffè già mostrava «la gloria dei suoi splendori in via di compimento». L'aspetto più meraviglioso era il flusso di nuova luce che da esso emanava. [...]

Mentre siedono felici con lo sguardo perso l'uno negli occhi dell'altro, i due amanti si trovano improvvisamente di fronte ad occhi estranei. Una povera famiglia vestita di stracci [...] va a fermarsi proprio di fronte a loro, con lo sguardo rapito fisso sullo scintillante nuovo mondo che si schiude all'interno del locale. [...] Il narratore comincia ad avvertire un certo disagio, a sentirsi «un po' vergognoso dei bicchieri e delle caraffe più capaci della nostra sete». [...] Ma quando, un istante più tardi, «volgevo gli occhi miei verso i vostri, caro amore, per leggervi il *mio* pensiero» [...], l'amata esclama: «Quella gente non posso sopportarla, con quegli occhi spalancati come portoni! Non potreste chiedere al caffettiere di farli sloggiare?».

[...] Che cosa rende questa situazione tipicamente moderna? [...] La differenza consiste nello spazio urbano in cui ha luogo la nostra scena. [...] La differenza, in una parola, è il *boulevard*: il nuovo viale parigino costituì la più spettacolare innovazione urbana del XIX secolo, e un decisivo passo avanti nella modernizzazione della città tradizionale.

Negli ultimi anni del decennio 1850-1860 e per tutto il decennio successivo, [...] Georges Eugène Haussmann, il prefetto di Parigi e dei suoi sobborghi, armato di un mandato imperiale firmato da Napoleone III, stava aprendo, con l'aiuto delle mine, una fitta rete di *boulevards* nel cuore della vecchia città medioevale. [...] I nuovi *boulevards* avrebbero permesso al traffico di scorrere attraverso il centro cittadino e di spostarsi rapidamente da un capo all'altro della città [...]. Avrebbero, inoltre, spazzato via le viuzze dei quartieri poveri e aperto uno «spazio vitale» tra strati di tenebre ed una congestione soffocante. [...] Avrebbero pacificato le masse occupando decine di migliaia di lavoratori [...] in opere pubbliche a lungo termine che, a loro volta, avrebbero prodotto migliaia di altri posti di lavoro nel settore privato. Avrebbero creato, infine, lunghi ed ampi corridoi in cui le truppe e l'artiglieria avrebbero potuto muoversi efficacemente contro future barricate e insurrezioni popolari.

[...] La nuova opera di ricostruzione comportò la demolizione di centinaia di edifici, privò di un tetto migliaia e migliaia di persone, sconvolse interi quartieri sopravvissuti allo scorrere dei secoli, ma, per la prima volta nella storia, dischiuse il cuore della città a tutti i suoi abitanti. [...]

Baudelaire ci mostra un nuovo mondo pubblico e privato proprio nel momento in cui esso sta venendo alla luce. [...] Accanto allo scintillio, i calcinacci: le rovine di una dozzina di quartieri che costituivano il cuore della città [...] rasi al suolo. Dove sarebbe andata tutta questa gente? Coloro che erano preposti alla demolizione e alla ricostruzione non se ne preoccuparono più di tanto. [...] La famiglia coperta di stracci del poemetto baudelairiano esce da dietro le macerie e va a porsi al centro della scena. [...]

Smantellando le viuzze dei vecchi quartieri medioevali, Haussmann ha inavvertitamente abbattuto le barriere del mondo, ermeticamente chiuso nei confini che esso stesso si è dato, della tradizionale povertà urbana. I *boulevards*, aprendo vasti squarci nei quartieri più miseri, hanno messo i poveri in condizione di camminare lungo quegli squarci, fuori dai loro quartieri devastati [...]. E mentre vedono, vengono visti [...]. In quei grandi spazi, sotto le luci scintillanti, non c'è modo di distogliere lo sguardo.

[1] La vita moderna.

[2] Primi modelli o esemplari.

GUIDA ALLA LETTURA

❶ Quali furono i principali motivi che portarono alla scelta di costruire i *boulevards*? ❷ Che cosa comportò la costruzione dei *boulevards*? ❸ Perché la scena descritta da Baudelaire è tipicamente moderna? ❹ Quale fu la conseguenza involontaria delle distruzioni di Haussmann messa in luce da Baudelaire?

124

C.E. Schorske
La Ringstrasse e il nuovo volto di Vienna

C.E. Schorske, *Vienna fin de siècle*, Bompiani, Milano 1981, pp. 20-41

Più o meno negli stessi anni in cui Parigi veniva trasformata dagli "sventramenti" di Haussmann, a Vienna, capitale dell'Impero asburgico, si avviava un grande processo di ristrutturazione urbanistica e architettonica. In un'opera ormai classica del 1961, lo storico statunitense Carl E. Schorske (nato nel 1915), studioso della Germania e della cultura mitteeuropea, descrive questo processo, mettendone in rilievo gli stretti rapporti con le contemporanee trasformazioni politiche e sociali.

Nel 1860, nei territori occidentali dell'impero asburgico, i liberali austriaci compirono il primo passo decisivo contro il potere politico trasformando le istituzioni dello stato in conformità ai princìpi del costituzionalismo e ai valori culturali del ceto medio. Contemporaneamente salivano al potere nella città di Vienna. La capitale diventò il loro bastione politico, il fulcro della loro economia, il centro d'irradiazione della loro vita intellettuale.

Subito i liberali presero a rimodellare la città a loro immagine [...].

Il punto focale di questa ricostruzione urbana era la Ringstrasse[1]. [...] Nella realizzazione urbana della Ringstrasse, il terzo stato celebrava architettonicamente il trionfo del *Recht*[2] costituzionale sulla *Macht*[3] imperiale, la vittoria della cultura laica sulla fede religiosa. Sul Ring non dominavano palazzi, presidî e chiese, ma centri del potere costituzionale e cenacoli d'alta cultura. L'arte edilizia [...] diventava qui il patrimonio della cittadinanza, chiamato a esprimere i molteplici aspetti dell'ideale culturale borghese attraverso la nutrita serie dei cosiddetti *Prachtbauten* (edifici di gran lusso). [...] In Austria, come altrove, il ceto medio trionfante proclamava la propria autonomia dal passato per mezzo della legge e della scienza; ma ogni qual volta si sforzava di esprimere i suoi valori in architettura, retrocedeva nella storia. [...] Di conseguenza si esprimeva attraverso il linguaggio visivo del passato, prendendo in prestito lo stile che offriva connessioni storiche idonee ai propositi rappresentativi di un determinato edificio.

L'Università [...] era un emblema inequivocabile della cultura liberale. Di conseguenza dovette attendere a lungo prima di veder realizzata la sua aspirazione a disporre di una sede adeguata lungo la Ringstrasse. [...] I mutamenti politici che consentirono di situare l'Università sulla Ringstrasse, in una posizione logistica di grande prestigio, si rifletterono altresì nella struttura e nello stile della sua nuova sede. [...] Lo stile prescelto non fu il gotico, ma il Rinascimento, onde proclamare l'affiliazione tra la moderna cultura razionalistica e la rinascita del pensiero laico dopo la lunga notte di superstizione medievale. [...]

Tuttavia l'edificio più importante, nel quadrilatero del *Recht und Kultur*, è forse il Parlamento, o Reichsrat. [...] Come nel caso dell'Università, i progetti riguardanti lo stile, la struttura e l'ubicazione del Parlamento mutarono in concomitanza con l'accresciuto potere dei liberali. [...] Quando [...] si arrivò a una costituzione più liberale, fu stabilito (1869) di riunire le due Camere «in un unico, monumentale edificio di grande fasto [*Prachtbau*]», con due ali gemelle ognuna occupata da una delle Camere. L'atrio comune, che si apriva al centro della costruzione, i saloni di ricevimento, pure comuni, riservati ai presidenti delle due assemblee e l'adozione del «nobile» stile greco simboleggiavano l'auspicata integrazione parlamentare del popolo e dei pari. [...] Le statue che adornavano la rampa di accesso attestavano sino a qual punto il liberalismo parlamentare austriaco viveva la sua scarsa connessione col passato. Essendo privo di un «suo» passato, non aveva di conseguenza eroi politici dei quali celebrare la memoria per mezzo di raffigurazioni scultoree. Dal Campidoglio di Roma prese in prestito una coppia di «domatori di cavalli» [...]. In mancanza di una tradizione storica, il vuoto fu colmato facendo appello all'erudizione antica. Da ultimo fu scelta Athena, quale simbologia centrale, e la sua statua eretta venne posta davanti alla facciata del nuovo edificio. Qui interveniva il mito a sopperire alla carenza di connotazioni storiche. [...]

Considerati nel loro complesso, gli edifici monumentali della Ringstrasse esprimevano con eloquenza i valori più alti della regnante cultura liberale. [...]

Lo storico liberale Heinrich Friedjung ha visto nella realizzazione della Ringstrasse un pegno riscattato della storia, il prodotto dei sacrifici e delle fatiche di generazioni di comuni borghesi della città di Vienna, la cui ricchezza e il cui talento, rimasti a lungo sepolti, erano stati finalmente esumati alla fine del secolo scorso «come copiosi giacimenti di carbone depositati sotto il livello del suolo». «Nell'età liberale,» ha scritto Friedjung, «il potere è passato, almeno in parte, nelle mani della borghesia, e in nessun campo questo mutamento ha dato esiti più compiuti e vitali di quelli espressi dalla ricostruzione di Vienna».

1 Strada circolare che circondava la città vecchia.
2 Diritto.
3 Potenza.

GUIDA ALLA LETTURA

❶ Quali forze politiche furono attive nel trasformare il volto di Vienna? ❷ Quali tipologie di edifici ospitò il Ring dopo la ristrutturazione della seconda metà dell'800? ❸ A quali diversi princìpi politici furono ispirate le nuove costruzioni? Con quali risultati? ❹ Quale giudizio complessivo esprime lo storico liberale Friedjung in merito alla ristrutturazione di Vienna? A tuo avviso, Schorske condivide tale giudizio?

125

W. Schivelbusch
La stazione: una nuova architettura urbana

W. Schivelbusch, *Storia dei viaggi in ferrovia*, Einaudi, Torino 1988, pp. 185-90

■ Lo studioso della cultura e della mentalità Wolfgang Schivelbusch (nato nel 1941) analizza, in questo brano, il complesso rapporto tra ferrovia e ambiente urbano, soffermandosi in particolare sul ruolo e sulle caratteristiche della stazione, quella architettura «per metà fabbrica per metà monumento» che nell'800 entrò a far parte del paesaggio cittadino. L'autore ci fa notare come l'elemento «meccanico/industriale» venisse nascosto dietro l'aspetto monumentale, quasi che le classi sociali emergenti, che fondavano la propria ascesa sul diffondersi delle macchine e delle merci, sentissero l'esigenza di dare alla nuova realtà un aspetto esteriore tradizionale e comunque di mantenerla distante dai loro luoghi di vita quotidiana.

Il traffico preindustriale interurbano era legato allo spazio del territorio che attraversava. E tale rimaneva anche dopo aver raggiunto la propria destinazione: la città. [...] I suoi [della diligenza] locali di transito, le stazioni della posta, si trovavano nel centro delle città, di regola facevano parte della locanda che da essi prendeva nome («Della posta»), una costruzione che ben poco si differenziava dalle case vicine. L'integrazione nella vita urbana era perfetta.

A questo stretto rapporto pone fine la ferrovia. I suoi luoghi di sosta – le stazioni ferroviarie – [...] sono qualcosa di fondamentalmente nuovo. La stazione ferroviaria non è parte integrante della città – come risulta evidente già dalla sua ubicazione all'esterno delle antiche mura –, e ne rimane a lungo la strana appendice. Ben presto, i quartieri urbani che confinano direttamente con essa vengono bollati come «industriali» e «proletari». Diventano la zona malfamata della stazione. [...]

Se la zona intorno alla stazione appare inquinata dalle industrie, la stazione, in quanto centro di quest'area, non può non avere un carattere altamente industriale. In effetti, il tipo di costruzione che essa rappresenta viene senz'altro classificato come architettura in ferro, e dunque come una di quelle costruzioni così tipiche del XIX secolo, a ragione definite «costruzioni destinate al traffico». [...]

Tuttavia, questo aspetto industriale rappresenta soltanto un lato della stazione. La stazione passeggeri delle grandi città [...] non è una costruzione funzionale in ferro e vetro, con scopi prettamente industriali, ma è caratterizzata da una curiosa bipartizione: la stazione vera e propria, cioè la tettoia in ferro e vetro, e l'atrio in muratura, la prima rivolta verso lo spazio aperto, il secondo verso la città. Tale divisione in due settori assai diversi – felicemente definiti «mi-usine, mi-palais», «per metà fabbrica, per metà palazzo» –, rappresenta [...] una novità nella storia dell'architettura [...]. [...] Decisivo [...] fu lo sviluppo della ferrovia stessa, che esigeva nuove soluzioni tecniche anche per le stazioni. Negli anni trenta, quando il traffico ferroviario si limitava a collegamenti bilaterali tra le città, le stazioni avevano dimensioni modeste. [...] Con l'infittirsi della rete ferroviaria negli anni quaranta, anche le esigenze del traffico, cui le stazioni dovevano far fronte, cominciarono a crescere. Aumentò il numero dei binari che confluivano nelle stazioni, e con esso il numero delle banchine. Queste dovettero essere collegate per consentire il trasbordo da un treno all'altro; inoltre, fu necessario coprire con una tettoia l'intero complesso, ora notevolmente ingrandito. Si trovò la soluzione al problema con il nuovo tipo di costruzione, la *stazione di testa*, con il suo marciapiede trasversale che collegava le varie banchine e con la tettoia in ferro e vetro. [...]

Da un lato, nel suo classicheggiante atrio in muratura, essa è parte della città, dall'altro, nella costruzione in ferro della tettoia, è in tutto e per tutto funzione dell'ambito «industriale» della ferrovia. [...]

Sicuramente, la facciata classicheggiante delle stazioni è anche spiegabile con lo sforzo, così tipico del XIX secolo, di nascondere con elementi ornamentali il volto industriale delle cose. Tuttavia, [...] la facciata in muratura delle stazioni adempie la funzione reale – la funzione di scudo antistimolo – di collegare due ambiti così diversi come lo spazio urbano e lo spazio della ferrovia. L'atrio in muratura che nasconde la tettoia si rende necessario fintantoché la città conserva ancora un carattere essenzialmente preindustriale. Un ingresso in città brusco, non «frenato» o non filtrato dall'architettura in muratura della macchina industriale costituita dalla ferrovia, sarebbe in questo momento troppo traumatizzante. Tuttavia ben presto, ed essenzialmente con l'aiuto della ferrovia, la città perde il suo carattere medievale e assume anch'essa un carattere industriale improntato dal traffico. Stando così le cose, non ha più ragion d'essere neppure un atrio messo davanti alla tettoia così come, viceversa, scompare anche l'ampia tettoia. [...]

Come si vede, questa nuova sistemazione dello spazio è indice di un processo accelerato. [...] Spazio urbano e spazio ferroviario devono essersi avvicinati l'uno all'altro. L'accesso diretto dalla città alla ferrovia è diventato possibile perché nel frattempo la città ha assunto lo stesso aspetto «desolato» della tettoia.

GUIDA ALLA LETTURA

❶ Perché le stazioni di posta delle diligenze s'integravano facilmente con l'ambito cittadino? ❷ Come erano fatte le prime stazioni? ❸ Qual era il significato simbolico della stazione di testa?

126

H.-G. Haupt
Grandi magazzini: i templi del consumo

H.-G. Haupt, *Il negozio*, in *Luoghi quotidiani nella storia d'Europa*, a c. di H.-G. Haupt, Laterza, Roma-Bari 1993, pp. 74-81

■ Nel suo breve saggio del 1993 dal titolo *Il negozio*, Heinz-Gerhard Haupt (nato nel 1943) si è soffermato sulle grandi trasformazioni che, a partire dalla seconda metà dell'800, hanno investito il tradizionale mondo del commercio al minuto. Lo storico tedesco ha sottolineato in particolare le notevoli innovazioni introdotte in tutti i grandi paesi europei dalla nascita e dal successivo sviluppo dei grandi magazzini, un fenomeno di grande portata capace di influenzare orientamenti e tendenze dei piccoli commercianti a livello politico, economico e culturale.

Il 'Bon Marché' e la 'Belle Jardinière' a Parigi fin dalla metà dell'Ottocento, 'Rudolf Karstadt' a Wismar e 'Georg Tietz' a Gera[1] alla fine del secolo scorso, presentarono al pubblico nuove forme di vendita che furono vissute dal tradizionale commercio al dettaglio come delle innovazioni pericolose. I grandi magazzini non si limitavano più, infatti, a un assortimento chiaramente delimitato, ma – con l'eccezione per lo più dei generi alimentari – vendevano merci di ogni tipo. Poiché essi, grazie alla pubblicità, agli eleganti panneggi ornamentali delle vetrine e a degli *intérieurs* seducenti, richiamavano un grande pubblico, riuscivano a ricevere le forniture a prezzi più bassi rispetto ai piccoli negozi, quindi ad abbassare il margine di guadagno e a vendere le merci a minor prezzo. [...]

Il grande magazzino poté svilupparsi soprattutto sulla base di tre fenomeni, di cui favorì lo sviluppo esattamente nella misura in cui ne trasse vantaggio. In primo luogo, il grande magazzino promosse il sistema di lavoro a domicilio nel settore dei beni di consumo. [...] In secondo luogo, il grande magazzino contribuì al trionfo della confezione e soprattutto alla sostituzione dell'abito fatto su misura da parte dell'acquisto di uno già confezionato secondo norme prestabilite. Infine, il motivo più importante del successo dei grandi magazzini fu probabilmente l'aver saputo creare uno spazio dove le donne della borghesia potessero mostrarsi in pubblico da sole, senza che ciò danneggiasse la loro reputazione. Per questo motivo i 'templi del consumo' divennero chiaramente dei momenti di 'vita sociale'. Ciò che notò Gustav Stresemann[2] nel 1900 scrivendo:

> [...] A Berlino, Wertheim ha già installato all'interno dei suoi locali una specie di spaccio, dove è possibile acquistare e consumare birra, caffè, cioccolata, paste ecc. Quando oggi in famiglia si dice 'andiamo da Wertheim', non si vuole intendere in primo luogo che si ha bisogno di qualcosa di determinato per la casa. Se ne parla piuttosto come di una gita da fare in qualche bel posto del circondario. [...]

Basandosi su questi principi il grande magazzino celebrò, nella seconda metà del secolo, il suo trionfo, che toccò soprattutto la Germania e la Francia, il Belgio e la Gran Bretagna e, dopo il 1918, anche l'Italia. [...]

Oltre ai magazzini di vendita, concentrati per lo più nelle grandi città, anche le città più piccole e le campagne vennero raggiunte da filiali, da ditte di vendita per corrispondenza e da cooperative di consumo [...].

I negozi di caffè 'Kaiser's' in Germania o 'Casino' e 'Félix Pettin' in Francia erano organizzati secondo il medesimo principio. Acquistavano in blocco l'intero assortimento della merce per tutti i negozi e ne affidavano però l'organizzazione della distribuzione direttamente ai singoli negozi. In questo modo raggiunsero un'ampia diffusione. Per giunta, già alla fine del XIX secolo, soprattutto i grandi magazzini parigini spedivano dappertutto dei cataloghi dai quali scegliere e ordinare direttamente le merci. È questo probabilmente il modo nel quale in Francia il modello di consumo della grande città si diffuse gradualmente anche nella società rurale. [...]

Le leghe e le organizzazioni di autodifesa dei commercianti al minuto reagirono contro questo sistema. Poiché in Francia le società di consumo erano particolarmente sviluppate, fu qui che le reazioni ebbero espressione più pronunciata. [...]

Le reazioni politiche al trionfo delle grandi aziende sul terreno della vendita furono varie e andarono dalle diverse forme di radicalismo, diffuse soprattutto in Francia, all'appoggio accordato in Belgio al partito cattolico, fino alla difesa del cartello di potere conservatore, condotta in Germania da una quota rilevante dei principali. Ma in qualche modo [...] si può parlare, a proposito del mondo del negozio, di strutture e disposizioni sovranazionali. Valori come la centralità della famiglia, il patriottismo o il senso della proprietà erano presenti in tutte le società europee e formavano la base di una cultura comune dei commercianti al minuto e dei mastri artigiani la quale, per l'intervento di fattori specifici, assumeva ovviamente uno specifico colore nazionale o regionale. [...]

Il rifiuto delle astratte leggi del mercato e delle organizzazioni dotate di forti capitali si univa all'attaccamento per ciò che era abituale e che risultava familiare alla sfera dell'esperienza quotidiana.

---

[1] Sono i nomi dei più noti grandi magazzini europei.

[2] Statista tedesco (1878-1929), ricoprì la carica di cancelliere nel 1923 e quella di ministro degli Esteri a partire dallo stesso anno fino alla morte. Ricevette il premio Nobel per la pace nel 1926.

GUIDA ALLA LETTURA

❶ Perché i grandi magazzini rivoluzionarono il sistema di vendita? ❷ Come reagirono i settori del commercio al dettaglio alla comparsa dei grandi magazzini? ❸ Quali fenomeni economici e culturali sono legati allo sviluppo dei grandi magazzini? ❹ Secondo quali meccanismi si generalizzò nell'Europa occidentale il modello di consumo inaugurato nelle grandi città?

SVILUPPARE LE COMPETENZE

Comprendere e Analizzare

❶ Dopo aver letto tutti i brani degli storici, scrivi un testo (max 40 righe) dal titolo *Le nuove funzioni della città industriale*, che consideri i seguenti aspetti:

a. Istituzioni (Stato, associazioni di cittadini e commercianti, ecc.)
b. Economia (produzione, commercio, consumo e servizi)
c. Cultura (monumentalizzazione, mentalità, vita pubblica e privata)
d. Architettura (quartieri, sistema viario, stili architettonici, nuovi edifici, ecc.)

❷ Dopo aver letto i brani su Parigi, Vienna e Londra [122-124], analizza in un breve testo (max 30 righe) la principale caratteristica descritta per ogni città e in che cosa consiste la sua connotazione borghese.

Rielaborare e Argomentare

❸ Redazione di un articolo di giornale. *Parigi, Londra e Vienna. Le capitali d'Europa e il trionfo della borghesia*

Sviluppa questo argomento in forma di "articolo di giornale", utilizzando i testi che lo corredano. Individua in questi testi uno o più elementi che ti sembrano rilevanti e costruisci su di essi il tuo "pezzo". Da' all'articolo un titolo appropriato e indica il tipo di giornale sul quale ne ipotizzi la pubblicazione (quotidiano, rivista divulgativa, giornale scolastico, altro). Se lo ritieni opportuno, organizza la trattazione dividendola in paragrafi, cui potrai eventualmente dare uno specifico titolo.

Immagini: pp. 460, 467, 474, 477, 478, 479
Brani storiografici: Mumford [121], Zucconi [122], Berman [123], Schorske [124], Schivelbusch [125], Haupt [126]
Capitoli: **15.3-4**

❹ Dopo aver letto i brani di Mumford [121] e Zucconi [122], scegli una tra le seguenti posizioni storiografiche relative alla storia della città europea nella seconda metà del XIX secolo e argomenta la tua risposta in un breve testo (max 25 righe):

a. La crescita della città, tra XIX e XX secolo, ha realizzato pienamente il processo di industrializzazione. Questo risultato si è potuto raggiungere grazie all'applicazione del modello capitalistico razionale allo sviluppo urbanistico, creando la scienza della pianificazione; istituzioni pubbliche e iniziativa privata hanno cooperato nel governare questo processo.

b. La storia della città nell'epoca del capitalismo è la storia di un enorme processo speculativo; le leggi di mercato e del profitto hanno condizionato pesantemente lo sviluppo urbano. La grande borghesia, controllando le istituzioni pubbliche, ha potuto favorire la crescita della rendita e dello sfruttamento, naturalmente impoverendo le classi lavoratrici.

c. La città industriale è stata il palcoscenico, nuovo e mutevole, del conflitto di classe che ha caratterizzato la seconda rivoluzione industriale. L'ascesa della borghesia industriale e finanziaria nelle grandi capitali è stata contrastata da forze eterogenee: la tradizione urbana preesistente, la classe media conservatrice, la classe operaia e il sottoproletariato.

Scienza, industria e tecnologia

Un forte legame tra scienza e tecnologia caratterizzò la "seconda rivoluzione industriale", quando la scienza intervenne direttamente nello sviluppo delle produzioni che caratterizzarono il passaggio alla nuova epoca (chimica, elettricità, metallurgia). Proprio quest'aspetto, insieme ai profondi mutamenti nell'organizzazione produttiva, è richiamato da **Joel Mokyr** [127]. Del forte legame tra scienza, tecnologia e industria l'acciaio fu uno dei maggiori simboli, come sottolinea **David S. Landes** [128], che parla a questo proposito di «età dell'acciaio». **Paul Bairoch** [129] si sofferma sull'importanza assunta dagli ingegneri e dall'istruzione tecnica in quel periodo.
Quello della "seconda rivoluzione industriale" fu anche un periodo di notevole incremento degli scambi internazionali. Fu in quegli anni, secondo **Jürgen Osterhammel** e **Niels P. Petersson** [130], che ebbe luogo una prima globalizzazione dell'economia. I rilevanti cambiamenti che investirono i paesi industrializzati nell'ultimo trentennio dell'800 non si esaurirono nel nuovo rapporto tra scienza e industria. Rilevanti furono anche i mutamenti nell'organizzazione e nelle dimensioni delle imprese, come analizzato da **Renato Giannetti** [131]. Sul piano dell'organizzazione industriale avanzò un processo di razionalizzazione che dagli Stati Uniti si diffuse nei primi decenni del '900 in tutto l'Occidente. Con la diffusione del sistema di fabbrica, infatti, si accentuò la frammentazione delle mansioni, definita anche «parcellizzazione». La lavorazione fu scomposta in numerose fasi, ciascuna formata da operazioni semplici e meccaniche. L'uso di macchine sempre più sofisticate e automatizzate impose una crescente meccanizzazione del lavoro. La parcellizzazione e la meccanizzazione del lavoro furono ulteriormente accentuate nei primi anni del '900 dall'adozione del taylorismo – un metodo di organizzazione del lavoro elaborato dall'ingegnere statunitense **Frederick Winslow Taylor** [132DOC], basato su una estrema

frammentazione dei gesti e delle operazioni – e dall'introduzione della catena di montaggio, ideata dall'industriale statunitense **Henry Ford** [133DOC], nella produzione di automobili in serie.
L'ultimo brano è costituito da alcuni estratti del ***Regolamento*** (1884) [134DOC] di un ospedale di Milano, che documentano l'evoluzione subita dalle strutture sanitarie e dalla medicina negli ultimi decenni dell'800, sotto l'impulso della cultura scientifica positivistica e delle trasformazioni sociali dell'industrializzazione.

127

J. Mokyr *La seconda rivoluzione industriale*

J. Mokyr, *La seconda rivoluzione industriale (1870-1914)*, in *Storia dell'economia mondiale*, a c. di V. Castronovo, IV, *Tra espansione e recessione*, Laterza, Roma-Bari 2000, pp. 219-22

■ Sul cambiamento nel rapporto tra scienza, tecnologia e industria avvenuto nell'ultimo trentennio del XIX secolo si sofferma lo storico Joel Mokyr (nato nel 1946). Studioso del cambiamento tecnologico, Mokyr prende qui in esame anche altri aspetti della "seconda rivoluzione industriale". In particolare, sottolinea l'importanza dei mutamenti dell'organizzazione produttiva e la nascita di «sistemi tecnologici», in cui diverse tecnologie si sviluppano in stretta connessione l'una con l'altra (come nel caso delle reti elettriche e telefoniche).

La seconda rivoluzione industriale viene generalmente datata tra il 1870 e il 1914, anche se alcuni degli eventi che la caratterizzarono risalgono agli anni attorno al 1850. Appare comunque evidente che a partire dal 1825 il ritmo con cui si erano succedute le invenzioni capaci di aprire nuove strade (macroinvenzioni) subì un rallentamento, per poi riprendere nuovamente impulso negli ultimi trent'anni del secolo. Tuttavia questo fatto incide poco sull'andamento del progresso tecnologico, così come viene generalmente definito in termini di incremento della produttività e di miglioramento della qualità dei prodotti, in quanto esso dipende molto di più dalle innovazioni a piccola scala, cumulative e anonime, note come microinvenzioni. In effetti, le grandi invenzioni rivoluzionarie nel campo dell'energia, dei materiali, della chimica e della medicina, di cui si parlerà in seguito, furono cruciali non tanto perché comportarono necessariamente un impatto profondo sulla produzione, ma perché fecero aumentare l'efficacia della ricerca e favorirono lo sviluppo delle microinvenzioni. Come del resto tutte le altre attività, anche le microinvenzioni finiscono per andare inevitabilmente incontro a una produttività marginale decrescente[1], a meno che qualche importante balzo in avanti non apra nuovi orizzonti.
La tecnologia è conoscenza. [...] In primo luogo, va detto che la tecnologia ha retroagito sulla scienza in maniera considerevole, sia sotto forma di una continua rimessa a fuoco del pensiero scientifico alla luce delle nuove invenzioni, sia sotto forma di apparecchiature e strumenti tecnologici con i quali gli scienziati hanno potuto registrare fatti e regolarità e sperimentare ipotesi scientifiche. In secondo luogo, risulta che un buon numero di tecniche si basa relativamente poco sulla comprensione dei fenomeni naturali. [...]
La seconda rivoluzione industriale fece accelerare l'interazione reciproca tra le due forme di conoscenza, ovvero tra la «scienza» (nel senso più ampio del termine) e la tecnologia. [...] Come risultato di tutto questo, la seconda rivoluzione industriale estese i successi piuttosto limitati e localizzati della prima a una gamma assai più ampia di attività e di prodotti. Lo standard di vita e il potere d'acquisto della moneta crebbero rapidamente, mentre le realizzazioni delle nuove tecnologie entravano, come non si era mai verificato in precedenza, nella vita quotidiana del ceto medio e della classe operaia.
C'è un altro aspetto della seconda rivoluzione industriale che merita di essere sottolineato: il mutamento di natura dell'organizzazione produttiva. La seconda rivoluzione industriale testimonia in alcune industrie lo sviluppo di enormi economie di scala[2] e di *throughput*[3]: sorsero grandi aziende, assai più sviluppate che nel passato. Questa trasformazione avvenne perché nell'industria le economie di scala ebbero una rilevanza sempre maggiore. Alcune di queste erano puramente fisiche: nella chimica, per esempio, [...] il costo per unità di prodotto diminuisce con il crescere della quantità prodotta. [...] Altre economie di scala erano invece di tipo organizzativo, come, per esempio, la produzione di massa con la tecnologia delle parti intercambiabili. Altre ancora derivavano dai benefici del marketing o anche dal perseguimento spietato dei monopoli. [...]
Come conseguenza della trasformazione delle tecnologie produttive si ebbe la nascita dei sistemi tecnologici [...]. Ancora, va detto che alcuni rudimentali «sistemi» di questo genere erano già in funzione prima del 1870: esistevano linee ferroviarie e telegrafiche, e nelle grandi città reti per la distribuzione del

[1] L'aggiunta di ulteriori quantità addizionali dà luogo a incrementi sempre più piccoli del prodotto.
[2] Le economie di scala si raggiungono con una diminuzione dei costi legati all'aumento dimensionale delle aziende.
[3] Produttività.

gas e dell'acqua e reti fognarie. Dopo il 1870, questi sistemi si ingrandirono enormemente e se ne aggiunsero altri, fra cui i più importanti furono le reti elettriche e telefoniche. La seconda rivoluzione industriale trasformò il grande sistema tecnologico da eccezione a pratica diffusa. I sistemi richiedevano un coordinamento notevole, che il mercato libero non sempre trovava agevole fornire, e quindi i governi o altre importanti organizzazioni finirono per avere un peso notevole nel determinare lo scartamento delle ferrovie, il voltaggio dell'elettricità, la disposizione delle tastiere delle macchine per scrivere, il codice della strada e altre forme di standardizzazione.

GUIDA ALLA LETTURA

❶ Spiega il significato dei termini «macroinvenzioni» e «microinvenzioni». ❷ Come venne modificata l'organizzazione produttiva delle fabbriche, durante la seconda rivoluzione industriale? ❸ Che cosa si intende per «sistemi tecnologici»? ❹ Quali nuovi sistemi vennero introdotti a partire dal 1870?

128

D.S. Landes
L'«età dell'acciaio»

D.S. Landes, *Prometeo liberato. Trasformazioni tecnologiche e sviluppo industriale nell'Europa occidentale dal 1750 ai giorni nostri*, Einaudi, Torino 1978, pp. 326-28

■ In queste pagine tratte dalla sua opera più nota, *Prometeo liberato* (1969), lo storico statunitense David S. Landes **[37]** svolge alcune considerazioni storiche e tecnologiche sul ruolo dell'acciaio come fattore determinante nelle trasformazioni dell'industria a partire dalla seconda metà del XIX secolo.

L'uomo è un animale nomenclatore; gli piace mettere una etichetta alle cose. E nessuno è più prolifico in fatto di nomenclatura dello storico, che non sa resistere alla tentazione di designare ogni sezione cronologica della sua materia con qualche formula concisa: l'Età dell'Illuminismo, l'Era dei Buoni Sentimenti, l'Età della Riforma [...]. Abbiamo così l'Età dell'Acciaio, che fra tutti questi titoli-slogan è uno dei migliori. Se dovessimo individuare il tratto principale della tecnologia dell'ultimo terzo del XIX secolo, questo sarebbe appunto la sostituzione dell'acciaio al ferro e il concomitante aumento del consumo di metallo pro capite.

È ormai un luogo comune che l'industria moderna fu costruita [...] su una intelaiatura di metallo, particolarmente di metallo ferroso. Vale la pena tuttavia di fermarsi a considerare perché sia stato e sia così. [...]

I vantaggi salienti sono tre: grande robustezza in proporzione al peso e al volume; plasticità; durezza. Il primo è implicito nella elasticità del metallo, ossia nella sua resistenza alle varie forme di tensione-compressione (compresa la varietà nota come percussione), trazione e flessione o torsione. Anche un materiale notevole come il cemento armato o precompresso, leggero in proporzione al volume e capace di prestazioni sorprendenti come elemento di recinzione o di sostegno di strutture verticali, non può competere con il metallo là dove si richiede economia di spazio e di movimento. [...]

Nessun materiale migliore per parti articolate è stato scoperto da allora. La superiorità del ferro in questi impieghi deriva dalla sua eccezionale resistenza – maggiore di quella di altri metalli – e dalla sua plasticità e durezza. Può essere formato senza perdita notevole di elasticità: martellato (malleabilità); stirato (duttilità); tagliato, stampato e perforato; limato e molato; fuso e gettato. E può essere lavorato con precisione: vi si possono fare dei tagli netti, dei fori levigati, delle impressioni nitide. Infine, mantiene bene la propria forma sotto l'effetto dell'abrasione e del calore: il bordo rimane diritto e se necessario affilato; i fori rimangono lisci; l'impressione conserva la sua nitidezza. Grazie a questo intimo legame fra i metalli ferrosi e le macchine, il consumo di ferro pro capite è stato sempre uno degli indici più precisi dell'industrializzazione. [...]

L'acciaio è una varietà superiore di ferro, che possiede in grado più elevato tutti i vantaggi sopra attribuiti al metallo e specialmente al metallo ferroso. Chimicamente le due forme si distinguono per il contenuto di carbonio: ghisa 2,5-4%; acciaio dallo 0,1 a circa il 2%; ferro saldato meno dello 0,1%. Più il contenuto di carbonio è elevato, più duro è il metallo; quanto minore è il carbonio, tanto più esso è dolce, malleabile e duttile. La tenacità raggiunge il massimo a un contenuto di carbonio di circa l'1,2%, nella zona dell'acciaio; quindi si riduce rapidamente fino al 3%, dove il calo rallenta. Di conseguenza la ghisa è dura, ma anche fragile; non può essere lavorata senza spezzarsi, e per essere utilizzata dev'essere gettata in forme. E non è in grado di resistere allo sforzo, per cui è adatta soltanto alla fabbricazione di cose come pentole e padelle, radiatori, basamenti di macchine, in cui la compressione e la torsione sono trascurabili. Il ferro in barre, d'altra parte, può essere reso così tenero da essere lavorato a mano [...]. Per la stessa ragione tuttavia il ferro saldato è molto suscettibile al logoramento, si altera facilmente agli urti, e offre scarsa resistenza alla trazione e alla flessione. Dove la ghisa si fende o si spezza, il ferro saldato tende a cedere.

L'acciaio combina i vantaggi di entrambi. È duro, elastico e plastico. Può essere molato fino ad avere un taglio affilatissimo e mantenerlo; nessun altro materiale si presta altrettanto bene a tagliare e a foggiare altri metalli. La sua resistenza alla percussione e all'abrasione lo rende ideale per martelli, incudini, chiodi, rotaie, e altri soggetti sottoposti a colpi o a logoramento. La sua robustezza in proporzione al peso e al volume rende possibili macchine e motori più leggeri, più piccoli e tuttavia più rigidi e precisi, e quindi più veloci. E la stessa combinazione di compattezza e di robustezza fa dell'acciaio un eccellente materiale da costruzione, specialmente nelle costruzioni navali, dove il peso della nave e lo spazio lasciato libero per il carico sono cose di primaria importanza.

GUIDA ALLA LETTURA

❶ A quale periodo storico Landes attribuisce il nome di «età dell'acciaio»? ❷ In che cosa consiste, secondo l'autore, l'importanza del metallo per l'industria moderna? ❸ Perché il consumo di ferro pro capite può essere considerato un indice di industrializzazione? ❹ Riassumi le qualità possedute dall'acciaio e spiega perché sostituì il ferro come materiale di costruzione industriale.

129

P. Bairoch
Ingegneri e istruzione tecnica

P. Bairoch, *Storia economica e sociale del mondo*, Einaudi, Torino 1999, vol. I, pp. 393-94; 409-11

■ Tra i maggiori storici economici degli ultimi decenni, il belga Paul Bairoch (1930-1999) si è a lungo soffermato sulla nascita, lo sviluppo e la diffusione dell'economia industriale. Il brano che segue, tratto dalla *Storia economica e sociale del mondo*, è dedicato all'importanza crescente assunta in Europa, nella seconda metà del XIX secolo, dagli ingegneri e dall'istruzione tecnica.

Ruolo crescente dell'ingegnere? Certamente; ma quando ci si riferisce al XIX secolo non è superfluo aggiungere una precisazione: ingegnere civile. In questo contesto può essere utile ricordare che «ingegnere» deriva da «ingegno» nel significato di «congegno», e che, anteriormente al XVIII secolo, si applica a chi progetta e dirige l'esecuzione di macchine belliche. Ecco perché, in un secondo momento, è stato creato il termine «ingegnere civile». [...] Soltanto nei primi decenni del XIX secolo vennero istituite scuole specificamente destinate alla formazione tecnica di livello superiore. Si tratta, in sostanza, di quelle che vengono in genere chiamate scuole politecniche e rilasciano diplomi di ingegnere civile con specializzazioni di vario tipo. [...]
La prima scuola politecnica – nel senso moderno del termine [...] – venne istituita a Praga nel 1806 [...]; ma la diffusione di questo genere di scuole fu piuttosto lenta [...]. Ancora nel 1860, nel complesso dei paesi sviluppati, le scuole politecniche erano poco più d'una ventina, di cui oltre la metà in Germania. Il numero complessivo di ingegneri formati da queste scuole fino al 1860 dovette oscillare, secondo le nostre stime, dai 16.000 ai 20.000. Il che significa meno di un ingegnere ogni dodicimila occupati, e anche rapportando questi ingegneri unicamente agli attivi nell'industria e nei trasporti, siamo a meno di uno su tremila.
Ma queste poche migliaia di ingegneri attivi intorno al 1860 ebbero una funzione importante nella trasformazione dell'economia, in modo particolare in due settori. In primo luogo in quello delle ferrovie, la cui costruzione necessitò di un sapere tecnico crescente, non soltanto per quanto riguarda le locomotive, ma anche per le infrastrutture collegate alla strada ferrata, che richiedeva la costruzione di numerosi ponti e gallerie spesso di notevole lunghezza. Il secondo settore è quello minerario. [...]
Intorno al 1860, nel complesso dei paesi sviluppati, il numero totale di studenti che frequentano annualmente le scuole politecniche (o assimilabili) oscilla tra i 4000 e i 5000, dei quali oltre la metà nell'Impero austro-ungarico, dove [...], vennero create le prime scuole di questo tipo. Alla vigilia della prima Guerra mondiale, il numero di questi studenti s'aggira intorno ai 140.000. In base allo stesso tipo di calcolo fatto in precedenza, risulta che, intorno al 1914, nei paesi sviluppati, si ha mediamente un ingegnere su cento addetti all'industria e ai trasporti. Poiché [...], intorno al 1860 il rapporto era di uno a oltre tremila, tale rapporto risulta moltiplicato per trenta. [...]
Prendiamo ora in considerazione l'istruzione tecnica. In questo campo segnaliamo l'esistenza di una frattura radicale col sistema (o i sistemi) vigente in precedenza. L'istruzione tecnica quale continua a praticarsi nel XX secolo nasce nella seconda metà del XIX secolo. [...] Sino agli anni 1850-1860 la tecnica era sufficientemente semplice da consentire l'integrazione degli artigiani tradizionali nel processo di produzione e di manutenzione dei macchinari anche più moderni. Nella fase precedente gli anni 1850-60 la tecnologia è oggetto di rapidi cambiamenti, sicché le esigenze naturalmente mutano. Come ha fatto osservare Eric Ashby[1] (1958), «il risveglio dell'interesse per l'istruzione tecnica» ha luogo in Inghilterra soltanto negli anni 1851-67. «Fino al 1851, le scuole e gli istituti tecnici avevano esercitato scarsa influenza sulla tecnologia britannica. Le università meno ancora.» La scelta di una data così precisa come l'anno 1851 si spiega col fatto che in

[1] Scienziato inglese (1904-1992), autore di *Scienza, tecnica e università nella rivoluzione industriale* (1958).

quell'anno ebbe luogo la Great Exhibition di Londra[2]. Anche il 1867 si riferisce a un'esposizione: quella tenutasi a Parigi nello stesso anno.

L'esposizione londinese del 1851 favorì la presa di coscienza non tanto del ritardo dell'Inghilterra, quanto del tramonto della sua supremazia assoluta nel campo della tecnica. Ciò stimolò l'adozione di misure atte a favorire l'istruzione tecnica e scientifica, che in questo paese ebbe effettivamente inizio intorno agli anni 1870. [...]

L'istituzione di scuole tecniche non comporta affatto la scomparsa della forma tradizionale di formazione, ossia l'apprendistato soprattutto nel vasto campo delle attività «manifatturiere» in cui le macchine intervengono poco o per nulla.

² La «grande mostra dei lavori di tutte le nazioni» [👁 **15.3** EVENTI].

GUIDA ALLA LETTURA

❶ Qual è il significato etimologico del termine «ingegnere»? ❷ Quando e dove furono istituite le prime scuole per la formazione di ingegneri civili? ❸ In quali campi gli ingegneri svolsero un ruolo decisivo nel periodo precedente alla seconda rivoluzione industriale? ❹ Perché, dopo il 1860, il numero di ingegneri aumentò sensibilmente nei paesi industrializzati?

130

J. Osterhammel • N.P. Petersson
La nascita dell'economia mondiale

J. Osterhammel - N.P. Petersson, *Storia della globalizzazione. Dimensioni, processi, epoche*, il Mulino, Bologna 2005, pp. 65-68

■ La globalizzazione non è un fenomeno recente. Già nell'ultimo trentennio dell'800 e fino allo scoppio della prima guerra mondiale le economie nazionali erano fortemente integrate. Nel brano seguente, tratto da una ricerca degli storici tedeschi Jürgen Osterhammel [41] e Niels P. Petersson sugli antecedenti e sulla storia della mondializzazione, vengono descritti i processi economici alla base della prima ondata di globalizzazione. Questa, a sua volta, fu accompagnata da una crescente integrazione sociale e culturale delle diverse aree del globo, resa possibile dai nuovi mezzi di comunicazione.

Nell'età del libero commercio (1846-80) si stabilirono numerose relazioni economiche mondiali sottratte in larga misura a qualsiasi regolamentazione statale. Cause tecnologiche e politico-ideologiche agirono in questo caso di concerto con una concezione della statualità secondo la quale le pretese d'intervento degli Stati nazionali erano sì più assolute, ma nello stesso tempo più limitate di quanto non lo siano oggi nell'epoca dell'interdipendenza degli Stati interventisti. Ovviamente il risultato [...] non fu l'«economia globale» così come gli studiosi la vedono oggi realizzata [...]. Che cosa c'era quindi di nuovo nell'Ottocento?

1) Il volume del commercio mondiale aumentò tra il 1800 e il 1913 di 25 volte. Un grande impulso all'espansione commerciale si verificò negli anni Cinquanta dell'Ottocento; dalla metà degli anni Settanta la crescita del commercio conobbe una nuova straordinaria accelerazione. Il commercio mondiale, crebbe molto più velocemente della produzione mondiale. Tre quarti del commercio internazionale si concentravano però in Europa e all'interno di un triangolo i cui vertici erano rappresentati dall'Europa occidentale, dal Nordamerica e dall'Australia-Nuova Zelanda; tra le colonie solo India e Sudafrica erano importanti centri commerciali. I paesi in via di industrializzazione, in primo luogo la Gran Bretagna, erano i dominatori e i promotori della nuova fase d'integrazione dell'economia mondiale. Rimanevano tuttavia nicchie per reti regionali di commercianti indiani, cinesi, armeni, ecc. L'economia mondiale conservò le tracce del suo antico policentrismo.

2) Nessuno fece più diretta esperienza della globalizzazione di coloro che si trasferirono in un altro paese. [...] Le aree d'emigrazione erano l'Europa meridionale, sudorientale e orientale, mentre le zone di maggiore immigrazione erano la Germania, la Francia e la Svizzera. [...] È stato calcolato che tra il 1850 e il 1914 circa 60-70 milioni di persone hanno abbandonato il proprio paese d'origine senza farvi più ritorno. Di questi, circa 40-45 milioni erano europei che emigravano oltreoceano, prevalentemente verso l'America del Nord e l'America Latina, 7 milioni erano gli immigrati nella Russia asiatica e 11 milioni gli indiani, i cinesi e i giapponesi che giungevano in paesi stranieri (Sudest asiatico, Stati Uniti, Caraibi, Africa orientale e meridionale) per lo più come lavoratori a contratto (*«coolies»*). Tra il 1811 e il 1867 non meno di 2,7 milioni di africani furono venduti come schiavi in America, nonostante il commercio degli schiavi fosse in continuo calo dopo la sua messa fuori legge da parte del parlamento britannico nel 1807. [...] Poiché le diaspore mantenevano per lo più dei legami con i paesi d'origine, le migrazioni del XIX secolo ricoprirono il globo con una rete di rapporti transoceanici di parentela. Anche dal punto di vista economico i migranti contribuivano all'integrazione globale. Essi lavoravano le terre di frontiera (*frontiers*), erano buoni acquirenti dei prodotti dei loro paesi di provenienza, contribuivano ad aumentare la produttività globale complessiva con un'utilizzazione più efficace delle risorse (divisione del lavoro, migliori posizioni) e spesso fondavano essi stes-

si nuove imprese e settori commerciali. [...]

3) Per la prima volta fu possibile inviare beni di massa a grande distanza. Anche da questo punto di vista intorno al 1880 si superò una soglia. Il progresso nel processo d'integrazione del nucleo atlantico cominciò infatti a rivelarsi nella crescente parificazione dei prezzi delle merci e dei salari reali in Europa occidentale e Nordamerica. Il declino della coltivazione britannica di cereali e la conversione della Gran Bretagna all'esportazione di prodotti finiti, e all'importazione di cereali dopo l'abolizione delle *Corn Laws*[1] nel 1846, sono i primi effetti della trasformazione strutturale prodotta da questa nuova forma di divisione internazionale del lavoro. I mercati regionali reagirono uno dopo l'altro con rapidità e sensibilità nuove.

4) Il segno più incontrovertibile dell'esistenza di una stretta connessione globale fu il presentarsi di movimenti congiunturali con effetti percepibili in tutto il mondo. La cosiddetta «Grande Depressione» o «Grande Crisi» cominciata nel 1873 fece crollare i prezzi delle merci su tutti i mercati mondiali. Con effetti ancor più duraturi si fece positivamente sentire in tutti i continenti l'espansione della domanda dopo il 1896: la prima congiuntura globale favorevole.

[1] Leggi sui cereali, introdotte dal governo inglese nel 1815, prevedevano forti misure protezionistiche sul grano.

GUIDA ALLA LETTURA

❶ Quali furono le cause politiche ed economiche che contribuirono a mondializzare l'economia del XIX secolo? ❷ In quale misura il fenomeno migratorio contribuì all'integrazione globale dell'economia? ❸ Quali sono, secondo i due storici tedeschi, i segnali più evidenti della globalizzazione economica, avviatasi nella seconda metà dell'800?

131

R. Giannetti
Le origini della grande impresa

R. Giannetti, *L'impresa*, in P.A. Toninelli, *Lo sviluppo economico moderno dalla rivoluzione industriale alla crisi energetica (1750-1973)*, Marsilio, Venezia 1997, pp. 537-38

■ L'esigenza di dotarsi di attrezzature e tecnologie sempre più complesse e costose fu una delle cause all'origine dei cambiamenti nell'organizzazione e nella dimensione delle imprese e al sorgere della grande impresa. Renato Giannetti (nato nel 1948), storico economico italiano, ne ripercorre le origini, a partire dalle società impegnate nella costruzione e nella gestione della rete ferroviaria americana. Fu infatti quello il primo esempio di un nuovo modello di impresa, caratterizzato non solo dalle dimensioni enormemente accresciute ma anche dall'introduzione di più complesse procedure organizzative e di raccolta dei capitali.

La costruzione delle grandi reti ferroviarie, avvenuta in Europa e negli Stati Uniti tra il 1840 e il 1860, è all'origine della grande impresa moderna. L'abbreviazione dei tempi di percorrenza permise alle nuove imprese di avere accesso a mercati sempre più vasti e, grazie alla crescita della domanda che ne derivò, esse poterono sfruttare le economie di scala proprie della grande dimensione.

Questo circolo virtuoso si innescò in primo luogo negli Stati Uniti, mentre in Europa la frammentazione dei mercati, legata alla maggiore varietà della domanda, limitò la crescita delle imprese. Fino al 1870, solo le ferrovie presentavano caratteristiche che sono proprie della grande impresa: organizzazione della produzione basata su più impianti e separazione tra proprietà e controllo, a causa della mole delle risorse finanziarie richieste per gli investimenti e per la complessità della gestione corrente del traffico di merci e passeggeri. [...] Questa massa imponente di risorse fu mobilitata attraverso la crescita delle borse valori e il ruolo crescente assunto dal capitale internazionale. Il sistema funzionò principalmente negli Stati Uniti e in Inghilterra, mentre nell'Europa continentale fu lo stato a sostenere gran parte degli investimenti ferroviari.

La complessità della gestione richiese anche nuove strutture e nuove procedure di coordinamento. Negli Stati Uniti, tra il 1850 e il 1870, vennero sviluppate soluzioni organizzative basate su gerarchie formali distinte per linee di autorità e deleghe di responsabilità. Queste strutture erano articolate in divisioni su base regionale suddivise, a loro volta, per reparti funzionali delegati alle diverse funzioni di gestione: dei passeggeri, delle comunicazioni telegrafiche ecc. Allo stesso tempo, la dimensione e la complessità dei conti di queste imprese richiesero l'introduzione di una contabilità tecnica sempre più sofisticata che, migliorando il controllo, permise al *management*[1] di grado più elevato di specializzarsi nella direzione strategica. Qualcosa di simile si verificò anche in Europa, sia in Inghilterra che in Francia. Tuttavia in Francia, e in modo più evidente in Germania, il tipo di struttura organizzativa adottata per le ferrovie dovette molte delle sue caratteristiche a formule organizzative di tipo gerarchico-militare. Questa caratteristica ostacolò la diffusione delle formule organizzative delle ferrovie europee ad altri settori, come quello estrattivo e manifatturiero, come avvenne invece negli Stati Uniti e, in modo meno evidente e più tardi, in Inghilterra.

Per procedere ai colossali investimenti richiesti dalla grande dimensione le

[1] L'alta direzione, il personale direttivo (i *manager*).

ferrovie adottarono formule di finanziamento innovative che furono altresì all'origine anche di grosse difficoltà. A quel tempo, sia negli Stati Uniti che in Europa, i risparmiatori preferivano forme di investimento a interesse fisso, come le obbligazioni, invece del dividendo su azioni[2], che è variabile a seconda dei risultati dell'impresa. Per questo motivo le società ferroviarie furono costrette a finanziare in tal modo una parte crescente dei loro investimenti. [...] Le rigidità imposte dalla necessità di pagare cedole fisse[3] spinsero le società ferroviarie a rendere altrettanto certe le entrate attraverso accordi collusivi sulle quote di mercato e sulle tariffe. In Inghilterra, nel 1904, le quattordici società ferroviarie più importanti controllavano l'85% del traffico. Di fronte a queste iniziative i governi presero delle misure volte a limitare il potere di mercato delle società ferroviarie. Queste furono più forti negli Stati Uniti dove le ferrovie vennero regolate già nel 1887 attraverso la legge federale sul commercio interstatale. In Inghilterra ci si limitò alla costituzione di una sezione presso il Ministero dell'industria e del commercio incaricata di controllare le fusioni tra imprese ferroviarie.

In altre parti d'Europa, come la Francia, il Belgio, la Germania e l'Italia, le condizioni in cui si svilupparono le reti ferroviarie furono diverse. Qui esse si costituirono, a partire dal 1870, come monopoli di stato direttamente gestiti dai ministeri competenti. In questo modo il problema del controllo pubblico sul monopolio venne risolto attraverso la proprietà pubblica diretta.

[2] Quota di utile spettante a ogni azione, variabile da un anno all'altro.

[3] Interessi prefissati.

GUIDA ALLA LETTURA

❶ Quali sono le caratteristiche proprie della grande impresa? ❷ Che cosa differenziava il modello organizzativo delle imprese ferroviarie statunitensi da quello francese e tedesco? ❸ Quali forme di finanziamento furono praticate dalle nuove imprese? ❹ Perché i governi nazionali si interessarono alle società ferroviarie? In che modo tentarono di limitarne o controllarne il potere economico?

132DOC

Frederick Winslow Taylor *L'organizzazione scientifica del lavoro*

F.W. Taylor, *L'organizzazione scientifica del lavoro*, Atheneum, Roma 1915, pp. 140-47

■ Il brano qui proposto è tratto da un celebre libro pubblicato nel 1911, *L'organizzazione scientifica del lavoro*, in cui l'ingegnere statunitense Frederick Winslow Taylor (1856-1915) espone la sua teoria riguardo alla razionalizzazione del lavoro in fabbrica e la illustra attraverso la descrizione di alcune esperienze da lui stesso condotte. Il metodo, che si diffuse in tutti i paesi industrializzati e che è basato sulla riduzione del lavoro a operazioni semplici, misurabili e programmabili, determinò una ridefinizione della figura dell'operaio. Il taylorismo portò infatti al definitivo tramonto dell'operaio di mestiere e alla sua sostituzione con il cosiddetto "operaio massa", interscambiabile e dequalificato.

I punti generali da fissare [...] sono i seguenti:

Primo: Trovare dieci o quindici uomini differenti, i quali siano specialmente qualificati per quel particolare lavoro, che si deve analizzare e preferibilmente in stabilimenti separati e in differenti località.
Secondo: Studiare la serie esatta delle operazioni elementari o movimenti che ognuno di questi uomini fa per compiere il lavoro da analizzare, e gli strumenti che egli usa.
Terzo: Studiare con un cronometro il tempo richiesto per compiere ognuno di questi movimenti elementari, e quindi scegliere il modo più rapido per fare ogni elemento del lavoro.
Quarto: Eliminare tutti i movimenti falsi, inutili e pigri.
Quinto: Dopo aver eliminato tutti i movimenti non necessari, raccogliere in una serie tanto quelli più rapidi e migliori come i migliori strumenti.

Questo unico nuovo metodo, costituito dalla serie di movimenti migliori e più rapidi, è quindi sostituito alle dieci o quindici serie inferiori che erano prima in uso. Questo migliore metodo diventa tipico e rimane tale, ed è quello che sarà insegnato prima agli istruttori o capi-squadra funzionali, e da questi a ogni operaio dello stabilimento sino a quando sia a sua volta sorpassato da una serie di movimenti più celeri e migliori. In questo semplice modo vengono sviluppati gli elementi della scienza gli uni dopo gli altri. [...]
C'è un altro genere di ricerca scientifica, alla quale si è accennato parecchie volte in questo libro e cui si deve rivolgere una speciale attenzione, ossia l'accurato studio dei motivi che fanno agire gli uomini. [...]
Forse la legge più importante in questioni simili è l'effetto che ha sul rendimento dell'operaio l'idea del compito. Il quale in fatti è divenuto un così importante elemento nel meccanismo dell'ordinamento scientifico, che questo è conosciuto da un grande numero di persone come *l'ordinamento a compito*.
Non c'è assolutamente nulla di nuovo nell'idea del compito. Ognuno ricorderà per proprio conto che questa idea era applicata con buoni risultati

al tempo nel quale andava a scuola. A nessun buono insegnante verrebbe in mente di dare da imparare ai suoi allievi una lezione indeterminata. Egli invece fissa ogni giorno ai suoi allievi un compito ben distinto, e stabilisce che debbano imparare proprio quel tanto che è fissato, ed è solo con questo mezzo che gli studenti possono sicuramente e sistematicamente progredire. La maggior parte degli allievi andrà assai lentamente se invece di essere loro assegnato un compito viene detto di fare quanto può. Tutti noi siamo dei grandi fanciulli, ed è certo che la maggior parte degli operai lavorerà con maggiore soddisfazione propria e dell'imprenditore, quando sia ad essa assegnato ogni giorno un compito definito da portare a termine in un certo tempo e che costituisca il giusto lavoro quotidiano di un buon operaio. Così si fissa all'operaio una misura esatta, secondo la quale egli può ogni giorno constatare il suo progresso e il raggiungimento del qual quale gli offre la più grande soddisfazione. [...]

È assolutamente necessario, quando agli operai si fissa quotidianamente un compito, il quale richieda da parte loro la più grande intensità, che sia loro assicurata la necessaria massima misura di salario per quanto essi portino a termine con il compito loro fissato. Questo sottintende non solo la necessità di fissare ad ogni uomo il suo compito quotidiano, ma anche di dargli un abbondante premio ogni volta che lo porti a termine in un tempo fissato.

GUIDA ALLA LETTURA

❶ In che cosa consiste lo studio dei movimenti necessari a compiere un determinato lavoro? ❷ Perché Taylor considera importante anche lo studio dei motivi che fanno agire gli uomini? ❸ In quale altro ambito è, secondo Taylor, applicata «l'idea del compito»? ❹ Che cosa riceve l'operaio quando porta a termine il compito?

133 DOC

Henry Ford
Catena di montaggio e disciplina sociale

H. Ford, *La mia vita e la mia opera*, La Salamandra, Milano 1980, pp. 92-94

■ Nel libro autobiografico *La mia vita e la mia opera*, scritto in collaborazione con Samuel Crowther, Henry Ford (1863-1947) racconta la sua vita e le tappe del suo successo come imprenditore. La trasformazione dell'automobile da rarità meccanica in un mezzo di trasporto universale viene presentata come il semplice risultato di grandi innovazioni produttive. Pubblicato nel 1922, nonostante il suo tono apologetico e autocompiaciuto, questo libro ebbe un successo enorme negli Stati Uniti e in Europa.

Un'automobile Ford comprende circa cinquecento pezzi, contando i maschi[1], le viti e ogni cosa. Alcuni di tali pezzi sono abbastanza grossi; altri non più che particelle di una macchinetta da orologio. Quando noi montammo le nostre prime macchine, la vettura soleva essere messa al suolo in un punto qualsiasi e gli operai vi portavano man mano i pezzi occorrenti, al modo dei manovali quando si costruisce una casa. Allorché incominciammo a fabbricare da noi i singoli pezzi, fu naturale che si creasse per ogni pezzo uno speciale riparto nelle officine; ma però un operaio eseguiva tutte le operazioni necessarie ad un piccolo pezzo. Il rapido incalzare della produzione rese indispensabile l'organizzare altrimenti il lavoro, per evitare che gli operai si dessero impaccio l'uno con l'altro. Il lavoratore mal diretto spende più tempo nel muoversi di qua e di là per prendere materiali e strumenti che non ne impieghi per il lavoro effettivo; ed egli infatti è pagato poco, poiché il podismo non è tra gli esercizi che si pagano molto.

Il primo passo innanzi nell'opera di montaggio avvenne quando s'incominciò a portare il lavoro agli operai e non gli operai al lavoro. Ora in tutta la nostra lavorazione noi ci atteniamo a due massime: che un operaio, se possibile, non abbia mai da fare più di un passo, e che egli non abbia bisogno di distrarsi dal ritmo del suo lavoro col piegarsi a dritta e a sinistra.

I princìpi del montaggio sono questi:

1. Collocate strumenti ed uomini secondo l'ordine successivo delle operazioni, in modo che ogni parte componente abbia a percorrere il minimo spazio durante il processo di finimento.
2. Usate carrelli su binari, o altre simili forme di trasporto, in modo che quando un operaio ha finito la sua operazione, egli getta il pezzo sempre allo stesso posto, il più che sia possibile a portata della sua mano. Quindi, se si può ottenerlo, è il peso stesso del pezzo quello che deve far scorrere il carrello sul binario e portarlo al prossimo operaio.
3. Regolate il sistema di trasporto meccanico anche nel radunare i pezzi sul luogo di montaggio, in modo che essi giungano e partano col giusto intervallo.

Il preciso risultato dell'applicazione di queste massime è la riduzione della necessità di pensiero da parte degli operai e la eliminazione d'ogni loro movimento superfluo. L'operaio deve far possibilmente una cosa sola con un solo movimento. [...] Il nostro primo esperimento di una ferrovia di montaggio risale circa all'aprile del 1913. La sperimentammo dapprima per montare i magneti.

Credo che la nostra fosse la prima linea

[1] Parti sporgenti di metallo che vengono incastrate in incavi di forma uguale per ottenere solide giunture.

di montaggio a catena che mai sia stata installata. L'idea ci venne in generale dai carrelli su binari che i macellai di Chicago usano per distribuire le parti dei manzi. Noi avevamo finora messo a posto i magneti col comune sistema. Un operaio che facesse l'intero lavoro sbrigava da trentacinque a quaranta pezzi in una giornata di nove ore, vale a dire adoperava circa venti minuti per pezzo. Ciò che allora egli eseguiva solo, fu poi frazionato in ventinove operazioni diverse, e il tempo necessario al finimento fu ridotto con ciò a 13 minuti e 17 secondi. Nel 1914 noi innalzammo la linea di trasporto di 20 centimetri e riducemmo il tempo a sette minuti. Ulteriori esperimenti sulla rapidità del lavoro, ci permisero di accelerare questa operazione di montaggio a cinque minuti. Per farla breve, il risultato è questo: col concorso dello studio scientifico, un operaio è oggi in grado di compiere più di quattro volte il lavoro che egli compiva pochi anni addietro. Il montaggio del motore, dapprima affidato a un uomo solo, è ora diviso in ventiquattro operazioni, e gli uomini in esse impiegate fanno un lavoro per il quale ce ne volevano prima tre volte tanti.

GUIDA ALLA LETTURA

❶ Perché l'aumento della produzione rese necessaria l'organizzazione del lavoro? ❷ Quali sono le due massime su cui si basa questa organizzazione? ❸ Quali sono i risultati di una produzione basata sulla catena di montaggio? ❹ Quando fu sperimentata per la prima volta la catena di montaggio?

134 DOC

I nuovi ospedali

da *Regolamento igienico-sanitario dell'Ospedale Maggiore e del Pio Istituto S. Corona*, Milano 1884

■ Per documentare la trasformazione degli ospedali da ricoveri indifferenziati in luoghi di cura e di studio dei malati, organizzati razionalmente secondo i criteri della scienza medica e delle teorie igieniste, riportiamo qui alcuni articoli del *Regolamento igienico-sanitario dell'Ospedale Maggiore e del Pio Istituto S. Corona* (1884) di Milano.

Nosografia

41. Sopra il letto d'ogni infermo è appesa alla parete una tavola metallica che porta in tre spazi distinti le indicazioni del giorno dell'ingresso dell'ammalato nell'Ospedale, della sua malattia e della dieta assegnatagli.

Ad uno dei lati del letto è pure appeso il foglio d'inscrizione dell'ammalato, detto *bollettone*, con tutti i connotati personali, gli effetti di vestiario consegnati e le successive vicende subite nell'Ospedale fino all'epoca dell'uscita o della morte.

Assieme al foglio d'inscrizione si tengono i fogli del diario clinico, detti *cedole*, dove si ripetono alcune delle indicazioni espresse sul foglio d'inscrizione, e vi si registrano la diagnosi e le cause della malattia, l'anamnesi e lo stato dell'ammalato al giorno dell'ingresso, e giorno per giorno i sintomi, compreso lo stato della temperatura, della circolazione e della respirazione, le ordinazioni mediche, i soccorsi chirurgici e la dieta.

42. Presso ogni infermeria si tiene un registro nosologico su cui si inscrivono il nome di ogni ammalato, le rispettive indicazioni personali, come nel foglio d'inscrizione, la diagnosi e gli esiti della malattia, il metodo di cura, ed il numero delle giornate di dimora nell'Ospedale.

43. I diari clinici degli ammalati e i registri nosologici delle infermerie servono alla formazione delle relazioni mediche mensili ed annuali con le annesse tavole nosologiche che ogni Medico chirurgo e Specialista primario deve rassegnare al Medico direttore sull'andamento del servizio nei rapporti disciplinari, sanitari e scientifici per le sedute sanitarie mensili, per occorribili provvedimenti e pei rendiconti statistico-sanitari annuali degli Istituti Ospitalieri.

Disposizioni igieniche

[...]

69. Il sistema dei caloriferi centrali sotterranei verrà il più possibilmente esteso, combinandolo coi tubi di richiamo dell'aria espirata sul pavimento delle sale a piccole fessure. [...]

73. Le latrine costrutte coi migliori sistemi, dovranno essere opportunamente isolate dalle infermerie, ed avere sufficiente spazio, luce e ventilazione con opportuno servizio d'acqua, tanto per la pulizia quanto per impedire nocive esalazioni. Le fogne stabili dovranno essere vuotate con sistema pneumatico.

74. I pozzi d'acqua potabile situati a debita distanza dai pozzi neri o da condotti che possano influire a rendere l'acqua meno pura, dovranno mantenersi costantemente espurgati e difesi in modo che non vi possano penetrare immondizie di sorta. [...]

78. Saranno rigorosamente osservate le disposizioni atte a mantenere la massima pulitezza degli ambienti e degli ammalati, delle biancherie dei letti e personali, degli abiti, delle suppellettili e degli utensili, dei recipienti per vitto e medicinali. Nei casi di morte e in quelli di malattia contagiosa il corredo dei letti dovrà essere rinnovato. Non si risparmieranno bagni di pulizia e lavature. Le spazzature, biancherie sporche, verranno tosto asportate dalle infermerie colle maggiori cautele onde evitare dannose esalazioni.

79. Almeno una volta all'anno le infermerie ed i locali annessi saranno da assoggettare ad una disinfezione generale mediante imbiancamento, previo discrostamento e riattamento parziale o generale delle pareti a seconda del bisogno, lavatura degli stucchi e dei pavimenti, verniciatura delle imposte e degli usci.

[...]

81. In apposito locale verrà attivato un forno per la disinfezione e distruzione de' parassiti esistenti negli abiti e negli effetti letterecci. [...]

Riparto delle malattie contagiose

85. In questo riparto saranno adottati tutti quei provvedimenti che, compatibilmente colle condizioni di costruzione e di località, valgano ad assicurare il maggior possibile isolamento da ogni esterna comunicazione di persone ed effetti, e che per alcuni inevitabili contatti di persone e di cose sia attivata e controllata una rigorosa e metodica disinfezione coi mezzi riconosciuti più efficaci e praticamente applicabili.

Non solo tali indispensabili precauzioni si dovranno adoperare fra il locale destinato ai contagiosi e l'esterno, ma altresì fra le sezioni interne dei diversi contagi, collo stesso rigore ed anche maggiore per la continuità del pericolo. [...]

87. Le suppellettili e gli oggetti, come pure le biancherie in uso nel comparto contagiosi non verranno mai adoperati pel servizio delle infermerie comuni. Il comparto dei contagiosi avrà un apparecchio di disinfezione, e le biancherie saranno espurgate in speciale lavanderia.

GUIDA ALLA LETTURA

❶ In che modo il personale doveva provvedere alla registrazione del paziente e al controllo del suo *iter* ospedaliero? ❷ Come veniva disciplinata la vita dei malati, per assicurarne l'igiene all'interno dell'ospedale? ❸ Con quali mezzi avveniva il riscaldamento e l'illuminazione dei locali dell'Ospedale Maggiore? ❹ A che cosa erano finalizzate le disposizioni igieniche relative al reparto delle «malattie contagiose»?

SVILUPPARE LE COMPETENZE

Comprendere e Analizzare

❶ Scrivi un breve testo (max 60 righe), dal titolo *Economia e società alla fine del XIX secolo*, seguendo la scaletta di argomenti proposta:

a. Le innovazioni tecnologiche (Mokyr, Landes)
b. La trasformazione dell'economia (Osterhammel-Petersson, Giannetti)
c. I segni e i simboli di una nuova era (Landes, Osterhammel-Petersson)
d. La nuova divisione del lavoro (Mokyr, Bairoch, Giannetti, Taylor, Ford)
e. I cambiamenti nella vita quotidiana (Mokyr, Osterhammel-Petersson, Taylor, Ford, *I nuovi ospedali*)

❷ Dopo aver letto i documenti di Taylor [132DOC] e di Ford [133DOC] e il testo di Giannetti [131], rispondi alle seguenti domande:

a. Perché, come dimostrato dai documenti di Taylor e di Ford, la razionalizzazione del lavoro avvenne prima nelle aziende statunitensi?
b. Quali sono i punti di contatto tra le teorie di Taylor e quelle di Ford?
c. Qual è il ruolo della scienza che emerge dai due documenti?
d. Qual è il "compito" – per usare la terminologia tayloristica – che Ford assegna ai suoi operai?

Rielaborare e Argomentare

❸ Redazione di un articolo di giornale. *Le trasformazioni della società europea alla fine dell'800*

Scrivi un testo di tipo espositivo che costituisca un articolo di giornale incentrato sulle trasformazioni della società europea alla fine dell'800. Attribuisci al testo un titolo coerente con la tua trattazione, sapendo che sarà pubblicato su una rivista a tiratura nazionale. Il testo non dovrà superare le 50 righe. Organizza la trattazione considerando i seguenti aspetti:

a. la diffusione delle innovazioni nella vita quotidiana;
b. la razionalizzazione produttiva: dai luoghi di lavoro ai luoghi di cura;
c. la globalizzazione economica e l'aumento degli standard di vita;
d. l'industria moderna e la nascita di nuove professioni;
e. il fenomeno delle migrazioni di massa.

Documenti: Taylor **[132DOC]**, Ford **[133DOC]**, *I nuovi ospedali* **[134DOC]**
Immagini: pp. 493, 495, 498, 500, 501
Brani storiografici: Mokyr **[127]**, Landes **[128]**, Bairoch **[129]**, Osterhammel-Petersson **[130]**, Giannetti **[131]**
Capitoli: **16.1-4**

❹ Dopo aver letto i brani di Mokyr [127], Landes [128], Bairoch [129] e Giannetti [131], scegli fra le seguenti posizioni storiografiche, relative all'idea di "seconda rivoluzione industriale", quella che ritieni maggiormente condivisibile e argomenta la tua risposta in un breve testo (max 20 righe):

a. Le trasformazioni economiche, scientifiche e tecnologiche che caratterizzarono la seconda metà dell'800 furono una diretta conseguenza della rivoluzione industriale verificatasi un secolo prima in Inghilterra. L'espressione "seconda rivoluzione industriale" è pertanto fuorviante in quanto rischia di accentuare troppo le differenze a scapito delle continuità tra i due fenomeni.

b. Il fenomeno noto come "seconda rivoluzione industriale" segnò da una parte l'estensione su vasta scala delle tecnologie, dei metodi e del *know-how* che avevano caratterizzato la "prima rivoluzione industriale" e dall'altra la loro innovazione, che riguardò tanto i materiali e le fonti di energia quanto le strategie organizzative, i soggetti e gli ambiti di applicazione.

c. La "seconda rivoluzione industriale" costituisce una cesura storica fondamentale sia sul piano economico sia su quello sociale. La scoperta di nuove tecnologie, la mondializzazione dell'economia e i nuovi sistemi di organizzazione aziendali trasformarono, in maniera radicale, il modo di lavorare, di commerciare, di consumare e di vivere della popolazione occidentale.

La società di massa

In un breve arco di tempo, a cavallo tra la fine dell'800 e i primi anni del '900, i processi di industrializzazione e urbanizzazione e l'estensione dei diritti politici travolsero gerarchie e norme sociali, anche le più consolidate. Emerse con forza la dimensione collettiva e di massa di esperienze che fino a poco tempo prima erano appannaggio di ristrette minoranze: dalla partecipazione politica all'alfabetizzazione, dall'accesso a consumi non di prima necessità allo sviluppo di prodotti culturali più facilmente fruibili. Emerse così la cosiddetta "società di massa", dominata dalle grandi aggregazioni e dai grandi numeri: in essa, i modelli di comportamento tendevano a uniformarsi a modelli generali, in parallelo con la diffusione dell'istruzione e con lo sviluppo dei mezzi di trasporto e di comunicazione. **Bronisław Geremek** [135] analizza, nel brano riportato, le sue premesse economiche e sociali.
Uno dei primi intellettuali a confrontarsi con il nuovo fenomeno della società di massa fu il francese **Gustave Le Bon** [136DOC]. Nel volume *La psicologia delle folle* (1895) egli tentò di fornire una spiegazione dell'avvento delle masse (o, appunto, «folle», come allora si preferiva chiamarle) e delle trasformazioni della vita sociale e politica a esso collegate. Sin dalla sua uscita il libro riscosse un notevole successo e aprì la strada a numerosi studi sulla massa come entità collettiva dominata da istinti irrazionali. Da allora le analisi della società di massa hanno insistito soprattutto sui pericoli che essa comporta in termini di appiattimento delle differenze e di omologazione verso il basso. Esempio classico di questo approccio è il libro *La ribellione delle masse* dello spagnolo **José Ortega y Gasset** [137DOC], scritto nel 1930, forse il più letto e citato tra quelli dedicati al fenomeno. Anche **Sigmund Freud** [138DOC] si interessò al fenomeno nell'ottica delle sue teorie psicoanalitiche, ricercando i diversi moventi che spingono gli individui a comportarsi in gruppo in modo diverso da quello che fanno individualmente.
L'avvento della società di massa mutò i parametri attorno a cui si era costruita la politica tra '700 e '800, fece sentire i suoi effetti in tutti i campi della vita associata e scosse le certezze della cultura positivista. È così che si sviluppò quella che **George L. Mosse** [139] ha definito una «nuova politica» fatta di rituali, simbologie, monumenti: essa mirava a coinvolgere, facendo appello alle emozioni, le masse, ovvero il maggior numero di persone possibile. In altre parole si trattava di quel fenomeno di pedagogia della nazione che Mosse ha definito «nazionalizzazione delle masse» e che prese avvio in Germania tra la fine del XIX e l'inizio del XX secolo: essa creò gli elementi intorno a cui definire l'identità delle grandi masse che si affacciavano sulla scena pubblica e politica. La crisi della cultura positivista, inoltre, si accompagnò al diffondersi delle teorie razziste: accanto a teorie pseudoscientifiche sintetizzate in una «biologia razziale e sociale», infatti, si rafforzò quella che fu definita «concezione mistica della razza». Il razzismo trovò così nella società di massa un luogo adatto in cui svilupparsi e diffondersi, come descritto ancora da **George L. Mosse** [140].

135

B. Geremek
Alle origini della società di massa

B. Geremek, *Masse*, in *Enciclopedia*, Einaudi, Torino 1979, vol. VIII, pp. 823-25; 837-38

■ Nel brano che segue lo storico polacco Bronisław Geremek (1932-2008) prende in esame i processi storici alla base della formazione della società di massa. Geremek si sofferma, in particolare, sull'espansione demografica, sull'urbanizzazione, sull'ingresso della gran parte della popolazione nei meccanismi del mercato e della produzione industriale e sull'estensione della partecipazione politica. Inoltre Geremek – anche attraverso il confronto con Ortega y Gasset [137DOC] – richiama l'attenzione su alcuni aspetti negativi del fenomeno di «massificazione» nei rapporti tra gli uomini nella società contemporanea.

È noto che la rivoluzione industriale fu accompagnata da una prodigiosa esplosione demografica. [...] Questa esplosione demografica è ancora più spettacolare nel continente europeo dove la rivoluzione industriale ha preso il suo avvio: dai centoquarantacinque milioni del 1750, la popolazione passa in due secoli a cinquecentocinquanta milioni di persone.
Questa proliferazione umana collegata allo sviluppo industriale della produ-

zione in massa crea pure una pressione costante sulle forme dell'habitat umano. Il mutamento delle proporzioni fra la popolazione attiva in agricoltura e la popolazione attiva nell'industria significa che l'incremento demografico è diretto soprattutto verso le città. E le città nascono da un giorno all'altro o assumono un aspetto spaziale diverso. [...] L'edilizia si sviluppa verso l'alto e questa tendenza alla salita verticale della città è un aspetto dell'urbanesimo carico di conseguenze sociali. [...] Le nuove condizioni di vita l'abituano all'anonimato immerso nella densità della massa. [...]
Questo mutamento della scala quantitativa ha pure delle conseguenze sul piano che si potrebbe chiamare del controllo sociale. Le società tradizionali hanno elaborato tutto un sistema di costrizioni e di controlli basati sulla tradizione, sul costume, sulle credenze. Questo sistema doveva assicurare la sottomissione degli sfruttati agli sfruttatori e salvaguardare la pace pubblica condizionando tutti i comportamenti collettivi. [...] Nella società industriale cambia tutto. Fra le caratteristiche della condizione sociale compare il denaro come fattore primario, che prende il sopravvento sull'origine e il privilegio; così tutto è possibile e niente è sicuro nella distribuzione degli statuti sociali. [...] La degradazione della qualificazione si verifica tanto nel luogo di lavoro, davanti alla macchina in cui la specializzazione assai dettagliata sostituisce la formazione professionale, quanto in tutto l'avanzamento sociale che procede dalle qualificazioni professionali dell'individuo. [...] Di fronte a questo apparato di macchine e uomini, in cui la produzione e la vendita dei beni, al pari dell'organizzazione della produzione e dello sfruttamento stesso assumono un carattere sempre più anonimo, il produttore immediato, il lavoratore, si sente partecipe soltanto in massa e in quanto massa.
L'estrema mobilità umana che caratterizza l'epoca industriale fa ulteriormente aumentare l'anonimato della condizione operaia e il sentimento di perdersi nella folla. [...]
In che consiste [...] il fenomeno di «massificazione» nei rapporti tra gli uomini nella società contemporanea? Sembra che si possa affermare, nel modo più generale, che è la sottomissione crescente dei rapporti interpersonali al meccanismo del mercato. Sia nell'ambito dell'economia sia nella vita politica e culturale, si osserva il gioco concorrenziale, l'interdipendenza fra la «produzione» e il «consumo» delle idee, delle opinioni, degli atteggiamenti, dei comportamenti, nonché l'attenzione portata ai prodotti e non ai loro creatori. Rimanendo in questo quadro di riferimento si possono ritrovare nel campo politico e culturale le tendenze a dominare la libera concorrenza, a dirigere i giochi, a manovrare le scelte che gli uomini fanno «sul mercato». [...]
Uno dei rari difensori delle società di massa, Shils[1], ha tentato di mostrare che le società moderne hanno fatto non solo degli immensi progressi materiali, ma hanno elaborato dei rapporti sociali e delle solidarietà che le società antiche non avevano mai conosciuto. Soltanto nelle società moderne è apparsa quella solidarietà orizzontale che permette di parlare di una società comune; lo sviluppo della scolarizzazione e la volgarizzazione della cultura distruggono le disparità e costituiscono dei fattori di integrazione sociale. Anche sul piano individuale è la civiltà industriale che fa cadere le barriere dell'affermazione dell'individuo nel campo del pensiero, della sensibilità e della morale. E non c'è dubbio che i processi di «massificazione» significano anzitutto che un numero sempre più imponente di uomini ha accesso alla politica e alla cultura e trova il proprio posto nella società politica e nella vita culturale.

[1] Edward Shils (1910-1995), sociologo statunitense.

GUIDA ALLA LETTURA

❶ A quale evento storico l'autore collega l'avvento delle «masse»? ❷ Quali sono le condizioni materiali in cui nasce la moderna società di massa? ❸ In che modo la società di massa reinventa i dispositivi del controllo sociale? ❹ In che cosa consiste, secondo Geremek, il processo di «massificazione»?

136DOC

Gustave Le Bon
La psicologia delle folle

G. Le Bon, *La psicologia delle folle*, Mondadori, Milano 1980, pp. 24-45

■ Gustave Le Bon (1841-1931), antropologo e psicologo francese di formazione positivista, pubblicò *La psicologia delle folle* nel 1895: il libro ebbe largo successo e fu più volte ristampato, con molte revisioni, nei decenni successivi. Le Bon dimostrò non solo una viva percezione della nuova realtà rappresentata dalla folla e dalle sue potenzialità di trasformare la vita sociale e politica, ma anche una singolare e precoce capacità di analisi delle motivazioni dell'agire irrazionale della folla. Tuttavia l'elaborazione concettuale non è sempre convincente, e al termine «folla» si potrebbe talora sostituire più propriamente quello di «massa». L'opera ebbe molta fortuna fra gli studiosi di scienze sociali e divenne anche una sorta di manuale per gli agitatori politici del primo '900.

L'epoca attuale costituisce uno di quei momenti critici, durante i quali il pensiero umano si trasforma. Due fattori fondamentali stanno alla base di tale trasformazione. Il primo è la fine delle credenze religiose, politiche e sociali [...]. Il secondo è la nascita di condizioni di vita e di pensiero interamente nuove, che risultano prodotte dalle moderne scoperte delle scienze e dell'industria.
Dato che le idee del passato, sebbene meno salde, sono ancora molto forti,

mentre quelle che devono sostituirle sono ancora in via di formazione, l'età moderna rappresenta un periodo di transizione e di anarchia.

[...] Su quali idee saranno fondate le società che succederanno alla nostra? Ancora lo ignoriamo, e tuttavia fin d'ora possiamo prevedere che, nella loro organizzazione, queste società dovranno fare i conti con una potenza nuova, la più recente sovrana dell'età moderna: la potenza delle folle. [...] Oggi [...] le tradizioni politiche, le tendenze individuali dei sovrani e le rivalità esistenti tra questi ultimi hanno ben scarso peso. La voce delle folle è divenuta preponderante. Detta ordini ai re. [...]

L'ingresso delle classi popolari nella vita politica, la loro trasformazione progressiva in classi dirigenti, è una delle caratteristiche più rilevanti della nostra epoca di transizione. [...] La potenza della folla nacque dapprima col propagarsi di certe idee che si radicavano lentamente negli spiriti, poi grazie al graduale associarsi degli individui che consentì la realizzazione di concetti fino ad allora teorici. Il fatto di associarsi ha permesso alle folle di farsi un'idea, se non molto giusta, almeno molto precisa dei propri interessi, e di prendere coscienza della propria forza. [...] Poco inclini al ragionamento, le folle si dimostrano, al contrario, adattissime all'azione. L'organizzazione attuale rende immensa la loro potenza. [...]

Ciò che più ci colpisce di una folla psicologica è che gli individui che la compongono – indipendentemente dal tipo di vita, dalle occupazioni, dal temperamento o dall'intelligenza – acquistano una sorta di anima collettiva per il solo fatto di appartenere alla folla. Tale anima li fa sentire, pensare ed agire in un modo del tutto diverso da come ciascuno di loro – isolatamente – sentirebbe, penserebbe ed agirebbe. [...]

Si può constatare facilmente quanto l'individuo immerso in una folla differisca dall'individuo isolato. Ma è assai meno facile scoprire le cause di tale differenza.

Per arrivare a intravederla, bisogna ricordare anzitutto una scoperta fatta dalla psicologia moderna[1]: che i fenomeni inconsci svolgono una parte preponderante non soltanto nella vita organica, ma anche nel funzionamento dell'intelligenza. La vita consapevole dello spirito ha una parte minima rispetto alla vita inconsapevole di esso. [...]

La folla [...] è guidata quasi esclusivamente dall'inconscio. [...] Le azioni da essa compiute possono essere perfette quanto all'esecuzione, ma dato che non sono dirette dal cervello, dipendono in realtà dai moti casuali dell'eccitazione. La folla, strumento di tutti gli stimoli esteriori, riflette le incessanti variazioni di questi. È dunque schiava degli impulsi ricevuti. [...]

Le folle sono mutevoli poiché gli stimoli capaci di suggestionarle sono svariati, e le folle vi obbediscono immancabilmente. Le vediamo passare in un attimo dalla ferocia più sanguinaria alla generosità o all'eroismo più assoluti. La folla diventa facilmente carnefice, ma altrettanto facilmente martire. [...]

La folla non è soltanto impulsiva e mutevole. Come il selvaggio, non ammette ostacoli tra un desiderio e la sua realizzazione [...]. Per l'individuo nella folla, la nozione di impossibilità scompare. L'uomo isolato sa benissimo che non potrebbe, da solo, incendiare un palazzo o saccheggiare un negozio. [...] Ma quando si trova in una folla, prende coscienza della forza che gli viene dal numero, e cede immediatamente alla prima istigazione al massacro o al saccheggio. [...]

Nell'irritabilità delle folle, nella loro impulsività e mutevolezza, così come in tutti i sentimenti popolari che analizzeremo, intervengono sempre i caratteri fondamentali della razza. [...] La differenza tra una folla latina e una folla anglosassone, ad esempio, è lampante. I fatti recenti della nostra storia gettano viva luce su questo punto. [...]

Le folle sono, dunque, femminili, ma le più femminili di tutte sono le latine. Chi si appoggia ad esse può salire molto in alto e molto in fretta, ma sfiorando sempre il ciglio della rupe Tarpea[2] e con la certezza di precipitare un giorno nell'abisso.

[1] Si riferisce a Sigmund Freud [138DOC].

[2] Parete rocciosa del colle Campidoglio, a Roma.

GUIDA ALLA LETTURA

❶ Perché l'autore definisce la sua epoca un «periodo di transizione»? ❷ In che cosa consiste la «potenza della folla»? Come si manifesta? ❸ Che cosa caratterizza, sul piano psicologico, il comportamento degli individui all'interno di una folla? ❹ Con quali attributi e attraverso quali confronti l'autore definisce la «folla»?

137DOC

José Ortega y Gasset
La ribellione delle masse

J. Ortega y Gasset, *La ribellione delle masse*, il Mulino, Bologna 1962, pp. 3-12

■ *La ribellione delle masse*, di cui proponiamo alcune pagine iniziali, fu pubblicato dal filosofo e sociologo spagnolo José Ortega y Gasset (1883-1955) nel 1930 ed ebbe un notevole successo. L'autore illustra in questo libro i pericoli a suo parere insiti nella massificazione dei valori, dei consumi e persino dei gusti, indotta dalla industrializzazione e dalla crescita dei ceti medi. Sono proprio i ceti medi che, impossessandosi di ciò che prima era riservato alle élite, lo degradano. L'uomo-massa che risulta da questo livellamento sociale e culturale è, secondo Ortega y Gasset, sensibile al richiamo della demagogia. L'autore auspica come argine alla nuova barbarie l'affermazione di una minoranza aristocratica che tuteli i valori spirituali e culturali della tradizione.

C'è un fatto che, bene o male che sia, è il più importante nella vita pubblica europea dell'ora presente. Questo fatto è l'avvento delle masse al pieno potere sociale. E siccome le masse, per definizione, non devono né possono dirigere la propria esistenza, e tanto meno governare la società, vuol dire che l'Europa soffre attualmente la più grave crisi che tocchi di sperimentare a popoli, nazioni, culture. Questa crisi s'è verificata più d'una volta nella storia. [...] Si chiama la ribellione delle masse. [...]

La società è sempre una unità dinamica di due fattori: minoranze e masse. Le minoranze sono individui o gruppi d'individui particolarmente qualificati. La massa è l'insieme di persone non particolarmente qualificate. [...] Massa è l'uomo medio. In questo modo si converte ciò che era mera quantità – la moltitudine – in una determinazione qualitativa: è la qualità comune, è il campione sociale, è l'uomo in quanto non si differenzia dagli altri uomini, ma ripete in se stesso un tipo generico. [...] Massa è tutto ciò che non valuta se stesso – né in bene né in male – mediante ragioni speciali, ma che si sente «come tutto il mondo», e tuttavia non se ne angustia, anzi si sente a suo agio nel riconoscersi identico agli altri. [...]

La divisione della società in masse e minoranze selezionate non è, pertanto, una divisione in classi sociali, ma in classi d'uomini, e non può identificarsi nell'ordine gerarchico di classi superiori e inferiori. [...]

Ebbene: esistono nella società operazioni, attività, funzioni dei più diversi ordini, che sono, per la loro stessa indole, speciali, e, di conseguenza, non possono essere eseguite senza qualità anch'esse speciali. Per esempio: certi godimenti di carattere artistico e lussuoso, oppure le funzioni di governare o di giudicare politicamente intorno agli affari pubblici. Prima queste attività speciali erano esercitate da minoranze qualificate [...]. La massa non pretendeva d'intervenire in esse [...].

Nessuno, io credo, deplorerà che le folle godano oggi in numero e misura maggiori che per il passato, dato che ne hanno il gusto e i mezzi. Il male è che questa decisione presa dalle masse di assumere le attività proprie alle minoranze, non si manifesta, né potrebbe manifestarsi, soltanto nell'ordine dei godimenti, ma essa si rivela come una maniera generale di questo tempo. Così – anticipando ciò che vedremo a momenti – credo che le innovazioni politiche degli anni più recenti non significano altro che l'impero politico delle masse. La vecchia democrazia viveva temperata da un'abbondante dose di liberalismo e d'entusiasmo per la legge. A servire questi princìpi l'individuo si obbligava a sostenere in se stesso una disciplina difficile. Sotto la protezione del principio liberale e della norma giuridica potevano agire e vivere le minoranze. Democrazia e legge, convivenza legale, erano sinonimi. Oggi assistiamo al trionfo d'una iperdemocrazia in cui la massa opera direttamente senza legge, per mezzo di pressioni materiali, imponendo le sue aspirazioni e i suoi gusti. [...] La massa ritiene d'avere il diritto d'imporre e dar vigore di legge ai suoi luoghi comuni da caffè. Io dubito che ci siano state altre epoche della storia in cui la moltitudine giungesse a governare così direttamente come nel nostro tempo. Per questo parlo d'iperdemocrazia. [...]

Il fatto caratteristico del momento è che l'anima volgare, riconoscendosi volgare, ha l'audacia d'affermare il diritto della volgarità e lo impone dovunque.

La massa travolge tutto ciò che è differente, singolare, individuale, qualificato e selezionato. Chi non sia come «tutto il mondo», chi non pensi come «tutto il mondo» corre il rischio di essere eliminato. Ed è chiaro che questo «tutto il mondo» non è «tutto il mondo». «Tutto il mondo» era normalmente l'unità complessa di massa e minoranze discrepanti, speciali. Adesso «tutto il mondo» è soltanto la massa.

GUIDA ALLA LETTURA

❶ Da quali «fattori», secondo Ortega y Gasset, è composta la «società»? Come interagiscono tra loro? ❷ Quali individui compongono una «massa»? ❸ Che caratteristiche l'autore rileva nel comportamento dell'«uomo medio»? ❹ Che cos'è l'«iperdemocrazia»?

138 DOC

Sigmund Freud
Individuo e massa

S. Freud, *Psicologia delle masse e analisi dell'Io*, Boringhieri, Torino 1975, pp. 11-12; 32-35

■ Nell'opera del 1920 *Psicologia delle masse e analisi dell'Io*, Sigmund Freud (1856-1939) affronta, con gli strumenti della psicoanalisi, il problema del rapporto tra l'individuo e la «massa» e ricerca le motivazioni che spingono il singolo aggregato in un gruppo a comportarsi diversamente da quanto farebbe isolato. L'aspetto innovativo della sua analisi è il rifiuto di separare psicologia individuale e collettiva, ricercando nel singolo le pulsioni che lo spingono a integrarsi nella massa e rifiutando come non scientifici concetti allora frequentemente usati, come «istinto gregario» o «psiche collettiva».

La contrapposizione tra psicologia individuale e psicologia sociale o delle masse [...] perde, a una considerazione più attenta, gran parte della sua nettezza. La psicologia individuale verte sull'uomo singolo e mira a scoprire per quali tramiti questo cerca di conseguire il soddisfacimento dei propri moti pulsionali, ma solo raramente, in determinate condizioni eccezionali, riesce a prescindere dalle relazioni di tale singolo con altri individui. Nella vita psichica del singolo l'altro è regolarmente presente come modello, come oggetto, come soccorritore, come nemico, e pertanto, in quest'accezione più ampia ma indiscutibilmente legittima, la psicologia individuale è anche, fin dall'inizio, psicologia sociale.

Il rapporto che il singolo istituisce con i suoi genitori e fratelli, con il suo oggetto d'amore, con il suo maestro e con il suo medico, ossia tutte le relazioni finora divenute materia precipua della ricerca psicoanalitica, possono legittimamente venir considerate alla stregua di fenomeni sociali, e contrapporsi quindi a taluni altri processi, da noi chiamati «narcisistici»[1], nei quali il soddisfacimento delle pulsioni[2] elude o rifiuta l'influsso di altre persone. [...]

Nei menzionati rapporti che istituisce con i genitori e i fratelli, con la persona amata, con l'amico, il maestro e il medico, il singolo subisce l'influsso di un'unica persona o di un numero assai limitato di persone, ognuna delle quali ha per lui acquistato un'importanza straordinaria. Ora nel parlare di psicologia sociale o delle masse, è invalsa l'abitudine di prescindere da tali relazioni e di isolare, quale oggetto della ricerca, il simultaneo influsso esercitato sul singolo da un numero rilevante di persone cui esso è legato da qualcosa, ma che per molti aspetti possono essergli estranee. La psicologia delle masse considera quindi l'uomo singolo in quanto membro di una stirpe, di un popolo, di una casta, di un ceto sociale, di un'istituzione, o in quanto elemento di un raggruppamento umano che a un certo momento e in vista di un determinato fine si è organizzato come massa. [...]

Possiamo però obiettare che ci sembra difficile attribuire al fattore numerico un'importanza tale da renderlo di per sé capace di suscitare nella vita psichica dell'uomo una pulsione nuova, altrimenti non operante. Propendiamo quindi per due altre possibilità: che la pulsione sociale non possa essere originaria e indecomponibile, e che gli inizi del suo costituirsi possano venir individuati in un ambito più ristretto, quello della famiglia ad esempio. [...]

Siamo partiti dal dato di fatto fondamentale che, all'interno di una massa e per influsso di questa, il singolo subisce una profonda modificazione della propria attività psichica. La sua affettività viene straordinariamente esaltata, la sua capacità intellettuale si riduce in misura considerevole, ed entrambi i processi tendono manifestamente a uguagliarlo agli altri individui della massa [...]. Intendiamo ora trovare la spiegazione psicologica di tale trasformazione psichica del singolo all'interno della massa.

[...] Ciò che ci viene offerto dagli autori occupatisi di sociologia e di psicologia delle masse è, anche se designata con nomi diversi, sempre la stessa cosa: si tratta della magica parola *suggestione*. [...]

Cercherò invece di utilizzare, in vista di una dilucidazione della psicologia delle masse, il concetto di *libido*[3] [...].

Libido è un termine desunto dalla teoria dell'affettività. Chiamiamo così [...] l'energia delle pulsioni attinenti a tutto ciò che può venir compendiato come «amore». [...]

Cercheremo pertanto di considerare l'ipotesi che le relazioni d'amore (in termini neutri: i legami emotivi) costituiscano del pari l'essenza della psiche collettiva. Ricordiamo che gli autori non le menzionano: ciò che a esse dovrebbe corrispondere risulta evidentemente nascosto dietro il riparo, il paravento, della suggestione. Cominceremo col basare la nostra ipotesi su due idee non ancora chiaramente delineate. La prima è che la massa viene evidentemente tenuta insieme da qualche potenza. A quale potenza potremmo attribuire meglio questo risultato se non a Eros, che tiene unite tutte le cose nel mondo? La seconda è che se nella massa il singolo rinuncia al proprio modo d'essere personale e si lascia suggestionare dagli altri, ciò avviene probabilmente perché vi è in lui un bisogno di stare in armonia con gli altri anziché di contrapporsi a essi, e quindi forse si comporta così «per amor loro».

---

[1] Il termine «narcisismo», derivante dall'antico mito di Narciso e indicante l'esagerato amore per la propria immagine, è ripreso dalla psicoanalisi per designare talune caratteristiche psichiche, transitorie o permanenti, strutturali o patologiche, dell'individuo.

[2] La «pulsione» è per Freud un ammontare di energia che trae origine da una fonte (lo stato di tensione o di eccitamento di un corpo) e preme verso una determinata meta (l'eliminazione di tale tensione o eccitamento).

[3] Termine latino ('piacere') con cui viene indicato in generale un desiderio sessuale e la ricerca della sua soddisfazione. Il particolare significato psicoanalitico è indicato da Freud nel seguito.

GUIDA ALLA LETTURA

❶ Che cosa intende Freud per «psicologia individuale»? In quale rapporto si pone con la «psicologia collettiva»? ❷ Qual è il significato del termine «libido»? ❸ Quali critiche avanza Freud alle interpretazioni tradizionali della psicologia delle folle? ❹ Quali rapporti umani, secondo Freud, sono fondamentali per definire la personalità di un individuo?

139

G.L. Mosse
Il nuovo stile politico

G.L. Mosse, *La nazionalizzazione delle masse. Simbolismo e movimenti di massa in Germania (1815-1933)*, il Mulino, Bologna 1975, pp. 25-48

■ Lo storico tedesco naturalizzato statunitense George L. Mosse (1918-1999), nel suo celebre libro *La nazionalizzazione delle masse* (1974), ha indagato i processi culturali che, a partire dal XIX secolo, produssero codici di riconoscimento e di identificazione collettiva che si rivolgevano alle grandi masse e le facevano sentire parte della nazione. Bandiere, inni, simboli di vario genere, cerimonie, cortei e monumenti favorirono, così, la nascita di un nuovo spazio pubblico in cui sparivano le differenze di classe e si cementava una nuova unità tra governanti e governati, tutti membri della stessa nazione. La nuova politica si proponeva una mobilitazione attiva delle masse attraverso modalità istintive e irrazionali: essa, secondo Mosse, raggiunse il suo apice con le dittature totalitarie del XX secolo.

Solo recentemente Karlheinz Schmeer[1] ci ha detto che la principale innovazione introdotta dal nazionalsocialismo[2] fu l'invenzione di un nuovo stile politico per cui ogni azione politica divenne la realizzazione drammatica di nuovi miti e culti. [...] Eppure questo stile non era una novità. [...] Quello che noi chiamiamo stile fascista fu solo il momento culminante di una «nuova politica» fondata sull'idea di sovranità popolare nata nel secolo XVIII. [...]
Questo vago concetto di sovranità popolare trovò una definizione più precisa in quello che Rousseau chiamò «volontà generale»[3], che si realizza solo quando tutto il popolo agisce come se fosse riunito in assemblea [...]. La volontà generale divenne una religione laica, il culto del popolo per se stesso, e la nuova politica si prefisse il compito di regolare e dare forma a questo culto. Ma il cemento che dette solidità all'unità di tutto il popolo [...] fu [...] un ridestata consapevolezza nazionale [...]. Il culto del popolo divenne così il culto della nazione e la nuova politica cercò di esprimere questa unità con la creazione di uno stile politico che divenne, in pratica, una religione laica.
Come si giunse a ciò? Facendo ricorso, all'affacciarsi del secolo XIX, a miti e a simboli, ed elaborando una liturgia che avrebbe permesso al popolo di partecipare al culto. Fu il concetto stesso di volontà generale che portò alla creazione dei miti e dei loro simboli e la nuova politica cercò di spingere il popolo a partecipare attivamente alla mistica[4] nazionale attraverso riti e cerimonie, miti e simboli, che davano un'espressione concreta al concetto di volontà generale. La «folla» del popolo divenne, grazie a una mistica nazionale, un movimento di massa concorde nella fede dell'unità popolare. [...]
Sebbene la nuova politica abbia toccato tutta l'Europa, a noi, qui, interessano il suo sviluppo e le sue conseguenze nella sola Germania. All'interno di questa nazione priva di unità, l'esaltazione della volontà generale come bene supremo fu stimolata, all'aprirsi del secolo XIX, da due fattori: il sorgere del nazionalismo, fondato sul *Volk*[5] in quanto entità cementata dai propri miti e simboli storici, e l'apparire dei movimenti e della politica di massa. Questi movimenti richiedevano un nuovo stile politico che avrebbe dovuto trasformare la folla in una coerente forza politica, e fu il nazionalismo appunto, nell'uso che fece della nuova politica, a offrire il culto e la liturgia adatti ad assolvere questo compito. [...]
La nostra attenzione si deve rivolgere a quella religione laica e nazionalista, che divenne operante nella vita politica tedesca in quanto parte dei movimenti di massa, e che accompagnò l'entrata delle masse della popolazione tedesca nella politica del loro tempo. Questa religione faceva leva su una grande varietà di miti e di simboli che si basavano sull'anelito a sottrarsi alle conseguenze dell'industrializzazione. L'atomizzazione della tradizionale visione del mondo e la distruzione dei legami tradizionali e personali stavano penetrando nelle coscienze di larga parte della popolazione. I miti, che costituivano la base della nuova consapevolezza nazionale di un passato sia tedesco sia classico, si ponevano al di fuori della corrente contemporanea della storia; avevano come obiettivo quello di unificare nuovamente il mondo e di restaurare, nella nazione ridotta in frantumi, un nuovo senso di comunione. [...]
Questi miti non rimanevano staccati dalla realtà, ma diventavano operanti con l'uso di simboli [...]. I simboli, oggettivazione dei miti popolari, davano al popolo un'identità. [...]
Alcuni simboli permanenti contribuirono a condizionare la popolazione alla nuova politica, e non si trattò solo di fuochi sacri, bandiere e canzoni, ma principalmente di monumenti in pietra e in cemento. Il monumento nazionale come mezzo di autoespressione nazionale servì a radicare i miti e i simboli nazionali nell'autocoscienza del popolo, e alcuni di essi ancora oggi conservano questa loro funzione. Essi erano espressioni concrete di un nuovo stile politico. [...]
Il dover coinvolgere direttamente le masse popolari costrinse la politica a farsi dramma, basandosi sui miti e sui loro simboli, e questo dramma acquistava coerenza grazie a un preesistente ideale di bellezza. [...] L'«estetica della politica» fu la forza che servì a saldare insieme miti, simboli e sentimenti delle masse: fu il senso della bellezza e della forma che fissò il carattere del nuovo stile politico.

[1] Autore, nel 1956, di un volume sul regime nazista (*Die Regie des öffentlichen Lebens im Dritten Reich*).

[2] Il movimento e il regime nazista, che si affermarono in Germania negli anni '30 del '900.

[3] **29**DOC.

[4] Capacità interiore di cogliere un oggetto o un essere, una realtà misteriosa altra da sé, al di là delle consuete forme di conoscenza empirica o razionale.

[5] Popolo.

GUIDA ALLA LETTURA

❶ Qual è, secondo Mosse, l'idea politica che sta alla base del nuovo stile politico? Quando si è originata? ❷ A che cosa fece ricorso il nuovo stile politico? Perché, secondo Mosse, divenne in pratica una religione laica? ❸ Quali necessità soddisfaceva, in Germania, la creazione di un nuovo stile politico? ❹ Qual è il rapporto tra la nuova politica e la società di massa?

140

G.L. Mosse
La penetrazione del razzismo nella società di massa

G.L. Mosse, *Il razzismo in Europa. Dalle origini all'olocausto*, Laterza, Roma-Bari 1980, pp. v-x; 86-87; 104-5

■ Uno degli interessi principali dello storico George L. Mosse **[139]** è stato quello di individuare nel periodo tra il XVIII e il XX secolo le origini culturali dei processi che condussero ai regimi totalitari novecenteschi e, in particolare, al nazismo. Nel suo volume *Il razzismo in Europa*, infatti, egli mostra come non si possa parlare di razzismo senza partire dalla fine: l'Olocausto di sei milioni di ebrei perpetrato dal regime hitleriano. Il razzismo, tuttavia, era stato una teoria politica diffusa in tutto il continente europeo e con una storia secolare. Nel brano proposto, Mosse tratta le due differenti correnti del razzismo che si affermarono tra XIX e XX secolo, quella «scientifica» e quella «mistica».

Il razzismo si è appropriato di ogni idea e movimento importanti dei secoli XIX e XX impegnandosi a proteggerli contro i loro avversari. [...] Esso difese l'utopia contro i suoi nemici. Nobili ideali come la libertà, l'uguaglianza e la tolleranza sarebbero diventati realtà solo se fosse stata difesa la razza e si fossero sconfitti i suoi nemici. [...]

Il razzismo nelle sue varie forme non ha sempre seguito eguali ispirazioni né ha condotto gli stessi risultati. Vi fu una differenza tra il razzismo che respingeva ogni dato scientifico a vantaggio di un impulso spirituale e il razzismo che tentava invece di tenere in certo conto l'osservazione scientifica e l'influenza dell'ambiente. [...]

Le basi del razzismo europeo vanno individuate in quelle correnti intellettuali che nell'Europa occidentale e centrale acquistarono importanza durante il secolo XVIII, e cioè le nuove scienze dell'Illuminismo e il risveglio pietistico del cristianesimo. Il razzismo in realtà non è stato il frutto di un particolare sviluppo nazionale o cristiano, ma una visione del mondo che ha rappresentato una sintesi del vecchio e del nuovo, una religione laica che ha cercato di appropriarsi di tutto ciò cui l'umanità aspirava. [...]

Procedendo nel secolo XX, il razzismo portava con sé l'eredità del secolo precedente, in cui erano confluite due tradizioni: l'idea mistica della razza, che ampliava l'onnipresente soggettivismo del pensiero razziale sino al punto di fargli abbandonare ogni pretesa scientifica; e quella tradizione che cercava di dare alla classificazione razziale una rispettabilità scientifica e accademica.

A questo punto dobbiamo occuparci dei «fatti sufficientemente attendibili» di James Hunt[1], come pure di coloro che basavano il loro razzismo su un effettivo metodo scientifico [...]. Poiché questi uomini cercarono di fondare i loro studi su prove dimostrabili, biologiche, zoologiche o statistiche, essi tesero ad assumere un atteggiamento ambivalente verso il razzismo, considerandolo una dottrina dell'aggressività o della superiorità nell'atto stesso in cui accettavano le categorie e gli stereotipi razziali. In realtà fu proprio questa la corrente principale del razzismo, cioè quella che fondeva insieme antropologia, eugenetica e pensiero sociale. Questi concetti tradizionali furono ora collegati con il darwinismo[2] e si giunse in tal modo a una preoccupazione di tipo razzistico per l'eredità e l'eugenetica come elementi vitali della sopravvivenza del più forte. I tedeschi battezzarono questo razzismo darwiniano «biologia razziale e sociale» per l'accento che si doveva porre sui convenienti fattori ereditari.

La «biologia razziale e sociale» fu una dottrina dell'ereditarietà e della sopravvivenza basata sull'eugenetica razziale; ma anche l'antropologia fu utilizzata e si trassero conclusioni dalla classificazione razziale così come dalla selezione ed ereditarietà naturali. [...]

Fianco a fianco con lo sviluppo della biologia razziale si fece sentire nel razzismo moderno un forte impulso mistico: il «mistero[3] della razza» accentuava l'aspetto irrazionale del razzismo, le presunte radici mitologiche della razza e la cosiddetta sostanza spirituale che si diceva la creasse e ispirasse. Fu perciò respinto qualsiasi collegamento, per quanto esile, con la scienza e con esso quelle strutture razionali del pensiero e dell'osservazione che pure la scienza e la razza aveva cercato di conservare. [...]

Le radici mitologiche e spirituali della razza furono identificate con le origini nazionali: il passato di una razza e la sua storia erano la stessa cosa della storia della nazione. [...] Durante l'ultimo trentennio del secolo XIX, proprio negli stessi anni in cui furono fondati i vari movimenti eugenetici, l'idea di un «mistero» della razza prese le sue distanze dall'idea della razza come scienza e si diffuse invece un razzismo come parte di una nuova religione nazionale. Due fattori influenzarono questa evoluzione: il primo consistette nell'ondata di spiritualismo calata sull'Europa dagli Stati Uniti; il secondo, nel sempre più forte interesse per l'unità nazionale in un momento di più accentuate lotte di classe e di rivalità per la conquista di ricchezze e di status sociali. Questi due fattori si integrarono l'uno con l'altro, perché si sperava che l'unità nazionale, fondata su basi religiose e razziali, avrebbe rinnovato la mistica nazionale, specialmente tra le nazioni ancora divise dell'Europa centrale e orientale.

[1] Antropologo inglese (1833-1869), fautore di teorie razziste e presidente della Società antropologica di Londra.

[2] 118DOC-119DOC.

[3] Verità che non può essere conosciuta per via razionale.

GUIDA ALLA LETTURA

❶ Quali sono le due correnti principali del razzismo? ❷ In quale secolo vanno individuate le basi del razzismo europeo? ❸ Che cosa si intende per «biologia razziale e sociale»? ❹ Che cosa è il «mistero della razza»?

SVILUPPARE LE COMPETENZE

Comprendere e Analizzare

❶ **Scrivi un breve testo (max 60 righe) dal titolo *La società di massa*, seguendo la scaletta di argomentazioni proposta:**

a. Condizioni materiali della società di massa (Geremek);
b. La "psicologia" delle masse (Le Bon, Ortega y Gasset, Freud);
c. Gli strumenti della "massificazione" (Ortega y Gasset, Geremek);
d. Massa e potere (Ortega y Gasset, Mosse);
e. L'ideologia dell'uomo-massa (Le Bon, Ortega y Gasset, Mosse).

❷ **Nei due brani proposti, Mosse [139-140] fa riferimento a una «nuova politica» che si poggia su basi prevalentemente mistiche e irrazionali. Illustra in un breve testo (max 30 righe) origini, caratteristiche e sviluppi di questo nuovo stile politico.**

Rielaborare e Argomentare

❸ **Redazione di un tema di ambito storico-politico. *La politica delle masse***

L'irruzione delle masse nella scena politica, tra '800 e '900, da una parte ha significato l'allargamento della partecipazione in senso democratico alla vita e al governo dello Stato, dall'altra ha aperto la via alla diffusione di massa di alcune teorie – come quelle razziste – che portarono ai regimi totalitari del '900. Ricostruisci, in un testo scritto, i caratteri di tale ambivalenza, evidenziandone gli aspetti principali.

Documenti: Le Bon **[136DOC]**, Ortega y Gasset **[137DOC]**, Freud **[138DOC]**
Immagini: pp. 503, 505, 507, 519
Brani storiografici: Geremek **[135]**, Mosse **[139-140]**
Capitoli: **16.**5-6, **16.**11-12

❹ **Dopo aver letto tutti i brani contenuti in questa sezione, scegli tra le seguenti posizioni storiografiche, relative al concetto di "massa", quella che ritieni maggiormente condivisibile e argomenta la tua risposta in un breve testo (max 20 righe):**

a. Perché si possa parlare di "massa" occorre che un gran numero di persone condivida, contemporaneamente, le stesse emozioni, gli stessi desideri e soprattutto una comune identità.
b. La massa è un prodotto del sistema di produzione capitalistico basato sullo sfruttamento della popolazione, ridotta a semplice forza-lavoro, a vantaggio di una ristretta élite economica.
c. L'avvento delle masse nella società contemporanea è collegabile alla diffusione di teorie politiche che tendono ad annullare le differenze e le singolarità individuali a vantaggio del "senso comune".

La politica e i partiti

L'avvento della società di massa ebbe profonde ripercussioni sull'assetto istituzionale dello Stato ottocentesco e sui metodi dell'attività politica, soprattutto a causa dell'allargamento dei diritti politici e dell'estensione del suffragio, come riassume il politologo norvegese **Stein Rokkan [141]**.
Mentre i partiti liberali europei, nati in epoca di suffragio ristretto, erano per lo più privi di forme permanenti di organizzazione, i mutamenti dei sistemi elettorali e dei meccanismi di rappresentanza che accompagnarono in Europa la nascita della società di massa imposero un adattamento e un'evoluzione alle organizzazioni politiche. I partiti cominciarono perciò a coordinare strettamente l'operato dei propri membri eletti in Parlamento e si dotarono di uno statuto che dettava finalità e regole di funzionamento, di proprie sedi e di una propria burocrazia. Il nuovo sistema politico, l'allargamento della partecipazione elettorale e il protagonismo di nuovi soggetti sociali (in primo luogo le classi operaie urbane) portarono i partiti ad assumere il ruolo di canali di comunicazione fra Stato e società e ad acquisire nuove funzioni: essi divennero perciò anche centri di riflessione, luoghi di formazione culturale e di elaborazione di dottrine e di ideologia, soggetti in grado di assicurare l'educazione politica dei propri aderenti. La struttura dei moderni partiti politici è descritta nelle pagine di **Maurice Duverger [142]**, uno dei maggiori esperti contemporanei sull'argomento, mentre **Robert Michels [143]** analizza le dinamiche interne alle organizzazioni di massa, individuando un nesso strettissimo tra le esigenze organizzative dei partiti e la formazione di oligarchie alla loro guida.
La progressiva affermazione di nuove forme organizzative e di nuove modalità di azione politica tese a coinvolgere le masse popolari era strettamente legata all'emergere di movimenti che non si riconoscevano, o si riconoscevano solo in parte, nei sistemi costituzionali e rappresentativi ottocenteschi. Protagonisti di questo processo, che conobbe una forte accelerazione tra la fine dell'800 e l'inizio del '900, furono i movimenti di ispirazione socialista e quelli di matrice cattolico-sociale, diversissimi e reciprocamente ostili, ma convergenti nel tentativo di offrire una alternativa globale alle

istituzioni e ai valori nati dalle cosiddette «rivoluzioni borghesi».
I tre brani successivi ripercorrono la vicenda del movimento operaio dalla fondazione della Seconda Internazionale dei lavoratori fino alla vigilia del primo conflitto mondiale. In alcuni ordini del giorno della **Seconda Internazionale** [144DOC] fu stabilita una piattaforma comune per l'azione dei partiti socialisti nei diversi Stati, ma il dibattito interno rimase molto acceso. Al centro di tale dibattito vi fu la corrente riformista del revisionismo, diffusa da **Eduard Bernstein** [145DOC]. La nuova strategia rivoluzionaria fondata sul mito dello sciopero generale è descritta, invece, nel brano – tratto da un celebre scritto del 1904 – di **Georges Sorel** [146DOC], pensatore isolato ma influente su intellettuali di opposta sponda politica.
L'estendersi dei processi di secolarizzazione e i nuovi conflitti sociali sollevarono un forte dibattito all'interno del mondo cattolico e fecero sentire con urgenza la necessità di una risposta alle nuove sfide della modernità. Il penultimo brano della sezione è tratto dall'enciclica ***Rerum novarum*** [147DOC], che dettò le linee direttive per l'azione dei cattolici nel campo sociale. Le sue conseguenze sull'operato del cattolicesimo sociale sono descritte, nell'ultimo brano proposto, da **Pietro Scoppola** [148].

141

S. Rokkan
Un uomo, un voto, un valore

S. Rokkan, *Cittadini, elezioni, partiti*, il Mulino, Bologna 1982, pp. 232-37

■ Nei suoi fondamentali studi sui processi elettorali, il politologo norvegese Stein Rokkan (1921-1979) ha proposto un modello globale di sviluppo della rappresentanza politica che, partendo dagli istituti medievali, giunge fino alle forme attuali, basate sul suffragio universale e diretto e sulla standardizzazione delle procedure elettorali **[**👁 **13** STORIA • SOCIETÀ • CITTADINANZA**]**. Nelle pagine che seguono, tratte da un libro del 1970, Rokkan descrive le fasi attraverso cui si affermarono le forme democratiche della rappresentanza.

L'evoluzione occidentale verso una democrazia elettiva egualitaria può essere adeguatamente analizzata facendo riferimento ad un modello «ideal-tipico»[1] in cinque fasi.

1. Una prima fase pre-rivoluzionaria si caratterizzò per le forti variazioni provinciali e locali nel diritto di voto ma anche per il riconoscimento, implicito o esplicito, dell'appartenenza ad uno degli «stati» corporativi (la nobiltà, il clero, le corporazioni cittadine dei mercanti e degli artigiani, o in qualche caso, i contadini proprietari) come condizione di cittadinanza politica.
2. Sulla scia delle rivoluzioni americana e francese, ci fu un periodo di standardizzazione delle norme per il voto; alla rigida regolamentazione per l'accesso all'arena politica durante il *régime censitaire*[2] fece seguito una uguaglianza formale di influenza tra i cittadini ammessi al voto sulla base di alcuni criteri relativi alla proprietà o al reddito.
3. Nella prima fase della mobilitazione di massa il suffragio venne notevolmente esteso ma rimasero alcune ineguaglianze formali di influenza come i voti multipli o la diversa quota di voti necessari per eleggere un rappresentante.
4. Nella fase successiva, con il suffragio universale, tutti i requisiti di carattere sociale ed economico relativi agli uomini al di sopra di una certa età vennero aboliti. [...]
5. Infine, nella fase attuale, quella di una continua democratizzazione, ci si è incamminati verso la massimizzazione dei diritti di cittadinanza universali e uguali attraverso *a)* l'estensione del suffragio alle donne, ai gruppi di età più giovani (fino a 21 anni o persino 18), e ai residenti temporanei [...] e *b)* ulteriore egualizzazione del rapporto votanti-rappresentanti su tutto il territorio nazionale o federale.

Solo tre Stati-nazione dell'ovest sono passati attraverso tutte queste cinque fasi con una sequenza abbastanza regolare: Inghilterra, Belgio e Svezia. L'evoluzione passo-a-passo di questi paesi si contrappone violentemente ai cambiamenti improvvisi e rivoluzionari della Francia [...]: la Legge del Gennaio 1789 mantenne un sistema di elezioni indirette all'interno delle corporazioni legittimate dei nobili, del clero e del *tiers état*[3]; la costituzione del 1791 fissò un criterio sulla base della contribuzione fiscale e introdusse il concetto di *citoyen actif*[4]; e la costituzione del 1793 arrivò direttamente allo stadio del suffragio universale [...]. Intervenne il Terrore, e per decenni la Francia fu scossa dai tentativi dei tradizionalisti di restringere il suffragio ad uno strato limitato di proprietari e alti funzionari da un lato, e dalle pressioni radical-plebiscitarie per elezioni uguali e universali, dall'altro. Il periodo tra il 1815 e il 1848 fu di *régime censitaire* classico [...]. La rivoluzione del 1848 comportò una nuova decisa spinta verso la più ampia democrazia [...].

[1] Termine ripreso dal sociologo tedesco Max Weber (1864-1920) indicante il concetto puro di un fenomeno, costruito facendo riferimento ad alcune sue caratteristiche tipiche.
[2] Regime del diritto di voto in base al censo.
[3] Terzo stato.
[4] Cittadino attivo.

Alla fine della prima guerra mondiale la grande maggioranza dei sistemi politici europei o di impostazione europea si era adeguata al suffragio maschile e molti perfino a quello femminile. Il suffragio femminile fu introdotto prima nelle nazioni di derivazione europea (Stato del Wyoming, 1890; tutti gli Stati degli Stati Uniti, 1920; Nuova Zelanda, 1893; Sudafrica, 1895) e in Scandinavia (Finlandia, 1906; Norvegia, dal 1910 al 1913; Danimarca, 1915; Svezia, dal 1918 al 1921). [...] I paesi «cattolico-romani» impiegarono più tempo per riconoscere i diritti delle donne: Francia, Belgio e Italia attesero fino alla fine della seconda guerra mondiale prima di ammettere tutte le donne alla cittadinanza politica [...].

Con la vittoria sulle potenze dell'Asse nella seconda guerra mondiale e il successivo smantellamento degli imperi coloniali, il principio di «un uomo, un voto» guadagnò terreno in tutto il mondo [...]. In un numero crescente di Stati di recente indipendenza l'attuazione dei diritti uguali e universali di cittadinanza politica non venne più vista come canale per indirizzare richieste legittime contro i detentori del potere ma piuttosto venne considerata semplicemente come un elemento in una strategia di unificazione nazionale e per il controllo delle dissidenze. Conflitti veramente aspri sulla base della vecchia richiesta di «un uomo, un voto, un valore» si svilupparono solo nei sistemi politici maggiormente divisi etnicamente, Sudafrica, Rhodesia e Stati Uniti.

GUIDA ALLA LETTURA

❶ Quali sono le cinque fasi evolutive della rappresentanza? ❷ Qual è il paese in cui l'evoluzione avvenne in modalità atipiche rispetto allo schema proposto? ❸ Quali paesi hanno introdotto per primi il suffragio universale femminile? ❹ Quali sono stati i cambiamenti più importanti del secondo dopoguerra?

142

M. Duverger
L'organizzazione dei partiti

M. Duverger, *Classe sociale, ideologia e organizzazione partitica*, in *Sociologia dei partiti politici*, a c. di G. Sivini, il Mulino, Bologna 1971, pp. 115-20

■ Il costituzionalista e politologo francese Maurice Duverger (nato nel 1917) è stato, nel secondo dopoguerra, il più accreditato studioso dei partiti politici, cui ha dedicato fra l'altro un celebre trattato (*I partiti politici*) uscito per la prima volta in Francia nel 1951. A lui si devono alcune definizioni fondamentali, relative soprattutto alla tipologia dei partiti e alla loro struttura organizzativa. All'organizzazione del partito – e in particolare agli «elementi di base» che ne definiscono la tipologia – sono appunto dedicate le pagine che seguono, tratte da un ciclo di lezioni tenute a Parigi nel 1953-54.

Grosso modo, si possono distinguere nei partiti politici quattro grandi tipi di elementi di base. [...].

1. Il primo tipo di elemento di base essenziale è il *comitato*. [...]

Il comitato è un gruppo di poche persone. Si tratta del resto di dieci, quindici uomini, che sono stati scelti senza alcun formalismo: non occorre iscriversi, firmare una scheda di adesione [...]. Sono dei notabili, delle persone influenti. [...] Queste persone hanno un peso sociale. Se firmano un manifesto in favore di un candidato, trascineranno con loro altre persone che, per un fenomeno di ammirazione e contagio sociale, tenderanno ad allinearsi sulla posizione politica di questi notabili.

Il comitato è d'altra parte un organismo che non ha un carattere assolutamente permanente [...]. Certo i suoi membri si vedono spesso, si mantengono in contatto, si riuniscono ogni tanto. Ma è raro che queste riunioni abbiano una regolarità perfetta. [...]

È chiaro a che cosa corrisponde il comitato dal punto di vista dell'infrastruttura sociale: corrisponde essenzialmente a dei partiti borghesi; corrisponde egualmente molto spesso a sistemi elettorali ristretti, per lo meno all'origine. Oggi lo troviamo nei partiti di destra e di centro [...].

2. All'inizio di questo secolo, circa nel momento in cui il suffragio universale è stato stabilito nella maggior parte degli Stati del mondo, è apparso un secondo tipo di elemento di base: la *sezione* (il termine è tratto dai partiti socialisti). «Sezione» significa parte di un tutto [...].

L'elemento principale è che la sezione costituisce un organismo aperto a tutti, che fa propaganda per avere il maggior numero possibile di iscritti. [...] Poiché la sezione è aperta a tutti, essa avrà anche una organizzazione molto più formale. Si entra nella sezione con una scheda di adesione, si paga una quota, si sarà convocati a riunioni regolari, ogni mese (a volte ogni quindici giorni), si eleggerà un direttivo. [...] Le due persone importanti sono il segretario (che manda le convocazioni) e l'amministratore (che riceve le quote). [...] La sezione è un'invenzione socialista; sono i partiti socialisti ad essersi organizzati per primi sulla base della sezione; infatti sorgeva per essi un duplice problema nel momento in cui era stato stabilito il suffragio universale e le masse popolari potevano votare. Primo problema: occorreva educare queste masse popolari, perché altrimenti avrebbero votato per le uniche persone che conoscevano, cioè le autorità sociali tradizionali, i membri dei comitati dei vecchi partiti. [...] In secondo luogo, vi era un problema di finanziamento: per presentare candidati operai alle elezioni, occorreva pagare le elezioni, il che costa caro. [...] Da questo problema ebbe origine un'idea molto semplice: chiedere a molte persone di dare poco, ma regolarmente. È così che nacque la pratica delle *quote*. [...]

3. Il terzo tipo di elemento di base è la *cellula*. Essa è stata inventata dai partiti comunisti. La cellula si presenta in primo luogo come un gruppo più piccolo della sezione; [...] la cellula ideale oscilla intorno ai 30-50 membri. [...]

La cellula è un tentativo di raggruppare le persone non più su base territoriale, ma su base professionale. Non si raggruppano le persone in base al quartiere in cui abitano, ma in base al posto di lavoro. [...]

Non è più un organo che si riunisce ogni mese, è una *comunità* che vive realmente ogni giorno. [...] Questa è possibile soltanto per i salariati, per gli operai, per gli impiegati di aziende sufficientemente ampie, o anche per gli studenti, in generale per tutti coloro che lavorano in una organizzazione collettiva [...].

4. L'ultimo tipo di elemento di base è la *milizia*. [...]

La milizia è un organismo militare, come risulta dal nome stesso. [...] Le riunioni delle milizie sono molto più frequenti di quelle delle sezioni: due, tre volte per settimana, spesso ancora di più [...]. Che cosa si fa in queste riunioni? Essenzialmente esercitazioni militari, si impara a sfilare, a maneggiare le armi, a conoscere le forme di combattimento di strada, di attacco contro raggruppamenti analoghi, di disturbo delle riunioni pubbliche. [...]

Le milizie sono state inventate dai partiti fascisti. Questi si presentano pertanto molto più come una organizzazione armata che come organizzazione di azione politica mirante alla conquista di voti alle elezioni. [...] Come nel partito comunista lo stile e la forza del partito si basano sulle cellule di fabbrica, così in un partito fascista lo stile e la base della forza reale del partito sono dati dalle milizie.

GUIDA ALLA LETTURA

❶ Che cosa sono i comitati? Chi sono i loro componenti? ❷ Quali obiettivi politici e sociali si proponevano i partiti socialisti organizzando le società e il sistema delle quote? ❸ Che cosa sono le cellule? In quali partiti si ritrova questa formula organizzativa? ❹ Quale tipo di organizzazione è stata affiancata dalla creazione di una milizia?

143

R. Michels
Organizzazione e oligarchia

R. Michels, *Democrazia formale e realtà oligarchica*, in *Sociologia dei partiti politici*, a c. di G. Sivini, il Mulino, Bologna 1971, pp. 177-80

■ L'inevitabile nesso tra le esigenze organizzative e la formazione di oligarchie nei partiti di massa è il tema centrale della riflessione del sociologo tedesco Robert Michels (1876-1936), a lungo professore universitario in Italia. Militante in gioventù nella socialdemocrazia tedesca e simpatizzante per le correnti rivoluzionarie, Michels si orientò verso posizioni più conservatrici, influenzate soprattutto da Mosca e Pareto [👁 16.12]. Si deve a lui la formulazione della «legge ferrea dell'oligarchia», secondo la quale qualsiasi organizzazione, di fronte alla necessità di sopravvivere e rafforzarsi, produce la formazione di una minoranza che comanda e si perpetua garantendo così la continuità dell'organizzazione stessa. I gruppi che si danno un'organizzazione ed entrano nella lotta politica, di conseguenza, non sono in grado di mantenere una struttura democratica, per quanto democratiche siano la loro ideologia e le intenzioni dei loro membri. Il brano che segue è tratto da un articolo uscito in Germania nel 1909.

L'organizzazione

[...] L'organizzazione che si basi sul principio del minimo mezzo, vale a dire del maggio risparmio possibile d'energia, è l'arma naturale concessa ai deboli nella lotta contro i forti. [...] Difatti il singolo individuo, specie se appartenente alle classi lavoratrici, si trova senza difesa in balia di chi, in potenzialità economica, sia più forte di lui. Il principio dell'organizzazione dev'essere quindi considerato la *conditio sine qua non* per la capacità delle masse alla propria valorizzazione economica.

Ma a Scilla, che consiste nella mancanza d'organizzazione delle masse, di cui l'avversario avvantaggia, sta di contro il principio dell'organizzazione, che in politica è necessario, ma che cela in sé tutti i pericoli di Cariddi. Infatti [...] chi dice organizzazione, dice tendenza all'oligarchia. L'organizzazione ha nella sua fisionomia spiccati lineamenti aristocratici. [...] Gli è che essa inverte il rapporto fra il condottiero e i condotti. In origine, il duce[1] non è che il servitore della massa. La base dell'organizzazione sta nell'uguaglianza fra tutti gli organizzati. Tutti i membri dell'organizzazione vi godono gli stessi diritti. Tutti sono elettori. Tutti sono eleggibili. [...]

Ma il formarsi di rami speciali di attività, la differenziazione politica che è conseguenza inevitabile dell'organizzazione, induce necessariamente i soci a darsi una cosiddetta direzione tecnica, ed a conferire ogni potere effettivo, come cosa che esige specifiche qualità e competenza, ai soli capi. Così i duci, che dapprima non erano se non gli organi esecutivi della volontà della massa, diventano indipendenti, emancipandosi dalla massa stessa. L'organizzazione quindi scinde definitivamente ogni partito in una minoranza che governa e in una maggioranza che ne è governata.

[1] Capo.

[...] Quanti più membri il partito[2] acquista, quanto più le sue casse si riempiono e la sua stampa si diffonde, tanto più il dominio popolare vi perde terreno e viene sostituito dall'onnipossenza delle direzioni, dei comitati e delle commissioni. [...] Col crescere dell'organizzazione aumentano i compiti degli amministratori, mentre la possibilità di sorvegliarli si restringe e l'ambito degli obblighi e delle diverse sfere d'azione si allarga, si divide e si suddivide ancora. I soci devono rinunciare a poco a poco ma in misura sempre crescente a diriger di persona, nei singoli casi, gli affari dell'amministrazione, e persino a sottoporla poi a controllo. [...] Il principio della divisione del lavoro si fa strada e le specializzazioni prendono il sopravvento. Così si forma una gerarchia rigorosamente delimitata, con numerose gradazioni. La scrupolosa osservanza della via burocratica diventa l'articolo primo del catechismo in cui i doveri degli aderenti al partito sono annoverati.

L'oligarchia

La tendenza burocratica ed oligarchica assunta dall'organizzazione dei partiti anche democratici è da considerarsi senza dubbio quale frutto fatale d'una necessità tecnica e pratica. Essa è il prodotto inevitabile del principio stesso dell'organizzazione. [...]

Il moderno partito politico è altresì un'organizzazione di guerra. Come tale, esso deve piegarsi alle leggi della tattica. Ora, la legge fondamentale della tattica è la prontezza alla battaglia, la indefessa preparazione alla lotta. Senonché, democrazia e prontezza sono concetti assolutamente inconciliabili. [...] Una grande organizzazione è già in sé un ingranaggio di molta pesantezza. Le grandi distanze, e la perdita di tempo che deriverebbe, se si volesse spiegare alle masse i singoli problemi quotidiani che richiedono decisioni rapide, [...] comportano l'impossibilità di un regime democratico nella sua schietta forma originaria, giacché con questo non si potrebbe fare se non una politica di ritardi e di buone occasioni mancate; né in tale modo il partito politico riuscirebbe comunque a conservare [...] la necessaria duttilità tattica. In altri termini, il regime democratico non è affatto confacente ai bisogni primordiali del partito politico. [...]

Così adunque – per motivi d'indole *tecnica-amministrativa* e di *tattica* – si forma un corpo direttivo di professione, il quale, sulla base di procure, accudisce da padrone agli affari della massa. Le masse delegano un piccolo numero di singoli individui che le rappresenta permanentemente.

Ora l'inizio della formazione d'un corpo direttivo di professione denota il principio della fine della democrazia. [...] Rappresentare, significa spacciare la volontà di un singolo per volontà d'una massa.

[2] L'organizzazione.

GUIDA ALLA LETTURA

❶ In che cosa consiste, politicamente, il principio dell'organizzazione? ❷ Perché, secondo Michels, in ogni partito di grandi dimensioni si impone il principio della divisione del lavoro? ❸ A quale «legge» risponde il centralismo dei partiti? ❹ I partiti sono delle strutture democratiche? Per quali ragioni?

144 DOC

Azione politica e questione economica nei programmi della Seconda Internazionale

da *Antologia del pensiero socialista*, a c. di A. Salsano, vol. III, *La Seconda Internazionale*, Laterza, Roma-Bari 1981, pp. 7-12

■ Nata a Parigi nel 1889, l'Internazionale socialista (o Seconda Internazionale) assunse solo gradualmente la forma, che poi le sarebbe stata propria, di federazione di partiti nazionali ispirati alla dottrina socialista, e in particolare al marxismo [👁 16.8]. Il congresso di Londra del 1896, il quarto dalla fondazione, rappresentò una tappa importante in questo senso, anche perché sancì ufficialmente l'esclusione degli anarchici dall'organizzazione. Nei due ordini del giorno qui riportati è delineata con chiarezza la strategia adottata sin dalla fine dell'800 dalla componente maggioritaria del movimento operaio europeo. Una strategia che, basandosi sui fondamenti del marxismo e sull'esempio della socialdemocrazia tedesca, cercava di conciliare la riaffermazione delle finalità rivoluzionarie con l'indicazione di una serie di rivendicazioni immediate e di un'azione concreta da svolgere all'interno del sistema borghese a livello sia politico sia economico.

L'azione politica

1. Il congresso intende per *azione politica* la lotta organizzata sotto tutte le forme, per la conquista del potere politico e il suo uso legislativo e amministrativo, nello Stato e nel comune, da parte della classe operaia, per la sua emancipazione.

2. Il congresso dichiara che la *conquista del potere politico* è, per i lavoratori, il mezzo per eccellenza col quale possono giungere alla loro emancipazione, alla liberazione dell'uomo e del cittadino, mediante il quale possono istituire la Repubblica socialista.

Fa appello ai lavoratori di tutti i paesi e li invita a unirsi in un partito distinto da tutti i partiti politici borghesi e a rivendicare:

il suffragio universale di tutti gli adulti;
il diritto di voto per ogni adulto;
lo scrutinio mediante ballottaggio;
il diritto d'iniziativa e il referendum, locale e nazionale.

3. Il congresso dichiara anche che l'*emancipazione della donna* è inseparabile da quella del lavoratore [...].

4. Il congresso si dichiara a favore dell'*autonomia di tutte le nazionalità* [...] e fa appello ai lavoratori di tutti i paesi perché combattano fianco a fianco con la classe operaia di tutti i paesi e si organizzino con essa, al fine di abbattere il capitalismo internazionale, e d'istituire la democrazia socialista internazionale.
5. Il congresso dichiara che, quale che sia il pretesto, religioso o sedicente civilizzatore, della *politica coloniale* essa non è altro che l'estensione del campo di sfruttamento capitalistico nell'interesse esclusivo della classe capitalistica.

La conquista economica e industriale
I. Secondo l'opinione di questo congresso, gli operai di tutte le nazioni devono fare sforzi continui, come classe, per la *socializzazione di tutti i mezzi di produzione, di trasporto, di distribuzione e di scambio* [...]. Questo congresso considera che l'azione nazionale e internazionale nel senso del socialismo completo diventa di giorno in giorno più necessaria, vista la scomparsa della libera concorrenza e la crescita rapida di monopoli nazionali e internazionali controllati da vaste organizzazioni della classe capitalistica. [...] Un'organizzazione più completa degli operai è indispensabile per resistere con successo alle manovre di queste grandi società [...].
II. La *lotta economica e sindacale* degli operai è indispensabile per combattere l'onnipotenza del capitale e per migliorare la situazione degli operai nella società attuale. Senza sindacati operai, niente salari sufficienti, niente riduzione delle ore di lavoro. Ma questa lotta economica non può sopprimere lo sfruttamento capitalistico, si limita ad addolcirlo. Lo sfruttamento degli operai finirà solo quando la società stessa avrà preso possesso di tutti i mezzi di produzione, compresi il suolo e i mezzi di trasporto. Questa socializzazione dei mezzi di produzione ha come condizione *sine qua non* tutto un sistema di misure legislative. Queste misure saranno realizzate solo se la classe operaia possiede il potere politico. Ma questo potere politico può essere conquistato solo a mano a mano che la classe operaia sarà organizzata. I sindacati costituiscono la classe operaia in potenza politica organizzando gli operai. [...]
Ma la *lotta sindacale* degli operai esige anche l'*azione politica* della classe operaia. Quel che gli operai hanno conquistato con la lotta sindacale contro i loro sfruttatori, essi devono sempre assicurarselo con misure legislative per mantenerlo definitivamente. In altri casi, le riforme legislative conquistate evitano conflitti economici. [...]
Il congresso considera che lo *sciopero* e il *boicottaggio* sono mezzi necessari alla realizzazione degli scopi sindacali. Ma non vede la possibilità di uno sciopero generale internazionale. La necessità più urgente è l'organizzazione sindacale delle masse operaie, poiché è dall'ampiezza dell'organizzazione che dipende l'ampiezza degli scioperi di intere industrie ed in interi paesi.
Per rendere possibile un'*azione sindacale internazionale*, bisogna creare in ogni paese un *comitato sindacale centrale*. [...]
È soprattutto dovere dei sindacati di tutti i paesi far sì che gli operai *stranieri immigrati* aderiscano ai sindacati del paese in cui lavorano, e che non lavorino a un salario inferiore a quello degli operai indigeni. [...]
Sono stati accolti anche gli emendamenti seguenti:
La legislazione industriale proibirà ai padroni d'impiegare le donne sei settimane prima o dopo il parto; esse riceveranno soccorsi e fondi dallo Stato.
Il lavoro infantile non sarà autorizzato prima dei 16 anni.

GUIDA ALLA LETTURA
❶ Quali erano i principali obiettivi della Seconda Internazionale?
❷ Quali giudizi espresse il congresso sul colonialismo, sull'emancipazione femminile, sul lavoro minorile?

145 DOC

Eduard Bernstein
Il revisionismo

E. Bernstein, *I presupposti del socialismo e i compiti della socialdemocrazia*, Laterza, Roma-Bari 1974, pp. 3-7

■ Negli ultimi anni dell'800, Eduard Bernstein (1850-1932), dirigente del Partito socialdemocratico tedesco (Sozialdemokratische Partei Deutschlands, Spd), suscitò un acceso dibattito nel movimento operaio internazionale, prima con una serie di articoli apparsi nel '98 sul quotidiano «Die Neue Zeit», poi col volume *I presupposti del socialismo e i compiti della socialdemocrazia* (1899) [👁 16.8]. In quegli scritti, Bernstein proponeva una «revisione» della dottrina marxista, laddove essa prevedeva la possibilità per la classe operaia di giungere al potere per via rivoluzionaria, e sosteneva una strategia gradualistica, basata sulle riforme economiche e sulla progressiva democratizzazione dello Stato. Le tesi revisioniste furono però ufficialmente condannate sia dalla Spd, sia dall'Internazionale socialista. È qui riportata parte di una lettera indirizzata nell'ottobre 1898 al congresso socialdemocratico di Stoccarda, in cui Bernstein sintetizza e difende le sue tesi democratiche e gradualiste.

Io mi sono opposto all'idea che noi siamo alla vigilia di un imminente crollo della società borghese, e che la socialdemocrazia *debba definire, e quindi far dipendere la sua tattica dalla prospettiva di una tale imminente catastrofe sociale generale.* [...]
La prognosi che il *Manifesto comunista* fa dello sviluppo della società moderna era esatta nella misura in cui delineava le tendenze generali di questo sviluppo. Ma sbagliava a proposito di varie conseguenze particolari, e prima di tutto nella valutazione del *tempo* che lo sviluppo avrebbe richiesto. [...]

L'acutizzazione dei rapporti sociali non si è compiuta nel modo raffigurato nel *Manifesto*. Nascondersi questo non solo è inutile, ma è una vera e propria follia. [...]
La statistica industriale mostra un'articolazione straordinariamente graduata delle aziende, e nessuna classe di grandezze dà segno di scomparire. [...]
Dal punto di vista politico noi vediamo che i privilegi della borghesia capitalistica, in tutti i paesi progrediti, cedono gradualmente il passo a istituzioni democratiche. Sotto l'influenza di queste e sotto la spinta dell'agitazione sempre più vigorosa del movimento operaio si è prodotta una reazione sociale contro le tendenze sfruttatrici del capitale [...]. La legislazione di fabbrica, la democratizzazione delle amministrazioni comunali e l'estensione delle loro competenze, la liberazione dei sindacati e delle cooperative da tutte le pastoie legali, la consultazione permanente delle organizzazioni operaie da parte delle pubbliche autorità negli appalti dei lavori – tutto ciò caratterizza l'attuale livello dello sviluppo. [...]
Ma quanto più le istituzioni politiche delle nazioni moderne vengono democratizzate, tanto più si riducono le necessità e le occasioni di grandi catastrofi politiche. [...] Ma la conquista del potere politico da parte del proletariato significa semplicemente che la conquista di questo potere passa attraverso una catastrofe politica? [...]
A chi risponde affermativamente, vogliamo rammentare due cose. Nel 1872 Marx ed Engels, nella prefazione alla ristampa del *Manifesto comunista*, dichiararono che la Comune parigina aveva fornito la prova che «la classe operaia non può semplicemente impossessarsi della macchina statale bell'e pronta e metterla in moto per i propri fini». E nel 1895 Engels, nella prefazione alle *Lotte di classe* ha dettagliatamente spiegato che il tempo dei colpi politici a sorpresa, delle «rivoluzioni condotte da piccole minoranze coscienti alla testa di masse incoscienti» è oggi passato [...]. E, conseguentemente, egli indica come compito immediato del partito «mantenere ininterrotto il ritmo d'aumento dei suoi voti» – ossia un «*lento lavoro di propaganda e l'attività parlamentare*». [...]
Se si sottoscrivono le sue argomentazioni, nessuno avrà allora il diritto di scandalizzarsi quando io affermo che per molto tempo ancora il compito della socialdemocrazia, invece di speculare sul crollo generale, è quello di «organizzare politicamente la classe operaia e formarla alla democrazia, e di lottare per tutte quelle riforme politiche che sono adatte ad elevare la classe operaia e a trasformare il sistema politico nel senso della democrazia». [...]
A mio giudizio, ai fini di un successo duraturo c'è più garanzia nell'avanzamento costante che non nelle possibilità offerte da una catastrofe.
E poiché sono fermamente convinto che esistono epoche importanti nell'evoluzione dei popoli che non è possibile saltare, io attribuisco il massimo valore ai compiti immediati della socialdemocrazia, cioè alla lotta per i diritti politici dei lavoratori, alla agitazione politica dei lavoratori, nella città e nel comune, per gli interessi della loro classe, all'opera di organizzazione economica dei lavoratori. [...]
La conquista del potere politico da parte della classe operaia e l'espropriazione dei capitalisti non sono, in se stesse, obiettivi finali, ma soltanto mezzi per realizzare determinati obiettivi e aspirazioni. [...] Ma per conquistare il potere politico occorrono i diritti politici, e perciò l'importante problema di tattica che la socialdemocrazia tedesca deve oggi risolvere mi sembra essere quello del miglior modo di allargare i *diritti* politici e professionali dei lavoratori tedeschi. Se non si trova una risposta soddisfacente a questo problema, accentuarne altri sarebbe, alla fine, pura declamazione.

GUIDA ALLA LETTURA

❶ Chi è l'autore del documento? A chi si rivolge? ❷ Che cosa sosteneva la teoria catastrofistica della società borghese? Perché l'autore ne contesta la validità? ❸ Di quale «tattica» politica la socialdemocrazia doveva farsi interprete? ❹ Attraverso quali riferimenti l'autore cerca di avvalorare le sue tesi?

146 DOC

Georges Sorel
Il mito dello sciopero generale

G. Sorel, *Scritti politici*, a c. di R. Vivarelli, Utet, Torino 1963, pp. 205-13

■ Prima di essere una teoria organica, il sindacalismo rivoluzionario fu un metodo di lotta fondato sulla centralità dello sciopero e sulla svalutazione della politica, adottato da quei movimenti sindacali, soprattutto della Francia e in genere dei paesi latini, in cui più forte era la componente anarchica e sovversiva. Fu Georges Sorel (1847-1922), un pensatore francese lontano dall'impegno diretto nel movimento operaio, a porre la prassi sindacalista al centro di un'originale concezione politica e filosofica che si collegava alle più vivaci correnti del pensiero antipositivista del primo '900 [👁 16.8]. Nelle pagine che seguono, tratte dalla sua opera più celebre, *Riflessioni sulla violenza* (1908), Sorel attacca il riformismo socialdemocratico ed esalta lo sciopero generale come strumento essenziale della lotta di classe, ma soprattutto come «mito» capace di mobilitare le masse, a prescindere dai suoi esiti concreti.

Di fronte a questo socialismo rumoroso, ciarliero e mentitore, che è sfruttato dagli ambiziosi di ogni risma, [...] si leva il sindacalismo rivoluzionario che, al contrario, si sforza di non lasciare niente di indeciso; qui il pensiero è onestamente espresso, senza inganni e senza sottintesi; non si cerca di diluire le dottrine in un fiume di commenti imbrogliati. [...] Invece di attenuare le opposizioni bisognerà, per seguire l'orientamento sindacalista, metterle in rilievo; bisognerà dare un aspetto il più concreto possibile ai gruppi che lottano tra di loro [...].

Per produrre in modo certo tali risultati il linguaggio non potrebbe bastare; bisogna fare appello a degli insiemi di immagini capaci di evocare *in blocco e per mezzo della sola intuizione*, prima di ogni analisi ponderata, la massa dei sentimenti che corrispondono alle diverse manifestazioni della guerra intrapresa dal socialismo contro la società moderna. I sindacalisti risolvono tale problema in modo perfetto concentrando tutto il socialismo nel dramma dello sciopero generale; in tal modo non vi è più posto alcuno per la conciliazione degli opposti negli artifici verbali dei *sapienti ufficiali* [...].

Io dò poca importanza alle obiezioni che vengono rivolte allo sciopero generale basandosi su considerazioni di ordine pratico [...]. Bisogna giudicare i miti come mezzi per agire sul presente; ogni discussione sul modo di applicarli materialmente sul corso della storia è priva di senso. *È l'insieme del mito quello solo che conta*; le sue parti non offrono interesse che per il rilievo che dànno all'idea che è contenuta nella sua costruzione. Non è quindi di alcuna utilità ragionare sugli incidenti che si possono produrre nel corso della guerra sociale e sui conflitti decisivi che possono dare la vittoria al proletariato; anche se i rivoluzionari si ingannassero, nel modo più completo, immaginandosi un quadro fantastico dello sciopero generale, questo quadro, durante la preparazione rivoluzionaria, potrebbe essere un elemento di forza di prim'ordine, se ha compreso in modo perfetto tutte le aspirazioni del socialismo, e se ha dato all'insieme dei pensieri rivoluzionari una precisione e una rigidità che nessun altro modo di pensare avrebbe potuto dare loro.

Per apprezzare la portata dell'idea di sciopero generale bisogna dunque abbandonare tutti i metodi di discussione che hanno corso tra gli uomini politici, i sociologi, o coloro che pretendono di essere versati nella scienza della pratica. [...] La questione si riduce tutta nel sapere se lo sciopero generale contiene davvero tutto ciò che la dottrina socialista si aspetta dal proletariato rivoluzionario. [...]

Dobbiamo interrogare gli uomini che prendono parte del tutto attiva nel movimento veramente rivoluzionario in seno al proletariato, che non aspirano affatto a diventare borghesi e il cui spirito non è dominato da pregiudizi corporativi. Questi uomini possono ingannarsi su di una infinità di questioni politiche, economiche, o di morale; ma la loro testimonianza è decisiva, sovrana e non suscettibile di riforme quando si tratta di sapere quali sono le immagini che agiscono più efficacemente su di loro e sui loro compagni, che possiedono al più alto grado la facoltà di identificarsi con la loro concezione socialista, e in virtù delle quali la ragione, le speranze e la percezione dei fatti particolari sembrano formare una unità indivisibile.

Grazie ad essi noi sappiamo che lo sciopero generale è proprio ciò che ho detto: il *mito* nel quale si racchiude tutto intero il socialismo, cioè a dire una organizzazione di immagini capaci di evocare istintivamente tutti i sentimenti che corrispondono alle diverse manifestazioni della guerra intrapresa dal socialismo contro la società moderna. Gli scioperi hanno fatto nascere nel proletariato i sentimenti più nobili, più profondi e più stimolanti all'azione che esso possiede; lo sciopero generale li raggruppa tutti in un quadro di insieme e, con il loro raccostamento, dona a ciascuno di essi la sua massima intensità; facendo appello ai ricordi assai scottanti dei conflitti particolari, esso colora di luce intensa tutti i particolari della composizione che si presenta alla coscienza. Otteniamo in tal modo quella intuizione del socialismo che il linguaggio non è in grado di rendere in maniera perfettamente chiara, e otteniamo ciò in un insieme che è percepito all'istante.

GUIDA ALLA LETTURA

❶ Contro quale ideologia e prassi politica polemizza Sorel? ❷ Quale funzione doveva assumere il sindacalismo rispetto al conflitto di classe? ❸ Attraverso quali strumenti occorreva mobilitare le masse? ❹ In che cosa consisteva il «mito» dello sciopero generale? In che modo si doveva valutarne l'efficacia?

147 DOC

L'enciclica Rerum novarum

da *Tutte le encicliche dei sommi pontefici*, a c. di E. Momigliano e G.M. Casolari, Dall'Oglio, Milano 1979, vol. I, pp. 433-55

■ L'enciclica *Rerum novarum*, emanata dal pontefice Leone XIII nel maggio 1891, costituisce il documento teorico più compiuto della Chiesa di fronte ai problemi posti dall'industrializzazione e dall'acuirsi dello scontro sociale in tutti i maggiori paesi europei [👁 16.10]. Con la *Rerum novarum* la Chiesa ribadiva la condanna dell'individualismo liberale e al tempo stesso prendeva posizione contro le dottrine socialiste, ammettendo però (e anzi incoraggiando) la costituzione di associazioni fra i lavoratori. L'enciclica rappresentava dunque la risposta della Chiesa alla crescita dell'organizzazione dei lavoratori, con il tentativo di contrastare l'egemonia delle idee e delle iniziative socialiste in questo campo. Il documento in effetti costituì una spinta efficace alla formazione e allo sviluppo del movimento sociale cattolico, segnandone le direttive e delineando caratteri, finalità, obiettivi dell'associazionismo.

I portentosi progressi delle arti e i nuovi metodi dell'industria; le mutate relazioni tra padroni ed operai; l'essersi in poche mani accumulata la ricchezza, e largamente estesa la povertà; il sentimento delle proprie forze divenuto nelle classi lavoratrici più vivo, e l'unione tra loro più intima: questo insieme di cose e i peggiorati costumi han fatto scoppiare il conflitto. [...]

Comunque sia, egli è chiaro, ed in ciò si accordano tutti, essere di estrema necessità venir senza indugio con opportuni provvedimenti in aiuto dei proletarî, che per la maggior parte trovansi indegnamente ridotti ad assai misere condizioni. [...]

A rimedio di questi disordini, i socialisti, attizzando nei poveri l'odio dei ricchi, pretendono doversi abolire la proprietà, e far di tutti i particolari patrimonî un patrimonio comune, da amministrarsi per mano del Municipio o dello Stato. [...] Ma questa via, anziché risolvere la contesa, non fa che danneggiare gli stessi operai: ed è inoltre per molti titoli ingiusta, giacché manomette i diritti dei legittimi proprietarî, altera le competenze e gli officî dello Stato, e scompiglia tutto l'ordine sociale. [...]

Certamente la soluzione di sì arduo problema[1] richiede il concorso e l'efficace cooperazione anche di altri: vogliam dire dei governanti, dei padroni e dei ricchi, ed eziandio degli stessi proletarî, che vi sono direttamente interessati: ma senza esitazione alcuna affermiamo che, ove si prescinda dall'azione della Chiesa, tutti gli sforzi torneranno vani. [...] Essa vuole e brama che i consigli e le forze di tutte le classi sociali si colleghino e cospirino insieme, a fin di provvedere il meglio che sia possibile agl'interessi degli operai [...]. Tutto l'insegnamento cristiano, di cui è interprete e custode la Chiesa, è potentissimo a conciliare e mettere in accordo fra loro i ricchi e i proletarî, ricordando agli uni e agli altri i mutui doveri [...]. Obblighi di giustizia, quanto al proletario e all'operaio, sono questi: prestare interamente e fedelmente l'opera, che liberamente e secondo equità fu pattuita; non recar danno alla roba, né offesa alla persona dei padroni; nella difesa stessa dei propri diritti astenersi da atti violenti, né mai trasformarla in ammutinamento [...].

Dei capitalisti poi e dei padroni sono questi i doveri: non tenere gli operai in luogo di schiavi; rispettare in essi la dignità dell'umana persona, nobilitata dal carattere cristiano. [...] È obbligo perciò dei padroni lasciare all'operaio agio e tempo che basti a compiere i doveri religiosi; non esporlo a seduzioni corrompitrici e a pericoli di scandalo; non alienarlo dallo spirito di famiglia e dall'amor del risparmio; non imporgli lavori sproporzionati alle forze, o mal confacenti coll'età e col sesso. Principalissimo poi tra i loro doveri è dare a ciascuno la giusta mercede. [...]

Può affermarsi con verità, il lavoro degli operai esser quello che forma la ricchezza nazionale. È quindi giusto che il governo s'interessi dell'operaio, facendo sì che egli partecipi in alcuna misura di quella ricchezza, che esso medesimo produce: cosicché abbia vitto e vestito, e campi meno disagiatamente la vita. [...]

Tuttavia debbono i governanti tutelare la società e le sue parti. [...] Laonde se per ammutinamenti o per scioperi degli operai si temano disordini pubblici; se tra i proletarî sieno sostanzialmente turbate le naturali relazioni della famiglia, se la religione non sia rispettata nell'operaio, negandogli agio e tempo sufficiente a compierne i doveri; se per la promiscuità del sesso ed altri incentivi al male l'integrità dei costumi corra nelle officine pericolo; se dai padroni venga oppressa con patti contrari alla personalità e dignità umana la classe lavoratrice; se con lavoro soverchio o non conveniente al sesso e all'età si rechi nocumento alla sanità dei lavoratori; in questi casi si deve adoperare, entro i debiti confini, la forza e l'autorità delle leggi. [...]

Certo, la massima parte degli operai vorrebbe migliorare condizione onestamente senza far torto a persona; tuttavia ve ne ha non pochi, imbevuti di massime false e smaniosi di novità, che cercano ad ogni costo eccitare tumulti e sospingere agli altri alla violenza. Intervenga dunque l'autorità dello Stato, e posto freno ai sommovitori, preservi i buoni operai dal pericolo della sedizione, i legittimi padroni da quello dello spogliamento.

[1] Migliorare, cioè, le sorti delle classi lavoratrici.

GUIDA ALLA LETTURA

❶ In che modo l'enciclica papale spiega le origini del conflitto sociale? ❷ Quali giudizi sul socialismo e sul sindacalismo sono contenuti nel documento? ❸ Quale finalità è attribuita all'insegnamento cristiano? ❹ Quali erano i principali motivi di contrasto tra operai e padroni? Quali erano invece i pilastri dell'equilibrio sociale secondo la Chiesa?

148

P. Scoppola
Il cattolicesimo sociale

P. Scoppola, *Chiesa e democrazia in Europa e in Italia*, in *Storia della Chiesa*, vol. XXII, 1, *La Chiesa e la società industriale (1878-1922)*, a c. di E. Guerriero e A. Zambarbieri, Edizioni Paoline, Cinisello Balsamo 1990, pp. 213-19

In queste pagine, tratte da un breve saggio inserito in una grande opera collettiva sulla storia della Chiesa, Pietro Scoppola (1926-2007), storico fra i più autorevoli del movimento cattolico italiano, traccia un quadro sintetico dello sviluppo del cattolicesimo sociale in Europa all'indomani della *Rerum novarum*. Scoppola sottolinea soprattutto come l'enciclica leonina, pur senza rinnegare gli ideali di ispirazione corporativa prevalenti nel mondo cattolico, fece cadere, o quanto meno indebolì, le resistenze che si opponevano allo sviluppo di vere e proprie associazioni sindacali.

Le origini del movimento cattolico sociale sono ben anteriori alla *Rerum novarum* e al magistero di Leone XIII, ma proprio in forza di tale magistero esso acquista un rilievo nuovo e il carattere, per così dire, di una posizione ufficiale della Chiesa. Il nome stesso «cattolicesimo sociale» si diffonde dopo la *Rerum novarum* per riaffermare la socialità come riflesso esterno del cattolicesimo o [...] come risposta [...] scaturente dall'intima essenza del cattolicesimo ad una realtà nuova quale quella creata dal problema operaio sorto con il processo di industrializzazione.

È giusto tuttavia sottolineare che lo sviluppo delle idee dice ben poco di quello che è stato realmente il cattolicesimo sociale: la forza e l'incidenza storica del movimento sono da ricercarsi nella somma innumerevole di iniziative assunte, che hanno profondamente segnato il volto della società del '900.

Di fronte ad un cattolicesimo sociale inteso come espressione necessaria dell'etica cristiana non sarebbero dovuti sorgere dissensi fra i cattolici. Ma i cattolici, sostanzialmente uniti sul motivo dell'importanza etica della questione sociale, si sarebbero di fatto trovati divisi nella scelta dei mezzi per affrontarla.

Notevoli resistenze anzitutto suscitò l'idea stessa che la questione sociale avesse un rilievo pubblico e potesse essere oggetto dell'intervento dello Stato: a tale idea si opponevano quanti [...] vedevano ancora come unico correttivo alle condizioni della classe operaia un'azione diretta al rinnovamento morale della società, o temevano che le interferenze dello Stato nel campo dell'economia riconducessero ad una situazione analoga a quella dell'antico regime. [...]

Un altro motivo di dibattito, particolarmente significativo, fu offerto dalla scelta fra associazioni miste di datori di lavoro e operai e associazioni semplici di soli operai o di soli datori di lavoro: come si è visto, la *Rerum novarum*, pur manifestando una preferenza per la prima formula, non aveva escluso la seconda. [...]

Dopo l'enciclica, l'orientamento favorevole alle associazioni di soli lavoratori tende gradualmente a prevalere; l'ideale corporativo o è abbandonato o viene concepito progressivamente come una tesi di valore ideale non suscettibile di immediata realizzazione. Quest'ultima posizione fu assunta in Italia da Giuseppe Toniolo, il maggiore rappresentante forse, sul piano del pensiero, del cattolicesimo sociale di ispirazione leoniana.

[...] Toniolo fu tra i più convinti e tenaci fautori del rinnovamento sociale auspicato da Leone XIII. Nel 1889 aveva fondato a Padova l'Unione cattolica per gli studi sociali in Italia, che divenne via via indispensabile complemento della seconda sezione dell'Opera dei congressi. [...] In un'assemblea tenuta a Milano all'inizio del 1894 essa approvò, su proposta del Toniolo, un *Programma dei cattolici di fronte al socialismo* (noto come *Programma di Milano*), destinato a rappresentare la base di molte successive dichiarazioni programmatiche dei cattolici in campo sociale, anche a distanza di decenni. [...]

Dopo lo scioglimento dell'Opera dei congressi, l'orientamento sindacale può dirsi prevalente in Italia [...].

In Germania, Austria, Olanda e Svizzera lo sviluppo vigoroso del sindacalismo cattolico dopo l'enciclica pose presto a fuoco un altro motivo di contrasto in seno al cattolicesimo sociale: quello della confessionalità o meno del sindacato.

L'aconfessionalità del sindacato intaccava la possibilità stessa da parte dell'autorità ecclesiastica di svolgere la sua funzione di guida e di indirizzo. [...]

Il papa stesso, Pio X, intervenne nel dibattito con l'enciclica *Singulari quadam* del 24 settembre 1912 nella quale prendeva nettamente posizione a favore delle associazioni confessionali, pur consentendo, ove le circostanze lo consigliassero per la più efficace difesa degli interessi operai, la federazione di sindacati cattolici e acattolici in «cartelli» [...].

Contro l'evoluzione in senso sindacale del cattolicesimo sociale l'ultimo segno di resistenza si ebbe all'inizio del 1914 con il tentativo di ottenere da Pio X un'enciclica di condanna del principio stesso del sindacalismo. [...]

Lo scoppio della prima guerra mondiale e la morte di Pio X fecero definitivamente tramontare l'idea di un intervento pontificio contro il sindacalismo cattolico, che riprenderà il suo sviluppo senza grosse novità, per quanto concerne le posizioni di pensiero, nel periodo fra le due guerre.

GUIDA ALLA LETTURA

❶ Che cos'era il «cattolicesimo sociale»? ❷ Quali motivi di dibattito nacquero all'interno del mondo cattolico dopo l'emanazione dell'enciclica *Rerum novarum*? ❸ Chi era Giuseppe Toniolo? Quale posizione assunse in merito al sindacalismo cristiano? ❹ Quali erano i capisaldi del dibattito sulla confessionalità del sindacato?

SVILUPPARE LE COMPETENZE

Comprendere e Analizzare

❶ Scrivi un breve testo (max 50 righe), dal titolo *Il partito politico come strumento di lotta di classe: l'allargamento del suffragio e la mobilitazione di massa*, seguendo la scaletta proposta:

a. L'allargamento del suffragio e le nuove necessità organizzative (Rokkan, Duverger);
b. Le forme di partito (Duverger);
c. Oligarchia e centralismo (Michels);
d. Riformismo e democrazia (Bernstein, Sorel).

❷ Scrivi un breve testo (max 60 righe), dal titolo *Socialisti, rivoluzionari e cattolici di fronte alla questione sociale*, seguendo la scaletta di argomenti proposta:

a. L'analisi della società industriale (Seconda Internazionale, Bernstein, *Rerum novarum*);
b. Il rapporto tra operai e capitalisti: tra lotta di classe e conciliazione (Seconda Internazionale, Sorel, *Rerum novarum*);
c. Le forme organizzative degli operai (Duverger, Seconda Internazionale, Bernstein, *Rerum novarum*, Scoppola);
d. Gli strumenti di lotta (Duverger, Seconda Internazionale, Bernstein, Sorel);

e. Miti, ideologie e fede della classe operaia (Bernstein, Sorel, *Rerum novarum*, Scoppola).

❸ **Dopo aver letto il documento tratto dall'enciclica *Rerum novarum* [147DOC] e il brano di Scoppola [148], rispondi alle seguenti domande citando opportunamente i testi:**

a. Qual era la finalità dell'enciclica papale? A chi si rivolgeva?
b. Quali risposte dava la Chiesa alla disgregazione sociale prodotta dal capitalismo?
c. Che immagine della società doveva imporsi a ogni credente?
d. In che modo l'ideale corporativo contenuto nel documento papale fu oggetto di dibattito tra i cattolici?
e. Come fu accolto lo sviluppo del sindacalismo cattolico all'interno della Chiesa?

❹ **Bernstein [145DOC] e Sorel [146DOC] rappresentano due prospettive diverse del socialismo rispetto al tema della rivoluzione. Dopo aver letto i due documenti di cui sono autori, rispondi alle seguenti domande citando opportunamente i testi:**

a. Chi tra i due sostiene l'ipotesi rivoluzionaria? Quali argomenti adduce a favore della sua tesi?
b. Come dovrà attuarsi la rivoluzione?
c. Chi è contrario all'ipotesi rivoluzionaria? Perché?
d. Quali alternative propone alla rivoluzione?

Rielaborare e Argomentare

❺ **Redazione di un tema di ambito storico-politico. *Il movimento socialista all'inizio del '900***

L'affermazione dei partiti socialisti nella scena politica del primo '900 significò da una parte il rafforzamento del movimento operaio e delle lotte sociali di cui essi si fecero interpreti, dall'altra il progressivo abbandono dell'impostazione rivoluzionaria del marxismo in favore di un atteggiamento riformistico all'interno delle istituzioni. Ricostruisci, in un testo scritto, i caratteri e i protagonisti di tale evoluzione, esprimendo infine la tua opinione a riguardo.

Documenti: Seconda Internazionale [144DOC], Bernstein [145DOC], Sorel [146DOC]
Immagini: pp. 510, 511
Brani storiografici: Duverger [142]
Capitoli: **16.7-8**

❻ **Dopo aver letto tutti i brani contenuti in questa sezione, scegli tra le seguenti posizioni, relative alla funzione storica e politica dei partiti nel '900, quella che ritieni maggiormente condivisibile e argomenta la tua risposta in un breve testo (max 20 righe):**

a. L'importanza dei partiti nella nuova società di massa si riscontra non solo nell'ambito specifico della lotta politica ma anche in quello della formazione culturale dei suoi membri, che ne ricavano una vera e propria identità partitica.
b. I partiti politici del '900 si configurano progressivamente, e con il crescere delle loro dimensioni, come delle strutture formalmente oligarchiche e centralistiche, in cui il controllo democratico della base sui vertici viene di fatto annullato.
c. Con l'allargamento del suffragio e l'ingresso delle masse nella scena politica, i partiti divennero l'unico strumento in grado di organizzare e disciplinare i nuovi soggetti all'interno delle regole della democrazia e della rappresentanza.

La questione femminile

Il massiccio ingresso delle donne in molti settori lavorativi fu uno dei più rilevanti effetti della rivoluzione industriale e costituì un tratto caratteristico della società europea tra la fine dell'800 e l'inizio del '900. Nel brano che apre questa sezione, la storica statunitense **Joan Wallach Scott** [149] analizza questo fenomeno e confronta i nuovi caratteri del lavoro femminile con quelli tipici dell'età preindustriale. La conferenza tenuta da **Beatrice Webb** [150DOC] nel 1896 costituisce un limpido esempio del dibattito politico che si sviluppò, in seno al movimento operaio, riguardo alla linea da seguire per tutelare le donne lavoratrici.
Il nuovo ruolo che le donne cominciavano a svolgere nel mondo del lavoro fu, a sua volta, all'origine di cambiamenti nelle gerarchie sociali e di una sempre più forte domanda di partecipazione femminile alla politica. Il brano della studiosa inglese **Sheila Rowbotham** [151] descrive l'esperienza delle organizzazioni suffragiste inglesi e i loro difficili rapporti con gli esponenti delle forze politiche, comprese quelle di ispirazione socialista. Un'altra storica, **Anna Rossi Doria** [152], prende invece in esame il caso italiano, analizzando alcune tappe del lungo cammino che avrebbe condotto alla concessione del voto alle donne. L'ultimo brano, di **Gisela Bock** [153], si sofferma invece sui rapporti tra i movimenti femministi e i primi interventi dello Stato in campo assistenziale.

149

J.W. Scott
Il lavoro delle donne

J.W. Scott, *La donna lavoratrice nel XIX secolo*, in *Storia delle donne. L'Ottocento*, a c. di G. Duby e M. Perrot, Laterza, Roma-Bari 1991, pp. 355-66

■ La storica statunitense Joan Wallach Scott (nata nel 1941) si è occupata a lungo delle condizioni del lavoro femminile in epoca industriale ed è autrice di numerose opere importanti su questo argomento (in particolare *Donne, lavoro e famiglia nell'evoluzione della società capitalistica*, pubblicato insieme con Louise Tilly nel 1978); nelle pagine che seguono, tratte dal saggio *La donna lavoratrice nel XIX secolo* (1991), Scott analizza il diffondersi nel corso del XIX secolo dello stereotipo negativo, o comunque ambiguo sul piano dei valori, della donna che lavorando fuori di casa tradisce la propria «femminilità» e i tradizionali doveri domestici e materni.

La donna lavoratrice ha acquisito uno straordinario rilievo nel corso del XIX secolo. Naturalmente, essa esisteva da molto prima dell'avvento del capitalismo industriale [...]. Ma nel XIX secolo fu osservata, descritta e documentata con un'attenzione senza precedenti, dato che i contemporanei discutevano dell'appropriatezza, della moralità, e addirittura della legalità delle sue attività salariate. [...]

La rilevanza della donna lavoratrice derivò dal fatto che era percepita come un problema, un problema di recente creazione e che doveva essere urgentemente risolto. Questo problema coinvolgeva il significato stesso della femminilità e la compatibilità fra femminilità e salario; era posto e discusso in termini morali e categorici. [...]

Questa versione dei fatti poneva l'origine del problema, rappresentato dalle donne lavoratrici, nel trasferimento della produzione dal nucleo domestico alla fabbrica nel corso dell'industrializzazione. Si riteneva che mentre nel periodo preindustriale le donne avessero combinato con successo l'attività produttiva e la cura dei figli, il lavoro e la vita familiare, il presunto mutamento del luogo di lavoro avesse reso difficile, se non impossibile, questa combinazione. Di conseguenza, si diceva, le donne potevano lavorare solo per brevi periodi della loro vita, ritirandosi dall'impiego salariato dopo essersi sposate o dopo aver avuto un bambino [...].

Benché il modello di lavoro casalingo certamente descriva un aspetto della vita lavorativa del XVII e XVIII secolo, esso appare troppo semplificato. Nel periodo precedente l'industrializzazione le donne già lavoravano regolarmente fuori casa. Donne sole o sposate vendevano le merci nei mercati, guadagnavano denaro come piccole commercianti e venditrici ambulanti, si offrivano come braccianti occasionali, bambinaie o lavandaie, facevano ceramiche, sete, merletti, vestiti, oggetti di metallo, ferramenta, tessuti, e stampavano le tele di cotone nei laboratori. Se il lavoro era in conflitto con la cura dei bambini, le madri mandavano i neonati dalle balie o da altre persone che se ne occupavano [...].

Questa descrizione caratterizza anche il periodo di industrializzazione del XIX secolo. In questo periodo, come nel passato, la forza lavoro femminile era composta, in modo schiacciante, da giovani indipendenti, sia nel campo più «tradizionale» dei servizi domestici, sia nel settore emergente della manifattura tessile. Nella maggior parte dei paesi industrializzati dell'Occidente, il servizio domestico superava il lavoro tessile come impiego femminile. [...]

Il fatto che i contemporanei e gli storici abbiano focalizzato l'impatto esercitato dall'industria tessile sul lavoro femminile attirò una enorme attenzione; tuttavia il tessile non fu mai, nel corso del XIX secolo, il settore di occupazione principale delle donne. Invece, molte donne lavoravano nei settori «tradizionali» dell'economia più che nelle fabbriche. [...]

Non c'è una forte prova in favore della tesi che l'industrializzazione abbia causato una separazione fra la famiglia e il lavoro, costringendo le donne a scegliere fra i compiti domestici e il salario. [...] Piuttosto, sembrerebbe che una serie di ipotesi sul valore del lavoro femminile abbia informato le decisioni dei datori di lavoro (sia nel XVIII che nel XIX secolo) abbastanza indipendentemente da considerazioni sul settore di lavoro. Dove lavorassero le donne e che cosa facessero non è il frutto di qualche inesorabile processo industriale, ma, almeno in parte, il risultato di calcoli sul costo del lavoro. Sia nel settore tessile, delle calzature, della sartoria o della stampa, sia associato con la meccanizzazione, la parcellizzazione della produzione, o la razionalizzazione dei processi lavorativi, l'inserimento delle donne significava che i datori di lavoro avevano deciso di risparmiare sul costo del lavoro. [...]

L'identificazione del lavoro femminile con certi tipi di compiti e con il lavoro mal pagato venne formalizzata e istituzionalizzata in modi diversi nel corso del XIX secolo, al punto da divenire assiomatica, un fatto di senso comune. [...] Gli studi di riformatori, medici, legislatori e statistici, naturalizzarono i «fatti» così come la politica di molte associazioni sindacali, che consideravano scontato il minor valore, dal punto di vista della produzione, delle lavoratrici. [...] In questo numeroso coro concorde, le voci di dissenso di qualche femminista, leader sindacale e socialista incontrarono le loro difficoltà a farsi sentire.

GUIDA ALLA LETTURA

❶ Quali attività erano svolte dalle donne nell'età pre-industriale? ❷ In che modo la rivoluzione industriale cambiò la percezione pubblica delle donne lavoratrici? ❸ Quali rischi erano attribuiti nel XIX secolo alla diffusione del lavoro femminile? ❹ Che cosa comportava, dal punto di vista imprenditoriale, l'impiego della forza-lavoro femminile?

150DOC

Beatrice Webb
La regolamentazione del lavoro femminile

B. Webb, *La regolamentazione del lavoro femminile*, in *Antologia del pensiero socialista*, vol. III, *La Seconda Internazionale*, a c. di A. Salsano, Laterza, Roma-Bari 1981, pp. 395-400

Beatrice Potter (1856-1943), moglie di Sidney Webb, fu, con il marito, una delle figure di spicco della Fabian Society, un'organizzazione socialista inglese fondata nel 1884 che, a partire dal rifiuto tanto della prospettiva marxista-rivoluzionaria quanto dell'ipotesi anarchica, propugnava una concezione riformista e gradualista. In questo brano, tratto da una conferenza del 1896, Beatrice Webb prende in esame la legislazione sul lavoro delle donne e gli effetti di una sua estensione sull'occupazione femminile, contestando l'idea, piuttosto diffusa in quel tempo, che un aumento delle donne occupate nelle fabbriche avrebbe prodotto una diminuzione dei salari. Il brano dà inoltre conto del rilievo assunto dalla presenza delle donne nelle fabbriche della Gran Bretagna e del dibattito che, a partire da questa situazione, cominciava ad avviarsi alla fine dell'800.

I veri nemici della donna lavoratrice non sono gli uomini, che insistono sempre per più alti salari, ma le «dilettanti» del loro sesso. Finché ci sono donne sposate o non sposate, desiderose e capaci di prendere del lavoro a casa e di farlo negl'intervalli di un'altra professione, il lavoro domestico, non ci tireremo mai fuori da quel circolo vizioso per cui bassi lavori portano a cattivo lavoro, e cattivo lavoro costringe a bassi salari. Il solo rimedio pratico per questa disastrosa concorrenza è l'estensione della legislazione di fabbrica, con la sua rigorosa limitazione dell'orario di lavoro femminile, a tutto il lavoro manifatturiero, ovunque prestato. Non è pura coincidenza che la sola grande industria in cui le donne prendono gli stessi salari degli uomini – la tessitura del cotone nel Lancashire – è la sola in cui una precisa regolamentazione legale dell'orario di lavoro femminile ha comportato l'assoluta esclusione della dilettante occasionale. Nessuna donna sarà assunta in un cotonificio se non è pronta a svolgere l'intero orario di lavoro, a venire regolarmente ogni giorno, e a mettere tutte le sue energie nel lavoro. [...]
Abbiamo detto che la scelta di operai uomini o donne è in realtà determinata dalla natura del processo industriale. [...]
Questa evoluzione dell'industria porta inevitabilmente a un aumento della domanda di lavoro femminile. Non appena noi sostituiamo la fabbrica, col suo uso della forza vapore e la produzione su larga scala, all'antro del lavoratore supersfruttato o al laboratorio domestico, otteniamo quella divisione del lavoro e applicazione di macchinario che favorisce direttamente l'occupazione femminile [...]. L'aumento non è stato corrispondente al numero delle donne che lavorano in condizioni di supersfruttamento, non soggette a regolamentazione del lavoro. Prima avevamo un uomo che lavorava a domicilio e si serviva della moglie e della figlia per aiutarlo a qualsiasi ora. [...] Di fatto, il risultato, con la divisione del lavoro nelle grandi fabbriche [...], il risultato è stato la sostituzione di molte migliaia di addetti donne indipendenti e regolarmente occupate alle poche centinaia di coadiuvanti non pagate. [...] Quelle signore bene intenzionate che, opponendosi all'estensione della legislazione di fabbrica, tengono in vita il laboratorio domestico e il supersfruttamento, stanno positivamente limitando la sfera dell'occupazione femminile. La «libertà» della povera vedova di lavorare nella sua stanza da letto «per tutte le ore del Signore», e il privilegio della moglie d'integrare il salario di un marito ubriacone lavorando a casa, in verità, sono acquistate a prezzo dell'esclusione da una regolare occupazione in fabbrica di migliaia di «donne indipendenti». [...]
Tutto un secolo di esperienza dimostra che dove la soluzione del problema delle condizioni di vita del salariato è lasciata alla «libera concorrenza» e alla contrattazione individuale tra padrone e operaio, la «libertà» di quest'ultimo è illusoria. [...]
Tutte queste considerazioni generali valgono a maggior ragione per le donne salariate rispetto agli uomini. Le donne sono molto meno protette nel mercato del lavoro e molto meno in grado d'imporre attraverso il tradunionismo le loro norme comuni. [...]
L'effetto uniforme della legislazione di fabbrica in passato, incoraggiando il macchinismo, la divisione del lavoro e la produzione su larga scala, è stato di accrescere l'occupazione delle donne e di migliorare notevolmente la loro posizione sul mercato del lavoro. In questo stesso momento, la mancata applicazione della legislazione di fabbrica nei laboratori domestici limita positivamente la domanda di operaie nell'industria tessile. [...] Il vero nemico della lavoratrice non è l'addetto maschio specializzato, ma la non specializzata e dimidiata donna «dilettante» che fa male il suo lavoro sia nel laboratorio sia in casa. La regolamentazione legale del lavoro femminile è necessaria per proteggere le lavoratrici professioniste indipendenti contro i loro nemici che appartengono allo stesso sesso. Senza questa regolamentazione, è futile parlare dell'eguaglianza tra uomini e donne. Con questa regolamentazione, l'esperienza c'insegna che le donne possono farsi strada in certe occupazioni fino a raggiungere l'abilità di un uomo, il salario di un uomo e il senso di personale dignità e d'indipendenza di un uomo.

GUIDA ALLA LETTURA

❶ Chi sono le lavoratrici «dilettanti»? Perché vengono definite i «veri nemici della donna lavoratrice»? ❷ Quali effetti avrebbe l'estensione della legislazione di fabbrica a tutto il lavoro manifatturiero? ❸ Che cosa favorisce, secondo l'autore, l'occupazione femminile? ❹ Quale immagine della condizione e dei diritti lavorativi delle donne emerge dal documento?

151

Sh. Rowbotham
Le suffragette

Sh. Rowbotham, *Esclusa dalla storia*, Editori Riuniti, Roma 1977, pp. 128-40

■ Sheila Rowbotham (nata nel 1943), studiosa britannica che si è occupata a lungo della storia dell'emancipazione femminile, illustra in queste pagine, tratte da un libro del 1974, l'evoluzione del movimento per il voto delle donne in Inghilterra nel periodo compreso tra l'inizio del secolo e la prima guerra mondiale [👁 16 STORIA•SOCIETÀ•CITTADINANZA].

Il movimento per il voto fu certamente di origine borghese ma ricevette senza dubbio il sostegno delle operaie [...].
La maggior parte delle suffragette ritenevano che il cambiamento sarebbe scaturito dalle riforme che avrebbero ottenuto in parlamento. [...]
A partire dal 1906 il Labour party fu diviso sulla tattica per ottenere il suffragio femminile. Sebbene in teoria ritenessero giusto il voto alle donne, molti membri del partito non riuscivano a decidere se dovevano sostenere una misura limitata come quella proposta dalla Wspu[1] (concedere il voto alle donne capofamiglia), oppure il suffragio maschile adulto, che avrebbe esteso il diritto di voto agli uomini che ne erano ancora esclusi (soldati, domestici di famiglia e figli di proprietari), oppure battersi per un risanamento complessivo di tutte le anomalie nel sistema di suffragio. [...]
Anche il Liberal party era diviso. La maggioranza del partito credeva nel principio del voto alle donne [...]. Tuttavia nel consiglio dei ministri esisteva una corrente, comprendente [...] Lewis Harcourt che si opponeva virulentemente al voto alle donne, in qualsiasi forma. [...]
In senso più generale, le donne furono costrette a entrare in conflitto con lo Stato per comprendere la falsità del mito dell'imparzialità della legge. Venivano processate e condannate da uomini. Non partecipavano alla creazione delle leggi. Erano protette soltanto entro i limiti dell'autorità maschile, erano appendici del padre o del marito. Superato quel limite erano completamente aliene da diritti. [...]
Quando erano in prigione, alle suffragette non venivano concessi i privilegi dei detenuti politici. Erano i primi membri della borghesia ad andare in galera in gruppo e, con l'eccezione dei socialisti, le prime a scontrarsi violentemente con la polizia. [...]
Le donne appartenenti alle classi superiori ricevevano un trattamento preferenziale in prigione [...]. Per evitare questo Lady Constance Lytton si vestì da cucitrice e guidò nel 1910 una manifestazione attraverso le strade di Liverpool. Arrestata, iniziò uno sciopero della fame e fu nutrita a forza senza un esame cardiaco. Stette molto male e fu anche picchiata dal medico della prigione. Ne fu lesa in modo permanente e restò paralizzata per il resto della sua vita. Se fosse stata davvero una cucitrice sarebbe passata inosservata, ma quando la sua identità venne scoperta ci fu uno scandalo. [...]
Nel novembre 1911 [...] la lotta ricominciò; ma questa volta le donne attaccarono scrupolosamente e sistematicamente la proprietà. Furono spaccate le finestre di tutto il West End, comprese quelle del numero dieci di Downing Street. Le compagnie di assicurazioni cominciarono a preoccuparsi. Il governo replicò con l'accusa di cospirazione, che contemplava pene più severe.
L'*escalation* della lotta, dall'interruzione dei comizi, allo scontro con la polizia, alla distruzione della proprietà, non sembra aver fatto parte di una strategia a lungo termine. [...] Le donne sembravano capaci di sacrifici dimostrativi continuati, e sapevano scegliere i propri bersagli. Ad esempio il 13 giugno 1911 due donne vennero scoperte nascoste vicino alla casa dell'odiato Lewis Harcourt, con una latta di benzina, grimaldelli e diamanti tagliavetro. I bersagli non li sceglievano solo per odio personale ma per il loro significato simbolico. [...]
Nel 1912, su indicazione di Christabel[2], ci fu un cambiamento nella politica della Wspu. Le suffragette si isolarono deliberatamente, tagliando gli ultimi legami con i loro sostenitori nel movimento operaio [...]. Inoltre l'attacco alla proprietà raggiunse una nuova fase quando le suffragette passarono dalle scritte sui muri e dalle finestre rotte agli incendi dolosi. Non sognavano più l'arresto e il martirio ma cercavano invece di fare quanti più danni potevano, nell'evidente convinzione che le forti pressioni delle società assicuratrici avrebbero spinto il governo a cedere. A partire dal 1912 la Wspu fu in pratica un'organizzazione illegale, con il suo quartier generale a Parigi e le sue attiviste che operavano nella clandestinità.
Le tattiche della Wspu avevano così compiuto un ciclo completo: da movimento che intendeva convincere il nuovo Labour party a sostenere il voto alle donne, era divenuta un'organizzazione clandestina che compiva azioni dimostrative [...] mirando unicamente con le sue azioni a dividere la classe maschile dominante.

[1] Women's Social and Political Union, fondata nel 1903 da un gruppo di donne dell'Indipendent Labour Party, tra cui Emmeline Pankhurst (1858-1928).

[2] Christabel e Sylvia Pankhurst, figlie di Emmeline, furono entrambe impegnate nel movimento suffragista.

GUIDA ALLA LETTURA

❶ A quali classi sociali appartenevano le donne impegnate, in Inghilterra, nel movimento per il voto? ❷ Che cos'era la Wspu? Chi la guidava? ❸ Quali forme di rivendicazione e protesta adottarono le suffragette? ❹ Che trattamento ricevevano in carcere le attiviste arrestate?

152

A. Rossi Doria
Le battaglie per il voto alle donne in Italia

A. Rossi Doria, *Il voto alle donne in Italia*, Giunti, Firenze 1996, pp. 80-87

■ La storica italiana Anna Rossi Doria (nata nel 1938) ha ricostruito, in un libro uscito nel 1996, il lungo e contrastato cammino del voto alle donne in Italia [👁 **16** STORIA•SOCIETÀ•CITTADINANZA]. In questo brano sono ricordati alcuni dei più importanti tra i progetti elaborati nel periodo dall'unità all'avvento del fascismo per introdurre forme anche parziali di suffragio femminile: progetti che restarono inattuati, scontrandosi con il diffuso pregiudizio maschile che negava alle donne la piena capacità giuridica e politica. Le proposte di riforma vertevano in particolare sul voto amministrativo, rispetto al quale erano molto meno forti le resistenze all'inserimento delle donne. Nonostante questo, però, neanche nelle elezioni amministrative le italiane poterono mai esercitare il diritto di voto prima del 1946, quando parteciparono prima alle elezioni amministrative, poi alle elezioni per la Costituente e al referendum istituzionale.

Il movimento suffragista giunge al culmine, sia in Europa che negli Stati Uniti, negli anni che vanno dagli inizi del secolo alla prima guerra mondiale, con una crescita sia dei collegamenti internazionali [...], sia delle organizzazioni nazionali: in Italia per la prima volta e per breve tempo si alleano le associazioni femministe di area cattolica, socialista e liberale. Questo sviluppo non si rispecchia nei lavori parlamentari, che continuano a essere contrassegnati dalla tradizionale indifferenza al problema.
In favore del progetto di legge del repubblicano Mirabelli sul voto politico alle donne, presentato nel 1904 e discusso dalla Camera nel dicembre 1905, viene presentata dal Comitato nazionale prosuffragio femminile nel marzo 1906 una nuova petizione al parlamento [...]. L'aveva redatta, ancora una volta, l'anziana Mozzoni[1] [...].
Le firmatarie della "Petizione delle donne italiane per il voto politico e amministrativo" del 1906, analizzando il contrasto fra la perdita da parte delle donne delle vecchie garanzie di tutela e la loro assenza di diritti nella società liberale, rivendicano il diritto di voto perché «tutto ci ha ormai persuaso che la giustizia [...] non riguarda che gli elettori e non si estenderà fino a noi se non quando e in quanto saremo elettrici [...] perché siamo cittadine, perché paghiamo tasse e imposte, perché siamo produttrici di ricchezza, perché paghiamo l'imposta del sangue nei dolori della maternità, perché infine portiamo il contributo dell'opera e del denaro al funzionamento dello Stato». [...]
Il movimento suffragista nel frattempo si intensifica: nel 1906 [...] a Torino nasce, su iniziativa di Emilia Mariani, il Comitato pro-voto [...]. Tra il 1906 e il 1911, i numerosi comitati analoghi, sebbene basati su equilibri interni fragili, vedono la prima forma di collaborazione concreta tra organizzazioni emancipazioniste idealmente molto diverse. [...]
L'elemento di maggior debolezza del movimento per il voto alle donne è in questi anni rappresentato dall'incerto e ambiguo atteggiamento nei suoi confronti del Psi, che limita anche l'impegno suffragista di molte sue militanti, polemizzando contro il femminismo borghese che frena la battaglia dei proletari per il suffragio universale, ma in realtà temendo il voto conservatore delle donne. [...]
Si tengono intanto i congressi suffragisti di Roma nel 1911 e di Torino nel 1912, fino al primo convegno nazionale prosuffragio, che si svolge a Roma nel dicembre 1914. Allo scoppio della guerra, [...] il voto alle donne, sebbene il movimento suffragista si sia dopo la guerra di Libia diviso e indebolito, sembra a molte sue militanti imminente. Ad apparente conferma di ciò, nell'immediato dopoguerra la battaglia sembra vinta. [...] È approvato [...] l'ordine del giorno Sichel che impegna il governo ad ammettere le donne al voto politico e amministrativo e infine viene votata a grande maggioranza la proposta di legge Martini e Gasparotto che realizza questo principio [...].
La chiusura anticipata della legislatura impedisce il passaggio della legge Martini-Gasparotto al Senato, ma ancora nel 1920 vengono presentati tre disegni di legge sul voto alle donne [...].
Le conquiste del primo dopoguerra vennero interpretate in periodo fascista come un compenso per l'opera di assistenza svolta durante la guerra dalle associazioni femminili e femministe: un modo per ribadire il ruolo familiare, "organico", della donna, e nasconderne lo sviluppo individuale, molto cresciuto durante la guerra specialmente per l'inserimento di grandi masse femminili nel lavoro produttivo. [...] Agli inizi del fascismo, [...] il voto amministrativo, limitato ad alcune categorie di donne, viene finalmente varato: Mussolini [...] incarica il sottosegretario alla presidenza del consiglio, Acerbo, della preparazione di un progetto di legge sull'elettorato amministrativo alle donne che abbiano compiuto l'obbligo scolastico, alle madri di caduti in guerra e alle decorate, con l'esclusione delle prostitute.
Il progetto Acerbo [...] diventa il 22 novembre 1925 la prima legge italiana sul voto amministrativo alle donne, ma si tratta di una legge beffa, che non sarà mai applicata per l'introduzione, già prevista, del regime podestarile, che eliminava qualsiasi base elettiva dalle amministrazioni comunali.

[1] Anna Maria Mozzoni (1837-1920). Scrittrice e politica di orientamento socialista, si dedicò soprattutto ai problemi relativi all'emancipazione femminile [👁 **16.9** PERSONAGGI].

GUIDA ALLA LETTURA

❶ Perché le firmatarie della «Petizione» del 1906 rivendicavano il diritto di voto? ❷ Quale posizione ebbe il Psi in merito alla questione del voto alle donne? ❸ Durante il fascismo furono varate leggi che estendevano il voto alle donne? Con quali effetti?

153

G. Bock
Donne e diritti sociali

G. Bock, *Povertà femminile, maternità e diritti della madre nell'ascesa dello Stato assistenziale (1890-1950)*, in *Storia delle donne. Il Novecento*, a c. di G. Duby e M. Perrot, Laterza, Roma-Bari 1992, pp. 416-20

■ La storica e femminista tedesca Gisela Bock (nata nel 1942), una delle maggiori studiose di storia delle donne (è autrice tra l'altro del volume *Le donne nella storia europea*, pubblicato nel 2001), analizza in questo saggio le riforme realizzate negli Stati occidentali, negli anni a cavallo tra '800 e '900, che introdussero le prime forme di assistenza alla maternità e di tutela per le madri. La studiosa sottolinea gli stretti nessi che intercorsero tra i primi movimenti delle donne e i primi interventi dello Stato in campo assistenziale. Le battaglie delle donne per i diritti politici si svilupparono infatti in diretta relazione con quelle per i diritti sociali e contribuirono allo sviluppo dello Stato assistenziale, i cui effetti peraltro si sarebbero dispiegati completamente dopo la seconda guerra mondiale.

Sebbene gli Stati assistenziali moderni si siano realizzati in tempi diversi e con mezzi differenti, essi raggiunsero un notevole grado di somiglianza dopo la seconda guerra mondiale. Se molteplici erano le riforme che li costituivano, il loro nucleo centrale comprendeva l'assistenza statale a coloro la cui povertà era dovuta all'impossibilità di mantenersi con il proprio lavoro a causa di incidenti, malattia, vecchiaia e disoccupazione. [...] Si riteneva che queste persone avessero il diritto sociale – garantito dallo Stato – di essere mantenute, e che tale diritto sociale derivasse loro dai diritti politici di cittadini e dal contributo fornito alla società in quanto avevano lavorato per un salario o per altre forme di reddito [...]. Ma fino alla prima guerra mondiale solamente gli uomini erano cittadini. [...] La maggior parte delle riforme assistenziali «erano dirette al lavoratore maschio, piuttosto che alle donne e ai bambini, che erano stati i principali beneficiari in precedenza dell'assistenza ai poveri». [...]
Dalla fine del XIX secolo le battaglie delle donne per i diritti politici e sociali, per il diritto di cittadinanza e per l'assistenza, furono strettamente collegate e i movimenti delle donne concentrarono la loro attenzione [...] sui bisogni e sugli interessi delle donne delle classi inferiori e sulla povertà femminile. [...] Ovunque i membri delle classi medie che facevano parte dei movimenti delle donne iniziarono ad occuparsi della povertà femminile [...]. La povertà femminile era aggravata dai rischi tipici della vita della donna: la maternità, specie nel caso di madri con molti figli, e la non disponibilità, o la perdita, temporanea o permanente, del reddito del marito. Questi gruppi di donne divennero il principale oggetto dell'attenzione femminista verso la maternità: le madri non sposate, le mogli, con o senza lavoro, della classe operaia, le operaie, le vedove e le mogli abbandonate. Inoltre le rivendicazioni femministe si riferivano alla maternità in sé, senza badare all'effettiva povertà delle donne, alla loro condizione lavorativa e coniugale, poiché sostenevano che questi specifici gruppi di madri erano versioni estreme di una condizione femminile universale, quella di essere madre (o di averne la potenzialità) e di dipendere dagli uomini (con o senza un salario familiare) per la propria sussistenza e per quella dei figli. Questa attenzione femminista nei confronti dell'assistenza alle madri, che può essere definita «maternalismo femminista» o «femminismo materno», si basava sull'assunto che la maternità non fosse semplicemente un «problema particolare» o una questione isolata, bensì la condizione unificante del sesso femminile; tale femminismo [...] portò dalla rivendicazione dei diritti delle madri povere a quella dei diritti di tutte le madri.
In tale contesto, i movimenti delle donne lottavano per un tipo di Stato assistenziale e uno status di cittadinanza che riconoscessero i diritti e i bisogni legati non solo ai rischi del lavoro e della vita dei salariati maschi, ma anche delle madri, salariate e non. Tali movimenti avviarono e improntarono importanti leggi di assistenza, che tuttavia non realizzarono mai completamente le loro grandi speranze e le loro rivendicazioni. [...]
Nel cammino verso l'affermazione degli Stati assistenziali e nell'incontro tra le richieste delle donne e quelle di altri gruppi di pressione, le riforme sociali centrate sulla maternità spesso finirono per essere considerate più come una protezione (paternalista) che come un diritto (maternalista). Le vecchie e nuove rivendicazioni per un riconoscimento globale e sistematico della dignità economica, sociale e politica della maternità furono accettate di rado dai leader politici maschi. Vennero invece, da un lato, sostituite da una legislazione frammentaria per «gruppi con problemi particolari» e incorporate nei più vari contesti legislativi (legge sul lavoro, assicurazione sanitaria, assistenza ai poveri, leggi sulla famiglia, imposte sul reddito, ecc.); dall'altro, lasciarono il posto a riforme che occultavano i bisogni delle madri e delle donne dietro una legislazione apparentemente neutra dal punto di vista del sesso, che guardava specialmente ai figli e alle famiglie, spesso addirittura ai padri.

GUIDA ALLA LETTURA

❶ Quali soggetti erano tutelati dall'assistenza dello Stato fino alla prima guerra mondiale? ❷ In che modo i movimenti femministi di fine '800 affrontarono il problema dell'assistenza alle donne delle classi inferiori? ❸ Che cosa si intende con l'espressione «maternalismo femminista»? ❹ Quali forme di ridistribuzione della ricchezza furono rivendicate dai movimenti delle donne?

SVILUPPARE LE COMPETENZE

Comprendere e Analizzare

❶ Scrivi un breve testo (max 60 righe), dal titolo *I movimenti delle donne tra '800 e '900*, seguendo la scaletta di argomenti proposta:

a. I soggetti coinvolti (Webb, Rowbotham, Rossi Doria, Bock);
b. Il contenuto delle rivendicazioni (Webb, Rowbotham, Rossi Doria, Bock);
c. Le forme di lotta praticate (Rowbotham, Rossi Doria);
d. I rapporti con le forze politiche (Rowbotham, Rossi Doria).

❷ Dopo aver letto il documento di Webb [150DOC] e i brani di Scott [149], Rowbotham [151] e Bock [153], rispondi alle seguenti domande citando opportunamente i testi:

a. Quale immagine del lavoro di fabbrica emerge dal documento?
b. Che percezione della loro condizione avevano le donne lavoratrici?
c. In che misura le donne operaie parteciparono ai movimenti suffragisti?
d. Che relazione vi era tra le rivendicazioni dei diritti politici e quelle di carattere assistenziale?

Rielaborare e Argomentare

❸ Redazione di un saggio breve. *La condizione femminile nella società industriale*

Scrivi un saggio breve sul tema della condizione femminile nella società industriale. Attribuisci al saggio un titolo coerente con la tua trattazione, sapendo che costituirà il testo principale di un fascicolo di ricerca e documentazione destinato a studenti delle scuole medie. Organizza la trattazione suddividendola nei seguenti paragrafi:

a. Il lavoro delle donne nella società industriale;
b. Gli stereotipi sulla donna lavoratrice;
c. Diritti e salario delle lavoratrici di fabbrica;
d. La donna operaia: tra coscienza di classe e coscienza di genere.

Documenti: Webb [150DOC]
Immagini: p. 511
Brani storiografici: Scott [149], Rowbotham [151]
Capitoli: **16.9** e **16.9** PERSONAGGI

❹ Dopo aver letto tutti i brani contenuti in questa sezione, scegli tra le seguenti posizioni storiografiche, relative alle radici ideologiche del femminismo, quella che ritieni maggiormente condivisibile e argomenta la tua risposta in un breve testo (max 20 righe):

a. Alle origini del femminismo vi era una concezione organicista dei diritti politici delle donne, politicamente conservatrice e pertanto avversa all'impegno suffragista dei partiti socialisti.
b. I movimenti per il diritto di voto alle donne avevano un carattere essenzialmente borghese e mantennero una strategia politica riformatrice e gradualistica, nonostante il radicamento delle forme di lotta.
c. Il luogo di formazione della coscienza dei diritti delle donne fu la fabbrica, in cui si realizzarono le prime esperienze di lavoro e di agitazioni collettive, a fianco dei movimenti degli operai.

MODULO

6 NAZIONI, IMPERI, COLONIE

1839-42
Guerra dell'oppio tra Cina e Gran Bretagna

1861-65
Guerra di secessione americana

1862-90
Bismarck primo ministro della Prussia e poi cancelliere dell'Impero tedesco

1868
Inizio dell'era Meiji in Giappone

1869
Apertura del Canale di Suez

1870
Guerra franco-prussiana; sconfitta della Francia

1871
Nascita dell'Impero tedesco. Insurrezione di Parigi: la Comune

1876
La Sinistra al potere in Italia

1878
Indipendenza degli Stati balcanic[i] sancita dal congresso di Berlino

Horatio Kitchener
con il suo staff in India
1909

ANTEPRIMA

L'età degli imperi

Nell'ultimo volume della trilogia dedicata al «lungo '800», lo storico inglese Eric J. Hobsbawm definisce «età degli imperi» il periodo **dal 1875 al 1914**: un'epoca in cui l'espansione imperialista e coloniale raggiunse il suo apice, mentre si registravano molte altre significative trasformazioni politiche e sociali destinate a produrre effetti duraturi lungo tutto il corso del '900.
Le **conquiste coloniali** europee avevano caratterizzato tutta l'età moderna, in tempi diversi e con diversi protagonisti. Agli spagnoli e ai portoghesi, spintisi nelle Americhe nel '500, si erano aggiunti in seguito olandesi, inglesi e francesi, muovendosi sia verso l'America centrale e settentrionale, sia verso l'India e i grandi arcipelaghi asiatici. Il '700 aveva visto il grande scontro tra Gran Bretagna e Francia per il dominio dei mari e per i nuovi possedimenti in America settentrionale e in India, scontro terminato con il trionfo britannico nel 1763.
Alla fine dell'800, Francia e Gran Bretagna trovarono un accordo di fatto nella loro espansione imperialistica di fine '800 sia per il consolidamento dei possessi asiatici – in Indocina la Francia, in India e in Birmania il Regno Unito –, sia per la spartizione dell'Africa che si concluse col protettorato francese sul Marocco nel 1911 e con la successiva conquista italiana della Libia nel 1912.
Nel frattempo anche gli Stati Uniti e il Giappone si erano inseriti nella contesa imperialistica. Se i primi estesero la propria egemonia nei Caraibi, con il controllo di Cuba e del Canale di Panama, e si spinsero nel Pacifico annettendo le Hawaii e sottraendo alla Spagna le Filippine, l'impero giapponese – che aveva avviato il suo processo di modernizzazione nel 1868 – diede avvio a un'espansione territoriale a spese della Cina in Manciuria, Corea e nell'isola di Formosa.

Gli imperi continentali

Il quadro geopolitico vedeva profilarsi, accanto ai grandi imperi coloniali dei relativamente piccoli Stati europei, la presenza di due grandi entità, la Russia e gli Stati Uniti, estese su un intero continente, forti demograficamente e dotate di grandi riserve di materie prime. La **Russia** attraversava una fase

380-81 e 1899-1902
uerre boere in Africa

1884-85
Conferenza di Berlino per la spartizione dell'Africa centrale

1896
Sconfitta italiana ad Adua nella guerra d'Africa

1903-14
Età giolittiana in Italia

1904-5
Guerra russo-giapponese; sconfitta della Russia

1905
La «domenica di sangue» in Russia

1911
Rivoluzione in Cina

1914
Apertura del Canale di Panama

di crisi profonda legata alla struttura agricola arretrata, al ritardo nell'industrializzazione e a un sistema politico autocratico: elementi di debolezza confermati, sul fronte interno, dalla rivoluzione del 1905 e, su quello esterno, dalla drammatica sconfitta ad opera del Giappone nello stesso anno. Gli **Stati Uniti**, invece, superata la difficile prova della guerra civile (1861-65), si erano subito imposti sulla ribalta mondiale. I primi segni di questa ascesa erano allora appena percepiti ma via via avrebbero portato la potenza americana a dominare il mondo nel '900 e nei primi anni del secolo successivo: un dominio che proprio l'Unione Sovietica, l'erede della Russia imperiale, avrebbe cercato invano di contrastare.

La pacificazione europea

Una delle principali ragioni che consentirono, accanto allo sviluppo economico e industriale, la rinnovata espansione coloniale di fine '800 fu la pacificazione europea seguita alla **vittoria della Prussia sulla Francia nel 1870**. La guerra franco-prussiana chiudeva il conflitto secolare per l'egemonia nell'Europa continentale: dalla pace di Vestfalia (1648) infatti la frammentazione degli Stati tedeschi ai confini orientali del grande Stato unitario francese aveva garantito alla Francia un primato politico e geopolitico sul continente. La sconfitta ad opera dei prussiani e la nascita dell'Impero tedesco rovesciò i rapporti di forza affidando all'abile e determinato cancelliere tedesco **Bismarck** il ruolo di arbitro della politica europea. Bismarck esercitò questo ruolo stemperando gli attriti tra Austria e Russia nei Balcani, e contribuendo alla definizione di nuove regole per la spartizione dell'Africa, un continente nel quale anche i tedeschi ottennero le loro colonie negli anni '80 e '90.

Le guerre coloniali

Se per più di quarant'anni il continente europeo fu risparmiato dai conflitti tra le grandi potenze e conobbe solo le brevi guerre balcaniche del 1912-13, l'espansione coloniale fu accompagnata dall'indispensabile sostegno militare non solo nelle operazioni di conquista ma nella repressione delle numerose sollevazioni dei popoli colonizzati. Scontri e vere proprie guerre si ebbero in **Asia**: in India, nella Penisola indocinese, nelle Filippine e, a più riprese, in Cina. Qui le grandi potenze europee con gli Stati Uniti e il Giappone non si limitarono a intervenire per garantirsi il controllo degli scali marittimi e commerciali, ma cercarono anche di evitare il rafforzamento statale e militare del grande Impero cinese. Un obiettivo solo parzialmente raggiunto perché, con la rivoluzione del 1911 e la nascita della repubblica, la Cina avviò un lungo processo di liberazione dal controllo europeo e americano salvo rimanere, per tutta la prima metà del '900, sotto la costante minaccia del Giappone, divenuto la maggiore potenza militare e navale tra Manciuria, Corea e Nord-est cinese.

In **Africa** si possono contare, accanto a una miriade di episodi minori, tre momenti di forte conflittualità bellica. A sud le guerre boere (1880-81 e 1899-1902) che consentirono alla Gran Bretagna di ottenere il dominio del Sud Africa a spese degli antichi coloni olandesi; a est la dura sconfitta degli italiani ad Adua (1896) nella guerra contro l'Abissinia (l'Etiopia), l'unico Stato rimasto indipendente in Africa; infine la conquista italiana della Libia sottratta ai turchi nel 1912.

L'imperialismo e il "secolo europeo"

Quasi l'intera Africa, una parte rilevante dell'Asia – eccetto la Cina e il Giappone – e tutta l'Oceania erano, agli inizi del '900, sotto il controllo di quella parte d'Europa che rappresentava il **nucleo più**

sviluppato dell'economia mondiale e disponeva anche di una larga **supremazia tecnologica e culturale**. In nessun altro momento della sua storia millenaria l'Europa aveva esercitato un dominio così esteso sul resto del mondo.
Le ideologie imperialiste trovavano un largo sostegno tra i diversi ceti sociali nella diffusa convinzione di una superiorità culturale e razziale sui popoli di colore da sottomettere alla missione civilizzatrice europea. Da tutti i punti di vista si può parlare di quegli anni come del culmine del "secolo europeo" per eccellenza.

Elementi di crisi

Tuttavia, questi successi e il diffuso consenso che li accompagnava nell'opinione pubblica, non riuscivano ad occultare molti elementi di crisi. Non solo sul piano della politica internazionale europea, con le permanenti tensioni nei **Balcani** e quelle tra le diverse nazionalità della duplice monarchia d'Austria-Ungheria, ma anche nella politica interna, nelle contrapposizioni ideologiche e nei rapporti tra le classi rivali della nascente **società di massa**.
Come ha ricordato Hobsbawm nell'*Età degli imperi*, «fu un'èra di profonda **crisi d'identità e di trasformazione** profonda per una borghesia i cui tradizionali fondamenti morali si sgretolavano sotto il peso stesso della ricchezza e del benessere da essa accumulati». Il liberalismo borghese imboccò la via di un drammatico declino proprio quando raggiunse il suo apogeo «e a causa proprio delle contraddizioni insite in questa sua avanzata».

Un'Italia simile e diversa

L'Italia, la più recente e la più piccola delle potenze europee, attraversò negli anni dal 1870 al 1914 una fase per molti aspetti simile a quella degli altri grandi Stati dell'Europa continentale. Simile fu la tendenza alla democratizzazione e all'estensione del suffragio, simile la vocazione imperialista accompagnata dal sorgere delle correnti nazionaliste, e simili furono i contrasti politici interni con il rischio di derive autoritarie (come in Francia e in Germania). Diverse erano in realtà le basi economiche di partenza – con un reddito pro capite degli italiani che nel 1870 era la metà di quello britannico e l'80% di quello francese e tedesco –, con una profonda diversità nello sviluppo tra **Nord e Sud** e con tardivo avvio del processo di **industrializzazione** anche se in significativo recupero dalla fine dell'800.
Più alta degli altri paesi occidentali rimase la conflittualità sociale soprattutto nelle campagne mentre tardava ancora a trovare soluzione il **conflitto tra lo Stato italiano e la Chiesa cattolica** anche se, negli anni iniziali del nuovo secolo, fu avviato l'incontro – in chiave antisocialista – tra i liberali moderati e gli esponenti cattolici.
Anche l'Italia partecipava al diffondersi delle **tendenze antidemocratiche e antiparlamentari** presenti nei grandi paesi dell'Europa continentale, ma non conosceva le derive antisemite presenti in Francia, Germania e Austria.
L'Italia era ormai inserita a pieno titolo nella politica europea all'avvio del nuovo secolo e soprattutto alla vigilia di una guerra mondiale che avrebbe cancellato molte certezze e molte illusioni decretando il declino dell'Europa nel contesto internazionale e nei rapporti di forza mondiali.

ONLINE

Il libro
G. Volpe
L'Italia in cammino
e
B. Croce
Storia d'Italia dal 1871 al 1915

Il laboratorio dello storico
La fotografia

CAPITOLO

17 LE GRANDI POTENZE EUROPEE

1 Le potenze continentali

▶ 154
A.J.P. Taylor
L'Europa delle grandi potenze

Il ventennio 1850-70 fu caratterizzato da un elevato tasso di conflittualità e di instabilità: instabilità originata soprattutto dal tentativo della Francia di Napoleone III di riaffermare la sua posizione di massima potenza continentale (sullo scacchiere mondiale la superiorità britannica era fuori discussione), rovesciando il sistema uscito dal congresso di Vienna e contrapponendosi all'Impero asburgico, che di quel sistema era il cardine principale **[👁 11.1]**. Ma l'indebolimento dell'Austria, derivato da un sostanziale immobilismo politico e sociale **[👁 11.7]**, favorì l'ascesa della potenza prussiana. La crescita della Prussia e la sua aspirazione a riunire attorno a sé un grande Stato nazionale tedesco costituivano una minaccia intollerabile per la Francia, che dalla pace di Vestfalia del 1648 aveva fondato la sua egemonia continentale proprio sulla debolezza e sulla frammentazione politica della Germania: la strada dell'unità tedesca passava quindi inevitabilmente attraverso lo scontro con la Francia.

La Francia di Napoleone III

Nell'Europa di metà '800 la Francia di Napoleone III rappresentava un caso anomalo. Per molti aspetti, il nuovo regime (instaurato nel 1852) – che pure ricalcava le forme istituzionali del primo Impero napoleonico – inaugurò un modello politico di nuovo genere, che da allora fu detto **"bonapartismo"**. Nel bonapartismo l'omaggio formale al principio della sovranità popolare – espressa attraverso i plebisciti – legittimava un potere fondato in realtà sulla forza delle armi, il **centralismo autoritario** si univa a una certa dose di riformismo sociale e il conservatorismo si mescolava con la demagogia: tutti elementi che ritroveremo in molti regimi autoritari tipici delle moderne società di massa. L'autoritarismo e il centralismo di **Napoleone III** si fondavano su un vasto **consenso popolare**, fondato anche sulla tradizione napoleonica che si manteneva viva in tutta la Francia. Oltre al sostegno delle campagne l'imperatore cercò e ottenne quello della borghesia urbana, del mondo degli affari, della finanza e dell'industria. Questa **borghesia** fu, negli anni del Secondo Impero, attiva e influente come non era mai stata prima. Le costruzioni ferroviarie e le grandi opere pubbliche promosse dal regime svolsero la funzione di motore dello **sviluppo**, sia per l'edilizia sia per i settori di punta come il siderurgico e il meccanico.

Ma la tradizione bonapartista portava inevitabilmente la Francia a intraprendere **una politica estera ambiziosa e aggressiva**. La prima occasione fu la **guerra di Crimea**, quando Gran Bretagna e Francia si impegnarono a difendere l'Impero ottomano dall'espansionismo russo. Nell'estate del 1854 una flotta anglo-francese penetrò nel Mar Nero: gli eserciti alleati sbarcarono nella penisola di Crimea e posero l'assedio alla piazzaforte russa di Sebastopoli [👁 ATLANTE_46]. La guerra, alla quale partecipò anche il Piemonte con un corpo di spedizione, si risolse nel lunghissimo assedio di Sebastopoli, durato circa un anno e conclusosi nel settembre 1855 con la caduta della città. Il successivo **congresso di Parigi** confermò la neutralizzazione del Mar Nero, stabilendo che restasse chiuso alle navi da guerra di tutti i paesi, compresa la Russia. L'Impero ottomano vide garantita la sua integrità

Parola chiave
Potenza

ONLINE

ATLANTE 46_LA GUERRA DI CRIMEA (1853-55)

William Simpson
La "carica dei Seicento" durante la battaglia di Balaklava
1855
[Library of Congress, Washington, D.C.]

Il 25 ottobre del 1854 a Balaklava, durante la guerra di Crimea, una brigata di cavalleria leggera inglese diede l'assalto ad alcune postazioni di artiglieria russe, attestate in una stretta valle. L'episodio, passato alla storia come la "carica dei Seicento", provocò la morte di quasi la metà dei cavalieri inglesi. Quello che allora apparve come un gesto di audacia e di valore militare fu in realtà la dimostrazione che la cavalleria era stata superata come arma efficace di sfondamento. La "carica dei Seicento" è stata rappresentata in molte opere letterarie, pittoriche e cinematografiche. In questa litografia, il generale Lord Cardigan, alla testa della brigata di cavalleria inglese, al centro della valle, guida i suoi uomini all'attacco dell'artiglieria russa, sulla sinistra. In primo e terzo piano, sulle colline, altri reparti di artiglieria russa sparano sugli inglesi, mentre sulla sinistra, in primo piano, la cavalleria russa attende pronta al contrattacco.

e confermata la sua sovranità nominale sui Principati autonomi di Serbia, Moldavia e Valacchia: questi ultimi due si sarebbero uniti nel 1859 per formare il nuovo Stato di **Romania**.

Una seconda occasione fu quella della vittoriosa **guerra all'Austria** al fianco del Piemonte cavouriano nel 1859 [👁 13.3]. Ma il risultato principale della guerra – la formazione di uno Stato nazionale italiano sotto la guida del Piemonte – fu ben lontano dai progetti di Napoleone III, che mirava a subentrare all'Austria come potenza egemone in un'Italia che doveva rimanere divisa.

La debolezza dell'Impero d'Austria

Dopo le rivoluzioni del '48-49, l'Impero asburgico si riorganizzò sulla base del vecchio sistema assolutistico. Del resto, nonostante il persistere dei contrasti di nazionalità – che erano stati aggravati dalle vicende del '48 – il potere imperiale poteva contare sul sostegno della maggioranza dei contadini, favoriti dall'abolizione della servitù della gleba, e su quello della Chiesa cattolica. Appoggiandosi su queste forze, lo Stato sacrificò le esigenze dei settori industriali (soprattutto quelli delle zone più progredite, come la Boemia e la Lombardia), chiamati a pagare i costi di un imponente apparato amministrativo e militare, e **mancò in sostanza l'appuntamento con lo sviluppo economico degli anni '50 e '60** senza peraltro mantenere, anche a causa delle ripetute sconfitte militari, il ruolo da protagonista della scena europea che aveva prima del '48.

La forza della Prussia

La Prussia si era sviluppata, a partire dagli anni '50, a un ritmo che non aveva uguali in Europa. Questa espansione industriale e la crescita di una forte borghesia si concentrarono soprattutto nella parte occidentale dello Stato prussiano (cioè nella Renania-Vestfalia). Lo sviluppo economico non era stato accompagnato, però, da un'evoluzione delle istituzioni in senso liberal-parlamentare: al contrario i vertici dello Stato continuavano a essere occupati dagli esponenti degli **Junker**, gli aristocratici proprietari terrieri. Proprio il **conservatorismo sociale** si rivelò una componente essenziale di quella **"via prussiana" allo sviluppo**, guidato dall'alto e legato al potenziamento militare, che avrebbe finito col costituire una sorta di modello alternativo a quello britannico. Inoltre, elementi di modernità come un **efficiente sistema di comunicazioni interne** (strade, canali), una rete ferroviaria relativamente sviluppata e un'**alta diffusione dell'istruzione** rappresentarono un fattore decisivo per i successi della Prussia nel campo economico come in quello militare. Così il tradizionalismo degli Junker e le aspirazioni nazionali della borghesia finirono col trovare un terreno di convergenza nella **politica di potenza** dello Stato prussiano e nel suo necessario complemento, ossia lo sviluppo di un'adeguata forza militare.

L'artefice principale di questa politica fu Otto von Bismarck, un tipico rappresentante degli Junker che non aveva mai fatto mistero della sua avversione alla democrazia e al liberalismo [👁 17.4 PERSONAGGI]. Nominato primo ministro nel 1862 dal re Guglielmo I, Bismarck si impegnò nel rafforzamento dell'esercito, anche contro le riserve del Parlamento, in funzione dell'obiettivo dell'unificazione. Per raggiungere questo obiettivo la Prussia doveva sconfiggere sul campo di battaglia Austria e Francia, i due nemici di un'unità tedesca a guida prussiana. Del resto il **programma politico di Bismarck** era stato chiaramente enunciato quando aveva sostenuto che le grandi questioni si sarebbero risolte «non con discorsi né con deliberazioni della maggioranza – questo era stato l'errore del '48-49 – bensì col ferro e col sangue».

Junker
Originariamente il termine Junker era riferito, in Germania, ai figli maschi di famiglie nobili che, non essendo primogeniti, si dedicavano alla carriera militare. Nell'800 furono chiamati Junker i grandi proprietari terrieri prussiani. Essi formavano un gruppo compatto, fortemente conservatore nelle abitudini e negli orientamenti politici, che esercitava un notevole peso nella vita dello Stato: gli Junker, infatti, costituivano la quasi totalità degli ufficiali di carriera e buona parte dei vertici della burocrazia.

Politica di potenza
Politica fondata sul perseguimento degli interessi territoriali ed economici di ciascuno Stato prevalentemente per via militare.

Gli esiti del conflitto fra Austria e Prussia

Gli attriti tra Austria e Prussia relativi all'amministrazione dei ducati di Schleswig, Holstein e Lauenburg, sottratti dalle due potenze alla Danimarca nel 1864, costituirono il pretesto della guerra agli austriaci nel **1866**. Garantitasi la neutralità della Russia e della Francia, e alleatasi con l'Italia, la Prussia sconfisse l'Austria nella grande battaglia campale di **Sadowa** in Boemia (3 luglio). A conferma della preponderante superiorità militare prussiana, la guerra era durata solo tre settimane. Nella successiva **pace di Praga** l'Austria non subì mutilazioni territoriali, salvo quella del Veneto ceduto all'Italia [👁 14.5]. Ma dovette accettare lo scioglimento della vecchia Confederazione germanica, e dunque la fine di ogni sua influenza nell'Europa centro-settentrionale, dove a nord del fiume Meno si formò la nuova **Confederazione della Germania del Nord** a guida prussiana [👁 ATLANTE_47].

I nuovi equilibri spinsero l'Impero asburgico a spostare il centro dei suoi interessi verso l'area danubiano-balcanica e a cercare una nuova soluzione per il problema delle nazionalità che convivevano al suo interno [👁 11.10]. Nel 1867 **l'Impero fu diviso in due Stati, l'uno austriaco, l'altro ungherese** (da ora in poi si parlerà infatti di Impero austro-ungarico), uniti fra loro nella persona del sovrano, ma ciascuno con un proprio Parlamento e un proprio governo, salvo che per i ministeri preposti agli affari di interesse comune (Esteri, Guerra e Finanze). Col **"compromesso" del '67**, la dinastia asburgica si accordava col gruppo nazionale più forte e compatto, ma scontentava soprattutto gli slavi che avrebbero rappresentato da allora il pericolo più grave per l'unità dell'Impero [👁 20.5].

GUIDA ALLO STUDIO

❶ Che cosa si intende per bonapartismo? Quali gruppi sociali furono sostenuti da Napoleone III? ❷ Chi partecipò alla guerra di Crimea e come si concluse il conflitto? ❸ Quali gruppi sociali sostennero la restaurazione centralistica in Austria? ❹ Che cosa si intende per "via prussiana" allo sviluppo? ❺ Qual era il programma politico di Bismarck e come si risolse il conflitto tra Prussia e Austria?

ATLANTE 47_LA FORMAZIONE DELL'IMPERO TEDESCO

2 La sconfitta della Francia e l'unità tedesca

La guerra franco-prussiana

Il cammino verso l'unificazione tedesca procedeva secondo un programma di politica di potenza che la borghesia liberale era costretta ormai a subire e che era fuori dal controllo del Parlamento, nel quale le posizioni liberali erano state sconfitte dal rapporto diretto del cancelliere con il sovrano: sulle spese militari Bismarck decise infatti di scavalcare il Parlamento e di farle approvare per decreto reale. L'ultimo ostacolo sulla via dell'unità era rappresentato dalla Francia di Napoleone III, deciso a non consentire ulteriori ingrandimenti alla Prussia.

L'occasione per il conflitto fu offerta da una questione dinastica. Nel 1868 il trono di Spagna era rimasto vacante e la corona era stata offerta a un parente del re di Prussia. La prospettiva di un principe tedesco sul trono di Spagna spaventava ovviamente la Francia, che si sentiva minacciata di accerchiamento. L'opinione pubblica francese insorse compatta e la reazione del governo fu fermissima. Bismarck esaspe-

Anton von Werner
Acquartieramento delle truppe tedesche alle porte di Parigi
1894
[Nationalgalerie, Staatliche Museen, Berlino]

Questo dipinto fu completato dal pittore tedesco Anton von Werner nel 1894 sulla base di uno schizzo realizzato 24 anni prima: il 24 ottobre 1870, mentre l'artista accompagnava il maggiore generale prussiano Helmuth von Moltke e le sue truppe nei territori occupati in Francia. La tela mostra alcuni militari in una delle sale del Castello di Brunoy, alle porte di Parigi, requisito durante la guerra franco-prussiana. Con estremo realismo, von Werner enfatizza il contrasto fra il raffinato mobilio della stanza e i militari con le facce rubiconde e gli stivali sporchi di fango. Eppure non sembra esserci rimprovero nei confronti delle truppe. Anzi, molti particolari ne suggeriscono le alte qualità morali e culturali: gli oggetti preziosi sono ancora al loro posto e nulla sembra essere stato portato via; diversamente dalle usanze degli eserciti, nessun mobile è stato distrutto per accendere il fuoco; i soldati si allietano suonando il piano e la donna con la bambina (probabilmente la governante della casa con sua figlia) non sembrano soffrire della compagnia imposta.

rò abilmente queste tendenze bellicose rilasciando, all'indomani di un incontro fra Guglielmo I e l'ambasciatore francese, **un comunicato stampa formulato in modo volutamente provocatorio**: vi si lasciava intendere che l'ambasciatore era stato messo alla porta dal re. Quel comunicato provocò in Francia, e soprattutto a Parigi, un'ondata di furore nazionalistico. Il governo e lo stesso imperatore, fin allora esitante, si lasciarono trascinare dalla spinta dell'opinione pubblica e, il 19 luglio **1870**, dichiararono guerra alla Prussia.

155 DOC
Otto von Bismarck
Il telegramma di Ems

La Francia affrontò il conflitto in un clima di grande entusiasmo, ma con scarsa preparazione militare. L'esercito, che pure poteva contare su un armamento moderno ed efficiente, era nettamente inferiore a quello prussiano sia per il numero degli effettivi sia per l'organizzazione. Come nella guerra contro l'Austria del '66, le truppe comandate dal generale von Moltke si mossero con grande rapidità: il 1° settembre, mentre metà dell'esercito francese non riusciva ad arretrare sotto l'attacco tedesco in Lorena, l'altra metà venne accerchiata a **Sedan**, presso il confine col Belgio, e costretta ad arrendersi. Lo stesso imperatore fu preso prigioniero dai tedeschi.

Pochi giorni dopo, nella capitale ormai minacciata dai prussiani, abbattuto l'impero e proclamata la repubblica, si formava un governo provvisorio. Invano il ministro della Guerra Léon Gambetta, fuggito con un pallone aerostatico da Parigi assediata, tentò di rianimare la resistenza organizzando la leva in massa nelle province e mobilitando il popolo contro gli invasori (in questa occasione intervenne in difesa della nuova Francia repubblicana anche un corpo di volontari italiano comandato da Garibaldi). Dopo una serie di sconfitte il governo fu costretto a chiedere l'armistizio nel gennaio 1871.

L'unificazione tedesca e il desiderio di rivincita francese

Nel frattempo, il 9 dicembre 1870, era stato proclamato l'**Impero tedesco** (il Reich) che nasceva dalla fusione della Prussia e degli Stati della Confederazione del Nord con gli Stati della Germania meridionale tra cui il regno di Baviera **[👁 ATLANTE_47]**. Il 18 gennaio 1871 nella **reggia di Versailles**, luogo-simbolo della potenza dei re di Francia, Guglielmo I fu incoronato imperatore tedesco (*Deutscher Kaiser*). L'unità tedesca era compiuta: un'unità calata dall'alto, attuata, in seguito a una guerra combattuta contro il nemico tradizionale, soprattutto per l'iniziativa di uno statista abile e autoritario, mai ratificata da un plebiscito o da una qualsiasi forma di consultazione popolare.

Con la successiva **pace di Francoforte** non solo la Francia fu costretta a corrispondere una pesante indennità di guerra, ma dovette cedere al Reich l'**Alsazia** e la **Lorena**, due regioni di confine di notevole importanza economica e strategica. La disfatta di Sedan, l'invasione del paese, la caduta di Parigi e la perdita dell'Alsazia-Lorena rappresentarono per la Francia molto più che una sconfitta militare. Si trattò di una vera e propria umiliazione nazionale. Il desiderio di riparare a questa umiliazione – il cosiddetto **"revanscismo"**, dal francese *revanche*, 'rivincita' – avrebbe condizionato per quasi mezzo secolo la politica francese determinando un'insanabile rivalità.

GUIDA ALLO STUDIO

❶ Perché Napoleone III dichiarò guerra alla Prussia? ❷ Dove e quando fu proclamata la nascita dell'Impero tedesco? ❸ Come si realizzò l'unificazione degli Stati tedeschi? ❹ Che cosa significa la parola "revanscismo"?

3 La Comune di Parigi

Lo scontro tra la capitale e la Francia rurale

Dopo la battaglia di Sedan che sancì la vittoria prussiana, era stato il popolo della capitale francese a insorgere, a costituire una **Guardia nazionale** e a decretare la fine del regime napoleonico. Parigi aveva vissuto la caduta dell'Impero come **una nuova occasione rivolu-**

Comune
La parola "Comune" (in francese, sostantivo femminile) non aveva in origine altro significato che quello, usuale, di organo attraverso il quale i cittadini si autogovernano. Ma il termine, soprattutto in Francia, richiamava alla mente l'immagine della prima Comune, quella giacobina del 1793-94 che, sia pure per un solo anno, aveva goduto di un'enorme autorità su tutto il paese. Anche la Comune del 1871 assunse subito i tratti di un'esperienza rivoluzionaria, avviando il più radicale esperimento di democrazia diretta mai tentato in Europa.

zionaria e al tempo stesso come l'inizio di una riscossa nazionale. Molto diverso era l'orientamento nelle campagne e nei centri minori, dove prevalevano le **tendenze conservatrici**. La frattura si delineò con chiarezza dopo le elezioni della nuova Assemblea nazionale, che si tennero nel febbraio 1871. Grazie al voto delle campagne l'Assemblea, che tenne le sue prime riunioni a Bordeaux, risultò composta in stragrande maggioranza da moderati e conservatori. A presiedere il governo fu chiamato Adolphe Thiers, un esponente della **Francia moderata**, già ministro di Luigi Filippo d'Orléans [👁 11.6]. Appena entrato in carica, il nuovo governo si affrettò ad aprire trattative di pace.
Ma, quando furono note le **durissime condizioni imposte da Bismarck** (che prevedevano fra l'altro l'ingresso delle truppe tedesche nella capitale), il popolo di Parigi protestò in massa e decise di difendere la città. Lo scontro fra la Parigi rivoluzionaria e la Francia rurale e conservatrice diventava inevitabile, né Thiers fece nulla per evitarlo. Quando, a metà marzo, il governo ordinò la consegna delle armi raccolte per la difesa della capitale, il comando della Guardia nazionale rifiutò di obbedire e indisse le elezioni per il **Consiglio della Comune**.

L'esperienza rivoluzionaria della Comune

In queste elezioni, tenutesi in marzo, l'elettorato conservatore si astenne in gran parte dalle urne – anche perché i ricchi avevano abbandonato in massa la capitale – e il potere restò nelle mani dei gruppi di estrema sinistra, democratico-giacobini ma anche socialisti e anarchici. Per quanto divisi da seri contrasti, i dirigenti della Comune diedero vita nel giro di poche settimane a un esperimento radicale di **democrazia diretta** [👁 3.5].

Fu abolita la distinzione fra potere esecutivo e legislativo, tutti i funzionari furono resi elettivi e continuamente revocabili, l'esercito venne sostituito da milizie popolari armate. Queste misure provocarono l'allarme dei conservatori e dei moderati e suscitarono l'entusiasmo dei rivoluzionari di tutta Europa. Marx e Bakunin [👁 10.6-7] videro nella Comune il primo esempio di gestione diretta del potere da parte delle masse, quasi un modello per la futura società socialista.

Racchiusa entro i confini di una sola città, isolata dal resto del paese, occupato per giunta da truppe straniere, la Comune non riuscì a coinvolgere anche i piccoli centri e le campagne. Gli appelli lanciati da Parigi agli altri comuni di Francia perché si associassero alla capitale in una libera federazione caddero nel vuoto. E **l'esperienza della Comune durò non più di due mesi**: il tempo necessario a Thiers per raccogliere, con l'assenso degli occupanti tedeschi, un esercito abbastanza forte per muovere alla conquista della capitale. Fra il 21 e il 28 maggio le truppe governative procedettero all'assalto di Parigi, che fu difesa strada per strada dalle milizie popolari. La battaglia fu condotta da ambo le parti con estrema determinazione. Alle esecuzioni sommarie – circa 20 mila uomini furono passati per le armi senza processo durante la **"settimana di sangue"** – i difensori della Comune risposero con sanguinose rappresaglie, che contribuirono ad accentuare nell'opinione pubblica moderata i sentimenti di paura e odio per i rivoluzionari. Per la seconda volta in poco più di vent'anni, il movimento rivoluzionario francese si ritrovava alla fine sconfitto e decimato.

GUIDA ALLO STUDIO

❶ Quali furono gli effetti dell'occupazione tedesca in Francia? ❷ Chi era Adolphe Thiers? Quali parte dell'elettorato francese rappresentava? ❸ Che cosa fu la Comune di Parigi? Come si concluse?

◀ Ernest-Eugène Appert
L'esecuzione della condanna a morte dei generali Clément Thomas e Jules Lecomte a Montmartre, Parigi, il 18 marzo 1871
1871
[Metropolitan Museum of Art, New York]

▶ Ernest-Eugène Appert
Il massacro dei domenicani di Arcueil, a Parigi, il 25 maggio 1871
1871
[Metropolitan Museum of Art, New York]

Poco dopo la fine dell'esperienza della Comune, il fotografo ritrattista parigino Ernest-Eugène Appert pubblicò una serie di nove fotografie, intitolata *Crimini della Comune*, con cui denunciava la brutalità criminale dei ribelli. Nonostante fossero basate su eventi realmente accaduti, le fotografie erano frutto di una elaborazione successiva. Appert, infatti, prima fotografò nel suo studio la messa in scena di quegli eventi da parte di alcuni attori da lui ingaggiati, poi "costruì" fotografie il più possibile simili al vero con un abile lavoro di taglia e incolla: gli "episodi" così ricostruiti furono sovrapposti alle foto dei luoghi reali in cui erano accaduti e alle teste degli attori furono sostituite le foto dei principali protagonisti della Comune. Le fotografie furono successivamente censurate dal governo francese perché arrecavano «disturbo della quiete pubblica».

4 L'Impero tedesco e la politica di Bismarck

Istituzioni politiche e blocco sociale dominante

Con 40 milioni di abitanti, una vasta disponibilità di materie prime, un'economia in continua crescita, un esercito di provata efficienza e un sistema di istruzione altrettanto qualificato, il nuovo Stato tedesco nato dalla vittoria sulla Francia si presentava come la **maggiore potenza continentale europea**. Dal punto di vista istituzionale, il Reich ereditava la struttura della vecchia Confederazione germanica: era infatti diviso in venticinque Stati – alcuni vastissimi, come la Prussia, altri piccoli o piccolissimi – con propri governi e parlamenti (che avevano però funzioni prevalentemente amministrative) e in qualche caso un proprio esercito, come la Baviera. La grande politica era di competenza del **governo centrale**, presieduto da un cancelliere responsabile di fronte all'imperatore. Il **potere legislativo** era esercitato dal Parlamento, diviso in due camere, una camera elettiva, il Reichstag, eletta a suffragio universale e un **Consiglio federale**, il Bundesrat, composto da rappresentanti dei singoli Stati. Come nella Prussia preunitaria, il **Parlamento** aveva limitate possibilità di condizionare il potere esecutivo, concentrato nelle mani dell'imperatore e del cancelliere. Come in Prussia, il blocco sociale dominante era costituito da una solida **alleanza fra il mondo industriale e bancario e l'aristocrazia terriera e militare**: un blocco che fu rinsaldato dalla **politica protezionista** adottata da Bismarck, a vantaggio soprattutto dell'industria pesante e della cerealicoltura.

I partiti politici

Una vivace dialettica politica caratterizzò la Germania con la nascita di **nuovi e forti movimenti politici di massa.** Alle tradizionali formazioni liberali e conservatrici che avevano dominato la scena parlamentare in Prussia negli anni '60 – il **Partito conservatore**, espressione degli Junker, il **Partito nazional-liberale**, che rappresentava la borghesia industriale e commerciale, e il piccolo raggruppamento degli intellettuali liberal-progressisti – si aggiunse, nel 1871, il partito cattolico del **Centro**. Nel 1875, dall'accordo fra la corrente marxista e quella che si ispirava a Lassalle, nacque il **Partito socialdemocratico tedesco** (Spd: 👁 16.8). Mentre la socialdemocrazia traeva la sua forza dalla massiccia adesione operaia delle regioni e città industriali, il Centro poggiava su una base sociale formata per lo più da agricoltori e ceti medi urbani presenti in Renania e in Baviera.

Bismarck contro i cattolici e i socialdemocratici

Nei primi anni '70 Bismarck iniziò una politica duramente anticattolica – il ***Kulturkampf***, la 'battaglia per la civiltà' – emanando una serie di misure volte non solo ad affermare il carattere laico dello Stato (obbligo del matrimonio civile, abolizione di ogni controllo religioso sull'insegnamento), ma anche a porre sotto sorveglianza l'attività del clero cattolico. La lotta scatenata da Bismarck ebbe però l'effetto di stimolare l'orgoglio e la compattezza dei cattolici tedeschi, che riuscirono nel giro di pochi anni a raddoppiare la loro rappresentanza parlamentare. Bismarck fu costretto, così, ad attenuare le misure anticattoliche e a varare una nuova legislazione ecclesiastica, molto più moderata della precedente.

L'abbandono del *Kulturkampf* fu imposto al cancelliere anche dalla necessità di fronteggiare la minaccia che veniva dall'ascesa della socialdemocrazia. Già nel 1878, traendo pretesto da due attentati falliti contro l'imperatore, il governo varò una serie di leggi eccezionali specificamente rivolte contro il movimento socialdemocratico. Le **«leggi contro le tendenze sovvertitrici»** ponevano gravi limitazioni alla libertà di stampa e di riunione e dichiaravano illegali tutte le associazioni «aventi lo scopo di

provocare il rovesciamento dell'ordinamento statale o sociale esistente», costringendo così la socialdemocrazia a una condizione di semiclandestinità.
Nel tentativo di soffocare sul nascere lo sviluppo del movimento operaio, Bismarck non si limitò però alle misure repressive. Fra il 1883 e il 1889 il Parlamento approvò, su proposta del governo, alcune **importanti leggi di tutela delle classi lavoratrici**, che istituivano assicurazioni obbligatorie per gli infortuni sul lavoro, le malattie e la vecchiaia, facendone gravare il peso in parte sugli imprenditori, in parte sullo Stato, in parte sui lavoratori stessi. In un'epoca in cui le attività previdenziali e assistenziali erano affidate all'iniziativa dei privati o delle istituzioni religiose, la **legislazione sociale** varata da Bismarck era obiettivamente molto avanzata. Dando soddisfazione ad alcune delle esigenze più sentite dalla classe operaia e al tempo stesso rifiutando di riconoscere legittimità alla sua rappresentanza organizzata, **Bismarck mirava a integrare le masse lavoratrici nello Stato in una posizione subalterna.**

I successi della socialdemocrazia

Questa operazione andò però incontro a un insuccesso politico analogo a quello subìto nella lotta contro i cattolici. Il varo della legislazione sociale non impedì la nascita, alla fine degli anni '80, di **un forte movimento sindacale** guidato dai socialdemocratici. D'altra parte le leggi eccezionali, prorogate periodicamente fino al 1890, non riuscirono a bloccare la crescita elettorale della socialdemocrazia, che passò dai circa 500 mila voti del 1878 a quasi 1 milione e mezzo (il 18% dei suffragi, con 35 deputati al Reichstag) nel 1890. L'affermazione socialdemocratica sancì **il fallimento della politica bismarckiana nei confronti del movimento operaio** e contribuì a provocare, nel 1890, l'allontanamento dal governo dell'onnipotente cancelliere.

Le vignette satiriche, apparse in anni diversi sulla rivista inglese «Punch», prendono in giro due aspetti della politica bismarckiana. Sul fronte interno Bismarck chiude in una scatola il "pupazzo socialista", mentre in politica estera opera come un burattinaio, muovendo i fili di tre pupazzi: (da destra) lo zar Alessandro I di Russia, l'imperatore Guglielmo I di Germania e Francesco Giuseppe d'Austria-Ungheria.

◀ **Bismarck reprime i socialisti** [da «Punch», 1878]

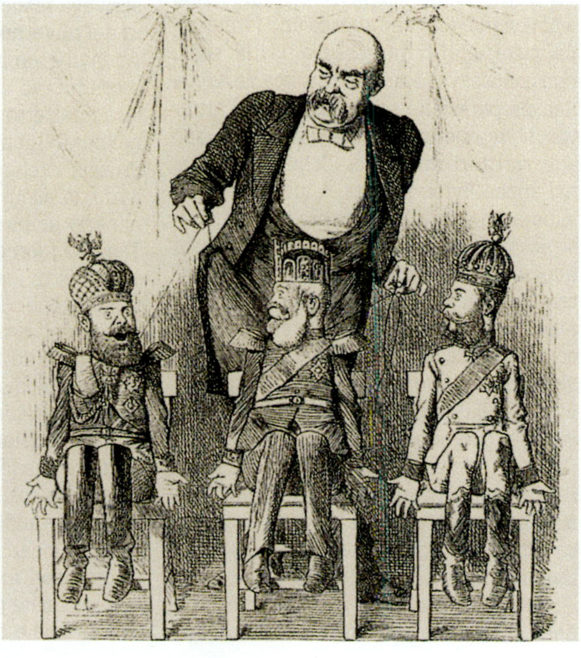

▶ **I tre imperatori manovrati dal burattinaio Bismarck** [da «Punch», 20 settembre 1884]

La politica estera e il sistema bismarckiano Nel ventennio in cui rimase al potere **Bismarck fu l'arbitro dell'equilibrio europeo.** Dopo la vittoria sulla Francia, infatti, il cancelliere tedesco costruì un sistema di alleanze che aveva come scopo principale quello di impedire che la Francia potesse uscire dal suo isolamento politico-diplomatico. A questo fine si alleò con l'Austria-Ungheria, con la Russia e con l'Italia, contando sul fatto che la Gran Bretagna non si sarebbe mai avvicinata alla Francia, sia per la sua riluttanza a impegnarsi sul continente europeo, sia per la rivalità che opponeva le due potenze nell'espansione coloniale in Africa [👁 19.2].

PERSONAGGI

Bismarck

«Un vero servitore tedesco dell'imperatore Guglielmo I»: così fu inciso sulla tomba di Otto von Bismarck. Ma lo statista fu molto di più.
Era nato nel 1815 a Schönhausen, nell'antica marca di Brandeburgo. Il padre era uno Junker (un esponente della nobiltà terriera a est dell'Elba), mentre la madre era figlia di uno stimato amministratore prussiano. Bismarck ammirava il padre e rivendicò sempre le origini Junker, ma fu la **madre**, a cui era poco legato, ad avere maggiore influenza sulla sua formazione. Intelligente e raffinata, poco amante della vita di campagna, insistette perché il figlio ricevesse **un'istruzione intellettuale piuttosto che militare**. Fece spostare la famiglia a Berlino e introdusse il figlio a corte, dove strinse amicizia con i giovani principi Hohenzollern. Per suo volere Bismarck andò all'università di Göttingen, dove condusse una vita disordinata, tra bevute, avventure galanti e duelli. Non studiò molto e non si può dire che avesse una formazione vasta: non si interessava alla filosofia, non conosceva la cultura classica né aveva una preparazione scientifica. Lesse tuttavia molte **opere di storia** e si appassionò agli **scrittori romantici**, Schiller, Goethe, ma anche Byron e Scott. A stento riuscì a superare l'esame per entrare nell'amministrazione prussiana, ma abbandonò presto questa carriera, poco interessato a diventare funzionario di Stato. Tentò di sottrarsi al servizio di un anno che doveva prestare come ufficiale, ma dovette rassegnarsi alla vita militare, che trovò noiosa e dura. Alla morte della madre, scelse di condurre **la vita dello Junker** e si ritirò in Pomerania. Qui, per otto anni – deprimenti, a suo dire – amministrò con successo le proprietà familiari, ma si distinse soprattutto per le cavalcate notturne nei boschi e per i tentativi di sedurre le figlie dei contadini.
A trent'anni non poteva dirsi soddisfatto della sua vita, ma un importante cambiamento era alle porte. Grazie all'influenza di alcuni amici si avvicinò alla **religiosità pietista** (più intima e più attiva nella società), trovando nella fede forza e serenità. Il matrimonio, di poco successivo, con Johanna von Puttkamer, una donna semplice, paziente e devota, gli regalò una felicità duratura. Ancora più significativa fu la svolta che avvenne nella sua carriera. Chiamato a sostituire uno dei delegati presso la Dieta regionale prussiana, si fece conoscere negli ambienti reazionari grazie alla **ferma opposizione ad ogni proposta liberale** e alla **notevole abilità oratoria**. Quando la rivoluzione del 1848 toccò la Prussia tentò di organizzare i conservatori in inconcludenti intrighi e prese il vezzo di firmarsi "von Bismarck", per ribadire le sue origini nobiliari. L'anno successivo fu eletto alla Camera prussiana. Sarebbe uscito dalla politica quarant'anni dopo, e non di sua volontà.
Nonostante la scarsa esperienza, fu scelto come delegato prussiano alla Dieta federale di Francoforte, dove non si comportò come un diplomatico tradizionale: **non scriveva resoconti né seguiva le istruzioni del governo, ma agiva personalmente**. Andava e veniva tra Francoforte e Berlino e conduceva una vita non priva di eccessi, soprattutto nel fumare, nel mangiare e nel bere. Quando Guglielmo divenne re di Prussia, ritenendo Bismarck troppo reazionario, lo allontanò da Francoforte per nominarlo ambasciatore a San Pietroburgo. Tagliato fuori dal confronto con il sovrano e i ministri, Bismarck soffrì di un senso di frustrazione, che diede origine ad un disturbo nervoso, destinato a ripresentarsi.
In seguito ad una crisi istituzionale, proprio Guglielmo fu spinto a richiamare Bismarck a Berlino, nel **1862**. Confidava che il suo decisionismo potesse risolvere il conflitto che lo opponeva al Parlamento, e lo nominò così **primo ministro** (ma divenne anche ministro degli Esteri). Pur non avendo molta esperienza alle spalle, Bismarck non mostrò cedimenti e inaugurò una peculiare prassi di governo, che portò avanti anche quando divenne cancelliere tedesco: convocava raramente il consiglio dei ministri, conduceva la politica estera senza badare al parere degli ambasciatori, lasciava che di politica interna si occupassero i suoi ministri, ma non esitava ad intervenire. In Parlamento enunciava la sua politica con aria imperturbabile, scrutando i deputati da un occhialino demodé, e quando il dibattito gli era ostile si ritirava nel suo studio. Evitava il confronto perché odiava essere contraddetto e le discussioni gli causavano crisi nervose. Era un uomo solitario, ma aveva una conversazione brillante, e con il suo fascino incantò lo zar Alessandro III come la regina Vittoria. Diceva di non essere un oratore, ma i suoi discorsi si possono considerare fra le più alte composizioni letterarie tedesche. **«Di tutte le grandi figure pubbliche del passato, Bismarck è l'unico che varrebbe la pena risuscitare per avere con lui un'ora di conversazione»**, ha scritto lo storico inglese A.J.P. Taylor (*Bismarck. L'uomo e lo statista*, Laterza, Roma-Bari 2011, p. 51).
L'unificazione tedesca dimostra, ancora oggi, la sua **notevole capacità strategica**, dall'**abilità diplomatica** con cui preparò la guerra contro l'Austria, alla prontezza con cui volse a suo favore i contrasti con la Francia, al modo in cui si destreggiò nelle trattative con i principi della Germania meridionale, fino a raggiungere l'obiettivo di fare del sovrano prussiano l'imperatore tedesco. Non amava le guerre, a cui pure ricorse, perché lo privavano del controllo sugli avvenimenti. Fondato il Reich, raccontò di essere annoiato: perseguiva la pace e la sicurezza, come dimostra anche il sistema di alleanze in politica estera, ma trovava stimolo solo nelle situazioni di tensione. Periodicamente si ritirava nell'amata campagna, ma non riusciva ad esservi felice se non continuando a lavorare sui documenti di governo. A Berlino visse quasi da accampato, presso l'abitazione del Ministero degli Esteri prussiano, sottraendosi, nonostante il ruolo, alle esigenze di rappresentanza.
Cancelliere imperiale per quasi vent'anni, Bismarck non si appoggiò mai a un unico

Fulcro iniziale del sistema bismarckiano fu il **patto dei tre imperatori**, stipulato nel 1873 fra **Germania**, **Austria-Ungheria** e **Russia**: un patto difensivo che si fondava soprattutto sulla solidarietà fra le tre monarchie autoritarie e aveva per obiettivo palese la **tutela degli equilibri conservatori** all'interno dei singoli Stati. L'alleanza aveva però un punto debole: la vecchia rivalità fra Austria e Russia nella Penisola balcanica, dove le popolazioni slave erano in perenne ribellione contro il dominio ottomano. Fra il 1875 e il 1876 il governo turco represse con grande spargimento di sangue una serie di rivolte scoppiate in Bosnia, in Erzegovina e in Bulgaria. Nella primavera

158
M. Stürmer
La pax germanica

partito di maggioranza: il suo successo fu legato all'ascendente che seppe esercitare su Guglielmo I, che in lui nutriva grande fiducia. Bismarck si schierava, a seconda degli eventi, ora con il sovrano ora con il Parlamento e usava abilmente l'uno contro l'altro, come usava i diversi partiti. Non era rilevante per lui essere considerato un liberale o un conservatore, ma **avere uno Stato tedesco forte, l'unico obiettivo che perseguì costantemente**. Aveva una capacità di risposta agli eventi rapida e istintiva, e un grande realismo, che gli permetteva di cambiare con opportunismo le strategie, pur di raggiungere lo scopo prefissato. Sapeva costruire le crisi politiche, come le campagne elettorali, per apparire l'unico uomo in grado di guidare il paese. Grazie all'incontro con un medico che seppe tenergli testa, migliorò anche la sua salute, compromessa dal peso e da diversi malanni. Mentre l'imperatore invecchiava, Bismarck nominò il figlio Herbert segretario di Stato, sognando di fondare una dinastia di statisti. Lo attendevano, però, alcune sorprese. Spiazzato dalla morte di Guglielmo I, che annunciò fra le lacrime in Parlamento, pensò che nulla sarebbe cambiato con il giovane Guglielmo II. Il calcolo si rivelò errato. Quando, nelle elezioni del 1890, i tre partiti anti-bismarckiani (socialdemocratici, Centro e progressisti) conquistarono la maggioranza, Guglielmo II si rifiutò di sciogliere il Parlamento, come chiedeva Bismarck, e sfiduciò il cancelliere. Riluttante ad uscire di scena, Bismarck dimostrò un **dispotico attaccamento al potere**, attaccando il nuovo governo e l'imperatore nei discorsi pubblici. Cominciò anche a stendere le sue memorie, più che un bilancio oggettivo, un ultimo strumento di battaglia politica. I suoi ottant'anni furono celebrati in tutto il paese, ma l'omaggio era ormai rivolto all'uomo dell'unificazione, considerato un **eroe nazionale**, non allo statista del presente. Per la sua morte, avvenuta nel 1898, Bismarck rifiutò i funerali di Stato, lui che dello Stato aveva fatto il fulcro della sua politica e della sua vita.

A. Bockmann
Otto von Bismarck nel parco di Friedrichsruh con i suoi due alani
14 giugno 1886
[Bismarck-Museum, Friedrichsruh]

▶ 156 DOC
La Triplice alleanza

del '77 la Russia, grande protettrice dei popoli slavi, dichiarò guerra alla Turchia ottomana e la sconfisse, imponendole una pace quanto mai onerosa, che in pratica avrebbe sancito l'egemonia russa nei Balcani. Come era avvenuto nel 1854 [👁 17.1], questa prospettiva allarmò le altre potenze europee. Austria-Ungheria e Gran Bretagna, in particolare, minacciarono di intervenire contro la Russia.

Dal congresso di Berlino alla Triplice alleanza

A questo punto fu Bismarck a prendere l'iniziativa, nel ruolo del mediatore. Un congresso delle potenze europee fu convocato a Berlino nell'**estate del '78** dove si giunse a un accordo che limitava notevolmente i vantaggi ottenuti dalla Russia, pur ridisegnando radicalmente gli equilibri della Penisola balcanica. La Bulgaria ottenne l'indipendenza, ma entro confini assai più ristretti rispetto a quelli determinati dall'esito del conflitto russo-turco dell'anno precedente. La Bosnia e l'Erzegovina furono dichiarate autonome, ma affidate in "amministrazione temporanea" all'Austria. La Gran Bretagna ottenne l'isola di Cipro, in posizione strategica per il controllo del canale di Suez che collega ancora oggi il Mediterraneo al Mar Rosso [👁 19.4]. La Francia ebbe mano libera per una eventuale espansione in Tunisia nel Nord Africa. In questo modo Bismarck non solo indirizzava verso obiettivi extraeuropei le velleità espansionistiche della Francia, ma creava le premesse per un contrasto con l'Italia.

Scongiurato il pericolo di un conflitto, Bismarck cercò di ricucire l'alleanza con l'Austria e la Russia. Ci riuscì nel **1881**, quando fu rinnovato il patto dei tre imperatori. Un anno dopo l'edificio fu completato con la stipulazione della **Triplice alleanza**, che inseriva **nel sistema bismarckiano anche l'Italia** come alleata della Germania e dell'Austria.

GUIDA ALLO STUDIO

❶ Come si articolava il sistema politico del Reich tedesco? ❷ Che cosa era il *Kulturkampf*? Quali obiettivi aveva la legislazione sociale attuata da Bismarck e a quali esiti portò? ❸ Perché Bismarck è stato definito l'arbitro del sistema europeo?

5 La Repubblica in Francia

Dopo i traumi della sconfitta e la "settimana di sangue" con cui si chiuse l'esperienza della Comune, la Francia non tardò a rivelare segni di ripresa. Nel luglio del '72, quasi a dimostrare la volontà di rivincita del paese, l'Assemblea nazionale decise l'introduzione del servizio militare obbligatorio. Nel settembre '73 fu ultimato il pagamento dell'indennità di guerra dovuta ai tedeschi. Alla fine degli anni '70 la Francia aveva già recuperato buona parte del suo prestigio internazionale, disponeva di un forte esercito e cominciava a incamminarsi con decisione sulla strada delle conquiste coloniali.

La Terza Repubblica

Più travagliato fu il processo di stabilizzazione politica. La stessa forma repubblicana di governo fu a lungo in forse, dato che i membri dell'Assemblea nazionale, incaricata di redigere la nuova costituzione, erano in maggioranza favorevoli alla restaurazione della monarchia. Solo le fratture interne allo schieramento monarchico – diviso fra i **legittimisti**, fautori di un ritorno dei Borbone, e gli **orleanisti**, che volevano sul trono gli eredi di Luigi Filippo – e un accordo raggiunto *in extremis* fra orleanisti e repubblicani moderati consentirono il varo di una costituzione repubblicana. La **Costituzione** della Terza Repubblica del 1875 prevedeva che il **potere legislativo** fosse esercitato da una Camera eletta a suffragio universale maschile e da un Senato composto da membri in parte vitalizi e in parte elettivi. Un elemento di stabilità era costituito dalla figura del **presidente della Repubblica, capo dell'esecutivo**, che veniva eletto dalle Camere riunite e godeva in teoria di poteri molto ampi. La carta costituzionale, così concepita, rappresentava un compromesso fra una soluzione di tipo presidenziale, all'americana [👁 6.4], preferita dai moderati, e una di stampo parlamentare, sostenuta dai democratici: la prima avrebbe conferito amplissimi poteri al presidente della Repubblica, la seconda maggiori poteri al **Parlamento** [👁 17.7 STORIA•SOCIETÀ•CITTADINANZA]. La Costituzione del 1875 rappresentò un indubbio successo per i repubblicani francesi che, nelle elezioni del 1876, riuscirono a capovolgere la tendenza conservatrice fin allora prevalente nell'elettorato e ad assicurarsi una solida maggioranza.

Opportunisti e radicali

A dominare la scena politica furono i **repubblicani dell'ala moderata**, i cosiddetti **opportunisti**, la cui forza stava essenzialmente in un solido legame con l'**elettorato "medio"**, quello dei commercianti, degli impiegati e soprattutto dei piccoli agricoltori. Di questo elettorato essi seppero interpretare la generica aspirazione al progresso, ma anche le tendenze conservatrici in materia di rapporti sociali. Di qui le critiche dei **repubblicani più avanzati** – o **radicali**, come allora si definirono in contrapposizione agli opportunisti – che costituirono un forte raggruppamento autonomo capeggiato da **Georges Clemenceau**.

L'operato dei governi repubblicani

Fu comunque sotto la guida dei **governi repubblicano-moderati** che la Francia poté consolidare le sue istituzioni democratiche e superare gradualmente le fratture provocate dalla Comune del '71. Nel 1880 fu approvata un'**amnistia per i comunardi incarcerati o deportati**, che permise al movimento operaio francese di ricostituire lentamente le sue file. Nel 1884 il Senato divenne completamente elettivo. Sempre nel 1884, furono approvate tre leggi di notevole importanza: quella che garantiva la **libertà di associazione sindacale**, quella che ampliava le autonomie locali, stabilendo fra l'altro l'**elettività** dei sindaci, e quella che introduceva il **divorzio**.

L'azione dei governi repubblicani fu incisiva soprattutto nell'affermazione della **laici-**

Il maestro con la sua classe nella scuola di Buigny-les-Gamaches (Francia)
Dicembre 1905

La citazione (di Jules Simon) riportata sulla lavagna e mostrata con grande fierezza dal maestro e dai suoi scolari riassume bene le ambizioni della politica francese repubblicana in materia di istruzione: «Le peuple qui a les meilleurs écoles est le premier peuple; s'il ne l'est pas aujourd'hui, il le sera demain» ('Quel popolo che ha le migliori scuole è il popolo migliore; se non lo è oggi, lo sarà domani').

tà dello Stato, in particolare nel settore della scuola, tradizionale terreno di scontro fra cattolici e laici, fra democratici e conservatori. Con una serie di leggi approvate fra l'80 e l'85, l'**istruzione elementare fu resa obbligatoria e gratuita** e posta sotto il controllo statale, mentre le università e gli istituti superiori gestiti dal clero furono privati del diritto di rilasciare titoli legali di studio.

Corruzione politica e speculazione finanziaria

L'indebolimento dei poteri del presidente della Repubblica e l'instaurarsi di una prassi parlamentare di governo ebbero come conseguenza negativa un'**altissima instabilità degli esecutivi**, aggravata dalla mancanza di schieramenti politici compatti. Un altro male storico della Terza Repubblica fu la corruzione diffusa nelle alte sfere del potere. Una corruzione che – come già nella monarchia di Luigi Filippo e nel Secondo Impero – affondava le sue radici nello stretto **legame fra il mondo politico e gli ambienti della speculazione finanziaria**, e che trovava nuovo alimento nelle rapide possibilità di guadagno offerte dall'espansione coloniale [👁 19.2 e 19.4]. Il susseguirsi di scandali politico-finanziari mise spesso a dura prova la solidità delle istituzioni e seminò disagio e sfiducia in larghi settori dell'opinione pubblica.

GUIDA ALLO STUDIO

❶ Quale regime politico si instaurò in Francia dopo l'esperienza della Comune? ❷ Che cosa prevedeva la Costituzione del 1875? ❸ Chi erano gli «opportunisti»? ❹ Quali furono le principali riforme intraprese dai governi repubblicani?

6 Il liberalismo in Gran Bretagna

La Gran Bretagna a metà '800

La Gran Bretagna rimaneva, alla metà dell'800, **la più progredita fra le grandi potenze europee**. Produceva i due terzi del carbone e la metà del ferro di tutto il mondo. Aveva la rete ferroviaria più sviluppata in relazione al territorio e una flotta mercantile pari alla metà di quella di tutti gli altri paesi europei messi insieme. Era il centro commerciale e finanziario cui facevano capo i traffici di tutti i continenti. Possedeva un impero coloniale già vasto e, come vedremo, in via di ulteriore espansione. Aveva un tasso di analfabetismo fra i più bassi del mondo. Aveva infine le istituzioni politiche più libere d'Europa.

Il ventennio **'46-66**, caratterizzato dalla presenza quasi ininterrotta dei **liberali al governo**, segnò un ulteriore **consolidamento del sistema parlamentare**, cioè di quel sistema, nato proprio in Gran Bretagna, che subordinava la vita di un governo alla fiducia del Parlamento e faceva di quest'ultimo l'arbitro indiscusso della vita politica [👁 1.4]. **Alla Corona era invece affidato un ruolo essenzialmente simbolico di personificazione dell'identità nazionale**, ruolo che si manifestò pienamente nel corso del lunghissimo regno della **regina Vittoria** (dal 1837 al 1901). Il sistema parlamentare non era però sinonimo di democrazia. In Gran Bretagna molti poteri spettavano ancora alla Camera alta, ossia alla Camera dei Lords, alla quale si accedeva per diritto ereditario o per nomina regia. La stessa Camera elettiva, la Camera dei Comuni, era espressione di uno strato piuttosto ristretto della popolazione: in base alla legge elettorale del 1832, avevano diritto al voto negli anni '60 circa 1.300.000 persone, ossia il 15% del totale dei maschi adulti. Inoltre la **pratica del voto palese**, che sarebbe stata abolita solo nel 1872, rappresentava, soprattutto nelle zone rurali, un potente mezzo di condizionamento a vantaggio dell'aristocrazia terriera.

Riforma elettorale e alternanza al governo di liberali e conservatori

Nel 1865 il leader dei liberali **William Gladstone**, facendosi interprete della parte più dinamica della società britannica – la borghesia industriale alleata con le frange più qualificate della classe operaia –, presentò un progetto di legge che prevedeva una limitata estensione del diritto di voto. La proposta provocò però, nel 1866, la caduta del governo liberale e il ritorno al potere dei conservatori. Ma furono proprio i conservatori, sotto la spinta di un nuovo e dinamico leader, **Benjamin Disraeli** (un ebreo di origine veneziana convertito adolescente all'anglicanesimo), ad assumere l'iniziativa di una riforma elettorale più avanzata di quella proposta da Gladstone. La nuova legge, o ***Reform Act***, varata nel **1867**, aumentava di quasi un milione la **consistenza del corpo elettorale**, ammettendo al voto i lavoratori urbani a reddito più elevato. Spingendo i conservatori a farsi promotori della riforma, Disraeli mostrava di riconoscere il peso che i lavoratori dell'industria avevano assunto nella società britannica e cercava di allargare in quella direzione la base di consenso del suo partito.

Fino alla fine degli anni '70 Gladstone e Disraeli si alternarono al governo, distinguendosi soprattutto per lo stile politico e per la diversa impostazione della politica estera: più legato Gladstone agli ideali del liberalismo, più proiettato Disraeli sugli obiettivi imperiali della politica britannica [👁 19.4], cui cercò di assicurare un solido consenso popolare, promuovendo importanti riforme sociali in tema di **salute pubblica** e di **edilizia popolare**. A partire dal 1880 i liberali tornarono a dominare la scena politica promuovendo, nel **1884**, una **nuova riforma elettorale** che allargava ulteriormente il diritto di voto estendendolo alla maggioranza dei lavoratori agricoli.

John Tenniel
A Leap in the Dark
[da «Punch», 3 agosto 1867]

In questa vignetta Britannia, personificazione della Gran Bretagna, monta un cavallo con la faccia di Disraeli e si copre gli occhi mentre sta per saltare nel "folto buio della Riforma". Dietro di lei, John Bright (deputato liberale), Gladstone e Lord Derby (deputato conservatore favorevole alla riforma elettorale) tirano le redini dei loro cavalli per evitare l'"azzardo". Lo stesso Disraeli, sulla stampa, definì il *Reform Act* come un «*leap in the dark*», ossia un 'salto nel buio'.

157

E.J. Feuchtwanger
L'Inghilterra dall'apogeo vittoriano ai timori di declino

Il problema irlandese In questa fase, però, il governo liberale fu costretto a dedicare buona parte delle sue energie alla **"questione irlandese"**. Negli irlandesi convivevano infatti fedeltà al cattolicesimo (e alla Chiesa di Roma) e tendenze indipendentiste di marca nazionalista, entrambi fattori che mettevano in discussione l'appartenenza al Regno Unito. Alla fine degli anni '70, inoltre, l'Irlanda aveva visto aggravare le sue già disagiate condizioni economiche a causa della grave crisi che aveva colpito l'agricoltura europea

PERSONAGGI

La regina Vittoria

L'età augustea, l'età elisabettiana, l'età di Luigi XIV... non sono tanti i sovrani che hanno avuto l'onore di dare il loro nome a un'intera epoca. La regina Vittoria (1819-1901) è fra questi. Non era neanche destinata alla successione, ma la morte di due cugine le assicurò il trono del Regno Unito di Gran Bretagna e Irlanda, che conservò per sessantaquattro anni, dal 1837, quando successe allo zio Guglielmo IV. Nel suo debutto di fronte al Consiglio reale, politici esperti e vecchi cortigiani ne poterono ammirare la **dignità**, il **senso di autorità** e l'**autocontrollo**, rimanendo sorpresi dal modo in cui, appena diciottenne, seppe entrare nel nuovo ruolo di sovrana, con sicurezza e spontaneità. Doti innate, visto che Vittoria aveva una **formazione politica molto carente e poca esperienza**.

L'infanzia, infelice e solitaria, fu segnata dalla precoce perdita del padre e dal difficile rapporto con la madre, autoritaria e poco affettuosa. Fu lo zio Leopoldo a rappresentare un padre per lei, dal punto di vista affettivo e intellettuale. Ne guidò la formazione, consigliandola negli studi e nell'attività politica, anche quando divenne re del Belgio. Vittoria strinse un importante rapporto di confidenza anche con il primo ministro Lord Melbourne, consigliere e guida all'inizio del suo regno.

Regina da tre anni, Vittoria seguì il consiglio dello zio Leopoldo, e ne sposò il cugino, il **principe Alberto di Sassonia-Coburgo**, dal quale fu subito affascinata. Il matrimonio si rivelò molto felice, nonostante Alberto fosse poco incline ai divertimenti mondani, che tanto piacevano a Vittoria, più frivola, e nonostante l'iniziale reticenza della regina ad includerlo negli affari pubblici. Progressivamente, tuttavia, gli assegnò un ruolo politico crescente, fino a farne il suo primo consigliere.

Alberto fu anche un padre affettuoso per i **nove figli** della coppia: Vittoria, futura imperatrice di Germania, Alice, madre dell'ultima imperatrice di Russia, Elena, Luisa, Beatrice, e poi Edoardo, il futuro re, Alfredo, Arturo e Leopoldo. Se Vittoria non dimostrò uno slancio materno istintivo, attenta soprattutto a correggere e controllare i figli, il principe era più benevolo e comprensivo. Anche in questo i due si completavano. Ostinata, egocentrica, viziata e irosa, non immune dalle depressioni, Vittoria non aveva un carattere facile. A tratti infantile, a tratti imperiosa, rivelava a volte un intuito da grande statista. Il matrimonio e la maternità la resero più matura, ma accrebbero la sua dipendenza dal marito, che consultava anche per le decisioni più banali. Anche grazie a lui la regina raggiunse una posizione di equilibrio istituzionale, imparando a rispettare la dialettica parlamentare e il primato del governo. Fece sua la teoria che limitava i diritti del sovrano britannico essenzialmente a tre: **«essere informati, incoraggiare, mettere in guardia»** e sostenne sempre, da dietro le quinte, la politica che riteneva più avveduta.

Il 1861 – quando a soli quarantadue anni il principe Alberto morì, a causa di una febbre tifoidea – segnò uno spartiacque nel lungo regno di Vittoria. «Il mio regno è finito», proclamò, e in molti temettero che il **lutto** facesse ricomparire la vena di pazzia della dinastia degli Hannover. Le doti intellettuali di Alberto, il suo talento politico, unito alla dedizione e al senso del dovere, gli avevano assicurato un posto centrale nel meccanismo di funzionamento dello Stato, tanto che il primo ministro Disraeli riconobbe che il principe tedesco aveva governato con un'energia e una saggezza maggiori di quelle dei sovrani britannici. Alla morte di Alberto la regina Vittoria rinunciò per anni alle apparizioni pubbliche e a tutti gli aspetti rappresentativi del suo ruolo. Si chiuse nel dolore, instaurando il lutto a Palazzo, ma non abbandonò mai il suo lavoro, che svolgeva con dedizione. La reclusione volontaria in cui visse accrebbe l'importanza della sua cerchia più intima, formata dal suo segretario privato e dal suo factotum, John Brown. Su di lui fiorirono diverse maldicenze, per la spiccata predilezione che la regina gli accordò. Alla sua morte, costernata dal dolore, gli dedicò lapidi e statue. Le lettere e il diario di Vittoria non lasciano però dubbi: fu Alberto l'unico uomo che amò.

Una **forte avversione per Londra** la spinse a soggiornarvi il meno possibile, preferendo la Scozia, l'isola di Wight, Windsor. Non rinunciò mai a viaggiare, in Italia, Spagna o Francia. Nonostante lo facesse in incognito era riconosciuta ovunque: il suo profilo inconfondibile compariva su francobolli e confezioni di tè, era ormai la **«madre d'Europa»**. Proprio attraverso i contatti personali (spesso di parentela), cercò di influenzare la politica estera britannica tessendo **trattative matrimoniali, che si estenderanno come una ragnatela in tutta Europa**. Il caso più evidente fu il matrimonio della figlia Vittoria con Federico Guglielmo di Prussia, da cui nascerà Guglielmo II, imperatore di Germania. Con **Napoleone III** strinse invece uno stretto rapporto d'amicizia, tanto da accoglierlo in Gran Bretagna dopo la sconfitta di Sedan. Altalenanti furono i suoi rapporti con i primi ministri: nutriva una profonda diffidenza per il liberale Gladstone, mentre fu legata da un'intima amicizia con il conservatore **Disraeli**. Proprio lui volle la sua **incoronazione come imperatrice d'India nel 1876**, suggellando così i successi dell'imperialismo britannico. L'India affascinò molto la regina, che si fece insegnare la lingua hindi-urdu dal suo ultimo favorito, Abu Karim detto Munshi, suo ex cameriere.

Invecchiando Vittoria cominciò a cedere le redini del potere al primogenito Edoardo prediligendo alla fatica dell'attività pubblica il calore domestico, assicuratole dai numerosi nipoti. Più invecchiava più la regina era popolare (anche se subì tre attentati, in cui rimase sempre illesa). I giubilei d'oro e di diamante, per i cinquanta e i sessant'anni dalla sua ascesa al trono, furono salutati da imponenti manifestazioni popolari, che festeggiarono il regno più lungo e pacifico

[👁 8.5]. Alla pressione del movimento indipendentista – che si esprimeva sia con le lotte parlamentari sia con gli atti terroristici – Gladstone rispose presentando in Parlamento un progetto che prevedeva la concessione di ampie autonomie all'isola seppure nella cornice istituzionale del Regno Unito. Questo progetto (*Home Rule*) provocò una forte opposizione nello stesso partito liberale e la secessione degli esponenti **unionisti**, cioè contrari alla autonomia dell'Irlanda, guidati da Joseph Chamberlain, leader della corrente di sinistra, che vantava forti legami

della storia britannica. Erano ormai riconosciute unanimemente l'esperienza e la capacità della regina, che legava il suo regno ad un'**epoca di espansione e progresso**. Con il suo carattere e la sua personalità aveva **rafforzato l'istituto monarchico**, che pure all'inizio del secolo non era stato immune dalle minacce del repubblicanesimo. Conducendo una vita austera, sia nel matrimonio sia nella vedovanza, divenne un modello di rispettabilità e ristabilì l'onore, spesso compromesso, della dinastia. Soprattutto la **classe media** stabilì un rapporto d'affetto con questa regina, bruttina, grassoccia, sgraziata e inelegante (neanche per il giubileo sostituì la sua solita cuffia con la corona). Anche la sua sfortuna (vide morire il marito, tre figli e un nipote, oltre ai suoi più cari confidenti) contribuì alla sua popolarità, soprattutto fra le donne, di cui, però, ignorò e ostacolò le aspirazioni al suffragio. Era, in fondo, **conservatrice**, come dimostrarono le sue scelte nel quotidiano (l'avversione per la luce elettrica o per il telefono) e la scarsa consapevolezza che ebbe delle conseguenze sociali della rivoluzione industriale e della condizione delle classi più povere. **L'aggettivo "vittoriano" è stato esteso alla cultura e alla morale del tempo**, finendo per indicare da un lato un'età fiorente sotto il punto di vista artistico, dall'altro un modello di comportamento, proprio soprattutto delle classi superiori, ispirato all'etica cristiana e conforme ai valori borghesi, segnato da un rigido codice sociale, da un atteggiamento perbenistico (e talora ipocrita) e da una spiccata attenzione per la sfera privata. In un'età ricca di trasformazioni e contraddizioni, fra il consolidarsi del sistema parlamentare, il rafforzarsi dell'espansionismo britannico e l'affermarsi della rivoluzione industriale, **la regina Vittoria incarnò un simbolo di tradizione, stabilità e autorità**, moltiplicando il prestigio della Corona britannica. Alla sua morte, nel 1901, le successe il primogenito Edoardo VII, bisnonno della regina Elisabetta II. Un'epoca era finita, non la monarchia britannica.

Bertha Müller da Heinrich von Angeli
La regina Vittoria
1899 ca.
[National Portrait Gallery, Londra]

PERSONAGGI

❶ Su che cosa si fondava la prosperità della Gran Bretagna? ❷ Come erano divisi i poteri nel sistema politico britannico? ❸ A che cosa puntavano le riforme elettorali presentate da Gladstone e Disraeli? ❹ In che cosa consisteva la "questione irlandese"?

GUIDA ALLO STUDIO

con l'elettorato operaio. La scelta degli unionisti di confluire nelle fila dei conservatori consentì a questi ultimi di affermarsi nelle elezioni del 1886 e di mantenere a lungo il potere rinnovando il tentativo, che era stato già di **Disraeli**, di coniugare la politica imperialistica con una certa dose di riformismo sociale.

7 L'autocrazia russa

Nella seconda metà dell'800, la Russia conservava, fra le grandi potenze europee, il primato dell'arretratezza politica e civile. Era ancora uno Stato autocratico, il cui controllo supremo era riposto nelle mani dello zar. Inoltre, all'inizio degli anni '50 più del 90% della popolazione era occupato nell'agricoltura e oltre 20 milioni di contadini (su un totale di circa 60 milioni di abitanti) erano soggetti alla servitù della gleba: erano cioè legati alla terra che coltivavano – dunque comprati e venduti assieme a essa – e subordinati personalmente ai proprietari. Un'aristocrazia terriera assenteista, propensa a consumare le proprie rendite in spese di prestigio più che a investirle in impieghi produttivi, dominava ancora incontrastata come nell'Europa dell'*ancien régime*. **All'immobilismo delle strutture politiche e sociali faceva singolare riscontro l'eccezionale livello della vita intellettuale**. L'800 fu il secolo d'oro della letteratura russa: grandi scrittori come Turgenev, Tolstoj, Dostoevskij, Čechov ci offrono un quadro vivissimo di una società diversa in ogni suo aspetto da quella dell'Europa occidentale e ci restituiscono gli echi di un dibattito ideologico quanto mai vivace.

Lo zar Alessandro II Nel 1855 salì sul trono imperiale Alessandro II. Il nuovo zar iniziò il suo regno concedendo un'amnistia ai detenuti politici e varando una serie di riforme che avevano lo scopo di introdurre **elementi di modernizzazione** nella burocrazia, nella scuola, nel sistema giudiziario e nell'esercito. Ma la riforma di gran lunga più importante cui Alessandro II legò il suo nome fu l'**abolizione della servitù della gleba**. Grazie a una serie di decreti imperiali emanati nel **febbraio 1861**, i servi acquistarono la libertà personale e la parità giuridica con gli altri cittadini e, contemporaneamente, ebbero la possibilità di riscattare le terre che coltivavano e di trasformarsi così in piccoli proprietari. L'**assegnazione delle terre agli ex servi**, tuttavia, avvenne con criteri non uniformi, e comunque tali da **salvaguardare le grandi proprietà**. Agli entusiasmi che avevano accompagnato l'inizio della riforma subentrò ben presto nelle campagne un clima di delusione e di malcontento, rivolto soprattutto contro i signori accusati (a torto) di aver deliberatamente travisato e tradito l'autentica volontà dello zar. Vi furono proteste e vere e proprie ribellioni, represse con l'intervento dell'esercito.

I populisti Con le travagliate vicende legate all'emancipazione dei servi si chiuse la breve stagione liberalizzante del regno di Alessandro II. Dopo il 1861 si assisté, infatti, a un appesantimento del clima politico e a un nuovo inasprimento dei controlli polizieschi, che accentuarono la frattura fra il potere statale e la borghesia colta. Fra le giovani generazioni andò diffondendosi un atteggiamento di **rifiuto totale dell'ordine costituito**, unito a uno sforzo sincero di avvicinarsi ai problemi delle classi subalterne. Fu questo il senso della **parola d'ordine «andare al popolo»** che ebbe ampia eco fra i giovani negli anni '60 e '70: da questo slogan derivò il nome di populisti (*narodniki*, da *narod*, 'popolo') col quale vennero designati gli intellettuali rivoluzionari che in questo periodo tentarono, senza troppa fortuna, di compiere opera di educazione culturale e di proselitismo politico fra le masse. Base fondamentale del loro programma era l'**utopia di un socialismo agrario** che facesse leva sul proletariato delle campagne e si inserisse nella tradizione comunitaria della società rurale russa. L'incomprensione delle masse contadine e la durezza della repressione poliziesca finirono però con l'isolare sempre più i *narodniki* e con lo spingerli verso la pratica cospiratoria. Quando, nel 1881, Alessandro II fu ucciso da un attentatore anarchico, le speranze che avevano accompagnato i suoi primi anni di regno non erano ormai che un lontano ricordo.

GUIDA ALLO STUDIO

❶ Come era composta la società russa del secondo '800? ❷ Che ruolo avevano gli intellettuali nella vita politica del paese? ❸ Quali effetti ebbe l'abolizione della servitù della gleba? ❹ Chi erano i "populisti"?

L'opera del pittore russo Ilya Repin racconta con dovizia di particolari il trasporto in processione dell'icona della Madonna di Kursk dalla sua sede abituale presso il Monastero Korennaya alla vicina città di Kursk (nella Russia occidentale). In un paesaggio brullo e polveroso, alcuni contadini portano in spalla l'icona seguiti da una folla abbastanza eterogenea: i più sembrano essere altri contadini, ma non mancano preti ortodossi, esponenti dell'alta borghesia locale, ufficiali di polizia e dell'esercito, oltre a mendicanti e storpi tenuti fuori dal corteo. Questa tela, insieme con altri lavori dello stesso pittore, esprime la sua critica sociale verso la Chiesa e verso lo Stato: la prima rappresentata dal prete ortodosso al centro, riccamente vestito e quasi più preoccupato del proprio aspetto che partecipe del momento religioso; il secondo dal "cordone" di contadini e ufficiali che tiene lontana la folla anche con l'uso della forza (si vedano i particolari del ragazzo storpio fermato, in primo piano, e dell'ufficiale a cavallo con giacca bianca, a destra, che sta alzando il suo frustino su qualcuno). Di questo quadro Repin scrisse: «sto applicando tutte le mie forze per cercare di dare vita alle mie idee; la vita intorno a me mi disturba molto e non mi dà pace, implorandomi di essere catturata sulla tela».

Ilya Repin
Processione religiosa nella provincia di Kursk
1880-83
[Galleria Tretyakov, Mosca]

Il sistema parlamentare

Il **sistema parlamentare** è un tipo di organizzazione politica nella quale è riservata particolare importanza al Parlamento, eletto da una parte più o meno ampia dei cittadini. Organi fondamentali dei moderni sistemi politici, le assemblee parlamentari sono in linea di massima le istituzioni dello Stato deputate alla **rappresentanza del corpo elettorale** e all'esercizio del **potere legislativo**. Inoltre, nei sistemi parlamentari i Parlamenti svolgono una funzione di **controllo dei governi** che, per confermare la loro legittimità, necessitano del consenso (la **fiducia**) dell'organo rappresentativo per eccellenza.

Perché un sistema politico sia effettivamente di tipo parlamentare non è sufficiente la sola presenza di un organo rappresentativo al suo interno: requisiti essenziali sono anche la dignità e il potere effettivo del Parlamento rispetto al governo. In un sistema parlamentare i due poteri dovrebbero bilanciarsi vicendevolmente concorrendo alla definizione delle scelte politiche. Ma il primato spetta al Parlamento, da cui dipende in ultima analisi la vita dei governi.

Tendenzialmente, i sistemi parlamentari possono essere costituiti da uno o due organismi (le «camere»): si parla così di sistemi **bicamerali** (come quello italiano, composto da Camera e Senato) e di sistemi **monocamerali**, meno diffusi (in Europa tale sistema è stato adottato in Grecia, Portogallo, Svezia, Danimarca e Finlandia).

I Parlamenti non sono istituzioni esclusive della modernità. Nel **Medioevo** essi erano diffusi in tutta Europa: il decentramento e la frammentazione dei poteri venivano in parte bilanciati dalle assemblee composte dai grandi feudatari. I Parlamenti medievali, formatisi in Europa tra il XII e il XIV secolo, erano molto diversi da quelli moderni: l'unico elemento in comune è la funzione relativamente rappresentativa (ma degli interessi dei feudatari, anziché del popolo). Tra i Parlamenti medievali si distinse per organizzazione e capacità effettiva di rappresentanza quello britannico, istituito nel 1295 con compiti preva-

La Camera dei deputati del Parlamento italiano, Montecitorio, Roma (2001)

Il Parlamento della Repubblica italiana è composto da due Camere: la Camera dei deputati, con sede a Palazzo Montecitorio, e il Senato della Repubblica, con sede a Palazzo Madama. Le due Camere si riuniscono in seduta comune nell'Aula di Palazzo Montecitorio e presiede l'assemblea il presidente della Camera. Il Governo ha invece la sede ufficiale a Palazzo Chigi, sempre a Roma, ed è composto dal Consiglio dei ministri guidato dal presidente del Consiglio.

lentemente giudiziari. In esso trovavano posto rappresentanti del clero, dell'ordine cavalleresco, delle contee e delle città. Una brusca battuta d'arresto del fenomeno si ebbe con l'**età degli assolutismi**, quando l'emergere di un forte e accentrato potere regio rese ininfluente – ovunque in Europa, tranne che in Gran Bretagna – la presenza di organi di rappresentanza.

L'atto di nascita del sistema parlamentare si ebbe nel **XVII secolo**, in **Inghilterra**, che da allora è stata considerata la culla della democrazia e della partecipazione popolare al governo dello Stato. Dopo la «gloriosa» rivoluzione del 1688-89, con il *Bill of Rights* il Parlamento inglese impose al nuovo re Guglielmo III d'Orange (1689-1702) sostanziali limitazioni all'esercizio del potere a vantaggio dell'organo rappresentativo. I parlamentari, tra le altre cose, statuirono che: «il preteso potere di sospendere le leggi o l'esecuzione delle leggi, in forza dell'autorità regia, senza il consenso del Parlamento, è illegale». Per la prima volta, un organo rappresentativo diveniva arbitro della vita politica di un paese: il governo era sempre di tipo monarchico ma il re, la sua volontà e le sue decisioni, dovevano ormai fare i conti con «il consenso del Parlamento».

Un'altra tappa importante per l'affermazione dei poteri del Parlamento fu la **Rivoluzione americana**. La Costituzione degli Stati Uniti prevedeva però un sistema non parlamentare, ma **presidenziale**, in cui esecutivo e legislativo erano eletti separatamente e avevano funzioni ben distinte fra loro. Diverso il modello che ispirò le diverse fasi della **Rivoluzione francese**: l'idea di fondo era quella di una nazione retta e governata direttamente dalle assemblee rappresentative elette del popolo.

L'articolo 26 della *Dichiarazione dei diritti dell'uomo e del cittadino*, del 1793 (quella più democrtica), precisava: «Nessuna parte di popolo può esercitare il potere del popolo intero; ma ogni sezione del [popolo] Sovrano riunito in assemblea deve godere del diritto di esprimere la sua volontà con una completa libertà». Nella Costituzione del 1793 – mai entrata in vigore – si precisava invece che: «il popolo francese è distribuito, per l'esercizio della sua sovranità, in Assemblee primarie di cantoni» (articolo 2). Al concetto di **sovranità popolare** fu dato grande rilievo: «il popolo sovrano è l'universalità dei cittadini francesi.

Esso nomina immediatamente i suoi deputati. Esso delega a degli elettori la scelta degli amministratori, degli arbitri pubblici, dei giudici criminali e di cassazione. Esso delibera sulle leggi» (articoli 7-10). Negli anni a venire, le aspirazioni dei rivoluzionari più radicali furono in gran parte deluse o perlomeno ridimensionate, tuttavia la Rivoluzione francese innescò un meccanismo di «esportazione» del principio parlamentare in molti paesi europei (come la Svizzera, l'Olanda e l'Italia). In breve il principio della rappresentanza parlamentare cominciò a conquistare i cittadini e l'opinione pubblica europea.

In **Italia**, ebbe un ruolo decisivo il Parlamento del Regno di Sardegna, riconosciuto nella carta costituzionale: lo **Statuto albertino** del 1848 che, all'articolo 3, precisava: «Il potere legislativo sarà collettivamente esercitato dal Re e da due Camere; il Senato, e quella dei Deputati». Per evitare lo squilibrio in favore del solo organo rappresentativo come era avvenuto nella Francia rivoluzionaria, si scelse il modello britannico della monarchia rappresentativa, basato sul bilanciamento dei poteri tra gli organi di governo più importanti: il re e il Parlamento. Il principio di rappresentatività dell'organizzazione statale era assicurato dall'adozione del bicameralismo. Il Senato era di nomina regia, mentre la Camera dei deputati era elettiva, anche se il suffragio era concesso solo a una parte esigua della popolazione.

In realtà lo Statuto non prefigurava un sistema autenticamente parlamentare (basato cioè sullo stretto legame fra governo e camere), ma ne prevedeva piuttosto uno **costituzionale**, simile a quelli che sarebbero stati adottati negli imperi del Centro Europa, in cui la vita dell'esecutivo dipendeva dalla fiducia del sovrano e al Parlamento spettava la sola funzione legislativa. Fu soprattutto con Cavour che, prima in Piemonte poi nel Regno d'Italia, si impose una **prassi parlamentare**, che vincolava il governo alla fiducia del Parlamento e faceva di quest'ultimo il centro della vita politica.

Con l'avvento del fascismo, questa prassi fu interrotta. E le istituzioni rappresentative furono progressivamente svuotate di significato, fino a quando, nel 1939, la Camera dei deputati – soppressa anche la residua finzione elettorale – fu sostituita dalla Camera dei fasci e delle corporazioni a cui si accedeva in virtù delle cariche ricoperte negli organismi del regime. Dopo la caduta del fascismo e la nuova Costituzione repubblicana nacque il moderno sistema parlamentare italiano, ancora bicamerale e interamente elettivo a suffragio universale maschile e femminile.

Le funzioni e le attività del Parlamento italiano sono regolate dagli articoli 55-82 della Costituzione. Il rapporto tra i cittadini e il Parlamento è mediato dai **partiti politici**, che non solo rappresentano le diverse esigenze della popolazione ma anche una particolare linea politica che gli elettori possono scegliere o meno votando per un determinato partito. Il meccanismo che anima la vita politico-istituzionale italiana è relativamente semplice: il governo (ministri e presidente del Consiglio dei ministri) è composto in modo da rispecchiare, attraverso la maggioranza eletta in Parlamento, la linea politica scelta dalla maggioranza degli elettori. Secondo un noto costituzionalista italiano, Gustavo Zagrebelsky, «Sistema parlamentare [contemporaneo e italiano] vuole [...] dire sistema di partiti, nel quale il luogo di elaborazione dei grandi indirizzi politici è il parlamento, mentre il governo è appunto l'organo esecutivo di tali indirizzi ed è responsabile di fronte al parlamento».

SINTESI

1 Le potenze continentali

Nella seconda metà del secolo XIX, le maggiori potenze europee si impegnarono nella lotta per l'egemonia. Il ruolo più attivo fu svolto dalla Francia del Secondo Impero, che però, nel suo tentativo di indebolire l'Austria con una politica estera ambiziosa e aggressiva, finì col facilitare l'ascesa della Prussia. Una prima manifestazione di questa strategia si ebbe con la guerra di Crimea (1854-55). La Prussia si incamminava, invece, sulla via dell'unificazione, in particolare con l'ascesa al governo di Bismarck (1862). La guerra del '66 contro l'Austria portò alla formazione di una Confederazione della Germania del Nord. Nel '67, si giunse alla divisione dell'Impero asburgico, da tempo in difficoltà, in due parti, una austriaca e l'altra ungherese.

2 La sconfitta della Francia e l'unità tedesca

Nel 1870 Bismarck riuscì a provocare una guerra con la Francia – ultimo ostacolo ai suoi progetti di unificazione tedesca –, che fu rovinosamente sconfitta a Sedan. A Versailles nel 1871 nasceva il nuovo Reich tedesco. La sconfitta comportò per la Francia la caduta di Napoleone III, la proclamazione della repubblica e la cessione dell'Alsazia-Lorena. Più in generale, rappresentò un'umiliazione nazionale che – per il desiderio di rivincita che alimentava – avrebbe condizionato per quasi mezzo secolo la politica francese.

3 La Comune di Parigi

Tra le conseguenze della sconfitta militare francese vi fu la ribellione di Parigi e la proclamazione della Comune, radicale e breve esperimento di democrazia diretta rivoluzionaria (febbraio-maggio 1871). Isolata dal resto del paese, la Comune tentò inutilmente di coinvolgere nella rivolta la popolazione delle altre città e delle campagne per lo più di tendenze conservatrici e moderate, e presto venne sconfitta dalle truppe governative dopo durissimi combattimenti. Questa vicenda contribuì a diffondere nell'opinione pubblica moderata un senso di paura e di odio per i rivoluzionari.

4 L'Impero tedesco e la politica di Bismarck

La Germania unita era il più potente Stato dell'Europa continentale. La supremazia del potere esecutivo sul legislativo, un blocco sociale dominante formato dal mondo dell'industria e della finanza e dall'aristocrazia degli Junker non impedirono la nascita, negli anni '70, di due nuovi partiti: il Centro cattolico e il Partito socialdemocratico. In politica interna Bismarck lavorò per affermare il carattere laico dello Stato e fronteggiare il nuovo pericolo rappresentato dalla socialdemocrazia affiancando alle tendenze autoritarie una legislazione sociale molto avanzata, secondo un modello di stampo paternalistico. In politica estera creò un sistema di alleanze per l'isolamento della Francia. Fondato sul patto dei tre imperatori del 1873, questo sistema si scontrò con le rivalità che opponevano nei Balcani gli altri due contraenti (Austria e Russia) che determinarono la guerra russo-turca (1877) e il successivo congresso di Berlino (1878). Nel 1882 la Germania stipulò il trattato della Triplice alleanza con Austria e Italia.

5 La Repubblica in Francia

La Francia si riprese rapidamente dalla sconfitta del 1870. La nuova Costituzione diede alla Francia un sistema di governo di compromesso fra il modello presidenzialista all'americana e quello parlamentare. La scena politica era dominata dai repubblicani – «opportunisti» e radicali –, che riuscirono gradualmente a consolidare il nuovo regime, spesso però messo a repentaglio dalla notevole instabilità dei governi e dalla grande corruzione che dominava il mondo politico e finanziario.

6 Il liberalismo in Gran Bretagna

In Gran Bretagna, gli anni dal 1850 al 1870 videro il rafforzamento del sistema parlamentare – con una quasi ininterrotta presenza dei liberali al governo –, una notevole prosperità economica e il varo di alcune importanti riforme, soprattutto quella elettorale – che allargava di quasi un milione il numero degli aventi diritto al voto. Fra il '66 e l'86 si alternarono al potere il conservatore Disraeli, fautore di una politica imperialistica non priva di aperture sociali, e il liberale Gladstone, che realizzò nuove riforme – fra cui un ulteriore ampliamento del suffragio – e tentò senza fortuna di concedere l'autonomia all'Irlanda.

7 L'autocrazia russa

In Russia, all'arretratezza sociale e politica faceva riscontro una grande vivacità della vita culturale e del dibattito ideologico. L'avvento al trono di Alessandro II nel 1855 alimentò forti speranze di rinnovamento, soprattutto in conseguenza delle riforme attuate dal nuovo sovrano, tra le quali – importantissima – l'abolizione della servitù della gleba (1861). Presto, tuttavia, si tornò a un indirizzo autocratico, con il conseguente accrescimento del distacco tra potere statale e borghesia colta.

SVILUPPARE LE COMPETENZE

❶ Di seguito trovi in ordine sparso i fatti salienti della storia di due paesi europei nella seconda metà dell'800. Individua i paesi e componi due cronologie distinte, una per paese. Scrivi poi, utilizzando come scaletta la sequenza ottenuta, un testo di 15 righe per ogni paese:

a. Bismarck firma il patto dei tre imperatori
b. Guerra di Crimea
c. Parigi è protagonista dell'esperienza rivoluzionaria della Comune
d. Nasce l'Impero tedesco
e. Bismarck inizia una politica anticattolica: il *Kulturkampf*
f. La Francia dichiara guerra alla Prussia
g. Bismarck firma la Triplice alleanza
h. La Francia è sconfitta a Sedan
i. Bismarck organizza il congresso di Berlino

❷ Commenta ognuno degli argomenti contenuti nei riquadri sottostanti in un breve testo di 4 righe:

emanazione della Costituzione — **gli opportunisti al governo** — **l'affermazione della laicità dello Stato** — **instabilità degli esecutivi**

❸ Completa la tabella sottostante e poi scrivi un testo di 10 righe per spiegare le differenze tra i sistemi governativi inglese e russo intorno alla metà dell'800.

Avvenimenti	Data	Breve descrizione
Reform Act		
Nuova riforma elettorale in Gran Bretagna		
Incoronazione dello zar Alessandro II		
Abolizione della servitù della gleba per volontà di Alessandro II		
Uccisione di Alessandro II		

18 STATI UNITI E GIAPPONE

Parola chiave
Modernizzazione

ONLINE

Quanto avvenne oltreoceano, negli Stati Uniti e in Giappone, nella seconda metà dell'800 rivestì un'importanza pari alle trasformazioni dell'Europa continentale descritte nel capitolo precedente, soprattutto in relazione agli sviluppi successivi dei rapporti internazionali, alle guerre e alle alleanze. Dopo una durissima guerra civile gli Stati Uniti approdarono, alla fine del secolo – ormai esaurita la spinta verso la conquista della nuova frontiera continentale –, al ruolo di grande potenza proiettata sui mari, nei Caraibi e nel Pacifico. Il Giappone iniziò nel 1868 una fase di modernizzazione uscendo da un regime feudale e approdando anch'esso al ruolo di grande potenza economica e militare sul finire del secolo.

1 Gli Stati Uniti a metà '800

Lo sviluppo economico Alla metà dell'800, gli Stati Uniti d'America erano un paese in crescente espansione con una popolazione in costante aumento (23 milioni nel 1850, oltre 30 dieci anni dopo), grazie soprattutto all'ininterrotto flusso migratorio proveniente dall'Europa. I confini dell'Unione continuavano a spostarsi verso ovest, includendo vasti territori ben presto attraversati da strade e linee ferroviarie. La produzione agricola progrediva con ritmi molto elevati, sia per la messa a coltura di nuove terre nelle regioni di recente colonizzazione, sia per lo sviluppo di una moderna agricoltura negli Stati del Vicino Ovest (*Midwest*), di più antica colonizzazione. Contemporaneamente, la regione del Nord-Est – in particolare la zona della costa atlantica – conosceva un rapido sviluppo industriale. Ma a questa straordinaria espansione dell'economia facevano riscontro profonde fratture interne. Negli Stati Uniti coesistevano infatti **tre diverse società**, corrispondenti alle diverse zone del paese, ciascuna col suo sistema economico, i suoi valori, le sue tradizioni culturali.

■ **Il Nord-est** C'erano innanzitutto gli Stati del Nord-Est, sede delle prime colonie britanniche e nucleo originario dell'Unione. Era la zona più progredita, più ricca e più industrializzata, dove sorgevano i **maggiori centri urbani** (New York, Boston, Philadelphia), dove si concentravano i commerci con l'Europa e dove principalmente si indirizzava l'ondata migratoria proveniente dal Vecchio Continente. Un ambiente in continua trasformazione, profondamente influenzato dai valori del **capitalismo imprenditoriale**, dominato dai gruppi industriali, commerciali e bancari, e dalla presenza di un numeroso proletariato urbano.

■ **Il Sud delle piantagioni** Quella degli Stati del Sud era invece una società agricola e profondamente tradizionalista, che fondava la sua economia e la sua organizzazio-

▶ 160 DOC
Frederick Douglass
La vita degli schiavi neri nel Sud

▶ 161
R. Luraghi
Il contrasto tra Stati nordisti e sudisti negli Stati Uniti

▶ 162
B. Moore jr.
Un'analisi della guerra civile americana: le ragioni del conflitto

ne sociale sulle **grandi piantagioni di cotone** e, in minor misura, di tabacco e canna da zucchero. La manodopera che vi lavorava era costituita in gran parte da schiavi neri, discendenti da quelli che erano stati forzatamente trapiantati in America nel '700 (la tratta era stata ufficialmente vietata negli Stati Uniti solo nel 1808). Nel 1860 vivevano negli Stati del Sud quasi **4 milioni di schiavi neri**, contro circa 6 milioni di bianchi, in maggioranza piccoli e medi coltivatori **[**👁 **18.4** STORIA • SOCIETÀ • CITTADINANZA**]**. Il ceto dei **grandi proprietari** – che impiegavano il grosso della manodopera servile – contava non più di 2000 famiglie: **una ristretta minoranza, che però dominava la vita politica e sociale**, forniva i migliori ufficiali all'esercito federale e svolgeva, in un paese in cui non era mai esistita una vera nobiltà, una funzione sociale simile a quella di un'aristocrazia. I grandi proprietari vivevano in case ampie e lussuose, avevano il culto della tradizione e il gusto delle buone maniere, si ispiravano a un'etica patriarcale e paternalistica. La stessa istituzione della schiavitù veniva giustificata in questo contesto: anzi, la vita nella piantagione, dove allo schiavo erano assicurati l'abitazione, il vitto giornaliero e l'istruzione religiosa, era polemicamente contrapposta – trascurando di ricordarne il durissimo sfruttamento e il diffuso abuso sessuale delle donne – alla venalità e all'insicurezza che caratterizzavano i rapporti di lavoro delle realtà industriali.

■ **Il West dei contadini e degli allevatori** A queste due società così diverse fra loro se ne contrapponeva una terza: quella dei liberi agricoltori e allevatori di bestiame che popolavano gli Stati dell'Ovest. Era una società in **rapida evoluzione**: man mano che la frontiera si spostava verso il West, le aziende stabili si sostituivano agli insediamenti isolati dei pionieri introducendo un'agricoltura mercantile che forniva derrate alimentari, carne e cereali, alle città del Nord-Est. Nonostante tutto ciò, la società agricola dell'Ovest restava legata all'**etica e ai valori della frontiera**: l'iniziativa individuale, l'indipendenza, l'uguaglianza delle opportunità.

Lo scontro sulla schiavitù

Le differenze tra Nord e Sud erano profonde e destinate inevitabilmente ad accentuarsi fino a divenire insanabile contrasto. L'idea stessa della schiavitù non si conciliava con la mentalità democratica diffusa fra le popolazioni del Nord dove era attivo da tempo un vivace **movimento abolizionista**, ma era anche incompatibile con la filosofia di un capitalismo moderno e con la sua esigenza di disporre di una **manodopera mobile per un mercato interno in espansione**.
Quando, negli anni '40 e '50, lo sviluppo industriale si allargò a nuovi settori, in particolare quello meccanico, nel complesso dell'economia americana diminuì l'importanza della produzione cotoniera, cruciale per il Sud, e si fecero più strette le relazioni fra il Nord-est industriale e l'Ovest agricolo: quest'ultimo trovava infatti nelle aree urbane in continua espansione ampi sbocchi per i suoi prodotti e costituiva a sua volta un largo mercato per l'**industria meccanica**, che vi collocava soprattutto macchine agricole. Su queste premesse si acutizzò lo scontro sulla schiavitù. L'estensione dell'economia delle piantagioni – e dunque del lavoro servile – ai nuovi territori era richiesta dai piantatori del Sud, che volevano portare la coltura del cotone nelle **terre vergini**, ma incontrava forti opposizioni nell'opinione pubblica del Nord e fra i coloni dell'Ovest, che chiedevano terre a buon mercato, o addirittura in uso gratuito, per diffondervi la **coltivazione dei cereali**.

Il Partito repubblicano e Lincoln

Alle divisioni della società si aggiunsero i contrasti fra le forze politiche. Con l'inizio degli anni '50 i partiti tradizionali – democratici e Whigs (liberali) – entrarono in una profonda crisi. I democratici si identificarono sempre più con la causa dei grandi proprietari schiavisti, mentre dall'ala progressista del partito whig nacque nel 1854 una nuova formazione politica, il **Partito repubblicano**, che assunse una posizione decisamente antischiavista e accolse nella sua piattaforma politica sia le rivendicazioni della borghesia del Nord (dazi doganali più alti, che avrebbero favorito la produzione industriale, ma danneggiato le esportazioni di cotone dal Sud), sia quelle dei coloni dell'Ovest (distribuzione gratuita dei terreni demaniali). Il nuovo partito conquistò un seguito sempre crescente finché, nelle elezioni del **1860**, riuscì a portare alla presidenza un tipico uomo dell'Ovest, **Abraham Lincoln**, un avvocato di salde convinzioni democratiche, proveniente da una famiglia di modesti agricoltori del Kentucky.

Nonostante fosse un convinto avversario della schiavitù, Lincoln non era un abolizionista radicale. Nella sua campagna elettorale aveva anzi negato qualsiasi intenzione di abolire la schiavitù dove esisteva. Tuttavia, la vittoria repubblicana nelle elezioni del '60 fu sentita da una parte dell'opinione pubblica del Sud come l'inizio di un processo irreversibile che avrebbe portato alla vittoria degli interessi industriali, al rafforzamento del potere centrale, alla progressiva emarginazione degli Stati schiavisti.

GUIDA ALLO STUDIO

❶ Gli Stati Uniti costituivano una realtà omogenea? Per quali ragioni? ❷ Su quali elementi si fondava il contrasto tra gli Stati del Nord e quelli del Sud? ❸ Quali interessi rappresentava il Partito repubblicano? ❹ Chi era Abraham Lincoln? Di quale gruppo sociale era espressione?

La vita di uno schiavo americano
[litografie pubblicate da W.A. Stephens, Philadelphia 1863; Library of Congress, Washington, D.C.]

Questa serie di piccole litografie (composta in tutto da 12 pezzi) racconta la vita di un nero negli anni che videro gli Stati Uniti teatro della guerra civile e molti neri passare dalla condizione di schiavi a quella di uomini liberi. La prima vignetta rappresenta il protagonista nei campi di cotone: nessun indizio lo dice, ma tutti capiscono che non è un bracciante libero, è uno schiavo. Le vignette successive, infatti, lo vedono portato via in catene, costretto ad abbandonare il figlioletto e la moglie, che implora il padrone di venderli insieme. Nelle mani del nuovo padrone, l'uomo viene maltrattato (le punizioni con la frusta erano molto frequenti) tanto da decidere di ribellarsi, uccidere il suo sovrintendente e fuggire attraverso le paludi per andare ad arruolarsi nell'esercito dell'Unione. Il giovane ha conquistato la libertà, ma trova la morte combattendo per i nordisti: la sua ricompensa sta nell'aver donato la sua vita per la gloria della nazione.

2 La guerra civile americana

Dalla nascita della Confederazione del Sud al conflitto

Tra il dicembre '60 e il febbraio '61 dieci Stati del Sud decisero di staccarsi dall'Unione e di costituirsi in una Confederazione indipendente [ATLANTE_48]. Questa **scelta secessionista**, imposta da una minoranza intransigente a una popolazione incerta e divisa, non poteva non suscitare la reazione del potere federale: non vi era dunque alternativa alla guerra civile, che ebbe inizio nell'**aprile 1861**. Scegliendo la strada dello scontro, i confederati facevano assegnamento sulla migliore qualità delle loro forze armate. Ma speravano anche in un intervento a loro favore della Gran Bretagna, che era la principale importatrice del cotone del Sud e osteggiava i programmi protezionisti dei repubblicani. Gli Stati del Nord confidavano invece nella schiacciante superiorità numerica della loro popolazione e sul loro maggior potenziale economico.
Nelle fasi iniziali della guerra, il miglior addestramento delle forze sudiste e le notevoli capacità del loro comandante, il generale Robert Lee, diedero ai confederati una netta prevalenza. Ma, quando fu chiaro che gli Stati del Sud avrebbero dovuto contare solo sulle loro forze – la Gran Bretagna e le altre potenze europee si astennero

ATLANTE 48_GLI STATI UNITI AL TEMPO DELLA GUERRA CIVILE

Nella cartina sono indicati a parte gli Stati schiavisti che rimasero fedeli all'Unione: Missouri, Kentucky, West Virginia, Maryland, Delaware.

infatti da ogni intervento – e che la guerra sarebbe stata lunga e logorante, il fattore numerico e quello economico si rivelarono decisivi. La guerra si concluse infatti nell'**aprile del 1865** con la **resa dei confederati** al generale Ulysses Grant, comandante delle forze del Nord. Pochi giorni dopo, il presidente Lincoln cadeva vittima di un attentato per mano di un fanatico sudista.

Le conseguenze della guerra La guerra era durata ben quattro anni, aveva visto impegnati nelle operazioni belliche circa 3 milioni di uomini, era costata oltre 600 mila morti e aveva conosciuto battaglie durissime come quella di **Gettysburg** [👁 18.3 EVENTI] vinta dai nordisti (luglio 1863). Era stata senza dubbio la **prima guerra totale** dei nostri tempi: la prima che avesse coinvolto così a lungo la società civile di un grande paese moderno, la prima in cui fossero stati utilizzati sistematicamente i nuovi mezzi offerti dallo sviluppo tecnologico e industriale, a cominciare dalla ferrovia e dal telegrafo. Per vincerla, i nordisti dovettero non solo fare appello a tutte le loro risorse economiche, ma anche a spingersi oltre i programmi iniziali del presidente Lincoln. Nel 1862 fu approvata una legge che assegnava gratuitamente quote di terre del demanio statale ai cittadini che ne facessero richiesta. Lo stesso anno fu decretata a partire **dal 1° gennaio del 1863 la liberazione degli schiavi in tutti gli Stati del Sud**, anche per consentirne l'arruolamento nell'esercito dell'Unione.

Una rivoluzione sociale mancata In realtà, la rivoluzione sociale implicita nell'esito della guerra di secessione fu ben lontana dal compiersi interamente. La legge del '62 sulla distribuzione delle terre libere fu revocata pochi anni dopo la fine della guerra. Gli schiavi acquistarono la libertà, ma le loro condizioni economiche non migliorarono. La vittoria nordista e le innovazioni legislative non valsero a colmare le disuguaglianze sociali, **né poterono cancellare i pregiudizi razziali profondamente radicati nella società del Sud**. Certo non giovarono alla causa della democrazia e dell'integrazione razziale i metodi sbrigativi e lo spirito talvolta vendicativo con cui i vincitori condussero l'opera di riunificazione del paese. Negli anni successivi alla fine della guerra, il Sud fu sottoposto a un regime di vera e propria occupazione militare. Il risultato fu una reazione di rigetto, che prima si espresse in forma di lotta clandestina – fu creata allora l'organizzazione paramilitare e razzista del **Ku Klux Klan** – e che più tardi determinò la riscossa del Partito democratico negli Stati del Sud. Il ritorno alla normalità nel Sud, che poté considerarsi compiuto solo alla fine degli anni '70, significò anche il ritorno all'indiscussa supremazia dei bianchi e ad un regime di **segregazione razziale di fatto**, destinato a protrarsi, in molti Stati, per buona parte del '900.

Segregazione razziale
La segregazione o separazione delle razze è una pratica politica razzista che mira a tenere separati, in uno Stato, i gruppi sociali di colore da quello bianco in vari settori della vita civile, pubblica e politica. Negli Stati Uniti si fondò sul principio della «separazione in condizioni di uguaglianza», sancito dal XIV emendamento della Costituzione. Bianchi e neri avevano dunque diritto agli stessi servizi ma erogati separatamente: diverse erano le zone residenziali, i luoghi di ritrovo, diverse le modalità di fruizione degli esercizi commerciali e dei servizi pubblici – mezzi di trasporto, scuola, ospedali. Forti discriminazioni sul piano dei diritti politici e civili derivarono da questa scelta. L'espressione "segregazione razziale" corrisponde all'afrikaans *apartheid*, che individua un regime segregazionista in vigore in Sud Africa fino al 1991.

GUIDA ALLO STUDIO
❶ Quali furono le cause della guerra civile americana? ❷ Chi erano i confederati? ❸ Perché la guerra di secessione può essere definita la prima guerra totale? ❹ Quali cambiamenti avvennero nella società al termine della guerra?

3 La formazione di una potenza mondiale

La colonizzazione dell'Ovest All'indomani della guerra di secessione e della ricostruzione post-bellica, riprese con rinnovato slancio la colonizzazione dei territori dell'Ovest, ora favorita dallo sviluppo della rete ferroviaria che nel 1869 raggiunse le coste della California. Intorno al 1890 la **conquista del West** poteva considerarsi compiuta: la frontiera coincideva ormai col Pacifico e gli Stati Uniti avevano raggiunto l'estensione attuale.

159
F.J. Turner
Il significato della frontiera nella storia americana

Vittime principali della corsa all'Ovest furono le tribù dei **pellerossa** [👁 9.3], che videro restringersi progressivamente gli spazi, un tempo sconfinati, in cui potevano muoversi in libertà. I pellerossa cercarono di resistere alla conquista bianca e riuscirono anche a riportare qualche isolato successo, ma dopo il 1890, decimati dalle guerre (il loro numero alla fine del secolo non superava i 250 mila individui), furono **confinati nelle riserve e ridotti a un corpo estraneo e marginale** in una società che stava attraversando una fase di impetuoso sviluppo capitalistico.

Le grandi concentrazioni industriali e finanziarie

La crescita più imponente si verificò nell'industria, in particolare in alcuni settori-guida come il siderurgico, il meccanico, l'elettrico e il petrolifero, dove dominavano le grandi concentrazioni (*corporations*) industriali e finanziarie **[👁 16.1]**: come la

EVENTI

La battaglia di Gettysburg

La battaglia di Gettysburg (1-3 luglio 1863) rappresenta un episodio centrale nella guerra civile americana: **lo scontro più sanguinoso di tutto il conflitto** vide, infatti, la netta sconfitta dell'esercito sudista e produsse una svolta decisiva nell'andamento della guerra, da questo momento in poi avviata a concludersi con la vittoria delle forze del Nord.

Nell'estate del 1863 il conflitto era iniziato già da due anni: l'illusione che potesse durare poche settimane era svanita ben presto di fronte alle nuove forme della guerra industriale e all'abilità dei due schieramenti di contrapporre eserciti numerosi, ben armati e molto motivati. Alle vittorie riportate dai Confederati nelle prime fasi belliche, l'Unione aveva saputo rispondere armando ed equipaggiando in breve tempo un grande esercito di volontari, traendo vantaggio soprattutto dal maggiore sviluppo industriale degli Stati settentrionali rispetto a quelli del Sud. Due anni di aspri combattimenti avevano fatto emergere **tre fronti principali, tutti in territori confederati**, sui quali si sarebbe giocato l'esito della guerra: ad Ovest, il corso del Mississippi e la città di Vicksburg; al centro, il varco di Chattanooga, via di accesso alla Georgia; infine ad Est, la Virginia, roccaforte delle armate confederate **[👁 ATLANTE_48]**.

L'attacco sferrato dal **generale nordista Ulysses Grant** nel maggio del 1863 contro Vicksburg, aveva posto il comando militare della Confederazione davanti a una scelta quanto mai difficile: concentrare ogni sforzo militare per evitare la caduta della linea del Mississippi oppure attaccare su un altro fronte e provare a riportare, altrove, una vittoria decisiva sulle armate del Nord? Fautore di questa seconda ipotesi era il **generale sudista Robert Edward Lee**, comandante della potente Armata della Virginia Settentrionale: egli riteneva che la sola difesa del fronte occidentale, seppur vincente, avrebbe al massimo ritardato l'avanzata delle truppe dell'Unione, in quel momento superiori. Al contrario, **un attacco nel cuore degli Stati federali, da realizzare mediante l'invasione dei territori del Nord**, avrebbe costretto l'avversario a spostare l'attenzione lontano dal Mississippi; avrebbe inoltre suscitato un grande entusiasmo tra i combattenti: in caso di vittoria, infatti, le armate sudiste sarebbero potute entrare, in breve tempo, nella capitale Washington.

Il piano di Robert Lee ricevette l'approvazione del presidente della Confederazione, Jefferson Davis. I primi di giugno i soldati agli ordini del generale sudista superarono il confine della Virginia e nelle settimane successive penetrarono in territorio nemico con l'obiettivo di aggirare l'esercito nordista e costringerlo a combattere in campo aperto nei pressi di **Gettysburg, cittadina dello Stato della Pennsylvania**. File di profughi cominciarono a fuggire di fronte all'invasione sudista, ma il Nord non si fece prendere dal panico: **le principali città settentrionali si trasformarono in grandi trincee difensive**, il popolo fece cerchio intorno al suo presidente Lincoln e gli abitanti delle zone invase si dimostrarono ostili alle forze occupanti, informando come potevano i comandi federali dei movimenti nemici.

Alla vigilia dello scontro, l'esercito sudista sembrava possedere qualcosa in più rispetto all'avversario: nonostante l'inferiorità numerica in termini di uomini e armi, il generale Lee aveva saputo riorganizzare efficacemente l'**Armata della Virginia Settentrionale**. I soldati in uniforme grigia riponevano grande fiducia nel loro capo e nei loro comandanti: erano soprattutto animati dalla forte speranza che la vittoria avrebbe rovesciato le sorti della guerra e portato il successo della Confederazione. Al contrario, l'**Armata nordista del Potomac** (un fiume che corre per un lungo tratto tra Maryland e Virginia) stava attraversando un periodo difficile: tra la fine del 1862 e l'inizio del 1863 era uscita sconfitta per ben due volte dallo scontro con gli eserciti sudisti e adesso si era fatta sorprendere dall'attacco sudista sul proprio territorio. Pochi giorni prima della battaglia, il presidente Lincoln sostituì il comandante dell'Armata, affidando il ruolo al generale George Gordon Meade, non un geniale stratega ma un militare dalle grandi capacità e che lo stesso Lee reputava assai più abile e pericoloso del suo predecessore.

L'alba del 1° luglio, la più grande battaglia della guerra civile americana scoppiò in realtà per un incidente tra due singoli corpi d'armata nemici, che aprirono il fuoco senza aspettare di ricevere ordini dall'alto. Nei primi due giorni di combattimento i confederati conquistarono terreno, ma si scontrarono sempre con la tenace resistenza nordista. Il terzo giorno, invece, la tattica del generale Robert Lee, orientata esclusivamente all'attacco, rivelò tutti i suoi limiti: nel torrido pomeriggio del 3 luglio, dopo un intenso fuoco d'artiglieria sulle posizioni nemiche durato più di un'ora e mezza, il grande assalto frontale da parte di 15 mila fanti sudisti, **la cosiddetta "carica di Pickett"** (dal nome del generale che la condusse), fu respinto sanguinosamente dai colpi dell'artiglieria dell'Armata del Nord, danneggiata ben poco dal bombardamento avversario. Solo pochi uomini, alla fine, riuscirono ad arrivare al contatto con la prima linea del Nord, mentre la maggior parte di loro rimase sul campo.

General Electric, la American Telephon Company, la Standard Oil nel settore petrolifero, la DuPont in quello chimico e degli esplosivi o come il gigantesco **trust** dell'acciaio, la United Steel, costituitosi nel 1901. Alla fine dell'800, gli Stati Uniti non solo avevano superato Gran Bretagna e Germania nel volume della produzione industriale (raggiungendo quindi il primato mondiale), ma erano anche diventati un **paese esportatore di capitali e di prodotti industriali.**

Immigrazione e tensioni sociali

Questo sviluppo fu reso possibile, oltre che dall'abbondanza di **risorse naturali**, anche dall'esistenza di un **mercato interno in continua espansione**, grazie all'afflusso di immigrati provenienti dall'Europa. Tale era il bisogno di manodopera che, nel 1882, il governo federale spalancò le porte all'immigrazione rendendo l'ingresso negli Stati Uniti li-

Il 4 luglio l'Armata di Robert Lee iniziò una drammatica ritirata sotto una pioggia battente e su strade ricoperte di fango: i soldati avevano il morale a pezzi, consapevoli di aver perso l'unica occasione per rovesciare l'esito della guerra a loro favore. In tre giorni di battaglia, l'Unione aveva avuto 23 mila tra morti e feriti, su un totale di circa 90 mila effettivi; i confederati invece ben 29 mila su circa 80 mila (di questi, quasi 13 mila caddero prigionieri). Lo stesso giorno, il generale Grant conseguiva sul fronte occidentale un'importante vittoria, conquistando **Vicksburg** dopo settimane d'assedio. Solo una strenua resistenza dei confederati ritardò di due anni la fine della guerra, sancita con la sconfitta definitiva di Lee ad **Appomattox** (9 aprile 1865).
La decisione strategica di attaccare sul fronte della Virginia e non difendere Vicksburg, a sud, nonché le **scelte tattiche del generale sudista**, sono sempre state al centro di un animato dibattito. Senza dubbio egli era un grande comandante, cresciuto e formatosi nell'esercito degli Stati Uniti: dopo la secessione degli Stati del Sud, si era rifiutato di restare nelle fila dell'Unione perché non poteva accettare di combattere contro la sua terra natale, la Virginia. Inesatta però sembra la teoria che lo vuole interessato solo alle sorti di questo Stato e quindi poco preoccupato del futuro di Vicksburg o degli altri fronti del conflitto. Secondo autorevoli studiosi, alla base delle scelte del generale ci sarebbe piuttosto la sua **concezione napoleonica della guerra**, tutta sbilanciata verso l'attacco e la ricerca dell'annientamento del nemico: «If the enemy is there tomorrow, we must attack him» ('Se il nemico è lì domani, dobbiamo attaccarlo'), disse a un suo generale dopo il primo giorno di combattimenti a Gettysburg, senza rendersi conto che le forme della guerra erano cambiate. L'introduzione di **armi più rapide e potenti** (come quelle a canne rigate e a retrocarica) aveva dato alle artiglierie una maggiore capacità di fuoco e le rendeva capaci di respingere i grandi assalti delle fanterie in campo aperto: **rispetto al passato, quindi, era la tattica difensiva, e non quella offensiva, a risultare vincente in questi casi**.
Ma l'importanza di questi tre giorni di scontri risiede anche nel loro **valore simbolico**, oltre che strategico-militare. Quattro mesi dopo la battaglia, il 19 novembre, **il presidente degli Stati Uniti Abraham Lincoln pronunciò uno storico discorso**, seppur brevissimo (circa 3 minuti), alla cerimonia di inaugurazione del cimitero dei caduti dell'Unione a Gettysburg. Senza fare alcun riferimento alle parti in lotta, si soffermò sul significato della morte di migliaia di americani in quell'occasione, ponendo così le basi per la rinascita della nazione e per il superamento della conflittualità civile: **«possiamo qui decidere solennemente che questi morti non siano caduti invano»**, concluse, «che la nazione, con l'aiuto di Dio, trovi una nuova nascita nella libertà, e che il governo del popolo, attraverso il popolo, per il popolo, non scompaia dalla terra».

Timothy H. O'Sullivan
Vite falciate, Gettysburg, Pennsylvania
1863
[George Eastman House, New York]

EVENTI

bero a tutti, con le sole eccezioni dei criminali comuni e dei malati di mente [👁 GRAFICO_7]. La società americana diventò così un immenso crogiolo, un ***melting pot***, dove andarono a fondersi culture, tradizioni ed energie di tutti i paesi del vecchio continente.

Il grande sviluppo materiale degli ultimi anni del secolo non fu privo di tensioni sociali. Lo strapotere delle *corporations* e il rigido protezionismo alimentarono il

GRAFICO 7_IMMIGRATI NEGLI STATI UNITI (1821-1921)

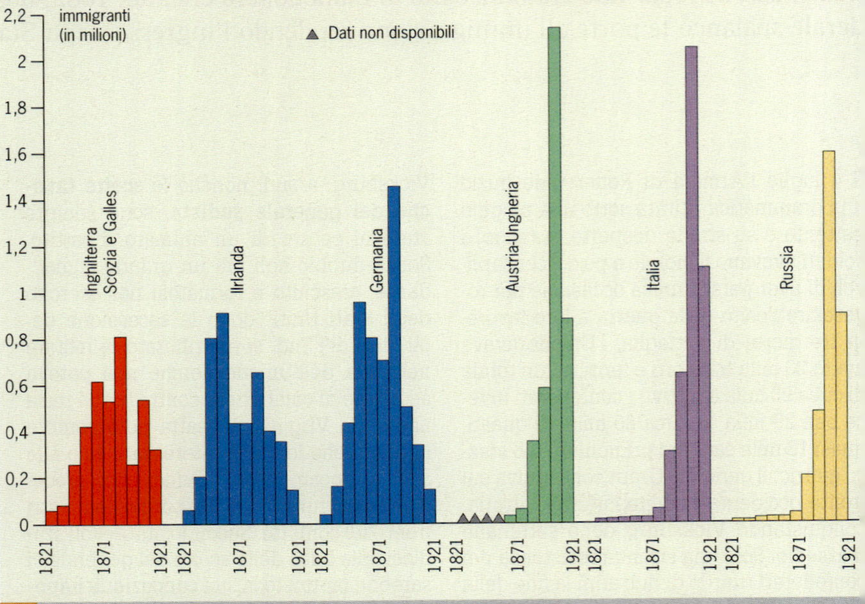

[Nostra elaborazione da *Atlante storico del mondo*, Touring Club Italiano, Milano 1994]

◀ John N. Choate
Giovani nativi americani della tribù Chiricahua Apache al loro arrivo nella Carlisle Indian School
4 novembre 1886

▶ John N. Choate
Giovani nativi americani pochi mesi dopo il loro arrivo nella Carlisle Indian School
1886

Fra il 1879 e il 1902, il fotografo americano John N. Choate documentò la vita nella Carlisle Indian School (nella cittadina di Carlisle in Pennsylvania), la prima delle scuole aperte dal governo federale fuori dalle riserve indiane, dedicate all'educazione dei nativi americani e fondate sul presupposto che, immersi nella tradizionale cultura euro-americana, questi ragazzi avrebbero potuto meglio integrarsi nel mondo dei bianchi. Strappati alle loro famiglie, i giovani indiani venivano sottoposti a una disciplina particolarmente dura; rigide norme regolavano la giornata degli studenti, cui era vietato – pena severe punizioni corporali – di parlare la propria lingua madre o di praticare attività o atteggiamenti tipici delle tribù da cui provenivano. Purtroppo, molti di questi ragazzi morirono in giovanissima età perché contagiati da malattie sconosciute nell'ambiente in cui erano vissuti fino ad allora. Dei circa 10 mila nativi americani che frequentarono la Carlisle Indian School fra il 1879 e il 1918 (anno della sua chiusura) solo 158 riuscirono a conseguire il diploma.

malcontento dei contadini del Midwest, danneggiati dagli alti prezzi dei manufatti. Notevole sviluppo ebbero in questo periodo anche le organizzazioni operaie: nel 1886 venne fondata l'**American Federation of Labor**, una grande confederazione di **sindacati autonomi** priva di una precisa caratterizzazione politica. Ma né la maggioranza delle organizzazioni sindacali né il movimento dei contadini adottarono la strategia di classe dei movimenti socialisti europei o si posero come obiettivo il rovesciamento del sistema capitalistico [👁 16.7-8].

L'espansionismo nei Caraibi e nel Pacifico

È in questo contesto che va considerata la nuova politica espansionistica messa in atto dagli Stati Uniti a partire dalla fine dell'800. La prima importante manifestazione di questa politica si ebbe con l'intervento a **Cuba** dove, dal 1895, era in corso una violenta rivolta contro i dominatori spagnoli. Questi ultimi avevano avviato una dura repressione che aveva suscitato vivaci reazioni nell'opinione pubblica americana, ma anche notevoli preoccupazioni per la sorte dei cospicui interessi economici che gli Stati Uniti avevano nelle **piantagioni di canna da zucchero** dell'isola. Così, nel febbraio **1898**, l'affondamento di una nave da guerra americana nel porto dell'Avana portò alla **guerra con la Spagna**, che fu rapidamente sconfitta sia nelle Antille sia nel Pacifico [👁 ATLANTE_49]. Cuba divenne una repubblica indipendente, sottoposta tuttavia al controllo politico ed economico degli Stati Uniti. La Spagna fu inoltre costretta a cedere **Portorico** e l'intero arcipelago delle **Filippine**. In questo modo gli Stati Uniti si assicurarono, oltre all'egemonia nei Caraibi, anche un vasto

Melting pot
Il termine, letteralmente 'recipiente di fusione', si è diffuso, dapprima in storiografia e poi anche nel linguaggio comune, per indicare il contesto sociale e culturale americano nel quale le peculiari e differenti caratteristiche nazionali dei cittadini si mescolano dando origine a un'identità nuova ed esclusivamente americana. Il concetto di *melting pot* è stato centrale nell'ideologia nazionalista degli Stati Uniti, ed è stato oggetto di un acceso dibattito: molti critici hanno messo in luce, infatti, i limiti di questa esperienza di "mescolanza" etnica. Di recente è stata sottolineata tuttavia l'utilità del termine per descrivere il processo di integrazione tra individui di origini e culture differenti, tendenzialmente dinamico e senza fratture, proprio degli Stati Uniti.

ATLANTE 49_L'ESPANSIONISMO STATUNITENSE NEI CARAIBI E NEL PACIFICO

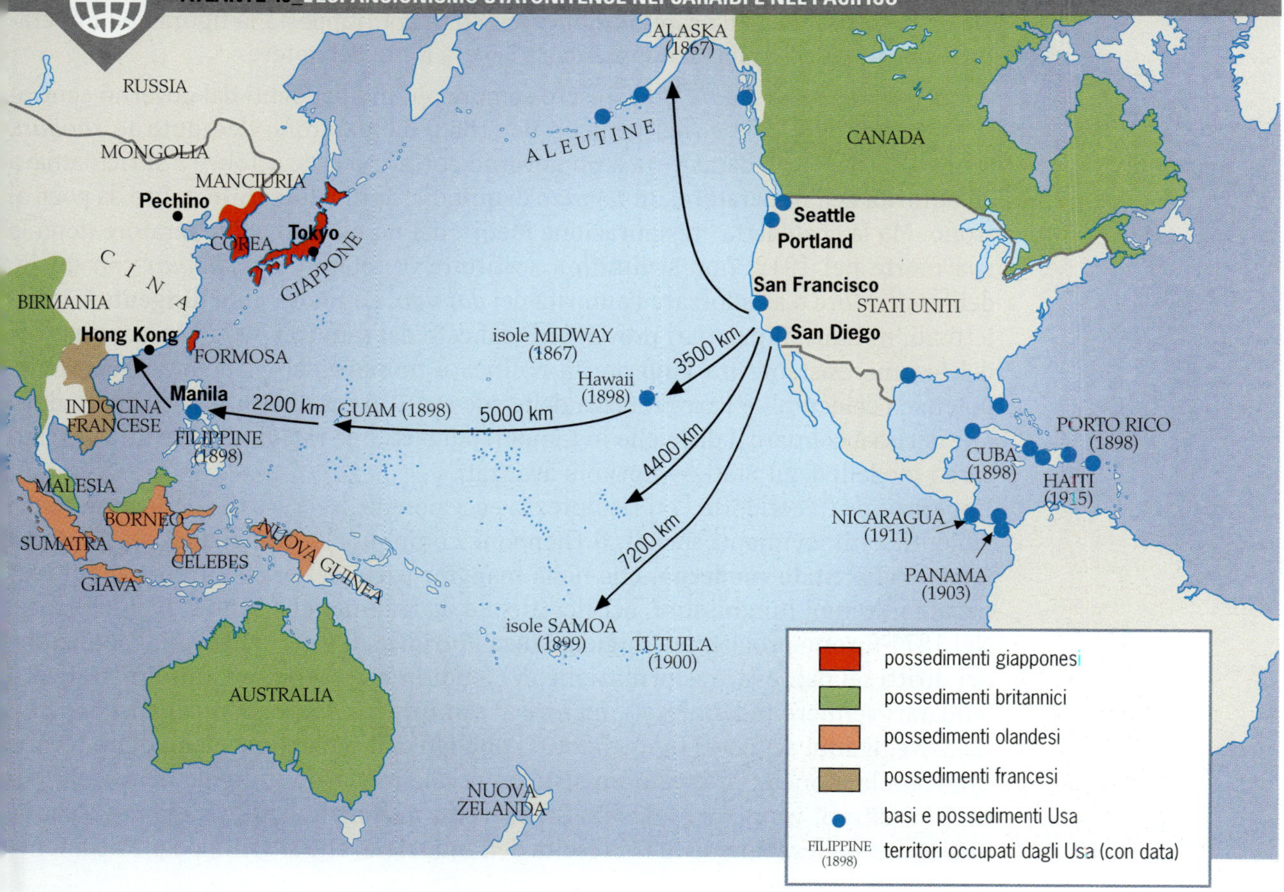

❶ Quando si poté ritenere ultimata la conquista dell'Ovest? ❷ Chi viveva nelle riserve? ❸ Che cosa si intende con il termine *melting pot*? ❹ Quali direttrici seguì l'espansionismo statunitense alla fine dell'800?

GUIDA ALLO STUDIO

dominio in **Asia orientale**. Sempre nel '98 la presenza americana nel Pacifico fu rafforzata dall'annessione delle isole **Hawaii**, da tempo un importante punto di appoggio nelle rotte oceaniche. Nel giro di pochi mesi gli Stati Uniti avevano compiuto un salto decisivo nella loro posizione internazionale, assumendo a tutti gli effetti il ruolo di potenza mondiale.

4 La via giapponese alla modernità

La fine dell'isolamento

Il Giappone, alla metà dell'800, conservava la struttura politica di tipo feudale che si era consolidata con l'ascesa al potere degli *shogun* Tokugawa all'inizio del '600 [👁 4.4]. E dal 1639 aveva scelto l'isolamento commerciale dai paesi occidentali, salvo mantenere una linea di scambi con la Cina. L'isolamento fu rotto, verso la metà dell'800, dall'iniziativa degli Stati Uniti che, nel **1854**, inviarono una squadra navale nelle acque giapponesi e chiesero formalmente allo *shogun* il libero accesso nei porti e l'apertura di relazioni commerciali.

L'**iniziativa americana** – cui subito si unirono Gran Bretagna, Francia e Russia – trovò il Giappone del tutto impreparato. Lo *shogun* fu costretto a firmare nel 1858 una serie di accordi commerciali che assicuravano alle potenze occidentali ampie possibilità di penetrazione economica. La firma dei **"trattati ineguali" del '58** suscitò in tutto il paese un'ondata di risentimento nazionalistico, che fu guidata dai grandi feudatari (*daimyo*) e da una parte dei samurai, e si indirizzò contro lo *shogun*, principale responsabile della capitolazione. A esso fu contrapposta la figura dell'imperatore, che in teoria rappresentava ancora la vera fonte del potere.

La restaurazione Meiji e la modernizzazione

I *daimyo* si resero sempre più indipendenti dal governo centrale e, nel gennaio del 1868, dichiararono decaduto lo *shogun*, dando vita a un governo che aveva sede a Tokyo e si richiamava all'autorità dell'imperatore, un ragazzo di quindici anni, **Mutsuhito**, salito da poco al trono. Ma la cosiddetta "restaurazione Meiji", dal nome dato all'imperatore dopo la sua morte nel 1912, non si limitò a sostituire il potere dello *shogun* con quello dell'imperatore o a rafforzare l'autorità dei *daimyo*. La **nuova élite dirigente** – intellettuali, militari, funzionari provenienti dal ceto dei samurai – era ben consapevole del legame esistente fra l'inferiorità politica e militare del Giappone rispetto alle potenze occidentali e l'arretratezza delle sue strutture economico-sociali: era dunque decisa a colmare il dislivello in tempi il più possibile rapidi, senza paura di ricalcare i modelli degli Stati europei più avanzati.

L'operazione fu condotta con risolutezza eccezionale. Nel giro di pochi anni, senza violenti sommovimenti sociali, il Giappone compì quella **transizione dal sistema feudale allo Stato moderno**, che nella maggior parte dei paesi europei si era realizzata in tempi lunghissimi, accelerati solo da traumatiche svolte rivoluzionarie. Nel 1871 furono proclamate l'**uguaglianza giuridica** di tutti i cittadini, l'abolizione dei diritti feudali e la trasformazione dei feudi in circoscrizioni amministrative. I feudatari vennero indennizzati, mentre ai samurai fu assegnata una pensione vitalizia. Negli anni seguenti fu introdotto l'**obbligo dell'istruzione elementare**, venne unificata la moneta, fu creato un sistema fiscale moderno in luogo dei vecchi tributi in natura, venne organizzato un **esercito nazionale** basato sulla coscrizione obbligatoria. Eccezionale fu la crescita dell'**industria**, che si sviluppò praticamente da zero grazie al massiccio **investimento di capitali statali** – ricavati in parte dalla vendita delle terre sequestrate allo *shogun* – e alla rapidissima importazione di **tecnologia straniera** (acquisto di brevetti, assunzione di esperti occidentali, invio di giovani all'estero per soggiorni di studio). Non meno rapida fu la crescita delle **infrastrutture**: dalle ferrovie – la prima linea fu aperta nel '71 – alle comunicazioni telegrafiche, all'organizzazione bancaria. Nell'ultimo ventennio del secolo il Giappone vantava un tasso di crescita del prodotto interno lordo fra i più alti del mondo e, pur restando ancora distante dai paesi occidentali più avanzati, aveva sviluppato un suo consistente nucleo di industrie moderne, soprattutto nei settori tessile e meccanico.

▶ 163
E.O. Reischauer
La modernizzazione dall'alto del Giappone

▶ 164
M. Morishima
Confucianesimo e capitalismo in Giappone

Il modello giapponese

Quella che si compì in Giappone dopo il 1868 fu una vera e propria **"rivoluzione dall'alto"**, realizzata senza alcuna partecipazione attiva delle classi inferiori, non preparata, com'era avvenuto in Occidente, da un'autonoma crescita della borghesia e non seguita da uno sviluppo delle istituzioni liberali e della democrazia politica: solo nel 1889 il Giappone ebbe un suo Parlamento, eletto a suffragio ristretto e con poteri molto limitati. **Furono le classi dirigenti tradizionali a guidare la trasformazione** e a gestirla in prima persona, spogliandosi spontaneamente dei loro antichi diritti, senza per questo perdere la loro posizione privilegiata nella società, investendo le loro rendite nella terra, nelle banche

Nel 1853 il comandante statunitense Matthew Perry approdò con una squadra di 4 navi a vapore nel porto di Uraga, presso Edo (la moderna Baia di Tokyo), allo scopo di ottenere un trattato commerciale con i giapponesi. Un risultato ottenuto con la minaccia di una prova di forza: alla richiesta di allontanare le navi dal porto da parte dei giapponesi, infatti, Perry rispose negativamente, insistendo per presentare una lettera all'imperatore da parte del presidente degli Usa e minacciando l'uso dei cannoni di cui erano ben equipaggiate le sue navi. Costretti a cedere, i giapponesi ricevettero la lettera e prepararono un trattato in cui accettavano tutte le richieste americane. L'anno seguente, quando Perry tornò con un numero doppio di navi, fu firmato l'accordo commerciale. L'impatto di queste missioni sui giapponesi fu grande. Il contatto con gli stranieri era stato fino ad allora vietato e le navi americane che arrivarono nel porto erano cinque volte più grandi di qualsiasi nave i giapponesi avessero mai visto. Tanto che, sebbene la legge giapponese vietasse la rappresentazione grafica di avvenimenti contemporanei, le fregate di Perry, come anche lo stesso comandante, furono oggetto di numerose stampe poi vendute in tutto il paese.

◀ **La fregata a vapore statunitense *Susquehanna***
[Library of Congress, Washington, D.C.]

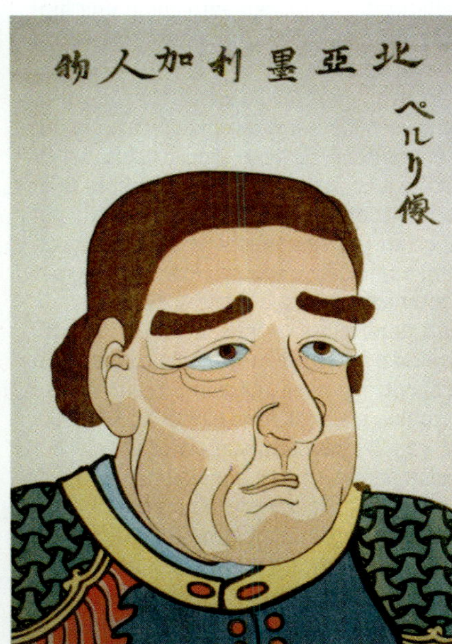

▶ **Ritratto del comandante Matthew Perry**
1854
[Library of Congress, Washington, D.C.]

o nell'industria protetta, convertendosi insomma **da oligarchia feudale in oligarchia industriale e finanziaria.** Il processo di rapida modernizzazione sul piano delle strutture economiche e politiche risultò tanto più straordinario in quanto si accompagnò alla conservazione dei tradizionali valori culturali e religiosi.
Per alcuni aspetti l'esperienza giapponese è stata accostata a quella della Germania bismarckiana, dove il passaggio dalle strutture tradizionali a quelle della società industriale si effettuò senza che fosse messo in pericolo il potere dell'aristocrazia

STORIA • SOCIETÀ • CITTADINANZA

Schiavitù vecchie e nuove

Thomas Jefferson, presidente degli Stati Uniti dal 1801 al 1814, riferendosi alla schiavitù, scriveva nel 1820: «Abbiamo il lupo per le orecchie e non possiamo né tenerlo, né con sicurezza lasciarlo andare: la giustizia è da una parte e l'autoconservazione dall'altra». Le parole dell'autore della *Dichiarazione di indipendenza* rivelano l'imbarazzo di molti uomini della sua generazione: da un lato, protagonisti di un grande movimento per l'affermazione dei diritti individuali e della libertà come base della vita in società, dall'altro, convinti proprietari di schiavi o comunque sostenitori dell'inferiorità dei neri e quindi timorosi della loro eventuale emancipazione. La schiavitù di milioni di persone provenienti dall'Africa minava il valore universale della Rivoluzione americana e ne rivelava le contraddizioni. Porre il problema della presenza o meno della schiavitù in una data società può essere dunque un utile esercizio per mettere in discussione la storia occidentale, spesso raffigurata semplicemente come una lunga sequenza di conquiste a profitto della libertà dell'uomo.
Effettivamente, la schiavitù fu un istituto pressoché onnipresente in tutte le società antiche. Si deve a un filosofo del IV secolo a.C., **Aristotele** (*Politica*, libro I), la formulazione di uno degli argomenti più riportati per sostenerne la legittimità: alcuni uomini sono schiavi «per natura», per connotazioni fisiche o per appartenenza a una determinata etnia. In questo modo, Aristotele forniva la giustificazione della schiavitù su base razziale e il suo parere sarebbe stato ancora citato fino all'800. La condizione degli schiavi in Grecia e a Roma poteva variare sensibilmente, e non furono pochi coloro che venivano obbligati a funzioni di amministratore o di scriba, benché la maggior parte fosse impegnata nelle campagne o nei circhi. In generale, comunque, pare corretto sostenere che la società antica fosse basata sullo **schiavismo**, un sistema economico retto sul lavoro degli schiavi.
Neanche la diffusione del cristianesimo provocò la fine della schiavitù. Per di più, teologi come Agostino d'Ippona (III sec. d.C.) e Tommaso d'Aquino (XIII sec. d.C.) la giustificarono religiosamente, considerandola una punizione per il peccato originale e un atto obbligatorio di obbedienza di un subordinato a un suo superiore. Tuttavia, il numero di schiavi in Europa diminuì progressivamente durante il **Medioevo**. Il frazionamento della proprietà terriera contribuì all'instaurazione di un nuovo rapporto di dipendenza tra il signore e i contadini, il **servaggio**, fondato su obblighi reciproci rispetto a un terreno e non sul possesso diretto del subordinato.
Con l'affermazione del sistema feudale, l'Europa smise di essere una società schiavista in senso stretto, perché il sistema economico non era più basato sulla schiavitù. Il commercio di uomini, però, era ancora praticato in tutto il Mediterraneo: città italiane come Genova e Venezia gestivano la tratta delle popolazioni slave (in latino medievale *sclavus*, da cui deriva il termine "schiavo"); gli arabi in espansione nella Penisola iberica procedevano invece ad asservire i cristiani conquistati, prima di essere a loro volta asserviti con la *Reconquista*.
In seguito alle scoperte atlantiche e allo sfruttamento delle risorse delle Americhe, le colonie presero la forma di vere e proprie società schiaviste fondate sull'**economia di piantagione**. Le conseguenze della **tratta atlantica** verso l'America, peraltro, legarono **razzismo** e schiavitù indissolubilmente. In seguito alla decimazione degli indios, gli schiavi erano quasi esclusivamente neri africani e il loro impiego veniva giustificato ancora dall'argomento aristotelico («per natura schiavi»), unito a quello della missione civilizzatrice ed evangelizzatrice dei cristiani nel mondo.
Il '700 costituisce nello stesso tempo l'apice della tratta atlantica e l'inizio del declino delle società schiaviste. Il **pensiero illuminista** segnò la svolta. Montesquieu, Voltaire, Rousseau e altri importanti esponenti dell'Illuminismo francese si espressero con chiarezza sull'inaccettabilità della schiavitù, considerando la **libertà dell'uomo un diritto inalienabile**, cioè impossibile da vendere o trasferire ad altri. Benché ci fossero serie divergenze sulle modalità dell'abolizione (gradualmente, con una soppressione immediata, per insurrezione degli schiavi, ecc.), i *philosophes* furono praticamente unanimi nella condanna, su una base diversa rispetto al problema della salvezza dell'anima dello schiavo, posto da alcune correnti del pensiero cristiano: la **tutela dei diritti individuali**. Anche per effetto di questo dibattito nel 1770 **Gran Bretagna**, **Francia** e **Portogallo** soppressero la schiavitù nei territori metropolitani europei.
Raccogliendo in parte questa eredità, ma soprattutto pressati dalle rivolte di schiavi nelle colonie, i rivoluzionari francesi arrivarono a decretare l'emancipazione formale di tutti gli schiavi nel 1794. Il successo della **rivoluzione di Santo Domingo** (1791-1804) rappresentò un risultato simbolico importantissimo: Haiti fu il primo Stato nero libero e indipendente.
Napoleone annullò gran parte dei decreti di emancipazione dell'età della Rivoluzione, ma non poté fermare il **movimento abolizionista** che per tutto il **XIX secolo** svolse un ruolo determinante nell'influenzare l'opinione pubblica europea e nordamericana contro il sistema schiavista. Le potenze presero accordi per limitare e poi abolire la tratta e in seguito vennero adottati i veri e propri provvedimenti di abolizione della schiavitù in Gran Bretagna (1833), Francia e Olanda (1848), Stati Uniti (1863), Cuba e Portorico (1870), Brasile (1888). La storia dell'abolizionismo fu diversa da paese a paese: la fine della schiavitù poteva essere semplicemente decretata per legge, oppure conquistata in seguito a violente battaglie, come avvenne con la guerra civile americana (1861-65); quasi ovunque, però, l'abolizione prevedeva anche un indennizzo per i proprietari, il che implicava un riconoscimento dei diritti di questi ultimi sugli ex schiavi.

terriera e militare. Ma, per quante analogie si possano istituire, **l'esperienza del Giappone dopo la "restaurazione Meiji" resta un caso assolutamente unico**. Non era mai accaduto che un paese passasse, in pochi decenni, da una condizione di estrema debolezza e di assoluta emarginazione a una realtà di grande potenza, quale il Giappone si sarebbe rivelato già alla fine dell'800.

GUIDA ALLO STUDIO

❶ Che cosa sancivano i "trattati ineguali" e perché furono definiti così? ❷ Che cosa è stata la "restaurazione Meiji"? ❸ Come si compì il processo di modernizzazione del Giappone e perché essa è considerata un caso assolutamente unico?

Un ruolo decisivo per il successo dell'abolizionismo fu giocato anche dai mutamenti economici intervenuti con l'**industrializzazione**: i nuovi impianti industriali non richiedevano più manodopera schiavile, ma forza-lavoro libera e pagata, in grado cioè di acquistare i prodotti di consumo.
Può sembrare eccessivo descrivere l'organizzazione industriale del lavoro come una nuova forma di schiavitù per coloro che vi erano impiegati, tuttavia, le pessime condizioni di lavoro e di vita dei primi operai, e i successivi e alienanti sistemi adottati per aumentare l'efficienza degli operai (taylorismo), possono suggerire una analogia. Solo in seguito a importanti lotte sindacali e politiche i lavoratori del settore industriale hanno potuto contare su una serie di diritti imprescindibili e riconosciuti dalle parti, almeno nelle democrazie. I regimi totalitari e dittatoriali del '900, infatti, non hanno esitato a sfruttare la manodopera di prigionieri e perseguitati politici in impianti industriali di proprietà pubblica o privata (come nei *gulag* sovietici o nei *Lager* nazisti).
Nonostante la *Dichiarazione universale dei diritti dell'uomo* (1948) condanni solennemente la schiavitù, ancora oggi milioni di persone vivono sotto il dominio di altri individui. Tra questi, vi sono donne costrette alla prostituzione e spesso oggetto di una vera e propria tratta, o bambini, rapiti o venduti dai genitori per svolgere lavori faticosi e degradanti per conto di grandi compagnie industriali.
Solo realizzando concretamente i princìpi che riconoscono il lavoro come un diritto, quale strumento di emancipazione del cittadino e non della sua sopraffazione, queste nuove forme di schiavitù potranno essere affrontate e combattute.

Sfruttamento della manodopera infantile in un villaggio in Nepal
2010
[foto Krish Dulal]
In molti paesi del mondo la miseria, la delocalizzazione delle multinazionali occidentali alla ricerca di manodopera a poco prezzo, la povertà indotta dagli embarghi politici sono alla base dello sfruttamento infantile, che si configura oggi come una delle forme di schiavitù della società contemporanea, difficile da combattere.

SINTESI

1 Gli Stati Uniti a metà '800

Alla metà dell'800 gli Stati Uniti erano un paese in crescente espansione, benché attraversato da forti differenze tra le diverse zone: il Nord-Est industrializzato, il Sud agricolo e tradizionalista, nelle cui grandi piantagioni lavoravano gli schiavi neri, gli Stati dell'Ovest con una popolazione di liberi agricoltori e di allevatori di bestiame. Il dibattito sull'estensione della schiavitù ai nuovi territori dell'Unione determinò una contrapposizione tra gli Stati dell'Ovest e del Nord-Est e quelli del Sud. Al Nord, in particolare, aveva attecchito un capitalismo moderno, che spingeva a cercare manodopera operaia, in particolare per la fiorente industria meccanica. Le divisioni trovarono riscontro nella crisi del Partito democratico, che restò su posizioni schiaviste, e nella nascita del Partito repubblicano abolizionista.

2 La guerra civile americana

Tra il '60 e il '61 gli Stati del Sud si separarono dal resto dell'Unione attuando una scelta secessionista e si confederarono. Scoppiò così la guerra civile (1861-65), che si concluse con la vittoria degli "unionisti", superiori come popolazione e per potenza economica. La liberazione degli schiavi fu uno dei risultati più rilevanti della guerra, benché si riproducesse presto, per la popolazione nera, una situazione di segregazione di fatto.

3 La formazione di una potenza mondiale

Superati i traumi della guerra civile, gli Stati Uniti si concentrarono soprattutto sullo sviluppo dell'economia e sull'espansione a Ovest, che fu completata intorno al 1890 dopo una serie di conflitti con i pellerossa. In politica estera gli Stati Uniti scelsero la via dell'espansionismo consolidando la loro presenza nei Caraibi, in particolare dopo la guerra con la Spagna (1898), che rese l'isola di Cuba una repubblica controllata dagli Usa, e nel Pacifico (Filippine, Hawaii).

4 La via giapponese alla modernità

A metà dell'800 la società giapponese era ancora organizzata secondo uno schema tipicamente feudale. La penetrazione commerciale delle potenze occidentali, imposta con i "trattati ineguali" del 1858, fu vissuta dai grandi feudatari, dai giovani nobili di corte e dai samurai come un'umiliazione del paese e scatenò una rivolta contro lo *shogun*, che di fatto esercitava il potere di sovrano assoluto, a favore del ripristino dell'autorità dell'imperatore. La cosiddetta "restaurazione Meiji" (1868) avviò una modernizzazione accelerata dello Stato e dell'intera società giapponese, guidata dall'alto. Nell'ultimo ventennio dell'800 il Giappone raggiunse un tasso di crescita fra i più alti del mondo.

SVILUPPARE LE COMPETENZE

❶ Collega i dati a sinistra con quelli a destra: a sinistra trovi tre aree geografiche del Nord America, che rappresentano le tre diverse anime della società statunitense intorno alla metà dell'800; a destra le caratteristiche specifiche di ciascuna area. Scrivi poi tre brevi testi di 4 righe, uno su ciascun'area:

a. Nord-est	**1.** Capitalismo imprenditoriale
	2. Pionieri
b. Sud	**3.** Grandi piantagioni di cotone
	4. Grandi proprietari terrieri
	5. New York
c. West	**6.** Valori della frontiera
	7. Industrializzazione
	8. Schiavi neri

❷ Rispondi alle domande seguenti sugli Stati Uniti scrivendo brevissimi testi di 2 o 3 righe ciascuno:

a. Per quali motivi si acutizzò lo scontro sulla schiavitù?
b. Quale partito sosteneva le posizioni antischiaviste?
c. Quando e perché 10 Stati del Sud si staccarono dall'Unione?
d. Chi vinse la guerra civile americana e per quali motivi?
e. Quale fu la condizione degli schiavi dopo la guerra civile americana?
f. In quali condizioni visse il Sud negli anni dopo la guerra civile americana?
g. Chi fu la principale vittima della colonizzazione dell'Ovest?
h. Quali settori economici conobbero il maggiore sviluppo alla fine dell'800?
i. Come si concluse la guerra tra America e Spagna per il controllo di Cuba?

❸ Articola i seguenti argomenti in un testo di 12 righe sulla storia giapponese dall'attacco americano alla restaurazione Meiji:

a. "Trattati ineguali"
b. *Daimyo*
c. Imperatore Mutsuhito
d. Uguaglianza giuridica di tutti i cittadini
e. Coscrizione obbligatoria
f. Obbligo di istruzione elementare
g. Rivoluzione dall'alto

19 L'IMPERIALISMO EUROPEO

1 Il nuovo colonialismo

Fin dai tempi delle grandi scoperte geografiche, l'Europa si era lanciata alla conquista del mondo, disseminando in tutti i continenti soldati e missionari, commercianti e coloni. Ma, negli ultimi decenni dell'800, questo processo raggiunse il suo apice, con dimensioni nuove e diverse. I territori ancora controllati dalle compagnie mercantili furono trasformati in domìni diretti degli Stati coloniali mentre estesi territori in Asia e soprattutto in Africa vennero assoggettati alle potenze europee.
Nel giro di pochi decenni, tra il 1876 e il 1914 la Gran Bretagna aggiunse al suo già vastissimo impero 11 milioni di km^2 (con 142 milioni di abitanti), raggiungendo così un'estensione complessiva di circa 30 milioni di km^2, quasi cento volte la superficie del Regno Unito. Nello stesso periodo la Francia acquistò nuovi possedimenti per 10 milioni di km^2 (con 50 milioni di abitanti). Alla competizione coloniale si unirono anche Stati privi di una tradizione imperiale o con una storia unitaria molto recente: la Germania, malgrado l'iniziale scetticismo di Bismarck sull'utilità delle colonie, il Belgio, l'Italia – fra le potenze europee, l'unica assente di rilievo fu l'Austria-Ungheria – e, negli ultimi anni del secolo, anche il Giappone e gli Stati Uniti.

Interessi economici e motivazioni politico-ideologiche

Le ragioni di questo fenomeno erano numerose e complesse. Gli interessi economici giocarono senza dubbio un ruolo notevole. C'era la spinta all'**accaparramento di materie prime** a basso costo. C'era la ricerca di **sbocchi commerciali**, che era sempre stata uno dei moventi principali della politica coloniale e che venne assumendo un nuovo peso in coincidenza con la svolta protezionistica adottata dai paesi europei. Più recente era la spinta proveniente dall'accumulazione di capitali finanziari disponibili per **investimenti ad alto profitto** nei territori d'oltremare. Questi aspetti non devono però essere sopravvalutati: alla vigilia della prima guerra mondiale (1914-18), la Gran Bretagna indirizzava verso le nuove colonie conquistate dopo il 1870 appena il 3% dei suoi investimenti all'estero, la Francia il 9%. Inoltre, anche nell'età dell'imperialismo, gran parte del commercio mondiale si svolse tra i paesi industrializzati. Ciò non toglie nulla al fatto che proprio la prospettiva dei benefici economici ottenibili dalle colonie – teorizzati nelle opere di illustri economisti e al centro delle discussioni politiche e dell'opinione pubblica – finì con l'influenzare in modo decisivo le scelte dei governanti europei.
Le motivazioni politico-ideologiche ebbero spesso un'importanza pari a quelle economiche. Esse affondavano le loro radici in una mescolanza di nazionalismo e di politica di potenza, di razzismo e di spirito missionario [👁 19.6 STORIA•SOCIETÀ•CITTADINANZA]. In Gran Bretagna, per esempio, l'idea di appartenere a una nazione eletta, a quella

▶ 165
R.F. Betts
Le cause del colonialismo ottocentesco

▶ 167 DOC
Joseph Rudyard Kipling
Il fardello dell'uomo bianco

▶ 170
A. Stephansons
Il razzismo nell'ideologia colonialista

che il premier conservatore Disraeli chiamava «una razza dominatrice, destinata dalle sue virtù a spargersi per il mondo», fu comune a scrittori come Thomas Carlyle e Rudyard Kipling e a uomini politici anche di estrazione liberale, come Joseph Chamberlain. Questo mito di una **vocazione imperiale** delle singole nazioni si legò a quello di una missione nel mondo della civiltà europea nel suo complesso. Kipling, per esempio, parlava di un **«fardello dell'uomo bianco»**, ovvero del dovere dei bianchi europei di redimere le "popolazioni selvagge". Così, il **paternalismo si univa a un razzismo di matrice positivistica**.
Spesso l'azione coloniale era determinata dall'intento di prevenire e controbattere le iniziative di potenze concorrenti, senza che ciò rispondesse a un piano di conquista prestabilito. Il risultato fu comunque che, alla fine del processo di espansione, il mondo intero risultò spartito in imperi e zone di influenza fra le maggiori potenze.

L'esplorazione dell'Africa

L'interesse dell'**opinione pubblica** europea nei confronti delle colonie – già sollecitato dall'opera, per molti versi anticipatrice, dei **missionari**, da tempo impegnati nell'evangelizzazione dei popoli non cristiani – fu inoltre fortemente alimentato dall'eco delle grandi esplorazioni che, a partire dalla metà del secolo, ebbero per teatro soprattutto l'Africa. In questo interesse confluivano la prospettiva di grandi ricchezze nascoste nei territori da esplorare, la curiosità scientifico-geografica tipica della cultura del positivismo, la moda dell'esotismo presente in molta letteratura della seconda metà dell'800, l'alone romantico da cui erano circondate – grazie anche all'amplificazione che la stampa faceva delle loro imprese – le figure dei grandi esploratori: come il missionario scozzese **David Livingstone** che, già all'inizio degli anni '50, esplorò per primo la zona del fiume Zambesi, nel cuore dell'Africa meridionale, e, nei vent'anni successivi, at-

Monsignor Augouard in visita episcopale nel Congo
Fine XIX sec.
Le missioni religiose accompagnarono la penetrazione coloniale delle potenze europee fin dal XV secolo. La Chiesa sostenne e legittimò l'espansione coloniale e commerciale, approfittandone per estendere la sua predicazione e guadagnare così nuovi fedeli. L'intera esperienza coloniale in Africa, Asia e America fu supportata dalla presenza delle missioni, che si ponevano l'obiettivo di difendere il cristianesimo per "civilizzare" le popolazioni assoggettate.

traversò tutta l'Africa centro-meridionale, da un oceano all'altro; e come il giornalista americano di origine britannica **Henry Morton Stanley** che negli anni '70 esplorò, per incarico del re del Belgio, il bacino del fiume Congo e pose le basi per la successiva conquista belga della regione, di cui divenne governatore.

GUIDA ALLO STUDIO

❶ Quali potenze parteciparono alla competizione coloniale? ❷ Quali motivazioni determinarono la stagione del colonialismo inaugurata nel tardo '800? ❸ Dove si recarono i più noti esploratori della seconda metà dell'800?

2 La conquista dell'Africa

Gli sviluppi più spettacolari dell'espansione coloniale di fine '800 si ebbero nel continente africano. Nel 1870 i paesi europei ne controllavano appena un decimo: i francesi occupavano l'Algeria e il Senegal, i portoghesi l'Angola e il Mozambico, i britannici la Colonia del Capo, ossia la parte meridionale dell'odierna Repubblica Sudafricana. Meno di quarant'anni dopo, i possedimenti europei comprendevano più dei nove decimi del continente.

L'Africa settentrionale: Tunisia ed Egitto

I primi atti della nuova espansione, che contribuirono in buona parte a innescare la gara di conquista che seguì, furono l'occupazione francese della Tunisia, nel 1881, e quella britannica dell'Egitto, nell'anno successivo. In entrambi i paesi, che nominalmente dipendevano ancora dall'Impero ottomano, anche se i loro governanti (il *bey* di Tunisi e il *khedivè* d'Egitto) avevano da tempo acquisito un'indipendenza di fatto, le potenze europee avevano consistenti interessi economici e strategici. La Tunisia era rivendicata dalla Francia, già padrona della vicina Algeria, nonostante la presenza di consistenti interessi italiani. L'Egitto era anch'esso oggetto delle mire francesi, che risali-

Équipe medica in un villaggio del Congo francese
1907

I progressi in campo medico raggiunti in Europa ebbero come terreno di sperimentazione le malattie tropicali tipiche dei paesi colonizzati. Non solo gli eserciti colonizzatori furono sempre accompagnati da équipe mediche pronte a intervenire in caso di bisogno, ma numerosissime furono le spedizioni di tipo medico-scientifico condotte in Africa e in India proprio allo scopo di studiare malattie sconosciute nel continente europeo.

La colonizzazione dell'Africa
[copertina di «La Caricature», 1887]

In questa vignetta satirica francese, il continente africano è rappresentato allegoricamente da tre donne (a loro volta simboli del Maghreb, dell'Africa nera e dell'Egitto) su un carro trainato da leoni. Molte mani "europee" si allungano sulle donne e sui leoni cercando di impossessarsene.

vano al periodo napoleonico [👁 7.10], ma aveva acquistato un'importanza fondamentale per la Gran Bretagna dopo che, nel 1869, era stato aperto il **Canale di Suez** tra il Mediterraneo e il Mar Rosso. Negli anni '70 **sia l'Egitto sia la Tunisia** si erano lanciati in ambiziosi programmi di modernizzazione che però avevano finito per provocare il dissesto delle finanze dei due paesi costringendo i governi, tra le proteste popolari, ad aumentare la pressione fiscale per far fronte ai **debiti contratti con le banche europee**.

Proprio per tutelarsi contro il rischio di una bancarotta, Francia e Gran Bretagna, principali paesi creditori, scelsero la strada dell'intervento militare. La prima a muoversi fu la **Francia** che, avendo avuto mano libera dalle altre grandi potenze nel congresso di Berlino del 1878 [👁 17.4], trasse pretesto da un incidente avvenuto nel **1881** alla frontiera con l'Algeria per inviare **un contingente militare a Tunisi e imporre al *bey* un regime di protettorato**.

Gli avvenimenti tunisini ebbero immediate ripercussioni in Egitto, dove la nascita di un forte movimento nazionalista sembrò mettere in pericolo non solo il recupero dei crediti esteri, ma anche il controllo internazionale sul Canale di Suez. Nell'estate **1882**, in seguito allo scoppio di moti anti-europei ad Alessandria, il governo britannico inviò in Egitto un corpo di spedizione che sconfisse gli egiziani e assunse il controllo del paese. **Da allora l'Egitto, pur conservando la sua indipendenza formale, divenne di fatto una sorta di colonia britannica**.

Il Sudan

Ben presto la Gran Bretagna si trovò impegnata nel Sudan, un vastissimo territorio sotto il controllo egiziano, dove era scoppiata una rivolta capeggiata dal *Mahdi* (profeta) Mohammed Ahmed, un carismatico leader islamico, fautore di una teocrazia musulmana che mirava ad allargare a tutto il mondo arabo. Il *Mahdi* lanciò le truppe sudanesi in una guerra santa contro le forze anglo-egiziane sconfiggendole a più riprese, conquistando la città di **Khartum** nel 1885 e fondando un proprio Stato che i britannici sarebbero riusciti a rovesciare solo nel 1898.

La conquista belga del Congo

L'azione unilaterale della Gran Bretagna in Egitto provocò il risentimento della Francia, suscitando tra le due potenze una rivalità destinata a durare per quasi un ventennio, e contribuì a scatenare la corsa alla conquista dell'Africa nera. I primi contrasti tra i conquistatori europei si delinearono nel bacino del Congo. Qui re **Leopoldo II** del Belgio, dietro la copertura di una Associazione internazionale africana fondata nel 1876 con scopi apparentemente umanitari (evangelizzazione e lotta contro la tratta degli schiavi), si era costruito una sorta di impero personale. Dopo la scoperta di **importanti giacimenti minerari** nella regione del Katanga, il sovrano belga cercò di consolidare il suo dominio attraverso uno sbocco sull'Atlantico ma suscitò l'opposizione del Portogallo, che rivendicava la foce del Congo per la contiguità con la sua antica colonia dell'Angola.

La spartizione dell'Africa

La questione del Congo fu oggetto di una **conferenza internazionale convocata a Berlino**, per iniziativa di Bismarck, nel **1884-85**. Questa conferenza, oltre a dare una prima sanzione alla spartizione dell'Africa, codificò le norme che avrebbero dovuto regolarla anche nell'avvenire. **Il principio adottato fu quello dell'effettiva occupazione**, ufficialmente notificata agli altri Stati, come unico titolo valido per legittimare il possesso di un territorio. Questo principio, in realtà, lasciava larghi margini di incertezza – allora le occupazioni "effettive" si limitavano spesso a pochi scali commerciali posti nelle zone costiere – e stimolò anche un'accelerazione della corsa all'occupazione di ter-

Protettorato
È un istituto giuridico internazionale che codifica, attraverso un trattato, un rapporto speciale tra due Stati: uno assume l'obbligo di tutelare l'altro e di garantirne l'integrità territoriale, guidando le sue relazioni esterne e, in modo più o meno esteso, anche gli affari interni. Il protettorato fu utilizzato soprattutto nell'800 e agli inizi del '900 nei rapporti tra le potenze europee e gli Stati africani e asiatici. Alla fine della prima guerra mondiale, la maggior parte dei protettorati venne trasformata in mandati della Società delle nazioni: la potenza "mandataria" si impegnava cioè a preparare le ex colonie all'indipendenza.

ritori ritenuti di qualche interesse economico o strategico. In concreto, la conferenza di Berlino riconobbe la **sovranità personale di re Leopoldo** sull'immenso territorio che poi sarebbe stato denominato **Congo belga** (dopo l'indipendenza Zaire e nel 1996 Repubblica democratica del Congo), ma che allora venne chiamato Stato libero del Congo – un paradossale eufemismo per indicare quella che fu, per il trattamento delle popolazioni e lo sfruttamento delle risorse, una delle forme più rapaci e disumane di dominio coloniale – e gli assegnò un piccolo sbocco sull'Atlantico. Alla **Francia** andarono i territori sulla riva destra del fiume (l'attuale Repubblica del Congo). In Africa occidentale, la **Germania**, ultima arrivata nella corsa alle colonie, si vide riconosciuto il protettorato sul **Togo** e sul **Camerun**. La Gran Bretagna ebbe il controllo del basso **Niger** (l'attuale Nigeria), mentre la Francia si assicurò il possesso dell'alto corso del fiume. Partendo da questa regione, in dieci anni di sanguinose guerre di conquista contro gli Stati musulmani del Sahara, i francesi riuscirono ad assicurarsi il possesso di territori immensi, anche se in gran parte desertici, che si estendevano dall'Atlantico al Sudan, dal bacino del Congo al Mediterraneo.

▶ 168 DOC
Joseph Conrad
L'«uomo preistorico»

▶ 169 DOC
Mark Twain
La colonizzazione del Congo

La **Gran Bretagna** non si oppose alle conquiste francesi, che considerava di scarso interesse, e concentrò invece le sue mire sull'**Africa sud-orientale**, importante per il controllo dell' Oceano Indiano – e dunque per la sicurezza dei traffici con l'India. Fra il 1885 e il 1895, partendo dalla Colonia del Capo e muovendosi per lo più in appoggio alle iniziative delle grandi compagnie private, i britannici risalirono il continente fino al bacino dello Zambesi e al lago Niassa, mentre più a nord si impadronivano del Kenya e dell'Uganda, ossia dei territori compresi fra le sorgenti del Nilo, il lago Vittoria e l'Oceano Indiano. La tendenza era quella di saldare i possedimenti britannici a sud dell'equatore con quelli della regione del Nilo, assicurandosi un dominio ininterrotto dall'estremità meridionale a quella settentrionale del continente. Questo disegno, però, si scontrava con la presenza della Germania che dal 1885 si era assicurata il controllo dell'area a est del lago Tanganika e a sud del lago Vittoria. Il contrasto fu regolato da un accordo nel 1890: la Gran Bretagna riconobbe l'**Africa orientale tedesca**, rinunciando al sogno del dominio «dal Capo al Cairo», ricevendo in compenso l'isola di **Zanzibar**, nodo importantissimo delle rotte commerciali nell'Oceano Indiano, e ottenendo di tener lontana la Germania dalla regione dell'alto Nilo, considerata essenziale per il controllo dell'Egitto.

Tensioni tra Francia e Gran Bretagna

Proprio in questa regione i britannici si trovarono in rotta di collisione con i francesi che, nella loro marcia dalla costa atlantica verso l'interno dell'Africa, si erano spinti fino al Sudan. Nel settembre del 1898 un contingente dell'esercito britannico, al-

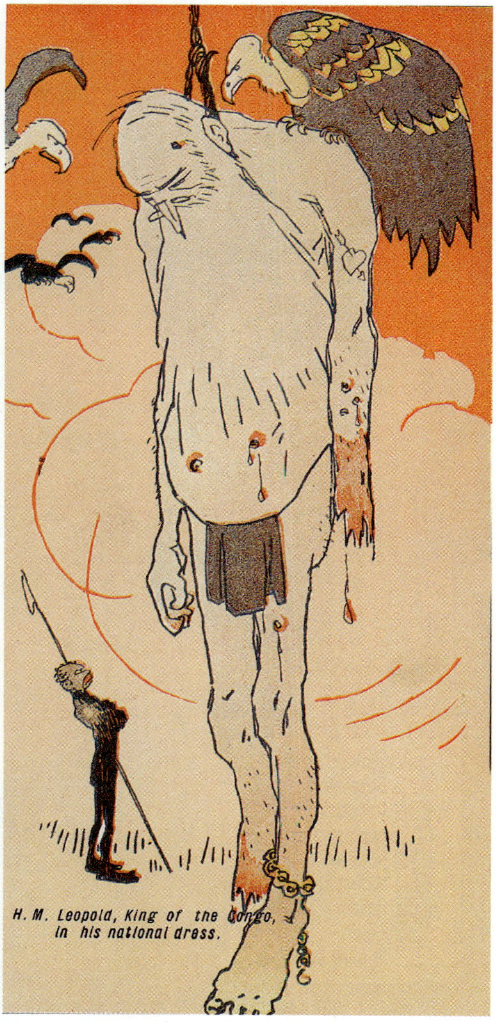

Sua maestà Leopoldo, nel "costume nazionale" del Congo
1908

Riconosciuto sovrano dello Stato libero del Congo, il re del Belgio, Leopoldo II, controllò il territorio acquisito come se si trattasse di un dominio personale. Agli inizi del XX secolo vennero alla luce le atrocità commesse nei confronti della popolazione nativa dall'amministrazione belga, soprattutto in rapporto alla raccolta del caucciù. Stime approssimative sulle perdite umane oscillano fra i 3 e i 10 milioni e numerosissime furono le violenze inflitte (molte fotografie testimoniano l'atroce pratica di recidere gli arti alle donne i cui mariti non fossero tornati a raccogliere il caucciù o avessero ritardato il rientro nei campi). Solo nel 1908, il Parlamento belga costrinse il re a rinunciare alla sua corona.

lora impegnato nella riconquista del Sudan, si incontrò con una colonna francese che aveva occupato la fortezza di **Fashoda** sul Nilo. L'incontro rischiò di trasformarsi in un conflitto dalle conseguenze imprevedibili. Ma il governo francese, che non era preparato a una guerra, ritirò le sue truppe e rinunciò alle sue mire sulla regione. Ne seguì una distensione nei rapporti franco-britannici, che avrebbe poi aperto la strada a una più stretta intesa fra le due potenze.

All'inizio del '900 la spartizione dell'Africa era pressoché completa [ATLANTE_50]. Oltre alla piccola repubblica di Liberia (fondata nel 1822 da ex schiavi neri degli Stati Uniti), restavano indipendenti solo l'Impero etiopico e, ancora per non molto, la Libia (sotto il dominio ottomano), il Marocco e le repubbliche boere del Sud Africa. Tutto il resto del continente era diviso in colonie e in protettorati di nome o di fatto, separati da confini spesso arbitrari, tracciati sulla carta geografica – a volte in corrispondenza di meridiani e paralleli – senza tenere alcun conto delle divisioni tribali e delle preesistenti realtà etnico-linguistiche.

GUIDA ALLO STUDIO

❶ In che modo furono colonizzati l'Egitto e la Tunisia? ❷ Che cosa stabilì la conferenza di Berlino del 1884-85? ❸ Il progetto inglese «dal Capo al Cairo» trovò attuazione? ❹ Qual era la situazione dei domìni europei in Africa nel 1900?

ATLANTE 50_L'AFRICA NEL 1914

Fra il 1884 e il 1914 si definì la spartizione coloniale dell'Africa. Le più importanti modifiche seguite alla prima guerra mondiale furono la suddivisione dei possedimenti tedeschi fra Gran Bretagna e Francia e, dopo la guerra del 1935-36, il passaggio dell'Etiopia sotto il dominio italiano. Nel 1912 il Marocco diventa protettorato francese.

3 Le guerre boere

Parola chiave
Imperialismo

ONLINE

In Africa australe (o meridionale) l'**imperialismo** della Gran Bretagna si scontrò con un nazionalismo locale anch'esso di origine europea, quello boero, scatenando un inedito conflitto coloniale tra due popoli bianchi e cristiani.

L'interesse britannico per le repubbliche boere

I boeri, discendenti dagli agricoltori olandesi che nel '600 avevano colonizzato la regione del Capo di Buona Speranza, e ai quali si erano aggiunti immigrati ugonotti francesi, erano caduti sotto la sovranità della Gran Bretagna quando questa aveva ottenuto la colonia al tempo delle guerre napoleoniche. Per sfuggire alla sottomissione, molti di loro avevano dato vita a un massiccio esodo verso nord – il cosiddetto **Grande Trek**, ossia grande marcia –, dove avevano fondato le due repubbliche dell'**Orange** (1845) e del **Transvaal** (1852; ATLANTE_**51**). Alla fine degli anni '60 la scoperta di importanti **giacimenti di diamanti** nel Transvaal risvegliò l'interesse della Gran Bretagna, che lasciò mano libera alla politica aggressiva della classe dirigente della Colonia del Capo, minacciata dalla crescita economica delle due repubbliche. Nella **prima guerra boera** (1880-81) i britannici vennero sconfitti e il Transvaal riuscì a mantenere una propria autonomia.

Protagonista e promotore principale della fase successiva di aggressione alle repubbliche boere fu **Cecil Rhodes**, politico e uomo d'affari, presidente e padrone della British South Africa Company, primo ministro della Colonia del Capo fra il 1890 e il 1898. Rhodes mise una colossale fortuna personale, accumulata con il quasi-

Imperialismo
In generale la tendenza degli Stati europei a proiettare aggressivamente verso l'esterno i propri interessi economici e politici. Coniato in Gran Bretagna intorno agli anni '70 dell'800, il termine entrò nell'uso e divenne sinonimo di politica di potenza e di conquista territoriale su scala mondiale.

ATLANTE 51_ L'AFRICA DEL SUD NEL 1899

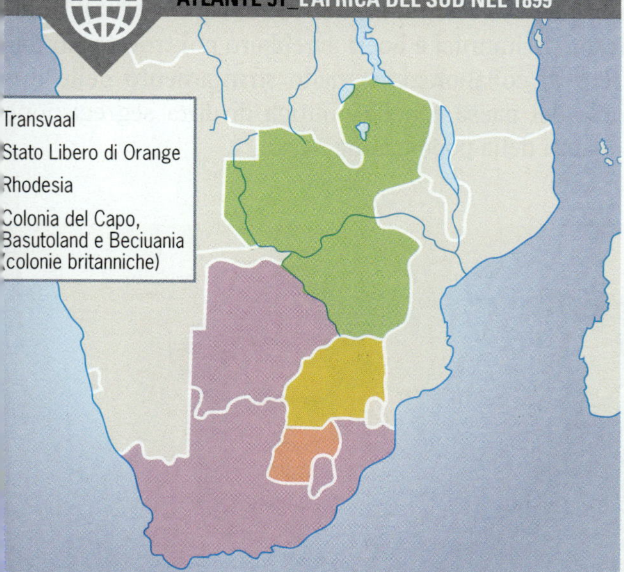

Frank Arthur Nankivell
La religione dei boeri
[illustrazione della copertina della rivista «Puck», 7 febbraio 1900]

L'immagine sintetizza il carattere del popolo boero: un uomo, seduto su una roccia, tiene in grembo un fucile e in mano una Bibbia; di fronte a lui un bambino con un fucile giocattolo; in fondo, piccola e quasi nascosta, una donna (probabilmente moglie e madre dei due in primo piano). La didascalia della vignetta riporta il dialogo fra il padre e il figlio. Quest'ultimo chiede: «Padre, se stessi portando la Bibbia in una mano e il fucile nell'altra e il nemico si stesse avvicinando, quale dovrei far cadere per primo?»; la risposta del padre è eloquente: «Il nemico, figlio mio!».

monopolio della **produzione diamantifera**, al servizio di un disegno imperiale: sua fu l'idea di estendere la sovranità britannica «dal Capo al Cairo». Proprio grazie alla sua frenetica attività, la Gran Bretagna poté espandere i suoi domìni in buona parte dell'Africa meridionale, fino alla zona dello Zambesi – che appunto da Rhodes avrebbe avuto il nome di **Rhodesia** –, circondando completamente le due repubbliche boere. Un ulteriore elemento di tensione fu costituito dalla scoperta, nel 1885-86, di nuovi **giacimenti auriferi** nell'Orange e nel Transvaal, che attirò nelle due repubbliche un gran numero di immigrati (*uitlanders*), soprattutto di origine britannica. In questo afflusso di forestieri i boeri videro l'inizio di un processo che minacciava di stravolgere il **carattere patriarcale e contadino della loro società**: una società che coltivava il mito della propria indipendenza e superiorità, che si ispirava a un calvinismo rigidamente conservatore e si fondava sull'imposizione agli indigeni di un regime di semischiavitù, avversato invece dai britannici. Gli *uitlanders* furono duramente discriminati e Rhodes ne appoggiò la protesta.

La sconfitta dei boeri

La tensione crebbe ulteriormente finché, nell'ottobre del 1899, il presidente del Transvaal, **Paul Krüger**, dichiarò guerra alla Gran Bretagna. La **seconda guerra boera** fu lunga e sanguinosa. I boeri combatterono con grande tenacia, riportando all'inizio notevoli successi e suscitando un'ondata di simpatie nell'opinione pubblica europea, soprattutto in quella tedesca. Anche dopo la sconfitta – che si consumò nel maggio **1902** e fu seguita dall'**annessione del Transvaal e dell'Orange all'Impero britannico** – i boeri condussero un'accanita lotta di resistenza che durò vari anni e fu piegata dai britannici solo con una serie di spietate azioni antiguerriglia. In seguito l'Orange e il Transvaal ottennero uno statuto di autonomia simile a quello della Colonia del Capo, alla quale vennero uniti nel **1910**, dando vita all'**Unione Sudafricana**. Britannici e boeri avrebbero poi trovato un terreno concreto di collaborazione nello sfruttamento delle immense risorse del paese e nella politica di dura segregazione praticata ai danni della popolazione nera.

GUIDA ALLO STUDIO

❶ Chi erano i boeri? ❷ In che cosa consisteva il disegno imperiale di Cecil Rhodes? ❸ Come terminò la guerra anglo-boera?

John S. Pugh
La rana che cercò di essere grande quanto un toro
1900
[Library of Congress, Washington, D.C.]

La vignetta satirica commenta il conflitto anglo-boero, richiamandosi alla fiaba di Esopo che vede come protagonista una rana, la quale, nel tentativo di assomigliare a un toro, si gonfia così tanto da scoppiare. Nei pressi di uno stagno, il presidente della Repubblica del Transvaal, Paul Krüger, interpreta il ruolo della rana, con la tipica barba boera e la cartucciera a tracolla. Nei pressi, appena nascosto dalle canne, il toro britannico, con il volto di Joseph Chamberlain (all'epoca Segretario di Stato per le colonie) e il tipico casco coloniale britannico, sta a guardare con aria pensierosa.

4 La conquista dell'Asia

Geografia e Storia
Il Canale di Suez

ONLINE

A differenza di quanto accadeva in Africa, agli inizi dell'età dell'imperialismo gli europei avevano già messo radici profonde nel continente asiatico. I britannici, oltre all'India, possedevano Ceylon (attuale Sri-Lanka), Hong Kong, Singapore e numerose basi nell'Oceano Indiano e nel Sud-est asiatico. Gli olandesi dominavano l'arcipelago indonesiano. I portoghesi controllavano Macao in Cina, Goa in India e una parte dell'isola di Timor. La Spagna possedeva le Filippine (che passarono agli Stati Uniti nel 1898; 👁 18.3). La Russia aveva avviato da oltre un secolo la sua espansione verso la Siberia e l'Asia centrale. La Francia, ultima a giungere sul continente, aveva gettato negli anni '50 le basi di un vasto dominio nella Penisola indocinese. A dare nuovo impulso alla corsa verso oriente contribuì potentemente l'inaugurazione del **Canale di Suez**, avvenuta nel novembre 1869 dopo dieci anni di lavori: questo canale artificiale, che tagliò l'istmo di Suez, mise in comunicazione il Mediterraneo con il Mar Rosso, abbreviando di parecchie settimane i collegamenti marittimi fra l'Europa e l'Asia. La nuova via d'acqua, gestita da una compagnia internazionale controllata da Francia e Gran Bretagna, sanzionava e simboleggiava la supremazia tecnica e commerciale dell'Europa e ne facilitava l'espansione verso il continente asiatico.

L'India britannica L'India fu a lungo amministrata dalla **Compagnia delle Indie orientali**, che agiva come un rappresentante del governo britannico. A metà '800 il territorio controllato era vastissimo – si estendeva su buona parte dell'area oggi occupata da India, Pakistan e Bangladesh – e, con una popolazione in continua crescita (130 milioni nel 1845, oltre 200 nel 1881), offriva ampi sbocchi di mercato per i manufatti provenienti dalla Gran Bretagna, verso la quale venivano invece esportati grandi quantità di tè e di cotone. Cent'anni di dominazione britannica non avevano mutato di molto i caratteri della società indiana. L'effetto principale della presenza britannica era stato quello di distruggere, con l'importazione di tessuti dal Regno Unito, l'industria cotoniera locale, abbastanza estesa anche se

La stazione ferroviaria di Bombay
Costruito dagli inglesi nell'800, il *Victoria Terminus*, la stazione ferroviaria di Bombay, da un lato servì a dare impulso alla modernizzazione dell'India, dall'altro si impose con la sua eclettica e imponente architettura quale simbolo della potenza britannica in India.

a livello artigianale. Il potere statale era carente o addirittura assente: il senso dell'appartenenza alla casta o alla comunità locale prevaleva su qualsiasi legame con l'autorità centrale.

I colonizzatori britannici si erano appoggiati sulle gerarchie sociali preesistenti – i signori locali, i sacerdoti induisti (brahmini) – per assicurare il mantenimento dell'ordine e la riscossione delle imposte. I loro tentativi di avviare un prudente processo di modernizzazione, diffondendo la cultura occidentale e combattendo alcune delle pratiche più crudeli della tradizione induista – come l'usanza di bruciare le vedove insieme con i cadaveri dei mariti –, provocarono reazioni di stampo tradizionalistico-religioso. La più importante fu la cosiddetta **rivolta dei Sepoys**, scatenata nel 1857 da un ammutinamento dei reparti indigeni dell'esercito (chiamati appunto Sepoys). Questa rivolta, che richiese una lunga e sanguinosa repressione, indusse il governo britannico a riorganizzare la propria presenza in India. Nel **1858** la Compagnia delle Indie fu soppressa e il paese passò sotto la **diretta amministrazione della Corona**, rappresentata da un **viceré**. L'esercito e la burocrazia vennero ristrutturati: furono promossi gli elementi indigeni e i notabili fedeli al Regno Unito, affiancandoli a elementi britannici. La costruzione di nuove ferrovie consentì non solo un incremento degli scambi, ma anche un più stretto controllo militare su tutto il territorio

ATLANTE 52_POSSEDIMENTI COLONIALI IN ASIA 1914

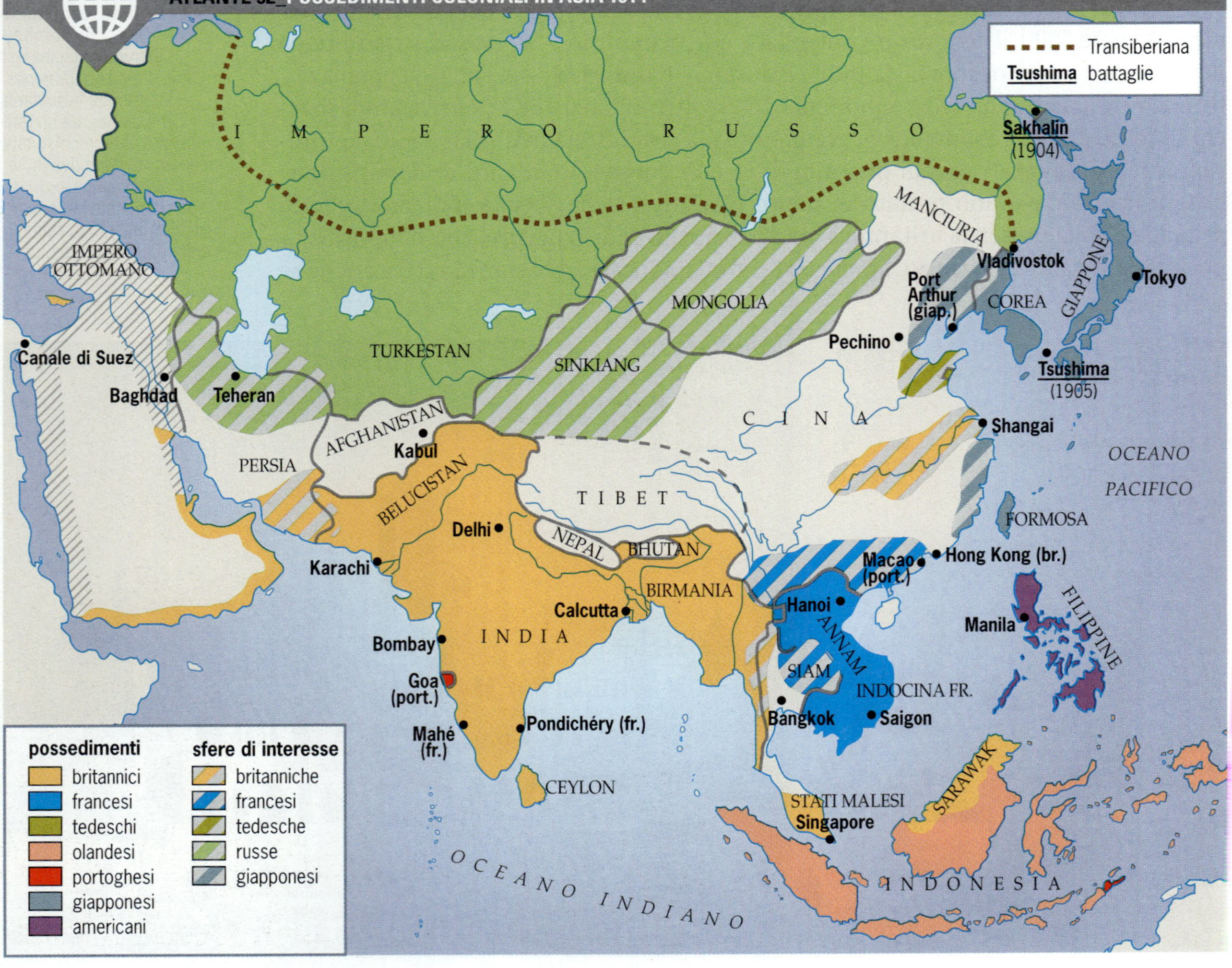

indiano. Nel **1876**, a coronamento di quest'opera di riorganizzazione, **la regina Vittoria fu proclamata imperatrice delle Indie**.

La Francia in Indocina

Negli anni '50 i francesi, spinti dalla concorrenza con i britannici, cominciarono ad avanzare in Indocina. La Penisola indocinese, abitata da popolazioni di religione buddista, era divisa in una serie di regni dipendenti dall'Impero cinese: i più importanti erano quello dell'**Annam** (oggi Vietnam), quello del **Siam** (oggi Thailandia) e quello della **Cambogia**. All'inizio i francesi si limitarono a costruire qualche stazione commerciale accanto alle numerose missioni cattoliche già da tempo presenti nella regione. Furono proprio le persecuzioni contro i missionari a fornire alla Francia il pretesto per un intervento militare: nel 1862 venne occupata la **Cocincina**, ossia la parte meridionale del Regno dell'Annam e, l'anno dopo, fu imposto il protettorato alla Cambogia.
Una seconda fase dell'espansione francese in Indocina si aprì all'inizio degli anni '80. Dopo una **guerra con la Cina** (1883-85), la Francia riuscì a estendere il suo protettorato a tutto l'Annam. Dal canto suo la Gran Bretagna, per evitare che i possedimenti francesi giungessero a ridosso dell'India, procedette all'occupazione del **Regno di Birmania** tra il 1885 e il 1887. La Francia rispose, nel 1893, assicurandosi il controllo del **Laos**. Quanto al Siam, Gran Bretagna e Francia si accordarono per mantenerlo indipendente come Stato-cuscinetto **[** ATLANTE_**52]**.

La colonizzazione russa e la spartizione degli arcipelaghi del Pacifico

Intanto l'Impero russo seguiva in Asia due direttrici di espansione: la prima verso la Siberia e l'Estremo Oriente, la seconda verso l'Asia centrale. La colonizzazione della **Siberia**, che ebbe un decisivo impulso già a partire dagli anni '30, fu realizzata soprattutto sotto la spinta e il controllo dell'autorità statale, contrariamente a quanto avveniva negli Stati Uniti, dove l'espansione verso ovest era dovuta alla libera iniziativa individuale. I risultati furono comunque notevoli: nella prima metà dell'800 la Siberia vide più che raddoppiata la sua popolazione e notevolmente incrementate le attività produttive e commerciali. La Russia cercò anche di consolidare le proprie posizioni strategiche verso la Cina e il Pacifico: nel 1860 impose alla Cina la cessione di due distretti – Ussuri e Amur – e avviò la costruzione del **porto di Vladivostok** sul Mar del Giappone. Il governo zarista ritenne invece opportuno rinunciare all'**Alaska**, dove fin dal 1799 operava una compagnia privata russa: il territorio, il cui controllo fu giudicato troppo costoso dal punto di vista economico e militare, **venne venduto agli Stati Uniti nel 1867** per 7 milioni di dollari. Nel 1891, quasi a sancire il completamento di uno sterminato impero che si estendeva senza soluzione di continuità dal Baltico al Pacifico, fu avviata la costruzione della **ferrovia Transiberiana**, la più lunga del mondo che, una volta completata nel

Detenuti russi a lavoro lungo la Transiberiana
[Library of Congress, Washington, D.C.]
La costruzione della linea ferroviaria Transiberiana vanta numerosi record: oltre a essere la più lunga del mondo, è forse quella costruita nel tempo più breve (in media venivano posati 740 km di rotaie l'anno). La forza-lavoro impiegata arrivò a contare circa 90 mila uomini, molti dei quali reclutati fra i condannati ai lavori forzati.

1904, collegò Mosca a Vladivostok con un percorso di oltre 9000 km. In Asia centrale l'Impero zarista riuscì a incamerare, fra 1876 e 1885, l'intera regione del **Turchestan**: una zona importante in quanto forte produttrice di cotone, ma pericolosamente vicina alle frontiere dell'India. Proprio in questa area, tra Turchestan, Afghanistan e Pakistan, Russia e Gran Bretagna si fronteggiarono a lungo, in una sorta di guerra per procura combattuta dalle tribù locali. Nel 1885 le due potenze giunsero a un accordo per definire le frontiere tra il Turchestan e il **Regno dell'Afghanistan**. Quest'ultimo venne mantenuto indipendente, ma assegnato alla sfera di influenza britannica.

Mentre si compiva la spartizione dell'Asia, anche gli arcipelaghi del Pacifico vennero inglobati negli imperi coloniali, soprattutto in quelli britannico e tedesco. La Gran Bretagna, che già dominava su Australia e Nuova Zelanda, occupò le isole Fiji, le Salomone e le Marianne, mentre la Nuova Guinea fu divisa fra tedeschi e britannici. Inoltre alla colonizzazione nell'area del Pacifico parteciparono anche gli Stati Uniti [👁 18.3] e il Giappone [👁 20.6].

GUIDA ALLO STUDIO

❶ Perché il Canale di Suez era un nodo strategico? ❷ Che cosa commerciavano tra loro inglesi e indiani? ❸ Che cosa accadde dopo la rivolta dei Sepoys? ❹ Quale politica adottò la Francia nell'Asia sudorientale? ❺ Quali furono le direttrici dell'espansione russa in Asia?

5 Gli europei in Cina

L'isolamento cinese Dall'inizio dell'800 l'Impero cinese era rimasto pressoché inaccessibile ai viaggiatori e ai commercianti occidentali. Non aveva neanche relazioni diplomatiche con l'esterno, in omaggio all'idea che l'imperatore fosse l'unica fonte di potere sulla Terra e che gli altri sovrani potessero avere con lui solo rapporti di vassallaggio. Agli stranieri era consentito di operare solo nel porto di Canton, nella Cina meridionale. Questo orgoglioso isolamento mascherava in realtà una profonda debolezza. Da tempo ormai la società cinese, irrigidita e chiusa in sé stessa, aveva perso quel primato scientifico e tecnologico di cui aveva goduto fino al '700. Il ceto burocratico dei mandarini [👁 4.3], profondamente tradizionalista e legato alla propria formazione filosofico-letteraria, ostacolava ogni mutamento nelle tecniche produttive e nei sistemi di governo. Il risultato fu che, al primo traumatico scontro con l'Occidente, la Cina imperiale entrò in una crisi irreversibile.

Le guerre dell'oppio Occasione dello scontro fu il contrasto scoppiato alla fine degli anni '30 fra il governo imperiale e la Gran Bretagna a proposito del **commercio dell'oppio**. La droga, prodotta in grandi quantità nelle piantagioni indiane, veniva esportata clandestinamente in Cina, dove il suo consumo era largamente diffuso, benché ufficialmente proibito da oltre un secolo. Era nata così un'acuta tensione tra la Cina e la Gran Bretagna, la principale responsabile e beneficiaria del traffico. Quando, alla fine del 1839, un funzionario cinese fece sequestrare il carico di tutte le navi straniere nel porto di Canton, il governo britannico decise di intervenire militarmente.

Dopo una guerra durata più di due anni, i britannici ebbero partita vinta, conquistando tutti gli accessi agli estuari dei grandi fiumi e dei porti cinesi. Con il **trattato di Nanchino** del 1842, la Cina dovette cedere alla Gran Bretagna la città di Hong Kong, situata su un'isola prospiciente il porto di Canton, e aprire al commercio straniero altri quattro porti, fra cui Shangai. Questa prima guerra dell'oppio, mettendo a nudo la debolezza militare della Cina e aprendola alla **penetrazione commerciale europea**, ebbe il duplice effetto di sconvolgere gli equilibri sociali su cui si reggeva l'Impero e di far convergere su di esso le mire espansionistiche di altre potenze.

Così, nel decennio 1850-60, la Cina si trovò ad affrontare contemporaneamente una gravissima crisi interna – culminata nella lunga e sanguinosissima ribellione contadina nota come **rivolta dei Taiping** – e un nuovo sfortunato scontro con la Gran Bretagna, coadiuvata questa volta dalla Francia. Il conflitto, chiamato impropriamente **seconda guerra dell'oppio**, cominciò nel 1856 in seguito all'attacco a una nave britannica nel porto di Canton e si concluse quattro anni dopo con una nuova capitolazione della Cina, costretta ad aprire al commercio straniero anche le vie fluviali interne e a stabilire normali rapporti diplomatici con gli Stati occidentali.

Focus
L'oppio
ONLINE

Il conflitto con il Giappone e la rivolta dei *boxers*

Alla fine dell'800 la Cina subì anche l'aggressione del Giappone, divenuto uno dei protagonisti sulla scena della competizione imperialistica in Asia. Nel 1894, in seguito a contrasti sul controllo della Corea, fino ad allora Stato vassallo della Cina, i giapponesi attaccarono l'Impero cinese e rapidamente lo sconfissero per terra e per mare. La Cina dovette rinunciare a ogni influenza sulla Corea e cedere al Giappone vari territori, fra cui l'**isola di Formosa** (poi Taiwan). Le potenze occidentali da un lato cercarono di contenere i successi del Giappone, dall'altro profittarono dell'ennesima sconfitta della Cina per ritagliarsi nel paese nuove zone di influenza economica.

Henri Meyer
In Cina: La torta dei re e... degli imperatori
[illustrazione satirica per «Le Petit Journal», 16 gennaio 1898; Bibliothèque Nationale, Parigi]

La vignetta ironizza sugli "appetiti" delle grandi potenze mondiali alla fine dell'800 sul territorio cinese, rappresentato dalla torta al centro. Intorno al dolce, muniti di grandi coltelli, si spartiscono le fette (da sinistra verso destra): la regina Vittoria; Guglielmo II (che sta litigando con la sovrana britannica e affonda il coltello nella torta, lasciando trapelare intenzioni bellicose); lo zar Nicola II (che pare aver adocchiato un pezzo in particolare); alle sue spalle, la Marianna francese (che "diplomaticamente" sembra non partecipare alla spartizione, a ricordare l'alleanza franco-russa); infine un samurai, simbolo del Giappone (che sembra meditare su quale pezzo prendere). Il mandarino cinese si ribella alzando le mani, ma le sue proteste sembrano non ottenere alcun effetto.

Ufficiali giapponesi in procinto di giustiziare un *boxer* con la decapitazione
1901 ca.

La prospettiva di uno sgretolamento dell'Impero celeste provocò per reazione la nascita di un **movimento conservatore**, **nazionalista** e **xenofobo** (cioè indiscriminatamente ostile verso lo straniero) che si proponeva la restaurazione integrale delle antiche tradizioni imperiali. Questo movimento trovò il suo braccio armato in una società segreta a carattere paramilitare, nota in Occidente come **movimento dei *boxers***, ossia pugili, dal nome di un'antica società ginnica chiamata «Pugni della giustizia e dell'armonia». Nel 1900, dopo una serie di violenze compiute dai *boxers* contro i simboli e gli stessi rappresentanti della presenza straniera, le grandi potenze europee (tra cui l'Italia), gli **Stati Uniti** e il **Giappone** si accordarono per un intervento militare congiunto. In due settimane la rivolta fu sedata e **Pechino venne occupata dalle truppe alleate**. Le potenze, compresa l'Italia, ottennero in seguito nella città di Tientsin (oggi Tianjin) – la città portuale di Pechino – concessioni territoriali e autonomie amministrative dove vennero costruiti quartieri separati attribuiti ai singoli paesi, con edifici pubblici, caserme e una costante presenza militare.

La rivolta dei *boxers* non rimase senza effetti. Da un lato, essa mostrò la persistenza di un nazionalismo cinese che rendeva impraticabile una spartizione politica dell'Impero. Dall'altro, la sconfitta del nazionalismo tradizionalista diede l'**avvio a un periodo di riforme** **[👁 20.7]** e preparò il terreno alla nascita di un movimento di ispirazione democratica e "occidentalizzante", che avrebbe cercato di collegare la lotta contro gli stranieri a quella per la modernizzazione del paese.

GUIDA ALLO STUDIO

❶ Perché le guerre anglo-cinesi furono definite «dell'oppio»? Quale esito ebbero? ❷ Che relazioni esistevano tra Cina e Europa prima del XIX secolo? ❸ Quali regioni furono sottratte dai giapponesi al controllo cinese? ❹ Chi erano i *boxers*?

6 Il dominio coloniale

I caratteri della conquista

Nel corso della sua espansione coloniale, l'Europa portò in tutto il mondo l'impronta della sua tecnica, della sua economia e, più in generale, della sua civiltà. Di solito non ne portò la faccia migliore. Quasi tutte le conquiste coloniali furono segnate dall'**uso sistematico e indiscriminato della violenza** contro le popolazioni indigene, da un campionario di crudeltà sconosciuto agli ultimi conflitti combattuti sul vecchio continente. Soprattutto nell'Africa nera, dove più schiacciante era la superiorità tecnologica degli europei, le frequenti rivolte delle popolazioni locali contro i nuovi dominatori si concludevano spesso con veri e propri massacri: fu terribile, per esempio, quello perpetrato dai tedeschi nell'Africa del Sud-ovest ai danni della tribù bantu degli **Herero**, che venne quasi completamente sterminata.

▶ 166
W. Reinhard
Lo sfruttamento economico delle colonie

Sviluppo e sfruttamento

Dal punto di vista economico, l'esperienza coloniale ebbe alcuni **effetti positivi** sui paesi che ne furono investiti: vennero messe a coltura nuove terre, introdotte nuove tecniche agricole, costruite infrastrutture, avviate attività industriali e commerciali, esportati migliori ordinamenti amministrativi e finanziari. Ma tutto ciò avveniva a prezzo di un continuo impoverimento di risorse materiali e umane, ovvero di un vero e proprio **sfruttamento coloniale**: i lavoratori indigeni, infatti, venivano pagati per lo più con salari irrisori, quando non erano costretti a forme di lavoro forzato. La trasformazione delle economie dei paesi sottomessi, che furono generalmente orientate verso l'**esportazione**, portò in molti casi alla rottura di sistemi economici di pura sussistenza, basati sul circolo vizioso dell'autoconsumo e della povertà. In altri casi, invece, il cambiamento stravolse un meccanismo produttivo modellato in funzione del mercato interno. Fu comunque messo in moto un processo di sviluppo, in funzione però degli interessi dei colonizzatori. Nuovi paesi entrarono in un più vasto mercato mondiale, ma vi entrarono in una posizione dipendente: passarono cioè **dalla povertà al sottosviluppo**.

Politica della razza e stratificazioni sociali

Il razzismo condizionò la politica degli Stati europei nelle colonie. Ovunque furono "censite le razze" [👁 16.11] e accentuate le divisioni all'interno delle società indigene anche allo scopo di controllare meglio i colonizzati. Le nuove città coloniali furono spesso caratterizzate da quartieri separati e dalla creazione di "confini" che dividevano la vita degli indigeni da quella degli europei: anche in alcuni centri fondati dagli italiani in Eritrea e Libia, per esempio, furono tracciate "linee" per **separare gli spazi destinati agli africani da quelli destinati ai bianchi**. In generale, dunque, il razzismo era largamente diffuso nelle società coloniali.

Non bisogna però immaginare i rapporti tra colonizzatori e colonizzati dominati esclusivamente da pregiudizi razzisti. Nelle colonie, a volte, si instaurarono legami di **solidarietà tra i funzionari europei e i notabili locali** proprio in virtù della comune appartenenza agli strati superiori delle rispettive società. Accadde così, per esempio, nell'India britannica di fine '800, dove gli aristocratici inglesi inviati dalla Corona ad amministrare la colonia non esitavano a considerare i notabili indiani "superiori" agli inglesi di basso ceto. Per molti aspetti, infatti, i governatori britannici cercarono di riprodurre in India la stessa rigida struttura di distinzione di classe presente nel Regno Unito, preoccupandosi di trattare con riguardo gli indigeni che consideravano loro pari rango.

ONLINE

Focus
Lo sfruttamento dell'Africa

Uomo d'affari in una fabbrica di malacca in Malesia
1875

Numerosi imprenditori europei stabilirono impianti nei diversi domìni coloniali per la lavorazione dei più svariati manufatti, quasi sempre destinati a rientrare in Europa per essere commercializzati. Questo tipo di impresa, se da un lato forniva lavoro (anche se molto mal pagato) alle popolazioni locali, dall'altro non portava benefici alla loro economia. Nella foto, una manifattura per la lavorazione della malacca, o canna d'India, utilizzata per bastoni, manici di ombrelli, ecc.

Animismo
È così definita la credenza in esseri spirituali che animano ogni elemento naturale, sia esso organico o inorganico.

L'impatto sociale e culturale della colonizzazione Gli effetti della colonizzazione sulle culture dei paesi afro-asiatici furono drammatici, pur variando a seconda delle diverse realtà locali e delle diverse politiche attuate dai paesi colonizzatori: quella britannica, per esempio, fu più rispettosa degli usi locali, mentre quella francese risultò più oppressiva nel tentativo di introdurre elementi di modernizzazione forzata. I sistemi culturali legati a strutture politico-sociali e religiose bene organizzate e con una solida tradizione alle spalle – come quelli dell'Asia e del Nord Africa – si difesero meglio, opponendo una resistenza più consapevole e assimilando in qualche misura gli apporti esterni. Ben diverso, invece, fu il caso dell'Africa più arcaica e **animista**. Qui l'effetto dell'incontro con la civiltà del colonizzatore fu dirompente: le trasformazioni economiche, tecnologiche, sociali, religiose e linguistiche prodotte dalla presenza degli europei alterarono dalle fondamenta non

STORIA • SOCIETÀ • CITTADINANZA

Il pregiudizio razziale

Il 26 giugno del 2000 il presidente degli Stati Uniti d'America Bill Clinton e il primo ministro britannico Tony Blair presentarono al mondo la prima bozza della sequenza del **genoma umano**, il corredo di cromosomi contenuto in ogni cellula dell'*Homo Sapiens*. Negli anni successivi il sequenziamento venne completato e arrivarono i primi risultati: il 99,9% del Dna è pressoché uguale in tutti gli individui della Terra e le differenze esistenti tra i gruppi umani sono insignificanti dal punto di vista biologico. La variabilità genetica tra due esseri umani di una stessa popolazione è anzi maggiore di quella osservabile tra due individui di popolazioni diverse.
In questi anni gli studi sul genoma stanno dimostrando una rilevante importanza in campo medico e terapeutico e ormai costituiscono il più importante argomento contro le tesi del **razzismo biologico**, consentendo di affermare senza incertezze l'unicità della specie umana.
Nonostante ciò, il pensiero razzista non è mai definitivamente tramontato. Il pregiudizio razziale, infatti, è fondato su un forte senso della differenza di un determinato gruppo rispetto a un altro, sulla logica «Noi *vs.* Loro» (Noi *versus*/contro Loro). La denigrazione dell'altro è accompagnata dall'esaltazione della propria identità: si ha razzismo in senso proprio quando determinate caratteristiche di un popolo vengono considerate innate e immutabili, senza eccezioni per nessuno dei suoi componenti.
Il razzismo, dunque, è diverso sia dalla **xenofobia** (la paura per lo straniero, un sentimento presente già nell'antichità, quando si contrapponeva la civiltà greca o romana ai "barbari"), sia dall'**etnocentrismo** (la tendenza a considerare la propria civiltà il modello su cui misurare le altre). Il razzismo, infatti, consiste in genere in una serie di pratiche volte a stabilire la **discriminazione** del "diverso" e la costruzione di un ordine razziale, di una gerarchia tra i gruppi umani all'interno di una società. Queste pratiche vanno dalle politiche governative dei "razzismi di Stato" (si pensi non solo al nazismo, ma anche alle leggi emanate negli Stati segregazionisti degli Usa o all'*apartheid* sudafricana) alle azioni discriminatorie compiute quotidianamente da singoli individui. L'obiettivo è sempre quello di plasmare la società sulla base di una presunta irriducibile differenza tra i gruppi umani che in essa vivono.
Non è facile individuare nella storia le origini del razzismo moderno, anche se tratti simili alle persecuzioni razziali del '900 si possono ravvisare in parte nell'antigiudaismo diffuso nell'antichità cristiana e nel Medioevo. Soprattutto nel periodo delle crociate furono numerosi gli episodi di *pogrom* (le violenze popolari contro gli ebrei), ma a costituire un precedente nefasto fu soprattutto l'esperienza di discriminazione vissuta nella **Spagna** dei **secoli XV** e **XVI** dai *conversos*, gli ebrei convertiti al cristianesimo. A causa della dottrina della *limpieza de sangre* ('purezza del sangue') i *conversos* e i *moriscos*, gli ex musulmani, potevano essere discriminati legalmente, per esempio impedendo loro l'accesso a cariche pubbliche. L'adesione alla religione cristiana non era sufficiente per essere accolti nella comunità.
Solo tra il **XVIII** e il **XIX secolo**, però, il razzismo occidentale assunse una forma più definita. L'antropologia settecentesca si era impegnata nella classificazione delle razze in cui era divisa la specie *Homo*, fino a sostenere di aver trovato nelle popolazioni africane l'«anello mancante» tra la scimmia e l'uomo. Nuove branche del sapere come la fisiognomica e la frenologia presumevano di definire la personalità e l'indole di una persona basandosi sullo studio di alcuni dettagli della sua conformazione fisica, che si riteneva di poter ricondurre a una specifica razza.
Nello stesso periodo prendeva corpo il mito linguistico-razziale dell'**arianesimo**, dell'origine comune di tutte le popolazioni bianche e della loro presunta superiorità rispetto alle altre. Fino ad allora, il principale ostacolo alla teorizzazione completa del razzismo era stato l'universalismo cristiano, poiché secondo le autorità ecclesiastiche l'evangelizzazione dei popoli primitivi poteva rappresentare per loro una reale possibilità di riscatto (almeno fuori dall'Europa), ma col successo delle nuove dottrine pseudo-scientifiche il pregiudizio razziale godeva ormai di un fondamento teorico molto forte e difficile da confutare. L'estetica neoclassica, inoltre, offriva a queste teorie un'ampia diffusione: il "bello" veniva fatto coincidere con la perfezione del modello greco, il "brutto" con lo stereotipo dell'esotismo delle popolazioni non europee.
I nazionalisti europei adottarono l'ideologia della razza in molti aspetti fondamentali della loro cultura, a partire dall'ossessione per la purezza del sangue e del corpo. Le conseguenze estreme si ebbero nella Germania nazista, che esaltava il popolo-nazione tedesco (*Volk*) quale fondamento della comunità politica. Le leggi naziste non solo limitavano la libertà degli ebrei (per esempio, impedendo i matrimoni misti), ma miravano soprattutto a isolar-

solo gli equilibri secolari delle comunità di tribù e di villaggio, ma gli stessi universi culturali che ne erano espressione. **Interi sistemi di vita, di riti e di credenze, di costumi e di valori entrarono rapidamente in crisi**. Nei molti casi in cui mancava una tradizione scritta, rimasero a malapena tracce delle **culture "cancellate"**. Sul piano politico, però, l'espansione coloniale finì per favorire, in tempi più o meno lunghi, la formazione o il risveglio di **nazionalismi locali** a opera soprattutto di nuovi dirigenti formatisi proprio nelle scuole europee, dove avevano avuto la possibilità di assorbire gli ideali democratici e i princìpi del nazionalismo. L'Europa si trovò così a esportare quello che meno avrebbe desiderato: il bisogno di autogovernarsi e di decidere il proprio destino.

GUIDA ALLO STUDIO

❶ Quali sono i principali effetti dell'economia coloniale? ❷ Che cosa accadde alle culture originarie dell'Africa? ❸ Che relazioni esistevano tra il colonialismo e il nazionalismo?

li dalla comunità nazionale per mezzo di atti violenti e discriminazioni pubbliche. Il razzismo di Stato della politica hitleriana non era finalizzato a una mera epurazione simbolica: esso puntava non solo all'eliminazione fisica di ebrei, zingari e altre minoranze etniche, ma anche di omosessuali, disabili e dissidenti politici. A ciò si aggiungevano le politiche demografiche volte alla formazione e alla selezione di elementi "puri" della comunità nazionale, o **eugenetica**.

Pur senza la stessa organizzazione sistematica, disposizioni analoghe vennero adottate nell'Italia fascista e in Giappone – dove l'antica espressione *kokutai*, 'essenza nazionale', venne riproposta in un'ottica razzista e anticinese.

Dopo la seconda guerra mondiale, in seguito alla rivelazione della tragedia dell'Olocausto e degli stermini nei campi di concentramento, il rifiuto del razzismo fece breccia presso larghi strati dell'opinione pubblica, che si mostrava apparentemente più sensibile al rispetto dei diritti civili e politici di tutte le minoranze. Solo nel 1964, e in seguito a un'ampia mobilitazione popolare, però, venne approvato negli Stati Uniti il *Civil Rights Act*, che rendeva illegale la **segregazione razziale**, stabilita da una serie di leggi statali dopo l'abolizione della schiavitù per continuare a tenere separati bianchi e neri. Negli stessi anni, il Sud Africa veniva progressivamente isolato dalla comunità internazionale per la politica di segregazione razziale (*apartheid*) imposta dai governi di etnia bianca, che ebbe termine soltanto negli anni '90 del XX secolo.

Nonostante la perdita di autorevolezza del razzismo scientifico e biologico l'emarginazione del "diverso" su base etnica è ancora una pratica molto diffusa. Il pregiudizio razziale non necessita né della regolamentazione di uno Stato, né di teorizzazioni biologiche per manifestarsi. Negli ultimi anni, in Europa, le continue ondate migratorie hanno dato vita a una **società multiculturale**, caratterizzata dalla compresenza, nello stesso Stato, di comunità diverse per etnia, religione, costumi. Le difficoltà connesse a questa trasformazione hanno generato una nuova diffidenza nei confronti dello "straniero", basata sulla pretesa inconciliabilità tra i caratteri culturali delle varie comunità. Il nuovo **razzismo culturale** presenta aspetti e metodi di propaganda non molto distanti da quello "classico" e costituisce una minaccia per la stabilità delle società complesse del XXI secolo.

Protesta dei senegalesi contro il razzismo dopo gli omicidi a Firenze nel 2011
[Vincenzo Tersigni/Eidon]
Il 13 dicembre 2011 Gianluca Casseri, vicino agli ambienti di estrema destra, seminò il terrore a Firenze, uccidendo due senegalesi e ferendone altri tre, in due sparatorie avvenute in zone diverse del capoluogo toscano; Casseri poi si suicidò. Immediata fu la reazione della comunità senegalese, ma non solo, che organizzò cortei di protesta contro gli assurdi omicidi, rivelatori di una crescente xenofobia nei paesi europei.

STORIA • SOCIETÀ • CITTADINANZA

SINTESI

1 Il nuovo colonialismo

Diverse furono le cause della corsa alla conquista coloniale che, negli ultimi decenni dell'800, connotò la politica estera di molti Stati europei e non solo – anche Stati Uniti e Giappone presero parte alla competizione coloniale. Vi fu certamente la spinta esercitata dagli interessi economici – materie prime a basso costo, sbocchi per i prodotti industriali e i capitali d'investimento –, ma non meno importante fu l'affermarsi di tendenze politico-ideologiche che affiancavano a un acceso nazionalismo la fede nella missione civilizzatrice dell'uomo bianco. L'opinione pubblica infine fu particolarmente colpita dalle notizie sui viaggi in Africa di esploratori, viaggiatori, missionari.

2 La conquista dell'Africa

Fu in Africa che l'espansione coloniale si realizzò con la velocità più sorprendente, portando nel giro di pochi decenni alla conquista quasi completa di tutto il continente, sotto forma di colonie o protettorati. Francia e Inghilterra occuparono rispettivamente Tunisia (1881) ed Egitto (1882). Poco dopo, la conferenza di Berlino (1884-85), convocata per risolvere i contrasti internazionali suscitati dall'espansione belga in Congo, stabilì i princìpi della spartizione dell'Africa (in primo luogo quello dell'effettiva occupazione) e riconobbe il possesso di vari territori a Belgio, Francia, Germania e Gran Bretagna. Nel 1900 i territori africani rimasti indipendenti erano pochi: l'impero etiopico, la Libia (ottomana), il Marocco, la piccola Liberia e le repubbliche boere del Sud Africa.

3 Le guerre boere

In Sud Africa la Gran Bretagna, soprattutto attraverso la politica di Cecil Rhodes, politico e proprietario della British South Africa company, mirò a estendere il suo dominio dalla Colonia del Capo alle due repubbliche boere dell'Orange e del Transvaal, ricche di giacimenti d'oro e di diamanti. Il disegno poté realizzarsi solo dopo una lunga e sanguinosa guerra contro i boeri (1880-81 e 1899-1902). Nel 1910 l'Orange e la Transvaal confluirono nell'Unione Sudafricana insieme alla Colonia del Capo.

4 La conquista dell'Asia

Agli inizi dell'età dell'imperialismo, gli europei avevano già numerosi possedimenti in Asia. In India, da tempo affidata al controllo della Compagnia delle Indie, gli inglesi tentarono di introdurre elementi di modernizzazione provocando però violente reazioni. La colonia fu allora riorganizzata sotto la diretta amministrazione della Corona britannica. L'apertura del canale di Suez (1869) diede nuovo impulso alla penetrazione europea in Asia. In questo periodo ci furono la conquista francese dell'Indocina, la spartizione del Pacifico e lo sviluppo della colonizzazione russa della Siberia. L'altra direttrice dell'espansionismo russo – quella verso l'Asia centrale – portò l'Impero zarista a un duro contrasto con la Gran Bretagna, molto attiva anche nel consolidamento della sua presenza nel Pacifico, insieme a Germania, Stati Uniti e Giappone.

5 Gli europei in Cina

A metà '800 l'isolamento della Cina dal resto del mondo fu interrotto dalla pressione degli Stati europei: dopo due guerre (1839-42 e 1856-60) venne imposta al paese l'apertura al commercio straniero. Inoltre, il conflitto con il Giappone, in piena fase espansionistica, si risolse, per la Cina, con la perdita della Corea e di Taiwan. La prospettiva di uno sgretolamento dell'Impero cinese provocò per reazione la nascita di un movimento conservatore, nazionalista e xenofobo che trovò il suo braccio armato in una società segreta a carattere paramilitare, nota in Occidente come movimento dei *boxers*. Nel 1900, dopo una serie di violenze compiute dai *boxers* contro gli stranieri, le grandi potenze europee, gli Stati Uniti e il Giappone intervennero militarmente sedando la rivolta. Sconfitto il nazionalismo tradizionalista, si avviò in Cina una stagione di riforme.

6 Il dominio coloniale

Le potenze conquistatrici fecero generalmente un uso indiscriminato della forza contro le popolazioni indigene, sconvolsero l'economia dei paesi afro-asiatici sottoponendola a un sistematico sfruttamento e colpirono, spesso irrimediabilmente, antiche culture. Gli effetti della conquista, tuttavia, non furono sempre e solo negativi. Sul piano economico ci fu, in molti casi, un inizio di modernizzazione, sia pur finalizzata agli interessi dei dominatori. Su quello culturale, alcuni paesi con tradizioni e strutture politico-sociali più solide riuscirono a difendere la loro identità, ovvero ad assimilare aspetti della cultura dei dominatori. Sul piano politico, infine, la colonizzazione favorì, a più o meno lunga scadenza, la formazione di nazionalismi locali che avrebbero successivamente alimentato la lotta per l'indipendenza.

SVILUPPARE LE COMPETENZE

❶ Quali furono le ragioni che spinsero le potenze europee a inaugurare, tra gli anni '70 dell'800 e il 1914, un nuovo colonialismo? Scegli, nell'elenco sottostante, gli argomenti corretti e poi scrivi un testo di 10 righe che spieghi questo fenomeno e le sue cause:

a. L'idea di appartenere a una razza dominatrice
b. L'idea di appartenere a una razza inferiore che dovesse imparare dagli altri popoli
c. Spirito missionario
d. Razzismo di matrice positivista
e. La povertà dei paesi europei
f. La volontà di accaparrarsi le materie prime
g. La ricerca di nuovi sbocchi commerciali
h. L'assenza di capitali per nuovi investimenti.

❷ Racconta, in brevi testi di 5 righe ciascuno, lo svolgimento degli avvenimenti di seguito elencati:

a. La conquista francese della Tunisia
b. La conquista inglese dell'Egitto
c. La conquista inglese del Sudan
d. La conquista belga del Congo
e. Le tensioni tra Germania e Gran Bretagna per il controllo dell'Africa sud-orientale

❸ Di seguito trovi riassunte per punti le guerre boere. Completa la sequenza individuando e aggiungendo i tre passaggi mancanti. Usala, quindi, come schema per scrivere un testo di 12 righe che racconti i fatti:

a. I boeri fondano le due colonie dell'Orange e del Transvaal
b. ...
c. Diventa Primo ministro della Colonia del Capo Cecil Rhodes.
d. ...
e. Nel 1899 il Transvaal dichiara guerra alla Gran Bretagna.
f. ...
g. Transvaal e Orange ottengono l'autonomia e vengono uniti alla Colonia del Capo dando vita all'Unione Sudafricana.

❹ Rispondi ai quesiti impiegando il numero di righe indicato tra parentesi:

1. Come cambiò la presenza inglese in India dopo la rivolta di Seypos? Com'era prima di questo evento? (10 righe)
2. Quali furono le principali fasi dell'espansione francese in Indocina? (5 righe)
3. Quali furono le più importanti conquiste russe alla fine dell'800 e come furono ottenute? (6 righe)
4. Quale guerra si concluse con la firma del trattato di Nanchino e quali furono le conseguenze di questo accordo? (6 righe)
5. Quali caratteristiche ebbe il dominio coloniale tra la fine dell'800 e l'inizio del '900? (12 righe)

CAPITOLO

20 L'EUROPA E IL MONDO AGLI INIZI DEL '900

1 I contrasti in Europa e il risveglio dell'Estremo Oriente

I due blocchi europei

Dopo il 1890, con le dimissioni di Bismarck i rapporti fra le grandi potenze che dominavano la politica europea e mondiale subirono radicali mutamenti. Si ruppero infatti gli equilibri internazionali, che nei vent'anni precedenti erano rimasti inseriti in una rete di alleanze che faceva perno sulla Germania bismarckiana [👁 17.4], e si formò un **nuovo assetto bipolare** fondato sulla contrapposizione fra due blocchi di potenze europee: la Germania, l'Impero austro-ungarico con l'Italia da una parte, la Francia, la Russia e la Gran Bretagna dall'altra. A mettere in crisi il vecchio sistema di alleanze furono soprattutto due fattori: la scelta del nuovo imperatore tedesco **Guglielmo II** in favore di una politica più dinamica e aggressiva di quella praticata da Bismarck dopo il 1870, e la crescente, obiettiva difficoltà per la Germania di tenere uniti i suoi due maggiori alleati, gli Imperi austro-ungarico e russo, in perenne contrasto nel settore balcanico.

Gli inizi del declino europeo

Inoltre, nel primo quindicennio del '900 si cominciarono ad avvertire i sintomi di un ridimensionamento della posizione del vecchio continente in rapporto al resto del mondo. L'idea di una minaccia portata alla supremazia europea dall'emergere di nuovi popoli e nuove nazioni cominciò a farsi strada nell'opinione pubblica. A suggerire questi timori non era tanto l'ascesa degli Stati Uniti, visti pur sempre come un'appendice dell'Europa, quanto il risveglio dei popoli dell'Estremo Oriente [👁 18.3-4]: il **Giappone** innanzitutto, ormai lanciato in una politica imperiale che lo avrebbe portato a scontrarsi con la Russia; ma anche la **Cina**, sempre più insofferente dello stato di subordinazione impostole dalle grandi potenze.

Alle preoccupazioni di ordine politico-militare si aggiungevano quelle indotte dalle tendenze dello sviluppo demografico. La popolazione europea continuava a crescere, ma non al punto da ridurre significativamente il divario con i popolosissimi paesi asiatici: la crescita di questi ultimi fu sentita da molti come una **minaccia demografica all'egemonia europea** e, più in generale, alla supremazia dei popoli "bianchi". Fu allora che in Europa si cominciò a parlare sempre più insistentemente di un **«pericolo giallo»**: un'espressione coniata dall'imperatore di Germania Guglielmo II ai tempi della rivolta cinese dei *boxers* e diventata d'attualità soprattutto dopo la guerra russo-giapponese del 1904-5 [👁 19.5].

GUIDA ALLO STUDIO

❶ Guglielmo II conservò le alleanze diplomatiche dell'epoca bismarckiana? ❷ Quali paesi potevano minacciare la supremazia europea? ❸ In che cosa consisteva il «pericolo giallo» avvertito dagli europei?

2 Nuove alleanze e nuovi conflitti

Geografia e Storia
I Balcani
ONLINE

La Triplice intesa I successori di Bismarck scelsero di privilegiare l'alleanza con l'Austria e non rinnovarono quella con i russi, nella convinzione che l'Impero zarista non si sarebbe mai alleato con la Francia repubblicana. Accadde invece che la necessità per Francia e Russia di uscire dall'isolamento portò nel 1894 a una **alleanza militare** fra i due paesi. Dal canto suo anche la Gran Bretagna, sistemate le vertenze coloniali sia con la Francia in Africa sia con la Russia in Asia centrale, stipulò accordi con entrambe: nel 1904 con la Francia – l'**Intesa cordiale** – e nel 1907 con la Russia. Nasceva così, in contrapposizione al blocco austro-tedesco con l'appendice dell'Italia – la Triplice alleanza –, un accordo fra Gran Bretagna, Francia e Russia, che fu poi chiamato **Triplice intesa**, determinato dalla preoccupazione comune per la crescente potenza tedesca.

La contesa tra Francia e Germania per il Marocco Due furono in questo periodo i più pericolosi punti di frizione. Il primo e il più importante riguardava l'assetto dei Balcani. Il secondo era costituito dal Marocco, uno degli ultimi Stati africani indipendenti (da secoli governato senza interruzione da dinastie islamiche), oggetto da tempo delle mire francesi e proprio per questo scelto dalla Germania come ultimo possibile terreno di scontro per contrastare lo strapotere delle potenze rivali in campo coloniale. Per due volte, nel 1905 e nel 1911, il contrasto franco-tedesco sul Marocco sembrò portare l'Europa sull'orlo della guerra. **Alla fine la Francia riuscì a spuntarla**, grazie alla solidarietà dei suoi alleati, e si vide riconosciuto un formale **protettorato** sul territorio conteso [👁 ATLANTE_**50**].

La rivoluzione in Turchia Tuttavia i pericoli maggiori per la pace sul continente vennero in questo periodo dalla zona balcanica. A mettere in movimento una situazione già precaria fu, nel **1908**, una profonda trasformazione interna dell'Impero ottomano: la cosiddetta **rivoluzione dei "Giovani turchi"**, un movimento composto in prevalenza da intellettuali e da ufficiali che si proponevano la trasformazione dell'Impero, retto da istituzioni autocratiche e arretratissimo sul piano economico, in una moderna monarchia costituzionale. Nell'estate del 1908, un gruppo di ufficiali marciò con le proprie truppe sulla capitale, costringendo il sultano Abdul Hamid a concedere una costituzione e, l'anno successivo, a lasciare il trono al fratello Maometto V. **Il nuovo regime tentò di realizzare, con qualche successo, un'opera di modernizzazione dello Stato**. Ma non seppe

Allegoria della Triplice intesa
inizio XX sec.
[© Roger-Viollet/Alinari]
Conseguenza diretta della Triplice intesa fu la ripresa delle tensioni tra l'Impero russo e l'Austria-Ungheria per il dominio dei Balcani, e lo scatenarsi di un gioco di alleanze, che avrebbe portato le potenze mondiali dell'epoca a scendere in campo in quello che sarebbe stato il conflitto più sanguinoso mai combattuto sin allora.

avviare a soluzione il problema dei rapporti con i popoli europei ancora soggetti all'Impero, in stato di endemica rivolta. Al contrario, i "Giovani turchi" cercarono di attuare un ordinamento amministrativo più centralistico di quello, largamente inefficiente, del vecchio regime; ma ottennero l'effetto di accentuare le spinte indipendentiste e di accelerare la dissoluzione di quanto restava della presenza turca in Europa.

Le guerre balcaniche Della crisi interna all'Impero ottomano profittò subito l'Austria-Ungheria per procedere, nell'ottobre 1908, all'annessione della **Bosnia** e dell'**Erzegovina**, che le erano state affidate in amministrazione temporanea al congresso di Berlino del 1878: ciò provocò un immediato inasprimento dei rapporti con la Serbia – che mirava a unificare sotto il suo regno gli slavi del Sud – e con la stessa Russia, che della Serbia era la grande protettrice. Pochi anni dopo (1912), l'occupazione italiana della Tripolitania (Libia) in Nord Africa provocò una guerra fra l'Italia e la Turchia, che subì l'ennesima sconfitta [👁 21.10]. La

ATLANTE 53_I BALCANI NEL 1913

Nel 1913 la presenza ottomana nei Balcani era ridotta ormai alla sola Tracia. Con il prevalere delle singole nazionalità veniva perdendosi il carattere multinazionale e pluriconfessionale di molte città commerciali dell'Impero. Salonicco, il maggiore centro ebraico del Mediterraneo e culla del movimento dei "Giovani turchi", diveniva ora una città greca.

Yaroslav Veshin
L'esercito bulgaro conquista una posizione turca nel corso della prima guerra balcanica
1912

sconfitta turca favorì a sua volta le mire degli Stati balcanici (Grecia, Serbia, Montenegro, Bulgaria e Romania), che prima si coalizzarono per strappare alla Turchia i residui territori europei nella **prima guerra balcanica** (1912), poi si scontrarono fra loro per la divisione del bottino nella **seconda guerra balcanica** (1913; ATLANTE_53).
Nello stesso periodo, sulla costa meridionale dell'Adriatico nasceva un nuovo piccolo Stato, il principato di **Albania**, voluto dall'Austria e dall'Italia per impedire alla Serbia lo sbocco al mare.
Le rivalità fra gli Stati minori del Sud-est europeo si intrecciavano pericolosamente col confronto fra i due blocchi contrapposti delle grandi potenze, in particolare col tradizionale attrito fra Austria e Russia.

GUIDA ALLO STUDIO

❶ Quali interessi legavano fra loro le potenze della Triplice intesa? ❷ Come si concluse la "crisi marocchina" tra il 1905 e il 1911? ❸ Che cosa rappresentò e cosa comportò la cosiddetta rivoluzione dei "Giovani turchi"? ❹ Come si conclusero le guerre balcaniche del 1912-13?

3 La *belle époque* e le sue contraddizioni

Negli anni a cavallo fra i due secoli, i nuovi orientamenti dell'alta cultura e la critica di molti intellettuali al positivismo progressista ottocentesco non scalfirono, se non in parte, il sostanziale ottimismo della borghesia europea: un ottimismo giustificato dal rinnovato slancio dell'economia e da un progresso materiale che mai come allora era parso alla portata di tutti.
Per questo, gli anni che precedettero la prima guerra mondiale (1914-18) sarebbero stati ricordati in seguito, dopo i disastri di questo conflitto, come la ***belle époque***, l'epoca bella per eccellenza. Si trattava, anche in questo caso, di un'immagine ecces-

◀ Jean Béraud
Lo chalet del ciclo al Bois de Boulogne a Parigi
1900 ca.
[Musée Carnavalet, Parigi]

▶ Jean Béraud
Le belle di notte ai Giardini di Parigi
1905
[Musée Carnavalet, Parigi]

Durante la *belle époque*, il benessere economico arrivò a interessare settori sempre più vasti della media e piccola borghesia. Le capitali europee, prima fra tutte Parigi, si accesero di luci e di mondanità, e l'illusione del benessere impregnò di sé ogni aspetto e momento del vivere quotidiano.

Parola chiave
Radicalismo

ONLINE

sivamente semplificata, fondata anche sul primato che, nella vita mondana e nelle arti, esercitava Parigi, la capitale francese. La *belle époque* fu in realtà **un periodo di crescita** complessiva della società europea, ma anche di forti contrasti politici e di grandi conflitti sociali. Le spinte alla democratizzazione incontrarono dappertutto la **resistenza ostinata dei gruppi conservatori** e in alcuni casi furono duramente represse, come in Russia, o bloccate entro le vecchie strutture autoritarie, come in Germania e nell'Impero asburgico. Né si possono sottovalutare le tensioni sociali e internazionali originate in quegli anni dalla gara degli **imperialismi** e dalla **corsa agli armamenti**.

La Francia dal "caso Dreyfus" all'alleanza tra radicali e socialisti

Negli ultimi decenni dell'800 la Francia aveva compiuto progressi sostanziali sulla strada della democrazia. Eppure le istituzioni repubblicane continuavano a essere oggetto di una insidiosa contestazione, che ora prendeva le forme di un **esasperato nazionalismo**, ora quelle della **reazione clericale**, ora quelle di un demagogico **antisemitismo** [👁 20.9 STORIA•SOCIETÀ•CITTADINANZA]. Alla fine dell'800 queste correnti, facendo blocco con una parte delle forze moderate, misero a serio repentaglio la vita stessa della Terza Repubblica.

L'alleanza tra nazionalisti, clericali e antisemiti fu evidente in occasione di un clamoroso caso giudiziario: quello di **Alfred Dreyfus**, un **ufficiale ebreo** ingiustamente condannato ai lavori forzati nel 1894 sotto l'accusa di aver fornito documenti riservati all'ambasciata tedesca. Quando cominciarono a emergere i primi dubbi sulla colpevolezza del condannato, le alte sfere militari si rifiutarono di procedere a una revisione del processo. Socialisti, radicali e una parte dei repubblicani moderati, sotto l'impulso del famoso scrittore Émile Zola, si batterono perché venisse riconosciuta l'innocenza dell'ufficiale. Clericali, monarchici, nazionalisti di destra e non pochi repubblicani moderati insistettero sulla tesi della colpevolezza. Il contrasto superò ben presto i confini del caso giudiziario per trasformarsi in uno scontro politico che aveva per oggetto le stesse istituzioni repubblicane. Dreyfus fu infine graziato dal presidente della Repubblica e poi ufficialmente riabilitato nel 1906. I sostenitori di Dreyfus ebbero partita vinta anche sul terreno politico. **L'esito delle elezioni del 1899 fu favorevole alle forze progressiste** e consentì la formazione di un governo di coalizione repubblicana appoggiato anche dai socialisti. Alcune associazioni di estrema destra vennero sciolte e i loro capi arrestati. Fu avviata un'**epurazione negli alti gradi dell'esercito** e, soprattutto, riprese con rinnovato vigore (e non senza qualche eccesso) **la battaglia contro le posizioni di potere ancora detenute dal clero cattolico**.

I governi a direzione radicale che si succedettero fra il 1906 e il 1910, sotto la guida di Georges Clemenceau e del socialista Aristide Briand, condussero in porto alcune importanti **riforme sociali**, come la limitazione dell'orario di lavoro, la legge sul riposo settimanale e le pensioni di vecchiaia. Tuttavia l'impossibilità di condurre a compimento alcune riforme e lo spostamento a sinistra del movimento sindacale provocarono la **rottura dell'alleanza fra socialisti e radicali** e, alla lunga, ridiedero spazio alle correnti repubblicano-moderate che riuscirono a tornare al potere fra il 1912 e il 1914 con il loro leader più prestigioso, **Raymond Poincaré**. Il dibattito politico, accantonati i temi delle riforme, si sarebbe concentrato sul problema delle **spese militari** e del **rafforzamento dell'esercito**.

Conservatori e liberali in Gran Bretagna

Negli anni a cavallo fra i due secoli la Gran Bretagna fu governata dalla coalizione fra i conservatori e i liberali unionisti di Joseph Chamberlain [👁 17.6]. Fra il 1897 e il 1905 furono varate leggi che aumentavano i finanziamenti per le scuole elementari e medie e favorivano il collocamento dei lavoratori disoccupati. A mettere in crisi l'egemonia della coalizione conservatrice fu il progetto, sostenuto da Chamberlain, sotto la pressione di una parte degli industriali, di introdurre anche nell'Impero britannico il **protezionismo doganale**, sconvolgendo così una tradizione liberoscambista che durava ormai da più di mezzo secolo.

Nelle elezioni del 1906 i **liberali** conquistarono un'ampia maggioranza, che consentì al loro governo una linea meno aggressiva in campo coloniale e una più energica e organica politica di riforme sociali. Ma l'aspetto più nuovo e coraggioso della loro azione fu la proposta di introdurre una **politica fiscale fortemente progressiva**, che imponeva cioè una tassazione via via più onerosa in rapporto alle dimensioni della ricchezza e mirava a colpire soprattutto i grandi patrimoni. Il tentativo si scontrò con la reazione della Camera dei Lords, roccaforte dell'aristocrazia, che respinse il bilancio preventivo presentato dal governo liberale. Nel 1911, dopo un braccio di ferro durato due anni e dopo due successive elezioni anticipate vinte (sia pure di stretta misura) dai liberali, i Lords, grazie anche alle pressioni del nuovo re **Giorgio V**, si piegarono ad accettare la riforma costituzionale che impediva loro di respingere **leggi di bilancio**. Nello stesso anno, il governo decise di affrontare la questione irlandese e presentò un nuovo progetto di *Home Rule* (autogoverno), che prevedeva un'**Irlanda autonoma**, con un proprio governo e un proprio parlamento, ma pur sempre legata alla Corona britannica. Dopo un lungo e tormentato dibattito, il progetto, avversato anche da una parte dei liberali, fu approvato nel maggio 1914, ma la sua applicazione fu subito sospesa a causa dello scoppio della guerra.

Legge di bilancio
Legge con la quale il Parlamento approva annualmente il bilancio di previsione dello Stato presentato dal governo, ovvero la previsione, per l'anno successivo, delle entrate, generate dall'imposizione fiscale, e delle uscite prospettate dall'amministrazione statale (la spesa pubblica).

GUIDA ALLO STUDIO

❶ Perché i decenni precedenti alla prima guerra mondiale furono chiamati *belle époque*? ❷ Quali furono le implicazioni politiche del "caso Dreyfus" in Francia? ❸ Che cosa volevano ottenere i liberali inglesi impedendo ai Lords di respingere le leggi di bilancio?

4 La Germania guglielmina

La nuova politica della Germania

La fine del lunghissimo cancellierato di Bismarck, nel 1890, parve segnare una svolta anche nella politica interna tedesca [👁 17.4]. Tuttavia, nonostante le dichiarazioni di **Guglielmo II** (1888-1918) relative alla volontà di inaugurare un **"nuovo corso"** una volta divenuto imperatore, di fatto non si registrò nella politica tedesca alcun effettivo mutamento di indirizzi: le speranze di un'evoluzione liberale del sistema, suscitate da talune aperture iniziali, andarono presto deluse, lasciando il posto alla tendenza del nuovo sovrano all'**esercizio personale e autoritario del potere**. Anche i nuovi orientamenti di politica estera, affermatisi soprattutto a partire dagli ultimi anni dell'800 – quando la Germania imboccò la via della ***Weltpolitik*** ('politica mondiale') e diede il via al **riarmo navale** –, contribuirono a rinsaldare l'alleanza fra il ceto degli Junker e gli ambienti della grande industria. Un'industria che era sempre più dominata dai cartelli o dalle imprese giganti come la **Krupp** nel set-

Acciaierie Krupp a Essen
1864
(© ThyssenKrupp AG [media.thyssenkrupp.com/images/press/thyssenkrupp])

tore siderurgico e degli armamenti e che vantava ritmi di sviluppo tecnologico e d crescita produttiva paragonabili solo ai contemporanei progressi dell'industria statunitense.

La coscienza di questa superiorità accentuò nella classe dirigente, ma anche ne popolo, le tendenze nazionaliste e imperialiste. Pur essendo un paese ricco di risors naturali, la Germania, priva com'era di un grande impero coloniale, non aveva una disponibilità di materie prime paragonabile a quella dell'Impero britannico, degl Stati Uniti o dello stesso Impero russo. Di qui la volontà di modificare a propri vantaggio la **distribuzione mondiale delle risorse** e gli **equilibri sullo scacchier planetario**: un'ambizione che, essendo ormai compiuta la spartizione dei continent extraeuropei, portava fatalmente la Germania ad assumere una posizione antagonistica rispetto alle altre potenze imperialiste.

La socialdemocrazia tedesca

La spinta nazionalista e aggressiva insita nella politica ester tedesca finì col coinvolgere in varia misura tutte le maggior forze politiche. L'**unica autentica forza di opposizione**, la socialdemocrazia, restò per tutta l'età guglielmina in una condizione di assoluto isolamento che le precludeva qualsiasi influenza sulla condotta degli affari di Stato, anche se non le impediva di aumentare continuamente la massa dei propri iscritti (pi di un milione nel 1914), di incrementare il proprio seguito elettorale (nel 1913 l Spd si affermò addirittura come gruppo di maggioranza relativa col 34% dei voti 110 seggi al Reichstag), di controllare lo sviluppo imponente delle organizzazion

L'imperatore Guglielmo II guida il corteo funebre in onore di Friedrich Alfred Krupp
26 novembre 1902
(© ThyssenKrupp AG [media.thyssenkrupp.com/images/press/thyssenkrupp])

Fondate nel 1861, le acciaierie Krupp diventarono le maggiori fornitrici di artiglieria pesante per l'Impero tedesco, tanto che il loro fondatore, Alfred Krupp, si meritò il soprannome di «re del cannone». Il suo legame con l'imperatore fu così stretto che, in occasione dei funerali di Krupp, Guglielmo II partecipò in prima persona guidando un imponente e affollato corteo funebre a Essen.

:ollaterali (sindacati, cooperative, circoli ricreativi e culturali). \ lungo andare però – nonostante la riaffermata fedeltà ai prin:ìpi della dottrina marxista – anche la socialdemocrazia finì :on l'ammorbidire i toni e le forme della sua opposizione e col **venire tacitamente a patti con le ideologie nazional-imperialistiche** cui nemmeno la classe operaia era del tutto insensibile.

GUIDA ALLO STUDIO

❶ In che cosa consisteva la *Weltpolitik* tedesca? ❷ Perché la Germania intraprese questa via? ❸ Come agì la socialdemocrazia nella Germania guglielmina?

5 I conflitti di nazionalità nell'Impero austro-ungarico

\ei decenni che precedettero la prima guerra mondiale, l'Impero asburgico vide aggravarsi il declino delineatosi a partire dal 1848 **[👁 11.10]** e dovuto, oltre che al ritardo nello sviluppo dell'economia, ai sempre più forti contrasti fra le diverse nazionalità.

Sviluppo e arretratezza

Dal punto di vista economico, l'Impero era ancora un paese complessivamente più povero della Germania e della Francia e poco più ricco dell'Italia, ma con alcune isole altamente urbanizzate e industrializzate: la regione gravitante attorno alla capitale **Vienna**, la **Boemia** (in particolare la zona di Praga), il porto di **Trieste**, nodo commerciale di primaria importanza fra il Centro Europa e il Mediterraneo. Allo sviluppo economico e civile dei grandi centri, alla eccezionale vitalità culturale che si manifestò in questo

◄ Gustav Klimt *Giuditta (I)* 1901 [Österreichische Galerie, Vienna]

► Otto Wagner **Chiesa di St Leopold am Steinhof, Vienna** 1902-7

La fine dell'800 rappresentò per Vienna uno dei periodi più affascinanti della sua storia. La capitale asburgica, quarta città in Europa con due milioni di abitanti, fu il teatro di una fioritura architettonica, artistica e culturale imponente. La stridente contrapposizione tra l'immobilismo politico e sociale dell'Impero e l'atmosfera vivace e gaudente della città, fra tradizione e modernità, alimentò un'energia creativa del tutto particolare, che si espresse nei settori più disparati: dalla musica di Gustav Mahler e Arnold Schönberg alla pittura di Gustav Klimt e di Egon Schiele, alle architetture di Otto Wagner e Adolf Loos.

Focus
Piccole patrie
Il mito asburgico

ONLINE

periodo a Vienna – una delle maggiori capitali europee della musica, delle arti figurative e della letteratura –, alla crescita dei grandi partiti di massa (socialdemocratici e cristiano-sociali) facevano riscontro il sostanziale **immobilismo del sistema politico** e la persistenza delle strutture sociali tradizionali nelle provincie contadine dominate dalla **Chiesa** e dai **grandi proprietari**.

I conflitti nazionali Ma il principale motivo di crisi era costituito dai conflitti nazionali. Mentre l'Impero tedesco trovava nel nazionalismo di una popolazione compattamente tedesca un potentissimo elemento di coesione, in Austria-Ungheria le tensioni fra i diversi gruppi etnici costituivano un fattore di logoramento e di disgregazione per una compagine statale che aveva come principali elementi unificanti la Corona, l'esercito e la burocrazia. Con la **soluzione "dualistica"** varata nel 1867 (la divisione in due Stati; 17.1), la monarchia asburgica aveva scelto la strada del **compromesso col gruppo nazionale più forte**, quello ungherese, che aveva conquistato nella parte sud-occidentale dell'Impero una posizione privilegiata simile a quella detenuta dagli austriaci nella parte nord-occidentale [ATLANTE_54]. Fino alla fine del secolo il potere imperiale riuscì a controllare la situazione appoggiandosi agli elementi conservatori e all'aristocrazia agraria delle varie nazionalità con qualche concessione alle masse contadine. Ma tra la fine dell'800 e l'inizio del '900 si assisté a una crescita dei movimenti nazionali: tutti in forte contrasto gli uni con gli altri, ma uniti dall'ostilità al centralismo imperiale e dalla tendenza a radica-

ATLANTE 54_PRINCIPALI POPOLAZIONI DELL'IMPERO AUSTRO-UNGARICO

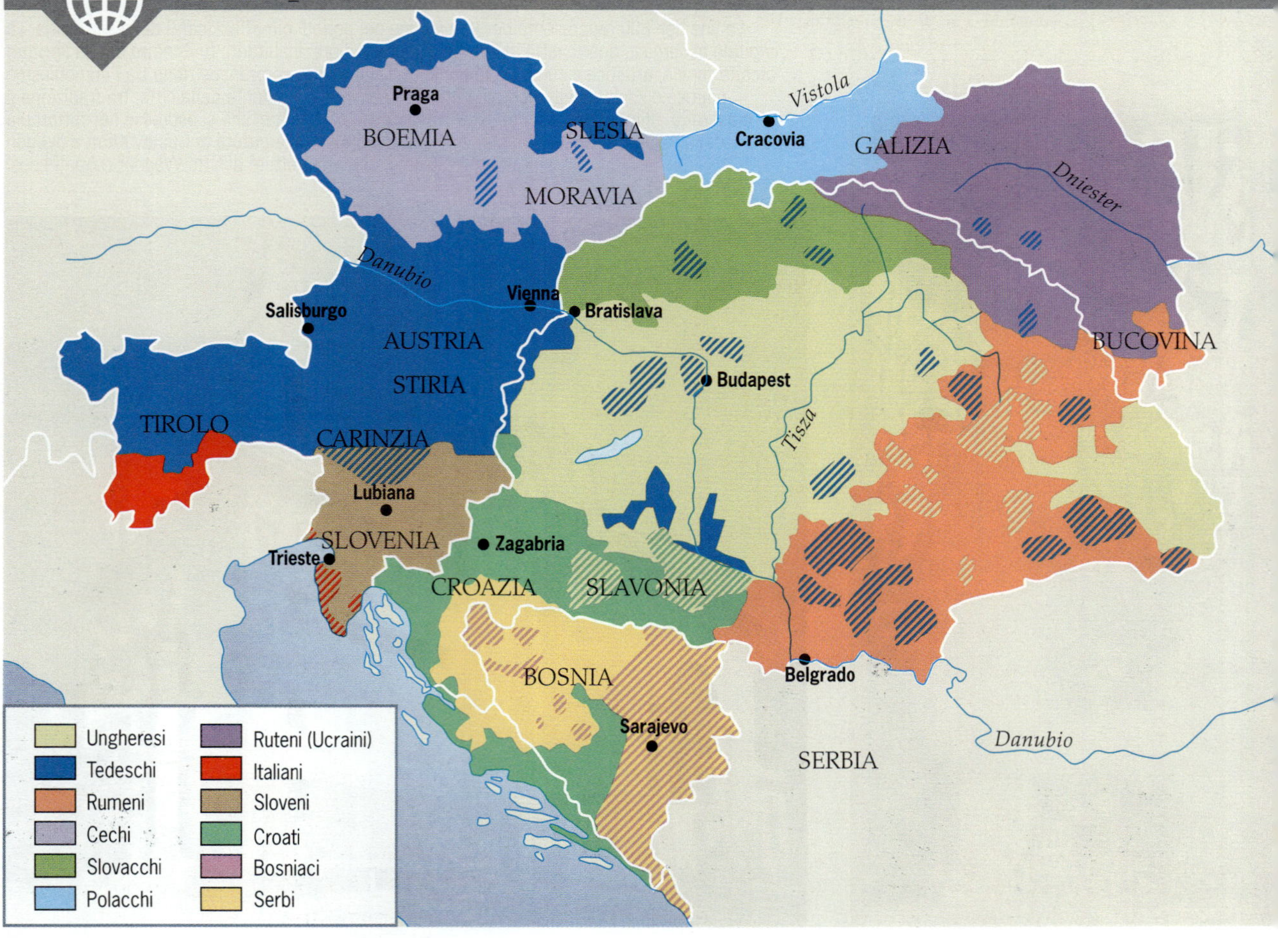

lizzarsi, passando **dal piano delle rivendicazioni autonomistiche a quello dell'indipendentismo**. I più irrequieti erano naturalmente i popoli slavi, i grandi sacrificati dal compromesso del '67. Fra i cechi della Boemia e della Moravia – che erano inclusi nella zona di competenza austriaca – si affermò, nell'ultimo decennio dell'800, il **movimento dei "giovani cechi"** che si batteva contro la **politica di germanizzazione** del governo di Vienna. Tendenze nazionaliste ancora più radicali si cominciarono a manifestare nello stesso periodo fra gli "slavi del Sud", **serbi** e **croati**, che erano soggetti al **dominio ungherese** (più duro di quello austriaco) e subivano l'attrazione del vicino Regno di Serbia. Persino fra gli ungheresi sorse, all'inizio del '900, un movimento che rivendicava totale autonomia dall'Austria anche in materia di tariffe doganali e di organizzazione dell'esercito.

Il progetto trialistico

Una parte della classe dirigente e dei circoli di corte si orientò verso l'idea di trasformare la monarchia da "dualistica" in "trialistica": di staccare cioè gli slavi del Sud dall'Ungheria e di creare così **un terzo polo nazionale accanto a quelli tedesco e magiaro**. Questo progetto, che aveva il suo sostenitore più autorevole nell'arciduca ereditario **Francesco Ferdinando** (nipote di Francesco Giuseppe), si scontrava però con l'opposizione degli ungheresi e con quella dei nazionalisti serbi e croati, che miravano con tutti i mezzi – compresi quelli terroristici – alla fondazione di un unico Stato slavo indipendente ed erano palesemente appoggiati dalla Serbia (a sua volta protetta dalla Russia). Da questo pericoloso focolaio di tensione sarebbe scoccata nel 1914 la scintilla che portò allo scoppio della prima guerra mondiale e alla dissoluzione dell'Impero austro-ungarico.

GUIDA ALLO STUDIO

❶ Quali erano, alla fine dell'800, le regioni più ricche dell'Impero austriaco? ❷ Quali gruppi etnici dell'Austria-Ungheria erano i più irrequieti? ❸ Perché serbi e croati si opponevano al progetto trialistico?

6 La Russia: la rivoluzione del 1905 e la guerra col Giappone

Autocrazia e sviluppo industriale

Fra le grandi potenze europee la Russia era la sola che, alla fine dell'800, si reggesse ancora su un **sistema autocratico**, nemmeno temperato da forme di limitato costituzionalismo simili a quelle vigenti in Germania e in Austria-Ungheria. Mentre restava immobile o addirittura procedeva a ritroso sul piano delle strutture politiche, all'inizio degli anni '90 l'Impero zarista compiva tuttavia il suo primo tentativo di **decollo industriale**, affidato all'iniziativa dello Stato e del capitale straniero (soprattutto francese) più che all'autonoma crescita di una borghesia imprenditoriale. In Russia l'industrializzazione risultò come calata dall'alto e fortemente concentrata sia per la dislocazione geografica sia per le dimensioni delle imprese. Pertanto anche la classe operaia russa si concentrò in poche zone – la capitale Pietroburgo, la zona di Mosca, i distretti minerari degli Urali, la regione petrolifera di Baku sul Mar Caspio – e rimase isolata in un **contesto sociale ancora dominato dall'agricoltura**, che occupava circa il 70% della popolazione attiva e versava ancora in uno stato di estrema arretratezza.

I gruppi rivoluzionari

In queste condizioni era naturale che la tensione politica crescesse pericolosamente e che le manifestazioni di malcontento, anche violente, si moltiplicassero in tutti i settori della società. Del resto, in questi stessi anni si accentuò in modo determinante la penetrazione delle correnti rivoluzionarie fra i ceti popolari. Mentre la classe operaia subiva l'influenza del **Partito socialdemocratico**, fondato nel 1898 da **Georgij Plechanov**, fra i contadini riscuoteva qualche successo la propaganda del **Partito socialista rivoluzionario**, nato nel 1900 dalla confluenza di gruppi anarchici e populisti, dai quali riprendeva il progetto di un socialismo agrario legato alle tradizioni russe **[👁 17.7]**. A far precipitare gli eventi contribuì, nel 1904, lo scoppio della guerra col Giappone (per il controllo del Nord-est asiatico) che fece immediatamente salire la tensione sociale nelle città provocando fra l'altro un brusco aumento dei prezzi.

La "domenica di sangue" e la nascita dei *soviet*

In una domenica di gennaio del **1905**, a **Pietroburgo**, un corteo di 150 mila persone diretto verso il Palazzo d'Inverno, residenza dello zar Nicola II, per **presentare al sovrano una petizione** – vi si chiedevano maggiori libertà politiche e interventi per alleviare il disagio delle classi popolari – fu accolto a fucilate dall'esercito: i morti furono più di 100 e oltre 2000 i feriti. La **brutale repressione** scatenò in tutto il paese un'ondata di agitazioni, di vere e proprie sommosse, di ammutinamenti nelle stesse forze armate. Fra la primavera e l'autunno del 1905, la Russia visse in uno **stato di semianarchia**. Di fronte alla crisi dei poteri costituiti sorsero spontaneamente in molti centri **nuovi organi-**

◀
Una crocerossina giapponese si prende cura di alcuni soldati russi feriti nella battaglia della Baia di Chemulpo
1904
[Library of Congress, Washington, D.C.]

▶
Kiyochika Kobayashi
Lo zar Nicola II è tormentato da un incubo in cui vede i suoi soldati feriti rientrare dalle battaglie contro i giapponesi
1904-5
[Library of Congress, Washington, D.C.]

La battaglia della Baia di Chemulpo si svolse il 9 febbraio del 1904 al largo delle coste della Corea. Fu una delle prime battaglie navali della guerra che vide contrapporsi russi e giapponesi e si concluse con la vittoria di questi ultimi. Per evitare che i giapponesi si impossessassero delle loro navi, i russi le affondarono nel porto di Chemulpo, dove si erano rifugiate. Gli equipaggi russi, rimasti così senza imbarcazioni, tornarono in Russia a bordo di navi appartenenti a paesi neutrali, mentre i feriti più gravi venivano curati nell'ospedale della Croce Rossa di Chemulpo.

smi rivoluzionari, i *soviet* (consigli), rappresentanze popolari elette sui luoghi di lavoro. Il più importante di questi *soviet*, quello di Pietroburgo, assunse la guida del movimento rivoluzionario. Fra novembre e dicembre però – dopo che era stata conclusa la pace col Giappone e le truppe erano rientrate dal fronte – la Corona e il governo passarono risolutamente alla controffensiva facendo arrestare quasi tutti i membri del *soviet* di Pietroburgo e schiacciando con durezza le rivolte successivamente scoppiate nella capitale e a Mosca.

Focus
Le corazzate

ONLINE

La restaurazione e la riforma agraria

Una volta ristabilito l'ordine, anche l'unico risultato del moto rivoluzionario, ossia l'impegno dello zar di convocare un'assemblea rappresentativa, la **Duma**, fu sabotato dai poteri costituiti. Nell'estate 1907 il governo modificò la legge elettorale in senso smaccatamente classista: ora il voto di un grande proprietario contava cinquecento volte quello di un operaio. Così il governo poté disporre di un'assemblea più docile, composta in gran parte da aristocratici. Artefice principale della restaurazione fu il conte **Pëtr Stolypin**, diventato primo ministro nel 1906. Stolypin legò il suo nome alla spietata **repressione di ogni opposizione politica**, ma al tempo stesso si pose il problema di riguadagnare al regime una base di consenso e avviò una riforma agraria, in base alla quale i contadini ebbero la facoltà di divenire proprietari della terra che coltivavano, e di godere di facilitazioni creditizie per l'acquisto di altre terre sottratte al demanio statale o cedute dai latifondisti. Lo scopo, in gran parte mancato poiché i più non trovarono nei loro piccoli appezzamenti la possibilità di condizioni di vita accettabili, era quello di creare un ceto di **piccola borghesia rurale** che fosse al tempo stesso fattore di modernizzazione economica e di stabilità politica.

La guerra col Giappone e la sconfitta

Nel difficile anno della rivoluzione del 1905, la Russia dovette subire una dura sconfitta militare ad opera del Giappone. Come abbiamo visto, già alla fine dell'800, il Giappone si era affacciato prepotentemente sulla scena della competizione imperialistica in Asia: aveva infatti mosso guerra all'Impero cinese (1894) e lo aveva sconfitto dando una prima prova della sua efficienza bellica [👁 19.5]. Subito dopo il Giappone entrò in diretta concorrenza con la Russia per il controllo delle regioni del Nord-est asiatico. Nel 1903, le due potenze non trovarono un accordo sulla spartizione della **Manciuria** [👁 ATLANTE_52]. Nel febbraio del 1904, senza alcuna dichiarazione di guerra, la flotta nipponica attaccò quella russa nel Mar Giallo e strinse d'assedio la base di **Port Arthur**, all'estremità meridionale della Manciuria. All'inizio del **1905**, caduta Port Arthur, le forze giapponesi penetrarono in Manciuria e, in marzo, sconfissero l'esercito russo nella battaglia di **Mukden**. Quando, in maggio, giunse sul teatro di operazioni la flotta russa del Mar Baltico fu anch'essa distrutta in una grande battaglia navale nello stretto di **Tsushima**, tra il Giappone e la Corea [👁 20.6 EVENTI]. Alla Russia non restò che accettare la mediazione offerta dagli Stati Uniti e firmare in settembre il **trattato di Portsmouth**, in base al quale il Giappone otteneva la Manciuria meridionale e una parte dell'isola di Sakhalin, situata di fronte alle coste della Siberia, e si vedeva riconosciuto il protettorato sulla Corea (che già deteneva di fatto dal 1895). Per l'Europa intera, la secca sconfitta della Russia determinò la distruzione in un solo colpo del mito della supremazia militare e tecnologica del vecchio continente, nonché di una presunta superiorità della "razza bianca". Per l'Impero zarista la sfortunata guerra contro il Giappone significò un **ridimensionamento della propria posizione internazionale** e, come abbiamo appena visto, un immediato aggravamento delle tensioni interne.

GUIDA ALLO STUDIO

❶ Perché la Russia rappresentava un'eccezione tra le grandi potenze europee? ❷ Dove era concentrata la classe operaia russa? Qual era il suo peso relativo? ❸ Che cosa avvenne durante la cosiddetta "domenica di sangue"? ❹ Quali esiti diede la guerra con il Giappone?

Tsushima

Nei giorni del 27 e del 28 maggio del 1905, nelle acque dello stretto di Tsushima, al largo della Penisola coreana, la flotta russa fu distrutta dalla marina giapponese, comandata dall'ammiraglio Tōgō Heihachirō (che aveva fatto gli studi militari in Gran Bretagna), ricordato in seguito come il "Nelson dell'Oriente". Lo scontro, decisivo per la risoluzione del conflitto russo-giapponese scoppiato l'anno precedente, fu, per molti versi, epico.

Le navi russe normalmente presenti nell'Oceano Pacifico erano state infatti bloccate dai giapponesi nel porto di Vladivostok. Allo zar Nicola II non era restato quindi che inviare la flotta russa abitualmente impegnata nel mar Baltico, composta da una squadra di 42 unità, alcune in verità alquanto antiquate. Prima però di potersi confrontare in battaglia con i nipponici, i russi dovettero affrontare una lunghissima navigazione. Avendo infatti il Giappone stretto alcuni anni prima un'alleanza militare con la Gran Bretagna, le porte del Mediterraneo e del Mar Rosso, in mano agli inglesi che controllavano lo stretto di Gibilterra e il canale di Suez, non consentirono il passaggio alle navi russe. Queste ultime, sotto il comando del vice-ammiraglio Zinovij Petrovič Rožestvenskij, considerato unanimemente il miglior ufficiale a disposizione della flotta imperiale, furono costrette a compiere la **circumnavigazione dell'Africa**, raggiungendo i luoghi dello scontro soltanto dopo aver attraversato l'Oceano Indiano. I russi, partiti il 14 ottobre del 1904, giunsero nel Pacifico dopo circa 8 mesi di navigazione, avendo effettuato un **viaggio di 18 mila miglia**, ricco per giunta di ritardi, imprevisti e difficoltà varie. I marinai dello zar arrivarono dunque alla battaglia dopo un viaggio estenuante, e furono inoltre penalizzati dall'inferiorità delle corazze di protezione e dalla minor potenza di fuoco delle loro navi. Ciò nonostante si batterono con onore ma furono comunque sconfitti, essendo venuta meno, nel corso dello scontro, anche la guida del loro comandante, gravemente ferito dai giapponesi. Per costoro la battaglia di Tsushima rappresentò un clamoroso successo, destinato, a suo modo, a segnare un'epoca. **Per la prima volta infatti un grande paese europeo veniva sconfitto da una potenza extra-europea** sul terreno militare, rimasto, fino ad allora, dominio esclusivo delle nazioni occidentali. La vittoria navale giapponese dimostrava inoltre la possibilità, anche per uno Stato non europeo, di modernizzare le proprie strutture economiche e tecnologiche senza perdere le tradizioni più antiche radicate nella società. La vittoria contro una flotta europea in una moderna battaglia navale era stata resa possibile infatti dalla presenza in Giappone di una moderna industria siderurgica e navale, che aveva realizzato le **corazzate** impiegate poi contro i russi. I giapponesi avevano vinto perché erano riusciti a dotarsi di un **apparato militare moderno**, costruito grazie ad un efficiente sistema industriale, capace di fornire alle forze armate nipponiche tecnologie e mezzi all'altezza di quelli impiegati dalle grandi potenze europee. Per questo la vittoria di Tsushima, ratificata nello stesso anno dalla pace di Portsmouth, rappresentò un **grande trauma per l'intera Europa**, perché dimostrava che gli occidentali non erano invincibili e potevano invece essere sconfitti.

Al Giappone che aveva saputo reagire alla fine del suo tradizionale isolamento politico e commerciale imposto dagli Stati Uniti e dalle potenze europee, creando un proprio modello di trasformazione capitalistica e di modernizzazione sociale ed economica, cominciarono a guardare, con vivo interesse, i nazionalisti dei paesi asiatici sottoposti ancora al dominio coloniale dell'Occidente. Molti leader politici dei nascenti movimenti di liberazione nazionale si recarono a Tokyo, maturando la convinzione che l'impero del Sol Levante potesse guidare il **riscatto delle popolazioni dell'Asia** contro l'imperialismo coloniale degli occidentali.

A questi ultimi non sfuggì la diffusione di tali nuovi fermenti, ed anche in Occidente si sviluppò una grande letteratura popolare dedicata al Giappone, favorendo la conoscenza delle abitudini e dei costumi di quel paese, pur non senza rinunciare ad una caratterizzazione particolarmente esotica, ricca di approssimazioni e stereotipi, che alimentarono la preoccupazione per il cosiddetto «pericolo giallo». Paura non del tutto ingiustificata, poiché la vittoria contro la Russia provocò **in Giappone un ulteriore radicamento del nazionalismo** in ampi strati della popolazione nipponica, ravvivando il mito della discendenza divina dell'imperatore e della unicità della razza giapponese.

La battaglia navale di Tsushima in una stampa giapponese

7 La Repubblica in Cina

L'avvio delle riforme e Sun Yat-sen

Dopo la vittoria del Giappone sulla Russia nel 1905, presero vigore le lotte nazionali e anticoloniali dei popoli asiatici. Movimenti indipendentisti si svilupparono nell'Indocina francese, nell'Indonesia olandese, nelle Filippine, da poco passate sotto il controllo degli Stati Uniti, e nell'India britannica. Ma fu soprattutto la Cina a subire in maniera determinante l'influsso del vicino Giappone, visto a un tempo come minaccia all'indipendenza nazionale e come modello da imitare sul piano dello sviluppo economico e dell'emancipazione politica. Fallito con la rivolta dei *boxers* [👁 19.5] il tentativo di condurre la lotta per l'indipendenza all'insegna del tradizionalismo reazionario, alla fine dell'800 e all'inizio del nuovo secolo importanti riforme, come la **libertà di espressione e di stampa**, oltre a un **limitato diritto di voto**, furono introdotte dalla imperatrice vedova **Cixi** (o Tzu-hsi, che governò il paese fino al 1908). In coincidenza con questo rinnovamento politico e civile, nel 1905 nacque il **Tung meng hui** (Lega di alleanza giurata), una organizzazione segreta fondata da un medico di Canton, **Sun Yat-sen**, che aveva soggiornato a lungo in Europa e in Giappone. Il programma era basato sui **tre princìpi del popolo**: l'indipendenza nazionale, la democrazia rappresentativa, il benessere del popolo, vale a dire l'essenza della tradizione democratica occidentale. La lega di Sun Yat-sen fece proseliti soprattutto fra gli intellettuali, gli ufficiali dell'esercito e i nuclei di proletariato industriale. Al movimento andarono anche le simpatie di una parte della ancora esigua borghesia imprenditoriale, quella meno legata agli interessi commerciali delle potenze straniere.

La rivoluzione del 1911

Nell'ottobre del 1911 la decisione del governo di affidare a imprese straniere il controllo della rete ferroviaria cinese provocò una serie di sommosse nelle province centro-meridionali e l'ammutinamento di alcuni reparti dell'esercito. Nel gennaio del 1912 **un'assemblea rivoluzionaria dichiarò decaduta la dinastia Qing** ed elesse Sun Yat-sen alla presidenza della Repubblica. In aprile il generale **Yuan Shi-kai**, inviato dal governo di

Cartolina postale che celebra Yuan Shi-kai nelle vesti di neopresidente della Repubblica cinese
1912
Nella bandiera raffigurata nella cartolina i cinque colori simboleggiano le cinque principali etnie cinesi.

Pechino a domare la rivolta, si schierò dalla parte dei repubblicani e ottenne in cambio di essere nominato presidente in luogo di Sun Yat-sen. Il fragile compromesso raggiunto tra le forze democratiche organizzate nel nuovo Partito nazionale – **Kuomintang** – e i gruppi conservatori che facevano capo a Yuan Shi-kai, ostili a ogni riforma che minacciasse i tradizionali equilibri sociali nelle campagne, si ruppe nel giro di pochi mesi. Nel 1913 il nuovo presidente sciolse il Parlamento appena eletto, mise fuori legge il Kuomintang, costrinse Sun Yat-sen all'esilio e instaurò una **dittatura personale appoggiata dalle potenze straniere**, i cui privilegi rimasero naturalmente intatti. Cominciava per la Cina una lunga stagione di guerre civili che si sarebbe conclusa solo nel 1949 con la vittoria della rivoluzione comunista.

GUIDA ALLO STUDIO

❶ In quali paesi dell'Asia esistevano movimenti anticoloniali? ❷ Chi erano Sun Yat-sen e Yuan Shi-kai? ❸ Perché il Kuomintang fu dichiarato fuori legge?

8 L'imperialismo statunitense

La presidenza Roosevelt

Dopo l'espansione nel Pacifico con la conquista delle Filippine e l'annessione delle Hawaii [👁 18.3], fino alla prima guerra mondiale l'imperialismo statunitense si rivolse soprattutto verso l'America centrale. Qui la presenza degli Stati Uniti si fece sentire in forme quanto mai pesanti, soprattutto negli anni della presidenza di Theodore Roosevelt. Esponente dell'**ala progressista del Partito repubblicano**, salito al potere nel 1901, Roosevelt mostrò grande decisione nella difesa degli interessi americani nel mondo, alternando con disinvoltura la pressione economica alle minacce di interventi armati, la **"diplomazia del dollaro"** alla politica del **"grosso bastone"** (*big stick*), secondo un'eloquente espressione da lui stesso coniata.

◀ **Manovali impiegati nella costruzione del Canale di Panama**
aprile 1910
[Library of Congress, Washington, D.C.]
Nonostante l'utilizzo di escavatrici a vapore, i lavori di costruzione del Canale di Panama, lungo 81 km e largo in media dai 200 ai 300 metri, furono svolti per la maggior parte da gruppi di manovali.

▶ **La nave a vapore S.S. Ancon transita ufficialmente per la prima volta in una sezione del Canale di Panama durante la cerimonia di inaugurazione**
15 agosto 1914
[Library of Congress, Washington, D.C.]

Un esempio lampante di questa politica fu la vicenda del **Canale di Panama**. Nel 1901 gli Stati Uniti avevano ottenuto dal governo della Colombia l'autorizzazione a costruire e a gestire per un periodo di cento anni un canale che tagliasse l'istmo di Panama (allora facente parte della Repubblica colombiana), aprendo un passaggio fra il Pacifico e il Mar dei Caraibi [👁 ATLANTE_49]. Quando, nel 1903, la Colombia, in un sussulto di orgoglio nazionale, rifiutò di ratificare l'accordo, **gli Stati Uniti organizzarono una sommossa a Panama e minacciarono un intervento armato**. Panama, come già Cuba, divenne una repubblica indipendente sotto la tutela americana. Il canale fu realizzato nel giro di dieci anni e la sua apertura, nel 1914, consentì di mettere in comunicazione i due settori – l'Oceano Pacifico e i mari del Centro America – su cui si esercitava allora la spinta espansionistica degli Stati Uniti.

Imperialista e aggressiva all'estero, la linea di Roosevelt si caratterizzò in politica interna per un'**apertura ai problemi sociali** sconosciuta alle precedenti amministrazioni, sia repubblicane sia democratiche. Si dovettero a Roosevelt i primi, limitati provvedimenti del governo federale nel campo della legislazione sociale e le prime energiche affermazioni del diritto di intervento dei pubblici poteri nel mondo dell'economia.

L'elezione di Wilson Ma, una volta che Roosevelt ebbe lasciato la presidenza, nel 1908, il Partito repubblicano si spaccò in un'ala progressista e una conservatrice. Nelle elezioni del 1912, la divisione tra le file repubblicane favorì il successo del candidato **democratico, Woodrow Wilson**. Intellettuale di solide convin-

zioni democratiche, molto lontano da Roosevelt per formazione e per temperamento, Wilson ne riprese l'impegno sociale inserendolo però in un quadro ideologico e politico completamente diverso. Mentre Roosevelt aveva lasciato inalterato il regime doganale protezionistico, Wilson impostò la **lotta contro i grandi monopoli** sull'abbassamento delle tariffe protettive, che furono considerevolmente ridotte nel 1913. Anche nella politica estera Wilson portò uno stile nuovo, **più prudente e rispettoso delle norme della convivenza internazionale**, anche se non meno attento alla tutela degli interessi statunitensi nel mondo. Era infatti convinto che il ruolo degli Stati Uniti dovesse fondarsi, più che sulla forza delle armi, sulla **capacità espansiva dell'economia** e sulla fedeltà ai princìpi basilari della tradizione democratica. Paradossalmente fu proprio in base a questi princìpi che, nel 1917, Wilson avrebbe condotto il suo paese a intervenire per la prima volta in un conflitto fra potenze europee, la prima guerra mondiale.

GUIDA ALLO STUDIO

❶ Che cosa significava l'espressione *big stick* utilizzata da Roosevelt? ❷ Chi controllava il nuovo Canale di Panama? ❸ In che cosa si distingueva la politica di Wilson da quella repubblicana?

9 L'America Latina e la rivoluzione messicana

La dipendenza economica

Nel trentennio che precedette la prima guerra mondiale (1914-18), i paesi dell'America Latina conobbero uno sviluppo economico di notevoli proporzioni, basato principalmente sull'**esportazione di materie prime e di prodotti agricoli** verso l'Europa industrializzata. Questo sviluppo attirò un consistente flusso migratorio dall'Europa e favorì la crescita di grandi centri urbani come Buenos Aires, Rio de Janeiro e Città del Messico. L'aumento delle esportazioni, però, finì con l'accentuare il carattere di subalternità dell'economia latino-americana, sempre più dipendente dagli investimenti e dai mercati esteri. Fu infatti favorita la tendenza delle agricolture dei singoli paesi a concentrarsi sulle **monocolture**, scelte in base alla richiesta del mercato internazionale: il caffè in Brasile, il grano in Argentina, la canna da zucchero a Cuba. E, dal momento che l'industria manifatturiera era assente quasi ovunque, mentre il settore estrattivo era in gran parte controllato da compagnie straniere, l'**oligarchia terriera** riuscì a mantenere una posizione dominante nella vita sociale e politica.

I sistemi politici

Dal punto di vista istituzionale, gli Stati latino-americani erano retti da **regimi parlamentari e repubblicani** ispirati ai modelli del liberalismo ottocentesco **[👁 10.4]**: l'ultima monarchia, quella brasiliana, fu rovesciata da un colpo di Stato nel 1889. La facciata istituzionale liberal-parlamentare, però, copriva una realtà di corruzione e di esclusione delle masse dalla vita politica che, in alcuni casi, degenerò in forme più o meno evidenti di **dittatura personale**. Negli anni immediatamente precedenti alla prima guerra mondiale, importanti rivolgimenti politici ebbero luogo in due fra gli Stati più vasti e popolosi: l'Argentina e il Messico. Nel caso dell'**Argentina** si trattò di un rivolgimento pacifico, originato dall'introduzione del **suffragio universale**, nel 1912, e dalla successiva ascesa al potere dell'Unione radicale, espressione delle classi medie di orientamento progressista. In Messico, invece, la spinta alla democratizzazione politica e sociale sfociò in una lotta rivoluzionaria fra le più lunghe e sanguinose della storia del '900.

La rivoluzione messicana

Nel 1910 scoppiò la rivolta contro il regime semidittatoriale del presidente **Porfirio Díaz**, un generale che governava dal 1876 appoggiandosi soprattutto sull'oligarchia terriera. Promotori dell'insurrezione furono i gruppi liberal-progressisti guidati da **Francisco Madero**, subito affiancati però da un vasto moto contadino, organizzato da improvvisati e popolarissimi capi rivoluzionari come **Emiliano Zapata** e **Pancho Villa**. Nell'autunno del 1911, Díaz fu costretto ad abbandonare il paese mentre Madero venne eletto presidente. A questo punto però cominciò a manifestarsi in modo drammatico il **contrasto fra le due componenti del fronte rivoluzionario**: quella **borghese** e moderata, che mirava soprattutto a una liberalizzazione delle istituzioni politiche, e quella **contadina**, che aveva come obiettivo fondamentale una radicale riforma agraria. Un tema fortemente sentito, e altrettanto fortemente temuto, in un paese in cui la proprietà della terra era concentrata nelle mani di un migliaio di latifondisti, mentre circa tre quarti della popolazione erano costituiti da braccianti senza terra (*peones*), quasi tutti analfabeti e poverissimi.

Nel 1913 il presidente Madero fu ucciso durane un colpo di Stato militare che portò al potere il generale Victoriano Huerta e aprì la strada a un regime di spietata reazione. La **guerra civile** riprese da allora con rinnovata violenza e si protrasse, in un susseguirsi di rivolte e colpi di Stato, fino all'inizio degli anni '20, per concludersi infine con l'assunzione della presidenza (1921) da parte del progressista **Alvaro Obregón** e con il varo di una **Costituzione democratica e laica** aperta alle istanze di riforma sociale, la cui attuazione si sarebbe però rivelata lenta e difficile.

GUIDA ALLO STUDIO

❶ Quali rapporti legavano l'economia latino-americana a quella europea?
❷ Quali interessi rappresentava l'Unione radicale in Argentina?
❸ Racconta le fasi salienti della rivoluzione messicana tra il 1910 ed il 1921.

Pancho Villa di fronte a un accampamento di insorti
10 maggio 1911

Pancho Villa (1878-1923), con la sua temuta "division del Norte" (combattenti provenienti dalle regioni del Nord), ed Emiliano Zapata (1879-1919), che combatteva al fianco dei diseredati del Sud, guidarono i contadini nella lotta contro il governo e furono fra i protagonisti più popolari della rivoluzione messicana. Entrambi entrarono rapidamente nella mitologia del cinema americano: Marlon Brando interpretò Zapata nel film *Viva Zapata!* (1952) di Elia Kazan, mentre lo stesso Villa ricoprì il ruolo di se stesso in almeno tre film che ne raccontano le sue gesta.

La paura del diverso

La diversità è la condizione di chi si ritiene (o, molto più spesso, è ritenuto dagli altri) distante dai modelli culturali che in una data società e in un dato momento storico rappresentano la «normalità». Questi sono molteplici: possono attenere all'aspetto della persona (il colore della pelle, i lineamenti, la fisicità in generale), al suo comportamento, alla lingua parlata, al livello culturale, al paese d'origine e a molte altre cose ancora. La **cultura di appartenenza** incide molto sul rapporto dell'individuo con la diversità: ogni società ha una peculiare modalità di rapportarsi con la diversità e un livello particolare di tolleranza delle differenze tra gli esseri umani.

Il **rapporto con la diversità** cambia quindi nello spazio, ma anche nel tempo. La scienza contemporanea insegna che la maggior parte delle differenze somatiche (relative cioè al corpo), come l'altezza o il colore della pelle, sono dovute esclusivamente a fattori di adattamento delle popolazioni alle condizioni climatiche dei luoghi in cui risiedono. La diversità è quindi qualcosa di estremamente relativo: dal punto di vista scientifico gli uomini sono geneticamente tutti uguali e si differenziano fisicamente in base all'ambiente in cui si trovano a vivere. Sono però le varie culture a dare un senso specifico (non scientifico) alle **differenze etniche**. La storia mostra come l'approccio alla diversità nell'ambito della cultura occidentale sia cambiato nel corso dei secoli. Come dato di fondo, però, si può affermare che è la paura il sentimento che nella maggior parte dei casi viene generato dall'incontro con il diverso da sé.

Nel corso del **XIX secolo**, in un mondo che già tendeva verso la globalizzazione, non era difficile l'incontro con il "diverso". I rapporti commerciali consentivano il contatto con ogni parte del mondo: uomini e merci della più varia provenienza raggiungevano le principali città europee; nuove potenze economiche come il Giappone si facevano strada nel contesto economico e militare internazionale suscitando grandi timori nell'opinione pubblica e nelle classi dirigenti occidentali. È in questo contesto che l'imperatore tedesco **Guglielmo II** (1859-1941) coniò l'espressione «pericolo giallo», sintetizzando i diffusi timori per l'ascesa economica degli Stati orientali.

Sotto la spinta del **pensiero positivista**, le diversità fisiche e culturali vennero studiate, misurate e valutate in ogni loro aspetto. Nuove discipline (come la sociologia e l'antropologia) nacquero o si svilupparono per spiegare in termini razionali le cause e il significato delle differenze tra le persone. Sociologi, antropologi, medici e psicologi si impegnarono per spiegare la paura che le popolazioni africane o asiatiche ingeneravano nell'immaginario occidentale. Negli anni '60 del XIX secolo il neurologo francese **Paul Broca** (1824-1880) fondò la craniologia, una pseudo-scienza che pretendeva di spiegare le differenze intellettive in base alle dimensioni del cervello. «In media la massa dell'encefalo è più considerevole nell'adulto che nell'anziano, nell'uomo che nella donna, negli uomini eminenti che in quelli mediocri, e nelle razze superiori che in quelle inferiori»: così Broca spiegava in poche parole le differenze etniche, culturali, sociali, di genere (tra uomo e donna) ed evolutive (tra l'adulto e l'anziano). Il successo di teorie come questa fu notevole. In realtà, la craniologia era solo un mezzo per rivestire di scientificità i pregiudizi contro poveri, donne e stranieri, ma questo sarebbe stato chiaro solo molto tempo dopo. La paura del diverso, come mostra il testo di Broca, non riguardava solo le lontane popolazioni asiatiche o africane, ma anche le donne europee che nel XIX secolo avevano appena intrapreso un percorso di emancipazione e di lotta per i propri diritti. **Cesare Lombroso** (1835-1909), illustre criminologo italiano, affermava per esempio che: «la donna normale ha molti caratteri che l'avvicinano al selvaggio, al fanciullo e quindi al criminale». Né l'impeto classificatore poteva risparmiare gli ebrei – si ricordi il caso Dreyfus – o gli immigrati, per i quali lo psicologo **Gustave Le Bon** (1841-1931) coniò la fortunata quanto nefasta equazione «immigrazione uguale invasione».

Rinnovata e confortata dal rigore pseudo-scientifico positivista, la paura del diverso

SINTESI

1 I contrasti in Europa e il risveglio dell'Estremo Oriente

Tra l'ultimo decennio dell'800 e i primi anni del '900 si delineò un mutamento nelle alleanze europee, che segnò la crisi del sistema bismarckiano e diede vita a un nuovo assetto bipolare, sul quale si resse l'Europa fino allo scoppio del conflitto mondiale: Germania, Impero austro-ungarico e Italia da una parte, Francia, Russia Gran Bretagna dall'altra. Il primo quindicennio del '900 vide inoltre manifestarsi i primissimi segni di declino dell'Europa di fronte all'emergere di popoli extraeuropei. Preoccupava in particolare la crescita dei paesi asiatici (Cina e Giappone), che fece parlare di un «pericolo giallo».

2 Nuove alleanze e nuovi conflitti

Di seguito alla crisi del sistema bismarckiano e attraverso l'alleanza tra Francia e Russia, l'Intesa cordiale franco-inglese e l'accordo anglo-russo sulle questioni asiatiche, si venne a costituire in Europa uno schieramento – poi detto Triplice intesa – contrapposto alla Triplice alleanza. Il decennio precedente la prima guerra mondiale (1914-18) registrò un'accentuazione dei contrasti internazionali. Dalle due crisi marocchine (1905 e 1911) la Germania uscì sconfitta, mentre la Francia ottenne un protettorato sul Marocco. L'annessione della Bosnia-Erzegovina (1908) da parte dell'Austria, la guerra italo-turca (1911-12), le due guerre balcaniche (1912-13) segnarono un profondo rivolgimento degli equilibri nell'area della Turchia – dove nel 1908 era cominciata la rivoluzione dei "Giovani turchi" – che veniva definitivamente estromessa dall'Europa, mentre si faceva sempre più acuto il contrasto tra Austria e Serbia (protetta dalla Russia).

3 La *belle époque* e le sue contraddizioni

Il periodo a cavallo tra '800 e '900, definito *belle époque*, epoca bella, fu segnato dalla crescita della società europea, ma anche da forti tensioni politiche e sociali. In Francia restavano forti le correnti contrarie alle istituzioni repubblicane. Tra la fine dell'800 e l'inizio del '900, queste correnti si coagularono intorno al caso del capitano Dreyfus – un ufficiale ebreo ingiustamente condannato per spionaggio – che divenne simbolo della spaccatura dell'opinione pubblica. Le forze progressiste ebbero una vittoria sul piano elettorale, che diede inizio a un periodo di governi a direzione radicale. In Gran Bretagna, a cavallo fra i due secoli, la vita politica fu dominata dalla coalizione tra conservatori e unionisti, che cercarono di unire resistette al tempo e ricoprì un ruolo fondamentale nella cultura fascista e soprattutto in quella nazista. Il nazismo ebbe anzi tra i suoi principali obiettivi quello di eliminare alla radice il problema della diversità mandando a morte o, nel migliore dei casi, sterilizzando quelle categorie di persone che tradizionalmente rappresentavano la diversità (ebrei, zingari, omosessuali, malati mentali, ma anche oppositori politici). Contro la diversità fisica dovuta a malformazioni ereditarie, Hitler dispose l'attuazione di un programma di **eugenetica** (ricerca dei modi per migliorare una popolazione attraverso la selezione genetica) nel corso del quale furono uccisi circa 70 mila disabili e altri 400 mila "diversi" furono sterilizzati.

Dopo la seconda guerra mondiale, il concetto di uguaglianza tra i popoli e le persone è stato ampiamente recepito dalle costituzioni nazionali: l'articolo 3 della **Costituzione italiana** dichiara, per esempio, che «Tutti i cittadini hanno pari dignità sociale e sono eguali davanti alla legge, senza distinzione di sesso, di razza, di lingua, di religione, di opinioni politiche, di condizioni personali e sociali». Tuttavia, la paura del diverso è ancora drammaticamente presente in molti paesi.

A partire dagli anni '90, l'aumento considerevole dell'immigrazione in Italia e negli Stati dell'Europa centrale in molti casi ha dato nuovo impulso ad atteggiamenti di insofferenza verso le diversità etniche. In Italia, Francia, Olanda, Austria, Finlandia, Ungheria e perfino nella multietnica Gran Bretagna si sono sviluppati alcuni partiti e movimenti politici di ispirazione xenofoba o apertamente razzista. Indipendentemente dai concreti problemi di convivenza e di ordine pubblico che una immigrazione incontrollata può causare, la paura delle diversità rischia di diventare una risorsa utile per politici in cerca di consenso.

Ultra-nazionalisti russi in marcia a Mosca, 1998
[© Yuri Kochetkov/epa/Corbis]
La crisi del regime comunista e la fine dell'Unione Sovietica (1991) hanno risvegliato in alcuni settori della società russa tendenze ultra-nazionaliste e xenofobe. In questa immagine, nel corso di una manifestazione, un gruppo di ultra-nazionalisti russi urla lo slogan «la Russia ai russi», facendo ampio uso di simboli di matrice nazista.

all'espansione imperialistica una politica di riforme sociali. Il successo dei liberali (1906) segnò un mutamento in senso progressista, che trovò il suo momento più importante nella battaglia per la riduzione dei poteri della Camera dei Lords.

4 La Germania guglielmina

In Germania il "nuovo corso" di Guglielmo II non segnò, al di là dell'allontanamento di Bismarck, un effettivo mutamento di indirizzi: la più aggressiva politica estera della Germania guglielmina rafforzava, anzi, la tradizionale alleanza tra grande industria, aristocrazia terriera e vertici militari, e finiva con l'ottenere l'appoggio di tutte le forze politiche, socialdemocratici esclusi. Nell'Impero asburgico, infine, il più grave problema era rappresentato dalle agitazioni autonomistiche delle varie nazionalità, anzitutto degli slavi.

5 I conflitti di nazionalità nell'Impero austro-ungarico

Nell'Impero asburgico convivevano sviluppo e arretratezza: lo sviluppo economico rimaneva limitato ad alcune aree, mentre il sistema politico e la struttura sociale delle campagne erano caratterizzati da un sostanziale immobilismo. Il problema più grave era rappresentato però dalle agitazioni autonomistiche delle varie nazionalità, anzitutto degli slavi. Queste tensioni interne all'Impero avrebbero causato l'inizio della prima guerra mondiale.

6 La Russia: la rivoluzione del 1905 e la guerra col Giappone

Grazie all'intervento diretto dello Stato e all'afflusso di capitali stranieri si verificò, nella Russia degli anni '90, un primo decollo industriale. La società russa rimaneva però fortemente arretrata. Tutte le sue contraddizioni si rivelarono nella rivoluzione del 1905, contesto nel quale nacquero nuovi organismi rivoluzionari, i *soviet*. Ristabilito l'ordine e svuotato l'esperimento parlamentare della Duma, fu varata dal primo ministro Stolypin una riforma agraria che mirava a creare una piccola borghesia rurale, ma non riuscì, tuttavia, a risolvere gli enormi problemi delle campagne. Nel 1905 il Giappone attaccò e sconfisse la Russia, provocandone il ridimensionamento nel contesto internazionale. Per la prima volta nell'età moderna un paese asiatico era riuscito a battere in un'autentica guerra una grande potenza europea.

7 La Repubblica in Cina

All'inizio del '900 sorse in Cina un movimento nazionalista e democratico, guidato da Sun Yat-sen, che mirava all'indipendenza nazionale e alla istituzione nel paese di una democrazia rappresentativa. La decisione di affidare a imprese straniere il controllo della rete ferroviaria scatenò una rivoluzione che rovesciò la dinastia Qing. La presidenza della neonata repubblica fu data a Sun Yat-sen, ma le forze conservatrici presero presto il sopravvento, inaugurando così una lunga stagione di guerre civili.

8 L'imperialismo statunitense

Durante la presidenza di Theodore Roosevelt (1901-8), la politica estera americana fu aggressiva e di stampo imperialista. Il risultato più importante fu la realizzazione e il controllo, in America Latina, del canale di Panama, che collegava l'Atlantico al Pacifico. Sul piano interno, Roosevelt mostrò particolare sensibilità e apertura verso i problemi sociali. Le divisioni nel Partito repubblicano favorirono nel 1912 l'elezione del democratico Wilson, che riprese l'impegno sociale di Roosevelt, inserendolo però in un quadro politico e ideologico assai diverso. Fu questo presidente, poco propenso a una politica estera fondata sulla forza delle armi, a portare gli Stati Uniti in guerra nel 1917 (prima guerra mondiale).

9 L'America Latina e la rivoluzione messicana

Nei trent'anni precedenti la prima guerra mondiale i paesi latino-americani registrarono un notevole sviluppo economico, che tuttavia non attenuò la loro dipendenza dagli Stati industrializzati dell'Occidente. Le campagne erano dominate dal latifondo, mentre una ristretta oligarchia terriera controllava la vita sociale e politica. I maggiori mutamenti sul piano politico furono la vittoria dei radicali in Argentina e la rivoluzione messicana. Quest'ultima, cominciata nel 1910 e condizionata dal conflitto fra le sue varie componenti, scatenò una guerra civile che si concluse solo nel 1921 con la vittoria dei democratici.

SVILUPPARE LE COMPETENZE

❶ Di seguito trovi 5 abbinamenti tra alcuni degli argomenti salienti del capitolo. Commenta in brevi testi di 4 righe il legame esistente tra le parti di ciascun binomio:

1. Triplice alleanza	**a.** Triplice intesa
2. "Giovani turchi"	**b.** modernizzazione dello Stato
3. Prima guerra balcanica	**c.** Seconda guerra balcanica
4. Alfred Dreyfus	**d.** Antisemitismo
5. Liberali inglesi	**e.** Politica fiscale progressiva

❷ Rispondi ai quesiti impiegando il numero di righe indicato fra parentesi:

a. Qual è il nesso esistente tra *Weltpolitik*, imperialismo e socialdemocrazia tedesca? (10 righe)
b. Quali sono le ragioni che spinsero, in Austria-Unagheria, a una monarchia prima dualistica e poi trialistica? (10 righe)

❸ Scrivi un testo di 12 righe sulla rivoluzione russa del 1905. Per svolgere più facilmente questo compito utilizza come schema (nell'ordine in cui ti vengono dati) gli argomenti elencati di seguito:

a. Sistema autocratico
b. Decollo industriale
c. Guerra col Giappone
d. "Domenica di sangue"
e. *Soviet*
f. Duma
g. Pëtr Stolypin

❹ Nella tabella trovi date, fatti e protagonisti della storia della Cina, Stati Uniti e Messico a cavallo tra '800 e '900. Collega correttamente gli elementi e poi riorganizzali in tre testi di 10 righe ciascuno, uno per paese:

Fatti	Protagonisti	Date
A. Fonda un'organizzazione segreta	**1.** Theodore Roosevelt	**i.** gennaio 1912
B. Dichiara decaduta la dinastia Qing ed elegge Sun Yat-sen	**2.** Yuan Shi-kai	**j.** 1913
C. Si schiera dalla parte dei repubblicani e viene nominato presidente al posto di Sun Yat-sen	**3.** Francisco Madero	**k.** aprile 1912
D. Apre il canale di Panama dopo averlo fatto realizzare	**4.** assemblea rivoluzionaria	**l.** 1911
E. Lotta contro i grandi monopoli per la riduzione delle tariffe protettive	**5.** Sun Yat-sen	**m.** 1921
F. Scioglie il Parlamento e instaura una dittatura personale appoggiata dalle potenze straniere	**6.** Alvaro Obregón	**n.** 1914
G. Viene eletto presidente quando Díaz è costretto ad abbandonare il paese	**7.** Woodrow Wilson	**o.** 1913
H. Viene eletto presidente dopo una lunga e violenta guerra civile e vara una Costituzione democratica e laica	**8.** Yuan Shi-kai	**p.** 1905

21 L'ITALIA DAL 1870 AL 1914

1 L'Italia liberale

Il periodo che va dal completamento dell'unità nel 1870, con la presa di Roma, al 1914, l'anno dello scoppio della prima guerra mondiale, viene convenzionalmente ricordato come quello dell'«Italia liberale». È una definizione che coglie innanzitutto l'ideologia prevalente della classe dirigente al potere, ma non registra tutte le diverse tendenze e pratiche di governo racchiuse in quel lungo arco di tempo. E soprattutto, nel limitarsi alla dimensione politica, coglie appena la varietà delle trasformazioni che l'Italia conobbe in quasi un cinquantennio.

Sono almeno **tre le fasi** principali di questa evoluzione politica:

- la prima (1870-87) vede dapprima il declino della Destra storica, poi **il passaggio del governo alla Sinistra**, infine l'avvio della pratica del "trasformismo" che di fatto annulla i tradizionali confini fra maggioranza e opposizione [👁 21.2-4];
- la seconda (1887-1901) è quella degli **esperimenti autoritari**, imposti prima dalla forte personalità di Francesco Crispi, poi tradotti in progetti volti ad accrescere i poteri dell'esecutivo e della Corona a scapito di quelli del Parlamento [👁 21.6-8];
- la terza (1901-14) è determinata dalla risposta del liberalismo riformatore di Giovanni Giolitti: una fase – **l'età giolittiana** – che si chiude, dopo un decennio di progressi economici e civili, con momenti di forte conflittualità sociale, premessa dei contrasti che precedono l'entrata in guerra del 1915 [👁 21.9-10].

L'uscita di scena di molti protagonisti del periodo risorgimentale (Mazzini morì nel 1872, Pio IX e Vittorio Emanuele II nel 1878, Garibaldi nel 1882) portò a un graduale rinnovamento della classe politica, anche se quasi tutti i presidenti del Consiglio dell'Italia liberale erano uomini anziani, talora molto anziani. Non si trattò dunque di un ringiovanimento anagrafico ma dell'apporto che venne dalla nascita di nuovi partiti e movimenti – socialisti, cattolici e nazionalisti – divenuti via via protagonisti tra la fine dell'800 e il primo decennio del '900.

L'Italia si sviluppava lungo un percorso segnato dal progressivo allargamento del suffragio e da una graduale democratizzazione: ma non era un percorso lineare, quanto piuttosto un itinerario intervallato da momenti di crisi profonda tanto nella politica interna – lo scandalo della Banca Romana, i moti del '98 – che in quella internazionale.

Le iniziali ambizioni coloniali vennero duramente sconfitte nel 1896 (nella guerra italo-abissina) salvo rivalersi con la conquista della Libia nel 1912. In questo campo l'Italia tentò a fatica di inserirsi nella dominante politica imperialista, riuscendo a garantirsi alcuni possessi coloniali in Eritrea, in Somalia e, appunto, in Libia.

Anche la politica economica seguì l'esempio degli altri grandi paesi europei con l'adozione del protezionismo volto a tutelare le prime fasi di sviluppo industriale che sarebbe decollato tardivamente a partire dal 1896.

Nel confronto col resto dell'Europa, nonostante i grandi progressi dell'età giolittiana, l'Italia scontava l'antica arretratezza e una permanente conflittualità sociale a cui si aggiungevano gli strascichi dei difficili rapporti con la Chiesa di Roma: contrasti solo parzialmente superati con l'ingresso in Parlamento, nel 1913, di cattolici alleati ai liberali per ostacolare la minaccia dell'ascesa socialista nella prima applicazione del suffragio universale maschile.

GUIDA ALLO STUDIO

❶ In quante e quali fasi può essere divisa la storia della cosiddetta "Italia liberale"? ❷ Come descriveresti il percorso di democratizzazione compiuto dall'Italia durante l'età liberale? ❸ Quali elementi differenziavano l'Italia dal resto d'Europa?

Ma già allora il sistema liberale, e in particolare la politica dell'ultimo decennio guidata da Giolitti, vedeva, come in altri paesi europei, l'emergere di forze ostili a quel sistema rappresentativo parlamentare che fino allora, grazie anche al trasformismo, era riuscito a superare molte fasi difficili e a garantire la modernizzazione del paese.

2 Dalla Destra alla Sinistra

La fine del governo della Destra

Nel 1876 il governo passò dalla Destra alla Sinistra. L'anno precedente, grazie alla severa politica fiscale impostata dal ministro delle Finanze Quintino Sella, era stato **raggiunto il pareggio nel bilancio statale**. Ma ormai, in Parlamento e nel paese, erano molti a chiedere una politica meno rigida e restrittiva, che lasciasse più ampi margini alla formazione della ricchezza privata.

Giuseppe Pellizza da Volpedo
Il Quarto Stato
1895-1901
[Galleria d'Arte Moderna, Milano]

Iniziato nel 1895 e portato a termine nel 1901, questo famoso dipinto di Giuseppe Pellizza da Volpedo propone, per la prima volta in Italia, il proletariato come soggetto di un'opera d'arte. Dalla tela del pittore piemontese emerge chiaramente come ormai in Italia, anche se tardivamente rispetto agli altri paesi europei, lo sviluppo industriale era decollato con tutte le sue conseguenze sociali, oltre che economiche. Usando come modelli i suoi parenti e i suoi concittadini, Pellizza da Volpedo raffigura l'avanzare compatto verso la conquista dei propri diritti di una folla di lavoratori cosciente della propria forza.

La Destra appariva divisa mentre buona parte della Sinistra parlamentare si veniva spostando su posizioni più moderate: venne così emergendo una **"Sinistra giovane"**, espressione di una borghesia (soprattutto meridionale) poco sensibile alla tradizione democratico-risorgimentale e attenta piuttosto alla tutela di interessi locali.

175 DOC
Federico De Roberto
Una campagna elettorale

Furono comunque le **divisioni della Destra** ad aprire alla Sinistra la via del governo. Nel marzo 1876 il governo Minghetti, messo in minoranza sul suo progetto di passaggio alla gestione statale delle ferrovie, fino allora affidate ai privati, presentò le dimissioni. Pochi giorni dopo, il re chiamò a formare il nuovo governo Agostino Depretis, che costituì un ministero interamente composto da uomini della Sinistra. Nelle elezioni politiche del novembre di quell'anno, il nettissimo successo della Sinistra fu anche dovuto alle pesanti ingerenze del governo. D'altro canto, il risultato confermò il carattere irreversibile del declino della Destra.

La Sinistra e i governi Depretis

Col 1876 si apriva una nuova fase nella storia politica dell'Italia unita. Giungeva al potere un ceto dirigente quasi del tutto nuovo a esperienze di governo, diverso per formazione e per estrazione sociale da quello che aveva retto il paese nel primo quindicennio di vita unitaria.

La Sinistra parlamentare aveva in realtà fortemente attenuato la sua originaria connotazione radical-democratica e aveva accolto nel suo seno componenti moderate o addirittura conservatrici. Ciononostante, la nuova classe dirigente riuscì a esprimere l'aspettativa di democratizzazione della vita politica diffusa in larga parte della società: tentò infatti, pur con molte incertezze e cautele, di ampliare le basi della politica e seppe venire incontro alle esigenze di una borghesia in crescita.

Il protagonista indiscusso di questa fase, **Agostino Depretis**, già leader della Sinistra all'opposizione, fu capo del governo, salvo brevi interruzioni, per oltre dieci anni. Mazziniano in gioventù, approdato poi a posizioni più moderate, parlamentare espertissimo, Depretis riuscì a contemperare con molta abilità le spinte progressiste e le tendenze conservatrici presenti nella nuova maggioranza. Il programma della Sinistra era basato su pochi punti fondamentali: **ampliamento del suffragio elettorale**, maggiore **sostegno all'istruzione elementare**, **sgravi fiscali** soprattutto nel settore delle imposte indirette, **decentramento amministrativo**.

Quest'ultimo impegno fu accantonato mentre gli altri ebbero attuazione, anche se a volte tardiva. La prima riforma fu quella dell'istruzione elementare. Una legge del 1877 – nota come **legge Coppino** dal nome del ministro che la presentò – ribadiva l'obbligo della frequenza scolastica portandolo fino ai **nove anni di età e inasprendo le sanzioni per i genitori inadempienti**. Tuttavia, a causa delle ristrettezze in cui versava la maggioranza delle famiglie italiane e della scarsa capacità dei comuni di provvedere ai compiti loro spettanti, non ci fu una reale attuazione dell'obbligo scolastico: fino alla fine del secolo la percentuale di analfabeti si mantenne molto elevata, pur diminuendo costantemente.

La riforma elettorale del 1882

Legato al problema dell'istruzione era quello dell'ampliamento del suffragio. La nuova legge elettorale, approvata dalla Camera all'inizio del 1882, introduceva infatti come **requisito fondamentale l'istruzione**, concedendo il diritto di voto a tutti i cittadini che avessero compiuto il ventunesimo anno d'età – la legge precedente fissava l'età minima a 25 anni – e avessero superato l'esame finale del corso elementare obbligatorio, o dimostrassero comunque di saper leggere e scrivere.

Il **requisito del censo** era mantenuto, in alternativa a quello dell'istruzione, e abbassato di circa la metà (da 40 a 20 lire di imposte annue pagate). A causa dell'alto tasso di analfabetismo, la consistenza numerica dell'elettorato restava sempre piuttosto esigua:

Parola chiave
Trasformismo

ONLINE

poco più di 2 milioni, pari al 7% della popolazione e a circa un quarto dei maschi maggiorenni. Il corpo elettorale risultava tuttavia più che triplicato rispetto alle ultime consultazioni e, quel che più conta, profondamente modificato nella composizione. Grazie alla nuova legge accedeva alle urne anche una frangia non trascurabile di artigiani e operai del Nord. Per questo, le prime elezioni a suffragio allargato (ottobre 1882) videro l'ingresso alla Camera del primo deputato socialista, il romagnolo **Andrea Costa**.

Il trasformismo La riforma elettorale dell'82 segnò il coronamento, ma anche il punto terminale, della breve stagione di riforme della Sinistra. Furono proprio le preoccupazioni suscitate dall'ampliamento del suffragio e dal conseguente prevedibile rafforzamento dell'estrema sinistra a favorire quel processo di convergenza fra le forze moderate di entrambi gli schieramenti, che nacque da un accordo elettorale fra Depretis e il leader della Destra Minghetti e che prese il nome di trasformismo. La sostanza del trasformismo non stava – come sosteneva Depretis – nella "trasformazione" dei moderati in progressisti, ma piuttosto nel **venir meno delle tradizionali distinzioni ideologiche fra Destra e Sinistra e nella rinuncia, da parte di quest'ultima, a una precisa caratterizzazione**.

La maggioranza non era più definita sulla base di discriminanti programmatiche, ma veniva "costruita" giorno per giorno a forza di compromessi e patteggiamenti: una situazione che provocava un sostanziale rallentamento nell'azione di governo, oltre che un netto scadimento nella qualità della vita politica.

La **svolta moderata di Depretis** ebbe come conseguenza il **definitivo distacco dalla maggioranza dei gruppi democratici** più avanzati che, pur avendo accantonato la pregiudiziale repubblicana, continuavano a battersi per il suffragio universale, per una politica estera antiaustriaca, per una politica ecclesiastica più decisamente anticlericale e per un più vasto impegno in favore delle classi disagiate. Sotto la guida di **Agostino Bertani**, e poi di **Felice Cavallotti**, questo gruppo – che, con termine mutuato dalla Francia della Terza Repubblica [👁 17.5], fu chiamato **radicale** – svolse negli anni '80 un ruolo di combattiva opposizione contro le maggioranze trasformiste.

GUIDA ALLO STUDIO

❶ Perché la Destra perse le elezioni del 1876? ❷ Qual era il programma di governo della Sinistra? ❸ Che cosa accadde in seguito alla legge elettorale del 1882? ❹ Che cosa si intende con il termine "trasformismo"? ❺ Chi erano i radicali?

Il governo Depretis in una vignetta satirica
La vignetta mostra i ministri del governo Depretis mentre "saltano la cavallina": in questo modo gli oppositori interpretavano la politica del "trasformismo".

3 La politica economica protezionista

173
R. Romeo
La scelta protezionista

La crisi agraria La Sinistra allentò la dura politica fiscale fino allora praticata e la contestata **tassa sul macinato** fu considerevolmente ridotta nel 1880, per essere poi del tutto abolita nell'84 [👁 14.4]. Venne contemporaneamente aumentata la spesa pubblica, sia per coprire le accresciute esigenze militari sia per accontentare le richieste dei vari gruppi di interesse su cui si reggeva la maggioranza. Questa politica provocò, fin dall'inizio degli anni '80, la ricomparsa di un crescente **deficit nel bilancio statale**, senza peraltro riuscire a superare le difficoltà economiche dovute in primo luogo all'arretratezza del settore agricolo.

I pochi miglioramenti avevano riguardato soprattutto le zone e i settori già relativamente progrediti: le terre irrigue della pianura lombarda e le colture "specializzate" del Mezzogiorno (olivi, agrumi e soprattutto uva da vino). Altri mutamenti significativi si erano avuti, fin dall'inizio degli anni '70, in alcune zone della Bassa Padana, in particolare nel Ferrarese: qui grandi **lavori di bonifica** promossi da imprenditori capitalisti avevano sconvolto la fisionomia del paesaggio agrario e attirato vaste masse di braccianti. In tutto il resto d'Italia, però, la situazione dell'agricoltura non era molto cambiata rispetto ai primi anni dell'unità né erano migliorate le condizioni dei lavoratori delle campagne, oppressi da contratti arcaici, sottopagati, malnutriti, analfabeti nella stragrande maggioranza.

La situazione si aggravò quando, a partire dal 1881, l'Italia cominciò a risentire gli effetti della crisi che investì in quegli anni l'agricoltura europea [👁 16.1]: un brusco **abbassamento dei prezzi** colpì in primo luogo i cereali e poi tutto l'insieme dei prodotti agricoli, a eccezione delle colture da esportazione che non subivano la concorrenza d'oltreoceano. Al calo dei prezzi seguì un **calo della produzione**, con conseguenze gravissime per tutte le categorie produttive legate all'agricoltura. Anche gli effetti sociali della crisi agraria furono analoghi a quelli già osservati per l'insieme dei paesi europei: **aumento della conflittualità nelle campagne** e rapido **incremento dei flussi migratori** verso i centri urbani e soprattutto verso l'estero. Fra il 1881 e il

Tranne poche eccezioni, nell'ultimo decennio dell'800 in Italia non ci furono miglioramenti delle tecniche di coltivazione e dei sistemi di organizzazione agraria; al contrario, per far fronte ai consumi crescenti delle città, si adottarono soluzioni più semplici ma meno efficaci, come quella di mettere a coltura terre marginali e poco produttive. Il pittore toscano Giovanni Fattori, dopo aver ritratto eventi e luoghi simbolo del Risorgimento italiano, concentrò la sua attenzione sull'umile condizione dei contadini della Maremma.

Giovanni Fattori
Contadino con maiali presso un carro di buoi
1894
[Galleria d'Arte Moderna, Firenze]

1901 abbandonarono definitivamente l'Italia più di 2 milioni di persone. La crisi non solo distolse capitali dal settore agricolo, indirizzandoli verso altri impieghi, ma fece cadere le illusioni di chi ancora credeva che lo sviluppo economico italiano potesse fondarsi solo sull'agricoltura e sull'esportazione dei prodotti della terra.

Il protezionismo Gli esponenti della Sinistra erano, come i loro predecessori, avversi in linea di principio all'intervento dello Stato nell'economia. Queste convinzioni liberiste furono però scosse dall'andamento tutt'altro che brillante dell'economia nazionale e dall'esempio che veniva dagli altri Stati europei, soprattutto dalla Germania. Una decisa svolta in senso protezionistico era del resto invocata ormai da quasi tutti gli industriali e dagli stessi proprietari terrieri, un tempo incondizionatamente favorevoli al liberismo ma ora colpiti dalle conseguenze della crisi agraria.
Si giunse così nel 1887 al varo di una **nuova tariffa generale** che metteva al riparo dalla concorrenza straniera importanti settori dell'industria nazionale (i più favoriti, oltre al siderurgico, furono il laniero, il cotoniero e lo zuccheriero), colpendo le merci di importazione con pesanti dazi di entrata. In campo agricolo, il nuovo regime doganale fu esteso ai cereali: il **dazio sul grano** fu quasi triplicato fra l'87 e l'89. La tariffa dell'87 segnava una rottura definitiva con la prassi liberoscambista seguita negli anni '60 e '70 e poneva le basi di un **nuovo blocco di potere** economico fondato sull'**alleanza fra l'industria protetta e i grandi proprietari terrieri** (settentrionali e meridionali) e sull'intreccio non sempre limpido fra i maggiori gruppi di interesse e i poteri statali.

Gli effetti negativi È ormai opinione comune che la scelta protezionistica costituisse per l'Italia una sorta di passaggio obbligato sulla strada di quel decollo industriale poi realizzatosi a partire dagli ultimi anni dell'800. È certo tuttavia che, almeno nell'immediato, la tariffa dell'87 produsse una serie di conseguenze negative e accentuò gli **squilibri fra i vari settori dell'economia e fra le varie zone del paese**. I dazi doganali non proteggevano in modo uniforme i diversi comparti produttivi. Al forte sostegno accordato alla siderurgia, anche per motivi strategici legati agli armamenti, faceva riscontro la scarsa protezione di cui godeva l'industria meccanica (danneggiata oltretutto dal rialzo dei prezzi dei prodotti siderurgici). Per quanto riguarda l'agricoltura, l'introduzione del dazio sul grano provocò un immediato **rialzo del prezzo dei cereali** che, se da un lato rappresentò una boccata d'ossigeno per le aziende in crisi, dall'altro danneggiò i consumatori e contribuì a tenere in vita, soprattutto nel Mezzogiorno, arretrate realtà produttive. Contemporaneamente l'agricoltura meridionale veniva colpita nel suo settore più moderno: quello delle colture specializzate, che si reggeva soprattutto sulle esportazioni e che vide bruscamente chiudersi il suo principale mercato di sbocco. La tariffa dell'87 ebbe infatti come conseguenza una rottura commerciale, poi degenerata in vera e propria **guerra doganale con la Francia**, che era stata fino allora il principale partner economico dell'Italia e il maggior acquirente dei prodotti agricoli italiani (soprattutto seta e vino), la cui esportazione diminuì di oltre il 50%.

GUIDA ALLO STUDIO

❶ Come si modificò il bilancio statale agli inizi degli anni '80? ❷ Che cosa accadde nelle campagne italiane a partire dal 1881? ❸ Da chi era composto il nuovo blocco di potere in Italia? ❹ Quali furono le conseguenze della nuova tariffa doganale del 1887?

4 La politica estera e il colonialismo

La Triplice alleanza Anche per la politica estera italiana gli anni della Sinistra segnarono una svolta decisiva: nel **maggio 1882** il governo Depretis stipulò con la Germania e l'Austria-Ungheria il trattato della Triplice alleanza

[👁 17.4]. Questa scelta rappresentava una netta rottura con la tradizione risorgimentale, col prudente equilibrio mantenuto dai governi della Destra e col rapporto preferenziale con la Francia. La motivazione principale di questa decisione fu il desiderio di **uscire da una situazione di isolamento diplomatico** che appariva insopportabile in un'epoca dominata dalla logica di potenza.

Questo isolamento era apparso chiaramente nel 1881 quando la Francia, col consenso delle altre potenze, aveva occupato la **Tunisia** [👁 19.2] e l'Italia – che da tempo nutriva aspirazioni su quel territorio, anche per la presenza di una forte comunità di emigrati italiani – non aveva potuto far nulla per opporsi. Ne era seguito un grave deterioramento dei rapporti italo-francesi, destinato a far sentire i suoi effetti per oltre un quindicennio.

Per uscire dall'isolamento, l'Italia non aveva dunque altra strada se non quella dell'**accordo con Germania e Austria**, insistentemente sollecitato da Bismarck. La Triplice era un'alleanza di carattere difensivo, che impegnava gli Stati firmatari a garantirsi reciproca assistenza in caso di aggressione da parte di altre potenze. In concreto, l'Italia veniva coinvolta nel sistema di sicurezza bismarckiano senza ottenere dai nuovi alleati alcun vantaggio immediato, anzi rinunciando implicitamente alla rivendicazione storica delle **terre irredente**, cioè il Trentino e la Venezia Giulia, "non redente" ovvero non liberate dal dominio austriaco [👁 14.5]. Un problema questo che fu drammaticamente riproposto dal caso di **Guglielmo Oberdan**, un giovane triestino impiccato nel dicembre 1882 per aver progettato di attentare alla vita dell'imperatore austriaco Francesco Giuseppe.

La Triplice fu rinnovata a più riprese, ma le garanzie ottenute sulla carta dall'Italia nel 1887 – in particolare la clausola secondo cui ogni eventuale espansione austriaca nei Balcani doveva essere bilanciata da adeguati "compensi" per l'Italia – non vennero praticamente mai applicate. Come si sarebbe visto nel 1908 con l'annessione austriaca della Bosnia e dell'Erzegovina.

L'espansione coloniale in Africa orientale

Contemporaneamente alla stipulazione della Triplice, il governo Depretis, spinto da considerazioni di prestigio e dalla pressione di ristretti gruppi di interesse, aveva ritenuto opportuno porre le basi per una piccola iniziativa coloniale in Africa orientale. Il punto di partenza fu costituito dall'acquisto, nel 1882, della **Baia di Assab**, sulla costa occidenta-

Michele Cammarano
La battaglia di Dogali
1896
[Galleria Nazionale d'Arte Moderna, Roma]

Assieme a quella di Adua (1896) la sconfitta subita dalle truppe italiane a Dogali fu particolarmente traumatica per l'opinione pubblica, perché sminuì il mito della superiorità bellica dei bianchi. In questa immagine è interessante notare come all'ardore composto e plastico delle truppe italiane si contrapponga il confuso e violento attacco etiope. Il piccolo contingente italiano, composto da 500 soldati, si trovò infatti a fronteggiare un nemico molto più numeroso.

le del Mar Rosso [ATLANTE_55]. Tre anni dopo fu inviato un corpo di spedizione che occupò una striscia di territorio tra la Baia di Assab e la città di **Massaua**. Questa zona, abitata da popolazioni nomadi, confinava con l'**Impero etiopico**, il più forte e il più vasto fra gli Stati africani indipendenti. L'Etiopia (o Abissinia, come veniva allora chiamata in Italia) era un paese economicamente molto arretrato, con una popolazione di fede cristiana e di confessione copta (secondo la tradizione dell'antica Chiesa cristiana d'Egitto); dedita in prevalenza alla pastorizia, essa aveva un'organizzazione di tipo feudale in cui l'autorità dell'imperatore, il ***negus***, era fortemente limitata da quella dei signori locali, i ***ras***, che disponevano di propri eserciti. In un primo tempo gli italiani cercarono di stabilire buoni rapporti con gli etiopi e di avviare una penetrazione commerciale. Ma, quando tentarono di ampliare il loro controllo territoriale verso l'interno, dovettero scontrarsi con la reazione del *negus* e dei *ras* locali. Nel **gennaio 1887** una colonna di 500 militari italiani fu sorpresa dalle truppe abissine del *ras* Alula e sterminata nei pressi di **Dogali**. La notizia della disfatta suscitò un'ondata di proteste in tutto il paese, in particolare tra i gruppi di estrema sinistra che si erano sempre opposti alla politica coloniale. Prevalse però l'esigenza di tutelare il prestigio nazionale: così la Camera accordò al governo i finanziamenti richiesti per l'invio di rinforzi e per il consolidamento della presenza italiana sulla fascia costiera.

GUIDA ALLO STUDIO

❶ Quale fu la funzione della Triplice alleanza? ❷ Quali erano le terre irredente? E perché erano definite così? ❸ Dove si indirizzò l'iniziativa coloniale del governo Depretis? ❹ Che cosa accadde a Dogali nel 1887?

ATLANTE 55_L'ITALIA IN AFRICA ORIENTALE

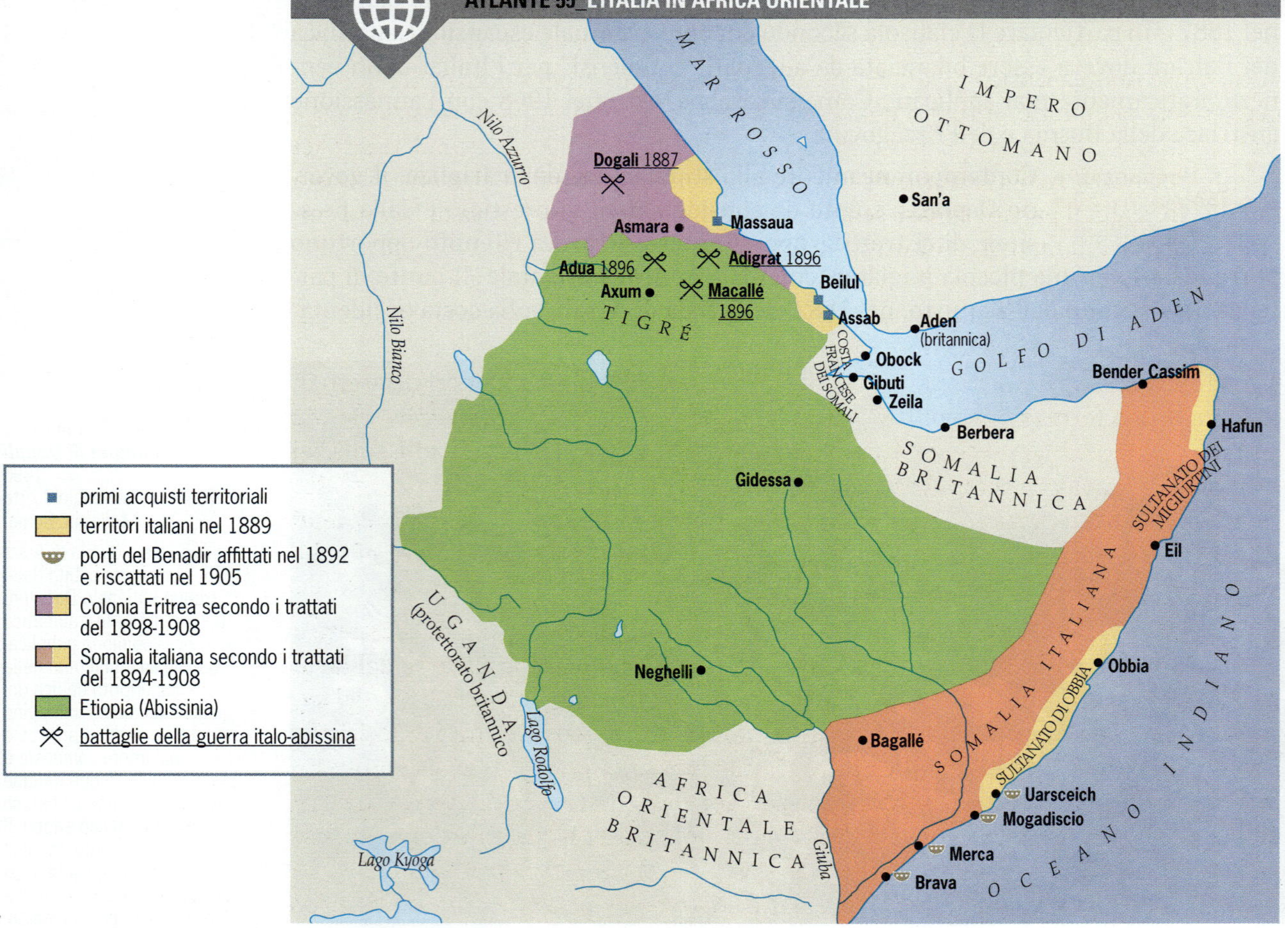

5 Socialisti e cattolici

Le società di mutuo soccorso

Il ritardo nello sviluppo industriale e la conseguente assenza di un proletariato di fabbrica numericamente consistente rallentarono in Italia la crescita di un movimento operaio organizzato. Del resto gli oltre 3 milioni di addetti all'industria, censiti nel 1871, erano per gran parte lavoranti di botteghe artigiane. Anche nelle unità produttive di maggiori dimensioni (specie nel settore tessile, dove era molto numerosa la manodopera femminile e minorile) accadeva spesso che gli operai alternassero stagionalmente il lavoro in fabbrica con quello nei campi; e molto diffuso, sempre nel settore tessile, restava il lavoro a domicilio.

Fino all'inizio degli anni '70, l'unica organizzazione operaia di una certa consistenza diffusa in tutto il paese fu quella delle società di mutuo soccorso, associazioni in parte controllate dai mazziniani e in parte organizzate da esponenti moderati. Concepite come strumenti di educazione del popolo più che come organismi di lotta, le società operaie avevano essenzialmente **scopi di solidarietà**, rifiutavano la lotta di classe e lo sciopero. Era dunque naturale che perdessero terreno quando cominciò a diffondersi nel paese l'internazionalismo socialista, che in Italia si ispirò, almeno in un primo tempo, più alle teorie anarchiche di Bakunin che a quelle di Marx [👁 15.7].

Anarchici e operaisti

La crescita del movimento internazionalista si dovette soprattutto all'opera di alcuni instancabili agitatori, come Carlo Cafiero, Andrea Costa, Errico Malatesta, che, fedeli a Bakunin, concentrarono i loro sforzi nell'organizzazione di **moti insurrezionali**, facendo leva soprattutto sul proletariato delle campagne. Il completo fallimento di questi tentativi convinse Andrea Costa che era necessario elaborare un programma concreto, impegnandosi nelle lotte di tutti i giorni e dando vita a un vero e proprio partito. La "svolta" di Costa trovò una prima attuazione con la nascita, nell'estate del **1881**, del **Partito socialista rivoluzionario di Romagna**, che rese possibile l'elezione di Costa nell'82. In realtà il partito rimase sempre una formazione locale, priva di legami con i nuclei operai più maturi e avanzati che intanto si andavano costituendo soprattutto in Lombardia. Fin dall'inizio degli anni '70, circoli operai, **leghe di resistenza** (queste ultime esplicitamente finalizzate alla organizzazione degli scioperi) erano venuti sorgendo in numerosi centri industriali e avevano dato un forte impulso all'azione rivendicativa dei lavoratori. Nell'82 alcune associazioni operaie milanesi decisero di dar vita a una formazione politica autonoma che prese il nome di **Partito operaio italiano** e che si presentò come un organismo rigidamente classista. Fermissimi nel respingere ogni apporto borghese, gli "operaisti" cercarono di stabilire un contatto con quel proletariato rurale della Bassa padana che fu protagonista dei **primi grandi scioperi agricoli nella storia dell'Italia unita**: particolarmente imponenti quelli che si svolsero nel Mantovano e nel Polesine nel 1884-85.

Filippo Turati

Fra il 1887 e il 1893 sorsero le prime **federazioni di mestiere** a carattere nazionale, vennero fondate le prime **Camere del lavoro** (organizzazioni sindacali a base locale), si accelerò anche la penetrazione del socialismo fra i lavoratori della terra grazie al movimento associativo fra i braccianti e i contadini della Valle padana. Per tutto il movimento di classe si poneva a questo punto il problema di una **organizzazione politica unitaria** capace di guidare e coordinare le lotte a livello nazionale. Il problema non era di facile soluzione a causa della frammentazione organizzativa e ideologica del movimento operaio italiano. Le opere di Marx, infatti, erano poco conosciute e l'unico autentico e originale teorico

▶ 177DOC
Filippo Turati
La fondazione del Partito socialista

marxista allora attivo in Italia era il filosofo napoletano **Antonio Labriola**, amico e corrispondente di Engels. Ma Labriola era una figura sostanzialmente isolata tra i leader socialisti.

Fu invece un intellettuale milanese, Filippo Turati, il principale protagonista delle vicende che portarono alla fondazione del Partito socialista italiano. Nato nel 1857 da una famiglia dell'alta borghesia lombarda, Turati aveva militato da giovane nelle file della democrazia radicale. Decisivo per la sua formazione politica era stato l'incontro con **Anna Kuliscioff**, una giovane esule russa che aveva già alle spalle una notevole esperienza politica e una larga conoscenza del mondo socialista europeo. Ma non meno decisivo fu il contatto con l'**ambiente operaio di Milano**, già allora indiscussa capitale economica d'Italia e sede degli esperimenti più avanzati di associazionismo fra i lavoratori. La posizione di Turati, meno rigorosa sul piano teorico di quella di Labriola, fu molto chiara nelle scelte politiche di fondo: l'affermazione dell'autonomia del movimento operaio dalla democrazia borghese; il rifiuto dell'insurrezionalismo anarchico; il riconoscimento del carattere prioritario delle lotte economiche; l'esigenza di collegare queste lotte con quelle politiche e di inquadrarle in un progetto generale che aveva come obiettivo finale la socializzazione dei mezzi di produzione.

La fondazione del Partito socialista italiano

Nell'agosto del 1892 si riunirono a **Genova** i delegati di circa 300 fra società operaie, leghe contadine, circoli politici e associazioni di varia natura. Subito si delineò la frattura tra una maggioranza favorevole all'immediata costituzione di un partito e una minoranza contraria, formata dagli anarchici e da una parte degli aderenti al Partito operaio. Vista l'impossibilità di trovare un accordo, i delegati della maggioranza, guidati da Turati, abbandonarono la sala del congresso e, riunitisi in altra sede, dichiararono costituito il **Partito dei lavoratori italiani**, approvandone subito il programma e lo statuto. Il programma indicava come fine la **«gestione sociale» dei mezzi di produzione** e, come mezzo atto a raggiungerlo, «l'azione del proletariato organizzato in partito [...] esplicantesi sotto il doppio aspetto: 1) della lotta di mestieri per i miglioramenti immediati della vita operaia [...]; 2) di una lotta più ampia intesa a conquistare i poteri pubblici». Divenuto **Partito socialista dei lavoratori italiani** nel '93, due anni dopo il partito assunse il nome definitivo di **Partito socialista italiano**.

Bandiera socialista
inizio del XX sec.

Fondato nel 1892, il Partito socialista italiano adottò subito come proprio emblema la bandiera rossa. Solo dopo il 1919 fecero la loro comparsa, sullo sfondo rosso, la falce e il martello, simboli dell'unità tra lavoratori dei campi e operai. Nato dall'incontro dei gruppi socialisti dell'Italia centro-settentrionale con le organizzazioni operaie di stampo riformista, il Psi si sviluppò rapidamente: all'inizio del '900 poteva contare già su vasti consensi elettorali, su leghe e cooperative, al punto da poter essere considerato il primo, e per molti anni l'unico, partito organizzato sulla scena politica italiana.

I cattolici Se per la classe dirigente liberal-moderata il movimento socialista rappresentava una presenza minacciosa, sull'opposto versante politico non meno preoccupante era l'atteggiamento della massa dei cattolici militanti, fermi nella fedeltà al papa e nel conseguente rifiuto dello Stato uscito dal Risorgimento [👁 14.5]. I cattolici costituivano dunque una **forza eversiva nei confronti delle istituzioni unitarie** di cui non riconoscevano la legittimità: una forza tanto più pericolosa in quanto profondamente radicata nel tessuto sociale, in particolare nel mondo delle campagne. Il divieto papale di partecipare alle elezioni, formulato col ***non expedit*** del 1874, non si applicava alle elezioni amministrative né significava per il movimento cattolico la rinuncia a una presenza autonoma nella vita del paese. Proprio nel 1874, in un convegno tenuto a Venezia, un gruppo di autorevoli esponenti del mondo cattolico italiano (ecclesiastici e laici) decise di dar vita a un'organizzazione nazionale che fu chiamata **Opera dei congressi**: saldamente controllata dal clero, ebbe il compito di convocare periodicamente congressi delle associazioni cattoliche operanti in Italia, assicurando loro un più stretto collegamento. Il suo programma si riduceva a una dichiarazione di ostilità nei confronti del liberalismo laico, della democrazia e del socialismo, a una professione di fedeltà al magistero del pontefice e alla dottrina cattolica.

178 DOC
Giuseppe Sacchetti
Il cattolicesimo intransigente

Qualche segno di apertura si ebbe dopo il 1878, in coincidenza con l'avvento al soglio pontificio di papa **Leone XIII**. Sotto il suo pontificato il movimento cattolico italiano accentuò il suo impegno sul terreno sociale, cui lo spingeva fatalmente la stessa tendenza a raccogliere una base di massa [👁 16.10]. Sorsero così, soprattutto in Lombardia e nel Veneto, società di mutuo soccorso, cooperative agricole e artigiane controllate dal clero e ispirate alla dottrina sociale cattolica.

GUIDA ALLO STUDIO

❶ Quali furono le prime organizzazioni socialiste italiane? ❷ Chi era Filippo Turati? ❸ Qual era il programma politico del Partito dei lavoratori italiani? ❹ I cattolici partecipavano alla vita politica? Qual è la posizione che tenne la Chiesa nei confronti delle istituzioni unitarie?

6 Crispi: rafforzamento dello Stato e tentazioni autoritarie

Il primo governo Crispi: riforme e repressione Alla morte di Depretis, nel **1887**, fu nominato **presidente del Consiglio** Francesco Crispi, la personalità più rilevante della Sinistra. Siciliano, temperamento forte e autoritario, primo meridionale a salire alla presidenza del Consiglio, Crispi poteva contare, in virtù del suo passato mazziniano e garibaldino, su ampie simpatie a sinistra, ma anche sulla fiducia dei gruppi conservatori, attratti dalle sue promesse di uno stile di governo più deciso ed efficiente, di chiara **impronta "bismarckiana"**.

Accentrando nella sua persona per quasi quattro anni, oltre alla presidenza del Consiglio, i ministeri degli Interni e degli Esteri, Crispi impresse in effetti una svolta all'azione di governo: si fece promotore di un'opera di riorganizzazione e di razionalizzazione dell'apparato statale, ma accentuò anche le spinte autoritarie e repressive. Nel 1888 fu approvata una legge comunale e provinciale che ampliava il diritto di voto per le elezioni amministrative e rendeva elettivi i sindaci dei comuni con più di 10 mila abitanti (fino allora di nomina regia). Nel 1889 fu varato un nuovo codice penale – noto come **Codice Zanardelli**, dal nome dell'allora ministro della Giustizia – che aboliva la pena di morte, ancora in vigore in tutti i maggiori Stati europei, e non negava il diritto di sciopero, riconoscendone implicitamente la legittimità. Questo riconoscimento fu di fatto contraddetto dalla **nuova legge di Pubblica sicurezza** che poneva gravi limiti alla libertà sindacale e lasciava alla polizia ampi poteri discrezionali, come quello di inviare al domicilio coatto, senza l'autorizzazione della magistratura, gli elementi ritenuti pericolosi. Di questi poteri Crispi si avvalse con molta frequenza, intervenendo duramente contro il movimento operaio, ma anche contro le organizzazioni cattoliche e contro i circoli irredentisti di ispirazione repubblicana.

I progetti coloniali di Crispi

Crispi fu anche sostenitore dell'ascesa dell'Italia a grande potenza coloniale. Per realizzare il suo programma, puntò sul rafforzamento della Triplice alleanza e, all'interno di essa, sul consolidamento dei legami con l'Impero tedesco. Nelle intenzioni di Crispi, la Triplice doveva non solo garantire l'Italia da nuove iniziative francesi nel Mediterraneo, ma anche servire da base per una più attiva presenza in Africa. Nel 1890 i possedimenti italiani furono ampliati e riorganizzati col nome di **Colonia Eritrea**, mentre venivano poste le basi per una nuova espansione sulle coste della vicina **Somalia** **[** ATLANTE_**55]**. La politica coloniale di Crispi suscitava, però, perplessità in seno alla stessa

PERSONAGGI

Francesco Crispi

«Quell'uomo si dà tanta importanza! [...] Bada, Rosalino. Sii cauto!»: così un compagno di lotta mise in guardia da Crispi il patriota Pilo, in una lettera del 1850. La sicurezza di questo giovane cospiratore suscitava le antipatie anche dei suoi alleati. Nacque così, forse, l'immagine negativa che ne macchia ancora oggi la memoria: un voltagabbana che tradì le proprie radici rivoluzionarie per farsi uomo di potere autoritario. La storia di Francesco Crispi è la storia di un siciliano ambizioso, certo, ma guardando con attenzione alla sua biografia si trova molto di più della sua megalomania: la difesa del suffragio universale e del federalismo, l'attenzione per il popolo, la modernizzazione della macchina statale.
Crispi era nato nel 1818 a Ribera, un comune dell'Agrigentino. La sua famiglia veniva in realtà da Palazzo Adriano e faceva parte della locale comunità greco-albanese. Gli albanesi si erano installati in Sicilia nel '400, in fuga dai turchi. Francesco, però, lasciò sempre credere che la famiglia avesse in realtà origini latine e che fosse arrivata nella Penisola balcanica a seguito dell'esercito romano. Evidentemente, doveva aver provato imbarazzo per le sue **lontane origini albanesi** nell'Italia di quegli anni, ossessionata dal mito della continuità della stirpe italica dai Romani in poi. Tuttavia, il primo meridionale alla presidenza del Consiglio dei ministri del Regno d'Italia parlava albanese in famiglia e siciliano con i suoi conoscenti di Ribera, raramente in italiano. Come per molte altre icone risorgimentali, da Foscolo a Garibaldi, la scoperta della propria italianità sarebbe stata anche per lui una tappa fondamentale della sua formazione politica.
I Crispi erano commercianti e proprietari terrieri, coinvolti nell'amministrazione di Palazzo Adriano. Avevano però subito qualche rovescio economico quando nacque il loro primogenito. L'**ansia di riuscire nella vita** di Francesco doveva forse nascere dal desiderio di rinverdire la fortuna familiare. Erano proprio i genitori a motivarlo: già a sei anni venne mandato a scuola lontano da casa, a Villafranca; a undici anni, nel 1829, fu iscritto al Seminario greco di Palermo, visto che per tradizione ogni primogenito Crispi diventava prete.
Sulla sua giovinezza sappiamo pochissimo, ma forse le **difficoltà economiche della famiglia** aumentarono, visto che nel 1835 abbandonò la prospettiva del sacerdozio per iscriversi alla facoltà di Giurisprudenza di Palermo. Erano anni in cui la carriera forense faceva sperare guadagni ben più consistenti delle rendite ecclesiastiche o dell'amministrazione degli affari di famiglia.
L'università non gli servì solo ad apprendere le basi del diritto, ovviamente. Si buttò con l'entusiasmo della sua giovane età nei dibattiti politici e letterari di quegli anni: il progresso contro la tradizione; il romanticismo contro il classicismo. Con lo stesso entusiasmo fece le sue prime prove d'amore, intrecciando molte relazioni. Non era mai stato bello, ma attraeva le donne con le sue palpebre pesanti e con la sua energia. Finì per innamorarsi della figlia di un orefice, Rosina, che sposò incinta contro il parere dei genitori. Fu un matrimonio breve e finito tragicamente: nel 1839 morirono Rosina e i due bambini, piccolissimi. Già l'anno dopo, però, Francesco avrebbe conosciuto Felicita, che gli diede un figlio.
Nel 1839 uscì il primo numero del giornale fondato da Crispi, **«L'Oreteo»**. Il suo fondatore e direttore aveva vent'anni, ma abbastanza ambizione per raccogliere contributi di autorevoli intellettuali di orientamento romantico e progressista. La prima funzione del giornale era permettere a Crispi di sbarcare il lunario e di farsi una reputazione. Dopo ulteriori dissesti finanziari dell'azienda paterna, infatti, per molto tempo non era stato in grado di pagarsi le tasse universitarie necessarie a laurearsi. Ci riuscì solo nel 1843 e si presentò subito al concorso per magistrato. L'esame fu superato con successo, ma la sua carriera di giudice non si avviò: probabilmente il ministero della Giustizia borbonico era preoccupato dalla sua attività giornalistica e politica.
Scelse allora di cercare fortuna a Napoli, celebre per i suoi avvocati, spesso apprezzati anche all'estero, e trovò in effetti lavoro presso uno studio legale. **L'ordine forense napoletano fu la sua scuola di liberalismo**: entrò in contatto con autorevoli liberali, partecipò alle discussioni sul futuro italiano e sulle occasioni d'insurrezione. Quando la rivoluzione scoppiò davvero, a **Palermo** il **12 gennaio del 1848**, Crispi partì subito per collaborare col comitato di guerra, assumendo un ruolo centrale. Cominciò così la fase rivoluzionaria della sua vita.
Agì soprattutto in difesa dell'indipendenza della Sicilia, e in particolare del suo antico Parlamento, soppresso dai Borbone nel 1815. Per questo motivo, si diceva favorevole a una soluzione federale della questione italiana. La questione dell'**autogoverno delle comunità locali** era al centro della sua proposta politica: «senza il Municipio la Nazione non esiste», avrebbe scritto qualche anno dopo. Nel corso

maggioranza, in quanto risultava troppo costosa per il bilancio dello Stato. Messo in minoranza, Crispi si dimise all'inizio del 1891.

Il primo governo Giolitti

Nel maggio **1892**, la presidenza del Consiglio passò al piemontese Giovanni Giolitti. Figura centrale del successivo trentennio di storia italiana, Giolitti, allora cinquantenne, si presentava con un **programma piuttosto avanzato**. In politica finanziaria mirava a una più equa ripartizione del carico fiscale, che risparmiasse i ceti disagiati e colpisse con aliquote più alte i redditi maggiori secondo il principio della **progressività delle imposte** (oggi universalmente accettato). In politica interna aveva idee innovatrici, contrarie all'intervento repressivo contro il movimento operaio e le organizzazioni popolari. Si rifiutò infatti di ricorrere a misure eccezionali contro i **Fasci dei lavoratori**, associazioni popolari (il termine "fascio" stava per "unione") sviluppatesi in Sicilia, che protestavano contro le tasse troppo pesanti e il malgoverno locale e chiedevano per i contadini terre da coltivare e patti agrari più vantaggiosi. Non si trattava di un movimento

PERSONAGGI

della rivoluzione le sue posizioni si fecero sempre più democratiche, fino alla fondazione del "club dell'Apostolato", un circolo impegnato nell'**educazione del popolo**, la missione di tutta la sua vita politica. Assunte maggiori responsabilità in seno al comitato rivoluzionario, si impegnò a formare un **esercito popolare**, attraverso la coscrizione obbligatoria e l'assegnazione di terre demaniali alle famiglie che arruolavano un componente. Era un modo per coinvolgere nella rivoluzione gli strati popolari.
Nel 1849 la fine dell'esperimento rivoluzionario palermitano gli aprì la via dell'esilio. Le sue prospettive non erano rosee: non poteva tornare a esercitare la professione di avvocato, né trovare impiego alla corte torinese. Si mantenne col giornalismo, scrivendo soprattutto per i giornali patriottici animati dagli esuli. E a Marsiglia conobbe la savoiarda Rosalie Montmasson, sua moglie fino al 1875.
Fu il trasferimento a Torino a fargli fare il salto di qualità. Entrò in contatto con Cattaneo e Mazzini, e abbandonò definitivamente la linea dell'indipendentismo siciliano. Malta, Londra, Parigi, Lisbona, la Grecia, varie città italiane: come cospiratore dovette cambiare spesso domicilio prima di partire per la **Sicilia** con Garibaldi, il 6 maggio **1860**. Lì divenne il potente **"segretario di Stato" della dittatura garibaldina**, distinguendosi per i suoi provvedimenti popolari e anticlericali, ma anche per il suo pragmatismo. Si guadagnò così l'ingresso nel Parlamento italiano.
«Il tempo delle rivoluzioni è finito», sosteneva, e fu l'inizio della sua vita da statista. Si impegnò per diventare leader della Sinistra parlamentare, che si riconosceva ormai nella monarchia sabauda. Da questa posizione arrivò ad assumere ruoli sempre più istituzionali, come la presidenza della Camera, nel 1876, o vari ministeri, fino all'attesa nomina a capo del governo, nel 1887. Non erano mancati momenti di difficoltà, come quando, nel 1878, accusato di bigamia, si dimise da ministro: aveva sposato con rito civile la giovane Lina Barbagallo nonostante il matrimonio religioso contratto con Rosalie.
Tutta la sua attività politica fu volta a dare all'Italia un apparato statale forte, un insieme di istituzioni che rendessero viva la **presenza dello Stato nella società**. Per questo si sforzò di creare una tradizione culturale condivisa promuovendo il culto degli eroi della nazione, di rafforzare istituti come la scuola o gli ospedali, di organizzare la burocrazia nelle periferie, di inaugurare l'espansione coloniale in Africa per dare al paese maggior peso internazionale. L'eredità più importante lasciata da Crispi fu il potenziamento della macchina dello Stato, lo strumento di **modernizzazione** della società negli anni successivi.
Sempre in equilibrio tra varie correnti, nella fase finale della sua vita politica Crispi dovette fronteggiare l'ostilità dell'estrema sinistra, che non gli perdonava i metodi repressivi in politica interna; mentre si faceva sempre più accesa la rivalità con Giolitti: coinvolti entrambi nello **scandalo della Banca Romana**, i due furono protagonisti nel 1894 di uno scontro a base di dossier e di accuse scandalistiche. Il consenso interno sembrava in effetti affievolirsi. Perfino sul fronte africano, su cui tanto aveva puntato, la situazione andò peggiorando, fino alla disfatta di Adua del 1896. Le violente manifestazioni di piazza che seguirono il **fallimento della sua politica africana** lo costrinsero alle immediate dimissioni.
Morì così, lontano dal potere e depresso, nel 1901.

Ritratto fotografico di Francesco Crispi
fine XIX sec.
[Museo di Storia della Fotografia Fratelli Alinari, Firenze]

rivoluzionario, anche se diede luogo ad alcune manifestazioni violente, né di un movimento socialista in senso stretto, ma suscitò tuttavia forti preoccupazioni fra i conservatori, ai quali non piacque l'atteggiamento, ritenuto debole, del presidente del Consiglio. L'ostilità dei conservatori – contrari anche ai progetti giolittiani di riforma fiscale – contribuì a indebolire il governo e ad accelerarne la caduta, che fu dovuta tuttavia alle conseguenze del grave **scandalo della Banca Romana**, responsabile dell'emissione fraudolenta di carta moneta e di finanziamento occulto di uomini politici e giornalisti. Giolitti, implicato nello scandalo, cadde e fu sostituito da Crispi, anche lui coinvolto nelle vicende della Banca, ma ritenuto l'uomo forte, capace di rimettere ordine nel paese e di arrestare la crescita delle organizzazioni operaie.

Il ritorno di Crispi e le leggi antisocialiste

Tornato al governo nel dicembre del 1893, Crispi affrontò con risolutezza una situazione che vedeva l'**opinione pubblica allarmata** dalla crisi economica, sconcertata dagli scandali bancari, spaventata dall'intensificarsi delle agitazioni in Sicilia. In campo economico il nuovo governo avviò una politica di risanamento del bilancio basata su pesanti inasprimenti fiscali e completò la riorganizzazione del dissestato sistema bancario, già iniziata da Giolitti, con una **legge che istituiva la Banca d'Italia**. Questa, nel 1926, avrebbe ottenuto il monopolio della emissione di carta moneta (e, a partire dal 1947, avrebbe svolto compiti di controllo sull'intero sistema bancario). In materia di ordine pubblico Crispi non esitò a ricorrere a misure eccezionali, convinto com'era che le agitazioni sociali costituissero un pericolo non solo per l'ordine costituito, ma per la stessa sicurezza dello Stato uscito dal Risorgimento.

Ai primi di gennaio del 1894 lo **stato d'assedio** fu proclamato in **Sicilia** e successivamente esteso alla **Lunigiana**, tra Toscana e Liguria, dove si era verificato, senza alcun nesso con gli avvenimenti siciliani, un tentativo di insurrezione anarchica. La repressione militare fu dura e sanguinosa e venne accompagnata da una più generale

Vignetta satirica: *Il colpo è riuscito*
[da «L'Asino», Anno II, n° 29, 1892]

«L'Asino» fu una rivista satirica sorta nel 1892 per iniziativa di due studenti, Guido Podrecca e Gabriele Galantara, entrambi di idee socialiste; la vivacità delle vignette e degli articoli segnarono il successo della rivista, che ebbe una vasta diffusione. Fino al 1901 bersagli preferiti furono il governo, gli scandali e, negli ultimi anni dell'800, l'uso della violenza contro i sindacati e gli scioperanti. In questa vignetta, comparsa in occasione dello scandalo della Banca Romana, Giolitti, con la calzamaglia da ladro, ruba i soldi della «Cassa pensioni».

repressione poliziesca estesa a tutto il paese e rivolta soprattutto contro circoli, leghe e giornali facenti capo al Partito socialista, che pure non aveva responsabilità dirette nel moto siciliano. Nel luglio 1894 il governo volle dare alla sua azione repressiva un carattere organico, facendo approvare dal Parlamento un complesso di leggi limitative della libertà di stampa, di riunione e di associazione. Queste **leggi, definite "antianarchiche"**, avevano in realtà come **obiettivo principale il Partito socialista**, che nell'ottobre fu dichiarato fuori legge: un provvedimento simile a quello varato da Bismarck nel 1878 **[👁 17.4]**. Gli effetti non furono però quelli sperati da Crispi. Le persecuzioni, infatti, non riuscirono a distruggere la già solida rete organizzativa del partito e accrebbero i favori di cui i socialisti godevano nella sinistra democratica e soprattutto negli ambienti intellettuali.

Adua e la caduta di Crispi

Ma il colpo definitivo per Crispi venne dal **fallimento della sua politica coloniale**. Già durante il suo primo governo, Crispi aveva cercato di stabilire una qualche forma di protettorato sull'Etiopia, intavolando col nuovo *negus* Menelik trattative che portarono, nel 1889, alla firma del **trattato di Uccialli**. Ma questo trattato, considerato dagli italiani come un implicito riconoscimento del loro protettorato, fu interpretato diversamente dagli etiopi, che

Henri Meyer
Caricatura di Francesco Crispi
1896
[da «Le Petit Journal», 9 febbraio 1896]

In Etiopia l'esercito italiano subì numerose sconfitte: in questa vignetta è rappresentato in chiave satirica l'assedio di Macallé dopo la resa italiana. Il negus Menelik II colpisce con un filone di pane Francesco Crispi che, in veste militare e con il cappello dei bersaglieri sul capo, soccombe. L'ulteriore sconfitta subita dagli italiani ad Adua nel 1896 significò anche la sconfitta personale e politica di Francesco Crispi dopo la resa italiana.

reagirono energicamente ai tentativi italiani di penetrazione ripresi dopo il ritorno al potere di Crispi. Fra Italia ed Etiopia si giunse così allo **scontro armato, culminato nel disastro di Adua del 1° marzo 1896**, quando un contingente italiano di 20 mila uomini (comprese le truppe coloniali) venne praticamente annientato dalle forze etiopiche. La sconfitta ebbe immediate ripercussioni in Italia: violente manifestazioni contro la guerra d'Africa scoppiarono a Roma, a Milano e in molte altre città, mentre Crispi fu costretto a dimettersi e uscì dalla scena politica.

EVENTI

La battaglia di Adua

La sconfitta subita, il 1° marzo 1896, dall'esercito italiano nei pressi della città di Adua in Etiopia rappresentò uno snodo fondamentale per l'Italia liberale: essa chiuse, infatti, la prima fase (1881-96) del colonialismo italiano. La battaglia di Adua – che, come si disse, fu la più grave sconfitta di un esercito europeo in Africa dai tempi di Annibale – diminuì il prestigio internazionale dell'Italia e costituì un **duro colpo per le teorie razziste** che consideravano quello africano un «popolo inferiore». Dal punto di vista africano, Adua fu interpretata come l'inizio della riscossa dei colonizzati e fu poi presa ad esempio dai movimenti per la decolonizzazione novecenteschi.

Nel 1890 i possedimenti italiani nell'Africa orientale erano stati unificati nella Colonia Eritrea, confinante lungo il fiume Mareb con l'Impero etiopico. Sul trono di quest'ultimo, nel 1889, era salito il *negus* **Menelik II**: ambizioso e modernizzatore, voleva preservare l'indipendenza etiopica, trattando con gli europei da pari e rifiutando le ipotesi di protettorato avanzate dall'interpretazione italiana del trattato di Uccialli.

Nonostante le rivalità tra i *ras* e l'instabilità della zona del Tigré, contesa tra bande armate e antiche dinastie, Menelik ricostruì un potere imperiale forte e accentrato, basato sull'esercito. In Etiopia, i titoli nobiliari corrispondevano ai ruoli militari: ad esempio, il titolo di *ras* era attribuito ai comandanti che erano anche governatori delle province dell'Impero. Ogni *ras* reclutava gli uomini su cui aveva autorità e, nella formazione dell'esercito, ad essi si aggiungevano le guardie del palazzo reale e i seguaci personali del *negus*.

Tornato al governo nel dicembre 1893, Crispi cominciò a sollecitare il colonnello **Oreste Baratieri**, governatore della Colonia d'Eritrea, ad allargare i possedimenti italiani verso il Tigré, la zona etiopica al confine con l'Eritrea. Il governatore iniziò così a organizzare alcune spedizioni, provocando la reazione dei *ras*. Dopo una ribellione anti-italiana fomentata da Mangascià, il *ras* del Tigré, nel dicembre 1894 Baratieri reagì portando le truppe italiane ad Adua, considerata "città santa" perché un'antica legge vietava che vi si eseguissero sentenze capitali e perché vicina ad Axum, dove si pensava fosse conservata la biblica Arca dell'Alleanza [ATLANTE_55].

In risposta, **Mangascià** iniziò l'invasione dell'Eritrea, ma le truppe italiane lo respinsero e invasero il Tigré: alla fine di marzo 1895, annettendo alla Colonia d'Eritrea i territori che conquistavano, arrivarono ad Adigrat e Macallé e occuparono Adua, che rimase in mani italiane per i successivi otto mesi.

Menelik non poteva accettare la **perdita del Tigré**. Dopo aver riorganizzato e armato in modo moderno un esercito numeroso e profondamente motivato – in parte do-

La battaglia di Adua
fine XIX sec.

L'episodio di Adua e le reazioni che ne erano seguite avevano dimostrato quanto la guerra coloniale fosse poco sentita dalle masse popolari e da larghi strati della stessa classe dirigente e quanto illusorio fosse stato il tentativo di Crispi di cogliere successi di prestigio, per sé e per il paese, in un'avventura imperialistica a cui mancavano le indispensabili premesse ideologiche, politiche ed economiche.

GUIDA ALLO STUDIO

❶ Quali iniziative di politica interna ed estera furono varate dal governo Crispi? ❷ Perché Giolitti dovette abbandonare il governo? ❸ Quale fu lo scopo delle leggi "antianarchiche"? ❹ Come si concluse l'iniziativa coloniale di Crispi?

tandolo di armi acquistate dalla Russia e dalla Francia, in parte impiegando quelle avute dagli stessi italiani per affrontare il *negus* precedente –, il 17 settembre 1895 lanciò un appello per la mobilitazione generale, a cui risposero tra gli 80 mila e i 120 mila uomini, che si posero agli ordini di valenti comandanti, tra cui l'**imperatrice Taitù Batùl**, la moglie del *negus*.
Menelik rivolse quindi le sue truppe contro gli italiani per respingerli in Eritrea: in breve tempo, le truppe italiane riportarono delle dure sconfitte e conservarono il solo avamposto di **Adigrat**. Alle loro spalle, intanto, si svilupparono numerose ribellioni, a cui gli italiani risposero con incendi, esecuzioni sommarie e razzie.
In febbraio, l'esercito etiopico si stabilì ad Adua, non lontana dall'accampamento italiano. Il **29 febbraio**, Baratieri, spinto sia dai suoi generali sia da Crispi, decise di attuare una «dimostrazione offensiva» e di muovere **quattro brigate** – circa 20 mila uomini, compresi i combattenti eritrei (ascari) – verso l'accampamento degli etiopici, di cui sottovalutava la forza militare.
Le truppe italiane cominciarono a muoversi la sera del 29 febbraio: la brigata agli ordini del generale Albertone era posizionata a sinistra, quella guidata dal generale Arimondi al centro (con dietro, come riserva, gli uomini del generale Ellena) e quella con a capo il generale Dabormida a destra. Il terreno era roccioso e difficile: per avanzare, si doveva scendere dai monti e poi risalire, spesso perdendo il senso delle distanze e della profondità **[👁 ATLANTE_56]**.
Le truppe italiane – «costrette fra sassi e spini a marciare per uno, calzate in modo inverosimile» – incontrarono subito delle difficoltà e, a causa della mancanza di coordinamento e degli errori nelle mappe di cui erano dotate, persero i contatti tra di loro. La brigata di Albertone si trovò isolata: la mattina del 1° marzo, fu sconfitta in poche ore e il generale fu fatto prigioniero. Poco dopo, anche la brigata di Dabormida sbagliò posizione e fu sopraffatta dagli abissini: lo stesso generale morì nei combattimenti. L'identica sorte toccò ad Arimondi, sul terzo fronte della battaglia. Ovunque le truppe di Menelik, in schiacciante superiorità numerica, affrontarono e sconfissero le brigate italiane. I combattimenti furono durissimi: da una parte morirono circa 5000 italiani e 1000 ascari, dall'altra persero la vita circa 10 mila etiopici.
La **ritirata italiana** – non prevista nei piani – fu disastrosa: la stanchezza dei soldati, l'asprezza del terreno, i continui attacchi nemici la trasformarono in una vera e propria rotta. Le truppe italiane persero cannoni e fucili e furono fatti **prigionieri quasi 2000 italiani** e 800 ascari: questi ultimi furono puniti per aver combattuto contro il *negus* con l'amputazione della mano destra e del piede sinistro. Menelik, vittorioso, decise di porre fine alle ostilità, lasciando agli italiani i territori a nord del Mareb.
Giunta in Italia la notizia della sconfitta, **in molte città la popolazione manifestò contro la guerra e il governo Crispi**, a volte spinta dai socialisti (da sempre anticolonialisti), altre volte spontaneamente. Queste dimostrazioni durarono per sei giorni e assunsero anche caratteri tumultuosi: a Milano, negli scontri tra manifestanti e forze dell'ordine, rimase ucciso un giovane operaio. In varie località, accanto allo slogan «Abbasso Crispi!», fu gridato quello di «Viva Menelik»: lo stesso motto, diventato grido di protesta più ampio, risuonò poi nelle piazze anticolonialiste anche nel 1911, quando l'Italia riprese le sue aspirazioni d'oltremare.
Crispi fu costretto a dimettersi, mentre Baratieri, abbandonato dalla classe dirigente, fu processato dal tribunale militare ed estromesso dall'Esercito.
Il trattato di pace fu firmato ad **Addis Abeba** il **26 ottobre 1896**: l'Italia pagò un'indennità per la liberazione dei prigionieri e riconobbe la piena indipendenza etiopica. Dopo un anno, i prigionieri italiani, che erano stati trattati in modo abbastanza clemente, tornarono in patria: la loro esperienza di bianchi prigionieri in un paese ritenuto incivile fu considerata imbarazzante e cadde presto nell'oblio.
La gravità della sconfitta determinò, negli anni successivi, un vero e proprio **«complesso di Adua»** che condizionò la classe dirigente italiana, in bilico tra il timore di una nuova sconfitta e il desiderio di rivincita. Ancora a metà degli anni '30, il regime fascista, per giustificare la nuova impresa coloniale, si appellò all'imperativo di **«vendicare Adua»**: l'invasione dell'Etiopia iniziò simbolicamente proprio con un bombardamento sulla città, che pure non costituiva un obiettivo militare.

ATLANTE 56_LA BATTAGLIA DI ADUA

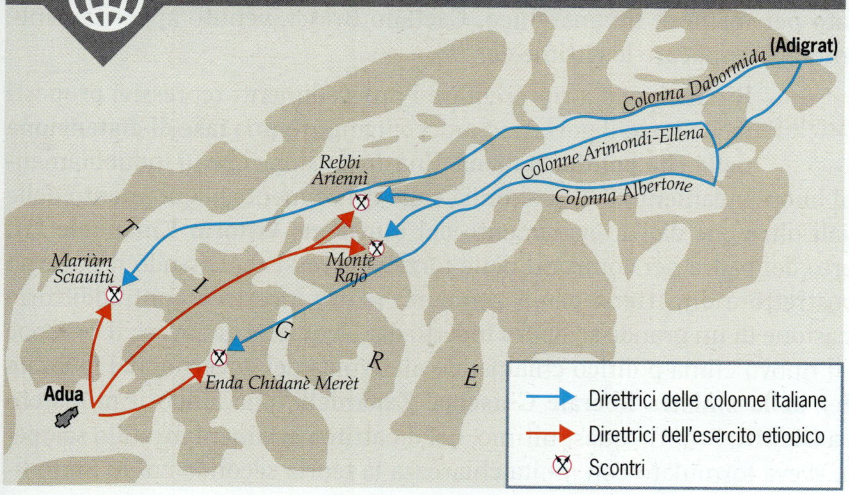

EVENTI

7 La crisi di fine secolo e la nuova politica liberale

I moti del '98

La caduta di Crispi non pose fine ai tentativi di risolvere le tensioni politiche e sociali con una restrizione delle libertà. Al contrario, negli anni che seguirono le dimissioni di Crispi si delineò tra le forze conservatrici – già divise sulla politica estera e sulle questioni coloniali – la tendenza a ricomporre un fronte comune contro le vere o supposte minacce portate all'ordine costituito dai «nemici delle istituzioni», socialisti, repubblicani o clericali che fossero. Questa tendenza si esprimeva anche nel tentativo di tornare a una interpretazione restrittiva dello Statuto che, rovesciando la prassi "parlamentare" affermatasi con Cavour, rendesse il governo responsabile di fronte al sovrano, lasciando alle Camere i soli compiti legislativi.

La tensione esplose nella primavera del 1898, quando un improvviso **aumento del prezzo del pane** – provocato da un cattivo raccolto e dal contemporaneo blocco delle importazioni di cereali dagli Stati Uniti – fece scoppiare in tutto il paese una serie di manifestazioni popolari. La risposta del governo guidato dal conservatore **Antonio Starabba di Rudinì** fu durissima, come se si dovesse fronteggiare un complotto rivoluzionario: prima massicci interventi delle forze di polizia, quindi **proclamazione dello stato d'assedio**, con conseguente passaggio dei poteri alle autorità militari, a Milano, a Napoli e nell'intera Toscana. La repressione fu particolarmente violenta a **Milano** dove le truppe, guidate dal generale Bava Beccaris, spararono sulla folla inerme anche con colpi a mitraglia dell'artiglieria provocando un centinaio di morti. Capi socialisti, radicali, repubblicani e anche esponenti del movimento cattolico intransigente furono incarcerati.

L'ostruzionismo dell'estrema sinistra

Dimessosi il presidente del Consiglio, Rudinì (giugno '98), il suo successore, il generale piemontese Luigi **Pelloux**, presentò alla Camera nel '99 un pacchetto di provvedimenti che limitavano gravemente il **diritto di sciopero** e la **libertà di associazione** [👁 21.10 STORIA•SOCIETÀ•CITTADINANZA]. I gruppi di estrema sinistra risposero con l'ostruzionismo, consistente nel prolungare all'infinito la discussione parlamentare. Allora Pelloux sciolse la Camera ma, dopo il risultato sfavorevole delle elezioni del giugno 1900, decise di dimettersi. Accettando le sue dimissioni e affidando la successione al senatore Giuseppe Saracco, un moderato ritenuto al di sopra delle parti, Umberto I mostrava di prendere atto del **fallimento della politica repressiva** che lo aveva visto fra i suoi più attivi sostenitori. Un mese dopo, il **29 luglio 1900, il re cadeva vittima di un attentato** per mano di un anarchico, Gaetano Bresci, venuto appositamente dagli Stati Uniti per vendicare le vittime del '98.

Il governo Zanardelli-Giolitti

Rinunciando a ripresentare i provvedimenti repressivi proposti da Pelloux, il governo Saracco inaugurò una **fase di distensione nella vita politica italiana.** Una distensione che fu indubbiamente favorita dal buon andamento dell'economia e dal conseguente allentamento delle tensioni sociali oltre che dall'atteggiamento del **nuovo re**, **Vittorio Emanuele III**, assai più aperto del padre nei confronti delle forze progressiste. Quando il governo Saracco fu costretto a dimettersi per il comportamento incerto e contraddittorio tenuto in occasione di un grande sciopero indetto dai lavoratori genovesi, il re seppe interpretare il nuovo clima politico chiamando alla guida del governo, nel febbraio 1901, il **leader della sinistra liberale Giuseppe Zanardelli**, che affidò il ministero degli Interni a **Giolitti**. Proprio quest'ultimo, nel dibattito parlamentare sullo sciopero di Genova, aveva formulato con molta chiarezza la teoria secondo cui lo Stato li-

Stato d'assedio
Provvedimento giuridico di carattere eccezionale deciso in caso di gravi turbamenti dell'ordine pubblico. Durante lo stato d'assedio si sospendono temporaneamente le garanzie costituzionali e si delegano poteri civili all'autorità militare. In Italia non è previsto dall'attuale costituzione repubblicana.

berale non aveva nulla da temere dallo sviluppo delle organizzazioni operaie e nulla da guadagnare da una repressione indiscriminata delle loro attività, ma al contrario aveva tutto l'interesse a consentirne il libero svolgimento.

Nei suoi quasi tre anni di vita il ministero Zanardelli-Giolitti condusse in porto alcune **importanti riforme**. Furono estese le norme che limitavano il lavoro minorile e femminile nell'industria. Venne migliorata la legislazione sulle assicurazioni per la vecchiaia e per gli infortuni sul lavoro. Venne approvata una legge per la **municipalizzazione** dei servizi pubblici. Ma, più importante delle singole riforme, fu il nuovo atteggiamento del governo in materia di conflitti di lavoro. Tenendo fede al suo programma, Giolitti mantenne una linea di rigorosa neutralità nelle vertenze sindacali, purché non degenerassero in manifestazioni violente.

Lo sviluppo delle organizzazioni sindacali

Le conseguenze del nuovo corso furono subito evidenti. Le organizzazioni sindacali, operaie e contadine, cancellate o ridotte alla clandestinità dalle repressioni del '98, si svilupparono rapidamente. In quasi tutte le principali città del Centro-nord si costituirono, o si ricostituirono, le **Camere del lavoro**, mentre crescevano anche le organizzazioni di categoria. Un fenomeno a parte era poi lo sviluppo delle organizzazioni dei lavoratori agricoli. Formate in prevalenza da braccianti – ma anche da mezzadri e piccoli affittuari – e concentrate in prevalenza nelle province padane, le leghe rosse si riunirono, nel novembre 1901, nella **Federazione italiana dei lavoratori della terra** (Federterra) che contava oltre 200 mila iscritti. Obiettivo finale e dichiarato delle leghe era la «socializzazione della terra». Obiettivi immediati erano l'aumento dei salari, la riduzione degli orari di lavoro, l'istituzione di uffici di collocamento controllati dai lavoratori stessi.

TABELLA 8_NUMERO DEGLI SCIOPERANTI ANNUI SU 100.000 LAVORATORI AGRICOLI DIPENDENTI

ANNI	PIANURA PADANA	GERMANIA	FRANCIA	GRAN BRETAGNA
1901-05	4987	_	376	–
1906-10	4303	–	313	–
1911-14	4527	–	237	113
1915-18	694	–	61	–
1919-20	29.584	609	512	91

La tabella mostra il notevole tasso di conflittualità sociale nella Pianura padana. Occorre tener presente che i dati relativi al periodo della prima guerra mondiale (1915-18) riflettono una forte contrazione degli scioperi, come sempre avviene durante una guerra. Viceversa, la crescita impetuosa della conflittualità nel 1919-20 è legata alle particolari vicende politiche e sociali di quel biennio post-bellico.

Gaetano Bresci spara a Umberto I
[da «Le Petit Journal», 5 agosto 1900]

Municipalizzazione

La municipalizzazione è il passaggio della gestione dei servizi pubblici da società private ai comuni. È un'operazione sostenuta da chi ritiene l'amministrazione delle autorità locali più efficace per la tutela dell'interesse pubblico. In Italia la prima legge di regolamentazione delle municipalizzazioni fu approvata nel 1903.

❶ Chi partecipò ai moti per il pane del 1898? In che modo il governo reagì alle manifestazioni? ❷ Quali strategie adottarono le opposizioni contro le leggi repressive dei conservatori? ❸ Quali scelte attuò il governo Zanardelli-Giolitti? ❹ Quale fu l'effetto principale dell'aumento degli scioperi registratosi nei primi anni del '900?

GUIDA ALLO STUDIO

Lo sviluppo delle organizzazioni sindacali fu accompagnato da una brusca **impennata degli scioperi** [TABELLA_8]. Ne derivò una spinta al **rialzo dei salari** destinata a protrarsi, con poche interruzioni, per tutto il primo quindicennio del secolo. Questi progressi non si possono spiegare, ovviamente, solo con la nuova politica liberale, ma vanno inquadrati nella fase di generale sviluppo economico attraversata dal paese in questo periodo.

8 Lo sviluppo economico e i problemi del Meridione

Le premesse del decollo industriale

A partire dagli ultimi anni dell'800, l'Italia conobbe il suo primo autentico decollo industriale. Se l'economia italiana poté inserirsi nella congiuntura internazionale favorevole cominciata nel 1896, ciò fu dovuto anche ai progressi che il paese era venuto realizzando nei primi trenta-quarant'anni di vita unitaria sul piano delle infrastrutture e dei settori produttivi. La costruzione di una **rete ferroviaria**, avviata negli anni della Destra, aveva favorito i processi di commercializzazione dell'economia. La **scelta protezionistica** del 1887 aveva reso possibile la creazione, sia pure a costi molti alti, di una moderna industria siderurgica. Infine, il **riordinamento del sistema bancario** attuato dopo la crisi della Banca Romana aveva creato un'organizzazione finanziaria abbastanza efficiente [21.6]. Particolare importanza ebbe la costituzione, avvenuta nel 1894 con l'incoraggiamento dello Stato e con l'apporto di capitali tedeschi, di due nuovi istituti di credito, la **Banca commerciale** e il **Credito italiano**, che svolsero una funzione decisiva nel facilitare l'afflusso del risparmio privato verso gli investimenti industriali, soprattutto nei settori più moderni.

La crescita industriale

Furono appunto questi settori che fecero registrare i maggiori progressi. La **siderurgia**, la più favorita dalle tariffe dell'87, vide la creazione, accanto alle Acciaierie di Terni (fondate, col concorso dello Stato, nel 1884), di numerosi nuovi impianti per la produzione della ghisa e dell'acciaio (a Savona, Piombino, Bagnoli). Nel settore tessile, i maggiori progressi si ebbero nell'**industria cotoniera**, anch'essa altamente meccanizzata e favorita dal protezionismo. Nel settore agro-alimentare si assisté alla crescita rapidissima di un'altra industria protetta, quella dello **zucchero**, legata alla diffusione della coltura della barbabietola nella Pianura padana. Sviluppi interessanti si ebbero anche in settori che non erano favoriti dalle tariffe doganali, come quello **chimico** – soprattutto nell'industria della gomma, con gli stabilimenti **Pirelli** di Milano –, o che addirittura ne erano svantaggiati, come quello **meccanico**. In questo campo la principale novità fu costituita dall'affermazione dell'**industria automobilistica** dove, nonostante la ristrettezza del mercato interno (le automobili erano allora riservate a pochissimi privilegiati), riuscirono a svilupparsi numerose aziende: alcune – come la **Fiat** di Torino, fondata nel 1899 da Giovanni Agnelli – avrebbero poi acquistato una posizione di preminenza nel mondo industriale italiano. Un discorso a parte va fatto, infine, per l'**industria elettrica**, che in Italia aveva mosso i primi passi già negli anni '80 dell'800 e che conobbe un autentico boom all'inizio del '900.

Fra il 1896 e il 1907 il tasso medio di crescita annua dell'industria fu del 6,7%, superiore a quello di qualsiasi altro paese europeo nello stesso periodo. Fra il 1896 e il 1914 il volume della produzione industriale risultò quasi raddoppiato, mentre la quota dell'industria nella formazione del prodotto interno lordo, che fra il 1880 e il 1900 era rimasta pressoché stazionaria attorno al 20%, passò nel 1914 al 25% circa, contro il 43% dell'agricoltura.

Le condizioni di vita degli italiani

Il decollo industriale dell'inizio del '900 fece sentire i suoi effetti anche sul tenore di vita della popolazione. Nel primo quindicennio del secolo **il reddito pro capite degli italiani aumentò del 25%**, mentre era rimasto pressoché invariato nei precedenti quarant'anni. Questo aumento consentì a vasti strati della popolazione di destinare una quota dei bilanci familiari – fin allora assorbiti soprattutto dalle spese per l'alimentazione – alla casa, ai trasporti, all'istruzione, alle attività ricreative e soprattutto all'acquisto di beni di consumo durevoli: in primo luogo utensili domestici, ma anche biciclette, macchine per cucire e altri prodotti della moderna tecnologia che fecero allora la prima comparsa sul mercato nazionale.

La **qualità della vita** degli italiani cominciava a mutare, sia pur lentamente e parzialmente, di pari passo con lo sviluppo economico. I segni di questo mutamento erano visibili soprattutto nelle **città**, ancora piccole rispetto alle maggiori metropoli euro-

◀ Marcello Dudovich
Manifesto per la Federazione Italiana chimico-industriale: «Fisso l'idea»
1899-1900
[Raccolta Salce, Museo Civico, Treviso; © by SIAE 2015]

▶ Adolf Hohenstein
Manifesto pubblicitario per le forniture elettriche Urtis
1900 ca.
[Raccolta Salce, Museo Civico, Treviso]

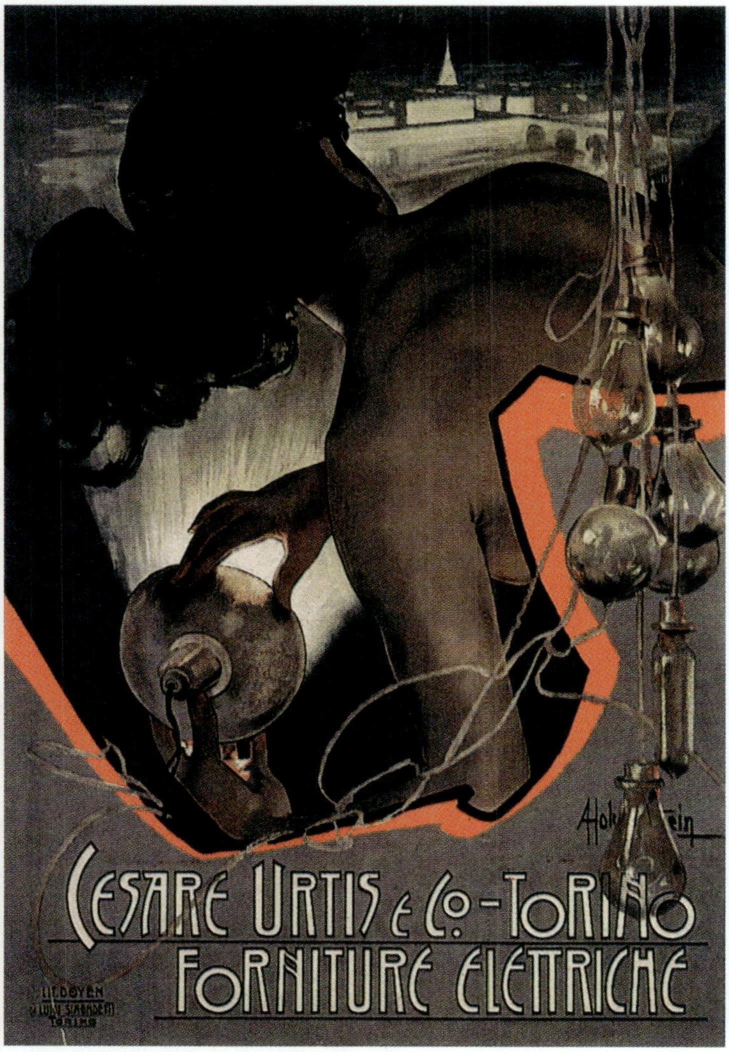

174
G. Volpe
L'emigrazione italiana

pee – Roma, per esempio, contava nel 1911 poco più di 500 mila abitanti contro i quasi 3 milioni di Parigi –, ma a esse più simili che in passato, grazie soprattutto allo sviluppo dei **servizi pubblici** (illuminazione, trasporti urbani, gas domestico, acqua corrente) gestiti non di rado dagli stessi comuni tramite apposite aziende municipalizzate. Le **condizioni abitative** dei lavoratori urbani restavano ancora precarie. Gli appartamenti dotati di servizi igienici autonomi restavano un'eccezione. Ma la diffusione dell'acqua corrente e il miglioramento delle reti fognarie costituirono un progresso di non poco conto, contribuendo alla forte **diminuzione della mortalità** da malattie infettive (colera, tifo e, in genere, affezioni intestinali) che si verificò nel primo quindicennio del secolo. Anche la mortalità infantile – indicatore fra i più importanti dell'arretratezza economica e civile – fece registrare un notevole calo.
Questi progressi tuttavia non furono sufficienti a colmare il divario che ancora separava l'Italia dagli Stati più ricchi e più industrializzati. Alla vigilia della prima guerra mondiale il reddito pro capite era circa la metà di quello tedesco. L'**analfabetismo** era ancora molto elevato (37% nel 1911), mentre si avviava a scomparire in tutta l'Europa del Nord. La quota della popolazione attiva impiegata nelle campagne era ancora intorno al 55% (mentre non superava il 40% in Francia, il 35% in Germania e addirittura l'8% in Inghilterra): una quota troppo alta per le capacità produttive dell'agricoltura italiana, com'era dimostrato dall'incremento dell'emigrazione verso l'estero.

L'emigrazione Nel solo 1913 si contarono 870 mila partenze, per un totale di circa 8 milioni di emigrati (di cui almeno 2 milioni a carattere permanente) fra il 1900 e il 1914. Tutte le regioni italiane parteciparono al fenomeno migratorio **[👁 GRAFICO_8]**. Ma il contributo più rilevante, in rapporto alla popolazione, venne dal Mezzogiorno. Inoltre, mentre l'emigrazione dalle **regioni centro-settentrionali** era soprattutto temporanea e diretta verso i **paesi europei**, quella meridionale si indirizzava in prevalenza verso le **Americhe** e aveva per lo più carattere permanente. Dal punto di vista economico, il fenomeno migratorio ebbe alcuni effetti positivi: non solo perché allentò la pressione demografica, creando un rapporto più favorevole fra popolazione e risorse e attenuando le tensioni sociali, ma anche perché le **rimesse**, ovvero il denaro inviato dagli emigrati alle famiglie, ridussero il disagio delle zone più

GRAFICO 8_LA DISTRIBUZIONE DELL'EMIGRAZIONE FRA LE AREE D'ITALIA

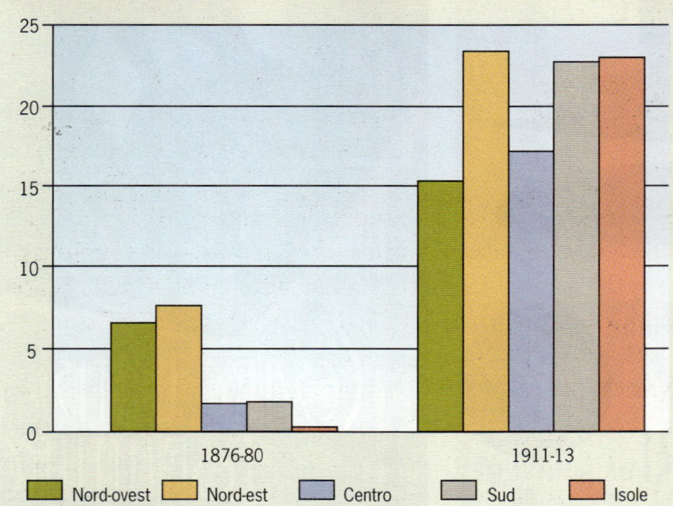

Il grafico relativo alla media degli espatri annui per mille abitanti mostra come, soprattutto nel primo decennio del '900, la parte meridionale e quella nord-orientale dell'Italia abbiano avuto il maggior numero di emigranti.

depresse e giovarono all'economia dell'intero paese. Tuttavia, un'emigrazione così massiccia rappresentò un **impoverimento, in termini di forza-lavoro e di energie intellettuali**, per la comunità nazionale e soprattutto per il Mezzogiorno.

▶ 171 DOC
Leopoldo Franchetti
La Sicilia nel 1876: clientele e mafia

▶ 172 DOC
Giuseppe Colombo
Milano industriale

Il divario tra Nord e Sud

Ancora una volta gli effetti del progresso economico si fecero sentire soprattutto nelle regioni più sviluppate, in particolare nel cosiddetto **triangolo industriale** che aveva come vertici Milano, Torino e Genova. E il divario fra Nord e Sud si venne perciò accentuando, sia pure nel quadro di una crescita generalizzata. Secondo i dati di un'inchiesta del 1903, sul totale dei lavoratori dell'industria il 57% era concentrato nelle regioni settentrionali mentre solo il 25% viveva nel Mezzogiorno, che aveva una popolazione pari al 37% di quella nazionale.

Questo divario era accentuato da alcuni **mali storici della società meridionale**: l'analfabetismo diffuso, la disgregazione sociale, l'assenza di una classe dirigente moderna, la subordinazione della piccola e media borghesia agli interessi della grande proprietà terriera, il carattere clientelare e personalistico della lotta politica. Tale carattere era accentuato dal fatto che, per molti giovani, la **conquista di un impiego pubblico** – raggiungibile grazie ai favori del notabile o del deputato locale – costituiva l'unica alternativa alla disoccupazione o all'emigrazione: fu in questo periodo che la pubblica amministrazione italiana, nata piemontese e "nordista", cominciò a meridionalizzarsi. Tutti questi erano mali antichi, ma risaltavano maggiormente nel momento in cui contrastavano col generale sviluppo del paese.

GUIDA ALLO STUDIO

❶ Quali scelte governative avevano favorito la crescita industriale in Italia? ❷ In quali settori industriali si registrarono i maggiori progressi? ❸ In che modo il decollo industriale modificò le condizioni di vita degli italiani? ❹ Quali fattori di arretratezza permanevano nel paese? Quali erano i mali storici del Meridione?

9 L'età giolittiana

Giovanni Giolitti fu la più notevole figura di statista apparsa in Italia dopo la morte di Cavour. Chiamato per la seconda volta alla guida del governo nel novembre 1903, dopo le dimissioni di Zanardelli, restò al potere per oltre un decennio, con brevi interruzioni nel 1905-6 e nel 1909-11.

Il controllo del Parlamento e il trasformismo giolittiano

Se è ormai consuetudine parlare di "età giolittiana" per indicare il periodo che va dal superamento della crisi di fine secolo alla vigilia della prima guerra mondiale, ciò è dovuto al fatto che in questo periodo lo statista piemontese esercitò sulla vita del paese un'influenza ancora maggiore di quanto non dica la sua pur lunga permanenza alla guida del governo. Quella esercitata da Giolitti fu una **dittatura parlamentare** molto simile a quella realizzata da Depretis fra il 1876 e il 1887, anche se diversa, e decisamente più aperta, nei contenuti [👁 21.2]. Tratti caratteristici dell'azione di Giolitti furono infatti: il costante **sostegno alle forze più moderne della società** italiana (la borghesia industriale e il proletariato organizzato), il tentativo di **condurre nell'orbita del sistema liberale gruppi e movimenti considerati nemici delle istituzioni**, la tendenza ad **ampliare l'intervento dello Stato** per correggere gli squilibri sociali.

Il controllo delle Camere (unito a una perfetta conoscenza dell'amministrazione statale) costituì l'elemento fondamentale del "sistema" di Giolitti. Questo controllo era però ottenuto a prezzo della perpetuazione dei sistemi trasformistici, che furono affinati ed estesi, e di un costante e spregiudicato **intervento del governo nelle lotte elettorali**, soprattutto nel Mezzogiorno, dove le ingerenze del potere

▶ 176
A. Asor Rosa
La protesta degli intellettuali

esecutivo tramite i prefetti, trovavano terreno favorevole in un ambiente dominato dai conflitti tra i notabili e caratterizzato dall'assenza quasi totale di organizzazioni politiche moderne.

Gli avversari di Giolitti

Su questi aspetti deteriori si appuntarono ben presto le critiche dei numerosi avversari dello statista piemontese. Per i **socialisti rivoluzionari** e per i **cattolici democratici** Giolitti era colpevole di far opera di corruzione all'interno dei rispettivi movimenti, dividendoli e attirandone le componenti moderate entro il suo sistema di potere trasformista (Giolitti tentò in più occasioni di inserire dirigenti socialisti nel governo). Per converso i **liberali-conservatori**, come **Sidney Sonnino** – che fu capo del governo per brevi periodi, nel 1906 e nel 1909 – o **Luigi Albertini**, direttore del «Corriere della Sera» di Milano, il più importante quotidiano italiano, accusavano Giolitti di attentare alle tradizioni risorgimentali, venendo a patti con i nemici delle istituzioni e mettendo così in pericolo l'autorità dello Stato. Diversamente motivate erano le accuse lanciate a Giolitti dai **meridionalisti** come Gaetano Salvemini. Per loro la denuncia del malcostume politico imperante nelle regioni del Sud – fu Salvemini a bollare Giolitti con l'epiteto ingiurioso di **«ministro della malavita»** – si legava alla critica severa della politica economica del governo. Questa politica avrebbe favorito infatti l'industria protetta e le «oligarchie operaie» del Nord, ma anche la grande proprietà terriera meridionale, tutelata dal dazio sul grano, ostacolando lo sviluppo delle forze produttive nel Mezzogiorno. Infine, molti **intellettuali** univano la critica del trasformismo e della corruzione parlamentare con l'avversione all'«appiattimento» democratico di cui la politica giolittiana sarebbe stata responsabile.

Sciopero dei ferrovieri a Torino
1905
[Civico Archivio Fotografico, Milano]
Il passaggio alla gestione statale delle ferrovie, previsto dal disegno di legge presentato da Giolitti nel 1905, fu accolto da un generale malcontento dei lavoratori del settore, che scesero subito in sciopero per chiedere miglioramenti economici. Venendo a mancare la solidarietà di altre categorie di lavoratori, i ferrovieri furono alla fine costretti a capitolare.

Le leggi per il Mezzogiorno e il suffragio universale

Ciononostante, durante l'età giolittiana furono varate – anche se con effetti tutt'altro che decisivi – alcune importanti iniziative in favore del Mezzogiorno: in particolare le **leggi speciali** del 1904, volte a incoraggiare lo sviluppo industriale e la modernizzazione dell'agricoltura mediante stanziamenti statali. Altri provvedimenti di rilievo furono la **statalizzazione delle ferrovie**, nel 1905, e l'istituzione, nel 1912, di un **monopolio statale delle assicurazioni sulla vita**, i cui proventi dovevano servire a finanziare il fondo per le pensioni di invalidità e vecchiaia dei lavoratori. Sempre nel 1912 fu varata la più importante tra le riforme giolittiane: l'estensione del diritto di voto a tutti i cittadini maschi che avessero compiuto trent'anni e a tutti i maggiorenni che sapessero leggere e scrivere o avessero prestato il servizio militare, in pratica il **suffragio universale maschile**.

I socialisti e lo sciopero generale del 1904

La svolta liberale dell'inizio del '900 aveva avuto nei socialisti dei protagonisti attivi, poiché Turati [👁 21.5] e i dirigenti a lui più vicini pensavano che la via delle riforme e della **collaborazione con la borghesia progressista** fosse per il movimento operaio l'unica capace di assicurare il consolidamento dei risultati appena conseguiti. Mentre si venivano delineando i limiti del liberalismo giolittiano, però, nel 1904 le correnti rivoluzionarie conquistarono la guida del partito e, a settembre, in seguito a un «eccidio proletario» verificatosi in Sardegna nel corso di una manifestazione di minatori, indissero il **primo sciopero generale nazionale** della storia d'Italia. Ci furono forti pressioni sul governo perché intervenisse militarmente, ma Giolitti lasciò che la manifestazione si esaurisse da sola, salvo poi sfruttare le paure dell'opinione pubblica moderata per convocare, a novembre, nuove elezioni in cui le sinistre segnarono una battuta d'arresto.

Tessera della Cgl
1911

Seduto sul globo terrestre, armato di martello e scalpello, un giovane eroe scolpisce le parole "resistenza, cooperazione, previdenza" per costruire un nuovo mondo.

La nascita della Cgl e le scissioni socialiste

Per il movimento operaio lo sciopero costituì una prova di forza ma rivelò anche gravi limiti organizzativi: si era infatti sentita l'esigenza, soprattutto da parte dei riformisti, di un più stretto coordinamento nazionale. Proprio dalle federazioni di categoria controllate dai riformisti partì l'iniziativa che portò, nel 1906, alla fondazione della **Confederazione generale del lavoro** (Cgl), che raccolse oltre 200 mila iscritti. La corrente più estremista, che si ispirava al sindacalismo rivoluzionario [👁 16.8], fu progressivamente emarginata dalla Cgl e infine allontanata anche dal partito socialista, il Psi, dove ripresero il sopravvento le correnti riformiste. Ma, nel **congresso di Reggio Emilia** del luglio 1912, la guida del partito tornò nelle mani degli intransigenti, fra i quali venne emergendo la figura di un giovane agitatore romagnolo, **Benito Mussolini**. Il congresso decise l'espulsione della corrente dei riformisti di destra guidata da **Leonida Bissolati** e **Ivanoe Bonomi**, che prospettavano una collaborazione al governo, e non solo in Parlamento, con le forze democratico-liberali.

I democratici cristiani

Durante l'età giolittiana anche il movimento cattolico si trasformò e riuscì ad avere un **peso maggiore nella vita politica**. La novità più importante fu l'affermazione del movimento democratico cristiano, guidato da **Romolo Murri**, un giovane sacerdote marchigiano dalle posizioni audacemente riformatrici, in cui la polemica contro il capitalismo e lo Stato borghese si riempiva di contenuti democratici (suffragio universale, decentramento amministrativo, legislazione sociale). Nei primi anni del '900 i democratici cristiani fondarono circoli, riviste e le prime unioni sindacali cattoliche "di classe", ovvero costituite dai soli lavoratori. Nel 1904, però, papa Pio X, per timore che conquistassero il controllo dell'Opera dei congressi, decise di scioglierla. Successivamente Murri venne sospeso dal sacerdozio (1909). Il movimento sindacale cattolico, comunque, continuò a svilupparsi.

Le alleanze clerico-moderate Nel frattempo il papa e i vescovi, preoccupati dai progressi delle forze laiche e socialiste, favorirono le tendenze clerico-moderate che miravano a far fronte comune con i «partiti d'ordine»

PERSONAGGI

Giovanni Giolitti

È stato uno dei più importanti statisti italiani: al suo nome è legato un intero periodo dell'Italia liberale, l'età giolittiana, dal 1900 al 1914. Figura politica controversa, fu l'artefice di un processo di modernizzazione e di progresso economico del paese, ma fu anche il bersaglio di feroci critiche per la sua maniera di governare, tanto da essere definito da Gaetano Salvemini il «ministro della malavita».

Giovanni Giolitti (1842-1928) nacque a Mondovì, vicino a Cuneo, in una famiglia della media borghesia. Il padre, cancelliere del locale tribunale, morì poco dopo la sua nascita e la madre si trasferì a Torino nella casa dei suoi quattro fratelli: "Giuvanin" – così era chiamato da piccolo – trascorse i suoi primi anni di vita in un **ambiente familiare austero, alto-borghese e d'ispirazione liberale e patriottica**. Seppur poco disciplinato a scuola, si appassionò ben presto alla storia, alla lettura dei romanzi classici e alla filosofia. Iscrittosi alla facoltà di Giurisprudenza, conseguì nel 1861, in tre anni, la laurea: durante l'università il giovane si dedicò solo agli studi e non si fece trasportare dal fermento patriottico del periodo, anzi maturò una sostanziale avversione alla retorica nazionalista in voga. Entrato subito in magistratura, cominciò una lunga carriera nell'amministrazione statale come **funzionario ministeriale**, acquisendo un'ottima formazione burocratica e ricevendo apprezzamenti per la sua preparazione e capacità dai ministri con cui si trovò a lavorare (ad esempio da Quintino Sella, che resterà per lui un modello). Nel 1869 sposò Rosa Sobrero, dalla quale ebbe sette figli: sobrio e riservato, rimase sempre lontano dai salotti mondani, anche quando si trasferì a Roma. Nel lavoro non fu mai spinto da interessi economici personali, nemmeno quando si lanciò nella carriera politica nel 1882.

Fu eletto nel collegio di Cuneo, dove si era presentato con un programma di chiara ispirazione liberale, ma aperto alle nuove istanze sociali. Per dieci anni fece parte della maggioranza che faceva capo a Depretis, diventando però ben presto un **"dissidente"**, critico nei confronti del trasformismo e soprattutto della politica finanziaria della Sinistra. Ministro del Tesoro nel primo governo Crispi, ruppe con lo statista siciliano, da cui da allora lo divise un'accesa rivalità, anche personale. Rivalità che si accentuò quando, nel 1892, Giolitti fu chiamato dal re a formare il suo primo governo e quando sia lui sia Crispi furono coinvolti nello **scandalo della Banca Romana** e si affrontarono a colpi di accuse infamanti e di dossier. Giolitti fu costretto ad appartarsi dalla vita politica e a trasferirsi in Germania presso la figlia, fino a che la Camera non si pronunciò contro la sua incriminazione nel 1896.

Tornato sulla scena politica, si rilanciò come critico delle politiche repressive nei confronti delle agitazioni sociali, come difensore delle prerogative del Parlamento e come leader della sinistra progressista. Fu questo il preludio al suo ritorno a cariche di governo, dapprima come ministro dell'Interno con Zanardelli (1901-3), poi come presidente del Consiglio e **protagonista indiscusso della politica italiana fino allo scoppio della guerra mondiale**.

In questo periodo si formò una duplice immagine dello statista piemontese: positiva, da una parte, quale uomo politico esperto, capace di attuare riforme e favorire il processo di modernizzazione dell'Italia; negativa, dall'altra, quale manipolatore della rappresentanza parlamentare, responsabile della degenerazione del sistema politico e della diffusione di pratiche corruttive. Senza dubbio Giolitti seppe condurre la società italiana di inizio '900 verso uno sviluppo economico e sociale, puntando sui soggetti più moderni, come la borghesia industriale e il movimento operaio, inserendo il paese in una congiuntura internazionale favorevole al decollo industriale e mantenendo sempre una grande attenzione al bilancio e ai conti pubblici. Aprì alle nuove forze sociali e politiche, dialogando con i movimenti di massa, cui riconobbe legittimità politica, e che cercò di assorbire nel suo "sistema" purché non fosse messa in discussione l'egemonia della classe dirigente liberale.

Tuttavia, **lo statista piemontese basò il suo potere su maggioranze prive di una caratterizzazione politica chiara**: quelle che riuscì a costituire nel periodo definito "dittatura giolittiana" (1903-14) erano ottenute ricorrendo a manovre interne e al metodo del "trasformismo" (tanto criticato in passato ma in realtà pienamente ripreso), grazie a vincoli di amicizia e di fedeltà personale o a negoziazioni spesso non limpide, nonché attraverso forti ingerenze a livello locale nel corso delle elezioni politiche (in particolare nelle regioni meridionali). Questo suo **modo di agire, concreto e senza scrupoli**, era determinato anche da una profonda **sfiducia nei confronti degli "uomini"**, come lui stesso scriveva alla figlia nel 1896:

mettiti in capo questo, che gli uomini sono quello che sono, in tutti i tempi e in tutti i luoghi, con i loro vizi, i loro difetti, le loro passioni, le loro debolezze; e il governo deve essere adatto agli uomini come sono; certo il governo deve mirare a correggere, a migliorare, ma anch'esso (moderati e conservatori) per **bloccare l'avanzata delle sinistre**. Alleanze politiche di questo genere furono esplicitamente autorizzate dalle autorità ecclesiastiche e vennero d'altra parte incoraggiate dallo stesso Giolitti. Quest'ultimo, infatti, pur ispirandosi in materia di rapporti fra Stato e Chiesa a una linea rigorosamente laica, vide nel nuovo atteggiamento dei cattolici la possibilità di ampliare i suoi spazi di manovra, utilizzando nuove forze a sostegno delle sue maggioranze. Il *non expedit* fu sospeso in alcuni collegi del Nord nelle elezioni del 1904 e, in misura molto più ampia, nelle successive consultazioni del 1909, dove fu autorizzata anche la presentazione di candidature dichiaratamente cattoliche, anche se solo a titolo personale.

GUIDA ALLO STUDIO

❶ Quali furono i tratti caratteristici della politica di Giolitti? Perché viene definita una "dittatura parlamentare"? ❷ Chi erano i critici del giolittismo? Che cosa rimproveravano allo statista piemontese? ❸ In che occasione fu indetto il primo sciopero generale nazionale? ❹ Che cosa cambiò nel Partito socialista dopo il congresso di Reggio Emilia del 1912? ❺ Quale fu la posizione della Chiesa in età giolittana? Chi erano i «democratici cristiani»?

PERSONAGGI

Ritratto fotografico di Giovanni Giolitti

è composto di uomini, e l'uomo perfetto non esiste [...] **Il sarto che ha da vestire un gobbo se non tiene conto della gobba non riesce...**

Questo stile realistico e prosaico spiega in parte le diffuse antipatie che Giolitti riuscì a suscitare nella maggioranza degli intellettuali, soprattutto i più giovani, e in tutti coloro che sognavano per l'Italia un avvenire di conquiste o rimpiangevano gli ideali smarriti del Risorgimento. Quando, nel 1915, un anno dopo aver lasciato la guida del governo, si pronunciò contro l'entrata dell'Italia nella prima guerra mondiale, questa corrente ostile si materializzò nelle manifestazioni della piazza interventista: **Giolitti divenne il simbolo di un'Italia mediocre e meschina, l'ostacolo principale a qualsiasi progetto di rinnovamento del paese**. E come tale fu duramente contestato. Una volta deciso l'intervento, pur avendo ancora un cospicuo seguito in Parlamento, si astenne dalle pubbliche critiche ai governi in carica e si appartò passando la maggior parte del suo tempo nella sua casa di campagna a Cavour.
Ormai anziano, fece il suo rientro nella politica attiva, presentandosi alle elezioni del 1919 con un programma molto avanzato, che aveva tra i suoi punti qualificanti il controllo del Parlamento sulle scelte di politica estera (una sperata rivincita su chi aveva deciso contro il suo parere l'intervento nella Grande Guerra). Nel **1920**, nel pieno del "biennio rosso", segnato dalle lotte contadine e operaie, fu richiamato alla **presidenza del Consiglio**. Ancora una volta mostrò le sue notevoli capacità, ma non riuscì né a cooptare nella maggioranza la componente riformista del Partito socialista, né a "costituzionalizzare" il movimento fascista, di cui sottovalutò colpevolmente la carica eversiva.
Nel giugno del 1921, dopo il risultato deludente delle elezioni politiche che egli stesso aveva voluto per ricostituire una forte maggioranza liberale, Giolitti si dimise. Sperava probabilmente di rientrare in posizione di forza, come aveva fatto più volte al tempo della sua "dittatura parlamentare". Ma i tempi erano cambiati. E cambiati erano i protagonisti di una politica che non aveva più il suo centro nell'aula della Camera. Seguirono altri gravi errori, peraltro condivisi con il grosso della classe dirigente liberale, che avrebbero spianato la strada all'avvento del fascismo, col quale Giolitti però non volle mai confondersi, mantenendo nei confronti del movimento mussoliniano un atteggiamento di orgoglioso distacco. Solo nell'autunno del 1924, **dopo il delitto Matteotti, si decise a passare all'opposizione** assieme ai pochi liberali rimasti nella Camera, senza partecipare alla secessione dell'Aventino.

Tra un governo che ha soppresso la libertà della stampa e l'opposizione che ha soppresso la tribuna parlamentare, un povero diavolo che abbia la disgrazia di aver conservato un po' di buon senso non ha altra risorsa che starsene in campagna, limitandosi alla parte di osservatore.

Così si esprimeva l'ottantaduenne Giolitti, poco prima di congedarsi dalla vita politica. Si recò alla Camera l'ultima volta nel 1928 per esprimere il suo dissenso verso la nuova legge elettorale che, a suo avviso, segnava «il decisivo distacco dal regime retto dallo Statuto». Pochi mesi dopo, morì nella sua casa di Cavour.

10 Il nazionalismo, la guerra di Libia e la fine del giolittismo

Il riavvicinamento alla Francia

A partire dal 1896, anno della caduta di Crispi, la politica estera italiana subì una netta correzione di rotta [👁 21.6]. Fu attenuata, pur senza rinnegare il vincolo della Triplice alleanza, la linea rigidamente filotedesca seguita nel precedente decennio. Il conseguente miglioramento dei rapporti con la Francia portò alla fine della guerra doganale [👁 21.3] e, nel 1902, a un accordo per la divisione delle sfere di influenza in Africa settentrionale: l'Italia otteneva il riconoscimento dei suoi diritti di priorità sulla Libia, lasciando in cambio mano libera alla Francia sul Marocco.

I nazionalisti e i progetti imperialisti in Nord Africa

In questi anni si affermò un movimento nazionalista che, alla fine del 1910, si organizzò nella **Associazione nazionalista italiana.** Molti uomini politici e intellettuali avevano cominciato a chiedersi perché l'Italia dovesse rassegnarsi a un destino di potenza di secondo rango, perché tanti lavoratori italiani fossero costretti a emigrare in cerca di lavoro nei paesi più ricchi anziché impegnare le loro energie al servizio della grandezza nazionale. Ebbe allora notevole fortuna la teoria formulata dallo scrittore **Enrico Corradini**, secondo cui il contrasto fondamentale non era più quello fra le diverse classi all'interno di un singolo paese, ma quello fra **paesi ricchi e paesi poveri**, fra **«nazioni capitalistiche» e «nazioni proletarie»** (ossia dotate di una popolazione in eccedenza rispetto alle risorse economiche).

Tra i nazionalisti emerse un gruppo imperialista e conservatore che avviò una **martellante campagna per la conquista della Libia.** Questa iniziativa trovò potenti alleati nei gruppi cattolico-moderati legati alla finanza vaticana e in particolare al Banco di Roma, da anni impegnato in un'opera di penetrazione economica in terra libica. La campagna contribuì senza dubbio a spingere il paese sulla via dell'intervento, ma l'impulso decisivo venne dalle vicende della politica internazionale: quando apparve chiaro che la Francia si apprestava a imporre il suo protettorato sul Marocco [👁 20.2], il governo italiano ritenne giunto il momento di far valere gli accordi del 1902.

La guerra di Libia La guerra contro l'Impero turco, che esercitava la sovranità sulla Libia, scoppiò nel settembre del **1911**. Il conflitto fu più lungo e difficile del previsto anche perché i turchi, anziché accettare uno scontro campale, preferirono fomentare la **guerriglia** condotta con decisione dalle popolazioni arabe. Per venire a capo della resistenza, l'Italia dovette non solo rinforzare il corpo di spedizione, ma anche estendere il teatro di guerra ai possedimenti turchi del Mare Egeo, occupando l'isola di **Rodi** e l'arcipelago del **Dodecaneso**. La guerra terminò nell'ottobre del 1912 con la **pace di Losanna** che sanciva la conquista italiana della Libia. La pace non valse tuttavia a far cessare la resistenza araba; e da ciò gli italiani trassero pretesto per mantenere l'occupazione di Rodi e del Dodecaneso.
Durante la guerra la maggioranza dell'opinione pubblica borghese si schierò a favore dell'impresa coloniale e la appoggiò con grandi manifestazioni patriottiche. Ma dal punto di vista economico la conquista della Libia si rivelò un pessimo affare. I costi della guerra furono molto pesanti; le ricchezze naturali favoleggiate dai nazionalisti si scoprirono scarse o inesistenti (nessuno sospettava allora la presenza di petrolio sotto lo «scatolone di sabbia» del deserto libico); la colonizzazione delle zone costiere non bastò ad assorbire quote consistenti di lavoratori.

L'indebolimento del governo Il successo politico e propagandistico dell'impresa non si risolse però in un durevole consolidamento del governo. Al contrario, la guerra di Libia, introducendo elementi di **radicalizzazione nel dibattito politico**, scosse pericolosamente gli equilibri su cui si reggeva il sistema giolittiano e favorì il rafforzamento delle ali estreme. La destra liberale, i clerico-conservatori e soprattutto i nazionalisti trassero nuovo slancio dal buon esito di un'impresa che avevano fermamente e rumorosamente sostenuto. Sull'opposto versante, quello socialista, l'opposizione alla guerra fece emergere le tendenze più radicali e indebolì quelle correnti riformiste e collaborazioniste che avevano costituito fino allora un elemento non secondario degli equilibri politici giolittiani: uno dei motivi della scissione di Reggio Emilia fu l'atteggiamento non pregiudizialmente contrario all'impresa libica assunto da Bissolati e Bonomi.

Il "patto Gentiloni" Altri elementi di novità nel sistema politico furono apportati

◀ **Alcuni arabi fatti prigionieri dopo la battaglia di Sciara Sciatt, vengono condotti a Tripoli**
Ottobre 1911

▶ **Esecuzione capitale di 14 arabi nella Piazza del Pane a Tripoli**
6 dicembre 1911
Nella conquista della Libia, per l'esercito italiano le operazioni belliche si rivelarono più complesse del previsto: le popolazioni arabe, infatti, si allearono con le truppe regolari turche, rendendo la resistenza particolarmente difficile da combattere. Nell'ottobre del 1911, in risposta a un duro attacco turco a Sciara Sciatt (un sobborgo di Tripoli) e al massacro di un reparto di bersaglieri, gli italiani compirono nella stessa località una feroce rappresaglia contro le popolazioni locali.

dalle elezioni del novembre 1913, le prime a suffragio universale maschile. Nell'imminenza delle elezioni, il conte Ottorino Gentiloni, presidente dell'Unione elettorale cattolica, invitò i militanti ad appoggiare quei candidati liberali che si impegnassero, una volta eletti, a rispettare un programma in cui erano previsti fra l'altro la **tutela dell'insegnamento privato**, l'**opposizione al divorzio**, il **riconoscimento delle organizzazioni sindacali cattoliche**. Moltissimi candidati liberali accettarono segretamente di sottoscrivere questi impegni, spinti dall'esigenza di assicurarsi i suffragi di un elettorato di massa. Anche grazie a questi accordi, le elezioni del 1913 non ebbero effetti sconvolgenti sugli equilibri parlamentari. Ma si configurò una maggioranza più eterogenea e divisa che in passato, rendendo la mediazione giolittiana sempre più problematica.

La fine del giolittismo

Nel maggio 1914 Giolitti rassegnò le dimissioni, indicando al re come suo successore **Antonio Salandra**, leader della destra liberale. Come aveva già fatto in passato, Giolitti incoraggiò dunque un'esperienza di governo conservatore con la prospettiva di lasciarla logorare rapidamente e di tornare poi al potere a capo di un ministero orientato a sinistra. Ma la situazione era molto cambiata dopo la guerra di Libia.

STORIA • SOCIETÀ • CITTADINANZA

I conflitti di lavoro nello Stato democratico

Nel **XIX secolo**, con lo sviluppo della società industriale e la nascita del proletariato di fabbrica, in Gran Bretagna e gradualmente in tutta l'Europa e negli Stati Uniti, prese corpo una nuova forma di conflitto sociale, quella dei **conflitti di lavoro**. Si definiscono in tal modo tutte le contrapposizioni tra gli interessi dei prestatori d'opera (pubblici e privati) e quelli della loro controparte (il datore di lavoro, le organizzazioni di imprenditori, le istituzioni, il governo, ecc.). Tra le cause principali dei conflitti di lavoro si possono rintracciare le vertenze relative ai salari, agli orari di lavoro e alle ferie e le richieste di riconoscimento dell'attività dei sindacati o di stipulare un contratto collettivo nazionale per tutti i lavoratori [👁 8.5 STORIA • SOCIETÀ • CITTADINANZA].

Vi possono essere diverse forme di conflitti di lavoro: dall'assenteismo dei lavoratori al boicottaggio, dalla distruzione delle macchine al loro sabotaggio, dalle manifestazioni alle occupazioni delle fabbriche. Tuttavia, la loro principale forma di espressione, almeno nei sistemi democratici dove non è vietato per legge farvi ricorso, è lo **sciopero**, cioè l'astensione collettiva dall'attività lavorativa. Per porre fine ai conflitti di lavoro – e ai problemi che determinano nell'attività produttiva – le parti possono ricorrere a tentativi di conciliazione e stringere accordi, dando vita al **sistema delle relazioni industriali**.

Negli Stati democratici il conflitto è spesso presente all'interno di tale sistema, anche se si manifesta con modalità e obiettivi diversi a seconda del periodo storico e del paese: soprattutto attraverso la pratica dello sciopero esso costituisce un efficace **strumento di contrattazione** per i lavoratori dipendenti. L'astensione di un numero consistente di essi, infatti, permette loro di assumere una forza tale da poter rivendicare un trattamento più favorevole da un punto di vista contrattuale e salariale.

Lo **Stato democratico** interviene sui conflitti di lavoro in due modi: legiferando sulla legalità delle forme di lotta (ad esempio vietando o consentendo gli scioperi), sulle condizioni contrattuali e sui diritti della forza-lavoro; oppure prendendo parte come mediatore alle trattative tra le organizzazioni dei lavoratori e quelle dei datori di lavoro per prevenire e risolvere le controversie.

In linea generale, nel **XX secolo** in tutti i paesi democratici si è proceduto ad un progressivo processo di **istituzionalizzazione del conflitto di lavoro** e di riconoscimento del diritto di sciopero, di cui sono state stabilite e disciplinate le modalità di espressione. Oltre agli scioperi, le altre forme di conflitto sul posto di lavoro (occupazione delle fabbriche, boicottaggio, ecc.), invece, sono state spesso contemplate e punite dai codici penali (quando violano la proprietà o la libertà personale) o da quelli civili (quando infrangono le clausole del contratto di lavoro).

In **Italia**, la legittimità dello sciopero (purché attuato senza ricorrere alla minaccia o alla violenza) fu riconosciuta per la prima volta nel 1889 dal **Codice Zanardelli**, ma la sua pratica continuò ad essere ostacolata dalle forze dell'ordine e da provvedimenti governativi quali l'invio di militari in sostituzione degli scioperanti e la militarizzazione dei lavoratori dei servizi pubblici. Nonostante questa politica autoritaria, evidente nella repressione dei moti del 1898 [👁 21.7], i conflitti sociali e di lavoro si intensificarono: nel 1901 si registrarono 1671 scioperi, l'anno successivo più di mille. A partire dal 1901, con il nuovo governo Zanardelli – nel quale Giovanni Giolitti era ministro dell'Interno – si inaugurò una politica più tollerante verso i conflitti economici tra capitale e lavoro e le organizzazioni operaie furono lasciate libere di svilupparsi. Nel 1902 furono costituiti presso il ministero di Agricoltura, industria e commercio due nuovi organismi: l'**Ufficio del lavoro**, con funzioni principalmente di studio sui problemi industriali, e il **Consiglio superiore del lavoro** (in cui erano presenti rappresentanti degli imprenditori, delle organizzazioni operaie e dello Stato) che avrebbe dovuto media-

Un sintomo evidente del nuovo clima fu la cosiddetta **"settimana rossa"** del giugno 1914. L'uccisione di tre dimostranti durante una manifestazione antimilitarista ad Ancona provocò un'ondata di scioperi in tutto il paese. Nelle Marche e in Romagna la protesta assunse un carattere apertamente insurrezionale: vi furono assalti a edifici pubblici e atti di sabotaggio contro le linee telegrafiche e ferroviarie. Priva di qualsiasi sbocco concreto, non appoggiata dalla Cgl e fronteggiata con decisione dal governo, l'agitazione si esaurì in pochi giorni. L'unico risultato fu quello di rafforzare le tendenze conservatrici in seno alla classe dirigente, di dare spazio ai nazionalisti e di accentuare le fratture all'interno del movimento operaio. Di lì a poco la Grande Guerra avrebbe reso irreversibile la crisi del giolittismo e messo in luce la debolezza di una linea politica che aveva avuto il merito innegabile di favorire la democratizzazione della società, incoraggiando al tempo stesso lo sviluppo economico: questa **linea politica, tutta fondata sulla mediazione parlamentare**, si rivelava inadeguata a fronteggiare le tensioni sprigionate dalla nascente società di massa.

GUIDA ALLO STUDIO

❶ L'Italia rispettò la politica diplomatica prevista dalla Triplice alleanza? ❷ Quali forze sociali e politiche sostenevano la guerra per la conquista della Libia? ❸ In che cosa consisteva il "patto Gentiloni"? ❹ Che cosa accadde durante e dopo la "settimana rossa" nel 1914? Quali ragioni politiche determinarono la fine del giolittismo?

re tra gli interessi delle parti e suggerire gli interventi di legislazione sociale (molto numerosi negli anni successivi) necessari per migliorare le condizioni dei lavoratori. In questo clima, fra il 16 e il 20 settembre 1904 l'Italia fu bloccata dal primo grande sciopero generale della sua storia.

Manifestazione di solidarietà per gli operai dell'Alfa Romeo di Arese (Milano) e delle aziende automobilistiche in crisi, 2002
Uno dei più recenti conflitti in materia di lavoro riguarda la diffusione della contrattazione locale anche per categorie di lavoratori alle quali era in precedenza applicata la contrattazione collettiva nazionale, come nel caso di alcuni stabilimenti della Fiat.

Una dura stretta repressiva si ebbe durante il **regime fascista**, ideologicamente fondato su una visione corporativista che mirava a impedire il conflitto tra imprenditori e forza-lavoro: la legge n. 563 del 3 aprile 1926 proibì nuovamente lo sciopero. Questa situazione ebbe termine con la caduta del fascismo e il ritorno alla libertà politica e sindacale. La **Costituzione** repubblicana del 1948 garantì il diritto di sciopero (art. 40), ma nessuna legge ha mai disciplinato l'esercizio di questo diritto. Infatti, tutte le forme di sciopero sono considerate legittime, compresi gli **"scioperi a singhiozzo"**, che prevedono delle astensioni brevi e ripetute, e gli **"scioperi a scacchiera"**, in cui i diversi gruppi di lavoratori si astengono a turno. L'unica eccezione è costituita dai lavoratori dei servizi pubblici essenziali che, con la legge n. 146 del 12 giugno 1990, modificata nel 2000, sono tenuti a esperire un tentativo di conciliazione (presso il ministero del Lavoro o la Prefettura) prima di convocare lo sciopero, a dare un preavviso di 10 giorni e a garantire alcune prestazioni minime indispensabili.

Il **20 maggio 1970**, nel corso del più intenso ciclo di lotte operaie mai verificatosi in Italia (le ore di lavoro perduto furono 73.918 nel 1968, 302.597 – la quantità più alta mai raggiunta – nel 1969 e 146.212 nel 1970), fu approvato lo **Statuto dei lavoratori** (legge n. 300), che garantiva e tutelava, tra gli altri diritti, quello di sciopero.

Negli anni successivi, il **ruolo dello Stato** nelle relazioni industriali è mutato: dopo essere stato mediatore nelle controversie, esso ha iniziato a contrattare con i sindacati – attraverso accordi interconfederali – una moderazione delle richieste salariali e dei conflitti in cambio di misure legislative a favore dei lavoratori: è questo il metodo della **concertazione**. Sono frutto di questa pratica, tra gli altri, il Protocollo Scotti del 1983, che prescrive alcune procedure per la composizione dei conflitti di lavoro, e il Protocollo del 23 luglio 1993, che per prevenire i conflitti stabilisce come adattare i contratti alle politiche economiche e dei redditi del governo. Con l'inizio del nuovo secolo, però, anche questo modello è stato abbandonato: la contrattazione collettiva è stata sostituita sempre più spesso da una serie di intese a livello locale.

SINTESI

1 L'Italia liberale

Nel cinquantennio compreso tra il 1870 e il 1914 (anno in cui inizia la prima guerra mondiale), gli anni dell'Italia liberale, si distinguono tre fasi: la prima (1870-87), nella quale la guida del paese passa alla Sinistra dopo il declino della Destra storica, e si inaugura il trasformismo con l'annullamento dei tradizionali confini fra maggioranza e opposizione nella prassi di governo; la seconda (1887-1901), segnata da esperimenti autoritari destinati a fallire; la terza (1901-14), l'età giolittiana, nella quale si ottengono importanti progressi economici e civili, che si chiude però, alla vigilia dell'entrata in guerra, nel 1915, con momenti di forte conflittualità sociale.

2 Dalla Destra alla Sinistra

Nel marzo 1876 il governo della Destra fu battuto alla Camera su un progetto di legge relativo alla statalizzazione delle ferrovie. L'avvento al potere della Sinistra segnò l'inizio di una nuova fase con una classe dirigente più giovane, che avrebbe perso le componenti radical-democratiche. Approvate la legge Coppino sull'istruzione e la riforma elettorale del 1882, gran parte del programma riformatore della Sinistra fu accantonato. Il sistema politico italiano perse, col trasformismo di Depretis (l'allora leader della Sinistra), il suo carattere bipartitico, finendo con l'essere dominato da un grande Centro che emarginava le ali estreme.

3 La politica economica protezionista

La Sinistra abolì la tassa sul macinato e aumentò la spesa pubblica. Ma non riuscì a fronteggiare la grave crisi agraria che investiva anche l'Italia. Se si escludono le zone più sviluppate del Nord, infatti, l'agricoltura italiana versava in condizioni assai arretrate, e questa situazione fu ulteriormente aggravata dalle ripercussioni della crisi. Tra gli effetti della crisi vi fu un rapido incremento dell'emigrazione e, in tempi più lunghi, il decollo industriale italiano. Questo dimostrò quanto fosse illusoria l'idea che lo sviluppo economico del paese potesse basarsi solo sull'agricoltura. Si affermò dunque una linea di appoggio dello Stato all'industria con l'adozione di tariffe protezionistiche (1887). Ne derivarono alcuni importanti effetti negativi: la guerra doganale con la Francia, l'aumento degli squilibri tra Nord e Sud, la penalizzazione delle esportazioni agricole.

4 La politica estera e il colonialismo

La stipulazione della Triplice alleanza con Germania e Austria-Ungheria (1882) segnò nella politica estera italiana una svolta, determinata dal timore di un isolamento internazionale e dal trauma rappresentato dall'occupazione francese della Tunisia. Il trattato costringeva l'Italia a rinunziare implicitamente alla rivendicazione di Trentino e Venezia Giulia, le cosiddette terre irredente ancora in mano agli austriaci. Fu anche avviata in quegli anni un'espansione coloniale sulle coste del Mar Rosso, in Africa. Il tentativo di estendersi verso l'interno portò al contrasto con l'Etiopia e all'eccidio di Dogali (1887).

5 Socialisti e cattolici

Dati i ritardi nello sviluppo industriale, la classe operaia italiana era costituita solo per una minoranza da proletariato di fabbrica. Le società di mutuo soccorso, inizialmente dominate da mazziniani e moderati, perdettero via via terreno a favore del movimento internazionalista che in Italia ebbe essenzialmente indirizzo anarchico. Gli anni '80 videro una notevole crescita del movimento operaio, con la fondazione di federazioni di mestiere e Camere del lavoro. Nel 1892 fu fondato il Partito dei lavoratori italiani (poi Partito socialista). Benché il *non expedit* (1874) vietasse la partecipazione dei cattolici alle elezioni politiche, la presenza cattolica nella società italiana, soprattutto nelle campagne, era massiccia. L'Opera dei congressi sorse per organizzare tale presenza, secondo una linea di rigida opposizione al liberalismo e al socialismo. L'elezione di papa Leone XIII (1878), più aperto ai problemi della società moderna, favorì l'impegno sociale dei cattolici e lo sviluppo delle loro organizzazioni.

6 Crispi: rafforzamento dello Stato e tentazioni autoritarie

Alla morte di Depretis (1887) divenne presidente del Consiglio Crispi: la sua politica autoritaria e repressiva si accompagnò a una importante riorganizzazione dell'apparato statale. Nettamente diversa fu la politica di Giolitti, capo del governo nel '92-93: l'azione di Giolitti fu imperniata su una linea non repressiva nei confronti dei conflitti sociali. Il rifiuto di Giolitti di adottare misure eccezionali contro i Fasci siciliani e lo scandalo della Banca Romana provocarono le sue dimissioni. Il ritorno di Crispi al governo (1893) fu caratterizzato dalla riforma bancaria (nascita della Banca d'Italia), dalla proclamazione dello stato d'assedio in Sicilia e Lunigiana, dalle leggi antisocialiste, dall'ulteriore spinta all'azione colonialista che portò alla guerra con l'Etiopia. La sconfitta di Adua (1896), in Africa, determinò la fine politica dello statista siciliano.

7 La crisi di fine secolo e la nuova politica liberale

Negli ultimi anni dell'800, si fece strada tra le forze conservatrici italiane la tentazione di risolvere in senso autoritario le tensioni politiche e sociali. Essa si manifestò con la dura repressione militare dei moti per il pane del '98 e con il tentativo del governo Pelloux di far approvare delle leggi limitative delle libertà politiche. La dura opposizione incontrata alla Camera e le elezioni del 1900 portarono a un mutamento di rotta, che (dopo l'assassinio di Umberto I) fu confermato dal nuovo re Vittorio Emanuele III. Il governo Zanardelli-Giolitti (1901-3) si caratterizzò per alcune importanti riforme sociali e per la neutralità nel campo dei conflitti di lavoro. Quest'ultimo fatto favorì lo sviluppo delle organizzazioni sindacali, che a sua volta fu accompagnato da un brusco aumento degli scioperi (con la conseguenza di un notevole incremento dei salari operai e agricoli).

8 Lo sviluppo economico e i problemi del Meridione

Negli ultimi anni del secolo iniziò il decollo industriale italiano, preparato – negli anni precedenti – dalla costruzione di una rete ferroviaria, dalla scelta protezionistica, dal riordinamento del sistema bancario. Lo sviluppo industriale, se non ridusse il divario con i paesi più ricchi, provocò però un aumento del reddito e un miglioramento del tenore di vita degli italiani. Cresceva – parallelamente – l'emigrazione, conseguenza di una sovrabbondanza della popolazione rispetto alle capacità produttive dell'agricoltura, che nel Mezzogiorno restava profondamente arretrata (provocando così l'accentuarsi del divario con il Nord industrializzato e agricolo).

9 L'età giolittiana

Leggi speciali per il Mezzogiorno, statalizzazione delle ferrovie, introduzione del suffragio universale maschile (1912), monopolio statale delle assicurazioni sulla vita rappresentarono i punti qualificanti della politica di Giolitti, che rimase a capo del governo, con alcune interruzioni, dal 1903 al 1914. Il suo riformismo non era privo di limiti, per il condizionamento delle forze conservatrici e per la costante attenzione a non modificare in senso eccessivamente democratico gli equilibri parlamentari. Quella di Giolitti fu "dittatura parlamentare" e trovò molti critici fra le forze politiche e soprattutto fra gli intellettuali. A sinistra, la fondazione della Cgl (1906) segnò un rafforzamento della presenza riformista. Ma, dopo l'espulsione dei riformisti nel 1912, il controllo del partito socialista passò ai rivoluzionari, di cui Mussolini era uno dei maggiori leader. In campo cattolico si sviluppò il movimento democratico-cristiano, condannato dal nuovo papa Pio X. Sul piano politico le forze clericomoderate stabilirono alleanze elettorali con i liberali, in funzione conservatrice.

10 Il nazionalismo, la guerra di Libia e la fine del giolittismo

Sul piano della politica estera l'Italia si avvicinò, tra fine '800 e inizio '900, alla Francia. Mutò contemporaneamente l'atteggiamento dell'opinione pubblica nei confronti delle imprese coloniali, che cominciarono a essere caldeggiate soprattutto dal nuovo movimento nazionalista. Proprio la campagna di stampa dei nazionalisti fu, insieme con le pressioni degli interessi della finanza cattolica, tra i fattori che spinsero il governo all'intervento militare in Libia (1911). Le trasformazioni del sistema politico alla vigilia della Grande Guerra – sviluppo del nazionalismo, accresciuto peso dei cattolici, prevalenza dei rivoluzionari nel Psi – segnarono la progressiva crisi della politica giolittiana, di cui la "settimana rossa" (1914) fu un rilevante sintomo. In questa situazione la guerra avrebbe significato la fine del giolittismo: di fronte alle tensioni che attraversavano la società tramontava la stagione di una linea politica fondata sulla mediazione parlamentare.

SVILUPPARE LE COMPETENZE

❶ Rispondi correttamente alle domande seguenti impiegando 3 righe per ciascuna risposta. Utilizza quindi i dati e gli argomenti a tua disposizione come scaletta per scrivere un testo di 30 righe sull'Italia liberale tra il 1870 e il 1877:

1. In che anno cadde la Destra?
2. Perché cadde il governo Minghetti?
3. Chi fu il nuovo capo di governo della Sinistra dal 1876?
4. Quali componenti politiche costituivano la Sinistra quando prese il potere?
5. Da quali progetti fondamentali era costituito il programma della Sinistra parlamentare?
6. Cosa imponeva la legge Coppino?
7. Secondo la nuova legge elettorale del 1882 chi aveva diritto di voto?
8. La nuova legge elettorale del 1882 mantenne il requisito del censo?
9. Che cosa significava la parola trasformismo?
10. Quali conseguenze ebbe la svolta moderata di Depretis?

❷ Rispondi alle seguenti domande sull'Italia selezionando gli argomenti elencati di seguito alle stesse. Usa quindi gli argomenti ordinati per scrivere un testo di 15 righe a cui dovrai dare un titolo:

1. Perché in Italia, negli anni '80 dell'800, ci fu una violenta crisi agraria?

....

....

2. Quali conseguenza ebbe la crisi agraria?

....

....

3. Quali effetti ebbe il protezionismo, ovvero la conseguenza della crisi agraria?

....

....

a. Introduzione di una nuova tariffa doganale
b. Guerra doganale con la Francia
c. Abbassamento dei prezzi
d. Squilibri tra i vari settori economici
e. Introduzione del dazio sul grano
f. Rialzo dei prezzi dei cereali e conseguente danno ai consumatori
g. Calo della produzione
h. Danno alle colture specializzate

❸ Illustra, in brevi testi scritti di 2 righe ciascuno, gli argomenti riportati di seguito:

a. Terre irredente
b. Dogali
c. Società di mutuo soccorso
d. Leghe di resistenza
e. Filippo Turati
f. Anna Kuliscioff
g. *Non expedit*
h. Opera dei congressi

❹ Descrivi, in brevi testi di 3 righe ciascuno, le leggi elencate di seguito ricordandoti di dire chi ne fu ispiratore. Concentrati poi sul pacchetto di leggi alla lettera C e scrivi un testo di 12 righe che spieghi i motivi della loro emanazione e i fatti conseguenti fino alle vicende di cui fu protagonista il governo Zanardelli-Giolitti:

a. Nuova legge di pubblica sicurezza
b. Leggi "antianarchiche"
c. Leggi a limitazione del diritto di sciopero e la libertà di associazione (1899)

❺ Spiega, in un testo di 10 righe, quali erano le maggiori differenze tra Nord e Sud Italia negli anni a cavallo tra '800 e '900.

❻ Descrivi, in un testo di 15 righe, l'età giolittiana. Colloca, all'interno del tuo testo, i seguenti personaggi spiegando il valore del loro operato o il significato della loro esperienza: Sidney Sonnino; Luigi Albertini; Leonida Bissolati; Romolo Murri.

6 FARE STORIA

La politica di potenza

I testi e i documenti di questa sezione illustrano i sistemi di alleanze e gli equilibri internazionali nell'Europa del secondo '800. Si comincia con un brano dello storico **Alan John Percival Taylor** [154], in cui sono descritti i meccanismi e le logiche che regolavano i rapporti tra le «grandi potenze», ovvero fra i protagonisti della politica europea e mondiale (che rimasero sempre gli stessi lungo il corso di un secolo).
Seguono due documenti: la testimonianza del cancelliere tedesco **Otto von Bismarck** [155DOC] sul celebre episodio del "telegramma di Ems", che fu all'origine della guerra franco-prussiana, e il trattato della ***Triplice alleanza*** [156DOC] che, nel 1882, legò l'Italia agli Imperi centrali.
Infine le pagine di due storici contemporanei illustrano problemi e strategie delle due maggiori potenze di allora: l'inglese **Edgar J. Feuchtwanger** [157] individua nel momento di massima espansione dell'Impero britannico le premesse del successivo declino; il tedesco **Michael Stürmer** [158] descrive efficacemente le linee direttrici e i dilemmi della politica estera bismarckiana nel ventennio 1870-90.

154

A.J.P. Taylor
L'Europa delle grandi potenze

A.J.P. Taylor, *L'Europa delle grandi potenze*, Laterza, Bari 1961, pp. 5-12

■ Dal 1848 fino alla prima guerra mondiale il sistema delle relazioni internazionali fu regolato da un complesso di princìpi e valori condivisi dalle grandi potenze. A ricostruire la natura e il funzionamento di questo equilibrio politico europeo è stato lo storico inglese Alan John Percival Taylor (1906-1990), studioso di politica internazionale, autore di numerosi saggi, tra cui *L'Europa delle grandi potenze* (1954). In queste pagine, Taylor analizza i caratteri fondamentali e le evoluzioni del sistema di relazioni tra i principali Stati europei, impegnati a estendere e conservare la propria supremazia sul resto del mondo. Le trasformazioni nei rapporti di forza non modificarono i princìpi-guida che condizionavano la politica internazionale. Questo equilibrio fu irrimediabilmente sconvolto dalla prima guerra mondiale, che segnò l'inizio di una nuova epoca per le relazioni tra i paesi europei.

L'Europa ha conosciuto pace e guerra in misura quasi eguale, e deve i suoi periodi di pace all'equilibrio delle Potenze: nessuno Stato ha mai posseduto tanta forza da conquistare tutti gli altri, e la gelosia reciproca delle Grandi Potenze ha salvato anche i piccoli Stati, che da soli non avrebbero potuto salvarsi. Le relazioni fra le Grandi Potenze hanno determinato la storia dell'Europa. [...]

La soluzione più semplice all'anarchia [...] è che una Potenza soggioghi tutte le altre, soluzione che in Europa si è ripetutamente proposta. Filippo II di Spagna e Luigi XIV, forse, aspiravano all'egemonia sull'Europa; certamente vi aspirò Napoleone. Nel 1848, [...] erano passati appena trent'anni dal tentativo napoleonico di egemonia e si supponeva generalmente che la Francia avrebbe rinnovato il tentativo. La fondazione del Secondo Impero sembrò giustificare questi timori, ma di fatto Napoleone III non ebbe nulla di imperiale tranne il nome, e l'equilibrio delle Potenze sopravvisse quasi intatto alla sua sfida. I tentativi francesi ebbero termine nel 1870. Seguì un nuovo equilibrio e solo dopo trent'anni di pace cominciò a farsi evidente che la Germania

aveva preso il posto della Francia, come potenziale conquistatrice dell'Europa. La prima guerra mondiale fu, da parte dei nemici della Germania, una guerra diretta a conservare o ristabilire l'equilibrio delle Potenze; ma, nonostante la sconfitta della Germania, l'equilibrio europeo non fu ristabilito. [...]
Si sbaglierebbe tuttavia narrando la storia internazionale come semplice storia dell'equilibrio delle Potenze, interrotto dai tentativi dei singoli conquistatori. Gli uomini hanno tentato di sostituire lo Stato sovrano tanto con una schiacciante forza armata quanto con una legge morale universale [...]: nel secolo XVI il cattolicesimo romano della Controriforma, alla fine del XVIII le idee della Rivoluzione francese e i Diritti dell'Uomo. Coloro che contrastarono Napoleone non sostenevano semplicemente la sovranità degli Stati, ma opponevano ai Diritti dell'Uomo il conservatorismo delle tradizioni e dell'ossequio. La «solidarietà monarchica» fu un credo quanto il radicalismo, e nel 1848 non ci si aspettava nuove manovre dell'equilibrio delle Potenze, ma si guardava ad una più grande guerra di religione, tra la Santa Alleanza da una parte e la Rivoluzione dall'altra. [...]
Sarebbe stato motivo di sorpresa per gli uomini del 1848 apprendere che la storia internazionale delle due generazioni successive avrebbe riguardato principalmente l'equilibrio delle Potenze e non una guerra di religione o un tentativo di egemonia universale. Le rivoluzioni del 1848 segnarono la fine dell'ossequio all'ordine costituito, sia all'interno che nelle relazioni internazionali; però il sistema esistente sopravvisse alle rivoluzioni [...]. Gli uomini dell'Ottocento consideravano il loro secolo come un'epoca di agitazione e di sconvolgimenti; pure essa fu straordinariamente stabile nelle relazioni internazionali se paragonata non solo col caos del XX secolo, ma anche coi secoli che la precedettero. [...] Le Grandi Potenze che scatenarono la prima guerra mondiale nel 1914 erano le stesse Grandi Potenze che avevano fatto il Congresso di Vienna nel 1814 [...]. Pur rimanendo le stesse, le Grandi Potenze ebbero i loro alti e bassi. La Francia guadagnò territori nel 1860 e ne perdette di più nel 1871, l'Austria ne perdette nel 1859 e nel 1866 più di quanti ne guadagnò nel 1878, la Russia riprese nel 1878 quello che aveva perduto nel 1856. Tutte, eccetto l'Austria-Ungheria, conquistarono vasti territori fuori d'Europa nei trent'anni dopo il Congresso di Berlino. [...] Le Grandi Potenze, come implica il loro nome, erano organizzazioni per la potenza, cioè, in definitiva, per la guerra; potevano avere anche altri scopi – il benessere delle loro popolazioni o la grandezza dei loro sovrani, – ma il banco di prova di una Grande Potenza era la sua capacità di fare la guerra. Sarebbe troppo semplice dire che una Grande Potenza è tale quando può guardare fiduciosamente a una guerra contro qualsiasi altra Potenza [...]. Anche la più grande delle Potenze era restia a combattere da sola contro una coalizione, e la più debole di esse poteva fare una figura rispettabile in un conflitto generale fra le Grandi Potenze. In ogni caso la differenza fra le Grandi Potenze era minore di quella fra una qualsiasi di esse ed il più forte degli Stati minori.

GUIDA ALLA LETTURA

❶ In quali momenti storici in Europa si è verificata la «soluzione più semplice all'anarchia»? ❷ Quali erano, secondo Taylor, le principali minacce all'equilibrio delle potenze? ❸ Traccia il bilancio del sistema delle relazioni internazionali nel XIX secolo. ❹ Qual è, secondo lo storico, lo scopo ultimo di una grande potenza?

155 DOC

Otto von Bismarck
Il telegramma di Ems

O. von Bismarck, *Pensieri e ricordi*, Treves, Milano 1922, vol. II, pp. 80-88

■ In questo passo dei suoi *Pensieri e ricordi* usciti nel 1898 (l'anno della sua morte), Otto von Bismarck (1815-1898) [👁 17.4 PERSONAGGI] ricostruisce l'abile mossa con cui, modificando il testo di un comunicato alla stampa relativo all'incontro avvenuto nella località termale di Ems [👁 17.2] tra Guglielmo I e l'ambasciatore francese Benedetti, riuscì a eccitare gli animi dell'opinione pubblica francese spingendola a invocare la guerra contro la Prussia. L'episodio è di grande interesse non solo per gli effetti immediati sullo svolgimento degli avvenimenti, ma anche perché rivela la compiuta consapevolezza del ruolo dell'opinione pubblica e della stampa, e delle possibilità offerte ai governi da una spregiudicata manipolazione delle notizie.

Mi decisi il 12 luglio a partire da Varzin per Ems, per raccomandare a Sua Maestà la convocazione del Parlamento dell'Impero a fine di provvedere alla mobilitazione. [...] Entrando nel cortile della mia casa a Berlino e prima ancora di scendere dalla carrozza ricevetti telegrammi da cui risultava che il re, dopo le minacce e le offese francesi, fatte dal parlamento e dalla stampa, continuava tuttavia a trattare con Benedetti, senza rimandarlo con fredda riserbatezza ai suoi ministri. Durante il desinare a cui presero parte Moltke e Roon[1] giunse all'ambasciata di Parigi la notizia che il principe di Hohenzollern aveva rinunciato alla candidatura[2] per evitare la guerra di cui la Francia ci minacciava. Mio primo pensiero fu di abbandonare il servi-

[1] Rispettivamente, il capo di Stato maggiore dell'esercito e il ministro della Guerra.

[2] Leopoldo di Hohenzollern, parente del re di Prussia, era candidato al trono di Spagna.

zio, poiché, dopo tutte le provocazioni offensive che avevano avuto luogo, vedevo in questa sottomissione forzata un'umiliazione della Germania di cui non volevo rendermi ufficialmente responsabile. [...] Deciso di ritirarmi a dispetto dei rimproveri che mi faceva Roon, il 13 [luglio] l'invitai, unitamente a Moltke, a pranzare da me in tre: e a tavola comunicai loro le mie vedute e le mie intenzioni. [...] Durante la conversazione mi fu annunziato che si stava traducendo un telegramma in cifre, di circa 200 gruppi se ben ricordo, il quale veniva da Ems ed era firmato dal consigliere segreto Abeken. Dopo che fu decifrato me lo portarono, e visto che Abeken aveva redatto e sottoscritto il telegramma per ordine di Sua Maestà, lo lessi ai miei ospiti[3]. Rileggendo il documento, mi soffermai sulle parole con le quali S.M. mi autorizzava a comunicare subito, sia ai nostri ambasciatori sia alla stampa, la nuova pretesa di Benedetti e la ripulsa avutane. L'autorizzazione implicava un incarico. Feci alcune domande a Moltke per conoscere quanta fiducia egli avesse nei nostri preparativi e il tempo che essi richiedevano ancora per poter far fronte a un improvviso pericolo di guerra. Egli rispose che, se la guerra doveva farsi, non c'era nessun vantaggio per noi in una dilazione nel venire alle armi [...]; rispose che egli, tutto considerato, riteneva più vantaggioso per noi un rapido scoppio della guerra, che non un indugio. Di fronte al contegno della Francia, ci costringeva alla guerra, a mio avviso, il sentimento dell'onore nazionale; e se non avessimo reso giustizia alle esigenze di codesto sentimento, avremmo perduto, quanto al compimento del nostro sviluppo nazionale, tutto il vantaggio avuto nel 1866. Si sarebbe raffreddato di nuovo il sentimento nazionale tedesco, che i nostri successi militari del 1866 avevano reso così forte a sud del Meno [...]. Così convinto, feci uso dell'autorizzazione reale rimessami da Abeken, di pubblicare il contenuto del telegramma e, mediante cancellature, senza aggiungere o mutare parola, in presenza di ambedue i miei ospiti, ridussi il telegramma alla seguente forma:

Dopo che le notizie della rinuncia del Principe ereditario di Hohenzollern sono state comunicate al Governo imperiale francese da quello reale spagnolo, l'ambasciatore francese in Ems ha richiesto ancora Sua Maestà il Re di autorizzarlo a telegrafare a Parigi che Sua Maestà il Re si impegnava per tutto il tempo avvenire a non dare giammai il suo consenso, qualora gli Hohenzollern ritornassero alla loro candidatura. Sua Maestà il Re ha ricusato di ricevere ancora l'ambasciatore francese e ha fatto dire per mezzo del suo aiutante che non aveva nulla da comunicare all'ambasciatore.

[...] Letta ai miei due ospiti la redazione condensata in tal modo, Moltke osservò: «Così ha un altro suono: prima era quello di una ritirata, ora quello di una fanfara che risponde ad una sfida». Io replicai: «Se questo testo [...] lo comunico subito non solo alle gazzette, ma anche telegraficamente a tutte le nostre ambasciate, prima di mezzanotte sarà noto a Parigi e farà lì l'impressione del panno rosso sul toro francese, non pure a causa del contenuto, ma anche del come è divulgato. [...] Ma l'esito dipende pure, in modo essenziale, dalle impressioni che produrrà presso di noi e presso altri l'origine della guerra: importa che noi siamo gli assaliti e l'arroganza e l'irascibilità dei francesi ci serviranno in questo, se noi, con *pubblicità europea*, per quanto ci è possibile senza il portavoce del Parlamento, annunziamo che impavidi facciamo fronte alle minacce della Francia».

[3] Questo il testo del telegramma ricevuto da Bismarck: «Sua Maestà mi scrive: "Il conte Benedetti mi ha sorpreso insidiosamente alla passeggiata, chiedendo in modo molto insistente l'autorizzazione di telegrafar subito che per l'avvenire non avrei dato mai più il mio consenso, qualora gli Hohenzollern fossero ritornati alla loro candidatura. Ho finito con congedarlo un po' severamente, poiché né si devono né si possono prendere tali impegni *à tout jamais* [per sempre]. Gli ho detto naturalmente che non avevo ricevuto ancor nulla, e che avendo egli prima di me le informazioni di Parigi e di Madrid, vedeva bene che il mio governo era di nuovo fuori questione". Di poi Sua Maestà ha ricevuto una lettera del Principe [Leopoldo di Hohenzollern]. Siccome Sua Maestà aveva detto al conte Benedetti che aspettava notizia del Principe, così, tenuto conto della pretesa di lui, la stessa Maestà, per consiglio mio e del conte Eulenburg, ha deciso di non ricevere più il conte Benedetti, ma di fargli dire da un aiutante di aver ora ricevuto dal Principe la conferma della notizia che Benedetti già aveva avuto da Parigi, e di non aver più nulla da dire all'ambasciatore. Sua Maestà lascia all'arbitrio dell'Eccellenza Vostra se non si debba comunicare subito, sia ai nostri ambasciatori, sia alla stampa, la nuova pretesa del Benedetti ed il rifiuto ad essa opposto».

GUIDA ALLA LETTURA

❶ Per quale ragione Bismarck intendeva dimettersi? ❷ Chi sono gli altri personaggi tedeschi nominati in questa memoria? Quali ruoli ricoprono? ❸ In che cosa consiste la modifica apportata da Bismarck al telegramma? ❹ Quale effetto avrebbe prodotto la pubblicazione del dispaccio di Ems, modificato da Bismarck, sull'opinione pubblica nazionale e internazionale?

156DOC

La Triplice alleanza

da E. Anchieri, *Antologia storico-diplomatica*, Ipsi, Milano 1941, pp. 224-25

■ La firma della Triplice alleanza tra Germania, Austria e Italia [👁 17.4] segnò un momento importante nell'evoluzione del sistema europeo delle relazioni internazionali e rappresentò un elemento essenziale dell'equilibrio costruito da Bismarck [155DOC]. Come quasi tutti i trattati del periodo, essa aveva carattere difensivo (scattava cioè solo in caso di aggressione a uno dei contraenti da parte di terzi) e si proponeva il fine di tutelare l'equilibrio fra le potenze: in realtà serviva a isolare e indebolire la Francia, contro cui implicitamente era diretta. Si noti anche, nel preambolo, l'accenno esplicito alla solidarietà dinastica e conservatrice fra le tre corti. Il testo di questo, come di altri trattati, era destinato a restare segreto: fu infatti conosciuto solo alla conclusione della prima guerra mondiale, quando i trattati furono resi pubblici dal governo rivoluzionario russo, che voleva con ciò denunciare la politica imperialistica delle grandi potenze europee.

Le LL. MM.[1] l'Imperatore d'Austria, Re di Boemia, ecc., e Re Apostolico di Ungheria, l'Imperatore di Germania, Re di Prussia e il Re d'Italia, animati dal desiderio di accrescere le garanzie della pace generale, di rafforzare il principio monarchico e di assicurare con ciò stesso il mantenimento intatto dell'ordine sociale e politico nei loro rispettivi Stati, si sono accordati di concludere un trattato che, per la sua natura essenzialmente conservatrice e difensiva, non persegue che lo scopo di premunirli contro i pericoli che potrebbero minacciare la sicurezza dei loro Stati e la pace dell'Europa...

Art. I Le alte parti contraenti si promettono reciprocamente pace ed amicizia, e non entreranno in nessuna alleanza od impegno diretto contro uno dei loro Stati.
Esse s'impegnano a procedere ad uno scambio di idee sulle questioni politiche ed economiche di carattere generale che potessero presentarsi, e si promettono inoltre il loro mutuo appoggio nel limite dei propri interessi.
Art. II Nel caso che l'Italia, senza provocazione diretta da parte sua, fosse per qualsiasi motivo attaccata dalla Francia, le due altre parti contraenti saranno tenute a prestare alla parte attaccata aiuto e assistenza con tutte le loro forze.
Questo stesso obbligo incomberà all'Italia nel caso di una aggressione non direttamente provocata dalla Francia contro la Germania.
Art. III Se una o due delle alte parti contraenti, senza provocazione diretta da parte loro, venissero ad essere attaccate e a trovarsi impegnate in una guerra con due o più grandi potenze non firmatarie del presente trattato, il «casus foederis»[2] si presenterà simultaneamente per tutte le alte parti contraenti.
Art. IV Nel caso che una grande potenza non firmataria del presente trattato minacciasse la sicurezza degli Stati di una delle alte parti contraenti e la parte minacciata si vedesse perciò obbligata a farle la guerra, le due altre si obbligano ad osservare verso il loro alleato una benevola neutralità. Ciascuna di esse in questo caso si riserva la facoltà di prendere parte alla guerra, se lo giudicherà opportuno, per fare causa comune con il suo alleato.
Art. V Se la pace di una delle alte parti contraenti venisse ad essere minacciata nelle circostanze previste dagli articoli precedenti, le alte parti contraenti si concerteranno in tempo utile sulle misure militari da prendere in vista di una eventuale cooperazione.
Esse s'impegnano fin da ora, in tutti i casi di partecipazione comune ad una guerra, a non concludere né armistizio né pace né trattato, se non di comune accordo fra di loro.
Art. VI Le alte parti contraenti si promettono reciprocamente il segreto sul contenuto e sull'esistenza del presente trattato.
Art. VII Il presente trattato resterà in vigore per lo spazio di cinque anni, a partire dal giorno dello scambio delle ratifiche.
Art. VIII Le ratifiche del presente trattato saranno scambiate a Vienna entro un termine di tre settimane o prima se è possibile...

[1] Loro Maestà.
[2] Caso che impone l'aiuto reciproco tra alleati.

GUIDA ALLA LETTURA
❶ Quali sono gli scopi dichiarati del patto? ❷ Quali Stati rappresentano una minaccia alla pace? ❸ In quali circostanze gli Stati aderenti al trattato sono obbligati a fornire aiuto militare? ❹ Vi sono articoli del patto che preludono alla possibilità di guerre offensive?

157

E.J. Feuchtwanger
L'Inghilterra dall'apogeo vittoriano ai timori di declino

E.J. Feuchtwanger, *Democrazia e Impero. L'Inghilterra fra il 1865 e il 1914*, il Mulino, Bologna 1989, pp. 8-11

■ All'inizio del XIX secolo la Gran Bretagna rappresentava sicuramente la più grande potenza del globo. Nella seconda metà del secolo il paese conobbe una rapida espansione coloniale, accompagnata da numerose riforme politiche e sociali in campo interno. Il diritto di voto fu esteso anche ai ceti operai, mentre la legislazione sociale, spesso a opera dei governi conservatori, fu ampliata. Il Regno Unito, come spiega lo storico inglese Edgar J. Feuchtwanger (nato nel 1924) nel volume *Democrazia e Impero*, seppe coniugare la dimensione imperiale e una sostanziale stabilità con importanti riforme legate alle trasformazioni della società inglese. Nello stesso periodo, però, altre potenze salivano sul proscenio mondiale. Gli Stati Uniti, dopo la guerra civile, si avviavano infatti a diventare un antagonista in campo economico al pari della Germania, lanciatasi ormai nella sfida per la supremazia mondiale.

Nell'autunno dell'anno 1865 cominciò in Gran Bretagna un periodo di considerevole inquietudine sociale, che nel giro di due anni sfociò nell'approvazione del secondo *Reform Bill*[1] [...]. L'evento decisamente più importante del 1865 fu la fine della guerra civile americana; in quell'anno si verificarono anche alcuni passi importanti verso l'unificazione della Germania sotto la Prussia. Gli sviluppi successivi in

[1] La riforma elettorale.

America e Germania avrebbero avuto profonde ripercussioni sulla posizione della Gran Bretagna nel mondo. Si sarebbe levato ben presto un allarme crescente per il declino relativo della preminenza dell'Inghilterra come officina del mondo, e per la sua perdita di potere e status nel sistema internazionale. Ma per il momento perdurava intatto lo stato d'animo di fiducia tipico della età medio-vittoriana. [...]

Se la stabilità è una benedizione per qualunque società, allora il sistema politico inglese continuò a dare il suo contributo a questa benedizione nonostante i tanti cambiamenti nella sua organizzazione concreta. [...] Ciascuno dei due *Reform Bills* del 1867 e 1884 accrebbe l'elettorato dell'80% circa [...]. Molti leaders politici parlamentari del tempo, con l'eccezione della destra che si opponeva in modo assoluto alla riforma e dell'estrema sinistra avversa al gradualismo, erano convinti che un'estensione del diritto di voto avrebbe contribuito alla stabilità sociale e politica e che il sistema parlamentare avrebbe superato sostanzialmente indenne il cambiamento. [...] Molti problemi classici della partecipazione delle masse al governo – il pericolo della tirannide della maggioranza, la possibile minaccia alla proprietà se si dava la gran parte del potere a coloro che ne erano privi, la paura del predominio della classe più numerosa, le probabilità che in una democrazia prevalessero tesi ragionate – furono ampiamente discussi nel contesto della riforma parlamentare. Alla fine la fiducia nell'adattabilità del sistema esistente prevalse nettamente sui timori circa il futuro. [...]

Il cambiamento toccò più la forma che la sostanza. Alla vigilia della Prima Guerra Mondiale, [...] le élites affermate avevano tuttora il controllo della situazione, anche se per lo più appartenevano alla vecchia aristocrazia in senso formale. L'allargamento della partecipazione politica era stato assorbito dal sistema con una tattica di arginamento e di reazione. [...]

I due maggiori partiti politici, il conservatore e il liberale, continuarono a recitare un ruolo importante nella socializzazione politica dei nuovi elettori. [...] Il credo liberale della dignità individuale basata sull'uguaglianza di fronte alla legge era in armonia con la visione e le aspirazioni del settore politicamente più consapevole della classe operaia, gli artigiani qualificati, orgogliosi della loro indipendenza ma anche consapevoli di ciò che li separava perfino dai livelli inferiori del ceto medio, l'esercito crescente dei colletti bianchi. [...] Ancor più rilevante è il fatto che il conservatorismo continuò a far presa su una parte non trascurabile dell'elettorato operaio, in particolare in zone quali il Lancashire e Londra, una presa che nasceva da una mescolanza di patriottismo, deferenza, affiliazione religiosa e un passato di riforme reali che alimentava l'immagine *tory* di un paternalismo premuroso, in contrasto con la severità del liberalismo economico. [...]

Per quanto concerne i rapporti con l'estero, gli anni 1860 furono per la Gran Bretagna l'inizio della fine del periodo che si può adeguatamente definire di «splendido isolamento». [...] La condizione di potenza imperiale mondiale della Gran Bretagna la metteva qua e là in conflitto con le grandi potenze al di fuori d'Europa, soprattutto nel Vicino Oriente e Levante; anche il lungo confine tra Canada e Stati Uniti poneva di quando in quando problemi di sicurezza. Si profilava un'epoca in cui i molteplici impegni mondiali della Gran Bretagna ne avrebbero progressivamente ridotto la libertà di manovra, coinvolgendola nelle rivalità tra grandi potenze. Di conseguenza, si prestava più attenzione all'interno della vita politica pubblica alla sfera imperiale britannica, che diventò un elemento importante di controversia politica.

GUIDA ALLA LETTURA

❶ Le riforme elettorali rivoluzionarono la classe politica inglese? ❷ Quali sono i cambiamenti principali della vita politica inglese tra fine '800 e inizio '900? ❸ Come viene assorbito dal partito liberale e da quello conservatore l'allargamento del suffragio? ❹ Come si trasforma la politica estera inglese dallo «splendido isolamento» all'ideologia imperialista?

158

M. Stürmer
La pax germanica

M. Stürmer, *L'impero inquieto. La Germania dal 1866 al 1918*, il Mulino, Bologna 1986, pp. 250-54; 275-76

■ In un libro del 1983, lo storico Michael Stürmer (nato nel 1938) ha ricostruito la storia politica e sociale del secondo Reich tedesco, descrivendone l'ascesa sulla scena internazionale e mettendone in luce nel contempo le contraddizioni, originate dalla rapida industrializzazione e dall'emergere dei movimenti di massa, e gli elementi di fragilità, legati soprattutto alla posizione centrale occupata dalla Germania in Europa e ai timori che essa suscitava nelle potenze concorrenti. Nelle pagine che seguono, Stürmer illustra i motivi ispiratori della strategia bismarckiana, volta soprattutto a difendere la posizione acquisita dopo la vittoria sulla Francia e la proclamazione del Reich, e ricostruisce i tratti fondamentali del sistema di alleanze europee perseguito dal cancelliere.

Dalla guerra, la ragione di stato tedesca era di mantenere isolata la Francia e di restaurare quell'equilibrio europeo che aveva cominciato a vacillare per niente di meno che la formazione dello stato nazionale tedesco. [...] L'alleanza dei tre imperatori dell'otto-

bre 1873, tenuta insieme dal collante ideologico della solidarietà monarchica contro la rivoluzione e la repubblica, ricordo del Sistema Viennese, dimostrò presto di essere uno strumento inefficace. Lo scoppio del conflitto balcanico fra Austria-Ungheria e stato zarista per raccogliere l'eredità del disfacentesi impero osmanico[1] le toglieva ogni prospettiva di durata. [...]
Nell'epoca dell'egoismo nazionale restava soltanto l'equilibrio e, secondo la formulazione di Bismarck, il tentativo, in un sistema di cinque potenze, di avere sempre più alleati.
La Germania, però, era diventata una grande potenza semiegemonica: non un partner dell'equilibrio, ma un fattore della sua minaccia. [...]
Ma allora non accade nulla. L'Inghilterra prese posizione e dovette ridefinire i suoi interessi. La Germania bismarckiana era un fattore scomodo dell'equilibrio, [...] ma l'Inghilterra si trovava al culmine del prestigio mondiale e del potere. [...]
Bismarck, tuttavia, vedeva le ombre che si proiettavano sulla splendida facciata. Paura di perdere ciò che si era conquistato, dubbi sulla forza della Prussia e un profondo scetticismo nei confronti del nazionalismo come collante del nuovo Reich, tutto ciò lo portò nei primi anni Settanta ad una politica oscillante, che manteneva aperte le decisioni, arrogante e al contempo conciliante, bellicosa e contemporaneamente percorsa da presagi oscuri. [...]
In sostanza vi erano solo tre strade per giungere nuovamente ad una costellazione delle potenze duratura e stabile: il pagamento di un prezzo per l'unità tedesca, compensando così le potenze da essa colpite, l'egemonia o una prudente politica di mantenimento. [...]
La prima strada praticabile era quella di una politica di compensazione che concedesse degli indennizzi alla Francia e alla Russia per le trasformazioni avvenute sulla carta geografica. Ma dove stavano questi oggetti di scambio della politica di potenza? [...]
La seconda strada, l'egemonia, avrebbe richiesto di mantenere un alto livello di armamenti e di anticipare qualsiasi movimento a tenaglia mediante colpi preventivi. [...] All'interno il prezzo sarebbe stato insopportabile. [...]
Infine la terza alternativa, la più ragionevole. Essa significava limitazione agli strumenti della politica e continuo atteggiamento difensivo, con la speranza che col tempo le potenze europee avrebbero accettato la Germania come fattore di stabilizzazione o, secondo una suggestiva espressione di Bismarck, come «ago della bilancia Europa». [...]
La Duplice Alleanza, firmata il 7 ottobre 1879 e immediatamente ratificata, anche se notificata solo nel 1888, nel suo linguaggio scarno impegnava gli imperatori tedesco e austriaco, nel caso di attacco russo, «a soccorrersi reciprocamente con l'intera forza militare dei loro imperi e, conformemente a ciò, a concludere la pace solo insieme e di comune accordo». [...]
Spesso si è detto che con la Duplice Alleanza si costituì la costellazione di potenze della prima guerra mondiale. Questa considerazione è [...] esatta perché la Duplice Alleanza divenne sempre più l'asse della politica estera tedesca [...]. Ma è sbagliata perché la Duplice Alleanza del 1879 era inequivocabilmente difensiva, mentre nella crisi di luglio del 1914 fu usata offensivamente; perché ancora quasi per un decennio la Russia rimase legata al sistema di alleanze bismarckiano; [...] ma soprattutto perché il sistema di alleanze bismarckiano non era organizzato in virtù degli scenari delle grandi guerre europee del futuro, ma per assicurare elasticamente la pace. Si trattava, poiché nell'epoca dello stato di potenza europeo sovrano non era possibile un sistema di sicurezza collettivo, del più prossimo avvicinamento pratico ad un sistema di questo tipo, e il suo centro si trovava a Berlino. In qualsiasi crisi europea, così si presentava la situazione nella tarda era bismarckiana, Berlino giocava l'ultima mano: poteva frenare, tranquillizzare, aspettare e, per quanto possibile, tirarsi fuori. Senza essere una potenza egemonica, attraverso il sistema di Bismarck la Germania ottenne una posizione quasi egemonica. Gli anni Ottanta furono il breve periodo della «Pax Germanica».

[1] Ottomano.

GUIDA ALLA LETTURA

❶ Perché la politica di alleanze di Metternich risultava già obsoleta ai tempi di Bismarck? ❷ Riassumi le tre politiche che, secondo Stürmer, avrebbero potuto riequilibrare il sistema delle potenze europee dopo il 1870. ❸ Quale fu il significato della Duplice Alleanza per la politica estera tedesca?

SVILUPPARE LE COMPETENZE

Comprendere e Analizzare

❶ **Dopo aver letto i documenti di Bismarck [155DOC] e della *Triplice alleanza* [156DOC] e il brano di Stürmer [158], costruisci un breve saggio sulla figura di Bismarck e le relazioni internazionali della Germania a partire dagli anni '60 del XIX secolo (max 25 righe), citando opportunamente i testi, a partire dalle seguenti domande:**

a. Nella testimonianza, Bismarck appare indeciso o risoluto quando deve operare scelte politiche?

b. Secondo la memoria di Bismarck, le decisioni più importanti erano prese collegialmente o da una sola persona?

c. Bismarck metteva al primo posto l'interesse politico tedesco, i sentimenti nazionali o l'equilibrio internazionale?

d. Qual era l'immagine di Bismarck e della Germania nell'opinione pubblica degli altri paesi europei? Bismarck considerava tale aspetto importante o secondario?

e. A tuo avviso, nella politica tedesca degli anni 1860-80, prevalgono atteggiamenti minacciosi e bellicosi o una volontà difensiva e di equilibrio?

Rielaborare e Argomentare

❷ **Tema di argomento storico.** ***Mutamenti e permanenze all'interno della società inglese nella seconda metà del XIX secolo***

Nella seconda metà del XIX secolo, la Gran Bretagna, che a partire dalla rivoluzione industriale deteneva l'egemonia mondiale, vide altri paesi europei ed extraeuropei affacciarsi prepotentemente sulla scena politico-militare per mettere in discussione il suo primato. Descrivi i mutamenti e le permanenze all'interno della società inglese, le caratteristiche del sistema economico e politico, gli atteggiamenti culturali vecchi e nuovi, che accompagnarono questo processo storico.

❸ **Dopo aver letto i brani degli storici, scegli una tra le seguenti posizioni storiografiche sulla storia politico-diplomatica dell'Europa tra il XIX e il XX secolo, e argomenta la tua risposta in un breve testo (max 20 righe):**

a. L'equilibrio delle forze non era solo una vuota formula retorica, ma la descrizione dello *status quo*: almeno cinque grandi potenze mondiali, grazie alle alleanze che seppero costruire, furono in grado di scongiurare per cinquant'anni un conflitto per l'egemonia che avrebbe altrimenti distrutto l'intero continente.

b. La politica di rafforzamento, prima economico-industriale e poi politico-diplomatico, dello Stato tedesco andava procedendo a grandi passi; nel corso di cinquant'anni l'opinione pubblica europea ebbe modo di comprendere e temere il suo disegno egemonico; così spinse tutti gli altri Stati a contrastarlo fermamente.

c. La Gran Bretagna dimostrò, fino al 1914, di essere l'unica vera grande potenza mondiale, poiché aveva tutte le caratteristiche necessarie: un impero immenso, un'economia liberista, ideologie nazionaliste e imperialiste, un sistema politico democratico in mano ai liberali e, soprattutto, un esercito ben armato.

I nuovi mondi

Questa sezione è dedicata ai problemi interni di due nuove ed emergenti potenze extraeuropee: gli Stati Uniti e il Giappone. Nel decennio 1860-70 (lo stesso che vide il compimento dei processi di unificazione in Italia e in Germania), mentre era ancora indiscussa l'egemonia dell'Europa sul resto del mondo, in due paesi situati alle opposte estremità dell'emisfero Nord, gli Stati Uniti e il Giappone, si realizzarono, infatti, trasformazioni sociali e politiche di grande rilievo, da cui sarebbero uscite due nuove e agguerrite potenze. Nel continente americano, la guerra di Secessione e la vittoria degli Stati del Nord posero fine ai conflitti interni agli Stati Uniti, consentendo, di lì a qualche decennio, alla nuova potenza di entrare con tutto il suo peso economico e militare nella scena mondiale. Le pagine tratte dal classico studio di **Frederick Jackson Turner** [159], scritte alla fine dell'800, illustrano l'importanza del mito della frontiera e dell'espansione verso ovest nello sviluppo della società nordamericana. Il problema della schiavitù, che fu all'origine della guerra di Secessione, è poi affrontato nella testimonianza autobiografica di un ex schiavo ed esponente del movimento abolizionista, **Frederick Douglass** [160DOC]. L'americanista **Raimondo Luraghi** [161] ricostruisce invece l'inasprirsi del contrasto tra gli Stati settentrionali e quelli meridionali, con questi ultimi decisi a difendere la loro organizzazione sociale incentrata sulla schiavitù. Confermano tale analisi anche le considerazioni del sociologo statunitense **Barrington Moore jr.** [162], che vede nella guerra civile statunitense la volontà dell'America puritana, erede della rivoluzione del 1776, di imporre i propri valori a tutto il paese e la considera una tappa fondamentale del processo di modernizzazione.

Gli ultimi due brani sono, invece, dedicati al Giappone, che in questi anni si emancipò dal suo passato e iniziò la corsa alla modernità industriale. L'apertura forzata alle potenze occidentali in seguito alla firma dei "trattati ineguali" del 1858 scatenò una profonda reazione nell'Impero nipponico, portando alla restaurazione dell'autorità imperiale e all'avvio di un processo di rapida modernizzazione, di cui lo storico statunitense **Edwin O. Reischauer** [163] ricostruisce le principali tappe. Infine, l'economista giapponese **Michio Morishima** [164] spiega come la modernizzazione del Giappone nell'epoca Meiji sia stata favorita dalla tradizione confuciana.

159

F.J. Turner
Il significato della frontiera nella storia americana

F.J. Turner, *La frontiera nella storia americana*, il Mulino, Bologna 1967, pp. 5-7

■ Quelle che seguono sono le pagine iniziali del classico studio dello storico statunitense Frederick Jackson Turner (1861-1932), *La frontiera nella storia americana*. Pubblicata nel 1920, ma iniziata quasi trent'anni prima (il primo capitolo fu presentato come relazione al congresso della American Historical Association nel 1893), l'opera di Turner contiene un ampio quadro della colonizzazione del Nord America a partire dal secolo XVII e individua nel concetto di «frontiera» [👁 18.1 e 18.3] la chiave principale per interpretare un secolo di storia degli Stati Uniti nei suoi aspetti sociali, politici e culturali.

Fino ad oggi[1] la storia americana è stata, in larga misura, la storia della colonizzazione del Grande Ovest. L'esistenza di una superficie di terre libere e aperte alla conquista, la sua retrocessione continua e l'avanzata dei coloni verso occidente, spiegano lo sviluppo della nazione americana.

[...] Il tratto caratteristico delle istituzioni americane consiste nel fatto che esse sono state costrette ad adattarsi ai cambiamenti di un popolo in espansione – cambiamenti connessi con la traversata di un continente, con la vittoria sulle solitudini deserte e con lo sviluppo, in ogni zona, di questo progresso dalle primitive condizioni economiche e politiche della frontiera alla complessità della vita cittadina. [...] Limitando la nostra attenzione alla costa atlantica, abbiamo il solito fenomeno dello sviluppo delle istituzioni in una zona limitata, come il progressivo consolidarsi del governo parlamentare, il differenziarsi del semplice governo coloniale in organi complessi, il passaggio da una società industriale primitiva, senza divisione qualificata del lavoro, a una civiltà industriale di prim'ordine. Ma abbiamo anche, oltre questo, il ripetersi del processo evolutivo in ogni zona raggiunta nel cammino di espansione verso ovest. Così lo sviluppo della nazione americana ha non solo documentato un'avanzata su un'unica linea, ma anche un ritorno a condizioni primitive su una linea di frontiera in continuo spostamento e un nuovo sviluppo in questa zona. Lo sviluppo sociale americano è stato un inizio continuo, un punto di partenza sempre nuovo, su una frontiera mobile. Questa rinascita perenne, questa fluidità della vita americana, questa espansione verso l'ovest con tutta la sua gamma di infinite possibilità, il suo contatto continuo con la semplicità della società primitiva, alimentano e forniscono le forze che dominano il carattere degli americani. Il punto di vista vero per capire la storia di questa nazione non è la costa che guarda l'Oceano Atlantico, e il Grande Ovest. Anche la lotta per l'abolizione della schiavitù [...] occupa un posto importante nella storia americana appunto per il suo rapporto con l'espansione verso l'Ovest.

In quest'avanzata, la frontiera è la cresta, la lama acuta dell'onda, il punto d'incontro fra barbarie e civiltà. Si è scritto molto sulla frontiera dal punto di vista della guerriglia di confine e della caccia, ma la si è trascurata come campo di seri studi economici e storici. La frontiera americana si distingue nettamente da quella europea, che è una linea di confine fortificata che corre attraverso terre densamente abitate. La cosa più significativa della frontiera americana è che è posta proprio al limite dei territori aperti all'espansione e alla conquista. [...]

Lo studio degli inizi della nostra storia è lo studio dello sviluppo dei germi europei nell'ambiente americano. [...] La frontiera è la linea dell'americanizzazione più rapida ed effettiva. La grande distesa solitaria domina il colono, s'impadronisce del suo animo. Egli è vestito all'europea, ha strumenti europei, viaggia e pensa all'europea. La grande distesa solitaria lo tira giù dalla carrozza ferroviaria e lo mette su una canoa di betulla. Lo spoglia dei vestiti della civiltà, lo veste con la casacca del cacciatore e gli mette ai piedi i mocassini di daino. [...] Il colono ha già seminato mais e lo ha arato con un legno appuntito; ora lancia grida di guerra e scotenna nel più puro e ortodosso stile indiano. Per dirla in breve, alla frontiera l'ambiente è, agli inizi, troppo violento per l'uomo bianco. Questi deve accettare le condizioni che trova o perire, e così si adatta alla radura e segue le piste degli indiani. A poco a poco trasforma le solitudini deserte, ma il risultato non è la vecchia Europa, lo sviluppo dell'originario germe sassone, il ritorno all'antichissimo ceppo germanico. Nasce con lui un prodotto nuovo e genuino: l'americano. In principio, la frontiera era rappresentata dalla costa atlantica ed era la frontiera dell'Europa, veramente, in ogni senso. Spostandosi verso ovest, essa divenne sempre più americana. [...] L'avanzata della frontiera ha significato un movimento regolare che s'allontanava sempre più dall'influsso dell'Europa, uno sviluppo costante di indipendenza su linee prettamente americane. Studiare questa avanzata senza regressi, gli uomini che vi parteciparono e crebbero in quelle condizioni, e i risultati politici, economici e sociali, è studiare la parte realmente americana della nostra storia.

[1] L'autore scrive all'inizio dell'ultimo decennio del XIX secolo.

GUIDA ALLA LETTURA

❶ Qual è, secondo Turner, la principale caratteristica delle istituzioni statunitensi? ❷ In che cosa consiste, secondo Turner, la peculiarità dello sviluppo degli Stati Uniti? ❸ Come avviene la trasformazione del «colono europeo» in un prodotto nuovo, l'«americano»? ❹ Che cosa ha significato per gli Stati Uniti lo spostamento verso ovest della frontiera?

160DOC

Frederick Douglass
La vita degli schiavi neri nel Sud

F. Douglass, *Memorie di uno schiavo fuggiasco*, a c. di B. Maffi, manifestolibri, Roma 1992, pp. 45-47; 51-55

■ Frederick Douglass (1818-1895) fu uno dei più importanti sostenitori del movimento abolizionista negli Stati Uniti d'America. Separato dalla madre nell'infanzia, dopo esser stato venduto a vari padroni, riuscì soltanto nel 1838 a fuggire e a trasferirsi nel Nord del paese, grazie al sostegno di alcune organizzazioni antischiaviste. Negli Stati settentrionali Douglass cominciò una lunga attività pubblica in favore dell'abolizione della schiavitù. La sua autobiografia, pubblicata per la prima volta nel 1845, costituisce uno dei tasselli più significativi della sua battaglia politica. Per la prima volta, infatti, l'orrore della schiavitù e le condizioni degli schiavi, nonché i comportamenti e la mentalità degli schiavisti, furono descritti da un nero, che rivendicava costantemente la contraddizione perenne costituita dall'esistenza del sistema schiavistico negli Stati Uniti.

Nacqui a Tuckahol, presso Hillsborough [...] nel Maryland. Non ho un'idea precisa della mia età perché non ho mai visto un documento ufficiale che la registrasse. [...] Non ricordo di aver mai trovato uno schiavo che sapesse dire in quale giorno fosse venuto al mondo. [...]

Mio padre era un bianco [...]. Correva pure voce, o almeno si sussurrava, che fosse il mio padrone; ma dell'esattezza di questa storia io non so nulla, essendomi stato precluso il modo di saperlo. Infatti, mia madre e io fummo separati ch'ero piccolissimo [...]. È abitudine corrente, nella parte del Maryland dalla quale son fuggito, strappare i figli alle loro madri in età tenerissima. [...]

Non vidi mai mia madre, sapendo che si trattava di lei, più di quattro o cinque volte in vita mia, e ognuna per una durata molto breve, e di notte. [...]

Morì che avevo sette anni circa in una delle fattorie del mio padrone, presso Lee's Mill. [...]

Così bruscamente chiamata altrove, essa mi lasciò senza il più pallido sospetto di chi fosse mio padre. La voce che questi fosse il mio padrone può essere o non vera; e, vera o falsa che sia, [...] resta in tutta la sua lampante odiosità il fatto che i proprietari di schiavi vollero, e stabilirono per legge, che i figli delle schiave seguano in tutti i casi la condizione della madre; e ciò allo scopo fin troppo palese di facilitare le loro voglie, e rendere tanto utile quanto dilettevole la soddisfazione di brame malvagie; giacché, con questo abile espediente, il negriero, in non pochi casi, mantiene nei riguardi degli schiavi il duplice rapporto di padrone e di padre. [...]

La famiglia del mio padrone era composta di due figli, Andrew e Richard, e di una figlia, Lucretia, col marito capitano Thomas Auld. Essi vivevano tutti in una casa situata sulla piantagione-madre del colonnello Edward Lloyd, di cui il mio padrone era amministratore e sovrintendente generale [...].

Qui [a Baltimora], anche, gli schiavi di tutte le altre fattorie ricevevano la razione mensile di cibo, e annuale di vestiario. Quanto alla prima, spettavano agli schiavi, uomini e donne, otto libbre di carne di maiale, o l'equivalente in pesce, e otto galloni di farina, la seconda comprendeva due camicie di tela grezza, un paio di pantaloni di tela come le camicie, una giacca, un paio di pantaloni per l'inverno in quel panno ruvido che si usava per i negri, un paio di calze lunghe e uno di scarpe; cose che, messe insieme, non potevano costare più di sette dollari. La razione per gli schiavi-bambini era consegnata alle rispettive madri, o alle vecchie che ne avevano cura; ma quelli inabili al lavoro agricolo non ricevevano né scarpe, calze e giacca, né pantaloni; il loro vestiario comprendeva due camicie di tela grezza all'anno, e se queste si logoravano rimanevano nudi fino al prossimo giorno di distribuzione. [...]

L'aspetto della piantagione-madre del colonnello Lloyd era quello di un villaggio di campagna. Tutte le operazioni meccaniche per tutte le fattorie vi erano compiute: fabbricazione e riparazione delle scarpe, dei ferri da cavallo, dei carri e carretti, delle botti, tessitura dei panni, macinazione del grano, tutto vi si faceva. [...] Anche il numero delle abitazioni cospirava a farne una cosa a sé nel vicinato: non per nulla gli schiavi la chiamavano *Great House Farm*, grande fattoria-casa. Pochi privilegi erano più ambiti dagli schiavi delle fattorie esterne, che quello d'essere scelti per una commissione alla Great House Farm cosa che, nella loro mente, evocava idee di grandezza. [...]

Gli uomini scelti per recarsi alla Great House in vista delle razioni mensili per sé e i loro compagni di sventura, mostravano un bizzarro entusiasmo. Lungo il cammino facevano risuonare i vecchi fitti boschi, per miglia e miglia intorno, di canti sfrenati in cui si esprimevano insieme la gioia più intensa e la tristezza più profonda. [...]

Quei canti narravano una storia di sofferenze, che, allora, superava le mie deboli capacità di comprensione: erano toni alti, lunghi, profondi; spiravano il lamento e esalavano la preghiera di anime colme di amarissima angoscia. [...]

A queste canzoni io faccio risalire la prima e confusa percezione del carattere disumanante della schiavitù; una percezione avuta allora, e di cui non posso più liberarmi. [...] Gli schiavi cantano di più quando sono più infelici. Le loro canzoni rappresentano le pene del loro cuore; e essi ne traggono conforto solo come un cuore dolente trae conforto dalle lacrime.

GUIDA ALLA LETTURA

❶ Dove e quando nacque Douglass? Che cosa accadde durante i suoi primi mesi di vita? ❷ Che cosa pensa Douglass di suo padre e, più in generale, dell'abitudine dei padroni di avere figli dalle proprie schiave? ❸ Quale significato attribuirono gli schiavi alla Great House Farm? ❹ Che cosa facevano gli schiavi durante gli spostamenti? Quali sensazioni associa l'autore a questo ricordo?

161

R. Luraghi
Il contrasto tra Stati nordisti e sudisti negli Stati Uniti

R. Luraghi, *Storia della guerra civile americana. Nord contro Sud. La sanguinosa epopea che divise l'America* (1966), Rizzoli, Milano 1998, vol. I, pp. 90-95

■ Lo storico americanista Raimondo Luraghi (1921-2012) ha ricostruito, in un suo studio sulla guerra civile americana, il progressivo ampliarsi dei contrasti tra gli Stati dell'Unione. Radice profonda di quello scontro fu, per Luraghi, l'impetuoso sviluppo economico di tipo industriale del Nord-Ovest, che trasformò profondamente quelle società facendo emergere nuove esigenze. Al contrario, gli Stati del Sud continuarono ad avere un'economia agricola basata sulle grandi piantagioni. Per questo la difesa della schiavitù, cardine di quel sistema economico, andò a coincidere con la volontà di salvaguardare l'intera organizzazione sociale, e in questa prospettiva fu considerata dai ceti dirigenti sudisti un elemento irrinunciabile per continuare a restare all'interno della federazione di Stati nata nel 1776.

Il Settentrione tra gli anni trenta e i sessanta stava subendo un processo di radicale e totale trasformazione sotto l'impulso di due fattori di proporzioni grandiose: lo sviluppo dell'industria e l'immigrazione. [...]

Ciò aveva contribuito a creare tra i meridionali uno stato di estremo allarme. Per anni l'*élite* sudista, grazie alla sua più profonda cultura, alla sua maggior preparazione nel campo politico e sociologico, al fatto di esser meno vincolata al mondo spasmodico degli affari, aveva praticamente diretto la vita politica dell'Unione. [...] Ma ora l'enorme incremento della popolazione nel Nord minacciava di mandare all'aria l'equilibrio mantenuto con tanta fatica e di strappare definitivamente all'élite agraria sudista la direzione dell'Unione dandola in mano alla classe industriale settentrionale.

Persa la maggioranza alla Camera, il Sud riusciva ancora a «tenere» grazie [...] all'alleanza con i ceti contadini del Medio Ovest, il che garantiva per il momento la prevalenza al Partito democratico.

Ma proprio adesso questa alleanza cominciava a scricchiolare paurosamente. E le cause erano essenzialmente due. In primo luogo lo sviluppo stesso dell'industria aveva finito per influenzare l'agricoltura del Medio Ovest introducendovi formidabili mutamenti. L'oro della California, l'afflusso di masse grandiose di immigrati avevano consentito e generato un rapido sviluppo delle comunicazioni ferroviarie [...] che [...] andavano avvincendo il Medio Ovest alla costa nord-atlantica e facevano passare del tutto in seconda linea il suo tradizionale collegamento con il Sud mediante il corso del Mississippi. [...] In breve tempo valanghe di grano, granoturco, bestiame da macello, cominciarono dalle praterie dell'Ovest a rovesciarsi verso i porti dell'Atlantico disertando sempre più il vecchio sbocco di New Orleans. [...]

Ma vi era di più. Lo sviluppo grandioso dell'industria settentrionale aveva posto a disposizione degli agricoltori del Medio Ovest nuovi strumenti di produzione: non inceppati dalla mano d'opera schiavista (la quale lavorava in maniera trascurata, ed a cui pertanto non si potevano affidare costosi attrezzi) gli agricoltori dell'Ohio, dell'Indiana, dell'Illinois avevano adottato con slancio e con entusiasmo le nuove macchine agricole. [...]

L'altra causa di crisi nei rapporti tra Sud e Medio Ovest era data dalla pressione sempre crescente verso le terre incolte situate oltre il Mississippi. Contemporaneamente all'imponente progresso agricolo registrato nel Medio Ovest, si era avuto colà un forte incremento della popolazione. Nello stesso tempo la pressione dovuta all'immigrazione aveva sviluppato il movimento di colonizzazione. Nuove falangi di *frontiersmen* premevano verso occidente, e il Sud intuiva con spavento ciò che sarebbe successo: ben presto nuovi Stati sarebbero sorti nelle selvagge praterie ad opera di questo profluvio di coloni nordisti; nuovi Stati che non solo avrebbero fatto perdere al Mezzogiorno la precaria prevalenza in Senato, ma gli avrebbero anche precluso irrimediabilmente la possibilità di trovare nuova terra all'ovest. E di questa terra l'agricoltura sudista, ancora condotta con sistemi primitivi, niente macchine, pochi concimi, aveva disperato bisogno per surrogare quella che di mano in mano diventava improduttiva entro i limiti dei vecchi Stati meridionali.

Ma la massa grandiosa dei piccoli contadini che dal Nord e dal Medio Ovest premeva verso occidente era risoluta: niente schiavitù nei Territori, perché come si è visto la schiavitù cacciava il lavoro libero. Era quindi sorto il vasto movimento dei *freesoilers*, i partigiani della «terra libera», i quali non discutevano la schiavitù né contestavano al Sud il diritto di tenere schiavi; ma non volevano lavoro schiavista sui nuovi Territori oltre il Mississippi. E questi sì, non gli ideologi dell'abolizionismo, facevano veramente paura! [...]

Da qui trasse origine la sensazionale svolta che portò l'intellettualità sudista (la quale per il passato aveva generalmente mostrato disprezzo e repugnanza per la schiavitù) a cercar di difenderla presentandola non più come una piaga ma addirittura come un «bene positivo».

GUIDA ALLA LETTURA

❶ Descrivi l'economia americana del Nord e del Sud nella metà del XIX secolo. ❷ Come erano rappresentati nordisti e sudisti nelle istituzioni politiche? ❸ Perché la colonizzazione dei territori dell'Ovest modificò i rapporti economici tra Nord e Sud del paese? ❹ Cosa pensavano della schiavitù i *freesoilers* e gli intellettuali del Sud?

162

B. Moore jr.
Un'analisi della guerra civile americana: le ragioni del conflitto

B. Moore jr., *Le origini sociali della dittatura e della democrazia. Proprietari e contadini nella formazione del mondo moderno*, Einaudi, Torino 1968, pp. 170-74

■ Nella sua fondamentale opera sulle *Origini sociali della dittatura e della democrazia* (1966), il sociologo statunitense Barrington Moore jr. **[19]** ha analizzato il ruolo svolto dai proprietari terrieri e dai contadini nel passaggio dalla società agraria tradizionale alla moderna società industriale. Prendendo in considerazione i casi di tre potenze occidentali (Inghilterra, Francia e Stati Uniti) e di tre Stati asiatici (Cina, India e Giappone), Moore ha messo in rapporto gli assetti sociali del mondo rurale con i diversi esiti politici (democratici o dittatoriali) del processo di modernizzazione. In queste pagine, dedicate alla guerra civile americana, l'autore contesta l'opinione che la schiavitù «rappresentasse un ostacolo al capitalismo in quanto tale» e sostiene che la vittoria del Nord eliminò gli ostacoli politici all'affermarsi di un capitalismo «democratico e di concorrenza».

Contro la tesi che la guerra civile rappresentò la vittoria della democrazia capitalistica ed industriale e fu un evento necessario perché questa vittoria si realizzasse, si possono sollevare tre obiezioni tra loro strettamente collegate. Primo: si può sostenere che non v'è stata connessione alcuna tra la guerra civile e la successiva vittoria del capitalismo industriale [...]. Secondo: si può sostenere che i cambiamenti che di fatto seguirono alla guerra civile si sarebbero verificati comunque grazie al normale processo dello sviluppo economico, senza bisogno di un conflitto armato. Terzo, ed ultimo: si può sostenere, sulla base della documentazione, che le economie del Nord e del Sud non erano veramente in contrasto tra di loro: nel caso migliore, anzi, erano complementari; nel caso peggiore, non ingranavano bene tra di loro a causa di fatti fortuiti, quali la circostanza che il Sud vendeva molta parte del suo cotone all'Inghilterra.

Queste obiezioni verrebbero a loro volta confutate, solamente se fosse possibile dimostrare che la società del Sud, dominata dal sistema delle piantagioni, costituiva un ostacolo formidabile al trionfo della democrazia capitalistica. I fatti indicano molto chiaramente che il sistema schiavistico delle piantagioni costituiva un ostacolo alla democrazia, o per lo meno all'attuazione di una democrazia che includa i due obiettivi dell'uguaglianza, anche nella sola forma dell'uguaglianza di opportunità, e della libertà. Ma dai fatti non si ricava affatto con la stessa chiarezza che il sistema schiavistico rappresentasse un ostacolo al capitalismo industriale in quanto tale. [...] L'agricoltura basata sul lavoro servile, ed in particolare quella basata sullo schiavismo, rappresentano ostacoli d'ordine politico per un *particolare tipo* di capitalismo, [...] che, in mancanza di termini più precisi, chiameremo capitalismo democratico e di concorrenza. La schiavitù rappresentava una minaccia ed un ostacolo per una società che era l'erede delle rivoluzioni puritana, americana e francese. La società del Sud era basata solidamente sulla ereditarietà come fondamento del valore dell'uomo. Insieme al West, il Nord, sebbene in fase di trasformazione, era ancora legato al concetto dell'uguaglianza di opportunità da concedere ad ogni uomo indipendentemente dalla nascita. Sia nel Sud che nel Nordovest gli ideali erano il riflesso dell'ordinamento economico, da cui derivavano gran parte della loro forza d'attrazione. Nell'ambito dello stesso organismo politico era, a mio avviso, strutturalmente impossibile realizzare istituzioni politiche e sociali che risultassero soddisfacenti per entrambe le parti. [...]

Che la vittoria del Nord, pur con tutte le ambigue conseguenze che ne scaturirono, in confronto a quello che sarebbe stata una vittoria del Sud, abbia rappresentato un successo per la libertà, sembra abbastanza ovvio [...].

L'abbattimento della schiavitù rappresentò un passo decisivo, un atto almeno altrettanto importante che l'abbattimento della monarchia assoluta nella guerra civile inglese e nella Rivoluzione francese, un atto preliminare per ulteriori passi in avanti. Come nel caso dell'Inghilterra e della Francia, i risultati fondamentali della nostra guerra civile furono politici, nel più ampio significato del termine. Successive generazioni tentarono di mettere un contenuto economico dentro quella struttura politica, di sollevare il livello del popolo verso un ideale di umana dignità, ponendo nelle sue mani i mezzi materiali per metterlo in grado di determinare il proprio destino. [...]

Che al governo federale venisse precluso di imporre la schiavitù, non fu cosa da poco. È facile immaginare le difficoltà che il movimento operaio organizzato avrebbe dovuto fronteggiare per ottenere il riconoscimento legale e politico, che poi conseguì negli anni successivi, se questo ostacolo non fosse stato rimosso. Gli ostacoli che i successivi movimenti per ampliare i confini e il significato della libertà umana hanno incontrato, sono stati in larga misura la conseguenza dell'incompletezza della vittoria del 1865 e delle tendenze che subito si svilupparono verso un'alleanza tra i conservatori del Nord e quelli del Sud. L'incompletezza era radicata nella struttura del capitalismo industriale. Molta parte dell'antica repressione tornò nel Sud in nuove forme puramente economiche, mentre nuove forme di oppressione apparivano nel Sud e nel resto degli Stati Uniti via via che il capitalismo industriale cresceva e si diffondeva.

GUIDA ALLA LETTURA

❶ Quali sono le possibili obiezioni alla tesi sull'affermazione della democrazia capitalistica? ❷ Descrivi gli ideali e i valori fondanti nelle società del Sud e del Nord-Ovest e le loro relazioni con l'economia. ❸ In che senso l'autore paragona l'abbattimento della schiavitù negli Stati Uniti alle grandi rivoluzioni politiche del passato e del futuro? ❹ Perché Moore jr. definisce incompleta la vittoria del 1865?

163

E.O. Reischauer
La modernizzazione dall'alto del Giappone

E.O. Reischauer, *Storia del Giappone dalle origini ai nostri giorni* (1994), Bompiani, Milano 1998, pp. 92-99; 102-5

■ Dopo l'apertura obbligata ai paesi occidentali [👁 18.4], il Giappone andò incontro a un radicale processo di trasformazione. Nel 1868 venne abbattuto il potere della dinastia Tokugawa, che governava il Giappone da oltre duecento anni attraverso il controllo della carica di *shogun*, primo ministro e comandante militare. Anche la preminenza economica dei *daimyo*, i grandi proprietari feudali, fu ridimensionata. La "rivoluzione" del 1868 restaurò quindi l'autorità imperiale e il nuovo governo avviò a tappe forzate un intenso programma di modernizzazione. Tale processo, rigidamente guidato dall'alto, è analizzato nelle pagine che seguono dallo storico statunitense Edwin O. Reischauer (1910-1990). Nato nel 1910 a Tokyo, dove rimase fino al 1927, Reischauer fu poi docente a Harvard di Storia giapponese e ambasciatore degli Stati Uniti in Giappone.

Un piccolo gruppo di giovani samurai intelligenti del Giappone occidentale, per lo più provenienti dai ranghi inferiori, insieme a un gruppo di nobili di corte che non si era mai prima occupato di politica, presero il controllo di ciò che rimaneva del governo centrale. [...]
I nuovi leaders capirono di dover abbandonare, almeno per il presente, uno degli slogan rivoluzionari, quello che diceva di «cacciare i barbari» e [...] indussero [...] l'imperatore a ricevere i rappresentanti delle potenze straniere nella primavera del 1868. [...] Essi costruirono il loro regime intorno all'imperatore, fecero ogni cosa a suo nome, anche se al tempo questi aveva solo quattordici anni. Nel 1868 cambiarono il nome del «periodo annuale» in Meiji, che significa «governo illuminato», nome postumo dato all'imperatore alla sua morte nel 1912, e la rivoluzione e le grosse trasformazioni che seguirono furono conosciute con il nome di Restaurazione Meiji.
In teoria il movimento «restaurò» l'antico governo imperiale, ma in pratica [...] il gruppo di giovani samurai e di nobili di corte che erano al potere [...] si misero a governare collegialmente [...]. I veri cambiamenti furono lo smantellamento della struttura feudale della società e del governo dei Tokugawa e l'adozione di un sistema di governo centralizzato su modello di quelli dei paesi occidentali moderni.
Tutti questi cambiamenti furono fatti sotto il motto di *fukoku kyohei*, «un paese ricco e forte militarmente», perché era chiaro che finché il Giappone non fosse diventato forte militarmente, creando con la propria forza economica la forza militare, non poteva aspettarsi di «cacciare i barbari», seppure nel senso metaforico di conquistare sicurezza militare ed economica ed essere in rapporti diplomatici paritari nei confronti dell'Occidente. [...]
Nel 1871 il governo tolse tutte le limitazioni di classe sui ruoli sociali e stabilì l'eguaglianza di tutti [...]. Poi, all'inizio del 1873, rese il servizio militare obbligatorio per tutti, mettendo in questo modo fine al concetto di una classe militare privilegiata [...].
In dieci anni il nuovo governo aveva così fatto piazza pulita dell'antiquato sistema politico e sociale ed era riuscito ad avere il controllo incontrastato di tutto il paese. [...]
C'era inoltre un urgente bisogno di sviluppare le comunicazioni, l'industria e un esercito forte, in grado di proteggere il Giappone dalle potenze occidentali e dal diluvio di industriali stranieri [...]. Il nuovo governo fece costruire linee telegrafiche in tutta la nazione per facilitare le comunicazioni e il controllo e, nel 1871, creò un sistema postale. Migliorò le condizioni dei porti e iniziò la rete ferroviaria nel 1872, con una linea tra Tokyo e il suo porto di Yokohama, distante circa 30 chilometri. [...] Creò una moderna industria di munizioni, [...] iniziò uno sfruttamento sistematico delle miniere e costruì impianti pilota in diverse industrie. [...]
I nuovi capi capirono che per riuscire in tutte queste iniziative, il Giappone avrebbe dovuto imparare molto sulla tecnologia, le istituzioni e le idee dell'Occidente e che avrebbero anche dovuto creare un pubblico in grado di appoggiare un'economia e una società moderne. I primi decenni del periodo Meiji furono dunque impiegati ad apprendere dall'Occidente e ad adottare quegli elementi della civiltà occidentale che i giapponesi sentivano sarebbero stati loro utili. [...] Gli studenti, comprese alcune ragazze, furono selezionati accuratamente in base alle loro attitudini e furono mandati a studiare in paesi selezionati con altrettanta cura. I giapponesi intendevano imparare da ciascun paese occidentale quello in cui esso eccelleva. [...]
I nuovi dirigenti politici si resero conto fin dall'inizio dell'importanza che un paese moderno fosse fornito di un capillare sistema educativo. Fin dal 1871 venne perciò istituito il ministero della pubblica istruzione che si imbarcò nell'ambizioso programma di dare una scuola a tutti i giapponesi, ragazze e ragazzi. [...]
L'istruzione venne considerata soprattutto come uno strumento con cui lo stato preparava cittadini obbedienti e fidati per le varie attività del paese. [...]
Nel giro di una generazione o due nella società giapponese non fu più la nascita a determinare il prestigio e le cariche, [...] ma fu quasi interamente l'istruzione. [...]
Ma il controllo governativo sull'istruzione portò anche a una conseguenza negativa: cioè, invece di insegnare alla gente a pensare, le scuole inferiori divennero sempre più dei mezzi per inculcare nella gente quello che doveva pensare.

GUIDA ALLA LETTURA

❶ Qual è l'origine dell'espressione «restaurazione Meiji»? Perché lo storico la ritiene contraddittoria? ❷ Quali misure di modernizzazione sociale furono introdotte contro gli antichi privilegi? ❸ Come fu modernizzata l'economia giapponese? Che ruolo vi ebbe l'Occidente? ❹ Per quali ragioni la riforma del sistema educativo, secondo Reischauer, fu particolarmente importante?

164

M. Morishima
Confucianesimo e capitalismo in Giappone

M. Morishima, *Cultura e tecnologia nel «successo» giapponese*, il Mulino, Bologna 1984, pp. 108-11

■ Nel brano che segue, tratto da un libro del 1982, l'economista giapponese Michio Morishima (1923-2004) stabilisce un nesso fra la mentalità e la cultura giapponese e lo sviluppo economico che seguì la «restaurazione Meiji». Seguendo le tracce del famoso saggio di Max Weber [👁 16.12], *L'etica protestante e lo spirito del capitalismo*, l'autore sostiene che i valori-base del confucianesimo, pur essendo molto diversi da quelli dominanti nelle società occidentali, ebbero nella nascita del Giappone moderno un ruolo simile a quello svolto dall'etica protestante nell'affermazione del capitalismo in Europa e nel Nord America.

La diffusione del protestantesimo (puritanesimo) e l'ascesa della borghesia furono prerequisiti dell'affermazione del capitalismo moderno in Inghilterra, ma la rivoluzione Meiji in Giappone non si verificò a seguito della soddisfazione degli stessi prerequisiti. In primo luogo, negli ultimi anni del governo Tokugawa era emersa in una certa misura una classe borghese, ma essa non era ancora molto forte e non era militante come quella inglese. [...] Durante il secolo XVIII, in effetti, erano comparsi uomini quali Ishida Baigan (1685-1744) che enunciarono una dottrina di moralità commerciale. Asserivano che le attività volte al profitto, così come le attività di risparmio al fine di accumulare capitale mediante la frugalità, non erano affatto moralmente meschine [...]. Tuttavia, il fatto che il commercio Tokugawa sviluppato in questo modo rimanesse esclusivamente un commercio interno che agiva nella situazione di isolamento significava che i mercanti non avevano né il coraggio né lo spirito di avventura che si trovavano normalmente tra i mercanti dediti al commercio estero. [...]
Questa era la situazione quando il Giappone si trovò di fronte le tecniche stupefacenti create dalla scienza moderna. La cosa più importante per i Giapponesi era proteggere il Giappone dalla tecnologia di questo tipo e salvare l'indipendenza del paese; l'acquisizione del profitto personale attraverso l'uso di queste tecniche non era ancora diventata una faccenda di importanza primaria. Il problema che sorse era come si potesse riformare la struttura politica del Giappone se questo come nazione voleva impadronirsi della tecnologia moderna e diventare una nazione altrettanto potente di quelle dell'Europa occidentale. Così la rivoluzione Meiji fu compiuta dai samurai di rango inferiore e dai membri dell'intellighenzia[1] che avevano un certo senso di coscienza nazionale, e fu del tutto naturale che la classe borghese giapponese, che si interessava solo di profitti scarsi ma personali provenienti dal commercio interno, si ritrovasse assolutamente tagliata fuori da una rivoluzione come questa. Quindi, anche dopo di essa, la classe capitalistica, la forza motrice del capitalismo, rimase debole in Giappone.
[...] Di conseguenza lo stesso governo Meiji fu costretto a costruire fabbriche moderne, sia con denaro preso ai contadini mediante le imposte, sia con fondi ottenuti stampando valuta cartacea. Ben presto, però, il governo non poté più sostenere la gestione di questa sorta di capitalismo di Stato, crebbe l'inflazione e [...] il governo fu costretto a svendere le sue fabbriche moderne a prezzo basso, ma un risultato affatto inatteso di questa politica decisamente disperata fu lo schiudersi di una prospettiva più promettente. Vale a dire che gli individui che avevano acquistato dal governo queste fabbriche moderne a un costo molto basso erano diventati ad un tratto grandi capitalisti ed era stato soddisfatto anche in Giappone uno dei prerequisiti del capitalismo, l'esistenza di capitalisti potenti. [...]
Tuttavia, se i Giapponesi non avessero accettato l'idea della frugalità, un altro dei prerequisiti del capitalismo, allora il capitalismo moderno non avrebbe sicuramente potuto affermarsi in Giappone. [...] Come conseguenza della politica culturale del governo Tokugawa, il confucianesimo aveva avuto ampia e profonda diffusione tra il popolo giapponese. Il confucianesimo era inteso in Giappone come un sistema etico più che come una religione, e insegnava direttamente [...] al popolo giapponese che una condotta frugale era una condotta nobile. Quindi il Giappone, al termine della rivoluzione Meiji, aveva già soddisfatto il secondo prerequisito del capitalismo [...].
Il confucianesimo in Giappone sottolineava: *a*) la lealtà verso lo Stato (o il signore); *b*) la pietà filiale verso i genitori; *c*) la fiducia negli amici e *d*) il rispetto per i più anziani. Quindi secondo l'ideologia confuciana, era perfettamente naturale che si sviluppasse un'economia nazionalistico-capitalistica sulla base di un sistema di anzianità e di un'occupazione a vita [...]. Il confucianesimo [...] era intellettuale e razionale, e compatibile con la scienza moderna. Subito dopo la rivoluzione Meiji, il Giappone fu in grado di assimilare e assorbire la scienza dell'Europa occidentale con sorprendente rapidità, e nel periodo che va dal 1878 al 1900 il governo Meiji avviò con successo il «decollo» dell'economia giapponese. Così in Giappone fu creata un'economia capitalistica condotta con uno spirito completamente diverso dal capitalismo inglese: un'economia che univa anima giapponese e tecnologia occidentale.

[1] Classe intellettuale.

GUIDA ALLA LETTURA

❶ Perché la borghesia giapponese rimase ai margini della "rivoluzione" Meiji? ❷ In che cosa consiste il capitalismo di Stato inaugurato dal governo Meiji? ❸ Qual era il sistema etico del confucianesimo? ❹ Perché l'economia capitalistica giapponese univa anima giapponese e tecnologia occidentale?

SVILUPPARE LE COMPETENZE

Comprendere e Analizzare

❶ **Dopo aver letto tutti i documenti e i brani, scrivi un testo (max 30 righe) dal titolo *Il capitalismo extraeuropeo: Giappone e Stati Uniti*, che esamini i seguenti aspetti relativi alla storia dei due paesi nel XIX secolo:**

a. Vecchie e nuove classi sociali;
b. Le culture tradizionali e la cultura capitalista;
c. La crescita della produzione e dei commerci;
d. Le vittime della modernizzazione forzata;
e. Il capitalismo e la guerra.

❷ **Dopo aver letto il documento di Douglass [160DOC] e il brano di Luraghi [161], costruisci un breve saggio sulla schiavitù negli Stati Uniti (max 25 righe) citando opportunamente i testi. Puoi seguire la seguente scaletta di domande:**

a. Quali sono, nella testimonianza di Douglass, le dure condizioni materiali di vita degli schiavi?
b. I padroni bianchi esercitano anche violenze psicologiche e di tipo culturale contro gli schiavi?
c. Qual è, nell'analisi di Luraghi, la funzione economica della schiavitù nel Sud degli Stati Uniti? Produceva solo vantaggi?
d. Le motivazioni per l'abolizione della schiavitù addotte da Douglass sono le stesse degli abolizionisti bianchi del Nord?

❸ **Il concetto di "frontiera" e l'affermazione del capitalismo «democratico e di concorrenza» sono due elementi imprescindibili per una corretta interpretazione e comprensione della storia degli Stati Uniti. Spiega perché.**

Rielaborare e Argomentare

❹ **Redazione di un articolo di giornale. *I protagonisti dei nuovi mondi: personaggi e figure sociali delle potenze emergenti del XIX secolo***

Sviluppa l'argomento scelto in forma di articolo di giornale, utilizzando i documenti e i testi che lo corredano. Individua nei documenti e nei testi forniti uno o più elementi che ti sembrano rilevanti e costruisci intorno a essi il tuo "pezzo". Da' all'articolo un titolo appropriato e indica il tipo di giornale sul quale ne ipotizzi la pubblicazione (quotidiano, rivista divulgativa, giornale scolastico, altro). Se lo ritieni opportuno, organizza la trattazione suddividendola in paragrafi, cui potrai dare eventualmente uno specifico titolo.

Documenti: Douglass [160DOC]
Immagini: pp. 605, 609, 610, 613
Brani storiografici: Turner [159], Luraghi [161], Moore jr. [162], Reischauer [163], Morishima [164]
Capitoli: **18**

❺ **Dopo aver letto i brani degli storici, scegli una fra le seguenti posizioni storiografiche sulla guerra civile americana e argomenta la tua risposta in un breve testo (max 25 righe):**

a. Le vittorie militari del Nord sancirono definitivamente l'affermazione dei valori fondanti l'intero paese: il prolifico connubio tra sistema economico capitalistico e un modello politico democratico.
b. Il sistema schiavistico del Sud era perfettamente compatibile con lo sviluppo capitalista del Nord, poiché le due economie erano complementari tra loro; fu la guerra civile a determinare la storia futura del paese.
c. L'Ovest, abitato da colonizzatori provenienti da tutte le aree del paese, rifiutò lo schiavismo e attuò una forte integrazione economica con il Nord; perciò fu l'ago della bilancia per stabilire l'esito della guerra civile.

Il colonialismo

I brani contenuti in questa sezione trattano, da diversi punti di vista, il tema del colonialismo di fine '800 e delle sue implicazioni politiche, economiche e culturali. Si comincia con le pagine di due storici contemporanei, lo statunitense **Raymond F. Betts** [165], che analizza soprattutto i fattori politici all'origine della corsa alle colonie, e il tedesco **Wolfgang Reinhard** [166], che invece si concentra sugli aspetti economici della dominazione europea e, dunque, sul fenomeno dello sfruttamento coloniale.
Seguono tre testi letterari dei primi del '900, di altrettanti grandi scrittori, tutti significativi di diversi atteggiamenti riguardo ai rapporti con l'"altro", ovvero con i popoli colonizzati: una poesia di **Joseph Rudyard Kipling** [167DOC], che celebra la missione civilizzatrice dell'uomo bianco; un passo tratto da un romanzo di **Joseph Conrad** [168DOC], che descrive lo stupore dell'europeo di fronte a ciò che gli appare la manifestazione di una natura selvaggia; una spietata denuncia di **Mark Twain** [169DOC] sugli orrori della colonizzazione belga in Congo. La sezione si chiude con un brano dello storico svedese **Anders Stephansons** [170] sui legami tra colonialismo e idee razziste.

165

R.F. Betts
Le cause del colonialismo ottocentesco

R.F. Betts, *L'alba illusoria. L'imperialismo europeo nell'Ottocento*, il Mulino, Bologna 1986, pp. 93-97

■ Lo storico statunitense Raymond F. Betts (1925-2007), studioso del colonialismo, affronta in queste pagine il dibattito sui fattori che spinsero le potenze europee a impegnarsi nella competizione imperialistica di fine '800-inizio '900. L'autore sottolinea l'importanza delle ragioni economiche nella corsa all'acquisizione di colonie in Africa e in Asia, ma ricorda anche i fattori politici e culturali che alimentarono quel processo. Le guerre coloniali fecero infatti da cemento interno dinanzi alle crescenti tensioni sociali dei singoli paesi, evocando una superiorità etnica e nazionale capace di mobilitare in favore dei governi settori significativi dell'opinione pubblica europea.

Anche se non segnò la fine dell'espansione europea, Fascioda[1] costituì in ogni caso un momento importante, forse un momento culminante. Il fatto che gli Europei fossero giunti proprio nel cuore di un continente che fino a quel momento avevano in pratica ignorato nelle loro grandi decisioni politiche, fa perlomeno pensare a un cambiamento di atteggiamenti che sconfina quasi in uno stato di un'esaltazione politica. Ed è proprio questo ritmo più rapido che contraddistingue immediatamente la politica internazionale del «nuovo imperialismo» e giustifica il fatto che si definisca la sua più importante manifestazione come «la contesa per l'Africa».

La confusione politica che si diffuse nel mondo a seguito di questa multiforme espansione trova il suo complemento, sia pure su scala più modesta, nelle ricerche degli storici sulle sue cause. [...]

Fin dall'inizio, piuttosto che certe personalità furono certe forze a dominare i modelli causali. Tra questi modelli, nessuno ha esercitato tanta attrazione quanto quello di derivazione nettamente marxista. Secondo tale modello, il capitalismo industriale estendendosi a nuovi mercati e cercando nuove zone per gli investimenti industriali promosse l'imperialismo in quanto strumento per ottenere maggiori profitti. Che tali profitti siano stati realmente ottenuti [...] è del tutto irrilevante rispetto alla premessa di base di questa tesi: il fine economico. [...]

Contro queste tesi orientate sull'economia, gli storici convinti del *Primat der Aussenpolitik*[2] hanno ritenuto che generatore dell'imperialismo fu il dinamismo del sistema europeo di Stati. Quando la politica di potenza dovette cercare altri spazi al di fuori del piccolo continente europeo, in cui l'unificazione dell'Italia e della Germania aveva eliminato i centri tradizionali di scontro e di spartizione territoriale, nuovi *champs de manoeuvre*[3] si cercarono o si trovarono in Africa, nel Vicino Oriente e nell'Estremo Oriente. Nell'ambito di quest'ipotesi, che si basa in primo luogo sull'analisi delle attività diplomatiche e su una valutazione del concetto di equilibrio di potere, figurano appunto la rivalità anglo-francese e quella franco-tedesca.

Contro queste interpretazioni, [...] sta la più influente tra le teorie recenti, quella che postula l'esistenza di imperi «informali» (acquisiti per via commerciale) e «formali» (annessi politicamente), che mirano entrambi all'espansione economica. Questa tesi, secondo cui l'imperialismo britannico rimase una funzione permanente dello sviluppo economico interno e che dimostra come le annessioni nell'età vittoriana di mezzo furono altrettanto significative che in seguito, nega l'unicità, la subitaneità e l'intensità del «nuovo imperialismo».

Infine, studi recenti che capovolgono l'impostazione tradizionale e che hanno studiato certi avvenimenti soprattutto in Africa, hanno cercato di modificare l'impostazione eurocentrica [...]. Secondo questa linea di ricerca, i fattori locali avrebbero provocato il coinvolgimento politico, a volte non previsto e non desiderato nelle capitali europee. Di conseguenza, il colonialismo, ossia l'attività coloniale locale, avrebbe preceduto l'imperialismo, ossia la politica nazionale. [...]

Se non si intravvede una soluzione generale del problema, non si fanno però molti passi avanti affermando soltanto che in ogni esempio storico di conquiste coloniali operarono fattori di varia natura. [...] Il fatto che questi coinvolgimenti politici dell'Europa in tutto il mondo siano avvenuti in un ben preciso momento storico pone il problema dell'analogia delle cause generali. Ora che la tesi del «nuovo imperialismo» è stata seriamente riabilitata, è tanto più auspicabile che si prendano in considerazione quegli aspetti insoliti nell'azione e nei propositi che lo differenziano in modo significativo dall'espansione immediatamente precedente.

Se nell'analisi storica contemporanea il termine «crisi» non fosse tanto abusato, esso potrebbe egregiamente riassumere quel repentino concorso di condizioni interne e di attività diplomatiche che indusse gli uomini politici ed i teorici europei a convogliare i numerosi e disparati decreti relativi alle colonie in una politica espressa a livello nazionale e in un'ideologia dell'imperialismo. Lo si potrebbe anche chiamare l'imperialismo «ansioso», la preoccupata risposta alle pressioni socio-economiche che sembravano minacciare tanto il primato del mondo europeo quanto la posizione interna delle élites di governo. [...]

L'Europa, un insieme di Stati in reciproca competizione e di società in preda al disordine economico, fu quindi spinta a inaugurare un'èra dell'imperialismo.

[1] Fascioda, località sudanese, nel 1898 divenuta oggetto di un contenzioso tra truppe francesi e britanniche che sembrò poter scatenare un conflitto tra i due paesi.

[2] Primato della politica estera.

[3] Campi di manovra.

GUIDA ALLA LETTURA

❶ Quali sono le spiegazioni economicistiche del «nuovo imperialismo»? ❷ Perché alcune spiegazioni dell'imperialismo sono definite dallo storico etnocentriche? Esiste una diversa prospettiva di studi? ❸ Quale tesi mette in discussione l'esistenza stessa del «nuovo imperialismo»? ❹ Che cosa intende Betts con l'espressione «imperialismo ansioso»?

166

W. Reinhard
Lo sfruttamento economico delle colonie

W. Reinhard, *Storia del colonialismo*, Einaudi, Torino 2002, pp. 278-82

■ Lo storico tedesco Wolfgang Reinhard (nato nel 1937) ha descritto, nel suo studio dedicato al colonialismo europeo, lo sfruttamento economico delle colonie da parte degli Stati europei. Le pagine che seguono sono dedicate all'Africa nella seconda metà dell'800. Inizialmente gli europei si limitarono a praticare in colonia una politica di mera depredazione delle risorse economiche, soprattutto dei prodotti naturali o delle ricchezze minerarie. Successivamente cercarono di «mettere a valore» i territori coloniali, assegnando la maggior parte delle terre a società europee. Inoltre, benché talvolta fosse permesso ai contadini africani di divenire proprietari, le loro produzioni erano comunque obbligatoriamente indirizzate verso prodotti da esportare sul mercato internazionale. Ciò legava le economie di molti paesi africani alle oscillazioni degli scambi esteri, a cui potevano far fronte soltanto le grandi società commerciali occidentali.

Come nella maggior parte dei casi, anche in Africa l'economia coloniale esordì come *economia di rapina*, una sorta di saccheggio in grande stile, che raggiunse il suo culmine nelle colonie del Congo. Si trattava di fare il più rapidamente possibile bottino dei prodotti naturali come l'avorio e il caucciù, sfruttando nel modo più brutale gli indigeni, senza effettuare il minimo investimento nel paese. [...] Ma le crisi di cui abbiamo fatto menzione, a cui si aggiunse la disastrosa flessione del *boom* del caucciù naturale nel 1910, portarono a riconoscere, già negli anni che precedettero lo scoppio della prima guerra mondiale, che lo sviluppo delle colonie, la *mise en valeur*[1] e un trattamento che si prendesse cura della forza-lavoro africana erano tutti, a ben vedere, nell'interesse dell'Europa. [...]

In Africa dapprima rivestì un ruolo cruciale il fatto di poter disporre del fattore di produzione «terra». Come nella maggior parte delle culture extraeuropee, la proprietà privata senza restrizioni secondo lo *ius* romano era in quel continente sconosciuta. [...]

Le strategie di politica agraria sono strettamente legate alla forma predominante di sfruttamento della terra. Al mantenimento della proprietà della terra nelle mani degli Africani non doveva corrispondere assolutamente una mera economia di sussistenza, bensì la produzione da parte dei contadini africani di *cash crops* (colture da esportazione) per il mercato mondiale. A ciò si contrapponevano le aziende dei coloni bianchi e le piantagioni delle società con capitali, che potevano essere aziende dedite all'allevamento del bestiame o alla coltura, a loro volta, di prodotti destinati al mercato. [...] La coltivazione di *cash crops* da parte dei piccoli contadini africani rappresenta una forma di economia primitiva a basso costo con però scarse prospettive di commercializzazione [...]. A ciò si aggiunga il fatto che per le monoculture si instaura la tipica dipendenza dal mercato mondiale con elevata suscettibilità a periodi di crisi. [...]

Cotone, lana, caucciù, mais, olio di palma, cacao e arachidi nel 1913 rappresentavano solo il 20,2 per cento delle esportazioni africane, nel 1935 il 25,14 per cento, mentre il 55,9 e il 53,5 per cento del ricavato delle esportazioni era rispettivamente dovuto a oro, diamanti e rame. Dal punto di vista dell'economia mondiale l'Africa era una colonia di giacimenti [...].

La distribuzione degli investimenti rispecchia la geografia della produzione. [...] Gli investitori sia pubblici sia privati, durante l'epoca coloniale, investirono il loro denaro in primo luogo nel settore delle esportazioni in senso lato. Il risultato fu uno sviluppo unilateralmente orientato al commercio estero, vale a dire agli interessi economici degli Europei anziché all'economia africana, cioè uno sviluppo economico dalla forte connotazione coloniale. Se guardiamo la carta geografica, ancora oggi possiamo ricavare una siffatta conclusione dal più importante investimento statale, la costruzione delle ferrovie. [...] Tale costruzione ha creato un sistema di linee ferroviarie d'approccio gravitanti sulle città portuali, sistema che non rispondeva alle esigenze del continente, bensì al suo sfruttamento da parte degli Europei.

Quando il commercio rappresentava il grande affare con l'Africa, la cosa era più vera per il continente nel suo complesso che per le potenze coloniali, poiché il peso che l'Africa ebbe nella loro bilancia commerciale rimase tutto sommato modesto fino all'epoca del secondo conflitto mondiale. Erano piuttosto certe branche industriali e imprese commerciali a trarre il maggior beneficio non solo dal commercio, ma anche dalle misure intraprese dai governi per creare infrastrutture. Per il bilancio dello Stato dei paesi europei l'Africa potrebbe essere stata un affare in perdita, mentre per i privati i guadagni furono enormi, ma poco si sa della loro entità e dei loro effetti in madrepatria. Ciò dipende in parte dalla struttura delle imprese. Mentre sul versante africano tale commercio fino a un certo grado rimase commercio di scambio, [...] sul versante europeo ormai non si trattava più di società puramente nazionali, in quanto nel commercio africano l'epoca delle «multinazionali» fece ben presto la sua comparsa.

---

[1] Messa a valore, valorizzazione.

GUIDA ALLA LETTURA

❶ Come si caratterizzò, in Africa, la prima fase dell'economia coloniale? ❷ Che cosa sono le coltivazioni *cash crops*? Chi se ne occupava? ❸ L'economia di sfruttamento era basata solo sull'agricoltura? ❹ Chi investiva in Africa? Con quali obiettivi e risultati?

167 DOC

Joseph Rudyard Kipling
Il fardello dell'uomo bianco

J.R. Kipling, *Poesie*, Mursia, Milano 1987, pp. 126-29

■ Alla fine dell'800, l'idea del colonialismo come missione civilizzatrice in terre lontane ebbe larga fortuna nei paesi occidentali, non solo tra i ceti dirigenti, ma anche in grande parte dell'opinione pubblica. Uno dei sostenitori più convinti delle imprese coloniali fu lo scrittore e poeta inglese Joseph Rudyard Kipling (1865-1936), nato a Bombay (oggi Mumbay), divenuto famoso con i racconti dei due *Libri della giungla*, pubblicati sul finire del XIX secolo. Nella poesia *The White Man's Burden*, scritta nel 1899, in occasione dell'occupazione delle Filippine da parte degli Stati Uniti, Kipling veste i panni del vate di una stirpe eletta, quella anglosassone, e invita gli americani a non scoraggiarsi di fronte all'«ingratitudine» dei popoli sottomessi. Il poeta elogia la difficile missione dell'uomo bianco, incaricato di diffondere un messaggio di civiltà in terre inospitali. Un «fardello» da sostenere, che nobilita i colonizzatori.

Take up the White Man's burden –
Send forth the best ye breed –
Go bind your sons to exile
To serve your captives' need;
To wait in heavy harness,
On fluttered folk and wild –
Your new-caught, sullen peoples,
Half-devil and half-child.

Addossatevi il fardello del Bianco –
Mandate i migliori della vostra razza –
Andate, costringete i vostri figli all'esilio
Per servire ai bisogni dei sottoposti;
Per custodire in pesante assetto
Gente irrequieta e sfrenata –
Popoli truci, da poco soggetti,
Mezzo demoni e mezzo bambini.

Take up the White Man's burden –
In patience to abide,
To veil the threat of terror
And check the show of pride;
By open speech and simple,
An hundred times made plain,
To seek another's profit,
And work another's gain.

Addossatevi il fardello del Bianco –
Resistere con pazienza,
Celare la minaccia del terrore
E frenare l'esibizione dell'orgoglio;
In parole semplici e chiare,
Cento volte rese evidenti,
Per cercare il vantaggio altrui,
E produrre l'altrui guadagno.

Take up the White Man's burden –
The savage wars of peace –
Fill full the mouth of Famine
And bid the sickness cease;
And when your goal is nearest
The end for others sought,
Watch Sloth and heathen Folly
Bring all your hope the naught.

Addossatevi il fardello del Bianco –
Le barbare guerre della pace –
Riempite la bocca della Carestia
E fate cessare la malattia;
E quando più la mèta è vicina,
Il fine per altri perseguito,
Osservate l'Ignavia e la Follia pagana
Ridurre al nulla tutta la vostra [speranza.

Take up the White Man's burden –
No tawdry rute of kings,
But toil of sert and sweeper –
The tale of common things.
The ports ye shall not enter,
The roads ye shall not tread,
Go make them with your living.
And mark them with your dead.

Addossatevi il fardello del Bianco –
Non sgargiante governo di re,
Ma fatica di servo e di spazzino –
La storia delle cose comuni.
I porti in cui non entrerete,
Le strade che non calpesterete,
Andate, costruitele coi vostri vivi,
E segnatele coi vostri morti!

Take up the White Man's burden –
And rep his old reward;
The blame of those ye better,
The hate of those ye guard –
The cry of hosts ye humour
(Ah, slowly!) toward the light: –
«Why brought ye us from bondage,
Our loved Egyptian night?».

Addossatevi il fardello del Bianco –
E cogliete la sua antica ricompensa:
Le accuse di chi fate progredire,
L'odio di chi tutelate –
Il grido delle masse che attirate
(Ah, lentamente!) verso la luce:
«Perché ci avete tolto dalla schiavitù,
La nostra amata notte egiziana?».

Take up the White Man's burden –
Ye dare not stoop to less –
Nor call too loud on Freedom
To cloak your weariness;
By all ye cry or whisper,
By all ye leave or do,
The silent, sullen peoples
Shall weigh your Gods and you.

Addossatevi il fardello del Bianco –
Non osate piegarvi a un compito [inferiore –
E non vociferate troppo di Libertà
Per mascherare la vostra stanchezza;
Da tutto ciò che gridate o mormorate,
Da tutto ciò che fate o tralasciate,
I popoli truci e silenziosi
Peseranno voi e i vostri Dèi.

Take up the White Man's burden –
Have done with childish days –
The lightly proffered laurel,
The easy, ungrudged praise.
Comes now, to search your manhood
Through all the thankless years,
Cold, edged with dear-bought wisdom,
The judgment of your peers!

Addossatevi il fardello del Bianco –
Basta coi giorni dell'infanzia –
L'alloro offerto con leggerezza,
La lode facile e non lesinata.
Mette ora alla prova la vostra maturità
Per gli anni ingrati che attendono,
Reso cauto da una dura esperienza,
Il giudizio dei vostri pari!

GUIDA ALLA LETTURA

❶ Con quali termini Kipling definisce le popolazioni extraeuropee? ❷ Chi trae maggior vantaggio dalla colonizzazione, secondo l'autore? Perché? ❸ Perché il compito dei colonizzatori viene definito ingrato? ❹ Qual è, secondo te, il giudizio generale di Kipling sui popoli colonizzati?

168 DOC

Joseph Conrad
L'«uomo preistorico»

J. Conrad, *Cuore di tenebra*, Mursia, Milano 1978, pp. 109-13

■ L'incontro dei colonizzatori con le popolazioni indigene non fu privo di difficoltà, violenze e paure. Ma la scoperta delle foreste vergini dell'Africa, delle misteriose tribù, degli antichi riti magici affascinò molti artisti e intellettuali occidentali. Questo contatto dell'uomo bianco con "l'altro da sé" è al centro del racconto *Cuore di tenebra* di Joseph Conrad (1857-1924), pubblicato nel 1902. Figlio di una famiglia nobile polacca, giovane marinaio appassionato di viaggi e avventure, Conrad fu uno dei maggiori scrittori in lingua inglese del suo tempo. In questo brano viene descritto l'incontro notturno dei colonizzatori con una tribù del Congo. Mentre il battello risale le acque del fiume, sulle sponde esplode «un turbinio di nera membra», frenetico, che incute timore: sono «uomini preistorici», terribili e veri perché spogliati del «manto del tempo». Ed è proprio questa «umanità», appassionata e selvaggia, che spaventa e incanta il narratore.

I tratti diritti si aprivano dinanzi e si chiudevano dietro di noi, come se la foresta avesse scavalcato comodamente l'acqua per sbarrarci la strada del ritorno. Penetravamo sempre più profondamente nel cuore delle tenebre. C'era un gran silenzio lì. Talvolta di notte il rullare dei tamburi dietro la cortina degli alberi saliva su per il fiume e rimaneva debolmente sospeso, quasi aleggiante in alto nell'aria sopra le nostre teste, fino al primo sorgere del giorno. Non avremmo saputo dire se significava guerra, pace, o preghiera. [...] Eravamo uomini erranti su una terra preistorica, su una terra che assumeva l'aspetto di un pianeta sconosciuto. Avremmo potuto immaginare di essere i primi uomini a prender possesso di una eredità maledetta, che bisognava conquistare a prezzo di grande tormento e di smodata fatica. Ma improvvisamente, mentre lottavamo per superare un'ansa del fiume, ecco una fugace visione di muri di giunco, di tetti appuntiti fatti d'erba, un'esplosione di urla, un turbinio di nere membra, una gran quantità di mani che battevano, di piedi scalpitanti, di corpi oscillanti, di occhi roteanti, sotto la cascata del fogliame pesante e immobile. Il piroscafo arrancava lentamente al margine di una nera e incomprensibile frenesia. L'uomo preistorico imprecava contro di noi, c'implorava, ci dava il benvenuto – chi poteva dirlo? Noi eravamo tagliati fuori dal poter comprendere l'ambiente che ci circondava; scivolavamo oltre come fantasmi, stupiti e segretamente sgomenti, come dei sani di mente dinanzi a un'esplosione di entusiasmo in un manicomio. [...]
La terra non sembrava aver nulla di terrestre. [...] Non aveva nulla di terrestre, e gli uomini erano... No, non erano inumani. Be', sapete, ciò era il peggio – questo sospetto che non fossero inumani. Affiorava lentamente. Essi urlavano e saltavano, e giravano, e facevano delle smorfie orribili; ma ciò che dava il brivido era proprio il pensiero della loro umanità – uguale alla vostra – il pensiero della vostra remota parentela con quel tumulto selvaggio e appassionato. Sgradevole. Sì, era una cosa abbastanza sgradevole; ma se eravate abbastanza uomini dovevate convenire con voi stessi che c'era in voi una sia pur debolissima traccia di rispondenza alla terribile franchezza di quel rumore, un vago sospetto dell'esistenza in esso di un significato che voi – pur così lontani dalla notte delle età primordiali – potevate comprendere. [...] In questo diabolico schiamazzo c'è per me un richiamo – sì? Benissimo; lo ascolto; lo ammetto, ma anch'io ho una voce, e per il bene o per il male è la mia parola che non può essere zittita. [...] Vi meravigliate che io non sia sceso a terra a fare un urlo e una danza? Be', no – non l'ho fatto. Nobili sentimenti, dite? Al diavolo, i nobili sentimenti! Non avevo tempo. Dovevo armeggiare con biacca e strisce di coperte di lana per aiutare a mettere fasciature su quei tubi del vapore che perdevano – ve l'assicuro. [...] E nel frattempo dovevo badare al selvaggio che faceva da fuochista. Si trattava di un esemplare perfezionato; sapeva alimentare una caldaia verticale. Stava là sotto di me, e, parola d'onore, il guardar lui era così edificante come vedere un cane con indosso una parodia di calzoni e un cappello piumato, che sta camminando sulle zampe posteriori. Pochi mesi d'istruzione erano bastati per quel tipo davvero bravo. [...] Avrebbe dovuto essere sulla sponda a battere le mani e a scalpitare con i piedi, invece era lì intento al suo lavoro, servo di una strana magia, pieno di un sapere che si andava perfezionando. Era utile perché era stato istruito; e ciò che sapeva era questo – che se scompariva l'acqua in quella cosa trasparente, lo spirito maligno dentro la caldaia si sarebbe arrabbiato per la gran sete, e si sarebbe preso una vendetta terribile. E così lui sudava e alimentava il fuoco e osservava il vetro timorosamente (con un amuleto improvvisato, fatto di stracci, legato al braccio, e un pezzo d'osso levigato, grande quanto un orologio, ficcato di piatto attraverso il labbro inferiore), mentre le sponde boscose scivolavano via lentamente, il breve rumore veniva lasciato dietro, le interminabili miglia di silenzio – e noi strisciavamo – avanti, verso Kurtz[1]. Ma i tronchi erano fitti, l'acqua traditrice e poco profonda, la caldaia sembrava avesse davvero dentro di sé un diavolo scontroso, e così né il fuochista né io avevamo tempo per scrutare i nostri agghiaccianti pensieri.

[1] È la figura centrale del racconto: il rappresentante di una compagnia europea che ha fatto perdere le sue tracce e si scopre essersi trasformato in una specie di idolo locale.

GUIDA ALLA LETTURA

❶ Come descrive il narratore il paesaggio naturale? Quali sensazioni suscita in lui? ❷ Come reagisce il narratore all'apparire degli indigeni sulla riva? ❸ Quali considerazioni formula il narratore osservando il fuochista sul battello e gli uomini a riva? ❹ Secondo te, questo racconto è più utile agli storici per ricostruire la vita degli indigeni dell'epoca o per comprendere l'immaginario dell'autore?

169DOC

Mark Twain
La colonizzazione del Congo

M. Twain, *Soliloquio di re Leopoldo*, Dedalo, Bari 1982, pp. 38-49

■ Gli orrori e le violenze della colonizzazione africana furono oggetto di accese denunce. Una delle più clamorose fu senza dubbio il *pamphlet* dello scrittore statunitense Mark Twain (1835-1910) contro il re del Belgio Leopoldo II, responsabile della brutale spoliazione del Congo. Pubblicata nel 1905, sulla base dei resoconti dei giornali statunitensi e britannici, l'opera è articolata su un immaginario lungo monologo del monarca, che descrive il genocidio realizzato dai colonizzatori europei nel paese africano. In queste pagine Twain, celebre per i suoi romanzi (da *Le avventure di Tom Sawyer* a *Huckleberry Finn*), traccia un ritratto spietato di Leopoldo mentre espone la sua concezione della monarchia **[👁 19.2]**: sono raccontati i misfatti di un razziatore nero al servizio della Corona e la cinica difesa del re di fronte alle accuse dei giornali e dell'opinione pubblica occidentale, sconvolta dalle notizie sull'uccisione di migliaia di uomini e donne.

Un missionario ficcanaso che spia tutt'intorno, il rev. W.H. Sheppard. Parla con un mio razziatore negro, con l'inganno lo induce a rivelargli alcuni particolari. Il razziatore racconta: «"Ho preteso 30 schiavi da questa riva del fiume e 30 dall'altra, 2 zanne d'avorio, 2.500 balle di gomma, 13 capre, 10 polli e 6 cani, qualche manciata di granturco".
"Come è avvenuto lo scontro?" chiesi.
"Avvisai tutti i capi, i vicecapi, uomini e donne, di venire in un certo giorno, dicendo che avevo intenzione di chiudere tutta la faccenda. Quando entrarono in questi cancelletti [...] chiesi tutto il mio compenso o li avrei uccisi; loro rifiutarono di pagarmi, e io ordinai che il recinto venisse chiuso in modo che non potessero scappare; allora li uccidemmo lì, dentro il recinto. I pali del recinto caddero ed alcuni riuscirono a scappare".
"Quanti ne avete uccisi?" chiesi. [...]
"Penso che ne abbiamo uccisi tra gli 80 e i 90 – disse – e quelli negli altri villaggi, non so, non andavo fuori io, ma mandavo i miei uomini".
Insieme percorremmo la pianura che stava proprio vicino al campo. C'erano tre cadaveri che erano stati scarnificati dalla vita in giù.
"Perché sono stati scarnificati così, lasciando solo le ossa?" chiesi.
"Li ha mangiati la mia gente" rispose pronto. [...]
Continuammo a camminare e ad osservare fino al tardo pomeriggio e contammo quarantuno corpi. Gli altri erano stati mangiati.
Ritornando al campo incrociammo una donna giovane alla quale avevano sparato nella parte posteriore della testa e avevano tagliato una mano. Chiesi perché e Malumba N'Cusa spiegò che loro tagliavano sempre la mano destra da dare in cambio allo stato.
"Puoi mostrarmi qualcuna delle mani?" chiesi.
Così ci condusse a una grata di legno sotto la quale bruciava un fuoco basso, ed eccole là, le mani destre. Le contai, ottantuno in tutto.
C'erano non meno di sessanta donne (della tribù Bena Pianga) prigioniere. Le ho viste proprio io.
Siamo tutti d'accordo nel dire che abbiamo indagato in lungo e in largo sul misfatto e che abbiamo rilevato che si trattava di un piano preordinato per portar via tutto quello che era possibile e per catturare e uccidere la povera gente nella 'trappola della morte'».
Un *altro* particolare, come possiamo notare! Il cannibalismo. Ne riferiscono casi con la più irriverente frequenza. I miei detrattori non dimenticano di rilevare che, giacché sono un sovrano assoluto e con una parola posso impedire in Congo qualsiasi cosa decida di impedire, di conseguenza qualsiasi cosa venga fatta col mio permesso è una mia azione, una mia *azione personale*, la faccio io [...]. Pensano che sia assurdo. Vanno in giro a spargere raccapriccio, a rimuginare sulla diminuzione della popolazione del Congo da 25 milioni a 15 milioni nei vent'anni della mia amministrazione; poi sbottano e mi definiscono «il Re con 10 milioni di Omicidi sulla Coscienza». Mi definiscono un «*record*». E la maggior parte di loro per accusarmi non si limita solo ai 10 milioni. No, considerano che, se non fosse stato per me, la popolazione, per l'incremento naturale, sarebbe ora di 30 milioni, così me ne addebitano altri 5 milioni e calcolano che il totale del mio raccolto di morte è di 15 milioni di omicidi. [...]
Molti cominceranno a chiedersi di nuovo, come già ora e in tempi passati, come posso sperare di ottenere e conservare il rispetto della razza umana se continuo a dedicare la mia vita ad omicidi e saccheggi. [*Con sdegno.*] Quando mai mi hanno sentito dire che volevo il rispetto della razza umana? Mi hanno confuso col volgo? Hanno dimenticato che sono un re? Quale re ha mai considerato prezioso il rispetto della razza umana? Nel profondo del suo cuore, intendo. Se riflettessero, saprebbero che è impossibile che un re consideri prezioso il rispetto della razza umana. [...] La specie umana, quando *parla*, sembra fatta da balene, ma un re sa che non è fatta che da girini. Lo dice la sua storia. Se gli uomini fossero davvero *uomini*, come sarebbe possibile uno zar? e come sarei possibile io? Ma noi *siamo* possibili; noi siamo totalmente al sicuro, e con l'aiuto di Dio continueremo così, alle vecchie condizioni. Si scoprirà che la specie continuerà a sopportarci nello stesso modo remissivo di sempre. Può, certo, sfoderare una faccia di disappunto, e fare un gran parlare, ma starà ugualmente in ginocchio.
Fare un gran parlare è una delle sue specialità. Si eccita da sola, e ha la schiuma alla bocca, e proprio quando pensi che sta per lanciare un mattone... leva una poesia! Signore, che gente!

GUIDA ALLA LETTURA

❶ Che cosa spingeva Malumba N'Cusa e i suoi uomini a spargere terrore e morte tra le popolazioni locali? ❷ Come appariva Leopoldo II agli occhi dell'opinione pubblica occidentale? ❸ Qual è la concezione di monarchia di Leopoldo II? ❹ Secondo te, qual è il messaggio politico che Twain vuole trasmettere attraverso questo racconto?

170

A. Stephansons
Il razzismo nell'ideologia colonialista

A. Stephansons, *Destino manifesto. L'espansionismo americano e l'Impero del bene* (1995), Feltrinelli, Milano 2004, pp. 121-24

■ Lo storico di origine svedese Anders Stephansons, nel suo volume *Destino manifesto*, ha analizzato l'idea, ricorrente nella cultura politica americana, del presunto ruolo messianico che gli Stati Uniti dovrebbero svolgere nella storia del mondo contemporaneo. In queste pagine l'autore spiega quanto tale visione abbia perso progressivamente il suo carattere democratico e liberale finendo per fare proprio, sul finire dell'800, il mito di una superiorità della razza bianca e, in particolare, delle popolazioni anglosassoni. Per questo motivo, dopo la conquista americana di Cuba, Portorico e delle Filippine [👁 18.3], si impose una rigida barriera alla concessione della cittadinanza statunitense agli abitanti di quei paesi, considerati barbari e inferiori e quindi inadatti alla democrazia.

Il concetto di razza pervadeva ogni ambito della società ed era avvalorato dall'affermazione del discorso scientifico (o pseudoscientifico). Poteva indicare qualsiasi cosa, da un particolare gruppo linguistico all'intera umanità; ma in generale si trattava di una categoria essenzialista, utilizzata per descrivere i caratteri intrinseci di un dato gruppo, in particolare degli «anglosassoni», dai quali si riteneva emanasse la maggior parte delle cose buone [...]. Lo stesso istinto razziale che aveva condotto gli ariani fuori dall'Asia centrale (oppure gli anglosassoni fuori dalle foreste tedesche) stava adesso portando i loro discendenti americani verso la costa del Pacifico: «L'aspirazione razziale a essere una grande nazione».

A questa aspirazione si doveva pertanto ubbidire. Intervenendo, per esempio, sull'annessione delle Hawaii nel 1898, il deputato del Missouri Charles F. Cochran la celebrò come «semplicemente un altro passo nell'avanzata della libertà e della civiltà» e «nella conquista del mondo da parte delle razze ariane». [...]

Le altre razze, viceversa, erano o pericolose o non idonee. Alla prima categoria appartenevano i vigorosi slavi, con i quali si prevedeva una futura resa dei conti. Alla seconda categoria, ritenuta in declino, appartenevano praticamente tutti i gruppi non europei (e spesso gli europei di origine «latina»). I neri americani venivano generalmente classificati come stranieri. [...]

Così, dunque, la continua espansione delle leggi razziali istituite a livello statale contro i neri (gli «incapaci» interni) si saldava, dal punto di vista logico, con la necessità di tenere al loro posto gli stranieri assoggettati fuori dal paese.

L'assunzione del controllo di territori extracontinentali era una novità, che sollevava inevitabilmente una serie di questioni spinose. Innanzitutto, essa appariva notevolmente simile al colonialismo ovvero all'imperialismo europeo: idea non facilmente digerita in una ex colonia. [...] Si tentò, perciò, di dargli qualche altro nome: impero della pace, impero dell'amore, impero dell'intelletto, impero della libertà e altre formulazioni poetiche. Un'altra strategia, collegata alla prima, fu quella di istituire una distinzione fra il colonialismo illuminato britannico e tutte le altre forme di colonialismo fondate sulla forza. Come dimostrato in India e altrove, gli inglesi avevano «già realizzato in maniera meravigliosamente perfetta» il tipo di «impero democratico» che gli americani erano adesso «destinati a creare». Perciò, [...] gli americani avrebbero cercato di emulare gli inglesi, trasformando il colonialismo in una forma di *tutela*, in una preparazione all'autogoverno repubblicano da istituire, quando fosse arrivato il momento adatto in un futuro più o meno prossimo. Si poteva persino definirlo «nuovo imperialismo» [...].

Quando effettivamente iniziò l'attività di amministrazione delle colonie, gli osservatori dovettero compiere notevoli sforzi per riuscire a distinguere la dominazione americana dalla precedente dominazione spagnola. Non fu sempre una cosa semplice. Nelle Filippine, per esempio, le forze statunitensi trovarono utile imitare la politica spagnola dei *reconcentrados*, deportando i contadini in «villaggi strategici» fortificati [...], cioè proprio la politica adottata dagli spagnoli a Cuba anni prima, che aveva causato scandalo umanitario negli Stati Uniti e che era stata un'importante ragione dell'entrata in guerra. [...]

C'erano anche quelli che non avevano remore ad abbracciare il colonialismo puro e semplice, ritenendolo una cosa buona e niente affatto incompatibile con la democrazia di casa propria. Che una nazione presumibilmente fondata sull'idea che «tutti gli uomini sono creati uguali» potesse ora dominare popolazioni assoggettate non costituiva una difficoltà concettuale. Una volta classificate come incapaci o infantili, queste popolazioni potevano venire inserite nella stessa categoria degli esclusi di casa propria, categoria che comprendeva le donne, i neri e gli indiani. A questo proposito, ci si poteva direttamente ispirare a una lunga esperienza interna, cioè alla gestione delle popolazioni indiane assoggettate. La domanda che attraversa tutto il XIX secolo era stata quella di come classificarle: erano dentro o fuori gli Stati Uniti? L'interessante risposta fu regolarmente: nessuna delle due cose, perché, nonostante il graduale ridimensionamento, il loro status di nazioni indipendenti non rese, comunque, mai possibile la loro inclusione e la concessione della cittadinanza.

GUIDA ALLA LETTURA

❶ Qual era, negli Stati Uniti del XIX secolo, la peculiarità riconosciuta alla «razza» anglosassone? ❷ Attraverso quali categorie erano classificate le altre razze? ❸ Perché quello statunitense poté essere definito «nuovo imperialismo»? ❹ In che modo era argomentato il conciliarsi di democrazia e colonialismo?

SVILUPPARE E COMPETENZE

Comprendere e Analizzare

❶ Dopo aver letto tutti i documenti e i brani, scrivi un testo (max 30 righe) dal titolo *Il nuovo imperialismo*, seguendo la scaletta di argomenti indicata:

a. Le teorie razziste;
b. Il contatto con gli indigeni;
c. Le pratiche di governo.

❷ Dopo aver letto il documento di Kipling [167DOC] e i brani di Betts [165], Reinhard [166] e Stephansons [170], costruisci un breve saggio (20 righe) dal titolo *Il fardello dell'uomo bianco*, citando opportunamente i testi e tenendo conto del razzismo verso le culture tradizionali, dell'inferiorizzazione degli indigeni, degli interessi politici ed economici e delle politiche di sfruttamento.

❸ I brani di Kipling [167DOC], Conrad [168DOC] e Twain [169DOC] sono una testimonianza di tre atteggiamenti diversi di fronte al fenomeno coloniale, che vanno dall'apologia acritica a una riflessione più problematica sulla superiorità della civiltà europea, fino all'aperta opposizione. Riporta, eventualmente sintetizzandoli, e confronta i passi più indicativi di tali atteggiamenti nei tre testi.

Rielaborare e Argomentare

❹ Redazione di un saggio breve. *La letteratura coloniale nella seconda metà del XIX secolo*

Sviluppa l'argomento scelto in forma di "saggio breve", utilizzando i documenti e i brani che lo corredano. Interpreta e confronta i documenti e i dati forniti e su questa base svolgi, argomentandola, la tua trattazione, anche con opportuni riferimenti alle tue conoscenze ed esperienze di studio. Da' al saggio un titolo coerente con la tua trattazione e ipotizzane una destinazione editoriale (rivista specialistica, fascicolo scolastico di ricerca e documentazione, rassegna di argomento culturale, altro). Se lo ritieni opportuno, organizza la trattazione suddividendola nei paragrafi sottoelencati, cui potrai eventualmente cambiare titolo:

a. La denuncia sociale;
b. Il fascino dell'avventura;
c. L'esaltazione della razza.

Documenti: Kipling [167DOC], Conrad [168DOC], Twain [169DOC]
Immagini: pp. 618, 619, 621, 623, 624
Brani storiografici: Betts [165]
Capitoli: **19**

❺ Dopo aver letto tutti i brani degli storici, scegli una fra le seguenti posizioni storiografiche, relative ai caratteri del colonialismo alla fine del XIX secolo, e argomenta la tua tesi in un breve testo (max 20 righe):

a. Le colonie extraeuropee ebbero una funzione decisiva nello sviluppo industriale ed economico delle grandi potenze, poiché rifornivano queste ultime di materie prime e di forza-lavoro in abbondanza e a costi molto bassi.
b. Lo spirito romantico di avventura e di conquista fu la componente determinante del movimento di colonizzazione; ciò è dimostrato dall'impegno in regioni o località in cui non vi era un manifesto interesse economico.
c. Il tratto unificante le esperienze coloniali fu la diffusione in tutto il mondo del modello politico-istituzionale degli Stati moderni occidentali, che in questo modo ampliarono il loro spazio geopolitico di azione.

La nuova Italia

I brani di questa sezione riguardano alcuni aspetti specifici della vita sociale, economica, politica e istituzionale del nuovo Stato negli ultimi decenni dell'800.
Nel primo testo, tratto da una celebre inchiesta pubblicata nel 1877, **Leopoldo Franchetti** [171DOC] individua precocemente i caratteri del fenomeno mafioso in Sicilia. Tutt'altra realtà quella rappresentata nelle pagine, scritte pochi anni più tardi, di **Giuseppe Colombo** [172DOC], uomo politico e pioniere dell'Italia industriale, che descrive lo sviluppo del più importante centro economico della penisola. La nascita di un'industria moderna in Italia, tuttavia, fu lenta e difficile: **Rosario Romeo** [173] si sofferma sui fattori che, nonostante tutto, ne resero possibile l'avvio.
Il brano di **Gioacchino Volpe** [174], tratto da una delle sue opere più celebri, affronta, in una chiave fortemente nazionalista, il tema dell'emigrazione, conseguenza dell'arretratezza economica del paese, ma anche segno della sua vitalità.
Negli anni della Sinistra al potere, anche la politica italiana subì importanti trasformazioni e vide emergere nuovi protagonisti. A questi temi sono dedicati gli ultimi quattro brani della sezione.
Nel primo, alcune pagine di un celebre romanzo di fine '800, *I Viceré*, di **Federico De Roberto** [175DOC], ci portano nel vivo della campagna elettorale del 1882 (la prima dopo l'introduzione del suffragio allargato, che vide l'ingresso sulla scena di gruppi fino ad allora esclusi), osservata con occhio disincantato attraverso la vicenda di un ambizioso nobile siciliano.
La realtà politica dell'Italia di fine secolo,

dominata a livello parlamentare dal fenomeno del "trasformismo", suscitò la delusione e lo scontento della maggior parte degli intellettuali: una reazione ben descritta nelle pagine dello storico della letteratura **Alberto Asor Rosa [176]**. I due documenti che chiudono la sezione trattano invece della nascita dei nuovi movimenti politici e sociali estranei e ostili alle istituzioni e alla classe dirigente liberale: le ragioni della nascita del Partito socialista sono illustrate in un articolo da **Filippo Turati [177DOC]**, mentre un discorso di **Giuseppe Sacchetti [178DOC]**, esponente autorevole dell'Opera dei congressi, illustra i motivi ispiratori dell'opposizione allo Stato e dell'impegno organizzativo dei cattolici intransigenti.

171 DOC

Leopoldo Franchetti
La Sicilia nel 1876: clientele e mafia

L. Franchetti, *Condizioni politiche ed amministrative della Sicilia*, Vallecchi, Firenze 1925, pp. 44-48

■ Nei primi anni dopo l'unità, i ceti dirigenti dell'Italia liberale cominciarono a far conoscenza diretta della società meridionale, di cui avevano avuto fino ad allora notizie incomplete e confuse. Decine di rapporti e inchieste, redatti da funzionari e studiosi, descrissero le caratteristiche sociali ed economiche delle regioni del Sud, sottolineando gli aspetti più insoliti e oscuri per i politici del Nord. Tra questi ultimi, c'era senza dubbio la diffusa presenza della mafia nelle zone occidentali della Sicilia. In una celebre inchiesta sull'isola pubblicata nel 1877 insieme con Sidney Sonnino, il politico ed economista Leopoldo Franchetti (1847-1917) richiamò l'attenzione sulla natura del fenomeno mafioso: una cultura che ignorava il ruolo della legge e dell'interesse sociale a vantaggio delle clientele e dei rapporti personali. In questo brano lo studioso toscano cerca di far luce sulle modalità di relazione tra i mafiosi e sui meccanismi di controllo sociale.

§ 25. Manca nella generalità dei Siciliani il sentimento della Legge superiore a tutti ed eguale per tutti.
[...] Questa mancanza del concetto di una legge e di un'autorità che rappresenti e procuri il vantaggio comune, astrazione fatta dagli individui, si manifesta nelle relazioni di ogni genere fra' Siciliani. Essi non si considerano come un unico corpo sociale sottoposto uniformemente a legge comune, uguale per tutti e inflessibile, ma come tanti gruppi di persone formati e mantenuti da legami personali. Il legame personale è il solo che intendano. [...] Nella Società siciliana, tutte le relazioni si fondano sul concetto degl'interessi individuali e dei doveri fra individuo e individuo, ad esclusione di qualunque interesse sociale e pubblico.

§ 26. Indole esclusivamente personale delle relazioni sociali in Sicilia. Clientele.
Una siffatta forma di società non è nuova nella storia, e se ne manifestano in Sicilia tutti i sintomi belli e brutti. Da un lato, una fedeltà, una energia nelle amicizie fra uguali e nella devozione da inferiore a superiore, che non conosce limiti, scrupoli o rimorsi. Ma dall'altro, il sistema della clientela spinto alle sue ultime conseguenze. I singoli individui si raggruppano gradatamente intorno ad uno od alcuni più potenti, qualunque sia la cagione di questa potenza: la maggior ricchezza ed energia di carattere o l'astuzia od altro. [...] I più potenti adoperano a vantaggio degli altri la loro forza e la loro influenza, gli altri mettono al servizio di quelli i mezzi di azione meno poderosi di cui dispongono. Ogni persona che abbia bisogno di aiuto per qualunque oggetto, per far rispettare un suo diritto come per commettere una prepotenza è un nuovo cliente. I principali di ogni clientela non potendo concepire un interesse d'indole collettiva all'infuori di quelli della clientela stessa, cercano di arruolare a vantaggio di questa tutte le forze, senza distinzione, che trovano esistenti [...]. Aiutano il malfattore a sfuggire alle ricerche della giustizia, ne procurano l'evasione se è in carcere, l'assoluzione [...] se è sotto processo e non può evadere.
[...] Per procurarsi l'alleanza delle autorità giudiziarie e politiche impiegano la corruzione, l'inganno, l'intimidazione. Se questi mezzi non riescono, trovan modo di far credere alla loro clientela e al volgo che sono riesciti, oppure che hanno trovato nelle sfere superiori del governo gl'istrumenti per punire il funzionario ricalcitrante. Preme troppo ad essi che la loro influenza sia considerata come invincibile e infallibile. [...]

§ 27. La Mafia
Così si formano quelle vaste unioni di persone d'ogni grado, d'ogni professione, d'ogni specie, che senza aver nessun legame apparente, continuo e regolare, si trovano sempre unite per promuovere il reciproco interesse, astrazione fatta da qualunque considerazione di legge, di giustizia e di ordine pubblico: abbiamo descritto la MAFIA, che una persona d'ingegno, profonda conoscitrice dell'Isola ci definiva nel modo seguente: «La Mafia è un sentimento medioevale; Mafioso è colui che crede di poter provvedere alla tutela e alla incolumità della sua persona e dei suoi averi mercé il suo valore e la sua influenza personale indipendentemente dall'azione dell'autorità e delle leggi».
[...] È generalmente significata con questo nome quella popolazione di facinorosi la cui occupazione principale è d'essere ministri ed istrumenti delle violenze, e coloro che sono con essi in relazioni dirette e continuate. [...]

Se una quistione d'amor proprio o d'interesse divide due delle prime famiglie di un Comune, a poco a poco le altre si aggruppano intorno a quelle, il paese è diviso in due fazioni. Ognuna impiega contro l'altra tutti i mezzi. Dalla violenza al Processo penale o civile, e alla legge elettorale e comunale. [...] Dove poi non v'ha divisione o lotta, dove la persona preponderante in un Comune è sola e senza rivale, la sua potenza diventa assoluta. Dispone a modo suo dell'amministrazione pubblica e quasi delle sostanze e della vita di tutti.

§ 28. Amministrazioni locali

Con questo concetto dell'interesse generale in tutte le classi della popolazione, ognuno può immaginare che cosa sieno le amministrazioni locali d'ogni genere. Spesso il patrimonio comune diventa preda del partito al potere; gl'impieghi diventano patrimonio degli aderenti di questo; le leggi la cui esecuzione è affidata alle autorità locali, diventano un'arma, un mezzo per operare esazioni a vantaggio del partito vincitore e a danno del vinto.

GUIDA ALLA LETTURA

❶ Qual era, secondo l'autore, la forma di relazione sociale prevalente nella società siciliana? ❷ In che cosa consisteva il sistema delle «clientele»? ❸ In che modo l'autore definisce il fenomeno mafioso? ❹ Che relazione esisteva tra mafia e amministrazione locale?

172 DOC

Giuseppe Colombo
Milano industriale

G. Colombo, *Milano Industriale*, in L. Cafagna (a c. di), *Il Nord nella storia d'Italia. Antologia politica dell'Italia industriale*, Laterza, Bari 1962, pp. 39-46

■ A una Italia agricola e arretrata si affiancavano anche zone caratterizzate da un'economia moderna e collegata ai principali mercati internazionali, soprattutto nel Nord Italia. In questo articolo di Giuseppe Colombo (1836-1921), ingegnere, imprenditore e uomo politico (fu più volte ministro e presidente della Camera, 1891-1900), si descrive proprio il carattere industriale di Milano, tra i maggiori centri economici della penisola. La città lombarda era infatti capofila di una complessa rete industriale, che legava le campagne al centro urbano come nel caso della produzione della seta. Lo sviluppo economico milanese si differenziava inoltre dai modelli consueti, basati soprattutto sulle grandi fabbriche meccaniche e siderurgiche: Milano aveva un'economia di tipo manifatturiero, incentrata su produzioni artigianali di altissima qualità e raffinatezza.

Milano non ha né la forza idraulica necessaria, né la mano d'opera a buon mercato che si richiede per le grandi industrie tessili, come quelle del cotone, del lino e della lana; né sarebbe forse desiderabile che le avesse. Sono industrie che possono far la fortuna d'un distretto o d'una regione; ma le masse d'operai, che esse agglomerano nelle loro vaste e squallide sale, non sono ospiti da desiderare in una città, soprattutto in epoche di crisi industriali e politiche. Tuttavia la fabbricazione delle stoffe operate di seta, dei velluti, dei nastri, dei passamani, dei veli, dei tessuti elastici, degli scialli di lana, la tintoria, la stampa e l'apparecchiatura dei tessuti ne compensano la mancanza senza offrire gli stessi pericoli, poiché si tratta di industrie, nelle quali l'arte, la moda, la sceltezza della mano d'opera hanno un valore predominante, e che, perciò, trovano in una città gli elementi più adatti a farle nascere e sviluppare.

La filatura della seta, benché conti in Milano 22 opificî fra filande e filatoi, appena si può dire coltivata in città. È un'industria che ha la sua sede naturale in campagna: dove [...] trova una maestranza abituata a questo lavoro, che non sa nulla più in là del suo mestiere tradizionale e si contenta di poco, avendo pochi bisogni e alternando il più delle volte il lavoro dell'opificio con quelle del suolo [...].

All'infuori delle officine di costruzione di macchine, di una cartiera, e di pochissime altre fabbriche, Milano manca di opifici a grande impianto [...]. Gli opifici a grande impianto non possono, è vero, fiorire in Milano; ma i capitali milanesi li vanno a installare dove le circostanze sono loro più propizie, dove c'è abbondanza d'acqua e maestranza numerosa e a buon mercato, allo sbocco delle valli che confluiscono dalle Alpi alla pianura di cui Milano è il centro. In Milano ha la sua sede la direzione dell'azienda, qui si fa il commercio delle materie prime e dei prodotti delle vaste fabbriche sparse lungo il corso dell'Olona e del Lambro e persino di quelle installate allo sbocco delle valli bergamasche e bresciane. Sono opifici di filatura di cotone, di lino e canape, fabbriche di tessuti, officine meccaniche, ferriere; senza parlare della seta [...]. È in questo senso che Milano può essere considerato come il centro industriale più attivo d'Italia. [...] La grande industria, adunque, fa sentire alla città i suoi benefici effetti, ma non è localizzata nella città stessa. In questa, invece, fioriscono tutte quelle fabbricazioni, che non troverebbero al di fuori l'alimento senza cui non possono vivere. Tali sono le industrie che, in più o meno grande misura, dipendono dall'elemento artistico, dalla moda. [...] Si sarà visto come l'attività industriale milanese si estrinsechi soprattutto [...] nelle manifatture che mirano a soddisfare ai bisogni del lusso, che si esercitano senza sussidio di forza motrice, o per lo meno senza esigere un grande consumo di forza, che si fanno meglio in piccoli lavoratori o col sistema della fabbricazione a domicilio per conto e sotto la direzione di forti ditte commerciali, piuttosto che in quelle manifatture che si esercitano in colossali opifici, con un numeroso personale operaio e con un vistoso dispendio di forza. In una parola, l'industria milanese è piuttosto un'industria di dettaglio; essa produce più nel genere fino, elegante, costoso, che si smercia in misura modesta, ma compensa col prezzo le minori proporzioni della vendita, che non nel genere usuale e a buon mercato, che si fabbrica in grande scala, e che richiede appunto perciò dei mezzi adeguati alla produzione, cioè molta forza e molta mano di opera a poco prezzo. Ma, perché l'industria si svolga in questo senso, essa ha bisogno di due cose: di una popolazione operaia abile, abituata a comprendere le esigenze create dal benessere e dalla coltura; e di forti case commerciali le quali, anche non avendo opifici propri, possano alimentare le piccole fabbriche, e sappiano dirigere la fabbricazione nel senso migliore, sia per la qualità dei prodotti, sia per la maggior facilità di trovar loro uno sbocco all'interno e fuori. E quando pure si tratti di fabbriche autonome è necessario che esse mirino alla specialità, alla confezione di oggetti, che non si possa o non convenga fabbricare in grande col sistema proprio della grande industria.

GUIDA ALLA LETTURA

❶ Per quali ragioni nella città di Milano non sorgevano grandi industrie tessili? Quali fabbriche si concentravano invece nella città? ❷ Quali sono, secondo l'autore, gli svantaggi sociali della grande industria? ❸ Che cosa giustifica la definizione di Milano come «cuore» economico della regione lombarda? ❹ Quale peso l'autore attribuisce alle aziende al dettaglio nell'economia cittadina?

173

R. Romeo
La scelta protezionista

R. Romeo, *L'Italia liberale: sviluppo e contraddizioni*, il Saggiatore, Milano 1987, pp. 268-73

■ L'adozione delle tariffe protezionistiche nel 1887 **[👁 21.3]** accelera l'espansione dell'apparato industriale italiano. La parziale chiusura delle frontiere difende alcune imprese nazionali dalla concorrenza straniera, permettendo di moltiplicare profitti e investimenti. La funzione del protezionismo nel decollo industriale italiano è illustrata da questo brano dello storico Rosario Romeo **[77]**. In questa lezione, tenuta nel 1965, Romeo criticò le tesi liberiste pregiudizialmente antiprotezionistiche ed evidenziò il ruolo delle banche miste, promotrici del finanziamento delle maggiori iniziative industriali. Dal 1896 al 1914 le imprese italiane poterono crescere grazie agli interventi dello Stato: uno sviluppo «forzato», che rivoluzionò la struttura economica del paese ma non aiutò a superare il divario tra le regioni settentrionali e meridionali.

Questi due rami dell'industria, la siderurgica e la cotoniera, che erano finanziariamente e anche politicamente i settori più potenti, furono quelli che più premettero, insieme con i cerealicultori, per l'adozione della tariffa protezionistica del 1887. In tal modo finisce l'era del liberalismo commerciale in Italia e si inaugura quel sistema protezionistico sotto il quale e nel cui quadro il nostro paese si è trasformato da agricolo in agricolo-industriale o industriale. [...] Va [...] riconosciuto che il protezionismo è stato la condizione storica attraverso la quale si è realizzata in Italia l'industrializzazione. [...] È certo però che tale sistema comportò in Italia una accentuazione del tendenziale squilibrio esistente tra l'economia del Sud e quella del Nord della penisola. Infatti, una volta adottato il protezionismo, gli agricoltori meridionali furono costretti ad acquistare i prodotti industriali dall'industria nazionale ad un prezzo più alto di quello che avrebbero pagato acquistandoli liberamente all'estero; nello stesso tempo essi vedevano ostacolati gli sbocchi delle loro esportazioni dalle restrizioni introdotte. [...]
L'introduzione della tariffa coincise con la celebre guerra doganale con la Francia, che si concretò nell'applicazione di tariffe discriminatorie nei riguardi degli scambi tra i due paesi. [...] Questo contrasto provocò quindi una forte depressione economica del nostro paese [...] che durò sino al 1895 [...].
Crollarono in questo periodo le due banche di credito mobiliare[1], e scoppiò lo scandalo della Banca Romana[2]. Quest'ultimo crollo diede poi luogo ad un nuovo ordinamento della circolazione monetaria [...]. Si istituì la Banca d'Italia e si limitò il diritto di emettere biglietti a due sole altre banche: il Banco di Sicilia e il Banco di Napoli. Questa nuova sistemazione della circolazione monetaria fu una delle condizioni della ripresa, realizzatasi dopo il 1895 [...].
Questa fase, che va dal 1896 al 1914 e coincide in gran parte con il periodo del governo Giolitti, può essere indicata come «rivoluzione industriale dell'età giolittiana». Quali furono le ragioni che la determinarono? Per prima cosa si ebbe una inversione nella tendenza dei prezzi sul mercato mondiale, inversione che agì sull'esportazione italiana stimolandola. [...] Le esportazioni di prodotti finiti e le importazioni di materie prime per l'industria aumentano sensibilmente. [...] Questa modificazione strutturale interna dell'economia italiana serve pure a spiegare l'altra condizione della rivoluzione industriale, cioè la funzione svolta dalle grandi

[1] Il Credito mobiliare italiano e la Banca generale.
[2] 👁 21.6.

banche miste che ora compaiono sulla scena. [...]

La prima e più importante di queste banche miste fu la Banca Commerciale Italiana, sorta nel 1894 da una iniziativa del governo Crispi, che chiese al governo tedesco di far intervenire la sua finanza a difendere le rendite italiane dalle speculazioni che contro di esse si facevano alla borsa di Parigi. In questo quadro venne così interessata una banca tedesca, che fornì il primo nucleo di capitali e di dirigenti per la fondazione della Banca Commerciale. [...]

Sul modello della Banca Commerciale sorsero poi o si organizzarono le altre banche miste [...]. La caratteristica di queste banche è che esse svolgevano contemporaneamente le funzioni di banche di credito ordinario e di banche di investimento mobiliare. [...] Queste banche avevano così la possibilità di convogliare verso investimenti industriali una parte del risparmio nazionale assai maggiore di quella che vi si sarebbe spontaneamente diretta. In questo modo le banche agivano da elemento di forzatura del processo industriale in Italia. [...]

Ora, riassumendo il quadro, vediamo che lo sviluppo industriale è avvenuto in Italia con l'intervento dello Stato, attraverso il protezionismo, innanzitutto, e poi attraverso appoggi vari forniti dallo Stato. L'industrializzazione si è realizzata anche attraverso un intervento delle banche e attraverso una politica di sostanziale forzatura del processo stesso, sì che in realtà allo sviluppo industriale la collettività nazionale ha contribuito molto più di quanto il quadro liberista avrebbe preveduto.

GUIDA ALLA LETTURA

❶ Quali sono, secondo Romeo, i vantaggi e gli svantaggi della politica protezionistica italiana dell'Italia dopo il 1887? ❷ Come agì l'aumento dei prezzi sul mercato internazionale fra il 1896 e il 1914 sull'economia italiana? ❸ Qual è il ruolo delle banche miste nella cosiddetta «rivoluzione industriale italiana»? ❹ Come influì il crollo di alcune banche sulla ripresa italiana?

174

G. Volpe
L'emigrazione italiana

G. Volpe, *L'Italia in cammino*, Laterza, Roma-Bari 1991, pp. 64-67; 151-53

■ Dal 1880 al 1913 milioni di italiani abbandonarono la penisola cercando lavoro nel Nord Europa e in America. A questo fenomeno dedicò particolare attenzione lo storico Gioacchino Volpe (1876-1971). In questo brano di grande efficacia letteraria, tratto da *L'Italia in cammino*, un'opera sulla storia unitaria pubblicata nel 1927, Volpe descrisse le diverse fasi dell'emigrazione di fine secolo. Protagonisti di questo esodo non erano più «i figli della borghesia e della aristocrazia liberale», ma gli operai e i contadini, soprattutto meridionali. Nel saggio, ispirato a un'ideologia nazionalista, Volpe evidenziò le conseguenze negative dell'emigrazione sullo sviluppo demografico della penisola, approvando la politica coloniale di Francesco Crispi come tentativo di valorizzare il ruolo dei lavoratori italiani. Secondo lo studioso, il disinteresse dei governi liberali per la comunità di connazionali all'estero costituì un grave danno per il paese.

Tutto il XIX secolo, gli Italiani avevano emigrato: ma solo i figli della borghesia ed aristocrazia liberale, i più temporaneamente [...]. Ora invece, è essenzialmente emigrazione proletaria [...]. Il ceto medio si limita, ora, a spostarsi verso i centri urbani, disertando la provincia. [...] Anche i proletari si muovono da provincia a provincia (costruzioni ferroviarie, opere edilizie, grandi industrie ecc.); ma la corrente migratoria operaia che scava veramente un solco profondo è quella verso l'estero, che solo fra il '70 e l'80 comincia ad ingrossare.

Precedono le provincie padane, più in contatto con l'Europa; e la Liguria, donde la crisi della marina a vela spinse molta gente verso l'America [...]. Ma ben presto, l'industria paesana che lì si sviluppava servì, un poco, da freno al migrare. L'Italia centrale, terra di mezzadri, poco fu tocca. Viceversa, si mobilitò il Sud. L'aumento delle imposte; la liquefazione dei pochi capitali, investiti non tanto in migliorie agrarie quanto in acquisto di nuove terre dallo Stato che quotizzava[1] i demani meridionali, e in aumento della superficie coltivata, anche se male coltivata e mal adatta a coltura; la distruzione dei boschi e il dissodamento di terre collinose e montane, che accrebbe il disordine delle acque e moltiplicò frane e malaria; la protezione concessa ai granicultori del Sud dopo che agli industriali del Nord, con relativo rincaro del pane e disagio di una popolazione fatta in gran parte non di mezzadri ma di braccianti e giornalieri, cioè di consumatori non produttori di grano; le diminuite esportazioni di molti prodotti d'alto reddito e il rinvilio[2] del loro prezzo, dopo la rottura dei rapporti commerciali con la Francia; tutto questo, mentre la popolazione saliva a grandi ondate, sollecitò il contadino calabrese e di Basilicata e d'Abruzzo e, in ultimo, di Sicilia. [...] Agevolavano e stimolavano l'esodo la stessa apertura di nuove strade; i richiami d'oltre monti e d'oltre Oceano, per i grandi lavori agricoli, edilizi, ferroviari, minerari; la propaganda delle compagnie di navigazione e i bassi noli marittimi. [...] Era scemata nelle plebi la tolleranza del duro giogo padrona-

[1] Suddivideva e poneva in vendita.

[2] Svilimento, diminuzione.

le; e, ancor più, si era trovato un altro mezzo per sottrarsi ad esso, che non fosse la sterile rivolta dei secoli precedenti o il brigantaggio. [...] Emigrato era sinonimo di disperato e miserabile. [...] Attorno al 1880, sono 150.000, fra emigrazione permanente e temporanea dalle varie regioni: di cui 2/3 dal Nord Italia. Nel primo decennio del nuovo secolo, sono 211.000 dal Nord, 108.000 dal centro, 278.000 dal Sud. La percentuale del Sud cresce dal 20 al 46 per cento, quella del Nord scema da 68 a 35 per cento; le cifre assolute del Nord appena raddoppiano, quelle del Sud decuplicano. I Meridionali prendono in genere la via del mare: Tunisia o America. I Settentrionali più volentieri valicano le Alpi. Quelli, agricoltori, sterratori, manovali, piccoli commercianti; questi, addetti alle miniere di ferro, alle vetrerie, alla edilizia ecc. Emigrazione prevalentemente temporanea o periodica, gli ultimi; permanente o per lunghi periodi, l'altra. [...]

Il mondo si venne, in tal modo, popolando di Italiani, a piccoli gruppi o a grandi masse [...]. Costruivano la ferrovia transiberiana e mietevano il grano nell'Argentina, spesso le stesse persone, da un anno all'altro, con meravigliosa adattabilità. Dissodavano e mettevan a vigneto la Tunisia, tagliavano la foresta brasiliana per piantarvi il caffè, fornivan di pesce il mercato di Marsiglia, facevano da arrotini e lustrascarpe per le vie di New York. Portavano particolari abitudini e attitudini di lavoro, quasi da discendenti di quella gente che aveva coperto di strade, di terme, di acquedotti, di palazzi imperiali, di templi il mondo. Ed erano nel tempo stesso, almeno il maggior numero, la forza bruta, il lavoro squalificato e a buon mercato che consentiva lavori meno pesanti e più alti salari alle aristocrazie operaie di Francia, Germania, Nord America: pari, in questo, a negri e cinesi, di cui, un poco, avevano preso il posto ed a cui erano facilmente equiparati. Li ricercava in genere l'imprenditore; ma li odiava spesso il lavoratore locale, come un ostacolo alla lotta con i padroni [...]. E si capisce come da questo problema, che era poi il problema delle plebi meridionali, dovesse assai per tempo venir qualche stimolo ad iniziative coloniali nel Mediterraneo. Crispi siciliano, che da esule conosceva Malta e aveva quasi in vista Tunisi francese, si mise primo su questa strada.

GUIDA ALLA LETTURA

❶ Verso quali paesi era diretta l'emigrazione «proletaria», cominciata negli anni '70 e '80 dell'800? ❷ Quali ragioni determinarono la «mobilitazione» della popolazione meridionale? ❸ In quale dinamica di mercato si inseriva la forza-lavoro immigrata? ❹ A che cosa era finalizzata, secondo Volpe, l'impresa coloniale di Crispi?

175 DOC

Federico De Roberto
Una campagna elettorale

F. De Roberto, *I Viceré*, Mondadori, Milano 1991, pp. 649-56

■ La riforma elettorale del 1882 ridusse i requisiti di censo, ma continuò a escludere dal diritto di voto gli analfabeti. Le conseguenze sociali del provvedimento furono tuttavia rilevanti: per la prima volta poterono accedere alle urne ceti popolari un tempo estranei alla vita politica ufficiale. Nel capitolo finale del romanzo *I Viceré*, pubblicato nel 1894, lo scrittore Federico De Roberto (1861-1927) descrisse la campagna elettorale di un nobile siciliano, Consalvo Uzeda, principe di Francalanza, che nel 1882 decise di candidarsi per il Parlamento come esponente progressista. Il principe viaggiava nel collegio e incontrava contadini, operai, artigiani, nobili e borghesi, riuscendo a conquistare il consenso di tutti grazie alla sua spregiudicatezza e al fascino del titolo nobiliare. De Roberto descrisse il forte condizionamento delle gerarchie sociali in Sicilia e la debolezza politica dei ceti popolari trasformati in una massa facilmente manovrabile.

La situazione del collegio era questa: smantellata la rocca affaristico-conservatrice che per vent'anni aveva sostenuto il duca d'Oragua, sbaragliata l'Associazione Costituzionale, in dissoluzione la stessa Progressista, floride e battagliere le società operaie che trovavano – finalmente, nel voto, l'arma con la quale poter scendere in lizza. [...] Le nuove falangi di elettori parlavano di più grandi libertà, di più radicali riforme, di repubblica e di socialismo. Ma queste parole, spaventando i progressisti timorati, potevano spingerli tra le file dei conservatori [...]. Il posto più vantaggioso era dunque tra i progressisti e i radicali. Consalvo di Francalanza lo prese immediatamente. [...]

Popolani e contadini si svegliavano laggiù alla politica; c'erano società operaie, circoli agricoli, casini democratici ordinati e disciplinati, coi quali bisognava venire a patti. I nobili, i borghesi, i facoltosi furono conquistati subito. Accompagnato da amici e ammiratori spontaneamente offertisi, egli cominciò il giro del collegio. Il sindaco, il signore più ricco, o la persona più influente dava un pranzo o un ricevimento in suo onore, invitando gli altri maggiorenti. Non si diceva una parola delle elezioni, ma il principe, affabile con tutti, s'informava dei bisogni del paese, ascoltava i reclami di tutti, prendeva note sopra un taccuino, e lasciava la gente ammaliata dai suoi modi cortesi, sbalordita dalla sua eloquenza e soddisfatta [...]. Ma dopo il banchetto o la refezione [...], Consalvo andava alla sede delle società popolari. Lì, in quelle piccole stanze con mobili sospetti, affollate da povera gente dalle mani callose, cominciava il suo tormento. Egli stringeva quelle mani, senza guanti; si mescolava a quegli umili, sedeva tra loro, accettava i rinfreschi che gli offrivano, e non un moto dei suoi muscoli rivelava lo spasimo che quelle vicinanze e quei contatti gli facevano soffrire. [...] Teneva lunghi discorsi sui bisogni del paese, [...] e prometteva leggi intese a proteggere l'agricoltura, assicurava lenimenti di tasse, premii, agevolezze di ogni genere. [...] Quasi da per tutto egli guadagnava simpatie e accaparrava voti. Il solo fatto che don Consalvo Uzeda principe di Francalanza faceva loro una visita, disponeva quegli umili in favor suo. Le strette di mano, i discorsi famigliari, le grandi frasi e le promesse convertivano i più restii. [...]

Venne poi fuori un giornaletto, *La Lima*, che lo prese di mira, chiamandolo il «nobile principe, il sire di Francalanza», [...] affermando che un aristocratico suo pari, discendente dai Viceré, non poteva esser sincero quando sfoggiava la sua fede democratica. [...]

La legge della riforma era ancora dinanzi al Senato che già ogni sera riunivasi gente in casa del principe: nobili parenti, impiegati comunali, maestri elementari, avvocati, sensali, appaltatori: un veglione. [...] Tutti erano animati dal più vivo entusiasmo; la gente minuta [...] si sarebbe fatta tagliare a pezzi per quel candidato [...]. Egli sapeva che le dichiarazioni di democrazia non gli potevano nuocere presso gli elettori della sua casta, poiché questi non lo credevano sincero ed erano sicuri di averlo, al momento buono, dalla loro; dall'altro canto sentiva che le accuse di aristocrazia non lo pregiudicavano molto presso la gran maggioranza di un popolo educato da secoli al rispetto ed all'ammirazione dei signori, quasi orgoglioso del loro fasto e della loro potenza. [...] La quistione, dicevano alcuni, era che questi posti eminenti, queste situazioni privilegiate non dovevano più esistere: ma allora Consalvo sorrideva di pietà. [...] Nondimeno piegavasi, concedeva tutto, a parole, allo spirito dei nuovi tempi. [...] Metteva adesso una specie di zelo nello spogliarsi di tutto ciò che poteva offendere il sentimento dell'uguaglianza umana, non parlava più dei «miei viaggi» e dei «miei feudi», pareva volersi scusare del suo titolo e delle sue ricchezze [...]. Ma egli faceva questo a tempo e luogo, dinanzi ai radicali sinceri, ai repubblicani puri; la più gran parte del tempo sapeva d'avere intorno persone che chiamandolo «principe», mostrandosi in sua compagnia, credevano di partecipare in qualche modo al suo lustro.

GUIDA ALLA LETTURA

❶ Perché Consalvo di Francalanza sceglie di schierarsi nel partito di Sinistra? ❷ In che modo e con quali espedienti il protagonista riesce a guadagnarsi la simpatia dell'elettorato? ❸ Quali qualità e comportamenti del principe vengono ammirati dai borghesi e dai popolani? Quali critiche gli vengono invece mosse dai suoi avversari politici? ❹ Il titolo di principe ostacola o favorisce la campagna elettorale di Consalvo di Francalanza? Per quali ragioni?

176

A. Asor Rosa
La protesta degli intellettuali

A. Asor Rosa, *La cultura*, in *Storia d'Italia*, vol. IV, *Dall'Unità a oggi*, t. I, Einaudi, Torino 1975, pp. 823-29

■ Di fronte al sistema politico e sociale dell'Italia liberale, molti intellettuali cominciarono a manifestare segni di malessere e disagio. Finita l'età dei grandi ideali del Risorgimento, era allora necessario confrontarsi con i problemi amministrativi ed economici per la costruzione del nuovo Stato. In un saggio del 1973 sulla cultura italiana post-unitaria, lo storico della letteratura Alberto Asor Rosa (nato nel 1933) analizzò il sentimento di nostalgia per l'età eroica risorgimentale coltivato da moltissimi letterati del tempo, ostili alla modernizzazione sociale ed economica del paese. Lo studioso evidenziò l'incapacità degli intellettuali di trasformare e circoscrivere il proprio ruolo all'interno della nuova società: il Regno d'Italia appariva molto inferiore alla patria immaginata e la crisi dei valori alimentava posizioni inconsapevolmente reazionarie. Un atteggiamento diffuso che condizionò a lungo la formazione di una cultura nazionale.

Gli intellettuali sono, fra i partecipanti al moto risorgimentale, coloro i quali, avendo più contribuito a conferirgli una fisionomia fortemente idealizzata, più avvertono la inadeguatezza del nuovo Stato unitario a soddisfare le aspettative e le ambizioni del recente passato. C'è [...] un atteggiamento più profondo e più diffuso, che attraversa come una linea orizzontale quasi tutti gli schieramenti e tende a diventare forma mentis[1], atteggiamento intellettuale di fondo, presupposto non solo ideologico, ma psicologico, e che si potrebbe riassumere in questa constatazione: gli intellettuali italiani non sono contenti dell'Italia unitaria, anzi la trovano di gran lunga inferiore alle attese e per più versi discretamente disprezzabile. [...] Sebbene, ovviamente, lo scontento si manifesti soprattutto fra gli intellettuali, che non si riconoscevano nel regime liberale gestito da certe forze borghesi, il malessere cui si assiste in questi anni appare più generale, e trae probabilmente origine dal rapido deperimento della funzione fino allora svolta dal ceto intellettuale e dall'insoddisfazione di fronte al nuovo ruolo, più determinato ma anche

[1] Mentalità.

più circoscritto, che la nuova situazione sarebbe portata ad assegnargli. La *nostalgia* dell'«età eroica» (cioè in pratica di quella età in cui agli intellettuali era assegnato un compito fondamentale di «costruttori» della patria) e la *deprecazione* della meschina età presente (cioè in pratica di quella età in cui gli intellettuali, per poter agire efficacemente, devono al tempo stesso definire e circoscrivere i loro compiti), diventano quasi subito componenti fondamentali dell'atteggiamento degli intellettuali italiani, preparando i pericolosi sviluppi successivi. [...]
È evidente [...] che la prima funzione ad essere investita da questo vento inquieto di mediocrità, di piccinerie e di sconfitte, è quella poetica, che aveva svolto un ruolo ben preciso ed assai importante nella storia passata d'Italia (basti pensare a figure come Alfieri, Foscolo e Manzoni) [...].
Ma è evidente che dietro il disagio della poesia, e magari dietro l'orgogliosa rivendicazione di una sua funzione, che i tempi le contestano, c'è un disagio più complessivo, che, per comodità, potremmo definire morale.
Si può parlare, in questo senso, di una vera e propria crisi di valori? Pensiamo di sì, se a questa espressione è lecito attribuire un significato, anche quando la crisi non arriva, se non in pochi, al livello della consapevolezza, ma si manifesta sotto forma, per l'appunto, di disagio e di scontentezza. [...]
La crisi di valori assume dunque la «forma» di un indifferentismo morale, che sembra tagliare alle radici la possibilità di stabilire un rapporto fecondo tra cultura e vita nazionale, tra intellettuali e società. Il «malessere», di cui abbiamo parlato, è in concreto anche la percezione, magari confusa, di una cesura che, invece di diminuire, va approfondendosi tra intellettuali e paese reale, tra orientamenti ideali e culturali e modificazioni profonde del corpo sociale. [...]
Che ci sia nel paese unito una gara eccessiva di interessi e una sfrenata propensione verso il guadagno e il benessere materiale, sono del resto in molti a pensarlo; e c'è anche la tendenza, estremamente significativa, ad attribuirne la responsabilità allo sviluppo dei nuovi fattori economici rappresentati dall'industria e dalla finanza, che ben pochi vedono come positivi e la maggioranza giudica viceversa come cause ulteriori di disgregazione e di sfasciume morale. [...]
Certo, si potrebbe osservare che questo è il modo tipico di reagire d'una cultura d'impronta fortemente letteraria o umanistica; mentre nel campo degli studi economici e sociali è possibile verificare un tentativo di seguire con animo sgombro di pregiudizi e di valutare positivamente lo sviluppo, per intenderci, delle strutture di una moderna formazione capitalistica industriale. Tuttavia, è significativo che già in questi anni si determini una scollatura piuttosto cospicua fra mondo industriale e cultura, che nei decenni successivi sarà difficile colmare: una vena antindustriale di nostalgia precapitalistica continua a correre nella cultura italiana otto-novecentesca, e forse neanche ai giorni nostri può dirsi completamente esaurita, con esiti spesso gravi di inequivocabile sapore reazionario.

GUIDA ALLA LETTURA

❶ Da quale atteggiamento psicologico di fondo Asor Rosa fa dipendere la scontentezza degli intellettuali all'indomani dell'unità? ❷ Come si pongono gli intellettuali italiani di fronte al nuovo Stato unitario? ❸ Qual è la prima forma letteraria a essere investita da quella che Asor Rosa definisce un'«ondata di mediocrità»? ❹ Quale fu l'atteggiamento degli intellettuali nei confronti della finanza e dell'industria? Che giudizio ne dà Asor Rosa?

177 DOC

Filippo Turati
La fondazione del Partito socialista

da *Il socialismo nella storia d'Italia*, a c. di G. Manacorda, Laterza, Bari 1966, pp. 177-82

■ Con la nascita del Partito socialista italiano, il movimento operaio cambiò fisionomia. L'adesione ai princìpi del marxismo e la fondazione di un'organizzata struttura politica consentì ai ceti operai di spezzare i legami di dipendenza dai partiti radicali e di avviare un'autonoma strategia di azione. Protagonista di questa svolta fu Filippo Turati (1857-1932) che, insieme con la sua compagna russa Anna Kuliscioff (1854-1925) [👁 21.5], svolse un importante lavoro di ripensamento critico della tradizione operaia italiana, condizionata da suggestioni anarchiche e moti insurrezionali. Nella sua rivista milanese «Critica sociale» l'intellettuale lombardo, di formazione democratica poi convertito al marxismo, pose i fondamenti dell'azione del Partito socialista, il cui primo nucleo nacque al congresso di Genova nel 1892. In quell'occasione, Turati scrisse questo editoriale in cui spiegava le ragioni del «socialismo scientifico» e le debolezze storiche del movimento operaio italiano.

L'organizzazione operaia cosciente traversa in Italia un momento delicatissimo della sua esistenza e del suo sviluppo [...].
In Italia, per cagioni storiche, politiche ed economiche ben note, il vero movimento operaio è lento e tardivo, è ancora nel periodo iniziale. Le divisioni territoriali e le lotte di nazionalità durate sino a ieri, la prevalenza dell'agricoltura e di una agricoltura in gran parte affatto primitiva, le industrie in arretrato, il tisico sviluppo della borghesia e dei commerci, la politica pazza ed esauriente dei succedutisi governi, la varietà d'indole, di costume, di svilup-

po storico fra le varie regioni, produssero e mantengono una vera stagnazione anche nella classe che, per istinto ed interesse proprio, pone e promuove in ogni dove la questione sociale. [...]
Nella classe operaia italiana – partito in formazione – covano ancora i fermenti che troviamo, agli inizi, nella storia di tutti i partiti operai. [...] L'antagonismo – di cui acquista lentamente coscienza – colla classe borghese, si traduce, nelle menti rozze, in una specie di diffidenza irrazionale e istintiva verso tutto ciò che dalla classe borghese proceda, quand'anche si tratti di forze essenzialmente contrarie al dominio borghese o di armi adattissime e indispensabili a rovesciarlo [...].
Di qui quell'anarchismo e quel semianarchismo che ha tuttora in Italia gran presa, mezzo fatto d'impazienza e mezzo d'indolenza, e che dove pare più violento ed estremo è invece più conservatore e più reazionario, come è sempre reazionaria e conservatrice, anche suo malgrado, la beata ed innocente ignoranza. Di qui quella tendenza a gittar via, come vana o corrompitrice, l'arma poderosa del voto, utilissima come strumento all'organizzazione e allo sviluppo della coscienza di classe, indispensabile alla graduale conquista del potere sociale, condizione quest'ultima d'ogni mutamento radicale economico. Di qui il disinteresse sistematico dall'azione politica, la sfiducia preventiva in tutti quei vantaggi immediati – siano leggi o siano vantaggi d'altra qualsivoglia natura – che il proletariato organizzato può, con tenace sforzo, strappare alle classi dirigenti per servirsene a invigorirsi e volgerli contro di quelle. Di qui ancora e soprattutto quella tendenza [...] ad appartarsi, a trincerarsi nell'àmbito cosidetto *economico* [...] battezzando non meno falsamente questa tattica eunuca col nome grandioso e fatidico della *lotta di classe*. [...]
Finché il socialismo era un partito utopistico, una specie di filantropia liberale da filosofanti, e finché l'organizzazione operaia non aveva fatte le sue prime, lunghe e dolorose prove, un movimento operaio divelto dal partito socialista si spiegava – era anzi inevitabile.
Ma oggimai il socialismo, disceso dalle regioni utopistiche, è diventato non altro che *la coscienza scientifica e chiara dello stesso movimento operaio*: è l'intelletto che vede lungi e che addita all'organizzazione dei lavoratori la meta finale e sicura e la via da seguirsi, affrettandone il corso, salvandolo dalle illusioni e dai disinganni.
Il socialismo è del movimento istintivo operaio il prodotto diretto, la spiegazione, l'anima, la difesa, la guida: esso funge nella compagine della classe proletaria come, nell'organismo animale, funge il cervello.
E il movimento operaio di *mestiere*, quello che i confusionari han chiamato movimento *economico*, scisso dal pensiero socialista, s'è chiarito, di fronte alla strapotenza del dominio borghese, un vero corpo di rana viva a cui siasi amputato il cervello [...].
L'impotenza del movimento di mestiere, della lotta di tariffe e d'orari [...] non ha più bisogno di dimostrazione, è diventata un assioma. [...]
Ma questo lavoro disperato ed inutile diventa opera redentrice quando, conosciuto negli intimi congegni il sistema d'oppressione, sia volto, non ad attenuarlo soltanto, ma a distruggerlo ed a soppiantarlo. Allora la lotta di mestiere, come ogni altra lotta operaia, diventa essenzialmente un mezzo di preparazione e di disciplinamento. [...]
La classe che non fu nulla e che dev'essere tutto, cresce ogni dì d'importanza, non solo numerica [...] ma di importanza sovrattutto morale, di coraggio, di solidarietà, di capacità, d'influenza. Essa si appresta a prendere essa stessa – la gran massa laboriosa – le redini dell'enorme sistema produttivo di cui essa è l'anima e dal quale è schiacciata unicamente perché non vi si è messa al disopra. [...]
Il partito operaio o sarà socialista anche in Italia – o non sarà.

GUIDA ALLA LETTURA

❶ Perché, secondo Turati, in Italia il movimento operaio è «ancora nel periodo iniziale»? ❷ Per quale motivo, secondo Turati, l'arma del voto è utile allo sviluppo della coscienza di classe? ❸ Quali sono le differenze evidenziate da Turati tra le forme anarchiche della lotta di classe e la sua visione? ❹ Qual era la posizione di Turati nei confronti del «movimento operaio di mestiere»?

178 DOC

Giuseppe Sacchetti
Il cattolicesimo intransigente

da *Storia del movimento cattolico in Italia*, a c. di F. Malgeri, Il Poligono, Roma 1980, vol. I, pp. 419-26

■ Dopo la caduta del dominio pontificio, i cattolici manifestarono la loro ostilità nei confronti dello Stato italiano cominciando a elaborare nuove forme di impegno sociale. Nel 1874, in un congresso tenuto a Venezia, furono poste le basi di un'organizzazione del cattolicesimo intransigente che, l'anno successivo, fu chiamata Opera dei congressi [👁 21.5]. In queste pagine sono riportati brani dell'intervento di Giuseppe Sacchetti (1847-1906), uno dei maggiori esponenti del movimento. Alla ribadita opposizione allo Stato unitario, Sacchetti aggiunse un pressante invito ai cattolici a promuovere organizzazioni sociali che potessero diffondere le posizioni religiose e difenderle dall'avanzata delle forze laiche.

Il trionfo della rivoluzione[1] sopravvenutoci in modo sì formidabile, ci trovò, per somma disavventura, disgregati, divisi, inesperti alla lotta ed inermi (*vivi segni d'approvazione*). La coscienza della nostra debolezza al triste spettacolo dell'implacabile efferatezza dell'empietà, giovò assai bene a gettarci alcun poco nella costernazione. Sapemmo, è vero, rialzarci ben presto dal nostro prostramento innalzando la nostra mente a Dio; a Dio seppe condurci la nostra fede, fino alla sua giustizia e misericordia ci aderse[2] la nostra preghiera [...].

Ma pur troppo, mi sia permesso dirlo francamente e senza ambagi[3], al fervore dell'orazione non andò congiunto l'ardore delle opere. Noi abbiamo sperato tutto da Dio, abbiamo confidato in Lui sì amplamente, da credere superflua, inutile, intempestiva ogni nostra azione. [...]

Esaminiamo ben bene la nostra coscienza, e noi troveremo che nel nostro interno, se non esplicitamente, abbiamo già così ragionato: A che dobbiam noi accingerci a questa imponente Opera cattolica, a che dobbiam fondare questa società, a che sostenere e diffondere quel giornale, se l'anno venturo le cose si accomoderanno da sé, per opera della mano di Dio, e allora non ci sarà più bisogno di nessuna di queste belle imprese? [...]

Il nostro glorioso Pontefice Pio IX, il 1° di Marzo del corrente anno, parlando ad una eletta[4] di donne romane, loro diceva: «[...] Oggi che i pericoli crescono e la Religione santissima viene da ogni parte insidiata, è necessario di aggiungere alla preghiera lo zelo operoso per la salute delle anime». Ma più chiaramente il S. Padre avea spiegato questo suo pensiero l'8 Decembre 1873, in un magnifico discorso, detto alle dame della nobiltà romana, «Ringraziate – diceva loro l'augusto Prigioniero[5] – ringraziate dunque Iddio che insieme allo spirito di preghiera, vi dà eziandio lo spirito delle opere; poiché la preghiera scompagnata dalle opere non è buona, e resta inefficace. [...] E io credo che in molti e diversi luoghi e regni stiano soltanto confidando nelle preghiere, ed aspettino da queste sole il fine dei mali. Ma quando vedremo terminare il giorno della tribolazione?... [...]» [...].

Signori, a quali serie riflessioni non potrebbero dar luogo queste sapientissime parole del supremo Pastor della Chiesa! [...] Eccettuata Roma, ove le opere cattoliche fioriscono come si conviene alla Capitale del mondo cattolico; eccettuate qualcuna, non tutte, fra le principali città d'Italia, fra cui io pongo con orgoglio, o Signori, la mia Venezia; nel rimanente dell'Italia voi non troverete vestigio di movimento cattolico. [...]

Signori, se è venuta l'ora di operare, se queste opere sono tanto necessarie, da udir noi dalla bocca del nostro S. Padre Pio IX, che la fine dei mali non verrà se non allora quando alla pietà che si mostra in Chiesa si corrisponda colle opere al di fuori; egli è chiaro che la vita cattolica deve manifestarsi tutta nelle opere. [...] È chiaro dunque che senza associazioni cattoliche non si può far nulla.

Ma queste associazioni cattoliche devono essere conosciute, se vogliono dilatarsi; se vogliono acquistar nuovi membri, esse devono far loro comprendere la propria importanza; esse devono fare apprezzare a tutti, ma specialmente a quel volgo di scettici, che pur troppo abbonda anche tra le file dei cattolici, devono fare apprezzare i propri statuti, la saviezza dei proprii direttori, la soavità dei frutti salutari ch'esse producono. Esse inoltre devono suscitare una santa gara d'emulazione fra un luogo e l'altro, fra l'una e l'altra città, in modo che i tepidi si riscaldino, e raddoppino il loro ardore i fervorosi. [...]

Parmi, o Signori, che i giornali cattolici non perderebbero nulla se qualche giorno, lasciate da parte le questioni politiche secondarie, si occupassero delle opere cattoliche, aprissero le loro colonne ad esporre i doveri e la missione delle associazioni cattoliche, ne mostrassero l'utilità e anzi la necessità; non perderebbero, dico, nulla nella loro qualità di giornali e recherebbero forse vantaggi assai grandi alla causa cattolica. Essi potrebbero far comprendere a più d'uno, ch'è impossibile al giorno d'oggi essere un buon cattolico e non far nulla; ch'è impossibile far nulla di veramente buono e proficuo, fuori delle società cattoliche: e che le società cattoliche sono quindi necessarie, poiché la fine dei mali verrà soltanto allora quando alla pietà che si mostra in Chiesa si corrisponda colle opere al di fuori.

---

[1] Con questo termine, usato in senso spregiativo, Sacchetti si riferisce al processo di formazione del Regno d'Italia.

[2] Ci innalzò.

[3] Ambiguità.

[4] Gruppo scelto.

[5] Dopo la presa di Roma il papa si considera prigioniero, malgrado la legge delle Guarentigie del 1871 [👁 14.5].

GUIDA ALLA LETTURA

❶ Quali sono le espressioni in cui appare chiara la posizione ostile di Sacchetti verso il Regno d'Italia? ❷ Qual è la critica fondamentale che Sacchetti muove al movimento cattolico? ❸ Quale dovrebbe essere il ruolo della stampa all'interno del movimento cattolico? ❹ Quali sono le città in cui esiste un movimento cattolico attivo?

SVILUPPARE LE COMPETENZE

Comprendere e Analizzare

❶ Dopo aver letto i documenti di De Roberto [175DOC], Turati [177DOC] e Sacchetti [178DOC] e il brano di Asor Rosa [176], scrivi un testo (max 30 righe) dal titolo *L'allargamento del suffragio e la nascita di nuovi movimenti politici nell'Italia di fine '800*, seguendo la scaletta di argomenti indicata:

a. Allargamento del suffragio e propaganda politica;
b. Gli intellettuali e la politica;
c. Socialisti e cattolici.

❷ Il brano di Romeo [173] e il documento di Colombo [172DOC] evidenziano alcuni caratteri peculiari dello sviluppo

industriale italiano. Riassumili in un breve testo (max 30 righe), tenendo anche conto delle tue conoscenze storiche pregresse.

Rielaborare e Argomentare

❸ **Redazione di un saggio breve.** ***Politica e società in Italia meridionale nei primi decenni post-unitari***

Sviluppa l'argomento scelto in forma di "saggio breve", utilizzando i documenti e i brani che lo corredano. Interpreta e confronta i documenti e i dati forniti e su questa base svolgi, argomentandola, la tua trattazione, anche con opportuni riferimenti alle tue conoscenze ed esperienze di studio. Da' al saggio un titolo coerente con la tua trattazione e ipotizzane una destinazione editoriale (rivista specialistica, fascicolo scolastico di ricerca e documentazione, rassegna di argomento culturale, altro). Se lo ritieni opportuno, organizza la trattazione suddividendola in paragrafi, cui potrai eventualmente dare un titolo:

Documenti: Franchetti [171DOC], De Roberto [175DOC]
Brani storiografici: Romeo [173], Volpe [174]
Capitoli: 21.8

❹ **Esprimi un tuo argomentato parere sulla convinzione espressa dallo storico Rosario Romeo il quale, a proposito della tariffa doganale introdotta dall'Italia nel 1887, sostiene che il protezionismo, lungi da essere il vizio d'origine dell'industria italiana, fu invece lo strumento attraverso il quale si realizza l'industrializzazione nel nostro paese. L'elaborato dovrà comprendere:**

a. Il passaggio dal liberismo al protezionismo in Italia [21.3 e 173];
b. Gli eventuali benefici del protezionismo [173];
c. Le categorie danneggiate dal protezionismo;
d. Valutazione della validità della posizione di Romeo [173].

GLOSSARIO

A

Acciaio, p. 494
Amish, p. 186
Anarchismo, p. 284
Animismo, p. 632

B

Boicottaggio, p. 187
Bucaniere/filibustiere, p. 147
Burocrazia, p. 72

C

Capitalismo, p. 283
Cartello/trust, p. 494
Catasto, p. 71
Codice, p. 230
Collegio uninominale, p. 433
Colpo di Stato, p. 217
Compagnia commerciale, p. 147
Comune, p. 586
Confederazione/federazione, p. 192
Confucianesimo, p. 133
Cooperative di consumo, p. 283
Creolo, p. 260

D

Deficit pubblico, p. 203
Democrazia, p. 15
Demografia, p. 35

E

Egemonia, p. 8
Emendamento, p. 194
Enciclica, p. 487
Enciclopedia, p. 54

F

Fedecommesso, p. 224
Finalismo, p. 51

G

Gabella, p. 42
Generi coloniali, p. 45
Ghisa/altoforno, p. 250
Gran Bretagna, p. 17
Guerre franco-indiane, p. 186
Guerre indiane, p. 267
Guerriglia, p. 232

I

Idealismo, p. 272
Imperialismo, p. 623
Indio, p. 260
Induismo, p. 131

J

Junker, p. 582

L

Lavoro produttivo, p. 66
Lavoro salariato, p. 251
Legge di bilancio, p. 641
Legge salica, p. 18
Liberismo, p. 66
Libertà in negativo/libertà in positivo, p. 279

M

Macchine utènsili, p. 247
Maggiorascato, p. 39
Mandarino, p. 133
Manomorta, p. 70
Meccanicismo, p. 51
Meccanizzazione, p. 246
Melassa, p. 150
***Melting pot*,** p. 611
Mercantilismo, p. 9
Metropoli, p. 478
Mezzadria, p. 75
Millet, p. 127
Monarchia costituzionale, p. 15
Monopolio, p. 494
Municipalizzazione, p. 675

N

Nobiltà di spada/nobiltà di toga, p. 8

O

Opinione pubblica, p. 60

P

Petrolio, p. 497
Plebiscito, p. 227
Politica di potenza, p. 582
Pool, p. 494
Prodotto interno lordo (Pil), p. 430
Produzione/produttività, p. 246
Proletariato, p. 286
Protettorato, p. 620
Puddellaggio, p. 250
Puritani, p. 185

R

Razza, p. 517
Reazionario, p. 280
Reddito pro capite, p. 499
Religione naturale, p. 56
Resa, p. 44

S

Samurai, p. 137
Sciiti/sunniti, p. 130
Secolarizzazione, p. 517
Segregazione razziale, p. 607
Separatismo, p. 322
Sinistra, centro, destra, p. 210
Sistema delle caste, p. 131
Socialdemocrazia, p. 509
Società civile, p. 280
Società per azioni, p. 472
Sovranità popolare, p. 64
Statistica, p. 271
Stato accentrato, p. 236
Stato civile, p. 224
Stato d'assedio, p. 674
Statuto, p. 333
Suffragio universale/suffragio censitario, p. 192

T

Taglia, p. 42
Tasso di analfabetismo, p. 506
Tasso di natalità/tasso di mortalità, p. 35
Telegrafo, p. 475
Terziario, p. 504
Tiratura, p. 506
Titolo di Stato, p. 203
Transazione finanziaria, p. 475

V

Vaccinazione, p. 37

W

Whigs/Tories, p. 15

INDICE DEI NOMI

Avvertenza
Sono in corsivo i numeri di pagina che si riferiscono alle didascalie delle immagini, ai rimandi online, alle schede e alle introduzioni dei documenti.

D

E

F

M

N

O

ANNOTAZIONI

ANNOTAZIONI

LIBRO DI TESTO CARTACEO E DIGITALE

MODALITÀ MISTA - TIPO B, DM 781/2013

La **modalità mista - tipo B** consente, con l'acquisto del volume a stampa, di scaricare gratuitamente la versione digitale (eBook) del manuale dal sito **www.laterzalibropiuinternet.it**

Manuale cartaceo + Manuale digitale

1. Dall'XI al XVII secolo
manuale (cartaceo+digitale) ISBN 978-88-421-1405-5

2. Dal XVII al XIX secolo
manuale (cartaceo+digitale) ISBN 978-88-421-1406-2

3. Dal XX al XXI secolo
manuale (cartaceo+digitale) ISBN 978-88-421-1407-9

LIBRO DI TESTO DIGITALE

MODALITÀ DIGITALE

La **modalità digita**[...] di acquistare la sola v[...] del volu[...] **www.later**[...]

Manuale digitale

1. Dall'XI al XVII secolo
manuale digitale ISBN 978-88-421-1437-6

2. Dal XVII al XIX secolo
manuale digitale ISBN 978-88-421-1438-3

3. Dal XX al XXI secolo
manuale digitale ISBN 978-88-421-1439-0

libro+internet IL SISTEMA LATERZA PER LA DIDATTICA 2.0

LIBRO MISTO

Sul sito **www.laterzalibropiuinternet.it** contenuti digitali integrativi richiamati nel testo a stampa e linkati nell'eBook:

- **Audio sintesi dei capi**[...]
- Schede **Focus**
- Schede **Geografia e Storia, Letteratura** [...] **Storia, Cinema e S**[...]
- Schede **Parola chi**[...]
- Schede **Il libro**
- **Laboratori dello** [...]

Inoltre:

- Prove **"Verso l'**[...] **di Stato"**
- **Test**
- **Bibliografia e si**[...]

Per il docente:

- Podcast delle Lezioni di storia Laterza dal Medioevo al Novecento
- Materiali per la didattica e la verifica

EBOOK

In formato epub, permette una **fruizione ottimale dei contenuti** in digitale. L'eBook è:

- **multipiattaforma e aperto**: funziona su tutti i device (pc, tablet, smartphone) [...]on l'e-reader gratuito [...]lto dal lettore
- [...] **mediale e** [...]**attivo**: specifici [...]no a contenuti [...]tegrativi come [...]ideo, didattica [...]iva

AULA DIGITALE LATERZA

Una piattaforma online per usare tutti i contenuti digitali e per sviluppare la didattica in classe e a casa. Attraverso l'Aula digitale è possibile:

- caricare e condividere con la classe materiali digitali di qualunque formato
- inviare con un clic messaggi a tutta la classe
- creare e somministrare esercizi interattivi
- monitorare l'attività del gruppo classe
- visualizzare e utilizzare tutti i contenuti digitali su LIM, tablet e smartphone

BIBLIOTECA DIGITALE

Dall'Aula digitale Laterza si accede alla **Biblioteca digitale**, una **biblioteca online** di eBook selezionati dal Catalogo Laterza per approfondire gli argomenti di studio e soddisfare la curiosità dei giovani lettori. Gli eBook della **Biblioteca digitale** sono riservati a docenti e studenti che utilizzano il manuale e sono fruibili in streaming.

GIARDINA SABBATUCCI VIDOTTO
LO SPAZIO DEL TEMPO 2
Editori Laterza
1406

€ 32,90
[...] eBook
[...],50 (i.i.)

LIBRO IN CHIARO
Sul sito **www.laterza.it** trovi tutte le informazioni dettagliate riguardanti questo libro.

Progettazione e produzione di testi scolastici secondo il Sistema di gestione qualità ISO 9001:2008

ISBN 978-88-421-1406-2
9 788842 114062